ERZÄHLFORSCHUNG

GERMANISTISCHE SYMPOSIEN
BERICHTSBÄNDE
Im Auftrag der Germanistischen Kommission
der Deutschen Forschungsgemeinschaft und in
Verbindung mit der »Deutschen Vierteljahrsschrift für Literaturwissenschaft und Geistesgeschichte«

herausgegeben von
Albrecht Schöne

IV

Erzählforschung

Ein Symposion

Herausgegeben
von Eberhard Lämmert

Erschienen im dreihundertsten Jahr der
J. B. Metzlerschen Verlagsbuchhandlung
Stuttgart

Gedruckt mit Unterstützung der Deutschen Forschungsgemeinschaft

CIP-Kurztitelaufnahme der Deutschen Bibliothek

Erzählforschung: Ein Symposion / hrsg. von Eberhard Lämmert. – Stuttgart: Metzler, 1982.
  (Germanistische Symposien-Berichtsbände; 4)
  ISBN 3-476-00472-4
NE: Lämmert, Eberhard [Hrsg.]; GT

ISBN 3 476 00472 4

© 1982 J. B. Metzlersche Verlagsbuchhandlung und
Carl Ernst Poeschel Verlag GmbH in Stuttgart
Satz und Druck: Zechnersche Buchdruckerei, Speyer
Printed in Germany

Inhalt

Einleitung

»Das wäre vortrefflich, Agathon,
wenn es mit der Weisheit so wäre:
daß sie, wenn wir einander nahten,
aus dem Volleren in den Leereren
überflösse, wie das Wasser in den
Bechern durch einen Wollstreifen
aus dem vollen in den leeren fließt.
Denn ist es mit der Weisheit auch so,
so ist es mir viel wert, neben dir zu
liegen ...«

*Platon: Symposion, 175 d, in der
Übersetzung von Friedrich Schleiermacher*

Ein Symposion, das seinen Teilnehmern nicht das Wohlgefühl erfüllter Tage hinterläßt, wäre des Verweilens nicht wert gewesen und gewiß der nachträglichen Aufzeichnung nicht wert. Von den vierzig Teilnehmern, die sich auf Einladung der Deutschen Forschungsgemeinschaft zur Teilnahme an einem Symposion über Erzählforschung bereitgefunden und dazu Beiträge ausgearbeitet hatten, mußten nur zwei auf eine persönliche Teilnahme verzichten. Alle anderen kamen, sokratische Verspätungsfälle eingerechnet, am 16. September 1980 in einem ruhigen Hotel am Fuße des Harzes zusammen und hatten nach vier Tagen allen Grund, nicht nur der Forschungsgemeinschaft, sondern auch einander für diese Gelegenheit zu einem ungestörten Austausch über eigene und andere Arbeiten dankbar zu sein. Auch wer für den gutgelaunten Spott, mit dem Sokrates dem Gastmahl Agathons die Ehre gibt, einiges übrig hat, konnte im Laufe der Tage leicht die Meinung festigen, daß Wissenschaft die belebenden Gesprächsrunden braucht und daß sie sich damit zuzeiten leichter voranbringt, als Buchgelehrsamkeit und stille Schreibtischarbeit es für sich allein vermögen.

Viel hängt dabei allerdings von der umsichtigen Vorbereitung solcher Begegnungen ab. Daß in diesem Falle schon die vorbereitenden Treffen zu einem Vergnügen wurden, ist dem anregenden Temperament der Kuratoren Wolfgang Haubrichs, Wilhelm Voßkamp, Hans-Jörg Neuschäfer, Hans Michael Baumgartner, Jörn Rüsen und dem unbeirrt federführenden Hilmar Kallweit zuzuschreiben, aber nicht zuletzt auch allen Beiträgern, die mit Manuskripten am Stichtag zur Stelle waren. Sie brachten es zustande, daß im Kreis der Eingeladenen von Anfang an der Philologe dem Soziologen und der Philosoph dem Historiker kein unbeschriebenes Blatt mehr war und daß Dialog und Rundgespräch sich ungesäumt an der voraufgegangenen Lektüre entzünden konnten.

Die Beiträge der einzelnen Teilnehmer sind hier so abgedruckt, wie sie aus den Diskussionen hervorgingen. Dort, wo die Verfasser auf Grund von Zuspruch oder Widerspruch an ihren Thesen feilten oder sie veränderten, haben sie in der Regel eigens darauf aufmerksam gemacht. So kann dem Bande auch abgelesen werden, wie sich ein solches Symposium im Weiterdenken seiner Teilnehmer austrägt.

In der Einleitung zu jedem Tage stellen die Kuratoren die vorgelegten Arbeiten nach ihrer ursprünglichen Fassung vor und bestimmen deren Ort im übergreifenden Thema des Tages. Hier präsentiert sich nicht nur ein Stück planender Vorarbeit, sondern auch schon die Resonanz, die jeder Beitrag unter den Augen seines ersten Lesers gefunden hat. Die anschließenden Diskussionen haben diese Resonanz vervielfacht. Eine ihrer Besonderheiten in actu und in der Erinnerung der Beteiligten lag darin, daß es schon am Abend des ersten Tages nicht einen einzigen »stummen Gast« mehr gab. Die Breite der Gesprächsbeteiligung hat uns veranlaßt, die *Erträge der Diskussion* zusammenzufassen und dabei die Namen der Redner nicht mehr einzeln aufzuführen. Weil auch diese Berichte weder ohne gehörige Orientierung in der Sache noch ohne subjektives Urteilsvermögen zu schreiben sind, tragen sie wie die einzelnen Beiträge den Namen ihrer Verfasser.

Vier Tage eines fortgesetzten Gesprächs sind nicht ohne Inseln der Ruhe und Lektüreschlupfwinkel, nicht ohne peripatetische Anwandlungen und eigenwillige Ausdehnung in nächtliche Runden zu denken. Dies alles zusammengenommen macht erst manche Pointe eines angesponnenen Gedankens reif, und manche Paraden und Ausfälle der Redner am nächsten Tage hatten hier ihren Ursprung. Für eine Schlußpointe sorgte, mindestens für die, die sich am fünften Tage in Berlin zusammenfinden konnten, ein Erzähler par excellence: Uwe Johnson, der uns ein Stück Poetik als Berufserfahrung einer Schriftstellerexistenz zurechtschnitt, nicht aus seinem privaten Leben, sondern aus dem, das einer zu führen hat, der sich in Worten feil bietet, damit andere sich darin erkennen. Er las uns über die „Begleitumstände" seines Schreibens vor und blieb den Fragern keine Antwort schuldig.

Symposien können die Profile einer Wissenschaft sichtbar machen und ihren überörtlichen Charakter bewußt halten. Jedenfalls haben die Mitglieder der Germanistik-Kommission der Forschungsgemeinschaft und ihr Anreger Albrecht Schöne mit der Reihe dieser Symposien einen glücklichen Griff getan: Sie haben dem geselligen Fachgespräch einen Ort gesichert und durch den Wechsel der Themen und der Teilnehmer verhindert, daß daraus ein *hortulus conclusus* werden könnte. Dem dient nun auch diese Veröffentlichung, der sich der Metzler-Verlag im 300. Jahre seines Bestehens mit lang erprobter Geduld angenommen hat.

Göttergeschichten, Heldengeschichten, die Schöpfungsgeschichte machen darauf aufmerksam, daß Kulturen ihre ältesten Weisheiten nicht säuberlich geordnet, sondern als Erzählungen übermitteln. Seit alters her hören Menschengemeinschaften, die über den Kosmos oder über sich selbst und ihre Herkunft Bescheid wissen wollen, gerne auf Erzähler, denn Erzähler vermögen eher als alle, die in einer entfalteten Kultur ihren einzelnen Beschäftigungen nachgehen, kollektive Erfahrungen zu sammeln und zu *einer* Geschichte zu ordnen.

Seit alters her bleibt das Urteil über die Wahrhaftigkeit einer Geschichte, allen Rückversicherungsmühen zum Trotz, an das Vertrauen gebunden, das der Erzähler sich gewinnen kann. Während Aristoteles, der die Unterscheidung zwischen wirklichem und möglichem Geschehen vornahm, dem Geschichtsschreiber wie dem Dichter noch einen Anteil an beiden Bereichen zumaß, hat die Trennung der res fictae von den res factae gleichwohl dahin geführt, die

Erzählkunst von anderen Formen des Erzählens abzuheben; allerdings um den Preis, daß seither die Versuche nicht abreißen, das officium poetae gegenüber der ars historica mit einem eigenen Wahrheitsanspruch auszustatten. Gerade der anhaltende Rechtfertigungseifer läßt erkennen, daß es den Verfassern von »Geschichtgedichten« zunehmend schwerer wurde, den Wahrheitsgehalt ihrer Erzählungen neben oder gar vor der Historiographie zu behaupten. Als schließlich im 18. Jahrhundert der epischen Kunstschöpfung der neue Rang zugemessen wurde, authentischer als jede andere Darstellung den Inbegriff eines Zeitalters abzubilden, führte die gleichzeitig forcierte Verwissenschaftlichung der Geschichtsschreibung dennoch dahin, »fiktionale« Erzählformen strikter von anderen, etwa denen des Historikers oder des Zeugen vor Gericht, abzuheben. Dabei hat gerade die pragmatische Geschichtsschreibung der Epoche mit der neu aufgeworfenen Frage nach dem Sinnzusammenhang historischer Darstellung den Brückenschlag zur Erzählkunst eher erleichtert, und tatsächlich hat Gervinus in seiner »Historik« den gegenläufigen Versuch unternommen, der Geschichtsschreibung ästhetische Kategorien zu unterlegen. Der Historismus hat diese Spur verständlicherweise nicht weiter verfolgt, und wenn Huizinga späterhin den Regreß des Erzählvermögens in der modernen Geschichtsschreibung mit der allgemeinen Krise des Geschichtsbewußtseins in Zusammenhang brachte, so ist doch der Gedanke, dies könne in der »Entfabelung« des modernen Romans (Wassermann) sein genaues Widerspiel haben, seinerzeit und bis weit über die Mitte unseres Jahrhunderts nicht einmal aufgeworfen worden.

Die Erzählforschung, soweit sie von Philologen betrieben wurde, hat sich ihrerseits mehr oder minder streng an der Erzählkunst orientiert und darüber hinausreichende Fragen nach dem allgemeinen Charakter des Erzählens lange beiseite gelassen. Auch der vielgestaltige Bereich mündlichen Erzählens blieb in der Hauptsache den Ethnologen, Folkloristen und Märchenforschern überantwortet. Der Brückenschlag, den André Jolles mit seinen »Einfachen Formen« unternahm, blieb ein einsamer, allerdings zukunfträchtiger Versuch. Entsprechend gipfelten die gegen die Mitte des Jahrhunderts rasch und energisch vorgetriebenen Bemühungen um eine Systematik und Logik des Erzählens darin, ihm seinen Ort in einer allgemeinen Dichtungslogik zuzuweisen. Hier flossen mit der Befreiung der deutschen Forschung zur Wiederaufnahme internationaler Kontakte bald nach 1945 pragmatische Anregungen von Lubbock, Muir und E. M. Forster, psychologische Distinktionen von Pouillon und Roman Ingardens phänomenologische Vorgaben zusammen und brachten vereint eine Reihe von Arbeiten hervor, die in der Suche nach dem Verhältnis von Dichtung und »Wirklichkeit« ihren Schnittpunkt hatten. In Deutschland ist diese Epoche mit Günther Müllers Arbeiten zum Zeitgerüst des Erzählens, mit Käte Hamburgers bedeutendem Buch zur Dichtungslogik und mit Franz Stanzels systematischen Studien zur »Erzählsituation« am besten gekennzeichnet. Dabei konnte man sich, was die typologische Behandlung von Erzählformen angeht, auf die älteren Vorarbeiten von Käte Friedemann und Robert Petsch stützen und fand in Wolfgang Kaysers und Emil Staigers poetologischen Arbeiten Rückhalt. Doch blieb die Spannung zwischen diesen Vorstößen zu einer systematischen Literaturwissenschaft und der in Deutschland nahezu sakrosankten literaturhistorischen Arbeitsweise beträchtlich. Die Herkunft der Staigerschen Typologie aus den triadischen Mustern der klassischen und romantischen Ästhetik und aus der Daseinsanalyse Heideggers war ersichtlich, ohne daß daraus bereits Konsequenzen für die historische Eingrenzung ihres Anwendungsbereichs gezogen worden wären. Aber schon an Franz Stanzels System der Erzählperspektiven entzündete sich bald die kritische Frage nach der Vereinbarkeit eines solchen, scheinbar geschlossenen Systems mit der historischen Abfolge seiner Erscheinungsformen.

Der intensive Vortrieb der Erzählforschung in den fünfziger Jahren fiel zeitlich zusammen mit einer bemerkenswerten Epoche der Erzählkunst. Um 1960 lag eine Reihe bedeutender Romane vor, deren Autoren es auf sich genommen hatten, die dunkelsten Jahrzehnte der deutschen Geschichte und die Verwerfungen, die sie hinterlassen hatten, erzählend aufzuarbeiten – merklich früher übrigens, als die breite Öffentlichkeit in Deutschland zu solcher Selbstprüfung entschlossen war. Ein Kennzeichen dieser neuen Erzählkunst war die Bemühung, die Glaubwürdigkeit der Ereigniswiedergabe durch eine bisher nicht gekannte Bloßlegung der perspektivischen Brechung zu erreichen, unter der der Erzähler seine eigene Vergangenheit und seine Umwelt wahrnimmt. Dieses neue Bekenntnis zur Subjektivität des Erzählers trat bemerkenswerterweise zu einer Zeit hervor, in der die Erzählforschung im Verein mit älteren Erzählern wie Thomas Mann viel Scharfsinn aufgewandt hatte, einem »Geist der Erzählung« oder einem überpersönlichen Erzählprinzip eine objektive Steuerkraft über das Erzählen einzuräumen. Gemeinsam blieb der Erzählkunst und der Erzählforschung jener Epoche jedoch das Interesse, neue poetische Qualitäten des Erzählens zu entdecken.

Heute ist das Spektrum der Erzählforschung, wie auch den Untertiteln dieses Symposions abzulesen ist, sehr viel weiter ausgebreitet. Nicht nur ihre Begrifflichkeit, sondern auch ihre Gegenstände sind erheblich angereichert; insbesondere aber rückte die Poetik, wie die Erde nach der kopernikanischen Wende, aus dem Zentrum ihrer Beschäftigung und erhielt ihren, freilich besonders wichtigen Ort innerhalb eines weitergreifenden Systems. Dem entsprechen die Einbettung der Interpretationslehre in eine allgemeine Hermeneutik, die Beteiligung der empirischen Sozialwissenschaften an der Analyse kommunikativer Sprechhandlungen und nicht zuletzt der verstärkte Austausch zwischen Sprach- und Literaturwissenschaft in den beiden letzten Jahrzehnten. An der Ausweitung wie an einer neuen Sicherung des Literaturbegriffs hat die Erzählforschung maßgeblichen Anteil; umgekehrt hat die Gelegenheit, mündliche Erzählformen mit Hilfe magnetischer Aufzeichnungen in größerem Umfang zu studieren, ihren empirischen Aktionsradius vervielfacht. Der Ausgriff der Linguistik auf satzübergreifende Textstrukturen hat die Möglichkeiten zu einer systematischen Erfassung des Erzählvorgangs entschieden erweitert. Kulturanthropologische Hypothesen und das geschichtstheoretische Interesse des letzten Jahrzehnts haben die Frage nach der Fiktions-, Reproduktions- und Bewahrungsleistung des Erzählens neu und schärfer stellen lassen, und die allenthalben erwachte Lust am Leser hat die kommunikativen Vorgänge und die sozialen Funktionen des Erzählens neu in den Blick gerückt.

In dieser eher bedrängenden Vielfalt neuer Aufgaben lassen sich Arbeitsfelder ausmachen, die in den letzten Jahren besondere Aufmerksamkeit auf sich gezogen haben und die für die nächsten Jahre weitere Erträge verheißen. Vier solche Felder sind den Tagen dieses Symposions zugrundegelegt. Zwei davon gehören zum engeren Bezirk der Literaturwissenschaft; ihnen vorgelagert ist eines, das den erzählerischen Diskurs vor und erst dann in der Kunstausübung umgreift, und entsprechend dehnt das letzte die alte Frage nach der Wahrhaftigkeit des Erzählens auf alle Formen der erzählerischen Wiedergabe persönlicher und kollektiver Erfahrungen aus.

Der Wunsch, Literaturgeschichte unter stärkerer Einbeziehung sozialer Prozesse und kommunikativer Aspekte neu zu schreiben, hat in den siebziger Jahren der Gattungslehre neuen Auftrieb gegeben. Auch die zuvor vorwiegend typologisch orientierte Erzählforschung fand in der Hinwendung zu spezifischen Gattungstheorien erneut einen festeren historischen Rückhalt. Mit der Beobachtung, daß bestimmte Erzählstrukturen, angefangen von den elementaren Lang- und Kurzformen bis hin zu einzelnen Beglaubigungsmustern, an soziale wie literarische Konventionen gebunden sind, die sich gegebenenfalls zu Gattungen verfestigen, öffnete sich die strukturale Analyse genetischen Vorgängen; mit der weiteren Beobachtung, daß Gattungen wiederum unter dem Druck sich wandelnder Verhältnisse Transpositionen durchmachen oder auch einander ablösen, war eine Verbindung zwischen struktureller und historischer Erzählforschung hergestellt. Der alte Streit zwischen Sehweisen, die systematisch vergleichen oder historisch individualisieren – ein Streit, von dem keine historische Wissenschaft verschont bleibt –, war im Blick auf die erzählenden Gattungen einmal verheißungsvoll überwunden. Selbst die Geschichtsschreibung in ihren sich wandelnden Formen konnte so neben anderen Erzählformen oder auch in Opposition zu ihnen als Gattung innerhalb eines im ganzen *evolutionierenden Systems* verstanden werden; und ebenso konnten epochenspezifische Studien mit dem Instrumentarium struktureller Diskursanalyse arbeiten. Von der gegenseitigen Annäherung geben viele der nachfolgenden Beiträge Zeugnis.

Der *Gattungstheorie* kam auf diesem Wege ein geschärfter Blick für die jeweilige Funktion einzelner Erzählformen zugute, der sich in den fünfziger Jahren an Werkinterpretationen geschult hatte und nun das Postulat einer Funktionsgeschichte der Literatur nach sich zog. Zu *epochengeschichtlichen Studien* forderten vor allem der Roman mit seiner nahezu axiomatisch verfestigten Definition als »moderne bürgerliche Epopoe« und die deutlich zeitgebundene Novellistik heraus. Unser Symposion hat solche epochengeschichtlichen Studien auf die Entstehung der europäischen Novellistik und auf den Roman des 19. Jahrhunderts konzentriert. Dies geht vor allem auf die intensive Beschäftigung der romantischen Literaturwissenschaft mit diesen beiden Epochen zurück. Die Novellenforschung fand ihre entschiedene Wendung mit Walter Pabsts Buch über »Novellentheorie und Novellendichtung«, die Romantheorie hatte von Lucien Goldman und Georg Lukács kräftige Herausforderungen erfahren; von denjenigen, die sowohl die allgemeine Gattungstheorie als auch die Erforschung dieser beiden Epochen in der nächsten Generation mit besonderem Erfolg weiterführen, sind nicht wenige unter den Teilnehmern dieses Symposions zu finden.

Die Erzählkunst ist nicht zufällig ein besonders ergiebiger Gegenstand geworden, um Gattungstheorie und Epochengeschichte aneinander zu messen.

Seit die idealistische Ästhetik 1800 den großen Roman, wie vor ihm das Epos, in die Rolle hob, ein Organon des jeweiligen Zeitalters zu sein, ist das alte genus mixtum »erzählen« bis heute der bevorzugte Ort, um zwei fundamentale Fragen der Philologie unseres Jahrhunderts zu verfolgen, die ihr als Text- und als Kunstwissenschaft eingegeben sind: Jeder Erzähltext provoziert die Frage nach den Gegensätzen und nach dem Grad der Übereinkunft zwischen der Realität und ihrer sprachlichen Wiedergabe; jede literarische Erzählung fordert dazu heraus, die Zeitgebundenheit, aber auch die Zeitentrücktheit der Kunst gegenüber der Geschichte bloßzulegen. Der zeitgerechten Erfüllung und der Weiterführung dieser besonderen Aufgaben der Erzählforschung sind die beiden mittleren Tage des Symposions gewidmet.

Den begrifflichen Halt, sich diesen Aufgaben zeitgerecht zu stellen, hätte die Erzählforschung nicht ohne eine gründliche Belebung durch die Linguistik und nicht ohne ein neu erwachtes Interesse an der Theorie der Geschichtsschreibung gewinnen können. Mit dem Ehrgeiz, eine systematische und endlich auch eine exakte Textwissenschaft zu sein, hat die Linguistik uns gegenüber dem eher dürftigen Begriffsarsenal der ersten Jahrhunderthälfte nun mit einem wahren Zeughaus von Nomenklaturen ausgestattet, um das Erzählen auf Mikro- und Makroebene als einen regelgesteuerten Kode zu kennzeichnen, so daß am Ende selbst das Wort »erzählend« gegenüber »narrativ« beklemmend ungenau erscheint.

Aber gewiß wird hier nicht nur alter Wein in neuen Schlauchsystemen gereicht: Sprechakttheorie und Semiotik haben sowohl den Erzählvorgang selbst als auch seine prinzipielle Deutbarkeit wesentlich schärfer als zuvor bestimmen lassen. Darüber hinaus ist der strukturalistischen Linguistik die Wiedereinführung von Kategorien zu danken, die nicht nur das Erzählen im ganzen als einen Sinngebungsprozeß eigener Art erfassen lassen, sondern auch in der Handhabung seiner Kompositionselemente konstante Verhaltensmuster greifbar machen und damit schließlich auch anthropologischen gegenüber historischen Fragestellungen zu neuer Aktualität verhelfen.

Vor allem aber hat die Linguistik den Zugang zum mündlichen Erzählen neu geöffnet und damit eine empirische Erzählforschung ins Leben gerufen, die von der Frage nach dem Kunstcharakter des Erzählens unabhängig ist. Dabei sei nicht vergessen, was in dieser Richtung schon Sir Maurice Bowra aus überlieferten Quellen und Albert B. Lord aus akustischem Material und Nachschriften griechischer und serbischer »Singers of Tales« an mündlicher Vortragspraxis erschlossen haben. Doch galt das Hauptinteresse dieser Arbeiten aus den fünfziger Jahren noch in erster Linie den Entstehungsbedingungen mündlicher und später schriftlich tradierter Literatur. Erst mit der empirischen Untersuchung des mündlichen Erzählens unter soziologischer Fragestellung ist auch der Interaktionscharakter des Erzählens konsequent in den Mittelpunkt gerückt. »Parallelaktionen« der Literaturwissenschaft, nämlich die Wendung zur Rezeptionsästhetik und zum – zumeist freilich nur idealtypischen – Leser, wie sie allen voran die Konstanzer Schule unternahm, haben zwar ihrerseits an der literarischen Erzählkunst ihren Ausgang genommen und an ihr als ihrem Kernbereich auch festgehalten; doch wird so sichtbar, daß ein fächerübergreifender Paradigmenwechsel in verschiedenen Arbeitsgebieten eine jeweils eigenständige, aber vergleichbare Schwerpunktwahl hervorruft.

Die empirische Befassung mit Erzählern und Zuhörern und die Aufspürung des impliziten oder auch expliziten Lesers durch Interpretation und Rezeptionsforschung haben auch für die Einschätzung des *Erzählaktes* die Weichen neu gestellt. Nicht schon mit dem Memorieren oder mit der Niederschrift entsteht eine Geschichte; hier bereitet sie sich erst vor. Kommunikations- und Rezeptionsforschung haben den Akt des Erzählens und die Aufnahme des Erzählten ins Bewußtsein der Hörer und Leser, mithin die kollektive Aneignung einer individuell vorgebrachten Geschichte und ihre Abtönung oder auch Kontamination in der Weitergabe ihrerseits als den Prozeß greifbar gemacht, in dem Geschichten entstehen und sich fortbilden. Erst zusammen mit der Leistung des Zuhörens oder der Lektüre kann die jeweilige Konstitution der »erzählten Welt«, deren Zustandekommen Harald Weinrich in den sechziger Jahren idealtypisch beschrieb, konkret bestimmt werden. Schon der Erzähler, wie erfinderisch er immer ist, produziert nicht nur eine neue Geschichte, sondern reproduziert dabei auch Geschichten, denn er ist selbst zuvor Hörer oder Leser gewesen. Ohne eine größere Zahl solcher Hörer, Leser und Weiterträger aber ist das Entstehen von Geschichte, oder vorsichtiger gesagt: die Entstehung gemeinsamer Vergangenheitsvorstellungen und die sie nachzeichnende und damit wiederum weiterbildende Geschichtsschreibung, nicht zu denken.

Man kann viele Gründe anführen, darunter nicht zuletzt zeitgeschichtliche, die erklären helfen, warum eine Reflexion auf die Wissenschaft und Kunst der Geschichtsschreibung in Deutschland erst geraume Zeit nach dem Zweiten Weltkrieg, und auch dann keineswegs ohne Anfechtung, wieder in Gang kam. Nichts geringeres als ihre Objektivität war in Frage zu stellen und als überprüfbare Intention neu zu begründen. Daß von der Linguistik und von der Sprachphilosophie die wichtigsten Hilfen kamen, um einer Theorie der Geschichtsschreibung handfestes Rüstzeug zu geben, liegt auf der Hand. Aber erst eine Erforschung erzählender Diskurse jenseits der Kunstformen hat dahin geführt, die Geschichtsschreibung aus dem puren Gegensatz zur fiktionalen Erzählweise zu lösen und beide, samt ihren jeweiligen, nun neuerlich intensiv beachteten Beglaubigungsformen, als ein um Konsens werbendes und im Erfolgsfalle konsensstiftendes Angebot eines sinnvollen Zusammenhangs von Begebenheiten zu betrachten. Zur Realität aber verhält die quellengestützte Geschichtsschreibung sich nicht anders als die souveräne Fiktion: nämlich intentional. Weiterreichende Beweissicherungen sind einem rein narrativen Diskurs nicht abzuverlangen; dazu bedarf es gerade der (gegebenenfalls eingeschalteten) nicht erzählenden Redeweisen und darüber hinaus einer Sprechsituation oder einer Veröffentlichungsform, die es ausschließt, das Vorgebrachte als einen fiktionalen Diskurs zu betrachten.

Roland Barthes und Michel Foucault, die beide den Blickwechsel zum Diskurs entschieden veranlaßt und damit gleich auch unterschiedliche Diskurstheorien formuliert haben, lassen in diesen Terminus eingehen, was der deutschen Literaturtheorie vergangener Jahrzehnte zu verbinden stets verpönt oder unmöglich schien: ein Thema und dessen Struktur, in der zugleich seine historische Bedeutung sich ausdrückt. Die Diskurse bilden damit Gruppen von Redeweisen, die einerseits ein Erzählwerk übergreifen und andererseits quer zu Gattungen stehen können.

Die Diskurstheorie hat zweifellos einen beträchtlichen Anteil daran, daß von der Linguistik bis zur Theorie der Geschichtsschreibung der Bogen der Erzählforschung fürs nächste weit gespannt bleibt. Gewiß hat das ausgreifende Interesse am Erzählen auch heute wieder mit einer Hinwendung zu Wissensgebieten zu tun, die anders nicht und gewiß nicht systematisch aufzuarbeiten sind. Dies korrespondiert der Hinwendung zur Aufsuche von Alltagssituationen in der Erzählkunst wie in den Sozialwissenschaften, der Auslotung von Selbsterfahrung in Gesprächsrunden und schließlich dem Verlust dominanter Theorien im Methodenpluralismus vieler Wissenschaften. Vermutlich drückt sich in dieser Hinwendung zu einem »vorwissenschaftlichen Erzählen« eine einfache Sehnsucht aus: die nach gemeinsamer Erfahrung. Die aber nähme, wenn sie als erzählte verbindlich wird, wie zu den ältesten Zeiten die Gestalt eines Mythos an.

Die Literaturwissenschaft verlegt sich unterdessen weiterhin, und womöglich schon wieder zunehmend, auf den Umgang mit poetischen Texten. Von ihr her gesehen bleibt die Erschließung der ästhetisch hoch strukturierten Erzählliteratur das Zentrum der Erzählforschung. Für die anthropologischen und die sozialen Bewandnisse des Erzählens wie auch für eine allgemeine Erzähllogik (anstelle der älteren »Dichtungslogik«) sind jedoch Linguistik, Soziologie, Philosophie und Geschichtswissenschaft heute keineswegs nur Zubringer zu literaturwissenschaftlichen Einsichten; in ihren Bereichen werden Diskurstheorien zunehmend bedeutsam und fundieren damit eine allgemeine Erzählforschung, der die Erforschung der Erzählkunst als eine spezielle aufruht. So konnte es sich jedenfalls bei diesem Symposion ereignen, daß das Gleichnis des Sokrates vom Wollstreifen der Beredsamkeit, über den die Weisheit vom volleren Becher zum leereren überfließt, in wohltätigem Wechsel nach beiden Richtungen genutzt wurde. So war der Linguistik mit der Stufenfolge vom mündlichen zum schriftlichen Erzählen der erste und der Geschichtsschreibung mit ihren philosophischen Fragestellungen der letzte Tag dieses Symposions gewidmet.

Das Symposion hat sein Thema, entsprechend der Situation um 1980, weit gefaßt. Infolgedessen waren zur Stiftung eines Zusammenhangs – das lernt man bei jedem Erzähler – besondere Vorkehrungen nötig; die Auswahl forderte Opfer und machte Lücken unvermeidlich. Der Ausfall von Beiträgen zur Psychologie des Erzählens wie auch zur tiefenpsychologischen Symbolanalyse ist eine solche Lücke; ein anderer Mangel ist die Nichtberücksichtigung der Literatur des klassischen Altertums und der slawischen Sprachen. Unter sonst schwer gegeneinander zu messenden Exposés haben wir beim Stichentscheid darüber hinaus diejenigen vorgezogen, in denen eine Nachbarschaft zu anderen, sei es durch Einklang oder Kontrast, sich deutlicher abzeichnete. Daß uns die Ausarbeitung darin manchmal über Erwarten und manchmal auch wieder nicht, kann nun jeder nachlesen. Als ein sprechendes Dokument für den Überschuß und für die Defizite eines Erwartungshorizonts gegenüber der Souveränität der Autoren teile ich im übrigen im Anschluß an diese Einleitung die Anstöße zur thematischen Orientierung mit, die von den sechs Personen, die Autoren suchten, der Einladung zu diesem Symposion beigegeben wurden. Auch daraus läßt sich lernen, daß der Geist immer noch weht, wo er will.

Das gilt, wiederum nicht zu ihrem Schaden, auch für die Wendung, die

manche Diskussionen unversehens genommen haben. Im Fortgang von einem
Thema zum anderen stellten sich Spurrillen ein, die sich alsbald tiefer durch
die Tage zogen: das Interesse an Identifizierungsprozessen, die das Erzählen
auslöst; die bohrende Frage nach der Glaubwürdigkeit (Authentizität) des Erzählens; und die allseits bereitwillige Zuflucht zum Begriff »Institution«. Gewiß sind diese Merkwörter der Diskussion ihrerseits einer zeitgeschichtlichen
Interpretation zugänglich; doch sollte gerade im letzteren Falle wie auch im
Umgang mit dem Diskursbegriff durch eine übermäßige Handhabung der Vorteil nicht verspielt werden, den ein Begriff bietet, solange sich sein heuristi-
scher Schlüsselwert mit einer eingegrenzten Bedeutung verbindet. – Schließlich fehlte, zum Glück auch unter Wissenschaftlern, nicht die unverblümte
Frage danach, wozu das Erzählen denn gut sei oder sein könnte.

Wozu das Symposion gut war, hat an seinem Ende Franz Stanzel länder-
und generationenüberbrückend in Worte gefaßt. Ihm und den folgenden Beiträgern ist zu danken, daß hernach in Briefen und bei Wiederbegegnungen der
und jener gern von diesem Symposion erzählte und dabei fand, daß an man-
chem dort Gesagten und Gehörten doch ›etwas Wahres daran gewesen sei‹.

Berlin, im Dezember 1982   *Eberhard Lämmert*

Ankündigung dieses Symposions zur Erzählforschung im Dezember 1978

1. Der erzählerische Diskurs und seine Strukturen (Wolfgang Haubrichs).

 Topoi des Erzählens und Definitionen des Erzählaktes; die Opposition von Beschreiben und
Erzählen / Weiterführung phänomenologischer Forschungsansätze: der vorgeschobene Erzähler und die Ebenen der Erzählung; grammatische und sprachlogische Bestimmungen der Erzählperspektive; Zeitstruktur, Gliederung und Verknüpfung der erzählten Handlung / Leistungen struktureller Erzählmodelle: die Entwicklung eines Themas im Erzählen, Verhältnis der erzählten Handlung zu universalen Strukturen menschlichen Handelns/Aspekte einer linguistischen Erzähltextforschung: Tempusgebrauch, Satzverknüpfung, Deixis, Gliederungselemente;
generative Textgrammatik und das Problem der ›narrativen Kompetenz‹ / Empirisch-psycholo-
gische Untersuchungen, mündliches Erzählen und Gedächtnisleistung / Kommunikationswis-
senschaftlich orientierte Interpretation von Erzähltexten; Kommunikationssignale und Appellstrukturen im Erzählvorgang / Der Übertragungsvorgang zwischen Text und Leser; Identifikation und Rollenangebot / Wissenschaftsgeschichte der Narrativik.

2. Erzähltheorie und Gattungsgeschichte (Wilhelm Voßkamp).

 ›Gattungen‹ als normative Formkonstanten und als historische Konventionsformen, (anthropologische, ästhetische, kommunikationstheoretische, sozialgeschichtliche und geschichtsphilosophische) Kategorien der Gattungsbestimmung / Gattungsbestimmung durch Analyse von
Merkmalreihen und Merkmaloppositionen / Beschreibung von Gattungssystemen und ihren
Untergliederungen / Einfache und komplexe Formen der Erzählung, Erzählung als composi-
tum mixtum / Die Rolle von Prototypen und kanonisierten Werken für erzählende Gattungen /
Systemtheoretische Interpretation von Gattungsbildungsprozessen: Selektions- und Reduk-
tionsvorgänge / Gattungserwartungen und Werkantworten; partielle Innovation als Fortset-
zungsbedingung; Travestie und Kontrafaktur / Funktion und Form erzählender Gattungen;
gattungsspezifische Präsentation von gattungsübergreifenden Strukturelementen der Erzählung; Formbestimmung durch Adressatenkreis und Distributionswege / Gattungen als literarische und soziale Institutionen / Gattungswandel und Gattungsevolution; Funktionsablösung
von Gattungen.

3. *Epochenspezifische Erzählformen (Hans-Jörg Neuschäfer).*

 Zeitliche und räumliche Variation langlebiger Erzählformen; Umbesetzung von Rollen, Schauplätzen, Begleitmotiven und Appellstrukturen in der Überlieferung von Erzählungen; Wiederbelebung latenter Erzählformen; Rearchaisierung der Erzählweise / Der literarische und soziale Kontext epochenbegrenzter Erzählformen; Entstehung, Funktionswandel und Ablösung von Erzählgattungen; epochenspezifische Formen des Romans (z. B. Picaro-Roman; Briefroman; historischer Roman); Entstehung und Wiederbelebung der Novelle und des Novellenzyklus; Wandel und Ablösung der Fabel; Gleichnis, Predigtmärlein, Exempel, Kalendergeschichte, Reportage als wahre Geschichten; Verbindungslinien und Schwellen zwischen Utopie und Science fiction / Die mediale Transformation von Erzählformen; Übernahme von Zweckformen in den Kunstgebrauch; mündliche Erzählformen in schriftlicher Tradition; die Bedeutung der entstehenden Massenpresse für die Ausbildung einer Erzählliteratur ›für Viele‹ (Feuilletonroman, Kurzgeschichte etc.); audiovisuelle Umsetzung von Erzählliteratur (Film und Fernsehen).

4. *Erzählung und Geschichte (Hans Michael Baumgartner, Jörn Rüsen).*

 Geschichte als Mythos, Mythos als Erzählung / Stufen der Literarisierung des mythischen Erzählens / Historia docet: die Analogiestruktur erzählter Geschichte (Ursprung und Wirkungsgeschichte des Topos) / Historia probat: der historische Beweischarakter erzählter Geschichte / Der Übergang vom paradigmatischen zum prozessualen Erzählen von Geschichte / Das Problem der Kontinuitätsbildung: geschichtsphilosophische Konstruktionen von Kontinuität im deutschen Idealismus; der implizite Konstruktionscharakter historiographischer Darstellung im Historismus / Die Konsistenzbildung in der Historiographie und im historischen Roman / Anfang und Ende in der Geschichtsschreibung / Die historiographische Perspektivierung der Zeit / Die Erzählung in der Ereignis- und in der Strukturgeschichtsschreibung / Erzählung als Argument / Die Erzählung als Beweisgang in der Gerichtsverhandlung / Techniken und Konventionen der Beglaubigung des Erzählten / Erzählung und historische Theorien / Wahrheits- und Objektivitätskriterien der Historiographie / Die Konstruktion eines imaginären Universums aufgrund eines Erzähltextes / Historiographie und soziale Identität / Entstehung und Wirkung kollektiver Geschichtsbilder.

WOLFGANG HAUBRICHS

Einführung zum ersten Tag des Symposions: Der erzählerische Diskurs und seine Strukturen

Der erste Tag des Symposions war dem Thema »Der erzählerische Diskurs und seine Strukturen« gewidmet. Dieser weite Rahmen, mit dem als orientierende Begrenzung nur die Behauptung einer sprachlichen Besonderheit der Diskursform »Erzählung« und das vieldeutige Wort »Struktur« gegeben sind, bot Gelegenheit zur generellen oder exemplarischen Analyse von Formen des Erzählens, aber auch zur Untersuchung sprachlicher und kommunikativer Dispositionen zum Erzählen.

Es mag gut sein, sich einleitend auf die Vielfalt der Aspekte dieses Rahmenthemas zu besinnen, um die – bei der begrenzten Zahl der Teilnehmer und bei der Begrenzung des zeitlichen Rahmens – notwendigen und auch bewußt in Kauf genommenen Defizite ins Gedächtnis zu rufen. Um so glücklicher erscheint mir der Umstand, daß die in den Weiten strukturalistischer, morphologischer, phänomenologisch-hermeneutischer, textlinguistischer, pragmalinguistischer und ethnolinguistischer Ansätze ausgespannte, pluralistische Erzählforschung in den einzelnen Vorlagen, bei aller Konzentration auf bestimmte Themen doch in ihrer Vielfalt anwesend ist und ebenso vielfältig noch einmal in der Runde der Diskussionspartner zu Wort kommt. Nur in einem Falle scheint mir daher ein wirkliches Defizit an Repräsentation vorzuliegen: Ich bedaure, daß es nicht gelang, einen Vertreter der kognitiven Psychologie oder der Psycholinguistik für das Kolloquium zu interessieren. Er hätte die überaus wichtigen Zusammenhänge zwischen der Entwicklung kognitiver Fähigkeiten und der Fähigkeiten des Menschen zu erzählen, also seiner narrativen Kompetenz, verdeutlichen können.

Die thematische Konzentration innerhalb des ersten Arbeitsbereichs erwies sich bei der Weite der Ansätze als durchaus vorteilhaft. Dies erlaubte, an wenigen konstanten Gegenständen die Unterschiedlichkeit der Ansätze deutlich zu machen. Sie hat drei Schwerpunkte des gegenwärtigen Forschungsinteresses, die nicht ohne Zusammenhang miteinander existieren, stärker hervortreten lassen:

1. Zum ersten die Beschäftigung mit dem mündlichen Erzählen. Darin spiegelt sich ein gegenwärtig stark hervortretendes sprachwissenschaftliches Interesse an Praxis und Formen der mündlichen Kommunikation und an deren Funktionen in der Alltagswelt.

2. Zum zweiten hat sich eine Gruppe konstituiert, die nach der Verwendung alltagssprachlicher Mittel und Formen in literarischer Erzählung fragt und damit auch nach dem generellen Verhältnis von nichtliterarischer zu literarischer Erzählung. Gerade hier scheint mir einer der Schwerpunkte dieses Symposions über Erzählforschung zu liegen, der auch seine Zusammensetzung aus Linguisten, Literaturwissenschaftlern und Vertretern anderer an dem Phänomen »Erzählung« interessierter Disziplinen rechtfertigt. Die Fragen richten

sich darauf, in welcher Weise die alltagssprachliche Prägung des Erzählens und die Herausbildung einer praktischen narrativen Kompetenz Vorausset- zungen liefern für das Verständnis von Formen, Funktionen und Rezeptionen der literarischen Erzählung. Es wird sich zeigen, daß auch die Diskussion über die Vorlagen zur mündlichen Erzählung diesen Aspekt, der mit ein Basisdefizit der Erzählforschung literaturwissenschaftlicher Prägung zu sein scheint, wahr- genommen hat.

3. Eine dritte Gruppe bewegt sich ganz im Rahmen der Analyse der literari- schen Erzählung. Hier ist es bezeichnend, daß gerade die Formen in den Vor- dergrund treten, die bisher von der vorwiegend an »einfachen Formen« wie Märchen, Sage, Legende, Mythos, Schwank orientierten strukturalistischen Er- zählforschung vernachlässigt wurden: die komplexen Bauformen modernen Erzählens. Dazu gehört die Komplizierung der Erzählperspektive durch die Entstabilisierung der personalen Erzählerfigur; die Brechung der Linearität des Erzählens in paradigmatischen semantischen Isotopien, die erst den Anlaß zur Wahrnehmung der sinnvollen Einheit einer Geschichte schaffen; die Er- zählung, die über sich selbst und die Bedingungen ihres Entstehens und Funk- tionierens reflektiert. Auch hier scheint mir ein Rückbezug auf die beiden er- sten Gruppen gewonnen zu sein: Die Analyse komplexer moderner Erzählun- gen, in denen traditionelle Erzählmuster sich auflösen und vielfach Sprach- und Formenskepsis sich formulieren, scheint mir ebenso wie die Analyse mündlicher Erzählungen geeignet, die Frage nach der Reichweite der Katego- rie »Erzählung« neu aufzuwerfen.

Angesichts der dargestellten Konzentration schien es sinnvoll, die »Themen des Tages« so zu organisieren, daß am Vormittag die Strukturen und Funktio- nen mündlichen Erzählens und am Nachmittag die Strukturen des literari- schen Erzählens jeweils im Vordergrund standen.

Von der Frage nach der Reichweite der in verschiedenen Disziplinen unter- schiedlich verwendeten Kategorie »Erzählung« geht explizit Wolf-Dieter *Stempel* in seiner Vorlage zur Konstitution konversationeller Erzählungen aus. Ist z. B. die konversationelle Erzählung in vorgeordnete Zwecke der Unterhal- tung eingebettet, oft auch unterbrochen von nicht erzählenden Sprachakten, noch Erzählung, und inwiefern kann sie es, ausgehend von der Erfahrung der formalen Einheit wohlgeformter »klassischer« literarischer Erzählungen sein? Stempel sucht die narrative Identität der mündlichen Erzählung durch die Maßgaben eines zuvor rekonstruierten »Grundinventars von Konstitutionsbe- dingungen« für Erzählung zu bestimmen. Mir erscheint es notwendig, ergän- zend zu diesem strukturell-deduktiven Ansatz, der die mündliche Erzählung letztenendes an unseren Erfahrungen mit der Wohlgeformtheit konventionel- ler Erzählungen mißt, einen Ansatz treten zu lassen, der den Weg von der pragmatischen Vielfalt der Formen und Funktionen konversationeller Erzäh- lungen zur Monologizität und zu einer stilisierenden, ja oft ritualisierenden Reduzierung literarischer Erzählungen nachzeichnet als einen Weg, den der alltagserfahrene und mit alltäglicher narrativer Kompetenz ausgestattete Spre- cher, Hörer, Leser im Umgang mit Literatur beschreitet.

Sehr nahe stehen sich die beiden Vorlagen von Rainer *Rath* über Erzähl- funktionen und Erzählankündigungen in Alltagsdialogen und von Jochen *Rehbein* über Strukturen mündlichen Erzählens am Beispiel des biographi-

schen Erzählens. Beide analysieren den formalen Aufbau mündlicher konversationeller Erzählungen und deren Funktionen, und beide erörtern das Verhältnis des Erzählten und des Erzählvorgangs zur Lebenswelt und zu den Intentionen des Sprechers. Rath stellt in den Vordergrund seiner Analyse die primär phatische, auf die Errichtung und Stabilisierung sozialer und kommunikativer Beziehungen gerichtete Funktion von Erzählungen. Rehbein bezeichnet
die eigenständigen Leistungen von Erzählungen bei bestimmten Problem-
Konstellationen, »die nicht einfach begrifflich kategorisiert werden können«,
z. B. die Kohärenzbildung oder die generalisierende, bewertende Funktion des
Erzählerkommentars, welche die Instrumentalität von Erzählungen (z. B. deren Exempelcharakter) hervortreten läßt. Hier zeigen sich – zumindest an der
Oberfläche – Gegensätze, die eine sprachwissenschaftliche Diskussion herausfordern. Aber auch der Literaturwissenschaft wird ein reicher Fragenkatalog
angeboten: Wie sind die in konversationellen Erzählungen eingelegten
Sprechakte des Beschreibens und Argumentierens in literarischer Erzählung
zu bewerten? Wie steht es mit der Instrumentalisierung der Erzählung (z. B.
beim Exempel, z. B. bei der Fabel)? Sind vergleichbare Funktionen des Erzählens – Kommunikationsstabilisierung, Problembewältigung – auch noch an literarischen Texten auszumachen, und wenn ja, in welcher Brechung oder sozialen Differenzierung? Linien, die zur Institutionendiskussion des zweiten
Tages hinüberführen, deuten sich an.

Schließlich sei nicht vergessen, schon an dieser Stelle auf die Parallelen hinzuweisen, die sich in der Vorlage von *Schütze* über narrative Repräsentation
kollektiver Schicksalsbetroffenheit finden, in der es gleichfalls um die Probleme der erzählerischen Verarbeitung von Selbsterlebtem geht.

Zu den Themen des Vormittags gesellen sich schließlich Christoph *Wolfarts*
empirische Untersuchungen zur mündlichen Prosa-Überlieferung. Wolfart untersucht die vorgenannten Studien mündlicher Erzählung, aber sein Gegenstand sind nicht Formen, die in einem jeweiligen konversationellen Rahmen
funktionieren, sondern traditionell geprägte und weitergegebene Formen wie
sie den »einfachen Formen« unserer Literaturforschung aus Vergangenheit
und Gegenwart entsprechen. Wolfarts Gegenstand sind Erzählungen der kanadischen Plains-Cree-Indianer. Auch hier muß in erster Linie die Frage nach
der Vergleichbarkeit oder Differenz der narrativen Organisation von mündlichen und schriftlichen Erzählungen beschäftigen. Im Hinblick auf die am
zweiten Tag zu diskutierende Frage der Institutionalisierung von Gattungen in
Gesellschaften ist aber auch Wolfarts Feststellung von Belang, daß sich bei
den Plains-Cree sprachlich und begrifflich bereits der Unterschied zwischen
»Geschichten erzählen« und »Mythen erzählen« findet.

Thema der zweiten Abteilung des ersten Tages sind die Strukturen literarischer Erzählung. Manches verbindet die Vorlagen der zweiten Abteilung mit
den Arbeiten der ersten Gruppe. *Ehlich* analysiert und rekonstruiert in seinem
Beitrag die Verwendung der Kategorien »Deixis« und »Phorik« in der
Sprachwissenschaft. Die anschließende Diskussion der alltagssprachlichen
Funktion von deiktischen und phorischen Mitteln erweist Deixis als ein Mittel
des Sprachsystems, mittels dessen ein Sprecher die Orientierung des Hörers
auf Zeit, Raum und Aktanten der Sprachhandlung erreichen kann (z. B. ich,
hier, jetzt, du, dieser), und die Phorik (wie die Pronomina er, sie, es) als das

gängige Mittel, das einen einmal etablierten Fokus der Orientierung aufrecht-
erhält. Es ist einleuchtend, daß die Mittel der Neuorientierung und der Fokussierung dem Hörer oder Leser einen höheren Aufmerksamkeitsgrad abverlangen als diejenigen, die einen etablierten Fokus nur kontinuieren. Ehlich gelingt es nun, in der Analyse einiger ausgewählter, zum Teil durch extreme Verwendung der deiktischen Mittel gekennzeichneter Texte von Eichendorff bis
Bichsel und Thomas Bernhard nachzuweisen, daß literarische Texte durch gezielten unüblichen Einsatz oder unübliche Häufung von solchen Mitteln einen
gesteigerten Aufmerksamkeitseffekt beim Leser erreichen. Mir scheint in dem
Beitrag von Ehlich ein exemplarisches Angebot der pragmatisch orientierten
Textlinguistik an die Literaturwissenschaft zu liegen, ein Angebot nämlich, an
den partikulären Verletzungen alltagssprachlicher Normen die spezifischen
Interaktionen zwischen Autor und Leser zu ermitteln. Es wäre weiter zu fragen, inwieweit das in der Verletzung der Normen liegende Moment der Enttäuschung von Lesererwartungen den sprachlichen Ausdruck von Irritationen
des Lesers darstellt, wie sie auf der Ebene der Inhalte und Motive offensichtlich intendiert sind. Möglicherweise ist aber auch eine den Normen verfestig-
ter literarischer Gattungen nicht entsprechender Gebrauch von alltagssprachlicher Deixis (Du-Deixis, unmittelbare Anrede am Schluß des Eichendorff-Tex-
tes) ein sprachlicher Ausdruck der Formulierungsdefizite einer Gattung, die
den Autor zu dem Versuch ermutigen, den Rezipienten unmittelbar in den Erzählakt einzubeziehen.

Auch Dieter *Janik* beschäftigt sich in seinem Beitrag über das Verhältnis
von Redeformen zu Sachverhalten der erzählten Wirklichkeit mit alltagssprachlichen Formen, die in der Erzählung wirksam werden. Er konstatiert die
Prägung von Redeformen durch bestimmte Sachverhalte der Wirklichkeit, die
gewissermaßen als sprachliche Sedimente der Kommunikation dem Sprachwissen von Lesern angehören. Indem nun der mimetisch verfahrende Erzähler
im Rückgriff auf das mit dem Leser geteilte Sprachwissen über alle pragmatischen Sprechakte und Redeformen verfügt, sie gezielt in der Erzählung einsetzt, entsteht eine verstärkte Illusion der Wirklichkeit. Janik skizziert einen
Entwurf der Geschichte des Erzählens, der vom nichtmimetischen, sozusagen
»puren« Erzählen zur stetig verbesserten Erzeugung von Wirklichkeitsvorstellungen mit dem Höhepunkt im realistischen Roman des 19. Jahrhunderts
führt, um dann mit der zunehmenden Selbsterkenntnis der bloßen Inszenierung von Wirklichkeit umzuschlagen in die Reflexion der erzählerischen Mittel. Mit der Konsequenz einer zunehmenden Komplizierung der Formen entweder zum Zwecke der Mimesis anderer, etwa psychischer Wirklichkeiten,
oder zum Zwecke der Zerstörung der Mimesis selbst, die den Schein als solchen zu durchschauen erlaubt. Deutlich scheint in diesem Konzept die Entwicklung und Funktion von Gattungen mitangesprochen. Erneut erhebt sich
aber auch die schon am Vormittag gestellte Frage nach der Rolle der eingelegten nichtnarrativen Formen in mündlicher Erzählung und deren eventueller
Vergleichbarkeit mit literarischen Texten. Schließlich weist die Vorlage von Janik voraus auf die Diskussion der Ursachen für die Komplizierung moderner
Erzählformen im zweiten Themenblock des Nachmittags.

Der erste hier zu besprechende Beitrag – Klaus W. *Hempfers* Vorlage »Die
potentielle Autoreflexivität des narrativen Diskurses und Ariosts Orlando

Furioso« – geht dieses Problem mit der Widerlegung einer anscheinend etablierten Ansicht an, die Autoreflexivität sei wesentlich ein Kennzeichen des
modernen Erzählens. An der Analyse des Ariost-Textes weist Hempfer die
Existenz von Formen der Autoreflexivität des erzählerischen Diskurses – wie
Thematisierung der persönlichen Erlebnisphase des Erzählers, wie Selbstthematisierung des Erzählers als Textorganisator, wie Erzählerkommentare zur
Handlung – in der Literatur der Vormoderne nach und stellt fest, daß auch
hier schon die »›Geschichte‹ ihre Bedeutung wesentlich erst von der ›Besprechung‹ im Diskurs« erhält. »Wenn also« – folgert Hempfer, »in historisch wesentlich verschiedenen Situationen ... analoge narrative Verfahren aufweisbar
sind und diese nicht auf der Ebene einer gattungshaften Kontinuität angesiedelt werden können, sind sie als prinzipiell mögliche Transformationen genereller struktureller Bedingungen narrativer Kommunikation zu begreifen« (S.
149). Im Hinblick auf die behauptete Universalität der autoreflexiven Mittel
drängen sich zwei Fragen auf: Besitzt die Selbstthematisierung der modernen
Literatur wirklich denselben Charakter und dieselbe Intention wie die auto-
thematisierenden Formen der Vergangenheit? Könnten nicht analoge, aber in
ihrer Motivation durchaus differente Faktoren für die Ausbildung der Selbstthematisierung in den verschiedenen Epochen der Literaturgeschichte ermittelt werden?

Manfred *Schmeling* verfolgt in seinem Beitrag semantische Isotopien als
Konstituenten des Thematisierungsprozesses in nicht-linearen Erzähltexten.
Am Beispiel des Kafka-Textes »Der Bau« weist er auf den Typ aritifizieller,
absichtsvoller Zerstörung vertrauter Muster und Elemente des traditionellen
Erzählens hin, einer Zerstörung, die vor anderem die handlungslogische Konstruktion der ›Geschichte‹ betrifft. Die Form wird durch die Negierung ihrer
traditionellen Funktion frei für Bedeutungsfunktionen jenseits der Erzählsyn-
tax, sie korrespondiert auf der semantischen Ebene den Inhalten der Erzählung; im Zusammenspiel von bedeutsamen Formen und expliziten Motivkom-
plexen wird dem Leser die Rekonstruktion der thematischen Kohärenz des Erzähltextes ermöglicht, z. B. entsteht so im nicht-linearen, quasi labyrinthischen
Diskurs des Kafka-Textes, erhellt durch motivische Assoziationen zum Laby-
rinthmythos, die allgemeine Vorstellung von der Heil- und Ziellosigkeit der
Welt. Diese Korrespondenzen, die Schmeling im Begriff der semantischen Isotopie faßt, kompensieren in Texten mit nichtlinearem Diskurs den Mangel an
aktionaler Kohärenz. Es scheint mir sinnvoll, an dieser Stelle nochmals die
schon in der Vorlage von Stempel aufscheinende Frage nach der Reichweite
unseres Erzählbegriffs, nach der narrativen Identität dieser Texte aufzuwerfen.
Sind das noch Erzählungen? Und sind sie es womöglich »nur« deshalb, weil
sie sekundär sind, weil sie beim Rezipienten die Kenntnis linearer, »klassischer« Erzähltexte voraussetzen?

An ähnlichen Verhältnissen setzt Franz Karl *Stanzel* in seinem Beitrag über
die Opposition Erzähler – Reflektor im erzählerischen Diskurs an. Er trifft
eine Unterscheidung zwischen Erzählungen, die mit den Differenzen zwischen
einem persönlichen Erzähler (auktorialen Erzähler, Ich-Erzähler), der aus der
Tradition des mündlichen und Alltagserzählens abgeleitet werden kann, und
einem nur literarischen Reflektormodus (Vermittlung der Erzählperspektive
durch eine Romanfigur, Ich in Form eines inneren Monologes) operiert. In der

modernen Erzählliteratur bemerkt Stanzel nun Tendenzen zur Aufhebung der Opposition zwischen diesen beiden Modi: charakteristisch scheint vor allem der zuvor ganz unkonventionelle Wechsel zwischen beiden Modi der Perspektivierung (Th. Mann) bzw. der Versuch zur Verschmelzung der Modi (James Joyce). An den Entwurf von Stanzel schließt sich für mich die Frage an: Mit welchen sprachlichen Mitteln wird eigentlich das Bewußtsein – diese oder jene Figur der Handlung ist Reflektor, ist der Vermittler der Perspektive – beim Leser erzeugt; weiterhin stellt sich bei den Versuchen zur Verschmelzung erneut die Frage nach der Reichweite des Erzählbegriffs: Ist z. B. die Technik des Bewußtseinsstroms bei Joyce noch Erzählung oder eine andere Art der Wiedergabe von Wirklichkeit? Oder ist sie gerade deswegen noch narrativ, weil sie den Leser veranlaßt, aus den disparat assoziierten Fragmenten die ›Geschichte‹ und den Ort ihrer Einheit zu rekonstruieren? Hier scheint mir ein ähnliches Problem der Isotopie vorzuliegen wie bei den von Schmeling aufgewiesenen Phänomenen.

WOLF-DIETER STEMPEL

Zur Frage der narrativen Identität konversationeller Erzählungen

0.1   Der äußere Anlaß für folgenden Überlegungen ist ein fast paradox zu nennender Umstand, die Erfahrung nämlich, daß im Verlauf von Kolloquien, die dem Bereich des Erzählens oder bestimmten Aspekten der Narrativik gewidmet sind, mit einer gewissen Regelmäßigkeit die Frage aufgeworfen wird, was das denn nun eigentlich genau sei, das Erzählen (oder das »Narrative«) bzw. wie man es erkennen könne und wie es wohl möglich sei, einen vorliegenden Text tatsächlich als das zu bestimmen, wofür man ihn aufgrund eines nichtproblematisierten Vorverständnisses gehalten hat, als Erzählung nämlich. Ist dieser Umstand lediglich der Unberatenheit der jeweiligen Diskussionsteilnehmer zuzuschreiben? So etwas mag schon einmal vorkommen, aber im allgemeinen sind natürlich Spezialisten geladen, die wissen, daß das Nachdenken über das Narrative nicht nur eine respektable, bis zu Plato und Aristoteles reichende Tradition hat, sondern gerade in den letzten fünfzehn Jahren eine Reihe von grundsätzlichen, z. T. viel zitierten theoretischen Beiträgen erzeugt hat. Sollten diese denn nicht die Möglichkeit an die Hand geben, angesichts eines gegebenen Textes die Bestimmungsfrage ohne weitere Umschweife verläßlich zu beantworten? Es bedeutet gewiß keine Geringschätzung des bisher Geleisteten, wenn man die Frage grundsätzlich verneint, denn es gibt eine ganze Reihe von Gründen, die diesen Befund verständlich erscheinen lassen, Gründe, die auch da, wo sie recht banal anmuten, es lohnt, kurz in Erinnerung zu rufen.

a) Es ist natürlich zunächst zu bedenken, daß die einzelnen Theorien zur Konstitution von Erzählung unter unterschiedlichen Basisvoraussetzungen und mit abweichender Zielsetzung erarbeitet wurden. [1] Dieser Umstand schließt selbstverständlich eine vergleichende Würdigung nicht aus, besagt aber zunächst, daß es eine allein als maßgeblich aufzufassende Theorie nicht gibt und auch nicht geben kann, da die vergleichend-wertende Analyse ja selbst letztlich an ihre eigenen partikularen Voraussetzungen gebunden bleibt. So ist es gewiß legitim und wichtig, das Narrative so allgemein zu bestimmen, daß damit die Konstitutionsgrundlage für unterschiedliche Sorten der Manifestation gewonnen wird. Dies gilt ja schon für die aristotelischen Bestimmungen des »Mythos«, der in Tragödie wie in Epos gleichermaßen zur Darstellung gebracht werden kann. Aber es fragt sich andererseits, ob es sinnvoll, ja adäquat ist, etwa für eindeutig lyrische Gedichte »narrative Schemata« anzusetzen bzw. den Terminus frz. *récit* (eigentlich ›Erzählbericht‹) hier zu benutzen. [2] Ganz abgesehen davon, daß in dem Augenblick, da es um die Beschreibung *sprachlicher* Texte geht, die Frage zu stellen ist, welche Zusatzbestimmungen und speziellen Analyseerfordernisse für diesen besonderen Fall der sprachlichen Realisierung des ›Mythos‹ Berücksichtigung verlangen. Die gerade in vielen Arbeiten der französischen Schule zu beobachtende Vernachlässigung der Diskursproblematik und besonders der Manifestationsebene des Textes zu Gunsten der Herausarbeitung der semiotischen Struktur bedeutet jedenfalls jenseits aller Adäquatheitsproblematik eine Einschränkung der Analyseprozeduren, die dort offenkundig wird, wo die forsche Transzendenz der Ebene des sprachlichen Ausdrucks Diskurs- und Ausdrucksbestände als unvermittelt zurückläßt.

Ein anderes Beispiel, das sich mit dem Ansatz der französischen Semiotik im Prinzip durchaus vergleichen läßt, liefern die ersten Versuche, von einer allgemeinen Textgrammatik zu narrativen Strukturen vorzudringen, mit dem Unterschied, daß hier die Adäquatheitsfrage in den Vordergrund rückt. Denn während in den französischen Arbeiten mit ausschließlich oder vorwiegend theoretischer Zielsetzung die Spezifik des Narrativen gesucht wird, enthalten z. B. die *Prolegomena zu einer Theorie des Narrativen,* die den Band *Zur Bestimmung narrativer Strukturen auf der Grundlage von Textgrammatiken* von T. A. van Dijk, J. Ihwe, J. S. Petöfi, H. Rieser, einleiten, einige einschlägige Vorüberlegungen, doch bleibt das nachfolgende, von H. Rieser explizierte »Modell« davon ganz unberührt (was sich schon daran zeigt, daß bei der Analyse des zugrunde gelegten Textes, Herrn K.'s Lieblingstier, keinerlei Unterschied zwischen dem einleitenden Berichtsatz und den nachfolgenden 23 Sätzen direkter Rede gemacht wird). [3]

Wir können an dieser Stelle darauf verzichten, auf weitere Ansätze zur Narrativik einzugehen, denn es ergibt sich immer wieder, daß bei allem Positiven, was die Forschung insgesamt erbracht hat, die einzelnen Beiträge nach irgendeiner Seite hin als nicht, bestenfalls als noch nicht ausreichend zu betrachten sind. Dies bedeutet, daß die Möglichkeiten und insbesondere die Reichweite ihrer Anwendung als praktisches Analyseinstrument, wie unterschiedlich immer diese zu beurteilen sind, eingeschränkt bleiben, und zwar insbesondere dort, wo nicht Texte mit ›klassischer‹ Erzählnorm aus dem Bereich der Literatur (z. B. Novellen) oder stark schematisierte Formen (Märchen) zugrunde gelegt werden (die den Ausgangspunkt der heutigen Narrativik gebildet haben), sondern z. B. mündliche, konversationelle Erzählungen.

b) Unsere Ausgangsfrage gilt der Identifizierung von Erzähltexten, und das bedeutet, daß man in der Regel neben rein narrativen (sagen wir vorläufig: ereigniskonstituierenden) Bestandteilen auch nichtnarrative vorfindet. Die theoretische Bearbeitung dieser Komponenten, die zumeist beschreibenden Status haben, ist noch vergleichsweise wenig entwickelt, und insbesondere ist, sieht man von der Notwendigkeit der raum-zeitlichen Situierung einmal ab, noch wenig über das Verhältnis von Narration und Deskription bekannt. Infolgedessen ist auch vorläufig noch kaum verläßlich anzugeben, welche Sorten von deskriptiven Elementen und in welchem Umfang sie in die Definition einer Erzählung aufzunehmen sind. Nun mag man zwar einwenden, daß, wofern nur der Bezug der Deskription zur Narration in der Weise erkennbar ist, daß sie, wie auch immer, zum Verständnis des Handlungsablaufs beiträgt, die Bestimmung des Textes als Erzählung nicht eigentlich berührt wird. Aber diese Erkenntnis wird nicht selten verwehrt. So läßt z. B. das Aufbrechen der klassischen Erzählmuster in der modernen Literatur oft genug die Frage auftauchen, ob hier noch von Erzählung in einem vertretbar zu definierenden Sinne gesprochen werden kann und nicht vorwiegend Zustände, Befindlichkeiten usw. ohne inhaltszeitlich vermittelte Abfolge aneinandergefügt werden.

c) Hält man sich im Hinblick auf die vorliegende Fragestellung an konversationelle Erzählungen, so ergeben sich besondere Probleme, und man kann ganz allgemein sagen, daß Texte dieser Art eine Herausforderung für die narrative Analyse bedeuten. Sie werden in der Regel spontan im Gesprächszusammenhang geäußert, und es ist klar, daß dieser Umstand makrostrukturelle Planungsstrategien zu beeinträchtigen imstande ist. Um das Risiko klein zu halten, daß unter Umständen schon vorstrukturierte oder vorformulierte Texte geboten werden, wollen wir uns deshalb auch auf die Darbietung selbsterlebter Geschichten beschränken, die zwar das Selbstzitat grundsätzlich nicht ausschließen, aber gleichwohl die eigene Regie des Erzählvorgangs insgesamt gewährleisten. Es kann sich jedoch nicht darum handeln, die Spontaneität einseitig oder entscheidend in Richtung eines bloßen Performanzproblems auszulegen, und zwar nicht etwa wegen der unter Umständen mißlichen Konsequenz, daß dann im Bereich des Mündlichen eine Erzählung überhaupt allenfalls bei besonderer Schulung oder individueller Begabung als wohlgeformt realisiert würde, im übrigen aber der schriftlichen Redaktion vorbehalten bleiben müsse. Vielmehr scheint es, wie viele protokollierte Erzählungen unseres Typs nahelegen, Konstitutionsformen des Geschehnisbegriffs zu geben, die auf die bei der Darbietung obwaltenden Umstände abgestellt sind und dabei in unterschiedlicher Weise von den geltenden Erzählmodellen abweichen. Aber die Frage stellt sich sofort, in welchem Umfang solche Abweichungen bei Wahrung der narrativen Identität des Redebeitrags möglich sind. W. Wildgen z. B. hat bei seiner Untersuchung *Narrative Strukturen in den Erzählungen ausländischer Arbeiter* [4] versucht, die erhaltenen Texte nach qualitativen Kriterien zu klassifizieren und dabei drei Klassen aufgestellt, die durch den unterschiedlichen Quotienten narrative:evaluative Einheiten (im Labov-Waletzkyschen Sinn) bestimmt werden. Zur ersten Klasse werden Narrationen gerechnet, die einen Index größer als 1 haben, während sie in der zweiten Werte zwischen 0 und 1 aufweisen sollen (was jedoch nicht immer der Fall ist: Die Klasse 2 wird als »ziemlich heterogen« bezeichnet); die dritte Klasse ist schließlich dadurch ausgezeichnet, daß die narrative Komponente vollständig fehlt, was Wildgen jedoch nicht daran hindert, auch hier eine »Unterklasse« der »Grundmenge« der konversationellen Erzählung anzunehmen (S. 104), eine Auffassung, die allerdings insofern modifiziert wird, als bei der Analyse eines hier einschlägigen Textes die zeitlich fixierbaren Elemente als Kennzeichen eines »Berichts« ausgegeben werden (S. 114). Nimmt man hinzu, daß die Grenze zwischen Klasse zwei und drei als »fließend« bezeichnet wird, so erhält man einen unmittelbaren Eindruck von der Bestimmungsproblematik, die nicht etwa allein auf das unvollkommene Gastarbeiterdeutsch zurückzuführen ist, vielmehr sich auch in entsprechenden Textproduktionen muttersprachlicher Sprecher widerspiegelt.

0.2   Die Folgerung, die sich aus dem Dargelegten ergibt, ist somit unmittelbar einsichtig: Es bedarf einer Konzeption des Narrativen, die es erlaubt, die narrative Identität konversationeller Erzählungen unter Berücksichtigung von deren Konstitutionsbedingungen zu sichern. Es liegt auf der Hand, daß diese Aufgabe nicht auf Anhieb zu lösen und auch im Rahmen dieser Vorlage nicht in wünschenswertem Maße diskutiert werden kann. Ich beschränke mich daher im folgenden auf einige Bemerkungen, die lediglich einen Anreiz dazu liefern sollen, das Bestimmungsproblem »Erzählung«, das im Falle der konversationellen Beiträge in ganz neuer Weise zutage getreten ist, so zu fassen, daß angemessene Lösungsvorschläge möglich werden.

1.   Es erscheint zunächst erforderlich, die Kategorien, denen für die Theorie der Narrativität ganz allgemein ausschlaggebende Bedeutung zuzumessen ist, in eine vernünftige oder jedenfalls vertretbare Ordnung zu bringen, d. h. sie den für sie in Frage kommenden Ebenen der Konstitution zuzuweisen. Ein solches Vorgehen ist natürlich von der Hypothek belastet, daß die aufgegriffenen Kategorien aus dem sie fundierenden speziellen Zusammenhang gelöst werden, ohne daß dies immer zureichend gewürdigt werden noch gar eine Auseinandersetzung mit den jeweiligen Theorieangeboten erfolgen kann. Andererseits gibt es in manchen Punkten vielfache Übereinstimmungen, so daß das fragliche Risiko, das eingegangen werden muß, wenn nicht beseitigt, so doch gering gehalten werden kann.

1.1   Beginnen wir mit der Ebene der relativ größten Allgemeinheit, die wir pauschal die *philosophische* nennen wollen. Auf ihr ist darzustellen, was als der Kern der Narrativik zu erachten ist, nämlich die Definition des Narrativen noch vor seiner Formierung auf der Ebene des Diskurses und noch ganz unabhängig von jeder Gestaltung in Texten.

1.1.1   Von der analytischen Geschichtsphilosophie (A. Danto) wie der temporalen Logik (H. van Wright) her gesehen ergibt sich, daß der narrative Kern in der Abbildung eines Wandels besteht, der logischerweise voraussetzt, daß ein Ausgangszustand in einen veränderten überführt wird. Dies ist nur dann der Fall, wenn sich die Prädikate von Zustand 1 und Zustand 2 kontradiktorisch zueinander verhalten, sich also gegenseitig ausschließen. [5] Damit wird bereits auf dieser Ebene sichtbar, daß die Konstitution des Narrativen die Beschreibung zur logischen Voraussetzung hat, und zwar im vorliegenden Fall bezüglich der jeweiligen Befindlichkeit des Subjekts des Wandels. Die Konstitution des Narrativen ist somit an die Bedingung geknüpft, daß sie in mehrere Propositionen zerlegt wird, [6] von denen mindestens eine (die logischerweise nicht die erste sein kann) den eigentlichen Vollzug des Wandels zum Inhalt haben muß. Ob man dabei mit drei Propositionen rechnet oder mit zweien (wobei im letzteren Fall in der zweiten Proposition der Vollzug des Wandels resultativen Charakter hätte), darf hier unerörtert bleiben. Unterschritten wird jedoch diese Konstitutionsbedingung auf jeden Fall, wenn der Wandel in einer einzigen Proposition benannt wird, mag dieser auch, wie in dem in der angelsächsischen Geschichtsphilosophie viel diskutierten Beispielsatz »Louis XVI died unpopular« einen Ausgangszustand (›Ludwig XVI. war zu Lebzeiten auch populär‹) voraussetzen. Narrative Sätze kann es daher, absolut gesehen, was immer sie an Ereignishaftem enthalten mögen, nicht geben.

1.1.2   Semiotisch gesehen ergibt sich aus diesem Umstand, daß die narrative Konstitution in ihrer zeitreferentiellen Gebundenheit den Wandel abbildet, d. h. prinzipiell ikonischen Charakter hat. Dies läßt sich daraus ersehen, daß jede Inversion der Abfolge der konstitutiven Propositionen, bei der also das Resultat dem Ausgangszustand vorangestellt wird, nicht mehr im strengen Sinne mit dem Prädikator ›narrative Darstellung‹ versehen werden kann. Nur beiläufig sei bemerkt, daß auf der Ikonizität des Narrativen seine Erlebniswirkung, aber auch damit verbundene Verfahren wie Spannungserzeugung beruhen (diese Momente kommen freilich nur dort zu voller Entfaltung, wo ein hoher Detaillierungsgrad der Darstellung gewählt wird, d. h. die Darstellung der Wirklichkeit angenähert erscheint).

1.1.3   Schließlich ist der speziellere historische Aspekt der narrativen Problematik auf dieser Ebene geltend zu machen. Er kommt darin zum Ausdruck, daß der Wandel, damit er faßbar wird, vollzogen sein muß. Das ist der Fall, wenn ihm insgesamt die Bedeutung einer Handlung oder eines Ereignisses beigemessen werden kann, was voraussetzt, daß zwischen Zustand 1 und 2 eine einsehbare Beziehung besteht. Diese wird bekanntlich in der Terminologie Dantos als Erklärungselement (»explanation«) t_2 zwischen Ausgangspunkt t_1 und Endpunkt t_3 eingefügt. [7] Es genügt jedoch, zu diesem weidlich diskutierten und hier nur sehr abgekürzt vorgetragenen Problem zu sagen, daß, generell gesehen, die Beziehung zwischen t_1 und t_3 möglichen, wahrscheinlichen oder notwendigen Charakter hat, was bedeutet, daß es, rein narrativ und nicht historiographisch gesehen, ohne wesentliche Bedeutung ist, ob z. B. die Umstände eines Verkehrsunfalls von der Möglichkeit in die Notwendigkeit überführt werden können.

Ein zweiter Punkt ist hier anzuschließen: die Singularität des Wandels, die nicht notwendigerweise oder jedenfalls nicht direkt aus der temporallogischen Perspektive abzuleiten ist. Nur historisch ist zu begründen, daß Vorgänge des gewohnheitlichen Machens, Herstellens oder Tuns ohne narrative Relevanz bleiben, da die Zeitreferenz des Wandels, die auch ihnen logisch zuerkannt werden kann, als Verlaufszeit aufgehoben und nur auf übergeordneter Ebene, aber dann punktuell als bloße Tatsache (Produktionsmodus, Gewohnheit usw. zu einem bestimmten Zeitpunkt) fixierbar ist. Nicht erscheint es in vorliegendem Fall erforderlich, die Bedingung einzuführen, daß der Wandel Intentionalität aufweisen müsse (vgl. die Unterscheidung von doings und actions [8]). Die verschiedentlich erstrebte Fundierung der Narrativik in einer allgemeinen Handlungslogik [9] ist von aller sonstigen Problematik abgesehen, nicht nur deswegen fraglich, weil ein Wandel durch unbedachtes Tun bewirkt werden kann, sondern weil trotz vielfach vertretener gegenteiliger Auffassung das Subjekt des Wandels oder der Ereignisträger nicht in jedem Fall der Klasse der menschlichen Wesen angehören muß. Es ist jedenfalls nicht einzusehen, warum z. B. der Bericht über Verheerungen, die ein Orkan angerichtet hat, nicht narrativ genannt werden sollte, wenn er den bisher genannten Bedingungen entspricht.

1.2   Die Ebene des *narrativen Diskurses* ist dadurch gekennzeichnet, daß hier die sprachlichen Implikationen der in 1.1 genannten Merkmale ihren Ort haben. Dazu gehören die die Kohärenz- und Homogenitätsbedingungen (auf die hier nicht eigens eingegangen werden soll [10]). Sie sichern nicht nur die Konsistenz der Abbildung des einzelnen Wandels, sondern betreffen ebenso die im Rahmen eines Diskurses normalerweise erfolgende Expansion der Elementarsequenz, bei der mehrere Wandel in einen narrativen Komplex integriert werden.

Sodann haben auf dieser Ebene die Regeln der deiktischen Umschaltung ihren Platz, die nach Maßgabe der Differenz des Umfelds der Ich-Origo des Diskurssubjekts zu demjenigen des Wandels notwendig wird. Das mag auch in der einen oder anderen Weise, je nach den Gegebenheiten des einzelsprachlichen Tempussystems, für die temporale Deixis gelten. Auf jeden Fall ist hier unbeschadet der Möglichkeiten der jeweiligen Realisierung an der Zeitstufe der Vergangenheit festzuhalten.

Der narrative Diskurs hat als charakteristische Besonderheit, daß er, was auf den ersten Blick paradox erscheinen mag, nur auf der Ebene des Ausgesagten, nicht aber der des Aussagens darstellbar ist (dies ist mit ein Grund, weswegen das Verb *erzählen* nicht performativ verwendet und die betreffende Sprechhandlung nicht auf der gleichen Ebene wie *behaupten, informieren* u. a. angesetzt werden kann [11]). Konkret kommt diese Eigenschaft darin zum Ausdruck, daß z. B. Gliederungssignale, die bei der Organisation von Erzählung Verwendung finden und auf die Ebene des Aussagens verweisen (z. B. »jetzt« in »Jetzt kommt das Tollste«), letztlich keinen narrativen Status haben und nicht zum narrativen Diskurs im definitorischen Sinn gerechnet werden können, zumal solche Gliederungsartikulationen ja ganz allgemein zur Gestaltung meist längerer Redebeiträge gehören. Es mag weiter an dieser Eigenheit liegen, daß z. B. die Artikulation eines Wandels im Rahmen eines subordinativen Satzgefüges (»Als Peter über die Straße ging, wurde er überfahren«) nicht als narrativ aufgefaßt werden kann, da die Subordination in die Abbildung des Wandels eingreift und damit, wie auch an der prinzipiellen Stellungsungebundenheit des Temporalsatzes ersichtlich, den semiotischen Status der Darstellung (Ikonizität) beeinträchtigt bzw. verändert (hier verbergen sich freilich noch eine Reihe von Problemen, auf deren Diskussion verzichtet werden muß). Es spricht auf jeden Fall viel dafür, Kommentare, z. B. in Gestalt von Satzadverbien: »Sicher war er betrunken«, im strengen Sinne nicht zum narrativen Diskurs zu rechnen, jedenfalls sofern sie performativ darzustellen sind: »Ich nehme als sicher an, daß er betrunken war«. Andererseits sind natürlich dieser Ebene diejenigen deskriptiven Aussagen zuzuordnen, die an der sprachlichen Realisierung der Elementarsequenz unmittelbar beteiligt sind.

1.3   Die Ebene des *narrativen Textes* ist der theoretische Ort, an dem die Inszenierung des Narrativen anzusiedeln ist. Darunter ist, da unter Textebene zunächst nur eine zugrunde liegende Struktur, nicht die Oberflächenmanifestation gemeint ist, die Formierung des Narrativen nach den Definitionsmerkmalen des Textes zu verstehen. Im Gegensatz zum Diskurs ist der Text zum einen als gegliedertes abgeschlossenes Ganzes, zum anderen als Kommunikationseinheit anzusehen, was heißt, daß die Strukturierung den Adressaten schon hier in einer ganz allgemeinen Weise zu berücksichtigen hat, unabhängig von seiner An- oder Abwesenheit bzw. der Unterscheidung von literarischer, schriftlicher oder mündlicher Erzählung.

Es erscheint sinnvoll, dieser Ebene das zuzuweisen, was in verschiedenen Arbeiten die Makrostruktur des Erzählens genannt wird. Diese läßt sich zunächst als Expansion der logischen Elementarsequenz auf Textebene begreifen, was auf das Abfolgeschema: Exposition – Komplikation – Lösung (bzw. Resultat) [12] hinausläuft. Allerdings ist dabei zu bemerken, daß diese Kategorien auch anders benannt werden können, immer unter der Voraussetzung freilich, daß sie die Umsetzung der Elementarsequenz auf Textebene repräsentieren. Dabei ist auf jeden Fall die deskriptive Kategorie nun neu zu fassen: Sie bezieht sich auf die Orientierung des Adressaten hinsichtlich der zeitlichen und räumlichen Situierung des vergangenen Geschehens. Auch unter diesem Aspekt ergibt sich, daß in der Makrostruktur die Orientierung die erste Stelle einnimmt. Alle weiteren, meist in Anlehnung an Labov-Waletzky genannten Kategorien (Evaluation, Moral bzw. Coda) müssen als fakultativ oder auf bestimmte Texttypen bezogen angesehen werden. [13]

1.4   Das Komplement zur Ebene des narrativen Textes bildet der Diskurs, der hier, in Absetzung vom narrativen, *Erzähldiskurs* genannt werden soll. Er übernimmt die Organisation der Erzählung im Zusammenhang mit der narrativen Konsistenzbildung, und zwar einerseits nach der syntagmatischen Seite hin durch diskursive bzw. plane, differierende, Spannung erzeugende oder in irgendeiner speziellen Hinsicht modalisierende Gestaltung und Gliederung der Narration, sowie in paradigmatischer Richtung durch Kondensierung und Detaillierung der einzelnen Strukturen entsprechend den jeweiligen Relevanz- bzw. Wirkungsgesichtspunkten.

Zugleich ist diesem Diskurs jedoch auch die Organisation auf der Ebene der Deskription zuzuordnen. Er unterscheidet sich vom narrativen gerade dadurch, daß er die Deskription nicht nur als logischen Bestandteil des Wandels erfaßt; er beschränkt sich auch nicht auf dessen obligatorisches setting, sondern verleiht der Narration auf die vielfältigste Weise Profil. Dies geschieht durch Einfügung von Details (Eigenschaften und Fakten, die Zusammenhänge argumentativer, qualifizierender, modaler oder sonstiger Art indizieren [14]), welche über die Formen narrativer Konsistenzbildung nicht ausgedrückt werden können (z.B. die Qualität ›Fatalität‹ als Verkettung unglücklicher Umstände). Da diese Zusammenhänge nicht wie die narrativ konstituierten über eine objektivierbare Instanz ermittelbar sind, besteht hier ein beträchtliches Analyseproblem, zumal bei der relativen Stellungsungebundenheit deskriptiver Artikulationen auf der syntagmatischen Achse ihre Lokalisierung im Rahmen der Diskursdisposition mit zu bedenken ist. Auf jeden Fall muß postuliert werden, daß alle deskriptiven Elemente in Bezug zur Narration zu setzen sind, soll dem Risiko entgegengewirkt werden, daß die Identität des Textes als Erzählung angetastet oder aufgegeben wird.

Gleiches gilt, wenn auch unter generell erleichterten ›Identitätsbedingungen‹, für die direkte Erzählerrede, die komplexe Darstellungen expliziert, organisiert oder kommentiert.

1.5.1   Die bisher aufgeführten Konstitutionsebenen sind nun in bezug auf die hier im Vordergrund stehenden konversationellen Erzählungen zu ergänzen [15], und zwar zunächst im Hinblick auf die Bedingungen und Implikationen der face-to-face-Kommunikation. Obwohl der narrative Diskurs per definitionem monologischen Charakter hat (wie sich sowohl inhaltlich durch den von ihm bewirkten Informationsausgleich wie vor allem formal durch die Bedingung der Mehr-Satz-Konstitution ergibt), erzeugt die Einbettung in die aktuelle Kommunikationssituation dialogische Bezüge. In gewisser Weise ist sogar die prinzipielle Monologizität des narrativen Diskurses gerade Anlaß, diese Bezüge einzuflechten, denn sie betreffen in erster Linie die Sicherung des Kommunikationsverhältnisses, dessen Aufrechterhaltung in dem Maße, wie es sich verlängert, auf wiederholte Bestätigung angewiesen ist. Es kann dabei vernachlässigt werden, daß diese Bestätigungsprozeduren im einzelnen

Fall mehr äußerlich, gelegentlich stereotyp vollzogen werden (durch nichtverbale Mittel, durch Stimulus- und Response-Partikeln), im anderen auf der Basis von Darbietungs- und/oder Inhaltsausschnitten (komische, ›unerhörte‹ Vorfälle, usw.) erfolgt, die entsprechende Reaktionen (Lachen, Ausdruck der Verwunderung, der Empörung u. ä.) auf seiten des Hörers hervorrufen; zu vermerken ist hier lediglich, daß diese Verfahren insofern unspezifisch sind, als sie auch anderen Diskursformen eignen.

1.5.2   Mehr Aufmerksamkeit ist anderen Konsequenzen zuzuwenden, die sich aus der dialogischen Einbettung von Erzählung ergeben, und zwar solchen, die die Konstitution der Erzählung selbst zu berühren scheinen. Grundsätzlich ist davon auszugehen, daß die narrative Darstellung in einem noch näher zu bestimmenden Sinne der Interaktion zugeordnet ist. Die gilt grundsätzlich schon für die Ausformung des Narrativen auf Diskurs- und Textebene und insbesondere seine Gestaltung im Erzähldiskurs, die den Bezug zur aktuellen Kommunikationssituation fordern. Es stellt sich jedoch die Frage, wie sich ausgeformte Dialogpartien, die in Gestalt eines Redewechsels zwischen Sprecher und Hörer eine erzählerische Darbietung jederzeit unterbrechen können, auf den Bestand der Erzählung selbst auswirken, d. h. ob sie diese völlig überdecken oder letztlich sogar infragestellen.

1.5.3   Sodann ist, hier anschließend, an die Fälle zu denken, in denen der Sprecher, durch keinerlei institutionelle Vorgaben gebunden, inhaltliche Relevanzen nach eigenem Gutdünken bzw. in Antizipation entsprechender Erwartungen des Hörers so festlegt, daß neben rein narrativen Partien deskriptive bzw. evaluative quasi-verselbständigt den Beitrag mit bestreiten. Dies ist z. B. dann der Fall, wenn der zugrunde liegende ereignishafte Sachverhalt aufgrund seiner aktuell gebliebenen Problematik in den Diskussionszusammenhang eingerückt wird. Man wird dabei ganz allgemein davon ausgehen müssen, daß der Sprecher zwar im Besitz der Grundregeln der narrativen Konsistenzbildung ist, aber die bei der Diskurs- und Textbildung anfallenden Regeln, insbesondere die mannigfachen und komplexen der erzählerischen Gestaltung, im allgemeinen nur unvollkommen in spontaner Darbietung befolgt, aus Unvermögen oft, aber auch, weil mehrere Darstellungsinteressen bei ihm interferieren und ja auch in der Konversation oft Anlaß besteht, das, was man gelegentlich die Wohlgeformtheit des Erzählens genannt hat, zugunsten einer, formal gesehen, ›Mischplanung‹ des Redebeitrags zu vernachlässigen.

Der eigentliche Grund für die besonderen Verhältnisse, wie sie in konversationellen Erzählungen anzutreffen sind, liegt auf der Hand und ist in den jüngsten Beiträgen des öfteren genannt worden: Das Erzählen trägt nicht schon seinen Sinn als Handlung in sich, sondern ist mit darüber hinausgehenden Zwecken und Zielsetzungen verknüpft. Dies gilt zwar gewiß auch für einfache Sprechakte, jedenfalls sofern sie nicht institutioneller Natur sind (wer z. B. etwas behauptet, will ein Gespräch in Gang bringen, dem Gesprächspartner seine Meinung aufdrängen, die eigene Beurteilungskompetenz zur Schau stellen), aber es gilt für konversationelle Erzählungen nun doch in besonderem Maße, zumal wenn sie Selbsterlebtes oder eigenes Verhalten und Tun zur Darstellung bringen. Denn während an der Form der Behauptung durch die ihr übertragene Funktion nichts Entscheidendes geändert wird, ist im Falle der konversationellen Erzählungen mit direkten Auswirkungen des verfolgten

Zwecks auf ihre Konstitution zu rechnen, die solcher Art sein können, daß die narrative Identität des fraglichen Redebeitrags verwischt und schwer bestimmbar erscheint. Schon deswegen bringt auch hier eine Parallele zu einfachen Sprechakten, den sog. indirekten also, keinen Gewinn; dort ist zumindest die formale Ausgangsbestimmung im Regelfall klar festzustellen, hier treten dagegen, wie angedeutet, unterschiedliche Diskurselemente zusammen, die sich zwar dem mit einem solchen Redebeitrag insgesamt anvisierten Zweck in der einen oder anderen Weise zuordnen lassen (etwa wenn über eine Erfahrung, die bald historisch rekonstruiert, bald in generalisierter Form dargestellt wird, eine Warnung vermittelt werden soll), aber gleichwohl sich einer der gängigen Klassifikationen (über die im übrigen noch viel Dunkel gebreitet ist) entziehen. Die Konstitution der Erzählung als Sprechhandlung erzeugt also, so wird man vorläufig sagen können, eine ihr gewissermaßen gegenläufige Tendenz, die sie u. U. bis an den Rand der Selbstaufgabe treibt. Nur dort, wo der Zweck einer Erzählung mit ihrer Gestaltung im streng narrativen Sinn direkt verknüpft ist, bei den zur Unterhaltung gebotenen Geschichten, ist die Problemlage im allgemeinen einfach aufzulösen (vgl. oben 1.5.2), zumindest was die fragliche Identifizierung angeht.

1.5.4   Speziell im Fall der selbsterlebten Geschichten ist in diesem Zusammenhang zu berücksichtigen, daß die Zwecksetzung in jedem Fall zurückgebunden bleibt an die Identitätspräsentation des Sprechers, der eigene Geschichte, eigenes Verhalten und Handeln also, als Gegenstand einer Interaktionshandlung aktiviert, deren letzter, im einen Fall offener, im andern diskreter manifestierter Sinn die Durchsetzung eines wie immer gearteten sozialen Geltungsanspruches ist. [16] Gerade im Hinblick auf diese Komponente stellt die Konstitutionsebene pragmatisch orientierter Erzählung ein wichtiges Moment bei der Klassifikationsfrage dar, aber gleichzeitig auch ein heikles theoretisches Problem.

1.6   Aus den bisherigen Darlegungen läßt sich vorläufig folgendes Fazit gewinnen:

a) Es ist ersichtlich, daß die aufgeführten narrativen Konstitutionsebenen in der hier gebotenen Reihenfolge zunehmend an Spezifizität, z. T. auch an Relevanz einbüßen, was nicht weiter verwunderlich ist, da die Überführung des Narrativen auf die Textebene (1.1 – 1.3) Konstitutionsbedingungen genereller Art ins Spiel bringt, während der erzählerische Diskurs (1.4) andererseits nur noch teilweise auf unabdingbaren Essentials festgelegt, im übrigen jedoch in seiner Konstitution nach Maßgabe entsprechender Textsorten durch eine Reihe von Variabeln angereichert werden kann. Im Bereich der pragmatischen Konstitutionsebene setzt sich zwar diese Tendenz insofern fort, als hier die Bindung an die wechselnde Redegestaltung eine noch größere Rolle zu spielen scheint. Doch ist gleichzeitig zu bemerken, daß die Einbuße an narrativer Spezifizität hier an ihr Ende gelangt, die genannte Tendenz gar zu kippen droht, dann nämlich, wenn die Fundierung in den vorgeordneten Konstitutionsebenen (1.1 – 1.4) selbst in Frage gestellt wird.

b) Es ist naheliegend, das Klassifikationsproblem, von dem wir ausgegangen waren, zunächst in der Weise aufzulösen, daß ein gegebener Text auf das Vorliegen der einzelnen Konstitutionsebenen hin untersucht wird, wobei etwa 1.1 – 1.3 ausschlaggebende Bedeutung zuzumessen wäre. In der Tat scheint, wo eine ›chrono-logische‹ Abbildung eines Wandels nicht vorliegt, das wichtigste Definitionsmerkmal von Erzählen zu fehlen. Hält man an ihm nicht fest [17], schwindet jede Möglichkeit, auf eine vernünftig begründbare Weise von Erzählen zu reden. Allerdings ist dieses Merkmal nur die Bedingung der Möglichkeit des Erzählens, denn mit seiner Identifizierung ist noch nichts ausgesagt über die Rolle der narrativen Artikulation im Rahmen des jeweiligen Redebeitrags. Das unter 1.4 geäußerte Postulat der Unterordnung der Deskription unter den abgebildeten Ereignisablauf erweist sich jedenfalls in diesem Zusammenhang als reine petitio principii.

c) Die Frage der narrativen Identität konversationeller Erzählungen ist also durch die bisherigen Ausführungen eher verschärft als einer einsehbaren Lösung nahegebracht worden. Geht es dabei nur um Fragen der bloßen, psycholinguistisch zu deutenden Erzählperformanz? Gelten für unsere Texte grundsätzlich gelockerte Konstitutionsbedingungen? Ist gar eine Minimallösung allein vertretbar, wonach nur solche Texte als konversationelle Erzählungen zu gelten hätten, die sich in ihrer Konstitution nicht wesentlich von der literarischer Formen des ›klassischen‹ Typs unterscheiden? Der Versuch, darauf eine Antwort zu finden, läßt es zweckdienlich erscheinen, die Diskussion auf der Grundlage einiger Texte fortzuführen, die, auch wenn sie hier nicht mit der wünschenswerten Ausführlichkeit zu analysieren sind, doch auch bei kursorischer Betrachtung einigen Aufschluß vermitteln können.

2.   Die hier zu besprechenden Texte wurden während einer Frankreichexkursion 1976 aufgenommen. Sie ergaben sich im Zusammenhang längerer Unterhaltungen, die von seiten der Interviewergruppe mit dem Scheinargument erbeten worden waren, »echtes«, »lebendiges« Französisch als Grundlage für die Sprachausbildung deutscher Studenten aufzunehmen. Diese Begründung geriet jedoch im Laufe der Unterhaltung völlig in Vergessenheit, und es war den Interviewern aufgegeben, durch entsprechende Fragen eine Erzählung hervorzulocken, falls sich diese nicht von selbst ergab.

2.1   Ich beginne mit einem relativ einfachen Fall, der freilich erste Einsichten nahelegt. Text A enthält den Bericht zweier junger Franzosen über ihre Erfahrungen beim Antritt des Militärdienstes. Einfach ist der Fall insofern, als die Sprecher auf die Frage der Interviewer, ob sie sich noch an ihren ersten Tag bei der Armee erinnern, ihre Antworten zunächst in zweierlei Weise gestalten: Entsprechend dem vorausgegangenen Gespräch über die generelle Praxis von seiten der Armee, die Dienstleistenden durch allerlei verführerische Verstellungstechniken für sich einzunehmen, bietet A$_1$ anstatt einer Erzählung im ersten Beitrag das Ergebnis einer entindividualisierten und enthistorisierten Verarbeitung des Erlebten in Gestalt einer allgemein gültigen, immer wieder zu machenden Erfahrung (»c'est terrible« 2, »vous êtes accueilli« 5); erst im zweiten Ansatz berichtet A$_1$ über die eigene Erfahrung (»ah nous c'était bien« 8), fällt dann kurz in die Beschreibung des institutionellen Aspekts zurück (»on est divisé« 11), um schließlich beim Thema coiffeur wieder ganz diese Form der Information zu befolgen. Dies ändert sich unter der Ankündigung: »pour te donner un exemple« (46): A$_2$ berichtet, was ihm persönlich bezüglich der Haarschneideprozedur zugestoßen ist. Relativ einfach ist dieses Beispiel, wie gesagt, weil nichts darauf hindeutet, den Textausschnitt anders als die kommentierte Beschreibung eines generellen Sachverhalts aufzufassen, auch wenn vereinzelt persönliche Beobachtungen mit eingeflochten werden (»j'ai vu des types« 26). Das kurze Eingehen auf die eigene Erfahrung bei der Ankunft am Dienstort betrifft die Absolvierung der institutionell vorgegebenen Etappen des Empfangs (scheinbar nette Aufnahme, Abfahrt in Bussen, Aufteilung auf die Zimmer usw.). Infolgedessen handelt es sich um einen Vorgang der gewohnheitsmäßigen Abwicklung, die Singularität allenfalls insofern aufweist, als diese Erfahrung als selbstgemachte dargestellt wird. Der kurze Passus (8–13) enthält somit den Charakter eines persönlichen Erfahrungsberichts, dessen Beginn in ironischer Wendung (»on était gentil« 8, »des officiers qui nous accueillaient grand sourire« 9) nur das bestätigt, was vorher in generalisierter Form bereits gesagt worden war (»on essaie de vous embobiner, de vous prendre, on est gentil avec vous«).

Anders verhält es sich freilich im Falle des kurzen »exemple« (46–51). Obwohl auch hier die dargestellte persönliche Erfahrung eine vorangegangene allgemeine Schilderung historisiert darbietet, ist eine Artikulation der narrativen Minimalsequenz nach 1.1 bzw. 1.3 kaum in Zweifel zu ziehen. Auf die Orientierung (»j'avais les cheveux longs en allant à la caserne« 47) folgt die Behandlung beim Haareschneiden und das Resultat (Verspottung durch die Kameraden), wobei die Art der Behandlung (»en me coupant juste un côté« 49) im schwachen Sinn als singulär gewertet werden kann. Die Gestaltung wird allerdings insofern etwas beeinträchtigt, als die temporallogisch verordnete Konstituente der Komplikation (»couper un côté«) der nachfolgenden untergeordnet wird; auch ist das Resultat seiner syntaktischen Form nach (»les mecs qui rigolaient« 50) nur gleichsam bildhaft evoziert. Doch könnte hierin die Spur eines minimalen Erzähldiskurses erblickt werden.

Dennoch wird man bezüglich dieses Ausschnitts nicht von Erzählung reden können. Daß seine pragmatische Funktion die eines Belegs ist, besagt zwar an und für sich noch wenig, da solche übergeordneten Funktionen ja, wie oben gesagt wurde, durchweg zu konversationellen Erzählungen dazugehören. Allerdings geht die Schilderung des Erlebnisses restlos in dieser Funktion auf, und zwar in der Weise, daß die narrative Mikrostruktur mit der Makrostruktur zusammenfällt, oder genauer gesagt: Die Makrostruktur wird durch eine 1:1-Repräsentation ihrer Basiskategorien realisiert. Diese bilden zwar die Entsprechung zu der Gliederung der narrativen Elementarsequenz, werden jedoch hier nicht diskursiv entfaltet, so daß das Minimum an Eigenständigkeit, das Erzählungen unabhängig von ihrer pragmatischen Dimension zuzuerkennen ist, unterschritten erscheint. Es dürfte sich daher empfehlen, für Schilderungen dieser Art den Terminus Narration oder narrative Sequenz vorzusehen, womit ausgedrückt werden soll, daß die zugrunde liegende Struktur narrativen Status hat, aber ohne Diskurs-, vor allem ohne textuelle Expansion bleibt, deren Minimum, so ließe sich nun ergänzend festlegen, die Darstellung zumindest der zentralen makrostrukturellen Kategorie der Komplikation durch wenigstens zwei Propositionen wäre.

2.2   Text B mag dazu dienen, die zuletzt genannten Punkte zu verdeutlichen. Auch hier geht eine längere Unterhaltung über das Thema (die Studentenbewegung von 1968 und die persönliche Einstellung von A dazu) voraus. Allerdings wird nunmehr vom Interviewer direkt die Erzählung eines persönlichen Erlebnisses angeregt. Trotz ihrer Kürze ist die Darstellung von A anders gelagert als im Falle des exemple des ersten Textes. Die Komplikation ist hier zunächst in der Weise gestaltet, daß ihr Beginn, die Festnahme, als orientierende Faktenaussage vorweg abgesondert wird (»j'étais pris« 1 f), während das entscheidende Moment, das Niederknüppeln und dessen Ergebnis, als Ereigniskonstituenten aneinandergereiht werden, allerdings in einer Weise, die einen Eingriff des Erzähldiskurses erkennen läßt: Das Aussparen der Zwischenglieder zwischen »matraquer« und »se retrouver à l'hôpital« bildet nicht nur die Bewußtlosigkeit des Subjekts zwischen diesen Stationen ab; sie indiziert gleichzeitig eine sarkastische Geschehensperspektive (vgl. auch »l'expérience c'est simple« 1), die in Einklang steht mit der resigniert-kritischen Einstellung des Sprechers zu den Ereignissen von 1968, wie sie im (hier nicht wiedergegebenen) Vor- und Nachgespräch zum Ausdruck kommt.

Insofern kann hier die oben formulierte theoretische Forderung, wonach die Kategorie der Komplikation in Erzählungen mindestens zwei Propositionen enthalten müsse, nicht erhoben werden, denn sie wird durch das erzählerische Verfahren überspielt. Zwei Dinge kommen nun allerdings noch hinzu. Die Schilderung wird durch eine Coda zunächst abgeschlossen und dadurch gewissermaßen auch nach hinten verselbständigt. Sie wird dann aber, auch im zweiten Anlauf, gerade nach der Seite hin ergänzt, die im ersten defizient blieb (auch wenn die Teilnahme an einer Demonstration wenigstens generell durch die vorangegangenen Ausführungen des Sprechers als Orientierung gesichert war): Die der Festnahme vorausliegenden Umstände werden nunmehr nachgetragen (6 ff), und wenn auch die Einmündung in den Beginn der Komplikation des ersten Durchgangs durch die Intervention des Interviewers gestört wurde (und nicht mehr wahrnehmbar ist, vgl. 9: »je me suis fait [...]«), so läßt sich dennoch mit einigem Grund die Meinung vertreten, daß hier, generell gesehen, eine Erzählung vorliegt, die im übrigen in einer charakteristischen Retrospektive endgültig abgeschlossen wird.

Natürlich ist eine Einschränkung zu machen. Das zweimalige Ansetzen deutet darauf hin, daß hier die Realisierung kein ›wohlgeformtes‹ Ergebnis erbracht hat. Dies ist als Performanzerscheinung zu sehen, wie sich daraus ergibt, daß der zweite Durchgang nicht etwa als Inversion des zeitlogischen Referenzschemas verstanden werden kann, sondern eben als Neuansatz, der ja auch, mit den entsprechenden Wiederholungen, bis zum Ende durchgeführt wird. Es ist jedoch diese Performanzabweichung nicht auf Unvermögen zurückzuführen, sondern auf die Einbettung der Erzählung in den Kontext, die durch das gestellte Thema (»expériences avec la police«), vorbereitet durch die Ankündigung »hélas« zunächst ohne explizites setting bleiben konnte, dann aber vom Sprecher im Nachhinein als ergänzungsbedürftig erfahren wurde.

Eine letzte, mehr beiläufige Bemerkung zu den zwei deskriptiven Details, die dem Resultat (Krankenhausaufenthalt) zugeordnet sind (Aufenthalt am Weihnachtstag, der gleichzeitig Geburtstag ist 5). Sie machen eine Aussage über die sentimentale Komponente des objektiven Ereignisses, deren lakonische Gestaltung ähnlich wie die oben erwähnte Form der Ereigniskonstitution mit der außerhalb der Erzählung zum Ausdruck gebrachten leicht selbstkritischen Einstellung des Sprechers verbunden werden kann (er sagt von sich im Vorgespräch u.a.: »à vingt ans j'étais plus ou moins révolutionnaire ou plus ou moins exalté«). Grundsätzlich ist daran zu ersehen, daß in konversationellen Erzählungen vor allem die nicht funktionell an der Ereigniskonstitution beteiligte Deskription einen ihrer ersten Anknüpfungspunkte in dem Gesprächskontext findet, was jedoch ohne Konsequenz für die Klassifikationsfrage bleibt.

2.3   Schwieriger ist es, über Text C Klarheit zu gewinnen. Er ist ein Beispiel für die oben besprochene Entgrenzung des Narrativen im Rahmen eines, oberflächlich gesehen, Pauschaldiskurses, der Information über Ereignisse, Anspielungen, Appell an die Zuhörer usw. kunterbunt zu mischen scheint – eine gewiß ganz alltägliche und, bei einem entsprechenden Kommunikationsbedürfnis, normale Erscheinung. Nicht ein allgemeines Kommunikationsbedürfnis ist jedoch im vorliegenden Fall ausschlaggebend, vielmehr verfolgt die concierge in dem Text die Absicht, die Gesprächspartner zu teilnehmender Ratifizierung einer vorher generell am Beruf festgemachten und nunmehr an konkreten Vorfällen dargestellten Identität zu bewegen, derzufolge sie das Opfer ungerechter, ja verletzender Behandlung von seiten der Mieter ist. Die dargestellten Vorkommnisse, mögen sie sich tatsächlich so zugetragen haben oder auch nur, was wahrscheinlicher erscheint, so präsentiert werden [18], sind ganz diesem Zweck untergeordnet, was sowohl ihre Thematik, wie auch die Kommentare zu verstehen geben (vgl. »c'est dur, c'est dur« 10 f, »c'est ça c'est une chose que je ne peux pas« 49 f, »ça m'a marquée« 54, 55 f usw.). Was nun die Konstitution der Vorkommnisse anlangt, so herrscht das Verfahren vor, Ereignisse vorweg zu benennen, um sie anschließend nachzukonstitutieren, und zwar in unterschiedlicher Weise.

2.3.1   Gleich zu Beginn wird unter Bezug auf die Diebstähle generell berichtet: »c'est ça aussi qui m'a mis là dedans« [3] und erklärend hinzugefügt, wie dies vor sich gegangen ist: Die concierge wurde verdächtigt und konnte dies nicht verwinden. Ähnlich im zweiten Fall, der als eine erste Teilkonkretisierung der voraufgegangenen Sequenz zu verstehen ist: Die auf den Diebstahl bei der concierge sich beziehende Aussage (»moi-même j'étais volée, on m'a tout volé« 11 f) wird durch die Darstellung verdeutlicht, wie es dazu kommen konnte (Abwesenheit der concierge, Eindringen des Diebs, der sich überdies ihre Schlüssel aneignete). Mag auch die erste Sequenz der zweiten zuzuordnen sein, so sind doch beide Äußerungen entsprechend dem unter 2.1 Ausgeführten als Narrationen zu bezeichnen, die zweite freilich nur in eingeschränktem Sinn, weil hier zunächst das Komplikationselement Abwesenheit in regressiver Explikation dargeboten wird (»parce que j'étais partie« 13) und erst danach die Sequenz mit der diskursiven Auffaltung dieser Explikation einsetzt (»je pars nettoyer« 14, »je reviens« 15).

2.3.2   Das gleiche Verfahren ist auch in dem Bericht über die Auseinandersetzung mit der Mieterin zu beachten (die, das kommt nicht klar zum Ausdruck, womöglich selbst eine Detaillierung der ersten Narration ist). Auf die Information, daß »sie« ihr übelwolle bzw. böse auf sie sei, folgt, nachdem als Orientierung unter vergewisserndem Rückgriff auf das Wissen von B (21) die Entwendung eines Schmuckkoffers als thematischer Bezugspunkt genannt wird, ein Komplikationsteil in Gestalt eines Redewechsels, der aus der durch die Intonation indizierten Anschuldigung der Mieterin und ihrer ausführlichen Zurückweisung durch die concierge besteht (23–30). Die Lösung (Zurückbringen des Koffers 31) mit der Frage nach dem Urheber (34) und den angeschlossenen Vermutungen (41–47) wird auf der Dialogebene artikuliert (als Frage an B, als Exposition eines noch existierenden Problems samt seiner Klärung). Daraus wird nun eine neue Komplikation gewonnen: Die concierge sollte von dieser (sie offenbar entlastenden) Lösung nichts erfahren mit dem Ergebnis, daß sie von dieser ganzen Angelegenheit »marquée« war.

Im Gegensatz nun zu den beiden ersten Ereignisdarstellungen, die unter Inanspruchnahme der Rahmenorientierung (Diebstähle im letzten Sommer) nur die makrostrukturell nicht entfalteten Minimalkonstituenten Komplikation und Resultat bieten, ist die Schmuckkoffergeschichte breiter ausgeführt. Sie enthält theoretisch die Elemente, die für eine Erzählung charakteristisch sind, allerdings in einer besonderen Aufbereitung. Durch die Vorverständigung mit B wird die orientierende Einweisung nicht expliziert, dafür der Komplikationsteil (Anschuldigung und Zurückweisung) ausführlicher gestaltet und durch die Wiedergabe in direkter Rede sogar zum ersten Mal in diesem Text der maximale Grad narrativer Ikonizität realisiert. Die Vorverständigung mit B über die Teillösung (Zurückbringen des Koffers) ersetzt auch hier in der Fortführung die narrative Artikulation. Andererseits kann aber in der Aktualisierung des Problems (»le pétrin, qui c'est qui a pu remettre le coffre« 34f) ein zur direkten Redewiedergabe komplementäres Verfahren des Erzähldiskurses erblickt werden (Aktualisierung eines Komplikationsumstandes aus der Geschichte, der, so wird zunächst insinuiert, noch ungeklärt ist, bis eine mehr oder minder hypothetische Antwort gegeben wird: (»c'est des amis qui l'ont fait probablement« 42, »bien sûr ce sont des amis« 45). Die nachfolgende Sequenz (Verschweigen der Lösung gegenüber der concierge und deren seelische Betroffenheit) entwickelt sich ebenfalls aus einer Begründung (»parce qu'on me l'a dit que deux mois après« 47f) und zeigt darüber hinaus, was für diese Darbietung vorwiegend charakteristisch ist: eine durchgehend dialogische Bezugnahme, die gelegentlich der Abbildung des Geschehens in der Weise entgegenzulaufen scheint, daß sie Konstituenten aus ihrer syntagmatischen Gebundenheit an den Ereigniszusammenhang als quasi-verselbständigte Informationseinheiten heraushebt. Dies gilt so etwa für Z. 22: »eh ben *vous savez* on m'a dit« und Z. 53f bei der Einführung des Endergebnisses: »*vous savez*, ça m'a marquée *vous savez*«, während an anderen Stellen die diskursive Darstellung entweder durch generalisierende Evaluationen oder kommentierende Überlegungen aus Anlaß einer Zwischenfrage unterbrochen wird.

2.3.3   Am ausführlichsten wird die anschließende Geschichte des verhinderten Einbruchs geschildert, allerdings wiederum auf andere Weise. Auch hier wird eine im Sinne des Gesamttenors kommentierte Globalaussage des Vorfalls der Darstellung im einzelnen vorangestellt (61–63) unter Einschluß vorweggenommener Einzelheiten, die des weiteren im Rahmen einer retrospektiven Evaluation im Irrealis zur Sprache kommen. Die Vermittlung zwischen der der Globalkommentierung noch vorausliegenden Vorbereitung (»on est revenu une seconde fois quand j'étais là même« 58–60) und der Schilderung des eigentlichen Verlaufs ist dadurch etwas verstellt, daß das Bindeglied (»quand j'ai vu ce petit vieux là qui rentrait« 67) als explikativer Umstand nachgetragen wird. Es folgt jedoch sodann ein breiter ausgeführter Komplikationsteil, der die entstandene Lage und die sich daraus ergebenden Verhaltensweisen (»il avait pas allumé la lumière, alors je me suis dit« 68 f, »j'osais pas sortir mais je me suis avancée« 72 f, »c'est là que je l'ai vu« 74, »il avait déjà sorti la barre« 75 usw.) verdeutlicht und durch eine verallgemeinernde Kommentierung zunächst in der Schwebe gehalten wird. Auf die dadurch stimulierte Frage des Interviewers, wie es weiterging (81), wird die Darstellung zuende gebracht (»j'ai dit« 82, »il a été vite filer« 83), wobei allerdings anschließend auf einzelne Momente der Lösung zurückgegriffen wird (»il a ramassé cette barre« 83 f, »j'ai été à reculons« 84), bis die Frage von I nach den damaligen Gefühlen der Protagonistin noch einmal eine partielle Aktualisierung des Gefahrenmoments in die Wege leitet (»j'ai dit est-ce qu'il – oh ben oui« 99 f). Vermutungen über das Zustandekommen des Eindringens und typische Allsätze schließen die Darbietung ab.

Versucht man, die zuletzt analysierte Schilderung auf das hier zur Debatte stehende Problem hin zu bestimmen, so ist von vornherein klar, daß es hier nicht um die Frage Narration oder Erzählung gehen kann. Eine Erzählung wird man prinzipiell auch hier erkennen dürfen, wenn auch Besonderheiten der Gestaltung die Bestimmung etwas verstellen. Es fehlt zwar, von dem das Gefahrenmoment stimulierend hervorhebenden »hein« abgesehen (76), die dialogische Bezugsetzung, die in den vorangegangenen Schilderungen häufig war; andererseits enthebt der Diskurs bestimmte Momente des Verlaufs ihrer abbildenden Konstitutionsleistung (»quand j'ai vu ce petit vieux« 67), und zumindest in einem Fall wird die temporallogische Abfolge wenn nicht direkt invertiert, so doch durch die Artikulation beeinträchtigt (»il a été vite filer, il a ramassé cette barre« 83). Gleichwohl ist der Hauptteil [67–82], der die Reaktion der concierge sehr detailliert und nicht ohne Spannung nachgestaltet, ausschlaggebend, und die genannten gegenläufigen Erscheinungen halten sich im Rahmen des charakteristischen explikativen Erzähldiskurses, da sie entweder das Ergebnis bestimmter Relevanzfestlegungen sind (positive Profilierung des eigenen Verhaltens) oder der wirkungsvollen Präsentation dienen (»il a été vite filer« vor »il a ramassé cette barre« indiziert durch die Vorwegnahme des Ergebnisses die unmittelbare Wirkung der beherzten Initiative der concierge).

2.3.4   Wie ist nun Text C insgesamt zu charakterisieren? Daß man ihn nicht global als Erzählung auffassen kann, geht aus dem einfachen Umstand hervor, daß er auf mindestens zwei getrennte Ereignisse unter dem Thema ›Diebstahl im Hause‹ Bezug nimmt. Daß der Text hier überhaupt als Ganzes vorgelegt wird, hängt letztlich nicht mit der rein praktischen Möglichkeit zusammen, unterschiedliche Gestaltungsweisen zu studieren, sondern mit der schon genannten pragmatischen Tendenz, die sich in ihm durchgehend und auf die vielfältigste Weise zeigt und auf die Konstitution und Darbietung der Ereignisse einwirkt. Mit ihr steht das dominante Diskursverfahren im Zusammenhang, Ereignisse in regressiver Analyse zu konstituieren, d. h. ein faktisches Fazit vorwegzunehmen und es anschließend analytisch aufzufalten, was den artikulierten Wandel, vor allem bei geringem Umfang dieser Auffaltung, in eine mehr oder minder deutliche explikative Perspektive rückt. Ein solches Verfahren beeinträchtigt nun nicht schon die narrative Konsistenz an sich und vermag sogar im übrigen das Interesse am Zustandekommen des genannten Sachverhalts fördern, stellt aber andererseits die Ereignisdarstellung im Rahmen des Redebeitrags in den Dienst der exemplarischen Illustration der mannigfachen Beschwernisse, die die concierge vorbringt. Charakteristisch ist dabei, daß diese Illustration, wenn wir hier die Frage der referentiellen Wahrheit außer Betracht lassen (vgl. Anm. 18), entweder wie in den in 2.3.1 behandelten Fällen kurzgefaßt und, wie im ersten Beispiel, auf vergleichsweise abstrakter Ebene angesiedelt oder, unter Minderung der Vollständigkeit der narrativen Artikulation (vgl. 2.3.2, 2.3.3) der Relevanzsetzung auf der pragmatischen Ebene angepaßt wird. Daß dabei Unstimmigkeiten auftreten können (»tous les quinze jours on venait« 56f, »on est revenu une seconde fois« 58), geht auf Konto der Performanz und kann hier außer Betracht bleiben. Dies gilt auch für die schon in 2.2 besprochene grundsätzliche Erscheinung, daß nach dem ersten Durchgang Ergänzungen hinzugefügt werden, die entweder eine bestimmte Ereignisphase nachträglich detaillieren (vgl. 98) oder Begleitumstände ausführen (Aufbewahrungsort der Eisenstange, 93–98).

Zusammenfassend ließe sich sagen, daß der concierge-Text, global gesehen, eine Klagerede darstellt, die ihre Begründung in vorangegangenen Vorfällen auf unterschiedliche Weise, durch knappen narrativen Rückgriff oder erzählerische Aufbreitung, gestaltet. Während im ersten Fall die funktionale Einbettung die historische Information gleichsam absorbiert, gewinnt diese im zweiten trotz der spezifischen Konstitutionsmodalitäten eine relative Selbständigkeit als Teiltext, die schließlich am Ende, nach der ausführlichsten Erzählung, vollständig wird. Denn die hypothetische Rekonstruktion der Art, wie sich der Dieb Zugang verschafft haben konnte (99–105), läßt sich nur noch mit dem Interesse an der Diebsgeschichte selbst begründen. Damit ist nun auch ein Themawechsel eingeleitet (die Diebe von heute), der die Abgabe der Rederolle zur Folge hat (120).

3.   Das Fazit, das sich aus den vorangegangenen Betrachtungen generell für die Bestimmung konversationeller Erzählungen gewinnen läßt, ist in Anbetracht des heuristischen Charakters der vorangegangenen Ausführungen mit der gebotenen Vorsicht zu formulieren.

a) Es liegt auf der Hand, daß bei Erzählungen, die als solche durch den pragmatischen Zweck ihrer Darbietung, die Unterhaltung, in ihrer Identität unmißverständlich festgelegt werden, eine Bestimmungsproblematik generell nicht gegeben ist. Infolge ihrer ästhetischen Zielsetzung treten hier Züge in den Vordergrund, die das Erzählen in prägnanter Weise charakterisieren, so z. B. durch Detaillierung gesteigerte Ikonizität und makrostrukturelle Gliederung. Daß damit nicht schon gleich vollkommene Wohlgeformtheit der entsprechenden Texte impliziert ist, steht außer Zweifel, doch sind Besonderheiten der Performanz ohne wesentliche Bedeutung für die Identitätsfrage, sei es, daß sie negativ als Defizit der Darbietung oder positiv als wie immer motivierte Modifikation zu analysieren sind.

b) Steht narrative Darstellung in funktionalem Verhältnis zu einem übergeordneten Gesprächsargument (sie also dafür einen Beleg, ein Exempel, Rechtfertigung o. ä. liefert) dergestalt, daß ihre Konstitution davon in der einen oder anderen Weise beeinflußt wird, so ist zu prüfen, ob die entsprechende Diskursmodellierung das Identitätsminimum an Erzählkriterien erhält oder unterschreitet. Ausschlaggebende Bedeutung ist dabei der makrostrukturellen Entfaltung zuzuweisen, zumindest was die Zentralkategorie der Komplikation angeht. Man kann hier vielleicht ganz allgemein sagen, daß in dem Maße, wie sie an Umfang gewinnt, Diskurseingriffe, die für sich gesehen die erzählerische Darbietung beeinträchtigen oder ihr stellenweise sogar zuwiderlaufen, an konstitutiver Eigenständigkeit verlieren bzw. diese dann nur noch im Rahmen einer Typologie konversationeller Erzählungen (oder auch des Erzähldiskurses) als unterscheidendes Merkmal festzuhalten ist. Des weiteren ist in Rechnung zu stellen, daß in Erzählungen dieser Kategorie auch Modellierungsverfahren Verwendung finden, die bestimmte narrative Konstitutionsregeln zugunsten erzähl-immanenter Modalisierungen überspielen (vgl. die Bemerkungen am Ende von Abschnitt 2.3.3 zur Inversion in Text C Z. 83 oder zur Unterschreitung der Komplikationsexpansion in 2.2). Wo dagegen die Ereignisdarstellung ganz auf das narrative Elementarschema reduziert und nicht durch eine entsprechende gestaltbezogene Modalisierung aufgewertet wird, bleibt ihr auch eine relative textuelle Eigenständigkeit versagt. Narrative Sequenzen dieser Art, die im Zusammenhang konversationeller Redebeiträge geäußert werden, verlieren somit für unsere Fragestellung an Interesse. Sie sind im übrigen Beiwerk der verschiedensten Diskurse.

c) Was speziell die dialogische Dimension anlangt, die in konversationellem Rahmen über die pragmatischen Bestätigungsprozeduren hinaus in ausgeformten Zuhörerapostrophen, in Zwischenfragen, in auf die Gesprächsgegenwart bezogenen Bemerkungen u. ä. zum Ausdruck kommt, so scheint sie, generell gesehen, keine entscheidende Beeinträchtigung der narrativen Identität zu bedeuten (sie ist im übrigen nicht nur in Texten der Kategorie b), sondern auch solchen der ersten Kategorie anzutreffen). Auch hier geht es, ähnlich wie in b, weniger um die Existenz und den Umfang der dialogischen Bezugnahmen, als vielmehr um den Bestand des Grundinventars narrativer und erzählerischer Konstitutionsleistungen. Nur durch deren Überprüfung wird es möglich, narrative Identitäten, aber auch deren eingeschränkte Realisierung oder gar Preisgabe zu bestimmen.

Anmerkungen

1 Vgl. die ausführliche Darstellung bei E. Gülich, Modelle zur Beschreibung von Erzähltexten, in: E. G.-W. Raible, Linguistische Textmodelle, München 1977, S. 192 ff.
2 Vgl. z. B. C. Zilberberg, Un essai de lecture de Rimbaud: *Bonne pensée de matin*, in: A.-J. Greimas (Hg.), Essai de sémiotique poétique, Paris 1972, S. 152, oder auch die Einleitung des Herausgebers zu diesem Band, S. 17 f.
3 Papiere zur Textlinguistik 1, Hamburg ²1974. Entsprechende Kritik wird im Nachwort zu dieser Aufl. von Rieser selbst geäußert (S. 156 f.), doch bleibt unklar, warum der Band unverändert abgedruckt wurde.
4 In: W. Klein (Hg.), Methoden der Textanalyse, Heidelberg 1977, S. 100 ff. (bes. S. 104 f.).
5 Vgl. G. H. von Wright, Time, Change and Contradiction, Cambridge 1969, S. 20; A. Danto, Analytical Philosophy of History, Cambridge 1968, S. 236.
6 Vgl. u. a. W. Labov/J. Waletzky, Narrative Analysis: Oral Versions of Personal Experience, in: Essays on the Verbal and Visual Arts, Seattle 1967, S. 28; T. A. van Dijk, Some Aspects of Text Grammars, The Hague–Paris 1972, S. 292; V f., Erzählung, Beschreibung und der historische Diskurs, in: Poetik und Hermeneutik V (1973), S. 327 f.
7 Vgl. A. Danto, Analyt. Philosophy, S. 236, 283 ff.; G. H. von Wright, Norm and Action, London 1963, S. 27.

8 Vgl. T. A. van Dijk, Action, Action Description, and Narrative, in: New Literary History 6 (1974–75), S. 279.
9 Vgl. dazu E. Gülich – W. Raible, Ling. Textmodelle, S. 260 ff.
10 Vgl. dazu Vf., Erzählung u. Beschreibung, S. 334 ff.
11 Ein anderer Grund ist die genannte Bedingung, daß Erzählen nur durch mehrere Propositionen realisiert werden kann, was zwar auch für Beschreiben gilt, jedoch die gelegentlich anzutreffende Gleichsetzung mit »behaupten«, »informieren« u. ä. ausschließt.
12 So mehrfach bei van Dijk, vgl. E. Gülich, Modelle S. 266.
13 Vgl. van Dijk bei Gülich, ebda.
14 Vgl. Vf., Erzählung u. Beschreibung, S. 339 ff.
15 Auf die Auseinandersetzung mit den bisher vorliegenden theoretischen Beiträgen zur Konstitution konversationeller Erzählungen (insbes. von E. Gülich, Kallmeyer-Schütze und U. Quasthoff) muß hier verzichtet werden.
16 Vgl. dazu Vf., Historisch und pragmatisch konstituierte Identität, in: Poetik und Hermeneutik VIII (1979), S. 669 ff.
17 Diese Notwendigkeit ist speziell im Hinblick auf konversationelle Erzählungen bestritten worden, allerdings in mir nicht einsichtiger Weise (vgl. E. Kraft, K. Nikolaus, U. Quasthoff, Die Konstitution der konversationellen Erzählung, in: Folia linguistica 11 (1977), S. 291).
18 Vgl. dazu: »Fiktion in konversationellen Erzählungen«, in: Poetik und Hermeneutik X (im Druck), wo u. a. der vorliegende Text analysiert wird.

Text-Anhang

Für die vereinfachte Transkription gelten die folgenden Zeichen:

- -- ---	Pausen unterschiedlicher Länge
∕	steigende Intonation
∖	fallende Intonation
→	nichtterminale Intonation
⇒	Emphase
[...]	unverständlicher Passus
( )	Simultansprechen

Gestik und Mimik wurden (annäherungsweise) nur für Text A protokolliert.

Text A (Aufnahme 27. 5. 76)

Teilnehmer	A₁ = Student, 20–25 Jahre alt
	A₂ = Elektriker (gleiche Altersgruppe)
	I = deutscher Student, Mitglied der dreiköpfigen Inter-view-Gruppe, mit A₁ bekannt
Ort:	Wohnung von A₁ im Quartier Latin, Paris
Gesprächszusammenhang:	Erfahrungen von A₁ und A₂ während ihres Militärdienstes in der französischen Armee. A₁ sagt zuletzt: »Je sais pas, on essaie de vous emboniner, de vous prendre; on est gentil avec vous, on essaie de vous intégrer d'une manière plus douce. L'armée de terre c'est autre chose, l'armée de terre, c'est il y a encore euh c'est c'est ils n'ont pas compris encore grand chose. Ils sont un peu plus brutals, c'est le moins qu'on puisse dire; mais les traditions sont différentes, maintenant.«

I: oui - tu te souviens encore de ton premier jour à -

à l'armée?

1 A₁: ah ah hh les jours à l'armée premier jour à l'armée

c'est terrible - enfin c'est terrible - pi à la fois

3 vous ne vous rendez pas compte - - hhh - euh - le

premier jour - euh - alors tout le monde arrive -

5 vous êtes accueilli au train on vient vous

chercher

¹lacht   7 A₂: quel accueil¹

²hebt die Hände   A₁: ah nous c'était bien on était gentil² - on a eu des

	9 (A₂ officiers qui nous (ah ouais / accueillaient) grand sourire
	et tout – – – on était on est parti en cars – après on
[3]einteilende Handbewegung	11 est divisé par chambres[3] et tout ça
	A₂: [...] et pi on commençait à faire la tournée faire
[4, 5] deutet erst in die eine, dann in die andere Richtung	13 les piqûres euh visite médicale[4] coiffeur[5] le premier c'est le coiffeur
	15 A₁: non non pas nous – le coiffeur – bon la première
	chose qui est terrible c'est le coiffeur – – enfin le
[6]lacht	17 coiffeur parce que – – vous y passez tous[6] – c'est
	dur pour les mecs – vous sortez du coiffeur vous
	19 avez les cheveux complètement complètement à
[7]horizontale Handbewegung	ras[7] – enfin ça vous surprend parce qu'en général
[8]lacht	21 vous êtes pas très habitué à ça[8] et pi c'est très psychologique hein – c'est euh – moi [...] j'ai fait
	23 avant de partir à l'armée – je m'étais coupé un peu
[9, 10]lacht	les cheveux – alors je m'étais déjà habitué[9] à avoir
	25 un petit peu les cheveux un peu plus courts[10] –
[11]unterstreichende Handbewegung	j'ai vu des types qui avaient des cheveux très[11]
[12, 13]lacht	27 longs[12] mais vous les voyez entrer et une fois
[14]macht Schneidebewegung	qu'ils ont été coupés[14] vous les revoyez sortir[13]
	29 A₂: vous les reconnaissez pas
	A₁: vous les reconnaissez pas du tout c'est pi c'est pitoyable – c'est euh en plus on est mal coupé on se-
	31 rait bien coupé encore je dis pas mais vous avez
[15]zeichnet Treppenstufen nach	33 des cheveux c'est des escaliers[15] euh – vous savez
[16]Handbewegung in alle Richtungen	c'est des grosses tondeuses – chr chr[16] comme
[17]lacht	35 pour les chiens ça – a – a[17] on coupe dans tous les
	sens [...] ça fait enfin y a une – et pi en plus vous
	37 connaissez personne hein
	A₂: c'est pas ça non je trouve que la coupe de cheveux
	39 [...] c'est vraiment atroce ce truc de couper les
	cheveux bon je sais pas – ils se prennent un plaisir

41   sadique à couper les cheveux aux mecs […] et

pour eux c'est vraiment une victoire quoi – dès

43   l'instant où ils peuvent te couper les cheveux c'est

que ça y est de toute façcon – t'es sous leurs mains

45   ils t'ont pris c'est terminé quoi c'est vraiment un

plaisir sadique – – pour te donner un exemple –

[18] deutet an die Schulter   47   moi j'avais les cheveux longs[18] en allant à la

caserne ils m'ont laissé promener toute une mati-

[19] deutet auf die Stelle   49   née en me coupant juste un côté tu vois[19] –

comme ça euh – les mecs qui rigolaient heureux

[20] lacht   51   comme tout[20] et vraiment des fous quoi – la coupe

des cheveux c'est vraiment plus – je sais pas –

53   c'est

A₁: ouais

Text B (Aufnahme 25. 5. 76)

Teilnehmer: A = Lehrer, 29 Jahre alt
I = franz. Student, Mitglied der dreiköpfigen Interviewgruppe
Ort: Bistro in Paris
Gesprächszusammenhang: A führt des längeren aus, was ihn bewogen hat, an der Studentenrevolte von 1968 teilzunehmen.

I: et vous avez eu quelques expériences avec a police?

A: oui oui hélas

I: est-ce que vous pouvez nous raconter quelque chose?

[1] ab hier Sprechtempo beschleunigt   1   A: eh ben l'expérience c'est simple[1] c'est que j'étais

pris dans la rue Cujas je me suis fait matraquer et

3   je me suis retrouvé à l'hôpital avec trois points de

souture à la tête – – et j'ai passé le matin de Noël à

5   l'hôpital – mon anniversaire à l'hôpital – bon

voilà ce ce c'était – j'étais avec mon frère mon

7 frère est parti sur le Jardin de Luxembourg moi

j'étais rue Cujas à ce moment là il y avait les sol-

9 dats sur la place de l'Odéon – je me suis

(I: $\begin{pmatrix} \text{ils avaient cinturé} \\ \text{fait[...]} \end{pmatrix}$ $\begin{pmatrix} \text{tout le quartier} \\ \text{tout le quartier} \end{pmatrix}$ était – oui

11 ils avaient cinturé – bon – ben voilà ce que j'en ai

gardé – c'est [...] même dans mon esprit [...] enfin

13 j'ai trois points de souture c'est pas bien grave –

j'ai passé quandmême trois jours à l'hôspital –

15 mais je euh – sur le coup c'était extraordinaire

mais à la réflexion –

Text C (Aufnahme 27. 5. 76)

Teilnehmer: A = concierge, 65 Jahre alt
           B = Student, mit A seit langem bekannt, da seine Großmutter in dem betreffenden Haus wohnte und er nun selbst dort Mieter ist.
           I = 2 deutsche Studentinnen
           Eine Freundin von A, die sich am folgenden Gespräch nicht beteiligt.
Ort: Wohnung der concierge in Paris 7^e
Gesprächszusammenhang: Die Erzählung über Einbrüche in dem von der concierge bewohnten Haus ergab sich ziemlich spontan, mehr oder minder losgelöst von dem vorher Gesagten. Vorher legte sie dar, welche Aufgaben ihr Beruf an sie stelle und welch unangenehme Seiten er haben könne, wenn die Mieter der concierge noch mehr Arbeit als nötig aufhalsen.

1 A: et alors vous voyez comme – l'année dernière – eh

bien l'été dernier nous avions plein de vols ici

3   c'est ça aussi qui m'a mis là dedans

I: oh

5 A: c'est que – on avait l'air de dire que c'était la con

cierge hein – – alors ça – alors vous savez j'ai pas

7
(I: pu le oui oui – $\begin{pmatrix} \text{oh} \\ \text{oui} \end{pmatrix}$ oui – oui oui – oui oui

9
(I: $\begin{pmatrix} \text{c'est dur} \\ \text{Mademoiselle} \end{pmatrix}$ oui Mademoiselle c'est dur c'est

11 dur oui et moi-même j'étais volée ici moi moi on

13 (I: m'a tout volé $\left(\begin{array}{l}\text{oh oh}\\ \text{moi}\end{array}\right)$ -- parce que j'étais partie

en - je ne peux partir je pars nettoyer une heure

15   de l'après-midi et je reviens - trois heures - trois

heures et demie - et c'est à cette heure - là qu'on

17   est venu me voler et on a pris les les l'une les clés

d'une concierge allez vas-y - les clés d'une loca-

19   taire alors là - elle m'en a voulu vous savez elle

m'en veut toujours hein je dois dire - mais oui - et

21   c'est vrai Monsieur B. vous savez le coffret là -

qui a été pris hein - eh ben vous savez on m'a dit

[1]Zitat von *et vous* bis
entendu mit erhobener
Stimme
[2]I lacht kurz

23   - et vous n'avez ren entendu[1, 2] -- ben j'ai dit -

dites donc - mais je dis mais Madame - j'ai dit -

25   alors et vos enfants qui étaint partis en une demie

heure j'ai dit et qui z avaient laissé la porte

27   ouverte je lui ai dit - et comment ça se fait qu'ils

ont laissé la porte ouverte - j'ai dit alors quoi

29   quand même - comme si que que - je vais enten-

dre les bruits moi qui a des enfants qui sont là --

31   vous savez qu'on a remis le coffre Monsieur B. -

je vous l'ai raconté

33   oui oui

oui - alors vous voyez ça le pétrin hein - qui c'est

35   qui a pu remettre le coffre hein

comment ça s'était passé

37 A: bon ben - nous croyons que c'est dans la maison

que ça s'est fait

39 I: donc il y avait quelqu'un qui a

41 (I: eh ben - $\left(\begin{array}{ll}\text{qui l'a volé} & \text{il a remis le coffre}\\ \text{ça c'est des amis} & \text{qui ont - eh oui c'}\end{array}\right)$

A: est des amis qui l'ont fait probablement hum -

43   c'est des amis c'est ce que toute monde a dit -

enfin   entre   soi   on   s'en   parle   tout

³von *entre* bis *bas* leise
gesprochen

45 (I: (oui oui
           bas³ bien) sûr ce sont des amis qui ont dit qui

47   ont remis le coffre – parce qu'on me l'a dit que

        deux mois après mais la concierge elle ne devait

49   pas le savoir – et c'est ça c'est une chose que je ne

        peux pas la concierge ne pouvait pas le savoir –

51   vous voyez je devrais pas le raconter oui mais je le

        dis – [… dit] sauf la concierge le savait pas qu'on

53   avait remis le coffre – le coffret à bijoux hein vous

        savez ça m'a marquée vous savez Monsieur B. –

55   c'est pour ça je deviens comme ça hein – ça ça m'a

        marquée l'année dernière – et tous les quinze

57   jours on venait – on a foncé des portes en haut –

        dans le sixième – on est revenu une seconde

59 (I: (oh
          fois) – – ben oui – – et quand j'étais là même –

61   quand la concierge était là dans la loge – – – voilà

        – oui oui – comme ça – oui une fois là votre

63   grand-mère elle a manqué d'être volée hein – eh

        ben là là on m'a pas dit merci – de le l'avoir fait

65   partir j'aurais pu recevoir la barre de fer – sur

        mon crâne aussi hein moi hein – j'ai eu une volon-

67   té de sortir quand j'ai vu ce petit vieux là qui ren-

        trait là – et j'ai assez il avait pas allumé la lumière

69   et alors je me suis dit – ça c'est un qui veut faire

        mal – il y a pas à dire – il est dix heures du soir –

71   dix heures du soir – alors le soir – moi je ferme ici

        et j'ouvre ma petite porte de cuisine là – et j'osais

73   pas sortir mais je me suis avancée parce que je l'ai

        pas vu ressortir et c'est là que je l'ai vu qui était

75   devant votre porte il avait déjà sorti la barre de –

        la barre de fer hein – il l'avait déjà sortie hein – –

77   il était déjà là pour filer en en en dessous – c'est

ça – ça tente les voleurs là c'est ça c'est des types

79   comme ça il y a pas de y a pas à dire

81   et qu'est-ce que vous avez fait $\left(\begin{array}{l}\text{eh ben}\\\text{exactement}\end{array}\right)$

[4] von *qu'est-ce que* bis *là* mit erhobener Stimme

eh ben j'ai dit qu'est-ce que vous faites là[4] – [...] il

83   a eu oh oui – il a été vite filer hein – il a ramassé

cette barre il pouvait me la et moi j'ai été à

85   reculons $\left(\begin{array}{l}\text{vous avez eu peur}\\\text{bien sûr parce que}\end{array}\right)$ – comment

87   vous avez eu peur

eh ben figurez-vous que j'ai pas eu de peur

89   non

très drôle mais je me suis reculée quand même

91   dans ma porte quand même parce que quand j'ai

vu cette barre qu'il a recachée dans une espèce de

93   – de – chose à – à bandoulière là vous savez

comme les ouvriers quiz ont là euh ils ont un

95   grand sac comme $\left(\begin{array}{l}\text{oui}\\\text{ça}\end{array}\right)$ où on peut cacher [...]

97   plein d'outils qu'il y a de dedans $\left(\begin{array}{l}\text{oui}\\\text{je me}\end{array}\right)$ suis

[5] von *je me suis* bis *il* fast flüsternd

99   quand même reculée quand même j'ai dit euh est-

ce qu'il – oh ben oui il est devant votre porte alors

101   il cherchait il avait déjà tout sorti pour – il a dû

sonner vous savez – il a dû sonner voir s'il y avait

103   quelqu'un et pi quand il a vu qu'il y a avait per-

sonne là c'est ça – parce qu'on avait remarqué que

105   les persiennes étaient fermées voilà c'est ça on a

dit cet appartement euh – il y a plus personne –

107   on peut y aller oui – c'est pour ça qu'au fond je

suis contente quand les persiennes sont ouvertes

109   parce que comme ça on voit qu'il y a quelqu'un

oui

111   eh oui c'est ça oui oui – – oh mais mais ça mainte-

nant les voleurs de maintenant ils ont tous un

113   culot même que la concierge elle est là ils volent –

surtout quand ils savent qu'il y a qu'une concierge

115   hein – attention c'est ça – quand il savent qu'il

117   y a un $\begin{pmatrix} \text{oui} \\ \text{bonhomme} \end{pmatrix}$ c'est pas pareil hein

119     $\begin{pmatrix} \text{oui c'est ça} \\ \text{voyez-vous} \end{pmatrix}$ c'est surtout ça oui c'est surtout ça

je ne sais pas dans votre pays si c'est ça – on vole

121   aussi beaucoup

Rainer Rath

Erzählfunktionen und Erzählankündigungen in Alltagsdialogen

I Materialprobleme

Wer im Bereich der Dialogforschung empirisch arbeiten will, sieht sich vor eine Reihe auch technischer Probleme gestellt. Nach wie vor sind die drei Textbände gesprochener deutscher Standardsprache (Freiburger Forschungsstelle des Instituts für deutsche Sprache) die einzigen größeren und allgemein zugänglichen Materialsammlungen, die zu den Verschriftungen auch die entsprechenden Tonbandaufnahmen anbieten. Diese Texte reichen aber als Materialgrundlage für alltagssprachliche Untersuchungen nicht aus. Es sind zu wenig Texte, teilweise entspricht die Verschriftung nicht den neueren Erkenntnissen der Aufbereitung von gesprochener Sprache, und schließlich erscheint mir die Streuung der Texte zu gering zu sein. Dennoch: ich habe einige Erzählungen in den Textbänden gefunden, besonders im dritten Band, und ich will an ihnen zum Teil provisorisch zu Legitimations- und Einbettungsproblemen Stellung nehmen.

Ein Blick auf die schnell anwachsende Literatur zeigt, daß dort meist nur Einzelverschriftungen abgedruckt sind, oft aus selbst erhobenem Material.

Ich halte diese Situation für problematisch. Die in der wissenschaftlichen Literatur angegebenen Texte sollten sämtlich überprüfbar sein, d.h., das Tonbandmaterial wie auch die Verschriftungen sollten insgesamt öffentlich zugänglich sein. Nur dann ist eine wissenschaftliche Diskussion möglich. Ich halte es weder für realisierbar noch für wünschenswert, daß man an den verschiedensten Stellen Material anfordern muß (womöglich noch unverschriftetes) oder Sprachaufnahmen selbst erheben muß, um zu den Problemen des alltagssprachlichen Dialogs überhaupt etwas empirisch Begründbares sagen zu können. Fast scheint es heute so zu sein, daß man immer schon ein Projekt haben muß, wenn man in empirie-nahen oder empirie-abhängigen Gebieten arbeiten will.

Ich greife daher an dieser Stelle einen Vorschlag von Hans Ramge, Konrad Ehlich und Bernd Switalla (Ehlich u.a. 1977) auf, die die Einrichtung einer Zentralstelle für Dokumentation und Verschriftung gesprochener Sprache gefordert haben. Ich verbinde dies mit einem Appell an das Institut für deutsche Sprache, die einmal begonnene Arbeit, Texte zu erheben und zu verschriften und vor allem die Texte und Tonbänder zu publizieren bzw. öffentlich zugänglich zu machen, fortzusetzen.

Die Beispiele, die ich in dieser Arbeit präsentieren werde, stammen – wie bereits angedeutet – aus den Freiburger Textbänden *Texte gesprochener deutscher Standardsprache* (München 1971, 1974, 1975). Ich beziehe mich in meinen Ausführungen allerdings durchaus auch auf meine Erfahrungen in der

Alltagskommunikation, denen ich auch in diesem Fall manche Einsichten verdanke.

II Rahmen

Es geht in dieser Vorlage um Erzählungen in Alltagsdialogen. Das Hauptcharakteristikum dieser Dialoge ist (neben der Ausrichtung der Beteiligten aufeinander und auf gemeinsame, wechselnde Themen) die häufige wechselseitige Übernahme der Sprecher- bzw. Hörerrolle, die sich nach den bekannten Sacksschen Regeln vollzieht. (Sacks u. a. 1974).

Diese symmetrischen Alltagsdialoge sind zusätzlich gekennzeichnet durch ständiges reaktives Handeln, das allen Beteiligten prinzipiell gleiches Rederecht und damit gleiches Recht der Selbstdarstellung bietet.

»Erzählen« ist dagegen eine prinzipiell *monologische* Darstellungsform. Es ist so, daß trotz der interaktionellen Aktivitäten des Hörers der Erzähler alleiniges Rederecht besitzt. Als eine monologische Form stellt die »Erzählung« im Dialog folglich ein fremdes Element dar, dessen Einbringung in den Dialog scheinbar dessen Spielregeln verletzt, insofern es dem Erzähler expansives Rederecht gibt und ihm ein momentanes interaktionelles Übergewicht verleiht.

Die Einführung einer Erzählung in den Dialog bedeutet auch in einer weiteren Hinsicht eine Veränderung: Es tritt ein *Rahmenwechsel* ein. Die bisher direkt situationsbezogenen Meinens- und Verstehensprozesse werden auf eine neue Ebene transformiert. Es wird ein neues Bezugssystem eingeführt, auf das hin alle referentiellen, deiktischen und pragmatischen Interpretationen ausgerichtet sind. (Das »hier« einer Erzählung ist *nicht* das »hier« der Erzählsituation!).

Eine solche Etablierung eines durch vielfältige interaktionelle und allgemein verstehensbezogene Gründe hervorgerufenen *Einschnitts* in den Dialog erfordert vom Sprecher, der das Handlungsschema »Erzählen« in den Dialog einbringen will, dies auf jeden Fall in der einen oder anderen Weise zu markieren, es anzukündigen. Bei diesen »Ankündigungen« handelt es sich textlinguistisch um Kohärenzmarker. Den verschiedenen Ausprägungen und Funktionen dieser Kohärenzmarker gilt hier mein Interesse. Sie haben eine komplexe Struktur. Auf einige Aspekte dieser Struktur werde ich eingehen.

Zunächst jedoch möchte ich ganz kurz einige Forschungsergebnisse skizzieren.

E. Gülich (1976) gibt folgende Kennzeichnungen von Erzählungen an:

1. In einer Erzählung werden »Ereignisse« und »Handlungsabläufe« oder »Geschichten« [...] als zurückliegend, d. h. nicht mit der erzählenden Sprechhandlung gleichzeitig ablaufend, dargestellt.
2. Die Ereignisabläufe werden so dargestellt, daß einem Ausgangszustand ein veränderter Endzustand gegenübersteht.
3. An den erzählten Ereignissen und Handlungsabläufen sind belebte, im allgemeinen menschliche Handlungsträger beteiligt. (S. 225)

Einen weit engeren Erzählbegriff vertritt Quasthoff (1979), die folgende Bestimmungen angibt:

Semantische Restriktion
- Der Text referiert auf eine zeitlich zurückliegende Handlungs-/Ereignisfolge in der Realität. Dieser Referent des Textes wird im folgenden (mit Gülich 1976) »Geschichte« genannt.
- Die Geschichte des Erzähltextes ist ein singuläres Erlebnis, ist also zeitlich und lokal eindeutig identifizierbar.
- Die Geschichte erfüllt gewisse Minimalbedingungen von Ungewöhnlichkeit. »Ungewöhnlichkeit« wird dabei relativ zu den Erwartungen des in der Geschichte Beteiligten und/oder den an allgemeinen Normen orientierten Erwartungen verstanden [...].
- Der Sprecher ist identisch mit einer der in die erzählte Geschichte verwickelten Personen (Agent, Opfer, Beobachter ...).

Formale Restriktion
Im Unterschied zum Bericht ist die konversationelle *Erzählung* eher eine szenisch vorführende, weniger eine sachlich darstellende Repräsentation vergangener Handlungen/Ereignisse. Aufgrund dieser Form sind die folgenden Ausdrucksmittel typisch für die konversationelle Erzählung:
- Evaluative und expressive Sprachformen [...].
- Direkte Rede, in der in Stimmführung und Formulierung eine Nachahmung der redenden Figuren versucht wird.
- Ein hoher Detailliertheitsgrad der Repräsentation der Geschichte. »Atomisierung« des Ereigniskontinuums zumindest in einigen Phasen [...].
- Die Verwendung des »historischen Präsens« zumindest in den atomisierten Passagen der Erzählung [...]. (S. 104f.)

Problematisch erscheint mir vor allem die semantische Restriktion, daß der Sprecher identisch sein müsse mit einer in die Geschichte verwickelten Person. Wenn man diese Bedingung gelten läßt, wird die große Klasse der Erzählungen, die auf *nicht* selbsterlebte Geschichten zurückgehen, ausgeschlossen. Genau diese Erzählungen aus zweiter Hand aber will ich einschließen, weil sie gewisse zusätzliche Annahmen über die Legitimierung von Erzählungen erlauben. Ich komme darauf zurück. Die Restriktion »Minimalbedingungen von Ungewöhnlichkeit« gilt meines Erachtens auch nicht uneingeschränkt. Ich denke hier an bestimmte Erzählungen in »phatischer« Funktion (dazu weiter unten), die völlig uninteressanter Natur sein können, deren mögliche Funktion in der Überbrückung eines normwidrigen Schweigens besteht (Malinowski 1974, S. 349: »[...] für den natürlichen Menschen ist das Schweigen eines anderen kein beruhigender Faktor, vielmehr etwas Beunruhigendes und Gefährliches.«). Daneben gibt es Funktionen, auf die ich ebenfalls detailliert eingehen werde.

Kallmeyer/Schütze (1977) haben vorgeschlagen, den Kommunikationsprozeß auf drei »Ordnungsebenen« zu beschreiben: auf der Ebene der »Gesprächsorganisation« (Gesprächsschemata), der »Handlungskonstitution« (Handlungsschemata) und der »Sachverhaltsdarstellung« (Sachverhaltsschemata).

Mit Gesprächsorganisation ist das Zustandebringen und Aufrechterhalten eines Kommunikationskontaktes gemeint, also der Zustand, miteinander im Gespräch zu sein, unabhängig von den im Kommunikationsverlauf verfolgten Handlungszielen. Die Gesprächsorganisation wird überlagert von der Handlungskonstitution. Auf dieser Ebene ist die Durchführung von inhaltlich zu bestimmenden Handlungszusammenhängen wie »eine Auskunft einholen« oder »jemand von der eigenen Schuldlosigkeit überzeugen« zu beschreiben. (S. 159f.)

Sachverhaltsschemata – zu denen die Autoren »Erzählen«, »Beschreiben« und »Argumentieren« rechnen –

> werden stets in Handlungsschemata eingebettet, d.h. sie werden durch bestimmte Handlungszüge ausgelöst und haben eine Funktion im Rahmen des übergeordneten Handlungsschemas. (S. 163)

Diese analytische Trennung ist in der Literatur bisher unterschiedlich aufgenommen worden. Quasthoff (1979, S. 122, Anm. 2) lehnt diese Trennung ab:

> Jede intentional und konventionell abgegrenzte Handlungseinheit hat innerhalb einer größeren Handlungseinheit eine Funktion. Innerhalb der komplexen Struktur eines Gesprächs greifen viele auch konventionell voneinander abgegrenzte Handlungszüge ineinander [...]. Es ist deshalb nicht ersichtlich, warum gerade zwei Ebenen, die des Handlungsschemas und die des Sachverhaltsschemas, begrifflich abgegrenzt werden müssen.

Gülich (1980) deutet zwar die Problematik dieser Trennung an, ohne sie jedoch grundsätzlich in Frage zu stellen. Sie hat die wichtige Beobachtung machen können, daß viele Erzählungen nicht in dem oben angedeuteten Funktionszusammenhang stehen, d.h.,

> daß sich die Funktion der Erzählung nicht bzw. nicht mehr aus einem übergeordneten Handlungsschema ergibt und insofern auch nicht in Zusammenhang mit dem erzählten Sachverhalt steht. (S. 21 f.)

In manchen Fällen

> könnte man auch eine phatische Funktion des Erzählens annehmen [...]. (S. 22)

Solche Erzählungen bezeichnet sie als

> handlungsschematisch und inhaltlich nicht-funktional. (S. 22)

Allerdings wird hinsichtlich der von Gülich vorausgesetzten drei Ordnungsebenen keine Konsequenz gezogen, etwa derart, phatische Erzählungen als eigenes Handlungsschema zu etablieren:

> das wäre [...] im Rahmen der hier vorgetragenen Überlegungen nicht konsequent. (S. 48, Anm. 7)

Ihre Begründung: Handlungen seien zweck- und ergebnisorientiert.

Ich komme allerdings zu dem Ergebnis, daß man phatische Kommunikation – und damit auch phatisches Erzählen – als *eigenes* Handlungsschema begreifen muß.

Der Begriff der »phatischen Kommunion« ist von Malinowski (1974) in folgendem Kontext eingeführt worden:

> In ihren primitiven Verwendungsarten fungiert die Sprache als ein Bindeglied konzertierter, einvernehmlicher menschlicher Tätigkeiten, als ein Stück menschlichen Verhaltens. Sie ist ein Handlungsmodus, nicht ein Instrument der Reflexion. (S. 346)

Diese Verwendungsweise gibt es »unter wilden Stämmen genauso [...] wie in europäischen Salons« (ebd. S. 348). Die Sprache erfüllt hier eine Funktion, in der die Bedeutung der verwendeten Wörter »fast völlig irrelevant« ist:

Erkundigungen nach dem gesundheitlichen Befinden, Bemerkungen über das Wetter, Bestätigungen eines auch für den Dümmsten offensichtlichen Sachverhalts: alle solche Bemerkungen werden nicht zum Zwecke der Information ausgetauscht, nicht um handelnde Menschen zusammenzuhalten, ganz gewiß nicht um irgendeinen Gedanken auszudrücken. [...] Es kann kein Zweifel bestehen, daß wir hier eine neue Art des Sprachgebrauchs haben – phatische Kommunion bin ich versucht, sie zu nennen [...] – eine Art der Rede, bei der durch den bloßen Austausch von Wörtern Bande der Gemeinsamkeit geschaffen werden [...] Werden bei der ›phatischen Kommunion‹ die Wörter primär dazu benutzt, Bedeutung zu übermitteln, die Bedeutung, die ihnen symbolhaft zukommt? Ganz gewiß nicht! Sie erfüllen eine soziale Funktion, und das ist ihr hauptsächliches Ziel, sie sind aber weder das Produkt intellektueller Reflexion, noch rufen sie notwendigerweise im Hörer Reflexion hervor. Wir können wiederum sagen, daß die Sprache hier nicht als Mittel zur Übermittlung von Gedanken fungiert. (ebd. S. 348 ff.)

Zusammengefaßt: Sprache ist in dieser Funktion »ein Verhaltensmodus, ein unerläßliches Element einvernehmlicher menschlicher Aktion« (ebd. S. 353); dieser Modus hält soziale Beziehungen aufrecht und stabilisiert sie. In alltäglicher Interaktion dominiert diese Funktion der Sprache.

Damit komme ich zur Ausgangshypothese meines Vortrags:

Erzählen ist *primär* eine phatische Handlung.

Obwohl diese Hypothese in so direkter Form bisher nicht geäußert worden ist, vertritt bereits Malinowski und unter Berufung auf ihn auch Dell Hymes (1973) grundsätzlich diese Auffassung. Die »erzählende Rede« ist nach Malinowski ein ausgezeichnetes Mittel, die sozialen Beziehungen herzustellen und aufrechtzuerhalten, oder in seinen eigenen Worten:

sie ist primär eine Form sozialer Aktion, nicht ein bloßer Reflex des Denkens [...] Die Bezugsfunktion [= referentielle Funktion] ist ihrer sozialen und emotiven Funktion untergeordnet. (Malinowski 1974, S. 347 f.)

Diese Funktion von Erzählungen gilt für primitive Gesellschaften ebenso wie für zivilisierte.

Stets die gleiche Betonung von Bejahung und Zustimmung, vielleicht gemischt mit einer anfänglichen Meinungsverschiedenheit, welche die Bande der Abneigung herstellt. Oder persönliche Berichte über die Ansichten und die Lebensgeschichte des Sprechers, denen der Zuhörer etwas gezwungen und mit kaum verhüllter Ungeduld lauscht, bis er selber an der Reihe ist zu sprechen. Bei dieser Art von Sprachgebrauch sind die zwischen Hörer und Sprecher hergestellten Bande nicht ganz symmetrisch; der sprachlich Aktivere heimst den größeren Anteil an sozialer Genugtuung und Selbstbestätigung ein. Aber wenngleich die solchen Äußerungen gewährte Anhörung in der Regel weniger intensiv ist als der eigene Anteil des Sprechers, ist sie doch für den Lustgewinn entscheidend notwendig, und die Gegenseitigkeit wird durch den Rollentausch gewährleistet. (ebd. S. 350)

Dell Hymes greift den Begriff der »phatischen Kommunikation« in seiner programmatischen Arbeit *The Ethnography of Speaking* (1968, dt. 1973) auf und kennzeichnet die damit bezeichnete Funktion »als eine Unterart der expressiven Funktion des Sprechens« (Jakobson), die vor allem »im Wechselgespräch realisiert wird: wenn etwa Hausfrauen *Geschichten* über ihre Kinder *austauschen* oder Anthropologen über ihre Felduntersuchungen.« (Hervorhebung: R. R.). Dell Hymes geht es in diesem Zusammenhang in erster Linie darum, darzustellen, daß die einzelnen Sprachfunktionen gemischt auftreten, wobei die phatische Funktion »die plaudernde Darstellung einzelner Vorgänge in Geschichten« einschließe (ebd. S. 371).

Die hier vorgetragenen Ansichten zweier namhafter Ethnographen über phatische Kommunikation und über die primäre Funktion von Erzählungen basieren auf umfangreichen Felduntersuchungen und sind daher nicht als bloße Spekulationen anzusehen.

Ich möchte hier einige mehr provisorische Bemerkungen anschließen, die mir geeignet erscheinen, die Ausgangshypothese zu vertiefen.

Erzählungen - wie erlebt sie ein Kind, wie wird es mit dieser Kommunikationsstruktur vertraut? Es ist immer wieder zu beobachten, daß Kinder sehr häufig den Wunsch äußern, Geschichten erzählt zu bekommen. Dabei scheint es keine Rolle zu spielen, ob die Kinder den Inhalt der Erzählungen kennen oder nicht. Oft wollen sie sogar ausdrücklich die ihnen längst bekannten Geschichten hören (»erzähl mir doch noch mal die Geschichte vom Rotkäppchen«). Für diese interessante Erscheinung lassen sich einige einander nicht ausschließende Erklärungen finden, die u. a. den primär phatischen Charakter von Erzählungen verdeutlichen. Dem Kind kommt es in erster Linie nicht auf den jeweiligen Inhalt oder Informationsgehalt der Erzählung an, sondern darauf, *daß* ihm jemand (meist die Bezugsperson) erzählt. Mit anderen Worten: Erzählungen übernehmen hier eine Art Brückenfunktion: die Beziehung zwischen Kind und Bezugsperson wird durch Erzählen aktualisiert. Auffällig ist ferner - und dies spricht ebenfalls für eine phatische Funktion - daß der Wunsch nach Erzählen einer Geschichte besonders häufig vor dem Zubettgehen von den Kindern geäußert wird. Geschichten-Erzählen also als ein Mittel, den Kontakt mit anderen aufrechtzuerhalten (weiter In-Beziehung-stehen zu den Erwachsenen), aber auch als ein Mittel, unmittelbar vor dem Einschlafen den Kontakt zu den Eltern oder Bezugspersonen zu vertiefen. Das Erzählen in der Funktion, ein Nichtalleinsein zu ermöglichen und fortzusetzen - was erzählt wird, darauf kommt es nicht an. *Daß* erzählt wird, ist wichtig.

Eine andere aber durchaus nicht gegenläufige Erklärung findet diese Erscheinung darin, daß das Kind mit dem Hören von Erzählungen einen Teil der narrativen Kompetenz erwirbt. Gerade der Wunsch, eine bereits bekannte Erzählung immer wieder hören zu wollen, spricht für die Annahme einer Einübungspraxis. Dabei muß der Erwerb der Fähigkeit, Geschichten verstehen und selbst erzählen zu lernen in engem Zusammenhang gesehen werden mit dem Erwerb der Fähigkeit, Geschichte verstehen und machen zu lernen. Sind nicht Erzählungen nachgerade die beste Möglichkeit, durch sie mit dem Prozeßcharakter, mit dem historischen Charakter allen menschlichen Lebens vertraut zu werden? Und andererseits: bestehen nicht Zusammenhänge zwischen der kognitiven Organisation von Welterfahrung in »Schemata« (Mandler/ Johnson 1978) und der Struktur des Gedächtnisses, so daß beim »Erzählen« die ontogenetisch bedeutungsvolle Einübung möglicher Strukturierungsmuster komplexer Erfahrungen realisiert wird? Hinzu kommt: die *gesamte Situation des Kindes* - da ist die Kontaktnahme durch Erzählen kein Einzelfall - hat hochgradig phatischen Charakter. Und was hier erworben wird, wird auch im späteren Leben ständig realisiert: die Kontaktsuche und -nahme *um des Kontaktes willen.*

Wenn wir uns Interaktionen vorstellen, in denen die phatische Funktion von Sprache nicht nur an bestimmten Stellen (wie Anfang und Ende eines Dialogs oder Dialogsegments) auftritt, sondern *durchgängig* den gesamten Kommunikationsprozeß dominiert – ich denke hier an Textsorten wie »Kaffeeklatsch«, das männliche Gegenstück: »Stammtischgespräch«, Unterhaltung mit Freunden, Nachbarn, Bekannten, Gespräche auf einer Party usw. – dann kann jeder aus seinen Alltagserfahrungen bestätigen, daß diese Interaktionen dadurch gekennzeichnet sind, daß die Beteiligten wechselseitig ständig Geschichten erzählen, Anekdoten vortragen, Erlebnisse berichten, Witze erzählen und dergleichen.

Alle diese Handlungen dienen dazu, die Kommunikation aufrechtzuerhalten *und* dabei ein Gefühl von »Gemeinsamkeit« zu stiften: man lacht und amüsiert sich über dieselben Dinge, man verschafft sich wechselseitig Kenntnisse über den Alltag und die Alltagserlebnisse der anderen, man lernt sich besser kennen.

Unter diesem übergeordneten Gesichtspunkt der Beziehungsstiftung und -vertiefung wird auch das scheinbar Belanglose erzählenswert, *alles* wird erzählenswert. Auch eine Erzählung ohne Pointe, ohne großen Neuigkeitswert, enthält immer noch eine Mitteilung über den Sprecher. Hier bin ich anderer Meinung als Quasthoff, die, siehe oben, gewisse Minimalbedingungen von »Ungewöhnlichkeit« für Erzählungen verlangt.

Obwohl die phatische Funktion der Erzählungen (unter dem dominierenden Gesichtspunkt: »Erhöhung der Kenntnisse von- und übereinander«) deren Grundfunktion darstellt, können ihnen (auch in Alltagsdialogen!) noch weitere, allerdings *abgeleitete* Funktionen zugeschrieben werden. »Erzählungen« können dann in (Quasi-)Beweis-, Beleg-, Demonstrations-, Exempel- oder Argumentationsfunktion eingesetzt werden. In bezug auf die Grundfunktion werden die abgeleiteten Funktionen *zusätzlich* markiert.

Entsprechend den bisherigen Überlegungen komme ich zu folgenden Thesen:

1. Jede Erzählung in Alltagsdialogen muß (wegen ihres »Einschnittcharakters« auf den verschiedensten Ebenen, s. o.) *angekündigt* werden.
2. Erzählungen, in denen die phatische Funktion dominiert, werden durch die Ankündigung lediglich *eingebettet*.
3. Erzählungen, in denen eine der abgeleiteten Funktionen dominiert, werden im Rahmen der Ankündigung zusätzlich *legitimiert*.

Ich gehe zunächst auf Legitimationsprobleme ein.

III Legitimations- und Einbettungsprobleme in Alltagsdialogen

1. Zur Legitimierung von Erzählungen

Unter »Legitimierung« verstehe ich eine explizite oder implizite Begründung dafür, warum der spezielle Kommunikationsmodus »Erzählen« mit nicht-phatischer Funktion gewählt wird. Die Legitimierung selbst erfolgt in zweifacher Weise: einmal muß der Sprecher gesprächsorganisatorisch deutlich machen, daß er für eine gewisse Zeit die Sprecherrolle beansprucht. (»Erzählen kostet Zeit.« Quasthoff 1979, S. 116) Der Sprecher selbst legt dabei die Erzählerrolle fest und bringt gleichzeitig zum Ausdruck, daß er mehr als eine Äußerungseinheit (Rath 1979) zu machen gedenkt. Diese Beanspruchung eines expansiven Rederechts muß klar zum Ausdruck gebracht werden. (Sacks 1971) Darüber hinaus aber muß der Sprecher auch irgendwie deutlich machen, *warum* er die Geschichte erzählen will. Er muß einen Zusammenhang herstellen zwischen der aktuellen Sprechsituation und damit vor allem der augenblicklichen übergeordneten Handlung und dem Inhalt der Erzählung. Dies ist eine notwendige kommunikative Kohärenzbedingung: nämlich die Funktionalität der Erzählung auszuweisen. Dadurch erst wird die Erzählung über eine gesprächsorganisatorische Ankündigung hinaus legitimiert, wird angezeigt, daß textlich nicht beliebig verfahren wird.

Dazu einige Beispiele, um darzulegen, wie dies konkret geschieht. In einem Gespräch über Erziehungsprobleme (Zweiergespräch zwischen Ehepartnern) möchte die Frau den Mann davon überzeugen, daß Kinder – konkret geht es auch immer um das eigene Kind – eine magische Phase durchmachen, in der sie vor allem nachts Angst, u. a. vor wilden Tieren, haben. Es nützt in dieser Situation nichts, zu sagen, es gebe keine wilden Tiere: »Die Rationalisierung wird von den Kindern nicht kapiert.« (Textband III, S. 29) Man müsse dem Kind vielmehr den Glauben an die wilden Tiere lassen, es aber mit Abwehrmechanismen – wie: die Türen verschließen, Licht anlassen – ausstatten. Der Mann akzeptiert dies nicht, er empfindet das als eine Zumutung. In dieser Situation sagt die Frau:
(Textband III, S. 30)

AA: Also diese Geschichte bei der NN is genau dasselbe, wo der Junge schließlich ne Vase durch s Fenster schmeißt wegen dem Nachtvogel. Und die Eltern haben immer gesagt, da is kein Nachtvogel. Es gibt keinen Nachtvogel und sind abends wieder weggegangen. Er hat Angst gehabt vor dem Nachtvogel. Da sind mal die Eltern nach Haus gekommen und haben ans Fenster geklopft, weil sie die Schlüssel nicht hatten. Und da war für das Kind klar, da is der Nachtvogel. Und da hat er ne Vase genommen und durchs Fenster geschmissen. Und dann haben die Eltern ihn arg geschimpft und bestraft, daß er so ne gute Vase und das Fenster kaputt und dreckiges Wasser aufs schöne Kleid und so. Und das ist das, was mindestens
AB: Was sagt denn des aus?
Das Fazit dieser Geschichte geht auf die Eltern und nicht auf diese Komponente
[…].

Ich gehe hier nicht näher auf die hochinteressante Binnenstruktur der Erzählung ein – mit der Vorwegnahme der Pointe (»wo der Junge schließlich ne Vase durchs Fenster schmeißt wegen dem Nachtvogel«) und dem unterschiedlichen Detaillierungsgrad der Erzählung (was alles kaputt gegangen ist, nicht aber, wohin die Eltern an dem Abend gegangen sind!). Es kommt mir hier auf die Legitimierung der Erzählung an. Zunächst ist unklar, ob hier eine genaue Erzählankündigung vorliegt. Offenbar ist sich die Sprecherin nicht ganz im klaren darüber, ob nicht ihr Partner die Geschichte schon kennt und sie auch parat hat, und daher vielleicht eine *Berufung* auf diese Geschichte genügt. Dies würde die vorweggenoene Pointe erklären. Erst als kein Signal erfolgt, daß die Geschichte bekannt sei, wird die Geschichte mit Wiederholung der Pointe am angemessenen Ort, nämlich am Schluß der Erzählung, erzählt. Im Vorgang der Berufung auf die Geschichte ist bereits – prophylaktisch, möchte man meinen – die Legitimierung eingebaut. Und zwar in der Sequenz: »Also diese Geschichte bei der NN is *genau dasselbe*.« Expliziter: genau dasselbe wie bei unserem Kind, über das wir die ganze Zeit reden.

»Genau dasselbe« ist der Legitimierungsmarker: Er referiert auf die *Parallelität zweier verschiedener Ereignisse*. Ein fremdes Kind reagiert in genau derselben Weise wie das eigene Kind. Die durch die Erzählung etablierte Parallelität zweier Verhaltensweisen dient als Argument dazu, den Partner von der Richtigkeit der eigenen Meinung zu überzeugen. Eine aufweisbare Parallelität verschiedener Einzelereignisse, Einzelverhaltensweisen oder Einzelhandlungen kann in Quasi-Beweis- oder Belegfunktion hinsichtlich der Geltung eines zugrundeliegenden allgemeinen Gesetzes verwendet werden. Im vorliegenden Falle aber läßt sich der Partner nicht von seiner Meinung abbringen: er interpretiert die Erzählung anders als die Partnerin.

Aus demselben Kontext wie die Nachtvogel-Geschichte, nur etwas später erzählt, die Krokodilgeschichte:
(Textband III, S. 31)

AA: ja nun die Kinder haben eine magische Phase und für die Kinder gibts des. Und die Frau NN hat auch von ihrem Hermännle erzählt. Er hat Nacht für Nacht Angst gehabt nach dieser Geschichte äh im Urlaub, und Nacht für Nacht gerufen, bis er eines Nachts gesagt hat, Mama, heute Nacht hab ich ihn weggeschickt, den Hund oder das Krokodil oder was es war.
AB: ja wenns das Kind selber sagt, dann ist s auch in Ordnung …

In dieser Erzählung ist das »auch« der Legitimationsmarker (Und die Frau NN hat *auch* … erzählt). Es setzt zwei Verhaltensweisen (von Kindern) als parallele, ähnliche oder gleiche miteinander in Beziehung. Das »auch« steht somit in gleicher Funktion wie die etwas explizite Vergleichsform »genau dasselbe« im vorhergehenden Beispiel.

Wir haben es hier ganz zweifellos mit einer allgemeinen Erscheinung zu tun. Zwischen einer aktuellen Handlung und einer in der Vergangenheit liegenden Handlung – vorgebracht durch eine Erzählung – wird mittels eines Vergleichs eine Beziehung hergestellt und zwar in der Absicht, eine Parallelität, Analogie oder Identität zwischen den Handlungen zu erzeugen. Bei der Legitimierung von Erzählungen sind demnach drei Aspekte zu berücksichtigen:

- *gesprächsorganisatorisch:* asymmetrische Beanspruchung der Sprecherrolle (Sacks, 1971; Kallmeyer/Schütze 1977).
- *handlungsorientiert:* Konstatierung einer Parallelität verschiedener Handlungen, Ereignisse oder Verhaltensweisen.
- Den dritten Aspekt möchte ich – provisorisch – *an Normen des Alltagswissens orientiert* nennen und meine damit folgendes: Sprecher und Hörer verfügen über ein gemeinsam geteiltes und gegenseitig unterstelltes Alltagswissen. Dazu gehören auch bestimmte eingefahrene, d. h. konventionalisierte Denk- und Schlußfolgerungsprozesse. Eine dieser elementaren Operationen ist eine nichtwissenschaftliche, sondern alltägliche Art der induktiven Beweisführung. Diese wird hier angewandt, indem aus einer konstatierten Parallelität (oder Analogie) ein allgemeiner Schluß gezogen wird.

2. Fremde Geschichten

Die bisher zitierten Erzählungen sind nicht selbsterlebt (nach Quasthoff erfüllen sie damit nicht die Bedingungen für Erzählungen). Es handelt sich also hier um Erzählungen aus zweiter Hand. Ich rechne sie, wie schon angedeutet, zu den Erzählungen, weil mir Ausschließungsgründe fehlen. Für ihre Einbeziehung sprechen folgende Gründe:

Sie müssen ebenso legitimiert werden wie selbsterlebte Geschichten: es muß nämlich extensives Rederecht gefordert und eingeräumt werden. Die Kohärenzbedingungen müssen ebenso erfüllt sein wie bei den selbsterlebten Geschichten. Vor allem können diese Erzählungen in gleicher Funktion stehen wie die auf selbsterlebte Geschichten zurückgehenden.

Allerdings unterscheiden sie sich auch: für die Wahl einer Erzählung, die auf eine selbsterlebte bzw. nicht selbsterlebte Geschichte zurückgeht, lassen sich einige Gründe in Betracht ziehen: die fremde Geschichte hat die größere »Beweiskraft« weil mit ihr die Komponente »Subjektivität« ausgeschlossen oder relativiert wird. Objektivität rangiert hier vor Authentizität: wenn einem *anderen* das gleiche passiert ist, dann zählt dies u. U. mehr als wenn einem selbst das gleiche *mehrfach* passiert ist.

Die fremde Geschichte stellt weiterhin für den Erzähler eine Art Schutz dar: einerseits spricht sie für die größere Objektivität, andererseits braucht er nicht die Verantwortung für ihren Wahrheitsgehalt zu übernehmen – dem Erzähler bleibt immer die Möglichkeit zu sagen: ich hab' ja nur das erzählt, was ich gehört habe. Der Hörer muß also, wenn er die Position des Erzählers nicht teilt, auch die Position anderer Personen (nämlich die Positionen des/der Ereignisträger(s) der Geschichte) bezweifeln oder angreifen.

Schließlich ist zu bedenken, daß fremde Geschichten fast zu eigenen werden können: der Erzähler identifiziert sich mit den Ereignisträgern der fremden Geschichte, er übernimmt deren Positionen, er tut so, als ob er die Geschichte selbst erlebt hätte. Ich nehme an, daß man nicht selbsterlebte Geschichten unter bestimmten Bedingungen soweit verinnerlichen kann, daß es eigene Geschichten werden, ja sogar ein Teil der eigenen biographischen Geschichte.

3. Dysfunktionale Legitimierung

Eine sicher nicht sehr oft zu beobachtende aber hochinteressante Erscheinung ist eine dysfunktionale Legitimierung. Ich bezeichne damit folgenden Sachverhalt: ein Sprecher kündigt eine Erzählung an, ohne daß eine Erzählung folgt. Dabei ist von Bedeutung, daß es *nicht gesprächsorganisierende* Gründe sind, die das Erzählen der Geschichte verhindern, etwa derart, daß die Erzählung nicht akzeptiert und durch einen unterbrechenden Sprecherwechsel verhindert würde. Dies gibt es auch, dazu etwas später unter dem Stichwort: mißglückte Einbettung. Bei der dysfunktionalen Legitimierung ist es vielmehr so, daß die Gesprächsteilnehmer die Erzählankündigung ratifizieren, der potentielle Erzähler aber in der vorherigen Darstellungsform – die eben nicht Erzählen ist – verbleibt.

In dem Freiburger Korpus habe ich dazu folgende Stelle gefunden: (Textband II, S. 375)

AG: [...] alle diese Gesetze sind von Männern gemacht. Wer hat den Mann zum Richter der Frau bestellt? Grotesk.

(Bravorufe und Klatschen)
unendlich unendlich grotesk scheint mir die Situation. Ich darf hier ein persönliches Erinnerungsbekenntnis ablegen. Ich stand *heute* vor dreißig Jahren als deutscher Soldat bei NN. Es war der Beginn des Ostfeldzugs. Besonders grotesk erscheint mir die Situation von uns Männern zu sein. Wir haben ja das Leben nicht geschützt. Wie *kommt* es? Das ist ja nur tiefenpsychologisch zu verstehen. Lassen sie mir es als einem Kind der Stadt Sigmund Freuds sagen, wie kommt es, daß so viele Männer engagiert sich als Hüter des Lebens aufspielen wenn sie gleichzeitig in Theorie und Praxis ein Overkill, ein Ausmorden, ein Töten des Lebens größten Ausmaßes täglich realisieren und vorbereiten? [...].

Ich würde ja ganz gerne über den Inhalt dieses Statements diskutieren – hier geht es aber um die Erzählungsankündigung: »Ich darf hier ein persönliches Erinnerungsbekenntnis ablegen. Ich stand heute vor dreißig Jahren bei NN. Es war der Beginn des Ostfeldzugs.« Man mag hier zunächst einwenden, es handele sich nicht um eine Erzählungsankündigung. In der Tat ist die Formulierung »persönliches Erinnerungsbekenntnis« nicht eindeutig. Man kann eine Fortsetzung erwarten wie: ich bekenne mich ausdrücklich zu [...]. Genauso ist aber der Anschluß einer selbsterlebten Geschichte möglich. In jedem Falle aber wird um ein längeres Rederecht nachgesucht. Die beiden nächsten Äußerungseinheiten aber machen die Sache klar: es folgt eine Erzählung. Tempuswechsel, Episodenmerkmale der Zeit, Lokalitätsangaben und Nennung des Ereignisträgers (identisch mit dem Sprecher) sind eindeutige Indikatoren für den Beginn einer Erzählung. Schließlich erfolgt auch eine Legitimierung, und zwar durch eine besondere Betonung des Episodenmerkmals der Zeit: »heute vor dreißig Jahren«. Der Erzähltag (»heute«) erhält damit das Gewicht eines Jubiläums. Die Erzählung wird mit anderen Worten dadurch legitimiert, daß die Geschichte, die erzählt werden soll, auf den Tag 30 Jahre vorher passiert ist. Nicht der Inhalt der zu erwartenden Erzählung, sondern das relativ zum Erzählzeitpunkt herausragende Jubiläumsdatum wird zur sachlichen Begründung für ihre Realisierung.

Dies ist durchaus nichts Ungewöhnliches. Jemand, der ein Jubiläum feiert, ist immer schon dadurch zur Erzählung einer Geschichte legitimiert, daß sie genau auf das Jubiläum bezogen ist. Ob sie nun darüber hinaus erzählenswert ist oder »gewisse Minimalbedingungen von Ungewöhnlichkeit« besitzt ist in solchen Fällen irrelevant. Die Erzählung wird also legitimiert – und dann folgt keine Erzählung. Statt dessen knüpft der Sprecher wörtlich (»grotesk«) an seine vorhergehende argumentative Sachverhaltsdarstellung an. Damit aber wird die Legitimation dysfunktional.

Daß dann *nachträglich* doch noch eine sinnvolle Interpretation der Ankündigungsformel möglich wird, ist eine andere Sache. (Nämlich die – ich paraphrasiere –: ich möchte ein persönliches Erinnerungsbekenntnis ablegen: ich war Soldat und meine folgenden Ausführungen beziehen sich auf Soldaten und Krieg. Ich schließe mich daher bei der Kritik voll ein.)

4. Einbettung phatischer Erzählungen

Im Gegensatz zu den bisher vorgestellten nicht phatischen Erzählungen bedürfen, wie schon gesagt, die phatischen keiner besonderen Legitimation.

Einige Beispiele:
Drei Kolleginnen unterhalten sich während einer Pause im Büro u. a. über
Urlaub und Urlaubserlebnisse. (Soll man einen Photoapparat mit in den Ur-
laub nehmen? Diebstahlgefahr im Ausland. Geldmitnahme, Geldverstecke.)
Es heißt dann:
Textband III, S. 53


```
AB: ich meine | andrerseits |
AA:           | ja ja       |
AB: kommt man sich schäbig vor, wenn man den Leuten
so was zutraut, nich? aber
      | ich mein man muß ja           |
AC:   | ja Sie sind ja die Dumme, |wenn Sie nachher
      kein Geld mehr | haben |
AB:                  | ja    | in Moskau soll es auch
einer passiert sein in dieser Reisegruppe von NN erzählte Irene, nich?
AC: mhm
AB: da war also da war n Teil waren ja so ältere Leute aus Berlin. der der Gruppe haben
sie sich angeschlossen. Und ein so n Muttchen hat ihr gan ihre ganzen sechshundert
Mark mit in die Kirche genommen. Und als sie wieder rauskam,
      war das weg nun waren | die aber in ner |
AC:                        | hat sie aus Versehen |
in die Kollekte gegeben?
AB: nee
(Lachen)
nun waren die aber in ner Gruppe und äh über Intourist und so. Un äh für die war das
                | nun n n ganz |
natürlich AA:   | peinlich     |
AB: unangenehme Sache. Und da haben sie ihr das ersetzt, nich? damit das nich verbrei-
tet wird, AA:   da wird geklaut |und so | |das is so |
      AB:                       |ja ja  | |aber uns | ersetzt das
ja keiner, nich?
```


Im Rahmen eines Gesprächs über Geldverstecke im Urlaub *fällt* der Sprecherin eine Geschichte (die sie nicht selbst erlebt hat), *ein,* die davon handelt, daß
einer alten Frau in einer russischen Kirche Geld gestohlen worden sei. Die
Einbettung erfolgt auf zweierlei Weise. Einmal wird die Erzählung angeboten
mit den Worten: »In Moskau soll es auch einer passiert sein in einer Reisegruppe von NN erzählte Irene nich?« Dieses Erzählangebot wird am Ende
durch das Vergewisserungssignal »nich?« begrenzt (dem eine kurze Pause
folgt). Die Sprecherin vergewissert sich, ob es den Partnern genehm ist, eine
Geschichte zu hören. Eine der Hörerinnen gibt durch ein deutlich vernehmba-
res »mhm« die Ratifikation seitens der Hörer bekannt, womit der Sprecherin
expansives Rederecht eingeräumt ist. Das Erzählangebot wird konstituiert
durch den Hinweis, daß einer bestimmten Person (Ereignisträger) etwas Bestimmtes »passiert sein soll«. Ferner wird von Anfang an eingeräumt, daß es
sich um eine Erzählung aus zweiter Hand handelt (»erzählte Irene«).
   Die Erzählankündigung enthält weiterhin ein gesprächsorganisierendes Signal, das den Hinweis gibt: die folgende Erzählung »paßt« in unseren Zusammenhang, paßt in den Zusammenhang unseres gesamten Gesprächs. Es handelt sich dabei um das an anderer Stelle besprochene »auch«: In Moskau soll
es *auch* einer passiert sein ... Dieses »auch« verweist hier nicht auf eine Paral-

lelität zwischen einer aktuellen Handlung und der Handlung in einer (vergangenen) Geschichte, sondern auf die Parallelität verschiedener in der Vergangenheit liegenden Handlungen oder Ereignisse. Während also bei der Legitimation aktuelle Handlung und ein vergangenes Ereignis verbunden werden, werden bei der Einbettung entweder – wie im vorliegenden Beispiel – verschiedene in der Vergangenheit liegende Ereignisse oder ein Einzelereignis *gesprächsorganisatorisch* auf die aktuelle Sprechsituation bezogen, ohne daß ein übergeordneter Handlungszug erkennbar wäre. Oder anders gesagt: Es wird weiterhin über Ferienerlebnisse und andere Kurzweiligkeiten geplaudert. Mit der Verwendung von Partikeln wie »auch« ist eine weitere Funktion verbunden. Mit ihrem Gebrauch kann der Sprecher interaktionslogisch so tun, als ob seine Geschichte die direkte Fortsetzung eines Partnerbeitrags sei. Diese Signalisierung von Bestätigung ist ein strategischer Aspekt, der die strukturelle Verletzung des Gleichheitsgrundsatzes symmetrischer Interaktion abmildert.

In ähnlicher Weise eingebettet ist die Geschichte mit dem Personalausweis in der Waschmaschine aus dem gleichen Gespräch. Es geht immer noch um Geldverstecke und Diebstahl. Erwogen wird ein Geldversteck im Bademantel (einnähen), man darf ihn aber nicht am Strand vergessen
(Textband III, S. 57)

oder damit ins Wasser gehen
(Gelächter)
so wie meine Mutter ihren Personalausweis mit in die Waschmaschine tut [...]

Die Einbettung leistet hier das »so wie«. Bei Bademantel assoziiert die Sprecherin »Strand«, dann »Wasser« und damit hängt auch die Personalausweisgeschichte zusammen. Das Assoziationsmuster dieser Einbettung liegt auch bestimmten Witzen zugrunde: Jemand nennt den Goetheplatz fälschlicherweise »Kupferplatz«. Auf seinen Fehler angesprochen sagt er, ich habe verwechselt: Goethe mit Schiller und Schiller mit Lessing und Lessing mit Messing und Messing mit Kupfer.

Assoziationsmuster dieser Art sind für eine Einbettung phatischer Erzählungen offenbar ausreichend. Bemerkenswert ist aber, daß die Einbettung sehr oft auch formal vollzogen wird. Es werden die gleichen Kohärenzmarker verwendet wie bei der Legitimierung von Erzählungen, sie beziehen sich aber auf eine andere Ebene. Die Legitimation markiert das Erzählschema als nicht phatische Handlung, die Einbettung bezieht sich vorrangig auf die Gesprächsorganisation. Bei der Einbettung wird angezeigt, daß eine Kompatibilität zwischen der beabsichtigten Erzählung und dem phatischen Charakter der Kommunikation besteht. Neben den schon genannten Indikatoren »auch«, »so wie« und »dasselbe« treten häufig auf: »Dabei fällt mir ein«, »mir ist etwas Ähnliches passiert.«

Eine große Klasse dieser Erzählungen dient dazu die Gesprächsteilnehmer zu unterhalten. (In der Literatur nicht ganz glücklich »Belustigungsfunktion« genannt.) Sie sind aber gleichzeitig auch ein ausgezeichnetes Mittel der Selbstdarstellung. (Vgl. Quasthoff 1979, S. 106, die hier die folgende Unterscheidung trifft: »Belustigung« und »Unterhaltung« rechnet sie zu den »primär hörerorientierten Funktionen«, »Selbstdarstellung« zu den »sprecherorientierten Funktionen«.) Die Unterhaltungsfunktion wird in der Ankündigung oft ausgeführt, etwa in dem Beleg: (Textband I, S. 79) »Ich habt Dir ja schon erzählt den Gag ...« Oder: »Ich hab heute etwas Merkwürdiges, Lustiges, Komisches, Sonderbares ... erlebt.«

An dieser Stelle könnte man auch das Witze-Erzählen einordnen. Man könnte sie als verselbständigte Erzählungen in Unterhaltungsfunktion ansehen, die zur Belustigung der Hörer und zur Selbstdarstellung des Sprechers vorgetragen werden. Im Unterschied zu den Erzählungen sind sie in aller Regel nicht selbst erlebt, sind stark schematisiert, enthalten eine Pointe (die verpatzt werden kann) und stehen in einem festen Kanon (»den kenne ich schon«).

Für die Kommunikationssituationen, in denen Witze erzählt werden können, gelten offenbar größere Restriktionen als für Erzählsituationen (Männerwitze, unanständige Witze). Interessant ist in diesem Zusammenhang die Frage der Einbettung. Wenn nämlich einmal – in welcher Runde auch immer – Witze erzählt werden können und erzählt werden, dann braucht der Einzelwitz nicht mehr eingebettet zu werden. Die Gesprächsteilnehmer rufen nur noch die Witze ab und da der Witz eine relativ eindeutige (meinetwegen auch zweideutige) Textsorte darstellt, bereitet die Identifikation und das Abrufen des konkreten Einzelwitzes keine Schwierigkeit. Die Einräumung des Rederechts für die Erzählung von Witzen hängt im wesentlichen davon ab, ob der Witz bekannt ist oder nicht. Bei Nichtbekanntheit wird das Rederecht in aller Regel sofort eingeräumt – es sei denn, ein ausgesprochener Anti-Witz-Fan bestreitet es.

5. Mißglückte Einbettungen

Vor allem bei phatischen Erzählungen, aber auch bei den anderen, kann eine Einbettung bzw. Legitimierung mißlingen, oft aus Gründen, die die Ebene der Gesprächsorganisation betreffen. Hierzu ein Beispiel aus dem Textband II, aus dem Text: »Kann man Bouletten wirklich essen?« Dieses Gespräch stammt aus der Sendereihe des WDR »Die fixe Idee«. In ihr »werden Unsinnsthemen in Unsinnsdiskussionen behandelt. [...] Weil die Diskussionsteilnehmer das Thema erst kurz vor der Sendung erfahren, hat die Diskussion einen etwas spontaneren Charakter als die anderen. Das ändert nichts an der Tatsache, daß das auch in diesem Falle heikle Thema nach allen Regeln der Kunst diskutiert wird.« (Textband II, S. 196). Den letzten Satz möchte ich unterstreichen. Auch in einem Unsinnsgespräch gelten natürlich die Regeln der Gesprächsorganisation, der Handlungsrealisierung usw. Auf unsere Fragestellung bezogen: Die Regeln der Einbettung oder Legitimierung werden auch in einem solchen Gespräch nicht außer Kraft gesetzt.

Beispiel Textband II, S. 210

Der Sprecher AD gibt das »Stichwort«, so sagt er, »Frikandelle« und versucht damit eine Geschichte anzubringen. Dies gelingt ihm zunächst nicht, er kommt nicht über den Anfang der sogenannten Etymologie des Wortes hinaus. Ein anderer Sprecher – im Textband ist dies falsch verschriftet – versucht ganz klar einen Themenwechsel herbeizuführen. (»Ich muß noch mal auf die Boulletristik zurückkommen«.) Angesichts dieser Gefahr – eine Geschichte kann unerzählbar werden, wenn der richtige Einbettungszeitpunkt verpaßt wird – setzt sich der ursprüngliche Sprecher mit einer explizit kritischen Bemerkung zur Gesprächsorganisation durch: »Nein ich glaub, sie haben mich nicht zu Ende gelassen«. Er nimmt die begonnene Erzählung auf und erzählt jetzt die Geschichte zu Ende, nachdem der erste Versuch gescheitert war.

Eine andere Art einer mißlungenen Einbettung liegt im folgenden Beispiel vor (Textband III, S. 83). Es handelt sich um ein Gespräch in einer Messehalle zwischen einem Messeverkäufer und zwei Messebesuchern. Es geht um Verkaufsmethoden, das Stichwort »Vergleichswerbung« ist gefallen. Der Verkäufer sagt nun:

AA: wenn ein Kunde kommt und sagt zu mir ich hab grad n Sicomatic gesehen und jetzt sehe ich ihren, was ist der Beste? dann sage ich natürlich, ja, gnädige Frau, sie müssen wissen, wofür sie ihr Geld ausgeben ja? beide Töpfe sind gut, aber ich hab n kleinen Vorzug, daß wir hier das Ventil drauf haben und so weiter. Also man stellt doch etwas heraus nicht wahr?
AB: kleine Vorteile
AA: und der jute Mann da der erklärt den Kunden, wenn se n Topf öffnen dürfen sie nie mit kaltem Wasser drüber laufen lassen, sondern müssen oben n janzen Dampf ablassen.
Wenn sie kaltes Wasser rüber laufen lassen, werden öh die Vitamine restlos zerstört ne?
Wir haben voriges Mal ... mein lieber Freund noch einmal dann gehts aber los.
(AC lacht)
AB: Und jetzt macht er s nicht mehr?
AA: Nein, wir haben den Stand schließen lassen nich? Geschäftsschädigung.

Was hier von dem Messeverkäufer gesagt wird, ist offenbar keine Erzählung. Es handelt sich eher um ein Erfahrungsresümee. Es fehlen die Episodenmerkmale der Zeit und die Ortsangaben. Es handelt sich offenbar auch nicht um ein einmaliges Ereignis. Eine iterative Redeweise also, die nicht der einer Erzählung entspricht. Erst am Ende des Abschnitts ändert sich etwas. Der Verkäufer geht sehr kurz zu einem Einzelereignis über: »Wir haben voriges Mal ...« Das Tempus wechselt und das Ereignis wird zeitlich fixiert. Auch der Ort ist implizit bestimmt: Auf einer Messe. Dies führt nun zu einer gewissen Schwierigkeit: Ein allgemeines Resümee über Verkaufsmethoden endet mit einem ziemlich unklaren Hinweis auf ein bestimmtes Ereignis. Dieser Hinweis hat den Charakter einer Erzählankündigung, aber er steht sozusagen im falschen Sachverhaltsschema (Resümee) und am falschen Ort: am Ende einer Einheit statt am Anfang, wo eine Ankündigung hingehört. Diese Unklarheit wird auch von der Gesprächsteilnehmerin bemerkt, denn sie fragt genau an dieser Stelle nach: »Und jetzt macht ers nicht mehr?« Diese Frage zeigt, daß noch irgend etwas fehlt. Der Sprecher geht darauf ein und liefert einen auf das konkrete Ereignis bezogenen Nachtrag. Mit diesem Nachtrag in Verbindung mit einer deplaziert angeordneten Erzählankündigung wird das Resümee im Nachhinein umfunktioniert: Es erhält quasi die Qualität einer Erzählung. Die allgemein und iterativ formulierten Handlungszüge beziehen sich auf eine konkrete, einmalige Geschichte. So entsteht eine defekte Erzählung, obwohl die klassischen Voraussetzungen für das Erzählen einer ganz normalen Geschichte gegeben sind: Der Messeverkäufer hätte zu einem im Gespräch befindlichen allgemeinen Thema ein persönliches Erlebnis in Form einer Erzählung beitragen können. Dies aber mißlingt u. a. deswegen, weil die Einbettung nicht rechtzeitig vollzogen worden ist.

6. Höreranteile bei der Erzählung von Geschichten

In diesem Abschnitt möchte ich vorläufig und provisorisch einige Bemerkungen zum Komplex der Hörerrolle beim Erzählen von Geschichten machen. Ich möchte die folgenden, wie mir scheint, elementaren Hörerfunktionen beim Erzählen von Geschichten hier zur Diskussion stellen:

a) *Nachfragen*

Beim letzten Beispiel ist schon deutlich geworden, daß der Hörer wesentlich am Zustandekommen einer Erzählung beteiligt sein kann. Er besitzt das Recht der *Nachfrage*. Dieses Recht gibt ihm die prinzipielle Möglichkeit, den Erzähl-*ablauf* mitzusteuern. Es ist auf der überaus sensiblen Ebene der Gesprächsorganisation angesiedelt. Dieses Recht wird im Zusammenhang mit Erzählungen zu verschiedenen Zwecken genutzt. Die Nachfrage kann sich direkt auf die Binnenstruktur der Erzählung beziehen.

Beispiel: (Textband II, S. 169) »Schätzungsweise wie alt waren sie da?« Der Detaillierungsgrad der Erzählung reicht dem Hörer nicht. Er will an bestimmten Stellen Genaueres wissen. Die Nachfrage kann sich aber auch auf die Legitimierung beziehen: Etwa wenn gefragt wird, was denn diese Geschichte in diesem Zusammenhang solle. In solchen Fällen ist es dem Sprecher nicht gelungen, die Erzählung angemessen zu legitimieren, d. h. ihre abgeleitete Funktion deutlich zu machen. Der Tendenz nach liegt ein solcher Fall vor in dem Beispiel des Messeverkäufers, wo die Nachfrage »und jetzt macht ers nicht mehr?« paraphrasiert werden könnte: Nun haben Sie uns angedeutet, daß Sie eine Geschichte erlebt haben, Sie haben auch einiges davon gebracht, aber ganz haben wir Sie in diesem Handlungszusammenhang noch nicht verstanden. Könnten Sie sie noch etwas ausführen?

b) *Pointieren-Miterzählen*

Eine andere Art der Hörerbeteiligung liegt vor, wenn der Hörer sich aktiv an der Erzählung beteiligt, indem er augenblicksweise die Erzählerrolle übernimmt, etwa zum Zwecke der Pointensetzung; er will sich sozusagen eine geistreiche Fortsetzung – die evtl. vom Erzählplan des Sprechers abweicht – nicht entgehen lassen: Hier liegt eine Möglichkeit vor, Selbstdarstellung und Unterhaltung der übrigen Teilnehmer hörerseits zu verbinden. So könnte man den Hörerbeitrag in der Moskau-Geschichte (Gelddiebstahl in der Kirche) bewerten. Die Sprecherin sagt: »und als sie wieder rauskam (aus der Kirche) war das (Geld) weg.« Der Hörer fügt deutlich vernehmbar ein: »Hat sie aus Versehen in die Kollekte gegeben?«

Das Lachen der übrigen Teilnehmer deutet an, daß der Einschub angekommen ist.

Diese Art der Hörerbeteiligung scheint mir vor allem in den phatischen Erzählungen aufzutreten, die aufgrund der übereinstimmenden Definition der Gesprächssituation, in der diese Geschichten erzählt werden können, viel stärker für eine Hörerbeteiligung geöffnet sind. Es besteht eine ständige implizite Aufforderung an den Hörer, »mitzumachen«.

c) *Ausleiten von Erzählungen*

Der Hörer hat wesentlichen Anteil daran, die Erzählung in die aktuelle Situation überzuleiten. Er kann die Rolle übernehmen, das Ende der Erzählung zu markieren, indem er, der Hörer, an die aktuelle Handlungssituation anknüpft. In der Nachtvogelgeschichte wird die Erzählung vom Hörer mit folgenden Worten abgeschlossen: »Was sagt denn das aus? Das Fazit der Geschichte geht doch auf die Eltern [...].« Mit diesen Bemerkungen wechselt er aus der Hörerrolle in die Sprecherrolle. In der Geschichte vom Personalausweis in der Waschmaschine bekräftigt der Hörer das Ende der Erzählung, indem er eine Parallelhandlung angibt: »uns passiert das immer mit Tempotaschentüchern.« In der hier nicht zitierten Erzählung aus dem Textband I »Missionsversuch einer älteren Dame« schließt der Hörer die Geschichte ab, indem er sagt: »Das war gestern oder vorgestern.«

Man kann diese unterschiedlichen Hörerbeteiligungen unter folgenden Gesichtspunkten zusammenfassen: So wie der Sprecher das Recht hat, um ein expansives Rederecht nachzusuchen, liegt auf seiten des Hörers das komplementäre Recht der Ratifikation dieses Sprecherrechts. Die verschiedenen Hörerbeiträge können als implizite Kundgaben der Ratifikation aufgefaßt werden: Die Darstellungsform der Erzählung wird akzeptiert, wobei dies allerdings nicht besagt, daß der mit der Erzählung verfolgte Zweck des Sprechers – etwa die Beweisfunktion – von vornherein akzeptiert wird. In den nicht-phatischen Erzählungen kann ihre Ratifikation durchaus mit einer Nichtakzeptierung der Funktion verbunden sein, während dies bei phatischen Erzählungen nicht zu erwarten ist.

IV Schluß

Damit komme ich abschließend noch einmal auf mein Hauptanliegen zurück, wobei ich zusammenfasse:
- Erzählungen sind im Prinzip monologische Formen. Es ist grundsätzlich so, daß – trotz der vielfältigen interaktionellen Aktivitäten des Hörers (s. o.) – der Erzähler alleiniges Rederecht besitzt.
- Als eine monologische Form stellt die Erzählung im Dialog, gerade auch in Alltagsgesprächen, ein fremdes Element dar, dessen Einbringung in den Dialog die Spielregeln des Dialogs verletzt.
- Aus diesem Grunde bedürfen Erzählungen einer besonderen Legitimation – oder, wenn in ihnen die Grundfunktion des Erzählens, die phatische Funktion dominiert, einer Einbettung.
- Einbettungen haben die eher formal zu sehende Aufgabe, Anfang und Ende der Erzählung festzulegen, während Legitimation bedeutet: Erlaubnisnahme zur Durchbrechung dialogischer Regeln. Damit aber ist »Legitimation« mehr als nur ein Nachsuchen um ein expansives Rederecht. Legitimieren ist die Indikation eines qualitativen Wechsels der Verkehrsform. Es geht hier m. E. nicht allein, nicht einmal vordringlich darum, daß man bei einer Erzählung zeitlich bevorzugt behandelt wird, vielmehr darum, daß man *erzählen* darf. Und erzählen heißt, monologisch darstellen und sich selbst darstellen. Das kann kurz oder lang sein. Jemand, der eine lange Argumentation vorhat und

sie durchführt, *kann,* muß dies aber nicht ankündigen. Er hat im Dialog das Recht, auch zeitlich expansiv zu argumentieren. Jemand, der eine Erzählung anbringen will, sei sie kurz oder lang, muß dies eigens begründen.

– Letztendlich sehe ich den Grund dafür vor allem darin, daß Erzählen in ausgezeichneter Weise Selbstdarstellung ist: Während des Erzählens verhält sich der Erzähler reflexiv, artikuliert Erfahrungen aus seiner eigenen Biographie, er realisiert »seine« kognitive Geschichte. Dagegen ist »Argumentieren« eine reaktive Darstellungsform, mit *direktem* Eingehen auf die Argumente des Partners. Diese Selbstdarstellung mit Blick zurück auf die kognitive Geschichte ist es, die in den Fällen einer abgeleiteten Verwendungsweise einer besonderen Begründung bedarf.

Literatur

Ehlich, Konrad/Hans Ramge/Bernd Switalla (1977): Transkriptionen gesprochener Sprache, in: Studium Linguistik, H 3, 1977, S. 116–117
Gülich, Elisabeth (1976): Ansätze zu einer kommunikationsorientierten Erzähltextanalyse, in: Haubrichs, Wolfgang (Hrsg.): Erzählforschung 1 (= Zeitschrift für Literaturwissenschaft und Linguistik (Lili), Beiheft 4, Göttingen 1976, S. 224–256
Gülich, Elisabeth (1980): Konventionelle Muster und kommunikative Funktionen von Alltagserzählungen, in: Konrad Ehlich (Hrsg.): Erzählen im Dialog, Frankfurt 1980
Hymes, Dell (1973, engl. 1968): Die Ethnographie des Sprechens, in: Arbeitsgruppe Bielefelder Soziologen (Hrsg.): Alltagswissen, Interaktion und gesellschaftliche Wirklichkeit, Bd. 2: Ethnotheorie und Ethnographie des Sprechens, Reinbek bei Hamburg 1973
Kallmeyer, Werner/Fritz Schütze (1977): Zur Konstitution von Kommunikationsschemata der Sachverhaltsdarstellung, in: Wegener, Dirk (Hrsg.): Gesprächsanalysen. Vorträge, gehalten anläßlich des 5. Kolloquiums des Instituts für Kommunikationsforschung und Phonetik, Bonn, 14.–16. Oktober 1976. Hamburg 1977, S. 159–274
Malinowski, Bronislaw (1974, engl. 1923): Das Problem der Bedeutung in primitiven Sprachen, in: C. K. Ogden/I.A. Richards: Die Bedeutung der Bedeutung. Frankfurt 1974 (London 1923), S. 323–384
Mandler, Jean M./Nancy S. Johnson (1978, engl. 1977): Erzählstruktur und Erinnerungsleistung. Eine Grammatik einfacher Geschichten, in: Haubrichs, Wolfgang (Hrsg.): Erzählforschung 3 (= Zeitschrift für Literaturwissenschaft und Linguistik (Lili) Beiheft 8, Göttingen 1978, S. 337–379
Quasthoff, Uta (1979): Eine interaktive Funktion von Erzählungen, in: Soeffner, Hans-Georg (Hrsg.): Interpretative Verfahren in den Sozial- und Textwissenschaften, Stuttgart 1979, S. 104–126
Rath, Rainer (1979): Kommunikationspraxis. Analysen zur Textbildung und Textgliederung im gesprochenen Deutsch. Göttingen 1979
Sacks, Harvey (1971): Das Erzählen von Geschichten innerhalb von Unterhaltungen, in: Kjolseth, Rolf/Fritz Sack (Hrsg.): Zur Soziologie der Sprache. (= Kölner Zeitschrift für Soziologie und Sozialpsychologie, Sonderheft 15), Opladen 1971, S. 307–314
Sacks, Harvey/Schegloff E. A./Jefferson G. (1974): A simplest systematics for the organization of turn-taking for conversation, in: Language 50 (1974), S. 696–735
Texte gesprochener deutscher Standardsprache, Band I (1971), Band II (1974), Band III (1975). Erarbeitet im Institut für deutsche Sprache, Forschungsstelle Freiburg i. Br. (= Heutiges Deutsch II/1-3), München – Düsseldorf

JOCHEN REHBEIN

Biographisches Erzählen

Es wird aus einer Untersuchung berichtet, die die Verarbeitung gesellschaftlicher Wirklichkeit (Produktion und Reproduktion) in der Form längeren Sprechens zum Gegenstand hat. Zum einen werden beim biographischen Erzählen die institutionellen Stationen, die der Erzählende in seinem Leben durchlaufen hat, wiedergegeben, zum anderen die Veränderungen, die er selbst initiiert hat.

In welcher Weise kategorisiert der Sprecher sein eigenes Handeln, in welcher Weise kategorisiert er das Handeln der Mächte, von denen er sein Leben als abhängig bzw. beeinflußt ansieht? Wie sind die entscheidenden Stationen seines Lebens versprachlicht? Welche Funktionen haben eingestreute kleinere Erzählungen, welche Funktionen haben biographische Erzählungen insgesamt? Besondere Aufmerksamkeit wird den Formen des Wissens und Bewertens gewidmet, die sich aus dem vorliegenden Korpus erschließen lassen.

Die Arbeit ist folgendermaßen aufgebaut: Zunächst werden einige Bemerkungen und Begriffsbestimmungen zu biographischen Verfahren allgemein gemacht (§ 1); dann werden charakteristische Elemente benannt, die die verbale Rekonstruktion von Biographien bestimmen (§ 2); darauf erfolgt die Analyse der diskursiven Formen des biographischen Erzählens, soweit sie sich aus den aus Interviews stammenden Beispielen gewinnen lassen (§ 3); anschließend sollen die analytischen Bestimmungen aus § 2 und die Musterelemente des sprachlichen Handelns an sechs Beispielen gezeigt werden, die insgesamt zwei Typen biographischer Rekonstruktion zuzurechnen sind.

1. Einleitende Bemerkungen zu »biographischen Verfahren«

Lebensläufe spielen sich im Kontakt mit Institutionen ab, die die Individuen durchlaufen und in denen sie ihre Erfahrungen machen. Sie sind in ihren einzelnen Abschnitten durch die Mitgliedschaft des Individuums in einer Klasse, Fraktion bzw. Gruppe der Gesellschaft (Massarik 1969, Zimmermann 1976, Emmerich 1974/75) geprägt.

Eine Biographie ist das Produkt der objektiven und der subjektiven Seite eines Lebenslaufes. In ihr schlägt sich die mit der Identität des Individuums »nichtidentische Erfahrung« nieder. Ich möchte behaupten: Biographien sind vor allem von Interesse, weil sich an ihnen Momente widersprüchlicher gesellschaftlicher Strukturen kristallisieren, weniger, weil es sich um einen »großen Menschen« handelt.

Biographien produzieren bei dem Individuum ein bestimmtes »Bewußtsein«, das ebenfalls widersprüchlich sein kann; aus diesem heraus wird erzählt.

Lebensläufe werden unter verschiedenen und unter wechselnden *Zielsetzungen* durchlaufen (Ch. Bühler [7]1932, [2]1959), die in den Lebensdarstellungen zudem unterschiedlich interpretiert werden; zumeist wird auch dem Zufälligen, Kontingenten ein Sinnzusammenhang gegeben.

Gleichwohl sollen im folgenden nicht Sichtweisen der »Lebensspannen-Psychologie« (z. B. Baltes & Schaie 1973; Datan & Ginsberg 1975) bzw. der lebensphilosophisch verstandenen Soziologie vertreten werden. –

Eine Biographie ist lang, die Länge ihrer Wiedergabe ist abhängig von der Verbalisierung. Eine Erzählung ist biographisch, wenn sie das ganze Leben komplett wiedergegeben hat, so ließe sich fordern. Daraus ergeben sich methodologische Probleme der Möglichkeiten von Interpretation. Wir wollen im folgenden daher einschränken: Sprachliche Wiedergaben sollen ›biographisch‹ auch dann heißen, wenn sie Ausschnitte des Lebens, *Fragmente* von Erfahrungen verbalisieren. Wir beschränken uns also auf Teile der mündlich erzählten Lebensgeschichte, auf *Biographiefragmente*. Die These ist, daß biographisch wichtige Elemente innerhalb biographischer Wiedergaben mittels *Erzählungen* ausgedrückt werden. Allgemein gesprochen vollzieht sich im *Erzählen* der Biographie eine Verarbeitung z. T. widersprüchlicher Erfahrungen: Das Individuum konstruiert ein *Selbstverständnis* in die bruchhaften Ereignisse seines Lebens hinein und versucht, seine Rolle in den verschiedenen Abschnitten seiner Biographie durchsichtig zu machen: Es interpretiert seine Biographie unter dem Erfordernis der Selbstdarstellung.

»Lebensläufe« als alltägliche *Verschriftlichungen* von Biographien werden unter verschiedenen Zwecksetzungen, etwa bei *Anzeigen, Prüfungen, Bewerbungen* usw. produziert. Es gibt literarische Gattungen der biographischen Darstellung; darunter sind so traditionelle Textarten, wie *Kurzbiographie, Reminiszens, Anekdote, Vita, Memorabile* usw., mit historisch und gesellschaftlich unterschiedlich ausgearbeiteten Formen und Traditionen. (Eine generische Systematik *oraler* Diskursarten gibt Stahl 1977; vgl. zu literarischen Formen Nies 1980).

2. Charakteristika biographischer Rekonstruktion

Betrachten wir zunächst die Charakteristika *allgemein* des Wiedergebens biographischer Ereignisse in Situationen mündlichen Sprechens, insbesondere in der Interviewsituation. Die Interviewsituation zeichnet sich dadurch aus, daß ein Interviewer lizensiert ist, von einem Sprecher Verbalisierungen zu Themenbereichen aus dessen Biographie anzufordern, ohne daß diese Verbalisierung für den wiedergebenden Sprecher zu einem weiteren Zweck *funktionalisiert* wird (wie dies in Beratungen etwa geschieht (dazu Rehbein 1980; über die Adaption des Erzählenden an den Fragenden vgl. Cuff & Francis 1978). Es scheint keine Erzählgemeinschaft vorzuliegen, die in einem homileïschen Diskurs die Teilnehmer zu Erzählungen aus dem Leben stimuliert (Ehlich & Rehbein 1980). Die Form des Interviews ist explorierend; der Interviewer weiß nichts im voraus; er fragt nach »Schlüsselereignissen« (vgl. zu diesem interviewleitenden Terminus Lehmann 1977, S. 173). Aber zumeist errichtet der biographische Erzähler eine Welt über seine Person, indem er den Hörer in die »Interpretationsgemeinschaft des eigenen Lebens« miteinbezieht. Damit durchbrechen Sprecher und Hörer den tendenziell bürokratischen Frage-Antwort-Kontext des Interviews. In den Beispielen unten (§ 4.) zeigt sich diese Durchbrechung in dem *Lachen* von Sprecher und Hörer nach oder in der Erzählung.

Erarbeiten wir nun im einzelnen die Charakteristika des biographischen Erzählens.

Die Diskussion kann im folgenden nicht umfassend gegeben werden; zum einen, weil die Gesamtheit mündlichen biographischen Erzählens noch nicht annähernd erforscht ist; zum anderen, weil auch Detail-Analysen zahlreiche Revozierungen notwendig machen werden.

2.1. »Langes Sprechen«

Wiedergaben des ganzen Lebens oder auch von Teilen des Lebens umfassen, da beim Sprecher eine breite Wissensstruktur latent vorhanden ist, viele Sprechhandlungen, in denen dieses Wissen verbal in den Interaktionsraum eingebracht wird. Charakteristisch ist, daß der Sprecher zumeist nicht vorplant, welches Wissen er wiedergibt, sondern sich vom Erzählen mitreißen läßt: Das Erzählen ist zugleich Verarbeiten des Vergangenen im Produzieren. Ein besonderes Symptom dafür ist das Sich-Verstricken in das Wiederzugebende (s. auch Schütze 1980). Die Verstrickung wird oft durch bestimmte Formeln eingeleitet (vgl. § 3.5. unten).

Im langen Sprechen werden also eine ganze Reihe unterschiedlicher Diskursarten mitfunktionalisiert (vgl. § 3). D.h. das biographische Erzählen ist aus verschiedenen Diskursarten, nicht allein aus verschiedenen Sprechhandlungstypen zusammengesetzt (komplex). Die Wiedergabe des Lebens ist aber dennoch als sprachlich Zusammengehörendes, als eine *Großform des Sprechens* zu betrachten, in der der Sprecher die Verarbeitung seiner Vergangenheit vornimmt. Im Interview geschieht diese Verarbeitung zum Teil in sequentieller Form, also auf Sprecher und Hörer verteilt, nicht allein und ausschließlich durch Verkettungen sprachlicher Handlungen.

Das Wiedergeben biographischer Elemente bedient sich verschiedener sprachlicher Formen, durch die Vergangenes dargestellt werden kann:

Die Wiedergaben sind zwar auch als *Beschreibungen* zu formulieren, aber Beschreibungen sind zumeist Oberflächenformen; als Sprechhandlung genommen ist das *Beschreiben* gebunden an das Bedürfnis nach einer *exakten Wiedergabe* gegenwärtiger oder vergangener Wirklichkeit, ohne daß schon zusätzliche Prozeduren des Verständlichmachens (wie Begründen, Erklärungen usw.) hinzukommen. *Wiedergeben* ist ein Terminus, der von vornherein auf das funktionale Eingebettetsein im Rahmen unterschiedlicher Darstellungsformen abhebt (vgl. unten § 3).

2.2. Rekonstruktion vom Punkt des Hier-und-Jetzt

Die Wiedergabe der Ereignisse erfolgt von der Situation aus, in der der Sprecher sich zeitlich und räumlich befindet, also vom Sprechzeitraum aus (diesen Punkt nannte Bühler den Hic-et-nunc-Punkt). Ort und Ziel sind allerdings eingeordnet in die Gesamtsituation, die sogenannte *Perspektive*. Es werden also ein oder mehrere Ereignisse aus der Perspektive des Sprechzeitraumes wiedergegeben. Eine allgemeine, die Problematik des spezifischen Themas überlagernde Problematik kann in die Sprechsituation eingehen (wenn etwa bei einem algerischen Arbeiter die Frage nach seiner Arbeit, seinem Leben assoziiert wird seiner gegenwärtigen Situation der Arbeitslosigkeit).

2.3. »Zielstrukturierung« der wiedergegebenen Sachverhalte

Eine Biographie ist *zuende* erzählt, wenn die Ereignisse unmittelbar mit der Sprechsituation verknüpft werden können. Solange die Gegenwart nicht erreicht ist, gibt es noch etwas zu erzählen. Das biographische Wiedergeben hat damit einen faktischen Zielpunkt, der als das Resultat der gesamten Biographie anzusehen ist. Das biographische Erzählen strukturiert die Sachverhalte also von ihrem Resultat her. Die wiederzugebenden Erlebniselemente haben ein faktisches Ziel, nämlich das Hier-und-Jetzt. Inwieweit der Sprecher sich die Abfolge durch diese faktische Zielstruktur vororganisieren läßt, ist wiederum unterschiedlich. Zwar werden die Erfahrungen so wiedergegeben, daß sie ihr Ende im Hier-und-Jetzt haben, gleichwohl kann der Sprecher sie als unabgeschlossen, unabschließbar, oder auch als längst abgeschlossen darstellen. Sie können auch die Struktur eines *Lebensberichts* (einer *Chronik;* so auch Linde 1980) haben (vgl. Beispiel § 4.6., (Bsp. 6)).

Das biographische Wiedergeben hat zumeist eine *umgekehrte Zielstruktur* als etwa die Wegbeschreibung, in der die Hic-et-nunc-Situation als Ausgangspunkt dient; der deiktische Raum und seine Strukturierung ist beim biographischen Wiedergeben vorstellungsmäßig „Her-zu"-orientiert (vgl. zu den Strukturen der Wegbeschreibung im einzelnen Rehbein (1977), Kap. 12).

Die Abfolgestruktur drückt sich häufig in einer »und-dann«-Verknüpfung der Ereignisgroßabschnitte aus, weil ein mit »und dann« eingeleiteter, *gegliederter Abschnitt* vom Sprecher als komplexe Wissenseinheit verbalisiert wird. Das bedeutet, daß Ereignisgroßabschnitte in einem oder wenig mehr Begriffen erscheinen können (so »Kriegsausbruch« § 4.4.). Wissen kann detaillierend oder zusammenfassend versprachlicht werden. Auch die Zusammenfassung ist jedoch eine Subsumtion unter einen bestimmten Begriff und damit eine mental bewirkte Verarbeitung. Detaillierung und/oder Zusammenfassung sagen nur bedingt etwas über Erinnerung vs. Vergessen aus (Dazu: Mandler & Johnson 1978). Wir stoßen beim biographischen Wiedergeben auf das Prinzip der gebündelten Wiedergabe.

2.4. Biographische Stationen

Im Zusammenhang mit der Zielstruktur der Wiedergaben steht die Tatsache, daß biographische Sachverhalte in ihrer Gesamtheit nicht per se eine komplette in sich kohärente Geschichte bilden; vielmehr ist es eine Abfolge von Fragmenten.

Beim Wiedergeben trägt der Sprecher dieser Tatsache dadurch Rechnung, daß er mit einer *punkt-, themen-* oder *ereigniszentrierten* Elaborierung bestimmter biographischer Elemente, denen kontrapunktisch das Auslassen, Nichtthematisieren, Vergessen, Unterdrücken, Tabuisieren usw. anderer biographischer Bereiche (vgl. oben »Schlüsselereignisse«) entspricht, antwortet.

Diese elaborierten Stellen, an denen Erzählungen einsetzen können, sind im Wiedergeben auftretende *biographische Stationen.*

Diese Stationen haben oft einen nur versteckten Bezug zum Hic-et-nunc-Punkt des Sprechers, der aber für viele Hörer nicht rekonstruierbar, z. T. auch nur individualpsychologisch interessant ist, denn den Hörer interessiert das Allgemeine im Besonderen.

Kommen wir zu einer These: Die Auslöser solcher Punkte beim biographischen Wiedergeben, an denen stationär elaboriert wird, sind *Problem-Konstellationen,* die häufig nicht einfach begrifflich kategorisiert werden können, sondern deren Bearbeitung eine *diskursive verbale Form* benötigt. Im Zuge des Verbalisierens fallen dem Sprecher an den Stationen seines Lebens die Problemkonstellationen ein und er elaboriert die äußeren und inneren Handlungen und Akte, die aufgrund der Problemkonstellation in Bewegung gesetzt wurden und zu einer resultierenden Konstellation führten. Die Problemkonstellationen sind also beim Wiedergeben mentale Auslöser im Sprecher selbst (vgl. oben § 2.1. das zur Verstrickung Gesagte).

Die Stellen, die elaboriert werden, haben den Charakter von *Übergangs- oder Anknüpfungsstellen,* sind oft problematische Punkte bruchhafter Erfahrungsverarbeitung, sprunghafter thematischer Assoziationen, verräterischer Offenbarungen, Punkte zusammenprallender Widersprüche. Es besteht ein sachlicher Zwang zur Elaboration oder zur Unterdrückung.

Zu elaborieren ist häufig die *Vorgeschichte* wichtiger biographischer Ereignisse (»wie es dazu kam«, »was dahinter stand«), auch die deliberativen Erwägungen der Beteiligten (Protagonisten), die auf diese Weise die Konstellation erst mit einem Relief versehen, das sie durch unbeteiligt aufzeichnende Observation nicht haben kann.

2.5. Bewertungen

Beim biographischen Erzählen erfolgt die Wiedergabe der erfahrenen Wirklichkeit nicht unter einer unmittelbar aktuellen Zwecksetzung wie etwa bei Beratungen, vor Gericht, in der medizinischen Untersuchung usw. Innerhalb solcher institutioneller Zusammenhänge gibt der Sprecher die vergangene Wirklichkeit wieder, um damit bestimmte Zwecke zu realisieren: Das Erzählen ist entsprechend als »funktional« anzusehen (vgl. Gülich 1980). Beim biographischen Wiedergeben besteht diese unmittelbare Aktualität nicht, wenngleich es auch kein zweckfreies Sprechen ist (vgl. unten § 3.7.). Auch hier ist das Erzählen funktional, allerdings ist diese Funktion analytisch nicht ganz einfach zu erfassen: Im Wiedergeben seines Lebens macht der Sprecher *Interpretationen* seiner Erfahrung und damit bewertet er Ereignisse und Handlungen, die sein Leben bestimmen. Kein Typus des Erzählens steckt so voll von bewertenden Prozeduren wie gerade das biographische Erzählen. Daher nimmt es nicht Wunder, wenn wir es gerade hier mit *verschiedenen Typen* von Bewertungsprozeduren zu tun haben, und zwar im einzelnen mit *Einschätzungen, kontinuierlichen Bewertungsinskriptionen, einem erzählerischen Bewertungsprozeß* und *expliziten »Lehren«*. Die verschiedenen Bewertungstypen haben ihre Aufgabe bei der Funktionserfüllung biographischer Rekonstruktion.

2.5.1. Einschätzungen

Der Sprecher bezieht Stellung zu den Sachverhalten, die er wiedergibt; so verleiht er ihnen nachträglich etwa den Charakter von Widerständen oder von Förderungen. Auch einen größeren Ereignis- und Handlungsabschnitt kann er einschätzen, indem er ihm eine *Kohärenz* oder eine *Nicht-Kohärenz* in bezug auf sein eigenes Leben gibt (vgl. Osterland 1978 über die »nachträgliche Feststellung des Glücklichseins« trotz negativer Erfahrungen bei vielen Arbeiten). Eine solche »Ex-post-Kohärentisierung« kann sich bereits in der durchgehenden Identität des Erzählers als Erfahrungsträger ausdrücken. – Explizite Einschätzungen sind in den Texten meist leicht zu identifizieren. Beispiele sind: »Es kam eigentlich nicht oft vor mit den Ansprachen« (in Beispiel (B 3), Äußerung (5)); »Vielleicht eh hat er sogar recht gehabt« (in Beispiel (B 2), Äußerung (17); jeweils § 4).

2.5.2. Kontinuierliche Bewertungsinskriptionen

Die Wirklichkeit wird unter der Perspektive des Heute selektiv dargestellt und laufend bewertet. Diese Bewertung ist eine Prozedur, die kontinuierlich an den dargestellten (assertierten) Sachverhalten vorgenommen wird. Solche »Inskriptionen« sind Mitteilungen von fertigen Bewertungsresultaten, Ergebnisse bereits vollzogener Erfahrungsverarbeitung. Sie treten vor allem beim *biographischen Wiedergeben* auf, kommen aber auch im eigentlichen Erzählraum vor (s. u. §§ 3.3. und 3.4.).

2.5.3. Erzählerischer Bewertungsprozeß

Kommen wir zu der Bewertungsprozedur, die das Wesentliche des Aufarbeitens der Erfahrung im biographischen Erzählen ausmacht (s. auch unten § 3.4. »Erzählraum«). Biographische Erzählungen gipfeln nämlich in der Herausarbeitung einer *mentalen* Bewertung, die die erzählten Sachverhalte im Erzählprozeß interpretiert. Dieser Typ des Bewertens im erzählerischen Prozeß macht den Punkt der Erzählung aus.

Beim Erzählen von Leidensgeschichten ist die Bewertung die Herausarbeitung eines »Skandalons«, d. h. einer Konstellation gesellschaftlicher Wirklichkeit, in der der Sprecher trotz und wegen gesellschaftlich konformen Handelns Schaden erleidet; die Herausarbeitung dieses Widerspruchs in der Wirklichkeit macht die kognitive (mentale) Leistung des Bewertungsprozesses beim Erzählen aus (vgl. im einzelnen dazu Rehbein 1980).
Die Struktur ist aber allgemeiner. Betrachtet man verschiedene Erzählungen, so stellt man fest, daß ein Bewerten in einer spezifischeren Weise vorliegt, als m. E. bislang formuliert worden ist. Es handelt sich eigentlich um einen ganzen Komplex.

Im biographischen Erzählen werden die Sachverhalte als einzelne und individuelle wiedergegeben. Sie werden durch das Erzählen mit einer bestimmten *Inskription* (= mit einer Bewertunq) versehen, die zwei Aspekte hat:
(a) eine kontinuierliche Inskription (s. § 2.5.2.);

(b) eine resultierende Inskription.

Die resultierende Inskription wollen wir nun diskutieren. Das Entscheidende bei einer Erzählung ist das *Verhältnis* von erzählter Partikularität, also der wiedergegebenen einzelnen Begebenheiten, Handlungen, Ereignisse, Reden usw. zu ihrer Bewertung: eine Handlung wird etwa als ein bestimmtes Verhalten einer Person verallgemeinert, ein bestimmter Ausspruch erweist sich plötzlich als die Anwendung eines generellen Gebots. Ein solches Verhältnis prägt dem partikulären, erlebten Einzelfall einen generellen Charakter auf: Dies ist die resultierende Inskription.

Das Verhältnis zwischen Einzelfallwiedergabe und allgemeinerem Wissen muß keineswegs *explizit,* sondern kann in der Darstellung *verborgen* sein und ist so erst interpretatorisch zu fassen. Wichtig ist, daß etwas Einzelnes zum Fall, am Einzelnen eine Abstraktion gemacht wird: Dies ist die kognitive Leistung des Bewertens als eines Prozesses im Erzählen.

Das Verhältnis läßt sich folgendermaßen formulieren: ›x wird gezeigt als vom Typus y am erzählten Wirklichkeitszusammenhang z‹, wobei x die erzählte partikuläre Wirklichkeit ist, y das allgemeine Wissen, z die Folge von propositionalen Gehalten der Erzählung, die die erfahrene Wirklichkeit verbalisieren.

In diesem Verhältnis drückt sich ein bestimmtes Verhältnis von Erfahrung und Bewußtsein beim Erzählen aus. Erfahrung und Bewußtsein ist demgegenüber beim *Berichten* zugunsten des letzteren als *Verhältnis* nicht mehr gegeben.

Wir haben gesagt, daß Erzählungen im Rahmen biographischer Darstellungen zumeist nicht aus reiner Freude am Erzählen, für sich (auch: dysfunktional) gemacht werden, sondern an einer Stelle stehen, in der sie eine *Funktion* übernehmen, die durch eine einfach lineare diskursive Darstellungsweise nicht erzielt werden kann. Ich stelle die These auf, daß die Funktion sice jeweils auf das Bewertungsresultat bezieht, d. h. daß mit der der Lehre zugrundeliegenden *generellen Einsicht* diskursiv ein bestimmter Zweck erreicht werden soll. Die *Verallgemeinerung, die sich durch die Erzählung erreichen läßt, hat also eine bestimmte Funktion* innerhalb der biographischen Gesamtwiedergabe, nämlich, für das Partikuläre einen *interaktional* höheren Allgemeinheitsgrad zu erreichen als jenen, der sich durch eine einfache abstrakte kategoriale Formulierung erreichen läßt (s. unten § 3.7. zum »Zweck«).

2.5.4. Explizite »Lehren«

Wird über das erreichte Bewertungsresultat eine explizite verbale Abstraktion vorgenommen und diese geäußert, so haben wir es mit einem weiteren Typ einer Bewertungsprozedur zu tun, an dem sich das Bewertungsresultat explizit ablesen läßt: mit festen Formen etwa einer *witzigen Bemerkung,* mit *generellen Sätzen, Doktrinen, Weisheiten, Lehrsätzen, Sentenzen, Maximen, Exempeln, Inferenzen, Sprüchen, Redewendungen* usw. Zusammenfassend wollen wir solche sprachlichen Formen *Lehren* nennen. Lehren werden häufig am Schluß von Erzählungen gezogen und stellen einen *Verbalisierungsprozeß* eigener Art dar (den häufig erst andere wissenschaftlich orientierte Hörer machen). Lehren fassen propositional zusammen, was mental auf der Ebene des Erzählens erreicht wird. (Ansatzweise wird dieser Gedanke von Ryave (1978) geäußert, wenn er die Beobachtung macht, daß die Serialität verschiedener Erzählungen in Konversationen jeweils an latenten oder expliziten Maximen der einzelnen Erzählungen ansetzt). Lehren sind gesellschaftliche Verallgemeinerungen von partikulärem Wissen. Als Konsequenz ergibt sich, daß die Lehre eine Generalisierung von gesellschaftlichem Wissen, das sich auf die Zukunft bezieht, ist (vgl. dazu auch Lehmann 1978, S. 176 ff.).

Bei biographischen Erzählungen werden Lehren zumeist von der gegebenen Situation des Sprechens her gemacht, d. h. das Hic-et-Nunc der Sprechsituation wird als eine *biographisch bewertende und einschätzende Sprechsituation* verstanden.

Die expliziten »Lehren« werden in den folgenden Beispielen zumeist am Ende einer biographischen Erzählung geäußert (als abschließende Kommentierung s. § 3.6. unten), so in (B 1) »Da fragt man einmal und wenn man dann keine Antwort kriegt, da fragt man eben nich wieder« (15), in (B 2) »Dabei gibt mir der Bäcker det Brot auch nich billijer deswegen« (24), in (B 3) »Ich weiß nich, wie ihm das jefallen hat« (20) usw. Die »Lehren« sind häufig, entsprechend der erzählten Erfahrung, paradox formuliert.

2.6. Zusammenfassung

Fassen wir die charakteristischen Elemente zusammen, die das biographische Wiedergeben vergangener Erfahrung global bestimmen:
(1) »Langes Sprechen«
(2) Rekonstruktion des Vergangenen vom Punkt des Hier-und-Jetzt
(3) »Zielstrukturierung« der wiedergegebenen Sachverhalte
(4) Biographische Stationen
(5) Bewertungen
    (a) Einschätzungen
    (b) Kontinuierliche Bewertungsinskriptionen
    (c) Erzählerischer Bewertungsprozeß (mit resultierender Inskription)
    (d) Explizite »Lehren«.

Sehen wir nun, wie sich diese Determinanten in die verschiedenen sprachlichen Handlungen im Rahmen der *Gesamtform,* nämlich der des biographischen Erzählens, formal niederschlagen. Ist die Gesamtform entwickelt, lassen sich auf ihr als Folie die einzelnen historischen Beispiele konkreter Lebensrekonstruktion interpretieren; diese Interpretation erfolgt in § 4.

3. Biographisches Erzählen in Interviews – Formelemente des Musters

Die vorstehend skizzierten Charakteristika des biographischen Erzählens treten in spezifischen Sprechsituationen wie der des Interviews zu Konfigurationen sprachlicher Handlungen zusammen, die in einem – recht komplexen – Muster zusammenzufassen sind. Ich möchte im folgenden *einige* solcher Musterelemente benennen und eine ungefähre Abfolge, die bei der Wiedergabe einer »biographischen Station« vom Sprecher durchlaufen wird, deutlich machen.

3.0. Historisch erlebte Wirklichkeit

Die sprachlichen Handlungen, deren Verkettung im folgenden diskutiert wird, genauer: deren propositionale Gehalte haben ihren Bezugs- und Ausgangspunkt in der erlebten Wirklichkeit, die zugleich allgemein historisch und Biographie ist. Dies ist die Wirklichkeit, über die der biographische Erzähler in seinem Wissen verfügt – habe er dieses Wissen nun »zur Hand« oder erscheine es ihm (zunächst oder für immer) als verschlossen und unzugänglich.

3.1. Thematisierung

Der Interviewer ist an bestimmten Ereignissen und deren Erfahrung interessiert, die er in seinen Fragen zumeist global umreißt und damit eine Wiedergabe der speziellen Erfahrung an der betreffenden Lebensstation anfordert. Damit nimmt der Interviewer von einer vorstrukturierten Sprechsituation aus eine *Thematisierung* einer ihn interessierenden Station der Biographie seines Gegenübers vor.

3.2. Antworten

Der befragte Sprecher kann in verschiedener Form auf die Thematisierung eines Teils seines Lebens antworten, nämlich mit einer einfachen, lakonischen biographischen Auskunft, mit einer biographischen Schilderung, mit einer Stellungnahme zum Thema aus heutiger Sicht oder mit der Vorbereitung zu einer Erzählung.

3.2.1. Biographische Auskunft

Gibt der Sprecher eine kurze Information über den Fragebereich, so handelt es sich um eine *biographische Auskunft*. Diese mögliche Form beruht wahrscheinlich auf Barrieren der Abwehr gegen das Thematisieren; der Interviewer wird seinerseits wahrscheinlich nachbohren mit einer Fragemodifizierung.

3.2.2. Biographische Schilderung

Der Interviewte kann mit einer allgemein gehaltenen Wiedergabe der damaligen Lage antworten; zumeist tut er dies mit Äußerungen, in denen er mehrere Ereignisse zusammenfaßt, zumindest selten einzelne Ereignisse direkt wiedergibt. Ein Beispiel gibt (B 1) (§ 4.1.), in dem die Sprecherin auf die Frage nach den Erfahrungen mit »Ansprachen des Führers« in der Nazi-Zeit die allgemeinen oder *gewohnheitsmäßig verlaufenen* Vorgänge bei solchen Gelegenheiten schildert (in (3) – (8)). Formulierungen mit »man« sind hier ebenfalls charakteristisch. *Biographische Schilderungen* dieser Art zeugen von distanziertem/ sich-distanzierendem Sprechen: Die Ereignisse erscheinen bereits als eingeordnet, so daß der Interviewte recht schnell am Hic-et-nunc-Punkt, d. h. am Begriffs- und Kategoriensystem, das er derzeit vertritt, angelangt ist. Häufig sind hier bereits *Stellungnahmen zum Thema* eingearbeitet – dies leitet zur nächsten Möglichkeit über.

3.2.3. Stellungnahmen zum Thema

Stellungnahmen zum Thema aus jeweils »heutiger Sicht« sind wohl ebenfalls als Umgehungen des Wiedergebens von »biographischem Material« anzusehen; denn den Interviewer interessieren nicht die Resultate der Erfahrung, sondern die Erfahrung selbst. Illustration für Stellungnahmen zum Thema sind die Äußerungen (1) bis (7) (in (B 5)) als Antworten auf die Frage, warum die Interviewte nicht verheiratet ist; hier lassen sich Abwehrversuche, biographische Elemente preiszugeben, unterstellen. Ein interessierter Interviewer wird versuchen, seine Frage zu modifizieren, sollte er Antworten dieses Typs erhalten.

3.3. Biographisches Wiedergeben

Die den Interviewer (Hörer) eigentlich interessierende Rekonstruktion vergangener erfahrener Wirklichkeit tritt ein, wenn der Antwortende diese Wirklichkeit aus seinem Wissen heraus wiedergibt. Das *Wiedergeben* ist aber kein Erzählen, sondern eine Darstellung der biographischen Wirklichkeit als gewordene, von ihrem Resultat her. Dies bedeutet, daß Wirklichkeit als abgeschlossene wiedergegeben wird, Wissen als fertiges verbalisiert und insbesondere Bewertungen der Wirklichkeit als bereits vorliegende Bewertungsresultate lediglich in den Interaktionsraum gebracht werden. Diese Struktur drückt sich häufig aus in der aufzählenden und sukzessiven Wiedergabe der Ereignisse, in die das Individuum biographisch involviert war. Man kann sagen: Es werden lediglich die *objektiven Dimensionen* des biographischen Handlungsraums, also die historisch erscheinende Oberfläche, wiedergegeben. Beispiel ist etwa (B 4), Äußerungen (2) ff:

> Da war ick bei Siemens äh als Laienhelferin einjeteilt un hatte ein/ein/ein Sanitätskursus eh zu machen. ... Und dann war das so einjeteilt, daß man ooch mal eh mußte in 'ner Firma übernachten. Es wurde immer abjewechselt. Immer mal der, mal der, der gerade dran war usw.
> Ein weiteres Beispiel liefert (B 1) mit: »Da warn in unserer Schule warn mehrere, die keine Väter hatten. Einige, ja? Also... nich/nicht viele, aber so vielleicht zehn Prozent könnens doch gewesen sein.« ((7)–(9))

Charakteristisch für Wiedergaben ist – neben den soeben aufgeführten Elementen –, daß der Sprecher sie zumeist mit einem »da«, »dann« oder einem ähnlichen Ausdruck jeweils gegeneinander gliedert: Dieses Gliederungsverfahren eröffnet dem Hörer jeweils einen *neuen Wiedergabe-Fokus*, unter dem die Ereignisse dargestellt werden; so lag der Fokus in dem eben angeführten Fall auf »einigen Schülern«, im vorigen Fall wurde er auf die Modalitäten des

»Sanitätskursus« gerichtet. Das biographische Material wird also, gegliedert nach jeweils verschiedenen Foki, wiedergegeben.

Dieser Gesichtspunkt leitet zu einer weiteren Funktion der biographischen Wiedergaben: nämlich zu ihrer Rolle, eine *Konstellationsbeschreibung* als Vorbereitung einer geplanten biographischen Erzählung zu liefern. D. h., daß wiedergegebene Wirklichkeit in ihrer konstellativen Objektivität *auch* eine Erzählung *vorbereitet*. Die Rekonstruktion biographischen Materials kann allerdings auch im Modus des Wiedergebens kontinuierlich *verharren*. So im letzten Beispiel (B 6): Dort steuert der Sprecher mit Wiedergaben direkt den Hic-et-nunc-Punkt an; die Wiedergaben skizzieren dann natürlich keine Konstellation. Von einer Konstellationsbeschreibung kann nur gesprochen werden, wenn die Wirklichkeit eine unerwartete Struktur hat, die eine Erzählung vorbereitet, wie dies in den zitierten (B 4) und (B 1) Beispielen geschieht.

3.4. Erzählraum und homileïscher Diskurs

Im Diskurs, in dem biographisch erzählt wird, sind Erzählungen durch die Etablierung eines *Erzählraums* gekennzeichnet (so auch Polanyi 1978). In einem Erzählraum wird das biographische Material, die Erfahrungen, die verbalisiert werden, im Erzählen selbst einem Prozeß der Bewertung unterworfen; dieser Prozeß vermittelt z. B. dem erzählten Einzelfall den »Schein einer geordneten und vernünftigen Welt« und hat die Funktion, ein bestimmtes Bild vom Aktanten der Biographie *diskursiv* zu entwerfen. Der Erzählraum, soweit er sich in den Beispielen zeigt, ist gekennzeichnet durch eine »Inszenierung« der Ereignisse, durch ein Hereinrücken der wiedergegebenen Wirklichkeit in einen gemeinsamen Vorstellungsraum. Mittel, mit denen diese Inszenierung und Hereinrückung geschieht, sind Wiedergabe der *Rede*, sowohl in direkter als in indirekter Form, als auch Wiedergabe des *Denkens*, *Argumentierens*, des *Wollens* usw. der beteiligten Aktanten. Das vergangene Handeln erscheint dann auch von seiner *inneren Seite* auf der gegenwärtigen Szenerie und kann in den gemeinsamen Bewertungsprozeß hineingezogen werden. Die innere Szene wird eröffnet durch spezifisch strukturierte Eröffnungsformeln (s. § 3.5.). Die Bewertung zeigt sich häufig in einem »Witz«, in einer »Pointe«, die das Handeln von Aktanten und Gegen-Aktanten in der wiedergegebenen historischen Wirklichkeit kulminativ bestimmt. Die Pointe erzeugt zunächst beim Erzähler, zumeist dann auch beim Interviewer ein *Lachen*.

Das Lachen ist nun ein Kennzeichen dafür, daß sich die Beteiligten im Bannkreis des homileïschen Diskurses bewegen. Die Bewertungen, die sie aus der Präsentation der Erscheinungen der Vergangenheit gemeinsam ziehen, spiegeln in der aktuellen Sprechsituation eine *sinnvolle und eine identische Welt* der vergangenen Biographie wider, eine Welt, in der den Ereignissen eine Handlungsidentität abgewonnen wird (vgl. die Arbeit von Klotz 1980).

Häufig ergibt sich ein *Widerspruch* zwischen den Ereignissen, die in den Handlungen des biographischen *Wiedergebens* als vergangene Wirklichkeit objektiv dargestellt werden, und den subjektiven Dimensionen des biographischen Handlungsraums, die im *Erzählen* erscheinen. Dieser Widerspruch wird vom Erzähler häufig nicht bemerkt. (Ein solcher Widerspruch wird etwa deutlich in der Geschichte von »Angst« und »Glück« (vgl. § 4.4. (B 4)), ist aber in den anderen Beispielen nicht sonderlich ausgeprägt.)

3.5. Biographische Eröffnungsformeln

In den Beispielen (B 1) bis (B 5) (in § 4) verwendet die Sprecherin häufig einen strukturierten Ausdruck, um aus der Abfolge der sprachlichen Handlungen des Wiedergebens heraus den Erzählraum einzuführen. So haben wir etwa:

(B 1)   Und eine Lehrerin nachher im letzten Schuljahr, die ... (10)
(B 2)   Und nachdem ich zwei Jahre da gearbeitet hab, fiel dem Kalkulator das irgendwie auf ..., daß ... (12)
(B 4)   Und dann war Alarm (15)
(B 5)   Da hab ich ooch 'n Fall gehabt, bei der Arbeit, 'ne Kollegin. (7)

Solche Äußerungen enthalten also häufig eine Konjunktion »und«, durch die an die Wiedergabe im Vorhergehenden ein Kontinuitätsanschluß hergestellt und angebunden »verkoppelt« wird. Sodann ist zumeist eine Zeitangabe enthalten, wie »dann«, »da«, »nachdem ...« usw., durch die auf einen diskreten Punkt in dem gemeinsamen Vorstellungsraum verwiesen wird, und zwar nach rückwärts. Durch diese Verweisprozedur wird der *gegenwärtige* Diskursraum an den Vorstellungsraum der *Vergangenheit* angekuppelt (»kuppeln« ist hier u. a. im Sinn von Jakobson zu verstehen). Gleichzeitig wird das *Stichwort* gegeben, unter dem die erzählte Wirklichkeit ihren zusammenfassenden »Ort« hat, so »Alarm«, »Lehrerin«, »'ne Kollegin«, usw. Offensichtlich benennt ein derartiges Stichwort Personen, Ereignisse, auch Handlungen und Eigenschaften, Meinungen usw., die die erzählte Wirklichkeit *in der Folge* charakterisieren, die gerade deshalb als Schlüssel für die Erinnerung, als Initiator der Verbalisierung von längst Vergangenem und u. U. Vergessenem angesehen werden kann. Das Stichwort weist also, als Schlüssel, auf *neu zu verarbeitende* Wirklichkeit hin. Ist sie noch nicht geleistet, so leitet die gesamte Formel sogar eine *Verstrickung des biographischen Erzählers* ins Erzählen wichtiger Stationen seines Lebens ein. Verstrickungsformeln deuten darauf hin, daß das, was in der Folge wiedergegeben und erzählt wird, nicht aus der Distanz des Heute gesprochen werden kann, sondern daß der Sprecher in die szenische Reproduktion vergangener Erfahrung und deren Bewertung eingetreten ist, deren Ergebnis von einem interaktiven Prozeß abhängt.

3.6. Abschließende Kommentierung

Der Erzählraum wird häufig mit einer pointierten Explizitmachung der Bewertung, der »Lehre«, abgeschlossen; damit wird zumeist wieder der Anschluß an den Punkt des Hier-und-Jetzt hergestellt. D. h. der geheime Zielpunkt des biographischen Erzählens wird erreicht. In den Fällen, in denen das Thema vom Interviewer vorgegeben ist, ist der Hic-et-nunc-Punkt mit der »ausreichenden« Bearbeitung des Themas erreicht, eine Brücke mittels der *abschließenden Kommentierung* geschlagen. Beispiele sind:

(B 4)   Natürlich überhaupt nischt passiert. Wir sind wieder 'rausjekommen, sind noch zigmal im Keller jewesen und immer wieder 'rausjekommen, ja? (27)–(29)

(B 5)   „Na, ich würd alles stehen- und liegenlassen, also, wenn mir det passiert wär
... Zahnbürschte ins Knopploch und weg!" (37)–(39)

Abschlüsse dieser Art geben also einen Kommentar, oft als Sentenz, als Feststellung, als Maxime oder in anderer pointierter Form, eben als »Lehre«, allerdings *aus heutiger Sicht*, d.h. *aus der Distanz des Hic-et-Nunc gegenüber dem
Vergangenen.* Damit erreicht die erzählte Wirklichkeit ihr eigenes Resultat
und ihre Einbettung in die Sprechsituation.

3.7. Zweck des biographischen Erzählens im Interview

Der Zweck des biographischen Erzählens wird durch das Geschehen im Erzählraum deutlich, nämlich: dem Fragenden gegenüber ein bestimmtes Bild
der eigenen Identität aus der Vergangenheit heraus zu fabrizieren. Erstellung
und Erarbeitung dieses Selbstbildes erfolgt beim biographischen Wiedergeben
aus der Distanz, gewissermaßen monologisch, im Fall des biographischen Erzählens als diskursives Verfahren der Bewertungserarbeitung durch die Krei-
rung eines homileïschen Diskurses, in dem biographisches Material eine interessante und handelnde Identität in der institutionellen Vergangenheit lebendig
werden läßt. Die Beispiele im folgenden sind nach verschiedenen Formen der
homileïschen Selbstbilderstellung geordnet. Für die Erfüllung dieses Zwecks
werden also die verschiedenen Typen von Bewertungsprozeduren funktional
eingesetzt (vgl. oben § 2.5 und vor allem § 2.5.3.).

4. Beispiele

Die folgenden Beispiele sollen die abstrakt entwickelte Grundform des biographischen Erzählens illustrieren und ihr eine Konkretion verleihen. Damit sind
die Erscheinungsformen keineswegs erschöpft, zumal die Beispiele lediglich
aus dem Material zweier Interviews mit zwei Erzählern stammen. Die biographischen Erzählungen knüpfen jeweils an biographisch bedeutsame Vorgänge
an, die von einem Interviewer eliziert werden. Die Art und Weise und der
propositionale Gehalt legen unterschiedliche Erzählstrategien frei, mit denen
die Großform des Sprechens durchlaufen wird. Insgesamt werden unterschiedliche Bewertungen und damit unterschiedliche homileïsche Elemente in
den Erzählungen erarbeitet.

Die ersten fünf Beispiele (B 1) bis (B 5) stammen aus einem Interview, das Peter
Schneider mit einer Berliner Rentnerin geführt hat und das im Jahre 1974 vom Fernsehen
ausgestrahlt worden ist. Das zweite Interview ist eine Rundfunkaufnahme. – Dem hier
präsentierten und von mir aus einer größeren Zahl verschiedener biographischer Wiedergaben ausgewähltem Material liegt demnach keine professionell-sozialwissenschaftlich
geleitete Interview-Methode zugrunde (vgl. dazu die Kritik von Schütze 1978). Es wird
sich im Zuge der weiteren geplanten Untersuchungen und Analysen wahrscheinlich her-
ausstellen, daß die Sprecher sich beim Verbalisieren ihrer biographischen Erfahrungen
entscheidender Stationen ihres Lebens in noch prägnanterer Weise, als dies hier deutlich
gemacht werden kann, in Widersprüche und Ungereimtheiten verstricken; dies um so

mehr, je stärker *die Rechtfertigungsfunktionen* der einzelnen biographischen Erzählungen sind.

Die Beispiele (B 1) bis (B 5) stellen *einen* bestimmten Typus biographischen Erzählens dar. Dieser Typ wird insgesamt dem zweiten Typ konfrontiert, der im letzten Beispiel (B 6) illustriert wird. Der zweite Typ durchläuft das Muster des biographischen Erzählens in einer charakteristisch verkürzten Weise – worin die Verkürzung genau liegt, soll die Besprechung zeigen.

Die Beispiele sind bereits nach Äußerungssegmenten gegliedert: Sie sind also nicht mehr in der rohen Form der einfachen Transkription. Für die Interpretation stellt sich im besonderen Fall des biographischen Erzählens diese Form der Präsentation als geeignet dar. Allerdings ist die Wiedergabe simultan verlaufenden Gesprächs nicht mehr möglich (vgl. zu dieser Problematik Ehlich & Rehbein 1976).

4.1. Selbstenthüllung diskriminierender Welt

(B 1)

(1)	I:	Hatten Sie denn äh Schwierigkeiten,
(2)		also, als Kind … zum Beispiel, sind Sie drauf angesprochen worden, daß Sie … also 'n uneheliches Kind sind?
(3)	M:	Nee.
(4)		Nur/nur in der Schule, von einer Lehrerin mal.
(5)	I:	Von der Lehrerin, aber nich von den Kindern?
(6)	M:	Nönö.
(7)		Da warn in unserer Schule warn mehrere, die keine Väter hatten.
(8)		*Einige,* ja?
(9)		Also, … nich/nicht viele, aber so vielleicht zehn Prozent könn's doch gewesen sein.
(10)		Und eine Lehrerin nachher im letzten Schuljahr, die … krichte das denn nich/ die konnte das nicht verkraften.
(11)		Wenn ma irgendwie fragte nach 'em Vater, hab ich gesagt: »Meine Mutter is ledich«.
(12)		»Hm, hm!« ((nachahmend)) hat se gemacht.
(13)		((lacht))
(14)		Meine Mutter hat darüber nich gesprochen.
(15)		Da fragt man einmal und wenn man dann … keine Antwort kriegt, da fragt man eben nich wieder, ne?

In diesem Beispiel wird der Status der Erzählerin, »uneheliches Kind« zu sein, bearbeitet. Der Interviewer fragt nach »Schwierigkeiten« als »Angesprochenwerden« auf diesen Sachverhalt ((1) und (2)). Thema ist also die Frage nach einem Aussprechen dieses Status durch andere Personen gegenüber der Inhaberin dieses Status: Aussprechen heißt Diskriminieren.

In dem Segment (4) wird eine *Antwort* auf die Interviewfrage gegeben, die jedoch eine *Vorausschickung* der Fall-Geschichte der Diskriminierung und bereits deren Kommentierung aus der Sicht des Hic-et-Nunc enthält: Die Frage der Diskriminierung soll vor der Folie des Gesamtlebens der Sprecherin als verschwindend geringes Problem erscheinen.

In den Segmenten (7), (8) und (9) wird zunächst der Hintergrund und damit die Konstellation wiedergegeben, auf der sich der Einzelfall abspielt: »Unehelichsein« wird als etwas in der Schule nichts Ungewöhnliches dargestellt, so daß es unter den objektiven Gesichtspunkten dieser Konstellation auch nicht als Normverstoß erscheinen kann. Damit wird nun in der objektiven Konstellationsbeschreibung bereits eine *Harmonisierungstendenz* wirksam, in der das Problem einer Diskriminierungserfahrung eliminiert ist. Sollte eine Diskriminierung stattgefunden haben, so erscheint sie aus der Hic-et-nunc-Sicht der Erzählerin als verarbeitet, so daß also bereits in der Konstellation das Unehelichsein als etwas Nicht-Beredenswertes *bewertet* wird (dies ist das Werk der Einschätzungen und der laufenden Bewertungsinskriptionen).

Der biographische Erzählraum wird durch die koppelnde Konjunktion »und«, den Kuppler »nachher« und das abbreviatorische Stichwort »eine Lehrerin« eröffnet. Die eigentliche Geschichte wird in den Segmenten (10) bis (12) erzählt. Die Protagonistin der diskriminierenden Handlung (»hm, hm«-Machen), die Lehrerin, wird näher als Person charakterisiert, die mangelhafte psychische Voraussetzungen hatte (»die konnte das nicht verkraften«). Die Handlung des Diskriminierens wird mit verächtlichmachender Imitatorik wiedergegeben. Diese Darstellung löst ein Lachen aus (13), offensichtlich ein Indikator dafür, daß hier das verborgene Bewertungsresultat herausgekommen ist.

Die erarbeitete Bewertung besteht darin, daß die gegnerische Protagonistin durch das szenische Nachahmen als ein sich selbst entlarvender Moralapostel dargestellt wird. Die Selbstentlarvung der Lehrerin ist damit der Ansatz für die Verallgemeinerung der Erfahrung, daß nämlich der Diskriminierende sich selbst als verachtungswürdig enthüllt. Der homileïsche Diskurs des Erzählens hat damit den Ausschluß diskriminierender und damit von die gewonnene heutige Selbstsicherheit der Erzählerin gefährdenden Personen geleistet; und darüber entsteht homileïsche Befriedigung (Lachen).

Durch die Elaborierung dieser Bewertungsprozedur in der eingelagerten biographischen Erzählung entwirft die Erzählerin ein bestimmtes Bild von sich. Sie skizziert sich nämlich als Fall, an dem sich die Gegen-Aktanten und Widersacher, die allgemeinen Widerstände, die objektiven Probleme in ihrer wahren, d. h. nichtlegitimen Natur selbst enthüllen. Sie selbst erscheint als Mensch, der den Überblick behält, weil er von »praktischer Rationalität« ist. Der *Erzählraum der Entlarvungsgeschichte* ist also gekennzeichnet durch Etablierung und Gültigkeit eines »praktischen Realismus« des Erzählers. Der praktische Realismus ist auch die Brücke, die zum Hic-et-Nunc-Punkt hinführt; denn dieser ist durch die Festigkeit einer praktischen Realistin, die nichts (mehr) anfechten kann, ausgezeichnet.

Abschließender Kommentar aus heutiger Sicht: Der Schluß in (14) und (15) weist noch einmal nach, daß »Schwierigkeiten«, wie sie der Interviewer meinte, nämlich verbales explizites Thematisieren («drauf angesprochen worden»), auch von der eigenen Mutter nicht gemacht wurden.

4.2. Unverschuldete Diskriminierung

(B 2)

(1)   I: Gekündigt worden sind Sie nie, nich?
(2)   M: Nein.
(3)   I: Hm. Sie sind immer selber ...

(4)   M: Ja, ja.
(5)   I: freiwillig, aber eben nicht freiwillig, sondern gezwungenermaßen. ((lachend))
(6)   M: Nu, ja eh man nennt das eben Kündigung auf eigenen Wunsch.
(7)   I: Und was war also bei/bei Loewe ... der Grund?
(8)   M: Da ging's auch um's Geld, natürlich.
(9)   Da hab ich eh in einer Gruppe von Männern gearbeitet un hab auch eh die
           Lohngruppe bezahlt gekricht, ja?
(10)   I: Hm.
(11)   M: Un es war damals die Gruppe drei, und die Frauen hatten Gruppe eins und
           zwei.
(12)   Und nachdem ich zwei Jahre da gearbeitet hab, fiel dem Kalkulator das ir-
           gendwie auf – ich weiß nich, wodurch –, daß ich da im ganzen Betrieb die ein-
           zige Frau wäre, die mit dieser Lohngruppe bezahlt wird.
(13)   Und da hat er versucht, mir das auszureden.
(14)   Es würde nicht gehen,
(15)   es wäre eh unfair den anderen Frauen gegenüber,
(16)   und überhaupt, also, würde es gegen die Ordnung da verstoßen, ja?
(17)   Vielleicht eh hat er sogar rechtjehabt, ja?
(18)   I: Obwohl Sie genau dieselbe Arbeit gemacht haben wie die Männer,
(19)   M: Ja. Sicher. Ja.
(20)   I: sollten Sie schlechter bezahlt werden?
(21)   Als/eben, weil Sie 'ne Frau sind.
(22)   M: Ja. Nur, weil ich eben 'ne Frau war, ja?
(23)   I: Hm.
(24)   M: Dabei eh gibt mir ja der Bäcker det Brot auch nich billijer deswegen, nich?
(25)   ((lacht))
(26)   I: ((lacht))
(27)   M: Ja, das is dann schlecht einzusehen, ja?

Thema dieses Abschnitts ist der Verlust des Arbeitsplatzes durch Kündigung
(vorbereitet in (1) bis (6)). Die Frage des Interviewers nach einem speziellen
Fall (»Loewe«) eröffnet sogleich eine spezielle Erzählung:
(8) Vorausgeschickter Kommentar.
(9) bis (11): Konstellationsbeschreibung, d. h. »normal-objektive« Wiedergabe
von Beschäftigungsverhältnissen. Der eigentliche Erzählraum wird mit (12) eröffnet: Auch hier wieder die Konjunktion »und«, die Zeitangabe »Und nachdem ich zwei Jahre da gearbeitet hab«, die im Verhältnis zum normalen Zeit-
ablauf in der Konstellationsbeschreibung *punktuell* ist, die Stichworte »Kalkulator« und »einzige Frau«.
   Anschließend wird, zum Teil mittels indirekter Rede, die Argumentation des
Gegners erzählt (die Handlung des »Ausredens«), aufgrund der sie, so ist zu
schließen, eine »Kündigung auf eigenen Wunsch« gemacht hat. Im Nachgespräch ((18) bis (23)) wird deutlich, daß sie diese Diskriminierung einer *unver-
schuldeten Eigenschaft* zurechnet, nämlich »Frau zu sein«, daß sie also unver-
schuldet diskriminiert worden ist. Ihre Sentenz »Schließlich gibt mir ja der
Bäcker det Brot auch nich billijer deswegen, nich?« (24) macht den Tatbestand
der Diskrimierung deutlich. Dieser wiederum wirft ein Licht der Schuld auf
den Diskriminierer bzw. die Umstände, die den Kalkulator zur Diskriminierung zwangen: Sie werden ebenfalls als diskriminierende entlarvt. Die Entlar-
vungsoperation führt zum Ausbruch des homileïschen befreiten Lachens, da
im Erzählraum die Einsicht in das »Zweierlei-Maß« und damit von Erzählerin
und Hörer ein gemeinsames Nicht-Einverstandensein mit diesen Umständen
als Bewertungsresultat erarbeitet wurde.

4.3. Brüskierung der Macht, nicht festlegbar

(B 3)

(1)	M:	Die Nazi-Zeit?
(2)	I:	Ja. Also, zum Beispiel, wenn der Führer sprach/äh 'ne Ansprache hielt während der Arbeitszeit.
(3)	M:	Ja, eh wenn das sehr wichtig war, dann eh wurde die Arbeit eben angehalten und eh die Lautsprecher waren ja verschiedentlich anjebracht in allen Räumen.
(4)		Und einige mußten auch in die Kantine oder in irgend einen großen Raum gehen, wo viele Leute hinpaßten, die anderen blieben an ihren Plätzen und mußten das anhören.
(5)		Es kam eigentlich *nicht* oft vor ... mit den Ansprachen.
(6)		Denn so in 'ner Produktionsstätte, da is ja eben die Produktion das wichtigste, ja?
(7)		Solang dat irgendwie geht, wird eben nicht angehalten, ja?
(8)		Weil das ja alles unjeheuer kostet.
(9)	I:	Aber wenn Hitler sprach, dann wurde sie (sc. die Produktion) angehalten?
(10)	M:	Och, ja. Sicher. Jaja.
(11)		Ja, es wurde nachher auch en bißchen strenger.
(12)		Ich war denn später im Konstruktionsbüro
(13)		und eh kam ich denn ... morgens immer fröhlich 'rein: (14)
(14)		»Guten Morgen!«
(15)		Und plötzlich sachte mein ... – Gruppenführer nannte man den Kerl – eh:»Es heißt nicht ›Guten Morgen‹, es heißt ›Heil Hitler!‹«
(16)		Und da hab ich ihm jesacht, ne?: »Ich hatte *Ihnen* einen guten Morgen gewünscht.«
(17)		((lacht))
(18)		Und ab nächsten Morgen hatt' ich's dann tatsächlich zu ihm jesacht: »Heil Hitler!«
(19)		und hab ihm die Hand gegeben.
(20)		((lachend:)) Ich weiß nich, wie ihm das jefallen hat.
(21)		((lacht))

Im Gespräch wird die »Nazi-Zeit« in der biographischen Erfahrung thematisiert (1); vom Interviewer wird ein Beispiel angefordert. Die Sprecherin gibt aber zunächst keine Erzählung, sondern antwortet mit einer *biographischen Schilderung* der Gegebenheiten bei den Ansprachen des »Führers«. In dieser Schilderung sind jeweils viele Einzelereignisse zusammengefaßt; sie mündet in der *Einschätzung*: »Es kam eigentlich nicht oft vor ... mit den Ansprachen« (5), die dann in (6) bis (8) noch weiter *begründet* wird.

Der Interviewer modifiziert dann seine Frage in bezug auf Vorfälle, die die Ansprachen von »Hitler« begleiteten (9). Daraufhin wird in der Antwort der Wiedergabe-Fokus auf einen anderen Zeitraum verschoben, in dem das Erfragte deutlicher sichtbar zu machen ist: In der *Auskunft*: »ja, es wurde nachher auch en bißchen strenger« (11) liegt bereits eine *vorausschickende Kommentierung* der kommenden Erzählung vor.

Mit (12) wird denn auch zu einer Erzählung übergeleitet, und zwar durch die »ich«-Angabe, die Konjunktion »denn«, den zeitlichen Kuppler »später« und das Stichwort für den Zusammenhang, aus dem die Konstellation kommt: »Konstruktionsbüro«.

Die Geschichte selbst wird in (12) bis (19) erzählt. Bereits die Konstellation enthielt eine Einbeziehung der Erzählenden als Aktant, dann wird aber übergegangen zur Wiedergabe direkter Rede, also zu subjektiven Dimensionen der Aktanten. Die Geschichte ist nicht ein Beispiel für die Vorfälle bei Ansprachen, sondern eine Symptomatik für das Verhalten der Erzählerin gegenüber mächtigen bürokratischen Vorgesetzten in der »Nazi-Zeit«: Sie erzählt, wie sie den Mächtigen brüskiert, jedoch gleichzeitig nicht auf eine illegale Handlung festgelegt werden kann; denn in der Schilderung der Nachgeschichte (in (18) und (19)) adaptiert sie ihr Verhalten an die allgemeinen Gepflogenheiten.

Ihre anschließende Feststellung »aus heutiger Sicht« (»ich weiß nich, wie ihm das jefallen hat«) ist als »Lehre«, daß und wie ein passiver Widerstand unbeschadet durchzuführen gewesen ist, ausgesprochen. Dies beschließt einen Raum von Homileïk, indiziert durch ihr Lachen.

4.4. Angst und Glück

(B 4)

(1)   M: Also, als der Krieg ausbrach, da hatte ich ooch gar keinen Begriff, was jetzt wird.
(2)   Da war ick bei Siemens äh als Laienhelferin einjeteilt
(3)   un hatte ein/ein/ein Sanitätskursus eh zu machen.
(4)   Und als/als Luftschutzehhelferin, ja? also, wie hieß det, Luftschutztrupp, ja?, da waren einige vom Werk, die mußten denn eh, wenn Angriff war, alles mögliche machen.
(5)   Also, falls irgendwas passiert, ja?
(6)   Leute da verbinden oder die Augen spülen, wenn/wenn Gift reinkommt oder ( ) bei Gasangriffen ( ).
(7)   Det mußten wir alles lernen, ja?
(8)   Und denn waren ooch überall schon Luftschutzkeller ...
(9)   Un wie jesacht, während des Krieges, ja? als der Krieg schon ausjebrochen war.
(10)   Oder nee, als er anfing.
(11)   Und ... dann ... war ... das so eingeteilt, daß man ooch mal eh mußte in 'ner Firma übernachten.
(12)   Es wurde immer abjewechselt.
(13)   Immer mal der, mal der, der gerade dran war.
(14)   Das krischte man vorher rechtzeitig mitgeteilt, daß man sich darauf einrichten konnte ...
(15)   Und dann war Alarm.
(16)   Ick weeß nich, (ob) schon die Sirenen,
(17)   und wir mußten alle in 'nen Keller.
(18)   Und ich zog da im Dustern über 'n Hof un' hab mir die Sterne anjesehen.
(19)   Ick hab jedacht: »Die wer' ick wohl jetzt dat letzte Mal sehen«.
(20)   Dat war so mein Eindruck, ja?
(21)   Ick hab jedacht: »Jetzt' is aus.
(22)   Krieg is nun schon, ja?
(23)   Und jetzt ist ooch Alarm
(24)   und jetzt kommen die Bomben
(25)   und wir werden nie wieder 'rauskommen.''
(26)   Dat war so mein Eindruck.
(27)   Natürlich überhaupt nischt passiert.
(28)   Wir sind wieder 'rausjekommen,
(29)   sind noch zigmal im Keller jewesen und immer wieder 'rausjekommen, ja?
(30)   Aber (gequältes Lachen).

In (1) wird der Aktant (der zugleich der Ich-Erzähler ist) charakterisiert als »Begriffsloser« angesichts des Kriegs.

In (2)–(14) wird die Kriegsdienstfunktion des Erzählers und der Aufgabenkreis, bezogen auf den Zeitpunkt (damit wird auch eine Lebens*station*), beschrieben. Hier zeigt sich eine Einordnung in einen »man«-Handlungszusammenhang. In dieser Vorbereitung (aus der heraus sich die konkrete Konstellation ergibt) wird das Leben in seiner *Gewohnheitsform* wiedergegeben. Die »Man«-Erzählweise entspricht einem Selbstverständnis als *»eingeteilter Person«*.

In (5), (8), (9) werden konkrete Anzeichen des Krieges mit der Kriegsausbruchssituation korreliert, also Situationsbeschreibungen aus einer späteren, abgeschlossenen Perspektive heraus (»schon Luftschutzkeller« usw.) vorgenommen.

(15): Mit der Formel »Und dann war Alarm« wird der Erzählraum eröffnet: Die folgende Geschichte wird in die Kontinuität des Wiedergebens eingebettet. Die Eröffnung des Erzählraums bringt die Etablierung eines szenischen Vorstellungsraums mit sich, der insgesamt durch den Begriff »Alarm« charakterisiert wird: Es ist ein *Alarm-Erzählraum*. Nun wird »dichter dran« erzählt: Es wird nicht mehr ein *objektiver Handlungsraum* berichtet, sondern das, was die Handelnde damals *gedacht* und *gesagt* hat: Damit wird also die *subjektive Dimension des Handlungsraums* erschlossen. Die Rekonstruktion der mentalen Handlungsdimensionen des Subjekts fungiert als die einsichtverleihenden *homileïschen Elemente*. Der Wiedergabe des inneren Forums (als innerer Rede) wird mit (27) »natürlich überhaupt nischt passiert« das objektive Resultat konfrontiert: Die »Angst« war angesichts des Resultats überflüssig. Hier liegt die Geborgenheit ausstrahlende Wirkung von einem, der Glück gehabt hat, obwohl große Ängste ausgestanden. Die Polarität zwischen der inneren Rede, die die Angst widerspiegelt, und dem Ergebnis, von dem her die Angst unbegründet war – diese Paradoxie löst der homileïsche Diskurs auf; darin drückt sich die »Lehre« aus, weil eine bestimmte Erfahrung über das Verhalten in Kriegssituationen oder bei Alarm weitergegeben wird.

Das »aber« (in (30)), das eine abgebrochene Äußerung einleitet und das Lachen, mit dem die Äußerung abgebrochen wird, zeigen die noch gültige *Ambivalenz* der Bewertung, d. h. die Gefahr der Wirklichkeit ist durch diesen eigenerlebten Fall nicht endgültig beseitigt worden, sondern gilt eben doch nur in dem erzählten Fall; daher ist dies auch *nur* eine »Glücksgeschichte« und keine Erfahrungsgeschichte, in der das Wissen in allgemeingültige Maximen gefaßt werden kann.

Ein für biographische Erzählungen im eigentlichen Sinn wichtiges Element zeigt sich in (20) und (26): »Dat war so mein Eindruck«: Dies sind Beschreibungen der »inneren Diskurse und deren Ergebnisse« bei den damals Handelnden; sie drücken eine Begriffsbildung über das *damalige Denken* aus. Solche Elemente sind aber auch an anderen Stellen biographischen Erzählens zu verzeichnen. Insgesamt fassen sie beschreibend Vorgänge des ehemaligen *Denkens*, *Sagens* und *Tuns* zusammen, einmal im Vorgriff (»Wir hatten noch keinen Begriff vom Krieg«), einmal als Rückgriff. Es sind aber Elemente, die eine Abstraktion aus der *Berichtperspektive des Heute* und aus der *Erzählperspektive des Damals* darstellen. Es sind *Erzählprozeduren*.

4.5. Nichtbefolgter Rat

(B 5)

(1)   M: Warum is man verheiratet?
(2)   Ja, ich weiß es eben auch nich.
(3)   Weil man soviel sieht, daß/eh daß es besser wäre, wenn sie nicht geheiratet hätten.
(4)   Sollen se doch 'ne Weile mitenander leben, ja?, und wenn dann irgendwas ... nicht mehr geht, dann kann man sagen: »Naja, nu trennen w'r uns lieber«.
(5)   Ist man aber verheiratet, gibt es einen Haufen Wirtschaft.
(6)   Und wie oft bleiben se dann zusammen, eben weil se gemeinsam die Einrichtung anjeschafft haben.
(7)   Vielleicht is se ooch sogar schon abjezahlt.
(8)   Da hab ich ooch 'n Fall jehabt, bei der ... Arbeit, ne Kollegin.
(9)   Die fracht mich eines Tages: »Du, hör mal. Wenn mal bei mir zuhause was ist – du bist doch alleine –, könnte ich 'n paar Nächte bei dir schlafen?«.
(10)   Ich sag: »Ja, natürlich kannste.«
(11)   Dann hat se mir dann erzählt, ihr Mann is bei der Polizei.
(12)   Un 'n bißchen höheres Tier schon.
(13)   Und se haben eh geheiratet und sich eh gute Möbel anjeschafft un'n Haufen Zeugs in 'er Wohnung.
(14)   Und jetzt eh sie verstehen sich überhaupt nich.
(15)   Sie hatte zwei Söhne eh von einer vorigen Ehe.
(16)   Und der Mann eh versteht wohl die Kinder nich oder die vertragen sich nich.
(17)   Und den einen Sohn hat er schon 'rausgeekelt.
(18)   Der andere war wohl erst fünfzehn.
(19)   Also, den mußten se schon noch dabehalten ...
(20)   Tja, aber sie wollt's nich mehr ertragen.
(21)   Da war noch die Mutter von dem Mann eh manchmal mit im Haushalt.
(22)   Und ... dat war eben 'n sehr schlechtes Verhältnis.
(23)   Und da hab ich denn jesacht: »Na, mein Gott, hau doch ab.
(24)   Such dir doch 'n Zimmer.
(25)   Bleibst 'ne Weile bei mir.«
(26)   I: Hm.
(27)   M: »Naja, aber wir haben uns doch nu die Möbel anjeschafft, und«
(28)   Ich sage: »Mensch, laß ihn doch sitzen auf seinen Möbeln.
(29)   Wat hast du denn davon, wenn du dich bloß immer grämst und ärgerst.«
(30)   I: Hm. Hm.
(31)   M: Se hat's nich jeschafft.
(32)   Se ist noch bei ihm.
(33)   Ja, bei ihren Möbeln.
(34)   I: Hm.
(35)   M: Also wahrscheinlich sind die Möbel dann wichtiger, ja?
(36)   Nun muß ja jeder sein Schicksal tragen, ja?
(37)   Na, ich würd' alles stehen- und liegenlassen, also, wenn mir det passiert wär.
(38)   I: (lacht)
(39)   M: Zahnbürschte ins Knopploch und weg!
(40)   (lacht)
(41)   I: (lacht)

Thema ist die Institution Ehe und ihre biographisch-erzählerische Verarbeitung:

(1) – (7): Vorbereitung durch allgemeine *Stellungnahmen* (»man«-Sätze). Sie haben den Charakter eines rückwärts gerichteten Rats: »Es wäre besser gewe-

sen, wenn ...« Das ist eine Erkenntnis, aus der heraus die Institution Ehe eingeschätzt wird. Die Erzählerin will mit dieser Institution nichts zu tun haben und gibt dafür eine *Begründung*. In (8) liegt wieder die Formel zur Eröffnung des Erzählraums vor: »Da hab ich ooch 'n Fall jehabt, bei der Arbeit, 'ne Kollegin«, in der alle oben skizzierten typischen Elemente konkretisiert sind.

(8)–(29): Die Geschichte von der Freundin, die sich nicht trennen konnte, obwohl es ratsam gewesen wäre; Frau M. zeigt sich selbst als eine, die es besser gemacht hätte, dagegen die Freundin als eine, die gegen ihren Rat verstoßen hat. Der Rat ist die anfangs allgemein erläuterte Erkenntnis über die Ehe. Frau M. hatte der Freundin die richtige »Gegenwelt« gezeigt, hatte ihr den »richtigen Weg« gewiesen. Da dieser nicht beachtet worden ist, wurde die Freundin unglücklich. Die Freundin, fungiert als Negativ-Beispiel.

(31)–(33): Wiedergabe des Clous, der *Niederlage* der Freundin aus Mangel an Beachtung des Rats. Diese Zeilen stellen eine klare Perspektivierung des Geschehens aus der heutigen Sicht dar.

(37) und (39) machen die eigentliche Lehre pointiert und witzig explizit. Hier wird nach der Maxime formuliert: ›Lasse ein schlechtes Verhältnis sofort fallen!‹, insbesondere mit: »Zahnbürschte ins Knopploch und weg!«. Dadurch wird die homileïsche Gegenwelt angesprochen, wie es nämlich hätte sein können, wenn die unglückliche Freundin ihren Rat befolgt hätte. Die Lehre sitzt – das zeigt das Lachen beider, der Erzählerin und des Fragenden.

4.6. Chronik

(B 6)

(1)	I: Nach der Schule, was haste da angefangen?
(2)	A: Ja, ich bin neunzehnhundertachtunfuffzich aus der Schule entlassen worden.
(3)	Mein Vater lag da mit 'em Herzinfarkt.
(4)	War über 'in halbes Jahr gelähmt.
(5)	Und da meinten meine Eltern, et wär doch besser, ich würde als Arbeitsjunge bei Ka Ha De anfangen, um direkt 'ne Mark nach Hause zu bringen.
(6)	Wir kamen zur Arbeiterannahme.
(7)	Er sah meine Zeuchnisse.
(8)	Frachte der mich, vielmehr meine Mutter fragte er: »Warum lernt der Junge nit?«
(9)	Da sachte die: »Er will nicht.
(10)	Der will sofort Jeld verdienen«.
(11)	Dann hat man mich angenommen.
(12)	Erst als Nietenjungen, im Stahlbau.
(13)	Da war ich ungefähr bis neunzehnhundertsechzich.
(14)	Dann hab ich überjewechselt in die Lagerei, als Lagerarbeiter.
(15)	Da hatt' ich 'n bißchen mehr Stundenlohn und saubere Arbeit.
(16)	Da hab ich gearbeitet bis circa neunzehnhundertvierundsechzig.
(17)	Ich weiß nit jenau den Monat ...
(18)	Dann hab ich jekündigt und bin als Vertreter

(19)   – war eine Firma in Roisdorf –
(18)   Vertretung von Wein.
(20)   Un äh nachher hatte ich wirklich keine Lust mehr dran, da die Leute wirklich
        zu beseiwern.
(21)   Da hab ich dat dranjejeben und bin zu 'ner Bahnspedition.
(22)   Dat hab ich unjefähr 'n Jahr jemacht.
(23)   Dann hab ich überjewechselt zu 'ner Jetränkefirma.
(24)   Da war ich circa andert/ nä ein Jahr war ich da.
(25)   Und dann hat äh die Polizei bei mir d'n Führerschein ausjeliehen, für sechs
        Monate.
(26)   Un ich denk: »Wat machste jetz?«
(27)   Muß/muß'e wieder arbeiten in 'ner Firma.
(28)   »Ja, denk ich, jehste jetz zu Karlsberg oder sonst irgendwohin«.
(29)   Bin ja wieder zu Ka Ha De.
(30)   Un sie waren sehr kulant.
(31)   Hat mer die Jahre, die ich vorher da war, anjerechnet.
(32)   Somit bin ich jetzt widder dreizehn Jahre bei Ka Ha De.

In der Wiedergabe biographischer Ereignisse dieses Typs wird ein Zeitraum
von über zwanzig Jahren zusammengefaßt. Die Wiedergabe steuert zielsicher
auf die heutige Situation, den Hic-et-nunc-Punkt, zu. Wir haben es mit einem
hintereinandergeschalteten und linearen Wiedergeben zu tun. Dies ist ein Beispiel für einen Typ einer Lebenslaufbeschreibung, nämlich für den Typus der
Chronik (vgl. dazu neuerdings auch Linde 1980). Was geschieht in der Chronik? Die Biographie wird lediglich wiedergegeben, gegliedert nach einzelnen
Stationen, verbunden zumeist durch eine Zeitangabe (auffällig die Gliederung
mit »da(nn)«). Auch die »Erzählung« von (5) bis (11) ist in diesen Gesamtduk-
tus eingebunden; es wird in Wahrheit kein diskursiver Erzählraum eröffnet.
Vielmehr geschieht ein direkter Durchlauf durch die biographischen Ereignisse mittels biographischer Wiedergaben. Dies beeeutet, daß von der Biographie nur die objektiv äußere Seite erscheint; die subjektive Dimension des
Handelns, Denkens, Wahrnehmens, inneren Argumentierens und Redens, wie
dies für die biographische Erzählung im Erzählraum charakteristisch ist, fehlt
gänzlich. Stattdessen erscheint das Subjekt der Biographie seinerseits als Produkt oder Resultat objektiven Zeitablaufs. Die für das biographische Erzählen
wichtige Erarbeitung von Bewertungen und Lehren, die Interpretation des eigenen Lebens fehlen: Das Leben wird vielmehr als *naturalistisches* Produkt
des linearen Zeitablaufs bis heute geschildert. Damit deckt der Sprecher noch
einmal die verschütteten Erfahrungen seiner Biographie zu, ob er will oder
nicht. Dieser Typus biographischer Rekonstruktion ist also durch die Eliminierung der Aktantenseite, d. h. der subjektiven Dimension der Biographie, gekennzeichnet.

Literatur

Baltes, P. B. & Schaie, K. W. (Hg.) (1973) Life-Span developmental psychology: Perso-
    nality and socialization. New York: Academic Press
Bühler, Ch. (1932, 1959²) Der Lebenslauf als psychologisches Problem. Göttingen: Ho-
    grefe
Cuff, E. C. & Francis, D. W. (1978) Some Features of 'Invited Stories About Marriage
    Breakdown. In: Int. J. Soc. Lang. (1978), 111–133
Datan, N. & Ginsberg, L. H. (Hg.) (1975) Life-Span developmental psychology: Norma-
    tive life crises. New York: Academic Press

Ehlich, K. & Rehbein, J. (1980) Sprache in Institutionen Artikel 30 in: Althaus, H. P., Henne, H. & Wiegand, H. (Hg.) (1980²) Lexikon der Germanistischen Linguistik. Tübingen: Niemeyer, 338–345

Emmerich, W. (Hg.) (1974/1975) Proletarische Lebensläufe. Autobiographische Dokumente zur Entstehung der Zweiten Kultur in Deutschland. Bd. 1 und 2. Reinbek: Rowohlt

Gülich, E. (1980) Konventionelle Muster und kommunikative Funktionen von Alltagserzählungen. In: Ehlich, K. (Hg.) Erzählen im Alltag. Frankfurt: Suhrkamp, 335–384

Klotz, V. (1980) Wozu wird erzählt. Vorläufige Notizen zu *zyklischem, instrumentalem* und *praktischem* Erzählen. (In diesem Band)

Kohli, M. (Hg.) (1978) Soziologie des Lebenslaufs. Darmstadt: Luchterhand

Lehmann, A. (1978) Erzählen eigener Erlebnisse im Alltag. In: Zeitschrift für Volkskunde, 74, 198–215

Linde, Ch. (1980) The Life Story: A Temporally Discontinuous Discourse Type. Structural Semantics: Palo Alto, CA (mimeo)

Massarik, F. (1969) Faktoren von Institution und Klasse in ihrem Einfluß auf die Zielsetzung. In: Bühler, Ch. & Massarik, F. (Hg.) Lebenslauf und Lebensziele. Stuttgart: Fischer, 239–252

Massarik, F. (1969a) Das »Heute« als integrierender Faktor. In: Bühler, Ch. & Massarik (Hg.) Lebenslauf und Lebensziele. Stuttgart: Fischer, 337–342

Nies, F. (1980) Würze der Kürze – schichtübergreifend, Kleingattungen im Frankreich des 17. bis 19. Jahrhunderts. (In diesem Band)

Polanyi, L. (1978) False Starts Can Be True. In: Proc. 4th Ann. Meeting Berkeley Linguistics Soc. Linguistics Soc.: Berkeley, 628–639

Rehbein, J. (1977) Komplexes Handeln. Elemente zur Handlungstheorie der Sprache. Stuttgart: Metzler

Rehbein, J. (1980) Sequentielles Erzählen. Erzählstrukturen von Immigranten bei Sozialberatungen in England. In: Ehlich, K. (Hg.) (1980) Erzählen im Alltag. Frankfurt: Suhrkanp, 64–108

Ryave, A. L. (1978) On the Achievement of a Series of Stories. In: Schenkein, J. (Hg.) (1978) Studies in the Organization of Conversational Interaction. New York: Academic Press, 113–132

Schütze, F. (1980) Narrative Repräsentation kollektiver Schicksalsbetroffenheit. (In diesem Band)

Stahl, S. K. D. (1977) The Oral Personal Narrative in Its Generic Context. In: Fabula 18, 1977, 18–39

Zimmermann, H. D. (1976) Lebensläufe. In: Fischer u. a. (Hg.) (1976) Gebrauchsliteratur. Stuttgart: Metzler, 127–137.

H. Christoph Wolfart

Empirische Untersuchungen zur mündlichen Prosa-Überlieferung

Am Anfang aller Literatur steht – der Etymologie zum Trotz – weder Griffel noch Buch, sondern der mündlich vorgetragene Text. Da dieser jedoch ebensowenig ἔργον ist wie die Sprache, auf die Humboldts Unterscheidung gemünzt ist, sondern eine ἐνέργεια, wird das Fortleben ungeschriebener Literatur in der Gegenwart leicht übersehen.

Die Vervielfältigungsfähigkeit des gedruckten Wortes führt unweigerlich zur Vorherrschaft derer, die über eine Druckerpresse verfügen. Um so notwendiger ist es, sich an das Postulat Achim von Arnims zu erinnern, es existiere »kein Gegensatz zwischen Volkspoesie und Meistergesang«.

Was Literatur sei, ist also weder die Frage des Mediums noch des Milieus, sondern der künstlerischen Qualität bewußt gestalteter sprachlicher Schöpfungen.

Mündliche Prosa-Texte, die in mehreren Fassungen aufgezeichnet werden konnten, erlauben es uns, im Zusammenhang mit der Untersuchung von Überlieferungsprozessen auch der Frage der literarischen Gestaltung nachzugehen.

Ungeschriebene Prosa

Um der Literatur in ihrer mündlichen Ausprägung zu begegnen, muß man sie keineswegs in die graue Vorzeit zurückversetzen. Die Tradition, aus der Namen wie Arnim und Grimm, Herder und Perrault hervorragen, wird ihr Ende erst finden, wenn auch das letzte Dorf durch Radio und Fernsehen der »global village« eingemeindet ist. (In den industrialisierten Ländern ist der Sättigungsgrad allerdings nahezu erreicht, seit in den vergangenen zehn Jahren auch der hohe Norden Kanadas in den Genuß von Satellitenübertragung gelangte.) Gleichzeitig jedoch scheinen die autochthonen Literaturen der außereuropäischen Völker, die überwiegend mündlich tradiert sind, fast gänzlich den Ethnologen überlassen zu sein.

Doch auch in hochindustrialisierten Gesellschaften gibt es mündliche Texte, die bewußt gestaltet sind und daher als literarisch zu gelten haben. Allerdings scheint mündliche Literatur in solchen Gesellschaften eher bei den Randgruppen zu gedeihen als im Zentrum: unter Kindern, zum Beispiel (vgl. Opie & Opie 1959), in Erweckungspredigten (vgl. Smith & Rosenberg 1974), oder in der festumrissenen schwarzen Unterschicht der nordafrikanischen Großstädte (vgl. Abrahams 1963). Diese Texte sowie die Umstände, unter denen sie geäußert werden, konstituieren ein deutliches Gegengewicht zu den leicht archaisierenden (und gelegentlich auch volkstümelnden) Sammlungen, die das vorindustrielle Europa in romantischem Lichte erscheinen lassen.

Eine Typologie, die über die »einfachen Formen« (Jolles 1930) hinausginge und, vor allem, auf weltweiter Basis zu erstellen wäre, scheint es nicht zu geben. Die Folklore-Forscher (ob sie nun die Volks- oder die Völkerkunde repräsentieren) sind meist mehr mit Motiven beschäftigt als mit den Formen, in welchen sich diese manifestieren. Viel eingehender haben sich Ethnolinguisten wie Jacobs (z. B. 1959), aber auch reine Sprachwissenschaftler wie Bloomfield (z. B. 1927) mit der sprachlichen Form mündlicher Literatur befaßt.

Wenn in der sprachlichen Gestaltung und im Aufbau des Textes die Hauptmerkmale der literarischen Schöpfung zu sehen sind, dann spielt die Unterscheidung zwischen zum Druck bestimmten und mündlich dargebotenen Texten nur eine untergeordnete Rolle. Daß eindeutig mündliche Texte wie die vedischen Hymnen oder die homerischen Epen literarische Kunstwerke sind, ist so selbstverständlich wie die Tatsache, daß nicht jede Lebensbeichte schon dadurch zu Literatur wird, daß sie auf Band festgehalten und schließlich gedruckt wird. Schriftlichkeit ist offensichtlich kein hinreichendes Kriterium für Literatur, und es wäre unsinnig – und dies nicht nur aus ontogenetischen wie phylogenetischen Gründen –, sie als notwendig zu erachten.

Über theoretische Untersuchungen und programmatische Deklamationen hinaus ist der Beweis, daß sprachliche Form als ein entscheidendes Kriterium für literarischen Status gilt, ohne weiteres induktiv zu erbringen: unter den mündlichen Werken, die allgemein als literarisch anerkannt sind, überwiegen bei weitem jene, deren sprachliche Gestaltung durch Reim, Metrum und dergleichen offen zutage liegt.

Auch in der Sekundärliteratur genießt die Versdichtung deutlichen Vorzug vor der Prosa. Ob es sich um englische Kinderverse handelt oder die »dozens« der nordamerikanischen Neger, um Balladen, die von Makedonien bis Zypern und von Korfu bis Trapezunt in der ganzen Griechisch-sprechenden Welt verbreitet sind (vgl. Megas 1976) oder um die serbokroatischen Epen, welche Parry (1928, 1971) und Lord (1960) als Modelle für ihre Homer-Studien untersucht haben: wo immer mündliche Literatur in Versform besteht, hat diese die Aufmerksamkeit der Beobachter auf sich gezogen. Als exemplarische Ausnahme sei erwähnt, daß neben dem gereimten Wortduell (vgl. Abrahams 1962 und Dundes, Leach & Özkök 1972) auch die reimlose Form untersucht worden ist (Labov 1972). Doch im Allgemeinen scheint man sich dem Rande der literarischen Welt zu nähern, wenn man mündliche Prosa analysiert.

Schließlich fällt es auf – ohne jedoch zu überraschen –, daß die Studien zur epischen Formel, die spätestens seit Parry und Lord in vielen europäischen Sprachen (vgl. Haymes 1973, Lord 1974, Stolz & Shannon 1976) durchgeführt worden sind, sich durchweg auf Vers-Epen zu beschränken scheinen.

Ob das Vorkommen von Formeln in literarischen Texten als Indiz mündlicher Komposition zu interpretieren ist, bleibt umstritten. Umgekehrt jedoch scheint es unumgänglich, die Existenz von erzählerischen Formeln in Prosa-Texten als Zeichen literarischer Gestaltung zu werten.

Prosa-Überlieferung

Als ethnologische oder sprachwissenschaftliche Quelle, als historisches Dokument, das besonders interessante Probleme der Authentizität aufwirft, und schließlich auch als sprachliches Kunstwerk sind uns mündliche Prosa-Texte durchaus vertraut. Doch die Überlieferungsanalyse, die auf dem Gebiet der epischen Dichtung lange vor Parry und Lord begonnen hatte, scheint die erzählende Prosa weitgehend vernachlässigt zu haben.

Nicht zuletzt mag dazu ein schriftgebundenes Ideal der Wortwörtlichkeit, das nur bei wenigen Arten von Texten gerechtfertigt ist, beigetragen zu haben. Selbst Humboldt (1836) spricht von der »Unmöglichkeit [...], längere ungebundene Rede dem Gedächtnis anzuvertrauen« und wird etwas später noch deutlicher: »Allein die Aufzeichnung [...] liegt dennoch bei der Prosa nothwendig und unmittelbar [...] in dem ursprünglichen Zwecke.« Wie erfrischend dagegen (auch wenn in der Sache kein Gegensatz besteht, da der eine von Prosa, der andere von Dichtung handelt) Herders Begeisterung über die Mündlichkeit der Epen Homers, von denen er sagt (1778), sie »blieben nicht in Buchläden und auf den Lumpen unsres Papiers, sondern im Ohr und im Herzen lebendiger Sänger und Hörer, aus denen sie spät gesammlet werden ...«

Mit Fragen nach Authentizität und Überlieferung ist eine grundsätzliche Unterscheidung zwischen zwei Sorten mündlicher Literatur verknüpft. Manche Texte, die zweifellos aus einer mündlichen Tradition stammen, unterliegen einem außerliterarischen Zwang zur Wörtlichkeit; die *do-ut-des* Ideologie zum Beispiel forderte, daß die Opferhymnen der Veden absolut verbatim reproduziert wurden, und nicht viel anders dürfte es um die liturgische Prosa anderer Religionen stehen. Selbst bei Texten wie dem Lobgesang des Simeon (*Nunc dimittis*), die nicht zu den zentralen Mysterien gehören, wird auf exakte Reproduktion Wert gelegt. Sakrale und liturgische Texte gelten also im Prinzip als unveränderlich und sind damit eindeutige Beispiele für Humboldts »Werk« oder gar sein »todtes Erzeugtes«.

Erzählende Texte dagegen stehen der Sprache selbst viel näher, die Humboldt als eine »Thätigkeit«, eine »Erzeugung« beschreibt. Vers-Epen und epische Prosa unterliegen den gleichen »Produktionsbedingungen«: sie werden bei jedem Vortrag aus Themen und Formen, die im Allgemeinen – aber nicht in jedem Fall, wie dies van Gennep (1909, S. 51) von den Guslaren behauptet – vorgegeben sind, neu geschaffen. Im Erzähler sehen wir also den Schöpfer des Textes, den Poeten.

Die Form der mündlichen Prosa-Erzählung, die sich im Aufbau des Textes und seiner sprachlichen Gestaltung ausdrückt, wird keineswegs, wie man erwarten könnte, von ihrem Inhalt bestimmt. Obwohl für die mündlichen Literaturen der Neuen Welt die gegenseitige Wechselwirkung von Form und Inhalt noch ein Buch mit sieben Siegeln ist, läßt sich in der Literatur der Cree beobachten, daß die Form, wenn sie nicht sogar logische Priorität besitzt, immerhin grundsätzlich vom Inhalt unabhängig ist. Dies läßt sich durch einen Ursprungsmythos illustrieren, dessen Subjekt nicht die sprichwörtlichen Flecken des Leoparden sind oder, im subarktischen Rahmen, die im Jahresrhythmus wechselnden Farben des Wieselfells, sondern ein Produkt des 20. Jahrhunderts: ein »Mokkasin ohne Oberteil«, der in Nordamerika übliche Überschuh aus Gummi. Obwohl der Inhalt bewußt der Tradition ins Gesicht schlägt, ist die Form dieses Texts absolut konventionell. In Aufbau und sprachlicher Gestaltung, die in einem von langer Hand vorbereiteten interlingualen Wortspiel (*rubbers* ›Überschuhe‹: *ē-mimikonahk* 'he *rub*bed them') gipfelt, genügt er den Ansprüchen des klassischen Namensgebungsmythos der Cree vollkommen.

Ein als tatsächlich dargestelltes Ereignis, das jedoch in einer mythischen Welt und Zeit abläuft, wird in Texten dieses Typs durch eine Feststellung über den zukünftigen Namen des Subjekts abgeschlossen. Während der Stil des gesamten Textes durch Wortwahl und syntaktische Mittel als formell ausgewiesen ist, wird die Moral, die peroratio durch stereotyp wiederkehrende Begriffe der Namensgebung und durch die Erwähnung der kommenden realen Welt gekennzeichnet. Im vorliegenden Fall beginnt dieser Teil des Textes mit den Worten:

> *ēkosi t-ēsiyĭhkātēwa, ōtē nīkān ayĭsiyiniwak ta-kikiskamwak* ...
> also werden sie genannt werden, dort in ferner Zukunft werden die Menschen sie tragen ...

Wo der Erzähler nicht nur die Anordnung der Elemente bestimmen kann (worauf van Gennep die Guslaren beschränkt sieht), sondern auch einen neuen Inhalt in eine vorhandene Form zu gießen vermag, wird die Eigenständigkeit der literarischen Struktur betont.

Die Literatur der Cree

Bei mündlicher Literatur können schriftliche (und selbst akustische oder gar audiovisuelle) Aufzeichnungen nur blasse Reflexionen des erzählerischen Aktes sein, der nicht nur einen großen Reichtum an Klangeffekten (z. B. die Stimme des Frosches, von dem der ›culture hero‹ *wĭsahkēcāhk* das Wort für Überschuhe lernt) und Gestik einschließt, sondern vor allem auch die Reaktion der Zuhörer mit einbezieht. Wenn die Orthographie schon die prosodischen Aspekte der normalen Rede nur sehr unvollständig repräsentiert, so grenzte es an Schmeichelei, die schriftliche Wiedergabe eines mündlich »aufgeführten« Textes als »mumienhafte Aufbewahrung« (Humboldt) zu bezeichnen.

Allerdings unterliegt das Studium der mündlichen Literatur noch einer weiteren, grundsätzlichen Beschränkung. Die Aufzeichnung fixiert, unabhängig von ihrer technischen Qualität, jeweils nur eine einzige Manifestation eines Texts. Selbst wenn verschiedene Vorträge als Versionen ein und desselben Texts identifiziert werden können – und dies ist in der Praxis wie in der Theorie ein kapitales »Wenn« –, und auch wenn aus dem Vergleich mehrerer Manifestationen eines Texts quasi ein »Gemeintext« erschlossen werden kann, so ist dieser doch unter keinen Umständen als »echt« oder gar als Urtext im Sinne eines Stemma anzusehen oder in sonst irgendeiner Weise zu reifizieren; er ist nur ein Modell. Wie die gemeinsame Grammatik, welche die Sprecher einer Sprache in sich tragen, bleibt der eigentliche Text unerreichbar.

Die Literatur der Cree, die zwischen der Hudson Bay und den Rocky Mountains über ein Publikum von rund 70 000 Menschen (und damit das zweitgrößte unter den voreuropäischen Völkern Nordamerikas) verfügt, ist bisher nur in Bruchstücken bekannt. Vor allem von der Literatur der Swampy Cree, Woods Cree und Moose Cree liegen bisher noch keine Aufzeichnungen nennenswerten Umfangs im Druck vor, und die archivalischen Materialien sind spärlich. Es ist zwar kaum anzunehmen, daß die Texte, die in diesen östlicheren Teilen der Cree-Nation kursieren, sich grundsätzlich von denen der Plains Cree unterscheiden, denn daß diese erst am Anfang der historischen Epoche aus den subarktischen Urwäldern auf die großen Ebenen der Provinzen Manitoba, Saskatchewan und Alberta hinauszogen, geht nicht zuletzt aus ihrer Literatur hervor. Der menschenverschlingende Wahn des *wīhtikōw* (oder Windigo, in der geläufigeren Ojibwa-Form), ein Charakteristikum der borealen Waldlandkultur, tritt auch nach mindestens 250 Jahren in den Texten der Plains Cree noch häufig auf.

Von wenigen weit verstreuten Einzeltexten abgesehen (und unter Vernachlässigung englischer »Wiedergaben«, die meist wenig mehr als Inhaltsangaben sind), gibt es bisher nur eine große Quelle für die Literatur der Plains Cree (und auch von dieser bleibt ein Teil ungedruckt): die Texte, die Leonard Bloomfield im Jahre 1925 in Saskatchewan aufzeichnete, liegen in einer mustergültig werkgetreuen Edition vor (Bloomfield 1930, 1934; die darin unterdrückten Übersetzungen von Passagen exkretorischer oder sexueller Referenz sind im Manuskript entweder auf Englisch oder in lateinischer Übertragung erhalten).

Bloomfields Einleitungen zu den 82 gedruckten Texten, die von wenigen Zeilen bis zu 36 Seiten lang sind und insgesamt 640 Druckseiten umfassen, sind wie seine Anmerkungen von bedauerlicher (aber durchaus charakteristischer) Knappheit. Von einer lakonischen Darbietung eines historischen Texts (Bloomfield 1928) abgesehen, ist dieses großartige Monument autochthoner Literatur bisher unbeachtet geblieben.

Eine umfangreiche Sammlung von Plains Cree Texten aus Alberta wird von mir seit 1967 aufgezeichnet (vgl. Wolfart 1973). [1] Ungefähr 300 Texte, die auf Magnetband festgehalten sind, befinden sich in verschiedenen Stadien der Transkription, Analyse und Edition.

Die Literatur der Cree: Genres

Die Prosa-Texte der Cree werden in zwei Haupttypen eingeteilt, und die Zugehörigkeit zum einen oder anderen wird häufig im Text selbst angezeigt.

Der Verbalstamm *ācimo-* ›erzählen‹, der am Ende unseres Beispieltextes (T33) auftritt, definiert ihn als ein *ācimōwin* ›Geschichte; Erzählung‹, und der entsprechende transitive Stamm *ācimostaw-* ›über jemanden erzählen‹ findet sich in der Einleitung des Parallel-Textes T79.

Ein anderer Text (T78) desselben Erzählers beginnt mit einer Form des Verbalstammes *ātayōhkē-* ›Mythen erzählen‹ und wird dadurch als ein Beispiel des Typs *ātayōhkēwin* ›Mythos‹ angekündigt.

Das Genre eines Texts ist natürlich nicht nur aus dem ausdrücklich angeführten Gattungsbegriff zu erkennen. Sobald z. B. der Name *wīsahkēcāhk* fällt, ist die Zugehörigkeit des Texts zu einer Unterklasse von *ātayōhkēwin* über jeden Zweifel erhaben: *wīsahkēcāhk,* die zentrale Figur eines weitreichenden Mythenzyklus, ist der »göttliche Schelm« C. G. Jungs und Karl Kerényis, in manchen Aspekten das Cree-Gegenstück zu Hanswurst und Eulenspiegel, Merkur und Hermes.

In den 82 publizierten Texten der Bloomfield-Sammlung wird das Genre in 53 (oder 65%) ausdrücklich erwähnt. (Bei dieser groben Zählung sind weder Lieder noch Texte, die eindeutig auf Fragen des Feldforschers antworten und daher atypisch beginnen, ausgesondert worden, und auch nicht die beträchtliche Zahl derer, die im Anschluß an einen anderen Text erzählt werden und daher mit Sätzen wie:

kotak ēkwa. ›Und noch eine [sc. Erzählung].‹

eingeleitet werden. Schließlich ist bei diesen Frequenzen im Auge zu behalten, daß Bloomfields publizierte Texte in die Feder diktiert wurden und daher systematischen Verzerrungen ausgesetzt sind.) Beschränkt man sich auf die 33 Texte des *kā-kīsikāw-pīhtokēw* ›Coming-Day‹, den die Sweet Grass Cree als ihren erfahrensten Erzähler betrachteten (Bloomfield 1930, S. 1; vgl. Mandelbaum 1940, S. 163 für eine unabhängige Bestätigung), so erhöht sich die Proportion der Texte, die in der Schlußformel die Nomina *ācimōwin* oder *ātayōhkēwin* enthalten, auf 85%.

Während die literarische Form dieser beiden Genres noch bei weitem nicht ausreichend untersucht ist, lassen sie sich auf thematischer Basis ohne große Schwierigkeiten unterscheiden. Die Personen, Zeiten und Orte der Mythen *(ātayōhkēwin)* sind gegenüber den aus der Erfahrung bekannten durch übernatürliche Züge ausgezeichnet; daß sprechende Tiere sich darin auch mit so trivialen Gegenständen wie Überschuhen aus Gummi abgeben, tut dem mythischen Charakter der Texte keinen Abbruch. Auch europäische und orientalische Märchen (z. B. die Geschichte Aladdins und seiner Wunderlampe), die vor allem durch französische Missionare verbreitet wurden, sind in umgearbeiteter Form anzutreffen.

Geschichten oder Erzählungen *(ācimōwin)* handeln von historischen und faktuellen Ereignissen, die vom Rande des Menschengedenkens bis zu einem soeben abgeschlossenen Vorkommnis reichen können; daß darunter auch von übernatürlichen Dingen berichtet wird, zeigt nur, daß für die Cree magische Erscheinungen Teil der tatsächlichen Welt sind. Wie bei den Mythen, wo z. B. *wīsahkēcāhk*-Texte durch ihren Aufbau von anderen Untertypen geschieden sind, gibt es auch hier Unterklassen: neben ausdrücklich als historisch gekennzeichneten Berichten *(kayās-ācimōwin)* nehmen heute Reden über das gegenwärtige Elend und das verlorene Zeitalter der Büffeljagd einen besonderen Platz ein.

Während Geschichten und Mythen thematisch einen deutlichen Gegensatz darstellen, sind sie doch beide Erzählungen. Der Terminus *ācimōwin* und die damit assoziierten Verbalstämme (wie *ācimo-* ›erzählen‹, *ātot-* ›etwas erzählen‹, usw.) bezeichnen nicht nur die Geschichte im Kontrast zum Mythos. Auf einer höheren Oppositionsebene haben sie außerdem die umfassendere Bedeutung ›Erzählung‹, in der sie dann dem Begriff *ātayōhkēwin* übergeordnet sind. Daß die Aufhebung der Opposition von *ācimōwin* und *ātayōhkēwin* nicht nur eine analytische Konstruktion ist,

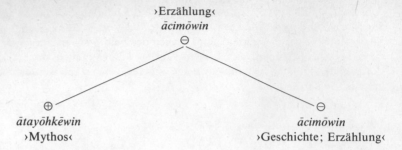

›Erzählung‹
ācimōwin

ātayōhkēwin
›Mythos‹

ācimōwin
›Geschichte; Erzählung‹

wird durch Coming-Days Kollokation (Bloomfield 1930, S. 110) illustriert:

ēkosi ēkwa nama kēkway ācimōwin. ēkoyikohk ē-iskwāk ātayōhkēwin.
Und somit ist auch meine Erzählung ein Nichts. Bis hierher reicht mein Mythos.

Außerhalb von Sprache, Literatur und Motiven drückt sich die Unterscheidung der beiden Genres auch in der Erzählsituation selbst aus. Bei Totenwachen reißen die Erzählungen nicht ab; wer aber nach der Schneeschmelze noch ein *ātayōhkēwin* vorträgt, läuft unter anderem Gefahr, in seinem Bett einen Salamander vorzufinden.

Die Beispiel-Texte: Inhalt und Aufbau

Allein das Studium von Originaltexten kann zeigen, ob die Beobachtungen und Schlüsse, die wir im Laufe unserer Betrachtung skizziert haben, allgemeinere Geltung besitzen oder nur zufällige Fakten repräsentieren. Als Material bieten sich insbesondere mehrfach aufgezeichnete Texte an. Obwohl Gruppen solcher Texte in beiden Genres zur Verfügung stehen, kann hier aus praktischen Gründen nur ein Beispiel in extenso vorgeführt werden. Selbst bei dieser beschränkten Materialbasis kann der Aufbau der Texte nur angedeutet werden; ein struktureller Vergleich würde den Rahmen dieser Studie sprengen.

Unsere Texte sind Geschichten *(ācimōwin),* welche ein und derselbe Erzähler bei drei verschiedenen Gelegenheiten innerhalb eines Winters vortrug. Weitere historisch-faktuelle Texte, die ebenfalls ein gemeinsames Ereignis zum Inhalt haben, verdanken wir verschiedenen Trägern einer gemeinsamen Tradition: historische Texte sind persönliches Eigentum, die nicht von jedem beliebigen Zuhörer weitererzählt werden können. Die größte Streuung findet sich naturgemäß bei Mythen, wo dieselben Themen in ihrer stereotypen Form zu verschiedenen Zeiten und an verschiedenen Orten in großer Vielfalt auftreten.

Der Erzähler der vorliegenden Texte, die im Winter 1967/68 in Hobbema (südlich von Edmonton, Alberta) aufgezeichnet wurden, war P.O. Damals 78 Jahre alt, war er unter seinen Mitbürgern als »echter Cree« anerkannt; er sprach kaum Englisch.

Die drei Texte, deren mittlerer (T33) als Tafel 1 beigefügt ist, sind klassische Beispiele des historischen Berichts. Der terminus technicus *kayās-ācimōwin,* auf den P.O. am Anfang von T33 ausdrücklich hinweist, bezeichnet Berichte aus alter Zeit und insbesondere aus der nomadischen Epoche, der im Gebiet

Plains Cree Texte aus Alberta

T33 (PO, 20 December 1967)

          kotak êkwa. kayâs-âcimôwina nayêstaw
kâ-wî-âtotamân. nikî-otisâpamâwak kisêyinîpanak, êkwa
nîsta nikêhtê-ayiwin. "pêyakwâw ê-sipwêhtêhk niwîcihiwân,"
itwêw, watôwâpoy kî-isiyîhkâsôw.

          ê-nitopayihk nîsosâp ê-ihtasihk.
ê-mêkwâ-pimohtêhk, kâ-wâpamihcik ê-sâsâkiskwêpayihocik
ayîsiyiniwak, â, kaskitêwayasitak, itwêwak: "â, wawayîk,
wawayîk tapasîtân; nêma k-ôsêtinâk wâhyaw, êyako
kakwê-otihtâmotân," itwêwak. pêyak iskwêw wîcihiwêw,
kihiwin kî-isiyîhkâsôw kinokamâsîhk ohci okimâhkân nistam
êyako, êyakw ê-wîcêwiskwêwêt. êkwa wawayînâniwiw,
ê-kîsi-wawayîlık, êkos êkwa tapasînâniwiw.

          mitoni cîki nîkân wîcihiwêw aw îskwêw.
nîya niwêpinikawin; ê-kî-yîkicikâwiyân, â, mitoni
niwêpinikawin; mâka namoya ta-nayawapiyân. ê,
nipimipahtân. âpihtawâyihk êtokw ê-ayâhk ôm îtê k-êtâmohk,
kâ-wâpamak awa iskwêw ê-atimipahtât; nôsikosâhkômâw.

          ê-takopahtâyân ita ôma kâ-pimipahtât
ê-kîskwêtâhtahk, pêyakwanohk ê-cêhcêmikwâskohtit,
"nipimipahtân" ê-itêyihtahk. êkos îsi nipahkwêhtên
maskihkiy ê-tahkwahtamân, "mâmâkwaht ôma, nisikosê!"
nititik. êkos êkwa kêta ê-mâmâkwahtahk. â, êkos êkwa
"nitihkwâ" k-êsit ê-yâhkakocik, êkos êkwa ê-pimipahtât. â,
tâpwê piko niyâyakwaskatik mîn âwa nisikos.

          wâ, ê-osêtinâk ôm êkwa
ê-âmaciwêpahtâyân. ê-takopahtâyân âsay nîpitêpiwak;
kisipanohk ninahapin. kâ-pê-pasikôt awa nisikos, "â,
nisikosê," "â, nitihkwâ, kiwî-wîcêtin, kîya k-ô-pimâciyân,"
nititik ê-pê-nahapîstawit.

          namoy ôma kîkway ê-nawaswâtikoyâhk.
mâmihkiyiniwak ês ôk ônitopayiwak, nêhiyawak
kâ-pisciwihikoyâhkik kâ-tapasîhâyâhkik. êkosi nikîs-âcimon
wîy êyako. êkosi.

Die gerettete Schwiegermutter

Noch eine andere [sc. Geschichte].
Geschichten aus alter Zeit nur sind es, die ich erzählen
will. Ich habe sie noch gekannt, die alten Männer, die
längst tot sind, und auch ich selbst bin jetzt alt.
"Einmal, als man loszog, war ich dabei", sprach Watôwâpoy,
so wurde er genannt.

Man ging auf den Kriegspfad, und es
waren zwölf. Während man dahinzog, da sah man am Horizont
hin und wieder die Köpfe von Menschen auftauchen, oh,
Blackfoot, so sprachen sie: "Auf, bereitet euch vor,
bereitet euch vor, lasst uns fliehen; dort der Abhang in
der Ferne, den lasst uns zu erreichen suchen", so sprachen
sie. Eine Frau war auch dabei, und Kihiwin, so hiess der
erste Häuptling von Kinokamâsîhk, der war es, der eine Frau
dabeihatte. Also bereitete man sich vor, und als die
Vorbereitungen getroffen waren, da brach man auf zur
Flucht.

Ganz nahe an der Spitze war diese Frau
dabei. Ich selbst wurde zurückgelassen; ich war ein
langsamer Läufer, oh, ich wurde ganz zurückgelassen; aber
ich geriet nicht ausser Atem. Ja, ich lief dahin. Als man
ungefähr halbwegs dort war, wohin man floh, da sah ich
diese Frau näherkommen; ich stand zu ihr wie zu einer
Schwiegermutter.

Als ich im Laufen dort ankam, wo sie
dahinlief, war sie atemlos und sprang an einer Stelle auf
und ab, denkend, "Ich laufe". Also biss ich ein wenig von
der Medizin ab, die ich im Munde hatte, "Kau' dies,
Schwiegermutter!" sprach ich zu ihr. Also kaute sie es.
Oh, dann sprach sie zu mir: "Schwiegersohn", und erfrischt
lief sie wieder dahin. Ja, wahrhaftig, sie lief mir
vollkommen davon, diese meine Schwiegermutter.

Oh, endlich lief ich den Abhang hinauf.
Als ich im Laufen ankam, sassen sie schon aufgereiht; ich
setzte mich am Ende nieder. Da erhob sich meine
Schwiegermutter und kam her; "Nun, Schwiegermutter", "Nun,
Schwiegersohn, ich will bei dir bleiben, denn deinetwegen
bin ich noch am Leben", sprach sie zu mir, während sie sich
neben mich hinsetzte.

Wir waren überhaupt nicht verfolgt
worden. Indianer aus dem Osten [sc. aus Saskatchewan] waren
diese Krieger, Cree, die uns überrascht hatten und vor
denen wir geflohen waren. Nun habe ich auch diese [sc.
Geschichte] zu Ende erzählt. So ist es.

des nördlichen Saskatchewan mit dem Vertrag Nr. 7 im Jahre 1876 ein Ende gemacht worden war.

Die am Anfang durch das Nomen *kayās-ācimōwin* und den Verbalstamm *ātot-* gegebene Genre-Definition wird am Ende des Texts wieder aufgenommen:

> *nikīs-ācimon* ich habe zu Ende erzählt.

Da es sich um ein Ereignis handelt, das der Erzähler, P. O., nicht selbst miterlebt hat, folgt seine Legitimation: er nennt seinen Gewährsmann *watōwāpoy,* in dessen Namen er von diesem Punkte an erzählt. Seine persönliche Bekanntschaft mit den handelnden Personen unterstreicht die Authentizität der Geschichte.

Eine dieser Personen ist uns aus anderen Quellen bekannt: *kihiwin* gehört einer Stammesgruppe an, die sich unter seiner Führung dem Vertrag Nr. 7 beugte und ein Reservat am *Long Lake* (östlich von Edmonton, Alberta) akzeptierte; deshalb ist er der »erste Häuptling« der Reservations-Ära. Auf modernen Karten ist dieser See (dessen früheste Beschreibung, im Jahre 1800, wir Peter Fidler verdanken; vgl. Johnson 1967, S. 206 Fußnote) als *Kehiwin Lake* bezeichnet, und *Kehiwin* (oder *Keeheewin*) ist auch der offizielle Name des Reservats, das auf Cree *kinokamāsīhk* ›am Langen See‹ heißt. Jedenfalls datiert die Erwähnung *kihiwin*s die im Text geschilderten Ereignisse auf die Zeit vor 1887, dem Jahr seines Todes; wahrscheinlich spielten sie sich mindestens 30 oder 40 Jahre früher ab.

Zum Verständnis der *watōwāpoy*-Texte ist eine Vorbemerkung über das gesellschaftliche System der Plains Cree unerläßlich. Die entscheidende Tatsache wird in T33 am Ende des dritten Abschnitts bekanntgemacht:

> *nōsikosāhkōmāw* ich stand zu ihr wie zu einer Schwiegermutter.

Bei dem Verwandtschaftsverhältnis zwischen *-sikos-* (in *nisikos* ist *ni-* das Pronominalpräfix der ersten Person, und der Vokativ wird durch das Suffix *-ē* markiert) und *-tihkwatim-* (der in T33 nur im Vokativ *nitihkwā* vorkommt) handelt es sich nicht wie im Justinianischen System um eine Beziehung zwischen Individuen, sondern zwischen Personenkategorien (für Literatur siehe Wolfart 1980). Für einen Mann ist jede Frau, die in die Klasse der *-sikos-* fällt, eine potentielle Schwiegermutter und als solche strengen Tabus unterworfen: jede Begegnung ist zu vermeiden, und noch heute bestätigen Gewährsleute, daß früher ein Mann das Zelt sofort zu verlassen hatte, wenn eine *-sikos-* es betrat. Vor allem dürfen die beiden nicht miteinander reden; selbst bei Lebensgefahr kann eine Warnung nur bei abgewendetem Gesicht ausgesprochen werden (vgl. Mandelbaum 1940, S. 233).

In den beiden anderen Texten dieser Gruppe (T19 und T79) ist die Beziehung zwischen *watōwāpoy* und der Frau, die für ihn *-sikos-* ist, ausführlicher dargestellt. *watōwāpoy* nennt *kihiwin nisis,* und als *-sis-* gehört dieser einer Kategorie an, deren primäres Mitglied der Mutterbruder ist; die Tochter eines *-sis-* ist der im System vorgegebene Ehepartner. Für *kihiwin*s Frau, die ohne Namen bleibt, verwendet *watōwāpoy* den Begriff *nisikos* ›meine Tante-quä-Schwiegermutter‹.

Im Aufbau und in der sprachlichen Form sind die *watōwāpoy*-Texte typisch. Ihr Inhalt aber ist außergewöhnlich, und dieser Zug ist wohl nicht nur für die Existenz der Texte verantwortlich, sondern auch dafür, daß derselbe Vorfall mir dreimal geschildert wurde.

Ist es schon ungewöhnlich, daß eine Frau auf einen Kriegszug mitgenommen wird, so wird durch jeglichen Dialog eines Mannes mit seiner -*sikos*- ein streng beachtetes Tabu gebrochen. Daß diese schließlich vorschlägt, zu ihm zu ziehen, ist absolut unerhört und eigentlich unfaßbar. Auf dem Gipfel der Handlung kommt der ironische Umschwung: die extremen Vorfälle wirken noch grotesker, nachdem sich herausstellt, daß die Lebensgefahr nur eingebildet war.

Von der sprachlichen Form des Textes geht in der Übersetzung viel verloren, und die Erzählweise mag für den europäischen Leser vor allem bei der Pointe viel zu lakonisch sein. Doch die Dramatik der Situation ist nicht zu übersehen.

Die Beispiel-Texte: Sprachliche Gestalt

Die Sprache, die uns in diesen Texten begegnet, ist deutlich vom Alltagsstil unterschieden. Darüber hinaus finden sich Eigenheiten des Erzählers P.O. (z.B. die Vermeidung des ansonsten sehr häufigen Emphase-Partikels *ēsa*), die nur im Rahmen der Cree-Stilistik eingehendere Behandlung verdienen.

Die Behauptung, daß dieses oder jenes Wort im Konversationsstil auffallen würde, provoziert geradezu den Gegenbeweis. Dennoch zählen Verbalstämme wie *wīcēwiskwēwē-* ›eine Frau zur Begleitung haben‹ mit dem inkorporierten Nominalelement -*iskwēw-* ›Frau‹ (vgl. Wolfart 1971) oder *osikosāhkōm-* ›jemanden als -*sikos*- haben‹, wo sich der Nominalstamm -*sikos*- in seiner Kompositionsform *osikos-* mit dem sekundären Suffix -*āhkōm-* (vom Verbalstamm *wāhkōm-* ›mit jemandem verwandt sein‹ abgeleitet) verbindet, nicht zu den häufigsten Wörtern der Sprache, und die Wirkung der Phrase *kisēyinīpan otisāpam-* ›einen verstorbenen alten Mann vor langer Zeit gesehen haben‹ beruht auf der Kollokation des Verbs *otisāpam-* mit der Präteritalform des Nomens *kisēyiniw-* ›alter Mann‹.

Schließlich fallen die Anredeformen auf, welche die Frau benützt. Neben dem normalen Vokativ *nitihkwā* ›oh mein Schwiegersohn‹, der in T19 und T33 vorkommt, hat T79 auch eine Variante mit rhetorischer Verzerrung, *nitēhkwā*, und eine erweiterte Form *nitēhkwāyihki*.

Obwohl Einzelformen wie die oben zitierten den Stil eines Texts bestimmen können, bezeugen andere Mittel die stilistische Gestaltung des Texts noch eindeutiger. So werden im vorliegenden Text die Protagonisten durch die Personenkategorien der Verben aus der Masse des Kriegszuges hervorgehoben. Während die ersteren individuell als erste oder dritte Person auftreten, wird das Expeditionskorps als Ganzes fast ausschließlich durch agenslose Verbalformen wie:

ē-sipwēhtēhk als man hinauszog (Para. 1),
kā-wāpamihcik da sah man sie (Para. 2),

wawayīnāniwiw man bereitete sich vor (Para. 2), und
ē-ayāhk als man [dort] war (Para. 3)

im Hintergrund belassen. Auch den beiden Verbalformen der dritten Person Plural,

itwēwak so sprachen sie (Para. 2) und
nīpitēpiwak sie saßen aufgereiht (Para. 5)

fehlt in allen drei Texten das nominale Subjekt. Erst im letzten Abschnitt wird die Masse in die erste Person Plural einbezogen.

In einem Text wie dem unseren bietet sich das semantische Feld der Bewegungsverben zur Analyse an. Tafel 2 führt sämtliche Verben der drei Texte, die eine Bewegung ausdrücken, in der Reihenfolge ihres Auftretens in T33 an. Identische Verbalstämme in T19 und T79 sind nicht berücksichtigt.

Tafel 2. Verben im Sinnbezirk der Bewegung.
     ~ Varianten
     ( ) in T33 nicht vorhandene Verben

1	*sipwēhtē-*	losziehen, hinausziehen
2	*nitopayi-*	auf den Kriegspfad gehen
	pimohtē-	dahinziehen
	sāsākiskwēpayiho-	sich so bewegen, daß Köpfe [am Horizont] auf- und niedertauchen
	tapasī-	fliehen
	otihtāmo-	fliehend erreichen
	~ *takwāmo-*	fliehend ankommen T19
	(*sipwēpahtā-*	loseilen T19)
	tapasī-	fliehen
3	*wēpin-*	zurücklassen
	wēpin-	zurücklassen
	~ *nakat-*	hinter sich lassen T19
	pimipahtā-	dahinlaufen
	ayā-	[dort] sein
	itāmo-	dorthin fliehen
	(*pimāmo-*	dahinfliehen T79)
	(*otiht-*	erreichen T79)
	atimipahtā-	laufend antreffen
	~ *atim-*	antreffen T19
	~ *otiht-*	erreichen T79
4	*takopahtā-*	laufend ankommen
	pimipahtā-	dahinlaufen
	pimipahtā-	dahinlaufen
	pimipahtā-	dahinlaufen
	~ *sipwēkiyaso-*	loseilen T19/T79
	yāyakwaskat-	jemandem davonlaufen

5 *āmaciwēpahtā-*   bergauf laufen
  takopahtā-   laufend ankommen
    ~ takwāmo-   fliehend ankommen T79
6 *nawaswāt-*   jemanden verfolgen
  tapasīh-   vor jemandem fliehen

Die wichtigsten Wortbildungselemente, die mehrfach vorkommen, sind in Tafel 3 identifiziert. Ein Stamm wie *sāsākiskwēpayiho-* verdient es jedoch, als Beispiel etwas detaillierter analysiert zu werden (für eine systematische Darstellung siehe Wolfart 1973, S. 67 ff.). Ohne die Reduplikationssilbe *sā-*, die iterative Bedeutung hat und damit das Auf- und Niedertauchen der Köpfe darstellt, besteht der Stamm *sākiskwēpayiho-* ›sich so bewegen, daß der Kopf auftaucht‹ aus zwei Teilen: einem sekundären Suffix *-payiho-*, welches das Verbalformans der neutralen Bewegung *(-payi-)* durch kausale *(-h-)* und mediale *(-o-)* Elemente erweitert, und einem primären Stamm *sākiskwē-* ›mit dem Kopf herausragen‹, der neben der Wurzel (*sāk-* ›herausragen‹) und dem Verbalformans *(-ē-)* das suffixale Morphem *-iskw-* ›Kopf‹ einschließt.

Ein Stamm wie *sāsākiskwēpayiho-* übertrifft in seiner Bedeutungsfülle vielleicht sogar die aus dem Deutschen vertrauten Wortungeheuer. Doch auch im Cree stellt sich der treffende Ausdruck nicht von selbst ein, und die Verteilung der 22 inflektierten Verbalformen in T33 auf 16 Bewegungsstämme erscheint durchaus nicht zufällig.

Die Wiederholung eines Stammes kann natürlich eine Sache des Zufalls sein, wie es in:

ē-takopahtāyān als ich im laufen ankam (Para. 4, 5)

scheint, oder nicht mehr bedeuten als die Identität der Ereignisse, wie in:

ē, nipimipahtān. Ja, ich lief dahin. (Para. 3) und
ita ōma kā-pimipahtāt dort wo sie dahinlief (Para. 4).

In anderen Fällen jedoch ist der stilistische Effekt eindeutig, z. B. in der eindringlichen Wiederholung von:

niwēpinikawin ich wurde zurückgelassen (Para. 3)

Tafel 3. Wortbildungselemente im Sinnbezirk der Bewegung.

pim(i)-   lineare Bewegung
  pimohtē-   dahinziehen
  pimipahtā-   dahinlaufen
  pimāmo-   dahinfliehen

-htē-   gehen
  sipwēhtē-   hinausgehen, hinausziehen
  pimohtē-   dahingehen, dahinziehen

-pahtā-   laufen
  sipwēpahtā-   weglaufen, loseilen

pimipahtā-	dahinlaufen
atimipahtā-	laufend antreffen
takopahtā-	laufend ankommen
āmaciwēpahtā-	bergauf laufen

-payi-	sich bewegen
nitopayi-	auf den Kriegspfad gehen
sāsākiskwēpayiho-	sich so bewegen, daß Köpfc [am Horizont] auf- und niedertauchen
-āmo-	fliehen (vgl. *tapasī-*)
otihtāmo-	fliehend erreichen
takwāmo-	fliehend ankommen
itāmo-	dorthin fliehen

oder in der Wiederaufnahme (in Para. 3) des Imperativs:

tapasîtân laßt uns fliehen

durch die Feststellung:

tapasînâniwiw die Flucht war allgemein.

Besonders auffallend ist die dreifache Wiederholung des Stammes *pimipahtā-* im vierten Abschnitt von T33:

ita ōma kā-pimipahtāt dort wo sie dahinlief;
»nipimipahtān« ē-itēyihtahk denkend, »ich laufe«;
ēkos ēkwa ē-pimipahtāt sie lief wieder dahin.

In den beiden Parallel-Texten fehlt das erste *pimipahtā-,* und das Weiterlaufen nach verabreichter Medizin wird durch den Stamm *sipwēkiyaso-* ›loseilen‹ ausgedrückt, der das Morphem *sipwē-* enthält. In diesem Zusammenhang deutet *sipwē-* Loslösung, Befreiung an, doch ist die dreimalige Wiederholung von *pimipahtā-* nicht ohne stilistischen Reiz. Ist sie Zufall oder bewußte Gestaltung?

Variation und Identität

Es dürfte kaum Zufall sein, daß die Phrase

»nipimipahtān« ē-itēyihtahk denkend, »ich laufe«

in allen drei Texten verbatim erscheint.

Die Verwirrung, die sich für die Dahinfliehende aus der Atemlosigkeit ergibt – und der Stamm *kîskwētāht-* schließt Morpheme für Irrheit wie Atemnot ein –, ist die Voraussetzung für die gesamte Handlung. Es ist daher nicht verwunderlich, daß die Passage, die diese Szene schildert, allen drei Texten gemeinsam ist (siehe Tafel 4).

Tafel 4. Die Verwirrungsszene.

T19	*T33*	*T79*	
		»nipimipahtān«	»ich laufe«
		ē-itēyihtahk,	so dachte sie
	ē-kīskwētāhtahk,	ē-kīskwētāhtahk;	sie war atemlos
pêyakwanohk	pêyakwanohk	pêyakwanohk	an einer Stelle
ē-cêhcêmikwāskohtit	ē-cêhcêmikwāskohtit,	ē-cêhcêmikwāskohtit;	sie sprang auf und ab
ē-kīskwētāhtahk,			sie war atemlos
»nipimipahtān«	»nipimipahtān«	»nipimipahtān«	»ich laufe«
ē-itēyihtahk;	ē-itēyihtahk.	ē-itēyihtahk,	so dachte sie
		...	
pêyakwanohk		pêyakwanohk	an einer Stelle
ē-cêhcêmikwāskohtit.		ē-cêhcêmikwāskohtit	sie sprang auf und ab

In den drei Manifestationen der Verwirrungsszene (Tafel 4) erweist sich, daß nicht nur das Motiv und der Aufbau der Szene, sondern auch das morphologische und semantische Material und seine syntaktische Struktur integrale Bestandteile des Texts sind. Die Wiederholung der entscheidenden Phrase in T79 reflektiert momentane Unsicherheit des Erzählers. Zusammen mit der Übereinstimmung von T19 und T33 jedoch beweisen diese Textstücke nicht nur die Bedeutung der sprachlichen Form, sondern die Variation in der Abfolge der Elemente illustriert gleichzeitig die Freiheit des Erzählers.

Die rein sprachliche Zusammengehörigkeit dieser drei Texte läßt sich natürlich auch quantitativ nachweisen. Ein einfacher Test muß als Beispiel genügen.

Wie in anderen hochflektierten Sprachen ist auch im Cree die Textfrequenz einer jeden Flexionsform gering; dieser Effekt wird durch den polysynthetischen Charakter der algonquischen Wortbildung, die schon mehrfach illustriert worden ist, noch verstärkt. In einem Corpus von 112000 Cree-Wörtern beträgt die durchschnittliche Frequenz einer jeden Wortform 5.9, während die Frequenzen in einem sehr viel kleinerem Corpus (die Texte T19, T33 und T79 umfassen zusammen weniger als 500 Wörter) naturgemäß noch viel niedriger sind.

Im Vergleich mit einem gleichlangen Einzeltext (ebenfalls ein *kayās-ācimōwin*) des Coming-Day, dessen Auswahl dem Zufall überlassen war, ist die durchschnittliche Frequenz der einzelnen Wortformen in den drei *watōwāpoy*-Texten um fast ein Drittel höher (1.6 : 2.1). Ungeachtet aller Verzerrungen, die sich bei so kleinen Corpora und in der Auswahl der Coming-Day Passage ergeben können, unterscheiden sich die *watōwāpoy*-Texte in ihrer Parallelität auch rein quantitativ von anderen Cree-Texten.

Von den Variationen eines gemeinsamen Fundus, die sich im Inhalt beobachten lassen, können hier nur einige Beispiele zitiert werden.

Während in T33 *kihiwin*s Frau als *-sikos-* bezeichnet wird, und er selbst nur als der Mann, der sie zur Begleitung hatte, wird seine verwandtschaftliche Stellung als *-sis-* in T19 und T79 ausdrücklich erwähnt. Allerdings unterscheidet sich der Aufbau von T19 und T79 in der Identifizierung der Frau als *-sikos-*. *In* T79 wird ihr Status gleich am Anfang festgestellt:

pēyak iskwēw wīcihiwēw. nisis kihiwin ē-wīcēwiskwēwēt.
Eine Frau war auch dabei. Mein Mutterbruder *kihiwin* hatte sie zur Begleitung.

In T19 dagegen erfährt man ihre Identität erst, wenn es zum Verständnis der Handlung unumgänglich ist – während der Dankesszene:

wīst āw iskwēw ēkotē kī-apiw. nisis, nisis, ē, kinokamāsīhk
kī-ayāw okimāhkān, ēyakw āwa nisis, owīkimākan āwa
ē-wīcēwiskwēwēt.

Sie aber, diese Frau, saß schon da. Mein Mutterbruder, mein Mutterbruder, nun, er war in *kinokamāsīhk* Häuptling gewesen, eben dieser Mutterbruder von mir, der hatte seine Frau als Begleitung bei sich.

Das Zögern, die tastende Unsicherheit, die aus dieser Passage spricht, zeigt, daß es sich um eine vom Lauf der Erzählung erzwungene Einschiebung handelt.

In T79 bleibt der Ort *kinokamāsíhk* unerwähnt; aber auch viel drastischere Details können in einem der Texte (in diesem Fall in T33) ganz fehlen:

> *ē, ohcikwanihk isko iskopitam oskotākay.*
> ja bis zum Knie hinauf raffte sie ihr Gewand.,

heißt es in T79, während derselbe Vorgang in T19 viel weniger eindrücklich wirkt:

> *aw iskwēw mina ē-wawayit ē-iskwēkahpisot.*
> und diese Frau bereitete sich auch vor, indem sie ihr Gewand hochraffte.

Aber im entscheidenden Punkte ist die Übereinstimmung vollkommen: alle drei Texte haben den Satz:

> *pēyak iskwēw wicihiwēw.* Eine Frau war auch dabei.

Das Spannungsverhältnis zwischen sprachlicher Übereinstimmung und Verschiedenheit kann im Rahmen der gegenwärtigen Untersuchung nur fragmentarisch dargestellt werden.

Ganz selten nur hat jeder der drei Texte einen anderen Ausdruck:

> *k-ātimak aw iskwēw.* da kam ich auf diese Frau zu. (T19)

> *kā-wāpamak awa iskwēw ē-atimipahtāt [...] ē-takopahtāyān [...].*

da sah ich diese Frau auf mich zukommen ... als ich im Laufen dort ankam [...]. (T33)
> *kā-wāpamak nisikos ē-atimipahtāt. nitat-ōtihtāw [...]*
> da sah ich meine Schwiegermutter auf mich zukommen. Ich begann sie zu erreichen [...] (T79)

Meist stimmen wenigstens zwei Texte überein.

Gelegentlich erstrecken sich Unterschiede in der Wortwahl auch auf die Syntax; nebem dem Imperativ:

> *kakwē-otihtāmotān* laßt uns fliehend zu erreichen suchen (T33/T79)

hat T19 die schwächere Jussiv-Form:

> *ka-kakwē-takwāmonānaw* wollen wir fliehend anzukommen suchen,

aber das Präverb *kakwē-* »versuchen« erscheint in beiden Formen.

Für die vermeintlichen Feinde gibt es zwei Wörter, von denen das eine in einer normalen und in einer emphatischen Form auftritt:

> *ayahciyiniwak* Blackfoot (normal, T19)
> *kaskitēwayasitak* Blackfoot (T33)
> *ayiyahciyiniwak* Blackfoot (emphatisch, T79)

Aber für die entscheidende Feststellung, daß es nur vermeintlich Feinde waren, benützen alle drei Texte dasselbe Wort:

māmihkiyiniwak Indianer aus dem Osten.

· Häufig wird derselbe Vorgang durch verschiedene Stämme wiedergegeben, aber mit gleicher Syntax:

ē-nitopayihk niwīcihiwān als man auf den Kriegspfad zog, ging ich mit. (T19/T79)
ē-sipwēhtēhk niwīcihiwān als man hinauszog, ging ich mit. (T33).

In letzterem Text wird der Stamm *nitopayi-,* in der Form *ē-nitopayihk,* im nächsten Satze nachgetragen.

Betrachtet man längere Passagen, so wie die erste Laufszene (Tafel 5) oder die Rettungsszene (Tafel 6), wird deutlich, daß es sich um verschiedene Bearbeitungen des gleichen Materials handelt – und zwar nicht nur der Motive und Handlungsabläufe, sondern auch der Wortstämme und bestimmter morphologisch-syntaktischer Konstruktionen.

Daß Phrasen von zwei oder drei Worten in allen drei Texten identisch vorkommen, könnte man als Zufall ansehen. Doch wenn Passagen von beträchtlicher Länge, wie die beiden letzten Laufszenen (Tafel 7), die Verwirrungsszene (Tafel 4) und vor allem die Belohnungsszene (Tafel 8) nach Wortwahl, Morphologie und Syntax nahezu vollkommen übereinstimmen, ist dies eindeutig ein Zeichen gemeinsamer Überlieferung.

Inhalt und Form

Die weitgehende Kongruenz in der sprachlichen Gestaltung dreier Texte gleichen Inhalts zeigt, daß diese Texte als Versionen eines einzigen Texts anzusehen sind und daß sie über die Identität des Inhalts hinaus eine gemeinsame literarische Form besitzen.

Vor allem aber ist die Wiederholung von Worten, morphologischen und syntaktischen Konstruktionen und von ganzen Wendungen ein Zeichen dafür, daß auch bei der Überlieferung von mündlichen Prosa-Texten die sprachliche Form neben dem Inhalt eine wichtige Rolle spielt.

Manche der Thesen, die wir erörtert haben, mögen in der hier vorgelegten Form fremd klingen. Das Material aus der Literatur der Cree ist neu. Aber unsere Schlußfolgerung deckt sich mit der Vermutung Wilhelm von Humboldts über die »durch mündliche Überlieferung aufbewahrte Prosa, bei welcher die Einkleidung und der Ausdruck sicher nicht zufällig sind«.

Tafel 5. Die erste Laufszene.

T19	T33	T79	
sēmāk	nīya	sēmāk	sofort
mitoni			ganz
			ich selbst
niwēpinikawin,	niwēpinikawin;	niwēpinikawin.	man ließ mich zurück
āta āhkamēyimoyān.		āt āhkamēyimoyān.	obwohl ich mich anstrengte
	ē-kī-yīkicikāwiyān,		ich war ein langsamer Läufer
	ā, mitoni		oh, ganz
	niwēpinikawin;		man ließ mich zurück
māka namoya	māka namoya	māka namoy	aber nicht
		wīhkāc āta	jedoch je
ninihtā-nayawapin.	ta-nayawapiyān.	nō-nayawapin.	ich geriet (leicht) außer Atem
nipimipahtān,	ē, nipimipahtān.		ich lief dahin
māka		māka	aber
wāhyaw			weit
ninakatikawin.			man ließ mich hinter sich
		niyīkicikāwin.	ich war ein langsamer Läufer
		ē, mitoni	oh, ganz
		niyāyakwaskatikawin.	man lief mir davon

Tafel 6. Die Rettungsszene.

T19	T33	T79	
nōtinēn	nipahkwēhtēn		ich nahm sie
			ich biß sie ab
			diese
ōma	maskihkiy	maskihkiy	Medizin
maskihkiy,	ē-tahkwahtamān,	ē-tahkwahtamān	ich kaute auf ihr herum
ē-tahkwahtamān		nipahkwēhtēn	ich biß sie ab
nisaskamonahāw.		ē-saskamohak.	ich steckte sie ihr in den Mund
»a, māmākwahta,	»māmākwaht	»māmākwahta,	kau' sie
	ōma,		diese
nisikosē!«	nisikosē!«	nisikosē!«	Schwiegermutter

Tafel 7. Die zweite und dritte Laufszene.

T19	T33	T79	
mitoni	mitoni	mitoni	ganz
ciki	cīki	cīki	nahe
nīkan	nīkān	nīkān	an der Spitze
	wīcihiwēw		sie war dabei
aw īskwēw	aw īskwēw.		diese Frau
		awa nisikos,	diese meine Schwiegermutter
k-āti-nōkosit.		ati-wīcihiwēw.	sie begann dabei zu sein
			da begann sie ins Blickfeld zu kommen
ē,	ā,	ā,	ja
		mitoni	ganz
tāpwē piko	tāpwē piko	tāpwē piko	wahrhaftig
niyâyakwaskatik	niyâyakwaskatik	niyâyakwaskatik	sie lief mir davon
min	min		auch, dann
		ēkota ohci	von da ab
	āwa		diese
	nisikos.	nisikos.	meine Schwiegermutter
ēyako.			eben diese

Tafel 8. Die Belohnungsszene.

T19	T33	T79	
ē-nīst- (Zögern)			auch ich
ē-takopahtāyān,	ē-takopahtāyān	ē-takopahtāyān	ich kam im Laufen an
		nīst	auch ich
		ēkotē,	dort
āsay	āsay	āsay	schon
kī-nīpitēpiwak.	nipitēpiwak;	nipitēpiwak.	sie saßen aufgereiht
... (Einschiebung)			
ē-takopahtāyān ēkosi,			ich kam also im Laufen an
kisipanohk	kisipanohk	kisipanohk	am Ende
ninahapin.	ninahapin.	ninahapin.	ich setzte mich nieder
kā-pē-pasikōt	kā-pē-pasikōt	kā-pē-pasikōt	da erhob sie sich herwärts
awa nisikos,	awa nisikos,	awa nisikos,	diese meine Schwiegermutter
	»ā, nisikosē,«		nun, Schwiegermutter
»ā,	»ā	»ā,	nun
kiwī-wikimitin,	nitihkwā,	nitihkwā,	mein Schwiegersohn
	kiwī-wicētin,	kiwī-wicētin,	ich will bei dir wohnen
nitihkwā,			ich will bei dir bleiben
niciya (? Aufnahme)			mein Schwiegersohn
	kīya	kīya	du
k-ō-pimāciyān.«	k-ō-pimāciyān.«	k-ō-pimāciyān.«	daher lebe ich noch

Anmerkungen

1 Meine Aufnahmen und Untersuchungen zur Literatur der Cree sind im Laufe der
Jahre von einer Reihe von Institutionen unterstützt worden: der Studienstiftung des
deutschen Volkes, Cornell University, Yale University, National Science Foundation,
Wenner-Gren Foundation, American Philosophical Society, University of Manitoba
(Research Board und Northern Studies Committee) und, last but not least, Canada
Council. Vor allem aber habe ich meinen Gewährsleuten zu danken, um deren Texte es
geht.

Zitierte Literatur

Abrahams, Roger D.: Playing the Dozens. Journal of American Folklore 75 (1962), 209–
220.
Abrahams, Roger D.: Deep Down in the Jungle: Negro Narrative Folklore from the
Streets of Philadelphia. Chicago 1963.
Bloomfield, Leonard: Literate and Illiterate Speech. American Speech 2 (1927), 432–
439.
Bloomfield, Leonard: The Story of Bad-Owl. Atti del XXII Congresso Internazionale
degli Americanisti (Roma 1926) 2, Rom 1928, 23–34.
Bloomfield, Leonard: Sacred Stories of the Sweet Grass Cree. National Museum of Ca-
nada Bulletin 60. Ottawa 1930.
Bloomfield, Leonard: Plains Cree Texts. American Ethnological Society Publication 16.
New York 1934.
Dundes, Alan, Jerry W. Leach & Bora Özkök: The Strategy of 'Turkish Boys' Verbal
Dueling Rhymes. J. J. Gumperz & D. Hymes, eds., Directions in Sociolinguistics: The
Ethnography of Communication. New York 1972, 130–160.
van Gennep, Arnold: La question d'Homère. Paris 1909.
Haymes, Edward R.: A Bibliography of Studies Relating to Parry's and Lord's Oral
Theory. Publications of the Milman Parry Collection. Cambridge, Massachusetts
1973.
Herder, Johann Gottfried: Vorrede zur Sammlung der Volkslieder. Zweiter Teil. 1778.
Humboldt, Wilhelm von: Ueber die Verschiedenheit des menschlichen Sprachbaus und
ihren Einfluß auf die geistige Entwicklung des Menschengeschlechts. 1836.
Jacobs, Melville: The Content and Style of an Oral Literature: Clackamas Chinook
Myths and Tales. Viking Fund Publications in Anthropology 26. New York (Wenner-
Gren Foundation) 1959.
Johnson, Alice M., ed.: Saskatchewan Journals and Correspondence: Edmonton House
1795–1800, Chesterfield House 1800–1802. Hudson's Bay Record Society Publication
26. London 1967.
Jolles, André: Einfache Formen. Tübingen 1930.
Labov, William: Rules for Ritual Insults. D. E. Sudnow, ed., Studies in Social Interac-
tion. New York 1972, 120–169.
Lord, Albert B.: The Singer of Tales. Harvard Studies in Comparative Literature 24.
Cambridge, Massachusetts 1960.
Lord, Albert B.: Perspectives on Recent Work on Oral Literature. Forum for Modern
Language Studies 10 (1974), 187–210.
Mandelbaum, David G.: The Plains Cree. Anthropological Papers of the American Mu-
seum of Natural History 37.2. New York 1940.
Megas, Georgios A.: Die Ballade von der Arta-Brücke: eine vergleichende Untersu-
chung. Thessaloniki: Institute for Balkan Studies. 1976.
Opie, Iona, & Peter Opie: The Lore and Language of Schoolchildren. Oxford 1959.
Parry, Milman: L'épithète traditionelle dans Homère: Essai sur un problème de style ho-
mérique. Paris 1928.
Parry, Milman: The Making of Homeric Verse: The Collected Papers of Milman Parry.
ed. Adam Parry. Oxford 1971.

Smith, John B., & Bruce A. Rosenberg: Rhythms in Speech: The Formulaic Structure of Four Fundamentalist Sermons. Computer Studies in the Humanities and Verbal Behavior 4 (1974), 166–173.

Stolz, Benjamin A., & Richard S. Shannon, eds.: Oral Literature and the Formula. Center for the Coordination of Ancient and Modern Studies, University of Michigan. Ann Arbor 1976.

Wolfart, H. Christoph: Plains Cree Internal Syntax and the Problem of Noun Incorporation. 38. Internationaler Amerikanisten-Kongreß (Stuttgart 1968), Verhandlungen 3, Stuttgart/München 1971, 511–518.

Wolfart, H. Christoph: Plains Cree: A Grammatical Study. American Philosophical Society, Transactions, n. s., 63.5. Philadelphia 1973.

Wolfart, H. Christoph: Marked Terms for Marginal Kin. W. Cowan, ed., Papers of the Eleventh Algonquian Conference (Ottawa 1979), Ottawa 1980, 283–293.

DIETER JANIK

Zum Verhältnis von ›Redeformen‹ und ›Sachverhalten‹ der erzählten Wirklichkeit

I Vorklärung: Charakterisierung des literarischen Erzählens als Sprechakt

Literarische Werke sind Sinnbildungen im Medium der Sprache. Das Spezifikum der erzählenden Werke und Genera liegt nicht in diesem Sinnbildungsprozeß überhaupt, sondern in der besonderen Struktur des ihnen eigenen Redetyps. *Erzählung* als ›literarischer‹ Sprechakt besteht in der künstlerischen Inanspruchnahme und Inszenierung aller Modalitäten des Erzählens als einer originären und zugleich universellen Möglichkeit menschlichen Redegebrauchs. In letzterer Hinsicht steht das Erzählen einerseits neben anderen gleichursprünglichen Sprechakten wie den monologischen und dialogischen Formen des instrumentalen Redegebrauchs in Lebenssituationen, in denen es nicht ohne Worte geht (Befehl, Frage, Erklärung, Äußerung einer Absicht usw.). Der besondere Status der erzählenden Rede gegenüber den anderen genannten Sprechakten ist jedoch andererseits darin begründet, daß Erzählung – potentiell – die volle sprachliche Reproduktion von Wirklichkeit erlaubt, soweit sie für individuelles menschliches Bewußtsein erfahrbar ist und sprachlich formuliert zu werden vermag. Erzählung ist insofern tendenziell vollständige Wiedergabe von Welterfahrung überhaupt. Da diese Welterfahrung durch Bewußtsein, Sprache und sprachliches Bewußtsein vermittelt wird, enthält Erzählung nicht nur Welt als geistig bearbeiteten und insofern immer schon geformten Stoff, sondern zugleich alle durch das Sprechen als universelle Technik menschlichen Sprachgebrauchs gegebenen und kulturell differenziert entwickelten Modalitäten der Rede als ihren Stoff und ihre Form. Ich erläutere das näher: Während in allen instrumentalen Formen des Redegebrauchs auf Welt und Welthaftiges *Bezug genommen wird,* d. h. Wirklichkeit bezeichnet, zitiert, gemeint, umschrieben wird, um jeweilig gegebene konkrete Daseinssituationen in der jeweils angemessenen Weise lebenspraktisch zu bewältigen, ist das Erzählen eine ausgezeichnete Modalität der Rede, durch die die sprachliche Reproduktion von Lebenswirklichkeit und Lebenszusammenhang als einer Totalität möglich wird. Dieser Grundcharakter der Erzählung deckt sich mit ihrer spezifischen Funktion im Lebenszusammenhang, nämlich der Integration von Erlebtem, Erfahrung und Wissen – drei Dimensionen der individuellen und gesellschaftlichen *memoria* – in die jeweilige Aktualität, d. h. in den aktuellen Daseins- und Redehorizont. Erzählen selbst ist als Sprechakt genauso aktuell wie die anderen Sprechakte, d. h. Ausdruck einer lebenspraktischen Hier-und-Jetzt-Situation wie andere Sprechakte es auch sind, doch ist der Sprechakt Erzählen gerade die Ausfüllung einer Hier-und-Jetzt-Situation durch einen Sprechakt mit eigenem existenziellen Charakter und Wert. Dasein wird hier durch Rede ausgefüllt und erfüllt. Solange erzählt wird, wird nicht gehandelt. Die Rahmensituation von *Tausendundeiner Nacht* ist nur zugespitzter Ausdruck der Grundstruktur des Erzählens als Existenzial, d. h. einer Grundform und Grundmöglichkeit menschlichen Daseins.

Durch die Rückbindung an die memoria ist der Erzählakt seinem Inhalt nach der aktuellen Redesituation enthoben. Insofern hat Erzählen mit Vergangenheit zu tun, wobei Vergangenheit grundsätzlich nur besagt: etwas wird erzählt, was vor dem gegenwärtigen Moment des Redens lag und die Struktur eines abgeschlossenen Ereignis- und Sinnzusammenhangs hat. Vergangenheit selbst ist ein großer, qualitativ vielfach gegliederter Bewußtseinsraum. Aber ob mythische oder historische, gemeinschaftliche oder individuelle, selbsterlebte oder gewußte, weit zurückliegende oder nahe Vergangenheit die Quelle des konkreten Erzählens im lebenspraktischen Zusammenhang ist, spielt für den genuinen Charakter des Erzählens als Sprechakt keine Rolle.

Der Erzählvorgang als Rede- und damit Lebensvollzug hat nur in indirekter Weise mit Vergangenheit zu tun. Denn in dieser Hinsicht ist Erzählen gerade der besondere Modus der Aktualisierung von Vergangenheit als neue Gegenwart – freilich nur in eingeschränkter Weise als Aktualisierung durch die Sprache in der Form der Rede. Dennoch kann man verallgemeinernd sagen: Wo erzählt wird und Erzähltes aufgenommen wird, findet Weltvergangenheit als neue Weltgegenwart statt. Dieser Prozeß kann auch so beschrieben werden, daß ein Ereignis- und Sinnzusammenhang, der bestimmten, unverrückbaren geschichtlichen Koordinaten verhaftet ist, nun eine gegenwärtige Sinngestalt erhält. Diese Sinngestalt wird durch die Reproduktion und Evokation von durch memoria vermittelter Erfahrung bestimmt. – Beim Erzählen sind nicht die Redesituation, der Wirklichkeitskontext mit seinen raumzeitlichen Dimensionen und gesellschaftlichen Konturen Korrektiv der Rede – wie bei den anderen instrumentalen Formen des Redegebrauchs –, sondern hier herrscht Rede frei über Zusammenhang und Sinn von Welt als bewußtgewordener Ereigniswirklichkeit. Korrektiv sind in der pragmatischen Situation nur die Teilhaber an der gleichen Erfahrung oder das Vorliegen konkurrierender Erzählungen über dieselben Zusammenhänge.

Erzählen als *literarische Redeform* unterscheidet sich von der pragmatischen Erzählung dadurch, daß die Rückbindung an eine konkrete Sprechsituation aufgehoben ist und die absolute Freiheit hinsichtlich des *Was* und des *Wie* des Erzählens gewonnen ist. Die drei pragmatischen Determinanten des Erzählens im lebenspraktischen Zusammenhang werden beim literarischen Erzählen nur künstlerisch und zugleich spielerisch aufgegriffen: die Legitimation des Erzählers, die Motivation der Erzählung als Sprechakt und die Wahrhaftigkeit oder Glaubhaftigkeit des Erzählten. Literarisches Erzählen stellt nicht eine Fortsetzung des pragmatischen Erzählens mit anderen, will heißen: reicheren Mitteln, dar. Vielmehr entspringt es der *künstlerischen Usurpation* der Kommunikationssituation, in der das Erzählen und überhaupt die Möglichkeit dazu begründet liegen. Insofern kann das literarische Erzählen als künstlerische Darstellung, ja Inszenierung eines erzählenden Sprechakts aufgefaßt und demgemäß analysiert werden. In diesen literarischen Erzählvorgang und Erzählvollzug können alle dem Autor zur Verfügung stehenden Modalitäten menschlichen Redegebrauchs und seiner soziokulturellen, regionalen und geschichtlichen Ausformungen integriert werden.

Es ist Michail Bachtin gewesen, der dieses Spezifikum erzählender Literatur – im Verhältnis zur Poesie – mit bewundernswerter Scharfsicht herausgearbeitet hat. Ich erwähne diesen Namen an dieser Stelle als hommage an einen Literaturtheoretiker, von dem viele der weiteren Überlegungen angeregt wurden.

II Zur Methode: Das Verhältnis von ›Komplexität‹ der Werkstrukturen und ›Komplexität‹ der Erzähltheorie

Bedient sich ein Autor der Erzählung als Darstellungsverfahren, kann er sich streng an die diegetische Erzählrede halten oder aber auch alle mimetischen Redeformen einführen. Es genügt sogar, die Makrostruktur des Textes durch minimale diegetische Partien und Signale als Erzählung kenntlich zu machen, um die mimetischen Darstellungsformen im übrigen dominieren zu lassen. Für die Geschichte der erzählenden Literaturgattungen ist es kennzeichnend, daß zunehmend komplexere Formen der diegetischen und mimetischen Darbietung und außerdem besonders raffinierte Formen ihrer wechselseitigen Durchdringung geschaffen wurden. So läßt sich eine reine Geschichte der technischen Mittel des literarischen Erzählens denken.

Insgesamt haben die literarischen Erzählwerke in der jüngsten Vergangenheit und Gegenwart eine strukturelle Komplexität erreicht, der die Analysemethoden der Literaturwissenschaft noch kaum gewachsen sind. Die intentional anwendbaren Gestaltungsweisen in der erzählerischen Präsentation und Entfaltung sind derart zahlreich und subtil, daß die bisherigen wissenschaftlichen Abbildungsmodelle der disponiblen Erzählstrukturen immer noch eine sehr grobe Rasterstruktur aufweisen. Ich beziehe mich dabei u. a. auf die zuletzt von Seymour Chatman vorgelegte Skizze, in die er seine feature-analysis umgesetzt hat. [1]

Die bisherigen, analytisch gewonnenen Modelle literarischer Erzählwerke sind im wesentlichen verfeinerte Klassifikationen der am Erzählvorgang beteiligten Instanzen, ihrer Konstitution und Repräsentationsformen im Text. Obwohl in einzelnen Bereichen schon sehr subtile Strukturen erfaßt wurden, ist der Entwicklungsstand der Erzähltheorie hinsichtlich ihrer Umsetzbarkeit in ein analytisches Instrumentarium für den Umgang mit dem konkreten Text noch nicht befriedigend. Das Verhältnis zwischen der Komplexität von Erzählwerken und dem gegenwärtigen Stand der Erzähltheorie möchte ich mit dem Verhältnis einer lateinischen Schulgrammatik und einem Kapitel aus Tacitus' Annalen vergleichen. Eigenwillige und zugleich sehr individuelle Formung vorhandener und durchaus bekannter Mittel einerseits und ihre Einsetzung in neue Funktionen andererseits sind die beiden grundlegenden Verfahren, die hier wie dort dem analysierenden Leser Schwierigkeiten bereiten.

Die Erzähltheorie hat bislang verschiedene konstitutive Verhältnisse, Faktoren und Bezugsgrößen methodologisch isoliert und analysiert. Dieses traditionelle wissenschaftliche Vorgehen hat durchaus gute Erfolge gehabt, jedoch eher im Sinne einer rationalen Rekonstruktion des Objekts als einer Beschreibung des semiotischen Funktionierens erzählender Werke in Kommunikationsprozessen. Am deutlichsten treten die Vorzüge und Mängel des bisherigen Vorgehens beim Blick auf die Forschungen zutage, die von der methodologischen Dichotomie »histoire« – »discours« ausgegangen sind. Die Erzähltheorie erhielt bei Claude Bremond – Logique du récit – die Form einer sehr differenzierten Kombinatorik von Handlungssequenzen. Diese Handlungstheorie läßt den Erzählvorgang als fundierenden Sprechakt ganz außer Betracht. Immerhin schien über diese Handlungsanalyse der dynamische Charakter von Erzählwerken durch ein adäquates, nämlich funktionales Erklärungsmodell beschreibbar zu werden. In welchen Zusammenhängen dieses und andere von Propp herkommende Beschreibungsmodelle großartige Einsichten eröffnen können, ist gut bekannt. Ihre Beschränkung liegt für den Literaturwissenschaftler jedoch darin, daß sie sich nur mit dem *Was* der Erzählung, nicht mit dem *Wie,* nämlich der Oberflächenstruktur der erzählenden Präsentation und der Vermittlung der Erzählung an einen Hörer bzw. Leser beschäftigen. Seit Stendhal und Flaubert steht aber innerhalb des Erzählens als literarischer Kunstform die Art und Weise der Präsentation gleichberechtigt, wenn nicht ausdrücklich vorrangig vor dem Erzählinhalt. Das künstlerische Interesse galt mehr und mehr dem transzendentalen Rang der Aussage- und Vermittlungsstruktur der Erzählmöglichkeiten, nicht allein dem Gewicht oder dem Reiz der erzählten Wirklichkeit. Auf der anderen Seite hat Michail Bachtin in leidenschaftlicher Weise dafür plädiert, Erzählwerke als künstlerische Inszenierungen gesellschaftlich geprägter Redetypen zu analysieren.

Le prosateur-romancier (et, en général, quasiment tout prosateur) emprunte un chemin tout différent (als der Dichter scil.). Il accueille le plurilinguisme et la plurivocalité du langage littéraire et non littéraire dans son oeuvre, sans que celle-ci en soit affaiblie […]. [2]

Jedoch auch diese Analyseweise führt zu einer Vereinseitigung, da sie vom Antagonismus und dem Spiel der Redetypen im Werk schnell hinaus führt zu den Redeformationen der historischen Gesellschaft selbst, aus der das Werk hervorging.

Beim Ansatz von W. Iser, der über den impliziten Leser hinaus auch die Wirkungsweise von Erzählstrategien auf den realen Leser miterfassen möchte, wird Erzählung als intentionale Einheit immer schon geformter discours-histoire-Einheiten verstanden, wobei die intendierten Durchbrechungen von Habitualisierungen im Wahrnehmungs- und Normenbereich sich mehr auf der discours- oder der histoire-Ebene abspielen können. Grundsätzlich wird hier jedoch nicht dichotomisiert oder trichotomisiert, sondern semiotisch-funktional gedacht.

Mir scheint, daß für die Analyse konkreter Einzelwerke der Erzählliteratur und gerade für die hochkomplexen Werke der Gegenwartsliteratur grundsätzlich ein Analysemodus gefunden und angewandt werden muß, der dem inneren semiotischen Beziehungsverhältnis zwischen Ausdrucksform und Inhaltsform der erzählten Wirklichkeit Rechnung trägt. Insofern wäre das bisherige erzähltheoretische Modell mit seiner analytisch-klassifikatorischen Tendenz in ein funktional-beschreibendes Verfahren mit heuristisch-explorativer Tendenz zu überführen. Im Mittelpunkt einer solchen funktionalen Theorie ständen Vorstellungen, die immer schon Beziehungsverhältnisse betreffen und zwar solche, durch die die Redeinstanzen, die Erzählebenen und Verlaufsformen des erzählten Geschehens als semiotisch polyfunktional aufgefaßt werden.

Elemente einer solchen funktionalen Erzähltheorie sind schon in mehreren Teilbereichen erarbeitet worden. So ist die *Perspektivierung* der erzählten Wirklichkeit eine fundamentale Kategorie einer solchen Theorie. Bei der funktionalen Beschreibung der Perspektivierung wird man sich die subtilen Untersuchungen von Stanzel zunutze machen können im Sinne dessen, was er die Dynamisierung seines Modells nennt. [3] – Ein anderer funktionaler Begriff, der eine andere Schicht des Erzählwerks betrifft, ist der »Chronotopos« Bachtins – auch dies eine komplexe semiotische Vorstellung, die nicht mehr in Form und Inhalt zerlegt werden kann.

III Die Fragestellung: Das Verhältnis von Redeformen und Sachverhalten der erzählten Wirklichkeit

Meine Überlegungen sind im Rahmen der von mir umrißhaft skizzierten funktionalen Theorie zu sehen, die grundsätzlich von der semiotischen Einheit von Ausdrucks- und Inhaltsform der Erzähleinheiten ausgeht. Anders als Bachtin, der sich für die Vermittlungen des Romans als »roman du langage« und »roman des langages« mit den gesellschaftlich gegebenen Redeformationen interessierte, bewege ich mich im folgenden auf der Ebene der Sprache selbst, d. h. auf einer sprachlichen Ebene, wo alles Sprachliche gleichsam noch Material ist und noch von keinen soziokulturellen Formungen erreicht wird. In dieser Hinsicht betrifft meine Fragestellung – etwas schematisch zugegebenermaßen – den Aufbau von Einheiten der Erzählung überhaupt. Welche Konstituenten und Sachverhalte der erzählten Wirklichkeit erscheinen in welcher Redeform? Welche notwendigen Beziehungen sind hier festzustellen, welche beobachtbaren oder grundsätzlich möglichen Funktionsverschiebungen und Funktionswechsel?

Ich gebe zunächst nacheinander eine funktionale Beschreibung der erzählbaren Sachverhalte, der möglichen Erzählsituationen, der funktional disponiblen Sprechakte und Redeformen sowie der Funktoren der erzählten Wirklichkeit.

a) Sachverhalte, die Gegenstand von Erzählaussagen sind
(x = personenhafte Instanzen; Dinge; Zustände; Verhältnisse; ›Lagen‹)
Insofern in unserem europäischen Kulturraum zwischen zuständlichem Sein, Tun und Leiden bewußtseinsmäßig scharf geschieden wird, sind folgende Sachverhalte (und ihre Modalisierungen) gegeben.
1) x ist a_x oder b_x oder c_x ...
2) x tut A oder B oder C (Dazu gehört auch das Handeln durch Reden.)
3) x wird xa oder xb oder xc ...

b) Erzählsituationen
Die Erzählsituation ist immer komplex strukturiert. Jedoch wechseln die Art der Besetzung und die Art der Beziehung der sie konstituierenden Instanzen:
Situativer Rahmen des Erzählens
Erzähler

Erzählinhalt

Adressat

Diese Instanzen und ihre Beziehungsverhältnisse gehören zu den am differenziertesten dargestellten Bereichen der Erzähltheorie. Von den Autoren selbst sind nahezu alle Möglichkeiten durchgespielt worden. In den letzten Jahren sind auch die Beziehungen zwischen Erzählinhalt und Adressat strukturell wichtig geworden. Ein markantes Beispiel bietet der Roman *Cien años de soledad* von Gabriel García Márquez. Die ganze Erzählung wird für den konkreten Leser im Verlauf seiner Lektüre qualitativ umgewertet, insofern die Erzählung als ein Text enthüllt wird, dessen Inhalt für eine Person der Erzählung selbst bestimmt ist. Was bis dahin als Geschehen und Geschichte erschien, wird nun gegenwärtiges Schicksal, indem das Weiterlesen Einholung der Gegenwart – im Bewußtsein der ganzen Vergangenheit – bedeutet: restlose Erkenntnis und Tod zugleich.

Auch eine andere Erzählsituation, an der der ›Adressat im Text‹ direkt beteiligt ist, hat vor einiger Zeit Bedeutung erlangt. Ich habe diesen Typ von Erzählrede seinerzeit einmal – mehr oder weniger glücklich – als *hortative* Erzählrede bezeichnet. [4] Ein Erzähler richtet hierbei seine Erzählung an den Protagonisten der Erzählung selbst. Es ist, wie wenn dem Gegenüber Ereignisse und Zusammenhänge seines Lebens ins Gedächtnis zurückgerufen werden müßten. Es kann freilich auch eine besondere sprachliche Umformung der Erinnerung des Erzählers selbst vorliegen. Die konkrete Aussagefunktion ist nur im Einzelfall zu klären. Nur die Struktur der Erzählsituation ist als fungible Möglichkeit beschreibbar und generalisierbar.

c) Die Sprechakte und Redeformen

Erzählen als reine Diegesis ist ein charakteristischer Sprechakt mit einer Grundstruktur, die mit Stanzels Terminologie als *Mittelbarkeit* beschrieben werden kann. Als Redevollzug ist Erzählen ein lineares eindimensionales Ereignis in der Zeit. In die diegetische Darstellung können jedoch alle Formen mimetischer Rede integriert werden und zwar von den beiden Polen »Erzähler« und »Personen der Erzählung«.

Der Erzähler verfügt als ein Sprecher über alle pragmatischen Sprechakte und Redeformen überhaupt. Sein Redehorizont ist von seiner Sprechgegenwart aus zeitlich offen. Er kann sich in die Zukunft projizieren, sich auf Vergangenes besinnen oder sich auf die Situation seines gegenwärtigen Redens selbst beziehen. Er kann monologisieren oder in scheinbar unmittelbare oder spielerisch-fiktive Dialoge mit einem genannten oder ungenannten, individualisierten oder allgemeinen Gegenüber eintreten. [5] Er kann über sich sprechen, die Umstände seines Sprechens, über seine Absicht zu »erzählen«. Er kann, während er erzählt, die Erzählung wiederum in verschiedenster Weise unterbrechen. All das ist wohlbekannt. Die Personen der Erzählung selbst verfügen ebenfalls über alle Redeformen, die im pragmatischen Redevollzug üblich oder möglich sind. Soweit sie mimetisch wiedergegeben werden, ist der jeweilige Redestil durch die sozialen Dimensionen des jeweiligen Chronotopos vorgegeben. Alle Abweichungen davon sind als künstlerische Eingriffe und intentionale Verfahren erkennbar. Die Sprechakte der Personen sind unentrinnbar dieselben Sprechakte, die sprechenden Menschen überhaupt zu Gebote stehen. Freilich kann die Funktion, die semiotische Funktion, vom Autor in verschiedenster Weise umgelenkt werden. Diese volle Verfügungsmöglichkeit über die semiotischen Funktionen der Rede im Bezugsdreieck »Erzählerrede-Erzählrede-Personenrede« eröffnet den künstlerischen Freiraum für den Autor als Schöpfer von Erzählwerken. Denn alle diese Redeinstanzen und die ihnen zur Verfügung stehenden Sprechakte und Redeformen können in variabler Weise für die Strukturierung der Erzählung selbst und ihre Vermittlung und Übermittlung an einen Hörer/Leser dienstbar gemacht werden. Alle diese Rededimensionen können an der literarischen Modellierung der Funktoren der erzählten Wirklichkeit mitwirken.

d) Die Funktoren der erzählten Wirklichkeit

Alle Erzählaussagen und alle Äußerungen des Erzählers oder der Personen können und müssen einem oder mehreren der Funktoren des erzählten Geschehens semiotisch zugeordnet werden. Diese Funktoren sind:
1) Das Subjekt/die Subjekte des erzählten Handlungsgeschehens (Handlungsträger)
2) Das Handlungsgeschehen
3) Der jeweilige situationelle Handlungskontext (gesellschaftlich geprägter Chronotopos)
4) Der gesamtkulturelle Kontext (geschichtlich-gesellschaftliche oder kulturell-symbolische Kontexte)
5) Der Adressat in der Erzählung
6) Der Erzähler selbst
7) Die Erzählung als künstlerischer Gestaltungsakt
   Die Frage nach der Korrelation zwischen den ausgesagten Sachverhalten, die die Funktoren konstituieren und differenziert repräsentieren, und den Redeinstanzen und Redeformen, die daran beteiligt sind, läßt sich am einfachsten von unserem naiven pragmatischen Sprachgebrauch her entfalten. Wir verwenden ganz geläufig bestimmte sprachliche Stereotypen, die jeweils einen bestimmten komplexen Sprechakt bezeichnen, zum Beispiel:

– einen Ort beschreiben
– einen Vorfall berichten
– ein Erlebnis erzählen
– ein Problem darstellen
– eine Absicht äußern
– eine Begebenheit schildern
– eine Unterhaltung führen
– über etwas diskutieren usw.

Jeder Sprechakt entspricht einer komplexen lebenspraktischen Situation, zu deren Bewältigung er dient. Situation, Anlaß der Rede und Art und Weise der Äußerung stehen in einem inneren Bezug. Sind auch im lebenspraktischen Zusammenhang Umfunktionierungen von Sprechakten möglich und zum Beispiel in der Salonkultur mit subtiler Raffinesse entwickelt worden, so gilt doch für eine Fülle von täglich-alltäglichen Sprechakten, daß sie absolut situationsdiktiert und rein situationsangemessen sind. Aus praktischen Gründen hat sich in vielen Fällen eine *konventionelle Entsprechung* von Situation-Sachverhalt-Sprechakt-Redeform-Redestil herausgebildet. Ein Abweichen von bestimmten Normen des sprachlichen Verhaltens würde im lebenspraktischen Zusammenhang mit Unverständnis und entsprechenden humorvollen oder ärgerlichen Reaktionen quittiert werden. Wenn z. B. ein Ortskundiger nach einer Straße gefragt wird, erwartet der Fragesteller eine Beschreibung, die objektiv formuliert oder an den Fragesteller gerichtet sein kann.

1) Von hier sind es noch drei Querstraßen bis zu einer Ampel. Dann ist es die erste Straße links.
2) Sie fahren geradeaus bis zur ersten Ampel, dann biegen Sie bei der ersten Querstraße links ab. Dann sind Sie schon in der X-Straße.

Auf Unverständnis würde man stoßen, wenn man dem Fragenden etwa folgendermaßen antwortete:

Ich weiß, wo Sie hinwollen und kann Ihnen gerne den Weg beschreiben. Aber ich möchte ein Frage-und-Antwort-Spiel daraus machen. Ich sage immer einen Satz und dann fragen Sie: Und wie geht es dann weiter?

Gegenüber den zahlreichen durch Konvention etablierten Korrelationen zwischen Situation-Sachverhalt-Sprechakt-Redestil ist das Erzählen als literarische Kunstform in der funktionellen Verwendung von Sprechakten viel freier, wenn sich auch in der Tradition des literarischen Erzählens das Bewußtsein dieser Freiheit und der durch sie gegebenen Möglichkeiten nur langsam entwickelt hat. So ist für die ›Grimmschen‹ Märchen charakteristisch, daß Figurenbestand und Umstände der Handlung erzählend beschrieben werden, daß Handlungen und Begebenheiten erzählt werden und nur an bedeutsamen Stellen der Handlung die handelnden Personen oder sonstige »agents« Absichten, Gedanken, Entschlüsse, Befehle und Fragen in direkter Rede äußern, worauf die Erzählung wieder ihren Gang nimmt.

Die funktionale Fragestellung, die sich in unserem Zusammenhang ergibt, betrifft die *möglichen Beziehungen* zwischen Sachverhalten und Redeformen bei der erzählerischen Konstitution und Entfaltung der Funktoren. Des weiteren ist nach der Funktion der Verwendung einzelner Sprechakte in einzelnen Werken oder in bestimmten Erzählgattungen zu fragen. Etwa: In welcher Weise ist Beschreibung gestaltet und verwendet? Welcher Redeinstanz entspringt sie? – Der Erzähler kann, wie Stifter das zuweilen tat, den Raum eines noch zu erzählenden Geschehens vorab aus seiner Perspektive und Kenntnis präsentieren. Damit ist die Beschreibung aus dem diegetischen Diskurs herausgehoben. Die Erzählung setzt erst ein, nachdem der *Chronotopos* schon als Vorstellungswirklichkeit konstituiert ist. – Die epische »ekphrasis« dagegen ist erzählende Beschreibung, die gleichberechtigt neben dem erzählten Geschehen steht. An einem durch den Besitzer oder Träger bedeutsamen Gegenstand werden übergreifende Sinnzusammenhänge in der beschreibenden Erzählung ablesbar gemacht. – Wieder ganz anders die Funktion der Beschreibung bei Balzac, wo die Stadt sich in ein Bezugssystem sozial determinierter und damit qualitativ differenzierter Örter verwandelt, wo aber zugleich die Beschreibung – beispielsweise einer Wohnung – eine sozialpsychologische und soziologische Einordnung der *Handlungsträger* darstellt.

In ähnlicher Weise wäre nach dem erzählerischen Einsatz des Gesprächs zwischen Personen der Erzählung als Gestaltungsmittel zu fragen. Welche Aussagefunktion hat es in verschiedenen erzählenden Genera und zu verschiedenen Zeiten? Welche Typen des Figurengesprächs sind zu unterscheiden? Daß der Erzähler sich des Gesprächs auch bedienen kann, um erzählende Beschreibung, wenn nicht zu vermeiden, so doch sehr weitgehend durch mimetische Mittel zu ersetzen, ist jedem Leser der *Buddenbrooks* in bester Erinnerung.

Insgesamt müßte sich die Erzähltheorie die wichtige Unterscheidung der Sprechakttheorie zwischen illokutionärem Potential und perlokutionärer Funktion in vollem Umfang für ihre Zwecke nutzbar machen. Erst dann würde jedem Leser offenbar, daß er als Leser von Romanen des 19. und 20. Jahrhunderts an der Inszenierung von Wirklichkeitsvorstellungen teilnimmt, die ihm durch subtilen und variablen Einsatz der unterschiedlichsten Sprechakte, Redeformen und Redestile suggeriert werden. Wie perfekt die Illusionserzeugung lange war, darüber gibt die Realismus-Debatte Aufschluß.

Wenn man bedenkt, wie beschränkt der Umkreis der Sachverhalte ist, die im rein diegetischen Diskurs dargestellt werden können, darüber hinaus, wie beschränkt der diegetische Diskurs selbst als Darstellungsform ist, wird einsichtig, weshalb Erzählen in seiner strengsten Form – d. h. ohne Interventionen von seiten des Erzählers oder der Personen – eine monotone, ja oft langweilige Angelegenheit ist. Man versteht auch, warum die Eigenschaft einer Person, ein guter Erzähler zu sein, seit Menschengedenken besonders gerühmt wurde und Erzählen ein Beruf werden konnte.

Die Durchbrechung oder Durchsetzung des diegetischen Diskurses mit mimetischen Redeformen gehört in allen literarischen Erzählgattungen zum künstlerischen Metier, obwohl dies weder notwendig noch selbstverständlich ist. Solange das literarische Erzählen in Traditionsbindungen stand, die alles Erzählen zum Nach-, Wieder- und Neuerzählen machten, war die Technik des Erzählens den vorgegebenen Stoffen und Makrostrukturen der Erzählgattungen untergeordnet. – Es ist schon oft bedauert worden, daß wir im Deutschen die Unterscheidung zwischen novel und fiction nicht treffen. Der Übergang des Erzählens zur Fiction ist die entscheidende Wende in der Entwicklung des literarischen Erzählens überhaupt und mit den Namen Rabelais und Cervantes verbunden. Seit dieser Zeit ist Erzählen als eine neue Form der Sprachkunst da, eine Kunstform, die auf allen semiotischen Dimensionen menschlichen Redegebrauchs als ihrem Material und ihrer Form aufbaut. Daß die Romanentwicklung seit 200 Jahren gleichermaßen durch die zunehmende Integration sozialer Lebenswirklichkeit und individuellen Bewußtseins wie durch die Schaffung immer bewußterer Darstellungsformen als transzendentaler Vermittlungsstrukturen reflektierten Wirklichkeitsbewußtseins gekennzeichnet ist, wurde in vielen ausgezeichneten Studien – für den französischen Roman von R.-M. Albérès – entwickelt. Die Grunderfahrung, die die Suche nach neuen adäquaten Darstellungsformen antrieb, war das Bewußtwerden der Komplexität des gesellschaftlichen Systems als eines Zusammenhangs, in dem jede Person, jeder Raum, jede Handlung, ja die Gegenstände selbst nur mehr als durch Verhältnisse der Wechselseitigkeit bestimmte soziale Größen erschienen. Das gesellschaftliche Transzendentale ›soziale Stellung‹ mit dem neuen Bewußtseinsstandpunkt zu vermitteln, für den Wirklichkeit nur mehr Bewußtseinswirklichkeit ist, stellte die reflektiertesten unter den Autoren vor beklemmende Formprobleme. Zwei künstlerische Verfahren, auf die schon Bachtin aufmerksam machte, sind Ausdruck der neuen Formanstrengung. Sie haben auf der Ebene der Ausdrucks- und der Inhaltsform der literarischen Erzählwerke neue formale Strukturen hoher Komplexität erzeugt, die uns analysierenden Literaturwissenschaftlern große Beschreibungsschwierigkeiten bereiten. Ich nenne sie »Fusion« und »Brechung«.

1) Fusionsverfahren

Im Verlauf der Erforschung der sogenannten »erlebten Rede« wurde festgestellt, daß sie als pragmatische Redeform zu den sicher seltener gebrauchten, aber dennoch universellen Formen des Redegebrauchs gehört und daß auch die literarische Verwendung dieser Form sehr früh nachzuweisen ist. Dies ist die eine Seite. Die andere Seite ist die markante und immer weiter vordringende Verwendung dieser Redeform im Roman des 19. Jahrhunderts. Ich nenne hier an bevorzugter Stelle Flaubert. Die besondere Funktion dieser Redeform als literarisches Mittel steht also zur Debatte, nicht ihre sprachliche Konstitution oder ihre pragmatischen Verwendungen. In dieser Hinsicht ist der deutsche Begriff »erlebte Rede« – schon oft kritisiert – kaum hilfreich. Besser wird die neue Funktion der erlebten Rede durch den englischen Begriff »dual voice« erfaßt. Eine *Wahrnehmungsstruktur* und eine *Vermittlungsstruktur* sind in dieser Redeform fusioniert, aber doch als solche sprachlich markiert (deiktisches System der Figur, diegetischer Diskurs des Erzählers). Der Einsatz dieser Redeform ist nun nicht nur auf die Wiedergabe von Gedanken oder psychischen Vorgängen überhaupt beschränkt, sondern er entwickelt eine Anziehungskraft für die Darstellung anderer Sachverhalte. So ist auf diesem Umweg die Beschreibung von Außenwelt – z. B. Landschaft – transformierbar in personal-perspektivierte Wahrnehmung. Die Fusion von Außenwelt und Innenwelt als wechselseitigen Bezugsgrößen ist erreicht. Ich gebe ein Beispiel:

> Une plaine s'étendait à droite; à gauche un herbage allait doucement rejoindre une colline, où l'on apercevait des vignobles, des noyers, un moulin dans la verdure, et des petits chemins au delà, formant des zigzags sur la roche blanche qui touchait au bord du ciel. Quel bonheur de monter côte à côte le bras autour de sa taille, pendant que sa robe balayerait les feuilles jaunies, en écoutant sa voix, sous le rayonnement de ses yeux! (Flaubert, *Education sentimentale*.)

Der Leser wird durch den Einsatz der erlebten Rede, die hier als monologue intérieur zutage tritt, gleichsam induziert, die scheinbar objektive Beschreibung dem Bewußtsein Frédérics zuzuordnen, sie mit seinen Augen zu sehen. Die künstlerische Raffinesse besteht darin, daß Flaubert einen vermittelnden Kontaktsatz, der von der erlebten Rede die Brücke zum inneren Monolog schlägt, nicht geschrieben hat. So verweist nur das Konditional als Futurum des Präteritum auf die abwesende diegetische Erzählaussage, die – sprachlich gesehen – erst das Sprungbrett für den monologue intérieur bietet.

Die »stream of consciousness«-Technik ist eine andere Fusionstechnik, die freilich gut analysiert ist und hier nicht weiter kommentiert zu werden braucht.

Nur ein Hinweis: die Tatsache, daß man auch Werke, die ganz auf der Kommunikations- oder – besser gesagt – der Sprechsituation des »stream of consciousness« aufbauen, Roman genannt hat und nennt, darf nicht darüber hinwegtäuschen, daß diese Werke streng genommen nicht zur Erzählliteratur gehören. Sie bilden den eigenen Raum der *fiktionalen Gattung*. Das gilt beispielsweise für die Romane von Nathalie Sarraute *Martereau* und *Le Planétarium*. In Romanen dieser Art kann zwar auch diegetischer Diskurs vorkommen. Er ist jedoch dann eine abgeleitete, sekundäre Redeform: die Umkehrung des Verhältnisses von diegetischer und mimetischer Darstellung der traditionellen Erzählliteratur.

Die Experimente, die auf Fusionen von Redeinstanzen zielen, sind in der neueren Erzählliteratur sehr zahlreich. Ich möchte nur noch zwei Beispiele vorstellen. Das erste betrifft den Versuch, ohne den Umweg über die erlebte Rede den diegetischen Diskurs mit der Figurenperspektive zu verbinden. Diese – meiner Meinung nach gewaltsame Technik – ist in größerem Umfang von García Márquez in seinem letzten Roman *El otoño del patriarca* angewendet worden. Der diegetische Diskurs gilt den Empfindungen des senilen Diktators in der Art eines »stream of memory«:

[...] und je mehr sich die Schatten der vergänglichen Nacht lichteten, desto deutlicher entzündete sich in seiner Seele das Licht der Wahrheit, und er fühlte sich älter als Gott im Halbdunkel des Tagesanbruchs von sechs Uhr abends (an diesem Tage herrschte eine ungewöhnliche Sonnenfinsternis, Zusatz von D.J.) im verlassenen Haus, er fühlte sich trauriger, einsamer denn je *in der ewigen Einsamkeit dieser Welt ohne dich, meine Königin, die du für immer verloren bist im Rätsel der Sonnenfinsternis, für immer und ewig,* denn nie mehr im Rest der endlos langen Jahre seiner Macht begegnete er Manuela Sánchez meiner Verlassenheit im Labyrinth seines Hauses wieder, sie löste sich auf in der Nacht der Sonnenfinsternis, Herr General, man sagte ihm [...]
(Übers. von Curt Meyer-Clason, Hervorhebung von D.J.)

In dieser Passage sind sehr traditionelle Erzählweisen – nämlich die Erzählung der inneren Vorgänge der handelnden Person – ex abrupto innerhalb desselben Satzgefüges mit der mimetischen Sprechsituation der Person verknüpft.

Viele dieser Versuche, komplexe Darstellungsformen zu erzeugen, mögen dem künstlerischen Willen entspringen, von keinem anderen Medium – auch nicht dem Film, allenfalls durch Medienmontage – erzeugbare Sinngestaltungen hervorzubringen. – In dem genannten Werk von García Márquez ist auch ein weiteres Verfahren, das in der hispanoamerikanischen Romanliteratur der Gegenwart stark hervortritt, von erheblicher Bedeutung: die Kolloquialisierung. Dieses Verfahren ist von Stanzel in seinem letzten Buch relativ knapp an einem Beispiel aus Döblins *Berlin Alexanderplatz* behandelt worden. Dieser Begriff kann jedoch zur Charakterisierung einer ganzen Reihe von Einzeltechniken dienen, die zur mimetischen Transformation der Diegesis verwendet werden. Beispiele dafür finden sich zuhauf in *La casa verde* von Mario Vargas Llosa. Personenrede steht hier in ungeschiedenem Zusammenhang mit der Erzählrede, wobei beide gleichermaßen an dem Entwurf komplexer Situationen und der Konstitution der Funktoren beteiligt sind. Ineinander verschlungene Redeformen verschiedener Redeinstanzen sind das Medium der Präsentation von Sachverhalten, die der Leser wie Puzzle-Elemente zu kohärenten und immer vollständigeren Vorstellungen zusammensetzen muß. Aus der in einzelne Sprechakte gegliederten, kontinuierlichen Schilderung von Zusammenhängen sind durch die modernen Fiktionstechniken offene Projektionen geworden. Dem entspricht die Ablösung des diegetischen Präteritum durch das Präsens. Das Präsens ist als Zeitstufe in dieser Verwendung ambig. Es kann als narratives Präsens gelesen werden, es kann Ausdruck des registrierenden camera eye sein oder sich als Wahrnehmungsraum einer Figur enthüllen.

Ich zitiere eine Passage des Beginns von *La casa verde*, wo einige Nonnen unter Leitung der Madre Angélica, eskortiert von Soldaten, nach Indiokindern für ihr Heim ›auf Beute‹ gehen. Die Indios haben sich bei der Ankunft der kleinen Expedition geflüchtet:

> (1) En cambio, la Madre Patrocinio se halla inmóvil, las manos escondidas en el hábito y sus ojos recorren una vez y otra el poblado vacío. (2) Unas ramas se agitan y hay chillidos, una escuadrilla de alas verdes, picos negros y pecheras azules revolotea sonoramente sobre las desiertas cabañas de Chicais, los guardias y las madres los siguen hasta que se los traga la maleza, su griterío dura un rato. (3) Había loritos, bueno saberlo por si faltaba comida. (4) Pero daban desintería, Madre, es decir, se le soltaba a uno el estómago. (5) En el barranco aparece un sombrero de paja, el rostro tostado del práctico Nieves: así que se espantaron los aguarunas, madrecitas. [...]

(1) Präsentische Beschreibung, die als Erzählung eines Erzählers gelesen werden muß.

(2) Die Zuweisung dieses Satzes und der beschriebenen Sachverhalte ist unklar: Erzählerperspektive oder Wahrnehmung der Personen? Erst die zweite Satzhälfte ab ›Los guardias ...‹ erlaubt wieder eine eindeutige Zuordnung zum Erzähler.

(3) Erlebte Rede, ohne Zuordnung zu einem bestimmten Redesubjekt.

(4) Dieser Satz kann als Antwort auf die Feststellung von (3) verstanden werden – oder als Fortsetzung der Äußerung des ersten ungenannten Sprechers. Die erlebte Rede ist an eine Person der Erzählung gerichtet. Die Formulierung ›se le soltaba a uno el estómago‹ ist sozio-kulturell geprägte, personenspezifische Periphrase für ›desintería‹! Die Person sagt wörtlich: !›se le suelta a uno el estómago‹!

(5) Präsentische Beschreibung – aus der Perspektive der Personen? Übergang zur direkten Rede. Als Redeinstanz kommt nur der práctico Nieves in Frage, obwohl er nur durch eine attributive Ergänzung in den Zusammenhang eingeführt wurde.

Der erklärende Nachvollzug der erzählerischen bzw. fiktionalen Konstitution der einzelnen Funktoren ist unter diesen Umständen analytisch kaum mehr zu leisten. Ein immenser Beschreibungsaufwand wird notwendig, um, erstens, die Aussagen über Sachverhalte, zweitens, die Instanzen, von denen sie kommen, und, drittens, die Funktoren, auf die sie bezogen werden müssen, in Beziehung zu setzen und die jeweilige Art der Mitwirkung am Aufbau der erzählten Wirklichkeit zu erfassen.

2) Verfahren der Brechung

Neben den Techniken der Fusion, die auch auf anderen Ebenen der literarischen Wirklichkeitskonstitution nachgewiesen werden könnten, ist das Verfahren der Brechung von besonderer Bedeutung für die Formgestalt und Lesbarkeit moderner fiktionaler Literatur. Dabei ist zu beobachten, daß die zwei klassischen Verfahren der Brechung – nämlich Ironie und Parodie – in der modernen Fiktion hinter einer Vielzahl von Darstellungsmodi zurücktreten, die auf Ambiguierung, Aufhebung von Identität und Irritation des Lesers im Sinne verweigerter Kohärenzbildung zielen. [6] Ich muß mich darauf beschränken, einige dieser Modalitäten zu nennen, ohne sie ausführlich dokumentieren und erläutern zu können.

An erster Stelle erwähne ich die Ambiguierung im Rahmen der Perspektivierung der Erzählung oder der fiktionalen Personenrede. Ich denke dabei z. B. an die sprachliche Projektion von Ich-Erfahrung in die Dimension der 2. Person, wie in ›La Modification‹ von Michel Butor und in anderen Werken. Dabei ist die appellative Funktion des *Du* durchaus sekundär als ›signe du lecteur‹ – um mit Barthes zu sprechen – erhalten. Daß eine ganze Erzählung nur aus Aussagen in der dritten Person bestehen kann, aber dennoch voll und ganz auf ein *Ich* als Wahrnehmungs- und Redeinstanz zurückbezogen bleibt, ist ebenfalls gut bekannt. Auch hier ergibt sich ein besonderes Spannungsverhältnis für den konkreten Leser. [7]

Besondere Verfahren der Brechung betreffen auch die Konstitution der Handlungsträger selbst, die vielfach ihrer Identität nicht eigentlich beraubt sind, sondern deren Identität ohne feste Konturen in immer neue Medien diffundiert und sich wandelt. Hier sind in der modernen hispanoamerikanischen Romanliteratur Experimente vorgelegt worden, die nichts mehr mit Umgestaltungen des klassischen Doppelgängermotivs zu tun haben. Ich denke, um ein extremes Beispiel zu nennen, an den Roman *62, modelo para armar* von Julio Cortázar. Dort ist das Beziehungsganze einiger Personen das eigentliche Subjekt, während ihr Tun und Verhalten durch Reaktionen der jeweils anderen Personen – auch bei großer räumlicher Trennung – bestimmt ist. – Neuartige Formen der Brechung sind auf den verschiedensten Gestaltungsebenen durch die Verfahren der ›phantastischen‹ Literatur entwickelt worden. Hier ist für den Bereich der hispanoamerikanischen Prosaliteratur (Kurzgeschichte und Roman) Jorge Luis Borges zum Lehrmeister aller geworden. Welch raffinierte, auf den konkreten Leser bezogene Erzählstrategien von ihm entwickelt worden sind, ist jedem Leser von *Tlön, Uqbar, Orbis Tertius* in bester Erinnerung. Die Irritation geht hier von der Fusion und Brechung verschiedener Seins- und Vorstellungsbereiche überhaupt aus.

Gerade an den Werken der modernen hispanoamerikanischen Literatur läßt sich die Entwicklung neuer Darstellungstechniken besonders gut studieren, weil viele Autoren zeitweise wie besessen ›innovierten‹. Einige allgemeine Tendenzen sind dabei – zusammenfassend – herauszuheben:

1) die systematische Ausschöpfung und Erschöpfung der Systemmöglichkeiten der Sprache hinsichtlich der Konstitution und Verbindung von Erzählsituationen,
2) die weitgehende und sehr bewußte Umfunktionierung pragmatischer Sprechakte in künstlerischer Absicht,
3) die Kolloquialisierung des Erzählvorgangs – Vervielfältigung der beteiligten Redeinstanzen,
4) Integration einer Fülle, ja Überfülle sozio-kulturell vorgeprägter Redestile.

Die Frage, die sich angesichts zahlreicher Werke und der in ihnen zum Zuge kommenden Darstellungsverfahren jedoch stellt, ist, ob tatsächlich mit dem Einsatz dieser Mittel immer eine ausreichende Reflexion über die Begründung und den tieferen künstlerischen Sinn ihrer Verwendung einhergeht. In vielen Fällen ist ein ludischer Trieb spürbar, der auch nicht an den Grenzen der Kommunikabilität haltmacht. Mit der kommunikativen Wirksamkeit verliert sich beim Leser jedoch zunächst die Fähigkeit und schließlich der Wille zur Sinnkonstitution. Manche Werke bleiben dann private Erzeugnisse. Sie sind zwar gedruckt, treten aber in die literarische Kommunikation als innergesellschaftliche Kommunikation nie ein.

IV Schlußnotiz

Die theoretische Beschäftigung mit Werken der Erzählliteratur ist von vielen Interessenstandpunkten und methodologischen Positionen aus möglich. Meine eigenen theoretischen Bemühungen betreffen das Durchschaubarmachen von Werkstrukturen, die als semiotische Strukturen funktionieren. In dieser Hinsicht ist Erzähltheorie immer nur Propädeutik für die hermeneutische Beschäftigung mit erzählenden Texten. Von dieser Warte aus läßt sich die häufig sehr schwierige Frage, wie differenziert eine Theorie überhaupt ausgearbeitet werden soll oder muß, wenigstens grob beantworten. Maßstab ist die jeweilig gegebene semiotische Komplexität der Werke selbst. Die Theorie muß in der Lage sein, Lesehilfen für diese Werke zu geben. Der dienstbare Charakter, indes, einer solchen Theorie zeigt sich besonders auch darin, daß sie auf hochdifferenzierte und terminologiebeschwerte Klassifikationen von Einzelzügen der Werke verzichtet zugunsten einer modellhaften und heuristisch nützlichen Darstellung fungibler Faktoren und Verhältnisse.

Anmerkungen

1 Seymour Chatman, Story and Discourse. Narrative Structure in Fiction and Film. Cornell University Press 1978, S. 263 ff.
2 Mikhail Bakhtine, Esthétique et théorie du roman, Gallimard 1978, S. 119
3 Franz K. Stanzel, Theorie des Erzählens, Göttingen 1979, S. 88
4 Dieter Janik, Die Kommunikationsstruktur des Erzählwerks, Bebenhausen 1973, S. 34
5 Hier sei als besonders markantes Beispiel auf Jacques le Fataliste und die entsprechende Tradition verwiesen.
6 S. die Anfänge dazu bei Flaubert. Dazu: Wilfried Floeck, Planlosigkeit oder Inkohärenz als Verfahren? Zur Komposition der "Education sentimentale" und ihren Folgen. In: Archiv für das Studium der neueren Sprachen und Literaturen, 216. Band 131. Jhg., 1. Halbjahresband 1979, S. 81–96
7 Vgl. dazu die genaue Studie von Johanna Kahr, Entpersönliche Personenerwähnung im modernen französischen Roman. Untersuchungen zur Grammatik und Poetik narrativer Texte, Amsterdam 1976.

Konrad Ehlich

Deiktische und phorische Prozeduren
beim literarischen Erzählen

0. Vorbemerkung

In diesem Artikel untersuche ich den Einsatz elementarer sprachlicher Handlungsmittel in einer spezifischen Untergruppe des sprachlichen Handelns, nämlich im literarischen Erzählen. Um die Rolle der sprachlichen Verfahren dabei zu verstehen, ist es m. E. unumgänglich, vorab deren allgemeine Charakteristik zu erfassen. Dies geschähe nur unzureichend, wenn nicht die stillschweigend akzeptierten kategorialen Vorentscheidungen offengelegt würden, die linguistische und literaturwissenschaftliche Beschäftigung mit literarischer Sprache determinieren. Dem Leser der folgenden Seiten muß ich daher ein nicht gerade kleines Quantum an Geduld abverlangen.

Ich hoffe, er wird für seine Mühe dadurch etwas entschädigt, daß die kategorialen Vorschläge sich als arbeitsfähig erweisen – auch bei seiner eigenen Analyse, falls dieses Papier ihn dazu anregen sollte.

1. »Pronomina«, »Anaphern«, »Deixeis«

Ich werde mich in dieser Arbeit mit einer Reihe von Ausdrücken des Deutschen befassen, die bei allen Arten des sprachlichen Handelns sehr häufig verwendet werden. Zu diesen Ausdrücken gehören etwa: ›dieser‹, ›der ... hier‹, ›jetzt‹, ›hier‹, ›ich‹, ›du‹ auf der einen Seite; ›er‹, ›sie‹, ›es‹ und deren verschiedene Formen auf der anderen.

Formal werden diese Ausdrücke in der deutschen Sprache mit aller nur wünschenswerten Klarheit voneinander geschieden. Dennoch werden sie in den überkommenen Auffassungen keineswegs mit einer ebenso klaren Theorie und Terminologie erfaßt. Traditionelle Bezeichnungen sind etwa »Demonstrativpronomen«, »Personalpronomen«, »Demonstrativadverb«. Die Personalpronomina werden in solche der ersten, der zweiten und der dritten Person untergliedert.

In neuerer Zeit treten andere Ausdrücke dazu. So wird von »Deixeis« oder »deiktischen Ausdrücken«, von »Anapher«, »Kataphern« gesprochen, aber auch von der »anaphorischen Verwendung des Demonstrativpronomens« usw. Diese terminologische Vielfalt kontrastiert erstaunlich mit der Klarheit der formalen Differenzierung der Ausdrücke selbst. Ihre enorme Bedeutung bei allen Arten des sprachlichen Handelns erhellt schon aus den einfachsten Beispielen von Äußerungen, die man analytisch behandelt; bis hin zu den komplexesten Formen scheinen sie unentbehrlich zu sein. Ihr Vorkommen in literarischen Erzählungen steht außer Frage.

Was hat es mit diesen Ausdrücken und den teilweise widerstreitenden Kategorien zu ihrer Beschreibung auf sich? Und welche Rolle spielen die Ausdrücke beim literarischen Erzählen?

Die angeführten wissenschaftlichen Termini lassen sich relativ klar in ihrem jeweiligen Ursprung erkennen. Die *klassische,* lateinisch-griechische Grammatik benannte etwa ein Wort wie ›ich‹ oder wie ›du‹ als Personalpronomen der 1. bzw. 2. Person, ein Wort wie ›hier‹ als Demonstrativadverb usw. In der *neueren* linguistischen Diskussion ist die überkommene Terminologie dann zum Teil durch ein neues Paar terminologischer Opposition ersetzt worden, »Deixis« vs. »Anapher«/»Katapher«. Sie geht entscheidend auf Karl Bühler (1934) zurück [1], der zwei elementare *Felder* der sprachlichen Ausdrucksmittel unterschied, das Zeigfeld und das Symbolfeld. Zwischen beiden besteht eine fundamentale Differenz.

Ich komme auf diesen Punkt zurück. Zuvor ist jedoch auf die terminologische Unklarheit einzugehen, die sich im Gefolge der Bühlerschen Theorie eingestellt hat. Schon traditionell war die Bestimmung der Ausdrücke ›ich‹ und ›du‹ problematisch. In der klassischen Terminologie firmierten sie als Pronomina; nunmehr wurde gesehen, daß sie deiktische Qualität haben. Die Folge dieser divergenten Zuweisung ist, daß sich eine gewisse terminologische Beliebigkeit einstellte, indem die Ausdrücke einfach mit den *beiden* wissenschaftlichen Termini belegt werden. Man redet je nachdem vom Personalpronomen der 1. Person oder von der Sprecher-Deixis; entsprechend hinsichtlich des Ausdrucks ›du‹.

Noch schwieriger wird es, wenn man die Bühlerschen Kategorien auf bestimmte konkrete Verwendungsweisen der Ausdrücke ›dieser‹ vs. ›er‹ anwenden will. Bühlers neue Terminologie ist nämlich nicht einfach der Versuch, terminologisch überkommene Bezeichnungen durch Neologismen zu ersetzen. Vielmehr sollte durch sie aus einer funktionalen Perspektive heraus versucht werden, analytische Bestimmungen in die grammatischen Termini selbst eingehen zu lassen. Die traditionellen Termini der griechisch-lateinischen Grammatik hingegen, also »Demonstrativpronomen«, »Personalpronomen« usw., hatten scheinbar einen derartigen Charakter nicht mehr, jedenfalls für eine Reihe ihrer Benutzer. Gleichwohl ist in ihnen ebenfalls eine linguistische Analyse gebunden. Das »Demonstrativpronomen« ist ein Ausdruck, der *für etwas steht* (Pronomen), und er hat *hinweisenden* Charakter; das »Personalpronomen« ist ein Ausdruck, der für etwas steht, und er bezieht sich auf *Personen.* Von daher erklärt sich etwa leicht, daß ›ich‹, ›du‹ wie ›er‹ als Personalpronomen aufgefaßt wurden, denn auch der Sprecher und der Hörer sind Personen. [2] Diese grammatischen Analysen gehen auf intensive Diskussionen unter den antiken Grammatikern zurück. Sie verfestigen sozusagen terminologisch einen vielhundertjährigen Diskussionsprozeß – allerdings keineswegs so, daß die besten und weitreichendsten Erkenntnisse jener antiken Diskussion in die Termini aufgenommen wären. [3]

Ich sagte oben, die überkommenen Kategorien erschienen oft als nicht mehr sprechend. Diese Aussage ist also zu modifizieren: Auch wenn häufig die Termini nur noch als Etiketten benutzt werden, so ist doch jederzeit die Möglichkeit gegeben, daß die inhaltlichen Gesichtspunkte, die in ihnen eingebunden sind, aktualisiert werden. Und von dieser Möglichkeit wird in der Tat denn auch häufig unterschwellig Gebrauch gemacht. Wenn dies aber der Fall ist, sind Kombinationen zwischen Termini wie »Deixis« und »Demonstrativpronomen der 1. Person« außerordentlich mißlich, denn in ihnen werden zwei einander entgegengesetzte linguistische Analysen miteinander verbunden.

Dieser Umstand wird deutlich, wenn man auf den zuletzt genannten Aspekt zurückkommt, die spezifischen Verwendungen von ›dieser‹ vs. ›er‹: Bühlers Bestimmung der Deixis ging von der Bindung deiktischer Ausdrücke an die unmittelbare Sprechsituation (Zeigfeld) [4] aus. Ein Ausdruck wie ›dieser‹ erfährt seine Referenz nur innerhalb der Sprechsituation selbst, indem etwa der Sprechende auf jemanden zeigt und sagt »dieser Mann«. Neben derartigen Verwendungen des Ausdrucks finden sich nun aber vielfältige andere, etwa in Texten. *Texte* sind eo ipso aus der unmittelbaren Sprechsituation entbunden. Was soll dann aber die Verwendung eines Ausdrucks, der per analysin der unmittelbaren Sprechsituation zugehört, in einem sprachlichen Verwendungszusammenhang, der aus der unmittelbaren Sprechsituation herausgenommen ist? Dies muß für Bühlers Analyse ein Widerspruch sein. Ihn aufzulösen, oder besser: ihn zu umgehen, spricht man häufig von einer »kataphorischen« oder »anaphorischen« Verwendung der Deixis. Ist dies aber eine sinnvolle Redeweise, wenn der Terminus Deixis dem Zeigfeld zugeordnet ist? Andererseits: Die Phorik ist gerade mit dem Ausdruck ›er‹ verbunden. Gibt es für ein und denselben sprachlichen Handlungszusammenhang, für ein und dieselbe sprachliche Funktion unterschiedliche Ausdrücke, und wenn ja, warum?

Um zu sehen, ob wirklich ›dieser‹ und ›er‹ in gleicher Weise mit identischen funktionalen kategorialen Bestimmungen versehen werden können, empfiehlt sich ein einfacher sprachlicher Test: die Ersetzung des einen Ausdrucks durch den anderen. Ich verwende dafür den Anfang einer kleinen Erzählung aus Bichsels *Kindergeschichten*.

(1)

(a) Ich will von *einem alten Mann* erzählen, von einem Mann, der kein Wort mehr sagt, ein müdes Gesicht hat, zu müd zum Lächeln und zu müd, um böse zu sein. (b) *Er* wohnt in einer kleinen Stadt, am Ende der Straße oder nahe der Kreuzung. (c) Es lohnt sich fast nicht, *ihn* zu beschreiben, (d) kaum etwas unterscheidet *ihn* von andern. (e) *Er* trägt einen grauen Hut, graue Hosen, einen grauen Rock und im Winter den langen grauen Mantel, (f) und *er* hat einen dünnen Hals, dessen Haut trocken und runzelig ist, (g) die weißen Hemdkragen sind *ihm* viel zu weit.

(h) Im obersten Stock des Hauses hat *er* sein Zimmer, (i) vielleicht war *er* verheiratet und hatte keine Kinder, (j) vielleicht wohnte *er* in einer anderen Stadt [...].
aus: Peter Bichsel, Kindergeschichten, Neuwied 1980, S. 18; (die Numerierung wurde eingefügt)

(2)

(a) Ich will von einem alten Mann erzählen, von einem Mann, der kein Wort mehr sagt, ein müdes Gesicht hat, zu müd zum Lächeln und zu müd, um böse zu sein. (b) *Dieser* wohnt in einer kleinen Stadt, am Ende der Straße oder nahe der Kreuzung. Es lohnt sich fast nicht, (c) *diesen* zu beschreiben, (d) kaum etwas unterscheidet *diesen* von andern. (e) *Dieser* trägt einen grauen Hut, graue Hosen, einen grauen Rock und im Winter den langen grauen Mantel, (f) und *dieser* hat einen langen Hals, dessen Haut trocken und runzelig ist, (g) die weißen Hemdkragen sind *diesem* viel zu weit.

(h) Im obersten Stock des Hauses hat *dieser* sein Zimmer, (i) vielleicht war *dieser* verheiratet und hatte Kinder, (j) vielleicht wohnte *dieser* in einer anderen Stadt [...].

Vergleicht man diese beiden Texte miteinander, so wird unmittelbar deutlich, daß die Ausdrücke ›er‹ und ›dieser‹ offensichtlich unterschiedliche Funktionen wahrnehmen. Text (1) ist ein normaler literarischer Text des Deutschen; Text (2) ist ausgesprochen abweichend. Warum dies so ist, wird, so hoffe ich, im folgenden deutlich werden.

2. Zeichenzentrierte vs. handlungszentrierte Pragmatik

Ich bin in § 1. ein wenig auf die Forschungsgeschichte zu den von mir genannten Termini eingegangen. Betrachtet man sie unter systematischen Gesichtspunkten, so lassen sich zwei Stadien unterscheiden: Die traditionelle, *lateinisch-griechisch* begonnene und durch die Trivium-Ausbildung des Mittelalters verallgemeinerte Konzeption, die ziemlich ungebrochen bis in die erste Hälfte unseres Jahrhunderts fortgewirkt hat, behandelt isolierte sprachliche Ausdrükke, Wortarten, die sie klassifiziert und kategorisiert. Die herangezogenen Kategorien sind relativ oberflächlicher Art. – Durch *Bühlers* Analyse wird eine zweite Phase begonnen. Sie bezieht die Sprechsituation mit ein. Durch diesen Schritt erweitert sie den Horizont der klassischen Analyse erheblich. Es wird ihr möglich zu sehen, daß einige Klassen von Ausdrücken nur unzureichend beschrieben werden können, solange sie aus ihrem Verwendungszusammenhang völlig herausgelöst werden und lediglich als isolierte Spracheinheiten in die Analyse eingehen. – Bühlers Ansatz ist in der allgemeinen Ausweitung der linguistischen Fragestellung rezipiert worden. Diese Ausweitung versteht sich als zeichentheoretische, *semiotische* Konzeption. Sie beobachtet am Sprachzeichen eine syntaktische, semantische und eine pragmatische Dimension. Dadurch wird der Rolle der Verwendung sprachlicher Zeichen erstmals auf systematische Weisung Rechnung getragen. Jedoch hat diese Ausweitung lediglich den Charakter eines Behelfs. In den stillschweigenden Voraussetzungen einer derartigen Semiotik bleibt nämlich aus der vorausgehenden Forschungsphase erhalten, daß letztendlich Sprachtheorie vom isolierten Zeichen auszugehen habe. Additiv werden ihm als fehlend empfundene kategoriale Bestimmungen zugefügt. Ich spreche deshalb von einer *zeichenzentrierten Pragmatik.* Diese bleibende Auswirkung der überkommenen Auffassung führt dazu, daß nach wie vor die Sprechsituation und das sprachliche Handeln zwischen Aktanten lediglich dort zur Kenntnis genommen wird, wo dies unumgänglich ist. Es wird aber nicht gesehen, daß die Einbeziehung des sprachlichen Handelns in die Analyse der Sprache eine *Umwälzung* des ganzen Gebietes verlangt, um wirklich sachangemessen vorgenommen werden zu können. Die Pragmatik wäre also wirklich als *handlungszentrierte Pragmatik* zu entwickeln. – Gerade der terminologisch unbefriedigende Zustand, der in § 1. beschrieben und illustriert wurde, ist Ausfluß dieser wissenschafts-geschichtlichen Situation. Denn sobald man sich auf das traditionelle Gebiet literaturwissenschaftlicher wie linguistischer Bemühung begibt, auf das Gebiet der Texte, besonders der verschriftlichten und hier wieder besonders der *literarischen Texte,* werden die Sprechsituation und das sprachliche Handeln, das sich in ihr zwischen Sprecher und Hörer abspielt, vergessen – dies schon deshalb, weil *Sprecher* und

Hörer bei derartigen Texten nur noch »in disguise« auftreten, als *Autor* und *Leser.*

Allein, wie das oben behandelte Beispiel demonstriert hat, die Vernachlässigung der analytischen Kategorien macht sich unmittelbar im Ungenügen der mit ihrer Hilfe zu ermittelnden Erkenntnisse bemerkbar. Erst eine *komplexe Produktions-Rezeptions-Konzeption* des sprachlichen Handelns bietet hinreichend entwickelte Kategorien, um auch das literarische Handeln auf seinen beiden Seiten, der des Autors und der des Lesers, adäquat zu erfassen. Und in einem solchen Kontext erst wird es möglich, die funktionale Differenz der beiden Ausdrucksklassen ›dieser, hier, jetzt, ich, du‹ vs. ›er, sie, es‹ auf systematische Weise auch in den komplexeren Verwendungsfällen zu behandeln. Selbstverständlich muß ich mich hier darauf beschränken, am konkreten Beispiel die Problematik weiter zu diskutieren, d. h. an den beiden Ausdrucksklassen – in der Hoffnung, daß die allgemeineren Gesichtspunkte daran exemplarisch deutlich werden können.

3. Prozeduren beim sprachlichen Handeln

Linguistisch-systematisch gesehen, ist das terminologische Dilemma hinsichtlich der untersuchten Ausdrucksklassen so zu bestimmen: die Notwendigkeit, die Sprechsituation einzubeziehen, wurde für Ausdrücke wie ›ich‹, ›du‹, ›dieser‹ in dem Moment deutlich, in dem man versuchte, eine genauere Analyse der *Referenz* dieser Ausdrücke vorzunehmen. Mit Referenz ist, kurz gesagt, das folgende gemeint: sprachliche Zeichen beziehen sich auf bestimmte Entitäten usw. der außersprachlichen Wirklichkeit. Das Sprachzeichen ›Tisch‹ bezieht sich auf den Gegenstand Tisch, das Sprachzeichen ›Mensch‹ auf den Menschen usw. Selbstverständlich verbergen sich in der Frage der genauen Bestimmung dieser Relation Probleme außerordentlicher Dimension, Probleme, die das abendländische Philosophieren seit den Anfängen beschäftigen. Mit Termini wie »Bedeutung«, »Bezeichnung«, zum Teil auch »Sinn« usw. haben verschiedene Linguisten und Philosophen versucht, die Relation genauer zu erfassen. Erst im Zuge der exakteren Bestimmung logischer Kategorien [5] hat hier eine erhebliche Reduktion stattgefunden, indem Referenz auf die Beziehung zwischen Sprachzeichen und Wirklichkeitsausschnitten und/ oder Vorstellungen von Wirklichkeitsausschnitten eingegrenzt wurde. Für die meisten Wörter läßt sich in dieser Perspektive genauer bestimmen, was Referenz ist. Jedem Ausdruck eignet eine – wie immer auch im einzelnen zu erfassende – derartige Referenz. Nicht so jedoch bei der angeführten Ausdrucksklasse: Es sind immer andere Individuen, auf die der Ausdruck ›ich‹ referiert, und entsprechend für all die anderen genannten Ausdrücke. Bühlers Unterscheidung zwischen Symbolfeld und Zeigfeld gab eine Möglichkeit, diesem Umstand Rechnung zu tragen. Die Referenz von ›ich‹ usw. ist funktional zu erfassen, nicht, sozusagen, ontologisch. (Daß man damit nur einen Aspekt der *Phänomenologie des Geistes* in einem neuen theoretischen Zusammenhang reformuliert hatte, ist meines Wissens bis heute weder in das Bewußtsein der Linguisten noch das der Sprachphilosophen so recht eingegangen.)

Betrachtet man nun noch einmal die eingangs wiedergegebenen Texte (1) und (2), so wird jeder bei der Lektüre des zweiten Beispiels unmittelbar realisiert haben, daß ihm mit dem immer erneut verwendeten ›dieser‹ etwas »zugemutet« wird. Wäre die referentielle Bestimmung allein hinreichend zur Beschreibung der Ausdrucksklassen, so wäre – unter Einbeziehung des Gedankens einer *möglichen* Welt, nämlich einer fiktionalen – als Bestimmungsversuch hinreichend zu sagen: die Referenz sowohl der in Text (1) wie der in Text (2) kursiv gesetzten Ausdrücke (›er‹ vs. ›dieser‹ usw.) ist dieselbe, nämlich der alte Mann, von dem Bichsel erzählen will. Wie steht es aber mit der Zumutung, die Text (2) dem Leser abverlangt? Ich meine, wir kommen diesem merkwürdigen Phänomen, dieser eigenartigen Leserfahrung auf die Spur, wenn wir Bühlers Gedanken, das sprachliche Handeln als solches analytisch ernst zu nehmen, konsequent weiterverfolgen. Fragen wir uns also, was – über die referentielle Beziehung hinaus, die mit den Ausdrücken etabliert wird – eigentlich sprachlich handelnd geschieht, indem der Sprecher oder Autor solche Ausdrücke gebraucht. Um eine Antwort auf diese Frage zu finden, reichen die überkommenen Kategorien der *Sprechhandlungstheorie* nicht aus. Diese unterscheidet an dem einzelnen sprachlichen Ereignis drei fundamentale Dimensionen, die nach meiner Auffassung unter systematischem Gesichtspunkt mit dem Terminus »Akt« zu erfassen sind: den *Äußerungsakt,* den *propositionalen Akt* und den *illokutiven Akt*. In den allermeisten Fällen konstituiert das Zusammentreffen dieser drei Akte die sprachliche Handlung. Wir können aber die spezifische Leistung von Ausdrücken wie ›dieser‹ usw. und ›er‹ usw. nicht auf der Ebene behandeln, die durch die eben beschriebene Konstitution der sprachlichen Handlung bestimmt ist. Dies aber hat die eben kritisierte Auffassung getan, indem sie den Unterschied zwischen ›dieser‹ und ›er‹ wesentlich referentiell zu erfassen versuchte. Denn die referentielle Analyse hat es zunächst einmal (und aller Wahrscheinlichkeit nach für eine, wie bei anderer Gelegenheit zu zeigen wäre, bloß oberflächliche Betrachtung) mit der *propositionalen* Dimension zu tun.

Die Kategorien von Äußerung, Illokution, Proposition und sprachlicher Handlung sind noch zu allgemein, um die spezifische Leistung jener Ausdrucksklassen zu erfassen. Deshalb ist ein weiterer Analyseschritt erfordert. Die einzelnen Akte nämlich setzen sich aus kleineren sprachlichen Verfahrensweisen zusammen. Ich nenne sie *Prozeduren*. Zu ihnen gehört z. B. die exakte sprachliche Indizierung illokutiver Kräfte. Zu ihnen gehört auch das, was man mit Ausdrücken wie ›dieser‹ und ›er‹ tut. Dies möchte ich in den zwei folgenden Paragraphen erläutern. Ich nehme die in § 1. beschriebenen wissenschaftlichen Termini »Deixis« und »Anapher«/»Katapher« auf und versuche, die deiktischen und phorischen Prozeduren genauer zu untersuchen.

4. Die Funktion der deiktischen Prozedur und die Verweisräume

Die zeichenzentrierte Pragmatik trägt, so wurde gesagt, der Sprechsituation und dem sprachlichen Handeln nur dort Rechnung, wo es sich gar nicht vermeiden läßt. Eine handlungszentrierte Pragmatik hingegen *geht* von der sprachlichen Tätigkeit *aus*. Diese ist vielfältig dimensioniert, die Sprachzeichen als solche beziehen sich nur auf eine ihrer Dimensionen. Sprachliches Handeln in seiner elementaren Form ist ein Handeln zwischen mindestens zwei Aktanten, einem Sprecher und einem Hörer. Zwischen ihnen muß in hochgradig vermittelter Form ein Transfer von Wissen hergestellt werden. Er verlangt, daß zwei Menschen mit teilweise ähnlichen bzw. identischen, teilweise aber auch unähnlichen, füreinander fremden mentalen Voraussetzungen durch die Aktualisierung des Gemeinsamen einen Teil des Fremden in Gemeinsames überführen. Um dies zu erreichen, bietet die Sprache als ein *gesellschaftlich erarbeitetes System der Verständigung* eine Vielzahl komplexer Operationen an.

Um Verständigung möglich zu machen, ist es vor allem nötig, überhaupt erst einmal gemeinsame Bezugsmöglichkeiten zwischen Sprecher und Hörer zu erzielen. Eine solche Gemeinsamkeit ist durch die Kopräsenz der beiden Aktanten innerhalb eines *gemeinsamen Wahrnehmungsraumes,* des Sprechzeitraums, ermöglicht. Der *Sprechzeitraum* liefert den sprachlich Handelnden also einen Bezugsrahmen, innerhalb dessen sie relativ leicht elementare Verständigungen herstellen können. Der Sprechzeitraum ist ein Raum potentieller sinnlicher Gewißheit. Um die Möglichkeiten, die er dem gemeinsamen Verständigtsein bietet, zu aktualisieren, ist es jedoch erfordert, daß seine geradezu chaotische Vielfalt für das Wissen der beiden Aktanten strukturiert wird. Derartige Strukturierungen werden durch psychische Handlungen erreicht. Insbesondere ist es erforderlich, die potentielle *Wahrnehmbarkeit* einer Vielzahl von Objekten des Wahrnehmungsraumes in *aktuelles Wahrnehmen* umzuwandeln. Dies bedeutet, daß Sprecher und Hörer ihre *Aufmerksamkeit* gezielt bestimmten Auswahlen aus der Fülle des Wahrnehmbaren zuwenden. Diese Tätigkeit richtet den Fokus des Wahrnehmungsapparates, des Apparates zur Herstellung sinnlicher Gewißheit, auf einzelne Objekte usw. Die Tätigkeit des Handelnden ist also eine *Fokussierung.* Ein Sprecher, der einem Hörer etwas sagen will, hat eine derartige Fokussierung bereits vorgängig bei sich vorgenommen. Das entscheidende Handlungsproblem für ihn, sobald er zu sprechen beginnt, besteht darin, den Hörer zu einer identischen oder doch ähnlichen Fokussierung von dessen Aufmerksamkeit zu bewegen – und ihn dazu instand zu setzen. Diese Tätigkeit des Sprechers ist eine *Orientierung,* die der Sprecher beim Hörer bewirkt. Genau zu diesem Zweck kann er unter unmittelbarem Bezug auf den Sprechzeitraum die Klasse der deiktischen Ausdrücke einsetzen. (Selbstverständlich stehen ihm dafür auch andere Verfahren zur Verfügung, auf die ich hier jedoch nicht eingehen kann.)

Die deiktischen Ausdrücke sind also Mittel im Sprachsystem, mittels derer ein Sprecher eine Orientierung des Hörers im Sprechzeitraum erreichen kann, d.h. mittels derer er die Wahrnehmungstätigkeit des Hörers in spezifischer Weise steuert. Durch Vermittlung der deiktischen Ausdrücke vollzieht der Hörer eine Fokussierung.

Die verschiedenen Unterklassen der deiktischen Ausdrücke stellen Mittel für eine Reihe elementarer derartiger Prozeduren in Relation zu den fundamental beim sprachlichen Handeln involvierten Elementen des Sprechzeitraums dar. So haben die meisten Sprachen, wenn nicht alle, eine Ausdrucksform für die Orientierung der Aufmerksamkeit auf den Sprecher (›ich‹), auf den Hörer (›du‹), auf den Sprechort (›hier‹), auf die Sprechzeit (›jetzt‹), und innerhalb dieser unterschiedlichen Dimensionen des Sprechzeitraumes eine Reihe von Nähe- und Fernegraden. Darüber hinaus verfügen viele Sprachen über eine allgemeinere, mit Ausdrücken des Symbolfeldes leicht kombinierbare Klasse von deiktischen Ausdrucksmitteln (›dieser‹).

All diese Ausdrucksmittel dienen dazu, jene Orientierungshandlung des Sprechers für den Hörer handlungspraktisch zu vollziehen. Das Verfahren ihrer Anwendung nenne ich die *deiktische Prozedur*.

Bisher bin ich vom unmittelbaren Sprechzeitraum ausgegangen. Gegenüber der herkömmlichen Bestimmung habe ich das Verständigungshandeln zwischen Sprecher *und Hörer* als systematischen Ausgangspunkt der Analyse gebraucht. Dadurch ist es möglich geworden, die Verwendung deiktischer Ausdrücke in ihrer komplexen sprachpsychologischen Realität zu erfassen.

Die Orientierung der Aufmerksamkeit des Hörers beim sprachlichen Handeln durch den Sprecher erweist sich nun aber als ein Erfordernis, das nicht auf die sinnliche Gewißheit des unmittelbaren Wahrnehmungsraums beschränkt bleibt. Vielmehr ergeben sich Orientierungserfordernisse ebenso in einer Reihe weiterer Zusammenhänge, die jedoch weniger leicht ins Auge fallen und für die die traditionelle linguistische Analyse dann auch oft versucht hat, die analytischen Kategorien einfach auf sich beruhen zu lassen. Bereits wenn wir hinsichtlich des sprachlichen Handelns selbst eine derartige Orientierung eines Hörers auf Teile unseres Diskurses erreichen wollen, geraten wir in ein Dilemma, wenn wir uns auf die Möglichkeiten der unmittelbaren sinnlichen Gewißheit beschränken. Durch die Serialisierung der sprachlichen Äußerungen müssen wir immer schon auf komplexe Erinnerungs- bzw. Antizipationsleistungen des Hörers vertrauen, wenn wir seine Aufmerksamkeit auf gerade geäußerte oder in Kürze zu äußernde Teile des Diskurses richten wollen. Gleichwohl: die deiktischen Ausdrucksmittel, die sich im unmittelbaren Wahrnehmungsraum als ein so außerordentlich effizientes Mittel der Kommunikation erwiesen haben, stehen uns auch hier zur Verfügung. Wir können, z.B. wenn wir einen Kommentar zu einer früheren Äußerung machen wollen, darauf verweisen mit dem deiktischen Ausdruck ›das‹; wir können auf komplexe Strukturteile des Diskurses uns beziehen durch Ausdrücke wie ›damit‹, ›dafür‹. Um aber analytisch dem faktischen Einsatz der deiktischen Ausdrücke gerecht zu werden, ist es nötig, daß die systematischen Veränderungen theoretisch erfaßt werden, die diese Verschiebung des Einsatzes der deiktischen Prozedur mit sich bringt. Es ist nicht mehr der Sprechzeitraum selbst als unmittelbarer Wahrnehmungsraum, als Grund sinnlicher Gewißheit, innerhalb dessen die Fokussierung der Aufmerksamkeit des Hörers geschieht. Es ist vielmehr die *Rede*. So entsteht im Prozeß des sprachlichen Handelns ein *Rederaum*. Er ist mit dem Sprechzeitraum als dessen Vergangenheit und Zukunft noch eng verbunden.

Sehr viel stärker löst sich der *Verweisraum,* wenn wir es nicht nur mit der Rede, dem Diskurs als ganzem, zu tun haben, sondern wenn wir uns auf *Texte* beziehen. Die Möglichkeit unmittelbarer sinnlicher Gewißheit ist hier nicht mehr gegeben. *Texte* sind eo ipso aus der Sprechsituation entbundene sprachliche Einheiten. [6] Je geringer die Möglichkeiten der Unmittelbarkeit des psycho-physischen Wahrnehmens werden, je weniger das Wahrnehmen selbst als Grundlage für die Orientierungs- und die Fokussierungstätigkeit eingesetzt werden kann, um so mehr werden *mentale Kompensationen* erforderlich. Eine Vielzahl mentaler Operationen des Erinnerns, des Imaginierens, des Operierens innerhalb mentaler Bereiche treten an die Stelle der unmittelbaren Wahrnehmung. Das sprachliche Handeln nimmt dadurch selbstverständlich erheblich an Abstraktheit und Komplexität zu. Die deiktische Prozedur wird innerhalb des *Textraumes* eingesetzt, und der Textraum ist nicht vorab als gemeinsame Umgebung von Sprecher und Hörer bereits gegeben. Er muß vielmehr in der sprachlichen Aktualisierung des Textes durch die Prozedur des Lesens (so jedenfalls bei schriftlichen Texten) vom Hörer selbst allererst *konstituiert* werden. Dazu stehen ihm eine Reihe von Tätigkeitsmöglichkeiten zur Verfügung, über deren Psychologie wir immer noch relativ wenig wissen. Die Verschiebung vom Sprechzeitraum als einem Raum der potentiellen sinnlichen Gewißheit zum Textraum als einem im Vollzug zu konstituierenden Raum potentieller mentaler Operationen hat eine weitere Veränderung im Gebrauch der deiktischen Ausdrucksmittel zur Folge. Die Objekte der deiktischen Prozedur sind nunmehr mentale Größen, sind Wissenspartikel bzw. Elemente des Textes als solchen. Gleichwohl bleiben die wesentlichen psychologischen Kennzeichen der deiktischen Prozedur selbst erhalten. Wenn innerhalb eines Textes Teile der deiktischen Ausdrucksklasse verwendet werden, wird auch mit ihnen eine Orientierungshandlung vollzogen. Aber es ist nunmehr eine Orientierungshandlung, die der Autor des Textes bei dessen *Leser* zu erreichen versucht. Der Autor bewegt den Leser dazu, seine Aufmerksamkeit innerhalb des Textraums zu fokussieren. Das ›hier‹ ist nunmehr bezogen auf die Wirklichkeit des im Akt des Lesens re-konstituierten Textraumes, das ›da‹ hat es mit ihm zu tun, das ›jetzt‹ ist ein Jetzt in der Abfolge des Lesens.

Was für den Text gilt, trifft noch stärker für einen weiteren Verweisraum zu, für den *Vorstellungsraum* (Bühlers *Deixis am Phantasma*). Ich kann auf diesen Punkt hier jedoch nicht ausführlich eingehen.

5. Die Funktion der phorischen Prozedur

Vom sprachlichen Handeln in seiner ganzen Komplexität ausgehend, ist es möglich, die deiktische Prozedur einheitlich zu bestimmen und ein einheitliches Verständnis der Funktion der deiktischen Ausdrucksmittel zu entwickeln. Zugleich werden die spezifischen Differenzen, die sich durch die Anwendung der deiktischen Prozedur in unterschiedlichen Verweisräumen ergeben, sprachtheoretisch erfaßt.

Ein entsprechendes methodisches Vorgehen für die Analyse der Ausdrucksklasse ›er‹ usw. erlaubt m. E. auch, den Unterschied zwischen ihr und der Klasse der deiktischen Ausdrucksmittel genauer zu erfassen. Ich kann aus Raumgründen eine solche Analyse der phorischen Prozedur hier nicht vorführen, sondern muß mich darauf beschränken, ihr Ergebnis mitzuteilen.

Die Ausdrucksklasse ›er‹ usw. teilt einerseits bestimmte Aspekte mit der deiktischen Ausdrucksklasse. Auch ihre Verwendung hat es mit der komplexen Verarbeitung von sprachlich vermitteltem Wissen zu tun. Andererseits unterscheidet sie sich aber fundamental von ihr. Sie nimmt nämlich geradezu eine den deiktischen Ausdrucksmitteln entgegengesetzte Funktion beim sprachlichen Handeln wahr. Während mittels deiktischer Ausdrücke die Fokussierung der Aufmerksamkeit auf bisher vom Hörer *nicht* fokussierte Objekte erreicht wird, wird ein Ausdruck wie ›er‹ eingesetzt, um innerhalb des Verständigungshandelns zwischen Sprecher und Hörer, zwischen Autor und Leser, den Hörer/Leser darüber zu informieren, daß er einen *bereits etablierten Fokus weiterhin aufrechterhalten kann.* So läßt in Text (1) Bichsel den Leser bei seiner Re-Konstitution dessen, was er als Autor im Text an »sprachlichem Imaginationspotential« niedergelegt hat, immer erneut den einmal (hier mit anderen Mitteln aus dem Symbolfeld und dem Artikel) erreichten Fokussierungsprozeß fortsetzen, die hergestellte Fokussierung kontinuieren. Wird hingegen ›er‹ durch ›dieser‹ ersetzt, so wird dem Leser ein permanent neuer Fokussierungsprozeß abverlangt (Text (2)) – der faktisch jedoch immer nur bei einem Objekt endet, das der Leser bereits im Fokus hatte. Das Resultat ist Irritation und, sobald sie aufgelöst ist, Unwillen über die unbillig geforderte psychische Leistung, die sich nach ihrem Vollzug als zwecklos erweist.

Auf der Grundlage dieser Bestimmung wird es möglich, die kategorialen Unklarheiten, die im § 1. genannt wurden, zu überwinden und eine in sich klar strukturierte Theorie der deiktischen und phorischen Ausdrücke für die Analyse ihrer komplexeren Verwendungen zur Verfügung zu stellen. Eine solche Theorie aber ist unumgänglich, gerade um deren literarischen Gebrauch zu verstehen.

6. Sprachwissen und Rezeptionssteuerung

Die Analyse der deiktischen und der phorischen Prozedur, wie sie in den vorigen beiden Paragraphen vorgetragen wurde, entwirft nicht einfach ein extern motiviertes Modell. Vielmehr erhebt sie zugleich mit der theoretischen Bestimmung ein *Sprachwissen*, das für die sprachlich Handelnden handlungspraktische Relevanz besitzt. Als solches bildet es eine elementare Voraussetzung für die Tätigkeit der Literaturproduktion. Ohne daß ein Autor sich darüber theoretisch Rechenschaft geben können müßte, aktualisiert er dieses Sprachwissen so, daß er durch die im Text verwendeten Prozeduren das Rezeptionshandeln des Lesers zu steuern sucht und im gelingenden Fall steuert. Dadurch wird es ihm allererst möglich, die handlungspraktische Distanz zwischen Autor und Leser bei seiner Tätigkeit zu überwinden. Die *Steuerung der Rezeption* ist eine elementare Dimension des sprachlichen Handelns. Von unmittelbaren, in einfachen Formen des Erzählens aktualisierten Strukturen bis hin zu komplexen Nahelegungen von Schlüssen, heimlichen Assoziationsaufforderungen an den Leser und groß angelegten Anreizen zu psychischen Mitkonstruktionen und Weiterungen macht der erzählende Autor von der Rezeptionssteuerung Gebrauch. In seiner sprachlichen Tätigkeit unterstellt er stillschweigend immer schon, daß der mit ihm in der gemeinsamen Sprache und im gemeinsamen Wissen verbundene Leser sich erwartbar auf die Prozeduren einläßt, derer sich der Autor bedient.

7. Kataphern beim literarischen Erzählen

Die deiktischen und phorischen Prozeduren sind ein hervorragendes Mittel, das der Autor beim literarischen Erzählen einsetzen kann. Dabei kommt der deiktischen Prozedur m. E. eine noch größere Bedeutung als der phorischen zu. Doch auch diese ist unverzichtbar, indem jedes Erzählen zu seinem erfolgreichen Prozessieren solcher Mittel bedarf, die den Leser bei seiner komplexen Rekonstruktion des vom Autor im Text deponierten Erlebens-Potentials fördern. Erst die Rekonstruktion und die durch sie vermittelte konkrete Aktualisierung dieses Potentials durch den Leser verhelfen dem literarischen Erzählen zu seiner Realität. Der Text der Erzählung als solcher ist tot, Petrifakt. Nur im Akt des Lesens erreicht er sein Ziel. Die Rekonstruktion des Erlebens-Potentials »Erzählung« aber ist eine hochkomplexe Tätigkeit, die zahlreicher Verständigungshilfen des alltäglichen Erzählens notwendig entbehren muß. Um so wichtiger sind dem Leser alle Informationen, die ihn bei dieser Tätigkeit unterstützen. Dazu gehören Informationen über die jeweils aktuelle Fokusstruktur.

Darüber hinaus bieten die phorischen Ausdrucksmittel dem Autor aber auch genuine Möglichkeiten der Erzählens. Sie sind ein wichtiges Element, um Erwartungen des Lesers zu etablieren und damit etwas handlungspraktisch ins Werk zu setzen, was mit der Konzeption der literarischen Erzählung immer schon verbunden war: »Spannung«. Ein Beispiel möchte ich behandeln, die *Katapher*.

Es war gesagt worden, daß die phorische Prozedur es mit einer bereits etablierten Fokussierung des Hörers/Lesers zu tun hat. Dies gilt selbstverständlich für die sich auf vorgängige Teile beziehende Verwendung des phorischen Ausdrucks, für die *anaphorische Prozedur*. Wesentlich komplexer ist der Einsatz der phorischen Prozedur, wenn sie sich auf etwas bezieht, was noch gar nicht genannt wurde: die *kataphorische Prozedur*. Sie versucht gleichsam etwas in sich Widersprüchliches – und bezieht aus diesem Widerspruch ihren eigentlichen Effekt. Die phorische Prozedur war bestimmt worden als Aufrechterhaltung eines Fokus, der bereits besteht. Es muß also etwas »sichtbar« geworden sein, auf das sie sich beziehen kann. Erfolgt nun dieser Bezug auf etwas, was innerhalb der Rede bzw. des Textes noch gar nicht genannt wurde, so erhalten wir eine contradictio in adiecto. Soll es damit nicht sein Bewenden haben, ist zu fragen, wie der Widerspruch handlungspraktisch aufgelöst wird. Dies geschieht so: Der Sprecher informiert durch die Verwendung der phorischen Prozedur den Hörer darüber, daß er einen Fokus beibehalten kann. Er setzt damit voraus, daß es ein Objekt gibt, das im Fokus liegt. Der Hörer fragt sein Diskurs- bzw. Textwissen ab, um dieses Objekt aufzusuchen. Er kommt aber zu keinem Ergebnis. Deshalb stehen ihm zwei Interpretationsmöglichkeiten für das sprachliche Handeln des Sprechers zur Verfügung: entweder hat der Sprecher bei seinem Handeln etwas Falsches gemacht (dann kann er eine Korrektur einfordern). Oder der Sprecher hat absichtsvoll die Regeln des sprachlichen Handelns verletzt. Damit verlangt er vom Leser eine verstärkte Mitarbeit. Er verlangt vom Leser, daß er antizipierend seine Aufmerksamkeit als bereits fokussiert behandelt, daß er seine Aufmerksamkeit als durch den Sprecher bereits orientiert in Anspruch nehmen läßt – obwohl das Objekt und damit die Grundlage dafür fehlt. Der Sprecher verlangt also vom Hörer/Leser ipso facto eine verstärkte *Mittätigkeit*. Der Leser wird durch den ungewöhnlichen Einsatz der phorischen Prozedur gezwungen, seine eigene Tätigkeit zu intensivieren, zusätzlich rekonstruktive Bemühungen zu unternehmen, um die ungewöhnliche Verfahrensweise des Autors nicht zu verfehlen. Dies aber kann vom Autor als Mittel eingesetzt werden, um mit einem seiner zentralen sprachlichen Handlungsprobleme fertig zu werden, nämlich, den Leser permanent zu motivieren, den Rekonstruktionsprozeß zum Zwecke des Verständnisses des Erzählten wirklich konkret zu leisten. Der Autor induziert also beim Leser durch den systematischen Einsatz einer kataphorischen Prozedur, durch das Verlangen, einen etablierten Fokus aufrechtzuerhalten, obwohl der Fokus noch gar nicht etabliert wurde, eine verstärkte Erwartung, eine verstärkte mentale Frage danach, was denn nun das Objekt der phorischen Prozedur eigentlich sei. Von diesem Verfahren machen all jene Autoren Gebrauch, die innerhalb einer Erzählung als ganzer oder innerhalb einzelner Abschnitte »unversehens« mit einem ›er‹ beginnen. Die Erzählliteratur weist dafür zahlreiche Beispiele auf.

8. Der Einsatz deiktischer Prozeduren beim literarischen Erzählen

Ich komme auf die deiktischen Prozeduren zurück. Wie gesagt wurde, bieten sie zahlreiche komplexe Verwendungsmöglichkeiten.

Einerseits haben sie »operativen Charakter«, indem innerhalb des Erzähltextes so von ihnen Gebrauch gemacht wird, daß der Text selbst zum deiktischen Objekt wird. In diesem Fall handelt es sich um die *textdeiktische Prozedur*. Sie ist aber für das literarische Erzählen nur bedingt von Nutzen. Denn indem der Text *als Text* fokussiert wird, entsteht leicht die Gefahr, daß er, der ja lediglich ein Mittel sein soll, um beim Leser die eigene imaginierende Tätigkeit in Übereinstimmung mit den Vorgaben des Autors in Bewegung zu setzen, zuviel der Leseraufmerksamkeit in Anspruch nimmt. Der Leser wird dann daran gehindert, sich voll dem Nachvollzug der Inhalte hinzugeben. Derlei aber tritt dem Erzählzweck in den Weg.

Viel wichtiger ist es, durch *deiktische Mittel im Vorstellungsraum* direkt den Prozeß der Imagination des Lesers zu fördern. Dabei bedienen sich die einzelnen Erzähler der deiktischen Mittel in unterschiedlichem Maße. So scheint etwa der Gebrauch deiktischer Verfahren bei Eichendorff einerseits, Goethe und Kleist andererseits [7] bis hin zu statistischer Relevanz zu differieren.

Sogar von der *Deixis im Sprechzeitraum* kann in der Literatur Gebrauch gemacht werden, und auch das geschieht in ganz besonderer erzählender Absicht. Indem der Autor an einzelnen Stellen seiner Erzählung eine deiktische Prozedur im Sprechzeitraum verwendet, bezieht er den Leser unmittelbar ein. Er überbrückt die zeiträumliche Differenz, die durch das Medium des Textes zwischen ihm und dem Leser entstanden ist, er zieht den zerdehnten Sprechzeitraum wieder zusammen. Besonders mit der ›du‹-Deixis kann er so verfahren. Ein klassisches Beispiel ist der Schluß von Eichendorffs *Schloß Dürande* (Text (3)):

»Das sind die Trümmer des alten Schlosses Dürande, die weinumrankt in schönen Frühlingstagen von den waldigen Bergen schauen. – *Du* aber hüte dich, das wilde Tier zu wecken in der Brust, daß es nicht plötzlich ausbricht und dich selbst zerreißt.«

Indem der Autor sich und den Leser durch ein deiktisches Verfahren in eine identische Situation *versetzt,* realisiert er innerhalb des literarischen Erzählens ein Element, das für das alltägliche Erzählen elementar ist: die sogenannte »Evaluation«.[8] Er zieht dadurch den Leser auf unmittelbare Weise in das Erzählgeschehen hinein.

Die deiktischen Prozeduren sind aber auch geeignet, ganz spezifische erzählerische Wirkungen zu erzielen. Ein Beispiel für einen derartigen, ziemlich komplexen Fall möchte ich abschließend behandeln. Es ist Thomas Bernhards kleinem Text *Attaché an der französischen Botschaft* entnommen, einem Tagebuchausschnitt, der ein Gespräch zwischen dem Onkel des Schreibers und einem Attaché wiederholt, während dieser, sich nachts im Wald verirrend, vom Onkel, einem Forsteigner, geführt wird. Die Tagebucheintragungen enthüllen schließlich mit dem Bericht von »einem Toten« (»Es handelt sich um einen Attaché an der französischen Botschaft«) eine letale Untergründigkeit, von der her die Geschichte, die sich in den Tagebuchaufzeichnungen spiegelt, ihren Bernhardschen Charakter erhält. An *zentraler* Stelle innerhalb der Erzählung steht jenes Gespräch (worauf der Tagebuchschreiber selbst hinweist (S. 66–)).

(4)
»Dieser Wald«, hatte mein Onkel zu dem jungen Mann gesagt, »ist gut«, dann wieder: »Dieser Wald ist schlecht, und ich will Ihnen erklären, warum *der* Wald gut ist, der andere schlecht. In der Finsternis sehen Sie ja nicht, warum *der* gut ist und der andere schlecht. Aber warum sage ich Ihnen, daß *der* Wald gut ist und der andere schlecht (»Menschen!«). Möglich, daß Sie das gar nicht interessiert. Mich aber haben ständig diese Merkwürdigkeiten, *Land*merkwürdigkeiten zu interessieren. Tag und Nacht beschäftigen mich diese Gedanken: Ist *dieser* Wald gut? Ist *dieser* Wald schlecht? Warum ist *der* gut? Warum ist *der* schlecht? Wenn es Tag wäre, würden Sie sofort erkennen, daß *der* Wald (»Mensch!«), in dem wir jetzt sind, schlecht ist, und Sie würden mit der gleichen Sicherheit von dem, in dem wir jetzt hineingehen, sagen können, daß er *gut* ist. Aber jetzt erkennen Sie nichts. Die Finsternis macht es unmöglich, festzustellen, ob der Wald (»Mensch!«) gut ist, ob der Wald (»Mensch!«) schlecht ist. Ich aber weiß, daß der Wald, in dem wir jetzt sind, schlecht ist, daß der Wald, in den wir jetzt hineingehen, gut ist. Mir ist die Beschaffenheit aller meiner Wälder bekannt ...«
aus: Thomas Bernhard, *Attaché an der französischen Botschaft* (S. 67)

Lederer [9] hat für diesen kurzen, von ihm sehr ausführlich analysierten Ausschnitt einen Umschlag von »komplexer Durchschaubarkeit und Ableitbarkeit« in »Orientierungsverlust« konstatiert [10]. Der Textausschnitt ist geradezu überreich an deiktischen Ausdrücken: In der Gesamtzahl von ca. 180 Wörtern sind 41 bis 46 deiktische enthalten. 18 gehören der Sprecher-Hörer-Deixis zu. (Auf sie gehe ich nicht näher ein.) In Text (5) sind die deiktischen Ausdrücke einfach unterstrichen.

(5)
(1) Dieser Wald ist gut.
(2) Dieser Wald ist schlecht.
(3) Ich will
(4) Ihnen erklären,

(5)
warum *der* Wald gut ist,
  (6) *der andere* schlecht.
  (7) In der Finsternis sehen Sie ja nicht,
  (8) warum *der* gut ist
  (9) und *der andere* schlecht.
(10) Aber warum sage ich
(11) Ihnen,
(12) daß *der* Wald gut ist
(13) und der andere schlecht

(»Menschen!«)

(14) Möglich, daß Sie
(15) das gar nicht interessiert.
(16) Mich aber haben ständig
(17) diese Merkwürdigkeiten, *Land*merkwürdigkeiten zu interessieren.
(18) Tag und Nacht beschäftigen mich
(19) diese Gedanken:
(20) Ist *dieser* Wald gut?
(21) Ist *dieser* Wald schlecht?
(22) Warum ist *der* gut?
(23) Warum ist *der* schlecht?
(24) Wenn es Tag wäre, würden Sie sofort erkennen,
(25) daß *der* Wald

(»Mensch!«)

(26) in dem wir
(27) jetzt sind, schlecht ist,
(28) und Sie würden mit der gleichen Sicherheit
(29) von dem
(30) in den wir
(31) jetzt
(32) hineingehen, sagen können, daß er *gut* ist.
(33) Aber jetzt
(34) erkennen Sie nichts.
(35) Die Finsternis macht es unmöglich, festzustellen, ob der Wald
(»Mensch!«)
gut ist,
(36) ob der Wald
(»Mensch!«)
schlecht ist.
(37) Ich aber weiß,
(38) daß der Wald
(39) in dem wir
(40) jetzt sind, schlecht ist,
(41) daß der Wald,
(42) in den wir
(43) jetzt
(44) hineingehen, gut ist.
(45) Mir ist
(46) die Beschaffenheit aller meiner Wälder bekannt ...«

Der ganze Textausschnitt ist Teil einer »direkten« Rede, die deiktischen Ausdrücke werden also lediglich reportiert. »Direkte« Rede weist eine suspendierte illokutive Kraft auf [11]: dieser Umstand ist für das Verständnis des Textes im Zusammenhang des Tagebuchausschnitts wichtig.

Neben (α) der Klasse der *Sprecher-Hörer-Deixis* (3, 4, 7, 10, 11, 14, 16, 18, 24, 26, 28, 30, 34, 37, 39, 42, 45, 46) gehören die Deixeis auf den ersten Blick zu drei weiteren Klassen:

(β) einige wenige Vorkommen beziehen sich auf die Rede, sind *Deixeis im Rederaum:* 15, 19;

(γ) einige sind Deixeis im *Sprechzeitraum der wiedergegebenen Rede:* 1, 2, 5, 6, 8, 9, 12, 13, 17 (?); 32, 44; 27, 31, 33, 40, 43;

(δ) eine Sonderstellung nehmen die Vorkommen in 20, 21, 22, 23 ein. Sie stehen in einer »direkten« Rede in der »direkten Rede«, genauer sie sind Teil der Gedanken, die sich der Sprecher, dessen Rede wiedergegeben wird, macht. Sie gehören also einem *Vorstellungsraum* zu.

Neben diesen insgesamt vier Gruppen gibt es (in 29, 35, 36, 38, 41) einige Vorkommen von ›der‹, das im schriftlichen Deutsch ambivalent ist: es kann Deixis, es kann Artikel sein. Bei mündlicher Äußerung wird diese Ambivalenz im allgemeinen dadurch aufgelöst, daß beide Formen unterschiedlich intoniert werden. Durch die graphische Unterscheidung von kursiver und nicht-kursiver Form bezieht der Autor sich auf das Problem: 25 wird kursiviert, ein Vorkommen, das einerseits mit den zuletztgenannten formal identisch ist, andererseits offensichtlich »stärker« betont werden soll – und dadurch eindeutig zur Deixis wird. 26/27 sind dann lediglich nicht-restriktiver Relativsatz, ›der‹ (25) ist deiktischer Ausdruck im Sprechzeitraum des Onkels.

Das Eigenartige an dem Text nun ist, daß er stark repetitiv strukturiert ist; immer wieder dieselben Wörter und Sätze kommen in ihm vor. Da nahezu kein Satz ohne Deixis ist, heißt dies, daß auch immer wieder dieselben Deixeis vorkommen. Aufbauend auf den Prädikaten ›gut‹ vs. ›schlecht‹, lassen sich unschwer zwei Gruppen ausmachen:

	I		II
(a)	1 dieser Wald ist gut	(a′)	2 dieser Wald ist schlecht
(b)	5 warum *der* Wald gut ist	(b′)	6 (warum) der andere [12] schlecht ist
(c)	8 warum *der* gut ist	(c′)	9 (warum) der andere schlecht (ist)
(d)	12 daß *der* Wald gut ist	(d′)	13 (daß) der andere schlecht (ist)
(e)	20 Ist *dieser* Wald gut?	(e′)	21 Ist *dieser* Wald schlecht?
(f)	22 Warum ist *der* gut?	(f′)	23 Warum ist *der* schlecht?
(g)	29 ff. von dem, in den wir jetzt hineingehen, … daß er gut ist	(g′)	25 ff. *der* Wald, in dem wir sind, schlecht ist
(h)	41 ff. der Wald, in den wir jetzt hineingehen,	(h′)	38 ff. der Wald, in dem wir jetzt sind, schlecht ist

Beziehen wir als nächstes die jeweiligen deiktischen Räume einerseits, die rahmensetzenden Ausdrücke andererseits, innerhalb derer die deiktischen Ausdrücke eingebettet werden, mit in die Überlegung ein, so ergibt sich ein merkwürdiges Resultat – das um so mehr verblüfft, als der Text sich ja einfach in der Wiederholung immer desselben zu erschöpfen scheint.

Der Text nimmt seinen Ausgangspunkt bei der unmittelbaren *Sprechsituation*. Die deiktische Prozedur ermöglicht also eine Orientierung des Adressaten, des Attachés, innerhalb dieses Raumes der unmittelbaren Wahrnehmung, innerhalb des Raumes der sinnlichen Gewißheit (a). Der Onkel identifiziert mit einer zweifachen Anwendung der deiktischen Prozedur den Wald als deiktisches Objekt, genauer zwei verschiedene Wälder. Im nächsten Vorkommenspaar werden (b) die deiktischen Prozeduren eingebettet in den Zusammenhang des »Erklärens«. Dadurch wird die Deixis aus dem Sprechzeitraum in den *Vorstellungsraum* versetzt. Aber die Rede selbst ist auf den Sprechzeitraum bezogen. Die Distanz hält sich in engen Grenzen. Eine Ablösung vom Raum der sinnlichen Gewißheit wird allenfalls angedeutet. Anders beim folgenden Paar (c): die Deixis bleibt auf den Sprechzeitraum als Raum der sinnlichen Gewißheit bezogen. Aber der Inhalt der ausgedrückten Proposition läuft dem zuwider: »nicht sehen«, keine sinnliche Gewißheit gewinnen, so lautet dieser Inhalt, also die Negation sinnlicher Gewißheit gerade dort, wo diese ihren Ort, die Bedingungen ihrer Möglichkeit in der Beobachtung hat. Damit tritt die deiktische Prozedur in einen offenen Widerspruch zu dem, was mittels ihrer transportiert werden soll. Der folgende Belegkomplex (d) hält diesen Widerspruch auf spezifische Weise aufrecht. Es handelt sich um ein Zitat – wodurch die Indirektheit wächst. In (e) ist der Widerspruch in einer Richtung aufgelöst: Es werden nur noch Gedanken des Onkels zitiert. Die deiktische Prozedur wird im *Vorstellungsraum* angewendet (ein Umstand, der wahrscheinlich durch die Kursivierung noch hervorgehoben werden soll). Die Orientierungsmöglichkeit, entbunden aus der gemeinsamen Sprechsituation, ergibt sich nur noch für den Sprecher, in dessen Imagination der eine wie der andere Wald das deiktische Objekt abgeben können. (f) wiederholt und verstärkt diesen Aspekt. Indem die Gedanken des Onkels ins Spiel gebracht werden, weitet sich zugleich diese nur ihm zugängliche, indirekte Wirklichkeit über die Sprechsituation hinaus aus, der Vorstellungsraum wird beliebig erweiterbar. In (g) erscheint die deiktisch erreichbare Gewißheit in bloß konditionaler Form, also mit einer impliziten Negation: indem die sinnliche Gewißheit unter *anderen* Bedingungen als *möglich* hingestellt wird, wird sie unter den aktuellen des sinnliche Gewißheit stiftenden Sprechzeitraums als *nicht real* erwiesen. Angesichts dessen wird die abschließende Äußerung des Onkels zu bloßer, dem Angeredeten *prinzipiell* unzugänglicher Behauptung. Denn alle Mittel der eigenen Orientierung sind ihm genommen. Zwar kann er den Wald vom Wald unterscheiden – doch seine Fähigkeit bleibt für ihn gleichgültig. Entsprechend gewinnt die Äußerung 35 f. eine allgemeine Qualität, die weit über die aktuelle Sprechsituation hinausweist:

»Die Finsternis macht es unmöglich, festzustellen, ob der Wald (allgemein, nicht mehr der eine oder der andere, durch Orientierungshandeln zugängliche) gut ist, ob der Wald schlecht ist.«

Das Wissen, der mentale Besitz bloß des Sprechers, ist dem Angesprochenen in einem *uneinholbar* – wie *sinnlich ungreifbar*.

Es zeigt sich also, daß Bernhard in seinem Text auf komplexe Weise deiktische Prozedur, Rahmenrelativierung und propositionalen Gehalt gegeneinander laufen läßt. Der Attaché verliert sich in den Wäldern, deren Qualität sich ihm in der sinnlichen Unerkennbarkeit gerade bei seiner Anwesenheit entzieht; die so, weil unerkennbar, in der Entmündigung seiner Sinne resultieren und für ihn gleichgültig werden.

Der Onkel verwendet die deiktische Prozedur, das Mittel zur Herstellung von Verständigung und von Orientierung beim Hörer, zu dessen Desorientierung und Unterwerfung. Dabei verschmilzt er die deiktischen Räume auf schwer zu durchschauende Weise. Die Okkupation der psychischen Fähigkeiten des Attachés endet für diesen tödlich.

Doch ist es damit nicht getan. Denn das Verfahren des Onkels wird im Verfahren des Autors prolongiert. Die Gegenläufigkeit von deiktischer Prozedur und inhaltlicher Struktur wird nicht nur berichtet, sie wird ihrerseits vorführend imitiert. Die Überblendung von Inhalt und sprachlichem Verfahren setzt sich durch den Text hindurch direkt fort und überträgt etwas von des Attachés Verwirrung auf den Leser. Dies geschieht durch einen anderen Teil der deiktischen Ausdrücke, die eine eigenartige Doppellesung erlauben. In 14–19 artikuliert der Onkel seine geistige Beschäftigung. Er tut es mit »diese Gedanken« in 19. Die Deixis ist zunächst einfach *rededeiktisch*. Aber das ist nicht alles: sie kann auch, in dem Maß, wie der Inhalt der reportierten Rede selbst sich aus dem Zitatzusammenhang löst, zur *Textdeixis* werden. Denn »diese Gedanken« sind ja Gedanken, die dem Leser zugetragen – und die für ihn durch das scheinbar unmotiviert eingestreute »Mensch« auf eine verblüffende Weise uminterpretiert werden. Eine ähnliche Interpretation ermöglicht 33 f.: »Aber jetzt erkennen Sie nichts«: es kann dies zur bewußten Artikulation der Leseerfahrung des Lesers werden, der sich in den Verschiebungen der deiktischen Räume verliert wie der Attaché in den Wäldern. Das »jetzt« einer bloß reportierten, damit z. T. suspendierten Sprechsituation wird zur unmittelbaren Aktualität des Textrezipienten, zum Meta-Statement des Autors an den Leser, ja über ihn.

Lederers Beobachtung trifft also den *Sachverhalt* genau; er bestimmt jedoch nicht die entscheidenden *sprachlichen Verfahren,* mittels derer jener hergestellt wird: die deiktischen Ausdrücke und ihre komplexe Verwendung. Sie erscheinen vielmehr für ihn nur als »Pronomina«, während die Ausdrücke »Deixis«, »deiktisch« metaphorisierend zur Beschreibung der Syntax eingesetzt werden. Diese metabasis eis allo genos ist hier nicht mehr als sonst von Nutzen. Erst die exakte Analyse der Deixis als Deixis hingegen scheint mir geeignet, die literarische Erzählweise des Autors in ihrer komplexen sprachlichen Struktur ein Stück weit zu rekonstruieren.

Selbstverständlich ist Bernhards Gebrauch der deiktischen Prozeduren nur einer von vielen möglichen. Ich meine, es würde für die Analyse des literarischen Erzählens wie für die Entwicklung einer ihrem Objekt angemessenen Textlinguistik lohnen, andere Verwendungen der deiktischen – wie auch der phorischen – Prozeduren zu untersuchen. Genau auf die Zusammenhänge und die Besonderheiten des literarischen Erzählens im Vergleich zu anderen Formen des sprachlichen Handelns zu achten, scheint mir dabei ebenso reizvoll wie spannend.

Anmerkungen

1 s. Karl Bühler, Sprachtheorie, 1934, Neudruck, Stuttgart 1965. Es ist hier selbstverständlich nicht der Ort, die umfängliche neuere Literatur zu den »Pronomina« wie zu den deiktischen Ausdrücken zu diskutieren, die – zum Teil gerade im Blick auf die literarischen Verwendungen – in den letzten zwei Jahrzehnten entstanden ist. Dazu gehören vor allem die Arbeiten von Heger, Weinrich, Harweg, aber auch von Halliday und Hasan sowie, speziell zu französischen Autoren, Johanna Kahr, Entpersönlichende Personenerwähnung im modernen französischen Roman, Amsterdam 1976

2 Das heute gängige Verständnis von »Person« entspricht dem antiken nur bedingt; vgl. Konrad Ehlich, Verwendungen der Deixis beim sprachlichen Handeln, Frankfurt usw. 1979, § 9.2.1.2.

3 Eine Rekonstruktion dieser Geschichte habe ich in K. Ehlich, Verwendungen der Deixis, § 3.6. und § 9.2.1., versucht.

4 K. Bühler, Sprachtheorie, Teil II

5 Für die deiktischen Ausdrücke vergleiche man besonders Russell, Reichenbach, Bar-Hillel und Montague (s. für die Einzelnachweise K. Ehlich, Verwendungen der Deixis, § 3.4.)

6 Eine sprechhandlungstheoretische Bestimmung der Kategorie »Text« habe ich in K. Ehlich, Verwendungen der Deixis, § 6., zu entwickeln begonnen. Weitere Arbeitsschritte sind erforderlich; vgl. inzwischen K. Ehlich, Text, Mündlichkeit, Schriftlichkeit FIPKM 14, S. 23–51.

7 Eine Bearbeitung des Deixis-Gebrauchs von Eichendorff ist in Vorbereitung, erste Ergebnisse sind in meinen Artikel »Deixeis in Eichendorffs Dichtung« (Düsseldorf, mimeo) dargestellt.

8 Vgl. William Labov/Joshua Waletzky, Erzählanalyse: Mündliche Versionen persönlicher Erfahrung. In: Jens Ihwe (Hg.), Literaturwissenschaft und Linguistik, Band 2, Frankfurt, S. 78–126

9 S. Otto Lederer, Syntaktische Form des Landschaftszeichens in der Prosa Thomas Bernhards. In: Anneliese Botond (Hg.) Über Thomas Bernhard, Frankfurt 1970, S. 42–67

10 O. Lederer, Syntaktische Form des Landschaftszeichens, S. 59

11 S. K. Ehlich, Verwendungen der Deixis, § 5.3.

12 Die Begründung für die Einbeziehung von ›der andere‹ kann hier nicht gegeben werden.

Zitierte Literatur

Thomas Bernhard, Attaché an der französischen Botschaft, 1967. In: Thomas Bernhard, Prosa, Frankfurt/M. 1978

Peter Bichsel, Ein Tisch ist ein Tisch, 1969. In: Peter Bichsel, Kindergeschichten, Darmstadt, Neuwied 1980

Karl Bühler, Sprachtheorie, 1934. Neudruck Stuttgart 1965

Konrad Ehlich, Verwendungen der Deixis beim sprachlichen Handeln, Frankfurt/M., Bern, Las Vegas 1979

Konrad Ehlich, Deixeis in Eichendorffs Dichtung, Düsseldorf 1980: mimeo

Konrad Ehlich, Text, Mündlichkeit, Schriftlichkeit. In: H. Günther (Hg.), Geschriebene Sprache – Funktion und Gebrauch, Struktur und Geschichte. Forschungsberichte des Instituts für Phonetik und Sprachliche Kommunikation der Universität München, 14, München 1981

Josef von Eichendorff, Das Schloß Dürande. In: Gesammelte Werke, Band 3, Leipzig, usw. o.J.

Johanna Kahr, Entpersönlichende Personenerwähnung im modernen französischen Roman. (Beiheft zu Poetica 12), Amsterdam 1976

William Labov & Joshua Waletzky, Erzählanalyse: Mündliche Versionen persönlicher Erfahrung. In: J. Ihwe (Hg.), Literaturwissenschaft und Linguistik, Band 2, Frankfurt/M. 1972

Otto Lederer, Syntaktische Form des Landschaftszeichens in der Prosa Thomas Bernhards, 1970. In: A. Botond (Hg.), Über Thomas Bernhard, Frankfurt/M.

KLAUS W. HEMPFER

Die potentielle Autoreflexivität des narrativen Diskurses und Ariosts *Orlando Furioso*

1 Zur Bedeutung von »Autoreflexivität« und verwandten Begriffen

Würde man sich die Mühe einer statistischen Analyse der Titel neuerer sprach- und literaturwissenschaftlicher Untersuchungen hinsichtlich der Häufigkeit bestimmter Präfixe machen, so könnte sich ergeben, daß Vorsilben wie ›auto-‹, ›meta-‹ oder auch ›anti-‹ eine interpretationsrelevante Frequenz aufweisen. Es wäre nun sicher verfehlt, würde man diese Erscheinung einfach als modisch abqualifizieren, obgleich die Vieldeutigkeit und partielle Vagheit in der Verwendung dieser Ausdrücke eine Abwehrstrategie bis zu einem gewissen Grad herausfordern: Mit Begriffen wie »autoreflexiv«, »autothematisch«, »metanarrativ«, »metaliterarisch«, »metakommunikativ« u. ä. werden vielfach ähnliche, mitunter aber auch ganz unterschiedliche Phänomene bezeichnet, und zum Teil verwendet ein und derselbe Autor diese und andere Termini mehr oder weniger synonym. Insbesondere scheint bisher nicht ausreichend reflektiert, inwiefern Autoreflexivität und Metaisierung epochenspezifische und gattungsübergreifende Erscheinungen sind, oder aber inwiefern diese Phänomene in der Diachronie prinzipiell immer möglich sind und in Zusammenhang mit bestimmten schreibart- und gattungsspezifischen Kommunikationsstrukturen stehen.

Zumindest in der neueren französischen Literaturkritik findet sich eine ausgeprägte Tendenz, Autoreflexivität als Kriterium für Modernität zu reklamieren. In einer zuerst 1959 erschienenen Miszelle unternimmt Roland Barthes eine Übertragung der logisch-semantischen Differenzierung von Objekt- und Metasprache auf den literarischen Evolutionsprozeß:

> Pendant des siècles, nos écrivains n'imaginaient pas qu'il fût possible de considérer la littérature (le mot lui-même est récent) comme un langage, soumis, comme tout autre langage, à la distinction logique: la littérature ne réfléchissait jamais sur elle-même (parfois sur ses figures, mais jamais sur son être), elle ne se divisait jamais en objet à la fois regardant et regardé; bref, elle parlait mais ne se parlait pas. Et puis, probablement avec les premiers ébranlements de la bonne conscience bourgeoise, la littérature s'est mise à se sentir double: à la fois objet et regard sur cet objet, parole et parole de cette parole, littérature-objet et méta-littérature. [1]

Für Barthes beginnt diese Selbstthematisierung der Literatur mit Flaubert, wogegen Manfred Schmeling mit Recht auf Dichtungstheorie und -praxis der deutschen Romantik verweist. [2] Wendet sich Schmelings Argument gegen den Ausweis von Metaisierungsphänomenen als Epochenspezifikum der Moderne, insofern eben auch eine frühere Epoche hierdurch charakterisiert zu sein scheint, so läßt sich gegen Barthes auch und gerade die von ihm angesprochene Geschichte des Romans und anderer erzählender Gattungen anführen: Verglichen mit *Tristram Shandy* und *Jacques le Fataliste,* mit Scarrons *Roman*

comique und Furetières *Roman bourgeois,* mit Cervantes und Fielding sind
Flauberts Romane, deren ›Modernität‹ aus ganz anderen Bedingungen resultiert, hinsichtlich des angesprochenen Aspekts sicherlich wenig charakteristisch.

Ist in dieser frühen Barthes-Stelle der selbstthematisierende Charakter von
Literatur eine – wenn auch nicht ganz richtig gesehene – historische Erschei-
nung, so wird Autoreflexivität im Umkreis von Tel Quel zu einem normativen
Konzept, das Ricardou auf folgende Formel gebracht hat:

> [...]est traditionnel, tout ce qui tend à faire du roman *le récit d'une aventure:* est moder-
> ne, tout ce qui tend à faire du roman l'aventure d'un récit. [3]

Ich habe an anderer Stelle ausführlich die Problematik dieser Konzeption und
der Texttheorie von Tel Quel generell diskutiert [4], so daß ich mich hier auf
die Feststellung beschränken kann, daß es sich bei der Theorie von Tel Quel
um die bisher radikalste Formulierung eines autoreflexiven Literaturkonzepts
handelt, insofern jegliche Art von Ausdrucks- und Darstellungsästhetik abgelehnt und als »cette bourgeoise idéologie« bekämpft wird [5], an deren Stelle
der progressive, auf sich selbst zurückverweisende und seine eigene Produktion thematisierende Diskurs treten soll, als dessen idealtypische Realisation
sich der Tel-Quel-Roman begreift. [6]

Als Charakteristikum für neueste Literatur fungiert »Autoreflexivität« auch
bei Robert Scholes, der allerdings eine wesentlich verschiedene Wertung vornimmt. Obgleich er schon den *Tristram Shandy* – berechtigt – als "that most
self-reflexive fiction" bezeichnet [7], ist für ihn "self-reflection [...] essentially
a short-term trend which is nearing its end". [8] Scholes begründet diese Auffassung etwas überraschend damit, daß es die Aufgabe des Romans in der Moderne sei, uns von der Entfremdung zur Integration zu führen, "to bring human life back into harmony with the universe. For fiction, self-reflection is a
narcissistic way of avoiding this great task. It produces a certain kind of pleas-
ure, no doubt, this masturbatory reveling in self-scrutiny, but it also generates
great feelings of guilt – not because what it is doing is bad, but because of
what it is avoiding." [9]

Mit Tel Quel und Scholes sind paradigmatisch zwei Extrempositionen benannt, deren normative Setzungen im folgenden unter gattungsgeschichtlichen
wie -theoretischen Aspekten bei aller Unterschiedlichkeit als gleichermaßen
inadäquat auszuweisen sein werden.

Einen ganz anderen begrifflichen Status hat »Autoreflexivität« bei Iser und
Stierle, die diesen Terminus zur Charakterisierung von fiktionalen Texten generell verwenden. [10] Bei aller Unterschiedlichkeit besteht das Gemeinsame
der beiden Ansätze darin, daß »Autoreflexivität« die positive Formulierung
der negativen Bestimmung von fiktionalen Texten über deren Nicht- bzw.
Pseudoreferentialität darstellt. In dem Maße, wie fiktionale Texte ihren Zielpunkt nicht in einer Bezogenheit auf außertextuelle Wirklichkeit besitzen, weisen sie auf ihre Organisationsprinzipien zurück und machen diese zum eigentlichen Thema. [11] Von hieraus ergeben sich gewisse Analogien zur Texttheorie von Tel Quel, wenngleich insbesondere Stierle deutlich zwischen fiktionalen Texten, die auf eine »quasi-pragmatische Rezeption« hin entworfen sind,

und solchen, »bei denen die Form selbst schon ihre reflexive Rezeption vorzeichnet«, unterscheidet [12] und als Beispiel für letztere paradigmatisch die Lyrik Mallarmés benennt. [13] Auch dieser Ansatz kann hier nicht weiterverfolgt werden. Kritische Einwände liegen vor [14], und eine angemessene Diskussion wäre nur im Zusammenhang einer generellen Thematisierung der Fiktionsproblematik zu leisten, die ich hier aussparen muß. [15]

In wiederum ganz anderer Weise bedient sich der Kategorie der Autoreflexivität bzw. des »Autothematismus« Manfred Schmeling, der folgende Erscheinungen als »ein Phänomen« zusammenfaßt:

> Reflexion auf das darstellende Medium, Spiel mit den Gestaltungsmodi, Atomisierung der Kunst durch Montage, Permutation und Polyperspektivismus, somit »Preisgabe« des Inhalts an Form und Material, Betonung des Prozessualen, Gemachten, Experimentellen und Technologischen, "work in progress" – und fügen wir hinzu: Selbstbefragung der Kunst im authothematischen(sic!) Verfahren. [16]

Die verschiedenen Erscheinungsweisen autothematischen Dichtens bezieht Schmeling auf ein »apriori strukturbildend wirksam(es)« Prinzip, das er mit dem Begriff der »Konfrontation« belegt [17] und das dadurch gekennzeichnet ist, daß »Spiel gegen ›Spiel‹, Text gegen ›Text‹, Kunst gegen ›Kunst‹ gestellt« wird. [18]

Diese Charakterisierung soll nicht nur für moderne autothematische Literatur gelten, sondern Schmeling sieht, wenn ich ihn recht verstanden habe, im Autothematismus ein periodisch wiederkehrendes Phänomen, dessen jeweils spezifische Ausprägung freilich von der Geschichtlichkeit des literarischen Systems abhängt, in dem es sich vollzieht. [19] Ungeachtet einer notwendigen historischen Spezifikation unterscheidet Schmeling dann zwei systematische »Kategorien autothematischer Dichtung«, die ich als mögliche Funktionen solcher Literatur auffassen würde: zum einen Autothematismen ohne destruktiven Einfluß auf die Gesamtstruktur des Werks (im Sinn einer Mimesis-Ästhetik), die »ausgesprochen affirmativen Charakter besitzen« können, und zum anderen autothematische Verfahren, »die eine Desintegration kohärenter Wirklichkeitsstrukturen« anstreben, »wobei, insbesondere in der modernen Literatur, die literarische Selbstbefragung in Richtung auf eine Zerstörung der fiktionalen Substanz des Literarischen schlechthin eskaliert.« [20] Offen bleibt dabei die Frage, wie diese transhistorischen »Kategorien« mit der Bestimmung des Autothematismus insgesamt als einer je epochespezifischen und für die jeweilige Epoche charakteristischen Erscheinung vermittelt werden können.

Eine weitere Problematik ergibt sich daraus, daß Schmeling auch Schreibweisen wie etwa die Parodie [21] als »Spielarten autothematischer Literatur« [22] begreift – aufgrund seiner Definition sicherlich zu Recht –, damit aber eine diachron prinzipiell mögliche und für eine bestimmte Textgruppe spezifische Kommunikationsstruktur durch dasselbe Merkmal auszeichnet wie eine epochenspezifische, gattungsübergreifende Erscheinung, die etwa für die neue und neueste Literatur charakteristisch ist.

Mein Versuch zielt darauf ab, Autoreflexivität zunächst nicht als schreibweisen- bzw. gattungsübergreifende Struktur zu bestimmen [23], sondern eine bestimmte Textgruppe, erzählende Texte, auf die sich aus deren spezifischer Kommunikationsstruktur ergebenden Bedingungen der Möglichkeit von Autoreflexivität zu befragen und zu zeigen, daß Autoreflexivität als strukturelle Möglichkeit erzählender Texte nicht an bestimmte historische Situationen gebunden ist, daß es vielmehr erst spezifische Funktionalisierungen sind, die solchermaßen rückgekoppelt werden können. Daß ich als Beispielstext Ariosts *Orlando Furioso* gewählt habe, dessen erste Fassung fast ein Jahrhundert vor Cervantes' *Don Quijote* erschienen ist [24], mit dem man seit Lukács gern die Geschichte des neuzeitlichen Romans beginnen läßt [25], ist darin begründet, daß ich zeigen möchte, daß bestimmte Verfahren, die wesentlich dem »bürgerlichen Roman« des 18. und 19. Jahrhunderts zugeschrieben werden, in einer anderen erzählenden Gattung und in einer grundlegend verschiedenen historischen Situation aufweisbar sind. Wenn Ian Watt feststellt, daß "Fielding's interventions [gemeint sind die Erzählerkommentare] obviously interfere with any sense of narrative illusion, and break with almost every narrative precedent, beginning with that set by Homer" [26], dann ist diese Feststellung im Hinblick auf die italienische Renaissance-Epik, aber auch im Hinblick auf Spensers *Faerie Queene* schlichtweg falsch. Im Gegensatz zu Durling, der m. W. in der neueren Forschung der einzige ist, der auf erzählstrukturelle Entsprechungen von Renaissance-Epik und neuzeitlichem Roman hingewiesen hat [27], möchte ich allerdings weder einen notwendigen Traditionszusammenhang postulieren – wenngleich er im einzelnen gegeben sein mag [28] – noch voraussetzen, daß den strukturellen Gemeinsamkeiten auch funktionale zuzuordnen sind. [29] Der Nachweis, daß bestimmte narrative Strukturen nicht an spezifische narrative Gattungen und an historische Situationen gebunden sind, will vielmehr erst die Voraussetzung für eine adäquate historische Analyse zur Verfügung stellen, die um das diachron Mögliche wissen muß, um es nicht als epochal Spezifisches auszuweisen.

2 »Diskurs«, »Geschichte« und die spezifische Autoreflexivität narrativer Texte

Die Unterscheidung von *discours* und *histoire,* die sich in der neueren Erzählforschung als heuristisch wichtige Differenzierung erwiesen hat, ist hinsichtlich ihres theoretischen Status kaum ausreichend geklärt. Dies hängt u. a. damit zusammen, daß verschiedene, miteinander nicht vereinbare Konzeptionen bestehen, die in der Praxis zu erheblichen Mißverständnissen und Vermischungen geführt haben. Benveniste, der diese beiden Begriffe, ausgehend von Erscheinungen des französischen Tempussystems, als erster einander gegenübergestellt hat, versteht unter *histoire* eine Erzählung, in der keinerlei Sprecherinstanz erscheint [30], während der *discours* durch die Präsenz einer Sprecher- und Hörerinstanz charakterisiert ist. [31] Diese von Erscheinungen der Textoberfläche ausgehende Differenzierung ist für eine systematische Erzähltextanalyse wenig brauchbar [32] und hat in der neueren Theorie und Praxis des französischen Romans zu einigen Mißverständnissen hinsichtlich der Kommunikationsstruktur narrativer Texte beigetragen. [33] Insbesondere wird durch diese Opposition die prinzipielle Vermitteltheit des Erzählens im Unterschied zu anderen Kommunikationsweisen verwischt. [34]

Demgegenüber bestimmt Todorov die beiden Begriffe, obgleich er sich auch auf Benveniste bezieht, als Entsprechungen für die von den Formalisten her bekannte Unterscheidung von »Fabel« und »Sujet« [35], wobei sich aus der Ausformulierung seiner Theorie jedoch ergibt, daß er nicht nur grundsätzlich von Benveniste abweicht, sondern auch auf andere Phänomene als die Formalisten abhebt. Wenn man die ›klassische‹ Definition von Tomaševskij, auf die sich auch Todorov bezieht, und dessen Beispiele näher betrachtet, ergibt sich, daß mit »Fabel« die aus dem Text rekonstruierbare Geschichte in der *realiter* möglichen Sukzession der sie konstituierenden Ereignisse gemeint ist, während sich »Sujet« gleichfalls auf die Ereignisse bezieht, aber die Anordnung der Ereignisse in der Syntagmatik des Textes meint, die z. B. durch Umstellungen hinsichtlich der Chronologie gekennzeichnet sein kann. [36] »Sujet« ist also die im Diskurs reorganisierte Fabel, nicht aber der Diskurs selbst, der ja nicht nur zur Vermittlung der Geschichte dient. Wenn Todorov im Abschnitt *Le récit comme discours* von verschiedenen Erzählperspektiven oder von dem Wechsel zwischen Erzählerrede und Figurenrede handelt, dann können diese Verfahren die Sujet-Konstruktion beeinflussen, haben zum einen aber auch wesentlich andere Funktionen und betreffen zum anderen nicht die für die Konstruktion des Sujets spezifischen Bedingungen wie Umstellungen, Raffungen, Rückverweise, Vorausdeutungen u. ä. Implicite scheint der Unterscheidung Todorovs und verwandter Oppositionen [37] eine wesentlich verschiedene und für eine Theorie erzählender Texte fruchtbare Differenzierung zugrunde zu liegen, die im wesentlichen auf die durch einen Text (im weiteren semiotischen Sinn, also etwa auch durch einen Film oder durch eine Comics-Serie) vermittelte Ereignisfolge und die diese vermittelnden textkonstitutiven Verfahren hinausläuft. Diese grundsätzliche Auffassung spiegelt sich etwa in der von Karlheinz Stierle vorgenommenen Eindeutschung von *histoire* und *discours* als »Geschichte« und »Text der Geschichte«. [38] Verfehlt wäre es nun aber, eine Interpretation dieser Dichotomie »im Sinne von Tiefen- und Oberflächenstruktur der Erzählung« [39] vorzunehmen, denn offenkundig verfügen nicht nur erzählende Texte über eine Geschichte. Der seltsam ambige Status eines Teils der französischen *récit*-Theorie resultiert nicht zuletzt daraus, daß die Kategorie des *récit* bzw. der »Geschichte« zwar als gemeinsames Substrat einer Vielzahl sprachlicher und nichtsprachlicher Kommunikationsformen erkannt wird, gleichwohl für den *récit* Modellbildungen vorgenommen werden, die nur auf *erzählende* Texte im engeren Sinne zutreffen. [40] Wenn jedoch das Vorhandensein von »Geschichte« und damit die Dichotomie von »Diskurs« und »Geschichte« so verschiedenartige Gattungen wie den Roman, die Tragödie, die Comics, den Film u. a. charakterisiert, ist es sicherlich nicht die »Geschichte«, auf die sich die Spezifität erzählender Texte gründen läßt. [41] Hiermit soll nicht behauptet werden, daß nicht bestimmte Typen von »Geschichten« für bestimmte historische Ausprägungen bestimmter erzählender Gattungen charakteristisch sein können, doch bleibt zu reflektieren, inwieweit es sich dabei wirklich um Eigenschaften der »Geschichte« als solcher und nicht um Eigenschaften der Reorganisation der »Geschichte« im Diskurs handelt.

Begreift man die »Geschichte« als Ereignisfolge, die sich aus dem Diskurs aufgrund temporaler, kausaler, spatialer und gegebenenfalls weiterer Bedingungen rekonstruieren läßt, dann ist die »Geschichte« eine Funktion des Diskurses und diesem gerade nicht vorgegeben, wie die Tel-Quel-Autoren behaupten, die auf dieses fundamentale Mißverständnis die grundsätzliche Ablehnung einer ›normalen Geschichte‹ gründen, und eine *histoire* nurmehr als Allegorie des *discours* zulassen. [42] Genauso wenig wie die »Geschichte« dem Text vorgegeben ist, genauso wenig ist sie als prinzipiell referentiell aufzufassen. [43] Die referentielle Ebene von Texten mit »Geschichte« wird durch die Ereignisse selbst konstituiert – durch das, was Stierle »Geschehen« genannt hat. [44]

Daß die »Geschichte« immer nur in Funktion eines Diskurses gegeben ist, ist durch die Feststellung zu ergänzen, daß die einzelne »Geschichte« auf generelle Handlungsschemata verweist, die die »Geschichte« unabhängig von deren diskursiver Vermittlung strukturieren. In diese Handlungsschemata gehen in vielfältiger Weise Bedingungen des jeweiligen Wirklichkeitsverständnisses ein, und es dürfte nicht zuletzt diese verborgene Geschichtlichkeit einer scheinbar apriorischen Handlungslogik sein, die Gültigkeit und Applikabilität der strukturalistischen *histoire*-Modelle beeinträchtigt. Wie auch immer eine historisch adäquate Handlungslogik zu konzipieren sein wird, es ist diese vom Diskurs unabhängige Eigenstruktur der »Geschichte«, die die Unterscheidung von *histoire* und *discours* notwendig und begründbar macht.

Wenn sich die »Geschichte« nicht als »Tiefenstruktur« erzählender Texte ausweisen läßt, dann ist der *discours* auch nicht mehr einfach als deren »Oberflächenstruktur« zu begreifen. Auch der Vorschlag von Stierle, der zwischen einem »Tiefendiskurs«, der die Struktur der Reorganisation der »Geschichte« in der Syntagmatik des Textes bezeichnet, und einem »Oberflächendiskurs«, der die syntaktisch-semantische Manifestation von »Geschichte« und »Tiefendiskurs« in einer konkreten Sprache meint, unterscheidet, [45] schließt gerade jene Strukturebene aus der Modellbildung aus, auf der die Spezifität erzählender Texte traditionell angesiedelt wird – die pragmatische Dimension der Sprechsituation. Da andererseits die verschiedensten Textkonstituenten der Manifestation und Reorganisation der »Geschichte« dienen können – von Prinzipien der Anordnung der Einheiten der »Geschichte« über Techniken der Perspektivierung bis hin zur Erzählsituation insgesamt – scheint die Ausgliederung eines »Tiefendiskurses« im Sinne Stierles kaum möglich. Ich fasse deshalb unter »Diskurs« in Opposition zu »Geschichte« alle Vertextungsverfahren syntaktischer, semantischer und pragmatischer Dimension zusammen, die den Text qua Text als Folge sprachlicher und/oder anderer semiotischer Elemente und Strukturen konstituieren. [46] Erzähltexte sind dann von anderen Texttypen, die gleichfalls der Vermittlung einer »Geschichte« dienen, nur auf der Ebene des Diskurses abgrenzbar, wobei zu unterscheiden ist

(a) zwischen universellen narrativen Strukturen und deren diachroner sowie
     einzelsprachlicher Realisation,
(b) zwischen für Erzähltexte spezifischen Verfahren (universell oder diachron
     bzw. einzelsprachlich) und generellen Textbildungsprozessen und
(c) zwischen Diskurssegmenten, die zur Vermittlung der *histoire* funktionalisiert sind, und solchen, die andere Funktionen erfüllen.

Das skizzierte *discours*- und *histoire*-Verständnis ermöglicht es nunmehr, Autoreflexivität als genuine Möglichkeit narrativer Texte zu begreifen, die nicht einfach an spezifisch historische ›Krisensituationen‹ und Entautomatisierungsintentionen zu koppeln ist. Durch die für narrative Texte spezifische Konstitution einer Vermittlungsebene, die die Versprachlichung nichtsprachlicher Gegebenheiten übernimmt bzw. die dargestellten Figuren reden läßt, ist ein potentielles Reflexionsmoment in die Kommunikationsstruktur narrativer Texte eingeschrieben. Dieses Reflexionsmoment kann nicht zum Tragen kommen, der narrative Diskurs kann sich weitgehend auf die Vermittlung der Geschichte beschränken, er kann aber genausogut, durch die Unabhängigkeit der Vermittlungsebene von der »Geschichte«, den Vermittlungsprozeß selbst zu seinem Gegenstand machen und wird damit autoreflexiv. [47] Mit dieser prinzipiellen Freiheit des narrativen Diskurses zur Autoreflexivität scheint mir ein wichtiger Unterschied etwa zu dramatischen Texten gegeben zu sein. Selbstverständlich finden sich auch im Drama autoreflexive Verfahren, doch konstituieren sich diese entweder implizit und sozusagen parasitär über die »Geschichte« oder aber als grundlegende Transformationen schreibartspezifischer Gegebenheiten. Das »Spiel im Spiel« ist im ersteren Sinne eine Potenzierung der »Geschichte«, die in Form der eingelegten Geschichten oder des »Romans im Roman« in narrativen Gattungen genauso möglich und funktional keineswegs auf Autoreflexivität festzulegen ist, während etwa die Einführung einer *presenter*-Figur oder anderer Vermittlungsinstanzen zu einer »Episierung« des Dramas führt. [48] Da sich in der dramatischen Texten zugrundeliegenden performativen Sprechsituation [49] ein Ereigniszusammenhang unmittelbar über die sprachlichen und nichtsprachlichen Akte der dargestellten Figuren konstituiert, bedeutet eine nicht über die »Geschichte« vermittelte, sondern explizite Bezugnahme der Figuren auf den Text *qua* Text eine Aufhebung der Bühnenfiktion. Demgegenüber ermöglicht die berichtende Sprechsituation narrativer Texte autoreflexive Verfahren sowohl explizit auf der Ebene des Diskurses wie implizit durch Rückverweise der »Geschichte« bzw. von Teilen der »Geschichte« auf den Diskurs. [50] Dieser Rückverweis der »Geschichte« auf den Diskurs scheint bei erzählenden Gattungen gleichermaßen wie beim Drama zumindest dann, wenn es sich um ein durchgehendes Strukturphänomen handelt, als Modernitätskriterium ansetzbar. In beiden Schreibarten ist eine solche Verwendung der »Geschichte« nicht an die je schreibartspezifische Kommunikationsstruktur gebunden, sondern resultiert aus der beiden gemeinsamen Doppelheit von Diskurs und »Geschichte«.

Wenn man unter der »potentiellen Autoreflexivität des narrativen Diskurses« die prinzipielle Möglichkeit des Erzählens versteht, das Erzählen selbst und nicht nur die »Geschichte« zum Gegenstand des Diskurses zu machen, dann ergibt sich als zweiter Schritt eine Differenzierung der verschiedenen historischen Ausprägungen dieses allgemeinen Strukturprinzips, und erst für diese historisch variablen Transformationen der Grundstruktur, über die etwa der entscheidende strukturelle Unterschied zwischen antiker Epik und Renaissance-Epik zu bestimmen wäre, lassen sich Funktionsbestimmungen vornehmen, wobei jedoch kein notwendiger, historisch invarianter Zusammenhang zwischen bestimmten Strukturen und bestimmten Funktionen vorausgesetzt werden darf.

Im folgenden geht es um Realisationsmöglichkeiten von Autoreflexivität am Beispiel einer historisch spezifischen Ausprägung.

3 Die Autoreflexivität des Diskurses im Orlando Furioso

Eines der auffälligsten Merkmale des Ariostschen Erzählens ist die Allgegenwart der Erzählerfigur, die bereits im Epenstreit des 16. Jahrhunderts von den Gegnern wie den Verteidigern des *Orlando Furioso* kritisiert wurde. Die vorgebrachte Kritik richtet sich insbesondere gegen die jedem einzelnen Gesang vorangestellten Proömien, in denen der Erzähler die verschiedensten Aspekte des Textes zum Reflexionsobjekt macht – von der für bestimmte Themen notwendigen Stilhöhe über Parallelen der dargestellten Geschichte zur zeitgenössischen Realität bis hin zu allgemein moralischen Erörterungen. Problematisch war Ariosts Erzählen einerseits aufgrund der platonischen Inspirationstheorie, die der Subjektivierung des Erzählvorgangs im *Orlando Furioso* grundsätzlich entgegensteht, [51] und andererseits aufgrund des platonischen und – im eingeschränkteren Sinne – auch des aristotelischen Mimesis-Verständnisses, wie sich an der zeitgenössischen Kritik ablesen läßt. [52] Damit thematisiert die Kritik des 16. Jahrhunderts ein erzähltechnisches Problem, dessen Reflexion man in der Regel mit Theorie und Praxis des neuzeitlichen Romans seit Flaubert und Henry James verbindet, wobei jeweils normative Reduktionen der Möglichkeiten des narrativen Diskurses vorgenommen werden, die u. a. auf dem Mißverständnis der Identifikation von Autor und Erzähler beruhen. Dieses Mißverständnis, das in neueren Publikationen wiederaufzuleben scheint, kann und soll hier nicht zum wiederholten Male ausgeräumt werden. Aus dem Folgenden dürfte sich ergeben, daß die Unterscheidung von Erzähler und Autor auch und gerade dann gemacht werden muß, wenn der Erzähler als Autor des Textes stilisiert ist: Würde man diese Differenzierung im vorliegenden Fall nämlich nicht machen, müßte man notwendig von einem ›unzuverlässigen Autor‹ sprechen, der offensichtlich nicht weiß, was er tut. [53]

Die verschiedenen Möglichkeiten autoreflexiver Vertextung ergeben sich aus den Konstitutionsbedingungen narrativer Kommunikation selbst und werden dementsprechend aufgefächert.

3.1 Der erzählerische Diskurs als Thematisierung von Erzählakt, Sprecher-Hörer-Relation und Vermittlungsmedium

Elisabeth Gülich hat darauf hingewiesen, daß »meta-narrative Sätze« der Art ›ich erzähle dir jetzt (hier) die Geschichte von […]‹ gleichermaßen in mündlichen wie in schriftlich-literarischen Texten vorkommen. [54] Diese rudimentärste Form von Autoreflexivität, die das Erzählen als ein Erzählen benennt und in der Regel Einleitungsfunktionen hat, liegt auch dem Proömium des *Orlando Furioso* und einer Mehrzahl weiterer Stellen zugrunde. Dabei werden nun aber im Text durchgängig verschiedene Realisationsformen des Erzählens sowohl hinsichtlich des Mediums – Schriftlichkeit vs. Mündlichkeit – wie hinsichtlich der Adressaten thematisch. Konkretisiert sich in der meta-narrativen *canto*-Formel der ersten Strophe zugleich ein expliziter Bezug auf die antike Epik, [55] so konstituiert der Text andererseits auch die für die volkstümliche *cantari*-Tradition typische [56] und auch bei Boiardo, wenngleich modifiziert, beibehaltene Vortragssituation:

> Ove n'andava, e perché facea quello,
> ne l'altro *canto* vi sarà *narrato,*
> se d'averne piacer segno farete
> con quella grata *udienza* che solete.
> (*Orlando Furioso, XXXIV, 92, 5-8)*

In dieser Stelle wird mit *canto* explizit die Diskurseinheit benannt, in die sich der Text gliedert, mit *narrato* der Erzählakt als solcher thematisiert und mit *udienza* die Rezeptionssituation bestimmt, wobei in V. 7 die Fortsetzung der Erzählung zusätzlich in das Belieben der Zuhörer gestellt wird.

Eine ähnliche Thematisierung der Vortragssituation findet sich auch zu Beginn der Gesänge:

> Cortesi donne, che benigna udienza
> date a' miei versi [...]
> (*Orlando Furioso,* XXXVIII, 1,1 f.)

Läßt sich somit festhalten, daß unter allgemein erzähltheoretischem Aspekt der einzelne Gesang durch meta-narrative Strukturen als Erzähleinheit konstituiert wird, so verweist die Art dieser Konstitution historisch auf eine Rezeptionssituation, auf die sich der Text nurmehr zitierend bezieht, die ihm selbst aber nicht mehr entspricht. In der mündlichen Epik der *cantari* entsprachen diese meta-narrativen Elemente der realen Vortragssituation – die einzelnen Gesänge *(cantari)* waren Vortragseinheiten [57] –, während der Ariostsche Text natürlich auch vorgelesen wurde, dies aber eine sekundäre ›Oralisierung‹ eines ursprünglich schriftlichen Textes darstellt. Auf diese Schriftlichkeit des Textes wird im übrigen gleichfalls im Text selbst verwiesen:

> Ma prima che più inanzi io lo conduca,
> per non mi dipartir dal mio costume,
> poi che da tutti i lati ho *pieno il foglio,*
> finire il canto, e riposar mi voglio.
> (*Orlando Furioso,* XXXIII, 128, 5-8)

In diesem *congedo* ist der Bezug auf die Vortragssituation ersetzt durch eine Thematisierung des Schreibakts. Der Erzähler – nicht der Autor – weist dabei den Textkonstitutionsprozeß als einen sich *ad hoc* vollziehenden aus, d. h. thematisiert wird nicht nur die Schriftlichkeit des Textes, sondern der Textkonstitutionsprozeß wird darüber hinaus als ein performativer Akt stilisiert, den der implizite Rezipient unmittelbar miterlebt. Durch die Diskrepanz zur faktischen Rezeption des gedruckt und in seiner Gänze vorliegenden Textes vermittelt sich die Begründung für den Gesangsschluß als eine ironische, die scheinbare Notwendigkeit bringt implizit die Beliebigkeit des Abbruchs der Erzählung an dieser Stelle zum Ausdruck. Im Gegensatz zum neuesten Roman, wo, wie etwa in Sollers' *Drame,* gleichfalls die Textkonstitution als ein sich ›vor den Augen‹ des Lesers vollziehender Prozeß stilisiert wird, wird bei Ariost dieses Verfahren gerade nicht scheinplausibilistisch verwendet – so als erfahre der Rezipient unmittelbar die Produktivität der autogenerativen *écriture* [58] –, sondern dient dem Verweis auf die prinzipielle Abhängigkeit des Erzählten von einem vermittelnden Subjekt.

Wenn der Text nun einerseits seinen schriftlichen Charakter explizit macht, [59] andererseits aber eine Vortragssituation impliziert, [60] so entspräche dies, sieht man einmal von der ironischen Funktionalisierung ab, einer möglichen konkreten Rezeptionssituation, dem Vorlesen des Textes vor einer Zuhörerschaft, doch gibt es Strukturen, die dieser Doppelheit eine andere Funktion zuweisen. Der *Orlando Furioso* ist bekanntlich dem Kardinal Ippolito d'Este gewidmet, in dessen Diensten sich Ariost bis 1516 befand. Die Widmung an den Kardinal ist dabei insofern textkonstitutiv, als dieser von der dritten Strophe des ersten Gesangs an durchgängig als persönlicher Adressat der erzählten Geschichte apostrophiert wird. [61] Durch die Doppeldeutigkeit des *voi* sind daneben all jene Stellen *auch* als Anreden an Ippolito zu begreifen, deren Adressatenkreis nicht durch Wendungen wie »donne gentil« (XXIX, 2,1), »cortesi donne« (XXII, 1,1/XXXVIII, 1,1), »Donne, e voi che le donne avete in pregio« (XXVIII, 1,1) u. a. näher spezifiziert ist. Darüber hinaus wendet sich der Erzähler im Verlauf des Textes auch an andere zeitgenössische Persönlichkeiten wie den Herzog Alfonso (XIV, 2 ff., XLII, 3 ff.) oder Federigo Fregoso (XLII, 22 ff.), an seine nicht näher bezeichnete Dame (XXXV, 1,1), aber auch an Figuren der Geschichte wie Karl den Großen (XXVII, 7 f.), an die Seele Isabellas (XXIX, 26 f.), an den »padre del ciel« (XLI, 100) oder an Personifikationen wie Avarizia (XLIII, 1). Im 46. Gesang werden mittels der poetologischen Allegorie von der Schiffahrt des Dichters, der den Hafen erreicht und dort von Freunden empfangen wird, die primär intendierten Rezipienten namentlich aufgeführt (XLVI, 1–19), die aus den verschiedensten kulturellen Zentren Italiens stammen und nicht mehr, wie etwa noch bei Boiardo, in irgendeiner Weise als reale Zuhörerschaft eines vorgetragenen Textes verstanden werden können. [62] Aus der Tatsache, daß sich der Text primär an einen individuellen Adressaten richtet, daß auf seiner Schriftlichkeit insistiert wird und daß als intendierter Rezipientenkreis die kulturelle Öffentlichkeit der Zeit benannt wird, ergibt sich, daß die im Text gleichfalls thematisierte Vortragssituation als Zitat einer meta-narrativen Struktur zu verstehen ist, die, wie andere Strukturen des Textes, auf die Tradition der mittelalterlichen Ritterepik zurückverweist, deren Realisationsmöglichkeit gleichwohl nurmehr in solch zitathaftem Bezug besteht. Damit konstituieren sich bereits über metanarrative Strukturen wie die *canto*-Formel und die thematisierte Vortragssituation zwei entscheidende Systemreferenzen des Textes – antike und heimisch-mittelalterliche Epik –, deren je spezifischer Einsatz bei der Sinnfixierung des Textes berücksichtigt werden muß.

3.2 Der erzählerische Diskurs als Selbstthematisierung des Erzählsubjekts

Der Erzähler hat im *Orlando Furioso* schon deswegen eine zentrale Bedeutung, weil er in der Rolle des ›aktualisierenden Historiographen‹ eine unmittelbare Verbindung von vergangener Geschichte und gegenwärtiger sozio-kultureller Situation herstellt, die eine für die Gesamtinterpretation des Textes bedeutsame Interdependenz von Schreibergegenwart und Erzählvergangenheit konstituiert, [63] aber als solche nicht notwendig autoreflexiven Charakter besitzt. Autoreflexiv wird die Schreibergegenwart dann, wenn der außerhalb der »Geschichte« befindliche, auktoriale Erzähler als Verfasser des Textes zum Gegenstand des Erzählens wird.

Besonders auffällig ist in diesem Zusammenhang die Parallelisierung von Ereignissen der »Geschichte« mit der subjektiven Erfahrung des Erzählers, die insbesondere die Behandlung der Liebesthematik auszeichnet:

> Dirò d'Orlando in un medesmo tratto
> cosa non detta in prosa mai né in rima:
> che per amor venne in furore e matto,
> d'uom che sí saggio era stimato prima;
> se da colei che tal quasi m'ha fatto,
> che 'l poco ingegno ad or ad or mi lima,
> me ne sarà però tanto concesso,
> che mi basti a finir quanto ho promesso.
> (*Orlando Furioso*, I, 2, 1–8)

Der Erzähler fungiert in dieser und entsprechenden Stellen, die sich den gesamten Text hindurch finden, [64] nicht einfach als Vermittlungsinstanz, die dem Leser etwas über die dargestellten Personen und deren Geschichte berichtet, sondern er erhält seine eigene »Geschichte«, die durch die mögliche Gefährdung der anderen »Geschichte« unmittelbar auf den Textkonstitutionsprozeß zurückbezogen ist. Diese Subjektivierung des Erzählvorgangs durch die Spiegelung der eigentlichen »Geschichte« in der »Geschichte des Erzählers« ist nun nicht einfach als autobiographische Anspielung aufzulösen, zu der die Identifizierung von Autor und Erzähler verführt; denn selbst wenn es sich um eine solche handeln sollte, [65] bliebe gleichwohl die Funktion der textinternen Subjektivierung des Vermittlungsprozesses in Relation zu anderen Textstrukturen zu bestimmen. Unter diesem Aspekt ergibt sich nämlich ein entscheidender Kontrast zur einleitenden *canto*-Formel, mit der die Objektivität des epischen Sängers anzitiert wird, der nur als Sprachrohr der Muse fungiert. Dieser Musenanruf ist bei Ariost ausgelassen [66] und durch die Selbstthematisierung des Erzählers ersetzt, was gerade durch die Beibehaltung der *canto*-Formel als explizite Distanzierung von epischer Objektivität erscheint.

Durch die Analyse entsprechender Stellen im weiteren Verlauf des Textes ließe sich zeigen, wie sich die Subjektivierung des Erzählvorgangs wesentlich durch den Rekurs auf Möglichkeiten einer anderen Gattung, der Lyrik seit Petrarca, vollzieht, und zwar bis hinein in wörtliche Zitate. [67] Während nun jedoch für die canzonieri die Selbstreflexion des lyrischen Ich konstitutiv ist, verselbständigt sich in einem narrativen Text solchermaßen die Vermittlungsinstanz und distanziert – sich und den Leser – von der zu vermittelnden »Geschichte«:

> Chi salirà per me, madonna, in cielo
> a riportarne il mio perduto ingegno?
> che, poi ch'uscí da' bei vostri occhi il telo
> che 'l cor mi fisse, ognior perdendo vegno.
> Né di tanta iattura mi querelo,
> pur che non cresca, ma stia a questo segno;
> ch'io dubito, se piú si va sciemando,
> di venir tal, qual ho descritto Orlando.

> Per rïaver l'ingegno mio m'è aviso
> che non bisogna che per l'aria io poggi
> nel cerchio de la luna o in paradiso;
> che 'l mio non credo che tanto alto alloggi.
> Ne' bei vostri occhi e nel sereno viso,
> nel sen d'avorio e alabastrini poggi
> se ne va errando; et io con queste labbia
> lo corrò, se vi par ch'io lo rïabbia.
> (*Orlando Furioso*, XXXV, 1,1–2,8)

Diese Stelle fungiert als Einleitung zur Fortsetzung des Berichts über Astolfos Mondreise aus dem 34. Gesang. Der Erzähler tritt dabei aus dem Adressatenbezug heraus, wendet sich unmittelbar an seine Dame und parallelisiert seinen subjektiven Erfahrungsbereich mit der dargestellten »Geschichte« (»Chi salirà per me [...] in cielo?«). Indem er nun jedoch den ›Aufwand‹ der »Geschichte« als unnötig zur Lösung seines Problems ausweist, dieses Problem aber letztlich auch das Problem Orlandos ist, thematisiert er implizit die ›Absonderlichkeit‹ der »Geschichte«, d.h. über die Subjektivierung des Erzählvorgangs, die gleichzeitig eine Privatisierung und Trivialisierung des zur Verhandlung stehenden Problems mit sich bringt, konstituiert sich eine ironische Distanz zur »Geschichte«, wobei der ironische Charakter darauf beruht, daß die Verbindlichkeit der Fiktion durch die Thematisierung einer Alternative aufgehoben und damit die vorgebliche Bedeutsamkeit der Mondreise implicite zurückgenommen wird.

Die auf den Erzähler bezogene Autoreflexivität des Diskurses konkretisiert sich außer als Thematisierung seiner persönlichen Erlebnissphäre vor allem durch die Selbstthematisierung des Erzählers als Organisator des Textes. Dieser Aspekt steht in offenkundigem Zusammenhang mit der *entrelacement*-Technik, die in der Forschung ausführlich behandelt wurde, [68] wobei allerdings vorrangig auf Fragen der Handlungsführung und die ästhetische Problematik von Einheit vs. *varietà* abgehoben wurde. [69] Es sind demgegenüber gerade diese Stellen, die in besonderem Maße die Verfügungsmächtigkeit eines Erzählsubjekts und die grundsätzliche Abhängigkeit der erzählten »Geschichte« von diesem Vermittler zum Ausdruck bringen:

> Ma voglio questo canto abbia qui fine,
> e di quel che voglio io, siate contenti:
> che miglior cose vi prometto dire,
> s'all'altro canto mi verrete a udire.
> (*Orlando Furioso*, XXXVI, 84, 5–8)

Nicht irgendeine textinterne Notwendigkeit veranlaßt den Erzähler, an dieser Stelle den Gesang zu beenden, sondern er *will* ihn hier beenden, und er *will*, daß die Zuhörer sich damit zufriedengeben. Dieser Wille des Erzählers, von dem alles abhängt, wird im Laufe des Textes immer wieder thematisch:

> Ora essendo voi qui per ascoltarmi,
> et io per non mancar de la promessa,
> serberò a maggior ozio di provarmi
> ch'ogni laude di lei sia da me espressa;
> non perch'io creda bisognar miei carmi
> a chi se ne fa copia da se stessa;

> ma sol per satisfare a questo mio,
> c'ho d'onorarla e di lodar, disio.
> (*Orlando Furioso*, XXXVII, 22, 1–8)

Der Erzähler erzählt nicht, weil es Zuhörer gibt, sondern die Zuhörer sind da, weil er erzählt, und sein Erzählen entspringt einzig und allein seinem Wunsch, eine bestimmte »Geschichte« zu vermitteln. Der Erzähler verfügt dabei nicht nur selbstherrlich über seine Zuhörer, sondern gleichermaßen über die Figuren seiner »Geschichte«:

> Ma quivi stiano tanto, ch'io conduca
> insieme Astolfo, il glorïoso duca.
> (*Orlando Furioso*, XLIV, 18, 7 f.)

Die Figuren des Textes werden an einem Ort festgehalten, sie *sollen* dort bleiben, bis es dem Erzähler gefällt, eine andere Figur – Astolfo – an eben diesen Ort zu führen. Damit ist der Erzähler nicht einfach mehr der Vermittler einer vorgegebenen »Geschichte«, sondern er wird explizit als Schöpfer und Organisator *dieser* »Geschichte« ausgewiesen, die von nichts weiter als seinem Erzählwillen abhängt, was er im übrigen auch ausdrücklich feststellt:

> In questo tempo, alzando gli occhi al mare,
> vide Orlando venire a vela in fretta
> un navilio leggier, che di calare
> facea sembiante sopra l'isoletta.
> Di chi si fosse, io non voglio or contare,
> perc'ho piú d'uno altrove che m'aspetta.
> (*Orlando Furioso*, XLII, 23, 1–6)

Warten also einerseits in geradezu pirandellesker Manier die Figuren auf den Autor, der sie schreiben möge, wobei jedoch im Unterschied zur letztlich illusionistischen Poetik Pirandellos nicht auf die Selbständigkeit der Fiktion gegenüber dem Autor, sondern ganz im Gegenteil auf deren Abhängigkeit vom Vermittlungssubjekt abgehoben wird, [70] so finden sich andererseits auch Stellen, die ein ›Ausgeliefertsein‹ des Erzählers an die »Geschichte« vorgeben:

> Soviemmi, che cantare io vi dovea
> (già lo promisi, e poi m'uscí di mente)
> d'una sospizïon che fatto avea
> la bella donna di Ruggier dolente,
> de l'altra piú spiacevole e piú rea,
> e di più acuto e venenoso dente,
> che, per quel ch'ella udí da Ricciardetto,
> a devorare il cor l'entrò nel petto.
>
> Dovea cantarne, et altro incominciai,
> perché Rinaldo in mezzo sopravenne;
> e poi Guidon mi diè che fare assai,
> che tra camino a bada un pezzo il tenne.
> D'una cosa in un'altra in modo entrai,
> che mal di Bradamante mi sovenne:
> soviemmene ora, e vo' narrarne inanti
> che di Rinaldo e di Gradasso io canti.

Ma bisogna anco, prima ch'io ne parli,
che d'Agramante io vi ragioni un poco,
ch'avea ridutte le reliquie in Arli,
che gli restâr del gran notturno fuoco
(*Orlando Furioso*, XXXII, 1,1-3,4)

Die ganze Stelle ist als Pseudoplausibilisierung der *entrelacement*-Technik angelegt, die zum einen mit einer Eigenschaft des Erzählers – seiner Vergeßlichkeit – begründet wird und zum anderen mit der ›Aufdringlichkeit‹ der Figuren, die den Erzähler das nicht tun lassen, was er will. Diese Verselbständigung der »Geschichte« gegenüber dem Diskurs ist immer nur als ironische möglich und wird in ihrer Pseudoplausibilisierungsfunktion dadurch explizit gemacht, daß der Erzähler am Ende der Stelle die Weiterführung der »Geschichte« von Bradamante ankündigt, um sodann aufgrund einer nicht weiter begründeten Notwendigkeit (»bisogna«) doch wiederum etwas anderes zu erzählen. Damit konstituiert sich über das ironische »Ausgeliefertsein« des Erzählers an die »Geschichte« doch wieder dessen absolute Verfügungsmächtigkeit.

Durling hat zu Recht darauf hingewiesen, daß in einer Reihe von *entrelacement*-Stellen die in der Renaissance beliebte Parallelisierung zwischen dem Dichter als Schöpfer eines Kunstwerks und Gott als Schöpfer der Welt anzitiert wird und daß die Kontrolle des Erzählers über seine Geschichte auch dort thematisch wird, wo sie aufgehoben scheint, [71] er verkennt jedoch, daß damit auch dieser Topos der Renaissance-Literatur nicht einfach unproblematisiert verwendet wird, sondern in ironischer Brechung erscheint. Der Ariostsche Erzähler stilisiert sich nicht einfach als platonischer Demiurg, [72] sondern ironisiert gleichzeitig diese Stilisierung, [73] was nun gerade nicht dazu führt, daß der Blick des Lesers über die Welt des Textes auf die wirkliche Welt gelenkt wird, [74] sondern der Leser wird in ein Distanzverhältnis zur dargestellten Wirklichkeit gebracht, das eine illusionistische Identifikation mit der »Geschichte« ausschließt und als Voraussetzung für eine adäquate Rezeption die Reflexion über die Bedingungen der Konstitution der »Geschichte« vorgibt: eine wesentlich ironisch-unzuverlässige Vermittlungsinstanz unterminiert auch den Ernst der ernstesten »Geschichte«.

3.3 Der erzählerische Diskurs als Reflexion des Erzählers über die »Geschichte«

Bei den sehr zahlreichen und verschiedenartigen Erzählereinlassungen über Aspekte der »Geschichte« kann es sich um – z.T. sentenzhaft zugespitzte – Generalisierungen von konkreten Gegebenheiten der »Geschichte« handeln, [75] um deren moralische Quintessenz, die sowohl ironisch gebrochen wie durchaus ernst gemeint sein können, die in jedem Fall aber eine spezifische Deutung der »Geschichte« liefern. Daneben finden sich Kommentare zum Verhalten bzw. den Eigenschaften einzelner Figuren, die gleichfalls auf Ironisierung angelegt sein können, selbst in scheinbar pathetischen Situationen der Haupthelden. Als Orlando im XXIII. Gesang an den Ort kommt, wo Medoro und Angelica den Vollzug ihrer Liebe durch Inschriften in Bäumen und Grotten fixiert haben, was ihn von der Unabweisbarkeit der Tatsache überzeugt und schließlich wahnsinnig werden läßt, kommentiert der Erzähler die ausführlichste der Inschriften, die als explizites Zitat mitgeteilt wurde, folgendermaßen:

> Era scritto in arabico, che 'l conte
> intendea così bene come il latino:
> fra molte lingue e molte ch'avea pronte,
> prontissima avea quella il paladino.
> (*Orlando Furioso*, XXIII, 110, 1-4)

Die Stelle ist deshalb auffällig, weil der Text ansonsten prinzipiell voraussetzt, daß sich die Ritter aus den verschiedensten Ländern verstehen, ohne über die Art dieser Verständigung irgendwelche Aussagen zu machen. Hinzu kommt eine präzisierende Übergenauigkeit – der Vergleich mit den Lateinkenntnissen und die Gegenüberstellung von *pronte* und *prontissima* –, die etwas herausstreicht, was zum gegebenen Zeitpunkt für die Figur völlig belanglos ist. Der sich auf diese Weise als ironisch ausweisende Erzählerkommentar bricht das Pathos der Situation, die immerhin den unmittelbaren Anlaß für den Wahnsinn Orlandos abgibt. Solche ironischen Erzählerkommentare finden sich im Zusammenhang mit den verschiedensten Ereignissen und Verhaltensweisen bzw. Eigenschaften der Figuren [76] und verweisen erneut sowohl, wenngleich nurmehr implizit, auf das vermittelnde, die »Geschichte« in spezifischer Weise perspektivierende Erzählsubjekt, wie sie den Leser in eine Distanz zur »Geschichte« bringen, die deren potentielle Identifikationsmuster in ihrer Verbindlichkeit fragwürdig werden läßt, ohne sie direkt zu negieren.

Als Indiz für die grundsätzliche Diskrepanzstruktur des *Orlando Furioso*, die hier nicht weiter auszuführen ist, weil sich damit die gesamte Interpretationsproblematik des Textes stellt, [77] ist gleichwohl festzuhalten, daß die Erzählerkommentare zur »Geschichte« vielfach auch durchaus unironisch eingesetzt werden. Dies gilt insbesondere dann, wenn die vergangene »Geschichte« mit Gegebenheiten der historischen Aktualität parallelisiert oder kontrastiert wird, so etwa wenn nach der Schilderung eines teuer erkauften Sieges der Sarazenen über die Franken als modernes Beispiel für »Vittorie [...] sanguinose« die Greueltaten berichtet werden, die bei der Einnahme Ravennas durch die mit den Este verbündeten Franzosen begangen wurden (*Orlando Furioso*, XIV, 1–10). [78]

Eine eingehendere Analyse hätte herauszuarbeiten, welche Aspekte der »Geschichte« der Erzähler ironisch perspektiviert und welche er ernsthaft kommentiert. [79] Für die hier interessierende Frage genügt die Feststellung, daß für die Erzählereinlassungen zur »Geschichte« das gilt, was über die Selbstthematisierung des Erzählers gesagt wurde, nämlich daß die »Geschichte« ihre Bedeutung wesentlich erst von der ›Besprechung‹ im Diskurs erhält.

3.4 Der erzählerische Diskurs als Reflexion des Erzählsubjekts über Bedingungen der Vermittlung der »Geschichte« im Diskurs

Ein wesentlicher Teil der Erzählereinlassungen über den Diskurs steht wiederum in direktem oder indirektem Zusammenhang mit der *entrelacement-*

Technik, d. h. der spezifischen Reorganisation der »Geschichte« im Diskurs, und mit der Textsegmentierung durch die Gesangseinteilung. Daß sich der Leser trotz einer überaus komplizierten Handlungsführung im Text zurechtfindet, resultiert wesentlich aus den beständig eingestreuten Rekapitulationen von bereits erzählten Handlungssequenzen, deren Ordnungsfunktion dadurch weitgehend verschleiert werden kann, daß sie geschichtsimmanent durch eine Figur vorgenommen oder vom Erzähler nicht explizit als Rekapitulationen ausgewiesen werden, [80] die aber auch ausdrücklich in ihrer Funktion benannt werden:

> Non so se vi sia a mente, io dico quello
> ch'al fin de l'altro canto vi lasciai,
> vecchio di faccia, e sí di membra snello
> (*Orlando Furioso*, XXXV, 11, 1–3)

Der Erzähler bezieht sich hier explizit zurück auf die letzte Strophe des vorausgehenden Gesangs, [81] mit der er die Allegorie der Zeit, verkörpert durch den *vecchio,* begann, nur um sie sofort wieder abzubrechen, und thematisiert gleichzeitig das Gliederungsprinzip des Diskurses, das quer zur Sequenzenbildung auf der Geschichtsebene liegt. Die ›Künstlichkeit‹ der Diskurseinschnitte wird dabei, sofern sich der Erzähler nicht einfach auf seinen ›Willen‹ beruft bzw. gar keine Begründung gibt, wiederholt pseudoplausibilistisch motiviert durch die übermäßige Länge des Gesangs (*Orlando Furioso*, X, 115 – ein keineswegs außergewöhnlich langer Gesang), die Notwendigkeit von Pausen (*Orlando Furioso*, III, 77), das Heisersein des Erzählers (*Orlando Furioso*, XIV, 134) u. ä. Der Bericht über die Seeschlacht zwischen Agramante und Dudone und das Scheitern der verzweifelten Überlebensversuche der sarazenischen Seeleute wird folgendermaßen beendet:

> Altri per tema di spiedo o d'accetta
> che vede appresso, al mar ricorre invano,
> perché dietro gli vien pietra o saetta
> che non lo lascia andar troppo lontano.
> Ma saria forse, mentre che diletta
> il mio cantar, consiglio utile e sano
> di finirlo, piú tosto che seguire
> tanto, che v'annoiasse il troppo dire.
> (*Orlando Furioso*, XXXIX, 86)

Die Beendigung des Gesangs mit der Begründung der möglichen Gefährdung der *dilettare*-Funktion des Erzählens ist in doppelter Weise ironisch: Zum einen handelt es sich um einen besonders kurzen Gesang, bei dem sich das Problem des »troppo dire« gar nicht stellt, und zum anderen thematisiert das *dilettare* als expliziter poetologischer Terminus – im Unterschied zum *utile,* auf das durch die Erwähnung angespielt, das aber eben nicht in seiner poetologischen Bedeutung verwendet wird – ein Rezeptionsverhalten, das anstelle des von der Thematik vorgegebenen ›Mitleidens‹ auf den ästhetischen Genuß abhebt, was die verzweifelten Überlebensversuche aposteriorisch ins Groteske wendet. Die Thematisierung bestimmter Diskursabschnitte ist also sowohl ein weiteres Mittel zur ironischen Brechung der »Geschichte« wie es über den Ausweis der ›Künstlichkeit‹ der Textsegmentierung den Artefaktcharakter des Textes bloßlegt.

Eine Autoreflexivität des Diskurses konstituiert sich im Prinzip in allen *entrelacement*-Passagen, auch in den oben besprochenen, die primär die Verfügungsmächtigkeit eines Erzählsubjekts zum Ausdruck bringen, denn gleichgültig, wie begründet wird, daß von einem Handlungsstrang zum anderen übergegangen wird, es wird gesagt, daß dieser Übergang vollzogen wird und damit wird ein Konstitutionsprinzip des Diskurses thematisch. Am ausgeprägtesten autoreflexiven Charakter besitzen natürlich jene Stellen, die das ästhetische Prinzip formulieren, das dem speziellen Übergang und der *entrelacement*-Technik generell zugrunde liegt, die also das Verfahren in seiner ästhetischen Funktion ansprechen:

> Ma perché varie fila a varie tele
> uopo mi son, che tutte ordire intendo,
> lascio Rinaldo e l'agitata prua,
> e torno a dir di Bradamante sua.
> (*Orlando Furioso* II, 30, 5-8)

Oder:

> Ma lasciàn Bradamante, e non v'incresca
> udir che cosí resti in quello incanto;
> che quando sarà il tempo ch'ella n'esca,
> la farò uscire, e Ruggiero altretanto.
> Come raccende il gusto il mutar esca,
> cosí mi par che la mia istoria, quanto
> or qua or là piú varïata sia,
> meno a chi l'udirà noiosa fia.
> Di molte fila esser bisogno parme
> a condur la gran tela ch'io lavoro.
> (*Orlando Furioso*, XIII, 80-81,2)

Oder – mit anderer Metaphorik:

> Signor, far mi convien come fa il buono
> sonator sopra il suo instrumento arguto,
> che spesso muta corda, e varia suono,
> ricercando ora il grave, ora l'acuto.
> Mentre a dir di Rinaldo attento sono,
> d'Angelica gentil m'è sovenuto,
> di che lasciai ch'era da lui fuggita,
> e ch'avea riscontrato uno eremita.
> (*Orlando Furioso*, VIII, 29, 1-8)

Es wäre nun zu einfach, würde man sich, wie dies seit der zeitgenössischen Kritik der Fall ist, mit der Ausformulierung der *varietà* als ästhetischem Grundprinzip des *Orlando Furioso* zufriedengeben, [82] denn schließlich wird im Text selbst, wie oben bereits anhand von XXXII, 1ff. zu zeigen versucht wurde, die *entrelacement*-Technik als Verfahren ironisiert. Eine solche Ironisierung liegt auch folgender Stelle zugrunde:

> Ciò che di questo avvenne, altrove è piano.
> Turpin, che tutta questa istoria dice,
> fa qui digresso, e torna in quel paese
> dove fu dianzi morto il Maganzese.
> (*Orlando Furioso*, XXIII, 38, 5-8)

Hier wird der Wechsel des Handlungsstrangs nicht mehr durch ein ästhetisches Prinzip, sondern durch den Quellenbezug motiviert. Der Rückgriff auf
den (Pseudo-) Turpin ist nun bereits bei Pulci und Boiardo ironisiert und wird
auch bei Ariost vielfach ironisch verwendet, [83] so daß eine solche Stelle gerade nicht die Motiviertheit, sondern die Beliebigkeit des Wechsels der Erzählstränge thematisiert, wobei die – scheinbare – Beliebigkeit natürlich nicht
Funktionslosigkeit bedeutet. Indem der Autor – nicht der Erzähler – dem Leser zu verstehen gibt, daß der Wechsel der Erzählstränge eben nicht durch das
Prinzip bedingt ist, das der Erzähler explizit formuliert, unterminiert er dessen
Verläßlichkeit, wodurch auch die expliziten poetologischen Aussagen betroffen sind, die folglich nicht so ohne weiteres als verbindliche Beschreibungen
der Textstruktur zu begreifen sind, sondern, wie anhand anderer Textphäno-
mene bereits mehrfach zu belegen war, als in den Text eingeschriebene Refle-
xionsstrukturen, die ihrerseits der Interpretation bedürfen.

Am augenfälligsten autoreflexiv ist der erzählerische Diskurs wohl dann,
wenn er seine eigene sprachliche Konstitution zum Gegenstand des Bespre-
chens macht:

> Chi mi darà la voce e le parole
> convenïenti a sí nobil suggetto?
> chi l'ale al verso presterà, che vole
> tanto ch'arrivi all'alto mio concetto?
> Molto maggior di quel furor che suole,
> ben or convien che mi riscaldi il petto;
> che questa parte al mio signor si debbe,
> che canta gli avi onde l'origine ebbe:
>
> di cui fra tutti li signori illustri,
> dal ciel sortiti a governar la terra,
> non vedi, o Febo, che 'l gran mondo lustri,
> piú glorïosa stirpe o in pace o in guerra;
> né che sua nobiltade abbia piú lustri
> servata, e servarà (s'in me non erra
> quel profetico lume che m'inspiri)
> fin che d'intorno al polo il ciel s'aggiri.
>
> E volendone a pien dicer gli onori,
> bisogna non la mia, ma quella cetra
> con che tu dopo i gigantei furori
> rendesti grazia al regnator de l'etra.
> S'instrumenti avrò mai da te migliori,
> atti a sculpire in cosí degna pietra,
> in queste belle imagini disegno
> porre ogni mia fatica, ogni mio ingegno.
>
> Levando intanto queste prime rudi
> scaglie n'andrò con lo scarpello inetto:
> forse ch'ancor con piú solerti studi
> poi ridurrò questo lavor perfetto.
> (*Orlando Furioso*, III, 1,1–4,4)

Dieses Proömiun fungiert als Einleitung für die folgende Genealogie des Este-
Hauses, das, wie bei Boiardo, über Bradamante und Ruggiero auf Astyanax,
den Sohn Hektors, zurückgeführt wird. Der Erzähler benennt dabei explizit

zum einen die besondere Höhe dieses Themas (»sí nobil suggetto«) und die zu
dessen Behandlung notwendige stilistische Überhöhung (III, 1,3 f.), setzt dagegen zum anderen aber seine sonstige Praxis (III, 1,5 f.). Indem solchermaßen
gerade der genealogisch-dynastische Aspekt, der über Boiardo hinweg einen
besonderen Bezug zur antiken Epik herstellt, als ungewöhnlich für das thema-
tisch-stilistische Gepräge des Textes insgesamt ausgewiesen wird, wird trotz
des – partiellen – Anschlusses an diese Tradition der Text in seiner Gesamtheit
implizit hiervon abgesetzt.

Ein solches Sich-Anschließen an eine Tradition bei gleichzeitiger Distanznahme konkretisiert ferner paradigmatisch die Parenthese in der zweiten Strophe: Wird mit dem »profetico lume« auf den typischen Gestus des epischen
Sängers angespielt, so wird dessen implizite Objektivität durch die Möglichkeit des Irrtums sogleich wieder subjektivistisch gebrochen. [84] Und schließlich ist auch der traditionell epische Musenanruf entsprechend umfunktioniert. Der Ariostsche Erzähler wendet sich nicht einfach an eine Muse, sondern an Apollo als den Musagetes, und dies nur, um festzustellen, daß das,
was das Thema von ihm verlange, er gar nicht zu leisten vermöge. Indem er
diese Absage in hochepischer Diktion vornimmt, was hier im einzelnen nicht
ausgeführt werden kann, und im Verlauf des Textes das genealogisch-dynastische Thema zu einer bedeutsamen Textschicht ausgestaltet, weist er den Be-
scheidenheitstopos zwar als Topos aus, nimmt durch den Rekurs auf diesen
Topos aber gleichwohl eine für den epischen Sänger ungewöhnliche Haltung
ein – was im übrigen schon für die Widmung an Ippolito in I, 3 gilt.

Über die Autoreflexivität seines Diskurses konstituiert der Text also einerseits das antike Epos explizit als eines seiner möglichen Referenzsysteme, vermittelt aber zugleich die eigene Divergenz zu diesem System, was für das
Verständnis des Textes insgesamt, aber auch für die Rolle der genealogisch-
dynastischen Komponente von Bedeutung ist: Diese wird als *eine Komponente*
neben anderen und in ihrer Differenz zu diesen ausgewiesen, was gegen
neuere Interpretationen des *Orlando Furioso* als »Esteide« oder als »dynastic
romance« spricht, [85] womit sich einmal mehr die Wichtigkeit einer adäquaten Analyse der autoreflexiven Strukturen des Textes als Voraussetzung für
dessen Sinnfixierung erweist.

4 Ritterepik der Renaissance und neuzeitlicher Roman:
Andeutungen struktureller und funktionaler Differenzen

Ähnliche Verfahren autoreflexiver Vertextung ließen sich, wenngleich in der
Regel nicht in derselben Fülle und Komplexität, auch in anderen Versepen der
italienischen und europäischen Renaissance nachweisen: vor Ariost etwa in
Pulcis *Morgante* (1478–83) und Boiardos *Orlando Innamorato* (1483–1495),
nach Ariost und mit explizitem Bezug auf ihn in Spensers *Faerie Queene*
(1590–96). [86] Daß sich dann im europäischen Roman insbesondere des 18.
und 19. Jahrhunderts wiederum ähnliche Strukturen finden, sollte weder in bezug auf die Strukturen selbst noch hinsichtlich deren möglicher Funktionen
zur Konstitution falscher Kontinuitäten verleiten. Sieht man einmal von Trissi-

nos historisch wirkungslos gebliebenem Versuch ab, so konstituiert sich mit Tassos *Gerusalemme liberata* (1581) und im Zusammenhang der neoaristotelischen Epentheorie ein Rückbezug auf die Erzählmodi der antiken Epik, die sich grundsätzlich von denjenigen der *romanzi*-Tradition – für die der *Orlando Furioso* im Epenstreit des 16. Jahrhunderts als Paradigma galt – unterscheiden und die für die hohe Epik bis zum ausgehenden 18. Jahrhundert normative Gültigkeit behielten. In der parallel verlaufenden Konstitution eines komischen Epos von Tassonis *Secchia Rapita* über Boileaus *Lutrin* bis zu Voltaires *La Pucelle* finden sich in der Praxis wie in theoretischen Äußerungen Bezugnahmen auf Ariost, doch bilden die eigentliche Folie dieser Texte die Verfahren der antikisierenden Epik, die parodistisch verfremdet werden. [87] Und schließlich hat sich auch der neuzeitliche Roman, wie man weiß, in Theorie und Praxis wesentlich in Anlehnung an und in Auseinandersetzung mit dem hohen Epos konstituiert. Dies gilt nicht nur für den heroisch-galanten Roman des 17. Jahrhunderts, sondern auch und gerade für Fielding, [88] dessen *Joseph Andrews* oder *Tom Jones* neben Sternes *Tristram Shandy,* Diderots *Jacques le Fataliste* oder Jean Pauls *Flegeljahre* als Paradigmen autoreflexiven Erzählens im Roman gelten können. Selbst dort, wo sich ein expliziter Bezug auf Ariost nachweisen läßt, handelt es sich nicht einfach um eine Kontinuität, sondern um einen Rückbezug, der als solcher einer Begründung bedarf. Wenn also in historisch wesentlich verschiedenen Situationen, wie sie für den italienischen *romanzo* des ausgehenden 15. und des 16. Jahrhunderts und den europäischen Roman des 18. und 19. Jahrhunderts anzusetzen sind, analoge narrative Verfahren aufweisbar sind und diese nicht auf der Ebene einer gattungshaften Kontinuität angesiedelt werden können, sind sie als prinzipiell mögliche Transformationen genereller struktureller Bedingungen narrativer Kommunikation zu begreifen. Aufgrund der Doppelheit von *discours* und *histoire* und der für narrative Texte spezifischen Sprechsituation können sich Realisationsformen der narrativen Schreibweise auf einer »Skala« bewegen, die von einer fast durchgängigen Funktionalisierung des Diskurses zur Vermittlung der »Geschichte« bis zu einer weitgehenden Selbständigkeit des Diskurses gegenüber der »Geschichte« reichen. Die jeweilige Funktion solcher prinzipiell möglichen Transformationen ergibt sich aus ihrer konkreten historischen Realisation. Für den *Orlando Furioso* etwa dürfte sich der Spielbegriff, wie er in Castigliones *Cortegiano* (1528) sowohl als generelles Muster lebensweltlicher Praxis der höfischen Gesellschaft wie als spezifisches Konstitutionsprinzig des Dialogs selbst formuliert wird, als bedeutsam erweisen, der im wesentlichen durch das ingeniöse Kaschieren einer ›tieferen Bedeutung‹ und den Widerspruch als ›Spielregel‹ charakterisiert ist. [89] Ich kann diese Andeutung einer möglichen Funktionsbestimmung hier nicht präzisieren, doch dürfte klar sein, daß sie für die obengenannten Romane in anderer Art und Weise vorzunehmen ist, [90] ganz abgesehen von der Tatsache, daß sich deren autoreflexiver Charakter auf andere ästhetische Vorgaben bezieht.

Besteht trotz der Unterschiede auf funktionaler Ebene hinsichtlich der Autoreflexivität eines sich gegenüber der Geschichte verselbständigenden Diskurses eine strukturelle Entsprechung zwischen *romanzi*-Tradition und bestimmten Erscheinungsweisen des europäischen Romans des 18. und 19. Jahrhunderts, so handelt es sich bei Entwicklungen im neuen und neuesten Roman, insbesondere in Frankreich, aber nicht nur hier, die gleichfalls gern als ›autoreflexiv‹, ›autothematisch‹, ›meta-narrativ‹ usw. bezeichnet werden, um ein auch strukturell wesentlich verschiedenes Phänomen. Die Thematisierung von Vertextungsverfahren vollzieht sich hier nicht mehr über ein den Vermittlungsprozeß der »Geschichte« beständig reflektierendes Erzählsubjekt, vielmehr ist dieses in der Regel weitgehend zurückgenommen, und Autoreflexivität realisiert sich unmittelbar in der Art der Vermittlung der »Geschichte« bzw. von Relikten von »Geschichten« im Diskurs. Die bisher wohl extremste Ausformung ist im Tel-Quel-Roman erreicht, wo, wie ich an anderer Stelle zu zeigen versucht habe, die »Geschichte« durchgängig als Allegorie des Diskurses fungiert. Dabei handelt es sich nun jedoch nicht mehr um eine auf die strukturellen Bedingungen narrativer Kommunikation rückführbare Realisationsmöglichkeit, sondern vielmehr um eine Transgression dieser Bedingungen, insofern die konstitutive Doppelheit von Diskurs und »Geschichte« nur noch in allegorischer Vorgeblichkeit erscheint. Texte wie Ricardous *La Prise/ Prose de Constantinople* (1965) oder dessen *Révolutions minuscules* (1971) sind sicherlich in eminentem – wohl kaum mehr überbietbarem – Maße autoreflexiv, doch handelt es sich dabei nicht um die potentielle Autoreflexivität des narrativen Diskurses, die aus dessen spezifischer Pragmatik resultiert, sondern um eine Absage an die Möglichkeiten des Erzählens überhaupt – und nicht mehr nur an bestimmte historische Ausprägungen, wie sie in der Geschichte der erzählenden Gattungen immer wieder zutage getreten sind –, die gleichwohl noch in der Negation die Bedingungen der Möglichkeit von Erzählen voraussetzt. Autoreflexivität als generelle Negationsstruktur vorgängiger Diskurstypen ließe sich dann wohl, wie ein Blick etwa auf das absurde Theater belegen könnte, als Epochenspezifikum der ›(Post-)Moderne‹ formulieren.

Anmerkungen

1 R. Barthes, »Littérature et méta-langage«, in: R. B., *Essais critiques,* Paris 1964, S. 106 f.; hier: S. 106.
2 M. Schmeling, »Autothematische Dichtung als Konfrontation. Zur Systematik literarischer Selbstdarstellung«, *LiLi* 32 (1978), 77–97; hier: S. 91 f.
3 J. Ricardou, »Esquisse d'une théorie des générateurs«, in: M. Mansuy (Hg.), *Positions et oppositions sur le roman contemporain*, Paris 1971, S. 143–162; hier: S. 143. Eine analoge Formulierung findet sich bereits in J. Ricardou, *Problèmes du nouveau roman*, Paris 1967, S. 111.
4 Vgl. Vf., »*Nouveau Roman* und Literaturtheorie«, *Zeitschrift für französische Sprache und Literatur* 82 (1972), 243–262; hier: S. 255 ff., und Vf., *Poststrukturale Texttheorie und narrative Praxis, Tel Quel und die Konstitution eines nouveau nouveau roman*, München 1976, S. 13–65.
5 J. Ricardou, *Pour une théorie du nouveau roman*, Paris 1971, S. 22. Diese Wendung findet sich im Zusammenhang einer Attacke auf Sartre!
6 Vgl. hierzu etwa Ricardou, »Nouveau roman, Tel Quel«, in: J. R., *Théorie,* S. 234–265, und Vf., *Poststrukturale Texttheorie,* insb. S. 31 ff.
7 R. Scholes, *Fabulation and Metafiction*, Urbana/Chicago/London 1979, S. 210.
8 Ebd., S. 212.
9 Ebd., S. 217 f.
10 W. Iser, »Die Wirklichkeit der Fiktion«, in: R. Warning (Hg.), *Rezeptionsästhetik,* München 1975, S. 277–324, insb. S. 291 ff. K. Stierle, »Was heißt Rezeption bei fiktionalen Texten?«, *Poetica* 7 (1975), 342–387, insb. S. 374 ff.

11 Vgl. etwa Iser, S. 291: »Die fiktionale Rede ist eine solche Symbolorganisation, der im Sinne Ingardens die Verankerung in der Realität, im Sinne Austins die in einem Situationskontext fehlt. Folglich kann sich die von ihrer Symbolorganisation geleistete ›Repräsentation‹ nicht auf die Vorgegebenheit empirischer Objekte beziehen. Als Organisation von Symbolen indes besitzt sie eine repräsentierende Funktion. Wenn sich diese nun nicht auf die Präsenz eines Gegebenen beziehen läßt, dann kann sich diese nur auf die Rede selbst beziehen. Fiktionale Rede wäre demnach autoreflexiv und ließe sich als Repräsentation von sprachlicher Äußerung bezeichnen, denn mit dieser hat sie die Symbolverwendung, jedoch nicht den empirischen Objektbezug gemeinsam.« Stierle, S. 375: »Die Autoreflexivität des fiktionalen Textes bedeutet für den Rezipienten die Aufgabe, im Horizont seiner inhaltlichen Strukturen seine formalen zu thematisieren. Alles Inhaltliche muß in der Rezeption des fiktionalen Textes als pseudoreferentiell aufgefaßt und auf die es manifestierenden Konzepte zurückgeführt werden.«

12 Stierle, »Rezeption«, S. 376.

13 Ebd., S. 376f.

14 Implizit bei R. Warning, »Pour une pragmatique du discours fictionnel«, *Poétique* 39 (1979), 321–337, der sich gegen Autoreferentialität als Fiktionskriterium wendet (insb. S. 331ff.); explizit bzl. der Mallarmé-Forschung bei G. Regn, »Absence/présence. Zu Theorie und Praxis fiktionaler Vergegenwärtigung bei Mallarmé«, *Zeitschrift für französische Sprache und Literatur* 89 (1979), 211–236.

15 Auf diese Fragen gehe ich in einem in Vorbereitung befindlichen Aufsatz ein.

16 Schmeling, S. 77.

17 Ebd., S. 80.

18 Ebd., S. 82.

19 Ebd., S. 88f.

20 Ebd., S. 89.

21 Zur Auffassung der Parodie als Schreibweise und nicht als Gattung vgl. Th. Verweyen/G. Witting, *Die Parodie in der neueren deutschen Literatur. Eine systematische Einführung*, Damstadt 1979.

22 Schmeling, S. 79.

23 Eben dies war die Absicht Schmelings. Vgl. ebd., S. 78.

24 Erstausgabe: Ferrara 1516; 1521 und 1532 erscheinen revidierte und um einige Episoden erweiterte Fassungen. Die in anderer Hinsicht sehr interessanten Varianten betreffen nicht den hier zu diskutierenden Problemkomplex. Zitiert wird nach der Ausgabe: L. Ariosto, *Orlando Furioso,* prefazione e note di L. Caretti, Torino ²1971, die den von C. Segre erstellten kritischen Text der Ausgabe von 1532 abdruckt.

25 G. Lukács, *Die Theorie des Romans*, Neuwied/Berlin 1971 (¹1920). Vgl. insb. S. 89: »Dieser erste große Roman der Weltliteratur [...]«.

26 I. Watt, *The Rise of the Novel*, Peregrine Books, Harmondsworth 1963, S. 298 (¹1957).

27 R. M. Durling, *The Figure of the Poet in Renaissance Epic*, Cambridge (Mass.) 1965, S. 9f. K. Stierle, »Die Verwilderung des Romans als Ursprung seiner Möglichkeit, *Literatur in der Gesellschaft des Spätmittelalters,* hg. v. H. U. Gumbrecht, Heidelberg 1980, S. 253–313, postuliert einen anders gelagerten Zusammenhang zwischen der Renaissance-Epik und dem modernen Roman: »Die gattungkonstitutiven Möglichkeiten der Vermischung von chanson de geste und höfischem Roman sind ganz erst ausgeschöpft worden im italienischen Romanzo, der *deshalb* (Hervorhebung von mir) als der eigentliche Ursprung des modernen Romans gelten muß, ohne daß ihm allerdings bisher diese Geltung eingeräumt worden wäre.« (S. 279). Es bleibt unklar, warum gerade die Vermischung von chanson de geste und höfischem Roman die Grundlage für den modernen Roman abgeben soll. Ferner können die romanzi selbst nicht allein von dieser »Vermischung« her beschrieben werden, sondern konstituieren sich auf der Basis komplexerer Systemreferenzen, die für die einzelnen Texte unterschiedlich sind.

28 Daß Fielding im *Tom Jones* jedes Buch mit einer allgemeinen Erörterung des Erzählers über poetologische, moralische und andere Themen beginnen läßt, entspricht genau der für Ariost spezifischen Praxis, jeden der 46 Gesänge mit einem Erzähler-Proömium einzuleiten. In der deutschen Romantik wird darüber hinaus explizit eine Ent-

sprechung zwischen der Ironie eines Sterne, Diderot oder Jean-Paul und derjenigen Ariosts festgestellt. Belege zu letzterem Aspekt bei Durling, S. 242, A. 16.

29 Durling, S. 10: »This development of the novel is a continuation of the earlier development and, like it, reflects a continuing crisis in the way authors and readers viewed themselves as human beings.«

30 E. Benveniste, »Les relations de temps dans le verbe français«, in: E. B., *Problèmes de linguistique générale*, Paris 1966, S. 237–266, insb. S. 241: »Les événements sont posés comme ils sont produits à mesure qu'ils apparaissent à l'horizon de l'histoire. Personne ne parle ici; les événements semblent se raconter eux-mêmes.«

31 Ebd., S. 241f.: »Il faut entendre discours dans sa plus large extension: toute énonciation supposant un locuteur et un auditeur.«

32 Vgl. auch K. Stierle, »Geschehen, Geschichte, Text der Geschichte«, in: R. Koselleck/W.-D. Stempel (Hgg.), *Geschichte – Ereignis und Erzählung*, München 1973, S. 530–534; hier: S. 530f., A. 1.

33 Vgl. etwa G. Genette, »Frontières du récit«, *Communications* 8 (1966), 152–163; hier: S. 159ff., und zu Sollers' Roman *Drame* (Paris 1965) und dessen Interpretation durch R. Barthes, Vf., *Poststrukturale Texttheorie*, S. 71ff.

34 Vgl. hierzu zuletzt F. K. Stanzel, *Theorie des Erzählens*, Göttingen 1979, S. 15ff.

35 T. Todorov, »Les catégories du récit littéraire« *Communications* 8 (1966), 125–151; hier: S. 126f.

36 Vgl. B. Tomaševskij, »Thématique«, in: T. Todorov (Hg.), *Théorie de la littérature. Textes des Formalistes russes*, Paris 1965, S. 263–307, insb. S. 267–269, 274–278, 280. Vgl. auch die deutsche Übersetzung der zentralen Stelle in J. M. Lotman, *Die Struktur literarischer Texte*, München 1972, S. 330: »Fabel heißt die Gesamtheit der miteinander verbundenen Ereignisse, von denen in einem Werk berichtet wird [...] Im Gegensatz zur Fabel steht das Sujet: die gleichen Ereignisse, aber in ihrer *Darlegung* in jener Reihenfolge, in der sie im Werk mitgeteilt werden, und in jener Verknüpfung, in der die Mitteilungen über sie im Werk gegeben sind.« Auch aus der Fortsetzung dieser Stelle durch Lotman ergibt sich, daß das Sujet nicht mit dem Diskurs identifiziert werden darf: »Das *Ereignis* gilt als die kleinste unzerlegbare Einheit des Sujetaufbaus [...]« (ebd., Herv. d. Vf.). E. Volek, »Die Begriffe ›Fabel‹ und ›Sujet‹ in der modernen Literaturwissenschaft. Zur Struktur der ›Erzählstruktur‹«, *Poetica* 9 (1977), 141–166, spricht explizit von »zwei Ebenen der Geschichte, Fabel und Sujet« (S. 147) und kritisiert gleichfalls Todorovs inadäquate Bezugnahme sowohl auf Benveniste wie auf die Formalisten (S. 148ff.); sein eigener Ansatz bleibt, wohl nicht zuletzt aufgrund eines nebulösen Strukturbegriffs (vgl. S. 146, A. 18), unüberzeugend.

37 Ricardou differenziert in analoger Weise zwischen *fiction* und *narration* etwa in *Théorie*, S. 234ff.

38 Vgl. Stierle, »Geschehen, Geschichte, Text der Geschichte«, S. 533.

39 So etwa J. Schulze, »*Histoire, discours,* Ersetzungsregeln. Zu einer ›Tiefenstruktur des Narrativen‹«, *Poetica* 9 (1977), 196–216, hier: S. 215. Vgl. gegen diese Auffassung auch Volek, S. 151, A. 40.

40 Paradigmatisch ist in diesem Zusammenhang R. Barthes, »Introduction à l'analyse structurale des récits«, *Communications* 8 (1966), 1–27. Eingangs stellt Barthes fest: »le récit peut être supporté par le langage articulé, oral ou écrit, par l'image, fixe ou mobile, par le geste et par le mélange ordonné de toutes ces substances; il est présent dans le mythe, la légende, la fable, le conte, la nouvelle, l'épopée, l'histoire, la tragédie, le drame, la comédie, la pantomime, le tableau peint [...], le vitrail, le cinéma, les comics, le fait divers, la conversation.« (S. 1) Bei der Aufgliederung der *niveaux descriptifs* wird dann zumindest mit »La narration« (S. 18ff.) eine Schicht eingeführt, über die nur erzählende Texte im engeren Sinn verfügen.

41 Vgl. hierzu auch M. Pfister, *Das Drama*, München 1977, S. 265f., der die »Geschichte« als gemeinsames Substrat von dramatischen und erzählenden Texten ausweist und diese den Gattungen ohne »Geschichte« (Essay, Traktat, Predigt u.a.) gegenüberstellt.

42 Vgl. hierzu Vf., *Poststrukturale Texttheorie*, S. 82ff., 118ff.

43 Vgl. etwa J. Ricardou, *Le nouveau roman*, Paris 1973, S. 26ff.

44 Stierle, »Geschehen, Geschichte, Text der Geschichte«, S. 531–533.

45 Ebd., S. 533f.

46 G. Genette, »Discours du récit«, in G. G., *Figures III*, Paris 1972, S. 67–282, unterscheidet zwischen dem »récit proprement dit«, als »le signifiant, énoncé, discours ou texte narratif lui-même« und der »narration« als »l'acte narratif producteur et, par extension, l'ensemble de la situation réelle ou fictive dans laquelle il prend place« (S. 72). Da sich jedoch auch die *narration* ›im Text‹ vollzieht und als textinterne pragmatische Dimension grundsätzlich von der realen Kommunikationssituation zu unterscheiden ist, und da es Texttypen gibt, in denen sich die pragmatische Dimension nicht so ohne weiteres von den übrigen abgrenzen läßt, scheint es angebrachter, die *narration* als pragmatische Komponente des Diskurses zu betrachten.

47 Ebenso Schmeling, S. 78 f.

48 Zu der Frage, inwiefern man sinnvoll von einer ›Episierung‹ des Dramas sprechen kann, und zu einer Auflistung der wesentlichen Verfahren vgl. Pfister, S. 103 ff.

49 Zur Opposition von performativer und berichtender Sprechsituation vgl. Vf., *Gattungstheorie*, S. 160 ff., sowie Vf., »Zur pragmatischen Fundierung der Texttypologie«, in: W. Hinck (Hg.), *Textsortenlehre – Gattungsgeschichte*, Heidelberg 1977, S. 1–26, und M. Pfister, S. 19 f.

50 Es sind besonders diese Phänomene, die neuerdings als *mise en abyme* beschrieben werden. In der Verwendung bei Ricardou hat dieser Begriff eine Ausweitung hin auf die *mise en abyme textuelle* erfahren, die gleichwohl auf etwas anderes als die explizite Thematisierung von Konstitutionsbedingungen des Textes im Diskurs abhebt (vgl. J. Ricardou, »L'histoire dans l'histoire«, in: J. R., *Problèmes*, S. 171–190, und Vf., *Poststrukturale Texttheorie*, S. 101 ff.). Aus der Definition von Gide, der den Begriff geprägt hat und auf dessen Bestimmung sich Ricardou explizit bezieht (vgl. *Problèmes*, S. 172), ergibt sich, daß es sich bei der *mise en abyme* um einen Oberbegriff für Spiegelungsverfahren verschiedener Ebenen der »Geschichte« in Form des Spiels im Spiel, des Buchs im Buch oder auch des Bildes im Bild handelt, für die, wie gesagt, die Diskursthematisierung nur eine der möglichen Funktionen darstellt, die in der Moderne allerdings dominant wird. »Autoreflexivität« ist also nicht synonym mit *mise en abyme* (ähnlich äußert sich Schmeling, S. 78 f. hinsichtlich seines Begriffs der ›autothematischen Dichtung«).

51 Die Folie, von der Ariosts Erzählen abweicht, formuliert Porcacchi mit explizitem Bezug auf Platon im Anschluß an die einzige Stelle im *Orlando Furioso* (III, 1 ff., vgl. hierzu auch unten S. 147), in der sich der Erzähler auf den *furor poeticus* beruft: »I famosi Poeti di versi non per arte ma per inspiration divina cantano tutti questi celebrati poemi: percioche il Poeta è una cosa leggieri, volatile, & sacra: & non puo cantare, se prima non è pieno di Dio, & posto fuor di se stesso, & alienato dalla mente.« L. Ariosto, *Orlando Furioso,* Venezia: Guerra 1570 (o. S.).

52 Vgl. etwa Nicolò degli Oddi, der die Proömien kritisiert, weil sie nicht der Regel gehorchen, »quanto meno il Poeta parla in persona sua propria, & quanto più s'asconde, tanto più è Poeta; onde in confermatione di questo disse il divino Platone, che dove il Poeta non si cela, & asconde la sua Poesia, e narratione, è senza imitatione. & Aristotele nella sua Poetica afferma, che il Poeta la sua narratione ò vera ò finta, che ella sia, tutta sotto altrui nome dee trattare; e le moralità del Furioso sono tutte in persona del Poeta« (*Dialogo di Don Nicolò degli Oddi in difesa di Camillo Pellegrino. Contra gli Academici della Crusca*, Venezia 1587, S. 53.) Dieser Kritik aus dem Anti-Ariost-Lager entspricht eine analoge Formulierung bei den Ariost-Verteidigern der Crusca, wo festgestellt wird, daß »lo'nterponimento di sua (sc. Ariosts) persona nel principio de' canti […] interrompe l'imitazione« (L. Salviati) *Lo 'nfarinato secondo ovvero dello 'nfarinato accademico della Crusca, Risposta al libro intitolato Replica di Camillo Pellegrino […]*, Firenze 1588, S. 380.

53 In der Vielzahl von Untersuchungen zum *Orlando Furioso* spielen, mit Ausnahme der *entrelacement*-Technik, spezifisch erzählstrukturelle Fragen nur eine untergeordnete Rolle und deren Erörterung leidet wesentlich an der Nichtscheidung von Autor und Erzähler. Durling, der als einer der wenigen diese Unterscheidung vornimmt und explizit begründet (vgl. S. 1 ff.), behandelt nur einige Aspekte, die mit der text- und sinnkonstitutiven Präsenz einer Vermittlungsinstanz als solcher zu tun haben und beschäftigt sich vorrangig mit den Themen, zu denen der Erzähler *auch* ›in eigener Person‹ – und nicht nur über die *histoire* vermittelt – Stellung nimmt.

54 E. Gülich, »Ansätze zu einer kommunikationsorientierten Erzähltextanalyse (am Beispiel mündlicher und schriftlicher Erzähltexte)«, *Erzählforschung* 1, hg. v. W. Haubrichs, Göttingen 1976, S. 224-255, hier: S. 234.

55   »Le donne, i cavallier, l'arme, gli amori,
le cortesie, l'audaci imprese io canto«
(*O. F.*, I, 1,1f.).
Zu einer eingehenderen Interpretation des Proömiums vgl. Vf., »Textkonstitution und Rezeption: Zum dominant komisch-parodistischen Charakter von Pulcis *Morgante,* Boiardos *Orlando Innamorato* und Ariosts *Orlando Furioso*«, *Romanistisches Jahrbuch* 27 (1976), 77-99, hier: S. 94ff.

56 Zu dieser Tradition vgl. F. A. Ugolini, *I cantari d'argomento classico*, Genève/Firenze 1936, insb. S. 1-26, und G. Bronzini, *Tradizione di stile aedico dai ›Cantari‹ al ›Furioso‹*, Firenze 1966.

57 Vgl. hierzu etwa *La Spagna, poema cavalleresco del secolo XIV*, edito e illustrato da M. Catalano, 3 Bde., Bologna 1939/40, und die Ausführungen von Catalano in der Einleitung, insb. I, 99.

58 Vgl. Vf., *Poststrukturale Texttheorie,* S. 85-89.

59 Vgl. ferner etwa I, 3,6; XIV, 108,5; XXVIII, 3, 1-4; XXIX, 2,5.

60 Hierauf verweisen auch Durling, S. 112ff. und Stierle, »Die Verwilderung des Romans«, S. 307ff.

61 Vgl. etwa VII, 2; X, 4; X, 73; XII, 48; XV, 2.

62 Hierauf verweist auch Durling, S. 113. Die Vortragssituation ist als solche im übrigen nicht festgelegt auf die »volkstümliche Praxis des öffentlichen Vortrags auf dem Markt« (Stierle, »Die Verwilderung des Romans«, S. 308), sondern kann genauso gut den Vortrag vor einem höfischen Publikum meinen. Wie bereits Durling, S. 91ff. gezeigt hat, besteht u. a. hierin ein entscheidender Unterschied zwischen den volkstümlichen *cantari* und Boiardos *Orlando Innamorato,* der ein ausdrücklich höfisches Publikum bereits mit der Anrede in der ersten Zeile seines Textes konstituiert:
        »Signori e cavallier che ve adunati
        Per odir cose dilettose e nove [...]« (I, i, 1,1)
(*Orlando Innamorato*, hg. v. L. Garbato, 4 Bde., Milano 1970).

63 R. Baillet, *Le monde poétique de l'Arioste*, Lyon 1977, hat neuerdings eindrucksvoll auf der Bedeutung der zeitgeschichtlichen Bezüge im *Orlando Furioso* insistiert, dabei m. E. aber nicht ausreichend auf die Art und Weise der Vermittlung dieser Bezüge und deren Kombination mit anderen Textschichten geachtet. Seine Feststellung, »la narration est secondaire« (S. 299), und die Tendenz, den *Orlando Furioso* als »Estéide« zu lesen, dürften der Komplexität des Textes nicht gerecht werden.

64 Vgl. II, 1; IX, 2; XVI, 1; XXIII, 112; XXIV, 3; XXVII, 123f.; XXVIII, 2; XXX, 1-4; XXXV, 1f.; XLIII, 5.

65 Da den zeitgenössischen Rezipienten Ariosts Beziehung zu Alessandra Benucci, auf die sich diese und entsprechende Stellen beziehen sollen, nicht bekannt war, scheint es wenig wahrscheinlich, daß eine explizite autobiographische Anspielung intendiert war, die obendrein dazu nötigen würde, diese Stelle als nachträgliche Interpolation aufzufassen (so Caretti in der zitierten Ausgabe S. 4). Generell läßt sich feststellen, daß bis in jüngste Publikationen hinein die Selbstthematisierungen des Erzählers durchwegs als ›Bekenntnisse‹ des Autors aufgefaßt werden. Vgl. etwa G. Natali, *Ludovico Ariosto,* Firenze 1966, S. 129ff. (»L'Ariosto nel suo poema«); G. de Blasi, »L'Ariosto e le passioni (studio sul motivo poetico fondamentale dell' *Orlando Furioso*)«, *Giornale storico della letteratura italiana* CXXIX (1952), 318-362 und CXXX (1953), 178-203; C. P. Brand, *Ludovico Ariosto. A preface to the ›Orlando Furioso‹,* Edinburgh 1974, S. 158f. u. a. Daß *einzelne* Passagen als autobiographische Anspielungen intendiert und von den zeitgenössischen Rezipienten als solche dekodierbar waren, soll nicht bestritten werden, doch erhalten auch sie ihre spezifische textinterne Funktionalisierung in der Verbindung von vergangener »Geschichte« und aktueller historischer Erfahrung, ein Aspekt des Textes, der hier nicht weiterverfolgt werden kann.

66 Zu dem modifizierten und ›nachgeholten‹ Musenanruf in III, 1ff. vgl. unten S. 147f.

67 Besonders auffällig die expliziten Bembo- und Petrarca-Zitate in XXIV, 1-3.

68 An neueren Publikationen vgl. vor allem D. Delcorno Branca, *L'Orlando Furioso e il romanzo cavalleresco medievale*, Firenze 1973; C. P. Brand, »L'entrelacement nell' *Orlando Furioso*«, *Giornale storico della letteratura italiana* (1977), 509–532; Stierle, »Die Verwilderung des Romans«, und G. Roellenbleck, »Überlegungen zum Entrelacement im italienischen Romanzo« (Vorlage zum Deutschen Romanistentag in Saarbrücken 1979), der den entscheidenden Bezug zur Erzählerproblematik herstellt (vgl. auch unten A. 70).

69 Dies gilt schon für die zeitgenössische Rezeption. Vgl. etwa *Lo'nfarinato secondo*, S. 60 ff.

70 Vgl. hierzu auch XV, 9–10 und die Interpretation dieser Stelle in Vf., »Textkonstitution«, S. 98, sowie G. Roellenbleck, der zur Verwendung der Entrelacement-Technik im italienischen Romanzo generell feststellt, daß es sich hierbei um eine »Meta-Technik« handle, »um eine ganz andere Dimension des Erzählens als die realistische Vollständigkeit und Gleichzeitigkeit von Handlungen zu realisieren: den Erzähler in seiner Machtvollkommenheit als freier Schöpfer und Beherrscher seines Werks« (Ms. S. 7), und daß »das freie Verfügen über alle Dimensionen des Erzählstoffs als kühne Modernität erst sichtbar (bzw. erreicht) wird durch das raffinierte Arrangement antiquierter Techniken« (Ms. S. 8).

71 Vgl. Durling, S. 114–132.

72 Ebd., S. 130.

73 Hier wären auch die zahlreichen Einschränkungsformeln wie *parmi, credo* u. ä. zu nennen, die eine ironische Zurücknahme der durchgängig vorausgesetzten Allwissenheit des Erzählers bedeuten.

74 Durling, S. 131: »Ariosto continually reminds the reader that the poem is to be *discourse* about an imagined world that does not pretend to have substantial reality, but only to be such a likeness of the real world as human powers can fashion. The reader is continually reminded that he is not to rest in the world of the poem, but to look through it at the real world.« Meine Divergenz mit Durling beginnt ab dem *but*-Satz.

75 Die meisten Proömien der einzelnen Gesänge bieten hierfür Beispiele, etwa II, 1 f.; IV, 1 f.; V, 1 ff.; VI, 1; VIII, 1 usw.

76 Vgl. etwa I, 22; I, 54; VI, 59; X, 83; XIII, 1; XVIII, 179; XXXIV, 26; XXXIX, 57.

77 Hiermit ist nicht einfach die seit der zeitgenössischen Rezeption immer wieder angesprochene rhetorische Kategorie der *varietà* gemeint, sondern die Konstitution von Oppositionsstrukturen, die auf semantischer Ebene bis zum expliziten Widerspruch zugespitzt sein können. Dies gilt etwa von der Behandlung der Liebesthematik in den *canti* XX, XXII, XXVI, XXVIII, XXIX, XXX, XXXVII, wo vom Erzähler beständig konträre Positionen eingenommen werden, oder hinsichtlich der Kritik am Herrscherlob in XXXIV, 77, das eine direkte Gegenposition zur durchgängigen Praxis des Textes darstellt.

78 Zu analogen Stellen vgl. etwa XV, 1–3; XVII, 1–6; XL, 1–6.

79 Neben den angeschnittenen Aspekten wären in einer breiter angelegten Untersuchung vor allem die Thematisierung von Auswahlprozessen der Vermittlung der »Geschichte« durch den Erzähler (vgl. etwa XXXVI, 44; XLII, 8; XLII, 76; XLIII, 175; XLIII, 179) zu untersuchen sowie die Anspielungen auf den Zusammenhang der »Geschichte« des Orlando *Furioso* mit in anderen Texten vermittelten »Geschichten« und damit auf den Traditionszusammenhang der Ritterepik insgesamt (»credo ch'altrove voi l'abbiate letto« (*O. F.* XXXI, 91,1); vgl. ferner XXVI, 100 ff.; XXV, 72; XVIII, 109).

80 Vgl. etwa im XXIII. Gesang die Strophen 3, 5, 9, 13, 54, 77–80, 119–120.

81 »Era quel *vecchio* sí espedito e snello,
che per correr parea che fosse nato;
e da quel monte il lembo del mantello
portava pien del nome altrui segnato.
Ove n'andava, e perché facea quello,
ne l'altro canto vi sarà narrato,
se d'averne piacer segno farete
con quella grata udienza che solete.«

(*O. F.* XXXIV, 92, 1-8)

82 Zur Problematik dieser Auffassung vgl. Vf., »Textkonstitution«, S. 82 f. (mit Verweis auf Giraldi Cintio).

83 Vgl. etwa XXIV, 45; XXVI, 22 f.; XXVIII, 2; XXX, 49; XXXVII, 24 u. ö. Bei Boiardo findet sich im übrigen der Quellenbezug gleichfalls bereits als ironische *entrelacement*-Begründung. Zu einer Zusammenstellung von Stellen vgl. Bronzini, S. 70–75.

84 A. Jenni, »Raziocinio dell'Ariosto«, in: *Studi in onore di A. Schiaffini*, Roma 1965, S. 577–585 hat die Bedeutsamkeit der »Parenthesen« bei Ariost erkannt, doch ist deren Interpretation als Ausdruck eines »realismo dell'assurdo«, der sich von den *Metamorphosen* Ovids über die Heiligenlegenden des Mittelalters bis zu Kafka nachweisen lasse, wenig überzeugend.

85 Neben Baillet (s. o. A. 63) argumentiert in diese Richtung insbesondere P. V. Marinelli, »Redemptive Laughter: Comedy in the Italian Romances«, in: P. D. Ruggiers (Hg.), *Versions of Medieval Comedy*, Norman 1977, S. 227–248.

86 Vgl. Durling, S. 211 ff. Partiell ähnliche Erscheinungen (z. B. im Hinblick auf fiktionsironische Verfahren) lassen sich schon im höfischen Roman bei Chrétien nachweisen (vgl. R. Warning, »Formen narrativer Identitätskonstitution im höfischen Roman«, in: O. Marquard/K. Stierle (Hgg.), *Identität,* Poetik und Hermeneutik VIII, München 1979, S. 553–589, insb. S. 578 ff.), doch dürften auch hier die analogen Strukturen nicht auf einen unmittelbaren Traditionszusammenhang verweisen: Die italienische Renaissance-Epik greift nicht einfach auf Chrétien zurück, sondern reagiert auf einen Entwicklungsstand der Ritterdichtung um 1500, wie er in den späten Prosafassungen und den *cantari* greifbar ist. Daß sich zwischen höfischem Roman und Renaissance-Epik strukturelle Entsprechungen feststellen lassen, ist andererseits ein weiteres Indiz für die hier vertretene These von der *potentiellen* Autoreflexivität des narrativen Diskurses. Nicht beantwortet ist hiermit freilich die Frage, warum in verschiedenen historischen Situationen analoge Strukturierungen auftreten, doch setzt eine Beantwortung dieser Frage konkrete historische Analysen und Funktionsbestimmungen voraus, die im gegebenen Zusammenhang nicht geleistet werden können. (Zusatz zum Ms. aufgrund kritischer Einwände von .W. Haubrichs, H.-J. Neuschäfer, W.-D. Stempel und R. Warning.)

87 Vgl. hierzu M. Lindner, *Voltaire und die Poetik des Epos*, München 1980, insb. S. 21 ff.

88 Vgl. insb. das »Author's Preface« zu *Joseph Andrews,* in dem Fielding seine Theorie des »comic epic poem in prose« entwickelt (H. Fielding, *Joseph Andrews,* hg. v. A. R. Humphreys, London/New York 1962 (Everyman's Library), S. XVII ff.)

89 Vgl. B. Castiglione, *Il libro del Cortegiano con una scelta delle Opere minori*, hg. v. B. Maier, Torino 1973, insb. Kapitel I, v und I, xiii.

90 Vgl. R. Warning, *Tristram Shandy und Jacques le Fataliste,* München 1965; zum deutschen Roman des 19. Jahrhunderts W. Preisendanz, *Humor als dichterische Einbildungskraft*, München 1963.

MANFRED SCHMELING

Semantische Isotopien als Konstituenten des Thematisierungsprozesses in nicht-linearen Erzähltexten

Am Beispiel von Kafkas »Der Bau« (1928)

1. Vom erzählten Labyrinth zum labyrinthischen Erzählen

1.1 Kanonisches vs. labyrinthisches Bewußtsein

Betrachtet man die Entwicklung der modernen Erzählliteratur im Spiegel der Kritik, so fällt die Einmütigkeit auf, mit der von »Krise« und »Unordnung« die Rede ist. [1] Diese Einschätzung zielt auf die strukturellen Veränderungen ab, die über die historisch gewachsenen Genres, vor allem Roman und Novelle, hereinbrechen. Der Vorbehalt gegenüber der klassischen Erzählweise drückt sich bei den Autoren des 20. Jahrhunderts unter anderem in der »nicht-linearen« Form des Diskurses aus. Kafka, Joyce, Broch, Borges, Cortázar, John Barth, Butor, Robbe-Grillet zählen zu den Promotoren eines Paradigmawechsels, in dessen Spannungsfeld das kanonische Bewußtsein aristotelischer Prägung abgebaut und ein neues – wir nennen es das »labyrinthische« – aufgebaut wird.

Es versteht sich, daß diese Entwicklung nicht in solchen Erzähltheorien zum Ausdruck kommen kann, die ihre analytischen Modelle epistomologisch an der vernünftigen (zeitlich-kausalen) Ordnung der Welt ausrichten und durch entsprechend logisch strukturierte (»wohlgeformte«) Beispiele überprüfen. Andererseits ist eine Beschreibung der typischen Konstituenten dieses Diskurses, durch den sich die *Bewegung des Erzählens* selbst verstärkt in den Vordergrund schiebt, freilich nur so möglich, daß man die entsprechende erzähllogische Erwartung, konkret: die Erwartung einer »ordentlichen« *Geschichte,* in die Analyse mit einbezieht. Das ist ein dialektischer Vorgang, der, zumindest implizit, auch dann abläuft, wenn man die »écart«- oder Abweichungstheorie erklärtermaßen nicht anwendet.

Der Begriff »nicht-linear« kann zunächst nur als allgemeine Bezeichnung für eine abstrakte Erzählbewegung Verwendung finden, der Begriff »Labyrinth« oder »labyrinthisch« dagegen konkretisiert diese Bewegung als Mimesis des durch sie mediatisierten labyrinthischen Gegenstandes. Damit ergibt sich eine ökonomische Auswahl der Paradigmas. Die Kategorie des »Labyrinthischen« soll hier mehr sein als nur eine metaphorische Verlegenheitslösung zur Erfassung komplizierter Erzählstrukturen. Solche findet man ja bereits in Sternes *Tristram Shandy,* ohne daß gleichzeitig von der motivartigen (handlungsmäßigen) oder thematischen Präsenz einer »Labyrinth«-Vorstellung die Rede sein könnte. Gerade die Fusion von Thema und Struktur ist typisch für den labyrinthischen Diskurs in Erzähltexten des 20. Jahrhunderts. Kafkas

Spätwerk *Der Bau* [2] scheint für eine exemplarische Darstellung besonders geeignet; nicht zuletzt deshalb, weil sich hier mit der spezifischen Schreibweise auch eine Kunstauffassung abzeichnet – das Kunstwerk als »Labyrinth« –, die von nicht zu unterschätzender wirkungsgeschichtlicher Bedeutung ist.

Daß Labyrinth- und Kunsthaftigkeit nahe zusammenliegen, ist ein Topos der Kritik, den man u. a. in der strukturalen Texttheorie findet. [3] In diesem Sinne deutet J. M. Lotman eine Äußerung von Tolstoi, wonach »ein künstlerischer Gedanke sich durch ›Verkettung‹ realisiert, also durch eine Struktur, und daß er außerhalb dieser Struktur nicht existieren kann [...]«. »Man brauche Leute« – so das Tolstoi-Zitat – »die den Leser ständig an der Hand führten durch das *Labyrinth unzähliger Verkettungen,* welches das *Wesen der Kunst* ausmacht.« [4] Schon vorher hatte sich Victor Sklovskij, und zwar mit direktem Bezug auf narrative Texte, auf dieselbe Tolstoi-Äußerung berufen. [5] Da nach seiner, formalistischen, Auffassung die Kunst nicht nur labyrinthisch, sondern auch autotelisch auf sich selbst zurückgeworfen ist – »ein gewundener Pfad, auf dem der Fuß die Steine spürt, ein Pfad mit Hin und Her«, »eine Bewegung, nur dazu geschaffen, daß wir sie empfinden« [6] – kann jedoch dem erzählerischen Diskurs eine semantische Seite kaum abgewonnen werden. »Labyrinthisch« ist dieser Diskurs nur unter *kompositionellem* Aspekt; organisiertes Chaos an der Textoberfläche. [7] Während Lotman die Korrelation zwischen der Ausdrucks- und der Inhaltsebene betont, kranken Sklovskijs Thesen an einem impliziten Form-Inhalt-Dualismus, bei dem letztlich nur die eine Seite, nämlich die Form, von Bedeutung ist. Die gleiche Eindimensionalität läßt sich übrigens für die streng substantialistische Themenanalyse geltend machen. Formalismus und traditionelle Stoff- oder Motivforschung vernachlässigen, wenn auch von entgegengesetzten Positionen aus, den für die Darstellung thematischer Progression unumgänglichen Tatbestand einer Interdependenz formaler und inhaltlicher Strukturen. [8] Die erzähltechnische Wirksamkeit dieser Beziehung läßt sich am Beispiel des Kafka-Textes verdeutlichen. Im *Bau wird die labyrinthische Befindlichkeit des Helden (das Signifikat der Erzählung) auf der Ebene des Ausdrucks (der signifikanten Textstruktur) wiederholt.* Mit anderen Worten: hier richtet sich ein Thema nicht nur im Erzählten (»Geschichte«), sondern auch im Erzählen selbst (»Diskurs«), somit in der künstlerischen Strategie des Textes ein (was man z. B. vom »Faust«-Mythos in dieser Weise nicht sagen kann).

Der labyrinthische Diskurs als Sonderfall des nicht-linearen Erzählens ist ein besonders anschauliches Paradigma für den *thematischen* Status von Diskursen überhaupt. Die Modelle derjenigen strukturalistischen Erzähltheorien, in denen die strenge »histoire/discours«-Dichotomie fortgeführt wird, scheinen diesbezüglich formalistischer Tradition (s. o.) noch kaum entwachsen. [9] Die künstliche Trennung von Geschichte und Diskurs (als ein der Geschichte äußerlicher) ist weder praktisch konsequent durchführbar, noch läßt sich eine solche – heuristisch mitunter notwendige – Unterscheidung theoretisch fundieren. Diskurse sind keine abstrakten (zeitlichen, perspektivischen, modalen) Konstruktionen, sondern entwickeln sich im und durch den Thematisierungsprozeß einer Erzählung.

1.2 Isotopie

Die »Labyrinth«-Idee erscheint im *Bau* als der semantische Strukturator des Gesamttextes. Bereits innerhalb der einfachen, syntaktisch indifferenten Lexemfolge der Erzählung läßt sie eine gewisse thematische Solidität aufgrund der Rekurrenz identischer Seme erkennen. Diese *SEM-Isotopie,* die wir von der KONNEX-Isotopie (kausal-logische Verknüpfungen von Satz zu Satz) unterscheiden [10], lenkt textimmanent die verschiedenen Lesarten der Erzählung. Sie wird zunächst unabhängig von syntaktischen oder handlungsmäßigen Ordnungsfaktoren realisiert. Für den Leser erschließt sie die Möglichkeit, kohärente Bezüge rein gedanklicher (semantischer) Art herzustellen, ohne daß es einer kohärenten Handlungsabfolge bedarf. Durch Dominantsetzung eines oder mehrerer (einander nicht ausschließender) Merkmale wird die semantische Vereinbarkeit der Lexeme im Rahmen einer bestimmten Lesart überprüft. Die Auffindung von Isotopien geschieht also, um den sich hier anbietenden Ausdruck von A. J. Greimas zu verwenden, auf der Basis eines *kulturellen Rasters* (»grille culturelle«), in dem zum Beispiel auch Vorentscheidungen über den Inhalt des (im *Bau* mehrfach belegten) »Labyrinth«-Begriffes getroffen werden.

Beispiel für ein dominantes Sem des Kafka-Textes ist das Merkmal »Konstruktion«. Bereits der erste Satz der Erzählung – »Ich habe den Bau eingerichtet und er scheint wohl gelungen« – weist eine entsprechende semantische Strukturierung auf. Dabei wird das semantisch zunächst unterdeterminierte »Ich« im weiteren Textverlauf durch isotope Bildungen (anaphorische Substitutionen des Aktanten, bedeutungsähnliche Prädikationen etc.) genauer bestimmt. Die im folgenden Paradigma erkennbare thematische Dichte ist dadurch bedingt, daß die Rekurrenz nicht nur innerhalb derselben morphologischen Gruppe bzw. Wortklasse stattfindet, sondern quer durch die drei Hauptkonstituenten der »Geschichte« (Aktanten, Handlungen, Gegenstände) geht.

»Konstruktion« → Sem-Rekurrenz			
↓ Sem-Rekurrenz	Aktant	Handlung	Gegenstand
	Ich (132 u. a.)	technische Überlegungen (145)	Bau (132 u. a.)
	jemand von meiner Art, ein Kenner und Schätzer von Bauten (143) alter Baumeister (163)	Pressen und Glätten (156) Verschönerungsarbeiten (156)	Zickzackwerk (138) Grundriß (138) Labyrinth (139 u. a.) großes empfindliches Werk (139) Gebilde (138) Erstlingswerk (139)

Die hier angedeutete Sem-Kontinuität auf der Basis des Merkmals »Konstruktion« läßt sich in zwei weitere, hierarchisch untergeordnete Isotopien [11] aufspalten. Die eine kann man metasprachlich als »mythisches Labyrinth«, die andere mit dem Begriff »Schriftstellerexistenz« umschreiben. Die mythologische Lesart wird durch die Isotopie von Sememen ermöglicht, die das Dädalus-Mythologem konnotieren (z. B. »Labyrinth«, »alter Baumeister«, »List«, »Freude des scharfsinnigen Kopfes« 132). Auf die »Schriftstellerexistenz« verweist u. a. das Semem »Erstlingswerk« (139) im Zusammenhang mit den »Arbeitspausen« (161) und dem »Mannesalter« (162). [12] Weitere Lesarten, etwa unter Verwendung eines archetypischen/psychoanalytischen oder sozialen Kodes, sind freilich möglich. Sie hängen aber immer von der »Labyrinth«-Idee als dem thematischen Strukturator ab, der die Überlagerung bzw. Überschneidung der verschiedenen Semem-Felder regelt. [13] Kafkas Diskurs zeichnet sich darüber hinaus durch Isotopien aus, die nicht erst tiefensemantisch erarbeitet werden müssen, sondern in Form von *Lexemidentität* im Text manifestiert sind. Eine besondere hohe Frequenz weisen z. B. die Lexeme »Geräusch« und »horchen« auf. Da die semantische Wiederholung in diesem Falle parallel zur Redundanz von Ereignisfolgen verläuft – das »Ich« in seinem Labyrinth reagiert auf das »gleiche Geräusch« (151) immer wieder durch das gleiche Horchmanöver (vgl. 162) –, entwickelt sich die Isotopie zu einem die handlungsmäßige Progression und damit die *narrative* Struktur bedrohenden Strategem. Über dieses Phänomen wird im Zusammenhang mit der Aktanten-Struktur des *Baues* gleich noch zu sprechen sein.

1.3 Text als »Parcours«

Vor dem Hintergrund der hier nur andeutungsweise darstellbaren semantischen Isotopie-Ebenen wird die *ikonische* Funktion des labyrinthischen Diskurses deutlich. Man kann sagen, daß die von der »Labyrinth«-Idee beherrschten Inhaltsisotopien ihrerseits ein isotopisches Verhältnis mit der *erzählerischen* Form eingehen. Die kompositionelle Anordnung von Syntagmen, Sätzen, Sequenzen etc. vollzieht sich im *Bau* homolog zur situativen Befindlichkeit des Helden. Eine vergleichbare Wechselbeziehung zwischen syntaktischen Einheiten und semantischen Isotopien hat François Rastier in bezug auf *poetische* Texte festgestellt. So wird z. B. durch die syntaktische »Verkürzung« in *Soleil cou coupé* (Apollinaire, *Zône*) ein Bedeutungseffekt erzielt, der mit der semantischen Aussage übereinstimmt. [14]

Dieser Mimetismus funktioniert beim »labyrinthischen« Diskurs unter anderem deshalb, weil die »Labyrinth«-Vorstellung, schon außerhalb ihrer Konkretisation in Erzähltexten, neben der *axiologischen* eine *topologische* Seite aufweist. So ist das mythische Labyrinth – aber auch jedes andere, z. B. ludistisch intendierte Labyrinth, in dem man sich verirren kann – ein komplizierter *Parcours* (vergleichbar mit dem »Parcours«, den man als Leser eines Textes durchläuft). Er besteht aus einzelnen Teilstrecken, zwischen denen das Subjekt des Labyrinthes keine logischen (kohärenten) Beziehungen herstellen kann – ebensowenig wie zwischen Anfang, Mitte und Ende des Parcours. Es handelt sich um ein komplexes System von Windungen und Verzweigungen, das, wie A. Moles aufgezeigt hat [15], unter anderem auf folgenden topischen Situationen beruht:
– Turning right (or left)

- Elementary micro-decisions: bifurcation deciding to go to the left or the right
- Turning back in a dead end situation
- The return to a point already encountered.

Erkennbar ist die strukturelle Verwandtschaft zwischen den Konstituenten dieses Parcours und bestimmten Figuren des nicht-linearen Diskurses: Figuren der Disjunktion oder Dislokation, der Repitition (Wiederholung gleicher oder ähnlicher Einheiten), der Paradoxie (Nicht-Entscheidbarkeit zwischen antonymen Einheiten) und anderes mehr. [16] Solche »Wendungen« der Rede sind, wie gesagt, nicht als isolierte Einzel-Konstruktionen von Interesse, sondern als Konstituenten einer im Textganzen syntagmatisch ausgebreiteten »Labyrinth«-Idee. Dergleichen Schikanen verkomplizieren den ordo artificialis dergestalt, daß bestimmte Kohärenzbedingungen wie z.B. Subjektidentität oder resultative Progression oft nicht mehr erfüllt werden. Durch das Einbrechen des Labyrinthischen in die Darstellungsweise selbst entsteht die erzähllogisch paradoxe Situation, daß nur der Diskurs, nicht aber die »Geschichte« mimetisch angemessen zur Entfaltung kommt. In dem Bestreben, die labyrinthische Befindlichkeit des Ichs der Erzählung möglichst adäquat zu manifestieren, untergräbt der Diskurs gerade das, was die Erzählung als »Geschichte« möglich machen soll.

2. Undialektisches »Erzählen«

2.1 Axiologie des Handelns

Der offenbar kaum vermeidbare »Klassizismus« moderner Erzähltheorie drückt sich vor allem in der Übereinkunft aus, daß Erzählen die Wiedergabe einer Handlung ist – und zwar einer kohärenten Handlung im Sinne des »Auseinander-hervorgehens« von Ereignissen. Auf einem entsprechenden Vorverständnis basiert beispielsweise das Aktanten-Modell von A. J. Greimas. Die »hinter« den Aktanten bzw. Funktionen stehenden semantischen Basisstrukturen (binäre Oppositionen) drücken zwar selbst kein Handeln in Zeit und Raum aus, sind aber fast immer in Kategorien eines »vorher« und eines »nachher«, was meint in logischer Parallelität zu jener anthropozentrisch gegliederten Welt zu denken, »où des acteurs humains ou personnifiés accompliraient des tâches, subiraient des épreuves, accompliraient des buts«. [17] Derartige Modelle sind letztlich oberflächen- und/oder tiefenanalytisch gewonnene Abstraktionen einer »histoire«, die mit ihrem »discours« in Frieden lebt. Bei Kafka ist diese Harmonie besonders deshalb gestört, weil das auf Satzebene formulierte Handlungsversprechen auf der Ebene der Makrostrukturen wieder »zurückgenommen« wird, der Diskurs also die Realisierung einer sinnvoll fortschreitenden Handlung nicht zuläßt. *Der labyrinthische Diskurs als Modalität nicht-linearen Erzählens verhält sich gegenüber der handlungsmäßigen Progression der Geschichte restriktiv, d. h. er selektioniert und kombiniert aktionale Sätze in der Weise, daß von einem Handlungsresultat auf der Ebene übergeordneter Textsegmente kaum mehr gesprochen werden kann.* Oder »aristotelisch« ausgedrückt: Von den fünf Phasen einer »wohlgeformten« Geschichte – Einführung, Komplikation, Konfrontation, Auflösung, Konklusion [18] – sind im *Bau* zumindest die letzten drei entscheidenden Phasen nicht verwirklicht. Wohlgeformtheit in diesem Sinne schließt Resümierbarkeit ein. Eine Reduktion der Kafka-Erzählung auf narrative Kernsätze ist zwar möglich, jedoch zeigt das Ergebnis dieses durchaus »theseushaften« Unternehmens, daß die »Geschichte« (als Ereigniswechsel) hier nur eine untergeordnete Rolle spielt. Die Hauptlast der Textaussage trägt der Diskurs in Form von kognitiven Ausflügen des erzählenden Subjektes (Deskriptionen, Kommentare, Hypothesen usw.). Auf der Ebene der »histoire« tendiert der Text zum informatorischen Nullpunkt:

> Das »Ich« – ein Maulwurf-ähnliches Wesen – verläßt die Position vor dem Loch seines Baues (145) und steigt das Eingangslabyrinth hinunter (147). Dabei windet es sich durch die erbeuteten Fleischmassen (148) bis hin zum »Burgplatz«. Von hier aus unternimmt es Grabungen und Kontrollen in den Gängen, bis es einschläft (149). Es wird durch ein »Zischen« geweckt (149) und versucht, dem unsichtbaren »Feind« durch Horch-Aktionen und weitere Bohrungen auf die Spur zu kommen. Dabei gelangt es von neuem zum Eingangslabyrinth (160) und kehrt wieder zurück zum Burgplatz (163).

Einer solchen Normalisierung fallen insbesondere die erwähnten Einzelfiguren des labyrinthischen Diskurses zum Opfer, die recht eigentlich das Baumäßige des *Baues,* d.i. seine künstlerische Struktur ausmachen. Berücksichtigt man den Stellenwert, den sie jeweils für den Gang der Handlung besitzen, so lassen sie sich auf mindestens drei strukturelle Klassen verteilen. Wir unterscheiden im folgenden zwischen der *Wiederholungsstruktur* (repetitive und tautologische Formen des Diskurses), der *Widerspruchsstruktur* (Antonymie bzw. Paradoxie) und der *Möglichkeitsstruktur* (Potentialität als »Ersatz« für aktionale Progression). Da letztere z.T. schon in den beiden anderen Klassen impliziert ist (etwa als repetitive bzw. kontradiktorische Aussagen zu einem de facto nicht stattfindenden »Kampf« zwischen dem Helden und dem vermeintlichen Gegen-Aktanten), soll sie hier nicht gesondert behandelt werden.

2.2 Strategien der Wiederholung

Nach der langen Einleitungssequenz, die den Leser über die Identität (»Ich«) sowie über die räumliche und zeitliche Position des Helden im Unklaren läßt, erfolgt im *Bau* ein erster zaghafter Handlungsvorgang auf der Ebene des hic et nunc der Geschichte:

> Und nun, schon denkunfähig vor Müdigkeit, mit hängendem Kopf, unsicheren Beinen, halb schlafend, mehr tastend als gehend, nähere ich mich dem Eingang, hebe langsam das Moos, steige langsam hinab [...], steige wieder hinauf [...], so steige ich wieder hinunter und nun endlich ziehe ich die Moosdecke zu. (147)

Die hier erzählten Mikro-Handlungen sind gekennzeichnet durch die geringe Ereignisbedeutung und den Wiederholungscharakter. Nun bedeutet die repetitio als Spezifikum des Diskurses einer Geschichte noch keinen Bruch im narrativen Gefüge. Sie kann im Gegenteil handlungsfördernd sein, wenn die REP-Elemente dialektisch konstruiert sind, d.h. wenn sich die für die aktionale Kohärenz notwendigen, syntaktisch und/oder semantisch konstanten Merkmale mit innovativen verbinden, so daß die Vorstellung eines Weiterschreitens oder Auseinanderhervorgehens von Ereignissen und Handlungen nicht nur auf Satzebene, sondern im Textganzen erhalten bleibt. Erfüllt schon das eben erwähnte Textbeispiel diese Forderung nur bedingt, so demonstriert das folgende Paradigma, wie an sich dynamische Motive mit fortlaufendem Text »entdynamisiert« werden. Aus ihnen entsteht gleichsam ein neues, eben statisches Motiv, nämlich das der tautologischen Wiederholung:

> Ich beginne jetzt mit dem zweiten Gang [...]. Ich beginne mit dem zweiten Gang und breche die Revision in der Mitte ab und gehe zum dritten Gang über und lasse mich von ihm zum Burgplatz zurückführen und muß nun allerdings wieder den zweiten Gang vornehmen. (149)

Die in diesem Beispiel zu beobachtende Wiederholung abruptionaler Vorgänge verhindert, daß die Relation zwischen faktischen und konterfaktischen Ereignissen dialektisch in »höhere Ereignisbedeutung« [19] überführt wird. Das allgemeine Gesetz, wonach in handlungskohärenten Texten Mikro-Ereignisse logisch-kausal in die Makrostrukturen eingebettet sind (»changes are nested in changes«) [20] verliert im Kafkaschen Erzähllabyrinth seine Gültigkeit. Statt eines »normalen« Inklusionsverhältnisses

$$T = (\; ( ) \; ( ) \; ( ) \;)$$

das je nach Komplikationsgrad der Erzählung auch mehrschichtig und/oder verschachtelt sein kann, finden wir im *Bau* ein eher additives Handlungstableau folgender Art vor:

$$L = ( ) ( ) ( ) ( )$$

In dem hier vorliegenden Text-Typ (L) wird das logische Inklusionsverhältnis (T) zwischen den Handlungseinheiten weitgehend von tautologischen Repetitionsverhältnissen abgelöst. Da solche Konstruktionen an der semantischen Isotopiebildung teilhaben und in diesem Fall das labyrinthische Universum des Helden evozieren, sind sie mehr als bloße »Kompositionsmittel« im Sinne des russischen Formalismus. Die durch sie entstehende Erzählbewegung bindet zugleich die erkenntnismäßige Perzeption der Welt, die sich als eine Welt der Heil- und Ziellosigkeit darstellt. Nichts anderes meint ja die hermeneutische Kafka-Kritik, wenn sie vom »stehenden Sturmlauf« bzw. den »abgebrochenen Radien« der Kafkaschen Helden spricht. Wenn hingegen Victor Sklovskij anhand eines russischen Liedes die *retardierende* Funktion des »synonymischen (tautologischen) Parallelismus« geltend macht [21], so sieht er die Verzögerungstechnik letztlich in den Dienst eines teleologischen Weltverständnisses gestellt:

> Ilja ritt auf dem hohen Hügel/ auf dem hohen Hügel, dem steilen./ Er schlug sein weißes Zelt auf/ schlug sein Zelt auf, schlug Feuer [...]. [22]

Hier behauptet sich die »Geschichte« immer noch gegenüber der Schreibweise, sie kann sich entfalten bis hin zum abschließenden Stadium einer harmonischen Teilhabe des Aktanten an der vernünftig geregelten Welt. (Der Held »aß die Grütze und legte sich zur Ruhe [...].«) Trivial ausgedrückt: Dieser Diskurs führt den Leser zwei Schritte vor, einen Schritt zurück. Bei Kafka ist das Verhältnis auf bedrückende Weise ausgeglichen: ein Schritt vor, ein Schritt zurück.

Selbst dann, wenn sozusagen der semiotische Rest eines Gegen-Aktanten –
das »Zischen« – aufscheint, bringt das keinen rhematischen Gewinn für das
hic et nunc der Geschichte. Redundant sind die Vorgänge nicht nur innerhalb
der hier und jetzt geschehenden Auseinandersetzung zwischen dem Helden
und seinem potentiellen Gegner, sondern auch mit Blick auf das Verhältnis
zwischen den memorierten Passagen, die sich auf die »Jugend« des Tieres beziehen, und dem aktuellen, sich »jetzt auf seinem Höhepunkt« befindenden
Leben (132). Erinnertes Ich und erinnerndes Ich partizipieren unter fast identischen semantischen Voraussetzungen an der gleichen Ereignis-Morphologie:

(I) Da geschah es, daß ich einmal in der Arbeitspause [...] plötzlich ein Geräusch in
der Ferne hörte. [...] Ich ließ die Arbeit und verlegte mich aufs Horchen [...]. (161)
(II) Der Schlaf muß nun schon sehr leicht sein, denn ein an sich kaum hörbares Zischen weckt mich. [...] Ich werde, genau horchend an den Wänden meines Ganges, durch
Versuchsgrabungen den Ort der Störung erst feststellen müssen [...]. (149)
(III) Zwischen damals und heute liegt mein Mannesalter, ist es aber nicht so, als liege
gar nichts dazwischen? Noch immer mache ich eine große Arbeitspause und horche an
der Wand [...]. (162)

Das narrative Crescendo, das das Bestehen einer »Prüfung« ankündigt – anfangs ist das Zischen des Gegen-Tieres »kaum hörbar« (149), dann wird es
»stärker« (158), schließlich »kommt jemand heran« (160) – erweist sich als ein
von der Subjektivität des Ichs kontrollierter Sturm im Wasserglas: Der Kampf
der Kontrahenten, notwendiges Bindeglied vieler linearer Erzählmuster (Märchen, Legende, Mythos etc.) findet nicht statt. Der labyrinthische Diskurs läßt
das *kanonische Mittel der Steigerung ins Leere laufen.* Die erzählerische Energie, die sich in der progressiven Zuspitzung von Ereignissen angestaut hat,
kann sich nicht konfliktlösend entladen, weil die binäre, antithetische Relation
zwischen dem Subjekt und seinen Prädikationen bzw. zwischen dem »Ich«
und dem Gegen-Aktanten von Anfang an nur als *statisches* Prinzip wirksam
ist.

2.3 Strategien des Widerspruchs

Zur *Widerspruchsstruktur* sind solche Diskurs-Elemente zu rechnen, die zwischen zwei Aussagen eine Unvereinbarkeitsrelation herstellen. Gemeint ist
also nicht die »produktive« Negation, die zu einem neuen Inhalt überführt,
sondern das alternative Verhältnis zwischen zwei oppositionellen Fügungen:
Wenn die eine gilt, ist die andere aufgehoben. Wir kennen solche Konstruktionen auch aus *Dans le labyrinthe* von Robbe-Grillet, wo z. B. innerhalb desselben Erzählabschnittes textologisch unvereinbare Aussagen über das Wetter gemacht werden (»Dehors il pleut« vs. »Dehors il y a du soleil«). Solche Widersprüche hemmen entscheidend die Handlungsabläufe. Im *Bau* wird auf diese
Weise u. a. der Prozeß der »Suche« pervertiert. Fast jede Einzelaktion scheint
durch eine entsprechende Gegenaktion widerlegt; der Held selbst ist in seiner
Aktanten-Rolle nur als Widerspruch definierbar: »als sei ich der Feind« (144).
Die u. a. von der strukturalistischen Erzähltheorie vorgenommene Rollenauf-
teilung (bei Bremond: »agent« vs. »patient«), die sich an der Prozeßhaftigkeit

der Geschichte orientiert, wird im *Bau* durch Ichspaltung unmöglich gemacht. Wo aktives und passives Sein vom selben Subjekt *gleichzeitig* realisiert sein wollen, kann prozeßhaftes Handeln nicht entstehen. Statt dessen findet eine permanente Oszillation zwischen Setzung und Aufhebung von intendierten bzw. verwirklichten Aktivitäten statt, die mit einer spezifischen Schreibweise (Antonyme und Paradoxien) verbunden ist. Da das erzählte »Ich« zugleich als erzählendes Ich auftritt, werden topologische und existentielle Widersprüche auch auf die Erzählperspektive übertragen.

Einer solchen Widerspruchsstrategie folgen u. a. Aussagen, die das Ich in bezug auf die Auseinandersetzung mit dem »Zischer« macht. Dabei stehen Satz und Gegen-Satz nicht notwendig in direkter Sukzession, sondern sind mitunter auf verschiedene Erzählabschnitte verteilt, so daß sie einen noch größeren Einfluß auf die Makrostrukturen nehmen:

vs. Dieser Entschluß tut mir wohl (154)
ich habe noch keine Entschlüsse (163)

vs. werde ich wenigstens Gewißheit haben (154)
daß ich Gewißheit gar nicht haben will (163)

vs. Das wird jetzt anders werden, hoffe ich (155)
Und hoffe es auch wieder nicht (155)

vs. Der neue vernünftige Plan lockt mich (155)
und lockt mich nicht (155)

vs. Man horcht nicht mehr weiter (157)
man horcht (157)

aber entgegen aller Lebenserfahrung schien einem die Gefahr eines Angriffs [...]
vs. fernliegend (157)
– oder nicht fernliegend (wie wäre das möglich!) (157)

Die letzte, ironisch-emphatische Konstruktion (»wie wäre das möglich!«) steht offenbar außerhalb der Einsinnigkeit der Erzählperspektive; ist metasprachlich manifeste Einschätzung unzulässiger kognitiver Prozesse. Die Akzeptanz paradoxer Kognitionen durch den Diskurs, die Unentscheidbarkeit zwischen den Polen von Setzung und Aufhebung verhindert nicht nur die Lösung der Geschichte, sondern synkopiert auch die progressive Linearität *erkenntnishafter* Vorgänge. Das Nichtaushaltenkönnen der Postulierten und das gleichzeitige Dagegenhalten lassen die Gesamtaussage »unmöglich«, und das heißt Sinn-widrig erscheinen. Auf keiner Ebene der Erzählung werden die Widersprüche aufgelöst, es findet im Gegenteil eine Perpetuierung der Disharmonien und Inkompatibilitäten statt. Das Labyrinthische bei Kafka entbehrt jeder Dialektik. Das unterscheidet sein Labyrinth, wie noch gezeigt werden soll, vom Mythos. Die Widersprüche bleiben auf immer asyndetisch, sind nicht hegelisch überführbar in eine »Identität der Identität und der Nichtidentität« bzw. »Verbindung der Verbindung und der Nichtverbindung«. [23] Demgemäß bedeuten die Versuche des Helden, sich selbst von außen her zu betrachten bzw. sein Ich auf ein Gegenüber zu projizieren, stets Entzweiung, sind niemals zugleich auch Selbstüberwindung oder Negation der Negation: »Mir ist dann, als stehe ich nicht vor meinem Haus, sondern vor mir selbst« (140); »gleichzeitig tief zu schlafen und dabei mich scharf bewachen zu können« (140); durch derartige Äußerungen wird die Gespaltenheit festgeschrieben, dem binären System (innen vs. außen, Subjekt vs. Objekt usw.) fehlt das vermittelnde, das die Negation in einer Synthese schlichtende Element: das Bewußtsein, »welches so ›aufhebt‹, daß es das Aufgehobene ›aufbewahrt‹ und ›erhält‹, und hiermit sein Aufgehobensein überlebt.« [24]

2.4 Revidierter Mythos

Die fehlende Dialektik im Labyrinth Kafkas wirft, wie schon angedeutet, auch ein hermeneutisches Problem auf. Denn die labyrinthische Ur-Erzählung, deren Präsenz in diesem Text wir postuliert hatten, erscheint im Gegenteil als dialektische Konstruktion par excellence. Damit erhalten die Diskurs-Elemente der Wiederholung und des Widerspruchs eine historische, möglicherweise »mythokritische« Funktion. »Wiederholung« meint also in diesem Fall nicht Redundanz, sondern Konfrontation von zwei Geschichten, der Tier-Geschichte und der antiken Labyrinth-Sage. Die Art und Weise, in der der Diskurs diese beiden Geschichten integriert, berechtigt uns, von produktiver Rezeption zu sprechen. Wurde das mythologische Potential der Kafka-Erzählung vor allem an der Textoberfläche in Form meta- oder anaphorischer Wendungen wie »Labyrinth«, »verirren«, »alter Baumeister« etc. realisiert, so ist die mytho*kritische* Implikation eher aufgrund bestimmter syntagmatischer und davon abhängiger tiefensemantischer Verknüpfungen gegeben. Da diese Verknüpfungen bei Kafka in der statischen Widerspruchsstruktur verankert sind, besitzen sie aber einen anderen Status als der labyrinthische Ur-Diskurs, der die Überwindung von Konflikten bis hin zur Lösung der Geschichte anstrebt und verwirklicht.

Der folgende thematische Kernsatz aus dem *Bau* scheint diese Dialektik, die dem antiken Mythos zugleich seine narrative Intaktheit sichert, in Frage zu stellen:

Die Pein dieses Labyrinthes muß ich also auch körperlich überwinden, wenn ich ausgehe, *und es ist mir ärgerlich und rührend zugleich, wenn ich mich manchmal in meinem eigenen Gebilde für einen Augenblick verirre* und das Werk sich also noch immer anzustrengen scheint, mir, dessen Urteil schon längst feststeht, doch noch seine Existenzberechtigung zu beweisen. (139; Herv. d. Vf., M. S.)

Die Situation des autarken, über sein Werk erhabenen Konstrukteurs koinzidiert hier mit der des Opfers. Der Held als Gefangener des von ihm gebauten Labyrinthes! Der Satz wiederholt die starre Gleichzeitigkeit binärer Oppositionen (»ärgerlich« vs. »rührend«), mit der im *Bau* auch andernorts handlungsmäßige oder kognitive Progression gestört wird. Die semische Grundstruktur solcher Paare läßt sich im *Bau* u. a. auf den Gegensatz *Euphorie vs. Dysphorie* reduzieren, der nicht zufällig die semantische Basis-Struktur der meisten kanonischen Erzählformen, auch der Labyrinth-Sage, bildet. Entsprechende Strukturierungen finden wir in den strukturalistischen Erzähltheorien vor: Das Regelkreismodell von C. Bremond mit den Polen »amélioration – dégradation« orientiert sich an eben dieser linearen Abfolge von euphorischen zu dysphorischen Zuständen und/oder vice versa. [25] Auf ein solches Transitions-Modell kann man auch die mythische Vor-Geschichte der im *Bau* realisierten Labyrinth-Konzeption reduzieren. Die ursprüngliche Erzählung besitzt freilich keine genuine, abgeschlossene Form, sondern besteht aus einem Konglomerat von Teilgeschichten (Mythologeme), die untereinander durch ihren gemeinsamen Bezug zur Konstruktion des Labyrinthes und nur partiell durch gemeinsame Aktanten verbunden sind. So bilden das Dädalus-Mythologem (I) und das Theseus-Mythologem (II) zwei voneinander zunächst unabhängige Sequenzen, die jedoch hinsichtlich ihrer Ereignisfolgen in einem zeitlich-kausalen Implikations-Verhältnis stehen (II setzt I voraus). Der dem Dädalus-Mythologem entnommene Basis-Text, den wir hier nur stichwortartig wiedergeben können, weist eine durchaus lineare syntaktisch-semantische Ordnung auf:

Dädalus als gefeierter Künstler auf Kreta – List des Dädalus (Konstruktion der Kuh, mit deren Hilfe Pasiphaë den Stier verführt) – Konstruktion des Labyrinthes, in das der Minotaurus eingeschlossen wird – Aufdeckung der List durch Minos – Dädalus wird in seinem eigenen Labyrinth gefangen gesetzt – Flucht mit Hilfe künstlicher Flügel (Variante: mit Hilfe Pasiphaës). [26]

Die narrative Struktur dieses Textes läßt sich, von der Aktanten-Rolle des Dädalus aus betrachtet, in folgendes Schema übersetzen:

Aktant (Dädalus)	→ syntagmatische Verlaufsrichtung				
Isotopie (Sem-Rekurrenz)	vorher			→	nachher
	vorher	→	nachher	vs.	Euphorie
	Euphorie außen aktiv	vs. vs. vs.	Dysphorie innen passiv		

Die widersprüchlichen Funktionen oder Aktanten-Rollen, die wir hier durch ihre semischen Komponenten andeutungsweise wiedergegeben haben, werden von der Syntax der Erzählung aufgefangen und in eine positive Konklusion überführt (Euphorie → Dysphorie → Euphorie). Im *Bau* sind die entsprechenden Sem-Basen hingegen keiner narrativen Logik mehr unterstellt, sondern *das Kafkasche perpetuum mobile hebt die kausale und/oder zeitliche Verbindlichkeit auf, mit der die Helden des Mythos die Stationen von Euphorie und Dysphorie durchschreiten.* Diese Aufhebung positioneller Dependenz kann durch das folgende Schema verdeutlicht werden:

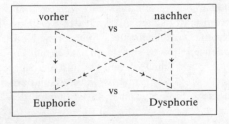

Die »völlige Umkehrung der Verhältnisse im Bau« (158) bedeutet daher keinen narrativen Umschwung, sondern nur die Perpetuierung derselben antonymischen Kräfte. »Bewunderung« und »Qual«, »Frieden« und »Gefahr« sind faktisch gleichzeitig präsent bzw. untereinander austauschbar, welchen dialektischen Illusionen sich das labyrinthische Ich auch immer hingeben mag.

Infolgedessen liegt auch der Verzicht auf eine die starre Konfliktsituation auflösende Entscheidung der Geschichte in der Konsequenz des labyrinthischen Diskurses. Die *fragmentarische Form* ist Ausdruck der inneren und äußeren Situation des Helden. Die ikonische Funktion dieses Diskurses wird hier noch einmal deutlich: Das »Nicht-ankommen-können« der Erzählung, der fehlende Schluß, wird zum Bedeutungsfaktor im Sinne des labyrinthischen Parcours, der per definitionem end-los ist. Mit dem letzten Satz des *Baues* – »Aber alles blieb unverändert« (165) – wird der status quo zusätzlich explizit gemacht. [27]

3. Hermeneutische Reflexivität

3.1 »Hermeneuteme«

Die »Prozeßhaftigkeit« des *Baues,* der seine aktionale Statik schon im Titel ankündigt, wird nicht auf der Ebene des Handelns, sondern auf der Ebene der sprachlichen Bedeutungen realisiert. An diesem Prozeß der Bedeutungskonstitution ist maßgeblich der Leser beteiligt, dem es obliegt, »Ordnung« – wenn auch nicht »Eindeutigkeit« – in die sich überlagernden Isotopien zu bringen. Robert Walser hat dieses Leserverhalten in einem Prosa-Stück mit dem zeichen-haften Titel *Minotaurus* in ironischer Weise thematisiert: »Wenn ich, was mir hier aus Wissen und Unbewußtheit entstanden ist, für ein Labyrinth halten kann, so tritt ja nun der Leser gleichsam theseushaft daraus hervor.« [28] Der Autor des *Baues,* so scheint es zunächst, leistet bei dieser labyrinthischen Bewegung hermeneutische Hilfestellung, indem er seinen Text mit Deliminationsmerkmalen versieht, die metasprachlich auf eine bestimmte Isotopie abzielen. Wir zählen diese textsemantischen Deliminationsmerkmale zur Gruppe der *Hermeneuteme* – hermeneutische Zeichen, die sich gegenüber dem Erzählen und/oder dem Erzählten *reflexiv* verhalten. Im ersten Fall (dem Erzählen) wird eine allgemeine oder besondere Kunstsituation evoziert – der Text enthält dann eine autothematische Schicht [29] –, im zweiten Fall wird die Frage nach der »Bedeutung« des Inhalts textimmanent gestellt, ohne daß notwendigerweise die Art der (künstlerischen) Vermittlung dieses Inhaltes eine Rolle spielt. Beide Formen, die auch miteinander verschränkt auftreten können, greifen in gewisser Beziehung der interpretatorischen Aktivität des Rezipienten voraus, ohne diese freilich zu ersetzen. Darüber hinaus haben solche Konstruktionen erzähltechnische Konsequenzen: Da es sich hierbei auch um ein Phänomen der formalen Disjunktion handelt, um Haltepunkte und Verzögerungen also, die zu Lasten der linearen Abfolge von Ereignissen und Handlungen gehen, kann man die Hermeneuteme zu den typischen Konstituenten des labyrinthischen Diskurses rechnen.

3.2 Erkenntnislabyrinth

Die Verwendung dieser Formen geschieht bei Kafka nicht ohne Ambivalenz. So wird das Geschehen im *Bau* explizit mit der »Sage« (133) oder dem »Märchen« (156) in Verbindung gebracht, wobei aber die entsprechenden Anspielungen auf eine mythische Mit-Bedeutung gerade die hypothetische oder änigmatische Natur dieses Geschehens unterstreichen. Derartige Evokationen sind eher als *Problematisierung des Verstehens,* denn als deutliche Verstehensanweisung aufzufassen und müssen im Zusammenhang mit der hermeneutischen Kardinalfrage des Helden (und des Lesers) gesehen werden, die darin besteht, sich »durch Überlegungen [...] klar zu machen, was (ihm) der Bau bedeutet« (147). Auch die Frage-und-Antwort-Situation ist in die Axiologie des Labyrinthes einbezogen: Bei jedem Versuch, das »Zischen« in der Tiefe des Baues zu deuten, widerlegt eine Deutung die andere: »Vor dieser Erscheinung versagen meine ersten Erklärungen völlig« (153). Was bleibt, ist das Wissen um das Nicht-Wissen: »Mit Annahmen spielen könnte man freilich auch jetzt noch [...].« (159).

Setzt man solche Aussagen und die in ihnen enthaltene Absage an die Erkenntnisgewißheit mit der Kafkaschen Erzählweise (und mit durchaus vergleichbaren Strategien anderer moderner Autoren) in Beziehung, so erscheint die labyrinthische Form des Diskurses mit ihren Redundanzen, Paradoxien und Synkopierungen als die einzig mögliche Übersetzung des hier aufscheinenden hermeneutischen Bewußtseins. Letzteres erfüllt somit auch eine transitive Funktion. Es thematisiert nicht nur die Unmöglichkeit einer teleologisch abgesicherten Erkenntnisgewißheit, sondern weist zugleich über die innere Verstehensproblematik auf eine äußere, literaturgeschichtliche Dimension hinaus, indem es sich von solchen Erzählstrategien absetzt, die strukturell in dieser Teleologie verankert sind.

4. Poetizität vs. Narrativität

Dem Versuch einer hinreichend systematischen Analyse des labyrinthischen Diskurses sind Grenzen gesetzt. Zum einen, weil wir es mit einer »offenen« Form zu tun haben, deren Konstituenten immer ergänzbar sind. Zum anderen, weil die für diesen Diskurs typische Strategie artistisch gewollter Un-Ordnung sich logischer (syntaktischer) Strukturierung zumindest teilweise widersetzt. Der labyrinthische Diskurs gefällt sich als chaotische Kunst – und erscheint dennoch als das optimum maximum kompositioneller Rationalität.

Damit hängt auch zusammen, daß seine Position innerhalb anderer Diskurs-Formen nicht sehr genau bestimmbar ist. Seiner Einordnung als *narrative* Form steht das normative Bewußtsein der Erzähltheorien entgegen, die als »Erzähl«-Texte nur Texte mit finalistischer, auf Ereigniswechsel und Handlungskohärenz beruhender Grundkonzeption gelten lassen. Im *Bau* kommt es in der Tat zu keiner Entfaltung einer Intrige, es »passiert« nichts im Sinne eines dialektischen Auseinanderhervorgehens. Gerade daran leidet ja der Held: »nur irgendeine beliebige Veränderung [...] will mir schon genügen« (136). Eine Abgrenzung zu linearen Erzählformen läßt sich auch über die semanti-

sche Basis-Struktur, wir haben sie als Euphorie/Dysphorie-Opposition umschrieben, vornehmen. Im *Bau* sind die entsprechenden Pole, die sich in der
klassischen Erzählweise gemeinhin auf verschiedene, durch transitorische
Zwischenglieder logisch verknüpfte *Phasen* verteilen, fast immer gleichzeitig
präsent bzw. positionell austauschbar. Diese Präsens wird technisch durch die
Iteration heterogener Paare (die eine solche Euphorie/Dysphorie-Opposition
lexikalisch manifestieren), also eine Form der *Isotopie* erreicht. Die Isotopie
als Wiederholung semantischer (semischer) Einheiten beinhaltet das, was man
traditionell mit *Thema* bezeichnet. Sie ist Informationsträger, ohne daß dabei
kausale Verknüpfungen eine Rolle spielen müssen. [30] Man kann sagen: *Die
Isotopie kompensiert in Texten mit labyrinthischem Diskurs den Mangel an aktionaler Kohärenz.* Sie ist darüber hinaus, vor allem dort, wo sie in forcierter
Form auftritt – wie bei der Redundanz –, ein Signal für die »Poetizität« des
Textes. Der labyrinthische Diskurs produziert offenbar eine Art »Schwellenli-
teratur«, in der sich narrative und poetische Tendenzen vermischen, wenn
nicht gar »bekämpfen«. [31]

Dieser Sachverhalt läßt sich historisch akzentuieren: *Der labyrinthische Diskurs zerstört die genremäßige (kanonische) Geborgenheit der Erzählliteratur.*
Die Kategorie der »Geborgenheit« steht dabei in Opposition zu den typischen
Bewußtseinsformen des 20. Jahrhunderts – wie »Orientierungslosigkeit«,
»Kommunikationslosigkeit« oder »Entfremdung«. Das »Labyrinthische«, als
menschliche Grundsituation und als zeichen-hafte Form des Erzählens, zeigt
sich für die literarische Gestaltung dieser spezifischen weltanschaulichen und
gesellschaftlich-sozialen Befindlichkeit besonders disponibel. Belege für diese
These lassen sich genügend finden, wobei wirkungsgeschichtliche Aspekte berücksichtigt werden müßten. So ist die gesamte Entwicklung des Neuen Romans (auf internationaler Ebene) bis hin zum »Nouveau nouveau Roman«
von der Idee des Labyrinthischen beherrscht – und Kafka mag für manche Autoren Vater des Gedankens gewesen sein. Eine komparatistische Analyse
würde z. B. bis ins Detail reichende strukturelle Parallelen zwischen Kafkas
Der Bau und Robbe-Grillets *Dans le labyrinthe* zutage fördern, ein Unternehmen, auf das wir hier verzichten müssen. Mit der thematischen und strukturellen Verwirklichung des Labyrinthischen in Erzähltexten ist, so möchte man
meinen, eine *Allegorisierung des Diskurses* verbunden. Es fragt sich daher, ob
das vom modernen Romancier behauptete Streben nach einer »objektiven
Schreibweise« – und das meint den Verzicht auf »allegorische Bedeutung« [32]
– an *diesem* Diskurs nicht notwendigerweise Schiffbruch erleidet.

Anmerkungen

1 Vgl. Wolfgang Kayser, Die Anfänge des modernen Romans im 18. Jh. und seine heutige Krise, in: DVjs 28, 1954, S. 417–446. Eine – poetologisch und ideologisch – nicht
unproblematische Position nimmt Umberto Eco ein: »Wenn der Künstler versuchen
wollte, die Unordnung der Situation dadurch zu meistern, daß er sich auf die durch
ihren Zusammenhang mit der Krisensituation kompromittierten Modelle beriefe,
dann wäre er wirklich ein Mystifikator.« (Das offene Kunstwerk, Frankfurt a.M.
1973, S. 265)
2 Wir zitieren nach Franz Kafka, Ges. Werke in 7 Bdn, Bd. 5, Frankfurt a. M. 1976

3 Der Gedanke existiert schon bei Platon. Im »Euthydemos« taucht der »Labyrinth«-Begriff im Zusammenhang mit der Kritik an der sophistischen Argumentationsweise auf. Von der Irreführung durch die Rede heißt es, sie sei »kunstvoll ausgedacht« (323) und beanspruche »mehr den schönen Schein als die Wahrheit für sich« (327). (Platon, Werke I, Zürich 1974)

4 Jurij M. Lotman, Die Struktur literarischer Texte, München 1972, S. 26–27 (Herv. d. Vf., M. S.)

5 Victor Sklovskij, Theorie der Prosa, Frankfurt a. M. 1966, S. 61

6 Ebd., S. 28 und S. 37–38

7 Vgl. ebd., S. 60: »Vom Standpunkt der Komposition aus gesehen, ist der Begriff ›Inhalt‹ bei der Analyse eines Kunstwerkes vollkommen überflüssig.«

8 Auch neuere Bemühungen, die vor allem handlungsmäßige Struktur von »Motiven« zu erforschen, sind vielfach nur inhaltlich – »enzyklopädisch« oder geistesgeschichtlich – orientiert. Die Unterschätzung der *strukturellen* Funktion von thematischen Konstituenten läßt sich an drei Punkten festmachen: dem »Atomismus«, d. h. Themen und Motive werden als narrative Monaden betrachtet und von der Grammatik der Erzählung weitgehend isoliert; die Vernachlässigung des Kookkurenz-Faktors, dem Verzicht auf die Analyse nicht-lexematischer, d. i. tiefenstruktureller Konstituenten des Thematisierungsprozesses.

9 Zur Unterscheidung von »discours« und »histoire« vgl. Tzvetan Todorov, Les catégories du récit littéraire, in: Communications 8 (1966), S. 152 ff.; Gérard Genette, Frontières du récit, ebd., S. 152 ff.; Ders., Figures III, Paris 1972 (Kap.: Discours du récit, S. 67 ff.)

10 Vgl. zu dieser Unterscheidung: T. A. van Dijk, Neuere Entwicklungen in der literarischen Semantik, in: S. J. Schmidt (Hg.), Text, Bedeutung, Ästhetik, München 1970, S. 129, sowie Erhard Agricola, Semantische Relationen im Text und im System, The Hague, Paris 1972, S. 43 ff.

11 F. Rastier bezeichnet solche Isotopien als »sememische« bzw. – weil sie auf der syntagmatischen Achse des Textes lexikalisch manifestiert sind – als »horizontale« Isotopien. (Vgl. »Systématique des Isotopies«, in: A. J. Greimas (Hg.), Essais de sémiotique poétique, Paris 1972)

12 Diese Lesart wird durch die Kafka-Kritik bestätigt. W. H. Sokel (Franz Kafka, München 1964) bezeichnet den »Bau« als eine »Existenzallegorie« (a. a. O., 370). H. Politzer (Franz Kafka, der Künstler, Gütersloh 1965) bezieht ihn auf das konkrete Werk und assoziiert den Begriff »Erstlingswerk« in etwas gewagter Weise mit dem Erstlingswerk Franz Kafkas, dem »Urteil«. (Ebd., 458 ff.)

13 Auf eine archetypische oder psychoanalytische Dimension des Diskurses verweisen isotope Bezüge, wie sie z. B. innerhalb der folgenden Reihe bestehen (145 ff.): »Traum eines ganz vollkommenen Baues« / »Ein- und Ausschlüpfen« / »unsaubere Gelüste« / »kindliches Sichwälzen« – Lexemstrukturen, die durch Merkmale wie »regressiv« und/oder »libidinös« charakterisierbar sind. Entsprechend findet eine Akzentuierung des Labyrinthischen in Richtung auf »Vertikalität«, »Abgeschlossenheit«, »rund« oder »kreisförmig« etc. statt (vgl. »Labyrinth«/»Höhlung«/»Loch«/»Nest«).

14 Rastier, a. a. O., S. 185

15 Zitiert nach einem Manuskript, das mir von A. Moles dankeswerterweise überlassen wurde: A. Moles, E. Rohmer, P. Friedrich, Of Mazes And Men, Psychology of Labyrinths (Institut de Psychologie sociale, Université Louis Pasteur, Strasbourg 1971).

16 Vgl. Pierre Fontanier, Les Figures du Discours, Intr. par Gérard Genette, Paris 1977. In der Definition Fontaniers ist das »Ausmaß« der »figure« auf den grammatischen Satz (oder eine Periode) beschränkt. Sie überbrückt (oder manifestiert) den Abstand zwischen dem »Buchstaben« und dem gemeinten »Sinn« bzw. zwischen dem normalen Ausdruck und einer davon abweichenden Rede, die auf einer ästhetisch gelungenen »combinaison de mots« oder einem eigenwilligen »tour de pensées« beruht (64–65). Die Typologie der »figures« präsentiert sich somit als eine Art Monadologie, deren Konstituenten in Texten immer nur punktuell zum Zuge kommen können. Damit verbunden ist ein eng gefaßtes Verständnis des ›discours‹, der bei Fontanier nicht über die Satzgrenze hinausreicht.

17 A. J. Greimas, Eléments d'une grammaire narrative. In: Du Sens, Paris 1970, S. 166

18 Cf. T. A. van Dijk u. a., Prolegomena zu einer Theorie des »Narrativen«, in: Jens Ihwe (Hg.), Literaturwissenschaft und Linguistik II, Frankfurt a. M. 1973, S. 69
19 W. D. Stempel, Erzählung, Beschreibung und der historische Diskurs, in: R. Kosellek und W. D. Stempel (Hg.), Geschichte – Ereignis und Erzählung (Poetik und Hermeneutik V), München 1973 S. 334
20 A. C. Danto, Analytical Philosophy Of History, Cambridge 1965, S. 241
21 V. S., Theorie der Prosa, a. a. O., S. 42
22 Ebd. S. 42
23 Artikel »Dialektik«, in: Hist. Wörterbuch der Philosophie, Darmstadt 1972, S. 191
24 F. Hegel, Phänomenologie des Geistes; Selbständigkeit und Unselbständigkeit des Selbstbewußtseins, Hamburger Ausgabe (Der Phil. Bibl. Bd. 114), 1952, S. 145
25 Claude Bremond, Logique du récit, Paris 1973
26 Näheres zur Sage: vgl. Robert von Ranke-Graves, Griechische Mythologie 1, Hamburg 1979
27 Vgl. auch: »es wird wohl so bleiben, wie es ist« (138), »Aber alles ist unverändert« (148), »Dort drüben gehen keine Veränderungen vor sich« (163). Die hier gegebene strukturelle Begründung für den fragmentarischen Charakter der Erzählung mag besonders für editionskritisch interessierte Philologen nicht akzeptierbar sein. Max Brod hat auf Grund einer mündlichen Mitteilung von Dora Dymant in der Tat geäußert, daß der Held im »entscheidenden Kampf … unterliegen wird« (Ges. Werke V, a. a. O., S. 259). Die entsprechenden Seiten des »Baues« seien verloren gegangen. Ein solches Ende würde aber m. E. in krassem Widerspruch zu der sonstigen inhaltlich-formalen Kohärenz der Erzählung stehen. Davon abgesehen, kann die einzige »objektive« Grundlage der Analyse nur der vorhandene Text sein.
28 Robert Walser, Minotaurus. Abgedruckt in »Text und Kritik« 12, S. 13–14
29 Zur literaturgeschichtlichen Bedeutung des Autothematismus vgl. den Beitrag des Vf.: »Autothematische Dichtung als Konfrontation. Zur Systematik literarischer Selbstdarstellung.« In: LiLi 8 (1978), S. 77–97
30 Vgl. die entsprechende These von Eberhard Lämmert, wonach »der Erzähler einen Zusammenhang herstellt, der *etwas bedeutet.* Dieser Zusammenhang braucht jedoch nicht stets kausaler Natur zu sein, er kann ebensogut auf einem Kontrastschema, ja auf einem Kranz ›wunderbarer‹ Vorgänge beruhen;« (Bauformen des Erzählens, Stuttgart 1955, S. 25). Ähnlich argumentiert Tzvetan Todorov, wenn er betont, daß in manchen Erzählungen die Kohärenz »nicht auf der Stufe der Ereignisse, sondern auf derjenigen der Ideen zustande« komme. (Poetik der Prosa, Frankfurt a. M. 1972, S. 135)
31 Einen Vorstoß in Richtung auf eine *Typologie der Diskurse* hat Roland Barthes unternommen. Er unterscheidet folgende Klassen: »métonymique (récit), métaphorique (poésie lyrique, discours sapentiel), enthymétatique (discursif intellectuel)«. (Introduction à l'analyse structurale, in: Communications 8, 1966, S. 4, Anm. 1) Das konservative Prinzip der »heiligen« Dreiheit, dem sich offenbar auch der Strukturalismus nicht ganz entziehen kann, führt freilich bei innovatorischen Diskurs-Formen wie der labyrinthischen, die *zwischen* den Typen bzw. *übergreifend* rangiert, nicht allzu weit. Die an diesem Diskurs beteiligten »Figuren« (Disjunktion, Redundanz, Antonymie, Paradoxie, Hermeneuteme u. a.) und ihr sich auf die Makrostrukturen auswirkender Widerspruchsgeist agiert ja gerade gegen ein kanonisches Bewußtsein, das solchen von der Tradition getragenen Typisierungen zugrunde liegt.
32 Vorwort von Robbe-Grillet zu »Dans le labyrinthe«, Paris 1959

Franz Karl Stanzel

Die Opposition Erzähler –
Reflektor im erzählerischen Diskurs

Der Erzähltheorie war von ihrem Anfang in der antiken Rhetorik die Unterscheidung von zwei gegensätzlichen Erzählweisen geläufig. Es ist auffällig, wie sich diese Opposition bis heute in ihrem Kern behaupten konnte. Platons Gegenüberstellung von »Diegesis« und »Mimesis« führt in ungebrochener Tradition zu Otto Ludwigs Unterscheidung zwischen »eigentlicher« und »szenischer Erzählung«, zu N. Friedmans »telling« und »showing«, zu J. Pouillons »vision par derrière« und »vision avec« und schließlich zu J. Andereggs »Berichtmodell« und »Erzählmodell« [1] usw. [2] Der Verfasser hat in seinen früheren Arbeiten der traditionellen Terminologie folgend zwischen »berichtender Erzählung« und »szenischer Darstellung« unterschieden. [3] Da sich bei der Anwendung dieser Begriffe immer wieder Schwierigkeiten hinsichtlich der Abgrenzung der beiden Erzählweisen voneinander ergaben, wurde von ihm kürzlich vorgeschlagen [4], die Unterscheidung nicht wie bisher vornehmlich nach den Formen des erzählerischen Diskurses, d. h. danach, ob Bericht, Schilderung, Dialog, Szene, Erlebte Rede usw. vorherrschen, sondern nach dem Träger der Vermittlung vorzunehmen. Dabei ergibt sich auch zum Teil eine neue Abgrenzung der in Opposition gesetzten Verfahren. Ich nenne sie Erzähler- und Reflektormodus.

Träger der Vermittlung im Erzählermodus ist immer ein persönlicher Erzähler, ein auktorialer Erzähler oder ein Ich-Erzähler, vorausgesetzt, daß dieser Ich-Erzähler als erzählendes Ich auftritt. [5] Beim Reflektormodus erfolgt die Vermittlung in Abwesenheit eines persönlichen Erzählers entweder durch einen Bewußtseinsträger, der sich in der Er-Form kundgibt, das ist ein personales Medium, oder durch ein Ich, das sich in Form eines inneren oder stillen Monologs äußert.

Der Erzählermodus läßt eine gewisse Affinität zum mündlichen Erzählen, aus dem er wahrscheinlich auch historisch herzuleiten ist, erkennen. Der Reflektormodus ist nur in der literarischen, d. h. schriftlich vermittelten Erzählung möglich, er ist auch in fast jeder Hinsicht dem mündlichen Erzähler entgegengesetzt. Seine literarhistorischen Voraussetzungen liegen im Zurücktreten des persönlichen Erzählers und in der Verlagerung des Darstellungsschwerpunktes auf Bewußtsein, Wahrnehmung und Reflexion von Charakteren der Erzählung, wie sie in der Geschichte des Romans seit dem Ende des 19. Jahrhunderts zu beobachten sind.

Ein Erzählermodus-Beispiel ist der Anfang von S. Butlers *The Way of All Flesh*. In diesem Roman erscheint ein peripherer Ich-Erzähler, Mr. Overton, ein Freund der Familie Pontifex, der die Geschichte von drei Generationen der Pontifexes, im besonderen des jüngsten Sprosses, Ernest Pontifex erzählt. Er präsentiert sich schon mit den ersten Sätzen unmißverständlich als Erzählerfigur. Damit wird dem Leser signalisiert, daß ihm alle für das Verständnis der Geschichte erforderlichen Informationen nach Vermögen und Einsicht dieses Erzählers zutreffend, vollständig und zur rechten Zeit angeboten werden würden. In diesem Sinne ist der Erzählermodus als primär leserorientiert zu bezeichnen. Die Hinweise auf den in manchen Dingen eingeschränkten Wissenshorizont des Erzählers bzw. auf die Herkunft seiner Kenntnisse aus zweiter Hand – sie sind besonders charakteristisch für die Ich-Erzählsituation dieser Stelle – verstärken noch die enge kommunikative Bindung zwischen Erzählerfigur und Leser. Man beachte auch die Häufung der üblichen Verifikationsfloskeln (»I remember«, »I have been told« usw.). Eine soche Erzählweise nähert sich dem mündlichen Bericht, wie wir ihn aus unserem Alltag kennen:

> When I was a small boy at the beginning of the century I remember an old man who wore knee-breeches and worsted stockings, and who used to hobble about the street of our village with the help of a stick. He must have been getting on for eighty in the year 1807, earlier than which date I suppose I can hardly remember him, for I was born in 1802. A few white locks hung about his ears, his shoulders were bent and his knees feeble, but he was still hale, and was much respected in our little world of Paleham. His name was Pontifex.
> His wife was said to be his master; I have been told she brought him a little money, but it cannot have been much. She was a tall, square-shouldered person (I have heard my father call her a Gothic woman) who had insisted on being married to Mr Pontifex when he was young and too good-natured to say nay to any woman who wooed him. The pair had lived not unhappily together, for Mr Pontifex's temper was easy and he soon learned to bow before his wife's more stormy moods.
> Mr Pontifex was a carpenter by trade; he was also at one time parish clerk; [...]. (*The Way of All Flesh*, Harmondsworth 1971, S. 33)

Die grundsätzliche Leserorientiertheit einer solchen Erzählweise bleibt auch aufrecht, wenn ein solcher Erzähler einmal in die Rolle des »unreliable narrator« [6] schlüpft. Die von Booth aufgeworfene Frage der »reliability« des Erzählers ist im übrigen überhaupt nur mit Bezug auf den Erzählermodus, nicht aber auf den Reflektormodus relevant.

Als Illustrationstext für einen erzählerischen Diskurs, der durch den Reflektormodus bestimmt wird, soll der Beginn des zweiten Kapitels von Kafkas *Das Schloß* – wiederum kein extremer Fall – dienen:

> Als sie – K. erkannte es an einer Wegbiegung – fast beim Wirtshaus waren, war es zu seinem Erstaunen schon völlig finster. War er so lange fort gewesen? Doch nur ein, zwei Stunden etwa nach seiner Berechnung, und am Morgen war er fortgegangen, und kein Essensbedürfnis hatte er gehabt, und bis vor kurzem war gleichmäßige Tageshelle gewesen, erst jetzt die Finsternis. »Kurze Tage, kurze Tage!« sagte er zu sich, glitt vom Schlitten und ging dem Wirtshaus zu. Oben auf der kleinen Vortreppe des Hauses stand, ihm sehr willkommen, der Wirt und leuchtete mit erhobener Laterne ihm entgegen. Flüchtig an den Fuhrmann sich erinnernd, blieb K. stehen, irgendwo hustete es im Dunkeln, das war er. Nun, er würde ihn ja nächstens wiedersehen. Erst als er oben beim Wirt war, der demütig grüßte, bemerkte er zu beiden Seiten der Tür je einen Mann. Er nahm die Laterne aus der Hand des Wirtes und beleuchtete die zwei; es waren die Männer, die er schon getroffen hatte und die Artur und Jeremias angerufen worden waren. Sie salutierten jetzt. In Erinnerung an seine Militärzeit, an diese glücklichen Zeiten, lachte er. »Wer seid ihr?« fragte er und sah vom einen zum anderen. »Euere Gehilfen«, antworteten sie. »Es sind die Gehilfen«, bestätigte leise der Wirt. »Wie?« fragte K. »Ihr seid meine alten Gehilfen, die ich nachkommen ließ, die ich erwartete?« Sie bejahten es. (*Das Schloß*, Frankfurt/Main 1974, S. 19)

Dieser Text veranlaßt den Leser vom ersten Satz an, sich in das Jetzt und Hier von K., der Reflektorfigur des Romans, zu versetzen. Mit ihr teilt er dadurch nicht nur die zeit-räumliche Orientierung in der Szene, sondern auch die Ungewißheit, die für die dargestellte Situation charakteristisch ist. Auch diese Ungewißheit ist zu einem wesentlichen Teil eine Folge des Reflektormodus, da diese bewirkt, daß dem Leser nur jene bruchstückhaften Informationen zur dargestellten Wirklichkeit verfügbar werden, die sich in der Wahrnehmung und im Bewußtsein der Reflektorfigur niederschlagen. Im Reflektormodus erscheint das dargestellte Geschehen immer *in actu*. Sein Ausgang bleibt bis zuletzt ungewiß. Die Darstellung ist nicht leser-, sondern handlungsorientiert.

Daß es sich bei den hier illustrierten Modi des narrativen Diskurses um zwei grundsätzliche Möglichkeiten des erzählerischen Verfahrens handelt, deren Verschiedenheit bis in die tieferen Schichten der sprachlichen Struktur der Texte hinabreicht, könnte mit Hilfe eines Transponierungsversuches nachgewiesen werden. Dieser würde zeigen, daß sich eine Transponierung der Texte von dem einen in den anderen Modus nicht ohne tiefgreifende und damit sinnverändernde textuelle Umgestaltung durchführen ließe. [7]

Es ist anzunehmen, daß hinter der Verschiedenheit der beiden miteinander kontrastierten Erzählweisen und ihrer langen Geschichte in Rhetorik und Literaturwissenschaft eine Polarität der Wahrnehmungs- und Perzeptionsformen der Wirklichkeit steht, die vermutlich nur psychologisch oder philosophisch zu erklären ist, vielleicht in der Richtung von Worringers kunsttheoretischem Gegensatzpaar »Abstraktion« und »Einfühlung«. [8] Noch deutlicher zeigt sich vielleicht ein solcher Zusammenhang in Gombrichs stiltheoretischer Fassung dieser Polarität, nämlich »Konzeptualismus« und »Impressionismus«. [9] Nimmt man eine solche Korrespondenz an, dann wird auch verständlich, warum einzelne Autoren eine ausgeprägte Vorliebe für einen der beiden Modi des narrativen Diskurses erkennen lassen. Im deutschen Roman findet man etwa bei Thomas Mann vorwiegend den Erzählermodus, bei Franz Kafka den Reflektormodus; im englischen Roman bei Joseph Conrad, besonders in seinen Marlow-Erzählungen, den Erzählermodus, bei Henry James – besonders im späteren Werk – den Reflektormodus; im französischen Roman bei Balzac den Erzählermodus, bei Flaubert den Reflektormodus. Dabei darf allerdings die historische Dimension dieses Aspektes nicht übersehen werden. Im älteren Roman ist der Reflektormodus immer nur vorübergehend in kürzeren Texten anzutreffen, denn die älteren Autoren von Cervantes bis Dickens und Raabe bedienen sich vorwiegend des Erzählermodus. Erst seit dem Ende des 19. Jahrhunderts erscheint der Reflektormodus als dominante Form des erzählerischen Diskurses in ganzen Erzählungen oder in längeren Abschnitten eines Romans (Jane Austen und Flaubert eilen dieser Entwicklung etwas voraus). Einer der ersten Literaturwissenschaftler, die diesen »Paradigmenwechsel« registriert haben, war Oskar Walzel, der schon 1915 glaubte feststellen zu können, daß die Lektüre von Romanen, in denen der Erzählermodus vorherrscht, den zeitgenössischen Lesern bereits mehr Mühe bereitete, als die Lektüre eines »nicht-erzählenden« Werkes – Walzel spricht vom »szenischen Roman« –, weil ihnen diese Erzählweise schon durch zahlreiche zeitgenössische Romane vertraut gemacht worden sei:

Wir haben uns mit der Zeit allerdings derart an die Technik des szenischen Romans gewöhnt, daß wir Erzählungen, in denen der Dialog nicht vorherrscht, sondern der Erzähler erzählt und seine Menschen meist nur indirekte Rede sprechen läßt, mit mehr Mühe lesen. Seit Otto Ludwig hat sich das Blatt völlig gewendet. Er konnte noch von Schwierigkeiten des Nacherlebens reden, die sich in der dramatischen Form der Erzählung auftun. Wir aber kommen heute schwerer mit, wenn die Anführungszeichen nur sparsam gebraucht werden, wenn nicht die kurzen Absätze der Dialogtechnik, sondern die längeren der reinen Erzähltechnik vor unserem Auge erscheinen. [10]

Inzwischen hat das Pendel, nachdem es im Verlauf des letzten Jahrhunderts kräftig in Richtung beider Modi ausgeschlagen hat, wieder zur Mittellage zurückgefunden. Heute gelten die pointierte Verpersönlichung des Erzählvorganges, wie sie dem Erzählermodus entspricht, und die pointierte Entpersönlichung des Erzählaktes, wie sie dem Reflektormodus gemäß ist, völlig gleichrangig und gehören in gleicher Weise zum Arsenal der Erzählkunst. Beide Erzählweisen bieten den Autoren eine Ausgangsbasis für Innovationen, von denen uns vor allem eine besonders interessiert, nämlich die Aufhebung oder Überwindung der hier beschriebenen Opposition zwischen Erzählermodus und Reflektormodus. Eine solche Aufhebung einer theoretisch postulierten Opposition ist keineswegs als Widerlegung dieser Theorie anzusehen; im Gegenteil, sie macht vielmehr die Relevanz der mit dieser Opposition aufgezeigten begrifflichen Unterscheidbarkeit von zwei Erzählweisen einschaubar. Voraussetzung dafür ist allerdings, daß die Erzähltheorie die Herausforderung, die in den zu den theoretischen Kategorien »widerspenstigen« Erzähltexten liegt, annimmt und die Theorie der Praxis anpaßt, etwa indem sie neben der Unterscheidbarkeit von zwei grundlegenden Möglichkeiten des Erzählens auch eine Vermischung der beiden Modi und damit ihre Ununterscheidbarkeit in bestimmten Texten in Rechnung stellt. Um solche Fälle mit Hilfe des hier eingeführten theoretischen Ansatzes beschreibbar zu machen, werden im folgenden, möglichst knapp gefaßt und auf einige der wichtigsten Aspekte reduziert, die charakteristischen Merkmale des Erzählermodus denen des Reflektormodus gegenübergestellt.

Die Gestaltung des Erzählanfangs

Erzählanfänge zeichnen sich in der Regel durch eine große Dichte der Signale aus, die die Aufmerksamkeit des Lesers auf den in der nachfolgenden Erzählung vorherrschenden Vermittlungsmodus hinlenken. Der Erzählanfang einer vom Erzählermodus dominierten Erzählung ist meist durch leserorientierte Erzählpräliminarien gekennzeichnet, die den Leser mit den Voraussetzungen der Geschichte vertraut machen (Exposition, Einführung der Charaktere). Dabei kommt es in der Regel auch zu einer ersten Selbstcharakteristik des Erzählers; sein Standpunkt wird angedeutet oder festgelegt, so daß sich daran das Vorstellungsbild des Lesers orientieren kann. Ein Erzähler berichtet von seinem Jetzt und Hier aus, was damals und dort in der Welt der Charaktere geschehen ist.

Im Gegensatz dazu erfolgt der Erzähleinsatz im Reflektormodus ohne jede Einleitung, meist ganz abrupt, ohne narrative Exposition. Anstelle von leserorientierten Präliminarien werden Präsuppositionen gesetzt, die vom Leser im

Verlauf der Lektüre erst »entschlüsselt« werden müssen. R. Harweg bezeichnet solche Textanfänge als »etisch«, d. h. sie sind »lediglich ›äußerlich‹,
sprachextern und nicht sprachlich-strukturell bestimmt« [11], wie etwa der un-
vermittelte Einsatz von Thomas Manns Moses-Novelle *Das Gesetz:* »Seine
Geburt war unordentlich.« R. Harwegs Gegenbegriff »emisch« (beide wurden
von K. L. Pike übernommen [12]) trifft dagegen auf Erzählanfänge im Erzählermodus zu, wo es keine referentielle Unbestimmtheit gibt, da der Erzähler
dafür sorgt, daß der Leser stets über alle Voraussetzungen der Geschichte zureichend informiert ist. Als Beispiel eines solchen »emischen« Anfangs zitiert
Harweg Kleists *Michael Kohlhaas:* »An den Ufern der Havel lebte um die
Mitte des sechzehnten Jahrhunderts ein Roßhändler namens Michael Kohlhaas [...].« [13] Für unseren Zusammenhang ist wichtig festzuhalten, daß »eti-
sche« Textanfänge nur in fiktionalen Texten möglich sind. Sie können daher
auch als linguistisches Kriterium für die erzähltheoretische Unterscheidung
zwischen fiktionalen und nichtfiktionalen Texten herangezogen werden. Und
noch eine andere, nicht minder wichtige Schlußfolgerung ist hier zu ziehen.
Falls zutrifft, daß das mündliche Erzählen, wie weiter oben angenommen wurde, immer im Erzählermodus verläuft, dann könnte man weiters schließen,
daß im mündlichen Erzählen nur »emische« Erzählanfänge akzeptabel erscheinen, da die referentielle Unbestimmtheit etischer Erzählanfänge hier die
Kommunikation zwischen Erzähler und Zuhörer stören würden.

Die narrative Bewältigung der Geschichte

Für die meisten Erzähler, so für den auktorialen Erzähler und den quasi-auto-
biographischen Ich-Erzähler, ist die Geschichte in der Regel vom Anfang bis
zum Ende überschaubar, der Handlungsablauf erscheint daher im Erzählen
als zielgerichtet, geordnet und sinnvoll. Durch diese erzählerische Bewältigung
können selbst das Schreckliche, Grausame, Häßliche, die Tragik eines
menschlichen Schicksals für den Leser ästhetisch erträglich gemacht werden.
Eine Reflektorfigur vermittelt dagegen das Geschehen immer *in actu;* ihr ist
der Gesamtverlauf der Handlung nicht einsichtig, der Sinn der einzelnen Ereignisse muß ihr daher oft als problematisch erscheinen. Für den Leser kommt
noch hinzu, daß er in diesem Fall das Prinzip, nach dem einige Teile der dargestellten Wirklichkeit erzählerisch konkretisiert werden, andere aber unbestimmt bleiben, oft nicht erkennen kann. Wie besonders an den Romanen Kafkas deutlich wird, kommt aber das die Existenz des Helden Bedrohende häufig aus diesem erzählerisch nicht konkretisierten Leerraum. Es ist daher
verständlich, warum Daseinsangst und Existenznot im modernen Roman vorwiegend im Reflektormodus zur Darstellung gelangen, so eben bei Kafka, aber
auch bei Sartre, Camus und Faulkner u. a.

Kommunikationsverlauf

Im Erzählermodus verläuft die Kommunikation im wesentlichen nach dem
»Berichtmodell«, das Anderegg für fiktive »Ich-Du-Texte« beschrieben hat.

[14] Dem Reflektormodus dagegen entspricht, was bei Anderegg – nicht sehr glücklich – »Erzählmodell« heißt und in sogenannten fiktiven »Er-Texten« erscheint. Kennzeichnend für das »Erzählmodell« der »Er-Texte« ist, daß kein persönlicher Erzähler greifbar wird, sondern, wie Anderegg meint, die »Kommunikation ihre eigene Vorbedingung stiftet, indem sie verleugnet, eine solche zu sein«. [15] In unsere Terminologie übertragen heißt das, daß an die Stelle eines persönlichen Erzählers als Sender im Sinne der Kommunikationstheorie eine Reflektorfigur als Mittler tritt, die jedoch, im Gegensatz zum Erzähler, ihre Kommunikationsfunktion nur unwissend oder unbewußt ausübt. In diesem Sinne »verleugnet« sich nach Anderegg die Kommunikation selbst. Für den Leser entsteht dabei die Illusion, das Geschehen werde ihm nicht mittelbar durch einen Erzähler, sondern unmittelbar, wie auf einer Schaubühne, präsentiert. An die Stelle der zeit-räumlichen Orientierung seines Vorstellungsbildes nach dem Jetzt und Hier des Erzählers, von dem aus auf das erzählte Geschehen mit »damals« und »dort« (Ferndeixis) verwiesen wird, tritt eine Orientierung ausschließlich nach dem Jetzt und Hier (Nahdeixis) der Reflektorfigur. Das epische Präteritum kann unter diesen Voraussetzungen, wie aus der Diskussion über K. Hamburgers Theorie des »epischen Präteritums« klargeworden ist [16], seine Vergangenheitsbedeutung aufgeben und zum Signal für die Fiktionalität eines Textes werden. Die im Zusammenhang mit dieser Diskussion oft zitierten Sätze, in denen ein Verbum im Präteritum mit einer zukunftsweisenden Zeitbestimmung erscheint (»Morgen war Weihnachten«), können daher, genaugenommen, nur in einem erzählerischen Diskurs mit Reflektormodus aufscheinen. Davon ausgehend wäre wiederum die Frage zu stellen, ob solche Sätze auf das literarische, d. h. schriftliche Erzählen zu beschränken sind, oder ob sie auch im mündlichen Erzählen vorkommen können.

Da im Reflektormodus kein persönlicher Erzähler als Vermittler in Erscheinung tritt, wird auch der Wechsel von Er-Bezug zu Ich-Bezug gleichsam merkmallos, d. h. der Leser wird ihn hier im allgemeinen gar nicht registrieren. Das kann am besten in einem Text im Reflektormodus an Hand einer Bewußtseinsdarstellung, bei der häufig der Bezug auf den Bewußtseinsträger zwischen Ich und Er wechselt, nachgeprüft werden: »His pace slackened. Here. Am I going to Aunt Sara's or not?« [17] Im Erzählermodus ist dagegen der Bezugswechsel (von direkt zitierter Rede immer abgesehen) stets bedeutungsvoll. Er unterliegt daher im Erzählermodus-Text auch ganz bestimmten Regeln. Wenn außerhalb des Reflektormodus ein solcher Bezugswechsel ohne entsprechende Signale erfolgt, wie z. B. im zweiten Teil von Max Frischs *Montauk,* so ist das als eine gezielte Deviation von diesen Regeln der Erzählgrammatik zu werten. Auch hier scheint der Gebrauch im mündlichen Erzählen mehr zum Erzählermodus hinorientiert zu sein als zum Reflektormodus. Im mündlichen Erzählen ist nämlich der Ich-Bezug zunächst schon durch die leibhaftige Gegenwart des Erzähler-Ich okkupiert. Die Lösung dieser durch die mündliche Erzählsituation vorgegebenen Bindung kann nur vorübergehend durch eine gesteigerte Erzählgestik in Richtung auf dramatische Vergegenwärtigung und Versetzung in eine fiktionale Rolle erreicht werden. Zusammenfassend kann daher festgestellt werden, daß das literarische, d. h. schriftliche Erzählen nicht nur von den beiden grundlegenden Erzählmodi in ungefähr gleicher Weise Gebrauch

macht, während sich das mündliche Erzählen auf den Erzählermodus zu beschränken scheint, sondern auch über einen erheblich größeren Spielraum sowohl für den Übergang von einem Modus zum anderen wie auch für die Vermischung der beiden Modi verfügt.

Nach dieser Gegenüberstellung von Erzähler- und Reflektormodus sind nun
die angekündigten Beispiele für eine Kontamination der beiden Modi darzubieten. Dazu soll zuerst ein konventioneller, anschließend ein eher innovatori-
scher Erzähltext vorgeführt werden.

In Thomas Manns Novelle *Tristan* wird – und das ist bereits ein Kuriosum –
die Hauptfigur dreimal hintereinander eingeführt. Zum ersten Mal geschieht
dies kurz nach Beginn, im Zuge einer Charakteristik des florierenden Betrie-
bes im Sanatorium »Einfried«, dem Schauplatz der Handlung:

> Was für Existenzen hat »Einfried« nicht schon beherbergt! Sogar ein Schriftsteller ist
> da, ein exzentrischer Mensch, der den Namen irgendeines Minerals oder Edelsteines
> führt und hier dem Herrgott die Tage stiehlt [...]. (*Tristan,* in: *Der Tod in Venedig und an-
> dere Erzählungen,* Frankfurt/Main 1954, S. 65)

Kennzeichnend für die erste Einführung der Hauptfigur ist, daß – auch unter
Berücksichtigung des größeren Textzusammenhanges – nicht auszumachen ist,
wer sich hier eigentlich äußert, ein Erzähler, der von außen diese Gestalt kommentiert (ein Ich-Erzähler ist auszuschließen, da kein Ich-Bezug erscheint)
oder ein Charakter der Erzählung, der das Zitierte gleichsam denkt, also ein
Reflektor. Perspektive (Innenperspektive) und Stil (kolloquial, subjektiv, unverbindlich) deuten eher auf einen Reflektor, wobei allerdings in der ganzen
Erzählung kein Charakter zu finden ist, den man als Reflektor identifizieren
könnte. Es bleibt also nur der auktoriale Erzähler der Novelle, dem diese Äußerung zugeordnet werden kann. Dieser auktoriale Erzähler führt sich hier
aber so auf, als wäre er ein Reflektor, also eine Gestalt der Erzählung, wenn er
u. a. vorgibt, den Namen der Person, von der die Rede ist, nicht zu kennen,
und auch seine abschätzige Meinung über sie nicht verbirgt.

Einige Seiten weiter wird die Hauptfigur ein zweites Mal eingeführt, dieses
Mal im Zusammenhang mit der Ankunft der anderen Hauptfigur, der zarten
und blassen Gattin des Großkaufmannes Klöterjahn:

> Ja, sie machte Eindruck, die Frau, die Herrn Klöterjahns Namen trug! Ein Schriftstel-
> ler, der seit ein paar Wochen in »Einfried« seine Zeit verbrachte, ein befremdender
> Kauz, dessen Namen wie der eines Edelgesteins lautete, verfärbte sich geradezu, als sie
> auf dem Korridor an ihm vorüberging, blieb stehen und stand noch immer wie angewur-
> zelt, als sie schon längst entschwunden war. (S. 67)

Auch hier kann man nicht ohne weiteres entscheiden, ob ein Erzähler oder ein
Reflektor als Vermittlungsträger fungiert. Die ausgeprägt innenperspektivische
Darstellung und der eingeschränkte Wissenshorizont legen wiederum die Annahme eines Reflektors nahe. Für diese Rolle läßt sich aber auch dieses Mal
keine Gestalt der Erzählung ausfindig machen. Es scheint sich also auch hier
der auktoriale Erzähler des Gestus einer Reflektorfigur zu bedienen. Im Vergleich mit der ersten Stelle, wo durchgehend das Präsens verwendet wurde,
fällt in diesem Text der Gebrauch des Präteritums auf. Das epische Präteritum
rückt die Aussage bereits um eine Stufe näher an den Erzählermodus heran,

genauso wie das Präsens den Reflektorcharakter der ersten Stelle verstärkt. Demnach scheinen auch das Präsens als Erzähltempus und die Unkenntnis des Namens der Hauptfigur in der ersten Stelle durchaus übereinzustimmen, während sich zwischen dem Präteritum (»seit ein paar Wochen in ›Einfried‹ seine Zeit *verbrachte*«) und der noch immer andauernden Unkenntnis des Namens in der zweiten Stelle eine eigentümliche Spannung aufbaut. Diese Spannung findet ihre schließliche Lösung. Erst in der dritten Einführung der Hauptfigur gibt sich der auktoriale Erzähler, der von nun an Regie führt, ohne alle Umschweife und ohne Rollenverkleidung zu erkennen:

> *Spinell* hieß der Schriftsteller, der seit mehreren Wochen in »Einfried« lebte. Detlev Spinell war sein Name, und sein Äußeres war wunderlich.
> Man vergegenwärtige sich einen Brünetten am Anfang der Dreißiger und von stattlicher Statur, dessen Haar an den Schläfen schon merklich zu ergrauen beginnt, dessen rundes, weißes, ein wenig gedunsenes Gesicht aber nicht die Spur irgendeines Bartwuchses zeigt. (S. 69)

Es ist also festzuhalten, daß der auktoriale Erzähler im ersten Teil der Novelle mehrere Male seine Rolle als Erzählerfigur verläßt, um in die einer Reflektorfigur zu schlüpfen. Damit erhalten die ersten Seiten mit der Exposition der Handlung eine gewisse subjektive Unverbindlichkeit. Spinell wird so charakterisiert, wie ein anderer Patient des Sanatoriums ihn sehen könnte. Später erst ergänzt der Autor die Unverbindlichkeit der personalen Innenperspektive durch die verbindlichere auktoriale Außenperspektive. Im übrigen sind auch im restlichen Teil der Erzählung Spuren eines ähnlichen Rollenwechsels vom Erzähler zum Reflektor anzutreffen. [18]

Um dieses Phänomen literarhistorisch zu verstehen, muß man berücksichtigen, daß die Geschichte von Roman, Novelle und Kurzgeschichte in den letzten hundert Jahren eine deutliche Tendenz zur Personalisierung des Darstellungsvorganges zeigt: der Anteil der erlebten, d. h. als Bewußtseinsinhalt eines Charakters erfaßten fiktionalen Wirklichkeit ist auf Kosten der referierten, d. h. von einem Erzähler berichteten oder geschilderten fiktionalen Wirklichkeit ständig gewachsen. Parallel dazu hat die Art des erzählerischen Diskurses, die hier als Reflektormodus bezeichnet wurde, immer mehr Raum gewonnen. In den letzten Jahren scheint sich allerdings eine Tendenzumkehr anzukündigen: der persönliche Erzähler ist dabei, verlorenes Terrain wieder zurückzuerobern. Dabei wendet sich das Interesse der Autoren auch der lange Zeit von Kritik und Autoren als etwas altväterisch angesehenen Ich-Erzählung wieder zu, wie die Romane von S. Beckett, Norman Mailer, M. Frisch, William Burroughs, G. Grass u. a. zeigen. Auch für den auktorialen Erzähler kann ein »come-back« registriert werden, z. B. in John Fowles' *The French Lieutenant's Woman,* in einigen Romanen von K. Vonnegut u. a. Am neuen auktorialen Erzähler wird noch eindrücklicher als am Ich-Erzähler erkennbar, daß sich ein tiefgreifender Wandel in Rolle und Funktion des persönlichen Erzählers vollzogen hat. Die oben erwähnte Tendenz zur Personalisierung hat nun auch diese narrative Funktionsfigur erfaßt. Das bedeutet u. a., daß der neue auktoriale Erzähler, der referierenden Rolle eines Chronisten oder Berichterstatters überdrüssig, sich nun immer häufiger wie eine Reflektorfigur gebärdet, d. h., er läßt seinem Erzählerbewußtsein die Zügel schießen, so daß aus dem sachlich

wohlgeordneten und syntaktisch geglätteten Erzählerbericht eine Art auktorialer Bewußtseinsstrom wird. Ansätze dazu konnten wir, wie gezeigt, schon bei
Thomas Mann feststellen. Radikal und konsequent durchgeführt finden wir
diese für den modernen erzählerischen Diskurs vielleicht wichtigste Innovation – wie nicht anders zu erwarten – zuerst bei James Joyce.

  Auch bei Joyce beginnt sich diese radikale Neuerung, wie anderswo ausführlich dargestellt wurde [19], zunächst noch recht unauffällig anzukündigen.
Selbst im *Ulysses* dauert es einige Zeit – sowohl nach der Dauer der Abfas-
sungsarbeit als auch nach den Seiten des Romans gerechnet –, bis sich die Personalisierung des auktorialen Erzählers auffälliger bemerkbar macht, erst ab
dem 9. Kapitel (*Scylla and Charybdis*). Im 10. Kapitel (*Wandering Rocks*) gibt
z. B. der auktoriale Erzähler einem Fragment seines Berichtes über die Vorreiter der Kavalkade, die den Lord Lieutenant auf seiner Fahrt durch Dublin begleiten, folgenden Wortlaut:

  A cavalcade in easy trot along Pembroke quay passed, outriders leaping, leaping in
their, in their saddles. Frockcoats. Cream sunshades. (*Ulysses*, Harmondsworth 1960, S.
240)
  Eine Kavalkade kam in leichtem Trab den Pembroke Quay entlang, die Vorreiter ruk-
kend, ruckend in den, in den Sätteln. Gehröcke. Kremgelbe Sonnenschirme. (*Ulysses*,
übers. Hans Wollschläger, Frankfurter Ausgabe, Werke 3.1, Frankfurt/Main 1975, S.
335)

Es ist aufschlußreich, daß die eigentliche Deviation von der in einem auktorialen Bericht erwarteten Erzählprosa, nämlich die Phrase »leaping in their, in
their saddles« von Joyce erst in einer späteren Phase der Überarbeitung des
Manuskripts eingefügt wurde. [20] Es ist auch kennzeichnend für diese spätere
Phase der Konzeptions- und Revisionsarbeit am *Ulysses*, deren Grundtendenz
man zusammenfassend als »Finneganisierung« des *Ulysses* bezeichnen könnte, daß der Unterschied zwischen dem erzählerischen Diskurs des auktorialen
Erzählers und dem der Reflektorfiguren des Romans, vor allem von Stephen
Dedalus und Leopold Bloom, immer mehr ausgeglichen wird.

  Ein extremes Beispiel für die Personalisierung des Erzählers findet sich
dann am Beginn des 11. Kapitels *(Sirens)*. Hier werden in einem Präludium
mit leitmotivischer Komposition die wichtigsten Motive, Szenen und Personen
des Kapitels nach Art einer Ouvertüre vorweggenommen. Im Gegensatz zum
Erzähler des älteren Romans, der sich bei seinen synoptischen Angaben vor jedem Kapitel einer diskursiven, den Inhalt zusammenfassenden Prosa bediente,
bietet Joyce die Synopsis des *Sirenen*-Kapitels in Form eines Bewußtseinsstroms dar. Da keine Romanfigur als Träger dieses Bewußtseins in Frage
kommt, muß der auktoriale Erzähler als Urheber oder Verursacher dieses Vor-
spanns angesehen werden. Der Vorgang könnte etwa so erklärt werden: der
Erzähler, in dessen Bewußtsein der Inhalt des Kapitels »gespeichert« ist, läßt
einige der prägnantesten Motive und Szenen daraus in freier Assoziation vor
sich Revue passieren. Mit anderen Worten, das fiktionale Geschehen spiegelt
sich im auktorialen Bewußtsein, wodurch die herkömmliche Auffassung vom
Erzählvorgang (das fiktionale Geschehen entfaltet sich oder entspringt aus
dem auktorialen Bewußtsein) auf den Kopf gestellt erscheint. Ebenso verkehrt

ist die Zuordnung der Erzählmodi. Der Erzähler agiert nicht wie eine Erzählerfigur, sondern wie eine Reflektorfigur.

Schauplatz der Handlung ist die Bar des Ormond Hotels. Vor dem Hotel
zieht die Kavalkade des Lord Lieutenant vorüber. Die beiden Barmädchen,
eine mit goldblondem, die andere mit bronzefarbenem Haar, hören das Klap-
pern der Hufeisen auf dem Straßenpflaster. Bald darauf sehen sie Leopold
Bloom vorbeigehen. Die Vorstellung von Bloom als Ehegatten läßt sie in ein
hysterisches Gelächter ausbrechen, wobei die Rose am Busen der einen zu
hüpfen scheint. Simon Dedalus betritt die Bar und beginnt, während er seinen
Daumennagel bearbeitet, mit den Barmädchen zu flirten; eine von ihnen träl-
lert ein Lied aus dem Singspiel *Rose of Castille*. Aus dem Speisesaal nebenan
ist der langanhaltende Klang einer angeschlagenen Stimmgabel zu hören. Ein
anderer Gast hat inzwischen eines der Barmädchen mit ›sonnez la cloche‹ auf-
gefordert, das Strumpfband gegen ihren Oberschenkel klatschen zu lassen. Inmitten dieses versteckten erotischen Spiels erklingt das Leitmotiv des Stadtka-
valiers, der sich in einer Kutsche mit klingelnden Beschlägen zu seinem Stell-
dichein mit Molly bringen läßt [21]:

Bronze by gold heard the hoofirons, steelyringing Imperthnthn thnthnthn.
Chips, picking chips off rocky thumbnail, chips.
Horrid! And gold flushed more.
A husky fifenote blew.
Blew. Blue bloom is on the
Gold pinnacled hair.
A Jumping rose on satiny breasts of satin, rose of Castille.
Trilling, trilling: Idolores.
Peep! Who's in the ... peepofgold?
Tink cried to bronze in pity.
And a call, pure, long and throbbing. Longindying call.
Decoy. Soft word. But look! The bright stars fade. O rose! Notes chirruping answer.
Castille. The morn is breaking.
Jingle jingle jaunted jingling.
Coin rang. Clock clacked.
Avowal. *Sonnez.* I could. Rebound of garter. Not leave thee. Smack. *La cloche!* Thigh
smack. Avowal. Warm. Sweetheart, goodbye!
(*Ulysses*, S. 254)

Bronze bei Gold hörte die Hufeisen, stahlklingend.
Impertntn tntntn.
Splitter, Splitter knippend von felsenhartem Daumnagel,
Splitter. Schlimme! Und Gold wurde noch röter.
Ein heiserer Pfeifenton blies.
Blus. Blau Bloomelein im
Golden getürmtes Haar.
Eine hüpfende Rose auf atlassenen Atlasbrüsten, Rose von Kastilien.
Trillernd, trillernd: Idolores.
Kiek mal an! Wer sitzt denn da in der ... Kiekvongold?
Pling schrie ins Mitleid von Bronze.
Und ein Klang, rein, lang und bebend. Verlanghinsterbender Klang.
Verlocken. Sanftes Wort. Doch sieh! Die hellen Sterne blassen.
O Rose! Töne, Antwort zwitschernd. Kastilien. Bricht der Morgen an.
Klingelingeling schwenkte klingelnd.
Münze klang. Uhr schnarrte.
Gestehen. *Sonnez.* Ich konnt'. Strumpfbandklatschen. Dich nicht verlassen. Klatsch. *La
cloche!* Schenkelklatsch. Gestehen. Warm. Schätzchen, ade!
(*Ulysses*, übers. v. Wollschläger, S. 355)

Das hier an zwei Beispielen, einem gemäßigt und einem extrem innovatorischen, vorgeführte Phänomen der Kontamination von Erzähler- und Reflektormodus, läßt erkennen, daß der erzähltheoretische Befund (die Opposition Erzähler- /Reflektormodus) nicht nur zwei grundlegende Erzählweisen unterscheiden helfen kann, sondern auch dort auf Interessantes aufmerksam macht, wo die Gültigkeit der Theorie durch die Praxis von experimentierenden Autoren aufgehoben zu sein scheint. Die Widerspenstigkeit gerade solcher Erzähltexte ist eine willkommene und notwendige Herausforderung an die Erzählforschung, ihr begriffliches Instrumentarium ständig durch weitere Differenzierungen zu verfeinern. Umgekehrt kann aber auch gerade die Unangemessenheit einer Theorie und ihrer Begriffe die Aufmerksamkeit auf Besonderheiten des literarischen Textes hinlenken, die anders vielleicht unbeachtet blieben.

Anmerkungen

1 Platon, Der Staat, übers. v. Karl Vretska, Stuttgart 1958, Bd. 3, bes. S. 164–169; Otto Ludwig, »Formen der Erzählung«, in: Epische Studien. Gesammelte Schriften, hrsg. v. A. Stern, Leipzig 1891, Bd. 6, S. 202ff.; Norman Friedman, »Point of View in Fiction. The Development of a Critical Concept«, PMLA 70/1955, S. 1162f.; Jean Pouillon, Temps et roman, Paris 1946, S. 74–102; Johannes Anderegg, Fiktion und Kommunikation: Ein Beitrag zur Theorie der Prosa (1973), Göttingen ²1977, S. 170.
2 Diese Opposition findet sich auch in der französischen Erzählforschung; das geläufige Begriffspaar »narration / représentation« verwenden z. B. Tzvetan Todorov, »Les Catégories du récit littéraire«, Communications 8/1966, S. 143ff. und Francoise van Rossum-Guyon, Critique du roman, Paris 1970 und »Point de vue ou perspective narrative«, Poétique 1/1970, S. 476–497; ähnliche Unterscheidungen treffen auch Emile Benveniste, Problèmes de linguistique générale, Paris 1966, bes. S. 250ff. mit »discours« und »récit«, oder Marcel Cressot, Le Style et ses techniques, Paris 1947, S. 7ff. mit dem Paar »expressionnisme« und »impressionnisme«. Speziell zum Problem von Diegesis und Mimesis s. a. Gérard Genette, »Frontières du récit«, Communications 8/1966, S. 152–163. In der amerikanischen Kritik verwendet Seymour Chatman die Begriffe »direct presentation (non-narrated representation)« und »mediated narration« in: Story and Discourse, Princeton, N. J., 1978, S. 146 et passim.
3 Vgl. F. K. Stanzel, Die typischen Erzählsituationen im Roman. Dargestellt an »Tom Jones«, »Moby-Dick«, »The Ambassadors«, »Ulysses« u. a., Wien und Stuttgart 1955, S. 22f.
4 F. K. Stanzel, Theorie des Erzählens, Göttingen 1979, bes. Kap. III u. VI.
5 Der in der russischen Erzähltheorie geläufige Begriff »skaz« bezeichnet einen zentralen Aspekt des Erzählermodus, der vor allem im mündlichen Vortrag eines Erzähler-Ich hörbar wird. Vgl. dazu Boris Ejchenbaum, »Die Illusion des ›skaz‹«, in: Russischer Formalismus. Texte zur allgemeinen Literaturtheorie und zur Theorie der Prosa, hrsg. v. Jurij Striedter, München 1971 (= UTB 40, S. 161–167); und Irwin R. Titunik, »Das Problem des ›skaz‹. Kritik und Theorie«, in: Erzählforschung 2, hrsg. v. Wolfgang Haubrichs, Göttingen 1977, S. 114–140.
6 Wayne C. Booth, The Rhetoric of Fiction, Chicago 1961, S. 158f.
7 Vgl. Stanzel, Theorie des Erzählens, S. 81–84.
8 Wilhelm Worringer, Abstraktion und Einfühlung, Berlin 1908.
9 E. H. Gombrich, Art and Illusion. A Study in the Psychology of Pictorial Representation (1960), London ³1968, S. 76 u. 99f. et passim.
10 Oskar Walzel, Das Wortkunstwerk, Leipzig 1926, S. 198. Der zitierte Aufsatz wurde schon 1915 publiziert.
11 R. Harweg, Pronomina und Textkonstruktion, München 1968, S. 152.

12 Kenneth L. Pike, Language in Relation to a Unified Theory of the Structure of Human Behavior, Glendale 1954.
13 Heinrich von Kleist, »Michael Kohlhaas«, in: Sämtliche Werke, Leipzig 1883, Bd. 1, S. 137.
14 Anderegg, Fiktion und Kommunikation, S. 27–41.
15 Ebd. S. 44 f.
16 Vgl. Käte Hamburger, Die Logik der Dichtung (1957), Stuttgart ²1968 und »Noch einmal: Vom Erzählen«, Euphorion 59/1965, S. 46–71; sowie F. K. Stanzel, »Episches Präteritum, erlebte Rede, historisches Präsens«, DVjs 33/1959, S. 1–12.
17 James Joyce, Ulysses, Harmondsworth 1960, S. 44.
18 Vergleiche dazu Theorie des Erzählens, S. 233–238, wo ich mich auch mit R. Harwegs textlinguistischer Analyse dieser Novelle eingehender auseinandersetze.
19 F. K. Stanzel, »Die Personalisierung des Erzählaktes im ›Ulysses‹«, in: James Joyces »Ulysses«. Neuere deutsche Aufsätze, hrsg. v. Therese Fischer-Seidel, Frankfurt/Main 1977, S. 284–308.
20 Vgl. The James Joyce Archive, hrsg. v. Michael Groden, Bd. 2, Manuscripts and Typescripts, New York 1977, S. 22.
21 Zur Frage, ob die einzelnen Elemente dieses auktorialen Bewußtseinsmonologes eine selbständige, vom Text des nachfolgenden Kapitels unabhängige Sinnstruktur aufweisen, vgl. F. K. Stanzel, Typische Erzählsituationen, S. 127 ff. und A. Walton Litz, The Art of James Joyce, London 1961, S. 66 ff.

WOLFGANG HAUBRICHS / REINHARD KLESCZEWSKI

Erträge der Diskussion

Wolf-Dieter *Stempel* unternahm in seiner Vorlage »Zur Frage der Konstitution konversationeller Erzählungen« den Versuch, ein Grundinventar von narrativen Kategorien zu erarbeiten, das die Beschreibung und Differenzierung verschiedener Sorten von Erzählungen erlaubt. Demgemäß orientierte sich die Diskussion vornehmlich an generellen Fragen der Erzählforschung. So wurde Stempels Meinung kritisiert, daß es keine narrativen Sätze geben könne. Es wurde gefragt, inwieweit die aristotelische Poetik, insbesondere auch die klassische Annahme einer Einheit der Handlung, die Terminologie beeinflusse, mit Hilfe derer man auf mündliche Erzählungen Bezug nimmt. In seiner Antwort erläuterte Stempel, daß in der Tat ein »primitiver Aristotelismus« typisch für mündliche Erzählungen sei. Es wurde ferner bezweifelt, daß Textsortendifferenzierung mit Hilfe einer im wesentlichen auf der Ebene der *histoire* angesiedelten Theorie der Erzählung schon befriedigend zu leisten sei. Auch nichterzählenden Texten (z. B. Dramen) unterlägen ›Geschichten‹; erst die Ebene des Diskurses reorganisiere die ›Geschichte‹ im Sinne einer Gattungsspezifik. Eine Theorie des Erzählens müsse also zwar die Ebene der *histoire* miteinbeziehen, müsse aber im wesentlichen auf der Beobachtung von Gesetzesmäßigkeiten in der Diskursebene aufruhen. Erst so ließen sich texttypologische Aussagen machen.

In Rainer *Raths* Vorlage »Erzählfunktionen und Erzählankündigungen in Alltagsdialogen« stand im Vordergrund die Behauptung einer primär phatischen Funktion von konversationellen Erzählungen. Gerade diese stark betonte Vorrangigkeit der Phasis bildete den Brennpunkt der Diskussion. Es gebe zwar keinen Zweifel am phatischen Charakter von Erzählungen, das lasse sich sogar durch die Literatur (z. B. Boccaccio) bekräftigen, jedoch komme Phasis nicht nur der spezifischen Sprachhandlung Erzählen zu, sondern finde sich als Teilfunktion auch bei anderen Sprachhandlungen, schließlich müsse ganz entschieden mit anderen, ebenso wichtigen Funktionen von Erzählungen gerechnet werden. Es wurde die Gegenthese aufgestellt, daß Erzählen primär als »sinngebende« sprachliche Handlung aufzufassen sei, während die Funktionen des Herstellens und Stabilisierens von Kommunikationsmöglichkeiten in anderen Sprachhandlungen wahrgenommen werden. Es wurde behauptet, daß es sich bei der These von Rath um das Produkt einer monofunktionalen Sicht eines unbedingt polyfunktional zu betrachtenden Gegenstandes handle. Der Autor wandte ein, daß er selbst darauf hingewiesen habe, daß es auch andere als phatische Funktionen von konversationellen Erzählungen gebe. Wenn die vorgetragene These womöglich überbetont sei, so sei das forschungsgeschichtlich notwendig gewesen, da zuvor die Exempelfunktion von Erzählungen zu stark in den Vordergrund gerückt worden wäre.

Im einzelnen wurde darauf hingewiesen, daß Erzählungen in anderen Situationen, etwa dort, wo in Institutionen kommuniziert wird (z. B. vor Gericht), deutlich nichtphatische Funktionen hätten, da sie z. B. »erzwungen« werden könnten. In anderen Situationen könnten sie Erklärungen für vergangenes oder künftiges Handeln bieten. Schließlich dürfe die »time off«-Funktion von gewissen konversationellen Erzählungen (z. B. in den Unterhaltungen zufälliger Reisebekanntschaften) nicht übersehen werden. In diesem Zusammenhang gab Schütze einen Katalog typischer Erzählungen mit »time off«-Funktion: bevorzugt werden

1) Erzählungen aus zweiter Hand, da bei ihnen die Gefahr persönlicher Verstrickung vermieden werde;
2) Erzählungen, die bekannt sind und schon anderwärts erzählt wurden, deren Erfolg also bereits getestet ist;
3) kanonische Erzählungen (z. B. literarischer Art).

Ein weiterer Diskussionsabschnitt wandte sich der Klärung des von Malinowski übernommenen Begriffs ›Phasis‹ zu. Hier wurde darauf hingewiesen, daß Malinowski zwei unterschiedliche Kategorien im Begriff untergebracht habe, die es wieder sinnvoll zu scheiden gelte. Einmal könne man in einem engeren Sinne von Phasis als propositionaler Gehaltlosigkeit reden. In einem weiteren Sinne richte sich der Begriff Malinowskis aber auch auf die Frage nach der Zweckmäßigkeit sprachlichen Handelns und umfasse die sozialen, auf die Gemeinschaft gerichteten Zwecke sprachlicher Akte. Als Sonderpunkt wurde ferner die Frage nach der Legitimation von konversationellen Erzählungen angesprochen: es wurde darauf hingewiesen, daß eine große Anzahl anderer Sprechakte – darunter auch das Argumentieren – ebenfalls Legitimation verlange, die Erzählung also hier keinen Sonderstatus besitze. Es wurde darauf aufmerksam gemacht, daß neben expliziter Legitimation auch implizite Legitimation, z. B. durch die vorgegebene Handlungssituation, vorkomme.

Die Vorlage von Jochen *Rehbein* hatte mit der von Rainer Rath gemeinsam, daß sie sich »Strukturen mündlichen Erzählens« zuwandte. Die Diskussion konzentrierte sich auf das Problem der Mischform »biographisches Erzählen«; in der Großform des Interviews mischte sich Beschreiben, Wiedergeben usw. mit Erzählen. Es wurde gefragt, ob die speziell für das biographische Erzählen angeführten charakteristischen Merkmale auch für konversationelle Erzählungen im weiteren Sinne Geltung besäßen? Ob das biographische ›Erzählen‹ überhaupt noch ›Erzählen‹ genannt werden könne? Eine speziellere Frage richtete sich auf das Verhältnis von Bewertungen durch Kommentare und implizit in den Erzählpartien enthaltenen Bewertungen: ob sich Erzählungen als bewertende Sprechakte mit linguistischen Mitteln analysieren ließen?. – Weitere Diskussionsbeiträge wiesen auf Analogien zwischen mündlichen und literarischen autobiographischen Erzählungen hin, vor allem im populären autobiographischen Schrifttum und bei der Beweisfunktion der Texte.

Die Vorlage von Christoph *Wolfart* bereicherte das diskutierte Problem mündlicher Erzählung durch eine weitere Variante. Eine mündliche Prosaerzählung der kanadischen Plains-Cree-Indianer erwies sich in ihrer nicht alltäglichen, künstlerischen Prägung, die in der Analyse von Wolfart greifbar wurde, als besonders geeignet, die Unterschiede zwischen Kulturen mit ausschließlich mündlichen Kommunikationsformen und Schriftkulturen zu verdeutlichen. So wurde gefragt, wie sich wohl Schriftkulturen auf die mündliche Erzählkompetenz ihrer Teilnehmer auswirkten? Wie wirkt eine schriftliche Kultur auf die Rezeption mündlicher Gattungen? Es wurde an diesem Beispiel betont, daß die Entstehung wiederholbarer Texte von geprägter Form nicht an die Schriftlichkeit gebunden sei, sondern auch, wie schon die Untersuchungen von Lord erwiesen, gerade auch für mündliche Überlieferungen charakteristisch sein könne. Es wurde gefragt, wie es zur Traditionsbildung kommen könne, wer ihre Träger seien. Wolfart konnte zeigen, daß es bei den Crees eine Ausbildung von jungen Erzählern durch etablierte Erzähler mit den entsprechenden Institutionen von Kritik und Auswahl gibt. So scheinen die Übereinstimmungen zwischen schriftlichen und mündlichen künstlerischen Prosatexten im wesentlichen durch den Prozeß der Professionalisierung bestimmt. Mündliche Alltagserzählungen seien dagegen anders, reflektierten eine weniger formelle Sorte von Kommunikation. Es wurde jedoch auch davor gewarnt, die Barriere der Schriftkultur zu unterschätzen: »gut Erzählen« mache noch nicht Literatur.

Es wurde ferner darauf hingewiesen, daß in Wolfarts Analyse – so wie sie sich aus der Diskussion ergab – mit zwei Klassifikationen gearbeitet wird, deren eine sich nach den Textmerkmalen Mythos und Erzählung richte, welche Unterscheidung von den Crees selbst getroffen wird, und deren andere die Qualität der Erzähler bewertet. Welche Klassifizierung denn nun die Kernmerkmale enthalte? Wolfart führte in seiner Antwort aus, daß neben den beiden angeführten Klassifikationen noch eine Gliederung nach verschiedenen Stoffkreisen möglich sei. Die Differenzierung zwischen »guten« und »schlechten« Erzählern sei pragmatischer Art: bei einer strukturellen Analyse dominiere die Opposition Mythos vs. Erzählung, die auch durch formale und stilistische Differenzen gestützt werde.

Zu verschiedenen Malen thematisierte die Diskussion am Beispiel mündlicher Erzählung das Verhältnis von literaturwissenschaftlicher und linguistischer Erzählforschung. So wurde von einigen Literaturwissenschaftlern bemängelt, daß die Rezeption literaturwissenschaftlicher Erzählforschung innerhalb der Linguistik offensichtlich bisher zu kurz komme. Ob denn nicht auch die Linguistik von der Literaturwissenschaft lernen könne? So gebe es ausgebildete Erzähltypologien innerhalb der Literaturwissenschaft, welche für die Analyse mündlicher Erzählungen fruchtbar gemacht werden sollten. Einiges an Problematik in Alltagserzählungen sei auch im literarischen Bereich bereits erforscht: so der Diskurswechsel und seine Einbettung bzw. Legitimierung in der Erzählkultur des 18. Jahrhunderts (›Conte‹). Daran schloß sich die wiederholte Frage an, inwieweit denn Formen und Techniken mündlicher Erzählung durch »archetypische« literarische Formen, durch die jahrhundertealte Tradition einer Schriftkultur vorgeprägt seien.

Auf der anderen Seite wurde aber auch diskutiert, welchen spezifischen linguistischen Wert die Untersuchung von Erzählungen – alltägliche wie literarische – habe und welchen Wert die Untersuchung von Alltagserzählungen für die Literaturwissenschaft möglicherweise besitze. Bei den Literaturwissenschaftlern wurde der Nutzen der Analysen alltagssprachlicher Erzählungen überwiegend eher skeptisch beurteilt, zum geringeren Teil jedoch als sehr erwünscht begrüßt. Unter den anwesenden Linguisten wurde einerseits die Andersartigkeit der Interessen beider Wissenschaften betont, andererseits aber wurden Bindungen zwischen beiden Disziplinen gesehen: Hören und Lesen seien Prozesse, die einen gemeinsamen Wissensfundus von Lesern und Hörern voraussetzen. Diesem Gemeinsamen, aufgesucht in alltäglichen und literarischen Erzählungen, könne ein spezifisch linguistisches Interesse gelten, dessen methodische Wege und dessen Resultate auch die Literaturwissenschaft angingen. Betont wurde, daß literarische Erzählung nur ausbaue, was mündliche Erzählung vorgebe; aus deren Wirkungsbereich seien auch die elementaren Funktionen der literarischen Erzählung ableitbar. Besonderes Gewicht wurde dem Umstand beigemessen, daß in alltagssprachlichen Erzählungen gesellschaftliches Wissen organisiert sei. Auch für literarische Erzählungen dürfe man Analoges vermuten. Wie die von Wolfart untersuchten Cree-Texte zeigen, erbrächten unterschiedliche Gesellschaftsformen auch verschiedene Erzählmuster; so sei etwa die Möglichkeit zu kreativer Variation abhängig von der Gebundenheit der Erzähler an das kollektive Wissen der Gemeinschaft. Wenn die Literaturwissenschaft nach einer soziologischen Funktionsspezifizierung der Alltagserzählungen frage, so sei auf diesem Wege weiterzuschreiten. Freilich mangele es noch an der ausreichenden Vergleichsmöglichkeit konkreter Textanalysen, insbesondere mache sich der Mangel an einem ausreichend vielfältigen Corpus mündlicher Erzählungen hemmend bemerkbar – eine Klage, der die anwesenden Linguisten zustimmten.

An Konrad *Ehlichs* Vorlage hoben die Diskutanten allgemein die Fruchtbarkeit der Ansätze hervor und griffen einige von ihnen auf, um sie weiterzuentwickeln. So wurden zu Beginn namentlich zwei weiterführende Vorschläge gemacht: 1) Bei der Untersuchung der Deixis und Phorik in einem Text sollte ein Gesichtspunkt, der in der Vorlage nur am Rande erwähnt ist, systematisch berücksichtigt werden: der Aspekt der Distribution. Konkret geht es dabei vor allem um die Frage, in welcher Dichte – und in welcher spezifischen Funktion – Deiktika und Phorika einerseits am Textanfang und andererseits im Textinneren auftreten (wobei die Abgrenzung zwischen dem Textbeginn und dem Textinneren von Fall zu Fall geprüft werden muß). So steht zu Beginn einer literarischen Erzählung nicht selten ein kataphorisches »er« oder »sie«, das in die Leere weist. 2) Auch eine zweite, für literaturwissenschaftliche Interpretationen wesentliche Unterscheidung, diejenige zwischen Erzähler und Charakter (z. B. Romanfigur), dürfte sich bei der Untersuchung der Deixis und Phorik in Erzähltexten als ergiebig erweisen.

Konrad Ehlich ergänzte diese Überlegungen: Wenn ein literarischer Erzähler am Beginn einer Erzählung Kataphorika verwendet, dann greift er damit auf das Sprachwissen des Lesers zurück und öffnet einen »Vorstellungsraum«, der im weiteren Verlauf des Diskurses aufgefüllt wird. (Mit dem Begriff des »Vorstellungsraums« soll die Bühlersche Kategorie der »Deixis am Phantasma« kritisch aufgenommen und präzisiert werden.) Es würde sich lohnen, näher zu untersuchen, ob und, wenn ja, unter welchen Bedingungen vergleichbare Strukturen auch in der alltäglichen Kommunikation vorkommen. Es ist wahrscheinlich, daß sich *deiktische* Prozeduren, die sich auf den Text selbst beziehen, bei literarischen Texten besonders am Anfang und am Ende häufen.

Es wird gelegentlich schwierig sein, deiktischen und phorischen Gebrauch der »Pronomina« scharf voneinander zu trennen, insbesondere dann, wenn auch Redebezüge als deiktisch angesehen werden. Bei dem Beispiel »(Der Mond ist blau –) ich glaube es Dir vs. ich glaube Dir das« bieten die deutschen Stellungsregeln für »das« und »es« immerhin ein wichtiges Unterscheidungskriterium. Einer Präzisierung bedarf zweifellos die Frage nach der Intensivierung der Aufmerksamkeit beim Leser. Wird die Intensivierung – quantitativ – durch die Vermehrung von Informationen durch den Erzähler erreicht oder etwa – qualitativ – durch eine besondere »prägnante«, »plastische« Erzählweise oder nicht vielmehr durch die Stimulation der Imagination im Sinne der Iserschen Theorien bewirkt? Wie die Umformung des Bichsel-Textes im Anhang der Vorlage beweist, kann ein Übermaß an Anaphorik an der falschen Stelle nicht nur die Imagination lähmen, sondern darüber hinaus den Leser desorientieren. Als ein interessantes Beispiel dafür, daß eine hohe Frequenz von Deiktika die Imagination anreizen kann, wurde *La Jalousie* von Alain Robbe-Grillet angeführt. Dieser Roman weist eine wesentliche Leerstelle auf, nämlich das Ich, das überhaupt nicht vorkommt. Diese Leerstelle wird in der Leserimagination aber aufgefüllt durch die räumlichen und zeitlichen Bestimmungen, die in nachgerade exzessivem Maße geliefert werden.

Man muß stets in Rechnung stellen, daß während des Leseprozesses beim Leser die Erinnerung an das Vorangehende in Erwartung des Kommenden allmählich verblaßt; der Erzähler verfügt nun über die Möglichkeit – und nutzt sie in aller Regel –, mit deiktischen Mitteln dem Leser zusätzliche Orientierungen zu geben und damit auch die Fokussierung zu lenken; andererseits signalisiert der Erzähler mit *phorischen* Mitteln, daß der Leser sich den bereits aufgerufenen Fokus weiter erhalten kann. Neben den deiktischen und phorischen Mitteln sind es vor allem aber lexikalisch-semantische Mittel, mit denen der Erzähler beim Leser Realitätsvorstellungen evoziert und zugleich die Gewichtung der Fokussierung entscheidend bestimmt.

Im Schluß der Eichendorff-Novelle »Das Schloß Dürande« zeigt das frappierende Beispiel für Du-Deixis, bei der der Erzähler sich an den Leser zu wenden scheint, wie sehr es sich empfiehlt, die Untersuchung deiktischer und phorischer Mittel in einem Text mit einer thematischen Analyse zu kombinieren. In der Tat löst Eichendorff mit dem plötzlichen Blickwechsel des Erzählers ein ideologisches Dilemma: Erweckt er zu Beginn der Novelle den Anschein einer revolutionsfreundlichen Gesinnung, so ändert er etwa in der Novellenmitte seine Tendenz und stellt mit der ins allgemein Menschliche gewendeten Warnung am Schluß seine Revolutionsfeindlichkeit vollends unter Beweis.

Ein weitgehender Konsens bestand darüber, daß Sprachwissenschaftler, die nicht bei der Beschreibung von Oberflächenerscheinungen stehen bleiben wollen, es nicht bei dem Hinweis auf die Blackbox-Metapher bewenden lassen dürfen, sondern sich intensiv mit der Klärung der komplexen psychischen Vorgänge sowohl beim Sprechen als auch beim Lesen befassen müssen. Im Zusammenhang mit den sogenannten Pronomina gelte es, nicht nur die historischen Positionen von Apollonios Dyskolos und Dionysios Thrax und ihrer scholastischen Nachfolger aufzuarbeiten, sondern vor allem unter Einbeziehung der originellen Überlegungen von E. Benveniste (vgl. dessen Differenzierung zwischen *personne* und *non-personne*) und von R. Harweg (vgl. dessen Begriff des *Substituendum*) über die Sprechhandlungstheorie hinauszugelangen. Derartige Bemühungen vermöchten präzise Kategorien zu erstellen, die auch bei Textinterpretationen eingesetzt werden könnten, und seien überdies vorzüglich geeignet, eine Brücke zwischen Sprachwissenschaft und Literaturwissenschaft zu schlagen.

Die Diskussion über die Vorlage von Dieter *Janik* konzentrierte sich auf die – ungelöste – Frage, ob man literarische Erzählungen als Sprechakte ansehen dürfe, ferner auf die Kritik an der Definition des Erzählens bzw. der Erzählung als »Aktualisierung von Weltvergangenheit« und auf das Problem, inwieweit ein Autor in der Wahl seiner Erzählformen frei sei.

Im Zusammenhang mit dem ersten Problemkreis wurde betont, daß narrative Texte aus der *unmittelbaren* Sprechsituation herausgelöst seien – ein Merkmal, das die Modalitäten der Überlieferungsprozesse ganz wesentlich determiniere – und daß erst die Entlastung von instrumentalen Handlungszusammenhängen dem Erzähler Autoreflexibilität ermögliche.

Zum zweiten Fragenkomplex wurde vorgebracht, daß selbst wenn man den Begriff »Weltvergangenheit« alles einbeziehe, was sich einer individuellen oder kollektiven *memoria* erschließt und Bestandteil eines Bewußtseins werden kann (also sämtliche Bereiche der Geschichte, der Kultur und des Wissens überhaupt), die Definition »Aktualisierung von Weltvergangenheit« nicht nur für literarische Erzählungen gelte, sondern ebenfalls für alle Erzählungen im alltäglichen Sprachgebrauch und insbesondere auch für andere literarische Gattungen wie das Drama, daß sie also nicht mehr die Spezifik der Erzählung treffe. Dieter *Janik* stimmte der Meinung zu, daß noch weitere Textmerkmale herangezogen werden sollten, um die Gattung Erzählung schärfer zu bestimmen, wies aber darauf hin, daß im Gegensatz zur literarischen Kommunikation die Alltagskommunikation durch zahlreiche Sanktionen in ihrer Freiheit erheblich eingeschränkt sei.

Für die Frage der Determiniertheit der Autoren ergaben sich kontroverse Positionen. Auf der einen Seite wurde geltend gemacht, daß ein Autor sowohl in seiner Themenwahl als auch in seiner Erzählweise durch die gesellschaftlichen Bedingungen seiner Epoche und durch die literarischen Traditionen seines Kulturkreises entscheidend geprägt und gleichsam an normative Vorgaben der Institution Kunst gebunden sei. Ohne die weitgehende historische Bedingtheit einer jeden Kunstproduktion in Frage zu stellen, hielt *Janik* demgegenüber an der Überzeugung fest, daß jeder Autor eine grundsätzliche schöpferische Freiheit bei der Wahl seiner erzählerischen Mittel genieße; erst diese kreative Freiheit ermögliche die künstlerischen Innovationen, denen wir korekt begegnen. Dabei sei es selbstverständlich, daß der Autor im Hinblick auf seine spezifischen Ziele eine bestimmte Selektion aus den möglichen Formen menschlichen Redegebrauchs und aus der potentiellen Totalität der kontingenten Lebenserfahrungen vornimmt, eine Selektion, dank derer eine Sinnkonstitution überhaupt erst erfolgen kann. Wenn es einerseits ebenso legitim wie notwendig sei, Erzählverfahren im Kontext ihrer Gattungsstruktur und in ihrer epochengebundenen Kanonisierung zu betrachten, so dürfe man sie andererseits unter systematischem Blickwinkel doch auch als transhistorische Phänomene untersuchen.

Mehrfach unterstrichen wurde die Beobachtung, daß die Vielfalt narrativer Möglichkeiten (von denen insbesondere der inhabituelle Gebrauch präsentischer und präteritaler Tempora erörtert wurde) erst seit ca. 50 Jahren in explosionsartig steigendem Maße genutzt wird. Als einen weiteren bezeichnenden Beleg für die Entwicklung in Richtung auf eine immer stärkere Komplizierung hin erläuterte Janik die Einführung der 1. Person Plural als schwer faßbare Erzählerinstanz, als eine Art kollektiver Stimme im zeitgenössischen lateinamerikanischen Roman (etwa bei García Márquez).

Die Vorlage von Klaus *Hempfer* regte die Diskussion eines literarhistorischen und eines literaturtheoretischen Fragenkomplexes an: 1) Wo und in welchen Formen läßt sich Autoreflexivität als generelle Möglichkeit erzählender Literatur vor und nach Ariost beobachten? Kann man diese verschiedenen Formen jeweils historischen Publikumsschichten, Interessenlagen und Bedürfniskonstellationen und damit bestimmten gesellschaftlichen Funktionen zuordnen? 2) In welchem Verhältnis steht eine transhistorisch orientierte Literaturtheorie zu einer soziologisch orientierten Funktionsgeschichte der Literatur?

Zur Tradition der Autoreflexivität wurde auf – absolut unironische – Vorläuferphänomene in der Bibel verwiesen, etwa auf die alttestamentliche Geschichte vom Propheten Ezechiel, der ein Buch ißt, und auf redaktionelle Bemerkungen im Lukas-Evangelium. Ebenso auf die Proömien im antiken Epos, in denen der Rhapsode sich als Redaktor des Berichts von den Begebenheiten, die erzählt werden sollen, offen bekennt, indem er sich selbst in der ersten Person vorstellt und in Stichworten die Hauptpunkte des zu schildernden Geschehens ankündigt. Erläutert wurden Fälle von Thematisierungen des Erzählvorganges und von *mise en abîme* (Chrétien de Troyes, *Yvain*) in der altfranzösischen Literatur des 12. Jahrhunderts als Vorform der Selbstironisierung des Erzählers in der Renaissance. Cervantes habe dann mit der Fiktionsironie des *Don Quijote* im Europa des 17. Jahrhunderts als Vorbild gewirkt. Mehrfach wurde schließlich hervorgehoben, daß in der Geschichte der Autoreflexivität dem Roman des 18. Jahrhunderts (Sterne, Diderot) und der Romantik (Brentano, E. T. A. Hoffmann) eine Schlüsselstellung zukomme.

Die vorgebrachte These, daß sich Frequenz und Art der Autoreflexivität nicht allein aus dem jeweils verfügbaren Repertoire an Erzählformen, sondern oft auch durch die Erwartungen und Bedürfnisse des im Einzelfall anvisierten Publikums erklären lasse, wurde mit dem Beispiel der italienischen Renaissance-Epik untermauert: Im Gegensatz zu der nachweislich für höfische Zuschauer und Leser bestimmten Kunstepik eines Boiardo und Ariost verwendeten die Autoren der volkstümlichen, vor allem auf Märkten vorgetragenen *cantari* nur sehr reduzierte, für die Vermittlung der »Geschichte« notwendige Formen der Autoreflexivität.

Für die Untersuchung denkbarer Zusammenhänge zwischen Autoreflexivität in der erzählenden Literatur und historisch-kulturellen Bedingungen wurden zahlreiche Gesichtspunkte zusammengetragen: Generell sei Autoreflexivität aufs engste verbunden mit der Schriftlichkeit, mit der Bewußtmachung der Fiktionalität von Literatur und mit der Geschichte der Subjektivität. Ferner müsse man im Auge behalten, daß die Autoren gewöhnlich stolz darauf sind, einem literaturverständigen Publikum die virtuose Beherrschung ihrer Kunst und ihre Souveränität über den Erzählgegenstand demonstrieren zu können. Als ein wichtiges Kriterium für die Differenzierung der verschiedenen Ausprägungen von Autoreflexivität wurde die Ironie bzw. Ironielosigkeit angeführt.

In der italienischen Renaissance dürfte die breite literarische Vorbildung der Leserschaft eine wesentliche Voraussetzung für ein verstärktes Interesse am Erzählen und für die Ironisierung sowohl der Gattungen als auch der Stoffe geschaffen haben. Für das 18. Jahrhundert wurde auf das Selbstbewußtsein des bürgerlichen Individuums hingewiesen, das im Medium des Romans persönliche Konversation mit einem gedachten persönlichen Leser führt; zudem reflektiere der Erzähler sein eigenes Tun, weil die Erzählgattungen in dieser Epoche ihr Informationsmonopol verloren hätten. Nicht endgültig beantwortet wurde die in der Diskussion aufgeworfene Frage, wie man die auffällige Tatsache erklären könne, daß Autoreflexivität im 18. Jahrhundert gehäuft und in vielfältigen Formen, im realistischen Roman des 19. Jahrhunderts dagegen nur selten und dann zumeist verschleiert auftritt. Hier ist womöglich ein neues Interesse an der unmittelbaren Illusionierung der dargestellten Vorgänge verantwortlich zu machen.

Grundsätzliches Einvernehmen wurde darüber hergestellt, daß man sich bei der Frage nach Interdependenzen zwischen formgeschichtlichen Befunden und sozialgeschichtlichen (geistesgeschichtlichen, politischen, ökonomischen usw.) Umständen vor eilfertigen monokausalen Zuordnungen hüten solle. Sowohl die »universalistische« Typologie der erzählerischen Instrumente als auch die Analyse ihrer epochenspezifischen Konkretisationen müßten energisch vorangetrieben werden. Eine rein historische Literatur- und speziell Gattungsforschung sei ohnehin nicht möglich, weil mit der unvermeidlichen Verwendung von allgemeinen Begriffen wie »Erzählen« oder »Gattung« bereits systematisch-transhistorische Kategorien vorausgesetzt würden. Auch wenn es wünschenswert und notwendig sei, dichterische Strukturen mit kulturellen Bedingungen funktional rückzukoppeln, so müsse man sich doch ständig vergegenwärtigen, daß vergleichbare gesellschaftlich-kulturelle Bedingungen zu ähnlichen Strukturen in der Dichtung zwar führen *könnten,* aber keineswegs führen *müßten.* Überdies habe man stets mit einer möglichen Polyfunktionalität von Strukturen und Gattungen im historischen Prozeß zu rechnen. Nach der Klärung von etlichen theoretischen Problemen und nach umfangreichen Vorarbeiten bleibe ein Fernziel der Literaturwissenschaft eine soziologisch fundierte Funktionsgeschichte der Literatur.

Im Mittelpunkt der Diskussion über die Vorlage von Manfred *Schmeling* standen neben der Tradition der Autoreflexivität und Autothematisierung, über die teilweise schon im Zusammenhang mit der Arbeit von Klaus W. Hempfer referiert wurde, die Spezifik des modernen, »labyrinthischen« Erzählens, ihr psychologischer und geistesgeschichtlicher Hintergrund und einzelne Aspekte der Interpretation von Kafkas »Der Bau«.

Während der ältere Typ der Autoreflexivität die Kommunikation beflügele, setze der moderne Typ die Möglichkeit der Kommunikation aufs Spiel. Während jener die Mediatisierung des Erzählten lediglich thematisiere, unterwandere oder sprenge dieser sogar den Diskurs, löse das Gefüge des Erzählwerks auf, stelle so die Sinngebung in Frage und verunsichere dadurch den Leser. Als geschichtliche Begründung wurde angeführt, daß in der Moderne die traditionelle Freude der Autoren am Vorzeigen der eigenen souveränen Kunst weiterhin eine gewisse Rolle spiele, daß die erzählerische Artistik jetzt jedoch die neue Funktion übernehme, das Ungenügen am »wohlgeformten« Erzählen, das Mißtrauen und den Protest gegen herkömmliche »Geschichten« zu manifestieren. Das klassische Kommunikationsmuster, das den monologischen Charakter des Erzählens rechtfertigt und bei dem ein überlegen Wissender, Weitgereister und Lebenserfahrener aufgrund seines Bildungsvorsprungs einen weniger Wissenden zum Zuhören bringt, habe um die Jahrhundertwende vollends seine Gültigkeit verloren. Dieser Wandel hänge vielleicht mit der Tatsache zusammen, daß besonders seit etwa 1900 die Lebenserfahrungen sich in einer progressiven Beschleunigung so verändern, daß die Selbstverständlichkeit abhanden gekommen ist, mit der früher die ältere Generation die nachfolgende durch ihre Lebenserfahrungen belehren konnte. Ungefähr gleichzeitig seien auch die Bildungsvorsprünge zwischen den Erzählern und ihrem Leserkreis geschwunden. Dieser Entwicklung entsprechend habe sich ein epochenspezifischer Typ von Autoreflexion herausgebildet, welche die Möglichkeit des Erzählens überhaupt in Zweifel zieht (vgl. Gides »Paludes«). Da das Erzählen nicht mehr als ein authentisches Beweismittel anerkannt werde, suchten die Autoren nach anderen Verfahren, um glaubwürdig zu wirken. Neue weltanschauliche Positionen brächten eigene Kunstformen hervor. So erklärten sich die Bemühungen um eine neue Unmittelbarkeit, etwa in der Technik des Bewußtseinsstroms, und die Versuche, die Struktur des Erzählens als Anti-Geschichte abbildlich zu machen. Das Erzählen wandle sich von der Präsentation einer *narratio* zur Präsentation eines Diskurses, bleibe dabei gleichwohl noch ein Erzählen. In der Moderne sei die Autoreflexion ein Mittel, das Publikum augenzwinkernd auf die Unverläßlichkeit der Geschichte und zugleich auf die Verläßlichkeit der Mühe um sie aufmerksam zu machen. Ergänzend wurde die Hypothese vorgetragen, daß es auch der – durch die erschwerte Kommunikation problematisch gewordene – Publikumsbezug sein könnte, der den modernen Erzähler zu einem erhöhten Maß an Autoreflexivität dränge.

Kritisiert wurde die Konstruktion eines literarhistorisch doch schwerlich haltbaren Gegensatzes zwischen dem klassischen Muster eines linearen Erzählens und dem »modernen« komplexen, nicht-linearen Erzählen. Komplexes Erzählen gebe es, solange es Erzählen gibt, fortschreitend seit dem 18. Jahrhundert; in ähnlichem Sinne wurde auch verwiesen auf die große Bedeutung der Labyrinth-Metapher im Manierismus und auf die labyrinthische Erzählweise in den höfisch-galanten Staatsromanen vornehmlich des 17. Jahrhunderts. Freilich werde der Leser in diesen Werken vom Erzähler sicher aus dem Labyrinth herausgeführt – die zahlreichen Liebespaare werden am Romanschluß regelmäßig vereint –, während er bei Kafka dazu verurteilt sei, im Labyrinth zu bleiben. Insofern habe sich bei Kafka weniger der labyrinthische Diskurs als vielmehr die erwartete Leserleistung entscheidend gewandelt. Dazu bemerkte Schmeling jedoch, daß man zwischen dem traditionellen, durch die Handlung überwindbaren und dem modernen ausweglosen Labyrinth scharf unterscheiden müsse. Dieser grundlegende Strukturunterschied korreliere nun mit bestimmten Veränderungen der Erzählformen; der Umbruch, der möglicherweise mit Nietzsches Neuinterpretation des Labyrinthischen und mit seinem Konzept der »ewigen Wiederkehr« zusammenhänge, vollziehe sich erst im 20. Jahrhundert, nicht zuletzt bei Kafka. »Der Bau« sei besonders kennzeichnend für die moderne, statische Auffassung des Labyrinthischen; nicht nur sei der Held und Ich-Erzähler der Geschichte in einen un-aufhörlichen Prozeß ziel- und entwicklungsloser Wiederholungen verstrickt, sondern auch die spezifische Form des Diskurses evoziere das Labyrinth. Die Rekonstruktion des linearen Erzählmodus müsse vom Leser geleistet werden. Demgegenüber gelte in den älteren Romanen trotz ihres verschlungenen, schwer überschaubaren Handlungsgefüges durchaus das »aristotelische« Ge-setz des Wandels und der Zielgerichtetheit. Vor allem aber fehle in ihnen die für den modernen erzählerischen Diskurs charakteristische semantische Bin-dung an ein erzähltes Labyrinth.

Methodisch anfechtbar erschien es, bei einem Werk, das nicht als Fragment konzipiert ist, die Fragmenthaftigkeit als ein konstitutives Merkmal dieses Werks zu interpretieren. Zwar ende in der Brodschen Ausgabe »Der Bau« mit dem Satz »Aber alles blieb unverändert« und mit einem Punkt; in der Hand-schrift stehe aber kein Punkt, sondern ein Komma, dem ein »daß« folgt, und an dieser Stelle sei die Seite zu Ende. Da der Text also mit Sicherheit nicht ab-geschlossen sei, wüßten wir mitnichten, ob der Ich-Erzähler nicht doch aus dem Bau herauskomme – das wäre ein Schluß, der eine ganz neue Gesamtin-terpretation erforderlich machen würde. In Fällen wie diesem könne philologi-sche Genauigkeit uns vor Spekulationen bewahren. Dem hielt der Verfasser der Vorlage entgegen, daß zum einen die Analogie zu zahlreichen anderen Werken Kafkas die Annahme der Fragmenthaftigkeit rechtfertige und zum an-deren fragmentarisches Erzählen auf jeden Fall in den Mikrostrukturen des Textes stattfinde. Zudem sei festzuhalten, daß fragmentarische Texte nicht an-ders denn als Fragmente rezipiert werden können; dieser Sachverhalt beein-flusse notwendigerweise den Verstehensprozeß beim Leser, der den labyrinthi-schen Diskurs nachvollziehen müsse – unabhängig davon, welche »Lösung« der Autor vorgesehen hatte. Als Spiegelung des thematisierten Labyrinths könne man auch die paradoxe Kombination von logisch widersprüchlichen Denkmustern mit künstlerisch exakt kalkulierter Komposition ansehen. Die Verstöße gegen die teleologische Ordnung, wie sie einer wohlgeformten Erzäh-lung eignet, erschienen als ein allegorischer Verweis auf die Idee eines plan- und kunstgemäß gestalteten Chaos.

Mit der Vermutung, daß die labyrinthische Befindlichkeit, die im Text auf den Helden bezogen und »auf der Ebene des Ausdrucks wiederholt« wird, auch für Kafka selbst zutreffe, der die eigenen Alpträume und Ängste litera-risch umsetze, wurde schließlich auf einen irrationalen, vorliterarischen Kern literarischer Produktion hingewiesen, der als eine Form inneren Sprechens als gemeinsame Basis von mündlichem und schriftlichem Erzählen und vor allem auch als eine Form schweigender Kommunikation bei der Analyse der Lektüre zu beachten sei.

Die Diskussion der Vorlage von Franz K. *Stanzel* kreiste, von einer theoreti-schen Frage abgesehen, vornehmlich um den Status, die Verwendungsweisen und die Funktionen des Reflektormodus.

Einleitend wurde auf die Gefahr hingewiesen, daß eine Aufforderung, bei »Widerspenstigkeit« des Materials die Theorie an das Material anzupassen, dazu führen könnte, daß es überhaupt keine falsifizierbare Theorie mehr gebe. Stanzel zerstreute dieses Bedenken: Seine Feststellung, daß sich die Theorie angesichts der Widerspenstigkeit der Texte diesen anzupassen habe, beziehe sich lediglich auf die Beschreibung der einzelnen Typen, nicht aber auf die theoretische Basis dieser Unterscheidung. Aus der Zahl der theoretisch möglichen Formen sollten jene herausgegriffen werden, die den Texten, auch den widerspenstigen, am besten entsprechen.

Mehrere Teilnehmer machten darauf aufmerksam, daß der Reflektormodus auch im mündlichen Erzählen bei »Pseudo-Objektivation« vorkommen könne. In autobiographischen Erzählungen von Alkoholikern könne man eine Art »mitgehender Erzählform« beobachten, bei der die Erzählenden von der Ich- zur Er-Form überwechselten. Stanzel präzisierte, daß der Reflektormodus im mündlichen Erzählen nur bei starker Dramatisierung des Erzählvorganges, etwa durch außersprachliche Gestik und Mimik, und durch Versetzung des Erzählers in die Rolle einer erzählten Figur auftreten könne. Der so gesteigerte Erzählgestus bewirke eine Fiktionalisierung des mündlich Erzählten, die den Einsatz praktisch aller Mittel fiktionalen Erzählens gestatte. Der Wechsel vom Ich-Bezug zum Er-Bezug in Erzählungen von Alkoholikern – und Schizophrenen – müsse als ein Versuch verstanden werden, sich vom eigenen Ich zu distanzieren: Neben das biographische Ich werde ein imaginiertes und daher fiktives Er gestellt. Der Ich-/Er-Bezugswechsel sei im übrigen in der modernen Erzählliteratur sehr häufig zu beobachten (J. Conrad, S. Bellow, G. Grass, M. Frisch). Als ein älteres Beispiel für Distanzierung durch den Übergang des Ich-Erzählers zur Er-Form wurde Alfred de Mussets »La Confession d'un enfant du siècle« (1838) genannt.

Zu der Vermutung, daß der Reflektormodus ein Mittel zur Bewältigung der Probleme darstelle, die sich beim Übergang vom unmittelbaren mündlichen Erzählen zum schriftlichen Erzählen ergäben, bemerkte Stanzel, daß man noch genauer untersuchen müsse, welche sprachlichen Innovationen des Erzähldiskurses aus dem mündlichen Erzählen abgeleitet werden können. Wie rasch *neue* Erzählkonventionen eingebüßt werden könnten, lasse sich an dem zunehmenden Gebrauch des Präsens als Erzähltempus, an der Häufigkeit des Ich-/Er-Bezugswechsels und an der immer häufigeren Verwendung eines Erzählanfangs mit bezuglosen Personalpronomina in der neueren Erzählliteratur nachweisen.

In grundsätzlichen Bemerkungen zum Analyseverfahren wurde zum einen die Ansicht vertreten, daß die Systematisierung der typischen Erzählformen in Stanzels »Theorie des Erzählens« insofern nicht voll gelungen sei, als den drei Typen kein einheitliches Kriterium zugrunde liege; zum anderen wurde dargelegt, daß beim Reflektormodus die narrative Vermittlung nicht durch den Bewußtseinsträger, sondern vielmehr durch den verborgenen Erzähler erfolge. Deshalb sei die Opposition Erzähler-/Reflektormodus zu ersetzen durch die Opposition zwischen »manifestiertem und nicht manifestiertem Erzähler.« Dem hielt der Autor entgegen, daß er mit Absicht nicht ein, sondern *drei* Kriterien verwendet habe, um ein differenziertes Modell der Erzählformen zu erhalten: Perspektive, Ich-/Er-Bezug und Modus. Alle drei Konstituenten der Erzählsituation seien jedoch als Teilaspekte des einen zentralen Gattungsmerkmals, nämlich der Mittelbarkeit, zu sehen. Daß auch hinter einem Erzähltext mit Reflektormodus ein (nicht manifester) Erzähler anzunehmen sei, treffe zu, doch existiere dieser nichtmanifeste Erzähler nicht auf der Ebene der

Oberflächenstruktur des Übermittlungsvorganges, auf der die Unterscheidung zwischen Erzähler- und Reflektormodus angesiedelt sei. Dieser nicht-manifeste Erzähler sei mit Käte Hamburgers Begriff der »Erzählfunktion« identisch und gehöre zur tieferliegenden Ebene der Genese, der Konzeption und Hervorbringung einer Erzählung, nicht aber zu jener Übermittlung der erzählten Wirklichkeit, auf der ein Erzähler- und ein Reflektormodus unterschieden werden könnten. Stanzel pflichtete der Meinung bei, man solle in der Opposition zwischen den beiden Modi keine strikte Antithetik sehen. Die drei Oppositionen (Person, Perspektive, Modus) bezeichnen in der Tat ein Kontinuum von möglichen Erzählweisen, das sich zwischen den durch die jeweilige Opposition markierten Polen erstrecke. Mit der Fülle der damit umrissenen Erzählweisen ließen sich auch die meisten Erscheinungen der neuesten Erzählprosa (Autoreflexivität, Meta-Erzählung, Wechsel des Erzähltempus und des Ich-/ Er-Bezuges usw.) zureichend erfassen und teilweise auch erklären.

Über die Frage hinaus, in welche Lage der Adressat von Erzählwerken durch die verschiedenen Erzählverfahren versetzt wird, wurde eine Untersuchung angeregt, auf welche Gegenstände diese Verfahren jeweils angewandt werden. Diese sehr umfassende Frage, so Stanzel, sei am besten für jedes Einzelwerk zu beantworten. Generell könne man aber sagen, daß der Erzählmodus, vor allem in der älteren Literatur, dazu verwendet wurde, ein stabiles, geordnetes Weltbild und die ihm entsprechende Werthierarchie darzubieten. Dabei spielte der Ausblick auf ein Ende, in dem nach vorübergehender Störung die Ordnung wiederhergestellt wird, eine wichtige Rolle. (Hier liege auch der Ansatzpunkt für J.-P. Sartres Kritik am bürgerlichen Roman des 18. und 19. Jahrhunderts, in dem Abenteuer und Krise immer nur als vorübergehende Störung erscheinen.) Dagegen lasse der Reflektormodus eine deutliche Affinität mit der Bewußtseinslage des modernen Menschen erkennen, für die Ungewißheit der Zukunft und Existenzangst charakteristisch seien.

Abschließend wurden zwei Fragenkomplexe angesprochen: 1) In welchem Maße lassen sich die von F. K. Stanzel entwickelten Modi historisieren? Wie weit kann man ihre Verwendung mit literaturhistorischen oder sozialgeschichtlichen Befunden in Verbindung bringen? Warum werden die gegebenen Potentialitäten nur zu bestimmten Zeitpunkten verwirklicht? 2) Was bleibt den Autoren, wenn die ganze Skala der erzählerischen Möglichkeiten durchgespielt worden ist? Reicht die menschliche Phantasie aus, die Skala noch zu erweitern (wie sich die Phantasie der Autoren ja schon mehrfach als dem Denkvermögen der Wissenschaftler überlegen erwiesen hat)? Dazu Stanzel: In der Tat ließen die historischen Erzählformen eine deutliche Tendenz zur allmählichen Realisierung aller im System der typischen Erzählsituationen enthaltenen möglichen Erzählweisen erkennen. Dabei zeige sich, daß der Roman etwa bis James Joyce bevorzugt die drei typischen Erzählsituationen (auktoriale, personale und Ich-Form) und ihre wichtigsten Variationen realisiere. Der Roman nach Joyce, insbesondere der »nouveau roman« und der amerikanische postmodernistische Roman, strebten dagegen zu den bisher noch wenig genutzten Misch- und Übergangsformen. Die Vielfalt der hier denkbaren innovativen Möglichkeiten sei theoretisch zwar unbegrenzt; in der Praxis setze allerdings die Kommunizierbarkeit des so Erzählten gewisse Grenzen.

WILHELM VOSSKAMP

Einführung zum zweiten Tag des Symposions: Erzähltheorie und Gattungsgeschichte

Zwischen der Erzählforschung und dem Erforschen literarischer Gattungen haben sich in den vergangenen Jahren und Jahrzehnten besonders enge und die Diskussion wechselseitig befördernde Verbindungen und Zusammenhänge ergeben. Das mag einerseits auf dem inzwischen erreichten Wissensstand zum Thema »Erzählen« beruhen und andererseits auf einem neuen Interesse an literarischen Gattungen, das sich hauptsächlich auf den Roman – als der prototypischen Erzählgattung der Moderne – konzentriert.

Betrachtet man die Geschichte der Gattungsforschung in den unmittelbar zurückliegenden Jahren, lassen sich drei Haupttendenzen beobachten:

– Das Bemühen um die genauere Bestimmung eines sich ständig »verändernden evolutionierenden Bezugssystems«, wobei – in der Nachfolge vor allem der russischen Formalisten – das Problem der jeweiligen Korrelierung und der sich wandelnden Kombination von Textmerkmalen noch durchaus im Mittelpunkt steht;

– Versuche – vornehmlich unter der Einwirkung linguistischer Textsortentheorien – zu Textgruppenbildungen zu gelangen auf Grund von linguistischen Differenzierungskriterien, dies häufig im Rahmen handlungstheoretisch orientierter Kommunikationsmodelle;

– Ansätze zu einer – hauptsächlich von der Rezeptionsästhetik und Rezeptionsgeschichte einerseits und der Sozialgeschichte und Soziologie andererseits angeregten – Untersuchung literarischer Gattungen als historisch institutionalisierten Vermittlungs- und Kommunikationsformen mit deutlich funktionsgeschichtlicher Perspektive.

Solche funktionsgeschichtlichen Fragestellungen stehen heute deutlich im Vordergrund des Interesses. Dabei findet man insgesamt jedoch immer noch recht wenig befriedigende Konzepte einer (allgemeinen) Funktionstheorie der Literatur und voll überzeugende Explikationen im Blick auf eine mögliche Funktions*geschichte*.

Eine vorherrschende Tendenz zu funktionstheoretischen und funktionsgeschichtlichen Perspektiven läßt sich deutlich auch in den vorliegenden Beiträgen zur Sektion über »Erzähltheorie und Gattungsgeschichte« ausmachen. Dabei zeigen sich (neben wichtigen Hinweisen auf eine genauere historische Funktionszuweisung erzählender Gattungen – übrigens auch bei den Referaten in der folgenden Sektion III, die deshalb nicht scharf von der zweiten Sektion zu trennen ist –) drei auffallende Entwicklungsrichtungen:

1. Die Funktionsfrage von Gattungen im Sinne »institutionalisierter Bedürfnissynthesen« verweist zurück auf das Fundierungsproblem von Gattungen. Lassen sich Beziehungen etwa zwischen sozialanthropologisch begründeten Universalien und literarischen Gattungen herstellen einerseits im Blick auf die Lebens- und Alltagswelt – andererseits unter Gesichtspunkten individueller

und gesellschaftlicher Interessen und Bedürfnisse? Verweist das Problem des funktionalen Gebrauchscharakters von Gattungen zurück auf ihre anthropologische oder historische Fundierung? Unter welchen spezifischen Bedürfniskonstellationen ist etwa die Herausbildung gattungsgeschichtlicher Prototypen möglich? Läßt sich die Korrelation zwischen spezifischen historischen Voraussetzungen und Dispositionen für die Entstehung prototypischer Texte und ihren weiterwirkenden, gattungskonstituierenden Rezeptionsmöglichkeiten, die wiederum zu neuen literarischen Produktionen führen, präzisieren?

2. Durch die genaue Analyse von Lektüreverfahren bei einzelnen erzählenden Gattungen (Briefroman, soziale Biographie, modernem ›ironischen‹ Roman) lassen sich Sinnbildungsvorgänge ermitteln, die an Gattungsmerkmalen ablesbar sind und mit der Erfahrungsbildung von historischen und gegenwärtigen Lesern korrelieren. Ist von daher eine ›Gattungstheorie und Gattungsgeschichte des Lesens‹ möglich? Überprüft werden könnte dies im besonderen am Begriff der »Empathie« oder am Konzept des ›ironischen Scheins‹.

3. Die Beziehung einzelner historischer Ausprägungen von Gattungen zu zeitübergreifenden »Typen« des Erzählens (etwa unter praktisch-instrumentalem Aspekt) bleibt weiter solange eine offene Frage, solange nicht einerseits das Problem der Universalien (bzw. Archetypen) genauer geklärt ist oder andererseits geschichtstheoretisch begründete Hypothesen zur überhaupt möglichen Funktion literarischer Ausprägungen vorliegen.

Probleme der Theorie literarischer Gattungen verweisen damit auch auf gattungsübergreifende Fragestellungen; so auch auf die Beziehung von Gattungen und Diskursen. Dabei wäre von der Differenz zwischen literarischer Gattung und übergreifendem Diskurs auszugehen und sowohl die Stellung von Gattungen im Diskurssystem einer historischen Epoche als auch die mögliche Synthetisierung von Diskurselementen *in* literarischen Gattungen zu untersuchen. Beide Aspekte deuten auf unterschiedlichen Ebenen wiederum Funktionsfragen an, denn Diskurse und Gattungen können als unterschiedliche Funktionseinheiten aufgefaßt werden.

Für die genauere Funktionszuweisung von Gattungen im historischen Kontext ist die Analyse von Institutionalisierungs- und Entinstitutionalisierungsprozessen besonders wichtig. Nur von daher sind genauere Einsichten in den evolutionären Ablauf und den Funktionswandel von Gattungen möglich.

Beiträge zum theoretisch interessanten und forschungspraktisch naheliegenden Thema ›Gattung und Diskurs‹ und ihrer Beziehung zueinander lagen nicht vor. Hier bleibt deshalb weiter ein Desiderat. Die in der Sektion II vorliegenden Beiträge lassen sich unter den kurz skizzierten Problemaspekten in drei Abteilungen gliedern:

- Institutionalisierung von erzählenden Gattungen und ihre Funktionen

- der narrative Diskurs und seine Leser: Struktur des Textes und Struktur der Lektüre

- Typologien des Erzählens und Prototypen erzählender Gattungen.

Die jeweiligen Abteilungen lassen sich im einzelnen so vorstellen:

I. Institutionalisierung von erzählenden Gattungen und ihre Funktionen

In dieser Abteilung geht es zunächst um Möglichkeiten einer deduktiven Begründung von Gattungen im Horizont phänomenologischer und sozialanthropologischer Konzepte. Die von Hans Ulrich *Gumbrecht* eingeführten Begriffe der »Erlebnisstilarten« und »Faszinationen« als anthropologischen Konstanten bleiben einerseits im Blick auf Zuordnungsmöglichkeiten zu »Inhaltskomplexen« (Bukolik, Komik, Historiographie, Tragik) und andererseits im Horizont eines (auf der Ebene der Alltagswelt zu lokalisierenden) Funktionsbegriffs zu diskutieren. Dabei sollten die in der gegenwärtigen Gattungsdiskussion eine nicht unbedeutende Rolle spielenden Begriffe »Institution« und »Institutionalisierung« jeweils unterschieden und differenziert werden: »Institution« als Begriff der empirischen Literatursoziologie, als Begriff der Phänomenologie und Systemtheorie im Sinne typisierter Handlungen und reziproker Erwartungen, und im Sinne Peter Bürgers und Hans Sanders als »Institution Kunst«, d. h. als »Status, den die Kunst als autonome in der bürgerlichen Gesellschaft einnimmt«. Wichtig bleibt schließlich das Problem einer Kompatibilität des phänomenologischen Institutionenbegriffs mit Hans Ulrich Gumbrechts sozialanthropologischer Fundierung der Gattungen in der Alltagswelt und die wissenschaftsgeschichtliche Frage nach dem Ort der gegenwärtigen Diskussion über die lebensweltlichen Universalien seit Wilhelm Dilthey, Karl Viëtor und Emil Staiger.

Die Vorlage von Zoran *Konstantinović* macht darauf aufmerksam, daß unser Reden über »Grundbegriffe« und Universalien literarischer Gattungen durch den nichteuropäischen Kontext revidiert, wenn nicht gar widerlegt werden könnte. Konstantinović' Plädoyer für das Wahrnehmen der Vielfalt literarischer Formen macht allerdings zugleich die Schwierigkeiten bewußt, dafür jeweils genauere Funktionsbestimmungen zu liefern.

Eine dezidierte Funktionsweisung gibt Hans *Sanders* mit seiner Hypothese über den modernen Roman als »literarisches Medium des Legitimationsmodus rationale Kritik«. Hier wäre einmal die Tragfähigkeit des Konzepts von der »Institution Kunst« zu überprüfen und zum anderen die Frage zu stellen, inwieweit damit nicht doch eine noch zu globale Bestimmung vorliegt und die Unterschiede etwa zwischen Balzac und Robbe-Grillet stärker hervorzuheben sind.

II. Der narrative Diskurs und seine Leser: Struktur des Textes und Struktur der Lektüre

Die Vorlagen der zweiten Abteilung thematisieren Probleme der »Transferstruktur der Lektüre« sowohl unter gattungsspezifischen als auch gattungsübergreifenden Aspekten. Dabei stehen einerseits der Empathie-Begriff und andererseits das Konzept des ironischen Scheins als *ästhetisches* Problem im Mittelpunkt. Beim Beitrag von Anselm *Haverkamp* bleibt zu fragen, ob der Übergang von der exemplarischen (rhetorisch-allegorischen) zur ästhetisch-empathischen Lektüre noch historisch genauer situiert und auch sozialge-

200   Wilhelm Voßkamp

schichtlich begründet werden könnte. Zu denken wäre hier an die Untersuchungen von Reinhart Koselleck zur »Sattelzeit« im letzten Drittel des 18. Jahrhunderts. Wichtig erscheint vor allem die Frage, ob von den Überlegungen Haverkamps her eine Skala oder Typologie der Lektürestrukturen erstellt werden könnte im Sinne der angedeuteten Gattungstheorie und/oder Gattungsgeschichte der Lektüre.

Die Vorlage von Volker *Roloff* stellt den Empathie-Begriff als methodisches Prinzip in den Mittelpunkt. In der Doppelung von Rollenidentität und Rollendistanz – wobei man sich hier eine stärkere Berücksichtigung der soziologischen Rollen-Diskussion wünschte – liefert der Begriff nicht nur ein erkenntnistheoretisches Instrument in der Tradition der Hermeneutik, sondern zugleich sozialpsychologische und sozialgeschichtliche Analysemöglichkeiten. Am Beispiel von Sartres Flaubert-Untersuchungen deutet Roloff Möglichkeiten einer Aufhebung der Dichotomie zwischen Forschungen zum »impliziten« und historisch-empirischen (realen) Leser an. Läßt sich diese Vermittlung besonders gut im Rahmen einer sozialen Biographie bewerkstelligen? Begründet Sartre mit seiner Flaubert-Arbeit ein ›neues‹ Genre zwischen Roman und wissenschaftlicher Biographie, und worin liegt ihre besondere Leistung?

Ein drittes, zentrales Moment im Rahmen einer möglichen Gattungstheorie und -geschichte der Erfahrungsbildung durch Lektüre (wobei hier unmittelbare Anknüpfungspunkte zu dem Beitrag von Anselm Haverkamp vorliegen) führt Rainer *Warnings* Beitrag vor. Soll der ironische Diskurs als ein Sonderfall narrativer Diskurse ›funktionieren‹, setzt dies eingeweihte Leser voraus, die sich gegenüber anderen Lesern ausgrenzen und durch »Akte ironischer Negation« verständigen; »Diskurs-Kritik und ästhetische Rettung« gehören konstitutiv zusammen; das Subjekt zitiert Diskurse, in seiner Negation besteht die einzige Möglichkeit, daß das ironische Subjekt seine Identität artikuliert. Es hat teil am Diskurs, ist aber nicht darin verstrickt. Zu diskutieren bleibt die Frage, ob Flaubert mit seiner ironischen Diskurskritik zugleich alle folgende Ideologiekritik widerlegt. Durchbricht der »ironische Diskurs« tatsächlich Machtzusammenhänge oder kann er am Ende auch den Macht-Wissen-Zusammenhang auf ›ästhetische‹ Weise bestätigen? Wie steht es um die »Dispositive der Macht«? Interessant wäre auch hier die genauere Rekonstruktion der historischen Umbruchsituation im 19. Jahrhundert – als sozialstrukturelles Korrelat zu ironischen Schreibweisen, wobei man an den frühen Lukács (»Theorie des Romans«) anknüpfen könnte.

III. Typologien des Erzählens und Prototypen erzählender Gattungen

In dieser Abteilung zeigt sich erneut der Zusammenhang von Funktionsbestimmungen literarischen Erzählens und der Herausbildung besonderer historischer Erzählformen und Gattungen. Volker *Klotz* entwickelt die Trias eines zyklischen, instrumentalen und praktischen Erzählens, wobei sich das »zyklische« Erzählen stärker auf Formbestimmungen bezieht, »instrumentales« Erzählen dagegen primär auf textinterne und »praktisches« Erzählen vornehmlich auf textexterne Funktionszusammenhänge gerichtet ist. Allen drei Modi des Erzählens wird indes auch eine gemeinsame (und entscheidende)

Funktion als »Enttöten« zugewiesen: »Konstruktion gegen Destruktion«. Es bleibt die Frage, ob die von Klotz vorgeschlagene Trias nicht gegenüber anderen, zusätzlich möglichen Formen des Erzählens offengehalten werden müßte, so daß auch verwandte oder konkurrierende Möglichkeiten des Erzählens in den Blick kämen. Zugleich ergibt sich ein Problem darin, daß mit dem Prinzip des »Enttötens« ein allgemeines anthropologisches »Gesetz« formuliert wird, das im einzelnen zu historisieren wäre. Von daher ergibt sich die Notwendigkeit einer genaueren Erklärung für Gattungsdifferenzierungsprozesse in sehr unterschiedlichen soziokulturellen Kontexten.

Der Beitrag von Hartmut *Steinecke* schließlich macht noch einmal auf die Komplexität des Verhältnisses von Strukturen, Bedingungen solcher Strukturen bei literarischen Gattungen (Erwartungen, Bedürfnisse von Lesern) und Funktionen aufmerksam. Die Analyse gattungsgeschichtlicher Prototypen könnte in besonderer Weise geeignet sein, den Zusammenhang von sozialhistorischen bzw. psychologischen Bedürfnisstrukturen und Textstrukturen zu erhellen, um von daher den Prozeß der Kanonisierung von Werken zu erklären. Ohne die genauere Rekonstruktion von historischen Bedürfniskonstellationen dürfte dies allerdings kaum möglich sein, was an den gegebenen Beispielen, etwa am Bildungsroman oder historischen Roman zu zeigen wäre. Dabei ließe sich dann auch noch schärfer zwischen dem Problem von Prototypen und dem Prozeß der Kanonisierung von Werken differenzieren. Vielleicht ist die Analyse von Prototypen derzeit ein forschungsstrategisch günstiges Feld, um den angedeuteten schwierigen Zusammenhang von (jeweils zu historisierendem anthropologischen) Bedürfnis, entsprechenden Gattungen und ihren Funktionen zu erläutern.

Die gegenwärtige wissenschaftsgeschichtliche Situation zur Gattungstheorie läßt sich am deutlichsten an den Bemühungen ablesen, das Problem der Gattungsfunktionen auf die Frage der Gattungsfundierung zurückzubeziehen. Damit ergeben sich indes schwierige methodische Probleme, die – unter Einbeziehung von Ergebnissen der historischen Anthropologie – befriedigend nur im Rahmen einer Theorie historischer Erfahrung lösbar wären. Von daher könnte sowohl die Funktionsfrage als auch die Konstitutionsproblematik von Gattungen neu diskutiert werden.

Hans Ulrich Gumbrecht

Über den Ort der Narration in narrativen Gattungen*

Der Titel zum zweiten Arbeitsfeld dieses Symposions, ›Erzähl*theorie* und Gattungs*geschichte*‹, impliziert eine in den Begriffen ›Erzählen‹ und ›Gattung‹ selbst nicht erhaltene Bezugsetzung. Wir werden instruiert, den Erzählbegriff als Teil einer Theorie, das heißt: als verallgemeinerungsfähigen und tendenziell metahistorisch applizierbaren zu thematisieren, während Gattungen unter der Perspektive ihrer historisch besonderen Ausprägungen in den Blick kommen. Darüber hinaus ist bemerkenswert, daß weder dieser, noch irgendein anderer Arbeitsgebiets-Titel eine Spezifizierung des Problembereichs auf *literarisches* Erzählen vorgibt.

Beides, die Bezugsetzung zwischen ›Erzählen‹ und ›Gattung‹ wie das Ausklammern des bis vor wenigen Jahren noch so beliebten Problems der ›Literaturspezifik‹, ist zwar nicht selbstverständlich, aber in der gegenwärtigen literaturwissenschaftlichen Theoriediskussion gängig. Beide Vorentscheidungen sollen in diesem Beitrag übernommen werden und zwar vor allem deshalb, weil sie ein kommunikationstheoretisch höchst relevantes, nur scheinbar gelöstes Problem aufwerfen.

Gemeint ist das Verhältnis zwischen ›typischen Grundformen‹ und Gattungen [1], zwischen nicht ausschließlich auf *eine* Gattung beschränkten Kommunikationskomponenten und ›bestimmten historisch normhaften Kompatibilitätsfiguren von Textkomponenten‹ [2] Unter den Literaturwissenschaftlern haben sich während der letzten Jahre hinsichtlich dieser Problemlage zwei Konsense eingespielt: a) Gattungen werden als Teil historisch und gesellschaftlich lokalisierbarer Sprachnormen [3] verstanden; b) die sie konstituierenden Komponenten/Grundformen werden jeweils teils als anthropologische Konstanten, teils als untergeordnete Elemente von Sprachnormen angesehen [4], ohne daß sie »einem einzigen Wirklichkeitsbereich oder einer einzigen Abstraktionsebene angehörten.« [5] Diese Lösung der Frage nach dem Verhältnis von Gattungen und Universalien (b) ist ebenso inakzeptabel wie der – erfundene – Satz: ›Die Morpheme der neuhochdeutschen Sprachnorm sind teils Universalien, teils gehören sie der neuhochdeutschen Sprachnorm an‹. Den Hierarchisierungen von Phänomenbereichen oder Abstraktionsebenen – wie zum Beispiel die Trias ›parole/Norm/langue‹ – sollen ja gerade helfen, Phänomene desselben Status oder Begriffe desselben Abstraktionsgrads zusammenzuordnen; eine Reihung von Universalien und Elementen der Sprachnorm auf *einer* Phänomenebene macht die Unterscheidung von Phänomenebenen an sich

---

* Zur Entwicklung dieser Fragestellung und zu den hier vorgetragenen Antworten haben die Teilnehmer eines Seminars über den ›Fascination Type Hagiography‹ wesentlich beigetragen, das ich im Frühjahr 1980 an der University of California/Berkeley gehalten habe.

sinnlos. Die Frage nach der Beziehung zwischen sprachlichen Universalien und Gattungen ist also neu anzugehen; sie *paradigmatisch anhand der Frage nach dem Ort eines als anthropologisch konstant einzuführenden Narrationsbegriffs in einer Gattungstheorie zu diskutieren, welche als Fundament für gattungsgeschichtliche Studien konzipiert ist,* soll auf den folgenden Seiten versucht werden. Unsere Erörterung ist in vier Teile gegliedert. Als Bezugsrahmen für die Lokalisierung eines metahistorischen Narrationsbegriffs wird eine literar*historische Gattungstheorie* entfaltet (1.), und auf diese Skizze folgt notwendig ein Vorschlag zur Deduktion eines *metahistorischen Narrationsbegriffs* (2.). Erst dann sind die Voraussetzungen für die Beantwortung unserer zentralen Frage nach *dem Verhältnis zwischen Narrationsbegriff und Gattungsbegriff* (3.) erarbeitet; der Beitrag endet mit einigen Überlegungen zur Abhängigkeit des Vorkommens der Narration in typischen Kommunikationssituationen, zur *Pragmatik des Narrativen* also (4.).

1. Gattungen als ›Institutionen‹ [6]

Soziologische Handlungs- und Institutionentheorie erfreut sich – zumindest in Westdeutschland – steigender Beliebtheit als Grundlage literaturhistorisch orientierter Gattungstheorie. Textgattungen als Institution zu beschreiben ist nicht ›wirklichkeitsadäquater‹ als ihre Charakterisierung durch ›Textgenerierungsregeln‹ oder Ensembles von ›Bauformen‹. Die Konjunktur des Institutionenbegriffs in der literaturwissenschaftlichen Gattungstheorie verweist vielmehr auf ein dezidiert sozialhistorisches Interesse an der Literatur der Vergangenheit (dessen spezifische, wissenschaftstheoretische Ursprünge rekonstruiert werden könnten, und das gewiß früher oder später durch die Dominanz anderer Interessenlagen abgelöst werden wird). Denn Gattungen als Institutionen konzipieren heißt sie zu einem Teil der Sozialgeschichte, genauer: des handlungs- und orientierungsrelevanten Wissens vergangener Gesellschaften machen.

Bei der Lektüre von Abhandlungen, welche die Definition von Gattungen als Institutionen zu begründen suchen oder bereits voraussetzen, kann man sich allerdings nicht immer des Eindrucks erwehren, daß Literaturhistoriker nur selten die Konsequenzen absehen, die sich aus dieser ihrer Begriffsanleihe von der Soziologie ergeben. Eben deshalb wollen wir eine – vergleichsweise weite – soziologische Institutionendefinition zitieren, um in der Aufzählung von Konsequenzen, die der Literaturgeschichte aus der Übernahme dieses Begriffs erwachsen, erste Anhaltspunkte für eine systematisch reflektierte Zuordnung des Gattungsbegriffs und des Narrationsbegriffs abzuleiten. »Institutionalisierung findet statt,« so Peter Berger und Thomas Luckmann, »sobald habitualisierte Handlungen durch Typen von Handelnden reziprok typisiert werden. Jede Typisierung, die auf diese Weise vorgenommen wird, ist eine Institution.« [7] Daraus folgt für die Gattungstheorie: a) der Gattungsbegriff hat seine Referenz auf der Ebene des sozialen Wissens, spezifischer: auf der Ebene des Wissens über typische Handlungen (eben diese Implikation macht, wie oben erwähnt, den Institutionenbegriff für eine Sozialgeschichte der Literatur attraktiv); b) Gattungen als Wissen über typische Handlungen werden

wirksam als Handlungserwartungen, wobei Erwartungen an andere (zum Beispiel: die Leser) und Erwartungen an einen selbst (etwa: die Erwartungen eines Autors hinsichtlich der Erwartungen, welche seine Leser ihm gegenüber
hegen) unauflöslich verknüpft sind (wer Gattungen als Institutionen konzipiert, kann es sich deshalb nicht leisten, die Seite der Textproduktion oder der
Textrezeption bei seinen Rekonstruktionsbemühungen auszublenden); c)
wenn Gattungen als wechselseitige Erwartungen typischen Handelns gesehen
werden, dann müssen ›Komponenten‹, welche Literaturhistoriker als gattungs-
konstitutive Elemente ansehen wollen, so definiert werden, daß sie kategorial
mit dem Handlungsbegriff kompatibel sind (wie schon oben ausgeführt: Universalien können nicht als Komponenten einer Institution angeführt werden);
d) ein institutionentheoretischer Gattungsbegriff impliziert die Annahme, daß
die Genese, Stabilisierung, Modifikation und Auflösung von Gattungen – zwar
nicht ausschließlich, aber doch – primär von deren Funktionen abhängen (Literaturhistoriker, welche an der Konjunktur des Institutionenbegriffs partizipieren wollen, müssen wohl oder übel auch funktionsgeschichtliche Fragen
verfolgen); e) die Begriffsextension von Gattungen, die als Institutionen beschrieben werden, ist prinzipiell beschränkt (es wäre soziologisch und sozialhistorisch widersinnig, etwa ›*die* Fabel von Aesop bis Thurber‹ als *eine* Institution anzusehen).

Dieser Vorschlag zu einer Konzipierung von Gattungen als Institutionen hat
mit dem von Peter Bürger eingeführten und hier von Hans Sanders programmatisch verwendeten Begriff ›Institution Kunst‹ [8] nichts zu tun; ebenso wenig mit dem Literaturkritik, Buchhandel, Bibliotheken und die öffentlichen
Rollen von Autor und Publikum umfassenden Institutionenbegriff einer empirischen Literatursoziologie, vom dem sich Bürger absetzt. Was Bürger unter
›Institution Kunst‹ versteht, »die epochalen Funktionsbestimmungen von
Kunst in ihrer sozialen Bedingtheit«, hat (so unangenehm ihm das vielleicht
sein mag) mehr Gemeinsamkeiten mit dem russisch-formalistischen Konzept
des ›literarischen Systems‹ und dem systemtheoretisch-kybernetischen Begriff
des ›sozialen Teilsystems‹ aufzuweisen als mit dem soziologischen Interaktionismus. Gerade diese Inkongruenz zwischen Bürgers und dem auf den Phänomenbereich der Gattungen applizierten Institutionenbegriff hat, wie Bürger
selbst feststellt [9], zur Folge, daß kein Konkurrenzverhältnis zwischen beiden
Konzepten besteht. Ob es allerdings terminologie-strategisch klug ist, wenn
benachbarte Disziplinen wie die Soziologie und die Literaturwissenschaft unter identischen Prädikaten je verschiedene Begriffe entwickeln, sei dahinge-
stellt.

2. ›Narration‹ als ›Erlebnisstil‹

Die Kehrseite des im Programm für dieses Kolloquium gepriesenen Perspekti-
venreichtums, den die intensive interdisziplinäre Diskussion auf dem Gebiet
der Erzählforschung in den letzten Jahren erbracht hat, ist ein terminologi-
sches und begriffliches Chaos. Angesichts dieses Chaos ist es tunlich, daß Ansätze zur Erhöhung seiner Komplexität (wie die folgenden Überlegungen) einleitend klarstellen, auf welchem der Hauptpfade der Narrationsdefinition sie
sich zu bewegen gedenken. Wir wollen drei solcher Wege unterscheiden: a) die

Semiotik der Pariser Schule lokalisiert den Narrationsbegriff auf der Ebene semantischer Text-Tiefenstrukturen und hebt die seine Extension beschränkende Verbindung des Narrationsbegriffs mit dem Diskurstyp ›Erzählung‹ auf:

> La narrativité généralisée – libérée de son sens restrictif qui la liait aux fornes figuratives des récits – est considérée comme le principe organisateur de tout discours. Toute sémiotique pouvant être traitée soit comme système, soit comme procès, les structures narratives peuvent être définies comme constitutives du niveau profond du procès sémiotique. [10]

Neben seiner Unvereinbarkeit mit dem gängigen literaturwissenschaftlichen Gebrauch des Terminus ›Narration‹ und dem Narrationsbegriff, der offenbar der Planung dieses Kolloquiums zugrunde lag (der Arbeitsbereich (1) thematisiert den ›erzählerischen Diskurs‹ als einen besonderen Diskurstyp), spricht gegen die Übernahme dieses Definitionsvorschlags in den Rahmen unserer Überlegungen die Vermutung, daß sich die semiotische Prämisse einer Fundierung jeglicher Diskurse in basalen semantischen Oppositionen auf dem Gebiet (und das heißt: mit dem Begriffsapparat) der Pragmatik kaum plausibel machen ließe. b) Unter dem Einfluß des von der Pariser Semiotik entwickelten Theorems von den basalen semantischen Oppositionen, aber ohne dessen Generalisierung, hat eine Explizierung des umgangssprachlichen Erzählbegriffs Eingang in die Wissenschaftssprache gefunden. Nach dieser zweiten Haupttendenz der Narrationsdefinition sind Erzählungen Texte, welche Geschehnisse, nach vorgängiger Interpretation durch konzeptuelle Oppositionen, prägnant artikulieren. Die latente Abhängigkeit dieses Narrationsbegriffs von der Textreferenz wird in der folgenden Formulierung offensichtlich: »Nur wenn sich etwas relevant verändert hat, verlohnt es sich, davon zu erzählen [...].« [11]. Es liegt auf der Hand, daß dieser Narrationsbegriff – unter anderen – das Konzept des ›sujetlosen Erzählens‹ ausschließen müßte, das etwa mit der Narrationsdefinition der Pariser Semiotik durchaus kompatibel wäre. c) Im Gegensatz zu dem – allzu weiten – semiotischen und zu dem – allzu engen – referenzbezogenen Narrationsbegriff scheint eine von Eberhard Lämmert vor nunmehr fünfundzwanzig Jahren unter Rückgriff auf einschlägige Abhandlungen Herders und Jean Pauls konzipierte Perspektive auf den Phänomenbereich ›Erzählen‹ für eine pragmatisch fundierte Theorie übernehmbar, weil sie Erzählen als einen Typ von Sinnkonstitution zu beschreiben sucht: »Dem Dichter ist es aufgegeben, seine Ideen und Meinungen, seine Raum- und Charaktervorstellungen in zeitliche Vorgänge, in Geschehen umzusetzen oder doch einzubetten, wenn er sie *erzählbar* machen will.« [12] ›Erzählen‹ als Modus der Sinnkonstitution ist mit dem Konzept von Gattungen als Institutionen deshalb vereinbar, weil die Institution als reziproke Erwartung von Typen des Handelns und Handeln seinerseits – bei allen Differenzen in den einzelnen Varianten interaktionistischer Soziologie – durchgängig als komplexe Aktivität der Sinnkonstitution definiert ist.

Bei unserem Versuch, auf diesem dritten Weg einen Narrationsbegriff im Status einer anthropologischen Konstanten zu entwickeln, können wir nun freilich nicht, wie es Lämmert seinerzeit vorschlug, induktiv verfahren. Denn zu Recht hat Gérard Genette darauf aufmerksam gemacht, daß »die Langlebigkeit« von Phänomenen »kein sicheres Indiz für ihren transhistorischen

Charakter ist.« [13] Als Ausgangspunkt für den notwendigen deduktiven Weg, an dessen Ende ein metahistorisch gültiger Narrationsbegriff stehen soll, bieten sich die Ergebnisse phänomenologischer Rekonstruktionen der *Lebenswelt* an. Eine solche Applikation von Resultaten der deskriptiven Phänomenologie entspräche genau der Darstellung ihrer heuristischen Funktion, wie sie Thomas Luckmann vorgeschlagen hat: nämlich »eine generelle, auf die Ebene menschlichen Handelns zugeschnittene Matrix für Aussagen über menschliches Verhalten zu erstellen [...].« [14]

Aus dem Vorschlag, Rekonstruktionen lebensweltlicher Strukturen heuristisch zu verwenden, darf man freilich nicht folgern, daß diese Strukturen bloß als heuristische Konstrukte anzusehen seien. Wir wollen vielmehr gerade mit der Darstellung des Stellenwerts lebensweltlicher Strukturen in der Sozialanthropologie unsere deduktive Argumentation beginnen. Sozialanthropologie ist in der Hypothese fundiert, daß Gesellschaften durch Konstruktion und Distribution je verschiedener – stets aber intersubjektiver – Sinnvorgaben (anders formuliert: ›sozial konstruierter Wirklichkeiten‹) den für die Gattung ›Mensch‹ spezifischen Mangel an Instinktorientierung kompensieren. [15] Zur Bezeichnung solcher gesellschaftlich konstruierter Wirklichkeit verwendet die phänomenologisch fundierte Soziologie meist den Terminus *Alltagswelten*. Unbeschadet der von unserem Vorstellungsvermögen kaum auszulotenden inhaltlichen Variationsbreite von Alltagswelten, deren synchrone und diachrone Entfaltung Ethnologie und Geschichtswissenschaft rekonstruieren, haben sie doch alle einen gemeinsamen Grundbestand an Strukturen der Sinnkonstitution. Dieser anthropologisch konstante Rahmen der sinnhaften Orientierung, durch dessen je spezifische Auffüllung Alltagswelten entstehen, heißt *Lebenswelt*.

Zu den lebensweltlichen Grundstrukturen gehört der *Prozeß der Sinnbildung,* den man als eine Sequenz von drei Operationen beschreiben kann. Durch den Vollzug dieser Operationen gelingt es dem Menschen, sich gegenüber einem überkomplexen Angebot an Umweltwahrnehmungen zu orientieren und, wie immer diese anthropologisch konstanten Strukturen in partikularen Alltagswelten inhaltlich ausgeprägt sind, in dieser Orientierung Intersubjektivität zu konstituieren. Die drei Operationen des lebensweltlich vorgegebenen Sinnbildungsprozesses heißen *Thematisieren, Interpretieren* und *Motivkonstitution.* Mit dem Terminus ›Thematisieren‹ wird die in jedem Moment unseres Bewußtseins vollzogene Selektion eines zentralen Objekts der Aufmerksamkeit aus einer Fülle simultaner Wahrnehmungen bezeichnet; ›Interpretation‹ ist jene Operation, in der dem durch Thematisierung konstituierten Aufmerksamkeitsgegenstand durch Vergleich mit Konzepten aus jeweils spezifischen Vorräten von Alltagswissen gewisse Eigenschaften zugeschrieben werden; unter ›Motivkonstitution‹ versteht man die ausgehend von der Interpretation zu leistende Entwicklung der Vorstellung von einer zukünftigen Situation (von einem Motiv), welche durch Handeln herbeigeführt werden soll.

Sprache ist zweifellos das wichtigste Medium zur Sicherung von Intersubjektivität in der Sinnbildung (das heißt *nicht* unbedingt: zur Stabilisierung alltagsweltlicher Sinnstrukturen, sondern auch zur Sicherung von Intersubjektivität in der Variation von alltagsweltlichen Sinnstrukturen). So gesehen wird es plausibel, vom Konzept der Lebenswelt und seinen sozialanthropologischen

Voraussetzungen auf drei anthropologisch konstante Diskursformen zu schließen, welche funktional der Konstitution von Intersubjektivität auf den drei
Ebenen des Sinnbildungsprozesses zugeordnet werden können. Durch *Erzählen* werden die in subjektiven Bewußtseinsabläufen vollzogenen *Thematisie-
rungssequenzen* intersubjektiv; durch *Beschreibungen* die Ergebnisse der *Interpretation* von thematisierten Wahrnehmungsgegenständen; durch *Argumentation* werden subjektiv konstituierte *Handlungsmotive* zur intersubjektiven
Übernahme bereitgestellt. Anders formuliert: *Erzählen* ist auf Intersubjektivität des *Erlebens*, *Beschreiben* auf Intersubjektivität vollzogener *Erfahrung*, *Argumentieren* auf Intersubjektivität des *Handelns* gerichtet. [16]

Nun ist natürlich nicht ohne weites plausibel, daß der im Rahmen dieser
dreifachen Zuordnung zu bildende *Erzähl*begriff mit dem Begriff des *Erlebens*
(*Thematisierens*) korreliert wird. Erste und wichtigste Assoziationsbrücke für
diese Korrelierung ist das Konzept *Zeit*. Zeit ist nach Husserl die »Form der
Erlebnisse« [17], und *Erzählung* setzt Sinnstrukturen, so die oben zitierte Formulierung von Lämmert, »in zeitliche Vorgänge, in Geschehen um«. Mit der
Definition der Zeit als ›Form der Erlebnisse‹ faßt Husserl die introspektiv gewonnene Einsicht, daß jedes aktuelle Erlebnis (jede aktuelle Wahl eines Wahr-
nehmungsgegenstands) zwischen ›Nachhallen‹ der Erinnerung an vorgängige,
bereits interpretierte Wahrnehmungsgegenstände (›Retention‹) und aus der
Retention abgeleitete, noch nicht bestätigte Erwartungen an zukünftiges Erleben (›leere Protentionen‹) eingebunden ist. Vollzogene Erfahrungen (Ergebnisse der Interpretation von Wahrnehmungsgegenständen) können in verschiedener Weise erinnert oder allgemeiner: vergegenwärtigt werden. Der narrative
oder erzählende Diskurs versetzt Erfahrungen in Erlebnisstrukturen, das
heißt: in die Zeitstrukturen ihres Erwerbs zurück.

Wenn man nun diesen Vorschlag zur Definition des Erzählens als metahistorisch konstantem Diskurstyp, welcher Intersubjektivität auf der Sinnbil-
dungsebene des Erlebens ermöglicht, durch die konstrastive Bemerkung ergänzt, daß Erzählen Erfahrungen im Zusammenhang ihrer polythetischen
Konstitution zugänglich macht, während Beschreiben eine monothetische Erfassung von Erfahrungen als Resultaten von Erfahrungsbildungsprozessen ermöglicht, so muß auf zwei Voraussetzungen unserer Argumentation hingewiesen werden. Die erste dieser Voraussetzungen betrifft die Instanz des
Sprechers/Autors: wir gehen davon aus, daß im Normalfall der Sprachver-
wendung bereits zuvor erworbene Erfahrungen artikuliert werden, was bedeutet, daß der narrative Diskurs eine *Rück*versetzung vollzogener Erfahrungen in
die prozessuale Struktur des Erfahrungserwerbs ermöglicht. Die zweite klarzu-
legende Voraussetzung betrifft den Hörer/Leser: *jegliche* Rezeption gesprochener oder geschriebener Texte, auch die Rezeption solcher Texte, die dem
deskriptiven oder argumentierenden Diskurstyp zuzuordnen sind, hat polythetischen Charakter. Während aber polythetisch vollzogene Sinnkonstitution des
Rezipienten eines beschreibenden Diskurses zu einem prägnanten monothe-
tisch faßbaren Sinnkomplex führt, ist das unmittelbare Ergebnis der Lektüre
eines dem narrativen Typ zuzuordnenden Textes der Nachvollzug einer Erlebnissequenz, in der sich ein Sinngebilde kumuliert, das kaum Konturen hat.
[18]

Der komplizierte Sachverhalt der unterschiedlichen Qualität von Sinnstrukturen, welche das Ergebnis der Rezeption narrativer oder deskriptiver Texte sind, läßt sich prägnanter fassen, wenn wir Narration, Deskription und Argumentation nicht mehr als metahistorische Diskurstypen, sondern als lebensweltlich vorgegebene *Erlebnisstile* [19] auffassen. In der Ausarbeitung dieses Vorschlags, der an dieser Stelle nur knapp skizziert werden soll, läge die Möglichkeit, auch nicht-sprachliche Medien wie Bilder, Filme oder Shows – beispielsweise – als narrativ oder deskriptiv zu charakterisieren, ohne sie deshalb, wie bisher üblich, mit mehr oder weniger gutem Gewissen ›Texte‹ nennen zu müssen. Erlebnisstilarten sind komplexe Attitüden der Sinnbildung wie ›helle Wachheit‹, ›Tagtraum‹, ›das Leben im Alltag‹ oder ›wissenschaftliche Arbeit‹, unter denen qualitativ je verschiedene Sinnkomplexe konstituiert werden, welche wiederum untereinander nicht vereinbar sind. Erinnerungen an Träume beispielsweise waren und sind ohne die Hilfe eines Traumdeuters oder eines Psychoanalytikers nicht mit Alltagserfahrungen kompatibel. Erlebnisstilarten können nach mindestens fünf Kriterien unterschieden werden: a) die spezifische Spannung des Bewußtseins, b) die vorherrschende Form der Spontaneität, c) die besondere Epoché, d) die spezifische Form der Sozialität und e) die spezifische Form der Selbsterfahrung.

Wir wollen zuerst versuchen, Narration nach diesen Kriterien als Erlebnisstil zu charakterisieren, um anschließend Narration, Deskription und Argumentation als Erlebnisstilarten unter einigen spezifischen Gesichtspunkten zu vergleichen.

a) Daß die *Bewußtseinsspannung* beim Erzählen vergleichsweise gering ist (und über das Beschreiben hin zum Argumentieren ansteigt), ist intuitiv plausibel, ließe sich durch zahllose rezeptionssteuernde Signale aus bekannten literarischen und nichtliterarischen Texten illustrieren und ist von Harald Weinrich im Rahmen seiner Tempustheorie systematisch nachgewiesen worden. [20]

b) Die *vorherrschende Form der Spontaneität* beim Erzählen und Rezipieren einer Erzählung ist die Assoziation als Prinzip der passiven Synthese, während das Ich beim Beschreiben, Argumentieren und den zugehörigen Rezeptionsformen tendenziell als ›Erzeugendes, Konstituierendes‹ aktiv wird. [21]

c) Als *besondere Epoché* der Narration scheint – infolge der geringen Bewußtseinsspannung – eine weitgehende Einklammerung von Zweifeln an der Adäquanz konstituierter und rezipierter Sinngebilde zu veranschlagen zu sein.

d/e) Der Erzähler *erfährt sich selbst und wird erfahren* als Subjekt des Erlebens (als Subjekt der Selektion einer Sequenz von Wahrnehmungsgegenständen); der Rezipient der Erzählung *erfährt sich selbst und wird erfahren* als Nachvollziehender einer Erlebnissequenz (eben in diesem Nachvollzug wird Intersubjektivität konstituiert), aber auch als vom Erzähler weitgehend unabhängiges Subjekt eines durch die Erlebnissequenz ermöglichten Prozesses der Erfahrungsbildung.

Man könnte nun vermuten, daß analog zum Rezipienten einer Erzählung, dem durch den Nachvollzug einer Erlebnissequenz eigenständige Erfahrungsbildung ermöglicht wird, der Rezipient einer Beschreibung auf der Grundlage der Übernahme einer bereits vom Autor konstituierten Erfahrung eigenständig Handlungsmotive bildet; daß der Rezipient einer Argumentation, wenn er sich die vom Sprecher oder Autor gebildeten Handlungsmotive zu eigen macht, in der Folge unabhängig handelt. Schütz und Luckmann setzen für das Handeln den höchsten Grad von Bewußtseinsspannung an, und eben deswegen scheint es gerechtfertigt, dem Rezipienten einer Argumentation als potentiellem Handlungssubjekt eine höhere Aufmerksamkeitsspannung zuzuschreiben als dem Rezipienten einer Narration als poteniellem Subjekt von Erfahrungsbildung.

Wir brechen unsere Spekulationen an diesem Punkt ab, da sie zunehmend schematisch geraten und, was die Ausführungen zur Beschreibung und Argumentation angeht, ihre Funktion, Kontrastfolie für die Darstellung des Erzählens als Erlebnisstil zu sein, ohnehin bereits erfüllt haben. Immerhin kann man als eine Ermutigung zur Weiterführung solcher Überlegungen den Sachverhalt werten, daß die von uns für die Erlebnisstilarten ›Erzählen‹, ›Beschreiben‹ und ›Argumentieren‹ veranschlagten Fremd- und Selbsterfahrungen der Kommunikationspartner weitgehend abbildbar sind auf die drei von Karl Bühler beschriebenen »semantischen Funktionen des (komplexen) Sprachzeichens«. Es kann *Symptom* kraft seiner Abhängigkeit vom Sender sein (Erzählungen machen die Bewußtseinsinhalte des Erzählers nachvollziehbar), *Symbol* kraft seiner Zuordnung zu Gegenständen und Sachverhalten (der Beschreibende konstituiert Sachverhalte, die dem Rezipienten der Beschreibung zur Übernahme angeboten werden) und *Signal* kraft seines Appels an den Hörer, dessen äußeres oder inneres Verhalten es steuert (der Rezipient einer Argumentation wird als potentiell Handelnder erfahren). [22]

3. Erlebnisstile und Gattungen / Lebenswelt und Institutionen

Nach der Einführung eines Gattungsbegriffs und eines Narrationsbegriffs können wir nun unsere eigentliche Frage angehen, die Frage nach dem systematischen Ort der anthropologischen Konstante ›Erzählung‹ im Hinblick auf als Institutionen interpretierte Gattungen. Zwar hatten wir schon zweimal Gelegenheit darauf hinzuweisen, daß es unzulässig ist, eben diese Beziehung im Sinne eines Inklusionsverhältnisses darzustellen. Der an eine Grundstruktur der Lebenswelt gebundene Begriff ›Erlebnisstil‹ könnte als Teilelement eines metahistorisch gemeinten Begriffs der ›Sprachhandlungsinstitution‹ dargestellt werden; nicht jedoch läßt sich der ebenfalls metahistorisch intendierte Begriff von der Narration als spezifischem Erlebnisstil in analoger Weise Gattungen als Institutionen vergangener Gesellschaften unterordnen. Aus der Ablehnung eines solchen Inklusionsverhältnisses läßt sich freilich nicht schon eine Argumentationslinie für die systematische Zuordnung von Erlebnisstil ›Narration‹ und narrativen Gattungen als Institutionen herleiten.

Eine konzeptuelle Voraussetzung zur Lösung unseres Problems ist gewiß die Differenzierung der noch allzu monolithischen Definition von Gattungen als reziproken Erwartungen typisierter Handlungen. Welche Strukturen könnte man als in allen historisch konkreten Gattungen rekurrente Elemente solcher Erwartungen ansehen? Zur Beantwortung dieser Frage greifen wir auf jenes Modell zurück, das Wolfgang Iser als Rahmen für seine phänomenologische Rekonstruktion des Leseakts entworfen hat. [23] Nach Iser bietet jeder Text (das heißt: jeder Autor als Subjekt einer Sprachhandlung) seinen Rezipienten ein *Textrepertoire* und *Textstrategien* an. Mit dem Terminus ›Textrepertoire‹ wird jene Selektion von Elementen aus Wissenssystemen der Textumwelt (aber auch, so ist zu ergänzen: jene Übernahme von Strukturkomplexen aus solchen Systemen) bezeichnet, auf welche die im Text gereihten Lexeme verweisen.

›Textstrategien‹ sind ebenfalls im Text enthaltene Instruktionen zur Zusammenordnung der Repertoireelemente. Während nun das Wissen über eine Gattung dem Rezipienten bestimmte Erwartungen hinsichtlich Textrepertoire und Textstrategien vorgibt (die dem Sprecher/Autor als Erwartungserwartungen präsent sind), wird vom Leser erwartet, daß er imstande ist, die im Text durch Lexeme markierten Wissenselemente in seinem Bewußtsein zu aktualisieren und die Instruktionen der Strategien in die Konstruktion einer Inhaltsform umzusetzen. Wir wollen diesen theoretischen Rahmen zur Rekonstruktion des Leseakts noch einmal schematisch darstellen:

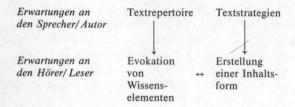

Erwartungen an   Textrepertoire   Textstrategien
den Sprecher/Autor

Erwartungen an   Evokation   Erstellung
den Hörer/Leser   von   ↔   einer Inhalts-
                     Wissens-   form
                     elementen

Es liegt auf der Hand, daß die im vorausgehenden Abschnitt entwickelte Kategorie ›Erlebnisstil‹ in diesem Modell als anthropologisches Fundament für jene Ebene von Intersubjektivität zu lokalisieren ist, die in der Kommunikation durch Erstellung von Textstrategien und ihre Umsetzung in Inhaltsformen erzielt wird. Eine Spezifik von Textstrategien und Konstitution der Inhaltsform, die auf der Basis des Erlebnisstils ›Narration‹ stehen, scheint nun darin zu liegen, daß die durch sie ermöglichte Zusammenordnung evozierter Wissenselemente zum Inhalt in Form passiver Synthesen vollzogen wird. Der Rezipient kann sich zwar, sozusagen ›außerhalb der Lektüre‹, den in solchen passiven Synthesen entstandenen Inhalten zuwenden und sich als ›erzeugendes, konstituierendes Ich‹ erfahren, wenn er versucht, diesen Inhalten unabhängig vom Sprecher/Autor einen prägnanten Sinn zu geben. Im Rahmen der Erlebnisstilarten ›Beschreibung‹ und ›Argumentation‹ dagegen gehört solche ›aktive Synthese‹ zur Lektüre selbst, zu den wechselseitigen Erwartungen der Kommunikationspartner.

Was bedeutet es nun, wenn man einen bestimmten Erlebnisstil, wie die Narration, als anthropologisches Fundament von Textstrategien und von Textstrategien instruierten Rezipientenaktivitäten postuliert, welche ihrerseits als Teil reziproker Erwartungen der Kommunikationspartner Elemente von historisch partikularen Gattungen sind? Es bedeutet vor allem, das sei ein letztes Mal betont, daß die anthropologisch konstanten Strukturen *nicht* als konstitutive Elemente der Gattunqen angesehen werden können. Darüber hinaus stellt eine solche Lokalisierung des Erlebnisstils ›Narration‹ in narrativen Gattungen eine stillschweigende Voraussetzung zahlreicher literaturwissenschaftlicher Analyse in Frage: die Prämisse nämlich, es gebe bestimmte Textstrategien, Stilelemente oder rhetorische Muster, die man metahistorisch als ›narrativ‹ (oder: ›deskriptiv‹, ›argumentativ‹) identifizieren könne. Nicht einmal die Parataxe, die man gewöhnlich als narrative Textstrategie par excellence ansieht,

kann ohne Berücksichtigung ihres Zusammenspiels mit anderen textstrategi-
schen Elementen, ihres Stellenwerts in historisch und gesellschaftlich spezifischen Kommunikationskonventionen und der spezifischen psychischen Dispositionen der Kommunikationspartner als eine Instruktion angesehen werden, welche Intersubjektivität stets auf der Ebene narrativen Erlebnisstils ein-
spielt. (Vorerst noch) mehr als Aufforderung zur Diskussion denn als Behauptung wollen wir die These wagen, daß eine Unterscheidung zwischen narrativen, deskriptiven und argumentativen Texten nie aus einer formalen Analyse
abgeleitet werden kann, sondern als einzige Grundlage die Selbsterfahrung
des Rezipienten beim Hören oder Lesen des Textes hat.

Das oben auf der Grundlage von Isers Rezeptionstheorie vorgeschlagene
Modell zur ausdifferenzierenden Beschreibung jener wechselseitigen Erwartungen, die Gattungen konstituieren, kann, nachdem die Kategorie ›Erlebnisstil‹ als anthropologisches Fundament für die Beziehung je partikularer Textstrategien mit Aktivitäten zur Konstituierung einer Inhaltsform eingeführt
worden ist, das Interesse nach einer spekulativen Fortführung wecken. Denn
offen bleibt ja nun die Stelle einer – wiederum aus der Phänomenologie der
Lebenswelt zu deduzierenden – anthropologischen Basis für die je spezifischen Textrepertoires und die von ihnen evozierten Wissenselemente. Eine
Leitfrage für dieses Theoriebildungsinteresse läßt sich leicht formulieren: gibt
es, parallel zu den anthropologisch konstanten Erlebnisstilarten, auch einen
anthropologisch konstanten Horizont von Inhaltstypen? Nun fallen einem
selbstverständlich sofort Inhaltstypen ein, die Menschen in allen Alltagswelten
beschäftigt haben müssen. Eine Klassifikation solcher Inhalte würde aber ar-
biträr (und banal) geraten, da uns die Philosophie der Lebenswelt kein Theo-
riestück als Ausgangspunkt der Deduktion anbietet, wie wir es im Falle der
Narrationsdefinition benutzt haben. Unter bewußtem Verzicht auf systematische Vollständigkeit und im Rückgang auf einige früher vorgelegte Arbeiten
[24] wollen wir deshalb lediglich an einigen Beispielen illustrieren, wie man
sich Kategorien vorstellen muß, die als Pendant zu den Erlebnisstilarten als
ein zweites anthropologisches Fundament für historische Gattungen eingeführt werden könnten.

Wir haben im vorigen Abschnitt die sozialanthropologische Prämisse entfaltet, nach der die Strukturen der Lebenswelt als Kompensativ für eine der Gattung ›Mensch‹ fehlende Instinktorientierung wirksam werden. Diese Funktion
erfüllen die Strukturen der Lebenswelt dadurch, daß sie für alle Alltagswelten
Grenzen vorgeben; mit anderen Worten: indem sie bestimmte Bewußtseinsinhalte für alle Alltagswelten ausschließen. Man kann – beispielsweise – nicht an
mehreren Orten gleichzeitig sein; das erleben, was geschah, bevor man geboren wurde; sicher wissen, was im Bewußtsein anderer Menschen vorgeht; man
kann nicht seinen Leib verlassen. Nur Gott ›ist‹ – bezeichnenderweise – allge-
genwärtig, nur er ›hat‹ keinen Anfang und kein Ende, nur er ›ist‹ allwissend,
und nur er ›ist‹ reiner Geist. Solche Gottesprädikate beweisen freilich, daß Bewußtseinsinhalte, welche die Strukturen der Lebenswelt in konkreten Alltagswelten als Gegenstand menschlichen Erlebens und menschlicher Erfahrung
ausschließen, dennoch in Sprache simuliert werden können. Sprache ermöglicht also nicht nur Intersubjektivität der Orientierung im Rahmen von Alltagswelten und, wie jede Aufklärungsbewegung zeigt, Intersubjektivität im Ent-

werfen von Variationen zu Alltagswelten, sondern auch Intersubjektivität im Simulieren einer Überschreitung von Grenzen der Lebenswelt.

Wenn die Grenzen der Lebenswelt als anthropologisch konstant gesehen werden, dann läßt sich annehmen, daß ihr Überschreiten in verschiedene Richtungen – ebenfalls – anthropologisch konstante *Faszinationen* [25] konstituiert. Die Faszinationen durch Simulation der Überschreitung von Grenzen der Lebenswelt in verschiedenen Richtungen wären als *Teil* jener anthropologischen Grundlage von den spezifischen Repertoire- und Wissenserwartungen einzelner Gattungen anzusehen, welche wir als Pendant zu den Erlebnisstilarten gesucht hatten.

Viele jener Bezeichnungen von Textgruppen, die sich nicht an historisch spezifische Kommunikationsinstitutionen als Referenzgegenstände zurückbinden lassen, denen man auch kein wohlabgegrenztes thematisches Feld zuordnen kann, die aber dennoch spontan verständlich sind – beispielsweise: Historiographie, Bukolik, Hagiographie, Komik, Tragik – scheinen auf solche Faszinationen zu verweisen. Historiographie etwa simuliert die Überschreitung einer Grenze der Lebenswelt, indem sie es dem Leser ermöglicht, in seinem Bewußtsein noch einmal zu ›erleben‹, was vor seiner Geburt geschah; ist es das Faszinosum eines von der materialen Existenz des Körpers nicht mehr beeinträchtigten Bewußtseinslebens, das allen Texten, welche Literaturgeschichte als ›hagiographisch‹ identifiziert hat, – und vielen anderen [26] – zugrunde liegt? Ist nicht Komik die Ermöglichung einer Struktur von Bewußtseinsinhalten, die lebensweltlich ausgeschlossen ist, nämlich der Gleichzeitigkeit von inkompatiblen Sinngehalten? Natürlich können einzelne Inhaltskomplexe genauso wenig im Sinn eines metahistorisch konstanten Verhältnisses auf solche Faszinationen zugeordnet werden wie einzelne Stilistika auf Erlebnisstilarten. Systematisch beschreibbar werden Faszinationstypen allein durch Angabe der jeweiligen Grenze der Lebenswelt, jenseits derer sie angesiedelt sind.

Man könnte an dieser Stelle fragen, ob ›Erlebnisstil‹ und ›Faszination‹, die beiden Kategorien also, die wir im Status anthropologisch konstanter Fundamente für zwei historisch variable kommunikative Beziehungen eingeführt haben, aus denen sich jegliche Gattungen konstituieren, nicht weitgehend kompatibel sind mit zwei Begriffen von *Modi* wie sie in der jüngsten gattungstheoretischen Diskussion aufgetaucht sind. Zweifellos stehen die ›modes d'énonciation‹, von denen Genette spricht, unseren ›Erlebnisstilarten‹ nahe; auf der anderen Seite hat Wolf-Dieter Stempel im Anschluß an Ingarden und Scholes von ›dem Sublimen, dem Tragischen, dem Grotesken, dem Unverständlichen‹ als ›Modi‹ gesprochen, die, durch gattungsspezifische Impulse abgerufen, auf ›die eine oder andere Weise den Rezipienten steuern.‹ [27] Ganz gewiß geht es hier nicht, wie Genette zu glauben scheint [28], um ein ›entweder/oder‹. Wenn sich kommunikative Interaktionen auf verschiedenen Ebenen vollziehen, dann kann man, sofern man sich überhaupt auf eine anthropologische Diskussion einlassen will, jede dieser Ebenen in metahistorisch konstanten Dispositionen fundieren.

In unseren Überlegungen zum Verhältnis von anthropologischen Konstanten und Gattungen als Institutionen haben wir einen Begriff, der im Zentrum gattungspragmatischer Theoriebildung zu stehen pflegt, bisher kaum berücksichtigt: den *Funktionsbegriff*. Seine ausführliche Thematisierung unterblieb nicht etwa deshalb, weil wir bezweifelten, daß es primär ihre Funktionen sind, welche die Institutionalisierung von Sprachhandlungen zu Gattungen, deren Kontinuität, aber auch deren Variation bedingen. Grund für diese thematische Ausblendung ist vielmehr der Vorschlag, den Funktionsbegriff – ob er nun auf die subjektiv bewußten Handlungsmotivationen der Kommunikationsteilnehmer beschränkt oder erweitert wird um die historischen Bedingungen, welche solche Motive ermöglichen, – allein auf der Ebene der Alltagswelt zu lokalisieren.

›Legitimation eines Herrscherhauses aus einem fremden Land‹ – das ist ein Beispiel für eine alltagsweltliche Funktion, die aller literar- und sozialhistorischen Wahrscheinlichkeit nach entscheidend zur Entstehung einer Gattung (der altfranzösischen Vershistoriographie des XII. Jahrhunderts) beitrug. Die für dieser Gattung zugerechnete Texte typischen – ebenfalls historisch weitgehend spezifischen – Repertoireelemente und Textstrategien waren, so können wir annehmen, fähig, bei den Rezipienten den Erlebnisstil der Narration einzuspielen und zugleich jene Faszination zu wecken, welche das Überschreiten der lebensweltlichen Grenze zur Vorwelt bewirkt. Sie aktivierten also bestimmte anthropologisch konstante Dispositionen, die geeignet waren, (über weitere Vermittlungsebenen) die Realisierung der Gattungsfunktion durch die Rezipienten zu befördern. Die aktivierten Dispositionen gehören freilich sowenig zur Gattung ›Vershistoriographie des XII. Jahrhunderts‹ wie Stimmbänder zur Institution einer natürlichen Sprache.

4. Zur Pragmatik des Erlebnisstils ›Narration‹

Die leitende Fragestellung dieses letzten (und kurzen) Teils unserer Überlegungen wurde bereits durch das Beispiel konkretisiert, mit dem der vorige Abschnitt endete: kann man durch Verweis auf ›alltagsweltliche‹ Funktionen die Wahl der Textstrategien erklären, welche beim Rezipienten den – als Möglichkeit anthropologisch konstanten – Erlebnisstil ›Narration‹ einspielen, oder umgekehrt: kann ein Wechsel zwischen aktivierten Erlebnisstilarten zum Verständnis von Funktionen beitragen? Natürlich gibt es kaum eine Gattungsgeschichte, die nicht in der einen oder anderen Phase ihres Verlaufs interessante Ergebnisse im Hinblick auf diese Problemstellung verspräche. Die Qual der Wahl von Beispielen wurde für uns allerdings erheblich durch die Möglichkeit gemildert, auf zwei soeben entstandene Untersuchungen hinweisen zu können, die unabhängig voneinander zu dem in beiden Fällen neuen Befund gelangten, daß chronologisch gleichsam simultan zwei Gattungen der französischen Literatur in der zweiten Hälfte des XVIII. Jahrhunderts ihre dominanten Textstrategien so veränderten, daß jeweils ›Narration‹ als aktivierter Erlebnisstil durch ›Deskription‹ ersetzt wurde. Es handelt sich dabei um die Tierfabel und den utopischen Roman. [29]

Friederike Hassauer-Roos hat ihre Beobachtungen zum Wandel der Textstrategie der Tierfabel wie folgt zusammengefaßt:

Generell lassen sich in den Fabeln des 18. Jahrhunderts auf der Diskursebene [...] drei Tendenzen beobachten, die untereinander in Zusammenhang stehen, Einmal die auffällige Expansion des dekriptiven Diskurstyps, dadurch eine auffällige Zunahme der Textlänge; zum anderen geht damit einher die Tendenz, diachronische Konzepttransformation durch synchrone Opposition oder durch eine Reihung partikularer Narrationen zu ersetzen. Ein drittes Merkmal: die Protagonisten interagieren weniger, sie dialogisieren stattdessen ihre Positionen. In räumlichen Relationen beschrieben bedeutet das: sie wechseln ihre semantischen Felder nicht. [30]

Parallel zu diesen Umstellungen auf der Ebene der Textstrategien, jedoch ohne explizite Bezugnahme auf diese, vollzieht sich unter den Fabelautoren eine extensive Diskussion über das Verhältnis von Erzählerrolle und Leserrolle im Text. Hassauer-Roos hat hier, sicher zu Recht, einen Entwicklungsstrang im Rahmen der Genese von Konsensmodellen der bürgerlichen Aufklärung gesehen [31], denn während diese Debatte anfangs dem Erzähler die Aufgabe eines ›Geburtshelfers‹ bei der Erfahrungsbildung des Lesers zuweist, endet sie in einer Funktionsbeschreibung der Rolle des Fabelerzählers durch Marmontel, die nicht mehr von einem ›didaktischen Gefälle‹ zwischen Erzählerrolle und Leserrolle ausgeht: »Rendre sensible à l'imagination ce qui est évident à la raison«.

In einer Untersuchung etwa zwanzig utopischer Romane aus demselben Zeitraum hat Marion Wedegärtner festgestellt, daß ab Mitte des XVIII. Jahrhunderts die Reisefabel als dominantes Strukturelement utopischer Romane auf ein Minimum von oft weniger als einer Druckseite reduziert wird. [32] Auf Kosten des fiktionalen Rahmens dehnt sich die immer deutlicher nach systematischen Kriterien gestaltete Beschreibung der idealen Gesellschaft im fernen Land aus. Bevor schließlich in der ›Inkubationsphase‹ der Revolution der utopische Roman durch die gesellschaftspolitische Programmschrift ersetzt wird, lassen sich noch zwei weitere Modifikationen beobachten: zum einen die Verlagerung der idealen Gesellschaft von der fernen Insel in die ferne Zukunft (dafür ist Merciers Roman *L'an deux mille-quatre-cent-quarante* aus dem Jahr 1771 der erste Beleg); zum anderen der explizite Verzicht der Romanautoren auf den früher gattungstypischen Authentizitätsanspruch:

> Si j'avois voulu suivre la coutume usitée depuis longtemps, j'aurois assuré avec hardiesse, que cet ouvrage n'est que la traduction d'un manuscrit grèc, trouvé dans les Ruines d'Herculanum …, mais les gens éclairés n'en auroient voulu rien croire. J'avoue donc ingénuement, que cette bagatelle est toute entière de moi, et que je suis seul respensable de tous les défauts qui la déparent. [33]

Unter Rückgriff auf unsere oben entwickelte Kategorie ›Erlebnisstil‹ lassen sich all diese historischen Beobachtungen systematisch zusammenfassen und als Symptome für einen globalen, von den Zeitgenossen freilich noch kaum wahrgenommenen Funktionswandel literarischer Gattungen in der französischen Spätaufkärung deuten. Die Umstellung von dominant narrativen auf dominant deskriptive Textstrategien ist begleitet von einem Wandel der Erfahrungen von Autoren hinsichtlich ihrer eigenen und der Rolle ihrer Leser. Mußte der Leser früher, in der Fabel sekundiert durch den ›geburtshelfenden‹ Erzähler und in der Utopie aufgrund eines angeblich objektiven Berichts selbst Erfahrungen bilden, so wird der zu vermittelnde Erfahrungsbestand im späten XVIII. Jahrhundert als bereits konstituiert angesehen. Als konstituiert, weil der allgemein menschlichen ›Vernunft einsichtig‹ nach Marmontels Fabeltheorie, als vom Autor allein zu verantwortender Sinnentwurf in der Utopie. Nach unseren theoretischen Überlegungen kommt es dem Rezipienten dann, wenn er prägnante Erfahrungskomplexe nur noch zu übernehmen braucht, zu, aufgrund der übernommenen Erfahrungen selbst Handlungsmotive zu bilden. Das heißt: wir können die in der französischen Spätaufklärung zu beobachtende Tendenz hin zu Textstrategien der Deskription als Anzeichen dafür verstehen, daß die überkommenen Gattungen intensiver als vielleicht je zuvor in der Funktionsstelle einer Vermittlung zwischen Erfahrung und Handeln beansprucht wurden.

Was nun eine Umstellung der dominanten Textstrategien und der von ihnen aktivierten Erlebnisstilarten in der anderen Richtung, von der Argumentation und Deskription hin zur Narration, funktional bedeutet, ist zumindest jedem Lehrenden und, wie einschlägige Kapitel bei Quintilian zeigen, auch den Advokaten geläufig. Rezipienten sind ganz offensichtlich eher bereit, Erfahrungen zu übernehmen, wenn ihnen der Autor/Sprecher deren Erwerb in einem polythetischen Prozeß ermöglicht. Freilich hat die Wahl zwischen Strategien, die deskriptiven oder narrativen Erlebnisstil aktivieren, auch etwas mit dem Niveau der Bewußtseinsspannung zu tun, das den Rezipienten von dem Deskriptionen oder Narrationen umgebenden weiteren Handlungskontext abverlangt wird. Dies genau scheinen die Manager kalifornischer Vergnügungsparks zu wissen oder sozusagen ›instinktiv‹ zu berücksichtigen. Denn sie präsentieren Delphin-, Walfisch- oder Raubtierdressuren, Vorführungen kühner Wasserskiläufer und selbst den Gang durch den Vergnügungspark noch ›narrativ‹. Der Gang durch den Park soll als ›Safari‹ erfahren werden, ›Polizisten‹ auf Wasserskiern besiegen mit Superman's Hilfe ihre bösen Antagonisten, und die Walfische haben Gelegenheit zu zeigen, was sie in der Dressur gelernt haben, indem sie ›arme Seeleute‹ vor den Machenschaften des Captain Hook retten. Wäre die Dressur deskriptiv-systematisch – beispielsweise: nach dem nur Zoologen nachvollziehbaren Prinzip wachsenden Schwierigkeitsgrads – strukturiert, so forderte sie den Zuschauern eine höhere Bewußtseinsspannung ab und würde – bei gleichem ›inhaltlichen Angebot‹ – als langweilig empfunden. Die in der Narration sich einstellende Entspannung, die mit Langeweile gerade nicht verwechselt werden darf, ist es auch, welche den ›Roman als Bettlektüre‹ und das ›Märchen vor dem Schlafengehen‹ zum idealen Übergang zwischen der Bewußtseinsspannung des Tags und jener der Nacht macht.

Anmerkungen

1 Vgl. Eberhard Lämmert: Bauformen des Erzählens. ²Stuttgart 1967, 17.

2 Vgl. Wolf-Dieter Stempel: Gibt es Textsorten? In: Elisabeth Gülich/Wolfgang Raible (Hgg.): Textsorten. Frankfurt 1972, 175–179.

3 Vgl. Eugenio Coseriu: Sprache, Norm und Rede. In: ders.: Sprachtheorie und allgemeine Sprachwissenschaft. München 1975, 11–101.

4 Vgl. Gérard Genette: Genres, ›types‹, modes. In: Poétique 32 (1977), 389–421, hier: 420.

5 Rainer Warning: Pour une pragmatique du discours fictionnel. In: Poétique 39 (1979), 321–337, hier: 325.

6 Vgl. als – relativ beliebig ausgewählte – Belege für das gattungstheoretische Interesse am soziologischen Institutionsbegriff: Wilhelm Voßkamp: Gattungen als literarisch-soziale Institutionen. In: Walter Hinck (Hg.): Textsortenlehre – Gattungsgeschichte.

Heidelberg 1977, 27 ff.; den dritten Abschnitt des in Fußnote (5) zitierten Artikels von Warning; Hans Ulrich Gumbrecht: Faszinationstyp Hagiographie. Ein historisches Experiment zur Gattungstheorie. In: Christoph Cormeau (Hg.): Deutsche Literatur im Mittelalter – Kontakte und Perspektiven. Stuttgart 1979, 39–84; und die instruktive Lektion ›Soziologische Fundierung literarischer Kategorien (I) – Diskursformen, Genres und Genre-Systeme‹. In: Jürgen Link/Ulla Link-Heer: Literatursoziologisches Propädeutikum. München 1980, 377–415.

7   Peter L. Berger/Thomas Luckmann: Die gesellschaftliche Konstruktion der Wirklichkeit – eine Theorie der Wissenssoziologie. [2]Frankfurt 1971, 58.

8   Vgl. unter anderen Abhandlungen: Peter Bürger: Institution Kunst als literatursoziologische Kategorie. In: ders: Seminar: Literatur- und Kunstsoziologie. Frankfurt 1978, 260–279.

9   Bürger, 277.

10 Algirdas Julien Greimas/Joseph Courthés: Sémiotique – dictionnaire raisonné de la théorie du langage. Paris 1979, 250 f. (Artikel ›narrativité‹).

11 Karlheinz Stierle: Die Struktur narrativer Texte. Am Beispiel von J. P. Hebels Kalendergeschichte ›Unverhofftes Wiedersehen‹. In: Helmut Brackert/Eberhard Lämmert (Hgg.): Funk-Kolleg Literatur I. Frankfurt 1977, 210–233, hier: 217.

12 Lämmert: Bauformen, 21.

13 Genette: Genres, 420.

14 Thomas Luckmann: Philosophie, Sozialwissenschaft und Alltagsleben. In: Soziale Welt 24 (1973), 137–168, hier: 164.

15 Vgl. zu dieser Argumentation etwa das Kapitel ›Die Lebenswelt als unbefragter Boden der natürlichen Weltanschauung‹. In: Alfred Schütz/Thomas Luckmann: Strukturen der Lebenswelt. Neuwied 1975, 23–26. – Die Vermittlung des Lebenswelt-Begriffs mit dem Narrationsbegriff ist ausführlicher begründet in: Hans Ulrich Gumbrecht: Erzählen in der Literatur / Erzählen im Alltag. In: Konrad Ehlich (Hg.): Erzählen im Alltag. Frankfurt 1980.

16 Die an dieser Stelle beendete Argumentationslinie geht auf eine Anregung aus dem Artikel von Michael Giesecke und Dieter Flader zurück, der ebenfalls in dem Band ›Erzählen im Alltag‹ (vgl. Fußnote (15)) publiziert wird.

17 Schütz/Luckmann: Strukturen, 44–46.

18 Zur Unterscheidung von ›polythetischer‹ vnd ›monothetischer‹ Reproduktion von vergangenen Erfahrungen vgl. Alfred Schütz: Der sinnhafte Aufbau der sozialen Welt. [2]Wien 1960, 68 f. – Vgl. Husserl: Zur Phänomenologie des inneren Zeitbewußtseins, 26: »Indem das zeitliche Objekt in die Vergangenheit rückt, zieht es sich zusammen ...«.

19 Vgl. Schütz/Luckmann: Strukturen 44–46.

20 Zuletzt in: Les temps et les personnes. In: Poétique 39 (1979), 338–352, hier: 340: »si les temps verbaux du monde commenté sont pour l'auditeur/lecteur des signaux d'attention et d'alerte, ceux du monde raconté sont pour lui des signaux de repos et de la fin d'alerte«.

21 Vgl. das Kapitel ›Aktive und passive Genese‹ in: Edmund Husserl: Cartesianische Meditationen und Pariser Vorträge. Den Haag 1973, 111–113.

22 Vgl. Karl Bühler: Sprachtheorie. [2]Stuttgart 1965, 28.

23 Wolfgang Iser: Der Akt des Lesens – Theorie ästhetischer Wirkung. München 1976.

24 Vgl. Hans Ulrich Gumbrecht: Faszinationstyp Hagiographie (vgl. Fußnote (6)) und ders.: ›Das in vergangenen Zeiten Gewesene so gut erzählen, als ob es in der eigenen Welt wäre‹ – Versuch zur Anthropologie der Geschichtsschreibung. Erscheint in: Jörn Rüsen (Hg.): Theorie der Geschichte IV. München 1981.

25 Den Terminus ›Faszination‹ übernehmen wir verschiedenen Arbeiten des Altgermanisten Hugo Kuhn (genauere Angaben in dem Aufsatz ›Faszinationstyp Hagiographie‹, 42–47), der damit allerdings einen Begriff auf der kategorialen Ebene historisch lokalisierbarer Kommunikationsnormen bezeichnete. Als rekurrente Aufmerksamkeitsrichtung, über deren Gründe das erlebende und erfahrende Subjekt nicht reflektiert, ist ›Faszination‹ abzuheben von ›Interesse‹ als motivgeleiteter Aufmerksamkeitsrichtung.

26 Auf ein besonders eindrucksvolles Beispiel, nämlich Biographien aus der amerikanischen Medien-, Intellektuellen- und Underground-Welt hat mich Jann Matlock hin-

gewiesen: Katinka Matson: Short lives – portraits in creativity and self-destruction. New York 1980. – Das in mittelalterlicher Hagiographie besonders häufige Motiv der ›Enthauptung mit einem Schwertstreich‹ (als Ende einer langen Sequenz von Folterungen etwa in den Georgs- oder Margareten-Viten) denotiert in einem Folklore-Kontext das Durchbrechen einer Verwünschung, durch die eine Seele in einen fremden Leib verbannt wurde (Hinweis von Evelyne Simoni-Hart).

27 Wolf-Dieter Stempel: Aspects génériques de la réception. In: Poétique 39 (1979), 353–362, hier 359 f.

28 Genette: Genres, 421 (Fußnote (78)).

29 Friederike Hassauer-Roos: Die Philosophie der Tiere: von der theoretischen zur praktischen Vernunft. Untersuchungen zu Funktions- und Strukturwandel in der Fabel der französischen Aufklärung. Diss. Bochum 1980. Marion Wedegärtner: Staatspolitische Programmschriften und die utopischen Romane in der französischen Literatur des XVIII. Jahrhunderts – Studien zu ihrer funktionsgeschichtlichen Komplementarität. Wissenschaftliche Hausarbeit Bochum 1980.

30 Hassauer-Roos: Die Philosophie der Tiere, 344.

31 Neben den einschlägigen Standardwerken von Koselleck und Habermas greift Hassauer-Roos in diesem Teil ihrer Dissertation auf eine neuere Arbeit von Niklas Luhmann zurück: Interaktion in Oberschichten – zur Transformation ihrer Semantik im 17. und 18. Jahrhundert. In: ders.: Gesellschaftsstruktur und Semantik. Studien zur Wissenssoziologie der modernen Gesellschaft. Band I. Frankfurt 1980, 72–161.

32 Vgl. Wedegärtner: Staatspolitische Programmschriften, 47.

33 Moutonnet de Clairfons: Les Isles Fortunées ou les Aventures de Barthylle et de Cléobule. Paris 1778, VII f. Zitiert nach Wedegärtner, 70 f.

ZORAN KONSTANTINOVIĆ

Variationen der Erzählformen im gegenwärtigen Wandel der literarischen Gattungen

Jede eingehendere Erörterung von Problemen des Erzählens muß wohl auch eine Auseinandersetzung mit dem Begriff der Gattungen erfordern, denn es scheint vorerst, als ob Erzählen nur ausschließlich aus der Komplexität der epischen Gattungen zu erklären sei. So stellt auch Lämmert in diesem Sinne den Gattungen als »historischen Leitbegriffen« die Vorstellung von Typen als »ahistorischen Konstanten« gegenüber und sieht in der Erfassung typischer Stil- und Darbietungsformen des Erzählens eine Möglichkeit zur systematischen Ordnung. Diese Stil- und Darbietungsformen jedoch stehen ohne historische Relation zur Gattungsbildung, »denn die Individualität einer Erzählform äußert sich letzten Endes in der eigenwilligen Wahl, Kombination und Bekörperung typischer Darbietungsmittel.« [1]

Eine solche Aufteilung auf historisch wandelbare Gattungen und konstante typische Darbietungsmittel lenkt nun den Blick doch wieder auf Staigers *Grundbegriffe der Poetik,* mit denen Heideggers Lehre von der Zurufung des Seins und den in ihr enthaltenen drei fundamentalen Seinsweisen rational erfaßt und auf diese Weise eine fundamentalontologische Poetik erarbeitet werden sollte. Als Ausgangspunkt diente dabei die nicht von der Hand zu weisende Annahme, daß gerade die Literatur, die Summe aller unserer Erfahrungen und die uns immer gegenwärtige Orientierungshilfe, am ehesten auch die ins Transzendentale weisenden Formen unserer Existenz erschließen könne. »Die Begriffe lyrisch, episch, dramatisch sind literaturwissenschaftliche Namen« – so Staiger – »für fundamentale Möglichkeiten des menschlichen Daseins überhaupt, und Lyrik, Epos und Drama gibt es nur, weil die Bereiche des Emotionalen, des Bildlichen und des Logischen das Wesen des Menschen konstituieren«. [2] Die Dreiheit des Lyrischen, Epischen und Dramatischen war hiermit in ein System zum Emotionalen, zum bildhaften Formen und zum Logischen gesetzt und damit auch zu den Kategorien des Fühlens, des Zeigens und des Beweisens.

Literaturbetrachtung demnach als Weg zur Bestimmung vom Wesen des Menschen und seinen Seinsweisen, eine anthropologische Vorgangsweise als Übergang von der Phänomenologie zur Ontologie. Die Literatur – so heißt es – zeigt uns, was der Mensch ist. Womöglich noch beeindruckender war dann die Verknüpfung von Staigers Betrachtungen mit den drei zeitlichen Dimensionen. Gegenwart, Vergangenheit und Zukunft, bei Husserl das aktuelle Erlebnis im Schnittpunkt von Retention und Protention, die »Extasen« in Heideggers Terminologie, werden nun in den *Grundbegriffen* poetologisch als zeitlich-existentielle Wesenhaftigkeit formuliert: das Lyrische als Vergangenheit, als Gewesenheit, die Stimmung überhaupt erst möglich macht, als das Emotionale, das Fühlen als Er-innerung, als Ein-gehen in eine Stimmung; das Epische als Auflebenlassen in der Gegenwart, als Zeigen in Bildern und als Betrachten aus einem Abstand heraus; das Dramatische als Blick in die Zukunft, als Fähigkeit ein Problem zu entwerfen und dabei in logischer Weise Spannung zu erzeugen, um letztlich das, was geschehen soll und auch wirklich geschieht, zu beweisen. Problem, von προβάλλω, meint übrigens im Griechischen das, was vorgeworfen wird, das Vorgeworfene. Staigers Gedanke jedoch, daß das Epische und Dramatische zugleich weiterschreitende Stufen des Lyrischen sind, was wiederum in der Sprache analog zur Entwicklung vom emotionalen und sinnlichen Ausdruck (Lyrik) über die anschauliche Darlegung und das begriffliche Denken (Epik) bis zur logischen Hinführung auf ein beabsichtigtes Ende (Drama) verläuft, zeigt die Verwurzelung dieses Schemas der poetischen Gattungen in Hegels Dialektik, obwohl dieser bekanntlich der Epik vor der Lyrik den Vorrang gab und diese überhaupt als die grundlegendste Gattung betrachtete. [3]

Plato und Aristoteles sprachen von der lyrischen Dichtung als Nachahmung von des Dichters eigener »persona« und behaupteten für das Drama, diese Person wäre darin überhaupt nicht sichtbar, während sie in der Epik eine Mischung von beiden – sowohl der lyrischen Dichtung als auch des Dramas – zu erkennen glaubten. In der deutschen Wissenschaft wiederum galt für lange Zeit und allgemein die Auffassung Goethes von den drei »Naturformen« der Dichtung und die Annahme, daß aus entsprechenden Vermengungen von Epos, Lyrik und Drama die verschiedenen Unterarten und Unterteilungen entstehen:

> Man wird sich aber einigermaßen dadurch helfen, daß man die drei Hauptelemente in einem Kreis gegen einander über stellt und sich Musterstücke sucht, wo jedes Element einzeln obwaltet. Alsdann sammle man Beispiele, die sich nach der einen oder nach der anderen Seite hinneigen, bis endlich die Vereinigung von allen dreien erscheint und somit der ganze Kreis in sich geschlossen ist. [4]

Wenn nun – nach Staiger – Vergegenwärtigung von Welt das Wesen des Epischen darstellt, so werden – gleichfalls nach Staiger – Worte in der epischen Dichtung nicht wie in der Lyrik »Schrele der Empfindung« sein und es darf ihnen auch nie an denotativer Bedeutung fehlen. Im Unterschied zu lyrischen Worten, die danach streben, das zu werden, was sie ausdrücken wollen, stellt der epische Satz etwas vor, er vergegenwärtigt es. Zwar kann auch lyrische Dichtung mit einem rein musikalischen Ausdruck vergegenwärtigen, doch der epische Dichter ist immer bemüht, einen Gegenstand oder eine Tätigkeit auch zu bezeichnen und darzustellen:

> Epische Lautmalerei will etwas mit sprachlichen Mitteln verdeutlichen. Auf ein Verdeutlichen, Zeigen, Anschaulich-machen kommt es hier überall an. [5]

Das Schlüsselwort, das für Staiger die Erzählform der Epik kennzeichnet, ist demnach Vergegenwärtigung; es bedeutet, daß uns der Dichter »alles so vor Augen« stellt, »als hätte er es mit Augen gesehen«. Er – der Dichter – bildet »Gegenwart und begründet vergegenwärtigtes Leben, indem er zeigt, woher es kommt«. [6]

Lämmert anerkennt in Staigers Grundbegriffen »durchaus zeitlose Stilqualitäten«, die sich aber nicht mehr »auf konkrete Werkgruppen, sondern auf typische Äußerungsmöglichkeiten *jedes* Dichtwerks« beziehen:

Neben diesen ›Grundbegriffen‹ läßt Staiger die Begriffe Epik, Dramatik, Lyrik als Einteilungsschemata konkreter Dichtungsgruppen weiterbestehen [...]. Diese Hauptgruppen können deshalb sowohl literaturgeschichtlicher wie dichtungswissenschaftlicher Forschung als Oberbegriffe gelten. [7]

Im Zusammenhang damit möchte ich in meinen Ausführungen, die sich unmittelbar an W. Voßkamps punktuelle Zusammenfassungen und an das Referat von H. U. Gumbrecht anschließen, versuchen, die von Voßkamp erwähnte Rückweisung auf Fundierungsprobleme und die von Gumbrecht vorgebrachten Erörterungen über den Ort der Narration in narrativen Gattungen zu ergänzen, und zwar mit dem Blick auf einige gegenwärtige Gattungen und ihre Erzählformen, wobei versucht werden soll, auch die komparatistische Optik in die Betrachtungen hineinzubringen. Denn trotz Staigers metaphysischer Erhöhung von Fühlen, Zeigen und Beweisen bleibt die Bestimmung des Gattungsmäßigen, wie sie in diesem Falle vorgenommen wird, letztlich doch auf einen bestimmten, geographisch faßbaren geistigen Raum begrenzt. Um dies zu beweisen, würde es genügen, die Möglichkeiten einer allerweitesten Anwendung dieser Auffassung in der Weltliteratur zu überdenken. Aber auch Staiger erkennt, daß seine Poetik ausschließlich aus der deutschen Literatur abgeleitet ist und er vermerkt:

> Im Englischen, in den romanischen Sprachen dagegen sieht alles ganz anders aus. Der Engländer wird es kaum verstehen, daß Shakespeare nicht als unzweideutig dramatischer Dichter gelten soll. Der Italiener denkt, wenn er ›lirica‹ sagt, an Petrarcas *Canzoniere*. Für uns aber ist Petrarcas Werk kein Prototyp des lyrischen Stils. [8]

Auch wir haben übrigens hier im Laufe unseres Gesprächs darauf hingewiesen, daß zum Beispiel im deutschen Bereich die Trennung zwischen Roman und Novelle anders vollzogen wird als in anderen Sprachbereichen. Im Nachwort zu seinem Werk meint Staiger zudem:

> Ich gebe die Möglichkeit zu, daß alles nur in deutscher Perspektive von Interesse sei. Die Möglichkeit einer weltliterarischen Geltung scheint aber auch offen zu bleiben. Denn wenn am Schluß die Gattungsbegriffe im Wesen der Sprache verankert werden, und keineswegs nur der deutschen Sprache, so ist damit derselbe Anspruch erhoben, den Ernst Cassirer in seiner ›Philosophie der symbolischen Formen‹ erhebt, der Anspruch nämlich, man habe sich über den Menschen überhaupt geäußert. Ich bin mir der Fragwürdigkeit eines solchen universalen Anspruchs bewußt und weiß, daß es immer nur *meine* Welt, *mein* Universum oder das Universum eines bestimmten Kreises, einer bestimmten Tradition ist, von dem ich allenfalls reden darf. [9]

Nun, es ist zweifellos die europäische, auf der Antike beruhende Tradition, von der Staiger ausgeht, und sogar auch diese kann nicht auf alle Phasen der europäischen Literaturgeschichte schematisch angewendet werden. Immer wieder sehen wir uns der Tatsache gegenübergestellt, daß man der normalen und natürlichen Entwicklung vieler Literaturen nicht gerecht wird, indem man sie und vor allem ihre »inneren Gattungen« mit den Gesetzmäßigkeiten der griechischen Literatur zu identifizieren versucht, so daß die Anwendung von Begriffen wie Lyrik, Epik und Drama in solchen Fällen völlig willkürlich erfolgt. Noch nachdenklicher stimmt uns das Bild, wenn wir über die europäischen Literaturen hinaus und zu den Ursprüngen geschriebener Literatur zurückgehen. Man könnte zum Beispiel auf die Vielfalt von Formen in der altägyptischen Literatur hinweisen, die mit den uns geläufigen Gattungsbegriffen schwer festzulegen wäre: auf die Totenliteratur, die Weisheitsliteratur, die Zauberliteratur, die Fährmannsprüche und die Jenseitsführer, die dem Verstorbenen beim Durchwandeln der Ewigkeit behilflich sein sollten. Ebenso aufschlußreich vom Standpunkt der Gattungsforschung ist in diesem Falle die Abwesenheit anderer uns ansonsten wohlbekannter literarischer Gattungen. Die alten Ägypter besaßen kein Epos, sie kannten kein Drama und auch nicht den bestimmten Typus des Romans, den man in Hinblick auf Heliodor's *Aithiopica* als Zwei-Personen-Roman bezeichnen könnte und der somit den Prototyp für eine Gattung darstellt, aus der später zum Unterschied etwa vom Abenteuerroman – ich erwähne diesen Unterschied, um der Bemerkung H. Steineckes in seinem Referat gerecht zu werden – der eigentliche Liebesroman hervorgegangen ist.

Man muß sich natürlich die Frage stellen, wieso hatten die Ägypter kein Epos, kein Drama und praktisch auch keinen Roman? Das Fehlen dieser Gattungen führt letztlich dazu, die ausschließlich existentielle, die ontologische und auch anthropologische Grundlegung der Gattungstheorie, so wie sie Staiger vertritt, in Zweifel zu ziehen. Lassen wir jedoch die Frage durch einen führenden Ägyptologen, durch Alfred Hermann beantworten. Er meint:

> Zu einem Epos konnte es nicht kommen, weil die Ägypter, in einem abgeschlossenen Raum lebend und einem statischen Zeitbegriff verpflichtet, sich nicht dazu gedrängt fühlten, im Besingen von Heldentaten den Augenblick, das heißt eben die Zeit, auszuweiten, wie das antike Epos dies seiner Anlage und Funktion nach tut (André Jolles). Ein echtes Drama konnte nicht entstehen, weil den Ägyptern der Sinn für das Tragische grundsätzlich abging oder sie es vielmehr, wo sie es im Leben nicht übersehen konnten, auf magische Weise wegzumanipulieren suchten. Daß es nicht zu etwas wie dem Zweipersonen-Roman kam, könnte sich daraus erklären, daß den Ägyptern eine dualistische Weltvorstellung fehlte, daß sie also nicht zwischen einer oberen und einer unteren, einer helleren und einer dunkleren Welt unterscheiden mußten. Unwesentlich war ihnen daher eine Darstellungsform, die den gemeinsamen Weg zweier Menschen ins Auge faßt und ihre Begegnungen dem Eingreifen oberer, ihre Trennungen dem der unteren Mächte zuschreibt. Die Abwesenheit aller der genannten Literaturformen, die ihrerseits für Antike und Abendland so wesentlich wurden, hängt – will man es in einem einzigen Wort zusammenfassen – mit dem Fehlen des späteren europäischen Freiheitsbegriffes bei den Ägyptern zusammen; eine Tatsache wiederum, die sich aus der strukturellen Verschiedenheit ihres Wesens und der welthistorischen Phase ihrer Ära herleitet und darum den Ägyptern selbst nicht zur Last gelegt werden sollte (Alfred Weber). [10]

Alfred Weber, ein Bruder von Max Weber, Begründer der industriellen Standortlehre und Vertreter einer universellen, die Geschichte umfassenden Kultursoziologie, könnte hiermit seine Standorttheorie mittelbar auch von der der Literaturbetrachtung bestätigt sehen. Jedenfalls, denken wir nur daran, was wäre zum Beispiel die gesamte europäische Tradition ohne den Romanbegriff von Richardson und Johannes Hermes, ohne diesen Begriff, der vor allem von »einer wunderbaren oder mit Verwirrung durchwebten Liebesgeschichte« ausgeht. [11] Die Abwesenheit aller der genannten Literaturformen in der altägyptischen Literatur, die ihrerseits für die Antike und unseren Kulturkreis so wesentlich wurden, würde demnach, so könnte man sagen, mit dem Fehlen des späteren europäischen Individualismusbegriffes bei den Ägyptern zusammenhängen. Das wäre zweifellos noch zu überdenken. Eine wesentliche Rolle spielte aber andererseits auch im Falle der altägyptischen Literatur durch alle ihre Gattungen hindurch die Handhabung der Sprache, das Erzählen.

Wir dürfen uns demnach offensichtlich bei einer umfassenden Betrachtung der Gattungsproblematik nicht ausschließlich an unsere europäischen Vorstellungen halten, und das würde vor allem bedeuten – an die Tradition unseres logischen aristotelischen Denkens, an die von Hegel artikulierte Vorstellung von der Erreichbarkeit des absoluten Zieles durch das Zusichselberkommen des Geistes und von der Reproduzierbarkeit dieses Prozesses durch die dialektisch fortschreitende Vernunft; wir dürfen uns auch nicht ausschließlich von unserer Auffassung der Zeit lenken lassen. Das zyklische Denken der Inder zum Beispiel beeinflußt auch die Literatur und die literarische Gattungsentwicklung der Inder. Dieses Denken ist schwer in Einklang zu bringen mit unseren europäischen Vorstellungen. Als es zu Beginn des 20. Jahrhunderts zum Beispiel zu ziemlich intensiven Indienbegegnungen deutscher Dichter kam, wobei sich jeder von ihnen das holte, was ihm wünschenswert erschien (Keyserling die Sein- und Scheinproblematik, Dauthendey den Konflikt der Weltbejahung und Weltverneinung, Stefan Zweig das Streben nach einem schuldlosen Dasein), da war das Resultat – wie uns ein Inder versichert – letztlich doch nur eine dünne Mischung zwischen indischem Gedankengut und der Ideenwelt des jeweiligen Dichters. [12] Die Chinesen wiederum schreiben in Bildzeichen und in ihrer Art des Denkens kreisen sie assoziativ gleichfalls um solche Bildzeichen. Mit ähnlichen Problemen kommen wir in Berührung, wenn wir zum Beipsiel das japanische Haiku zu erklären versuchen. Es geht dabei nicht darum, daß der dritte Vers formal einen neuen, für uns unerwarteten Gedanken aufgreift, sondern das Haiku entspringt einer besonderen Form des Denkens, die zu besonderer metaphysischer Tiefe führt. In den Nô-Spielen wiederum bringt der Chor die Handlung erzählend in Gang, greift jedoch weiterhin nicht wie der antike Chor in das Geschehen ein. Durch kunstvolle Stilisierungen ist jede kleinste pantomimische Bewegung und jedes Wort genauestens festgelegt; eine expressive Darstellungsweise hat die fehlenden Dekorationen und Requisiten zu ersetzen. In den chinesischen Bühnentexten dagegen wechseln gesprochenes Rezitativ und gesungene Arie. Jede Anwendung unseres gebräuchlichen Gattungssystems müßte demnach sowohl bei der japanischen als auch bei der chinesischen Literatur zu Mißverständnissen führen. Oder – um ein anderes Beispiel zu erwähnen – in diesem Augenblick wird in Deutschland die afrikanische Literatur sehr gefördert. Eckhard Breitinger hat minuziös nachgewiesen, wie der Erstling der neueren anglophonen Literatur, Amos Tutuolas *Palm-Wine Drinkard* von 1952, ein Roman, so könnten wir nur sagen, locker aus Märchen geformt, den oralen Traditionen des Geschichtenerzählens verpflichtet ist. [13] Von Episode zu Episode wird die Erzählung weitergesponnen; Prüfungen, Abenteuer und retardierende Idylle werden aneinandergereiht, ohne daß eine Kausalität in der Abfolge der Ereignisse sichtbar würde. Die Episoden sind untereinander beliebig austauschbar und die Erzählung wird nicht zu einem die Fäden der Handlung zusammenfassenden Schluß geführt, sondern sie endet eher willkürlich mit einem gleichsam offenen Schluß, der eine Fortsetzung möglich erscheinen läßt. Der Zeitbegriff ist in diesem Falle ein sozusagen ökologischer. Er bewegt sich ausschließlich im Rahmen der vier Jahreszeiten.

Die von Staiger entworfene Betrachtungsweise ist demnach begrenzt; sie erfaßt nicht die literarischen Äußerungen der gesamten Menschheit in ihrer Wesenheit und so könnte sie auch nicht als ontologisch im umfassenden Sinne des Wortes bezeichnet werden. Unterschiedlich gearteten Denkweisen entspringen auch unterschiedliche literarische Formen. So behauptet man aus der europäischen Tradition heraus, das Lyrik als Ausdruck des reinen Ich die höchste und ursprünglichste Seinsform der Subjektivität ist. Aus kulturhistorischer Sicht jedoch könnte man einer solchen Behauptung entgegenhalten, daß in der Weltliteratur die Lyrik nicht unmittelbar aus dem Gefühl des Ichs entstanden ist. Jenes zutiefst persönliche Ich entwickelte sich sehr langsam aus dem kollektiven Charakter des »wir« in den frühesten Hymnen oder über die kultische Aussage zur Totenfeier vorerst in der dritten Person, bis dann der am Grabe des Vaters Opfergaben spendende Sohne als Ich zum Du zu reden beginnt. Der Weg zu jenem Ich aber, zur äußersten Subjektivität, mit der Staiger ontologisch ansetzt, dieser Weg bis zu dem Augenblick, wo sich das Ich seiner selbst am tiefsten bewußt wird in jenem sich völlig hingebenden Hinströmen zum geliebten Du oder im Aufgehen in der Natur – das ist ein sehr, sehr weiter Weg. In der Weltliteratur wurde Liebeslyrik, in der sich mit der Äußerung individueller Gefühle das Ich selbst frei ausspricht, erst relativ spät aufgeschrieben und gesammelt. Als Zeit der ersten Niederschrift gilt die Herrschaft der 19./20. ägyptischen Dynastie [14], die Zeit demnach ab 1320 v. Ch., was sicherlich nicht bedeuten soll, daß es solche Lyrik nicht auch vorher schon gegeben haben mag, diese jedoch – als zu profan – nicht aufgezeichnet wurde. Aber die Liebeslyrik ist sicherlich – und das steht fest – erst nach einer ganzen Reihe anderer Gattungen entstanden.

Wenn wir uns nun in einem Riesensprung aus allerfernster Vergangenheit in die Gegenwart versetzen und uns den jetzigen Augenblick der Lyrik vor Augen halten, so ist dieser gekennzeichnet nicht nur durch die Aufgabe des Reims, sondern auch der Subjektivität. Gedichte sind zur Zeit viel eher Erzählungen aus der Er-Perspektive. Sie vermitteln Anlässe, ohne in ihnen aufzugehen. In einem solchen Gedicht von Friedrich Christian Delius zum Beispiel, aus einer Unzahl ähnlicher ausgewählt, das den Titel *Junge Frau im Antiquitätenladen* trägt [15], berichtet der Dichter ohne irgendwelche Anteilnahme von einer jungen Frau, die er zufällig für einen Augenblick vor einem Antiquitätenladen beobachtet und die, wie so viele Frauen, Antiquitätenläden liebt, jene kleinen Sachen darin, die eine Wohnung in besonderer Weise zu verschönern vermögen. Sie tritt in den Laden ein, die Sachen gefallen ihr – und sie könnte sie wahrscheinlich ohne Geld bekommen, indem sie sich dem Antiquitätenhändler hingibt, doch sie dreht sich um und verläßt das Geschäft. Damit verliert auch der Dichter sie für immer aus den Augen. Es ist die Dichtung der Neuen Sentimentalität, der Neuen Innerlichkeit, und es wird einfach etwas erzählt, ohne Reim. Gattungsmäßig ist es ein Erzählgedicht, eine Form für sich. Diejenigen, die eine solche Lyrik abwerten wollen, sprechen von journalistischer Lyrik oder vom lyrischen Journalismus. Sprachlich ist es eine Prosaform, die gattungsmäßige Abgrenzung wird fließend, so wie sie fließend ist auch in den Formen des epischen Theaters und des Dokumentarstückes.

Die Gattungen wandeln sich demnach, ohne daß wir ihnen dabei der Bezeichnung nach immer gerecht würden und so zum Beispiel als Lyrik auffassen, was häufig nicht mehr Lyrik ist. Zugleich aber wandelt sich unbewußt auch der Literaturbegriff insgesamt. Auch aus dieser Sicht vorerst und wieder einmal die Frage: Was ist zur Zeit Literatur? In *Meyers Enzyklopädie* aus dem Jahre 1905 (Bd. 12) lese ich noch unter dem entsprechenden Schlagwort, daß Literatur »im weitesten Sinne sämtliche in Schriften niedergelegten Bestrebungen des menschlichen Geistes« bedeute, die auf Nationalliteraturen, zu denen »vorzugsweise die dichterischen Erzeugnisse gehören«, aufgeteilt und nach Maßgabe historischer Epochen und Perioden oder gewisser allgemeiner Geistesströmungen sowie nach Maßgabe der Formen betrachtet werden kann, wobei zwischen einer rhythmischen, durch Reim und Rhythmus gebundenen, und einer prosaischen Form zu unterscheiden ist. Eine solche Betrachtung vorzugsweise dichterischer Erzeugnisse hätte demnach – so könnte man schließen – bestimmte Ordner zu füllen, nach Sprachen, nach Epochen, nach Perioden und nach Maßgabe der Formen. Hier kommt offensichtlich einer der Nachteile nicht nur der positivistischen, sondern auch der geistesgeschichtlichen Methode zum Ausdruck. Die geistesgeschichtliche Methode hat uns zwar als Synthesen im Sinne Diltheys die einzelnen Epochenbegriffe gegeben, jedoch wurden diese den großen westeuropäischen Literaturen entsprechend festgelegt und dabei sowohl zeitlich als auch ihrem Gehalt nach scharf abgegrenzt. Die Literaturen der kleineren europäischen Völker, besonders wenn die Kontinuität ihrer Entwicklung unterbrochen war, wurden in Anwendung dieser Epochenbegriffe in sonderbarster Weise dargestellt: eine Romantik vor der Klassik oder ein Biedermeier gemeinsam und gleichzeitig mit der Aufklärung. Völlig ausgeschlossen waren jedoch aus einer solchen Betrachtung die außereuropäischen Literaturen und ziemlich hilflos stand die geistesgeschichtliche Methode auch den Phänomenen der Überlagerung, den Fragen der Übergänge von einer Epoche zur anderen gegenüber, und in der Frage nach den Gattungen ging sie gleichfalls von einem festgefügten Schema aus, ohne dabei das Problem der konkurrierenden Gattungen richtig beantworten zu vermögen.

Ich erinnere hier nur ergänzend noch, daß der Begriff der schönen oder schöngeistigen Literatur, die Beschränkung auf vorzugsweise dichterische Erzeugnisse, erst eine Eingrenzung des 18. Jahrhunderts ist; bis dahin umfaßte die Darstellung von »Literatur« auch wirklich alles Geschriebene. Aber diese Aufteilung auf schöne und nichtschöne Literatur war von nun an bestimmend. Im Zeichen dieser Auffassung hat auch meine Generation ihr Literaturstudium beendet und versucht, wissenschaftlich zu arbeiten. Des Wandels jedoch, den der Literaturbegriff in der Zwischenzeit durchgemacht hat, kann man sich eigentlich erst so recht bewußt werden, wenn man in der neuen Ausgabe von *Meyers Enzyklopädischem Lexikon* den ausführlichen Artikel *Literatur* (Bd. XV, 1975), verfaßt von Peter Wapnewski, aufmerksam liest. Literatur ist nun »jeder zusammenhängende Text, der seiner Natur und Intention nach öffentlich und nicht unmittelbaren Gebrauchszwecken zubestimmt ist«. Die Aufteilung auf schöne und nichtschöne Literatur wird völlig aufgegeben, so daß die sogenannte Trivialliteratur als wirklichkeitserfassender und wirklichkeitsspiegelnder Komplex gleichfalls und mit Recht zum Gegenstand der Aufmerksamkeit, der Erörterung und der Erforschung geworden ist. Die Barrieren zwischen »fiction« und »non-fiction«, zwischen »erfundener« und »dokumentarischer« Literatur werden abgebaut, weil sie keine Qualitätsmerkmale hergeben und nur mehr einen Scheingegensatz fixieren. Neue soziale Bereiche haben neue Gattungen wie »Arbeiterliteratur« oder »Literatur der Arbeitswelt« und »Sozialreportagen« zur Folge. Die Technik hat dem Wort und seinen verschiedenen Erscheinungsformen neue Medien zur Verfügung gestellt. Das »Feature«, das »Hör- und das Fernsehspiel« erweitern den Apparat des Literarischen in gleichem Maße, wie sie einer gewissen Nivellierung seiner tradierten Wertvorstellungen Vorschuß leisten.

Das alles ist demnach Literatur. Der Begriff der Literatur erfaßt heute demzufolge sogar auch eine dem Literarischen so widersprechende Form wie das averbale Theater und im sozialen Angleichungsprozeß assoziiert sich der Dichter gewerkschaftlich als Schrift-steller mit dem Schrift-setzer.

Die im gleichen Jahr von Helmut Kreuzer veröffentlichte Broschüre unter dem Titel *Veränderungen des Literaturbegriffes* entwickelt ähnliche Gedanken wie Peter Wapnewski und sie wird auch von Walter Hinderer in der *Zeit* vom 1. August 1975 als Anregung »zum Überdenken einer Reihe falscher Positionen« vorgestellt. Einen zusammenfassenden Überblick jedoch über die gegenwärtigen Auffassungen zur Problematik der Gattungen bietet sicherlich Voßkamp, auf dessen Beitrag *Gattungen als literarisch-soziale Institutionen* (in: *Textsortenlehre – Gattungsgeschichte,* hg. v. W. Hinck, Heidelberg 1977) ich vorerst über eine Übersetzung in meine Muttersprache gestoßen bin. [16] Die Gattung wird nun als literarisch-gesellschaftliche Institution vorgestellt, denn die neueren Untersuchungen auf dem Gebiet der Theorie und der Geschichte der Gattungen, so meint Voßkamp, haben klar bewiesen, daß die Fragen der literarischen Gattungen nicht in befriedigender Weise gelöst werden können, ob man nun von normativen poetologisch-typologischen Grundbegriffen oder von klassifikatorischen Einteilungen ausgeht, so daß sich eine historische Auffassung empfiehlt, die auf der Geschichtlichkeit der literarischen Gattungen beruht und diese als historisch bedingte Formen der Kommunikation und der Vermittlung betrachtet, d. h. als soziokulturelle Erscheinungen. Die Abkehr vom ontologisch-anthropologischen oder auch nur literarisch immanenten Begriff der Gattung hat eben das Problem nach ihrem gesellschaftlich-historischen und funktional-historischem Charakter aufgeworfen. Welche Schlußfolgerungen – so fragt sich Voßkamp – sind der Tatsache zu entnehmen, daß die literarischen Gattungen ihren Mittelpunkt im Leben haben? Ist es möglich, das Verhältnis zwischen den literarischen Gattungen und den gesellschaftlichen Veränderungen zu bestimmen? Inwieweit wird die Geschichte der Gattungen durch Momente der realen Geschichte bestimmt? Kann man umgekehrt den Einfluß der literarischen Gattungen auf die historische Realität beweisen? Ist eine Poetik der Gattungen möglich als Geschichte der Gattungen? Am Beispiel von zwei unterschiedlichen Romangattungen aus dem XVIII. Jahrhundert, den Robinsonaden und dem Bildungsroman, beantwortet Voßkamp dann diese Fragen. So wird in Deutschland Daniel Defoes *Robinson Crusoe* zur Darstellung des sich stufenweise entwickelnden Charakters des Helden erweitert, was somit auch das Ende dieser Gattung und ihrer Funktion als literarisch-gesellschaftlicher Institution bedeutete, zugleich aber – aus ihr heraus – den Beginn einer neuen Gattung, des Bildungsromans, ankündigte, der nun der gesellschaftlichen und historischen Situation des letzten Drittels des 17. Jahrhunderts entsprach.

Es ist sicherlich interessant, daß sich schon Karl Marx Gedanken darüber machte, warum das Schema der Robinsonaden auf den Leser wirken mußte:

Robinsonaden, die keineswegs, wie Kulturhistoriker sich einbilden, bloß ein Rückschlag gegen Überfeinerung und Rückkehr zu einem mißverstandenen Naturleben ausdrücken [...]. Es ist vielmehr die Vorwegnahme der ›bürgerlichen Gesellschaft‹, die seit dem 16. Jahrhundert sich vorbereitete und im 18. Riesenschritte zu ihrer Reife machte. In dieser Gesellschaft der freien Konkurrenz erscheint der einzelne losgelöst von den Naturbanden usw., die ihn in früheren Geschichtsepochen zum Zubehör eines bestimmten, begrenzten menschlichen Konglomerats machen. Den Propheten des 18. Jahrhunderts [...] schwebt dieses Individuum des 16. Jahrhunderts [...] als Ideal vor [...]. Nicht als ein historisches Resultat, sondern als Ausgangspunkt der Geschichte. [17]

Auch bei Gumbrecht die Vorstellung von der Gattung als Institution, jedoch im Unterschied zu Peter Bürger (Institution Kunst sind »die epochalen Funktionsbestimmungen von Kunst in ihrer sozialen Bedingtheit«) sieht Gumbrecht im Sinne von Peter Berger und Thomas Luckmann in den Institutionen reziproke Typisierungen habitualisierter Handlungen durch Typen von Handelnden. Gattungen als Institutionen beziehen nach Gumbrecht Handlungserwartungen ein, jedoch ihre Genese, Stabilisierung, Modifikation und Auflösung hängt primär von ihren Funktionen ab und ihre Begriffsextension ist prinzipiell beschränkt. Den Narrationsbegriff aber – das scheint mir besonders wichtig und führt mich zu meinen einleitenden Ausführungen zurück – sucht Gumbrecht im Status einer *anthropologischen Konstante* (Herv. d. Vf. Z. K.) zu begründen, indem er sich dabei auf die phänomenologische Festlegung der Lebenswelt stützt. Da Sprache jedoch das wichtigste Medium zur Sicherung von Intersubjektivitäten in der Sinnbildung ist, schließt Gumbrecht auf *drei anthropologisch konstante Diskursformen: Erzählen, Beschreiben, Argumentieren* (Herv. d. Vf. Z. K.), die als lebensweltlich vorgegebene Erlebnisstile aufgefaßt werden. Gattungen bilden sich demnach sowohl aus anthropologisch konstanten Fundamenten – dem Erlebnisstil und der Faszination (dem Überschreiten der Grenzen der Lebenswelt), die den *modes d'énonciation* Gérard Genettes und Wolf Dieter Stempels Vorstellungen im Anschluß an Ingarden von dem Sublimen, dem Tragischen, dem Grotesken, dem Unverständlichen ähneln – als auch aus der Funktion, die sich auf der Ebene der Alltagswelt durch entsprechende Wahl der Textstrategien lokalisiert.

Zu dieser kurzen Bestandsaufnahme, die das Erfassen des Verhältnisses von Gattung und Erzählen zu umreißen versuchte, und die Brücke zur Erklärung aktueller Erscheinungen bilden sollte, möchte ich aus meinem Überblick der Problematik einen methodologischen Hinweis anbieten. Strukturalismus, Kybernetik, Semiotik und die gegenwärtige Hermeneutik nämlich, als die zur Zeit tragenden Inspirationen unserer methodologischen Bemühungen, haben uns die Vorstellungen von Strukturen, Systemen, Modellen und Zeichen vermittelt sowie das Wissen, daß einerseits unsere Erkenntnismöglichkeit durch die Tradition eingeengt ist, andererseits aber auch ein Werk sich uns jeweils nur in einer seiner Applikationen offenbart. Alle diese methodologischen Bemühungen scheinen letztlich in eine gemeinsame Vorstellung von Literatur als Kommunikation und von einer Theorie der Literatur als Teil einer allgemeinen Theorie der Kommunikation zu münden. Literatur wird jedenfalls als Prozeß erkannt, als System und zugleich als Summe von Systemen in einem stets sich erweiternden System der gesellschaftlichen Bezüge. Es ist auch hier – in der Diskussion zum Referat von Fritz Nies – der Gedanke aufgeworfen worden, daß von der Gattung als einem System, und zwar einem offenen und dynamischen System zu sprechen wäre. Die Vergleichende Literaturwissenschaft und vor allem ihre amerikanische Schule hat sich nun in den letzten Jahren besonders der Erforschung der Beziehungen von Literatur und anderen Gebieten menschlicher Tätigkeit gewidmet. In diesem Sinne scheint sich vor allem der Modellbegriff als Möglichkeit der Abstraktion und Verkürzung, zugleich aber auch des Erkennens der Übertragbarkeit von Strukturen aus einem Gebiet in das andere besonders anzubieten. Einzelne Erscheinungen, die man früher vielleicht nur als der Literatur eigen betrachtete, erweisen sich nun in diesem Sinn als übertragbar auch in andere Systeme. Um hier nur ein Beispiel zu erwähnen: Das Sonett konnte nur dort Aufnahme finden, wo bestimmte gesellschaftliche und damit auch bildungsmäßig verbundene Gegebenheiten vorhanden waren. Erstmals wurden diese offensichtlich in den italienischen Städterepubliken verwirklicht. Das Sonett ist demnach sicherlich auch ein soziologisches Modell. Die Renaissance mußte sich jedoch auch entscheiden, mit welchem Gefühl der Liebe sie dabei den wiederentdeckten Menschen auszustatten gewillt war. Die Antike bot ihr die Möglichkeit entweder der platonischen Liebe oder der Liebesauffassung der römischen Erotiker. Zwischen Antike und Renaissance lag jedoch die Einstellung des christlichen Mittelalters gegenüber der geschlechtlichen Liebe als Sünde. Der Dichter der Renaissance vermochte aber in dieser Hinsicht das Mittelalter nicht vollauf zu überwinden. Beatrice und Laura bleiben für ihn als körperliche Wesen unerreichbar. Für die Kulturgeschichte jedoch ist dieses in der Dichtung ausgedrückte Verhältnis zwischen Mann und Frau gleichfalls ein Modell, ein psychologisches Modell womöglich, so wie auch Sigmund Freud seine Prototypen der Literatur entnahm. Aber überall dort, wohin das Sonett drang, hat es in der Mitte der neuen Sprache auch ähnliche sprachliche Entwicklungen und neue Ausdrucksformen angeregt. So wäre das Sonett zudem noch ein sprachliches Modell im großen System des Petrarkismus, das alle diese Modelle umfaßt.

Ich hebe die Möglichkeit solcher Übertragungen hervor, weil sie mir als günstiger Ansatz erscheint, die Vorstellung vom Modell mit einer Betrachtung der Gattungen im kommunikationstheoretischen Rahmen zu verbinden. Solche Arbeiten stehen eigentlich noch aus, nur Gerhard F. Probst hat das Problem angeschnitten, indem er die Auffassungen der Rezeptionsästhetik zum Gattungsbegriff untersuchte, ohne dabei zwar im besonderen vom Modell zu sprechen. [18] Im Rahmen der Rezeptionsästhetik sind demzufolge Gattungen nach Jauß ein zeitlicher Prozeß kontinuierlicher Erstellungen und Veränderungen von Erwartungshorizonten. Eine der damit verbundenen Erkenntnisse von Probst lautet daher auch, daß der Zeitroman erst aus der Kommunikation des späteren rezipierenden Publikums mit dem Werk zum historischen Roman werden konnte. Immer wieder kommen wir dabei aber auf das Beispiel der Entstehung der Novelle zurück. [19] Bei Boccaccio ist nämlich die Anwesenheit einer Menge älterer erzählerischer oder didaktischer Gattungen oder Formen zu erkennen, das Exemplum, das Fabliau, die Legende, das Miraculum, die Lai – eine gälische, bretonische und provencalische Verserzählung, die Vida, die Nova, die Liebeskasuistik und dazu noch orientalische erzählerische

Formen. Für Jauß offenbart sich darin eine Diachronie, daneben ist jedoch auch immer eine Synchronie zu erkennen, in der Form nämlich, daß zum Beispiel die Gestalten in den chansons de geste und im höfischen Roman nicht austauschbar sind: Yvain nicht durch Roland, Charlemagne nicht mit Arthus.

So erkennen wir rückblickend Vielfalt dort, wo wir gewohnt waren, Einheit vorauszusetzen, und Durchgängigkeit, wo wir Kompaktheit annahmen. Das beste Beispiel dafür ist der Beitrag von Fritz Nies über die Kleingattungen in Frankreich des 17. bis 19. Jahrhunderts. Setzen wir aber solche Einheit und Kompaktheit in Form übergreifender Gattungsbegriffe nicht auch in der Gegenwart voraus? Können wir zum Beispiel heute überhaupt noch von einer gemeinsamen Gattung des Romans sprechen? Wären womöglich in der Synchronie die Gestalten des Nouveau roman austauschbar mit jenen, die in unserer Zeit den so populären Starroman prägen, wo berühmte Schauspielerinnen oder Fußballspieler sich selbst als Helden schildern auf ihrem Weg zum Ruhm? Solche Romane sind als Erlebnisstilart eine spezifische Form der Selbsterfahrung und als Gattung könnten sie unter dem Zeichen eines Erzählbemühens stehen, das als anthropologische Konstante erfaßbar wäre mit den Worten: Von der Schwierigkeit, die Eitelkeit zu überwinden. Aber diese Romane entsprechen bestimmten Erwartungen des Publikums und erfüllen auf diese Weise gleichfalls eine Funktion.

Ich wollte mich jedoch vorwiegend auf jene Gattungen beschränken, die wir in diesem Augenblick vielleicht als neue Gattungen betrachten könnten. Sind diese Gattungen wirklich neu? Wir sprechen zum Beispiel zur Zeit sehr viel über die sogenannte »Nonsensliteratur«. Wenn wir nun daraus ein Problem herausgreifen, so hat im deutschen Sprachraum Dieter Wellershof – soviel mir bekannt – in der Diskussion der Forschungsgruppe »Poetik und Hermeneutik« zum Thema des Komischen erstmals Gedanken auch zu einer Form der Nonsensliteratur, zum Blödeln vorgebracht. [20] Es würde sich demnach um die Gattung »Blödeleien« handeln (ohne daß zum Beispiel Gero von Wilpert diese Gattung schon in sein Sachwörterbuch der Literatur aufgenommen hätte). Daß hier eine Grundform der Komik sichtbar wird, ist unverkennbar, und daß damit auch das Blödeln im Verhältnis zu einem anthropologischen Bedürfnis steht, wird gleichfalls offensichtlich. Es ist jedenfalls eine Reduktionsform des Komischen als metaphysischer Qualität im Sinne Ingardens. Diese kann aber andererseits auch nur unter Berücksichtigung der Rezipienten, der Leser, Hörer und Zuschauer erfaßt werden. Das bedeutet zugleich, daß es zu unserem Zeitpunkt eine bestimmte Funktion besitzen muß, und diese offensichtlich als Verweigerung vor allem der Jugendlichen gegenüber den Normen der Konformität, der Kultur und der Gesellschaft. Eine solche Gattung erscheint demnach insgesamt als Erlebnisstil der Ablehnung, des Zwiespalts von emanzipatorischen und regressiven Bestrebungen und übt somit eine Abwehrfunktion gegenüber dem Konformitätsdruck unserer Zeit aus. Im Blödeln ist aber immerhin – und damit ergänzt Wolf Dieter Stempel die Ausführungen von Wellershof – ein System und dadurch unterscheidet es sich von Blödsinn und Stumpfsinn. [21] Die Redeform dieser Gattung jedoch scheint verwandt mit der phantastischen Darstellungsweise und mit der Struktur des Traums. Die einzelnen Elemente haben aber vor allem im Diskurs zu verhindern, daß sich

ein stimmiger Kontext herstellt; daß der Text als Aussage oder Meinung betrachtet werden kann. Er muß eben vor allem als eine Verweigerung angesehen
werden. Jedoch auch historisch läßt sich diese Gattung erfassen, beginnend
mit Lichtenberg und einigen Briefen des jungen Mozart.

Oder wie intensiv wird zur Zeit die Gattung der »Comics« und der »Adventure Strips« betrieben. [22] Beide dienen offensichtlich den Erwartungen eines
Spannungserlebnisses. Als Erlebnisstilart jedoch waren sie zuerst – so wie
auch im Feuilleton die Fortsetzung nach Wunsch des Publikums erfolgte – an
die Periodizität der Zeitungen gebunden und dadurch gleichfalls zu ständiger
Fortsetzung angeregt. *Popey* und *Flash Gordon* – der komische Held und der
heroische Mensch – sind zum Überleben verurteilt, denn die Serie darf nicht
enden und so müssen diese Gestalten immer alles überstehen, ohne in der
Idylle eines Happy-end zur Ruhe kommen zu dürfen. Man könnte die Funktion solcher Gestalten vielleicht in dem Sinne ableiten, daß sie dem Leser den
Kampf in der Alltagswelt ums Dasein vorzuleben haben. Die moderne Fabrik,
das System des Fließbandes, das unter dem unbegrenzten Konsumzwang
steht, besitzen auf diese Weise in den Comics und in den »Adventure strips«
ein entsprechendes Modell, eine symbolische Form ihrer Selbstproduktion.
Aber auch diese beiden Gattungen können auf inhaltliche und formale Vorläufer zurückblicken, die weit zurückreichen. Was die »Comics« im engeren
Sinne anlangt, so dürfen diese sich auf das Typen-, Situations- und Erwar-
tungsrepertoire des Märchens, der Tierfabel, des Trivialromans und der Hans-
wurstiade berufen, wobei die Handlung oft in eine harmlose Gesellschafts-
chronik eingebettet ist. Für das Handlungs- und Typenschema der »Adventure
strips« aber kann man Vorbilder aus Sagen und Epen, besonders aus den Ret-
tungs- und Erlösungsmythen, aus dem Schauer- und Abenteuerroman, der fa-
bulierenden Reisebeschreibung (Jules Verne) und der utopischen Literatur geltend machen.

Eine neue beachtenswerte literarische Gattung ist in Anlehnung daran auch
die »Science-fiction«. Sie hat jedoch mit Science, also mit Wissenschaft, gewöhnlich erheblich weniger zu tun als mit fiction, mit phantastischen Erfindungen, uralten Märchen und Mythenmotiven bis hin zur biblischen Schöpfungsgeschichte, zum Gilgamesch-Epos und zu den griechischen Sagen, von
da aus dann zu abenteuerlichen Fahrten ins Weltall und zu anderen Planeten.
Auch diese Gattung läßt sich in mehrere Kategorien, vielleicht erneut in Gattungen teilen: die Invasion aus dem All, die losgelassenen Monster, die Apokalypse und das Leben danach, die Reise zu den Sternen, die pessimistischen
Zukunftsvorstellungen. Jedoch, was kommt in diesen Science-fictions eigentlich zum Ausdruck? Einerseits sind es wohl die Sehnsüchte des Menschen unserer Zeit, andererseits erfüllen sie aber auch eine Funktion, und zwar als eine
Art Sozialhygiene, denn die in vielen Science-fictions dargestellten Schrecken,
die da kommen könnten oder werden, fürchterliche, nie gesehene Tiere oder
Vernichtungsmöglichkeiten durch moderne Waffen, Strahlenschäden und ra-
dioaktive Verseuchungen, bannen wahrscheinlich schon allein durch ihre Vergegenwärtigung die Angst vor dem bis dahin Unbekannten. Die Erzählform jedoch ist stereotyp:

Die typische Science-fiction ist ein kollektives Phänomen mit einer Reihe von etablierten Kunstgriffen, Handlungselementen, stehenden Figuren und Themen, die endlos wie-

derholt und miteinander kombiniert werden, mit nur geringen Variationen von Geschichte zu Geschichte und selbst von Autor zu Autor. Schon die Nomenklatur verrät jedem Kenner, wie stereotyp diese Versatzstücke geworden sind: PSI-Kräfte, Zeitmaschinen, Hyperraum, ›Terra‹ (für die gute alte Erde), ›Sol‹ (für die Sonne) ›Kredit‹ (als Währungseinheit), ›space warp‹ und so weiter. [23]

Der Science-Fiction völlig entgegengesetzt sind die verschiedenen Gattungen der Dokumentarliteratur, die, beginnend mit den 60-er Jahren, eine Fülle literarischer Produkte inspiriert. Schon 1891 soll Fontane vorgeschlagen haben, den Literaturbegriff auszuweiten und den Journalisten und Essayisten gleichberechtigt neben den Roman- und den Stückeschreiber zu stellen. [24] Seine Begründung ging dahin, daß weder Realismus noch Naturalismus imstande wären, die Wirklichkeit wiederzugeben. In einer solchen Behauptung war wohl auch der Gedanke enthalten, daß die immer abstrakter werdenden Ordnungsprinzipien in der Gesellschat sich anschaulicher Darstellung und Beschreibung entzogen hatten. Gerade darin, die Welt wieder darzustellen und zu beschreiben, dürfte auch die große Bedeutung der Dokumentarliteratur liegen. Die Entwicklung der Medien hat ihrerseits ein übriges dazu beigetragen. So unterscheiden wir heute als Gattungen »Korrespondenzberichte«, »Interviews«, »Protokolle«, »Lebensberichte« (dokumentarische), »Features« und »Reportagen«. Was ist zum Beispiel – so fragen wir uns – der Sinn einer Reportage? Christian Siegel, der ein Buch zu diesem Thema veröffentlichte (*Die Reportage,* Stuttgart 1978), beendet seine Ausführungen mit einem zusammenfassenden Kapitel, das den Titel trägt: *Die Welt entdecken, nicht erfinden.* Die Funktion dieser Gattung wäre demnach, eine immer komplizierter werdende Welt durchschaubar zu machen und den Bedürfnissen des Menschen gegenüber den Fachargumenten und den sogenannten Sachzwängen der Experten Ausdruck zu verleihen. Da in der Reportage nicht persönliche, private, sondern gesellschaftliche, systembedingte Zustände dargestellt werden sollen, muß in den Einzelheiten und in den Verhaltensweisen der einzelnen Personen das allgemein Gültige deutlich werden. Die dargestellte Situation und die Reaktion und die Motivation der Personen sollen daher typisch sein, damit der Einzelfall exemplarisch für allgemeine gesellschaftliche Zusammenhänge stehen kann und transparent wird. Die Reportage entwickelt aber anderseits eine spezifische Lebendigkeit des sprachlichen Stils, indem sie zum Beispiel auch ein zufälliges Räuspern, Versprecher, Denkpausen, Wortwiederholungen oder diskontinuierliche Gedankengänge notiert (die Pausen eventuell mit »äh« und ähnlichen Dehnungen der Rede wiedergibt). Darin wäre schon der Unterschied zum ästhetisch professionellen Korrespondenzbericht sichtbar. Das Feature wiederum als Gattung vom geschriebenen zum gesprochenen Wort scheint sich als die beste Möglichkeit anzubieten, die Werkzeuge des Hörfunks richtig anzuwenden. Inhaltlich fordert das Feature keine Eingrenzung, der Themenkatalog reicht von der Konservenbüchse bis zur Landung auf anderen Planeten. Auch formal sind die Grenzen weit gesteckt. Zur Auflockerung der zu übermittelnden Information dürfen zudem alle technischen und dramaturgischen Mittel (Chöre, Dialoge, Musik) eingesetzt werden. Auch diese Kombinationen sind Formen des Erzählens. Fundament jedes Features ist jedoch der Originalton. Aber sowohl das Feature wie auch der Korrespondenzbericht, das Interview, das Protokoll, der Lebensbericht und die Reportage rücken die

Korrelation zwischen Text und Situation, in der der Text gesprochen wird, in den Vordergrund.

Ich versuche in diesem Zusammenhang auch die Frage des averbalen Theaters zu berühren. Wieso bei Handke zum Beispiel und bei Kroetz dieser Entschluß, averbale Stücke zu schreiben, ohne Worte zu erzählen. Auch Hans Holliger hat in diesem Sinne Beckets Theaterstück *Kommen und Gehen* zu einer Art Opernminiatur umfunktioniert. Drei Personen betreten abwechselnd die Bühne, ohne sich etwas zu sagen. Wahrscheinlich ist die Erklärung für diese Gattung des averbalen Theaters, wo man die Funktion des Sprechens aufgibt, eine Funktion, die zu den Existentialien des Menschen gehört und die Kommunikation zwischen den Menschen sichert, darin zu suchen, daß wir in einer entfremdeten Welt leben, in der wir nicht mehr miteinander zu sprechen vermögen. Trotzdem bleibt aber auch das averbale Theaterstück als eine Form des Schweigens zugleich eine Form des Erzählens, so wie heute Textstellen in Kursivdruck gleichfalls zur vielbenutzten Form solchen Erzählens werden.

Es war ein allerweitester Bogen, den wir in unseren Ausführungen bis zum gegenwärtigen Verhältnis des Wandels von Gattungen und Erzählformen zu spannen versuchten, um uns aber den ständigen Wandel zu vergegenwärtigen. Die bis in unsere Zeit hineinreichende Lehre von einer strikten Einteilung der Dichtkunst in bestimmte Gattungen – ein Erbe des 18. Jahrhunderts – scheint überwunden. Oder besser gesagt: Sie institutionalisieren sich und sie desinstitutionalisieren sich vom jeweiligen Standpunkt des Betrachters. So wird sich die Vielheit konkurrierender Institutionalisierungen von heute für den Betrachter von morgen vielleicht als Einheit ergeben. Über den historisch sich wandelnden Gattungen und den historisch sich wandelnden Betrachtungspunkt von Gattungen steht jedoch das Erzählen, das durch das Bedürfnis des Menschen nach Sinngebung und seinem Formwillen geprägte Sagen. Aus der indogermanischen Wortgruppe des »seku«, des Bemerkens, des Sehens, hat sich in den germanischen Sprachen das »er-sagen« zum »erzählen«, zum »bis zum Ende zählen« und damit zum »Sinn geben« gewandelt, ähnlich auch in den romanischen Sprachen, während es in den slawischen Sprachen noch als »er-sagen« (skazat› - rasskazyvat‹) verblieben ist. So steht Erzählen als Ersagen von Welt über allen Gattungen und ruht auch im Grunde aller Gattungen, und zwar Erzählen nicht nur mit Hilfe der Sprache sondern auch des Nichtsprechens, des graphemischen Zeichens und überhaupt vieler anderer visueller und tonaler Zeichen. Mit Recht hat Volker Klotz darauf hingewiesen, daß wir zum Beispiel heute auch für den Regisseur sagen, daß er erzählt. Es stellt sich jedoch in Anbetracht der gegenwärtigen Gattungen die große Frage, ob es sich bei dieser Erweiterung des Erzählens über die Sprache hinaus nicht doch auch um neue Formen des Erzählens im Wandel der Gattungen handelt. Aber ein Blick in die Weltliteratur lehrt uns, daß es auch hier nur um eine Änderung der Kombination geht, die als Formen den Erzählvorgang konstituieren, gliedern und verweben. Jedoch auch in den alleraktuellsten Gattungen und Kombinationen von Erzählformen der Gegenwart bleibt etwas, das wir immer wieder als beständig, als vom Menschen her konstant und somit wohl als anthropologische Konstanten werden verstehen müssen: Es sind grundlegende Verhaltensweisen, die im Erzählen zum Ausdruck kommen, so der Wunsch etwa, sich durch Erzählen zu verinnerlichen, oder sich andererseits zu integrieren, oder auch zu verweigern.

Anmerkungen

1 Eberhard Lämmert, Bauformen des Erzählens, Stuttgart ³1968, S. 16 und 17.
2 Emil Staiger, Grundbegriffe der Poetik, Zürich ⁷1966, S. 209.
3 Georg Wilhelm Friedrich Hegel. Sämtliche Werke (hg. v. H. Glockner), Stuttgart 1928, XIV, S. 322.
4 Johann Wolfgang Goethe. Sämtliche Werke, Jubiliäumsausgabe, Stuttgart 1902–1907, V, S. 223 und 224.
5 E. Staiger, Grundbegriffe, S. 93.
6 Ebd., S. 218 und 219.
7 E. Lämmert, Bauformen, S. 13 und 14.
8 E. Staiger, Grundbegriffe, S. 225.
9 Ebd., S. 245 und 246.
10 Alfred Hermann, »Die altägyptische Literatur«, in: Kindlers Literatur-Lexikon, München 1974, I, S. 27.
11 Eva D. Becker, Der deutsche Roman um 1780, Stuttgart 1964, S. 11.
12 Vridhagiri Ganeshan, Das Indienbild deutscher Dichter um 1900, Bonn 1975, S. 331.
13 Eckhard Breitinger, Black Literature, München 1979, S. 156–192.
14 Hannelore Kischkewitz, Lyrik aus dem ägyptischen Altertum, Berlin 1976, S. 86.
15 Friedrich Christian Delius, »Junge Frau im Antiquitätenladen«, in: Und ich bewege mich doch. Gedichte vor und nach 1969 (hg. v. J. Theobaldi), München 1977, S. 113.
16 Vilhelm Foskamp (Wilhelm Voßkamp), »Rodovi kao književnodruštvene institucije«, in: Književna kritika, 4/1974, Beograd, S. 5–18.
17 Karl Marx – Friedrich Engels, Über Kunst und Literatur. Eine Sammlung aus ihren Schriften, Berlin 1953, S. 205.
18 Gerhard F. Probst, »Gattungsbegriff und Rezeptionsästhetik«, in: Colloquia Germanica 1976/77, 1, S. 3–14.
19 Vgl. H. J. Neuschäfer, Boccaccio und der Beginn der Novelle. Strukturen der Kurzerzählung auf der Schwelle zwischen Mittelalter und Neuzeit, München 1969; H. R. Jauß, »Theorie der Gattungen und Literatur des Mittelalters«, in: Grundriß der romanischen Literaturen des Mittelalters (hg. v. H. R. Jauß u. E. Köhler), Heidelberg 1972, Bd. I, S. 107–138.
20 Dieter Wellenshof, »Infantilismus als Revolte oder das ausgeschlagene Erbe. Zur Theorie des Blödelns«, in: Das Komische. Poetik und Hermeneutik VII, München 1976, S. 335–357.
21 Wolf-Dieter Stempel, »Blödeln mit System«, in: ebd., S. 449–452.
22 S. als neuesten Überblick: Christina Holtz, Comics – ihre Entwicklung und Bedeutung, München-New York-London-Paris 1980.
23 Ernst Rottensteiner, »Erneuerung und Bewahrung in der Science Fiction«, in: Science Fiction (hg. v. Eike Barmeyer), München 1972, S. 340.
24 Theodor Fontane, »Unsere lyrische und epische Poesie seit 1848«, in: Theodor Fontane. Aufsätze zur Literatur, München 1969, S. 114.

HANS SANDERS

Institution Literatur und Theorie des Romans.
Zu Balzac's *Père Goriot* und Robbe-Grillet's *La jalousie*

Die Einführung des Konzepts der Institution Kunst/Literatur durch P. Bürger [1] impliziert eine Veränderung des klassischen literatursoziologischen Ansatzes. Dieser fragte nach der Beziehung von Werken bzw. Werkgruppen und Gesellschaftsstrukturen. Dabei wurde die Vermittlungsebene in den Werken selbst angesetzt (Kunstmittel, thematische Struktur usw.). Der Begriff der Institution bezeichnet demgegenüber eine übergeordnete Vermittlungsinstanz, die nämlich der Normen, die Produktion und Rezeption von Kunstwerken in verschiedenen Gesellschaften bzw. verschiedenen Epochen orientieren. Im folgenden wird versucht, dieses Konzept weiterzuentwickeln, indem zwei Fragen gestellt werden: 1. Läßt sich der kategoriale Apparat der Literatursoziologie durch Einbeziehung der Implikationen des Institutionsbegriffs in forschungspraktisch folgenreicher Weise differenzieren? 2. Welche Konsequenzen hat der institutionstheoretische Rahmen für den Gattungsbegriff? Diese Frage wird am Beispiel des Romans entwickelt.

1. Der soziologische Begriff der Institution (Systematischer Aspekt)

Wir folgen zunächst nicht einer soziologischen Schule, sondern versuchen Basisimplikationen des Begriffs herauszupräparieren, über die weitgehend Konsens besteht: 1. Auf der allgemeinsten Ebene schließt das Konzept eine Auffassung gesellschaftlicher Strukturen als objektiv gegebene Faktizität und als Sinnstruktur ein. Diese Auffassung erlaubt es, die spezifische Funktion kultureller Systeme zu erfassen. Neben der Synthesis durch Arbeit wäre die Synthesis durch Sinnkonstitution ein wesentlicher gesellschaftlicher Reproduktionsmodus. Dabei hat der Begriff der Sinnkonstitution offenbar den Vorteil, etwa gegenüber dem Widerspiegelungskonzept, eine Reduktion kultureller Gebilde auf ihre sozioökonomischen Rahmenbedingungen auszuschließen. 2. Ist Synthesis durch Arbeit als materielle Reproduktion analytisch im Bereich zweckrationalen Handelns anzusiedeln, so ist normative Reproduktion als Leistung kultureller Gebilde im übergreifenden Kontext kommunikativen oder Sinnhandelns festzumachen. 3. Lassen sich die Funktionen von Institutionen nicht unabhängig von epochalen Strukturen der Subjektivität untersuchen.

2. Zur Genesis des institutionellen Rahmens bürgerlicher Gesellschaften.
Institution Literatur und Roman (Historischer Aspekt)

J. Habermas unterscheidet traditionale und modern-bürgerliche Gesellschaften nach dem Kriterium der Beziehung von institutionellen Rahmen und dem

System zweckrationalen Handelns. [2] Dem Erklärungsmodell zufolge gilt für traditionale Gesellschaften: Der institutionelle Rahmen ist dominant gegenüber einem relativ schwachen System zweckrationalen Handelns. Gegenüber rationaler Kritik weitgehend immune Weltbilder (Religion) legitimieren die gesellschaftliche Ordnung. Für modern-bürgerliche Gesellschaften gilt demgegenüber: Die sprunghafte Entwicklung des Systems zweckrationalen Handelns bewirkt eine Umstrukturierung des institutionellen Rahmens im Sinne einer Rationalisierung. Dies bedeutet: Funktionsverlust der traditionalen Weltbilder, Ablösung des Legitimationsmodus Tradition durch den der rationalen Kritik.

2.1 Gibt es eine Beziehung zwischen dem durch das biografische Prinzip bestimmten Romantypus und dem Wandel des institutionellen Rahmens im Übergang zur bürgerlichen Gesellschaft? Wie läßt sich diese explizieren? – F. Fehêr und R. Girard beobachteten relativ konstante Elemente im Materialstand einer Reihe der bedeutendsten Romane des 18. und 19. Jahrhunderts. [3] Fehêr nennt: Zentralstellung des autonomen Subjekts, Pluralismus der Werte, Möglichkeit der Negation von Institutionen, Primat der Kategorie Zukunft. Girard zeigt am Beispiel der Konversion, daß der Roman der Identität der Zentralfigur unter dem leitenden Gesichtspunkt der Möglichkeit von Negation behandelt. – Während Legitimation qua Tradition fraglose Geltung beansprucht, etabliert der »Legitimationsmodus rationale Kritik« einen freilich begrenzten Spielraum von Negation. Das besagt: Die Konversion läßt sich als Objektivierung dieses Möglichkeitsspielraums im Materialstand der Gattung fassen. Dies gilt ebenso für die bei Fehêr benannten relativ konstanten Materialelemente. Demnach ließe sich der Roman als spezifisch literarisches Medium des »Legitimationsmodus rationale Kritik« begreifen.

3. Forschungspraktische Konsequenzen

Diese betreffen einmal das Verfahren der Romananalyse. Zentral ist der handlungstheoretisch verstandene Begriff der Identität. Untersucht werden somit nicht dargestellte Persönlichkeits-, sondern Kommunikationsstrukturen. Zum anderen liegt die Bedeutung der Auffassung des Romans als literarisches Medium des »Legitimationsmodus rationale Kritik« darin, daß sie Bestandteil einer Theorie soziokulturellen Wandels ist. Damit tritt die Frage nach der Beziehung von gesellschaftlichem Wandel und Evolution der Gattung in den Vordergrund. Drittens, insofern das Konzept historisch auf den Strukturwandel der Öffentlichkeit bezogen ist, impliziert es Annahmen hinsichtlich des Problems der gesellschaftlichen Rahmenbedingungen autonomer und engagierter Literatur. [4]

4. Roman und soziokulturelle Lebenswelt:
Balzac's Père Goriot und Robbe-Grillet's La Jalousie

Wir gehen davon aus, daß der Roman im Zusammenhang eines tiefgreifenden Wandels des institutionellen Rahmens zur dominanten aber freilich auch zu den Normen der Institution Kunst noch lange querstehenden Gattung wird. Der Wandel wäre mit dem Konzept der Rationalisierung zu charakterisieren. Dabei meint Rationalisierung nicht nur den Geltungsverlust der traditionalen Weltbilder, sondern auch etwas für den Bearbeitungsbereich der Kunst Spezifisches, die Herausbildung nämlich eines Problemfeldes, das für die Pilotgattungen der höfisch-absolutistischen Institution Kunst/Literatur nicht existiert bzw. dezidiert ausgegrenzt wird: Die Orientierung des Handelns in alltäglicher Lebenswelt. Dabei verstehen wir unter alltäglicher Lebenswelt den Handlungsbereich, der einerseits relativ bewegungsresistent von eingelebten Normen beherrscht wird (in anderen Institutionen, paradigmatisch im Bereich der Wissenschaft wird der Bruch mit traditionalen Vorgaben früher und radikaler vollzogen), andererseits aber vom Prozeß der *Rationalisierung von Erfahrung* auch besonders empfindlich tangiert wird: Mit dem Geltungsverlust traditionaler identitätsverbürgender Weltbilder entsteht das Problem der alltäglichen Orientierung des Handelns, umfassender das der sinnhaften Identifizierbarkeit der Lebenswelt. Unsere These ist: Während die herrschende und das heißt die in Ästhetiken theoretisierte Institution Kunst/Literatur noch dem traditionalen *Funktionsschema des Wegarbeitens von Kontingenz durch Überhöhung* [5] folgt, wird der Roman zum *Interpretationsmedium des neuen Problemfeldes alltäglicher Lebenswelt.* [6] Damit bildet sich ein postraditionales Funktionsparadigma innerhalb aber auch gegen die herrschende Institution Kunst. [7] Insofern hat der Roman ideologiekritische Funktion. – Was besagen diese Überlegungen in Hinblick auf Einzeltexte? Es soll im folgenden versucht werden, eine konkrete Antwort anhand eines Vergleichs zweier Romane zu geben, die als repräsentativ für zwei Epochen der Romanentwicklung gelten können: Balzac's *Le père Goriot* und Robbe-Grillet's *La jalousie*. [8] Die Untersuchung beschränkt sich auf die Expositionen der beiden Texte (um zu zeigen, daß der hier entwickelte Ansatz Konsequenzen beinhaltet nicht nur hinsichtlich von Figurenkonstellation und Handlungsaufbau, was an anderer Stelle gezeigt wurde, sondern auch hinsichtlich der Analyse und Explikation von Beschreibungstechniken). Sie fragt nach den bedeutungskonstituierenden narrativen Mitteln. Wir reihen zunächst Einzelbeobachtungen und versuchen dann eine Systematisierung vorzunehmen. In diesem Sinne wären im ersten Kapitel des *Père Goriot*, das das Milieu der Pension Vauquer einführt, etwa folgende Schemata zu benennen. Zunächst die topographische Situierung: Umgebung, Außenansicht der Pension, Raumanordnung, Einrichtung usw. werden in einer genauer zu charakterisierenden Weise detailliert beschrieben. Die Beschreibung folgt nicht der normativ indifferenten Logik einer Tatsachenfeststellung sondern einem Prinzip, das wir als anthromorphe Schematisierung der Mensch-Umweltrelation bezeichnen wollen. [9] Dieses Prinzip ist in folgender Stelle expliziert:

> Sa face vieillote, grassouillette... ses petites mains potelées, sa personne dodue comme un rat d'église, son corsage trop plein et qui flotte, sont en harmonie avec cette salle où suinte le malheur, où s'est blottie la spéculation, et dont Mme Vauquer respire l'air chaudement fétide... enfin toute sa personne explique la pension, comme la pension explique sa personne... L'embonpoint blafard de cette petite femme est le produit de cette vie, comme le typhus est la conséquence des exhalaisons d'un hôpital (S. 26)

Wir wollen festhalten, daß im letzten Satz ein weiteres, offensichtlich für realistische Schreibweise zentrales bedeutungskonstituierendes Schema auftaucht, das nämlich der säkularen Explikation menschlicher Existenz in Hinblick auf eine alltägliche Umwelt [10], wobei die Beziehung Mensch-Umwelt im Sinne einer Kausalbeziehung gedacht ist. In diesem Zusammenhang ist ein weiteres Moment zu nennen. Die Abgrenzung der hier entfalteten Wirklichkeitssicht vom Überhöhungsparadigma [11], wobei bezeichnenderweise *poésie* als dessen Inbegriff benannt wird:

> Enfin là règne la *misère sans poésie* (Hvhg. H.S.); une misère économe, concentrée, râpée. Si elle n'a pas de fange encore, elle a des taches; si elle n'a ni trous ni haillons, elle va tomber en pourriture. (S. 25)

Zur *Konstitution von Alltäglichkeit*, wie sie der Text entwickelt, gehört weiterhin die Akzentuierung alltäglicher Handlungen als regelhaft sich wiederholender:

> Cette pièce est dans tout son lustre au moment où, vers sept heures du matin, le chat de Mme Vauquer précède sa maîtresse; saute sur les buffets,[...] et fait entendre son rourou matinal. (S. 26)

Wir werden sehen, daß dieses scheinbar banale Schema in einem funktionalen Zusammenhang mit den übrigen Bedeutungskonstituenten steht.

Ein wiederkehrendes Mittel sinnhafter Identifikation alltäglichen Handelns ist offenbar auch das Deutungsschema typischer lebensgeschichtlicher Abläufe bzw. Rollenkonstellationen. Wir führen nur einige besonders charakteristische Stellen an:

> Agée d'environ cinquante ans, Mme Vauquer ressemble à *toutes les femmes* qui ont eu des malheurs. Elle a l'oeil vitreux, l'air innocent d'une entremetteuse qui va se gendarmer pour se faire payer plus chèr,... Néanmoins elle est *bonne femme au fond* (Hvhg. im Text). (S. 27)
>
> Toutes avaient les unes pour les autres (bezogen auf die *personnes*, die in der Pension lebten, H.S.) une indifférence mêlée de défiance qui résultait de leurs situations respectives... Semblables à de vieux époux, elles n'avaient plus rien à se dire. (S. 39)
>
> Eugène de Rastignac était revenu dans une disposition d'esprit que doivent avoir connue les jeunes gens supérieurs, ou ceux auxquels une position difficile communique momentanément les qualités des hommes d'élite. (S. 59)

Mit diesem Schema bewegen wir uns freilich bereits auf einer anderen Ebene als etwa bei Erzählmustern wie dem der topographischen Situierung. Eine Unterscheidung wird mithin notwendig, die nämlich zwischen zwar sich wiederholenden aber partikularen Schemata und umfassenderen Mustern, die jeweils einem ganzen Komplex von einzelnen Schemata als »mentale Struktur« [12] zugrundeliegen. Gegenüber dem einzelnen erzählerischen Verfahren haben sie im Bourdieuschen Sinne den Status eines »Systems verinnerlichter Muster«. Als ein solches Muster mit umfassenderem Status haben wir hier das der Zuordnung von individuellen Zügen zu typischen vor uns. [13] Über den Charakter dieser Typisierung wird noch zu sprechen sein. Halten wir zunächst fest, daß neben diesem umfassenden Deutungsschema mindestens zwei weitere mit ähnlichem Status verwendet werden. Wir wollen diese als anthropologisches und ökonomisches Deutungsschema bezeichnen. Das anthropologische

Schema ist bestimmt durch die Annahme der Existenz eines durchschnittlichen und relativ stabilen Musters subjektiver Erfahrung, das unter anderem die Funktion hat, die Erzähler-Leserrelation zu definieren. So charakterisiert der Erzähler sein Projekt folgendermaßen:

> Après avoir lu les secrètes infortunes du père Goriot, vous dînerez avec appétit en mettant votre insensibilité sur le compte de l'auteur en le taxant d'exagération, en l'accusant de poésie. Ah! sachez-le: ce drame n'est ni une fiction, ni un roman. All is true, il est si véritable que chacun peut en reconnaître les elements chez soi, dans son coeur peut-être. (S. 19)

Damit wird das erzählerische Projekt als wahr in Hinblick auf ein angenommenes allgemeines Muster subjektiver Erfahrung legitimiert.

Ebenfalls den Status eines umfassenderen normativen Prinzips der Erzählung hat das ökonomische Schema. Dieses kann etwa die Funktion haben, den sozialen Status von Figuren durch Geldbesitz statt etwa Rang, Geburt, askriptive Prinzipien also zu klassifizieren. So wird von zwei Bewohnern der Pension, Mme Couture und Victorine Taillefer festgestellt: »La pension de ces deux dames montait à dix-huit cents francs« (S. 28) und zwar hier nicht neben anderen, sondern an Stelle möglicher anderer Klassifizierungen. An anderer Stelle wird die Bedeutung des Schemas noch deutlicher. Es hat die Funktion alltägliche Kommunikation insgesamt auf ökonomische Motivationen zu beziehen. So gibt der Erzähler folgende zusammenfassende Deutung der Kommunikationsstruktur in der Pension Vauquer:

> Ces sept pensionnaires (nämlich die, die dort dauernd wohnten, H. S.) étaient les enfants gâteés de Mme Vauquer, qui leur mesurait avec une précision astronome les soins et les égards, d'apres le chiffre de leurs pensions. (S. 30)

Das ökonomische Schema unterstellt also den Primat ökonomischen Kalküls über kommunikative Beziehungen und etwa traditionelle Mechanismen der Zuteilung von sozialem Rang. Ordnen wir nun der Analyse der narrativen Schemata eine vorläufige Funktionshypothese zu. Die Funktion der einzelnen Verfahren läßt sich dahingehend zusammenfassen, daß alltägliche Lebenswelt als von Regeln bestimmter und damit transparenter Handlungskontext entwickelt wird. Mit anderen Worten: Auf das neue Problem der sinnhaften Identifikation alltäglicher Lebenswelt wird die Antwort gegeben: Alltäglichkeit ist eine Handlungsstruktur, die durch einen Komplex identifizierbarer Regeln bestimmt ist. Im Rahmen unseres institutionstheoretischen Ansatzes kommt dabei dem typologischen Schema besondere Bedeutung zu. Zunächst legt das Vorwort Balzac's zur *Comédie humaine* die Vermutung nahe, daß seine Verwendung sich einem bestimmten Entwicklungsstand in der Biologie verdankt. [14] Dann wäre der Sachverhalt folgender: Die Zuordnung individueller zu typischen Phänomenen projiziert auf die normative Bearbeitung von Problemen der Lebenswelt eine Denkfigur, die zunächst im Zuge der Herausbildung eines wissenschaftlichen Paradigmas institutionalisiert wurde: Das einzelne Phänomen wird als Exemplar einer Art verstanden. Damit wäre unsere Funktionshypothese zu differenzieren: »Mental habits«, die im Rahmen einer anderen Institution sich herausgebildet haben, wandern gewissermaßen in die Institution Literatur ein. Sie werden damit auf die Lösung von Problemen verwendet, die sich Wissenschaft, aber auch die traditionale Institution Literatur nicht stellt, der der normativen Interpretation von Alltäglichkeit. Unsere idealtypische Funktionsformel, der zufolge der Roman als literarisches Medium des »Legitimationsmodus rationale Kritik« begriffen werden kann, besagt also auch: Er wird zum Medium einer Rationalisierung alltäglicher Erfahrung. Und dabei können wir in Hinblick auf die Ergebnisse unserer Untersuchungsskizze den soziologischen Begriff der Rationalisierung differenzieren. Er bezeichnet offensichtlich nicht nur das Verschwinden eines umfassenden Deutungsparadigmas, wie es die Religion war, sondern auch die Konstitution eines neuen »identitätsverbürgenden Weltbildes«: Die Kontingenz alltäglicher Lebenswelt wird »weggearbeitet«, sie wird sinnhaft interpretierbar als durch Regelmäßigkeit strukturierter und damit erkennbarer Handlungskontext.

Abschließend können die Voraussetzungen unserer Funktionshypothese knapp folgendermaßen formuliert werden: An die Stelle der ihre Geltung zunehmend einbüßenden Religion tritt Wissenschaft als handlungsorientierendes Weltbild. [15] Zum Medium derart rationalisierter Prämissen der Erlebnisverarbeitung wird eine Gattung, die quersteht zu den traditionalen normativen Vorgaben der immer noch herrschenden Institution Kunst, der Roman. Damit würde die Gattung an der Peripherie der relativ bewegungsresistenten Institution Kunst die Funktion erfüllen zwischen wissenschaftlicher und lebensweltlicher Erfahrung zu vermitteln. Wir müßten also einen Komplex von Vorgängen etwa folgender Art annehmen. Wissenschaftliche Entwicklung führt zu einer Umstrukturierung der Prämissen lebensweltlicher Erfahrung. Diese rationalisierten Erfahrungsschemata dringen in den Rahmen der Institution Kunst von der Peripherie des Gattungssystems her ein und verändern damit die kulturellen Deutungen der Lebenswelt im Sinne der Herausbildung eines im oben skizzierten Sinne rationalisierten Wahrnehmungshabitus.

Wir können darüber hinaus hier nur andeuten, daß die oben skizzierten Entwicklungen und Zusammenhänge ein institutionstheoretisch begründetes Verständnis der jeweils gewählten dominanten Erzählhaltungen ermöglichen. In diesem Sinne scheint uns die durchgängige auktoriale Perspektivierung des Balzacschen Erzählens damit im Zusammenhang zu stehen, daß von einem Erzähler und Leser einschließenden Konsens über den Sinnbezug alltäglicher Lebenspraxis ausgegangen wird. Wir können diese Hypothese in eine historisch zu verstehende Wenn-Dann Formulierung kleiden: Wenn zwischen Erzähler und Publikum ein Konsens über den normativen Sinn alltäglicher Lebenspraxis besteht, können Formen auktorialer Sinninterpretation verwendet werden. Das impliziert aber notwendig die Auffassung: Erzählhaltungen korrelieren in erster Linie nicht mit Ideologien (im Sinne weltanschaulicher Haltungen), wie etwa in der Lukácschen Kritik der Avantgarde vorausgesetzt, sondern mit soziokulturellen Entwicklungsniveaus. Das determinierende Prinzip wäre mithin in einer Skala von Institutionalisierungsmodi gesellschaftlicher Normen zu sehen, die etwa durch die idealtypischen Extremvarianten einer weithin einspruchslosen Geltung kultureller Normen einerseits und fortgeschrittenem Geltungsverlust derselben andererseits definiert wäre.

Werfen wir abschließend einen kurzen Blick auf Robbe-Grillet's *La jalousie* und explizieren wir unsere Frage. Gegen unser Funktionsschema, demzufolge der durch das biografische Prinzip bestimmte Roman als literarisches Medium

eines modern-bürgerlichen Gesellschaften im Gegensatz zu traditionalen entsprechenden Legitimationsmodus aufzufassen wäre, könnte u. a. folgender
Einwand erhoben werden: Der Problemstand nachklassischer Romane seit der
Moderne am Ende des 19. Jahrhunderts, aber insbesondere der im *Nouveau roman* erreichte sei damit nicht zu erfassen. Und in der Tat bestimmen ja bekanntlich die führenden Vertreter des Nouveau romans ihre Schreibweise als
Bruch mit der klassisch-realistischen Tradition. Wir gehen demgegenüber von
der These aus, daß – freilich im Kontext signifikanter Veränderungen des Ma-
terialstands der Gattung – dennoch eine säkulare Kontinuität des Gattungs-
schemas ausgemacht werden kann. [16]

Fassen wir knapp die im Vergleich mit dem Balzac-Text hervortretenden
Unterschiede im Hinblick auf die narrative Konstitution von Sinn zusammen.
Zunächst ist die globale Charakterisierung möglich, daß die Erzählhaltung
eine rationale ist, ohne daß diese mit der Balzacschen Rationalität identisch
wäre. In diesem Sinne ist festzustellen, daß topographische Situierung und Beschreibung offenbar eine andere Funktion haben. Sie sind bedeutungsindiffe-
rent. Sie folgen also einer Logik der Faktenerhebung und nicht der Balzacschen einer anthropomorphen Schematisierung. Man kann sagen: Die Beschreibung folgt einer Logik technisch-wissenschaftlicher Rationalität. Nur in
diesem und nicht im Balzacschen Sinne werden Regelstrukturen als geometri-
sche Muster entwickelt:

> Maintenant l'ombre du pilier – le pilier qui soutient l'angle sud-ouest du toit – divise
> en deux parties égales l'angle correspondant de la terrasse. (S. 9)
> Ainsi, à cet instant, l'ombre de l'extrême bord du toit coincide exactement avec la
> ligne, en angle droit, que forment entre elles la terrasse et les deux faces verticales du
> coin de la maison. (S. 10)

Halten wir fest, daß dieses Muster bis zur Simulation einer technisch-apparati-
ven Erfassung der Gegensätze getrieben wird. In diesem Sinne wird im ersten
Satz des Romans und an mehreren anderen Stellen eine Form der Wahrnehmung nachgebildet, wie sie sich etwa beim Umschwenken einer Kamera ergibt.

Freilich erschöpft sich die Erzählintention nicht in der quasi apparativen
Präsentation von sinnlichen Wahrnehmungen. Vielmehr haben letztere den
Status von Beobachtungen. Als solche sind sie zweckgerichtet. Sie dienen der
Aufhellung einer Frage. Die Frage und damit Focus des Erzählens ist die nach
einer möglichen Beziehung zwischen den Protagonisten A… und Franck. Die
Frage ist freilich nicht explizit gestellt, sondern sie wird nahegelegt durch Beobachtungen wie die über die Entfernung ihrer Hände, die Nähe und Stellung
ihrer Stühle zueinander. Dies ist ein im Rahmen unseres Problems wichtiger
Sachverhalt. Dem Balzacschen Erzählen ist der Sinn, die Bedeutung der zwischenmenschlichen Beziehungen in der Pension relativ unproblematisch verbürgt. Das gilt für die Mensch-Ding-Relation insgesamt. Sie wird transparent
durch die drei zentralen Muster einer anthropologischen, biologischen und
ökonomischen Schematisierung. Sie dienen der *Wegarbeitung von Kontingenz.*
Bei Robbe-Grillet wird die Mensch-Mensch- und die Mensch-Ding-Relation
zum Gegenstand einer auf rationale Beobachtung abgestellten Ermittlung oder
besser einer Art Archäologie. Die narrativen Schemata funktionieren im Sinne
einer *Steigerung von Kontingenz.*

Beziehen wir die Ergebnisse auf unser theoretisches Konzept. Verglichen mit dem Problemstand in *La jalousie* erscheinen die Normen der Lebenswelt bei Balzac als relativ unproblematisch wenn auch nicht naiv verbürgte, denn Lebenswelt erscheint nur durch die Zwischenschaltung wissenschaftlicher Deutungsschemata als regelbestimmter transparenter Strukturzusammenhang. So gesehen erscheint die Lebenswelt als eine interpretierbare, verständliche, in gewissem Sinne vertraute. Der Erzähler fungiert als Interpret, der über seine Interpretation um so weniger im Zweifel ist als er sich in einem normativen Konsens mit seinem Publikum versteht. Insofern besteht ein Kontinuum zwischen Erzähler und erzählter Welt einerseits und Erzähler und Publikum andererseits. Bei Robbe-Grillet ist die Lebenswelt ein Rudimentärphänomen, ein Raum von Möglichkeiten. Das Kontinuum zwischen Erzähler und erzählter Welt ist aufgelöst. Damit entfällt die Attitude auktorialer Interpretation notwendig zugunsten einer normativ indifferenten Beschreibungstechnik, die insofern konsequent bis zur Simulation technischer Wahrnehmung durch den Apparat ausgedehnt wird.

Was besagt das in Hinblick auf unsere Funktionshypothese, derzufolge der Roman rationale Sinnangebote für eine Orientierung des Handelns in alltäglicher Lebenswelt bereitstellt? Der Vergleich kann verdeutlichen, daß – entgegen der These vom Traditionsbruch – von der Kontinuität eines säkularen Funktionsschemas ausgegangen werden kann. Ein Roman wie *La jalousie* erscheint als Extremform derselben, die eine aporetische Dimension der Gattungsfunktion freilegt. Es ist die Aporie eines Mediums, das wissenschaftliche mit lebensweltlicher Erfahrung vermittelt. Bei Balzac ist der Primat der Lebenswelt noch relativ wenig bedroht. Wissenschaftliche Deutungsschemata werden transformiert in Erzählmuster der Präsentation alltäglicher Wirklichkeit. Wissenschaft kann die Funktion eines transparenzverbürgenden Weltbildes erfüllen. Bei Robbe-Grillet schrumpft die Lebenswelt zum Rudimentärphänomen. An die Stelle wissenschaftlicher Deutungsschemata als alltägliche Wahrnehmung strukturierendes Weltbild tritt das normativ indifferente Prinzip rationaler Beobachtung ohne weltanschaulichen Inhalt außer dem latenten Glauben an den Sinn dieses Prinzips. Schließen wir mit der Hypothese, daß damit insgesamt ein langzeitliches Funktionsmuster der Institution Literatur problematisch zu werden scheint, das nämlich der Vermittlung zwischen wissenschaftlicher Evolution und Wandel der Lebenswelt.

Anmerkungen

1 P. Bürger, *Theorie der Avantgarde.* Frankfurt/M. 1974. Ders., *Institution Kunst als literatursoziologische Kategorie*, in: Romanistische Zeitschrift für Literaturgeschichte, H. 1. 1977, 50–76.

2 J. Habermas, *Technik und Wissenschaft als Ideologie.* Frankfurt/M. 1969, 60 ff.

3 F. Fehêr, *Ist der Roman eine problematische Gattung? Ein Beitrag zur Theorie des Romans*, in: Lukács, Heller, Fehêr u. a., *Individuum und Praxis. Positionen der »Budapester Schule«.* Frankfurt/M. 1975, 148 – 190. R. Girard, *Deceit, Desire and the Novel. Self and Other in Literary Structure* (frz.: *Mensonge romantique et vérité romanesque*). Baltimore, Maryland 1965.

4 Zur theoretischen und forschungspraktischen Entwicklung des hier nur skizzierten Konzepts vgl. folgende Arbeiten Verf.'s: *Institution Literatur und Evolution des Romans. Gattungssoziologische Hypothesen zum Nouveau Roman,* in: R. Kloepfer et al., *Bildung und Ausbildung in der Romania.* Bd. I: *Literaturgeschichte und Texttheorie.* München 1979, 224–236. *Naturalismus und Ästhetizismus.* Zum Problem der literarischen Evolution, in: Chr. Bürger/P. Bürger/J. Schulte-Sasse (Hrsg.), *Naturalismus/ Ästhetizismus. Hefte für kritische Literaturwissenschaft I.* Frankfurt/M. 1979, 56–102. *Institution Literatur und Roman. Zur Rekonstruktion der Literatursoziologie.* Frankfurt/M. 1981.

5 Vgl. P. Bürger, *Materialien zur Kritik der idealistischen Ästhetik* (Manuskript). 1979, 3 ff. Zum soziologischen Begriff der Kontingenz: Verf. *Institution Literatur und Roman,* a. a. O., 220 f.

6 Zur Genese dieses Problemfeldes vgl. Verf., *Moralistik und höfische Institution Literatur: La Bruyère,* in: Romanistische Zeitschrift für Literaturgeschichte, H 2/3 1981, 193–214.

7 Vgl. dazu P. Bürger, *Aktualität und Geschichtlichkeit Stendhals,* in: Ders., *Aktualität und Geschichtlichkeit. Studien zum gesellschaftlichen Funktionswandel der Literatur.* Frankfurt/M. 1977, 105–159.

8 Zit. wird nach folgenden Ausgaben: H. de Balzac, *Le père Goriot* (Livre de poche 757, 758). Paris 1961. A. Robbe-Grillet, *La jalousie* (Editions de minuit). Paris 1957.

9 Dieses narrative Prinzip wird hier nicht etwa »entdeckt«. Der Hinweis darauf fehlt kaum in einer Arbeit über Balzac. Das gilt ebenso für die unten zu diskutierende zoologische Analogie. Freilich unterscheidet sich jeweils der Bezugsrahmen, in dem die realistischen Techniken untersucht werden. Trotz dieser Unterschiede kann man aber von einem gemeinsamen Paradigma der Forschung sprechen, soweit sie weniger theoretisch als empirisch orientiert ist: Grundcharakteristika Balzacschen Erzählens werden konstatiert aber nicht genetisch oder funktional expliziert. Eine Ausnahme neben den Arbeiten von Lukács, Macherey und Barbéris ist: A. Allemand, *Unité et structure de l'univers balzacien. Paris 1965.* Zur anthropomorphen Schematisierung vgl. etwa 277 ff., 310 ff. Bei den hier aufgeführten narrativen Schemata, von denen einige in der Forschung bekannt sind, andere nicht, geht es uns nicht um Originalität der Einzelbeobachtung, sondern um die Integration der empirischen Befunde in einen funktionstheoretischen Rahmen.

10 Der Bezug auf Alltäglichkeit besagt auf keinen Fall, daß diese abgebildet würde. Es handelt sich vielmehr um eine *Konstruktion von Alltäglichkeit,* deren Logik wir aufzudecken versuchen. Die Fragestellung, nicht aber die Antwort steht insofern den Arbeiten von Lukács (G. Lukács, *Balzac und der französische Realismus,* in: *G. Lukács Werke. Probleme des Realismus III.* Neuwied/Berlin 1965, 431–521), Macherey (P. Macherey, *Zur Theorie der literarischen Produktion. Studien zu Tolstoi, Verne, Defoe, Balzac.* Darmstadt/Neuwied 1974) nahe. Insofern wäre unser Erkenntnisinteresse mit dem folgenden Satz Barbéris (P. Barbéris, *Le monde de Balzac.* Paris 1973, 254) gerade nicht beschreibbar: »La Comédie humaine est un bon témoignage sur la poussée de l'économie françaises après 1815 et sur la fièvre d'entreprise qui saisit alors le pays.«.

11 Vgl. dazu etwa: P. Barbéris, *Balzac. Une mythologie réaliste* (coll. »Thèmes et textes«). Paris 1971, 163. K. Heitmann, *Der französische Realismus von Stendhal bis Flaubert.* Wiesbaden, 1979, 7.

12 P. Bourdieu, *Zur Soziologie der symbolischen Formen.* Frankfurt/M. 1970, 143.

13 Typisierung ist eines der Kernstücke Balzacschen Erzählens, über das als »Faktum« zwar Konsens besteht, das aber jeweils in unterschiedliche theoretische Kontexte integriert wird. Exemplarisch etwa die Gegenposition Friedrichs (H. Friedrich, *Drei Klassiker des französischen Romans. Stendhal. Balzac. Flaubert.* Frankfurt/M. 1973) und Lukács (G. Lukács, *Balzac und der französische Realismus,* a. a. O.) Letzterer begreift das Verfahren im Sinne des historischen Materialismus (436). F. stellt fest, daß bei Balzac Individuen als Exemplare einer Art erscheinen (80 f.), gesteht eine Verwissenschaftlichung des Romans zu und betont zugleich den Einfluß okkultistischer Tendenzen auf Balzac, um ihn gegen die »materialistische Lehre» (100) abzugrenzen.

Mit diesem Versuch, auch rationale Prämissen Balzacschen Erzählens in einen irrationalistischen Deutungsrahmen zu integrieren, folgt Friedrich dem Balzacbuch von Curtius (E. R. Curtius, *Balzac*. Bonn 1923). Bezeichnend für die Tendenz die ersten Kapitelüberschriften dieser Arbeit: »Geheimnis«, »Magie«.

14 Vgl. dazu: M. Fargeaud, *Balzac et la recherche de l'absolu*. Paris 1968, 132, 182 ff., 220 f. Weiterführender die profunde über 800 Seiten umfassende Arbeit Guyons: B. Guyon, *La pensée politique et sociale de Balzac*. Paris 1967. G. begreift Balzac's Orientierung an Wissenschaft als Resultat einer problematischen Suche nach einem einheitsstiftenden Prinzip von Erfahrung und deutet damit implizit auf die historische Problemlage hin, die Balzac zu bearbeiten sucht, den Zerfall einer traditionalen gesellschaftlichen Ordnung und ihrer sinnverbürgenden Weltbilder. G. unterschlägt dabei keineswegs okkultistische Einflüsse, ohne sie aber auf einen irrationalistischen Deutungsrahmen zu beziehen: »Balzac aborde les phénomènes d'ordre mystique avec un esprit positiviste;« (816). G. macht auch sichtbar, daß B's »ambition de domination intellectuelle« die Rolle des Priesters substituiert und damit trotz mystischer Einschlüsse ein Säkularisierungsphänomen im Sinne der Dominanz rationaler Weltbilder ist (681). Theoretisch expliziter der Zusammenhang von B's Suche nach *unité* und dem Zerfall traditionaler Ordnung bei Barbéris: P. Barbéris, *Mythes balzaciens*. Paris 1972, 195 ff.

15 Der Aspekt der Wissenschaftsorientierung kann in Anschluß an Foucault (M. Foucault, *Die Ordnung der Dinge, Eine Archäologie der Humanwissenschaften*. Frankfurt/ M. 1974.) präzisiert werden. F. untersucht einen grundlegenden Wandel ›erkenntnistheoretischer Dispositionen‹ im Übergang vom 18. zum 19. Jahrhundert. Die in bezug auf Balzac wichtigste Feststellung ist folgende: Die klassiche Episteme klassifiziert die Erfahrungswelt nach dem zentralen Kriterium der Sichtbarkeit in Tableaus von Identitäten und Unterschieden. Eben dieses Kriterium wird in der nachklassischen Episteme zugunsten einer Orientierung an Funktionszusammenhängen aufgegeben, die nicht wahrnehmbar sind (274, 279, 282, 292). In diesem Sinne beziehen sich die dominanten Schemata etwa der ökonomischen Motivierung menschlichen Handelns und der Zuordnung einzelner Figuren zu Typen auf nicht Wahrnehmbares. Sie sind insofern Konstruktionen.

16 Vgl. Verf., *Institution Literatur und Roman*, a. a. O., 224 f.

Anselm Haverkamp

Illusion und Empathie
Die Struktur der ›teilnehmenden Lektüre‹ in den *Leiden Werthers*

Wolfgang Preisendanz zum 60. Geburtstag

> »Paradox! sehr paradox!« rief Albert aus. –
> (Werther, Am 12. August 1771)

I

Erzählforschung handelt vorwiegend von zweierlei Strukturen: sie betreibt ›Grammatik‹ der Textstrukturen und ›Rhetorik‹ der Appellstrukturen narrativer Texte, wobei Linguistik in Gestalt von Transformationsgrammatik und Textpragmatik die aktuellen Modelle liefert [1]. Die hermeneutische Applikation (in der Hintergrundmetaphorik des Triviums die Stelle der ›Dialektik‹) bleibt einer Interpretationspraxis überlassen, deren Theorie keine Grammatik narrativer Strukturen und keine Rhetorik der Fiktion sein kann, sondern erst eine Hermeneutik der Lektüre. Rezeptionsästhetik ist für diese Problemlage insofern charakteristisch, als sie mit der Rhetorik der Fiktion hermeneutisch umgeht, nämlich die Textstruktur als Aktstruktur interpretiert, um die vom Text ermöglichte Lektüre im Text selbst festmachen zu können: »Textstruktur und Aktstruktur verhalten sich zueinander wie Intention und Erfüllung.» [2] Die Rhetorik der Fiktion wird in der komplementären Rhetorik der Lektüre als Ermöglichungsstruktur verstanden, durch die Textstrukturen als Strukturen möglicher Lektüren beschreibbar werden: »Elle ne prétend pas décrire le ›contenu‹ des lectures possibles, mais *les procédures textuelles qui rendent ces lectures possibles.«* [3] Die strukturale Analyse und funktionale Bestimmung literarischer Kommunikation hat es soweit primär mit der Kommunikationsstruktur der Texte und dem Kommunikationsverhältnis von Text und Leser (›rhetorisch‹ der Instruktion des Lesers) zu tun, nicht mit der Kommunikationsstruktur der Lektüre, die den Transfer literarischer Verständigung zustande bringt (›dialektisch‹ vermittelt). Aus der rhetorischen Provokation der im Text ermöglichten Lektüren folgt deshalb in rezeptionsästhetischer Konsequenz nicht die historisch-empirische Analyse »je historischer« Lesevorgänge, sondern die systematische Analyse des Transfers, der »im Erwartungshorizont einer Lebenspraxis ästhetische Erfahrung in kommunikative Verhaltensmuster« umsetzt [4].

Das hermeneutische Problem, ästhetische Erfahrung in kommunikative Verhaltensmuster umzusetzen, hat Jauß einschlägig veranschaulicht an der *Identifikation* des Lesers mit dem Helden, in der die Teilnahme am fingierten Geschehen analog der Teilnahme an wirklichem Geschehen erfahren und beschrieben, aber womöglich auch ›quasi-pragmatisch‹ reduziert wird [5]. Sich in der Darstellung und mit dem Dargestellten identifizieren, beschreibt die Erfahrung der Illusion, die in der Lektüre fiktionaler Texte gemacht wird. Dadurch, daß diese Erfahrung als Identifikation beschrieben wird, ist die Wirkung der Illusion allerdings nicht erklärt, sondern nur vorausgesetzt [6]. Die eingetretene Wirkung zu beschreiben, dient der Verständigung derer, die gemeinsam in ihr befangen sind. Insoweit formuliert der Identifikationsbegriff ein Stück ›naive Lesetheorie‹, das die Erfahrung der Lektüre in den Termini eines alltäglich bewährten naiv-psychologischen Wissens artikuliert und als Erfahrung verfügbar hält [7]. Als Teil naiven Alltagswissens bezeichnet Identifikation ein Schema der alltäglichen Verständigung über Fiktion, das die Wirkung der Illusion als Wirkung begreiflich macht, als Illusion aber bestätigt. Insofern dies Schema die individuelle Teilnahme des Lesers als allgemeine Bedingung literarischer Kommunikation reflektiert, enthält es eine Hypothese darüber, wie das Rollenangebot der Texte durch Lektüredispositionen der Leser interpretierbar ist. ›Analogisierende‹ Schlüsse, die von psychischen Dispositionen und Einstellungen ausgehen, bleiben aber illusorisch, solange sie die Wirkung der Illusion als eine bewußte oder unbewußte Wahrnehmung von Ähnlichkeiten zur erlebten Wirklichkeit interpretieren, ohne den postulierten Transfer der Analogie zu erklären [8]. Die Vermutung etwa, »daß sich die Wahrnehmungsstruktur der ästhetischen Einstellung und die Verfassung von Personalität mit derselben Terminologie beschreiben lassen«, hat Henrich durch eine Korrespondenz von »komplexer Wahrnehmungsprägnanz« und »komplexer Motivationsstruktur« zu erläutern versucht [9]. Einen solchen Zusammenhang zwischen ästhetischer Einstellung und kommunikativen Dispositionen kann die im Identifikationsbegriff unterstellte Analogie von Illusion und Wirklichkeit nicht voraussetzen: er kommt ja im Transfer der Lektüre erst zustande. Die Frage nach der Transferstruktur der Lektüre, die der Wirkung literarischer Illusion zugrundeliegt, wäre also mit der Frage nach der kommunikativen Funktion der ästhetischen Einstellung zu verbinden. Die behaupteten ›Komplexionen‹ lassen darauf schließen, daß die im Identifikationsbegriff beschriebene Erfahrung als Wahrnehmung einer Analogie von Dargestelltem und Erlebtem eine Mobilität erfordert, die von Wissenssoziologen als flexibles »Vertauschen von Erlebnisstilen« beschrieben worden ist [10]. Soll dies keine Metapher für den Vorgang des Identifizierens sein, muß die in der ästhetischen Einstellung der Lektüre ermöglichte Vertauschung in ihrer fiktiven Qualität bestimmt werden: als Mobilisierung, die in Analogien der Erfahrung artikulierbar ist.

Wird in der Illusionserfahrung die Wirkung der Fiktion im lebensweltlichen Horizont der Lektüre faßbar, so sind die Bedingungen, unter denen die Illusion im Medium der Fiktion zustandekommt, gerade nicht in der Analogie zur lebensweltlichen Wirklichkeit zu suchen, die dadurch begründet wird. Sucht man sie stattdessen in der Differenz, stößt man auf ein diffus *Imaginäres*, das die »mangelnde Identität der Fiktion mit dem von ihr Repräsentierten« kennzeichnet [11]. Iser spricht genauer zunächst von der ›Negativität‹, durch die die mangelnde Identität des imaginären Gegenstands der Fiktion zum »Antriebsmoment« wird, »durch das die Nicht-Gegebenheit der Verursachung für die Erscheinungsweise des imaginären Gegenstandes im Rezeptionsbewußtsein artikuliert werden kann.« Negativität ist also auf seiten der Darstellung diejenige Qualität der Fiktion, die den Transfer zum vorstellungsmäßigen Gegenstand im Bewußtsein des Lesers ermöglicht; das Imaginäre folglich auf seiten der Wirkung die komplementäre Qualität der durch Fiktion hervorgerufenen Illusion, deren Erfahrung im Identifikationsbegriff analog zur alltäglichen Erfahrung beschrieben wird – quasi transzendentales ›Ding an sich‹ der im Modus der Fiktion vermittelten ästhetischen Erfahrung. Ist im Begriff des Imaginären das Potential der in Fiktion intendierten Wirkung transzendental formuliert, so ist die Erfüllung dieser Intention in der bewirkten Illusion im Begriff der Identifikation auf ein hermeneutisches Schema gebracht, das diese Wirkung lebensweltlich kommunikabel macht. Beide Begriffe konvergieren darin, daß sie eine Wirkung postulieren, die der Sinnkonstitution des Textes und seiner hermeneutischen Applikation vorausliegt: die der Illusion, deren Aura das Imaginäre und deren alltägliche Beschreibung die Identifikation ist. Illusion besteht phänomenologisch eben darin, Merleau zu zitieren, »daß sie sich für echte Wahrnehmung ausgibt, deren Bedeutung dem Sinnlichen selbst entspringt und nirgendwo anders. Sie ahmt jene Erfahrungsart nach, die sich auszeichnet durch die Deckung von Sinn und Sinnlichem, durch die im Sinnlichen sichtbare oder sich bekundende Artikulation des Sinnes.« [12] So scheint es, als könne literarische Illusion »Verhaltensweisen in der Art der Wahrnehmung hervorrufen«, nämlich derart, wie Sartre erläutert, daß sich »Reflexe bei Gelegenheit der Vorstellungskonstitution einstellen«: dem illusionierten Leser etwa das Wasser im Munde zusammen- oder die Wangen hinunterläuft. [13] Das heißt nicht, daß im Prozeß der literarischen Illusionsbildung Vorstellung und Wahrnehmung halluzinatorisch zu verwechseln sind. Doch tritt der ›Sinnhorizont‹ in der aktuellen Illusionserfahrung des Lesens soweit zurück, daß er »nur durch eine bewußte Abstraktion« thematisch zu machen ist. Weil ›Sinn‹ im Dargestellten nur perspektivisch ›mitgegeben‹ ist, kann er nur auf Kosten einer von der Wirkung »abstrahierenden Interpretation« gewonnen werden; so daß man sagen kann: »Illusion und Sinnkonstitution schließen sich gerade aus.« [14] Diese Trennung erscheint um so einschneidender, als literarische Illusion semantisch vermittelt ist, in ihrer sprachlichen Vermittlung folglich die unterschiedlichsten Brechungen und Verfremdungen erlaubt. Wirkt literarische Illusion auch durch Brechungen und Verfremdungen hindurch, so kann der dabei mitspielende Sinn doch nur nachträglich zum Prozeß der Illusionsbildung und durch bewußte Abstraktion von ihr explizit gemacht werden. Der Modus der Fiktion, dessen Wirkung derart unzugänglich ist, wird deshalb sprachanalytisch gerne dadurch charakterisiert, daß seine Semantik pragmatisch unbestimmt sei. Seine pragmatische Relevanz wird zum Problem einer hermeneutischen Applikation, die Sinn inform abstrahierender Interpretationen gewinnt. Identifikation als komplexitätsreduzierendes Paradigma der hermeneutischen Applikation ›übersetzt‹ die Erfahrung des Imaginären in Sinn und hält sie verallgemeinerungsfähig. Liefert der Begriff der Identifikation das vorherrschende Paradigma der hermeneutischen Applikation, der die Wirkung der Illusion in Interpretationen unterzogen wird, so kennzeichnet der Begriff des Imaginären dieselbe Wirkung, bevor ihre sekundäre Bearbeitung in der Sinnkonstitution des Textes vollzogen ist und die hermeneutische Applikation einsetzt.

Was in der Identifikation zu einer ›Realisierung‹ des Imaginären führt, ist im Imaginären als eine ›Irrealisierung‹ des Realen spürbar. Beide Seiten der so eingegrenzten Wirkung der Illusion sind nicht zu trennen. In der Aura des

Imaginären beruht Illusion auf einer Irrealisierung, die der Begriff der Identifikation überspielt. Daß der Leser sich in der Illusion von der eigenen Gegenwart distanziert sieht, ist indes nur die Kehrseite einer Teilnahme, die der Begriff der Identifikation forciert [15]. Der Psychologe Harding widerlegt deshalb die naive Psychologie der Identifikation (als »vicarious experience«) mit dem Hinweis auf die Doppelrolle des Teilnehmers (»participant«) und Zuschauers (»onlooker«), in die literarische Illusion den Leser versetzt [16]. Das Modell der ›teilnehmenden Beobachtung‹ berichtigt die projektive Einseitigkeit des Identifikationsbegriffs und macht zugleich das quasi pathologische Defizit tatsächlicher Identifikationen in der Lektüre zum Indikator für systematische Verzerrungen literarischer Kommunikation, die Gegenstand einer historisch-empirischen Rezeptionsforschung sein können [17]. Als Modell des empathischen Grundmusters dagegen, das der Wirkung der Illusion zugrundeliegt, bleibt der Begriff der Beobachtung metaphorisch. Denn die Irrealisierung, in der die Negativität der Fiktion das lesende Subjekt von der eigenen Wirklichkeit entfremdet, ist Voraussetzung einer Teilnahme, in der Beobachtung Teil der Illusion, nicht ihrer Objektivierung ist. Die mögliche Selbstwahrnehmung im Akt des teilnehmenden Lesens unterscheidet die ästhetische Erfahrung der literarischen Illusion von der bilanzierenden Beobachtung des Sozialwissenschaftlers, der die eigene Teilnahme zum heuristischen Instrument macht. Umgekehrt kann der empirischen Forschung die teilnehmende Beobachtung nur dienen, wenn die heuristisch eingesetzte Teilnahme einschlägige kommunikative Erfahrungen der beobachteten Interaktionen schon voraussetzen kann bzw. einen Lernprozeß auf seiten des Beobachters einplant. So ist das Modell der teilnehmenden Beobachtung auf die literarische Illusion nur anwendbar, weil sie ebenfalls auf der Transferstruktur einer Teilnahme beruht, die nun als ein eigener Modus der Lektüre, nicht der Beobachtung aufzufassen ist: *Empathie* als die hermeneutische Grundoperation, die der Wirkung der Illusion in der Lektüre zugrundeliegt, genauer noch als diejenige hermeneutische Qualifikation, die erforderlich ist, um die von der Fiktion bewirkte Illusion in der Lektüre zu ›realisieren‹. Die gängige Alternative von naiver Identifikation und ironischer Distanz zeugt also von der Problematik der noch nicht oder nicht mehr beherrschten Empathie. Dabei ist historisch der Erfolg der ironischen Lektüre bemerkenswert, die einen bestimmten Umgang mit dem empathischen Vermögen der Lektüre konventionalisiert. Ironische Kontrolle wie humoristische Beherrschung von Empathie sind mögliche Varianten der Reaktionsbildung auf ein empathisches ›Paradigma‹ der Lektüre, das den Kommunikationsmodus moderner Fiktion definiert.

Das Problem jeder Rhetorik fiktionaler Texte scheint nur darin zu liegen, daß sie einen Kommunikationsmodus der Lektüre unterstellt, wie er der teilnehmenden Lektüre nicht mehr oder nur noch metaphorisch zugrundeliegt. Der metaphorische Titel einer Rhetorik der Fiktion hätte seinen problematischen Vorzug darin, Fiktion in den Termini eines Kommunikationsmodus zu beschreiben, der in Fiktion seine Grenze hat. Diese Grenze bezeichnet ziemlich präzise der Begriff der Illusion, der im Verhältnis von rhetorischer Instruktion (durch den Text) und hermeneutischer Applikation (durch den Leser) nicht mehr aufgeht. Die Appellmetaphorik von Provokation und Rezeption bezieht sich im Fall der Illusion auf eine Wirkung, die zwischen dem ›stimulus‹ des Imaginären und dem ›response‹ der Identifikation eine ›black box‹ bleibt. Ihre Aufklärung kann historisch dort ansetzen, wo die Rhetorik der Fiktion ihr metaphorisches Potential gewinnt: am Übergang vom rhetorischen Kommunikationsmodus der exemplarischen Lektüre zum ästhetischen der empathischen Lektüre, deren Differenz leichter historisch zu beschreiben als systematisch zu fassen ist. Wieweit dieser Übergang in der Konsequenz der Rhetorik selbst lag und von den Zeitgenossen zurecht oder nur aushilfsweise in rhetorischen Begriffen beschrieben wurde, ist denn auch geistesgeschichtlich ein beliebtes Thema, das von seiten der Ästhetik wie der Rhetorik in etwa auf den gleichen Nenner einer ›Subjektivierung der Formensprache‹ zur ›Ausdruckssprache‹ gebracht worden ist [18]. Das hat im Geniebegriff seine bekannte produktionsästhetische Perspektive, in der »die Wiederkehr des schöpferischen Subjekts auf der anderen Seite, auf der der Rezeption« nicht eingeplant scheint [19]. Tatsächlich überschreitet aber schon die Rhetorik der »subjektiven Erfahrung«, die das ›Wunderbare‹ Breitingers wahrscheinlich und als »aspektgebundene Wirklichkeit« glaubwürdig macht, den rhetorischen Kommunikationsmodus der exemplarischen Lektüre in dieser Richtung: das »Spektrum subjektiv bedingter Diktionen«, der »Pluralismus sprachlicher Verhaltensweisen«, die sich so ankündigen, verlangen vom Leser eine schöpferische Mobilität, die kaum mehr auf die Wirkung eines rhetorischen Effekts zu reduzieren ist [20]. Natürlich kommt sie über die ›Erzählweise‹ zustande, durch die ein ›persönlicher Erzähler‹ seine Subjektivität zur Geltung bringt [21]. Doch ist eben diese Subjektivität des Autors, sofern sie literarisch geworden ist, eine Appellqualität des Romans, die eine komplementäre Subjektivität des Lesers erfordert. Die Rhetorik der Fiktion unterschätzt die Dynamik dieser Komplementarität, in der die kommunikative Intention des ›impliziten Autors‹ von der kommunikativen Rolle des ›impliziten Lesers‹ konterdeterminiert ist, und sucht sie in einer Rhetorik der Ironie zu entschärfen [22]. So gesehen erscheint der Übergang von der exemplarischen zur ästhetischen Rezeptionsweise fließend: als Übergang von der allegorischen zur ironischen Lektüre. Als Schwundstufe allegorischer Kontemplation verkennt die viel zitierte ironische Distanz das ästhetische Potential des neuen Kommunikationsmodus der Fiktion. Anders als rhetorische Ironie setzt ›Fiktionsironie‹ das empathische Grundmuster der Lektüre voraus, stellt sie freilich auch nur eine bestimmte Variante im Umgang mit Empathie dar [23]. Historische Differenzierungen, die etwa zwischen der humoristisch-sentimentalen und der ironischdistanzierten Beherrschung der empathischen Lektüre zu vermuten sind, können erst von der grundlegenden historischen Differenz aus beschrieben werden, die zwischen dem rhetorischen und dem ästhetischen Kommunikationsmodus besteht, zwischen exemplarischer und empathischer Lektüre.

Im rhetorischen Kommunikationsmodus der Lektüre, so ließe sich diese Differenz abkürzend skizzieren, war der latente Konflikt von antiker Rhetorik und mittelalterlicher Hermeneutik, der die rhetorische Tradition durchzieht, zu einem kompromißhaften Ausgleich gebracht, der dem Problem der hermeneutischen Applikation eine dauerhafte Lösung garantierte: Der kontemplativ am Text der Bibel geschulten Hermeneutik kam in der Applikation eine exemplarisch verfahrende Rhetorik zu Hilfe, die den in der Lektüre allegorisch erarbeiteten Sinn zu praktischen Konsequenzen führte [24]. Was die ironische

Lektüre als alternativen Modus der allegorischen Lektüre angeht, konnte die Applikation immer auch schon mit einem problematischen Bewußtsein verbunden sein, und der exemplarischen Anwendung des Gelesenen die ironische Abwendung fälliger Konsequenzen gegenübertreten. Ironische Distanz gegenüber den exemplarischen Mustern der Lektüre beeinträchtigte das rhetorische Modell nicht. Satirische Provokation und karnevalistische Alternativen setzten den Modus der exemplarischen Applikation voraus, gegen den sie sich richteten. Rhetorischer Angelpunkt der exemplarischen Applikation ist die Faktizität des exemplarisch gemachten Falls, der durch die Evidenz einer anschaulich gemachten Fabel gestützt oder durchkreuzt, aber nicht reduziert wird [25]. In der exemplarischen Anwendung so gut wie ihrer ironischen Suspendierung appelliert der Text an einen Adressaten, vermittelt die Lektüre ›handlungsorientierende Instruktionen‹ oder hebt sie in ›sinnorientierenden Instruktionen‹ auf [26].

Es entspricht dem Funktionswandel der Literatur im neuen Kontext einer bürgerlichen Öffentlichkeit, daß die neue Rhetorik der Fiktion dem Leser eine Rolle einräumt, die ihn am exemplarischen Schluß beteiligt. In der Rhetorik dieser Beteiligung, für die Fieldings Umgang mit dem Leser charakteristisch ist, gewinnt der Akt des Lesens seinen Aktcharakter, der ihn von der kontemplativen Einstellung der allegorischen Lektüre und ihrer exemplarischen Konsequenz unterscheidet. Die in Anspruch genommene ›kommunikative Kompetenz‹ der Leser ist nicht mehr nur rhetorisch diszipliniert, sie gewinnt Qualitäten, die in der pragmatischen Ausrichtung auf repräsentative Verständigungsverhältnisse ausgeschlossen waren [27]. Eine entpragmatisierte Rezeptionsweise ebenso wie die ästhetische Freisetzung des Subjekts sind für diesen Sachverhalt antirhetorische Beschreibungen, die sich an die Adresse der Tradition richten. Positiv gewendet läuft die rhetorische Mobilisierung des Lesens auf einen ›flexiblen Übergang‹ der Sphären des kontemplativen Lesens und exemplarischen Handelns hinaus. Darin freilich bleibt sie rhetorisch, daß sie ein ausgeglichenes Verhältnis zwischen Autor und Leser postuliert, so wie sie literarische Öffentlichkeit exemplarisch macht für politische. Die prästabilierte Harmonie der rhetorisch instruierten Sinnbildung, die in der Lektüre vollzogen wird, gerät in ein Oszillieren, das die Geschichte des ›impliziten Lesers‹ prägt. Es provoziert den irritierten Leser, »aus seiner passiven, harmlosen Rolle« herauszutreten und »ein bißchen mehr als Lesen« beim Lesen ins Spiel zu bringen, wie Pontalis an Henry James zeigt [28]. Den Wandel der hermeneutischen Einstellung systematisch zu fassen, der sich so bemerkbar macht, setzt einen Begriff der Lektüre voraus, der die spezifische kommunikative Funktion des Lesens, wie auch sein evolutionäres Potential im Prozeß der ›Modernisierung‹ zu beschreiben geeignet ist: den Begriff einer empathischen Lektüre, in der die kommunikativen Fähigkeiten des Lesers entwickelt werden und zum Tragen kommen. Statt von der notorischen ›kommunikativen Kompetenz‹, deren Teil diese Lesefähigkeit ist, spreche ich im folgenden von dem *Habitus*, der Lesen als eine kommunikative Fähigkeit qualifiziert.

Gegenüber dem Begriff der Kompetenz hat der des Habitus mehrere Vorteile, die eng mit seiner mittelalterlichen Herkunft zusammenhängen und ihre besondere Bewandtnis für die Geschichte des Lesens haben. Die scholastische Unterscheidung des ›habitus naturalis‹ von einem gottgegebenen ›habitus infusus‹ entspricht der doppelten Ausprägung des Kompetenzbegriffs in eine kommunikative Kompetenz und daraus abgeleitete, gelernte Fähigkeiten [29]. Wie die theologische ist die mentalistische Hypothese einer quasi eingeborenen Metakompetenz irreführend: »Invoking ›Innateness‹ only postpones the problem of learning; it does not solve it.« [30] Die Analogie zur generativen Transformationsgrammatik, derzufolge der Leser mit der syntaktischen und semantischen Kompetenz eine literarische oder ästhetische Kompetenz verbinde als Teil oder anstelle der pragmatischen Kompetenz, liefert nur ein problematisches Postulat dessen, was im Lesevorgang vorgeht [31]. Umgekehrt scheint es eher so, als erlaube der Begriff des Habitus erst, die Analogie zum linguistischen Kompetenzbegriff plausibel zu machen. Historisch setzt die scholastische Ausbildung eines ›habitus naturalis‹ die Einsicht in die Lernbarkeit dessen voraus, was zuvor aufgrund des ›habitus infusus‹ habituell vollzogen wurde und zur ›zweiten Natur‹ geworden ist. Im Kontext der vorscholastischen, symbolischen Theologie rechnete die allegorische Lektüre der Bibel mit göttlicher Eingebung, nicht mit menschlicher Methode. Scholastischer Methode unterzogen, wird sie zu einem Habitus, der durch Lernen anzueignen ist: ›habitus acquisitus‹. Dabei ist entscheidend, daß im Lesen die naturaliter angelegte kommunikative Kompetenz nicht nur ausgebildet wird, sondern die auf ihr beruhenden Fähigkeiten im Lesen gelernt oder verstärkt werden. Für das ›Lernen von Lernen‹ verantwortlich, wird der Habitus des Lesens zu einem ›reflexiven Mechanismus‹, dessen Leistung auf dem Repertoire der topisch bereitgehaltenen Gegenstände der Rede beruht [32]. Der topische Bezug des scholastischen Habitus der Lektüre garantiert die exemplarische Konsequenz, in der die hermeneutische Applikation des Gelesenen rhetorisch wirksam wird. Als Habitus ist die durch Lektüre vermittelte ›Bildung‹ »weder ein gemeinsamer Code, noch ein allgemeines Repertoire von Antworten auf gemeinsame Probleme, noch gar eine Anzahl einzelner und vereinzelter Denkschemata, sondern eher ein Zusammenspiel bereits im voraus assimilierter Grundmuster.« [33] Dies Zusammenspiel wird durch die Reflexivität des Mechanismus sowohl garantiert, als auch begrenzt, der den »Habitus als ein System verinnerlichter Muster« definiert, »die es erlauben, alle typischen Gedanken, Wahrnehmungen und Handlungen einer Kultur zu erzeugen – und nur diese.« Das grammatische Analogon ist irreführend, weil es für ein generatives Moment verantwortlich gemacht wird, das rhetorisch, nicht schon grammatisch ist. Als reflexiver Mechanismus ist der rhetorische Habitus pragmatisch verallgemeinerungsfähig, Paradigma einer ›Theorie der Praxis‹, wie sie der rhetorischen Tradition zugrunde lag. In einer pragmatischen Theorie der kommunikativen Praxis sind Habitus als »systèmes de *dispositions* durables et transposables« Gegenstand rhetorischer Reflexivität [34]. In der Terminologie der Kompetenzen werden sie als ›soziale Kompetenz‹, spezifischer als ›Rollenkompetenz‹ aufgefaßt. Wie Rhetorik Grammatik setzt jede soziale Kompetenz Sprachkompetenz als notwendige, nicht als hinreichende Bedingung voraus: die in beiden wirksame ›kommunikative Kompetenz‹ wird von Grammatik und Rhetorik habituell ausgebildet, die Fähigkeit kommunikativen Handelns in ihnen ›gelernt‹ [35].

Mit dem rhetorischen Modell stünde alles in bester Ordnung, wären die rhetorischen Bestimmungen des Rollenbegriffs im Begriff der Rollenkompetenz tatsächlich gedeckt. Daß »wir alle Theater spielen«, hat seine soziologische Pointe nicht im rhetorischen Modus der repräsentativen Vergegenwärtigung, in dem Rollen exemplarisch gemacht werden, sondern in der Relativierung dieser Rollen und der Komplizierung der mit ihrer Übernahme verbundenen sozialen Fähigkeiten [36]. Der hermeneutische Vorzug der Theatermetaphorik für die Beschreibung sozialen Verhaltens liegt also in der historischen Differenz, in der moderne Rollenkompetenz am Modus ihrer ehemals rhetorischen Vermittlung thematisch geworden ist [37]. Daß an der Metapher der öffentlich gespielten Rolle thematisch werden konnte, was im Prozeß der Modernisierung am Modus der rhetorischen Vermittlung problematisch geworden war, verdeutlicht das evolutionäre Potential des rhetorischen Modells. Rhetorisch bleibt der Begriff der Rollenkompetenz mindestens insofern, als er im metaphorischen Rückgriff den Prozeß der Modernisierung, den er beschreibt, als einen Prozeß der Übertragung charakterisiert, der durch Thematisierung zu bewältigen sei. Sachlich ist daran soviel richtig, daß rhetorische Reflexivität im Habitus der Lektüre das Repertoire der Rollen thematisch macht und derart nicht nur rollenkonformes Verhalten, sondern auch ›Rollendistanz‹ fördert. Da der Rollenbegriff auch in seiner rhetorischen Bestimmung nicht etwa konditioniertes Verhalten meint, ist Rollendistanz schon eine Voraussetzung exemplarischen Rollenverhaltens, die der Unschärfe der vorgegebenen Rollen entspricht. Entsprechend könnte man versucht sein, Rollenflexibilität rhetorisch aufzufassen als Fähigkeit zur Übernahme mehrerer Rollen. Der Rede von Rollendistanz, Rollenflexibilität und Rollenkompetenz wäre dann freilich die neue Qualität der sozialen Beziehungen, die sie beschreiben soll, nicht mehr anzumerken. Daß Rollendistanz rhetorisch zu bestimmen ist, hat seine Bewandtnis in der rhetorischen Vorgeschichte moderner Rollenkompetenz. Mit zunehmender Rollenambiguität gewinnt sie aber eine neue Bedeutung, die erst im Zusammenhang mit den neuen Anforderungen der Rollenflexibilität deutlicher wird. Rollenflexibilität andererseits ist nicht mehr durch bloße Ambiguitätstoleranz gegenüber der Unschärfe sozialer Rollen zu definieren, sondern durch Probleme der Rollenkomplementarität bestimmt, mit denen es rollenkompetentes Verhalten im Prozeß der Modernisierung erst zu tun bekommt [38].

Von Empathie statt Rollenflexibilität zu reden, macht zunächst die bekannten Schwierigkeiten des Einfühlungsbegriffs, auf die ich hier nicht weiter eingehen will: nämlich des problematischen transzendentalen Status der Einfühlung für das, was phänomenologisch die ›intersubjektive Konstitution der objektiven Welt‹ heißt [39]. Von Vorteil dagegen scheint andererseits, daß die Rede von Empathie die mißverständlichen Assoziationen eines festen Rollensystems vermeidet, die dem Konzept des flexiblen Rollenübernehmens (»role taking«) noch anhaften und die tieferliegende Einsicht Meads verdecken, »daß sich ein Verhalten zu sich nur in eins mit einem Verhalten zu anderen konstituiert« [40]. Mead handelt allgemeiner vom Mitvollzug der Einstellung des anderen (»taking the attitude of the other«), einem Kommunikationsprinzip, das Teilnahme am anderen einschließt (»involving participation in the other«): »This requires the appearance of the other in the self, the identification of the other with the self, the reaching of self-consciousness through the other.« [41] Diese zur schlichten ›Identifikation mit dem Helden‹ umgekehrt

proportionale Teilnahme am anderen hat nicht nur mit der flexiblen Übernahme gegebener Rollen zu tun. Die Dynamik der Rollenmodifikationen, die
sich zwischen den Polen der Rolleninduktion und -dislokation abspielt und
den Konflikt von ›Rollengebern‹ und ›Rollenempfängern‹ charakterisiert, ist
nicht allein durch Rollengegebenheiten zu beschreiben, sondern durch die
Bindungen (»loyalties«), die bei der Übernahme von Rollen eingegangen werden und bei ihrer Änderung wirksam sind [42]. Die Rollenkomplementarität,
mit der Rollenflexibilität es zu tun hat, beruht genauer auf der empfindlichen
Gegenseitigkeit solcher Bindungen, die Empathie erfordern. Die so nur sehr
pauschal angedeuteten Qualifikationen modernen Sozialverhaltens sind im
Begriff der flexiblen Rollenkompetenz zu ergänzen, soll er in seinen nachrhe-
torischen Dimensionen faßbar werden.

Die systematische ›Dimensionierung‹, in der den sozialen Anforderungen
von Rollenambiguität und Rollenkomplementarität die personalen Fähigkeiten zu Rollendistanz und Rollenflexibilität entsprechen, setzt den Wandel der
Sozialverhältnisse im Übergang der Modernisierung wohl voraus, läßt aber
der älteren rhetorischen Entsprechung von Rollenambiguität und Rollendistanz noch den Vorrang. Von den historischen Implikationen des Begriffs der
Moderne ist hier immerhin schon die Hypothese deutlich, die den Prozeß der
Modernisierung als einen Prozeß der sozialen Mobilisierung auffaßt, denn es
sind Merkmale der Mobilisierung, die Empathie als Fähigkeit, »sich selber in
der Situation eines anderen zu sehen«, erfordern [43]. Daß es gerade diese Fähigkeit ist, die den neuen Habitus der Lektüre auszeichnet, ist weniger bemerkenswert als die Vermutung, daß sie in ihm ›gelernt‹ wird oder mindestens intendiert ist, wie exemplarisches Verhalten es im Habitus exemplarischen Lesens war. Darin jedenfalls läge der Erfolg des rhetorischen Modells und seiner
metaphorischen Beschreibung des neuen Habitus der Lektüre, daß es seine
kommunikative Leistung relativ zu den Dimensionen sozialen Verhaltens beschreibbar hält. Seine Grenzen hat es weniger, wie der taxonomische Nutzen
der Rollentheorie für die Soziologie nahegelegt, in der Beschreibung der literarischen Öffentlichkeit, als in der Beschreibung der an ihr beteiligten Subjekte,
wie sie in der rollentheoretischen Fassung des Identitätsbegriffs vorliegt [44].
In der schwierigen Balance von Distanz und Nähe, in der Empathie die intersubjektive Konstitution der eigenen Identität durch die der anderen beschreibt, wird Ich-Identität zur fiktiven Vorgabe: ›Schwundtelos‹, wie Marquard meint, das den Verlust der anagogischen Perspektive allegorischen Lesens im Modus der Fiktion kompensiert [45]. Wie Goffmans ›Stigma‹ die Notwendigkeit einer ›fiktiven Normalität‹ nach sich zieht (»phantom normalcy«),
so Habermas' ›Öffentlichkeit‹ eine ›fiktive Einzigartigkeit‹ der beteiligten Individuen (»phantom uniqueness«) [46]. So fragt sich am Ende, wenn schon literarische Öffentlichkeit kein Exempel für politische Öffentlichkeit zu liefern
vermag, inwieweit literarische Empathie als hermeneutisches Paradigma der
an literarischer Illusion geschulten Lektüre zum Modell der persönlichen
Identität taugt – nicht daß wir alle Theater spielen, sondern daß wir alle Romane gelesen und in der Lektüre die eigene Mobilität probiert haben.

In den Termini des zugrundeliegenden reflexiven Mechanismus läßt sich die
historische Veränderung im Habitus der Lektüre, die dem Übergang von der
Rollendistanz zur rollenflexiblen Empathie entspricht, als Umstellung vom

Modus der rhetorischen ›Reflexivität‹ auf den der ästhetischen ›Reflexion‹ beschreiben [47]. Wie der Modus der Reflexivität im Bezug auf Topik das Modell der exemplarischen Applikation definiert, so beschreibt der Modus der Reflexion das Modell einer empathischen Applikation, die Kritik auf sich nimmt, nicht auf Topik sich beruft. Ist Lesen im rhetorischen Modus der Reflexivität eine Art ›Umweghandeln‹, in dem eine exemplarische Norm durch die exemplarische Anwendung des Gelesenen angestrebt und erreicht (oder durch Ironisierung abgewendet und erübrigt) wird, so wird Lektüre im Modus der Reflexion ästhetisch: Was den derart reflexiven Akt des Lesens von der exemplarischen Konsequenz distanziert, ist die Aktivität des Lesens selbst, nicht die im Umweg aufgeschobene Konsequenz, sondern die im Aufschub begriffene Subjektivität, die sich im Vollzug der Lektüre konstituiert. War die rhetorische Struktur älterer Texte auf pragmatische Situationen bezogen, um in der Lektüre alte Erfahrungen zu vermitteln, für deren Transfer ein paradigmatischer Fall zur exemplarischen Instanz wurde, so wird die ästhetische Struktur moderner Texte tendenziell situationslos, um in der Lektüre neue Erfahrungen zu ermöglichen, die im Akt des Lesens selbst gemacht werden.

II

Der neue Habitus der Lektüre hat im Übergang vom rhetorischen Modus der Reflexivität zum ästhetischen der Reflexion Autobiographie und Briefroman zu seinen Paradigmen, Tagebuch und Brief zu seinen alltäglichen Voraussetzungen. Die Problematik des Übergangs zu einer neuen Rezeptionsweise läßt sich deshalb nirgendwo deutlicher machen als an den zeitgenössischen Versuchen, die Wirkung des Briefromans als Wirkung einer neuen Schreibweise rhetorisch zu beschreiben und mit Hilfe des rhetorischen Repertoires die ästhetische Intention zu erfassen, die in der Illusion der Lektüre eine ›synthetische‹ Aktivität des teilnehmenden Lesers ermöglicht [48]. Dabei spielt für den Briefwechsel die Metapher des Dialogs, für den Briefroman die Metaphorik des Dramas eine besondere Rolle. Sowenig aber der Briefwechsel ein Dialog ist, sowenig ist der Briefroman ein Drama. Rhetorisch ein *sermo absentis ad absentem*, vergegenwärtigt der Brief aushilfsweise ein Gespräch, das gegenwärtig nicht stattfinden kann [49]. Steht die Metapher des Dialogs also für den Modus der Reflexivität, in dem der Brief das Gespräch ersetzt oder fortsetzt, so die Metaphorik des Dramas für den Modus der Reflexion, in dem der Briefroman dies Mittel als ›Umweg‹ thematisch macht. Dialogische Vergegenwärtigung im Brief fingiert den Dialog von Abwesenden; dramatische Vergegenwärtigung im Briefroman inszeniert diese Fiktion vor Anwesenden (›Dritten‹). Die fiktive Unmittelbarkeit der Briefe wird zur Garantie einer entsprechend unvermittelten Rezeption. Sie ist freilich Teil der Illusion, die rhetorisch beschworen wird, um in der Lektüre durchkreuzt zu werden. Hinter der Rhetorik der gelungenen dialogischen Kommunikation steht die Dialektik der »gebrochenen Intersubjektivität«, in der die Aktivität des Lesers ihre Motivation findet: »Das psychologische Interesse wächst von Anbeginn in der doppelten Beziehung auf sich selbst und auf den anderen: Selbstbeobachtung geht eine neugierige teils, teils mitfühlende Verbindung ein mit den seelischen Regungen des anderen Ichs. Das Tagebuch wird zu einem an den Absender adres-

sierten Brief; die Ich-Erzählung das an fremde Empfänger adressierte Selbst-
gespräch; gleichermaßen Experimente mit der in den kleinfamilial-intimen
Beziehungen entdeckten Subjektivität.« [50] Tatsächlich schafft die »publi-
kumsbezogene Privatheit« der Briefe den »Realismus« der Brieffiktion von
selbst: fingierte Briefe sind Briefe wie andere auch. Daß sie zum Druck gesammelt und nach Daten hintereinander sortiert sind, unterscheidet sie nicht von
den publizierten Briefen berühmter Persönlichkeiten. Ihre Fiktion im Briefroman trennt von der Rhetorik der Briefsteller, die Richardson und Gellert auch
verfaßten, nichts als der ästhetische Modus der Reflexion, in dem die Lektüre
anders als im Modus bloßer Reflexivität auf die im Wechsel der Briefe lesend
konstituierte Subjektivität gerichtet ist statt aufs Repertoire des Mitgeteilten.

Die Vollständigkeit der Illusion, die im Mitlesen des Lesens erreicht wird,
ist durch die Illusion der unmittelbaren Gefühlsaussprache, für die Richardson zitiert wird, und der individuellen Vielfalt, für die Diderots *Eloge de Richardson* zitiert wird, nur zur Hälfte beschrieben [51]. Sie gleicht der dramatischen Illusion im Typ der ›mehrfach adressierten Äußerung‹, durch die der
Leser zum »mitangesprochenen Dritten« wird [52]. Anders als in der dramatischen Handlung ist im Briefroman aber die Indiskretion des Mediums Teil der
Fiktion, wird im ›erzählten‹ Brief die empathische Wahrnehmung schon ein-
berechnet: »il y a toujours du monde à côté«, zitiert Genette einen der Helden
Balzacs [53]. Der im Briefroman implizierte Mitleser ist als ein fiktiver Leser
(als »un narrataire intradiégétique«) die Reflexionsfigur des impliziten Lesers,
dessen Rolle er fingiert, nicht festlegt. Das aber heißt, daß wir uns mit dem
Adressaten der Briefe nicht identifizieren können, mit dem ihm über die
Schulter schauenden Publikum aber auch nicht identifizieren müssen. Die
doppelte Illusion des Briefromans treibt die Möglichkeiten der literarischen
Fiktion auf die Spitze.

Analog der ›Illusion des skaz‹, die in der Fiktion des mündlichen Erzählens
Kontrast schafft zur Schriftlichkeit des erzählten Texts, bringt die Fiktion der
Briefe im Briefroman eine latente Ambivalenz mit sich, die auf der ›Dialogizität‹ der Medien, der Brieffiktion einerseits und der Herausgeberfiktion andererseits, beruht [54]. Diese Ambivalenz ist Teil der Illusion. Man hat sie gelegentlich als ›polyperspektivisch‹ beschrieben. Sie ist nämlich in der dialogischen Beziehung der dargestellten Perspektiven enthalten. Die der perspektivischen Illusion immanente Dialogizität bringt eine latente Ambivalenz mit sich,
die unterschiedlich beherrscht wird und jedenfalls in Widerspruch zur monologischen Struktur des sogenannten auktorialen Erzählens steht. Im Effekt einer ›kommunikativen Ambiguität‹, der »etwas ganz anderes ist als Ironie«,
wie Preisendanz betont, hat sie zur Folge, »daß im Leser Gegenmotive mobil
werden« [55]. Für die empathische Lektüre ist die latente Ambivalenz des
Briefromans, das bestätigt der Erfolg Richardsons, Rousseaus und Goethes,
das entscheidende Paradigma. Da sie in der polyperspektivischen Illusion nur
mitgegeben ist, in der Darstellung latent bleibt, nämlich allenfalls in der Rela-
tivität einer Perspektive thematisch wird, zwingt sie zu einer eigentümlich gebrochenen Teilnahme, die in nachträglicher Abstraktion als Identifikation zu
rationalisieren und erst aus der Distanz zu beurteilen ist. Blanckenburg hat
dies an Goethes *Werther* einschlägig thematisiert [56]. Die Ambiguität der Darstellung hat in der empathischen Lektüre eine Wirkung, die durch eine ob-

jektivierende Beschreibung der Ambivalenz des Dargestellten nur indirekt zu fassen ist. Im Fall des Briefromans kommt historisch erschwerend hinzu, daß die für seine empathische Lektüre habituell vorausgesetzte Fähigkeit des Brief-wechselns kaum zu simulieren ist. Wie das Landschaftsbild als »Korrelat einer Einstellung« entsteht, in der ›Landschaft‹ als ästhetischer Gegenstand erst möglich wird, entsteht der Briefroman als Korrelat einer Einstellung, die den Brief als literarisches Medium ermöglicht [57]. Ist der Brief des 18. Jahrhun-derts das wichtigste Relais zur Verlagerung ›innerer Sprache‹ nach außen, also dessen, was als Erfahrung latent auf Äußerung wartet, handelt der Briefroman von eben den sprachlichen Möglichkeiten, nach außen zu bringen, was innen noch nicht sein kann, weil es als Erfahrung erst in der dialogischen Vermitt-lung nach außen zustande kommt [58].

Goethe etwa, dessen *Werther* im folgenden einmal mehr als Beispiel dienen soll, hat die historischen Voraussetzungen des Briefromans aus der histori-schen Distanz seiner autobiographischen Fiktion von *Dichtung und Wahrheit* zu Beginn des 13. Buchs kommentiert, in dessen Verlauf von der Entstehung des *Werther* zu berichten ist. Ihr Effekt beläuft sich darauf, daß der Leser Wer-thers Briefe liest, wie er die Briefe beliebiger »Schatullen« zur Kenntnis nimmt, etwa aus »Leuchsenrings Schatullen«, von denen Goethe erzählt, daß sie »den vertrauten Briefwechsel mit mehreren Freunden enthielten: denn es war überhaupt eine so allgemeine Offenherzigkeit unter den Menschen, daß man mit keinem einzelnen sprechen, oder an ihn schreiben konnte, ohne es zu-gleich an mehrere gerichtet zu betrachten. Man spähte sein eigen Herz aus und das Herz der andern …« (HA IX, 558) [59] Nun hatte Goethe allerdings ein sehr genaues Bewußtsein von der »Wechselnichtigkeit« dieses Mediums, wie er in seiner allgemeinen Diagnose des 19. Buchs erkennen läßt: »und ich war so ziemlich auf dem Wege, mit jüngeren Freunden, wo nicht auch mit älteren Personen, in ein solches wechselseitiges Schönetun, Geltenlassen, Heben und Tragen zu geraten.« (HA IX, 401) Die Erfahrung der wechselseitigen Verstär-kung im gegenseitigen Lesen ist die Erfahrung einer Illusion, in der das Me-dium selbst transparent geworden, seine Ambiguität zum Verschwinden ge-bracht ist. Das im Brief fingierte Ich lebt von der Fiktion des im Wechsel kon-stituierten alter ego. Daß man »schließlich selbst seine Individualität zu tau-schen« glaubte, sich imstande sah, seine »Empfindungen unmittelbar auf den Adressaten zu übertragen«, zeigt das Ausmaß der Illusion, die im Briefroman thematisch und in ihrer latenten Ambivalenz kommunikativ wirksam wird [60]. Das zugrundeliegende ›Sprachspiel‹ beruht auf den Regeln eines gegenseiti-gen ›pretending‹, das zu jenen »ways and varieties of not exactly doing things« gehört, die Austin beschrieben hat: Im unmerklichen Übergang eines ›pretending-to‹ zum ›pretending-that‹ kann man die Toleranzgrenze vermuten, die zwischen dem tolerierten Maß an Selbsttäuschung und der bewußten Täu-schung des anderen liegt [61]. Die unterstellte ›Logik der seelischen Ereignis-se‹ postuliert die pretendierten Ereignisse dort, wo sie sich ›spontan‹ ausdrük-ken [62]: in der unmittelbaren Gegenwart dessen, der seine Erfahrungen, Ein-drücke und Empfindungen aufschreibt und einer offenen Zukunft anheim gibt [63]. »Die Art der Sicherheit«, schränkt Wittgenstein freilich ein, »ist die Art des Sprachspiels.« Als Medium des ›pretending-to‹ wird der Brief Gegenstand eines ›pretending-that‹, in dem der Briefroman die Ambiguität des Mediums:

seine »Zweideutigkeit«, wie Werthers Herausgeber gegen Ende des Romans sagt, in die Illusion der Darstellung als Ambivalenz des Dargestellten überträgt. Die fiktive ›Referenz‹ der Darstellung wird in ihrer »kommunikativen Bestimmtheit« thematisch, die nach Art des Sprachspiels der Briefe ihre Sicherheit in ihrer ›Zweideutigkeit‹ hat [64]. Die ›Wahrheit‹ der Brieffiktion also liegt in der referentiellen Unsicherheit der zitierten Briefe: einer Ambiguität, von der man seit dem *Werther* weiß, »daß sie im Leser Gegenmotive mobil macht«.

Goethes abschätzige Behandlung der Briefe in der fiktiven Vorgeschichte des *Werther* steht im Zusammenhang seiner impliziten Auseinandersetzung mit Rousseau, in der *Dichtung und Wahrheit* auf die *Confessions* antwortet, und der *Werther* auf das Muster der *Nouvelle Héloise* bezogen ist [65]. Prompt finden sich bei Leuchsenring namentlich einzig die Briefe einer Julie (Bondeli), die als »Rousseaus Freundin« Anlaß gibt zur Erinnerung an die »Glorie, die von ihm ausging« (HA IX, 558). Der implizite Hinweis auf Rousseaus Vorbild, in signifikante Ironie verpackt, zielt auf die exemplarische Rolle die Rousseaus Handhabung des Mediums der Briefe, genauer also ihrer Ambiguität, für Goethes *Werther* gehabt hat. Rousseaus *Julie*, nicht Richardsons *Clarissa* war für den *Werther* maßgeblich, wiewohl Lotte im *Werther* wie Cornelia (Goethes Schwester) bei der Lektüre des *Werther* Richardson im Kopf haben. Sind in Richardsons *Clarissa* die Briefe noch vielfältiger Ausdruck eines Lebens, das sie repräsentieren, aus dem folglich bei aller Ambiguität des dargestellten Mediums zu lernen ist, so sind die Briefe in Rousseaus *Julie*, nach einer glücklichen Prägung Derridas, bloße ›Supplemente‹, die quer zu einem Leben stehen, das sie nicht mehr repräsentieren, dem sie fiktive Züge verleihen an der Stelle derer, die es nicht hat [66]. Der Umschlag der Ambiguität des zitierten Mediums, der in der Herausgeberfiktion dokumentierten Briefe, zur latenten Ambivalenz ihrer Repräsentation ist entscheidend. Er stellt die empathische Lektüre auf die eigenen Füße und entläßt sie aus der auktorialen Kontrolle exemplarischer Reflexivität auf die natürliche Sittlichkeit, die das dargestellte Medium befördert, in die ästhetische Reflexion der in diesem Medium intersubjektiv konstituierten Subjektivität. Freilich ist schon bei Richardson die moralische Intention des Autors Teil der Fiktion und charakterisiert eher die Ohnmacht des rhetorisch betriebenen Aufwands als seinen Erfolg: » ›Why Sir’, said Dr. Johnson, ›if you were to read Richardson for the story, your impatience would be so much fretted that you would hang yourself.‹ « [67] Das Interesse an der menschlichen Gegenseitigkeit gewinnt die Überhand gegenüber der ›story‹, das Medium wird unbemerkt zur ›Masche‹ und transportiert Gefühle, die der Leser nirgends hat als in der Lektüre, in der er sie für sich entdeckt. Daß Lesen an die Stelle kommunikativen Handelns tritt, es ersetzt und nichts repräsentiert außer sich selbst, wird seit Rousseaus *Nouvelle Héloise* manifest. So gilt für Werther wie für Julie: »The very pathos of the desire (regardless of whether it is valorized positively or negatively) indicates that the presence of desire replaces the absence of identity and that, the more the text denies the actual existence of a referent, real or ideal, and the more fantastically fictional it becomes, the more it becomes the representation of its own pathos.« [68] Auch Werther »portrays a pathos in which all can share«, wenn auch in einer anderen Konsequenz, die ihn zu mehr als auch einem Stück Rousseau-Rezeption macht.

Die Übereinstimmung lohnt es hier nur anzuführen der Differenzen wegen, die sie erläutern. Dazu gehört die Zweiteiligkeit, sofern sie die Kürze des *Werther* im Unterschied zur Länge der *Nouvelle Héloise* charakterisiert. In der zweiten Hälfte des *Julie*, so zeigt de Man, unterliegt die Lektüre der ersten Hälfte einer peripathetischen Umkehrung, in der die romantisch-enthusiastische Verstrickung der Leidenschaften in der systematischen Verzerrung ihrer literarischen Vermittlung transparent wird. Als neue Héloise folgt Julie der alten, weil sie die Natur der Liebe in ihrer Vermittlung durch die wechselseitige Lektüre als Allegorie durchschaubar macht. Goethes *Werther* nimmt die derart transparent gemachte Vermittlung in ihrer latenten Ambivalenz auf, um im kulturellen Muster die verborgene naturgeschichtliche Kausalität aufzudekken: »*Historiam morbi* zu schreiben ohne angegebene Lehren a. b. c. d.«, wie Lavater überliefert [69]. Ist in der Geschichte von Julie, Saint-Preux und Wolmar die Lektüre Supplement eines Lebens, das im Lesen allegorisch wird, so steht der Fall Werthers symbolisch für ein Leben, das Supplement zum Lesen bleibt und übers Lesen nicht hinauskommt. Wird in der *Nouvelle Héloise* die empathische Lektüre der ersten Hälfte in der zweiten Hälfte zur wiederholten Allegorie, so werden die *Leiden Werthers* in der empathischen Lektüre des ersten Teils symbolisch für die Lektüre des zweiten Teils. Wie immer man den Unterschied im einzelnen ausarbeiten will, bleibt Werthers Fall gegenüber der zur allegorischen Transparenz geführten Lektüre Julies unauflösbar symbolisch, die Lektüre des *Werther* gegenüber der der *Nouvelle Héloise* unaufhebbar empathisch. Das Ende des ersten Teils präfiguriert den Ausgang des zweiten Teils, aber nicht so, daß darin die empathische Lektüre ihrer allegorischen Vermittlung überführt würde, sondern sich in der typologischen Konstruktion der Lektüre die Naturwüchsigkeit ihrer empathischen Einstellung durchsetzen kann.

Der Selbstmord Werthers kündigt sich am Ende des ersten Teils in einem Zustand der Depersonalisierung an, durch den der vermeintlich endgültige Abschied von Lotte (und Albert) begleitet ist (10. Sept.):

> Sie gingen die Allee hinaus, ich stand, sah ihnen nach im Mondscheine und warf mich an die Erde und weinte mich aus und sprang auf und lief auf die Terrasse hervor und sah noch dort ihr weißes Kleid nach der Gartentür schimmern, ich streckte meine Arme aus und es verschwand. (HA VI, 59) [70]

Schreibend erinnert Werther eine verzweifelte ›Pantomime‹ seiner selbst [71]: »Sie gingen ... ich stand: sah ... und warf mich ... und weinte ... und sprang ... und lief ... und sah noch ...« In der Selbstbeobachtung des außer sich geratenen Ich charakterisiert die ›Überbesetzung‹ der Wahrnehmung die fortgeschrittene Depression, wie das schon in den Mai-Briefen absehbar ist. Gleichzeitig bahnt die Dissoziation des schreibenden Werther von seinem verzweifelten Selbst die zwangsläufige Dissoziation des empathischen Lesers von der exemplarischen Konsequenz seiner Lektüre an (wie sie auch die des schreibenden Goethe von seiner Geschichte voraussetzt). Wird in der Lektüre der *Nouvelle Héloise* jede exemplarische Konsequenz des allegorisch ›Dekonstruierten‹ illusorisch und zum Schluß von Julies letztem Brief auch widerlegt, wird sie im Fall Werthers aporetisch, ohne daß die Aporie durch »eine kleine kalte Schlußrede« gemildert werden könnte, wie sie Lessing sich wünschte (nach

HA VI, 522). Paradoxerweise geschieht dies in einem dritten Teil des »Herausgebers an den Leser«, der die dialogische Anlage der beiden voraufgegangenen Teile auf die Perspektive des verläßlichen Herausgebers verjüngt. Dessen Text nun beseitigt nicht die Ambiguität der herausgegebenen Briefe, sondern treibt sie im Versuch ihrer besonnenen Aufklärung auf die Spitze.

Die Herausgeberfiktion der *Leiden Werthers* ist freilich von Anfang an durch die Paradoxie des Ausgangs gezeichnet. Ist die Verläßlichkeit des Herausgebers auch durch den Fall verbürgt, den er berichtet, kann er sich doch für die Lektüre nicht verbürgen. So schickt er eine Vorbemerkung voraus, die mit allen Wassern des empfindsamen Jargons gewaschen ist und gleichwohl für die einschlägige Wirkung die Verantwortung nicht übernehmen will [72].

Was ich von der Geschichte des armen Werther nur habe auffinden können, habe ich mit Fleiß gesammelt, und lege es euch hier vor, und weiß, daß ihr mirs danken werdet. Ihr könnt seinem Geiste und seinem Charakter eure Bewunderung und Liebe, seinem Schicksale eure Tränen nicht versagen.
Und du, gute Seele, die du eben den Drang fühlst wie er, schöpfe Trost aus seinem Leiden, und laß das Büchlein deinen Freund sein, wenn du aus Geschick oder eigener Schuld keinen nähern finden kannst. (HA VI, 7)

Zwei Abnehmergruppen werden so fingiert und zwei Möglichkeiten der Lektüre. Beide sind in Termini der Identifikation beschrieben aber stehen unter entgegengesetzten Vorzeichen. Als exemplarischer Fall wird Werther zum Gegenstand der ›admirativen Identifikation‹ [73]. Sie zollt Charakter und Schicksal des armen Werther Bewunderung und Liebe und versagt, sofern die Idivi-dualität seines Charakters in diesem Schicksal »den Armen schuldig werden« läßt, auch Tränen nicht [74]. Diese exemplarische Intention des Herausgebers, in der der berichtete Casus einer *historia morbi* zum Exempel gemacht wird, setzt sich ab von der projektiven Identifikation dessen, der in vorgeschobener Empathie die eigenen Leiden lesend wiederfindet. Sofern diese zweite Art der Lektüre jenseits der Erbauung (aedificatio) noch Trost (consolatio) verspricht, richtet sie sich (anagogice) an die guten Seelen, die ihr ›Böses‹ wenn nicht im Leben, so doch im Lesen verwerfen wollen. Daß dies illusorisch wäre, kann sich der exemplarisch bedachte Herausgeber nicht denken. So provoziert seine moralische Beschränkung in der Einfühlung die ästhetische Einstellung jener Seelen, die ihre Tränen nicht aus Bewunderung und Liebe, sondern in der Illusion vergießen, ihre fiktive Identität empathisch zu verwirklichen.

Man hat zurecht vom »exponierten Nichtanfang« gesprochen, der den flexiblen Übergang vom kommunikativen Austausch im Briefwechsel zum fiktiven Diskurs des Romans auszeichne. Diese Flexibilität wird in der Herausgeberfiktion des *Werther* ironisch gebrochen und doch gefördert, da die Ambivalenz der Lektüre der Ironie nicht vorgreifen kann und latent bleibt bis zum Ausgang des Buchs. Die Ankündigung widerlegend und bestätigend, tritt die Ambiguität der Briefe um so schärfer hervor, als der Polyperspektivismus Richardsons, der eine Vielzahl von Figuren im gleichen Medium verbindet, zugunsten der einen Perspektive Werthers zurückgenommen wird, an der die Ambivalenz der Darstellung Wirkung gewinnt, ohne durch konkurrierende Möglichkeiten relativiert zu werden. Ambivalenz herrscht hier zwischen dem, was in der Lektüre des fiktiven Herausgebers Bewunderung auslösen müßte, in der Lektüre der ›guten‹ Seele Trost spenden könnte und in der Differenz zwischen beiden Empathie provoziert. Bewunderung sollte auslösen, was als Charakter Werthers im Sprachspiel der Briefe nicht zum Ausdruck kommt, sondern pretendiert steht [75]. Trost könnte spenden, was als Schicksal Selbstdarstellung Werthers bleibt, deren widersprüchliche Rhetorik nicht beim Wort genommen werden kann. Man nehme die bekannte Unterhaltung, die Werther mit Albert über die »Krankheit zum Tode« geführt hat.

Der unverstandene Werther gibt dort unmißverständlich zu verstehen, daß am Ende »keiner leicht den anderen versteht«. (HA VI, 50) Während der empathische Leser in seiner Lektüre dies wieder gut macht, war »Alberten« Werthers wortreiche Rhetorik »zu allgemein gesprochen«. (48) Statt von sich zu reden, holt Werther zu einer eindrucksvollen Schauergeschichte aus: »Ich erinnerte ihn an ein Mädchen, das man vor weniger Zeit im Wasser tot gefunden ...« Abermals wird verallgemeinernd argumentiert: »Sieh Albert, das ist die Geschichte so manches Menschen ...« (49) Sieht man von den vorgetragenen rousseauistischen Gemeinplätzen einmal ab, fällt ihre kommunikative Funktion ins Auge: Werther appelliert erzählend an Alberts Verständnis und verpackt diesen Appell in einer exemplarischen Geschichte. Dies nützt dem Leser, der die ihm abverlangte Teilnahme exemplarisch vergewissert sehen will. Der Teilnahme und dem Verständnis Alberts dagegen kann dies nichts nützen: Nichts wäre verfehlter, als in solchen Fällen in Verallgemeinerungen auszuweichen. Ganz offenbar, das zeigt sein beharrliches Insistieren, ist er auf dem besten Wege, zu verstehen. »Paradox! Sehr paradox!« sieht er den rationalen Aufwand Werthers im Verhältnis zu der Krankheit, die er ins Recht setzt. Werther überliefert diese Reaktion als Beleg dafür, daß er in seinem ›Diskurs‹ nicht verstanden wurde und verdoppelt die Anstrengungen. Was Werther im Brief plausibel zu machen versteht, soll der auf eben diese Plausibilität versessene Albert nicht verstanden haben. Daß Albert Werthers Ausweichen gleichwohl zu verstehen beginnt, kann der in seinen ›Text‹ verbissene Werther nicht gelten lassen. Er kann es tatsächlich nicht, weil (und solange) beider Rollen nicht vereinbar sind. Auf die Unverstandenheit angewiesen, verweigert er Alberts Verständnis, durch das er sich dessen ›Realität‹ unterwerfen würde, und zieht sich auf »ein andermal« zurück. Wesentlich später im zweiten Teil, als er Lotte gegenüber wegen einer Kleinigkeit zu einer seiner empfindsamen Ausbrüche ansetzt, wird er unterbrochen: »Sie redete was anders, um mich nicht tiefer in den Text kommen zu lassen.« (HA VI, 85) Die Vermeidungsstrategie zeigt, welchen Lauf die Dinge genommen haben. Die Konfrontation, die Albert vergebens versucht hat, ist im zweiten Teil hoffnungslos geworden, wie sie im ersten Teil der Zensur des Briefs anheimgefallen war. Daß Werther im Brief die Teilnahme Alberts endgültig hinter sich gelassen hat, sichert ihm freilich die Teilnahme der Leser, die ihn nicht ändert: nicht des Adressaten Wilhelm, demgegenüber er defensiv argumentiert, aber derjenigen, die ihm über die Schulter schauen. Indem diese miterzählten Leser die Teilnahmebedingungen rhetorisch festlegen, machen sie eine Identifikation unmöglich, Empathie nötig. Empathisch reagiert der Leser, sofern er die fiktive Leserrolle flexibel auffaßt und die zugemutete Teilnahme im Akt des Lesens reflektiert. Dabei wird an Werther selbst die Nachträglichkeit deutlich, in die er zur Tätigkeit seines Schreibens gerät; am Medium der Briefe die naturgeschichtliche

Zwangsläufigkeit, in der er Opfer der verhängnisvollen Kollusion wird, deren Medium das Sprachspiel der Briefe ist.

In einer bemerkenswerten Passage von *Dichtung und Wahrheit* hat Goethe die Verlegenheit der empathischen Lektüre des *Werther* wie folgt karikiert. Er liest als erstem Merck das Buch vor, »ohne ihm ein Beifallszeichen abzulokken«, steigert das Pathos ohne Erfolg, ist »auf das schrecklichste« niedergeschlagen, verzweifelt an der Qualität des Werks: »Wäre ein Kaminfeuer zur Hand gewesen …« Merck kann ihn später beruhigen, »daß er in jenem Moment sich in der schrecklichsten Lage befunden, in die ein Mensch geraten kann.« (HA IX, 588 f.) Daß der Verfasser in der schrecklichsten Lage seines Freundes nicht imstande gewesen sei, von der erwarteten Wirkung seines Buchs abzusehen und sich stattdessen selbst empathisch zu verhalten, liefert die Pointe der vorausgegangenen Erinnerung zur Wertherrezeption: »dieses Büchlein, was mir soviel genützt hatte, ward als höchst schädlich verrufen.« Verrufen war dies Büchlein eben deshalb, weil man ihm zutraute, gute Seelen in der schrecklichsten Lage zu fatalen Konsequenzen zu veranlassen.

Für Werther, wenn nicht für Goethe, war die Situation ernst genug. Steigende Frustration schlägt in Aggressionen um, von denen die »Hirngespinste« handeln, Albert zu töten, um an seine Stelle treten zu können (HA VI, 76). Für ihren Ernst, bevor er ihn auf sich selbst nimmt, ist die aufgeschlagene *Emilia Galotti*, Neuerscheinung des Jahres 1771, ein letztes Signal [76]. Entsprechend aufschlußreich ist die in der zweiten Ausgabe mit Rücksicht auf Kästner zurückgenommene Abwertung Alberts, deren Kontext in der Originalfassung klar genug war, im Wortlaut aber Anstoß erregte, die Behauptung nämlich, »sie wäre mit mir glüklicher geworden als mit ihm!« [77] Das mochte in seiner antizipierten Nachträglichkeit illusorisch genug sein. »Ein gewisser Mangel an Fühlbarkeit« hingegen, das schien nicht mehr erträglich. Dabei bleibt gerade in der ersten Ausgabe an kalkulierter Zweideutigkeit nichts zu wünschen übrig: »ein Mangel – nimm's wie du willst, daß sein Herz nicht sympathetisch schlägt bey – Oh! – bey der Stelle eines lieben Buchs, wo mein Herz und Lottens in einem zusammentreffen.« Der parenthetisch gesteigerte Trugschluß, Übereinstimmung der Herzen sei in gemeinsamem Lesen zu erreichen und für ein gemeinsames Leben genug, konnte entwaffnender nicht eingefädelt werden. Was das Leben nicht bringt, ersetzt die Lektüre in der aushilfsweisen Verständigung über die »Handlung eines dritten«. Der in die Lektüre des *Werther* verstrickte Leser möchte es glauben. »Lieber Wilhelm! – zwar er liebt sie von ganzer Seele, und so eine Liebe was verdient die nicht –« Der Freund bringt die uneingestandene Wahrheit an den Tag, die der mitadressierte Leser ersparen soll. »Ein unerträglicher Mensch«, vertieft der Schreiber die Fronten, »hat mich unterbrochen. Meine Tränen sind getrocknet. Ich bin zerstreut. Adieu Lieber.« Mit der Tinte sind die Tränen getrocknet: der Entzug des Schreibens macht den Leerlauf der darin produzierten Gefühle offensichtlich.

In der Konsequenz der widersprüchlichen Appelle Werthers liegt der tragische Ausgang seines Falls. Rhetorisch gesehen hat er die Form der ›paradoxen Verschreibung‹ [78]. Goethe hat sie in den bekannten Versen zur 2. Auflage der ersten Fassung explizit gemacht: »Sei ein Mann und folge mir nicht nach!« (HA VI, 528) Als paradoxe Instruktion zeigt Werthers Ende eine Konsequenz, in der die Unmöglichkeit des Instruierens deutlich wird. Lenz hat das in seinen Briefen zum *Werther* klar ausgesprochen: »Daß Werther ein Bild ist, welchem vollkommen nachzuahmen eine physische und metaphysische Unmöglichkeit« sei: »Bedenkt ihr denn nicht«, lautet seinerseits die rhetorische Frage:

> Daß, eh ihr das aus euch macht, was er war, eh er anfing zu leiden, und was er doch sein mußte, um so leiden zu können, euer halbes Leben hingehen könnte? Daß ihr also nicht sogleich von Nachahmung schwatzen müßt, eh ihr die Möglichkeit in euch fühlt, ihm nachahmen zu können? Und daß es alsdann mit der Nachahmung keine Gefahr haben würde? (nach HA VI, 529)

Werthers Selbstmord stellt die empathische Lektüre vor eine Konsequenz, in der die Unmöglichkeit der exemplarischen Applikation offenkundig, die Möglichkeit der admirativen Identifikation vereitelt wird [79]. Der ästhetische Modus der Reflexion widerspricht der expliziten Botschaft, die derart paradox ist. So hat man die zum Ende hin massiv betriebene Stilisierung der Leiden Werthers als einer *passio* lange übersehen, in der die subjektive Gefühlsaussprache Werthers dem Muster der auf Nachfolge (imitatio) angelegten Erbauung (aedificatio) folgt, ohne daß einem beim versprochenen Trost (consolatio) wohl und bei seiner Umwandlung in ästhetischen Genuß (delectatio) geheuer sein könnte [80]. Es ist nicht von ungefähr, daß diese im rhetorischen Paradox endende Umbesetzung der exemplarischen Lektüre erst manifest wird im letzten, dem Herausgeberteil des Buchs. Der Held der ehemals admirativen Identifikation wird dort zum Opfer der von ihm im Medium der Briefe entwickelten Gefühle, wo in der Herausgeberfiktion das empfindsame Interesse des Publikums wieder thematisch wird, der empathische Leser vom Herausgeber nicht beim Wort, doch beim mittlerweile hinreichend investierten Gefühl genommen und zur paradoxen Konsequenz geführt wird. Mit ihr erledigt sich in einem die zu Anfang fingierte Doppelung des Publikums: Die angeredete gute Seele, der Trost versprochen wird, ist ein fiktiver Leser, der die Möglichkeit einer Identifikation vorspiegelt, die im Roman gerade nicht möglich ist, für die sein Schluß nämlich ein zynischer Hohn wäre. Ein Trost wäre dies Buch nur dem, der in ihm seine projektive Disposition getröstet fände.

Was das angeht, liefert Karl Philipp Moritz in der Lektüre Anton Reisers die kongeniale Diagnose zur Wertherwirkung. Reiser, der sich im *Werther* »wiederzufinden« glaubt, sieht sich ganz in der zitierten Rolle der guten Seele, der dies Büchlein als ihr Freund empfohlen wird: »An diesen Worten dachte er, sooft er das Buch aus der Tasche zog – er glaubt sie auf sich vorzüglich passend.« [81] Der ›Herausgeber‹ Moritz hingegen hält mit Ironie nicht zurück und führt im Detail aus, wie er »die zu oft wiederholte Lektüre des Werthers« zur bloßen ›Verstärkung‹ seiner Melancholie benutzt (295). Daß er »eher seine eigenen Leiden als die Werthers« liest, wie man voreilig schließt, ist nur die eine Seite daran, und zwar die falsche. [82] Die Frage ist ja, warum sich ausgerechnet *Werther* für Reisers Leiden so vorzüglich eignet. Offenbar nicht als Folie eigener Wünsche, sondern aufgrund der melancholischen Verfassung, keine eigenen zu haben. »Die Teilnehmung« an den »eigentlichen Leiden Werthers«, heißt es ausführlich bei Moritz, ging ihm ab: »denn ein Mensch der liebte und geliebt ward, schien ihm ein fremdes ganz von ihm verschiedenes Wesen zu sein, weil es ihm unmöglich fiel, sich selbst jemals als einen Gegenstand der Liebe von einem Frauenzimmer zu denken.« (292) Reiser ›vereinnahmt‹ Werthers Gefühle, ohne ihren Gegenstand teilen und (wichtiger) sich selbst als Gegenstand komplementärer Gefühle denken zu können. Er nimmt die fiktive Identität Werthers für bare Münze, das Medium der wechselseitigen Anteilnahme, die sie stützt, als Botschaft der eigenen »Menschheit«: »nicht mehr ein unbedeutendes weggeworfenes Wesen (zu) sein« (295). Die Illusion der empathischen Lektüre untergräbt die im pietistischen Habitus des Lesens vermittelte Disziplin der Selbst-›Vernichtung‹ [83]. Auf nichts paßt die paradoxe Verschreibung vom Ende Werthers besser als auf die ›Mittel‹ der Madame Guyon. Was Wunder also, schreibt Moritz, »daß seine ganze Seele nach einer Lektüre hing, die ihm, sooft er sie kostete, sich selber wiedergab!«

Die fiktive Rollenkomplementarität zwischen Werther und Reiser reflektiert ironisch die prästabilierte Harmonie von Textstruktur und Aktstruktur, wie sie die Rhetorik der Fiktion propagiert. Im Projekt des ›psychologischen Romans‹, das Moritz im *Anton Reiser* verfolgt, hat das seine eigene rhetorische Pointe darin, daß ein individuelles Schicksal als Fall der »Erfahrungsseelenkunde« exemplarisch werden soll. Dabei wird das pietistische Instrument der Introspektion zum rhetorischen Mittel der psychologischen Fiktion [84]. Sie bringt zum Vorschein, was im autobiographischen ›fishing for empathy‹ als Rhetorik des Narzißmus am Werk ist. Indem Reiser Werthers narzißtischen Appell übernimmt und statt dessen fataler Tendenz für vitale eigene Zwecke sich aneignet, zeigt er sich außerstande zu den empathischen Reaktionen, die er wie Werther auf sich selbst ziehen will. Gegenüber der projektiven Identifikation, vor der Goethe seinen *Werther* bewahrt wissen will, markiert die introjektive Lektüre, durch die Moritz die Misere seines *Reiser* charakterisiert, die extreme Gegenposition. Wie die dem *Werther* umgekehrt proportionale Wirkung des *Anton Reiser* zeigt, bekam dieser es mit erheblichen Widerständen zu tun: sieht sich sein Leser schnell in die Rolle mißbrauchter Empathie gedrängt, deren zugehörige Reaktionsbildung man aus dem ironischen Reflex einer Bemerkung Heines kennt, es handle sich um »die Geschichte einiger hundert Taler, die der Verfasser nicht hatte, und wodurch sein ganzes Leben eine Reihe von Entbehrungen und Entsagungen wurde, während doch seine Wünsche nichts weniger als unbescheiden waren ...« (*Nordsee*, 3. Abt.) Das Interesse, exemplarisch Aufmerksamkeit auf sich zu ziehen, und sei es zu therapeutischem Nutzen anderer, das man dem *Werther* gegen die besseren Absichten seines fiktiven Herausgebers nicht ernsthaft unterstellen kann, Karl Philipp Moritz bei der Herausgabe seines *Reiser* hingegen ernsthaft genug zubilligen muß, steht der empathischen Einstellung im Weg, die sie provozieren will: Empathie läßt sich nicht exemplarisch ›machen‹. Reisers Lektüre des *Werther* zeigt symptomatisch wie Narzißmus und Empathie zusammenhängen, der Bedarf des einen den Appell des anderen hervorbringt, ohne daß aus der Not dieser Einsicht die Tugend der Empathie so leicht zu befördern wäre, wie es Moritz hofft. Das Wirkungspotential seines Romans scheint im Gegenteil darin zu liegen, daß er Widerstände mobilisiert und reflexives Durcharbeiten nötig macht.

Die Wirkung des *Werther* dagegen und seine paradigmatische Rolle in der Geschichte des Lesens das illustriert die Lektüre des Anton Reiser ex negativo, liegt darin, daß die Transferstruktur der Teilnahme im narzißtischen Appell einen rhetorischen ›Auslöser‹ findet, der ohne eine entsprechende Disposition auf seiten des lesenden Subjekts nicht funktioniert (und historisch nicht denkbar ist). Goethe selbst scheint diese Bedeutung des *Werther* im Auge zu haben, als er Napoleons Einwand für sich und die Nachwelt ins rechte Licht rückt: er habe »Motive des gekränkten Ehrgeizes mit denen der leidenschaftlichen Liebe«, wie der Kanzler v. Müller referiert, ›vermischt‹. Goethe räumt gerne ein, daß durch die narzißtische Verzerrung »etwas Unwahres« in die ›naturgemäße‹ Darstellung der Liebe hineingebracht werde, und spricht von einem »leicht nicht zu entdeckenden Kunstgriff«, dessen er sich »bediene, um gewisse Wirkungen hervorzubringen, die er auf einem einfachen natürlichen Wege nicht hätte erreichen können.« (HA VI, 537 f.) Daß die ›Wahrheit‹ der Darstellung hier zugunsten der Wirkung rhetorisch beeinträchtigt sei, beruht auf der Bedeutsamkeit, die Goethe statt dessen dieser Wirkung abgewinnt: »Die Wirkung dieses Büchleins war groß, ja ungeheuer«, beschließt er in *Dichtung und Wahrheit* das Kapitel *Werther* und greift dabei ein erstes Mal zur Metapher vom »Zündkraut einer Explosion«, die er im folgenden für die Wirkung des *Prometheus* aufgreift (HA IX, 589) [85]. Wie dort sind es die unbewußten Tendenzen des Zeitalters, die seinem Werk die Wirkung einer Explosion verschaffen, zu der es das bloße Zündkraut liefert, dessen verborgene Funktion Napoleon als »fein versteckte Naht« in der Appellstruktur des Textes entdeckt haben soll (HA VI, 538). Die Verborgenheit des auslösenden Kunstgriffs entspricht der Tiefe der Krise, die sich in der Wirkung des *Werther* Ausdruck verschafft: denn explosionsartig war seine Wirkung, so Goethe, »weil die junge Welt sich schon selbst untergraben hatte, und die Erschütterung deswegen so groß, weil ein jeder mit seinen übertriebenen Forderungen, unbefriedigten Leidenschaften und eingebildeten Leiden zum Ausbruch kam.« (HA IX, 590) Die Selbstentlastung des Autors beruft sich auf eine ›Bilanzierungsleistung‹ des Werks, mit der seine primäre Rezeption historisch wird. Das hat Konsequenzen für die Rezeptionsgeschichte, um die der spätere Leser nicht mehr herumkommt. Goethes Selbsthistorisierung autorisiert eine exemplarische Entschärfung der Lektüre, durch die der Text rückwirkend zur Allegorie der dargestellten Verhältnisse wird. Lukács nennt den *Werther* einen der größten Romane der Weltliteratur, »weil Goethe das ganze Leben seiner Periode mit allen ihren Konflikten in diese Liebestragödie konzentriert hat«. [86]

Die Rhetorik der Fiktion, so könnte ein vorläufiges Fazit lauten, provoziert die teilnehmende Lektüre durch eine Textstruktur, deren Appellcharakter seinerseits eine kommunikative Einstellung (Intention) zur Voraussetzung hat, die sich in der Lektüre realisiert (erfüllt). Weniger strukturiert der Text die Lektüre, als strukturiert sich der Text in der Lektüre: Nur insoweit läßt sich die Lektüre am Text festmachen, als sich der Text auf die Lektüre festlegen läßt. Tendiert die Rhetorik der Fiktion dazu, die Illusion der Teilnahme als Appellqualität der Darstellung auszugeben, so funktioniert das erfolgreich nur unter der hermeneutischen Voraussetzung, daß die Wahrscheinlichkeit dieser Illusion in der Lektüre zur Qualität der Teilnahme wird – nicht List der Vernunft, sondern Hinterlist des Subjekts, für das Lektüre im Modus der ästhetischen Reflexion die eigene Konstitution reflektiert. War in der alten, exemplarischen Lektüre Allegorie das rhetorische Mittel des hermeneutischen Aktes der Applikation, so wird Empathie zur hermeneutischen Funktion eines

›rhetorischen‹ Prozesses der Identitätsbildung: ›Rhetoric of Empathy‹, auf der die ›Rhetoric of Fiction‹ hermeneutisch beruht, und mit der sie rhetorisch operiert wie die exemplarische Lektüre mit der Allegorie. Daß die Teilnahme des Lesers an der Illusion des Textes als Empathie beschreibbar ist und als Identifikation erfahren wird, hat zur Voraussetzung nicht nur einen Gegenstand, der zur Teilnahme auffordert, sondern eine Disposition zur Teilnahme, die ihren Gegenstand schafft, insofern er ihr zu kompensieren hilft, was ihr als Disposition (noch) fehlt, sie sich qua ›Identifikation‹ aber nachträglich selbst zu gute halten kann. Nicht von ungefähr ist das Identifikationsschema in der Verständigung über Gelesenes so erfolgreich, wird es auch in der Konkurrenz der Interpreten so abgewertet: reklamiert es nämlich fehlendes als eigenes und verdirbt so das Geschäft. Die Kollusion von Narzißmus und Empathie manifestiert sich nicht umsonst in den Schwierigkeiten der Psychoanalyse, das empathische Interesse des Analytikers nicht zur bestätigenden Verstärkung des analysierten Narzißmus werden zu lassen. [87] Dem entspricht die Freude einer literaturwissenschaftlichen ›Diskursanalyse‹, die psychoanalytische ›Wahrheit‹ des *Werther* in der Darstellung seines Narzißmus wiederzuerkennen, ohne die Evidenz dieses Wiedererkennens auf die im Akt des Lesens in Anspruch genommene Transferstruktur der Empathie zurückzubeziehen, in der, wie es heißt, eine »intersubjektive Logik des Begehrens« metaphorisch ihr (metonymisches) Wesen treibe: Rhetorik eines Unbewußten, die Zugang zur anderen Szene (der Szene des ›Anderen‹) verspricht. [88] Was es mit diesem Versprechen, das von der Aura des Imaginären umgeben ist, in der Lektüre auf sich hat, ist durch die Symptomik der Symbole nur auf Kosten ihrer kommunikativen Wirkung aufzuklären. Indem diese Aufklärung die Lektüre um ihre Wirkung brächte, wäre sie als Aufklärung selbst illusorisch geworden.

(PS: Sozialhistorische und psychoanalytische Allegorese neutralisieren Wirkung gleichermaßen. Aber im einen Fall ist aus der exemplarisch gemachten Vergangenheit für die Gegenwart der Lektüre noch zu lernen, im anderen Fall bleibt diese Gegenwart selbst vermieden, werden die anfallenden Widerstände nicht bearbeitet, sondern übergeordneten Mächten anheimgegeben und verstärkt.)

Anmerkungen

1 Vgl. beispielsweise Roger Fowler, *Linguistics and the Novel* (London 1977), Ch. 3–5.
2 Wolfgang Iser, *Der Akt des Lesens* (München 1976), 63.
3 Michel Charles, *Rhétorique de la lecture* (Paris 1977), 63. Vgl. Wayne C. Booth' *The Rhetoric of Fiction* (Chicago 1961), von der Wolfgang Isers *Appellstruktur der Texte* (Konstanz 1970) ausgeht, und Gérard Genettes »Discours du récit«, *Figures* III (Paris 1972), Après-propos 271 ff. Siehe auch Titel wie *Textual Strategies,* ed. Josué V. Harari (Ithaca 1979), und *The Reader in the Text,* ed. Inge Crosman/Susan Suleiman (Princeton 1980).
4 So Hans Robert Jauß' »Nachwort über die Partialität der rezeptionsästhetischen Methode«, *Neue Hefte für Philosophie* 4 (1973), 30–46 (1–46): 44; sowie Rainer Warnings Einleitung »Rezeptionsästhetik als literaturwissenschaftliche Pragmatik«, *Rezeptionsästhetik* (München 1975), 9–39: 25. Warning spricht später genauer von ›Pragmasemiotik‹.

5 Im folgenden Hans Robert Jauß, *Ästhetische Erfahrung und literarische Hermeneutik* I (München 1977), Teil B, 212 ff. Von ›quasipragmatischer Rezeption‹ spricht Karl-heinz Stierle, »Was heißt Rezeption bei fiktionalen Texten?« *Poetica* 7 (1975), 345–387: 357, wogegen Jauß 221 eine ›mittlere Ebene‹ der ›naiven Rezeption‹ vorschlägt. Vgl. Rainer Warning, »Pour une pragmatique du discours fictionnel«, *Poétique* 10 (1979), 321–337: 336.

6 Vgl. den »Exkurs über Identifikation« von Eckhard Lobsien, *Theorie literarischer Illu-sionsbildung* (Stuttgart 1975), 33 ff.

7 Vgl. Uwe Laucken, *Naive Verhaltenstheorie* (Stuttgart 1974), 18 f. Zum Verhältnis von ›naiver Theorie‹ und Lesen exemplarisch Michael Rutschky, *Erfahrungshunger* (Köln 1980), dessen Untertitel (»Ein Essay über die siebziger Jahre«) genauer »Essay über Lesen in den siebziger Jahren« heißen müßte.

8 Vgl. die Theorie des ›analogizing‹ bei Simon O. Lesser, *Fiction and the Unconcious* (Boston 1957), 148.

9 Dieter Henrich, »Ästhetische Perzeption und Personalität«, *Poetik und Hermeneutik* VII (1975), 543–546: 545; sowie Jauß' Replik, *Ästhetische Erfahrung* 137 f.

10 Alfred Schütz/Thomas Luckmann, *Strukturen der Lebenswelt* I (Darmstadt 1975), 50. Vgl. Norbert Elias, »Problems of Involvement and Detachment«, *British Journal of Sociology* 7 (1956), 226–252: 236.

11 Wolfgang Iser, »Zur Problemlage gegenwärtiger Literaturtheorie: Das Imaginäre und die epochalen Schlüsselbegriffe«, *Auf den Weg gebracht – Idee und Wirklichkeit der Gründung der Universität Konstanz,* eb. Horst Sund/Manfred Timmermann (Kon-stanz 1979), 355–374: 372 ff.; sowie im folgenden »Negativität als tertium quid von Darstellung und Rezeption«, *Poetik und Hermeneutik* VII (1975), 530–533: 532.

12 Maurice Merleau-Ponty, *Phänomenologie der Wahrnehmung* (Paris 1945: Berlin 1966), 41.

13 Jean-Paul Sartre, *Das Imaginäre* (Paris 1940: Hamburg 1971), 222 sowie 239 f.

14 Lobsien, *Theorie literarischer Illusionsbildung* 59; dort die einschlägigen Zitate von Sartre, Merleau-Ponty und Gombrich. Vgl. Wolfgang Iser, »Der Lesevorgang« (1972), *Rezeptionsästhetik,* ed. Rainer Warning (München 1975), 253–276: 265 ff.

15 Vgl. Georges Poulet, »Phenomenology of Reading«, *New Literary History* 1 (1969/70), 53–68: 58 f.

16 D. W. Harding, »Psychological Processes in the Reading of Fiction«, *British Journal of Aesthetics* 2 (1962), 133–147: 140 f. Vgl. für den Film Christian Metz, *Le signifiant imaginaire* (Paris 1977), 71 f., dessen Identifikationsbegriff nach Projektion und Intro-jektion unterscheidet.

17 Vgl. den Begriff der ›objektiven Neurose‹ bei Jean-Paul Sartre, *L'idiot de la famille* III (Paris 1972).

18 Vgl. Paul Böckmanns *Formgeschichte der deutschen Dichtung* I (Hamburg 1949) und Hans-Georg Gadamers *Wahrheit und Methode* (Tübingen 1960) auf der einen Seite, sowie auf der anderen Seite Klaus Dockhorns »Rhetorik als Quelle des vorromanti-schen Irrationalismus in der Literatur- und Geistesgeschichte« (1949), *Macht und Wirkung der Rhetorik* (Bad Homburg 1968).

19 So Hans Blumenbergs *Arbeit am Mythos* (Frankfurt 1979), 95; vgl. jetzt *Die Lesbarkeit der Welt* (Frankfurt 1981), 300.

20 Wolfgang Preisendanz, »Die Auseinandersetzung mit dem Nachahmungsprinzip in Deutschland«, *Poetik und Hermeneutik* I (1964), 72–95: 78 f. und Blumenbergs Dis-kussionsbeitrag dazu 200; ergänzend »Mimesis und Poiesis in der deutschen Dich-tungstheorie des 18. Jahrhunderts«, *Rezeption und Produktion,* Festschrift für Gün-ther Weydt (Bern/München 1972), 537–552: 546 f.

21 Für Erzähler und Erzählweise maßgeblich geworden Wolfgang Kayser, *Entstehung und Krise des modernen Romans* (Stuttgart 1955), 12 und 26. Vgl. hier den kritischen Exkurs »Zum Problem des Erzählers« bei Wolfgang Preisendanz, *Humor als dichteri-sche Einbildungskraft* (München 1963), 334 ff.

22 Booth, *The Rhetoric of Fiction,* gefolgt von *A Rhetoric of Irony* (Chicago 1974). Vgl. zu meinem Gebrauch der einschlägigen Termini Rainer Warning, »Formen narrativer Identitätskonstitution im höfischen Roman«, *Poetik und Hermeneutik* VIII (1979), 553–589: 574 ff. bzw. *Grundriss der romanischen Literaturen im Mittelalter* IV/1, ed. Jean Frappier/Reinhold R. Grimm (Heidelberg 1978), 25–59: 45 ff. Für den generali-

sierenden Umgang mit dem Ironiebegriff in der Erzählliteratur siehe Robert Scholes/
Robert Kellog, *The Nature of the Narrative* (New York 1966), Ch. 7.

23 Vgl. zum Problem Rainer Warning, »Ironiesignale und ironische Solidarisierung«,
Poetik und Hermeneutik VII (1976), 416–423: 419 f. zu Harald Weinrich, *Linguistik der
Lüge* (Heidelberg 1966), 63 ff.

24 Vgl. meine Skizze »Allegorie, Ironie und Wiederholung«, *Poetik und Hermeneutik* IX
(1981), 561–565, sowie die Applikation *Typik und Politik im Annolied: Zum Konflikt
der Interpretationen im Mittelalter* (Stuttgart 1979), 59 ff.

25 Jauß, *Ästhetische Erfahrung* 156, sowie *Alterität und Modernität der mittelalterlichen
Literatur* (München 1977), 37 f.

26 Hilmar Kallweit, *Transformation des Textverständnisses* (Heidelberg 1978), 146 ff.

27 Vgl. Jürgen Habermas' *Strukturwandel der Öffentlichkeit* (Neuwied/Berlin 1962) und
seine »Vorbereitenden Bemerkungen zu einer Theorie der kommunikativen Kompetenz«, Jürgen Habermas/Niklas Luhmann, *Theorie der Gesellschaft oder Sozialtechno-
logie?* (Frankfurt 1971), 101–141: 120: Zum ›flexiblen Übergang‹ vom kommunikativen Handeln zum ›Diskurs‹ siehe genauer Herbert Schnädelbach, *Reflexion und Diskurs* (Frankfurt 1977), 144 ff.

28 J.-B. Pontalis, »Der Leser und sein Autor« (1958), *Nach Freud* (Paris 1965: Frankfurt
1968), 303. Vgl. Isers Kapitel »Historische Differenzierung der Interaktionsstruktur«,
Der Akt des Lesens 315 ff., sowie *Der implizite Leser* (München 1972).

29 Zum scholastischen Kontext dieser Unterscheidung samt ihrer neuscholastischen Rezeption und rhetorischen Verwendung siehe Gerhard Funke, *Gewohnheit* (Bonn
1958), 168 ff. Vgl. auch Günter Buck, *Lernen und Erfahrung* (Stuttgart 1967).

30 Hilary Putnam, »The Innateness Hypothesis and Explanatory Models in Linguistics«
(Noam Chomsky/Hilary Putnam/Nelson Goodman, »Symposium on Innate Ideas«
1968), *The Philosophy of Language,* ed. John R. Searle (Oxford 1971), 130–139: 139.

31 Vgl. Stanley E. Fishs Stichwort »Literature in the Reader« (1970), *Self-Consuming
Artifacts* (Berkeley/Los Angeles 1972), 406 ff.; sowie das Ref. von Jonathan Culler,
Structuralist Poetics (London 1975), 113 ff. Auch die Theorie des Habitus von Pierre
Bourdieu ging von der Analogie zur Transformationsgrammatik aus: »Elemente zu
einer soziologischen Theorie der Kunstwahrnehmung« (1968), *Zur Soziologie der
symbolischen Formen* (Frankfurt 1970), 159 ff. und 178 ff.

32 Niklas Luhmann, »Reflexive Mechanismen« (1966), *Soziologische Aufklärung* I (Opladen 1970), 94 f.

33 So Bourdieus Panofsky-Nachwort »Der Habitus als Vermittler zwischen Struktur und
Praxis« (1967), *Zur Soziologie der symbolischen Formen* 143. In Erwin Panofskys
Gothic Architecture and Scholasticism (London 1952), 20 ff. war die Rede von ›mental
habits‹, ähnlich von ›mental set‹ in E. H. J. Gombrichs *Art and Illusion* (London 1960
& 1962), 53 f.

34 Pierre Bourdieu, *Le sens pratique* (Paris 1980), 88 f.; vgl. *Esquisse d'une théorie de la
pratique* (Genève 1972).

35 Vgl. im folgenden Jürgen Habermas, »Notizen zum Begriff der Rollenkompetenz«,
Kultur und Kritik (Frankfurt 1973), hier 196: Zum Begriff der ›social competence‹
Michael Argyle, *Social Interaction* (London 1969 & 1973), 330 ff.

36 »Wir spielen alle Theater« lautet der deutsche Titel von Erving Goffmanns *The Presentation of Self in Everyday Life* (Edinburgh 1956: München 1969); vgl. im folgenden »Role Distance« *Encounters* (New York 1961).

37 Vgl. Hans Robert Jauß, »Soziologischer und ästhetischer Rollenbegriff«, *Poetik und
Hermeneutik* VIII (1979), 599–607: 602 ff. Allgemein Hans Blumenberg, »Anthropologische Annäherung an die Aktualität der Rhetorik« (1971), *Wirklichkeiten in denen
wir leben* (Stuttgart 1981), im folgenden 118 ff.

38 Vgl. die Abschnitte über »Complementarity and Conflict in Role Systems« bei John
Spiegel, *Transactions* (New York 1971), 117 ff.

39 Vgl. das Husserl-Ref. bei Michael Theunissen, *Der Andere* (Berlin 1965 & 1967), 68 ff.
und 71 ff.

40 Vgl. die Mead-Vorl. und -Kritik bei Ernst Tugendhat, *Selbstbewußtsein und Selbstbestimmung* (Frankfurt 1979), 262 und 277 ff.

41 George H. Mead, *Mind, Self, and Society* (Chicago 1934 & 1962), 253. Vgl. Stierle, »Was heißt Rezeption bei fiktionalen Texten?«, 353.

42 Vgl. das von Spiegels Theorie der Rollenkonflikte abgesetzte Konzept der ›Delegation‹ bei Helm Stierlin, »Rolle‹ und ›Auftrag‹ in der Familientheorie und -therapie« (1976), *Delegation und Familie* (Frankfurt 1978), 16 ff. und das Kap. »Eine Phänomenologie der Gegenseitigkeit«, *Das Tun des Einen ist das Tun des Anderen* (Frankfurt 1971), 66 ff.

43 Daniel Lerner, *The Passing of Traditional Society* (New York 1958 & 1965), 42, auszugsweise »Die Modernisierung des Lebensstils«, *Theorien des sozialen Handels,* ed. Wolfgang Zapf (Köln 1968), 361–381: 364. Vgl. einschränkend das Kap. »Frühneuzeitliche Anthropologie« bei Niklas Luhmann, *Gesellschaftsstruktur und Semantik* I (Frankfurt 1980), 166 ff.

44 Vgl. den »Anhang über den sozialpsychologischen Identitätsbegriff« von Erikson bis Habermas bei Tugendhat, *Selbstbewußtsein und Selbstbestimmung* 282 ff. Andererseits Thomas Luckmann, »Persönliche Identität, soziale Rolle und Rollendistanz«, *Poetik und Hermeneutik* VIII (1979), 293–313: 306 ff.

45 Odo Marquard, »Identität: Schwundtelos und Mini-Essenz«, *Poetik und Hermeneutik* VIII (1979), 347–389: 358; vgl. seinen Überblick über »Kompensation«, *Historische Prozesse,* ed. Karl-Georg Faber/Christian Meier (München 1978), 330–362: 351 ff.

46 Erving Goffman, *Stigma: Notes on the Management of Spoiled Identity* (Englewood Cliffs 1963/Harmondsworth 1968), 129 ff. Jürgen Habermas, »Stichworte zu einer Theorie der Sozialisation«, *Kultur und Kritik* 131 f. Vgl. im einzelnen Lothar Krappmann, *Soziologische Dimensionen der Identität* (Stuttgart 1969 & 1975), 75 ff.

47 Die Unterscheidung von ›Reflexivität‹ und ›Reflexion‹ wieder nach Luhmann, »Reflexive Mechanismen« 99 ff.; vgl. »Selbstthematisierungen des Gesellschaftssystems« (1973), *Soziologische Aufklärung* II (Opladen 1975), 72–102.

48 Wilhelm Voßkamp, »Dialogische Vergegenwärtigung beim Schreiben und Lesen«, *Deutsche Vierteljahrsschrift* 54 (1971), 80–116: 108. Vgl. seine *Romantheorie in Deutschland* (Stuttgart 1973), 196 ff. und Fritz Wahrenburg, *Funktionswandel des Romans und ästhetische Norm* (Stuttgart 1976), 239 ff.

49 Für die bis ins 18. Jh. maßgeblichen Gemeinplätze, wie sie in Steinhausens *Geschichte des deutschen Briefes* II (Berlin 1891), 245 ff. illustriert sind, siehe das Cicero-Kap. bei Klaus Thraede, *Grundzüge griechisch-römischer Brieftopik* (München 1970), 60 ff., sowie für Gellert im besonderen Paul Mog, *Ratio und Gefühlskultur* (Tübingen 1976), Kap. 1.

50 Habermas, *Strukturwandel der Öffentlichkeit* 61 f.; vgl. *Erkenntnis und Interesse* (Frankfurt 1968), 222.

51 So nach den Belegen bei Ian Watt, *The Rise of the Novel* (London 1957), wieder bei Dorrit Cohn, *Transparent Minds* (Princeton 1978), 209. Vgl. Franz K. Stanzel, *Theorie des Erzählens* (Göttingen 1979), 172 ff. und 281 ff.

52 Rainer Warning, »Elemente zu einer Pragmasemiotik der Komödie«, *Poetik und Hermeneutik* VII (1976), 279–333: 308 ff. Der Terminus der ›mehrfach adressierten Äußerung‹ dort nach Dieter Wunderlich, »Zur Konventionalität von Sprechhandlungen«, *Linguistische Pragmatik,* ed. Dieter Wunderlich (Frankfurt 1972), 11–58: 36 ff. Vgl. auch Uri Rapp, *Handeln und Zuschauen* (Darmstadt 1973), 220 ff.

53 Genette, »Discours du récit« 266. Der Terminus des ›narrataire‹ nach Gerald Prince, »Notes Toward a Categorization of Fictional ›Narratees‹«, *Genre* 4 (1971), 100–105; und »Introduction à l'étude du narrataire«, *Poétique* 4 (1973), 178–196. Vgl. auch Seymour Chatman, *Story and Discours* (Ithaca 1978), 150 f.

54 Über ›Dialogizität‹ und ›Ambivalenz‹ nach Bachtin vgl. zuerst Julia Kristeva, »Bakhtine, le mot, le dialogue et le roman« (1967), *Semiotiké* (Paris 1969), 159. Für die Analogie zum ›skaz‹ vgl. vor allem Viktor Vinogradov, »Das Problem des ›Skaz‹ in der Stilistik« (1926), *Texte der russischen Formalisten* I, ed. Jurij Striedter (München 1969), 168–207: 175 ff.

55 Wolfgang Preisendanz, »Karnevalisierung der Erzählfunktion in Balzacs *Les parents pauvres*«, *Honoré de Balzac,* ed. Hans-Ulrich Gumbrecht/Karlheinz Stierle/Rainer

Warning (München 1980), 391–410: 406f. und 410. 20. Zur Einschlägigkeit Balzacs siehe Hans Blumenberg, »Wirklichkeitsbegriff und Möglichkeit des Romans«, *Poetik und Hermeneutik* I (1964), 9–27: 23 f.

56 Vgl. Dietrich Harth, »Romane und ihre Leser«, *Germanisch-romanische Monatsschrift* NF 20 (1970), 159–179: 169f. Über Blanckenburgs *Werther*-Rez. (1775) siehe das Nachwort von Eberhard Lämmert zu Friedrich von Blanckenburgs *Versuch über den Roman* (1774), ed. Eberhard Lämmert (Stuttgart 1965), 566.

57 Vgl. Manfred Smuda, *Der Gegenstand in der bildenden Kunst und Literatur* (München 1979), 12 f. Über das tertium comparationis der ›lyrischen Stimmung‹ siehe Georg Simmels »Philosophie der Landschaft« (1913), *Brücke und Tor* (Stuttgart 1957), 149 ff. – Die phänomenologische Analogie von Landschaftsbild und Briefroman im 18. Jh. verdiente eine ausführlichere Bearbeitung.

58 So die historische Applikation Wygotskis bei Georges Steiner, »The Distribution of Discourse«, *Semiotica* 22 (1978), 185–209: 194 f. Vgl. Titel wie Geoffrey Hartmans *The Fate of Reading* (Chicago 1975), 248 ff.

59 *Dichtung und Wahrheit,* nach der Hamburger Ausgabe (HA) von *Goethes Werken,* ed. Erich Trunz IX-X (Hamburg 1955–59/⁷München 1974–76).

60 Vgl. die Beschreibung bei Norbert Miller, »Die Rollen des Erzählers«, *Romananfänge,* ed. Norbert Miller (Berlin 1965), 37–91: 62 f.

61 J. L. Austin, »Pretending« (1947), *Philosophical Papers* (Oxford 1961), 217 ff. Damit unterschreibe ich nicht die Verallgemeinerungen von John R. Searle, »The Logical Status of Fictional Discourse«, *New Literary History* 6 (1974/75), 319–332: 324. Vgl. Stanley Fish, »How to Do Things with Austin and Searle« (1977), *Is There a Text in This Class?* (Cambridge, Mass. 1980), 242 f.

62 Vgl. Hans Joachim Giegel, *Die Logik der seelischen Ereignisse* (Frankfurt 1969), 143 ff.; dort auch die einschlägigen Zitate von Wittgenstein, im folgenden aus den *Philosophischen Untersuchungen* (Oxford 1953), *Schriften* I (Frankfurt 1960), 538.

63 Vgl. Voßkamp, »Dialogische Vergegenwärtigung« 98 ff., und Eberhard Lämmert, *Bauformen des Erzählens* (Stuttgart 1955 & 1967), 238. Allgemein Lionel Trilling, *Sincerity and Authenticity* (New York 1972).

64 Vgl. Rainer Wimmer, *Referenzsemantik* (Tübingen 1979), 173 f. zu Gottfried Gabriel, *Fiktion und Wahrheit* (Stuttgart 1975).

65 Vgl. ex negativo argumentierend die Studie von Martin Sommerfeld, »Jean Jacques Rousseaus *Bekenntnisse* und Goethes *Dichtung und Wahrheit*«, *Goethe in Umwelt und Folgezeit* (Leiden 1935), 11 ff., sowie im einzelnen Karl Maurer, »Die verschleierten Konfessionen: Zur Entstehungsgeschichte von Goethes *Werther*«, *Die Wissenschaft von deutscher Sprache und Dichtung,* Festschrift für Friedrich Maurer (Stuttgart 1963), 424–437: 428 ff.

66 Vgl. Jacques Derrida, *De la grammatologie* (Paris 1967), 208 ff., und Jean Starobinski, *La relation critique* (Paris 1970), 146 ff. und 156 ff., sowie Paul de Man, *Blindness and Insight* (New York 1971), 112 ff. und 136 ff.

67 James Boswell, *Life of Johnson* (1791), 6 April 1772; nach J. P. Hunter, »The Loneliness of the Long-Distance Reader«, *Genre* 10 (1977), 455–484: 482.

68 Paul de Man, *Allegories of Reading* (New Haven 1979), 198, im folgenden 201 und 216. Vgl. als Folie das entsprechende Kap. in Jean Starobinskis Rousseau-Buch *La transparence et l'obstacle* (Paris 1957 & 1971), 102 ff. Für die prinzipielle Differenz von Allegorie (*Julie*) und Symbol (*Werther*), auf die ich im folgenden hinaus will, siehe schon de Mans Hinweise in »The Rhetoric of Temporality«, *Interpretation – Theory and Practice,* ed. Charles S. Singleton (Baltimore 1969), 173–209: 190 f.

69 Vgl. Klaus Oettinger, »Eine Krankheit zum Tode«, *Der Deutschunterricht* 28 (1976), 66–73: 64 ff.; dort das Zitat aus Lavaters Brief vom 10. Juli 1777.

70 *Die Leiden des jungen Werther* in der zweiten Fassung von 1787, nach der Hamburger Ausgabe (HA) von *Goethes Werken* VI (Hamburg 1951/⁹München 1977). Ich verzichte auf umständlichere Nachweise und zitiere wo möglich auch nach den dort zusammengestellten »Quellen und Daten«.

71 Vgl. Mog, *Ratio und Gefühlskultur* 133; im folgenden etwa Edith Jacobson, »Depersonalization« (1959), *Depression* (New York 1971), 162.

72 Vgl. Victor Lange, »Die Sprache als Erzählform in Goethes *Werther*«, *Formwandel,* Festschrift für Paul Böckmann (Hamburg 1964), 261–271: 265 f.

73 Nach Jauß, *Ästhetische Erfahrung*, 144 und 218. Vgl. hier Reinhard Herzog, »Exegese – Erbauung – Delectatio« *Formen und Funktionen der Allegorie*, ed. Walter Haug (Stuttgart 1979), 52–69: 62 ff.

74 Goethe im Zitat Walter Benjamins, »Schicksal und Charakter« (1921), *Gesammelte Schriften* II/1 (Frankfurt 1977), 175.

75 Siehe hier das ›*Werther*-Buch‹ von Roland Barthes, *Fragments d'un discours amoureux* (Paris 1977), bes. 118. Vgl. auch ansatzweise Helmut Schmiedt, »Woran scheitert Werther?«, *Poetica* 11 (1979), 83–104: 101 f.; sowie über den entsprechenden realistischen Fehlschluß, »wie Werther wäre zu retten gewesen«, Leo Kreutzer, *Mein Gott Goethe* (Reinbek 1980), 22 ff.

76 Vgl. Leonard Forster, »Werther's Reading of *Emilia Galotti*«, *Publications of the English Goethe Society* NS 27 (1957/58), 33–45: 43 ff. Siehe auch Erwin Leibfried, »Goethes *Werther* als Leser von Lessings *Emilia Galotti*«, *Text – Leser – Bedeutung*, ed. Herbert Grabes (Großen-Linden 1977), 145–156: 151 f.

77 *Die Leiden des jungen Werthers* in der ersten Ausgabe von 1774, nach Hanna Fischer-Lamberg (Ed.), *Der junge Goethe* IV (Berlin 1968), 156 f. Zu dieser und ähnlichen Stellen vgl. Richard Alewyn, »Klopstock!«, *Euphorion* 73 (1979), 357–364: 363.

78 Frei nach Mara Selvini Palazzoli u. a., *Paradoxon und Gegenparadoxon* (Milano 1975: Stuttgart 1977).

79 Vgl. zum Fall mit umgekehrtem Ausgang Heinz-Dieter Weber, »*Stella* oder die Negativität des Happy End«, *Rezeptionsgeschichte oder Wirkungsästhetik*, ed. Heinz-Dieter Weber (Stuttgart 1978), 142–167: 147 f.

80 Vgl. Herbert Schöffler, »Die Leiden des jungen Werther« (1938), *Deutscher Geist im 18. Jahrhundert* (Göttingen 1956), 165 f., im folgenden aber auch die Hinweise von Richard Brinkmann, »Goethes *Werther* und Gottfried Arnolds *Kirchen- und Ketzerhistorie*«, *Versuche zu Goethe*, Festschrift für Erich Heller (Heidelberg 1976), 167–189: 183 f.

81 *Anton Reiser – Ein psychologischer Roman*, herausgegeben von Karl Philipp Moritz I–IV (1785–90), ed. Wolfgang Martens (Stuttgart 1972), 294 f., im folgenden 292 f.

82 So Dietrich Weber, »Lektüre im *Anton Reiser*«, *Leser und Lesen im 18. Jahrhundert*, ed. Rainer Gruenter (Heidelberg 1977), 58–61: 60; so auch Hans-Jürgen Schings, *Melancholie und Aufklärung* (Stuttgart 1977), 251. Vgl. dagegen schon die ältere Forschung, insbesondere Hermann Blumenthal, »Karl Philipp Moritz und Goethes *Werther*«, *Zeitschrift für Ästhetik und allgemeine Kunstwissenschaft* 30 (1936), 28–64: 37 f.

83 Siehe Robert Minder, Glaube, Skepsis und Rationalismus (Berlin 1936/Frankfurt 1974), 252 f. über Madame Guyons *Kurzes Mittel*. Vgl. Tilmann Mosers *Gottesvergiftung* (Frankfurt 1976), Teil II.

84 Vgl. Josef Fürnkäs, *Der Ursprung des psychologischen Romans* (Stuttgart 1977), 24 ff. und 93 ff., mit dem ich hier nicht übereinstimme. Allgemein Heinz Kohut, *Introspektion, Empathie und Psychoanalyse* (Frankfurt 1977).

85 Vgl. das erste der Goethe-Kap. in Blumenbergs *Arbeit am Mythos*, 452 und 465.

86 Georg Lukács in seinem *Werther*-Kap. (1939), *Goethe und seine Zeit* (Bern 1947), 28, auf dessen Linie Klaus R. Scherpe, *Werther und Wertherwirkung* (Bad Homburg 1970), liegt. Zur Allegorie ›bürgerlicher Öffentlichkeit‹ gerät der *Werther* bei Gerhart von Graevenitz, »Innerlichkeit und Öffentlichkeit«, *Deutsche Vierteljahrsschrift* 49 (1975), Sonderheft »18. Jahrhundert« 1*–82*: 77* ff. Vgl. für den alten Goethe jetzt Heinz Schlaffer, *Faust Zweiter Teil – Die Allegorie des 19. Jahrhunderts* (Stuttgart 1981).

87 Siehe etwa Alice Miller, *Das Drama des begabten Kindes und die Suche nach dem wahren Selbst* (Frankfurt 1979); im einzelnen das Ref. von Otto F. Kernberg, »The Syndrome« (1967), *Borderline Conditions and Pathological Narcism* (New York 1975), 30 ff.

88 So bei Reinhart Meyer-Kalkus, »Werthers Krankheit zum Tode«, *Urszenen – Literaturwissenschaft als Diskursanalyse und Diskurskritik*, ed. Friedrich A. Kittler/Horst Turk (Frankfurt 1977), 76–138: 86. Siehe zum ›Syndrom‹ hier Samuel M. Weber, *Rückkehr zu Freud* (Frankfurt/Berlin/Wien 1978), 60 ff. Über die Wurzeln der Empathie im Imaginären vgl. *Das Seminar* von Jacques Lacan II (1954–55), *Das Ich in der Theorie Freuds und in der Technik der Psychoanalyse* (Paris 1978: Olten/Freiburg 1980), 225 ff. und 310 ff.

Volker Roloff

Empathie und Distanz – Überlegungen
zu einem Grenzproblem der Erzähl- und Leserforschung
(am Beispiel von Sartres *L'Idiot de la famille*)

Der folgende Beitrag ist ein Versuch, Sartres Methode am Beispiel von *L'Idiot de la famille* [1] so zu erläutern, daß ihr Stellenwert für die aktuelle Methoden-diskussion in der Erzähl- und Leserforschung deutlich wird, und daß ihre Konsequenzen für die Weiterentwicklung der narrativen Theorie und Praxis auch in der Diskussion des Symposions mitberücksichtigt werden können.

1. Empathie und compréhension in der Hermeneutik Sartres

Daß Sartre den Begriff der *empathie* an den Anfang seines Flaubert-Buches stellt und als sein methodisches Prinzip, als »seule attitude requise pour com-prendre« (*Préface*, S. 8), erläutert, hat bisher entweder kritisches Befremden ausgelöst, oder dazu angeregt, Sartres Hermeneutik mit älteren Traditionen, z. B. die der Einfühlungsästhetik des 19. Jh., in Zusammenhang zu bringen. [2] Für beide Reaktionen, die sich nicht ausschließen, gibt es gute Gründe; um so wichtiger erscheint es mir daher, zunächst die fundamentalen Unterschiede zu erkennen, in denen Sartres Methode von der hermeneutischen Tradition ab-weicht, um dann prüfen, ob und inwieweit Sartres Konzept der Empathie als Anregung oder Irritation der aktuellen Literaturwissenschaft wichtig sein kann. [3]

In dem Vorwort von *L'Idiot de la famille* erscheint der aus dem Englischen übernommene Begriff *empathie* [4] als eine Methode des Verstehens, hier ins-besondere als eine Methode, den Menschen Gustave Flaubert zu verstehen, aber nicht, wie die Hermeneutik des 19. Jh. fast durchweg anstrebt, in seiner irreduktiblen, unverwechselbaren Individualität und Besonderheit, sondern als »universel singulier«: »C'est qu'un homme n'est jamais un individu; il vaudrait mieux l'appeler und *universel singulier:* totalisé et, par là même, uni-versalisé par son époque, il la retotalise en se reproduisant en elle comme sin-gularité.« (S. 7) Gegenstand der Empathie ist also der Mensch als ein »indivi-duelles Allgemeines«, d. h. als gesellschaftliches Wesen, das, wie M. Frank zu Recht bemerkt, als reines Individuum nur ex negativo bestimmbar wäre und in seiner Eigentümlichkeit nur, wie das griechische Wort anzeigt, die von Sartre als Leitmotiv hervorgehobene Rolle des ›Idioten‹ einnehmen könnte. [5] So verweist das Vorwort, indem es *L'Idiot de la famille* als direkte Fortsetzung von *Question de méthode* [6] präsentiert, auf das übergeordnete »sujet«: »que peut-on savoir d'un homme, aujourd'hui?« (S. 7), in dessen Rahmen die Flau-bert-Analyse nur als Beispiel gedacht ist, und damit zugleich auf das mit der Fragestellung verbundene dialektische Verfahren, das Sartre bereits in *Que-stion de méthode* mit deutlicher Anspielung, aber in einem ebenso deutlichen Gegensatz zur Tradition der Einfühlungspsychologie formuliert hatte:

Pour saisir le sens d'une conduite humaine, il faut disposer de ce que les psychiatres et les historiens allemands ont nommé »compréhension«. Mais il ne s'agit là ni d'un don particulier, ni d'une faculté spéciale d'intuition: cette connaissance est simplement le mouvement dialectique qui explique l'acte par sa signification terminale à partir de ses conditions de départ (*Question de méthode,* S. 96)

Bei der Analyse dieser Dialektik, die Sartre an anderer Stelle als eine zugleich progressive und regressive Bewegung kennzeichnet [7], werden die romantischen und psychologischen Implikationen der traditionellen Hermeneutik als Relikte eines idealistischen oder substantialistischen Denkens von vornherein ausgeschlossen, und trotzdem bleibt eine gemeinsame Grundlage, die man mit H.-G. Gadamer als Bewußtsein der unaufhebbaren Wechselbeziehung von Interpret und interpretandum, und damit der Geschichtlichkeit, Situationsbezogenheit und existentiellen Verankerung des Verstehens selbst hervorheben kann: »Versetzt man sich z. B. in die Lage eines anderen Menschen, dann wird man ihn verstehen, d. h. sich der Andersheit, ja der unauflöslichen Individualität des Anderen gerade dadurch bewußt werden, daß man *sich* in seine Lage versetzt.« [8] Auch wenn Sartre dabei den Begriff der »unauflöslichen Individualität« nicht übernimmt, ist für ihn Verstehen, ähnlich wie bei Gadamer, nichts anderes als eine Form des »Sichversetzens« *und* der Selbsterfahrung: »Ainsi la compréhension n'est pas autre chose que ma vie réelle, c'est-à-dire le mouvement totalisateur qui ramasse mon prochain, moi-même et l'environnement dans l'unité synthétique d'une objectivation en cours.« (*Question de méthode* S. 97) Die grundlegende Beziehungsstruktur zwischen dem Ich und dem hermeneutischen Gegenstand, auf die Sartre in *L'Idiot de la famille* immer wieder zurückweist, wird gleichwohl nicht, wie bei Gadamer und anderen Hermeneutikern, als eine Art ›Horizontverschmelzung‹ idealisiert [9], sondern sie bleibt, so könnte man sagen, auf dem Boden der Wirklichkeit bzw. dessen, was Sartre »praxis« nennt:

Notre compréhension de l'Autre n'est jamais contemplative: ce n'est qu'un moment de notre *praxis,* une manière de vivre, dans la lutte ou dans la connivence, la relation concrète et humaine qui nous unit à lui. (*Question de méthode,* S. 98)

Damit wendet sich Sartre, auch wenn er im Rahmen seiner Phänomenologie des Verstehens eine Reihe von Voraussetzungen teilt, die man – wegen der gemeinsamen Ausgangspunkte bei Husserl und Heidegger – ebenso etwa bei Gadamer, R. Ingarden, P. Ricoeur, M. Merleau-Ponty u. a. finden kann [10], gegen jede Art von Sublimierung oder Idealisierung einer speziell ästhetisch-literarischen Kommunikation. So ist auch in *L'Idiot de la famille* das Verhältnis zwischen dem Ich des Interpreten und dem anderen (Flaubert) als hermeneutisches Grundprinzip erkennbar: »tant qu'une part de l'objet se révèle tel qu'il est, en nous révélant ce que nous sommes (c'est-à-dire notre relation à lui et notre ancrage), on peut espérer, au terme d'un long effort, parvenir à cette réciprocité de position (l'objet nous définissant dans la mesure même où nous définissons l'objet) qui est la vérité humaine.« (III, S. 12); aber es wird mit dieser ›Verankerung‹ zugleich eine ganze Skala potentieller Einstellungen und Reaktionen des Interpreten konkret miteinbezogen: von verschiedenen Formen der Sympathie und »connivence« bis hin zur Antipathie, die Sartre, anders als H. Harth glaubt [11], als ein persönliches Ressentiment gegenüber

Flaubert keineswegs verschweigt, sondern im Grunde von Anfang an offenlegt. In der Reihe dieser Einstellungen kann Empathie als eine der möglichen Haltungen (*attitudes*) unter anderen erscheinen [12] oder aber auch, wie schon in der *Préface,* eine bevorzugte Position als alleinige Voraussetzung der »compréhension« erhalten: »Depuis, mon antipathie première s'est changée en *empathie,* seule attitude requise pour comprendre.« (S. 8) In diesem Sinne ist Empathie ein synthetischer Begriff, in dem verschiedene, entgegengesetzte Einstellungen im Hegelschen Doppelsinn des Wortes ›aufgehoben‹ sind, und in dem überraschenderweise auch Einstellungen wie Kritik und Distanz integriert sind. Damit wird, wie man hier schon feststellen kann, ein Gegensatz wohl zu fast allen Spielarten der traditionellen Hermeneutik deutlich, die, wenn sie überhaupt verschiedenartige, kognitive oder emotionale Einstellungen auf der Ebene des Verhältnisses von Interpret und Interpretand positiv berücksichtigt, höchstens Sympathie oder Identifikation als Voraussetzungen des Verstehens anzuerkennen bereit ist. [13]

Dadurch, daß der für Sartres *L'Idiot de la famille* zentrale hermeneutische Begriff der Empathie eine ganze Skala verschiedenartiger Einstellungen umfaßt, könnte der Eindruck entstehen, als käme das, was dem hermeneutischen ›Objekt‹ zunächst durch negative Bestimmungen (wie Mangel oder Bedürfnis) an Substanz entzogen schien, nunmehr bei dem Interpreten in der Vielfältigkeit und ›Lebensfülle‹ der interpretatorischen Praxis selbst zum Vorschein; ein Eindruck, der schon insofern täuscht, als ihm u. a. die traditionelle Opposition von Subjekt und Objekt zugrundeliegt, die Sartres Hermeneutik gerade durch den übergeordneten Begriff des »universel singulier« und die Methode der »totalisation historique« zu überwinden sucht. [14] In der Sartreschen Dialektik des Verstehens sind vielmehr Fragesteller, Frage und das ›Infragestehende‹ (»questionné«) aufs engste verbunden: »Sich verstehen, den anderen verstehen, existieren, handeln« erscheinen als »ein und dieselbe Bewegung« [15], die, ähnlich wie bei Heidegger und Gadamer, die ontologische Struktur des Verstehens erkennen läßt, ohne aber – wie Sartre hinzufügt – den Boden der Geschichte zu verlassen: »sans jamais quitter le concret, c'est-à-dire l'histoire« (*Question de méthode,* S. 107). Dieser totalisierenden Bewegung entspricht die Struktur des »projet humain« (*Question de méthode,* S. 105), das seinerseits durch die dynamische Wechselbeziehung von »être-pour-soi« und »être-pour-autrui« [16] definiert ist und das Verstehen des anderen, aufgrund der Negativität, des Bedürfnisses und der Transzendenz des »projet«, als »réflexion compréhensive« (*Question de méthode,* S. 107) miteinbegreift: »Besoin, négativité, dépassement, projet, transcendance forment en effet une totalité synthétique où chacun des moments désignés contient tous les autres.« (*Question de méthode,* S. 107)

In dieser Hinsicht sind Empathie als hermeneutische Methode und die schon in *L'être et le néant* skizzierte »psychanalyse existentielle« [17] eng verbunden; diese müßte, wie Sartre schon in *L'être et le néant* gegenüber Freud anmerkt, die gesamte Domäne des »vécu« erfassen, also z. B. nicht nur die Träume, Tagträume und pathologischen Erscheinungen, sondern auch »les pensées de la veille, les actes réussis et adaptés, le style etc.« (*L'être et le néant,* S. 663). Dabei gewinnt der Begriff des »vécu«, mit dem Sartre offensichtlich den Begriff des »Erlebnisses« der Ästhetik des 19. Jh. aufnimmt [18], im Hinblick auf *L'Idiot de la famille* eine weiterreichende Bedeutung, die in die Definition von Empathie und *compréhension* direkt miteingegangen ist und als »le vécu, c'est-à-dire la vie en compréhension avec soi-même« [19] näher erläutert wird, als ein Begriff – »qui ne désigne ni les refuges du préconscient, ni l'inconscient, mais le terrain sur lequel l'individu est constamment submergé par lui-même, par ses propres richesses [...].« [20] – und so die angedeutete Konvergenz von Methode und Thematik, Subjekt und Objekt der Flaubert-Analysen zum Ausdruck bringt. So kann Sartre die ganze Fülle des »Erlebten« am Beispiel Flauberts als historische Realität erfassen, und dabei doch immer zugleich die Struktur der Negativität im Verstehen selbst – die von Sartre sog. Dimension des Nicht-Wissens im Wissen selbst [21] berücksichtigen: all die Ängste, Wünsche, Bedürfnisse und Erwartungen, die er bei Flaubert erkennt, sind nur deshalb verständlich, weil in ihnen und durch sie die Bedingungen der *eigenen* Existenz sichtbar, und als solche in ihrer Beziehungsstruktur, als »totalité synthétique où chacun des moments désignés contient tous les autres« (s. o.), reflektierbar werden.

In diesem Sinne ist die Empathie als Methode, sich in den anderen zu versetzen und sich dabei selbst als »universel singulier« zu verstehen, immer zugleich eine formale und inhaltliche Kategorie der Flaubert-Analysen. Empathie birgt in sich den Begriff des *pathos,* den Sartre bei der Analyse der »personnalisation« Flauberts zugrundelegt und immer wieder an entscheidenden Stellen als ein Element der »constitution passive« und Pathologie dieses Autors hervorhebt. Dieser für *L'Idiot de la famille* grundlegenden Verbindung von *pathos* und *passion,* die im Deutschen durch den Zusammenhang von Leiden und Leidenschaft zum Ausdruck kommt, entspricht bei Sartre die Dialektik von *impératif* und *passion,* die für die Mehrzahl der Gefühle (»la plupart de nos affections«) gültig sei (»l'être y est devoir-être et inversement [...] c'est précisément ce que Hegel nomme *pathos*«) [22] und daher auch die Ambivalenz des Flaubertschen *pathos* begründe. Dies führt zu einem Angelpunkt der Kritik an Flaubert: Da Flaubert, schon aufgrund der Erfahrungen des Kindes und der Rollenzwänge der »comédie familiale« [23], sein eigenes *pathos* für unausweichlich und inkommunikabel hält, habe er den Gedanken der »incommunicabilité du vécu« verabsolutiert und zu einem ästhetischen Grundprinzip seiner Literatur selbst erhoben. [24]

Empathie und Erlebnis (*vécu*) sind bei Sartre also, trotz der Rückgriffe auf traditionelle Begriffe der Hermeneutik, schon wegen ihrer mangelnden Substanz und ihrer kategorialen Negativität von der Hermeneutik des 19. Jh. prinzipiell unterschieden, und sie überschreiten auch, allein schon wegen ihrer ungewohnten Funktion als Instrumente einer kritischen, konfliktbetonten Analyse, neuere Versuche einer Phänomenologie des Verstehens, so wie sie z. B. bei Gadamer, Ingarden oder Ricoeur in verschiedener Weise weiterentwickelt wird. Sartres Hermeneutik enthält zweifellos, wie sich schon in *L'être et le néant* und *Question de méthode* abzeichnet, eine Reihe von Voraussetzungen, die unmittelbar von der Existenzphilosophie Heideggers übernommen sind, insbesondere die Deutung des Verstehens als Entwurf (*projet*), als eine Form des »In-der-Welt-Seins« und »Sich-zu-sich-selbst-Verhaltens« [25], aber sie verdeutlicht dabei auch schon die Grenzen der Hermeneutik Heideggers, die, auch wenn sie das ›Mitsein mit anderen‹ thematisiert, institutionelle gesellschaftliche Zusammenhänge nicht berücksichtigt [26], also gerade jene historischen und sozialen Aspekte ausklammert, die Sartre mit Begriffen wie »universel singulier«, »totalisation historique« und »vécu« als konstitutive Elemente des Ich und seiner Geschichtlichkeit zu erfassen sucht. Mit dieser erweiterten Fragestellung von *L'Idiot de la famille* überschreitet Sartre im übrigen auch, wie hier nur angedeutet werden kann, die Grenzen seiner eigenen Philosophie von *L'être et le néant,* die er später selbst als zu einseitig, als bloße »théorie de l'homme seul« kritisiert hat: »Cette conception du vécu est ce qui marque mon évolution depuis *L'Etre et le Néant.*« [27]

Der Begriff der Empathie deutet außerdem darauf hin, wie Sartre in *L'Idiot de la famille* die Verbindung zu soziologischen Fragestellungen herstellt, ohne dabei jedoch die eigenen Prämissen einer phänomenologisch begründeten Existenzphilosophie aufzugeben, indem er nämlich Empathie als Kombination von Identifikation und Distanz, d. h. als eine bewußte Rollenübernahme definiert, die in dem Maße, in dem sie die Einstellung des anderen einbegreift, sich selbst überhaupt erst als ein ›individuelles Allgemeine‹ kennenlernt; wobei die in der historischen und sozialen Situation vorgegebenen *Rollen* den Ausgangspunkt bilden [28], zugleich aber in einem existenzphilosophischen und dialektischen Sinn als veränderbar und überschreitbar gedacht werden: wenn es sich bei diesen »déterminations sociales« um Rollen und Rollenzwänge handelt, so führt Sartre aus, so sind diese, in der Konzeption des »projet humain« als »choix«, grundsätzlich disponibel und aufhebbar. [29] Empathie und Distanz lassen sich daher auch als Wechselbeziehung von Rollenidentität und Rollendistanz beschreiben, d. h. als Möglichkeit, sich selbst, wie H. Plessner formuliert, durch die Verdoppelung in einer Rollenfigur seiner »Duplizität« bewußt zu werden und auf diese Weise nicht nur den eigenen Handlungsspielraum zu erweitern, sondern durch diese Reflexion seiner Identität *und* Rollenhaftigkeit überhaupt einsichtig zu werden. [30] Genau diesen Aspekt des Rollenspiels, der auch in der gegenwärtigen Literaturtheorie zu Recht so viel Interesse findet [31], hat Sartre im übrigen schon in seinen früheren Werken, vor allem in *L'être et le néant,* bei der Analyse des *jeu* im Rahmen der Dialektik von Selbst-Entfremdung und Selbst-Erfahrung beschrieben und durch eine Fülle von literarischen Beispielen, auch in den Theaterstücken, veranschaulicht. [32]

Die Grundlage für diese Kombination von Rollentheorie und Hermeneutik, zu der Sartre auf eigenem Wege gelangt und die für *L'Idiot de la famille* entscheidend ist, findet sich bekanntlich bei G. H. Mead, der bereits die Art und Weise, wie sich das Ich auf sich selbst als Objekt beziehen kann, als »empathy« und Rollenübernahme (»role taking«) beschrieben hat, als symbolische Interaktion, in der das Ich sich nur dadurch selbst kennen kann, indem es die Einstellungen (*attitudes*) von anderen (bzw. des »generalized other«) zu sich einnimmt [33] – in ähnlicher Weise wie Sartre, wenn er in *L'être et le néant* z. B. den Blick der anderen in seiner Funktion für die Konstitution des Ich als »être-pour-autrui« hervorhebt. [34]

Damit ist der Ausgangspunkt gewonnen, der die Hermeneutik Sartres, was bisher zu wenig beachtet wurde, als eine Kombination phänomenologischer, existenzphilosophischer *und* rollentheoretischer Ansätze erkennen läßt, und von dem aus auch die Unterschiede zu den traditionellen Richtungen der Hermeneutik am deutlichsten sichtbar werden. Auf der Grundlage dieser Kombination kann man zeigen, wie die Empathie, verstanden als Rollenübernahme und Rollendistanz, nicht nur einen methodischen Ansatz für *L'Idiot de la famille* bietet, sondern sich auf allen Ebenen der Konstitution dieses literarischen und literarhistorischen Werks wiederfindet, und zwar als eine produktions- *und* rezeptionsästhetische Kategorie, die bei der Flaubert-Analyse als ein Instrument der historischen Darstellung fungiert und dabei zugleich, als eine Form des literarischen Rollenspiels des Autors, zu einem Mittel der Selbstdarstellung und Selbstanalyse Sartres wird.

2. Die Rolle des Autors als Relevanzfigur der Empathie

Die Unterscheidung zwischen dem Autor und dem »autre moi« des Erzählers gehört, wie man weiß, zu den wichtigsten Voraussetzungen der neueren Narrativik, und es wäre fast schon ein Sakrileg oder Kuriosum, wollte man gerade diese Unterscheidung, die so mühsam gegen das ältere, biographistische »l'homme et l'oeuvre«-Modell durchgesetzt wurde, erneut in Frage stellen – ist dem Roman doch dadurch, wie erst vor kurzem F. Stanzel noch einmal bekräftigen konnte, »eine sehr wichtige Deutungsdimension verfügbar geworden, in der die Funktion des Erzählers als des relativierenden Mittlers zwischen Autor und Leser und zwischen Geschichte und Leser wirksam wird.« [35]

Mit dieser wichtigen Unterscheidung ist bekanntlich auch die Rollentheorie für die Erzählforschung interessant geworden, und zwar vor allem als eine weitere Möglichkeit, das biographische Ich von dem besonderen Rollenspiel des literarischen Textes abzuheben, um diesen Text dann, vor allem in bezug auf die Gattung des Romans, als einen Spielraum des »als ob«, also der Fiktionalität, zu definieren. Dies gilt z. B. für W. Iser, wenn er von dem »Rollenangebot des Textes« ausgeht, und für H. R. Jauß, wenn er das »ästhetische Rollenverhalten« in enger Anlehnung an soziologische Theorien erläutert, dabei aber auf die Unterscheidung zwischen den realen Rollenzwängen und dem ästhetisch-literarischen Rollenspiel als einer Form der genüßlichen Distanz und Reflexion Wert legt: »Es (das ästhetische Rollenverhältnis) macht nurmehr die Verdoppelung, die allem Rollenverhalten inhärent ist, kontrastiv bewußt und ermöglicht es, sich selbst in der Erfahrung der Rolle zu genießen.« [36] So hat Jauß auch in seiner Analyse der »Interaktionsmuster« eine ganze Skala wechselnder Einstellungen als »primäre Ebenen ästhetischer Erfahrung« (S. 212) beschrieben und dabei, ähnlich wie Sartre, sowohl die Vielfältigkeit des Erlebten (*vécu*) innerhalb der Empathie als auch den veränderlichen »Schwebezustand« zwischen Identifikation und Distanz als Merkmale literarischer Kommunikation hervorgehoben, aber immer unter der Prämisse der Besonderheit der ästhetischen Reflexion als einer Form der Distanz, durch die alle primären Reaktionen wie Rührung, Lachen, Mitleid, Bewunderung usw. als literarisches Spiel zu durchschauen seien:

> der Zuschauer oder Leser kann sich auf sie einlassen, sich aber jederzeit auch wieder von ihnen lösen, die Haltung ästhetischer Reflexion einnehmen und sodann auch seine eigene Auslegung beginnen, die eine weitere, rückblickende oder vorschauende Distanznahme voraussetzt. (S. 213)

Relevanzfigur auf dieser primären Ebene der Identifikation kann daher die literarische Figur sein, etwa der Held im narrativen Text, oder eine paradigmatische Situation oder Figurenkonstellation des Textes selbst, und auf der sekundären Ebene der ästhetischen Distanz jenes Konstrukt, das man mit W. Booth als »implied author« bezeichnen kann und das von Iser dementsprechend als Korrelat der »Leserrolle« selbst näher erläutert wird. [37] Von der Rolle des historischen Autors ist jedenfalls in diesem Zusammenhang nicht die Rede, und jeder Versuch ihn selbst (und nicht nur sein durch den Text konstituiertes ›zweites Ich‹) als Relevanzfigur der Empathie oder Distanz des Lesers auszumachen, wird oft schon von vornherein als ein typisches Mißverständnis der naiven, quasipragmatischen Lektüre, der mangelnden Einsicht in den Status der Literarität und Fiktionalität des Textes angesehen. [38]

Eine solche Argumentation enthält indes eine Reihe von Problemen, die sich m. E. sehr gut an dem Gegenbeispiel von *L'Idiot de la famille* aufzeigen und diskutieren lassen, einem Werk, das schon dadurch, daß es die Biographie des Autors ganz bewußt in den Mittelpunkt rückt, wie eine Provokation gegen die Methode einer von der Biographie abstrahierenden Text- und Stilanalyse erscheint – obwohl diese ja gerade bei Flaubert, dem Autor der ironischen Distanz, der systematischen Verweigerung sympathetischer Identifikation, und einer bis zum äußersten gesteigerten Stilkunst zweifellos ihre besten Argumente findet. Um so überraschender ist aber, daß Sartres ›Biographie‹ den Autor gar nicht im traditionellen Sinne als den allein verantwortlichen, autonomen Produzenten literarischer Werke, sondern vielmehr als eine eher labile, ›künstliche‹ Rollenfigur des Lesers beschreibt: als Relevanzfigur, auf die all jene emotionalen und kognitiven Einstellungen bezogen sind, die den Leser bei der Lektüre der literarischen Texte lenken.

So entspricht paradoxerweise hier gerade die Biographie, die z. Zt. wohl noch am meisten und zu Unrecht verpönte Form literaturwissenschaftlicher Hermeneutik, in dieser besonderen, empathischen Spielart Sartres einem Grundgedanken der von Jauß entworfenen Theorie ästhetischer Erfahrung, der Erkenntnis nämlich, daß die ästhetische Reflexion als Distanznahme von den Formen der primären Identifikation nicht ablösbar, sondern in dem Akt des Verstehens selbst mit ihnen ursprünglich verbunden ist und so, bei Jauß ebenso wie bei Sartre, als eine ständige »Hin- und Herbewegung« gekennzeichnet werden kann. [39]

Im Hinblick auf Sartre bleibt dabei, um einen Gedanken von H. Weinrich aufzunehmen [40], zu berücksichtigen, daß der Autor, und zwar der biographisch dokumentierte Autor, eben nicht nur deshalb interessant ist, weil er sich schreibend in irgendeine fiktionale oder quasi-fiktionale Rolle begibt, sondern gerade umgekehrt auch deshalb, weil er, so scheint es zumindest, »außerhalb der Fiktion steht« (S. 723) – und er bleibt aus demselben Grunde die wichtigste Relevanzfigur in jener grundlegenden Identitätsproblematik, die der reale Leser in dem Rollenspiel der Lektüre erkennt und die er in seinem Bedürfnis der personalen Konfrontation, in dem ständigen Ausbalancieren von Empathie und Distanz, prinzipiell als eine Möglichkeit der Selbsterfahrung *und* Duplizität durchschauen kann. So braucht der Leser den Autor, um sich selbst, wie Weinrich ausführt (vgl. S. 723), nicht ganz an seine Leserrolle zu verlieren und sich seiner Identität zu vergewissern – gäbe es keinen Autor, so müßte er, wie der Gott Voltaires, als Relevanzfigur der Empathie erfunden bzw. rekonstruiert werden. [41]

Sartres *L'Idiot de la famille* ist, so kann man folgern, ein literarisches Dokument der Exemplifikation *und* Analyse dieser grundlegenden Einsicht, und erinnert daher immer wieder selbst an diese Voraussetzung:

> Il ne s'agit pas, en ce temps, sauf pour Sainte-Beuve et ses épigones, de faire l'analyse spectrale d'un texte ni d'interpréter l'oeuvre par la vie de l'écrivain ou *vice versa* mais, à travers un style et un sens particuliers à chaque livre, de le *reconnaître* dans ce qu'il a d'incomparable. Dans le mouvement de sympathie, d'empathie ou d'antipathie qui le rapproche ou l'éloigne de *Madame Bovary* le lecteur se situe par rapport à un homme, c'est-à-dire de vie infiniment condensé dans la vitesse d'une phrase, dans sa résonance, dans l'étalement des paragraphes ou leur brusque rupture: cet homme, il ne le *comprend* pas encore mais déjà il le *goûte* et devine qu'il est compréhensible.« (I, S. 658)

So wird die »étude biographique« – in Umkehrung der gewohnten Maßstäbe – auch zur entscheidenden Instanz für die Text- und Stilanalyse selbst, nicht nur weil der Stil, verstanden als »objectivation dans l'oeuvre« (I, S. 658), bei Sartre grundsätzlich ein Moment der »personnalisation« des Autors darstellt, sondern weil, wie bereits gezeigt, der personale Bezug (»se situer par rapport à un homme«) zur Rollenstruktur des Verstehens selbst gehört; also gerade nicht im Sinne einer objektivistischen und positivistischen Rekonstruktion der Lebensumstände des Autors, sondern der Rekonstitution der, wie Sartre es formuliert, »dialektischen Bewegung«, durch die Flaubert zum Autor des literarischen Werkes wird (»le mouvement dialectique par lequel Flaubert se fait progressivement l'auteur-de-*Madame Bovary*«. I, S. 659) und die mit der Lektüre als einer Form des personalisierenden Rollenspiels korrespondiert und strukturell vergleichbar ist.

Die Art und Weise, wie Sartre die Entwicklung Flauberts als eine dialektische Bewegung von »personnalisation« und »dépersonnalisation« erfaßt, und wie er dabei immer wieder auf die älteren, voridealistischen Bedeutungsschichten von *persona* als Rolle rekurriert [42], entspricht also einer grundlegenden Neuorientierung der literarischen Biographie, die, wie Sartre bereits in *L'être et le néant* betont, mit den »grandes idoles explicatives de notre époque, hérédité, éducation, milieu, constitution physiologique« (S. 645) gar nichts gewinnt, und die nur dann, wenn sie die Beziehungsstruktur des Ich als »universel singulier« durchschaut (d. h. die Wechselwirkung von Biographie und Epoche und damit auch die Rollenstruktur der *persona* und des Verstehens selbst), im Sinne der progressiv-regressiven Methode Sartres sinnvoll sein kann. In Sartres Verständnis von *persona* als Rollenspiel ist der freie Entwurf, die Erfindung und Konstruierbarkeit der Rolle – im Gegensatz zu den soziologischen Theorien, die den Aspekt der Rollendetermination einseitig hervorheben – trotz aller historischen und sozialen Bedingungen ein konstitutives Element der *personnalisation* selbst, so daß für Sartre kein methodischer Widerspruch entsteht, wenn er das Imaginäre zunächst als ein Element jeder Schriftsteller-Biographie begreift (»Un écrivain est toujours un homme qui a plus ou moins choisi l'imaginaire: il lui faut une certaine dose de fiction.«), und wenn er dabei seine eigene Flaubert-Biographie ironisch miteinbezieht:

Mes hypothèses me conduisent donc à inventer en partie mon personnage ... Pour ma part, je la trouve (la fiction) dans mon travail sur Flaubert, qu'on peut d'ailleurs considérer comme un roman. Je souhaite même, que les gens disent que c'est un *vrai* roman. [43]

Diese Hinweise mögen genügen, um anzudeuten, wie weit Sartres *L'Idiot de la famille* von den herkömmlichen Klischees biographischer Interpretation entfernt ist, und wie wenig die gängigen Vorurteile gegenüber der biographischen Methode das Werk über Flaubert betreffen. Trotzdem kann man nicht übersehen, daß für Sartre, im Unterschied zu den gegenwärtig dominierenden Erzähltheorien, das den Text konstituierende literarische Rollenspiel von der *persona* des Autors nicht ablösbar ist – der Autor bleibt die Relevanzfigur, auf die die von Jauß behandelten ›Interaktionsmuster‹ von Identifikation und Distanz in *allen* ihren Spielarten letztlich bezogen sind, wobei hier allerdings überraschenderweise der Autor selbst als Rollenfigur und Rollenspieler erkennbar wird und damit auch die üblichen Abgrenzungsversuche zwischen dem realen Autor und der Rolle des Erzählers ins Leere greifen. Das Problem dieser Abgrenzung liegt hier also nicht bei der Definition des impliziten Autors bzw. der Erzählers, die zu Recht als Figuren des literarischen Rollenspiels erläutert werden, sondern in der damit verbundenen Opposition, die zumindest ex negativo meist die Vorstellung von einem realen, historischen Autor bewahrt, der dann als eine Figur jenseits aller Rollen gedacht wird.

Diese Opposition ist für Sartre, wie die Flaubert-Analysen am Beispiel des problematisierten Rollenspiels dieses Autors in exemplarischer Weise zeigen wollen, nur noch mit Einschränkungen möglich, da der Unterschied zwischen dem realen und imaginären Rollenspiel im Grunde, wie schon die kindlichen Schauspielereien und danach auch die vorliterarischen Aktivitäten Flauberts andeuten, denkbar gering ist:

Entre celle-ci (sa *persona* improvisée) et le personnage d'une pièce écrite, la différence n'est pas si grande: il s'agit, de toute façon, d'une troisième personne du singulier qui se joue à la première personne, d'un Il qui dit »Je«. Or la consistance, la »Selbständigkeit«, la stabilité fondée sur la tradition et, pour tout dire, l'*être* sont du côté du personnage. [44]

Dieser Satz zeigt deutlich die Inversion, die dem Begriff der *persona* bei Sartre generell zugrundeliegt: die *persona* ist nicht durch traditionelle Merkmale wie Konsistenz und Selbständigkeit gekennzeichnet, sondern gerade durch ihre Negativität, den Mangel an Individualität, den Wunsch nach Stabilität und Autonomie im Sinne des »être-en-soi«, den auch der Versuch der Selbstbestätigung durch die Kunst oder Literatur im Grunde nie erfüllen kann. Wenn Sartre hier Flauberts Neigung zum exzessiven Rollenspiel bemerkt und dessen in der Kindheit angelegte pathologische Struktur als eine Grundvoraussetzung der späteren literarischen Produktion des Autors hervorhebt, so geht es also um mehr als um die traditionelle Unterscheidung zwischen dem persönlichen ›Wesen‹ des Ich und der Scheinhaftigkeit der Schauspielerei (die im übrigen als ein undurchschautes, »idealistisches Paradox des doppelten Menschen«, wie auch Jauß bemerkt, bis in die neuesten soziologischen Rollentheorien hineinreicht). [45] Entscheidend ist vielmehr der Unterschied zwischen einem potenzierten, neurotischen Rollenverhalten, das von der versuchten Täuschung der anderen bis an die Grenze der Selbsttäuschung führen kann, und einem kritisch-distanzierten Bewußtsein der prinzipiellen Rollenhaftigkeit der *persona,* das für Sartre als Merkmal des existentiellen Entwurfs überhaupt und als Maßstab der Flaubert-Kritik gilt: »Il va de soi que ces personnages, sous des nominations différentes, ne sont que des aspects voisins ou complémentaires d'une seule et même *persona.*« (I, S. 772)

In diesem Sinne ist es ein Ziel der Interpretationsmethode Sartres, die Rollenstruktur dieser *persona* zu durchschauen, und er benötigt dabei selbst, wie sich aus dem hermeneutischen Konzept der Empathie klar ergibt, Formen und Stilmittel der fiktionalen Versetzung, also einer kritisch reflektierenden Empathie, um so die Biographie Flauberts, wie Sartre formuliert, als »*vrai* roman« zu rekonstruieren. So muß Sartre, um diese Biographie zu schreiben, selbstverständlich in die Rolle eines Erzählers schlüpfen, eines Erzählers, dem der Rollentausch von *Il* und *Moi,* die Mittel der erlebten Rede, der szenischen Darstellung, der Spannung, Antizipation usw., ja sogar des inneren Monologs als Formen der fiktionalen Versetzung und des narrativen Rollenspiels bestens vertraut sind. [46]

Dabei wäre der Unterschied zwischen der »rhetoric of dissimulation«, die z. B. W. Booth als Merkmal des Erzählens betont, und den Stilmitteln der Empathie in dem »*vrai* roman« Sartres gar nicht so leicht zu definieren. Wenn man etwa mit Stanzel die »Ur-Motivation« des Erzählens als einen Versuch erläutert, das Nichtwirkliche oder das Wahrscheinliche »unter dem Aspekt des Wirklichen« erscheinen zu lassen [47], so gilt dies auch für *L'Idiot de la famille,* allerdings mit der Einschränkung, daß hier die bekannten Techniken der fiktionalen Versetzung nicht im Sinne einer Illusionsbildung und »Spurenverwischung« verschleiert werden, sondern (»j'avoue que c'est une fable«) [48] im Sinne der Empathie als ein Mittel der kritischen Erkenntnis des anderen *und* der Selbstdarstellung offen zutage treten, und sogar als notwendige Vermittlungsinstanzen der literarischen Kommunikation immer wieder direkt reflektiert werden. Man könnte im übrigen, um die vertrauten Vorstellungen der Unterscheidung zwischen wissenschaftlichem und narrativem Diskurs einmal umzukehren, den wissenschaftlichen Diskurs, der die Möglichkeit eines objektiven, unvermittelten Zugangs zur historischen Realität eines Autors, Werks oder einer Epoche voraussetzt, geradezu als die raffinierteste Form der Verschleierung und Illusionsbildung in der Reihe der verschiedenen Verifikationstechniken literarischer Texte ansehen. [49]

Für Sartre sind die Stilmittel der Empathie in *L'Idiot de la famille* also, wie gezeigt, eine Konsequenz der als Rollenspiel reflektierten Interpretationsmethode selbst, die nur dadurch, daß sie die eigene *persona* als ein Mittel der Analogiebildung und imaginären Versetzung zu Hilfe nimmt, zur Veranschaulichung und Analyse des »objet visé« gelangen kann.

Dadurch, daß Sartre die biographische Methode im Gegensatz zur Tradition biographischer Interpretation als Darstellung und Analyse von Rollenverhalten und Rollenspiel konzipiert, gewinnt er auch ohne Schwierigkeiten den Zugang zu einer detaillierten Stilanalyse der literarischen Texte selbst, die in *L'Idiot de la famille* keineswegs zu kurz kommt, sondern immer die entscheidende Grundlage für die Analyse des Autors darstellt, obwohl Sartre bekanntlich den Teil, der, nach einer Reihe von Vorausdeutungen, eine zusammenfassende Interpretation von *Madame Bovary* bringen sollte, nicht mehr abschließen konnte. So bewährt sich die Methode der Empathie auch als ein Mittel, um den Stil Flauberts seinerseits als *attitude* zu durchschauen, als ein literarisches Rollenspiel, in dem, wie Sartre voraussetzt, z. B. *pathos* und *rire* eng beieinander liegen und im dialektischen Sinne voneinander abhängig sind: »D'un bout à l'autre, le rire de Flaubert est un rôle« (I, S. 684).

Ein besonders eindrucksvolles Beispiel bietet die Fiaker-Szene in *Madame Bovary,* die Sartre, wie hier leider nur angedeutet werden kann, einer sehr genauen Sprachanalyse unterzieht (I, S. 1275 ff.). Dabei wird einerseits die *Identifikation* des Interpreten – im Rahmen der teilweise szenisch-aktualisierenden Darstellung – so weit geführt, daß der Autor sich sogar genötigt sieht, auf sein eigenes Rollenspiel bei der Interpretation eigens hinzuweisen (»Je dis ce que pense Flaubert et ce qu'il fait penser à Emma; non ce que je pense«) [50], und andererseits die an diesem Textabschnitt aufgezeigte *Kritik* an der Darstellungsweise Flauberts (d. h. die Analyse der Problematik und Abgründigkeit der Flaubertschen *attitude* des grotesken Lachens) bis an die äußerste Grenze dessen geführt, was innerhalb des rationalen Diskurses der Interpretation im Sinne eines Verstehens der ›irrationalen‹ Voraussetzungen und Intentionen des Flaubertschen Stils überhaupt zugänglich sein kann. Dabei benutzt Sartre allerdings ein kommunikationstheoretisches und -psychologisches Modell, das er selbst vorher ausführlich erläutert hatte und das die Grundlage bildet, um die in diesem Textabschnitt erkennbare ironische Haltung Flauberts als eine Technik der »déshumanisation« und »irréalisation« näher zu bestimmen. [51] So ist hier nicht die Analyse des ironischen Verfahrens selbst, das Sartre übrigens ähnlich wie in neueren rezeptionsästhetischen Theorien als einen Vorgang der Schein- bzw. Desolidarisierung im Spannungsfeld von Autor, Text und Leser beschreibt [52] (»Il – der Autor – tranche nos liens avec le couple et nous amène à nous désolidariser de leurs fins, à n'avoir avec elles qu'un rapport d'oeil«) [53], schon das Ziel der Interpretation, sondern die Analyse der in diesem Text ›augenscheinlichen‹ Stil-Attitude des *Autors:* Diese entspricht gerade in ihrer Ambivalenz der lebensweltlichen Rolle des »garçon«, in der Flaubert immer zugleich die Rolle des Lachenden und der lächerlichen Figur selbst spielt, und mit der er hier, wie Sartre es nennt, »in die Haut seiner Figuren« schlüpft [54], um so seine eigenen pathologischen Probleme darzustellen und den Leser in seine ›deshumanisierende‹ Sicht der Dinge einzuspannen:

Deshumanisé, le lecteur n'a plus avec ce couple – devenu *tous les couples* – qu'un ›rapport d'oeil‹: il le résume en cette boîte dont les cahots figurent les tressautements de la bête à deux dos. (II, S. 1280).

So geht es auch hier, im Rahmen einer sehr detaillierten Analyse der sprachlichen und stilistischen Mittel des Textes, um den Zusammenhang von »projet existentiel« und »projet littéraire«, durch den, wie Sartre voraussetzt, allein ein adäquates Verstehen der Intentionalität des Textes (und damit des Autors) möglich ist. Ein solches Interpretationsverfahren ist immer zugleich biographische Konkretisation und modellhafte Verallgemeinerung, denn gerade der ›personale‹ Bezug, mit dem sich Sartre scheinbar vom Text entfernt und mit dem er in *L'Idiot de la famille* immer wieder auf die Biographie zurückkommt, bietet die methodische Grundlage, um das den Text konstituierende Rollenspiel letztlich als ein Rollenverhalten des Autors wiederzuerkennen – ein Rollenverhalten, das seinerseits nur im Kontext der historischen und sozialen Umstände der Epoche und ihrer kollektiven Strukturen, ihrer Institutionen, Normen und Rollendeterminationen verständlich ist; womit auch klar ist, daß Sartre die in *L'Idiot de la famille* entwickelte Theorie der Komik, die er bei der Interpretation dieser Szene anwendet, als Kombination kommunikationstheoretischer, soziologischer *und* psychoanalytischer Ansätze konzipiert hat.

Auf diese Weise führt gerade die Kategorie der kritischen Empathie als einer Interpretationsmethode, in der der Autor als *persona* die entscheidende Relevanzfigur bleibt, in das Zentrum der Analyse jener komplizierten Vermittlungsprozesse, die das literarische Werk konstituieren, und damit zugleich zu einem weiteren Aspekt, der bei einer Definition der Sartreschen Methode nicht fehlen darf: der Rolle der Empathie als einem Instrument der rezeptionsästhetischen und rezeptionsgeschichtlichen Analyse.

3. Empathie und Lektüre

Es bedarf hier keines besonderen Hinweises, daß Empathie schon seit langem als rezeptionsästhetische Kategorie bekannt ist, im Grunde schon in der aristotelischen Definition der Begriffe »pathos« und »pathetisch« als jener Formen der Rede, die »auf die Leidenschaften (πάθη) wirken« und die Zuhörer bewegen. [55] Ihre Assoziationen [56] finden sich auch bei H. R. Jauß, der im Rahmen seiner Analyse der »Interaktionsmuster der Identifikation mit dem Helden« an eine bedeutende Tradition der europäischen Wirkungsästhetik anknüpfen kann und eine Reihe von Modalitäten der Identifikation beschreibt, die in ihrer Spannweite möglicher »rezeptiver Dispositionen« [57] (von der Sympathie bis zur Distanz) Sartres Konzeption der Empathie, wie bereits angedeutet, in vielen Punkten nahe ist, wenn man hier einmal davon absieht, daß Sartre die Rolle des Autors als Relevanzfigur für den Leser nicht ausgrenzt, sondern an zentraler Stelle miteinbezieht. Grundsätzlich verwendet aber auch Sartre den Begriff der kritischen Empathie in *L'Idiot de la famille* im Rahmen einer Theorie der literarischen Kommunikation, die den Bezug zum Leser von vornherein impliziert [58], und er folgt damit einem eigenen Ansatz, der sich bereits in *Qu'est ce que la littérature?* abzeichnet. Schon mit diesem Werk hatte Sartre die Rolle eines Initiators der neueren Rezeptionsästhetik eingenommen, einer Rezeptionsästhetik, die das literarische Werk, gegen alle substantialistischen Auslegungen, in seiner Funktion ›für den anderen‹ definiert und in der bereits das Lesen als »création dirigée« und Konkretisation des literarischen Werks definiert ist. [59] Schon im Zusammenhang mit *Qu'est ce que la littérature?* als einem Werk, in dem die phänomenologische Analyse des Lesens und Schreibens als Bewußtseinsakt noch im Vordergrund der Argumentation steht, kann man freilich, was oft übersehen wird, erkennen, daß sich Sartre nicht mit dem Schema eines impliziten Lesers im Sinne eines von Textstrategien abhängigen Konstrukts begnügt, sondern in dem Appell an die Freiheit des Lesers den personalen Bezug konkreter zu fassen sucht:

> ... ce que l'écrivain réclame du lecteur ce n'est pas l'application d'une liberté abstraite, mais le don de toute sa personne, avec ses passions, ses préventions, ses sympathies son tempérament sexuel, son échelle de valeurs. Seulement cette personne se donnera avec générosité, la liberté la traverse de part en part et vient transformer les masses les plus obscures de sa sensibilité. (*Qu'est-ce que la littérature?* S. 100)

Um so wichtiger wird dieser personale Aspekt der Leserrolle, den man mit Sartre als »réalité vécue« [60] der Lektüre bezeichnen kann, in den weiteren Werken, in denen Sartre dann die in *Qu'est-ce que la littérature?* skizzierte Theorie der Lektüre weiter entwickelt, nämlich zunächst in *Les mots,* sowie in *Question de méthode* und vor allem im dritten Band von *L'Idiot de la famille,* wobei auffällig ist, daß die Tragweite dieser Werke für die aktuelle rezeptions-ästhetische Theoriebildung und rezeptionsgeschichtliche Forschung bisher noch kaum, von einigen Hinweisen bei M. Frank, R. Grimm und D. Oehler abgesehen, erkannt wurde. [61]

Wenn Sartre die Lektüre nunmehr als Empathie und Rollenspiel beschreibt und dabei, zunächst am eigenen Beispiel des infantilen Lesens (*Les mots*) so-wie am Beispiel Flauberts (*L'Idiot de la famille*) immer wieder den grundlegen-den Zusammenhang von *pathos, passion* und *constitution passive* im Rahmen der *personnalisation* des Ich hervorhebt, so könnte zunächst der Eindruck ent-stehen, als habe Sartre seine eigene, zunächst phänomenologisch begründete Rezeptionstheorie im Zuge seines neuen Interesses an der Psychoanalyse vor allem zu einer Pathologie der Lektüre erweitert, ein Eindruck, der aber weder die entscheidenden Voraussetzungen und weiterreichenden Ziele der Methode von *L'Idiot de la famille* noch die Besonderheiten der »psychanalyse existen-tielle« erfassen würde.

Die vorausgehenden Anmerkungen zur Hermeneutik Sartres lassen erken-nen, worum es ihm bei der Erweiterung der Literatur- und Lektüretheorie von *Qu'est-ce que la littérature?* vor allem geht: nämlich um die Analyse der litera-rischen Kommunikation als einer Form der Rollenübernahme und des Rollen-spiels, in der die Lektüre mehr als nur ein reiner Bewußtseinsakt und mehr als ein nur privater, tagträumerischer »rêve dirigée« darstellt. Das literarische Werk ist vielmehr schon dadurch, daß es Kommunikabilität und damit ein ho-hes Maß an Bewußtheit und Verarbeitung beim Autor *und* Leser voraussetzt, der Kategorie des rein Pathologischen immer schon voraus, gerade auch bei Flaubert:

L'horreur est le *sens* des romans de Flaubert mais leur densité ne permet point qu'ils se dissolvent: ainsi l'objet littéraire *se compose* à travers nous, pendant la lecture, et se pose pour soi dans son unité; du coup l'horreur n'est jamais présente, elle hante le livre sans se donner à voir; sans cesse *visée,* elle échappe. Précisément pour cela, *Madame Bovary,* en tant qu'oeuvre, ne rentre pas dans les categories du pathologique: c'est qu'elle ne ren-voie par elle-même ni au sujet qui l'a écrite ni à ses obsessions. [62]

Die Analyse der Lektüre bildet in *L'Idiot de la famille* dementsprechend den Schlüssel für die im Begriff der *persona* als »individuelles Allgemeine« schon angelegte Erweiterung der Flaubert-Biographie zu einer umfassenden Sozial-geschichte der Literatur in der romantischen und post-romantischen Epoche, nämlich für eine exemplarische Analyse der *Zusammenhänge* von realem und imaginärem Rollenverhalten, die zunächst einmal am Beispiel Flauberts im Rahmen der ›persönlichen‹ Entwicklung von den Rollenzwängen der Familie über die kindliche und jugendliche Lektüre-Phantasie bis hin zur Rollenwahl des Schriftstellers aufgezeigt werden – und dann umgekehrt im Rahmen der Analyse der kollektiven Einstellungen wiederkehren, die für die Situation des »apprenti-auteur postromantique« (III, S. 66 ff.) typisch sind und von Sartre als Übergang von der »littérature-faite« zur »littérature-à-faire« beschrieben werden. [63] So entsteht eine Typologie verschiedener Formen der Lektüre, die sich, wie R. Grimm bemerkt, auf den Normen-Transfer konzentriert, d. h. die »Überlagerung von diachronischen und synchronischen Normen im literarischen Prozeß«. [64] In jedem Fall bildet die Lektüre in dem Maße, in dem sie als Vorstufe des Schreibens in Erscheinung tritt [65], in ihrer historischen Situationsbezogenheit und psychischen Struktur eine Vermittlungsinstanz, über die die Veränderungen der literarischen Normen und damit auch der Produktionsbedingungen des literarischen Werks greifbar werden:

> … la lecture l'éclaire (d. i. das literarische Werk) par la conjoncture historique et par les moyens culturels dont le lecteur dispose (et qui, justement, classent celui-ci dans telle couche sociale ou telle autre) et elle sert, en même temps, de prétexte à chacun pour revivre sa propre histoire et peut-être la scène primitive. N'importe: sous ce camouflage subjectif, l'ossature des impératifs demeure, qui dirige les pensées lectrices autant et plus que la complaisance onirique (et purement factuelle) du lecteur ne paraît les diriger. (III, S. 55)

So bietet gerade die Lektüre als eine Art sanktionsfreier Pseudo-Kommunikation, als ein Freiraum, in dem sich individuelle Tagträume am besten entfalten können [66], für Sartre den Einstieg, um kollektive geschichtliche Prozesse, hier vor allem den Funktionswandel der Literatur in der nachromantischen Epoche, zu verdeutlichen; denn diese historischen Veränderungen sind, ebenso wie die nur scheinbar privaten Vorgänge des Lesens und Schreibens, Prozesse der Spannung und des Ausgleichs zwischen den objektiven, institutionalisierten Normen und Rollenzwängen einerseits und den subjektiven Bedürfnissen und Erwartungen andererseits. Dem entspricht die Dialektik von realem und imaginärem Rollenspiel, die, wie Sartre bereits in *Question de méthode* ausführt, für das Verständnis historischer Entwicklungen überhaupt wichtig ist.

So löst der dritte Band von *L'Idiot de la famille* genau das ein, was schon des öfteren als Desiderat einer umfassenden, historisch orientierten Literatursoziologie formuliert wurde: er enthält die Konkretisation dessen, was bereits von Jauß mit dem Begriff des Erwartungshorizonts umrissen und von W. Voßkamp als »schichten- oder klassenspezifisches Leserverhalten« näher bestimmt wird: als eine Typologie von Leserreaktionen und -dispositionen, die durch soziale Erwartungen mitgeprägt seien, sich »auf Bedürfnisse und Interessen der geschichtlichen Lebenspraxis richten und in vielen Fällen innerliterarische Erwartungen zurücktreten lassen.« [67] In diesem Sinne gehören die individuellen Entwicklungen verschiedener Schriftsteller [68], die in diesem Übergangsbereich von Lesen und Schreiben typologisch erfaßt werden, für Sartre, ähnlich wie z. B. auch für J. Starobinski und A. Lorenzer, zu den lebenspraktischen Sozialisationsprozessen, die einerseits dadurch, daß sie »Interaktionsformen zur Debatte stellen« [69], Problembewußtsein, *prise-de-conscience,* und literarische Ausdrucksfähigkeit zeigen, und die andererseits schon in der Lektüre selbst, vor allem durch die Möglichkeit der Kompensation und Problematisierung der lebensweltlichen Normen, an das gesellschaftliche Gesamtsystem gebunden sind.

Daß sich Sartre in diesen Kombinationen nicht mit allgemeinen methodentheoretischen Vorüberlegungen und Postulaten begnügt, sondern in der Tat eine sozialpsychologisch und literarhistorisch differenzierte Typologie der Lektüre-Erfahrungen einer Epoche erstellt, kann hier, im Rahmen dieser zwangsläufig abstrahierenden Darstellung, nur angedeutet werden: Sartre versucht, vor allem im dritten Band von *L'Idiot de la famille,* den Funktions- wandel der Literatur von der romantischen zur nachromantischen Generation im Zusammenhang mit den Veränderungen der bürgerlichen Gesellschaft zu erläutern [70], u.a. dadurch, daß er die Lesestoffe und Leseneigungen dieser Generation zunächst aus der engeren Perspektive Flauberts darstellt, um dann aber, besonders in dem Kapitel *La situation littéraire de l'apprenti-auteur post- romantique* (III, S. 66 ff.) ein möglichst großes Spektrum objektiver Determi- nationen der literarischen Kommunikation dieser Zeit zu erfassen. Beide An- sätze treffen sich in der Analyse der von Sartre sog. subjektiven und objektiven Neurose, die im wesentlichen als Rollenkonflikt und Realitätsflucht beschrie- ben wird: sie ist abhängig von den objektiven Rollenzwängen, den Institutio- nen und Normen einer sich verändernden, zum Zweckrationalismus tendieren- den bürgerlichen Gesellschaft, und sie erscheint in den Rollenspielen des Le- sens und Schreibens, angesichts der objektiven Konflikte, als Evasion, Kom- pensation oder Scheinbefriedigung. Die romantische Lektüre und ihre Litera- tur sind Symptom und Therapie [71] der Identifikationskrise einer ganzen Ge- neration.

Solche zusammenfassenden Formeln, die Sartres Werk immer um entschei- dende Dimensionen verkürzen, können nicht zum Ausdruck bringen, wie ge- nau und wie ausführlich Sartre die historische Bestandsaufnahme durchführt, und wie er sich gleichwohl bemüht, Rezeptionsgeschichte als ein System von Vermittlungsprozessen, als »hiérarchie de médiations« [72] zu erfassen und da- durch die Gefahr einer neopositivistischen, rein dokumentarischen Darstel- lung zu vermeiden. Auch in dieser Beziehung bleibt das methodische Konzept der Empathie und Distanz, das sich auch bei der Interpretation kollektiver Phänomene bewährt, der kritische Maßstab, der überhaupt die Analyse patho- logischer Formen literarischer Kommunikation ermöglicht: erst durch dieses allgemeine Kommunikationsmodell kann das, was Sartre hier als historisches Beispiel für neurotisch verzerrte Interaktionsformen abhebt, überhaupt unter- schieden werden. Die Möglichkeit des Verstehens beruht auch hier (wie die Empathie, die sich auf Einzelpersonen richtet) auf einer grundlegenden Ana- logie, die bei Sartre als Kontinuität einer Krisensituation der bürgerlichen Ge- sellschaft und ihrer Literatur vorausgesetzt wird, und damit auf einer kriti- schen Distanz, in der Sartre sowohl seine eigene Betroffenheit als auch sein mangelndes Einverständnis mit dieser Situation zum Ausdruck bringt.

Ich möchte zum Schluß noch einmal einige Punkte hervorheben, die Sartres Konzept der Empathie für die Weiterentwicklung der narrativen Theorie und Praxis interessant machen.

Sartres Methode enthält eine Reihe von Vermittlungsvorschlägen, die, wie auch M. Frank bemerkt, »zur Überwindung des Konflikts zwischen struktu- raler und sinnverstehender Interpretation« [73] beitragen können. Dem ent- spricht u.a. eine Hermeneutik der Lektüre, mit der Sartre schon seit längerem, besonders aber in *L'Idiot de la famille,* die Opposition zwischen der Analyse des impliziten Lesers und der historisch-empirischen Leserforschung auf seine Weise aufhebt: durch das Verfahren der kritischen Empathie, die den personalen Bezug zwischen Autor und Leser in einer Dialektik von Rollenübernahme und Rollendistanz begreift, und so zu einer Erweiterung der Fragestellung im Sinne der »totalisation historique« gelangt. Dabei geht es nicht mehr nur um das Rollenangebot des Textes, sondern um die Analyse der für die Weiterverarbeitung der Texte entscheidenden ›produktiven Rezeption‹, die in dem Maße, in dem sie die Transferstruktur der Lektüre im Zusammenhang mit dem Komplex alltäglicher Erfahrung (*vécu*) definiert, zu einer sozialgeschichtlich und sozialpsychologisch fundierten Funktionsgeschichte der Literatur einer bestimmten Epoche überleitet.

Einen ganz ähnlichen Weg verfolgt A. Haverkamp, wenn er in seinem Beitrag den Begriff der Empathie einführt, um durch ihn, im Unterschied zu dem Modell der exemplarischen Lektüre, das Moment alltäglicher Erfahrungen und unterschiedlicher Dispositionen im Prozeß der literarischen Kommunikation einzubeziehen. [74] In bezug auf Sartre bleibt mit R. Grimm anzumerken [75], daß Sartre trotz der Ausführlichkeit, mit der er z. B. die Lektüredispositionen der nachromantischen Epoche in ihrer Funktion für die Geschichte der Literatur und des Literaturbegriffs beschreibt, speziell gattungsgeschichtliche Fragen und ihre Bedeutung im Rahmen der Analyse produktiver Rezeption vernachlässigt. So wird in *L'Idiot de la famille,* trotz der ungeheuren Breite dieses Werkes (möglicherweise aber wegen seines fragmentarischen Charakters), nicht deutlich, inwiefern Flaubert als »créateur du roman ›moderne‹« im Mittelpunkt der, wie Sartre andeutet, aktuellen literarischen Probleme steht: »J'ajoute que Flaubert, créateur du roman ›moderne‹, est au carrefour de tous nos problèmes littéraires d'aujourd' hui.« [76] In dieser Beziehung scheint die funktionsgeschichtliche Methode, wie sie z. B. R. Warning auf der Grundlage strukturanalytischer Modelle verfolgt eine Lücke zu schließen, die das Werk Sartres trotz seiner umfassenderen Fragestellung offenläßt.

Im Anschluß an die Diskussion des Symposions bleibt zu überlegen, inwieweit die von R. Warning vorgenommene Definition des ironischen Diskurses bei Flaubert mit dem übereinstimmt, was auch Sartre, wie hier angedeutet, unter dem Aspekt der Dialektik von *rire* und *pathos* als ein Grundproblem des Flaubertschen Stils herausarbeitet. Die von Sartre analysierte Spannung von Empathie und ironischer Distanz entspricht der von Warning hervorgehobenen »exzentrischen Negativität des Ironikers, der im Zitat auf Distanz geht, um sich in dieser Distanz zu salvieren für die erneute ›Realisation‹ des Zitierten.« (s. u. S. 292). Indem Sartre aber die literarische Ironie (ohne hier weiter zu differenzieren) unter die Attituden des *rire* subsumiert, problematisiert er auf seine Weise die Möglichkeit einer ›ästhetischen Rettung‹ des Referenzdiskurses und betont eher die negative Kehrseite der Ironie, z. B. die existentiellen Ängste des Autors, selbst deren Opfer zu werden.

Wichtig ist für Sartre die konsequente hermeneutische Rückbesinnung auf die Bedingungen der eigenen Interpretation, d. h. die Analyse der Beziehungsstruktur zwischen dem Interpreten und seinem ›Gegenstand‹, in der für Sartre, im Unterschied zu szientistischen Methoden, eine neutrale Einstellung nicht möglich ist. Diese existenzphilosophisch begründete Empathie führt Sartre zu einem neuen Texttyp der literarischen Biographie, in der die eigene Person immer mit im Spiel ist, und in der deutlich narrative Elemente (die Faszination des Autors, sich in die Geschichte Flauberts ›hineinzuversetzen‹ und sie wie einen ›Roman‹ zu erzählen) dominieren und so zugleich als Mittel einer kritischen Analyse der Werke des Autors eingesetzt werden. Die im mehrfachen Sinne spannende und spannungsreiche Flaubert-Lektüre Sartres entspricht also, in dieser Kombination von narrativem und wissenschaftlichem Diskurs, einer Form der Darstellung und Analyse des imaginären Rollenspiels, in der alle möglichen affektiven und kognitiven Dissonanzen zwischen Autor und Leser literarische Gestalt annehmen. Ein solcher Versuch verdient höchste Aufmerksamkeit, da er das, was hier zunächst unter dem Begriff der kritischen Empathie als ein Grenzproblem der Hermeneutik und Erzählforschung skizziert wurde, schon in literarische Praxis umsetzt und so neue Wege nicht nur für die Erzählforschung, sondern für die Entwicklung narrativer Formen selbst eröffnet. Die Vielzahl aktueller literarischer Biographien, die sich, wie z. B. P. Härtling in seinem Buch über Hölderlin [78], explizit an der Grenze von Roman und historischer Analyse bewegen, und die zunehmende Zahl essayistischer und literaturwissenschaftlich orientierter Biographien, scheinen anzudeuten, daß Sartre in dieser Hinsicht nicht allein steht, sondern einem allgemeinen Bedürfnis entgegenkommt.

Anmerkungen

1 J.-P. Sartre, L'Idiot de la famille, Gustave Flaubert de 1821 à 1857, Paris 1971/72.
2 Vgl. H. Harth, »Imagination und Praxis. Ein Beitrag zu Sartres Flaubert-Analyse«, in: Romanistische Zeitschrift für Literaturgeschichte 3/1979, S. 136–53, bes. A. 18; T. König (Hrsg.), Sartres Flaubert lesen, Essays zu Der Idiot der Familie, Reinbek 1980 (dort bes. den Beitrag von M. Frank); M. Frank, Das individuelle Allgemeine, Textstrukturierung und -interpretation nach Schleiermacher, Frankfurt/M. 1977 (dort bes. S. 293 ff.); S. Doubrovsky, in: J. Lecarme (Hrsg.), Les critiques de notre temps et Sartre, Paris 1973, S. 119 ff.; A. Müller-Lissner, Sartre als Biograph Flauberts, Zu Zielen und Methoden von ›L'Idiot de la famille‹, Bonn 1977, S. 71 ff.
3 Vgl. dazu bes. R. Grimm, »*Der Idiot der Familie*« als Herausforderung der Literaturgeschichtsschreibung, in: T. König, Sartres Flaubert, S. 9–26; H. Harth, »Imagination«, und zuletzt M. Hardt, »Struktur und Vermittlung. Zu einem Hauptproblem der Literatursoziologie (am Beispiel der *Madame Bovary*)«, in ZfSL 90/1980, S. 47–65.
4 Vgl. den Art. »Empathy and Sympathy« in A. Preminger (Hrsg.), Encyclopedia of Poetry and Poetics, Princeton 1965; sowie I. Schabert, »›Sympathy‹ als rezeptionsästhetische Kategorie in der englischen und amerikanischen Shakespearekritik«, in: W. Habicht, I. Schabert (Hgg.), Sympathielenkung in den Dramen Shakespeares, München 1978, S. 35–54, bes. S. 37. In Dtl. ist der Begriff Empathie weniger vertraut, er fehlt z. B. in dem sonst so gründlichen »Historischen Wörterbuch der Philosophie« von J. Ritter.
5 Vgl. M. Frank, »Das Individuum in der Rolle des Idioten«, in T. König, Sartres Flaubert, S. 84 ff., hier bes. S. 88 f.: »In einer wenig bekannten Tradition, die man in bezug auf den offiziellen metaphysischen Strom häretisch nennen möchte, versteht er (Sartre) unter dem Individuellen nicht einen Ort der Fülle, keinen unverwitterbaren Kern von Selbstheit und Identität und vor allem kein Seinendes, das sich durch Ableitungsprozesse aus einem Vernunftideal entwickeln ließe. Im Gegenteil: das individuelle Gefühl, das heißt die Vertrautheit eines individuell Existierenden mit sich, ist das ›Komplement‹ eines konstitutiven ›Mangels‹ im Inneren jedes, selbst des höchsten Selbstbewußtseins.«, sowie ebd., S. 91 ff.
6 J.-P. Sartre, Critique de la raison dialectique, précédé de Question de méthode, Paris 1960.

7 Vgl. QM, S. 97 ff., dazu auch M. Frank, Das individuelle Allgemeine, S. 296 f., der m. E. dabei aber die Verwandtschaft mit der Hermeneutik Schleiermachers etwas überinterpretiert.

8 H.-G. Gadamer, Wahrheit und Methode, Grundzüge einer philosophischen Hermeneutik, Tübingen ³1972, S. 288.

9 Vgl. Gadamer, z. B. S. 289, sowie S. 286 ff. zum Verhältnis von Horizont und historischer Situation; zur kritischen Diskussion der Grundbegriffe Gadamers: R. Warning (Hrsg.), Rezeptionsästhetik, Theorie und Praxis, München 1975, S. 20 ff.

10 Die engen historischen Zusammenhänge zwischen phänomenologischer und existentialistischer Literaturtheorie sind m. W. bisher noch zu wenig erforscht; einige Entwicklungslinien bei Sartre, Merleau-Ponty, M. Dufrenne, J. Starobinski u. a. notiert Z. Konstantinović, Phänomenologie und Literaturwissenschaft, München 1973, S. 147 ff.

11 H. Harth, »Imagination«, S. 136 ff.

12 Vgl. z. B. IF I, S. 658; und Situations X, Paris 1976, S. 102.

13 Der Begriff der Sympathie erscheint so z. B. bei E. Burke, in der Romantik, bei Dilthey, M. Scheler u. a., vgl. z. B. Gadamer, Wahrheit und Methode, S. 219; M. Pfister (in: W. Habicht, I. Schabert, Sympathielenkung). Zum Begriff der Identifikation vgl. jetzt vor allem H.-R. Jauß, Ästhetische Erfahrung und literarische Hermeneutik I, München 1977, S. 212 ff. (vgl. im folg.), und den Sammelband von O. Marquard und K. Stierle (Hgg.), Identität, München 1979.

14 Vgl. z. B. QM, S. 106, A. 2: »L'erreur serait, ici, de croire que la compréhension renvoie au *subjectif*. Car *objectif* et *sub*jectif sont deux caractères opposés et complémentaires de l'homme *en tant qu'objet de savoir*.« Zum Begriff der »totalisation historique« vgl. QM, S. 107.

15 Ebd. QM, S. 107: »Se comprendre, comprendre l'autre, exister, agir: un seul et même mouvement qui fonde la connaissance directe et conceptuelle sur la connaissance indirecte et compréhensive … sans jamais quitter le concret, c'est-à-dire l'histoire …«

16 Vgl. auch: L'être et le néant, Essai d'ontologie phénoménologique, Paris 1943, deuxième partie, troisième partie, S. 115 ff., S. 275 ff.

17 Vgl. EN, S. 643 ff.; dazu auch Verf., »Von der *psychanalyse existentielle* zur Sozialgeschichte der Literatur, Anmerkungen zur Methode Sartres, in: Lendemains 17/18/1980, S. 109–124.

18 Vgl. Gadamer, S. 65 ff.; K. Sauerland, Diltheys Erlebnisbegriff, Berlin 1972, dort auch den Abschnitt über eine Aktualisierung des Erlebnis-Begriffes bei W. Benjamin (S. 162 ff.), die bei Sartre, wie man hinzufügen muß, ihre Fortsetzung findet.

19 J.-P. Sartre, Situations X, Paris 1976, S. 111.

20 J.-P. Sartre, Situations IX, Paris 1972, S. 108.

21 Vgl. QM, S. 107; sowie Situations IX, S. 111: »Ce que j'appelle le vécu, c'est précisément l'ensemble du processus dialectique de la vie psychique, un processus qui reste nécessairement opaque à lui-même, car il est une constante totalisation, et une totalisation qui ne peut être consciente de ce qu'elle est.«

22 IF I, S. 674.

23 Zu diesem Begriff, den Sartre auch in *Les mots* verwendet, vgl. Verf., »*Rôle, jeu, projet littéraire* – Der Rollenbegriff Sartres im Schnittpunkt von Literaturpsychologie und Literatursoziologie«, in H. Krauß/R. Wolff (Hgg.), Psychoanalytische Literaturwissenschaft und Literatursoziologie, Ffm. 1982, S. 39–68.

24 Vgl. IF I, S. 668; dazu auch T. König, Sartres Flaubert, 16 ff.

25 Vgl. M. Heidegger, Sein und Zeit, Halle 1927, S. 145 ff.; dazu neuerdings E. Tugendhat (Selbstbewußtsein und Selbstbestimmung, Sprachanalytische Interpretationen, Frankfurt/M. 1979, S. 164 ff., 225 ff.), der eine bemerkenswerte Vermittlung zwischen Heideggers Hermeneutik und neueren sozialpsychologischen Ansätzen anstrebt, dabei aber Sartres umfassenden Versuch von IF leider nicht berücksichtigt.

26 Vgl. E. Tugendhat, ebd., S. 229

27 Situations IX, S. 112; vgl. ebd. S. 103 (s. im folg. A. 29).

28 Sartres bisher kaum beachtete Verwendung des Rollen-Begriffs, mit dem er z. T. an den Begriff des *jeu* in EN anknüpft, beginnt systematischer in QM, S. 38 ff., S. 71 ff. (vgl. im einzelnen: Verf., »*Rôle, jeu, projet littéraire*«, S. 47 ff.).

29 Vgl. QM, S. 72: »Si c'est un rôle, d'est un rôle qu'on invente«; und z. B. Situation IX, S. 103: »L'individu intériorise ses déterminations sociales: il intériorise les rapports de production, la famille de son enfance, le passé historique, les institutions contemporaines, quis il re-extériorise tout cela dans des actes et des choix qui nous renvoient nécessairement à tout ce qui a été intériorisé. Il n'y avait rien de tout cela dans *L'Etre et le Néant.*«

30 Vgl. H. Plessner, »Soziale Rolle und menschliche Natur« in: ders., Diesseits der Utopic, Frankfurt/M., 1974, S. 23–35; sowie Th. Luckmann, »Persönliche Identität, soziale Rolle und Rollendistanz«, in O. Marquard/K. Stierle (s. o. A. 13), S. 293–314, bes. S. 309 ff.

31 Vgl. z. B. H. R. Jauß, Ästhetische Erfahrung, S. 190 ff. (»Ästhetischer und soziologischer Rollenbegriff«); oder H. Sanders in: P. Bürger (Hrsg.), Seminar: Literatur- und Kunstsoziologie, Frankfurt/M. 1978, S. 284 ff.

32 S. o. A. 28

33 G. H. Mead, Mind, Self and Society, Chicago 1934, vgl. dort bes. S. 138 ff.; dazu A. M. Rose, »A Systematic Summary of Symbolic Interaction Theory«, in: ders., Human Behavior and Social Processes, Boston 1962, S. 3–19; und E. Tugendhat, Selbstbewußtsein, bes. S. 249 ff.

34 EN, S. 310 ff.

35 F. Stanzel, Theorie des Erzählens, Göttingen 1979, S. 28.

36 W. Iser, Der Akt des Lesens, Theorie ästhetischer Wirkung, München 1976, S. 64; H. R. Jauß, Ästhetische Erfahrung, S. 195, vgl. auch R. Warning, »Pour une pragmatique du discours fictionnel«, in: Poétique 39/1979, S. 321–337 (bes. S. 335 ff.).

37 Vgl. W. C. Booth, The Rhetoric of Fiction, Chicago 1961, S. 73 f. und W. Iser, Der Akt des Lesens, S. 60 f., dort die Definition der »Leserrolle« als »Zusammenspiel der Perspektiven« des fiktionalen Textes.

38 Zum Begriff der »quasipragmatischen Rezeption« vgl. K. Stierle, »Was heißt Rezeption bei fiktionalen Texten?«, in: Poetica 7/1975, S. 345–87, bes. S. 360 ff.; dazu auch Verf., »Der Begriff der Lektüre in kommunikationstheoretischer und literaturwissenschaftlicher Sicht«, in: Romanistisches Jahrbuch 29/1978, S. 33–57, bes. S. 47 ff.; sowie H. R. Jauß, Ästhetische Erfahrung, S. 221; »In der Sprachhandlungstheorie von Karlheinz Stierle ... vermißt man die Ebene der naiven Rezeption fiktionaler Texte.«

39 Vgl. Sartre, QM, S. 92 (»va-et-vient«) und H.-R. Jauß, Ästhetische Erfahrung, S. 221; vgl. dort auch das Zitat von D. Wellershof: »Der von einem Text betroffene Leser will sich wiedererkennen und doch unterscheiden können. das heißt Spielraum zu Alternativen haben.«

40 H. Weinrich, »Der Leser braucht den Autor«, in O. Marquard/K. Stierle, Identität, S. 722–724.

41 So kommt es, daß sich die Phantasie des Lesers nicht mit dem »zweiten Ich« des Autors begnügt, sondern in dem Maße, in dem die Informationen fehlen, den Anreiz spürt, das biographische Ich zu rekonstruieren oder sogar, wie die Biographien von Homer oder die *Vidas* der Troubadours zeigen, zu erfinden.

42 Zur römischen (und z. T. noch mittelalterlichen) Bedeutung von *persona* als Maske und Rolle vgl. H. Rheinfelder, »Das Wort ›Persona‹«, in: ZrP, Beiheft 77, 1928; und zuletzt M. Fuhrmann, »Persona, ein römischer Rollenbegriff«, in O. Marquard/K. Stierle, Identität, 83–106; zur Verwendung des Begriffs bei Sartre Verf., »*Rôle, jeu, projet littéraire*« (s. o. A. 23).

43 Situations IX, S. 123; ähnlich Situations X, S. 94.

44 IF I, S. 776.

45 Ästhetische Erfahrung, S. 193 (in bezug auf R. Dahrendorf und E. Goffman).

46 Vgl. zur Analyse des Wechsels von *Il* und *Moi* I, S. 761 ff.; zum Verhältnis von *Je* und *Moi* II, S. 1294 f.; zum inneren Monolog z. B. II, 1821 ff.; zu diesem und den weiteren Stilmitteln, auch H. Harth, Imagination, und K. D. Uitti, »Sartres ›L'Idiot de la famille‹: A Contribution to the Theory of Narrative Style«, in: Romanic Review 68/1977, S. 217–34.

47 F. Stanzel, Theorie des Erzählens, S. 33.

48 IF I, S. 139.

49 So wie man umgekehrt den narrativen Diskurs, gerade aufgrund seiner Fiktionalität, durch seine hohen Ansprüche an die kognitiven Fähigkeiten des Lesers kennzeichnen kann: »La fiction offre à la fois l'habituel et l'inhabituel, le normal et l'anormal, la positivité de l'autorisé et la négativité de l'exclu, la construction d'un monde et le combat contre cette construction, et de cette façon elle oblige le destinataire à intervenir, à prendre position, à prendre parti.« (R. Warning, »Pour une pragmatique«, S. 337). So ist es auch kein Zufall, daß gerade der Roman, wie seine Geschichte von Flaubert über Proust bis hin zu Musil, Kafka und nicht zuletzt Sartre zeigt, die Probleme des Individuums, seine Rollenkonflikte und Identitätskrisen, in subtilerer Weise zur Diskussion stellt, als es die wissenschaftliche Literatur zu diesem Thema je vermochte.

50 I, S. 1276, Anmerkung.

51 Vgl. bes. die Analysen der Komik, I, S. 809ff., II, S. 1251ff.

52 Vgl. W.-D. Stempel, »Ironie als Sprechhandlung«, und R. Warning, »Ironiesignale und ironische Solidarisierung«, in: W. Preisendanz, R. Warning (Hgg.), Das Komische, München 1976, S. 205ff., 416ff.

53 I, S. 1279.

54 »Mais, à peine, s'est-il glissé dans la peau du personnage, il se retrouve en train de moquer sa propre sexualité.« (II, S. 1286).

55 Vgl. E. Staiger, »Vom Pathos, Ein Beitrag zur Poetik«, in: Trivium 2/1944, S. 77–92, hier S. 79.

56 Vgl. I. Schabert, »Sympathy« (s. o. A. 4), dort z. B. (S. 37) die Unterscheidung von R. H. Fogle, der »empathy« eher als sinnenhaftes Einfühlen und »sympathy« als emotiven und intellektuellen Nachvollzug fremden Seins erläutert. Klarer erscheint mir die Abgrenzung von G. H. Mead, der »Sympathy« als eine Steigerung der »Empathy«, als eine weiterreichende emotionale Identifikation im Rahmen der Rollenübernahme unterscheidet; vgl. dazu auch A. Rose, »A Systematic Summary«.

57 H.-R. Jauß, Ästhetische Erfahrung, hier bes. S. 220.

58 Vgl. z. B. IF I, S. 658: »Dans le mouvement de sympathie, d'empathie ou d'antipathie qui le rapproche ou l'éloigne de *Madame Bovary* le lecteur se situe à un homme ...«

59 Vgl. »Qu'est-ce que la littérature?«, in: Situations II, Paris 1948, S. 55ff.; hier bes. S. 96ff.; dazu auch Verf., »Identifikation und Rollenspiel, Anmerkungen zur Phantasie des Lesers«, in: W. Haubrichs (Hrsg.), Erzählforschung 2, Göttingen 1977, S. 260–276, bes. S. 264ff.

60 Vgl. IF III, S. 57.

61 M. Frank, Das individuelle Allgemeine, bes. S. 351ff. in dem Abschnitt »Verstehen als ›gelenktes Schaffen‹: die Produktivität der Rezeption«; R. Grimm und D. Oehler in T. König, Sartres Flaubert, S. 109ff., 149ff.

62 IF III, S. 29f.; vgl. z. B. auch I, S. 966: »Ce qui est obscur dans les pulsions, c'est-à-dire au premier degré, devient parfaitement clair au second degré, c'est-à-dire dans le projet littéraire.«

63 Vgl. IF III, S. 67ff.

64 R. Grimm, in T. König, Sartres Flaubert, S. 123, 147.

65 Vgl. IF III, S. 58ff.; und auch schon in Les mots, wo die verschiedenen Übergangphasen vom Lesen zum Schreiben am eigenen Beispiel aufgezeigt werden. Der 3. Bd. von IF erscheint in dieser Hinsicht als ein theoretischer Nachtrag auch zu Les mots.

66 Vgl. Verf., »Der Begriff der Lektüre«, bes. S. 40, und S. 48–57.

67 W. Voßkamp, »Methoden und Probleme der Romansoziologie, über Möglichkeiten einer Romansoziologie als Gattungssoziologie«, in: Internationales Archiv für Sozialgeschichte der deutschen Literatur 3/1978, S. 1–37, hier S. 27.

68 Z. B. Barbey d'Aurevilly, Baudelaire, Gautier, Leconte de Lisle, die Goncourts u. a. m.

69 A. Lorenzer, »Der Gegenstand psychoanalytischer Textinterpretation«, in: S. Goeppert (Hrsg.), Perspektiven psychoanalytischer Literaturkritik, Freiburg 1978, S. 71–81, hier S. 80.

70 Wichtig ist dabei vor allem der Wandel der Bourgeoisie von der »classe négative« zur »classe dominante« (III, S. 107), durch den sich der Konflikt zwischen dem traditio-

nellen, aus dem 18. Jh. übernommenen Autonomieanspruch der Kunst und der neueren utilitaristischen Ideologie des Bürgertums verschärft.

71 Vgl. II, S. 1386.
72 Vgl. QM, S. 44.
73 M. Frank, Das individuelle Allgemeine, S. 14 ff., 247 ff.
74 Vgl. A. Haverkamp, »Illusion und Empathie: Die Struktur der ›teilnehmenden Lektüre‹ in den *Leiden Werthers,* in diesem Band.
75 R. Grimm, in T. König, Sartres Flaubert, S. 146 ff.
76 IF, I S. 8.
77 R. Warning, »Der ironische Schein: Flaubert und die Ordnung der Diskurse«, in diesem Band.
78 P. Härtling, Hölderlin, Ein Roman, Darmstadt und Neuwied 1976.

RAINER WARNING

Der ironische Schein:
Flaubert und die ›Ordnung der Diskurse‹

Der folgende Versuch zu Flaubert soll am Beispiel dieses Autors Konstitutionsprinzipien eines narrativen Diskurstyps aufzeigen, dem sich die moderne Erzähltheorie nur zögernd öffnet. Das hat seine Gründe in jenen Bezugsrahmen, die diese Theorie zu ihrer Artikulation wählte und auf die vorab mit einigen Bemerkungen und Begriffserklärungen einzugehen ist. Wenn R. Barthes in seiner programmatischen *Introduction à l'analyse structurale du récit* [1] die Erzählung als einen spezifischen Diskurstyp bezeichnet, so ist Diskurs für ihn zwar eine den Einzelsatz überschreitende Rede, deren theoretischer Bezugsrahmen indes wiederum als ein linguistischer bestimmt wird, als eine der Satzlinguistik homologe Diskurslinguistik. Im Sinne der Saussureschen Opposition von »parole« und »langue« wird die Theorie des narrativen Diskurses konzipiert als eine narrative »langue«, das heißt als ein geschlossenes Modell deduktiv zu entwickelnder Konstitutionsprinzipien, wobei das Immanenzpostulat solcher Deduktion konsequent zur Ausgrenzung dessen führt, was Barthes selbst die Situation der Erzählung nennt, zur Ausgrenzung ihres soziokulturellen Kontexts:

La narration ne peut en effet recevoir son sens que du monde qui en use: au-delà du niveau narrationnel, commence le monde, c'est-à-dire d'autres systèmes (sociaux, économiques, idéologiques), dont les termes ne sont pas seulement des récits, mais des éléments d'une autre substance (faits historiques, déterminations, comportements, etc.). [2]

Die Problematik des Ansatzes ist damit – von Barthes selbst offenbar nicht reflektiert – mitformuliert. Denn wenn die Terme der Umweltsysteme nicht mehr allein Erzählungen sind, so ist damit zugleich gesagt, daß die Terme der Erzählung selbst immer und zugleich fungieren als Terme der Umweltsysteme. Es scheint daher unmöglich, den »objet-récit«, also den Gegenstand der Theorie, zu bewahren vor jener Situation, in der er seinen Ort und seine Funktion hat, sofern diese Theorie nicht Gefahr laufen will, sich als inadäquat zu erweisen. Der Begriff der Funktion meint bei Barthes und seinen Nachfolgern immer nur das, was er schon in der Märchenanalyse Vl. Propps bezeichnete: systemimmanente Relationen, nach deren Vermittlung mit Umweltfunktionen des Systems nicht mehr gefragt wird. Eine Grundeinsicht des modernen soziologischen Funktionalismus, daß nämlich funktionale Theorie zu konzipieren ist als System/Umwelt-Theorie [3], hat sich in der Erzählforschung erst zögernd und gegen den Strukturalismus der sechziger Jahre durchzusetzen begonnen.

Wie aber ist die Narration als situierter Diskurs zu theoretisieren? Die Insuffizienz der binären Opposition von »parole« und »langue« hatte auch der Linguistik selbst zu schaffen gemacht, und auf der Suche nach einem adäquateren Bezugsrahmen stieß man auf die allgemeine Semiotik mit ihrer ternären

Opposition von Syntax, Semantik und Pragmatik. In ihr ist vorausgesetzt, daß auch die pragmatische Relation, also die Relation eines Zeichensystems zu seinen Benutzern, Rekurrenzen aufweise und damit theoriefähig sei. Gegenstand der Linguistik wird nunmehr die »parole« als Sprechakt und Diskurse als Sprechaktsequenzen. Solche Sprechakte ihrerseits im Rahmen streng deduktiver Ableitung aus pragmatischen Universalien zu theoretisieren, ist ihr bis heute nicht gelungen, und die Hindernisse, die solchen Versuchen entgegenstehen, scheinen unüberwindbar. Denn in dem Moment, wo man der konstitutiven Präsenz nicht nur der »langue«, sondern zugleich auch nichtsprachlicher Umweltsysteme in der »parole« Rechnung trägt, wo also diese »parole« in ihrer ganzen Geschichtsträchtigkeit und Geschichtsmächtigkeit in den Blick gerät, muß jeder Versuch systematischer Deduktion im Rahmen homogener Modellbildung wiederum zu einem inadäquaten Reduktionismus führen.

Der Literaturwissenschaftler jedenfalls wird in den sterilen Formalismen der linguistischen Sprechaktanalyse kaum einen Ausweg aus jenen Schwierigkeiten erkennen, die der vorpragmatische Strukturalismus hinterlassen hat. Als weitaus fruchtbarer erscheint demgegenüber eine wissenssoziologische Begründung des Diskursbegriffs, wie sie insbesondere M. Foucault [4] versucht hat. Für Foucault ist eine Theorie des Diskurses zu konzipieren als Dialektik von Freiheiten und Zwängen der Rede, von diskursivem Ereignis und diskursiver Ordnung. Unter diesem »ordre du discours« sind dabei Verfahrensweisen verstanden, über die sich gesellschaftlich institutionalisierte Rede gegen die sie stets bedrohende Kontingenz eines diskursiven »désordre« absichert. Foucault sieht hier drei große und in sich differenzierte Strategien am Werke: zunächst die Absicherung nach außen durch Tabuisierung von Verbotenem, von Unvernünftigem und Unwahrem, wobei dieser Wahrheitsanspruch erkauft ist um den Preis einer Verschleierung der dahinterstehenden Interessen; sodann die Absicherung nach innen durch kommentierende Repetition, durch Bindung an eine Autor-*auctoritas* und durch eine ›Disziplin‹ von Regeln und Methoden; schließlich die Absicherung durch Restriktionsmechanismen der Zugänglichkeit und Verfügungsgewalt über den Diskurs wie Ritualisierung, Ausdifferenzierung von Diskursgesellschaften innerhalb einer gegebenen sozialen Formation, Dogmatisierung und Appropriationsbarrieren. Jeder Diskurs steht in Relation zu einer solchen diskursiven Ordnung, der konformistische ebenso wie der oppositive, der eine bestehende diskursive Ordnung nur zerstören kann um den Preis einer von ihm selbst zu errichtenden neuen. Dieser Dialektik von Diskursereignis und diskursiver Ordnung entspricht auf der Analyseebene eine solche von Diskurskritik und Diskursgenealogie. Die Kritik analysiert die von der Ordnung ausgeübten Zwänge, die Verdrängungen, die Verbote und Tabus, die Genealogie verfolgt die Entstehung und geschichtliche Entwicklung diskursiver Serien dank oder auch trotz dieser Zwänge. Wenn aber prinzipiell jeder Diskurs Merkmale wie die oben benannten aufweist, so gilt dies auch für den kritischen wie den genealogischen Metadiskurs selbst. Sein Allgemeines ist nicht mehr Ausganspunkt systematischer Deduktion im Rahmen homogener Modellbildung, sondern Ergebnis historischer Deskription. Wie sich eine diskursive Ordnung jeweils realisiert, erschließt sich allein dem rückblickenden ›Archäologen des Wissens‹. Erst in der Serie von Diskursereignissen gewärtigt er die Identität der zugrundeliegenden Ordnung, und einer solchen Ordnung ist auch der Archäologe selbst verpflichtet. Er operiert nicht außerhalb, sondern innerhalb ihrer, auch seine Deskription ist ein Diskursereignis, dessen latente Ordnung immer erst aus der Rückschau auf jene Serie erkennbar wird, die es selbst mitkonstituiert.

Man kann vermuten, daß mit dieser von Foucault versuchten Skizze einer Diskurstheorie auch dem narrativen Diskurs ein Bezugsrahmen bereitgestellt ist, der die Aporien der vorpragmatischen Phase strukturaler Erzählforschung behebbar erscheinen läßt. Auch der narrative Diskurs hat seine ›Ordnung‹, die man im Sinne der Erzähltheorie Ju. M. Lotmans – wir werden darauf zurückkommen – beschreiben könnte als sujethafte Erschütterung der Ordnung eines umfassenden kulturellen Diskurses. Und eine diskursive Ordnung ist schließlich auch für jenen ironischen Diskurs zu postulieren, um den es im folgenden gehen soll. Unsere These wird sein, daß diese ›Ordnung‹ des ironischen Diskurses wesentlich besteht im Zitat von Referenzdiskursen und daß diese Zitation zu sehen ist in der Ambivalenz von Distanzierung und Wiederholung, von Kritik und Rettung, von illusionärem Trug und autonomem Schein. Als nur noch zitierter ist der Referenzdiskurs um seinen eigenen Wahrheitsanspruch verkürzt, zugleich aber wird er – im Zitat – erneut ›realisiert‹ und damit ästhetisch gerettet. Seine Fülle bleibt auch als durchschaute ein Faszinosum, sie spricht hinein in die exzentrische Negativität des Ironikers, der im Zitat auf Distanz geht, um sich in dieser Distanz zu salvieren für die erneute ›Realisation‹ des Zitierten. Damit aber erscheint der ironische Diskurs in einer Perspektive, die mit der des rhetorischen Ironieakts nicht mehr identisch ist, und mit der Explikation dieser Differenz will ich beginnen.

1 Vom ironischen Sprechakt zum ironischen Diskurs

Ironie ist als ein spezifischer Diskurstyp kaum je beschrieben worden. Ironietheorien bleiben im allgemeinen im Rahmen der Vorgaben klassischer Rhetorik, oder aber sie bewegen sich in der großen Dimension einer Ironiephilosophie, der die konkrete Verfaßtheit des ironischen Diskurses aus dem Blick gerät. Dabei ist gerade dieser ironische Diskurs geeignet, zwischen der unverzichtbaren Grundlegung ironischen Sprechens in der Rhetorik und den ebenso unverzichtbaren Einsichten der Ironiephilosophie zu vermitteln: Seine theoretische Beschreibung bedarf der einen wie der anderen.

Die klassische Rhetorik subsumiert die *ironia* unter die Tropen und sucht sie entsprechend zu beschreiben als *verborum immutatio*. Ironie sei Ausdruck einer Sache durch ihr Gegenteil, ihr *contrarium*. Innerhalb der Tropen aber nimmt die Ironie eine Sonderstellung ein. Im Unterschied zu Metapher, Metonymie, Synekdoche, Periphrase usw. ist nämlich die *ironia* nicht lexikalisiert. Der ›gegenteilige Ausdruck‹, das *contrarium,* ist vielmehr okkurrentes Zitat eines Identitätsmerkmals der Gegenpartei. Wenn Marc Anton sagt: »Brutus is an honorable man«, dann ist *honorable* zwar ein ironisches *contrarium,* aber es fungiert als solches nur in dieser bestimmten rhetorischen Konstellation. Dieser Sonderstatus der *ironia* erklärt die zunächst befremdliche Tatsache, daß die Rhetoriker bei diesem Tropus Zusatzüberlegungen darüber anstellen, wie er denn als Tropus überhaupt richtig verstanden werden könne. Ein lexikalisierter Tropus bedarf solcher Überlegungen nicht. Die *ironia* aber erzwingt sie. Daß das Gesagte das Gegenteil des Gemeinten sei, daß in der Tat eine tropische *improprietas* vorliege, so Quintilian, folge entweder aus einer aufmerksamkeitserregenden *pronuntiatio* oder aber aus der Person des Redners oder schließlich aus dem verhandelten Sachverhalt. Widerspreche einer dieser Faktoren dem Gesagten, so werde die Diskrepanz zwischen Gesagtem und Gemeintem manifest:

> aut pronuntiatione intellegitur aut persona aut rei natura: nam si qua earum verbis dissentit, apparet diversam esse orationi voluntatem (VIII 6, 54). [5]

Quintilians Hinweise machen deutlich, daß schon die Rhetorik zwar nicht dem Begriff, wohl aber der Sache nach das gekannt hat, was man heute als Ironiesignale bezeichnet. Wir müssen einen Moment bei diesen Signalen verweilen, weil sie für die weiteren Überlegungen wichtig werden. Der Begriff stammt von H. Weinrich. Ironiesignale, so sagt er, sind Zeichen, die einem Code gehorchen und als Adressaten nicht das Objekt der Ironie haben, sondern eine dritte Person, die beim ironischen Sprechakt anwesend oder zumindest als anwesend zu denken sei. Weinrich möchte also das elementare Kommunikationsmodell mit Sprecher und Hörer um eine dritte Person erweitern, um solchermaßen zu einem elementaren Ironiemodell zu gelangen:

> Die sprachlichen Mitteilungen gehen in zwei verschiedene Richtungen. Sie spalten sich gleichsam; eine Informationskette geht zum angesprochenen Hörer und sagt ja, während eine zweite, begleitende Informationskette zu einem mitangesprochenen Dritten geht und nein sagt. Diese Informationskette setzt sich aus den Ironiesignalen zusammen. Ihr Code ist ein Geheimcode der Klugen und Gutwilligen. [6]

Welcher Art aber sind die Zeichen, die diesen Geheimcode konstituieren? Von vielerlei Art sagt Weinrich:

> Ein Augenzwinkern, ein Räuspern, eine emphatische Stimme, eine besondere Intonation, eine Häufung bombastischer Ausdrücke, gewagte Metaphern, überlange Sätze, Wortwiederholungen oder – in gedruckten Texten – Kursivdruck und Anführungszeichen. Immer sind es Signale, das heißt Zeichen. Meistens sind es sprachliche Zeichen: Wörter, Laute oder prosodische Besonderheiten [7].

Ich habe den ganzen Katalog zitiert, weil er sehr aufschlußreich ist. Einerseits kann kein Zweifel sein, daß er Signale auflistet, die Ironie anzeigen können. Andererseits aber macht er deutlich, daß diese Signale offensichtlich keinem Code gehorchen, auch nicht einem Geheimcode der Klugen und Gutwilligen. Augenzwinkern und Räuspern kann alles Mögliche signalisieren, darunter auch Ironie. Ob letzteres der Fall ist, hängt nicht schon vom Signal ab, sondern vom situativen Kontext, in dem der Sprechakt statthat. Hyperbolik in ihren mannigfachen Ausprägungen kann neben vielem anderen auch Ironie signalisieren. Ob indes ein emphatisches Lob ernstgemeint ist oder ironisch, ist wiederum nur entscheidbar aufgrund vorgängiger Kenntnisse über die Wertmaßstäbe des Sprechers, die dieser seinerseits als Erwartenserwartung des Hörers voraussetzt. Ironiesignale also, so kann man vermuten, funktionieren grundsätzlich nur unter den Bedingungen des jeweiligen Sprechakts. Sie sind lokalisiert auf »parole«-Ebene, nicht auf »langue«-Ebene. Ihre Identifizierbarkeit verdankt sich nicht dem sprachlichen Code, sondern einem vorgängigen pragmatischen Wissen. Sie gelingt vor allem auf der Basis von Präsuppositionen, die dem Sprechakt vorausliegen und ohne deren Kenntnis er sich beim Hörer nicht erfüllen kann. Weinrichs Formel vom Geheimcode weist der Sache nach in eben diese Richtung. Hinter dem, was er als spezifisches Ironiemodell entwickelt, scheint sich mir eher eine bestimmte pragmatische Besetzung des elementaren Kommunikationsmodells mit Sprecher, Hörer und Gegenstand zu verbergen. Nimmt man Weinrichs ›dritte Person‹ als zweite, also als Hörer, als Adressat, dessen Verstehen den Ironieakt gelingen läßt, so rückt die ›zweite Person‹ über metonymische Korrelate in die Rolle des Gegenstands der Ironie, in die Rolle einer ›Objektperson‹. Der Sprecher übernimmt zum Schein die Argumentation dieser Objektperson – man denke an das Beispiel vom ›ehrenwerten Brutus‹ –, es kommt zu einer Scheinsolidarisierung, zu einer *simulatio* oder, wie Quintilian sagt, einer *illusio* (VIII 6, 54), die der Hörer als solche durchschauen soll, um sich in solchem Durchschauen mit dem Sprecher gegen die Objektperson zu solidarisieren [8]:

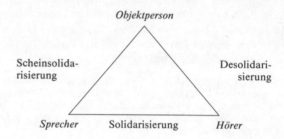

Je höher die Vertrautheit zwischen Sprecher und Hörer hinsichtlich der im Ironieakt involvierten Präsuppositionen, desto niedriger kann die Signalschwelle gehalten werden. Der Extremfall ist der, daß sich das Gesagte durch den situativen Kontext gleichsam automatisch als ironisch signalisiert. Offenbar hat Quintilian solche »automatischen Signale« (H. Lausberg [9]) im Blick, wenn er von einer impliziten Dementierung des Gesagten durch *persona* oder *rei natura* spricht: Der Redner setzt sich in Widerspruch zu dem, was der Hörer vorgängig von ihm erwartet oder er konstituiert mit dem Tropus einen momentanen Widerspruch zur vertretenen Sache, zur *causa* selbst. Und umgekehrt gilt, daß Ironie um so expliziter signalisiert werden muß (Lausbergs »artifizielle Signale«), je weniger der Adressat mit den vom Sprecher gemachten Präsuppositonen vertraut ist. Daß schon im Falle forensischer Ironie ein explizites Signalement in den meisten Fällen erforderlich ist, scheint wiederum Quintilian anzunehmen, wenn er in der Trias von *pronuntiatio, persona* und *rei natura* die aufmerksamkeitserregende *pronuntiatio* an erster Stelle nennt. Der Begriff des Ironiesignals ist also ein pragmatischer Begriff. Seine logische Struktur ist die einer mehrstelligen Prädikation, das heißt einer Prädikation, die nur unter den situativen Bedingungen des jeweiligen Sprechakts vorgenommen werden kann. Ironiesignale sind daher linguistisch nicht beschreibbar. Zeichencharakter gewinnen sie allein im Rahmen einer kommunikationsaktspezifischen Interpretation, die ihrerseits ein pragmatisches Wissen, eine Vertrautheit mit dem ironisch suspendierten Wertsystem des Sprechers voraussetzt. Dieses vom Hörer einzubringende Wissen bewahrt der momentan erschütterten Sprechsituation ihre Identität. Als Subjekt der Repragmatisierung erweist sich damit nicht der Sprecher, sondern der Hörer. Indem der Hörer die vom Sprecher erschütterte Pragmatik stabilisiert, wird er in die Position dessen hineingespielt, der den Ironieakt überhaupt erst gelingen läßt. Dem Hörer diese Leistung zumuten aber heißt zugleich, sie ihm zutrauen. Ein solches Zutrauen wiederum ist eine Form der Schmeichelei seiner intellektuellen Fähigkeiten, und auf dieser Schmeichelei beruht der vom Sprecher angestrebte Effekt der Solidarisierung des Hörers gegen das Aggressionsobjekt.

Das ironische Einvernehmen zwischen Sprecher und Hörer vollzieht sich also wesentlich nicht auf der syntaktischen oder der semantischen Ebene, sondern auf der pragmatischen Ebene des Sprechakts, es vollzieht sich wesentlich in der gelingenden Identifikation des ironischen Nein und nicht etwa in der Identifikation der Position, von der her dieses Nein gesagt wird. Auch wenn sich diese Position relativ leicht ausmachen läßt, wenn also das *contrarium* als Antonymie (a vs. b) und nicht als logische Negation (a vs. non-a) beschreibbar ist, so bleibt doch ein solcher Akt semantischer Inversion ein analytischer Akt, von dem die Ironie selbst eher ablenkt. Ihr Fokus ist das Simulierte und damit das Identitätsmerkmal des Gegners. Sie erfüllt sich im Nein zu dieser gegnerischen Identität, und sie gewinnt ihre ganze Stoßkraft daraus, daß sie dieses Nein nicht belastet mit einer Artikulation der eigenen Position. *Simulatio* der gegnerischen Position und *dissimulatio* der eigenen vereinigen sich so zum perlokutiven Effekt des Ironieakts. Der Ironiker bemißt die gegnerische Position nicht an der eigenen, sondern er entläßt sie aus allen Relationen, um sie in solcher Isolation zu vernichten.

Aus dem Gesagten folgt, daß solcher Rücknahme der eigenen Identität im Rahmen rhetorischer Persuasion Grenzen gesetzt sind. In der agonalen Konstellation des Parteienkampfes darf nichts riskiert werden. Die Ironie muß stets auf die *causa* transparent bleiben. Dies wird gewährleistet durch den insularen Charakter des Tropus, das heißt des uneigentlichen Sprechens innerhalb des umfassenden eigentlichen Sprechens. Der Kontext der *improprietas* ist stabil: »Omnia circa fere recta sunt« (IX 2, 45), sagt Quintilian. Es ist dieser stabile Kontext, der die Position des Sprechers erkennen läßt und damit die momentane Preisgabe dieser Position im Ironieakt selbst erlaubt. Gewiß kennt die Rhetorik neben dem Tropus, das heißt der isolierten Wortfigur, auch die Gedankenfigur, bei der nicht mehr, wie wiederum Quintilian formuliert, eigentlicher Wortgebrauch und uneigentlicher kontrastiert wird (»verba sint verbis diversa«, IX 2, 46), sondern wo die Position des Sprechers sich ganz zum Verschwinden bringt in einer durchgängigen *dissimulatio,* die über die einzelne *causa* hinaus im Extremfall ein ganzes Leben prägen könne, wie dies der Fall des Sokrates lehre:

In figura totius voluntatis fictio est apparens magis quam confessa, ut illic verba sint verbis diversa, hic sensus sermoni et tota interim causae conformatio, cum etiam vita universa ironiam habere videatur, qualis est visa Socratis (IX 2, 46).

Dieser Hinweis auf den Ironiker Sokrates darf freilich nicht darüber hinwegtäuschen, daß die Beispiele, die Quintilian an dieser Stelle für die Gedankenfigur gibt, die Satzgrenze nicht überschreiten. Angesichts der Zwänge der rhetorischen Situation bleibt Ironie auch als Gedankenfigur insular.

Der Schritt vom Sprechakt zu einer diskursprägenden Sprechweise bleibt ihr verwehrt. Ermöglicht wird dieser Schritt erst dort, wo die Zwänge der rhetorischen Situation entfallen, wo die Ironie aus der agonalen Konstellation entlassen ist und sich realisiert unter den Bedingungen der fiktionalen Kommunikationssituation. Erst die Fiktion ermöglicht die durchgängige ironische *sermocinatio,* erst die Fiktion ermöglicht die *fictio totius voluntatis,* erst die Fiktion ermöglicht den ironischen Diskurs.

Der fiktionale Diskurs ist aus der umgebenden Handlungswelt, das heißt aus der Kontinuität von Handlungssequenzen, in spezifischer Weise ausgegrenzt. Man hat im Blick auf diese Ausgrenzung von der pragmatischen Leere, von der Situationsabstraktheit, ja Situationslosigkeit und entsprechend auch von der Konsequenzlosigkeit fiktionaler Rede gesprochen. Der fiktionale Diskurs erscheint solchermaßen in Opposition zu allen Formen ›pragmatischen‹ Diskurses. Eine derartige Bestimmung aber scheint unglücklich und mißverständlich, denn sie operiert mit einem unkritischen Begriff von Pragmatik, und sie verstellt sich damit zugleich die Frage nach der spezifischen Pragmatik des fiktionalen Diskurses. Denn auch die fiktionale Rede wird ja benutzt, auch sie steht, gemäß der Morrisschen Definition, in Relation zu Interpreten. Gewiß hat sich die Sprechsituation in fiktionaler Rede aus der unmittelbaren Determinierung durch eine Gebrauchssituation gelöst, ohne daß freilich diese Gebrauchssituation einfach entfiele. Was hier vorliegt, ist vielmehr eine Situationsspaltung dergestalt, daß eine interne Sprechsituation in Opposition tritt zu einer externen Rezeptionssituation [10]. Dabei kann die interne Sprechsituation, kann die Binnenpragmatik das kompensieren, was die externe Rezeptionssituation an pragmatischer Determination entbehrt. Im Falle des narrativen Diskurses pflegt die sogenannte Erzählsituation eine solche Kompensation zu bewirken. Die Figur des Erzählers wird zum Orientierungszentrum, das die dargestellte Welt interpretatorisch bindet und in dieser Bindung dem Leser vermittelt – sei es mit oder ohne Ausdifferenzierung eines fiktiven Lesers als Rollenvorgabe des realen. Diese Interpretation kann darin bestehen, daß von einer artikulierten Position aus die erzählte Welt oder Elemente dieser Welt ironisiert werden. Die Erzählsituation reproduziert in solchen Fällen die rhetorische Solidarisierungsstrategie. Als Beispiele solcher ironischer Funktionalisierung der auktorialen Erzählsituation ließen sich ›Klassiker‹ von Fielding bis Balzac nennen. Freilich ist das noch keine *fictio totius voluntatis.* Diese setzt vielmehr voraus, daß der in die Fiktion vorgeschobene Erzähler als Orientierungszentrum abgebaut, daß seine personale Identität zurückgenommen wird in eine unpersönliche Erzählinstanz, die sich an der Textoberfläche allein noch über Akte ironischer Negation artikuliert. Von hierher erklärt sich eine Affinität des ironischen Diskurses zum unzuverlässigen Erzähler (W. C. Booths »unreliable narrator« [11]), oder aber zum scheinbar erzählerlosen, zum unpersönlichen Erzählen, also zu der von F. K. Stanzel so genannten personalen Erzählsituation [12]. Als Beispiele wären hier ebenfalls Klassiker zu nennen, die nun aber bezeichnenderweise sehr viel eindeutiger als die eben Genannten geradezu als Klassiker der Ironie gelten: Voltaire, Thomas Mann, vor allem aber Flaubert.

Allein, auch die reinste Form unpersönlichen Erzählens kann noch innerhalb der Erzählung selbst kompensiert werden durch die erzählte Geschichte.
Bekanntlich ist diese Geschichte nichts der Erzählung Vorgegebenes, sondern
eine Konstitutionsebene der Narration selbst, und zwar die für den narrativen
Diskurs entscheidende. Geschichte ist narrative Integration von Geschehen
[13], sie setzt mit ihrer Basisopposition die zentralen semantischen Konzepte,
unter denen diese Integration statthat. Ohne Geschichte keine Erzählung, anders formuliert: In dem Maße, wie die Geschichte problematisch wird, setzt
die Erzählung ihre Identität als Erzählung aufs Spiel. Gerade dieses Risiko
aber wird zur Chance der ironischen Narration. Geht man daher davon aus,
daß dem reinen ironischen Diskurs axiologische Unterbestimmtheit wesentlich
ist, so muß ihm an Geschichten gelegen sein, die über keine hinreichende
Selbstinterpretation verfügen, das heißt, mit Ju. M. Lotman gesprochen, die
die erwartete Wirklichkeitsmodellierung verweigern. Die in der Ironietheorie
bisweilen so genannte »event irony« oder auch »situational irony« ist Ironie
auf Geschichtsebene, ein ironisches Nein zu dem von ihr erwarteten narrativen Integrationszusammenhang. Auch hier wieder ist eine Gegenüberstellung
etwa von Fielding und Voltaire aufschlußreich: hier der durchkonstruierte
Plot, der auch ohne die Ebene auktorialen Kommentars eine hinreichend
transparente Modellierung leistet, dort eine paradigmatische Ereignisreihung
mit der abschließenden Ironisierung eben der Thematik, um die es in diesem
Paradigma ging. Es bezeichnet den historischen Ort Flauberts, die Rücknahme
des Erzählers in eine ironische Subjektivität verbunden zu haben mit einer ironischen Reduktion des erzählten Sujets, die in ihrer Radikalität keine Vorgänger, wohl aber Nachfolger im Erzählen des 20. Jahrhunderts gefunden hat.
Fassen wir unsere bisherigen Beobachtungen zusammen, so ergibt sich als
erstes Fazit, daß erst die Fiktion die ironische *fictio totius voluntatis* ermöglicht, daß aber mit der Realisierung dieser Möglichkeit zugleich die Kompensation der unterdeterminierten externen Rezeptionssituation durch die Determinanten der internen Sprechsituation aufgehoben wird. Die Binnenpragmatik stabilisiert nicht die unterdeterminierte Außenpragmatik, sondern sie radikalisiert sie bis zu dem Punkt, an dem die Identifikation der Ironie als Ironie
problematisch werden kann. Wir müssen in diesem Zusammenhang nochmals
auf die Frage der Ironiesignale zurückkommen. Ironiesignale, so sagten wir,
sind linguistisch nicht beschreibbar, sie bilden keinen Code, sondern sie gewinnen Zeichencharakter erst im Rahmen einer kommunikationsspezifischen
Interpretation auf der Basis eines vorgängigen axiologischen Wissens. Das ironische Spiel mit der Sprechsituation kann nur gelingen, wenn diese Situation
im Prinzip stabil ist, d. h. wenn die im Ironieakt involvierten Wertsysteme vom
Sprecher als bekannt vorausgesetzt werden können. Auch das emphatischste
Lob, wir wiederholen es, fungiert als Ironiesignal nur unter der Voraussetzung
einer elementaren Vertrautheit des Hörers mit dem Wertsystem des Sprechers.
In rhetorischer Ironie ist diese Vertrautheit durch Redekontext und positive
Artikulation der *causa* so gesichert, daß die insulare ironische Negation risiko-
los eingegangen werden kann. Wie aber, wenn diese Inseln ironischer Negation sich ausweiten, wenn sie die Zwischenräume tilgen und sich solchermaßen zusammenschließen zu einer pragmatisch, das heißt in der Erzählsituation
selbst fundierten *fictio totius voluntatis,* wenn also die gezielte Negation des

ironischen Sprechakts übergeht in die durchgängige Negativität des ironischen Diskurses? In dem Maße wie die *voluntas* des Sprechers sich positiver Bestimmungen entzieht, erschwert sie zwangsläufig dem Leser die Möglichkeit, Ironiesignale als solche zu identifizieren. Die Identifikation wird nunmehr zu einer expliziten Aufgabe, die nur zu bewältigen ist im Rahmen eines Lernprozesses, im Rahmen einer spezifischen Erfahrungsbildung.

Grundprinzip jeder Erfahrungsbildung ist das Prinzip der Rekurrenz. Semiotische Erfahrung, das heißt das Lernen von Zeichen, bildet sich, so C. K. Ogden und I. A. Richards [14], durch die Rekurrenz psychologischer Kontexte, die durch bestimmte Stimuli mit externen Kontexten verkettet sind. Die Rekurrenz solcher »stimulus situations« führt zur Interpretierbarkeit des Stimulus als eines Zeichens für die betreffende Situation, macht die »stimulus situation« zur »sign situation«. Dieses elementare Modell der Zeichenkonstruktion mag auch im vorliegenden Fall hilfreich sein. Wenn der fiktionale Diskurs seinem Leser die Interpretation bestimmter Stimuli zu Ironiesignalen ermöglichen soll, so muß er über seine Struktur das nachzuholen erlauben, was dem Gelingen des rhetorischen Ironieakts vorgängig ist: Erfahrungsbildung über rekurrente Kontexte. Dabei sind die verschiedensten Verfahren denkbar. Über auffällige und dichte Rekurrenzen kann die Signalschwelle zunächst so niedrig gehalten werden, daß der Leser relativ leicht in die Ironie hineingelangt, was wachsende Identifikationsschwierigkeiten im weiteren Textverlauf nicht ausschließt. Ironie kann sich aber ebensogut auch einschleichen, den Leser erst allmählich verunsichern, ihn über Rückkoppelungseffekte zur Revision von bereits Gelesenem veranlassen, so daß eine adäquate Rezeption erst im Horizont der Zweitlektüre möglich wird. Alle Interpretation freilich findet ihre Grenze an der Geschlossenheit eines Diskursuniversums, aus dem sich der Erzähler als befragbare, als den verunsicherten Leser erlösende Instanz zurückgezogen hat. So muß allem Ironieverdacht und selbst noch der größten Ironiewahrscheinlichkeit eine letzte Bestätigung versagt bleiben, weil diese Bestätigung allein von einer artikulierten Position her zu erwarten wäre. Daß der Autor dieses mit der *fictio totius voluntatis* gegebene Risiko einzugehen bereit ist, setzt voraus, daß der ironische Diskurs nicht mehr unter den Bedingungen der rhetorischen Solidarisierungsstrategie steht. Bei einer Ironie, die ihre adäquate Rezeption aufs Spiel setzt, kann es sich nicht mehr, zumindest nicht mehr primär, um eine Bloßstellungsstrategie handeln. Die Scheinsolidarisierung des Ironikers mit seinem Opfer wird funktional ambivalent, was die Ebene des Dargestellten ausgrenzt, distanziert, negiert, wird über die Darstellung wieder hereingeholt, festgehalten, positiviert. Solche Positivierung kann sich erschöpfen in der puren Lust an der *simulatio,* sie kann aber auch weitergehen und das Dargestellte selbst miterfassen. Unter der Oberfläche ironischer Negation kann sich eine geradezu dialogische Relation des Ironikers zu seinem Objekt, wenn nicht gar eine reale Solidarisierung mit diesem Objekt verbergen, wobei dann der Leser in die Position des Opfers gespielt wird. In jedem Fall wird das Solidarisierungsmodell in einer Weise dynamisiert, die den Leser nicht mehr als Adressaten rhetorischer Persuasion erscheinen läßt. Denn in ganz anderer Weise als dort ist nunmehr dem perlokutiven Effekt der Bloßstellung eines Opfers die Identifikation der Ironie als eine dem Leser abverlangte Leistung vorgeordnet. Die *simulatio* des Opfers wird zum Test für den Leser, für seine

Textsensibilität, für seine Intelligenz. Die Intelligenz des Lesers ist das Komplement des *sacrificium intellectus* des Ironikers.

Somit geht es auch hier wieder um Komplizität, um Solidarisierung. Aber diese Solidarisierung ist weniger eine Strategie gegen das Ironieobjekt als vielmehr eine Strategie der Ausgrenzung jenes Lesers, der sich der ›Disziplin‹ des ironischen Diskurses nicht gewachsen zeigt. Kierkegaard hat diese Solidarisierung per Ausgrenzung beschrieben als die »Folgewidrigkeit, welche die Ironie mit jedem negativen Standpunkt gemein hat, daß sie, die da ihrem Begriff zufolge Isoliertheit ist, eine Gemeinschaft zu begründen sucht und sich, da sie sich zur Idee der Gemeinde nicht zu erheben vermag, in Konventikeln verwirklichen möchte«. Ironie ist elitär, ist eine Sache von »Mitverschworenen«, die sich isolieren gegenüber den »Nichteingeweihten«. Ihr eignet »eine gewisse Vornehmheit, die daher kommt, daß sie, obzwar verstanden, doch nicht geradezu verstanden sein möchte; und diese Vornehmheit bewirkt, daß diese Redefigur gleichsam herabblickt auf die schlichte und einfältige Rede, welche jedermann ohne Umstände verstehen kann; sie reist gleichsam in der vornehmen Kutsche des Inkognito und sieht von diesem erhabenen Ort herab auf die gewöhnliche zu Fuß gehende Rede [15].« Kierkegaards ironische Beschreibung dieses Sachverhalts läßt auf sein eigenes, gebrochenes Verhältnis zur Ironie aufmerksam werden. Ironie ist für ihn wesentlich Vernichtung und nur Vernichtung. Die Formel, derzufolge »in der Ironie das Subjekt immerzu aus dem Gegenstand heraus will« [16], entspricht ganz der von Hegel übernommenen Bestimmung der Ironie als einer »unendlichen absoluten Negativität« [17], und sie unterschlägt – mit Hegel – die Möglichkeit, daß auch der durchschaute Gegenstand für das ironische Subjekt bedeutsam bleiben kann, bedeutsam freilich nicht mehr als philosophische Wahrheit, sondern als ästhetisches Faszinosum. Wo immer der ästhetische Schein begriffen wird als das »sinnliche Scheinen der Idee« [18], da muß der ironische Schein, da muß das Schauspiel ironischer *illusio* als zu leicht befunden werden, da kann Ironie nicht ästhetisch, sondern allein erkenntniskritisch und das heißt in ihrer negierenden, in ihrer vernichtenden Potenz gerechtfertigt werden. Wenn daher Kierkegaard sagt, daß für den Ironiker »der Gegenstand keine Realität hat« [19], dann negiert er den ästhetischen Schein der Ironie im Namen eines Begriffs von »Kontemplation«, der deutlich theologisierend angesetzt ist: Zwar mag der Ironiker die Erscheinungen durchschauen, zwar ist er in gewissem Sinne prophetisch, aber seine Stellung und Lage bleibt »das Gegenteil der des Propheten«, vermag doch sein allein nach rückwärts gewandter verzehrender Blick im Negativen nicht schon das Kommende zu gewärtigen. Gerechtfertigt ist Ironie allein in diesem Sinn: als sokratische, als Zerstörung von bloßer Scheinhaftigkeit zugunsten eines Seins, das indes »hinter dem Rücken des Ironikers liegt« [20].

Allein, wenn auch das ironische Subjekt erst im Heraustreten aus dem Gegenstand »negativ frei« wird, so konstituiert sich doch diese Freiheit im sentimentalischen Dialog mit jener Wahrheit, in der es nicht mehr steht und die es doch nur vernichten kann um den Preis ihrer Wiederholung, ihres Festhaltens im Zitat. Gewiß hat der Gegenstand für den Ironiker keine Realität. Er behält indes die ›Realität‹ des Zitats, und eben diese zitathafte ›Realisierung‹ konstituiert einen Schein, der weder das eine ist: das sinnliche Scheinen der Idee, noch das andere: die bloße Scheinhaftigkeit des kritisch Durchschauten, sondern ein Drittes: die Wahrheit eines Scheins, in dem nichts mehr aufscheint, der sich von der Fremdbestimmtheit durch die Wahrheit der Philosophie emanzipiert hat und dessen Wahrnehmung in dem Maße zur authentischen Erfahrung wird, wie diese philosophische Wahrheit an Authentizität verliert.

Wenn wir also im folgenden versuchen wollen, gegen Kierkegaards einsinnige und letztlich religiös motivierte Festlegung der Ironie auf Negativität die ästhetische Dimension ironischen Scheins zur Geltung zu bringen, so gilt es, zum Abschluß dieser Vorüberlegungen noch nach jenen historischen Bedingungen zu fragen, die der Bildung von ›Ironikergemeinden‹ besonders günstig sind. Denn nach dem bisher Ausgeführten läßt sich vermuten, daß von allen literarischen Diskurstypen der ironische Diskurs wohl am deutlichsten seine spezifischen historischen Konjunkturen hat. Als ein wesentlich axiologisch unterbestimmter Diskurs setzt er ein Publikum voraus, das sich aus herrschenden Wertsystemen auszugrenzen bereit ist, zumindest solcher Selbstausgrenzung, solcher Atopie zuneigt. Und hier ist es wieder Kierkegaard, der mit großem Scharfblick geschichtliche Umbruchssituationen als ironieträchtige Formationen erkannte und in diesem Zusammenhang Hegels Kritik der Ironie als eine letztlich undialektische zu erweisen suchte. Zwar treffe Hegel zu Recht die romantische Ironie, sofern diese »die gesamte geschichtliche Wirklichkeit verneint, um Platz zu schaffen für eine selbstgeschaffene Wirklichkeit« [21], aber er verkenne die wahre – nach Kierkegaard selbst also die sokratische – Ironie, die nicht die gesamte, sondern eine je bestimmte historische Wirklichkeit richte und damit das Negative im System als geschichtliche Wirklichkeit manifestiere: »Dem Negativen im System entspricht in der geschichtlichen Wirklichkeit die Ironie. In der geschichtlichen Wirklichkeit ist das Negative da, und das ist es im System niemals [22].« Gewiß ist auch hier wieder das geschichtliche Dasein der Ironie nicht positiv, d.h. als ein Dasein des Scheins begriffen, sondern einsinnig als Dasein des Negativen, und entsprechend hat auch der Begriff des Systems geschichtstheologische Implikate. Kierkegaards Identifikation ironieträchtiger Epochen selbst aber bleibt davon unbelastet. Ironie hat ihren historischen Ort in Übergangszeiten zwischen einem abgeschiedenen Alten und einem noch nicht absehbaren Neuen, und so ist es gewiß kein Zufall, sondern eine implizite Aussage über die Situation des ironischen Diskurses generell, wenn der Autor, der ihn am Beginn der Moderne am reinsten realisierte, seine Zeit ausdrücklich reflektiert als eine Epoche weltgeschichtlichen Umbruchs: »Je vois«, so Flaubert im Jahre 1850 an seinen Freund Louis Bouilhet, »un passé en ruines et un avenir en germes; l'un est trop vieux, l'autre trop jeune. Tout est brouillé [23].«

2 Flaubert

2.1 Das zitierende Subjekt der Narration

Erzählsituationen sind zunächst rein deskriptive Kategorien, die noch nichts aussagen über ihre jeweilige Funktion. Das gilt auch für die von Stanzel so genannte personale Erzählsituation, also für jenes unpersönliche Erzählen, das ab der zweiten Hälfte des 19. Jahrhunderts zu einer dominanten Erzählweise der Moderne wurde und das Flaubert unter dem Stichwort der *impersonnalité* erstmals zugleich auch theoretisch reflektiert. Im Blick auf Flauberts Nachfolger Henry James hat P. Lubbock diese Erzählweise unter dem Stichwort »showing« vs. »telling« normativ interpretiert, wenn er feststellt:

> The art of fiction does not begin until the novelist thinks of his story as a matter to be shown, to be so exhibited that it will tell itself rather than being told by the author. [24]

Diese normative Interpretation schneidet jede weitere Frage nach der jeweiligen Funktion ab: Unpersönliches Erzählen vollendet die Wirklichkeitsillusion, Wirklichkeitsillusion ist Ziel allen Erzählens. Befragt man nun Flauberts *impersonnalité* gegen diese Vorentscheidung auf ihre Funktion, so zeigt sich, daß es zwar auch ihm um Illusion geht, daß aber diese Illusion funktionalisiert ist im Sinne jener *illusio,* als welche bereits Quintilian das Schauspiel des Ironikers definierte, und daß diese ironische Funktionalisierung, wie wir sehen werden, hinausläuft auf eine Aufhebung der traditionellen Darstellungsfunktion des Erzählens. Flauberts ironische *illusio* vollendet nicht die realistische »illusion référentielle«, sondern sie wird zum Instrument ihrer Zersetzung.

Wie aus der personalen Erzählsituation eine ironische *illusio* gewonnen werden kann, ist nach den Ausführungen im ersten Teil leicht einsichtig zu machen. Denn zum ironisch kleintuenden Schauspiel gehört zum einen der seine personale Identität verbergende, in die Unpersönlichkeit retirierende Erzähler und zum anderen jene Rolle, die er spielt und damit dem Leser als substitutives Orientierungszentrum zuspielt: die Rolle des zentralen Perspektivträgers, des personalen Mediums. Dem Abbau der Erzählerfiktion entspricht eine Scheinsolidarisierung des von der Textoberfläche verschwundenen – und als anonymer Sprecher mit dem impliziten Autor identischen – Erzählers mit diesem personalen Medium. Wir finden damit erneut eine Einlösung des rhetorischen Solidarisierungsschemas, nun aber mit der alles verändernden Variante, daß die Position, von der her ironisiert wird, durchweg nicht mehr artikuliert ist. Die Unpersönlichkeit des Erzählers ist eine Form ironischer *dissimulatio* der eigenen Position, das Erzählen aus der Perspektive des Mediums ist eine Form ironischer *simulatio* dieser Perspektive, und im Zusammenspiel beider ermöglicht der narrative Diskurs, was dem rhetorischen Ironieakt verwehrt bleibt: eine *fictio totius voluntatis.*

Damit aber wird zugleich auch schon absehbar, wie sich der kleintuende Erzähler als solcher signalisiert. Eine Perspektive muß, um wahrgenommen werden zu können, immer wieder neu markiert werden, und Flaubert nutzt diesen Zwang einer stets erneuten Markierung der personalen Erzählsituation im Sinne jener Kontextrekurrenz, die dem Leser, wie wir sahen, nachzuholen erlaubt, was der rhetorische Ironieakt voraussetzt: eine spezifische Erfahrungsbildung, die die Interpretation bestimmter Stimuli zu Ironiesignalen ermöglicht. Das Markierungsspektrum der Perspektivensetzung ist das Spektrum Flaubertschen Ironiesignalements. Am auffälligsten ist diese Setzung immer dort, wo das personale Medium ausdrücklich erscheint und wo seine Seh- oder Redeweise womöglich noch über Klischees zusätzlich akzentuiert wird. Die Klischees markieren dann die Perspektive, wie umgekehrt die Perspektive die

Klischees als ironisch zitierte enthüllt. Am unauffälligsten hingegen ist sie dort, wo scheinbar auktorial erzählt wird und die perspektivische Bindung sich erst über Rückkoppelungseffekte enthüllt.

Beispiele für den ersten Fall sind allbekannt, so etwas das sechste Kapitel der *Madame Bovary,* das Lektürekapitel, das Emmas romantisierende Sehweise über Klischeemassierungen und zum Teil noch über auktoriale Kommentierung als Fehlsemantisierung der Wirklichkeit enthüllt und damit das eben erst konstituierte personale Medium als Orientierungszentrum sogleich desavouiert. Mit solchen Fällen ostentativer Distanzierung ist aber nur der Rahmen geschaffen, innerhalb dessen jene andere, sehr viel subtiler signalisierte Ironie operiert. Ostentative Distanzierung ist hier ersetzt durch ostentative Solidarisierung mit dem Medium, so daß es nunmehr den Schein gerade gegen diese Solidarisierung, die Distanz gerade gegen die vordergründige Identifikation zu gewärtigen gilt. Der Leser sieht sich dem Raffinement eines Sprachspiels ausgesetzt, das wesentlich darin besteht, die Zuordnung von »énoncé« und »sujet de l'énonciation« zu ambiguieren. Denn an der personalen Erzählsituation sind stets zwei Subjekte beteiligt: der verborgene Erzähler und das personale Medium, wobei letzteres sowohl als Perspektivträger wie auch als ein weiteres, vom übergeordneten Erzähler abhängiges »sujet de l'énonciation« fungieren kann. Jedes narrative »énoncé« konstituiert sich damit über einen doppelten Subjektbezug, und Flauberts Ironie besteht weithin in einer Ausbeutung der damit gegebenen Zuordnungsschwierigkeiten. Wenn es so etwas gibt wie eine Tiefenstruktur seiner Ironie, dann ist es diese Funktionalisierung der personalen Erzählsituation im Sinne einer systematischen Verunklärung des Subjektbezugs. Ich will das im folgenden exemplifizieren am Beispiel seiner Handhabung des »discours indirect libre«. Dessen geläufige Definition – Inhalt und Ton verweisen auf die Figurenrede, formale Kriterien wie Tempora und Personalpronomina auf die übergeordnete Erzählerrede – macht zwar die Eignung dieses Redetyps für perspektivisches Erzählen generell einsichtig, nicht aber das gerade für Flaubert Entscheidende. Was nämlich Flaubert in immer neuen Varianten ausspielt, ist eine Fusion der beiden am »discours indirect libre« beteiligten Redesubjekte dergestalt, daß die genannten Kriterien ausfallen und die erlebte Rede erscheint im Gewand einverständlicher Erzählerrede. Der Erzähler übernimmt durch Tilgung entsprechender Identitätskriterien die Figurenrede bis hin zu dem Punkt, wo allein noch das Vorhandensein einer fiktiven Redesituation die erlebte Rede als solche und damit die ironische Distanz des verborgenen Erzählers signalisiert. Wir wählen als Beispiel die Spiegelszene in *Madame Bovary*:

Mais en s'apercevant dans la glace, elle s'étonna de son visage. Jamais elle n'avait eu les yeux si grands, si noirs, ni d'une telle profondeur. Quelque chose de subtil épandu sur sa personne la transfigurait.

Elle se répétait: »J'ai un amant! un amant!« se délectant à cette idée comme à celle d'une autre puberté qui lui serait survenue. Elle allait donc posséder enfin ces joies de l'amour, cette fièvre de bonheur dont elle avait désespéré. Elle entrait dans quelque chose de merveilleux où tout serait passion, extase, délire; une immensité bleuâtre l'entourait, les sommets du sentiment étincelaient sous sa pensée, et l'existence ordinaire n'apparaissait qu'au loin, tout en bas, dans l'ombre, entre les intervalles de ces hauteurs. (S. 167 [25])

Die hier vorliegende Simulationsstrategie besteht darin, daß zunächst einverständliche Erzählerrede suggeriert wird, die sich dann sukzessiv als erlebte Rede enthüllt und vom Ende her über einen Rückkoppelungseffekt auch den Beginn in diese Perspektivik einbindet. Wie sehr Flaubert daran gearbeitet hat, die Semantik der *transfiguration* pragmatisch zu ambiguieren, zeigen die *Scénarios,* wo der erste Absatz unseres letzten Zitats wie folgt lautet:

> Cependant elle s'apercut dans la glace, et elle eut presque de la stupéfaction en reconnaissant son visage. Comment n'exprimait-il rien de ce qui emplissait son âme? Comment se faisait-il qu'elle pût paraître la même? Alors elle avança de plus près pour se considérer, et elle se trouva tout à coup extraordinairement belle. Elle n'avait jamais eu les yeux si grands, si noirs, ni d'une telle profondeur. Son front poli luisait, ses dents étaient plus blanches. Elle s'en chérissait davantage et tout en désagrafant sa robe, elle clignait ses paupières et se cambrait la taille, avec une pose naïve de courtisane et d'impératrice. [26]

Die pragmatischen Verhältnisse sind hier so eindeutig, daß die Identifikation der erlebten Rede keine Schwierigkeiten bereitet. In der Endfassung hingegen ist gezielt das getilgt, was diese Lesung sicherstellte. Allein noch die Situation innerer Rede (»en s'apercevant [...] elle s'étonna«) verweist auf Emma als primäres Redesubjekt und weckt damit jenen Ironieverdacht, der erst im folgenden Absatz mit nunmehr eindeutiger erlebter Rede stabilisiert wird. Aber diese Ironie, die rückwirkend auch die *transfiguration* einbindet, läßt deren eindeutig perspektivische Interpretation nicht mehr zu. Wenn die fiktive Redesituation als Ironiesignal gegen die scheinbar einverständliche Erzählerrede steht, so steht letztere gegen das Ironiesignal.

Die damit bewußt und sorfältig angelegte Perspektivenunbestimmtheit verbietet es, in solchen Stellen nichts weiter als eine besonders raffinierte Verschleierungstechnik zu sehen. Vielmehr machen sie deutlich, wie wenig sich Flauberts ironischer Diskurs in purer Solidarisierung des Lesers gegen eine Objektperson erschöpft und wie weit er sich damit von der Persuasionsstrategie des rhetorischen Ironieakts entfernt. Sein ironischer Diskurs erfüllt sich in dem Maße, wie er den Status ironischer Negation transzendiert in Richtung auf eine Ironie der Ironie, in der Distanzierung und Dialogizität [27] ununterscheidbar werden, ja wo Distanz Dialogizität ermöglicht. Diese doppelte Bewegung aber ist die der ironischen Zitation, wie sie in unserem Beispiel vorliegt in Gestalt einer Häufung romantischer Klischees mit deutlichen Anklängen insbesondere an Chateaubriand. Auf der Ebene ironischer Negation wird Emmas *transfiguration* interpretiert als pathologische, zerstörerische Selbstverliebtheit, als Narzißmus. Negiert wird damit der Wahrheitsanspruch jenes Diskurses, dem sich diese illusionäre *transfiguration* verdankt. Romantische Rede wähnt sich unmittelbar zum »signifiant«. Sie ist der Höhepunkt jener von Foucault so genannten »très ancienne élision de la réalité du discours«, der Höhepunkt einer die abendländische Episteme seit Plato charakterisierenden Tendenz, die gesellschaftlich-institutionelle Vermitteltheit aller Rede zu verschleiern im Appell an das »sujet fondateur« und seine »expérience originaire« [28]. Das romantische Genie mag leiden an seiner Gesellschaftsferne, ohne daß doch von dieser Isolation seine Klage betroffen wäre.

Die Sprache ist ihm zuhanden, ja sie ist ihm so fraglos zuhanden, daß es seine Melancholie als schöne Klage zu artikulieren und in dieser Schönheit zu genießen vermag. J. P. Richard hat in seiner Chateaubriand-Studie für dieses kompensatorische Verhältnis von Inhalts- und Ausdrucksebene die treffliche Formel vom »optimisme du signifiant« [29] gefunden und damit den Horizont benannt, vor dem man sehen muß, was Flaubert thematisch macht: Er konfrontiert den Optimismus der unvermittelten Rede mit dem Pessimismus des Klischees. Zitierbarkeit ist insofern Indiz des durchschauten Natürlichkeitsanspruchs einer Rede, über die das ironische Subjekt dereinst seine eigene personale Identität zu bilden suchte.

Weil nun aber diese Rede dem zitierenden Subjekt über seine Geschichte verbunden bleibt, ist die Zitation im Klischee immer auch der fortdauernde sentimentalische Dialog mit dieser früheren Scheinidentität, die ästhetische Rettung dessen, was sich lebensweltlich als untauglich erwiesen hat. Nur wenn man im Klischee diese Ambivalenz von Diskurskritik und ästhetischer Rettung, nur wenn man ein ästhetisches Faszinosum des Klischees in Rechnung stellt, wird die Klischee-Exuberanz verständlich, die Flauberts ironischen Diskurs charakterisiert und für die wir die Spiegelszene als Beispiel wählten. Indem der Erzähler Emmas diffuse Gefühle artikuliert zu einer sublimen »phrase imitative«, gibt er sich selbst der Euphorie des im Klischee zitierten romantischen Diskurses hin. Freilich vor dem Spiegel: Während Emma selbst – ganz im Sinne der Lacanschen Analyse des ›Spiegelstadiums‹ [30] – im Gedanken der Repräsentation befangen bleibt und also das Abbild ihres eigenen Urbilds zu gewärtigen glaubt, weiß der Emmas Gedanken und Gefühle artikulierende Erzähler diesen seinen Diskurs als einen imaginären, im Spiegel der Romantik allererst konstituierten. Der dargestellten pathologischen Ich-Spaltung entspricht auf der Ebene der Darstellung eine reflektierte Dissoziation zwischen einem den romantischen Diskurs nur noch zitierenden »sujet de l'énonciation« und einem an Emma delegierten und von ihr noch gelebten »sujet de l'énoncé«. Die bis in die Unentscheidbarkeit des Subjektbezugs vorgetriebene Ironie der erlebten Rede ist daher nicht einfach eine besondere raffinierte Scheinsolidarisierung, sondern in ihr manifestiert sich eine tatsächliche Nähe der beiden Subjekte. Wenn der Erzähler die Identität des ironisch freien Subjekts nur in dem Maße gewinnt, wie er sein Geschöpf distanziert, so bleibt doch diese Identität eine vom Diskurs der Figur erborgte, und in diesem Sinne hat das berühmte »Mme Bovary, c'est moi« seine Gültigkeit, ob es nun authentisch ist oder nicht [31]. Emma lebt den romantischen Diskurs in pathologischer Realitätsillusion und muß sterben. Flaubert derealisiert ihn zur ironischen *illusio* und kann leben.

Es wäre also verkürzend, im Klischee eine pure Bloßstellung zu sehen. Klischees signalisieren die Zitierbarkeit eines Diskurses, die Tatsache, daß das zitierende Subjekt in bezug auf diesen Diskurs ein exzentrisches ist, daß es nicht mehr unter seinem Wahrheitsanspruch steht, wohl aber unter ihm stand. Simuliert wird nicht ein Gegner, sondern ein Alter ego des ironischen Subjekts selbst, die agonale Konstellation rhetorischer Persuasion ist einer immanenten Dialogizität von zitierender und zitierter Stimme gewichen, die den Leser prüft, umwirbt und in ihre Bewegung hineinzuziehen sucht. Klischeezitation setzt einen Identitätsbruch in der Geschichte des ironischen Subjekts voraus, einen Identitätsbruch, der seinerseits eine historische Umbruchsituation reflektiert. Im Klischeezitat steckt die Wahrheit der Ironie, ihre geschichtliche Wahrheit im Sinne der oben angeführten Bemerkung Kierkegaards, daß dem Negativen im System in der geschichtlichen Wirklichkeit die Ironie entspreche.

Im Jahr 1852 schreibt Flaubert an Louise Colet:

> [...] Je viens de lire quatre volumes des *Mémoires d'outre-tombe*. Cela dépasse sa réputation. Personne n'a été impartial pour Chateaubriand, tous les partis lui en ont voulu. Il y aurait une belle critique à faire sur ses œuvres. Quel homme c'eût été, sans sa poétique! Comme elle l'a rétréci! Que de mensonges, de petitesses! Dans Gœthe il ne voit que *Werther*, qui n'est qu'une des mansardes de cet immense génie. Chateaubriand est comme Voltaire. Ils ont fait (artistiquement) tout ce qu'ils ont pu pour gâter les plus admirables facultés que le bon Dieu leur avait données. Sans Racine, Voltaire eût été un grand poète, et sans Fénelon, qu'eût fait l'homme qui a écrit *Velléda et René!* Napoléon était comme eux: sans Louis XIV, sans ce fantôme de monarchie qui l'obsédait, nous n'aurions pas eu le galvanisme d'une société déjà cadavre. Ce qui fait les figures de l'antiquité si belles, c'est qu'elles étaient originales: tout est là, tirer de soi. Maintenant par combien d'étude il faut passer pour se dégager des livres, et qu'il en faut lire! Il faut boire des océans et les repisser. [32]

Die Stelle ist aufschlußreich für eine Reflexion, die noch am romantischen Originalitätsideal festhalten möchte, gleichzeitig aber sieht, wie sich alle Originalität enthüllt als eine Wiederholung von schon Gesagtem, von der allein die uranfängliche Antike bewahrt scheint. Jetzt hingegen gilt es zu lesen, um sich von den Büchern zu befreien – vermeintlich zu befreien, denn auch das *repisser* ironischer Zitation ist eine Form der Wiederholung, der Wiederkehr. Trinken und ausscheiden – in der Aggressivität der Metaphorik verrät sich ein Sachverhalt, der sich der Reflexion noch als Aporie darstellt, wo sich die Praxis bereits in einem neuen Imaginären einrichtet. Denn wenn die romantische Rede mit der Zitierbarkeit als jene diskursive Ordnung bloßgelegt wird, die sie nicht sein will, so ermöglicht die ironische Distanz doch zugleich einen neuen Umgang mit diesem Diskurs, der seine geheime Faszination für Flaubert und das gesamte neunzehnte Jahrhundert nie verloren hat, war es doch der letzte, der die existentielle Erfahrung des Scheiterns metaphysisch kompensierte und damit einzubinden vermochte in die Sinnhaftigkeit einer übergreifenden kosmischen Ordnung. Und wenn nun dieser Diskurs ab *Madame Bovary* nur noch wiederkehrt im ironischen Zitat, wenn romantische Melancholie gerichtet wird in der Konfrontation mit realem Leiden, so ist doch diese ironische Aggression zugleich eine Salvierungsstrategie, die Romantik unter veränderten Bedingungen und mit veränderter Intention wieder zu aktualisieren, ja vielleicht erstmals angemessen zu realisieren erlaubt: nicht als jene referentielle Illusion, die eine Emma ins Unglück stürzte, sondern als ironische *illusio*.

Zitierbarkeit setzt Abständigkeit voraus, Exzentrizität. Solche Exzentrizität aber kennzeichnet Flauberts Einstellung nicht nur zum romantischen Diskurs, sondern auch zu allen anderen Diskursen, mit denen er seine ironische Negativität horizonthaft umstellt, um sie in seinem ironischen Diskursuniversum als Zitatdiskurse zu thematisieren. So gilt für seine Handhabung des bürgerlichen Diskurses in seinen verschiedenen Varianten im Prinzip dasselbe wie in bezug auf den romantischen. Diskurszitation ist auch hier wieder zunächst Diskurskritik durch Reduktion aufs Klischee. Ging es beim romantischen Diskurs um die Reduktion des Natürlichkeitsanspruchs dieser Rede auf ihre verleugnete diskursive Ordnung, so beim bürgerlich-konformistischen Diskurs um die Bloßlegung seiner Zwänge und Restriktionen, seiner Sicherungsmechanismen, seiner Disziplinierung der gefährlichen, seiner Tabuisierung der verbotenen Rede. Die Festreden der *Comices agricoles* verbreiten in Yonville selbst die ideologische Euphorie der ›großen Familie‹, aus der exzentrischen Position des Erzählers hingegen erscheinen sie als eine petrifizierte Ordnung, in der jede diskursive Kontingenz getilgt ist und die damit aufs genaueste jene soziale Ordnung reflektiert, die in diesen Reden gefeiert wird. Daß ihre Wahrheit bloße Ideologie ist, daß jeder »discours vrai« erkauft ist um den Preis der Verschleierung einer interessierten »vérité de volonté« [33], dies ist keinem der Anwesenden, die Redner eingeschlossen, bewußt, sondern allein dem Erzähler:

> La séance était finie; la foule se dispersa; et, maintenant que les discours étaient lus, chacun reprenait son rang et tout rentrait dans la coutume: les maîtres rudoyaient les domestiques, et ceux-ci frappaient les animaux, triomphateurs indolents qui s'en retournaient à l'étable, une couronne verte entre les cornes. (S. 155)

Die Euphorie des Festtags mündet ein in animalische Dumpfheit, die Reden finden sich – metonymisch wie metaphorisch – wieder im Laubkranz des Hornviehs, sie sind *bêtes,* Manifestationen kollektiver *bêtise,* aber diese *bêtise* hat Macht. Das gilt auch für Homais, der in den bürgerlich-konformistischen Diskurs die wissenschaftsgläubige, laizistische Komponente einbringt. Am Beispiel seiner ›aufgeklärten‹ Rede enthüllt Flaubert jenen Exklusionsmechanismus, den Foucault den »partage de la folie« [34] genannt hat. Nicht der Priester Bournisien ist ihm gefährlich. Mit ihm läßt er sich auf Dispute ein, in denen seine aufgeklärte Vernunft Triumphe feiert. Gefährlich ist ihm die groteske Figur des blinden Bettlers. Gegen ihn inszeniert er die Kampagne im Fanal de Rouen, und sie ist erfolgreich. Sie endet mit der Kasernierung, mit den »reclusion perpétuelle« (S. 351) des Verfolgten als dem letzten Exklusionsakt, den die Vernunft vollziehen muß, um in ihrer *bêtise* zu triumphieren.

Dabei ist nun freilich gerade die *bêtise* der Punkt, da Kritik wiederum umschlägt in Faszination. Schon die Aggressivität der Denunziation prätendierter Wahrheit läßt darauf schließen, wie sehr noch der Ironiker Flaubert unter der Betroffenheit eines Wahrheitsanspruchs steht, der ebenso Teil seiner Biographie ist wie der des romantischen Diskurses. J. P. Sartre hat gezeigt, wie häufig Flaubert in seiner Korrespondenz bürgerliche Klischees unterlaufen, die dann post festum als solche kenntlich gemacht werden, und er hat daraus, ein wenig triumphierend, auf Flauberts eigene Bürgerlichkeit geschlossen: »En fait Flaubert ne s'exprime pas comme le bourgeois; il parle en bourgeois parce qu'il est bourgeois [35].« Sicherlich kann an dieser Bürgerlichkeit im Sinne einer Klassenzugehörigkeit kein Zweifel sein. Ideologisch aber distanziert sich Flaubert von dieser Klasse in dem Maße, wie er in seinem eigenen und in seinesgleichen Diskurs das Klischee entdeckt. Sartre scheint mir zu verkennen, daß solche Entdeckung sich überhaupt nur an Phasen der eigenen diskursiven Sozialisation vollziehen kann. Erst die Entdeckung, daß man selbst vom Klischee gesprochen wird, kann zum Motor der Suche werden, und wenn die Wiederholung im Zitat ein Akt der Befreiung ist, so bleibt sie doch zugleich auch eine Form der Rückbindung des ironischen Subjekts an jenen Teil seiner Biographie, ohne den es seine eigene, ironische Identität nicht hätte finden können, weil sich diese in der Negation jener artikuliert. Das Beunruhigende eines Homais ist nicht etwa tatsächlich Dummheit, sondern die als *bêtise* abgewehrte Intelligenz eines aufklärerisch-rationalen Diskurses, aus dem sich Flauberts eigene Biographie nicht minder speiste als aus dem romantischen. Vergleiche mit der Erstfassung zeigen, wie sehr diese Figur nicht nur über Klischees bloßgestellt wird, sondern zugleich Anlaß euphorischer Klischee-Elaborationen ist, die in der Endfassung zusammengestrichen werden mußten [36].

Wir müssen es uns hier versagen, die angedeuteten Befunde auch auf die anderen Diskurse auszuweiten, über deren Zitation sich Flauberts ironisches Diskursuniversum konstituiert: auf den Revolutionsdiskurs in der *Education sentimentale,* auf den religiösen Diskurs im Gewand des Tanit-Kults der *Salammbô,* auf den Wissenschaftsdiskurs in *Bouvard et Pécuchet.* In allen Fällen bleibt die ironische Simulation transparent auf eine Betroffenheit des ironischen Subjekts, für die Distanzierung zur Möglichkeit ästhetischer Rettung wird. Das Ästhetische definiert sich dabei nicht mehr als sinnliches Scheinen der Idee, nicht mehr heteronom als Aufscheinen, sondern autonom als die Wahrheit des ›bloßen‹ Scheins selbst. Kunst leistet nicht mehr die Totalvermittlung von Subjekt und Welt, sondern sie wird, wie D. Henrich in kritischer Aufnahme und Fortführung des Hegelschen Satzes vom Ende der Kunst formuliert, partial. Partial ist die Vermittlung von Selbst und Sein im Zeichen eines sich problematisch gewordenen Subjekts, eine Vermittlung aus unverfügbarem Grund. Henrich bezeichnet sie als eine unvordenkliche, d. h. als eine solche, »die vollzogen werden muß, ohne daß man sich ihrer versichern kann« [37]. Alle personalen Medien Flauberts sind interpretierbar als Instrumente einer Inszenierung solcher Partialität. Sie selbst wähnen sich noch in der Wahrheit ihrer Diskurse, die Ironie des impliziten Autors aber entzieht diesem Glauben ihren Grund. Sie erweist die dargestellte Totalität als eine fiktive, um in dieser Fiktion zugleich die Partialität der ironischen Darstellung selbst zu begründen. So verliert mit der Unschuld der Diskurse auch der narrative Diskurs die Unschuld der Repräsentation. Statt eine vorgegebene Wahrheit aufscheinen zu lassen, wird er zum gegenstandsindifferenten Wahrnehmungs- und Reflexionsmedium. Das meint die bekannte Formel von der »manière absolue de voir les choses« [38]. Die traditionelle Gegenstandsbezogenheit ästhetischer Erfahrung wird ersetzt durch einen Reflexionsbezug. Die Kunst der Moderne macht mit ihrer problematischen Vermittlung sich selbst zum Thema, und sie zwingt, indem sie dies tut, den Betrachter zur Reflexion auf diese ihre Reflektiertheit [39], sie führt zu einer ästhetischen Erfahrung, deren Gegenstand das Spannungsverhältnis von vollzogener Vermittlung und unverfügbarem Grund selbst wird. Aus diesem Spannungsverhältnis lebt Flauberts dialogische Ironie. Sie transzendiert den Status ironischer Negation, um sich – als Ironie der Ironie – selbst zu thematisieren. Sie ist als sentimentalische Zitation rückwärtsgewandt, schafft aber zugleich die Voraussetzung anderer und nicht mehr notwendigerweise ironischer Manifestationen eines autonom gewordenen ästhetischen Scheins.

2.2 Das zitierte narrative Sujet

Zu den basalen Konstituenten des narrativen Diskurses zählt neben der Figur des vermittelnden Erzählers die von ihm erzählte Geschichte selbst. Ohne Geschichte, so wurde eingangs bereits ausgeführt, keine Erzählung. Wie aber stellt sich diese Geschichte dar unter den Bedingungen ironischer Narration? Wenn dieser letzteren axiologische Unterbestimmtheit wesentlich ist, dann steht zu vermuten, daß sie sich als *fictio totius voluntatis* erst in dem Maße rein realisiert, wie sie mit der Figur des Erzählers auch die erzählte Geschichte selbst zurücknimmt in ironische Negativität. Wenn sich uns daher Flauberts bekanntes Postulat der *impersonnalité* als Rückzug des Erzählsubjekts in diese Negativität enthüllte, dann liegt die Vermutung nahe, daß sich auch hinter dem nicht minder bekannten Postulat des *livre sur rien,* des *roman sans sujet* [40] eine Ironiestrategie verbirgt: die Strategie einer nur noch ironischen Sujethaltigkeit.

Zu deren Beschreibung möchte ich im folgenden zurückgreifen auf die Unterscheidung von sujethaften und sujetlosen Texten in der literarischen Semiotik Ju. M. Lotmans [41]. Lotman geht davon aus, daß der reale, d. h. der je individuelle Text einen übergreifenden kulturellen Text manifestiert, der sich über topologische Verfahren als Kulturmodell rekonstruieren läßt. Offensichtlich entspricht diese Relation von realem Text und Kulturmodell der Relation von Diskurs und diskursiver Ordnung bei Foucault, so daß Lotmans Theorie als eine spezifische Explikation der Foucaultschen Diskurstheorie lesbar ist, bezogen nun auf die Ordnung des narrativen Diskurses. Kulturmodelle, so Lotman weiter, verfügen über drei elementare Merkmale. Sie betreffen die Aufteilung, die Abmessung und die Orientiertheit des universellen Raumes. Für Aufteilung und Abmessung zentral ist der Begriff der Grenze. Sie teilt den universellen Raum in zwei disjunkte Teilräume, die sich als Ordnung und Unordnung oder auch als zwei rivalisierende Ordnungen gegenüberstehen. Der reale Text bildet diese übergreifende Struktur ab, um sie zu affirmieren (Sujetlosigkeit) oder aber zu dynamisieren (Sujethaltigkeit). Im ersteren Fall wird die topologische Basisopposition auf die syntagmatische Achse projiziert und in paradigmatischer Wiederholung stabilisiert, im letzteren Fall führt diese Projektion zum Konflikt. Dieser – sujetkonstitutive – Konflikt manifestiert sich als Überschreitung der grundlegenden topologischen Grenze durch den Helden, d. h. durch eine Figur, die sich aus ihrem angestammten Raum löst und die im Prinzip unüberwindbare Grenze gleichwohl überwindet. Diese Grenzüberschreitung kann von der bestehenden Ordnung selbst mit Sanktionen belegt werden, so daß die Ausgangssituation nach ihrer sujethaften Erschütterung restituiert wird. Die Grenzüberschreitung kann aber ebensogut auch eine bestehende Ordnung erschüttern, zerstören oder in eine neue Ordnung überführen. In jedem Fall bezeichnet sie ein »Ereignis«, von Lotman definiert als »bedeutsame Abweichung von der Norm«, als »revolutionäres Element, das sich der geltenden Klassifizierung widersetzt« [42].

Von diesem sujetkonstitutiven Ereignis des realen Texts nun nimmt Lotman an, daß es jeweils »widerspiegelt, was innerhalb des gegebenen kulturellen Texts als Ereignis gilt« [43]. Mit dieser Annahme sucht er eine Schwierigkeit zu beheben, die sich hinter dem Begriff der Orientiertheit verbirgt. Lotman definiert diese Orientiertheit des universellen Raumes eines Kulturmodells bzw. des semantischen Raumes eines dieses Kulturmodell formulierenden Textes als die »Kongruenz eines bestimmten Raumes mit der Perspektive des Text-Trägers« [44], also mit der Perspektive, aus der heraus die beiden Teilräume semantisch interpretiert werden. Die Opposition wir/sie ist die elementarste Form einer solchen perspektivischen und das heißt: Orientiertheit setzenden Raumsemantisierung. Wenn das nun für ein »gegebenes Kulturmodell« problemlos erscheint, so ist doch damit noch nicht die Frage nach der Orientiertheit des je realen Textes beantwortet, der sich nicht nur widerspiegelnd, sondern ebensogut kritisch oder polemisch auf ein gegebenes Kulturmodell beziehen kann. Er wird dann Gegenorientierungen ins Spiel bringen, die sich mit der Orientiertheit eines rivalisierenden Kulturmodells decken oder aber auch Orientiertheit systematisch verweigern können. Zwar rechnet Lotman durchaus mit einer Komplexitätssteigerung der Orientierung aufgrund einer Komplexitätssteigerung der Modelle selbst, vorausgesetzt aber bleibt eine Abbildrelation von realem und kulturellem Text, von individuellem Diskurs und übergreifender diskursiver Ordnung. Lotman bedenkt nicht die Möglichkeit, daß ein realer Text kontrafaktisch als Ereignis setzen kann, was im kulturellen Text seine Ereignishaftigkeit verloren hat, oder aber daß er als Nichtereignis interpretieren kann, was im kulturellen Referenztext durchaus als ereignishaft gilt. Eben diese Dialektik – und nicht die Isomorphie – von realem Text und kulturellem Text aber wird uns zu beschäftigen haben, wenn wir uns nunmehr Flauberts ironischer Sujetfügung zuwenden, wobei wir uns wiederum auf *Madame Bovary* beschränken müssen.

Topologische Organisation und Orientiertheit des Raumes scheinen hier zunächst problemlos. Die Perspektive ist mit dem zentralen personalen Medium, also mit Emma, gesetzt, und in dieser Perspektive erscheint der *livre sur rien* zunächst als durchaus sujethaltig. Eine topologische Basisopposition nah vs. fern, innen vs. außen, geschlossen vs. offen wird von Emma nach dem Vorbild des romantischen Diskurses semantisiert im Sinne von *ennui* vs. *bonheur*, von Inauthentizität vs. Authentizität. Emma löst sich aus dem geschlossenen Nahraum der bürgerlichen Welt, nach dem Ball auf La Vaubyessard harrt sie eines »événement« (S. 64), das sich in Gestalt Rodolphes nähert, sie bricht mit den bürgerlichen Normen, sie überschreitet die Grenze, sie wird zur Heldin. Ihre Träume zerschellen, aber auch das ist im romantischen Modell vorgesehen. Emmas Weg bleibt sujethaft auch im Scheitern. Die Sterbeszene thematisiert dieses Scheitern ganz im Sinne der Romantik: als eine metaphysisch kompensierte, als endgültige Grenzüberschreitung, als Eintritt in eine Authentizität, die auf Erden nicht zu haben war:

> Cependant elle n'était plus aussi pâle, et son visage avait une expression de sérénité, comme si le sacrement l'eût guérie. (S. 331)

Was aber kann angesichts solcher Sujethaftigkeit die Formel vom *livre sur rien* legitimieren? Offensichtlich die Tatsache, daß Emmas Perspektive zwar die Orientiertheit des romantischen Kulturmodells widerspiegelt, daß aber diese Perspektive und damit die von ihr markierte Orientiertheit des Textes ironisch negiert wird. Emmas Weg ist der Weg ihrer Lektüren: zur endgültigen Grenzüberschreitung, der geplanten Flucht nach Italien, kommt es nicht, die ge-

wähnte Ereignishaftigkeit ihrer Liebe zu Rodolphe zersetzt sich ebenso wie
später die ihrer Liebe zu Léon, nur in ihrer Perspektive bleibt die schäbige *Hi-
rondelle* das Emblem romantischer Sehnsucht, nur in ihrer Perspektive wird
Rouen, diese »vieille cité normande«, zu einer »capitale démesurée« (S. 269),
in der sie sich in eine babylonische Kurtisane verwandelt. Dabei ist gerade die
Iterativität ihrer Reise das Dementi der gewähnten Ereignishaftigkeit. Statt in
einen qualitativ anderen Raum zu gelangen, bleibt sie in einer Absteige des
bürgerlichen Rouen, und die Sterbeszene konfrontiert ihre »visions de béati-
tude éternelle« (S. 330) mit dem leeren Ritual eines beschränkten Priesters.
Wenn daher die Wir/Sie-Opposition als elementarste perspektivische Raumsemantisierung Orientiertheit garantiert, dann ist eine solche Opposition in *Madame Bovary* nicht mehr gegeben. Zum tatsächlichen Konflikt kommt es nicht.
Emma ist die Heldin ihrer Träume, nicht eine reale Bedrohung Yonvilles, im
Gegenteil: man profitiert von ihren Eskapaden, die es dem Wucherer Lheu-
reux ermöglichen, ihren und ihrer Familie finanziellen Ruin zu betreiben. Die
›unterbestimmte‹ Figur des Ehemannes, der in seiner Naivität geradezu zum
Helferaktanten bei der Grenzüberschreitung wird, hat unter anderem die
Funktion, diese essentielle Sujetlosigkeit herauszustellen. Nicht mehr steht,
wie im romantischen Referenzmodell, ein ›Wir‹ der Liebenden gegen das ›Sie‹
der bürgerlichen Gesellschaft, sondern Emma ist in ihrer von allem Anfang an
totalen Isoliertheit das Opfer eines Diskurses, der nur noch im Zitat präsent
und dem damit der Status eines »gegebenen Kulturmodells« ironisch verweigert ist.

Verweigert aber ist damit zugleich auch jede andere Orientiertheit des semantischen Raumes. Denn sosehr auch der zentrale Perspektivträger als ver-
bindliches Orientierungszentrum diskreditiert ist, sosehr verhindert er doch –
eben als Perspektivträger, der er bleibt –, daß sich anderweitige Orientierungen gegen ihn durchsetzen können. Vielmehr leistet die perspektivische Bindung zugleich die Diskreditierung des Sujets als illusionäre Befangenheit und
die Bejahung dieser Illusion als ästhetischen Schein. Für diese Ambivalenz
gibt es wohl keine bezeichnendere Stelle als die Apotheose der Schönheit Emmas auf dem Höhepunkt ihrer Liebe zu Rodolphe:

> Jamais madame Bovary ne fut aussi belle qu'à cette époque; elle avait cette indéfinis-
> sable beauté qui résulte de la joie, de l'enthousiasme, du succès, et qui n'est que l'harmo-
> nie du tempérament avec les circonstances. Ses convoitises, ses chagrins, l'expérience du
> plaisir et ses illusions toujours jeunes, comme font aux fleurs le fumier, la pluie, les vents
> et le soleil, l'avaient par gradations développée, et elle s'épanouissait enfin dans la pléni-
> tude de sa nature. (S. 199)

Man vergleiche damit etwa Chateaubriands Atala:

> Elle était régulièrement belle; l'on remarquait sur son visage je ne sais quoi de ver-
> tueux et de passionné, dont l'attrait était irrésistible. Elle joignait à cela des grâces plus
> tendres; une extrême sensibilité, unie à une mélancolie profonde, respirait dans ses re-
> gards; son sourire était céleste. [45]

Die Schönheit der romantischen Heldin ist vorgegeben und wird sich bis in
den Tod hinein bewahren, die Emmas ist verzeitlicht zu einem naturhaften
Aufblühen, in dem sich implizit bereits die Antiklimax der Todesszene mit ihrer breiten Thematisierung kreatürlicher Häßlichkeit ankündigt. Dem Auf-

scheinen transzendenter Erhabenheit im Lächeln Atalas entspricht bei Emma ein bloß kontingenter Einklang von Disposition und Umständen, dem romantischen Widerstreit von Tugend und Leidenschaft eine durchgängige Physiologisierung der Gefühlswelt über eine gezielt reduktive Metaphorik: *convoitises/ fumier, chagrins/pluie, plaisir/vents, illusions/soleil.* Allein, wenn Emmas Phantasie in diesem naturhaften Vergleich mit einer sonnenbeschienenen Blüte der Idealität romantischer Sehnsucht entgegengesetzt ist, so bleibt es doch nicht bei einer solchen Abwertung. Vielmehr ist auch hier wieder die ironische Negation bereits vorgängig aufgehoben in jener Struktur, die wir oben als Ironie der Ironie bezeichneten: Emma ist die Gefangene ihrer Illusionen und nicht etwa trotzdem, sondern gerade deswegen von außergewöhnlicher Schönheit. Das Unselbständige, das Uneigentliche, das bloß Scheinhafte dieser Schönheit verselbständigt sich zu einem schönen Schein, in dem nichts mehr aufscheint und der gerade hierin provoziert. Der Leser kann sich in diese Schönheit nicht mehr genußvoll versenken, sie ist nicht mehr Gegenstand reiner Anschauung, sondern – und darin liegt die poetologische Relevanz der Stelle – sie lenkt seine Reflexion auf die thematische Dissoziation von ästhetischem Schein und philosophischer Wahrheit, auf die Spannung zwischen sinnlicher Faszination und verweigerter Bedeutsamkeit.

Der späte Flaubert hat einmal gesprochen von einer für seine neue Ästhetik der Wahrnehmung konstitutiven »fausseté de la perspective« [46]. Die Formel bestätigt, was wir hier beschrieben haben als Dissoziation von Perspektivik und verbindlicher Raumsemantisierung im Sinne Lotmans. Diese Dissoziation beherrscht den Roman bis an sein Ende. Am Grabe Emmas weint der junge Justin, der eines Tages von den gleichen Klischees gesprochen werden wird wie ein Léon. Und selbst Charles, an dem der romantische Diskurs stets vorüberging, wird nach Emmas Tod von ihm affiziert, wenn er die Nachbarn aufsucht »afin de pouvoir parler d'*elle*« (S. 354). Sein Liebestod hat nichts Authentisches an sich, er ist so inauthentisch wie der Emmas selbst. »Elle le corrompait par delà le tombeau«, heißt es ausdrücklich (S. 349). Gleichwohl oder wiederum: gerade deswegen hat dieses Ende seine eigene Faszination. Es ist nicht die vermeintliche Erhabenheit romantischer Fatalität. Das Wort von der *faute de la fatalité* bleibt auch im Munde Charles' ein Klischee. Aber es ist ein »grand mot, le seul qu'il ait jamais dit« (S. 355) [47]. Romantik ist im Klischee denunziert, und sie ersteht im Klischee wieder auf, nicht mehr mit dem Anspruch auf Authentizität, sondern als ein Schein, der an der Wahrheit nicht mehr gemessen wird. Es ist gewiß kein Zufall, daß das Ende der *Education sentimentale* in ganz ähnlicher Weise dieses Überleben des ästhetisch autonom gewordenen Diskurses thematisch macht. Mme Arnoux, deren Erhabenheit immer nur in der romantisierenden Sicht Frédérics, also stets nur in der *fausseté de la perspective* erschienen war, hat in ihrer bretonischen Abgeschiedenheit begonnen, selbst Romane zu lesen, und wenn in der letzten Begegnung Frédéric den romantischen Diskurs nur noch als durchschaute Illusion zu sprechen vermag, so erstehen die Klischees wieder auf im Munde der Geliebten. Mme Arnoux ist in dieser Abschiedsszene nicht allein das komische Opfer ihrer Illusionen, sondern zugleich auch und deutlicher noch als Emma die Projektionsfigur einer fortdauernden Betroffenheit ihres Schöpfers von jenem Diskurs, den er selbst um seinen Wahrheitsanspruch gebracht hat.

Damit aber nähern wir uns einer Antwort auf die noch offene Frage nach jenem – von Lotman so genannten – Text-Träger, der nicht mehr einfach mit den Subjekten eines gegebenen und im Text widergespiegelten Kulturmodells gleichgesetzt werden kann. Emmas Perspektive, so sagten wir, konstituiert kein romantisches ›Wir‹. Aber sie konstituiert ein anderes ›Wir‹, das dem Text nicht seine verlorene Orientiertheit zurückgibt, wohl aber seinen Träger zu identifizieren erlaubt. Es ist das ›Wir‹ einer Gemeinde von Lesenden. J. Culler hat in einer der anregendsten Flaubert-Monographien der jüngsten Zeit die These aufgestellt, daß in diesem so ironischen Roman ein Thema gleichwohl nicht ironisiert werde und daß hierin sein zentraler Mangel zu sehen sei, nämlich das Thema der verderblichen Wirkung von Literatur:

> If there is anything that justifies our finding the novel limited and tendentious, it is the seriousness with which Emma's corruption is attributed to novels and romances. [...] It is as if Flaubert had allowed a cliché to occupy the center-stage without holding it in the spotlight and subjecting it to any of the critical scrutiny or ironic experimentation which apply in other cases. [48]

Mir scheint, daß das Verhältnis dieses Buches zu den Büchern komplexer ist. So ist unübersehbar daß schon in der dargestellten Welt selbst die Ironisierung der romanhaften Existenz Emmas ihrerseits Gegenstand der Ironie wird, und zwar anläßlich des Besuchs von Mme Bovary mère, die in Emmas Lektüren scharfsichtig die Wurzeln allen Übels erkennt und für Bücherverbot plädiert:

> Donc, il fut résolu que l'on empêcherait Emma de lire des romans. L'entreprise ne semblait point facile. La bonne dame s'en chargea: elle devait quand elle passerait par Rouen, aller en personne chez le loueur de livres et lui représenter qu'Emma cessait ses abonnements. N'aurait-on pas le droit d'avertir la police, si le libraire persistait quand même dans son métier d'empoisonneur? (S. 129 f.)

Die Szene ist in der Erstfassung weit umfangreicher. Sie bezieht dort insbesondere noch Homais ein, der sich ausläßt über die physiologischen Konsequenzen der allein zerebralen Tätigkeit des Lesens, von dorther auf die *auteurs à la mode* zu sprechen kommt, vor denen er mit einem ironischen *je ne les comprends pas* resigniert, und der schließlich dem Plan der Schwiegermutter vollen Herzens zustimmt:

> [...] et elle eut l'approbation de Mr. Homais, qui bien que libéral, ne s'en déclarait pas moins pour l'ordre. Or il y avait dans les manières de la jeune femme, dans son langage, son regard et, jusque dans sa toilette, qque chose qui scandalisait leurs idées, et ils le poursuivaient avec cet acharnement qui anime les gouvernements et les familles contre toute originalité. (S. 397)

Es ist einsichtig, weshalb Flaubert ein solches Fazit gestrichen hat, das das Geschehen unironisch im Sinne der romantischen Opposition von Ich und Gesellschaft modelliert und das Emma mit dem Merkmal der *originalité* eine Eigenschaft zugeschrieben hätte, welche sie, als bloße Imitatorin, nicht hat. Aber wenn er solchermaßen das romantische Modell ironisiert, so behält er doch jene bücherfeindliche Schwiegermutter bei, mit der diese Ironie ihrerseits ironisiert wird. Daß Romanlektüre verderblich sei, diese Thematik bleibt nicht, wie Culler meint, ein »island of certainty«, sondern sie wird ironisiert durch die Alternative einer drohenden *interdiction des romans*. Diese bücherfeindliche Schwiegermutter, diese »bourgeoise scandalisée« (S. 197) wird zum Instrument, die bücherhungrige Emma einschließlich ihres Abonnementbuchhändlers in Rouen wieder ins Recht zu setzen.

Erfaßt aber wird von dieser Ironie der Ironie mit Emma auch jene Figur, von der man es am wenigsten erwartet: der Apotkeker Homais. Daß Flaubert in der Endfassung der eben zitierten Szene Mme Bovary mère allein läßt, daß er die beipflichtenden Bemerkungen Homais' herausstreicht, hat nicht nur textökonomische Gründe. Homais nämlich, der die *auteurs à la mode* nicht versteht, ist nicht schlechthin bücherfeindlich. Gegen das Verdikt des Priesters Bournisien sieht er sich zur lautstarken Verteidigung der Literatur aufgerufen, zumindest der ›guten‹ Literatur der Aufklärung. Aber in seiner Bibliothek stehen nicht nur Voltaire und Rousseau, sondern auch Walter Scott und sogar der »Echo des feuilletons« (S. 86), wie denn auch Homais es ist, der Emma und Charles zum Besuch der *Lucia di Lammermoor* ermuntert (S. 225), der im Laufe der Zeit ähnliche exzentrische Neigungen entwickelt wie »Mme Bovary, sa voisine« (S. 284) und der am Ende zwar das Kreuz der Ehrenlegion erhält, zugleich aber errötet ob seiner Bürgerlichkeit: »Il en vint à rougir d'être un bourgeois. Il affectait le genre artiste, il fumait!« (S. 351). Seine Schwierigkeiten mit den *auteurs à la mode* scheinen abzunehmen, und man darf vermuten, daß seine Töchter Irma - schon vom Namen her eine »concession au romantisme« (S. 92) - und Athalie, vielleicht auch sein Sohn Napoléon unter Napoléon III. Flauberts *Madame Bovary* lesen.

Emma also ist so isoliert nicht, wie es zunächst scheinen mag, und wenn auch ihre Perspektive nicht mehr die Orientiertheit eines romantischen ›Wir‹ setzt, so ist doch dem Roman ein ›Wir‹ eingezeichnet, das die romantisierende bürgerliche Landarztgattin mit dem romantisierenden bürgerlichen Apotheker verbindet und das auch den Schöpfer beider einbezieht: den Autor Flaubert, der selbst Lesender war, bevor er Schreibender wurde, der, wie Homais, wo nicht vor seiner eigenen Bürgerlichkeit errötete, so doch - als Autor - sie abzustreifen suchte. Es ist das ›Wir‹ einer Gemeinde von Lesenden, die sich absetzt vom ›Sie‹ der Nichtlesenden. Mit diesem ›Wir‹ aber gerät ein Text-Träger in den Blick, der nicht mehr mit dem Träger eines gegebenen Kulturmodells identisch ist. Es ist das ›Wir‹, aus dem sich im Kaiserreich und über das Kaiserreich hinaus die Gemeinde der Flaubert-Leser rekrutieren wird.

2.3 Ironische Lektüre

Was wir eingangs in Opposition zur internen Sprechsituation als externe Rezeptionssituation bezeichnet haben, läßt sich von zwei Seiten her näher beschreiben: einmal vom fiktionalen Diskurs selbst her, also von dem, was W. C. Booth die Rhetorik der Fiktion genannt hat, und zum anderen vom realen Leser her, der seine Identität einbringt in die vom Text her vorgegebene Rolle des impliziten Lesers oder, wie Booth ihn nennt, des »postulated reader« [49]. Diese sozio-kulturell und sozio-psychologisch vorgegebene Identität des realen Lesers entscheidet darüber, wie die vom Text her vorgezeichnete Leserrolle jeweils konkretisiert wird. Die Geschichte der Annäherungen und Abweichungen, die Geschichte also der Freiheiten des realen Lesers gegenüber dieser Rolle ist die Geschichte der Rezeption eines Werkes. Der »postulated reader« ist daher kein normatives Konstrukt, das diese Freiheit des realen Lesers beschneiden könnte oder wollte. Es ist vielmehr ein heuristisches Konstrukt, ohne das auch die Freiheit des realen Lesers überhaupt nicht beschreibbar wird. Individuelle Rollenkonkretisationen sind als solche nur in dem Maße nachzuweisen, wie man über die Systemreferenz eines Rollenkonstrukts verfügt. Das heißt nicht, wir wiesen eingangs darauf hin, daß nicht auch dieses Rollenkonstrukt einem bestimmten Diskurs verpflichtet bleibt. Aber dieser Diskurs steht in einer anderen Reihe, mit Foucault gesprochen in einer anderen ›Serie‹, als ein Diskurs, der sich des realen Lesers annimmt, sei es nun im Sinne einer Rezeptionsgeschichte, sei es im Sinne einer empirischen Lesersoziologie oder Leserpsychologie.

An der Romanleserin Emma Bovary kann man diese Differenz verdeutlichen. Auf der Ebene der erzählten Geschichte erscheint sie als eine reale Leserin, die romantische Romane in einer Form konkretisiert, welche man heute im Vollsinne des Freudschen Begriffs als identifikatorisch bezeichnen kann, das heißt als »Angleichung eines Ichs an ein fremdes, in deren Folge dies erste Ich sich in bestimmten Hinsichten so benimmt wie das andere, es nachahmt, gewissermaßen in sich aufnimmt« [50]. Diese Identifikation, die bei Emma nicht zum Aufbau einer stabilen Ich-Identität führt, sondern zur halluzinatorischen Verwechselung von Fiktion und Realität, wird zurückgeführt sowohl auf ihre naturhafte Disposition wie auch auf die Frustrationen der Klostererziehung, das heißt es werden Gründe angegeben, die dazu führten, daß in diesem Fall mit diesem Ergebnis gelesen wurde. All dies wahrzunehmen, ist dem impliziten Leser aufgegeben. Aufgegeben ist damit die Wahrnehmung der ironischen Brechung als Identifikationsbarriere. Der ironische Stil dissoziiert das Dargestellte vom Medium der Darstellung, er definiert, als eine *manière absolue de voir les choses,* die Rezeptionssituation als eine Perzeptionssituation, die die Strukturen der Wahrnehmung selbst thematisch macht im Sinne dessen, was D. Henrich »komplexe Wahrnehmungsprägnanz« genannt hat:

> Prägnant ist eine Struktur dann, wenn ihre Elemente zu nur einem Zusammenhang zwingend zusammentreten, komplex ist sie, wenn die Zuordnung der Elemente zu diesem Zusammenhang nach einer Vielzahl von Regeln und so erfolgt, daß die Kontinuität und Dichte der möglichen Anordnung der Elemente eine vollständige Rekonstruktion der Anordnung nach Regeln ausschließt. [51]

Ironie ist eine Form solcher »komplexen Wahrnehmungsprägnanz« als dem Komplement ästhetischer Einstellung. Aber sie ist damit in ihrer Spezifität noch nicht zureichend erfaßt. Diese tritt erst in dem Maße in den Blick, wie man die Relation von Darstellung und Dargestelltem mitberücksichtigt. Henrich hat diese Relation beschrieben als ein Affinitätsverhältnis zwischen der vom künstlerischen Medium thematisierten Wahrnehmungsprägnanz einerseits und der komplexen Motivationsstruktur entfalteter Personalität andererseits, womit das künstlerische Medium in hervorragender Weise disponiert scheint zu Identifikationsangeboten an den Betrachter. Eben diese Affinität aber wird im Falle der Ironie problematisch, insofern hier Wahrnehmungsprägnanz und personale Prägnanz auseinandertreten. So erweisen sich bei Flaubert die sogenannten personalen Medien in der Tat als Medien, d. h. als formale Organisationsprinzipien der Wahrnehmung, während sie als Personen im Zeichen der Desintegration stehen, im Zeichen der sie beherrschenden, der sie sprechenden Diskurse. Solche Desintegration aber ist sehr viel ruinöser als es der Leidensweg innerhalb einer für authentisch gehaltenen diskursiven Ordnung je sein könnte, und insofern ist Flaubert durchaus im Recht, wenn er seine Ironie nicht als Reduktion, sondern als Steigerung des Pathetischen betrachtet: »Ce sera«, so schreibt er über seine *Bovary* an Louise Colet, »je crois la première fois que l'on verra un livre qui se moque de sa jeune première et de son jeune premier. L'ironie n'enlève rien au pathétique; elle l'outre au contraire« [52]. Ironie lenkt die Einstellung des Lesers von der zunächst suggerierten Identifikation mit den leidenden Figuren zurück auf unkompensierbaren Selbstverlust als den wahren Grund ihres Leidens. Sie gründet Pathos in Reflexion und vermag es gerade darin zu ›outrieren‹. Der Schmerz aber bleibt damit wesentlich der Schmerz anderer. Der Leser selbst weiß sich gefeit. Auch das outrierte Leiden bleibt ihm ein Schauspiel, in das er nicht verstrickt ist.

So weist die Dissoziation von Ironie als komplexer Wahrnehmungsprägnanz und ironisiertem Medium als verweigertem Identifikationsangebot zurück auf jene exoterische Selbstausgrenzung, die wir eingangs im Anschluß an Kierkegaard als Charakteristikum ironischer Kommunikationsgemeinden beschrieben haben. *Impersonnalité* meint nicht Subjektlosigkeit, sondern die Negativität des ironisch freien Subjekts. In dieser Freiheit rettet es sich gegen die Übermacht der Diskurse. Indem es sie ironisch zitiert, ist es in diesem Diskursuniversum die einzige Instanz, die vom Klischee nicht gesprochen wird, sondern die noch mit ihm handelt, die es als *bêtise* denunziert und zugleich im Zitat festhält. Hinter der Abwehrgeste der Denunziation verbirgt sich der fortgesetzte Dialog mit Wahrheiten, in denen man nicht mehr steht, in denen man aber stand und die auch im Status des Negierten die einzige Möglichkeit bleiben, über die das ironische Subjekt seine Identität zu artikulieren vermag. Erfüllen aber kann sich dieser implizite Dialog des ironischen Diskurses nur in dem Maße, wie ihm Gleichgesinnte beitreten. Die Bezogenheit auf durchschaute Wahrheiten ist die Wahrheit der Ironie, die als solche nicht solipsistisch bleiben kann, sondern den Leser fordert. Der implizite Leser Flauberts ist Subjekt einer ironischen Lektüre, einer Lektüre, die aus der ›Bibliothek‹ heraus die Distanz des Autors zu den zitierten Diskursen und ihren Opfern teilt. Er ist ein Subjekt, das lebensweltlich an diesen Diskursen teilhat und doch nicht in sie verstrickt ist, das nicht von ihnen gesprochen wird, sondern das sie sich vom Leibe hält, freilich um den Preis ironischer Atopie.

Es ist das Verdienst J. P. Sartres, mit Nachdruck darauf hingewiesen zu haben, daß Flaubert bei aller vordergründigen Leserverweigerung der akzeptierte, ja der dekorierte Autor des zweiten Kaiserreichs war. Flaubert hatte ein Publikum, ein bürgerliches Publikum, näherhin eine aufgeklärte Elite, die Sartre ansiedelt in den oberen Schichten der »classes moyennes« [53]. Er begründet diese Vermutung im Rahmen seiner sozialpsychologischen Hypothese einer ›objektiven Neurose‹: Die bürgerliche Intelligenz, von Haus aus republikanisch, lebe mit dem Trauma des im Juni-Massaker von 1848 unterdrückten Proletariats, sie suche es zu kompensieren mit einer szientistischen Ideologie, hinter der sich ein sado-masochistischer Haß der eigenen Klasse verberge, und eben dieser Haß begegne ihr wieder im Œuvre Flauberts, das ebenfalls im Gewand szientistischer *impersonnalité* einer tiefen Misanthropie huldige. In die-

ser Hypothese sind mehrere Bezugsrahmen in einer Weise ›totalisiert‹, die es
schwer macht, Plausibles von bloßer Spekulation zu trennen. Von empirischer
Verifizierbarkeit am weitesten entfernt ist sicherlich die psychoanalytische Hypothese einer kompensatorischen Haßlektüre. Zwar entwickelt Sartre diese
Hypothese nicht im Sinne identischer Konfliktkonstellationen von dargestell-
ter Welt und Leserpsyche, sondern im Sinne einer ›Identifikation mit dem Autor‹ [54]. Dieser Autor aber ist nicht der implizite Autor der Werke, sondern
das aus der Korrespondenz rekonstruierte biographische Individuum Gustave
Flaubert, dessen subjektive Neurose hypostasiert wird zur objektiven Neurose
›des‹ Flaubert-Lesers unter dem Kaiserreich. Bezugspunkt dieser Psychopa-
thologie bleibt dabei indes stets der mit der tatsächlichen Bürgerlichkeit nicht
mehr vermittelbare romantische Produktionshorizont des jungen Flaubert.
Sartre bringt nicht jenen Flaubert in den Blick, der als Autor von *Madame Bovary* und der *Education sentimentale* diese neurotische Synthese von romantischen Normen und sie dementierender historischer Situation im Modus der
Ironie selbst thematisiert. Damit ist nicht gesagt, daß schon die bürgerliche
Elite des Kaiserreichs Flaubert aus der Distanz ironischer Atopie heraus las.
Im Gegenteil: was bisher an Rezeptionsdokumenten zugänglich ist, bestätigt
eher jenen Verdacht eines ›realistischen‹ Mißverständnisses, wie es sich insbesondere im *Bovary*-Prozeß artikuliert hat. Sartre kommt dieses Mißverständnis
sehr gelegen. Er fragt nicht nach seinen möglichen formalen Bedingtheiten –
etwa dem offensichtlichen Unvermögen, die neuen Ironieverfahren sogleich
als solche zu erkennen –, sondern er argumentiert allein mit der Pathologie eines Publikums, das sich seiner Haßlektüre hingegeben habe »en s'irréalisant
dans le réel, c'est-à-dire en se réalisant dans l'irréel« [55]. Darin mögen sich
die Schwierigkeiten manifestieren, die Ideologiekritik mit dem ironischen
Schein hat. Sie kann ihn nicht als Schein bejahen, sondern nur als falsches Bewußtsein denunzieren.

Daß Sartre den realen Leser Flauberts soziologisch zutreffend identifiziert
hat – und dies wohl nicht nur für das Kaiserreich –, daran kann keine Frage
sein. Die eigentliche Rezeptionsgeschichte Flauberts hingegen bleibt noch zu
schreiben, und es steht zu vermuten, daß die Annäherung von implizitem und
realem Leser, also die Realisierung der Ironie als Ironie erst in dem Maße
möglich wurde, wie sich Sprachbewußtsein und Sprachkritik als Signaturen
der Moderne zu erkennen gaben. Sartres Monumentalwerk ist auch lesbar als
Abwehr einer Bedrohung seines Vertrauens in die Selbstmächtigkeit des Subjekts und der ihm zuhandenen Sprache, scheint doch das eigentlich Beunruhigende Flauberts darin zu liegen, daß er alle Diskurse über ihn, also auch und
gerade den ideologiekritischen, vorgängig einbezieht in seine ironische Diskurskritik.

Anmerkungen

1 Communications, 8/1966, S. 1–27.
2 Ebd. S. 22.
3 Siehe dazu Niklas Luhmann, »Funktionale Methode und Systemtheorie«, in: Soziologische Aufklärung, Opladen 1971, S. 31–53.
4 L'Ordre du discours, Paris 1973.

5 Zit. nach M. Fabii Quintiliani institutionis oratoriae libri XII, 2 Bde, hrsg. u. übers. v. Helmut Rahn, Darmstadt 1975.

6 Linguistik der Lüge, Heidelberg [5]1974, S. 65.

7 Ebd. S. 61.

8 Den Begriff ironischer Solidarisierung übernehme ich von Wolf-Dieter Stempel, »Ironie als Sprechhandlung«, in: Das Komische, hrsg. v. Wolfgang Preisendanz und Rainer Warning, München 1976 (Poetik und Hermeneutik VII), S. 205–235. Die hier vorgeschlagene Aufwertung von Weinrichs ›dritter Person‹ zur zweiten schließt natürlich nicht aus, daß neben dieser zweiten Person auch die Objektperson selbst Adressat des Ironieakts sein kann. Das allgemeine Kommunikationsmodell wäre in diesem Fall besetzt im Sinne einer »mehrfach adressierten Äußerung« (siehe dazu Dieter Wunderlich, Linguistische Pragmatik, Frankfurt 1972, S. 36 f.). Ist die Objektperson alleiniger Adressat, so liegt die von Stempel so genannte »geschlossene Situation des konfrontativen Zwei-Personen-Verhältnisses« vor, also ein problematischer, da das Handlungsziel der Solidarisierung einschränkender Grenzfall (S. 228 f.).

9 Handbuch der literarischen Rhetorik, München [2]1960, S. 830.

10 Siehe hierzu Verf., »Pour une pragmatique du discours fictionnel«, in: Poétique, 39/1979, S. 321–337.

11 The Rhetoric of Fiction, Chicago 1961, S. 158 f.

12 Typische Formen des Romans, Göttingen 1964, sowie neuerdings Theorie des Erzählens, Göttingen 1979.

13 Siehe Karlheinz Stierle, »Geschehen, Geschichte, Text der Geschichte«, in: Text als Handlung, München 1975, S. 49–55.

14 The Meaning of Meaning, London [10]1972, insbes. Kap. III (»Sign-Situations«).

15 Über den Begriff der Ironie, Frankfurt 1976, S. 244.

16 Ebd. S. 253.

17 Ästhetik, 2 Bde, hrsg. Friedrich Bassenge, Frankfurt/M. o. J., Bd I, S. 76.

18 Ebd. S. 117.

19 Ironie, S. 253.

20 Ebd. S. 257.

21 Ebd. S. 271.

22 Ebd. S. 258.

23 Brief vom 4. September, Correspondance, 9 Bde, Paris 1926–33, Bd II, S. 239.

24 The Craft of Fiction, New York 1921, S. 62.

25 Zit. nach der Ausgabe von Claudine Gothot-Mersch, Paris 1971.

26 Madame Bovary, Nouvelle version précédée des scénarios inédits, hrsg. v. Jean Pommier u. Gabrielle Leleu, Paris 1949, S. 381.

27 Ich gebrauche diesen Begriff im Sinne der von Michail Bachtin so genannten »immanenten Dialogizität« des »zweistimmigen« Prosaworts (Die Ästhetik des Wortes, hrsg. v. Rainer Grübel, Frankfurt 1979, insbes. S. 154 ff.). Bachtins Studien zeigen, daß der metaphorische Gebrauch des Begriffs seiner heuristischen Funktion keinen Abbruch tut. Der Zusammenhang von Ironie und Dialogizität wird von Bachtin selbst angesprochen, aber nicht expliziert.

28 L'Ordre du discours, S. 49.

29 Paysage de Chateaubriand, Paris 1967, S. 162.

30 »Le Stade du miroir comme formateur de la fonction du Je«, in: Écrits I, Paris 1966, S. 89–97. Lacan beschreibt dort die Faszination des Kleinkinds von seinem Spiegelbild als Prototyp einer »méconnaissance constitutive du moi«, d. h. eines Identifikationsprozesses, der sich seiner fiktiven Dimension nicht bewußt ist. Aus einem fundamentalen Mangel heraus wird eine Totalität antizipiert, die in Wahrheit nur die »armure d'une identité aliénante« sein kann: das Trugbild eines Ich, das der Nichtkoinzidenz von Ich und Subjekt nicht gewahr wird.

31 Siehe dazu Albert Thibaudet, Gustave Flaubert, Paris 1935, S. 92. Wichtiger als die Authentizitätsfrage scheint mir in diesem Zusammenhang eine Bemerkung Flauberts Louise Colet gegenüber: »N'as tu pas vu que toute l'ironie dont j'assaille le sentiment dans mes œuvres n'était qu'un cri de vaincu, à moins que ce ne soit un chant de victoire?« (Brief vom 25. Februar 1854, Correspondance IV, S. 29 f.).

32 Brief an Louise Colet vom 8./9. Mai 1852, Correspondance II, S. 408 f.

33 L'Ordre du discours, S. 18 ff.

34 Ebd. S. 12 ff.

35 L'Idiot de la famille I, Paris 1971, S. 624.

36 Die entsprechenden Stellen sind leicht auffindbar im Variantenapparat der Ausgabe Gothot-Mersch, so insbes. zu den Seiten 92, 93, 120, 129, 221.

37 »Kunst und Kunstphilosophie der Gegenwart (Überlegungen mit Rücksicht auf Hegel)«, in: Immanente Ästhetik – Ästhetische Reflexion, hrsg. v. Wolfgang Iser, München 1966 (Poetik und Hermeneutik II), S. 11–32, hier S. 20.

38 Brief an Louise Colet vom 16. Januar 1852, Correspondance II, S. 346.

39 In diesem Sinne spricht Henrich von »doppelter Reflexion« als Signatur partialer Kunst (»Kunst und Kunstphilosophie der Gegenwart«, S. 28).

40 Siehe Anm. 37.

41 Ich beziehe mich auf: Die Struktur literarischer Texte, München 1972, sowie auf den zentralen Aufsatz »Zur Metasprache typologischer Kultur-Beschreibungen«, in: Aufsätze zur Theorie und Methodologie der Literatur und Kultur, hrsg. v. Karl Eimermacher, Kronberg 1974, S. 338–377.

42 Struktur, S. 333 f.

43 »Metasprache«, S. 371.

44 Ebd. S. 349.

45 Zit. nach Chateaubriand, Atala/René; hrsg. v. Fernand Letessier, Paris 1962, S. 50.

46 Brief an Joris-Karl Huysmans vom Februar/März 1879, Correspondance VIII, S. 224.

47 Zur Ambivalenz dieses grand mot siehe auch Hans Robert Jauß, »Der Fall ›Madame Bovary‹«, in: Die Grünenthal Waage 1963, S. 9–14, hier S. 14.

48 Flaubert – The Uses of Uncertainty, London 1974, S. 146.

49 Rhetoric, S. 177.

50 Vorlesungen zur Einführung in die Psychoanalyse, Frankfurt 1969, S. 501.

51 »Ästhetische Perzeption und Personalität«, in: Positionen der Negativität, hrsg. v. Harald Weinrich, München 1975 (Poetik und Hermeneutik VI), S. 543–546, hier S. 544.

52 Brief an Louise Colet vom 9. Oktober 1852, Correspondance III, S. 43.

53 L'Idiot de la famille III, Paris 1972, S. 206 ff.

54 Ebd. S. 324.

55 Ebd. S. 340.

VOLKER KLOTZ

Erzählen als Enttöten
Vorläufige Notizen zu *zyklischem, instrumentalem* und *praktischem* Erzählen

für Käte Hamburger

Vorbemerkung

Dieser Entwurf einer literaturwissenschaftlichen Abhandlung steckt in einer frühen Stufe. Vorerst besteht er aus Textbeobachtungen, teils verbunden, teils vereinzelt; literarischen Assoziationen; darauf aufbauenden Folgerungen und Vermutungen. Sämtlich gehen sie aus von einer bestimmten, zusammen-gelesenen Gruppe ähnlich beschaffener Erzählwerke. Etliche Züge dieser Ähnlichkeit sind zweifellos von vielen leselustigen Leuten schon bemerkt worden. Auch fachwissenschaftlich hat man sie schon unter mancherlei Gesichtswinkeln bedacht. Soweit ich sehe, hat die Fachliteratur bislang jedoch kaum von jenen Zügen Notiz genommen, die ich gerade für die ausschlaggebenden halte: die des *instrumentalen* Erzählens, das, im Rahmen *zyklischer* Kompositionen, *praktisches* Erzählen tätigt. (Diese Bezeichnungen werden unten erläutert.) Just jene Züge aber geben den fraglichen Erzählwerken das entscheidende Gepräge. Und sie können zu Schlüssen und Spekulationen ermuntern, die über diese besonderen Erzählwerke hinausreichen in allgemeine Verhältnisse der Epik. In gattungseigene Erscheinungsformen und Gesetzmäßigkeiten der Epik sowie in das, was sie, je nach ihrem historischen Stand, zu leisten verspricht. Die Ausarbeitung des Entwurfs wird nicht nur Mißproportionen auszugleichen haben (manche Texte sind jetzt einläßlich, andere nur obenhin behandelt); sie wird erst recht den Andeutungen im letzten Abschnitt nachzugehen haben.

Umschreibung des Sachverhalts

Zyklisches Erzählen besagt, daß relativ selbständige Einzelerzählungen in einen größeren Erzählzusammenhang eingefügt werden. Den größeren Zusammenhang kann ein umgreifender Konversationsrahmen bilden, der die Einzelerzählungen veranlaßt und begründet. Zum Beispiel: Die Verabredung von Boccaccios Florentiner Patriziergruppe, den Gefahren körperlicher, moralischer und gesellschaftlicher Zerrüttung in ihrer pestbefallenen Heimatstadt zu entgehen, indem sie außerhalb sich zusammentun und in streng geregeltem Tagesablauf einander zehn mal zehn Geschichten erzählen.

Den größeren Zusammenhang kann auch eine umgreifende Romanfabel bilden, welche die eingefügten Einzelerzählungen beansprucht, um fortzuschreiten und an ihr Ziel zu gelangen. Zum Beispiel in Döblins *Hamlet oder die lange Nacht nimmt ein Ende.* Hier wird das verborgene Trauma des schwer verwundeten Kriegsheimkehrers Edward Allison allmählich freigelegt: durch reihum erzählte Geschichten im Haus seines Vaters. Es sind bedenkliche Geschichten, die am Ende den Kranken heilen. Und zwar dadurch, daß sie, tödlich für seine Eltern, die Lüge des heilen Familienlebens zerstören, worin er aufgewachsen war.

Zyklisches Erzählen stellt also nicht nur einen geschlossenen Kreis von Erzählungen her. Es stellt auch einen geschlossenen Kreis von Personen her, die einander die Erzählungen vortragen. Selbst wenns im minimalen Fall nur zwei Partner sind, ein Erzähler und ein Zuhörer, bilden sie einen rückkopplungsreichen Kommunikationskreis. (Zum Beispiel: die überdimensionale Beichte, die P. A. de Alarcón zum epischen Grundriß seines Romans *Der Skandal* macht.) Damit wird dem Leser etwas geboten, das bei einfachen und einheitlich durchgeführten Romanen und Novellen entfällt. Ihm begegnet im Text eine sinnfällige Entsprechung zur eigenen momentanen Tätigkeit: in sich aufzunehmen, was ein anderer, der allerdings räumlich und zeitlich nicht zur Stelle ist, erzählend von sich gibt. Was also bei üblicher Buchlektüre unterbunden oder auseinandergerissen ist – der leibhaftige Wechselkontakt zwischen erzählendem Autor und aufnehmendem Leser –, das ereignet sich hier beim zyklischen Erzählen im Buch selbst. Denn vor, zwischen und nach den erzählten Einzelgeschichten macht der Personenkreis des Rahmens den Leser vertraut mit Anlaß, Ort, Zeit und Gelegenheit des Erzählens sowie mit der Rolle von Erzähler und Zuhörer, mit deren Absichten, Haltungen und Reaktionsweisen.

Instrumentales Erzählen besagt, daß der Erzählkreis weder zufällig noch aus beliebiger Laune zusammenkommt; daß er vielmehr in einer unverwechselbaren schwerwiegenden Zwangslage steckt, die mittels Erzählen bewältigt werden soll. Die eingefügten Einzelerzählungen werden demnach nicht aufs Gratewohl vorgebracht, sondern eigens dazu, um eine bestimmte, deutlich gestellte Aufgabe innerhalb der Gesamterzählung zu lösen. Zum Beispiel: Scheherezade erzählt allnächtlich dem Sultan Märchen, auf daß er sie nicht wie seine vorigen Frauen umbringen läßt. Jedes einzelne Märchen, das Scheherezade vorbringt, ist Mittel zum kurzfristigen Erzählzweck: von Nacht zu Nacht zu überleben. Und die Folge sämtlicher Märchen in der Spanne von tausendundeiner Nacht ist Mittel zum langfristigen Erzählzweck: den einstens schwer gekränkten und seitdem mädchenverschleißenden Sultan eines Besseren zu belehren und dadurch das Land zu erlösen.

Zyklisches und instrumentales Erzählen sind meistens gemeinsam am Werk. Eins hängt vom andern ab. Die zyklische Anlage braucht den gesetzten Zweck instrumentalen Erzählens als Start und Ziel der Veranstaltung. Und umgekehrt braucht das instrumentale Erzählen, um seinen Zweck zu erfüllen, die zyklische Anlage als Weg eben dorthin. Selbst in zyklischen Werken, wo der Erzählzweck auf den ersten Blick unerheblich erscheint – so der Zeitvertreib in Chaucers *Chanterbury Tales* oder im *Heptameron* der Margarete von Navarra –, gewinnt er, genau besehen, größeres Gewicht. Von solchem Zeitvertreib wird weiter unten noch die Rede sein.

Wenn zyklisches und instrumentales Erzählen solchermaßen ineinandergreifen, wird dem Leser *praktisches* Erzählen vorgeführt. Praktisch in einem doppelten Sinn und zwar eins im andern. Sowohl: instrumentales Erzählen als zielgerichtetes, wirksames Handeln. Wie auch: zyklisches Erzählen als gegenwärtig wahrnehmbarer Vorgang und Vollzug – vor den Augen und Ohren der fiktiven Runde, vor den (inneren) Augen und Ohren des Lesers. So, wie instrumentales Erzählen im zyklischen Rahmen vonstatten geht, führt es, einerseits, zu den Ergebnissen, die es letztlich im Zuhörer hervorbringt. Insofern ist es praktisches Erzählen als wirksames Handeln. Andrerseits erfüllt es seinen

Zweck nicht erst dann, wenn es ihn, ablesbar an der praktischen Antwort der Zuhörer, resultativ erreicht hat. Im Beispiel von *Tausendundeine Nacht*: Der gebesserte Sultan und das daraufhin gerettete Land haben die auslösenden Märchen der Scheherezade weder ein für allemal verbraucht noch hinfällig gemacht. Die Märchen behalten den Wunderreiz und den Weisheitsbetrag, den sie schon auf dem Weg zum endgültigen Resultat – Besserung des Sultans und Rettung des Landes – für alle Beteiligten hatten. Instrumentales Erzählen holt also schrittweise seinen Zweck bereits ein im praktischen Vorgang des Erzählens. Dies ist die andere Seite des praktischen Erzählens: der gegenwärtig wahrnehmbare Vollzug. Es ist ein Vorgang aus mehreren, gleichsam polyphonen Vorgängen. Der Leser kann sie am Text verfolgen wie die verschiedenen Stimmen in einer Partitur. Einmal den Vorgang der ablaufenden Ereignisse jeder Geschichte; ferner den Vorgang ihres erzählerischen Fortschreitens, fort und fort sich erstreckend aus dem Mund in den Raum; und ferner noch den Vorgang des immer einläßlicheren Verkehrs zwischen Erzähler und Zuhörer. Was sich abspielt, kann der Leser, wie gesagt, unmittelbar ersehen aus der zyklischen Anlage des Erzählkreises. Und er kann es beurteilen, indem er die offenkundigen Absichten des Erzählens mißt an den ebenso offenkundigen Wirkungen, die dieser beim mit-erzählten Zuhörer (dem Sultan) zeitigt. Im praktischen Erzählen wird somit all das – fiktional – faßliche Gestalt, was sonst gestaltlos bleibt: in den vorliterarischen Absichtserklärungen des faktischen Autors und in den nachliterarischen Reaktionen der faktischen Leserschaft, deren Anonymität schwer zu durchdringen ist. Es muß hier nicht zusätzlich mitgeteilt oder erkundet werden. Der Leser kann es dem Erzählvorgang entnehmen.

Zyklisches Erzählen und instrumentales Erzählen machen gemeinsame Sache – obwohl sie jeweils unterschiedliche, geradezu gegenläufige Richtungstendenzen einschlagen. Zyklisches Erzählen vollzieht eine Zirkelbewegung, worin die Summe der beteiligten Erzähler und Zuhörer sowie die Summe der Einzelerzählungen reihum zusammengefaßt sind. Ein Rundlauf von Menschen und Wörtern, die schließlich dort ankommen, von wo sie ausgegangen sind, weil ein Kreis, ist er einmal geschlossen, weder Anfang noch Ende hat. So entsteht sowohl zeitlich wie auch räumlich der Eindruck von ausgeklammerter Geschichte. Zeitlich: Weil, die da reden und zuhören, die eigene Zeit vertreiben durch die fremde Zeit der erzählten Geschichten. Und weil sie dazuhin ihre Tages- und Nachtetappen dermaßen durchritualisieren, daß sie weder mit unerwarteten Zeitereignissen rechnen noch gar damit fertigwerden müssen *(Tausendundeine Nacht, Dekamerone, Heptaméron, Pentamerone, Papageienbuch)*. Auch räumlich wird Geschichte ausgeklammert: Weil die Runde, indem sie sich zusammenschließt, alles andere ausschließt. Weil sie – ob im allerinnersten Schlafgemach des Sultanspalasts oder im Lustpark weit weg vom pestbefallenen Florenz – erzählend sich vom Leib hält, was draußen in der geschichtlichen Welt geschieht.

Hierin besteht freilich nur die Tendenz, nicht aber das Ergebnis zyklischen Erzählens. Daß diese Tendenz zur ausgeklammerten Geschichte sich letzten Endes nicht durchsetzen kann, dafür sorgt die stärkere Tendenz des instrumentalen Erzählens, das eine Gegenrichtung einschlägt. Nicht rund, sondern gradlinig zielgerichtet und zweckgeleitet, durchkreuzt und sprengt es den selbstgenügsamen geschlossenen Kreis. Es strebt hinaus über das, was bei sich ist und bleibt. Es stößt sich gerade ab vom üblen Stand der Dinge und wirkt darauf hin, innerhalb und außerhalb der Erzählrunde bessere Zustände zu erwirken. Instrumentales Erzählen erheischt, daß Scheherezade und der Sultan sich erzählend ins Schlafgemach zurückziehen, *damit* künftig das ganze Land angstfrei leben kann. Es erheischt, daß die Florentiner sich erzählend in abgelegene Lustparks zurückziehen, *damit* eine körperlich, moralisch und gesellschaftlich gefestigte Lebensform geübt werden kann – als widerständige Alternative zur pestverseuchten Heimatkommune. Instrumentales Erzählen verwandelt somit den ziellosen Rundlauf des Zyklus zum gezielten Anlauf, der nötig ist, um mit einem gewaltigen Sprung einzustürmen auf den Alltag draußen. Von dort war ausgegangen worden und darauf wird nunmehr losgegangen, damit der Alltag anders wird. Derart schaffen instrumentales und zyklisches Erzählen gerade durch ihre widerstreitenden Richtungsimpulse die erforderliche Spannung, die das praktische Erzählen braucht, um die Widerstände der gegebenen Wirklichkeit zu brechen. Es schöpft Kraft und nimmt Maß, wenn es erst einmal Abstand sucht von der geschichtlichen Welt, um dann desto wirksamer in sie einzugreifen.

Befragte Erzählwerke – schematisch umrissen

Mein vorläufiges Anschauungsmaterial ist buntscheckig in seiner historischen und kulturellen Herkunft. Trotzdem wolle der kritische Leser zunächst einmal die naheliegenden Bedenken zurückstellen und erwägen, ob die angesprochenen Ähnlichkeiten der Erzählwerke bemerkenswert genug sind, um sie sinnvoll miteinander zu vergleichen und daraus Schlüsse zu ziehen.

Tausend und eine Nacht (8.–16. Jh.) – *Tuti-Nameh: Das Papageienbuch* (13.–17. Jh.) – Boccaccio, *Dekamerone* (1348/53) – Chaucer, *Canterbury Tales* (1391/99) – Margarete von Navarra, *Heptaméron* (1558) – Basile, *Pentamerone* (1634) – Wieland, *Don Sylvio von Rosalva* (1764) – Goethe, *Unterhaltungen deutscher Ausgewanderten* (1795) – Brentano, *Rheinmärchen* (ca. 1815) – Alarcón, *Der Skandal* (1875) – Keller, *Das Sinngedicht* (1881) – Seghers, *Der erste Schritt* (1952) – Döblin, *Hamlet oder Die lange Nacht nimmt ein Ende* (1956) – Johnson, *Das dritte Buch über Achim* (1961). Erweiterbar.

Ich greife anschließend einige Hauptbeispiele heraus, um sie unter folgenden Gesichtspunkten zu skizzieren: Anlaß des Erzählens, Erzähler und Zuhörer, Umstände des Erzählens, Gegenstände und Weisen des Erzählens, Zweck und Wirkung des Erzählens.

Tausendundeine Nacht. Scheherezade drängt sich freiwillig in die Reihe der todgeweihten Gattinnen des Sultans, um allgemein das Land und insbesondere ihren Vater zu retten, der als Großvesir für den Frauennachschub aufkommen muß. Laut Vorgeschichte entstand der grausame Weiberhaß des Sultans aus eigenem Erleben (er wurde einst von seiner Lieblingsfrau hintergangen) und wurde bestärkt durch die erzählte Lebensgeschichte eines vielfach betrogenen Dämons, dems noch weit ärger erging. Vergebens versucht der Großvesir, die Tochter durch eine beispielhafte Erzählung von ihrem Vorhaben abzubringen (auch darin gehts um Tod, Erzählen oder Schweigen). Sie wird Gemahlin des Sultans, dem sie Nacht für Nacht ein Märchen erzählt. Zumeist so, daß ein spannender Rest offen bleibt, der im Hörer das Verlangen nach Fortsetzung anstachelt.

In diesen äußeren Rahmen sind nochmals gerahmte, zyklisch gebündelte Erzählungen eingefügt. Zum Beispiel die eigenen Abenteuer, die der reiche Seefahrer Sindbad seinem armen Namensvetter erzählt, um ihm darzulegen, daß materielles Glück und tödliche Gefahr zwei Seiten der gleichen, gewagten Lebensführung seien. Oder die Geschichten der drei Scheiche: Sie bewahren einen Kaufmann, der arglos durch einen Dattelkern den unsichtbaren Sohn eines Dämons getötet hat, vor dessen Rache. Je um ein Drittel retten sie das Leben des Kaufmanns, indem sie durch ihre eigenen wunderbar schrecklichen Lebensgeschichten den Dämon überzeugen, daß es noch schlimmere Schicksale gibt als seins. Hier wird instrumentales zu agonalem Erzählen, wo einer den anderen auszustechen trachtet durch die Schlagkraft seiner Geschichte. Ein Vorgang, der mehrfach in *Tausendundeine Nacht* und stärker noch im *Sindbād-Nāme* zur äußersten Konsequenz getrieben wird, bis zu den westlichen Bearbeitungen der *Sieben weisen Meistern*. Die agonale Zuspitzung instrumentalen Erzählens erreicht einen heiter ernsten Höhepunkt in Kellers *Sinngedicht,* wo die beiden Partner Reinhart und Lucie sich in einem Duell von heiklen Liebesgeschichten gegenseitig zu besiegen suchen und dabei aneinander heranerzählen. (Von daher ließe sich auch eine Entwicklungslinie ausziehen zu allerlei Spielarten einer erzählten Unmöglichkeit des Erzählens: agonales Erzählen noch im Wettstreit einander ausschließender Ansichten von einer Person oder einem Vorfall – im Nouveau Roman und in Johnsons *Achim,* Frischs *Gantenbein,* Wolfs *Christa T.,* Neutschs *Gatt* usw.).

Bei den orientalischen agonalen Erzählungen geht es wie in Scheherezades Gesamtveranstaltung um den Kopf des Erzählers bzw. um den Kopf dessen, demzulieb erzählt wird. Jolles bezeichnete derlei als »Hals-Rahmen«, weil da wer seinen Hals aus der Schlinge herausredet. Für Scheherezade indes steht nicht nur, akut, der eigene Kopf auf dem Spiel; sondern auch, chronisch, das Schicksal aller Untertanen des Sultans. Durch unentwegtes Erzählen schafft sie es, den königlichen Gemahl auf Dauer umzustimmen. Nach tausendundeiner Nacht ist sein schiefes Bild von den Frauen und vom Zusammenleben der Menschen überhaupt berichtigt. Scheherezade hat ihm durch weise Erzählungen Weisheit beigebracht. Ihr eigenes Leben hat sie zugunsten des insgesamt bedrohten Lebens eingesetzt und hat so eins im andern dem Tod entrissen. Bei Scheherezades Tun besteht also ganz entschieden eine Einheit zwischen Erzählen und Handeln. Denn sie erzählt von (Märchen-) Handlungen, und sie handelt, indem sie erzählt. Ebenso entschieden besteht bei Scheherezades Tun eine Einheit von persönlichem und öffentlichem Erzählzweck. Denn sie verfährt nicht nur eigensüchtig und abgeschirmt von gesamtgesellschaftlichen Belangen. Sie verfährt vielmehr, da eigenes und gesamtgesellschaftliches Interesse ihr untrennbar sind, gemeinnützig, wenn sie erzählend den Sultan für sich einnimmt. Solche Einheit von persönlichem und öffentlichem Erzählzweck äußert sich namentlich darin, daß Scheherezade, anders als Sindbad oder die drei Scheiche, nicht ihre eigene Lebensgeschichte dem Sultan entgegenhält. Unter Formeln wie »Mir wurde erzählt«, »Ferner wird berichtet« erzählt sie

Geschichten, die umläufig, die verbürgt und bewährt, mithin für jedermann verbindlich und heilsam sind. Sie sind bereits in der Welt. Nur nicht, bis jetzt, an Ort und Stelle, wo gerade erzählt wird. Also hier im Schlafgemach und im Kopf des Herrschers, dessen verklemmten und verengten Sinn die Geschichten erweitern sollen. Scheherezade betreibt somit im öffentlichen Interesse Reportage humaner Lebensweisen in den intimen Raum, von wo sie, dem verbesserten Herrscher einverleibt, wiederum in die Öffentlichkeit dringen werden. Denn er wird allmählich eines Besseren belehrt. Und diese Besserung wirkt sich aus in seiner fortan milden Herrschaft übers gesamte Reich. Derart erzählt Scheherezade praktisch, zum Heil aller. Praktisch ist es aber auch anderweitig im vertraulichen Schlafgemach zugegangen, abwechselnd mit Erzählen. Nach Ablauf der knapp drei nächtlichen Jahre kann Scheherezade dem Sultan mit drei Knaben aufwarten. Sie hat also nicht nur gegen den drohenden Tod anerzählt, indem sie Märchen – und damit Weisheit im Zuhörer – hervorbringt. Wider den Tod hat sie die Schar der Lebenden verstärkt. Die Destruktion hat sie durch Produktion überwunden. In Wort und Fleisch.

Tuti-Nameh. Das Papageienbuch. Der junge Kaufmann Sâîd macht eine weite Geschäftsreise und überläßt seine geliebte Frau Mâhi-Scheker der Obhut seines unerhört weisen und redegewandten Papageis. Mit der Auflage, sie solle wenigstens für ein Jahr die Treue halten und danach sich frei entscheiden. Als nach Jahresfrist der Gatte immer noch fern ist, will die Vereinsamte dem Liebeswerben eines jungen Mannes folgen. Der Papagei, strenger als sein Herr, sucht sie davon abzuhalten, bis der Kaufmann zurückkehrt. Er schafft es, indem er 30 (in früheren Fassungen: 52 bzw. 70) Abende lang immer dann, wenn sie sich auf den Liebesweg machen will, Mâhi-Scheker mit einem spannenden und lehrreichen Märchen ans Haus fesselt. Scheinheilig ermuntert er sie, nur ja ihrem erotischen Drang zu folgen; doch jedesmal enthalten seine Ermunterungen eine reizvolle Anspielung auf einen Namen oder eine Begebenheit, die als Köder prompt geschluckt wird samt der dranhängenden Geschichte. Deren Dauer wie ihre durchweg ehefreundliche Moral machen dann, daß der gebannten Zuhörerin Zeit und Lust zur Liebe vergehen. Hernach vertröstet sie der Papagei regelmäßig auf den nächsten Abend, der freilich nicht anders verlaufen wird.

Der Papagei erzählt nicht nur. Er verkörpert regelrecht die epische Instanz. Also die Rolle, die man seit etlichen Jahrhunderten dem wirklichen, aber auch dem fiktiven Erzähler zuspricht. Am Anfang des Rahmens, noch eh sich der Papagei als epische Instanz einsetzt, werden bereits seine außergewöhnlichen Eigenschaften gewürdigt, die später dann zum Zug kommen: er ist weise, wahrheitskundig, kennt die Zukunft und erfaßt sogar das Übernatürliche. Demnach verfügt er über jene Gaben, die schlechterdings den allwissenden Erzähler ausmachen. (Daß die frühe orientalische Erzählkunst die epische Instanz ausgerechnet im Papagei verkörpert, entspringt wohl dem Bedürfnis, sich einen sinnvollen Reim zu machen auf das einzige Tier, das reden kann und zudem eine größere Lebens- und Erfahrungsdauer hat als gewöhnliche Sterbliche.) Nicht bloß die Eigenschaften dieses gefiederten Erzählers sind bemerkenswert, auch seine besonderen Vollmachten und der besondere Umgang, den er mit den Menschen und die Menschen mit ihm pflegen. Daraus wird ersichtlich, wie das *Papageienbuch* das Amt der Epik und damit sich selber fabulierend einschätzt. Wenn sich der Papagei zu Beginn des Rahmens dem Kaufmann Sâîd als einmalige Gelegenheit anpreist – mit dem alsbald eingelösten Versprechen, seine Weisheit bringe dem künftigen Besitzer reichen Nutzen – gibt er zweierlei zu erkennen. Einerseits, daß die Tätigkeit des Erzählers wie auch sein Erzählvorrat Weisheit vermitteln, die sich immateriell, aber auch materiell auszahlt. Als erste Probe gibt der Papagei einen verblüffenden Geschäftstip, durch den Sâîd fünfmal so viel verdient wie der Papagei kostet. Andrerseits wird deutlich, daß der Erzähler und Weisheitskünder die Zuhörer ebenso benötigt wie sie ihn. Das ist, als Episode, ein sprechender Beitrag zu unsrer Frage nach dem notwendigen und zweckgerichteten Erzählen als kommunikativem Geschäft. Da braucht einer den Andern. Nicht bloß der Zuhörer den Erzähler, sondern auch der Erzähler den Zuhörer. Warum will der Papagei partout zu Sâîd? Weil Sâîd klug genug ist, die weisen Erzählungen und Ratschläge des Vogels ins tätige Leben umzusetzen. So ist einer auf den andern angewiesen. So ergänzen sie sich.

Schieres Erzählen bliebe demnach nur halb und hilflos, solang es nicht instrumental eingesetzt wird und Partner findet, die es in die Praxis verlängern. Erzählen als Umsatz praktizierbarer Weisheit: hoch wird es eingeschätzt in dieser orientalischen Handelswelt, und tief geht es jedem ein, der darin lebt. Andernfalls wäre unbegreiflich, wie die angestachelte Lust auf ertragreiche Märchen bei der jungen Frau allemal das Rennen macht. Es wäre unbegreiflich, daß die neugierige Hörlust allemal obsiegt über ihre lang schon ausgehungerte, zudem wieder und wieder mit Geschichten abgespeiste Lust auf Liebe.

So sehr der Papagei in diesem Märchenwerk die Menschen geistig überragt, in seiner leiblichen Gestalt ist er doch ihren Neigungen, Grillen und Zugriffen preisgegeben. Daraus entsteht auch die besondere Notlage, die den Anlaß und den Zweck seines instrumentalen Erzählens bestimmt. Wie Scheherezade verfolgt der Papagei, eins im andern, einen kurzfristig persönlichen und einen langfristig allgemeinen Zweck. Kurzfristig gehts auch hier um den Kopf. In einem doppelten Sinn. Der Papagei steckt in einem Zwiespalt, aus dem er sich nur zwiespältig herauserzählen kann. Mâhi-Scheker würde ihm den Kopf abreißen wie zuvor schon seinem unvorsichtig plappernden Papageienweibchen, verführe er nicht äußerst diplomatisch. Er wäre also des Todes, redete er ihr nicht – scheinbar – nach dem Mund, der ihr nach dem jungen Liebhaber wässert. Andrerseits verlöre der Inhalt seines Kopfs, die unerhörte Weisheit, um derentwillen er sich doch dem Sâîd beweiskräftig angepriesen hat, bei seinem abwesenden Herrn allen Kredit: verträte der Papagei nicht das Interesse dieses Herrn mit Witz und Erfolg. Schon aus Selbstschutz also redet er doppelzüngig, wenn er zunächst Mâhi-Schekers Liebesflammen noch anfeuert, um sie gleich drauf durch eine Geschichte zu löschen. Langfristig und jenseits eigener Belange will der Papagei die unversehrte Ehe des Kaufmanns bewahren. Dabei verficht er die gesellschaftlichen Normen die sich in den Einzelerzählungen wie im Rahmen des *Papageienbuchs* allenthalben behaupten. Ehe wird da mindestens so sehr als wirtschaftliche Interessengemeinschaft verstanden, wie als Leib-und-Seele-Gemeinschaft. Drum gilt eheliche Treue als ein notwendiges Verhalten, das beide Partner schadlos hält und den Besitzstand wahrt, wenn nicht mehrt. Die vom Papagei verfochtene und durchgesetzte Moral besagt somit: Den Gatten zu hintergehen, wo der grad ausgezogen ist, den gemeinsamen Wohlstand auszubauen, wäre nicht nur unlauter, es wäre auch schädlich. Es würde den öffentlichen Ruf des Gatten gefährden. Vollends könnte es durch mögliche illegitime Nachkommen die Vermögens- und Erbschaftsverhältnisse durcheinander bringen.

In der entschieden maskulinen Moslemgesellschaft des Orients ist weiblicher Ehebruch ein Einbruch in oder ein Ausbruch aus Machtbereichen des Mannes. Er verletzt den Mann mehr als nur innerlich. Wohin dies führen kann, zeigt das, wogegen Scheherezade in *Tausendundeine Nacht* anerzählt. Ihr Sultan, der unter seinen weiblichen Untertanen wütet, handelt aus eben jener Verwundung heraus. Wenn nun der Papagei Mâhi-Scheker wirksam daran hindert, eine solche Verwundung auszulösen, betreibt er sozusagen eine prophylaktische Vorgeschichte zu *Tausendundeine Nacht*. Er hintertreibt die Voraussetzungen, während Scheherezade die wuchernden Folgen des Übels bekämpft. Anlaß und Zweck des Erzählens von *Tausendundeine Nacht* sind zweifellos in ihrer Art wie in ihren gesellschaftlichen Dimensionen ungleich gewaltiger als im *Papageienbuch*. Es gilt dort die Verhinderung von weiterem Tod für weitere Frauen im ganzen Land. Dahingegen steht im *Papageienbuch*, ohne politische Auswirkungen, nur das private Schicksal einer Familie infrage. Dennoch sind es beidemal schwerwiegende Krisen, die ein instrumentales Erzählen auf den Plan rufen, damit es praktisch ins Leben eingreife. Beidemal erweist und beweist es sich als ein konstruktives Handeln, das erfolgreich gegen Destruktion vorgeht.

Boccaccio, *Dekamerone*. Der Rahmen dieses Novellenzyklus ist dadurch gegeben, daß zehn Leute sich zusammenschließen, um an zehn Tagen einander je zehn Geschichten vorzutragen. Anlaß des Erzählens ist die Pest in Florenz, die das gesellige Leben zerstört. Die Seuche befällt nicht allein die Leiber der Bewohner, die zu Tausenden dahingerafft werden und zu Hunderten, oft noch gefleddert, unbegraben liegen bleiben. Sie befällt auch die Moral, lähmt den Geist und untergräbt die öffentliche Ordnung. So erstickt sie, weil Angst vor Ansteckung und vor Kriminalität die Einwohner erfüllt, fast jeden zwischenmenschlichen Verkehr. Genau hier setzen die zehn Außenseiter an. Sieben Frauen und drei Männer, die in jeder Hinsicht unabhängig sind, verlassen Florenz, um in abgelegener Landvilla mit Park eine Gegengesellschaft zu bilden zur verheerten, unglücklichen Heimatstadt. Hauptsächliche Beschäftigung in dieser glücklichen Exklave ist Erzählen. Instrumentales Erzählen mit dem Zweck, just das herbeizuführen und zu praktizieren, was der tödlichen Stadt fehlt: ungezwungener, selbstbestimmter und selbstsicherer Umgang miteinander.

Wie in den beiden orientalischen Märchenzyklen macht auch hier instrumentales Erzählen sich stark: als Konstruktion gegen Destruktion, für Leben gegen Tod, für Kommunikation gegen Isolation. In den Erzählenden selber behauptet sich eine strikte Antihaltung zur verbreiteten Haltung der Durchschnittsbürger im verseuchten Florenz. Deren passive, schicksalsergebene Hinnahme der Pest als unausweichlicher Strafe Gottes widerlegen die Zehn, indem sie sich aktiv auf den Weg machen und ihre eigenen Entwürfe durchsetzen. Dem entspricht denn auch das Geschehen in den allermeisten Novellen, die sie einander erzählen und erläutern. Ob erotische Begebenheiten oder auch andere, fast immer triumphiert gewitzte Lebensbehauptung, listige Überwindung von Hindernissen, die den persönlichen Interessen im Weg stehen. Somit konkretisieren und vervollständigen die vorgetragenen novellistischen Einzelereignisse das, was sich in der Erzählrunde des Rahmens ereignet. Instrumentales Erzählen ergänzen sie durchs betont instrumentale Tun der jeweiligen Novellenhelden.

Solche wechselseitige Ergänzung reicht im *Dekamerone* freilich noch hinaus über die schiere Fiktion. Sie findet auch dort statt, wo der Autor selbst sich den angesprochenen Lesern zuwendet, um mitzuteilen, worumwillen er wem was erzählt. In der Vorrede sowie in der Einleitung zum vierten Tag erklärt er ausschließlich die Frauen zu seinen Adressaten, weil sie gesellschaftlich verbannt sind in die »engen Grenzen ihrer Häuslichkeit«. Ihre Lage entspricht demnach, wenngleich anders bedingt, der Lage jener hygienisch Eingekapselten im erzählten Pestgebiet. Den Frauen soll, laut Boccaccio, die Lektüre der Novellen die Wände durchlässig machen, nach innen wie nach außen. Gelesen, können ihnen die Novellen die verwehrte Welt hereinholen. Und beherzigt, können sie ihnen Notausgänge eröffnen, indem sie Selbstbewußtsein und Initiative in Liebesdingen vermitteln. Solchermaßen läßt Boccaccio nicht nur instrumental und praktisch erzählen innerhalb seines Werks. Er geht auch selbst darauf aus, mithilfe seines Werks.

Basile, *Pentamerone*. Fünf Tage lang werden je zehn Märchen erzählt im Rahmen der ebenfalls märchenhaften Lebensgeschichte von Prinzessin Zoza. Zozas rechtmäßige Rolle als Erlöserin und demzufolge Gattin des Prinzen ist von einer heimtückischen Mohrin usurpiert worden. Diese einschneidende Störung des märchenhaften Lebenslaufs wie der märchenhaften Weltordnung wird mit Hilfe von Märchenerzählen – vor dem ahnungslosen Prinzen – beseitigt. Instrumentales Erzählen wird am Ende unverkennbar praktisch, wenn Zoza bei der letzten, fünfzigsten Geschichte einspringt für eine erkrankte Erzählerin: mit ihrer eigenen Lebensgeschichte, die dafür sorgt, daß Erzählen sich fortsetzt in Leben. Allgemeiner Erzählzweck, über Zozas Einzelschicksal hinaus ist Beseitigung von Trug, Enthüllung von Wahrheit. Dem dient auch die Weise, wie hier die übliche Periodisierung zyklischen Erzählens in einem ausgeklügelten Tag-und-Nacht-Takt ausgewertet wird. Erzähltage sind im *Pentamerone* nicht nur antichaotisch durchgeregelte Lebensabschnitte wie im *Dekamerone*, Erzählnächte nicht nur Zeiträume des intimen Kampfs wider den Tod wie in *Tausendundeine Nacht* oder der eben noch unterbundenen Anfechtung wie im *Papageienbuch*. Hier ist die Nacht, schwarz wie die böse Mohrin, Phase des lichtscheuen Treibens, das die Erzählungen an den Tag bringen. Daher die Berufung der Sonne als gleichsam episches Gestirn, womit fast jeder Erzähltag und jedes Märchen einsetzt. Auftakt des fünften Tags: »Schon berichteten die Vögel dem Gesandten der Sonne alle Hinterhältigkeiten und Schwindeleien, die während der Nacht vorgefallen waren [...].« (S. 301).

Tausendundeine Nacht und *Papageienbuch* gelten gemeinhin als Märchenzyklen, enthalten aber daneben: Sagen, Anekdoten, Fabeln, Legenden. *Dekame-*

rone gilt gemeinhin als Novellenzyklus, enthält aber, laut Vorrede, »cento novelle, o favole, o parabole, o istorie« (S. 9). Im *Pentamerone* entsteht erstmals ein Zyklus von Kunstmärchen: als Kreuzung von Volksmärchen und Novelle, Wunder und Realismus, volksmündlichem Material und literarischem Stil, althergebracht Allgemeinem und neuartig Besonderem. Wobei die beiden Gattungskomponenten in einem instrumentalen Verhältnis zueinander stehen: eine braucht die andere als Mittel, um ihr eigenes Gattungsziel zu verfolgen. Ähnliches trägt sich zu zwischen Roman und Kunstmärchen in Wielands *Der Sieg der Natur über die Schwärmerei oder Die Abenteuer des Don Sylvio von Rosalva*. Don Sylvio, verblendet durch Feenmärchen, deutet die Welt und läßt sich auf sie ein nach den Mustern seiner Lektüre. Um den ersten programmatischen Teil des Romantitels gegen den zweiten durchzusetzen, wird an entscheidender Stelle der Handlung das *Märchen vom Prinzen Biribinker* erzählt. Zweck: durch eine Überdosis märchenhafter Unwahrscheinlichkeit den Helden aus seinen eingebildeten Abenteuern auf den Boden der Wahrscheinlichkeit zu holen. Der Aufklärungsroman als Gattung und in ihm sein aufgeklärtes Personal – Don Sylvios Freunde – setzen ein Märchen ein, um dessen verstörtes Opfer zu heilen. Auch hier wird instrumentales als praktisches Erzählen vorgeführt: als wahrnehmbarer Vollzug und mit dem Ziel, den Adressaten fürs praktische Leben zu gewinnen.

Goethe, *Unterhaltungen deutscher Ausgewanderten*. Unverkennbar hat Goethe in seiner Rahmenkonstruktion den Erzählanlaß des *Dekamerone* aufgegriffen und umgewandelt. Was dabei herauskommt, ist politisch so aufschlußreich wie literarisch. Grad so wie bei Boccaccio sind es chaotische, existenzgefährdende Verhältnisse, denen eine betroffene Gruppe – eine Adelsfamilie mit bürgerlichem Gefolge – entweicht und deren schlimmen Auswirkungen sie erzählend zu begegnen sucht. Allerdings, im *Dekamerone* kommt das Chaos von einer sinnlosen und ziellosen Naturkatastrophe, der Pestepidemie, die sämtliche Einwohner von Florenz, ungeachtet ihrer Person und ihres sozialen Standes, heimsucht. Goethe nun besetzt die überdimensionale, allumfassende Bedrohung mit der bürgerlichen Revolution. Die aber ist – objektiv gesehen – keine blinde, grund- und ziellose Naturkatastrophe, sondern eine zielgerichtete, von Menschen für Menschen und gegen Menschen betriebene politische Aktion. Nach Absicht ihrer mehrheitlichen Aktivisten soll sie die Gesamtgesellschaft in einen besseren Zustand überführen als bisher. Nur die klasseneigene Perspektive der Aristokratie kann also Revolution gleichsehen mit Pest. Und damit die Folgen ihrer politischen Umwälzung zum allgemeinen Übel erklären. Goethe schließt sich dieser Perspektive an, indem er von vornherein den Erzählanlaß so und nicht anders vorgibt.

Seine konservative Abwandlung von Boccaccios Vorbild äußert sich noch in einem weiteren bezeichnenden Zug. Wir erinnern uns: Die zehn Patrizier im *Dekamerone* beflügelt aktive Initiative. Sie schließen sich zusammen und sie machen sich auf den Weg, um eine kleine Gegen-Gesellschaft zu gründen, wo freiheitlich gewählte Regeln walten statt verhängtem Chaos, wo heiteres Miteinanderumgehen waltet statt ängstlicher Isolation, Selbstbewußtsein statt Schicksalsergebenheit. Hiervon handeln auch die Novellen, die Boccaccios Runde reihum erzählt, um ungezwungen aufeinander einzugehen. Solche aktive Schwungkraft schlägt bei Goethe um in reaktive Maßnahmen zur Absicherung des Bestands. Letztlicher Auslöser seiner vorgeführten Erzählveranstaltung ist garnicht die Revolution selbst, sondern das Bedürfnis nach Ruhe auf der Flucht vor ihr. Die adelige Familie, die sich hier plaudernd zusammensetzt, will nicht etwa eine alternative Lebensweise herbeierzählen, die utopisch dem turbulenten Zustand der Gesamtgesellschaft mit einem schönen Gegenbild antwortet. Man will vielmehr, ganz aufs Private zurückgezogen, vermeiden und überspielen, daß die öffentlichen Zwiste auch noch vordringen bis in den Schoß der vornehmen Familie.

Diese Gefahr entsteht in dem Augenblick, wo der konservative Geheimrat und der fortschrittserpichte Vetter Karl sich beim Thema ›Revolution‹ derart erhitzen, daß sie sich gar gegenseitig mit dem Galgen bzw. mit der Guillotine bedrohen. Damit ist der innerfamiliäre Friede gestört. Sofort greift die Baronin ein, das autoritäre Oberhaupt der Gruppe. Sie gibt den Ton an, nach dem sich fortan alle richten. Was sie verficht und auch durchsetzt, ist ausgeglichener Konformismus, ist Verzicht auf politische Auseinandersetzung, die den status quo infrage stellen könnte:

Aber das kann ich von dem Zirkel erwarten, in dem ich lebe, daß Gleichgesinnte sich im stillen zueinander fügen und sich angenehm unterhalten, indem der eine dasjenige sagt, was der andere schon denkt. Auf euren Zimmern, auf Spaziergängen und wo sich Übereindenkende treffen, eröffne man seinen Busen nach Lust, man lehne sich auf diese oder jene Meinung, ja man genieße recht lebhaft die Freude einer leidenschaftlichen Überzeugung. (S. 611)

Damit ist die politische Diskussion gründlich von dort verbannt, wohin sie gehört. Von der Öffentlichkeit derer, die da unterschiedliche Wege einschlagen zur Verbesserung der allgemeinen gesellschaftlichen Zustände, ist sie verbannt in die private Kammer jedes Einzelnen oder ins Abseits der Natur, wo man auf Spaziergängen unverbindlich vor sich hinschwärmen mag. Hier nun macht die Baronin den eigentlichen Erzählzweck geltend. Erzählen statt Diskutieren. Erzählen, um den guten – sprich: vornehm aristokratischen – Ton wiederherzustellen. Das Erzählen soll »gänzlich alle Unterhaltung über das Interesse des Tages verbannen!« (S. 613). Drum: »Laßt alle diese (unpolitischen, V. K.) Unterhaltungen, die sich sonst so freiwillig darboten, durch eine Verabredung, durch Vorsatz, durch ein Gesetz wieder bei uns eintreten.« (S. 614). Das restaurative »wieder« wird zur verbindlichen Losung. Erzählt wird, um, im vertrauten Kreis, die Revolution zu vergessen sowie die eigenen zerstrittenen Einstellungen zur Revolution; und, um im Austausch maßvoller Geschichten eine Geselligkeit zu erzeugen, worin »Höflichkeit« und »Selbstbeherrschung« die maßgeblichen Werte sind.

Auch hier also wird zyklisch und instrumental erzählt. Nur, praktisch wird es hier allenfalls als praktizierte, eifrig erläuterte Tätigkeit. Nicht aber als Anspruch, wirksam ins Leben einzugreifen, um Leben zu retten, zu schützen oder zu mehren. Das Erzählen in Goethes *Unterhaltungen deutscher Ausgewanderten* wendet sich vielmehr fortschreitend in die Gegenrichtung. Es entfernt sich immer mehr vom ursprünglichen, wenn auch höchst indirekten, lebensbedrohlichen Anlaß. Es gelangt reflexiv zu einer Theorie seiner selbst. Denn: je mehr Geschichten da die Runde machen, desto eifriger wird über die Machart und das Handwerk der Erzählerei geredet. So, als würden diese Novellen und Anekdoten einzig dazu vorgetragen, um Anschauungsmaterial zu liefern für eine gründlich erörterte Gattungspoetik der Erzählkunst. Ein weiteres Indiz solcher zunehmend unpraktischen, allenfalls beruhigenden Selbst-Sucht der Erzählerei, kann man in der Durchführung des Rahmens ausmachen. Er kommt zu keinem Ende; er bricht ab; er führt keine andere Haltung der Zuhörer herbei. Dafür beschließt die letzte Erzählung, *Das Märchen,* die Gesamtveranstaltung. Das geschieht weder zyklisch noch instrumental noch praktisch, sondern allein thematisch. Was nämlich in dem Märchen beschworen wird, ist eine dermaleinst erreichbare gesellschaftliche Harmonie. Offen bleibt, was denn das Erzählen dieser und der andern Geschichten bewerkstelligt hat.

Brentano, *Rheinmärchen.* Brentano, in seinem gleichfalls unfertigen Zyklus, führt Basiles Ansatz fort. So geht er von keiner Erzählrunde aus, die auf einen äußeren Anlaß antwortet. Anlaß, Runde und Zweck entwickeln sich erst aus einem Märchen, das, um sich zu erfüllen, weitere Märchen erfordert. *Müller Radlauf,* der Held des ersten Märchens, kann nur König von Mainz werden, wenn er seine fluchbeladene Familie, bis in fünf Ahnenstufen zurück, erlöst. Das geschieht im (zweiten) Märchen vom *Hause Starenberg.* Und er kann die geliebte Ameleya aus den Tiefen des Rheins nur erretten, wenn er eben dieses Märchen dem Strom und den künftigen Untertanen erzählt. Ähnlich ergehts den Mainzer Bürgern, die im Lauf des ersten Märchens ihre Kinder an den Rhein verloren haben. Auch sie können sie nur ins Leben zurückrufen, indem einer nach dem andern am Ufer sein eigenes Lebensmärchen erzählt. Das geschieht zweimal, mit Erfolg, dann bricht der Zyklus ab. Erneut gehts um Tod und Leben oder doch um dauernde Trennung und Vereinigung. Ameleya und die Kinder sind zwar im Schoß des Rheins gut aufgehoben, aber eben von ihren Angehörigen strikt geschieden. Was bemerkenswert neu ist bei Brentano und genauer Analyse bedarf, ist die produktive Auseinandersetzung der Menschen mit Natur und mythischer Verstrickung, die sich in erzähltem Handeln und handelndem Erzählen bewährt.

Folgerungen: Erzählen als Enttöten

Wer den Stand wissenschaftlicher Beschäftigung mit Erzählkunst betrachtet, kann, grob verkürzt, feststellen: Grad so wie bei andern literarischen Gattungen wird entweder die Entstehung oder die Beschaffenheit oder die mögliche Wirkung des poetischen Produkts bedacht. Es wird also gemeinhin aufgefaßt als statisches Gebilde, das nur von außen her einem dynamischen Prozeß unterworfen ist, durch die außerliterarischen Umstände des Schreibens und Aufnehmens. Soweit die zeitliche Dimension infrage steht, richtet sich der forschende und deutende Blick überwiegend zurück, indem man die Leistung des Imperfekts abwägt oder die Rolle des Rhapsoden bzw. Erzählers, der längst kennt und überschaut, was der vorbringt, weil ers, als schon vorhanden und gewesen, hinter sich hat. Mithin, gefragt ist in den meisten Erzähltheorien sehr viel mehr das Erzählte als das Erzählen. (Selbst Lämmerts Standardbuch, das

Bauformen des Erzählens heißt, legt dem ermittelten System von Vor- und Rückverweisen die Vorstellung einer »sphärischen« Konstruktion zugrunde.)

Der Sachverhalt des instrumentalen und praktischen Erzählens, und was sich ihm entnehmen läßt, kann da manches ergänzen und vielleicht auch korrigieren. Er eröffnet weitere Perspektiven, sowohl auf die werkinterne Dynamik, die vorgeführte Tätigkeit des Erzählens, wie auf deren zweckvolle, zweckgerichtete Vorwärtsrichtung. Ungleich deutlicher als übliche Erzählwerke machen die hier beschriebenen darauf aufmerksam, daß das Erzählte und zugleich das Erzählen ein zukunftsoffener, ein buchstäblich raum- und zeitgreifender Prozeß ist. Der Erzähler stellt nicht bloß etwas vor. Er stellt dabei, schrittweise, etwas her. Vor den Zuhörern, aber auch mit und in ihnen. Zwar: er greift in der Regel auf etwas zurück (nur ausnahmsweise erfindet er ad hoc), holt also hier und jetzt etwas herbei, das bereits in der Welt oder in ihm selbst ist; sogar novellistische Neuigkeit wird als geschehen ausgewiesen. Aber: indem der Erzähler es vorbringt, betreibt er einen Fortgang des Texts, der als erzählter wie als erzählender Ablauf die Vergangenheit hinter sich zurückläßt.

Vollends machen unsre Beispiele darauf aufmerksam, daß solche Zukunftsbewegung des Erzählens weder in den leeren Raum noch selbstzwecklich dahin geht. Daß sie vielmehr aus bestimmtem Anlaß und in bestimmtem Interesse vor bestimmten Leuten getätigt wird, damit nach und jenseits des Erzählakts ein anderer Zustand anzutreffen ist als zuvor. Und sie machen ebenfalls darauf aufmerksam, daß die eingetroffene oder auch die verfehlte, jedenfalls aber die angestrebte Wirkung – im Rahmen des Erzählwerks selbst – ebenso sinnfällig dargeboten wird wie der Verkehr zwischen Erzähler und Empfänger. Kurz, unsre Beispiele stellen modellhaft aus: Anlaß, Funktion und kommunikative Umstände des Erzählens. Nimmt man solchen Modellcharakter an und nimmt man ihn ernst, dann lassen sich daraus Fragen und Blickrichtungen gewinnen, die über die Beschaffenheit des jeweiligen Erzählwerks hinausreichen auf allgemeinere Bewandtnisse.

Vor allem offenbaren die skizzierten Beispiele das außergewöhnliche Gewicht sowie den außergewöhnlichen Kredit, der dem Erzählen beigemessen wird. Und zwar durchgängig und unabhängig von den besonderen geschichtlichen, gesellschaftlichen und persönlichen Bedingungen, die von Werk zu Werk deutlich genug sich unterscheiden. Es geht allemal um den Kopf des Einzelnen oder um den Fortbestand lebenswichtiger Verhältnisse von überprivatem Rang. Das gilt so gut für *Tausendundeine Nacht* samt deren Abwandlungen (*Die sieben weisen Meister* usw.) wie fürs *Papageienbuch;* fürs novellistische *Dekamerone* wie fürs märchenhafte *Pentamerone;* für den Roman *Don Sylvio* wie für die *Unterhaltungen;* für die *Rheinmärchen* wie für den Novellen-Roman *Hamlet oder Die lange Nacht nimmt ein Ende.* Und es gilt nicht minder für jene Erzählwerke, die ich hier nur genannt, aber nicht skizziert habe. Für Alarcóns Roman *Der Skandal:* wo der tödlich verzweifelte Held in schier ausweisloser Lage einem gütigen, aber immerfort nachhakenden Pater sein verfehltes, verhängnisvolles Leben beichtet und dadurch die Gnade des Himmels erringt – bereits für seinen hiesigen Erdenwandel. Für Kellers Novellenzyklus *Das Sinngedicht:* wo Reinhart und Lucie, jeder bislang ein ungeselliger, stolz in sich verkapselter Einzelgänger, durch wechselseitiges Erzählen zweifelhafter Liebes-Fälle am Ende sich selbst und einander finden. Für Seghers' Novellenzyklus *Der erste Schritt:* wo zweiundzwanzig Männer und Frauen aus verschiedenen Ländern, Klassen und Berufen einander erzählen, wie sie jeweils dazu kamen, ihren persönlichen Kampf um menschenwürdiges Leben als Klassenkampf zu verstehen und zu führen – und eben dadurch einen zufällig Anwesenden zum gleichen »ersten Schritt« bewegen. Für Johnsons Roman *Das dritte Buch über Achim:* wo einer in wiederholten, immer wieder verworfenen Schreibanläufen und Dialogen mit dem Leser sich anstrengt, für sich und andere den unverfälschten Lebenslauf einer öffentlich verfälschten Person herbeizuerzählen.

Die Beispiele geben zu denken. Erzählen wird da nicht nur getätigt als defensive Maßnahme wider gewaltsamen – leiblichen, gesellschaftlichen oder geistigen – Tod. Es vollstreckt geradezu ein Gegenprinzip zum Prinzip des Sterbens. Wer instrumental und praktisch erzählt, kontert letalem Schwund durch sinnvolles Hervorbringen und Vollbringen. Wer in zyklischer Erzählrunde Geselligkeit erzeugt und aufrecht erhält, kontert der Ungeselligkeit von Friedhofsparzellen. Formelhaft hieße somit das Prinzip, das sich hier durchweg zu erkennen gibt: Erzählen als Enttöten. Es läßt sich, wie gesagt, nicht allein am thematischen Anlaß und Zweck der Veranstaltung ablesen, sondern eben auch am Hergang. Daran, daß die Erzählung, fortschreitend, ihren Weg dazu nur zurücklegt, um zu dem zu gelangen, was sie vor sich hat. Daran, daß sie nach ihrem Ende nicht eingeht, vielmehr weiterwirkt in den Zuhörern, denen sie eingeht. Erzählen als Enttöten: dies Prinzip wird wohl entschärft, aber nicht entkräftet, wenn beim zyklisch/instrumentalen Erzählen unmittelbar keine lebensbedrohenden Anlässe und rettenden Zwecke im Spiel sind. So in Chaucers *Canterbury Tales* und in Margarete von Navarras *Pentaméron,* wo die Gruppe, beidemal, zum Zeitvertreib erzählt. Im ersten Fall ist sie auf der Pilgerfahrt von Southwark nach Canterbury und zurück. Dieser Weg, genauer die Erlebniszeit des Wegs, soll durch Erzählungen verkürzt werden. Bemerkenswert sind hier mehrere Umstände. Erstens: daß keine Erzählrunde sich an einem festen Ort zusammensetzt, sondern daß dem erzählerischen Fortschreiten – innerhalb jeder Geschichte sowie von Geschichte zu Geschichte – die Fortbewegung der Leute im Raum entspricht. Zweitens: daß solchem gemeinsamen Hinstreben auf ein Ziel beim Erzählen ein agonaler Ansporn gegeben ist; denn man hat sich darauf geeinigt, die beste Geschichte preiszukrönen. Nicht die Pilgerfahrt, doch ihre erzählerische Zeitverkürzung, wird so zu einem Wettlauf, was dem zu ereilenden Seelenheil eine ironische Schlagseite gibt. Drittens: daß all die verschiedenartigen, dazuhin lebhaft erörterten Geschichten einzig dann abgelehnt werden, wenn sie langweilig sind, wenn sie Zeit vergeuden. Genau hier ist der Punkt, wo das Prinzip ›Erzählen als Enttöten‹ mittelbar zur Geltung kommt. Aus dem »Prolog des Rechtsgelehrten« und aus dem »Prolog zu Melibeus« geht unmißverständlich hervor: Erzählen ist für die Canterbury-Pilger keine Vertreibung, sondern Sättigung von Lebenszeit. Vertrieben wird allenfalls die leere Spanne, das passive Ausgesetztsein einem Zeitfluß, den kein eigenes Tun erfüllt. Denn das wäre ein Vorgeschmack von Tod.

Nicht viel anders stehts mit dem Zeitvertreib, den Margarete von Navarras Reisegruppe in den Pyrenäen erstrebt. Diese Leute sind soeben mit Verlusten verschiedenen Lebensgefahren entronnen: Überschwemmung, mörderische

Raubüberfälle, wilde Tiere. Obwohl sie darüber hinaus sind, ist ihnen vorerst der Heimweg verwehrt. Sie müssen warten, bis eine Brücke gebaut ist. Und dieser Zwang zum Stillstand schreckt sie ungemein.

»Wenn wir keine unterhaltsame und vernünftige Beschäftigung haben, laufen wir Gefahr krank zu werden. [...] Was aber noch schlimmer ist, wir werden sauertöpfisch und griesgrämig. [...] Denn unter uns ist keiner, Weib oder Mann, der nicht im Gedanken an das, was er verloren hat, Anlaß zu bitteren Tränen hätte. [...] Des ungeachtet bin auch ich der Meinung, daß wir uns mit einer vergnüglichen Beschäftigung die Zeit vertreiben sollten, sonst überleben wir den morgigen Tag nicht.« (S. 15)

Gut sieben Tage lang mit je zehn Erzählungen begegnet die Gruppe eben diesen Gefahren: der Krankheit an Leib und Geist, der griesgrämigen Ungeselligkeit, dem lähmenden Rückblick in Trauer, der zehrenden Beschäftigungslosigkeit. Gefährlicher noch als den Pilgern der *Canterbury Tales,* die sich immerhin auf ein Ziel zu bewegen, wird der Aristokratengruppe, die hier nicht weiter kann, Verharren zur Bedrohung. Und Erzählen wird ihnen, denen vorerst der Weg abgeschnitten ist, zum einzigen Ausweg, den Stillstand zu überwinden, das Übersichergehenlassen von Vergängnis, das Hinlauschen auf individuelles und allgemeines Zergehen. Da wie dort also vollführt Erzählen zum Zeitvertreib keine Vernichtung von sinnvoller Zeit, sondern einen Eingriff ins Schwinden. Beide Werke treffen sich mit den andern Werken zyklisch/instrumentaler Epik darin, daß die Grabsituation einsamen Stagnierens durchs lebendige Miteinander im gemeinsamen Erzählen durchkreuzt wird.

Was noch aussteht

Die skizzierten Werke mögen einstweilen als Beispiele genügen. Weitere werden in der Ausarbeitung des Entwurfs ein differenzierteres Bild ergeben. Dabei werden sich Art und Leistung zyklischen/instrumentalen/praktischen Erzählens noch genauer ermitteln lassen, zumal in seiner geschichtlichen Verschiedenartigkeit, wenn man unter anderem folgenden Fragen nachgeht:
- wo und wann wird erzählt? (im Freien, in einer Bibliothek, tags, nachts, eine Woche lang)
- wie wird erzählt? (geregelt oder kunterbunt; im Sitzen oder Herumgehen; ausschließlich oder abwechselnd mit andern Tätigkeiten)
- hat, was erzählt wird, größere Bedeutung für den Erzähler selbst oder für die Zuhörer?
- werden eigene Lebensgeschichten erzählt oder fremde Geschichten?
- wird ad hoc oder aus einem Vorrat erzählt?
- wie wirkt, was erzählt wird, über die Erzählrunde und den Zeitraum ihres Treffens hinaus?
- gehen verschiedene Erzähler und Erzählungen aufeinander ein?
- wird das Erzählte anschließend von den Zuhörern beredet?
- wie sehen, sozialgeschichtlich, die Umgangsformen der Gesellschaft aus, denen die jeweiligen Werke zyklisch, instrumental und praktisch ein Abbild oder Gegenbild liefern?

Sozialgeschichtlich kann man von den ermittelten werkinternen Verhältnissen des Erzählens (etwa bei Goethe im Gegensatz zu Boccaccio) ausgehen auf die tatsächliche oder auch idealiter erwünschte Funktion von Erzählkunst unter den jeweiligen gesellschaftlichen Umständen. Der Vergleich mit außerliterarischen Zeugnissen unter diesem Blickwinkel könnte Aufschlüsse verschaffen über den ideologischen und den praktischen Gebrauchswert mündlichen oder schriftlichen Erzählens in dieser oder jener Epoche.

Gattungspoetisch könnte sich der fragende Blick leiten lassen von unsern Beispielen, die den Erzählakt und seine Funktion im Werk selbst explizieren, auf die große Mehrheit epischer Werke, wo das nur implizit gegeben ist. – Gattungspoetisch könnte man auch zu Merkmalabgrenzungen zwischen Erzählkunst und Bühnenkunst gelangen, die den herkömmlichen nicht ganz entsprechen. Etwa: einerseits der Erzähler als Hersteller dessen, was er jetzt eben an Welt aus sich hervorbringt – andererseits der mimische Rollenträger auf der Bühne, der, im Zusammenspiel mit andern Mimen in dem aufgeht, was er jetzt eben darstellt; einerseits der Erzähler als Produzent, andrerseits der Mime als produzierendes Produkt. Diese Abgrenzungen wären noch zu verdeutlichen durch einen Vergleich zwischen Theater im Theater und erzähltem Erzählen. Aber auch innerhalb der Epik lassen sich bemerkenswerte An- und Abgrenzungen ahnen. Es sind nämlich vorzugsweise Novellen und (Kunst-)Märchen, die beim zyklischen, instrumentalen Erzählen zum Zug kommen. Epische Untergattungen also, die diesem erzählerischen Sachverhalt in mindestens zweierlei Hinsicht entgegenkommen: einerseits handeln sie von instrumentalem Handeln, andererseits stoßen sie sich ab vom status quo des Alltags durch unerhörte Begebenheiten (Novelle: neu; noch nicht vernommen. Märchen: übernatürlich; noch nicht erlebt).

Alles in allem: Erzählen entspringt offenbar einem tiefsitzenden Bedürfnis der Menschen, das sich durch Jahrhunderte in verschiedenartigen Epochen und Kulturkreisen nachdrücklich rührt. Daß mit einem solchen bewegenden Bedürfnis – Erzählen als Enttöten, Erzählen als Konstruktion wider Destruktion – zu rechnen ist, dafür sprechen auch außerpoetische Einrichtungen wie *Beichte* und *Psychoanalyse*. Es sind ebenfalls Gelegenheiten instrumentalen und praktischen Erzählens. Beichte wie Psychoanalyse betreiben jeweils erzählende Konstruktion eigener Vergangenheit, Herstellung von Zusammenhang aus Einzelheiten – aufgrund normativer Verhaltensmuster. Erzählanlaß ist leidende Zerrüttung des erzählenden Subjekts, des Sünders bzw. des Patienten. Erzählzweck ist eine bessere praktikable Zukunft. Katholisch gesprochen: wo Unheil war, soll Heil werden; freudianisch gesprochen: wo Es war, soll Ich werden. Durch Einsicht, Reue und Buße bzw. durch Einsicht, Begründung und Sicheingestehen soll das erzählende Subjekt gefestigt werden, um künftig handelnd mit sich und der verbindlichen gesellschaftlichen Norm übereinzustimmen. Das spielt sich ab vor der Instanz Gott bzw. tonangebende Sozietät, die stellvertretend beteiligt ist im zuhörenden, nachfragenden Mittelsmann. Dabei solls aufwärts gehen mit dem noch Leidenden; drum kniet er bzw. liegt er tiefer als der, zu dem er hinanspricht. Auch der Vergleich solcher außerpoetischer Einrichtungen mit den poetischen Erzählwerken könnte förderlich sein, den angesprochenen Sachverhalt gründlicher und historisch differenzierter anzugehen.

Wörtliche Zitate mit Stellenangaben sind folgenden Ausgaben entnommen:
G. B. Basile, *Das Pentamérone,* deutsch von A. Potthoff, München o. J.; J. W. v. Goethe, *Unterhaltungen deutscher Ausgewanderten;* in: Neue Gesamtausgabe (Cotta), Bd. 6, Stuttgart 1958; M. v. Navarra, *Das Heptameron,* deutsch von W. Widmer, München 1960.

HARTMUT STEINECKE

Die Rolle von Prototypen und kanonisierten Werken in der Romantheorie

August Wilhelm Schlegel entwickelte in der Einleitung seiner Berliner *Vorlesungen über schöne Litteratur und Kunst* 1801 seine Methode, »Theorie, Geschichte und Kritik« der Literatur

miteinander zu vereinigen und zu verschmelzen [...]. Und dies nicht etwa bloß in der Überzeugung, daß jedes dieser Dinge dadurch lehrreicher und anziehender werde, sondern weil sie schlechthin nicht ohne einander bestehen können, und eins immer nur durch Vermittlung des andern bearbeitet und vervollkommnet werden kann. [1]

Diese grundlegende Einsicht in das Verhältnis von Theorie, Geschichte und Kritik wurde erst in den letzten beiden Jahrzehnten wiederentdeckt. Seither ist sie zwar mehrfach als Forderung wiederholt worden, die praktische Anwendung bleibt allerdings noch immer rudimentär, sie beschränkt sich auf Teilbereiche der Literatur und auf einzelne Fragestellungen.

In den sechziger Jahren begann die Romantheorie – um die allgemeiner geltenden Beobachtungen auf diesen Bereich zu konzentrieren – in verstärktem Maß, sich historischen Fragestellungen zu öffnen. Neben den theoretischen und systematischen Modellbildungen gewann die historische Poetik ein immer größeres Gewicht. Zugleich erhielt sie ein wesentlich breiteres Fundament als früher: Die Zeugnisse der Romankritik – also etwa die Beschäftigung mit der Gattung in Vorreden, Zeitungsartikeln, Nachschlagewerken und vor allem Rezensionen – wurden erstmals in nennenswertem Maße beachtet und in die Theoriediskussion mit einbezogen. [2] Da diese Zeugnisse sich jedoch in hohem Maße mit den Werken der Zeit selbst befassen und die Geschichte der Gattung analysierend, interpretierend und kommentierend begleiten, die Theorie induktiv daraus ableiten, war damit zugleich eine breite Öffnung der Theorie hin zur Geschichte der Gattung erfolgt. Umgekehrt hat sich allerdings die Romangeschichtsschreibung den theoretischen und kritischen Einsichten nur zögernd geöffnet. Selbst neuere Versuche sind oft in erstaunlichem Maße methodisch naiv, reflexions- und theoriefeindlich. Erst seit den späten siebziger Jahren wurde vermehrt versucht, die Ergebnisse der Erzählforschung und der historischen Romanpoetik für die Gattungsgeschichtsschreibung heranzuziehen und fruchtbar zu machen. Dabei spielten der neue, weitere Literaturbegriff und Überlegungen sozial-, rezeptions- und funktionsgeschichtlicher Art die entscheidende Rolle.

Es ist sicher notwendig, daß diese Ansätze, Theorie, Geschichte und Kritik der Gattung als Einheit zu sehen, noch weitergeführt werden. Eine Möglichkeit dazu scheint mir zu sein, sich intensiver mit den Werken zu beschäftigen, denen sowohl in der Romangeschichtsschreibung als auch in der Theoriebildung eine besondere Bedeutung zukommt: den kanonisierten Werken und insbesondere den Prototypen.

Die Geschichte des Romans (und jeder anderen Gattung) ist zwar ein Prozeß, in dem ein jedes Werk die Gattung erweitert und variiert, aber es gibt naturgemäß Werke, die in besonderer Weise norm- und strukturbildend wirken, als vorbildhaft und nachahmenswert gelten: sie werden kanonisiert. Ihre Nachahmung läßt normalerweise noch hinreichend Spielraum zur Variation, zur Innovation, sie kann aber bis zum Epigonalen, fast bis zur bloßen Reproduktion gehen. Selbst noch die bewußte Entgegensetzung, der Anti-Typus und die Parodie gehören zum Wirkungsumkreis des kanonisierten Werkes.

Steht ein derartiges vorbildliches Werk am Anfang einer Gattungsentwicklung, so kann man von einem Prototyp, einem Urbild, sprechen. Sein normensetzender Charakter ist naturgemäß besonders stark. Die Orientierung an derartigen Vorbildern wird vor allem in Epochen, die das Nachahmen nicht unter das Verdikt des Unschöpferischen stellen, verbreitet sein, da mit der Befolgung der Gattungsmuster eine positive Wertung verbunden ist. Bereits Aristoteles nannte die »Erfahrung« eines der beiden entscheidenden Kriterien der Gattungsbestimmung – Erfahrung jedoch ist orientiert an großen Vorbildern.

Die bedeutende Rolle derartiger Prototypen und kanonisierter Werke in der Gattungsgeschichtsschreibung lag stets deutlich zutage: diese selbst hält ja zum einen meistens die allgemein geltenden Wertungen fest und räumt diesen Werken daher den breitesten Raum ein, sie ist zum andern selbst ein Teil des Kanonisierungsprozesses. Trotz dieses offensichtlichen Tatbestandes hat sich die Romangeschichtsschreibung bisher nur selten mit den Bedingungen der Konstituierung von Prototypen und kanonisierten Werken befaßt. Über allgemeine Hinweise, die auf Vermutungen beruhen, kommen die wenigen Überlegungen dazu nicht hinaus. Das liegt nicht nur daran, daß die Romangeschichtsschreibung überhaupt selten die Bedingungen und Voraussetzungen ihres Tuns reflektiert hat, sondern auch daran, daß in der Geschichte der Romantheorie eine derartige Fragestellung eben erst im Zusammenhang mit der Beachtung der historischen Poetik einen größeren Stellenwert gewinnen konnte. Denn es leuchtet unmittelbar ein, daß in Romantheorien, die sich auf ästhetisch-theoretische Zeugnisse im engeren Sinn beschränkten, die einzelnen Werke – auch die bedeutenden – nur eine begrenzte Rolle spielten, selbst wenn deren Muster mehr oder weniger deutlich hinter der Theoriebildung erkennbar waren; daß andererseits die Zeugnisse der Romankritik sich in besonders hohem Maße gerade diesen Werken widmen. So geben diese Texte unverstellt – weil nicht bereits eigenen Theorien dienstbar gemacht und entsprechend selektiert – Auskunft darüber, welchen Werken aus welchen Gründen eine selbstverständliche, normenbildende Verbindlichkeit zugesprochen wird, welche Romane Orientierungspunkte für diejenigen sind, die unmittelbar im literarischen Leben stehen und ständig bei der Kritik und bei der Bewertung von Romanen hinreichend einleuchtende Kriterien anwenden müssen.

In den letzten Jahren ist – im Zusammenhang mit der Diskussion um Gattungen als literarisch-sozialen Institutionen – die Schlüsselstellung von Prototypen und kanonisierten Werken im Schnittpunkt von Gattungsgeschichte und Gattungstheorie deutlicher gesehen und die Erforschung ihrer Rolle nachdrücklicher gefordert worden. [3] Zurecht spricht Wilhelm Voßkamp, der selbst der Diskussion eine Reihe wichtiger Anregungen gegeben hat, jedoch auch 1978 noch von einem »bisher weitgehend ungeklärten Forschungsdeside-

rat«. [4] Die Schwierigkeiten, einer Klärung näherzukommen, liegen allerdings
auf der Hand. Es handelt sich bei der Institutionalisierung und der Konsolidierung einer Gattung um höchst komplizierte Prozesse, bei denen sich literarische und historisch-gesellschaftliche Fragen überlagern. Die damit zusam-
menhängenden Probleme sind zudem begrifflich nur unscharf zu fassen und
laden zur vorschnellen Modellbildung ein, weil ihre empirisch überprüfbare
Basis wenig konkret zu sein scheint.

An dieser Stelle versuchen die folgenden Erörterungen einzusetzen und die
Diskussion weiterzuführen. Ausgangspunkt ist dabei ein umfangreiches Quellenmaterial zur Romankritik, das es erlaubt, Vermutungen und Mutmaßungen
durch einige konkrete Befunde zu ersetzen.

Dabei sind allerdings verschiedene erhebliche Einschränkungen unvermeidlich. Da es wenig sinnvoll ist, mit diesen Fragen gleich an die gesamte Gattung
des Romans heranzutreten, [5] bevor kleinere Einheiten untersucht sind, beschränke ich mich auf einzelne Romantypen. Weiterhin beschränke ich mich
auf das 19. Jahrhundert: denn in diesem Zeitraum ist das Quellenmaterial gegenüber früheren Zeiträumen bereits relativ dicht und damit repräsentativ,
aber auch noch nicht unüberschaubar wie im 20. Jahrhundert. Und ich beschränke ich mich auf den deutschen Bereich, da mir nur hier Quellen in größerem Umfang zur Verfügung stehen. [6]

Ich wähle mehrere unterschiedliche Beispiele, um möglichst viele der denkbaren Probleme in den Blick zu bekommen. Zunächst trage ich Beobachtungen zu vier Romantypen – dem Bildungsroman, dem historischen Roman, dem
Zeitroman und dem Kriminalroman – zusammen. Dabei gilt den Bedingungen
ihrer Konstituierung und Konsolidierung sowie dem Verhältnis von Terminologie und Gattungskonstitution besondere Beachtung. Diese punktuellen Beobachtungen sollen dann anschließend zu einigen Thesen zusammengefaßt
werden.

*

Der Romantypus *Bildungsroman* [7] gilt als etabliert, seit Wilhelm Dilthey
1870 den Begriff programmatisch verwandte. Auch der Hinweis Fritz Martinis,
daß der Ästhetiker Karl Morgenstern den Begriff bereits 1810 prägte, hat diese
Ansicht für viele nicht erschüttert, da sie den programmatischen Gebrauch mit
einigem Recht bestreiten. Sie argumentieren, daß »die Gattung Bildungsroman [...] erst viel später [...] als eine solche begrifflich erkannt worden« sei:
»d. h. der Begriff Bildungsroman und das Phänomen Bildungsroman in seiner
geschichtlichen Kontinuität könne erst von einem späteren geschichtlichen
Zeitpunkt aus theoretisch erfaßt werden.« [8] Diese Ansicht ist weder mit dem
Hinweis auf weitere Begriffsverwendungen vor Dilthey zu widerlegen noch
mit dem Nachweis, daß zentrale strukturelle Eigentümlichkeiten bereits in
Wielands *Agathon* zu finden und bei Blanckenburg beschrieben sind.

Betrachtet man jedoch die ersten Jahrzehnte der Diskussion über diesen Romantypus, dann zeigt es sich, daß dem terminologischen Problem nur eine untergeordnete Bedeutung zukommt; der Hinweis auf *Wilhelm Meisters Lehrjahre* ersetzte den fehlenden Terminus, so daß eindeutig Klarheit über das Ge-
meinte herrschte. Im Blick auf Werke wie den *Agathon* könnte man darüber

streiten, ob der *Meister* einen Prototyp darstellt. Die Analyse der theoretischen Diskussion des 19. Jahrhunderts zeigt jedoch, daß dieser Roman hier völlig eindeutig im Mittelpunkt steht: er wird in ca. 80 % der etwas ausführlicheren programmatischen Texte und selbst in einer Vielzahl von Besprechungen als das erste große Muster der Gattung angeführt, Wielands Roman hingegen wird nur in etwa 15% der Texte, die sich direkt oder indirekt mit dem Bildungsroman befassen, erwähnt.

So ist es sinnvoll, nicht nur Werke Prototypen zu nennen, die chronologisch am Anfang einer Entwicklung stehen, sondern auch solche, die zwar in einzelnen, vielleicht sogar wesentlichen, Zügen Vorläufer haben, aber doch gattungsprägend und normensetzend gewirkt haben: die geschichtliche Tatsache dieser Wirkung ist gegeben und sie bleibt, selbst wenn spätere differenziertere Forschung herausfinden sollte, daß der Ruhm ›eigentlich‹ einem anderen gebührt.

Analysiert man die romanpoetologischen Texte, die direkt oder indirekt auf den *Wilhelm Meister* Bezug nehmen, so erkennt man eine Reihe von Faktoren, die zu dessen Vorbildlichkeit und Vorbildhaftigkeit beitragen. Um zunächst zwei verbreitete Vermutungen abzuwehren: weder die Bedeutung des Autors noch die des Werkes spielen dabei eine ausschlaggebende Rolle. Naturgemäß wird die Bedeutung Goethes in poetologischen Zeugnissen aus dem Umkreis der Goethe-Anhänger als zusätzliches Argument benutzt, aber auch diejenigen, die Goethes Bedeutung im allgemeinen eher herabsetzen, stellen kaum in Frage, daß der *Meister* ein Prototyp ist. Daß die Bedeutung des Autors in der Tat weniger gewichtig ist, zeigt im Grunde bereits die Tatsache, daß Goethes anderen Romanen eine ähnliche prototypische Funktion nicht zugesprochen wird. Diese Werke werden von den meisten Kritikern dem *Meister* keineswegs qualitativ untergeordnet. Obwohl die literarische Bedeutung, die ein Werk hat – besser: die die Kritik einem Werk zuspricht –, also nicht entscheidend für seine Eignung als Prototyp ist, wird diese Eignung im Falle des *Meister* offensichtlich durch seinen allgemein anerkannten Rang unterstützt: immer wieder wird er in geradezu überschwenglichen Wendungen als »Meisterwerk«, als »das Höchste im Gebiete des Romans« gepriesen.

Das eigentlich Entscheidende, das den *Meister* zum Prototyp macht, liegt jedoch auf anderen Gebieten: Es sind zum einen *formale und strukturelle Aspekte* im weitesten Sinn. Die Grundstrukturen des Romans – Entwicklungsgang eines Individuums bis zum Erreichen bestimmter Ziele, Auseinandersetzung zwischen dem Individuum und der Welt –, sind leicht herauszuarbeiten und entsprechend leicht nachzuahmen. So erhält das Werk Modellcharakter. Es sind zum anderen *thematische Aspekte:* die Entwicklung des Individuums ist mit einer bestimmten Bildungskonzeption – der Reifung zur »Persönlichkeit« – verbunden, der in den Augen der Kritik hohe Bedeutung und große Verbindlichkeit zukommt.

Von ausschlaggebender Wichtigkeit ist nun, daß die Romankritik – insbesondere die tonangebende Kritik – bereit und fähig ist, diese Aspekte als »neu« zu erkennen und zu würdigen. So ist es denn bezeichnend, in wie vielen Zeugnissen der neuartige, *innovative Charakter* des Romans betont wird; immer wieder stößt man auf Formulierungen wie die, der *Meister* sei »der erste« gewesen, der den »neuen Begriff« des Romans gegeben habe.

Nun ist natürlich nur in seltenen Fällen etwas schlechthin neu und umgekehrt bringt nicht jede formale und thematische Neuerung gleich einen neuen Romantypus hervor. Eine besondere Bedeutung in diesem Prozeß kommt dabei den Lesererwartungen und den Leserbedürfnissen zu (wie sie im allgemeinen nur in den Zeugnissen der Leser greifbar sind, die sich schriftlich äußern und die damit, auch wenn sie nicht repräsentativ für die Leser insgesamt sind, in hohem Maße meinungsbildend wirken). Neben dem literarischen Aspekt (der wesentlich von der Spannung zwischen dem durch die geltenden Gattungsnormen und anerkannten Werke geprägten Erwartungshorizont einerseits, dessen in anderen Gattungen und in der Ästhetik teilweise vorbereiteter Erweiterung andererseits bestimmt ist) spielt dabei der politisch-gesellschaftliche Aspekt eine besondere Rolle (das Bürgertum nach dem Umbruch des späten 18. Jahrhunderts und den Auswirkungen der Französischen Revolution auf der Suche nach einem neuen Selbstverständnis, nach einem neuen Verhältnis von Kultur und Ökonomie, vor dem Hintergrund der Ausbildung des Liberalismus). Der *Wilhelm Meister* war offensichtlich eine viele überzeugende Antwort auf diese Leserbedürfnisse.

Die normenbildende Kraft des *Meister* reicht im 19. Jahrhundert weit über den »Bildungsroman« hinaus. Die bekannten in Buch V, 7 entwickelten Vorstellungen des Romans werden zu den am häufigsten zitierten Regeln in der theoretischen Literatur des 19. Jahrhunderts; ihre allgemeine normative Bedeutung und Verbindlichkeit wird noch dadurch unterstrichen, daß sie zunehmend ohne jeden Herkunftsnachweis angeführt werden. Dies ist ein Symptom dafür, daß man im *Meister* mehr und mehr den Prototyp der Gattung in Deutschland überhaupt sieht. Ihm wird »die Unerreichbarkeit des vollendeten Musters« zugesprochen, er gilt als »der deutsche Normalroman« (Theodor Mundt). Diese Stellung kommt ihm auch in den Augen derer fast selbstverständlich zu, die über ihn hinausgehen wollen: die Theoretiker anderer Romantypen grenzen sich entweder bewußt von ihm ab oder – und diese Haltung herrscht vor – versuchen, von der Autorität des Vorbildes zu profitieren. [9]

Dieser außerordentliche Erfolg, der über den eines ›normalen‹ Prototyps weit hinausgeht, bedarf weiterer Erklärungen. Auch hier gibt die Romankritik wichtige Hinweise. Offensichtlich entsprach der neue Romantypus nicht nur den oben angedeuteten Bedürfnissen des Lesepublikums, sondern traf auf ein sich gerade neu konstituierendes »kulturräsonierendes« Publikum (Habermas), das in der Folgezeit zum Meinungsträger wurde. Der Roman trug selbst dazu bei, den sich soeben entwickelnden Kultur- und Literaturbegriff dieses Publikums (abgekürzt: des ›klassisch‹ gebildeten liberalen Bürgertums, das im Roman die ihm gemäße Ausdrucksform sah) mitzuformen. Folgt man diesem Erklärungsmodell, dann ergibt sich, daß die über den Typus hinausreichende generelle Vorbildhaftigkeit so lange in Kraft bleibt, wie diese »Bedürfnissituation« [10] – und damit dieses Selbstverständnis des Lesepublikums – besteht. Die Rezeptionszeugnisse bestätigen diese Vermutung: sie zeigen, daß etwa seit den achtziger Jahren der Vorbildcharakter des *Wilhelm Meister* auf den Romantypus »Bildungs-/Entwicklungsroman« eingeschränkt wird.

Da der Roman von Beginn an gerade immer als »deutsches« Meisterwerk apostrophiert wurde, dessen Problematik »besonders uns Deutsche« anspreche, ergibt sich die Frage, inwieweit das Werk auch unter komparatistischem Aspekt gattungsbildend gewirkt hat. Die Versuche, Nachfolger des *Wilhelm Meister,* Bildungsromane in anderen Literaturen, ausfindig zu machen, sind zahlreich. Doch in keiner anderen Literatur kann man von einem eigenen Romantypus von Gewicht sprechen. Erst wenn man die Bestimmung weiter faßt, weniger auf die Konzeption »Bildung« abhebt, sondern auf grundlegende strukturelle Momente, werden größere Zusammenhänge deutlich: Begriffe wie »Individualroman« oder »Novel of Formation« sind geeignet, diese weitere Perspektive zu öffnen. [11]

Versteht man unter einem *historischen Roman* [12] ein Werk, das Ereignisse und Gestalten aus der Vergangenheit erzählerisch behandelt, dann gibt es historische Romane schon seit Jahrhunderten. So ist es bemerkenswert, daß in den zwanziger Jahren des 19. Jahrhunderts beim Erscheinen der Romane Walter Scotts eine rege gattungstheoretische Diskussion einsetzt, die relativ rasch zu dem allgemeinen Konsensus führt, hier liege ein Neuansatz in der Geschichte der Gattung, ein neuer Romantypus vor.

Analysiert man die zahlreichen romanpoetologischen Stellungnahmen zum historischen Roman, so stößt man auf ein merkwürdiges Phänomen: als Prototyp fungiert mehr ein Kollektiv – ›die‹ Romane Scotts – als ein einzelnes Werk. Zwar wird ein Roman häufiger als andere genannt und als vorbildlich befunden, *Waverley;* aber die anderen Romane werden ebenfalls relativ oft angeführt.

Waverley wird als ein Neuansatz angesehen, weil hier ein neues Verhältnis von Fiktion und Geschichte herrscht; dazu kommt eine neue Struktur der Darstellung von Geschichte – die Leitung des Lesers durch einen mittleren Helden und die Übernahme seiner Perspektive – sowie die Wahl eines Zeitraums, der noch vom Gedächtnis der älteren Zeitgenossen erreicht wird. Allerdings hat Scott selbst diese Neuerungen nicht in allen seinen Werken konsequent durchgeführt. Der Gegentypus, der am bekanntesten wurde, ist *Ivanhoe,* der mit seiner Wahl einer fernen Vergangenheit und einer stärker romantisch-abenteuerlich gefärbten Handlung im Grunde eine weit größere Nachfolgerschaft gefunden hat. Dieser dem bis dahin üblichen historischen Roman näherstehende Typus wurde durch die Subsumtion unter die Autorschaft Scotts zum Teil des Prototyps. Dadurch erhielt das Modell eine derartige Spannweite, daß sich eine breite Rezeption und Nachfolge anschließen konnte. Die normenbildende Wirkung, die davon ausgeht, ist so stark, daß das Gattungsmodell ›historischer Roman‹ praktisch davon besetzt ist. Wer andere Möglichkeiten romanhaften historischen Darstellens benennen will, muß sich davon absetzen: Noch ein Titel wie »Der ›andere‹ historische Roman« (Geppert) bezeugt die normensetzende Kraft Scotts: denn das »andere« läßt sich natürlich nur gegen das »eigentliche« abgrenzen.

Daß es zu diesem Versuch, Scott ›abzulösen‹, überhaupt kommen konnte, hängt damit zusammen, daß dessen Rolle zeitweilig in Vergessenheit geriet (und erst durch Lukács wieder entdeckt wurde). [13] Dies wiederum ist darauf zurückzuführen, daß Scotts Werke nach der verbreiteten Wertung kaum über eine mittlere literarische Qualität hinausreichen, während es in der Folge zweifellos eine große Anzahl sehr bedeutender historischer Romane gab. Dadurch wird die Rolle als Prototyp zwar nicht grundsätzlich in Frage gestellt, aber doch immerhin anzweifelbar, da viele Literaturwissenschaftler offensichtlich annehmen, ein Prototyp müsse besondere literarische Qualität aufweisen.

Wenn ein Werk mittlerer Qualität Prototyp einer neuen Gattung wird, müssen allerdings die außerhalb des Werkes liegenden Faktoren besonders stark sein. Bereits zur Zeit der größten Hochschätzung Scotts erkannten die Romantheoretiker, daß die »Gründung« des neuen Romantypus »nicht vermöge überwiegender Genialität des Ersten, der ihn [den neuen Ton des Romans, damit den neuen Typus] traf, sondern vermöge innerer Nothwendigkeit« der Zeit erfolgt sei (Willibald Alexis). Dieses Kriterium ist naturgemäß sehr schwer präzis zu fassen, ja selbst zu benennen. Zu einer derartigen »Zeitgerechtheit« gehört wohl in erster Linie, wie beim *Wilhelm Meister,* eine bestimmte Rezeptionshaltung des Publikums. Eine besondere Rolle spielt in diesem Fall die Erfahrung eines neuen Verhältnisses zur Geschichte (das in der nachnapoleonischen Zeit intensivierte Interesse an der Geschichte, die Wendung zur wissenschaftlichen Beschäftigung mit ihr, die beginnende Leidenschaft für das Sammeln, das Detail) und ein diesem entsprechendes neues Menschenbild (die Übereinstimmung des neuen Heldenbildes mit dem von den politischen Entwicklungen geprägten und geforderten neuen – durchschnittlich-»demokratischen« – Menschenbild). Dazu kommt noch, daß dieser Romantypus zwar neu war – also dem Kriterium »innovativ« entsprach –, aber in ungewöhnlichem Maße auch Bekanntes und Vertrautes aufgriff und weiterführte. Da auf diese Weise Lesererwartungen sowohl bestätigt als auch erweitert wurden, konnte der seltene Fall eintreten, daß ein Prototyp zugleich zu einem Breitenerfolg wurde.

Der *Zeitroman* [14] gilt heute vielen als der wichtigste Romantypus des 19. Jahrhunderts; der Begriff wird mit erstaunlicher Selbstverständlichkeit und Unbefangenheit verwendet. In der neuesten Literaturgeschichte des Vormärz heißt es zwar, der Typus sei »nicht eindeutig definierbar«, aber er erhält dennoch ein eigenes Kapitel: darin werden, wie es mit entwaffnender Naivität heißt, die Romane behandelt, »die gemeinhin als *Zeitromane* klassifiziert werden«. [15] Was »gemeinhin« darunter klassifiziert wird, ist leider recht umstritten. Eine terminologiegeschichtliche Abhandlung steht auch hier noch aus. Bis vor kurzem betrachtete man die Werke der Jungdeutschen und Immermanns als erste deutsche Zeitromane, die als Reaktion auf die Vorherrschaft der historischen Romane mit der allgemeinen Hinwendung zur Gegenwart nach 1830 entstanden seien; als Beleg galt unter anderem, daß der jungdeutsche Ästhetiker Wienbarg den Begriff 1835 geprägt habe. Obwohl das teilweise noch immer in den Nachschlagewerken steht, ist es falsch. Nun rückte ein anderer bisher nur en passant beachteter, weil in einem Privatbrief stehender Beleg Brentanos von 1809 in den Vordergrund. Zugleich wurde den Werken der dreißiger Jahre die Priorität abgesprochen, die man ihnen ohnehin wegen ihrer unverkennbaren Traditionsbindung und wohl auch wegen ihrer mittleren Qualität nur ungern zugestanden hatte; an ihre Stelle trat der von Brentano genannte Roman, Arnims *Gräfin Dolores,* daneben als weitere bedeutende frühere Beispiele Eichendorffs *Ahnung und Gegenwart,* und, außer Goethes schon zuvor genannten *Wanderjahren,* auch die offensichtlich für vieles verwendbaren *Lehrjahre.*

Obwohl sich diese neue Kanonbildung in den Publikationen der letzten Jahre (Worthmann, Emmel) zunehmend durchsetzt, verbieten m. E. sowohl die Zeugnisse der zeitgenössischen Rezeption und der frühen Literaturgeschichtsschreibung als auch das Traditionsverständnis der Autoren, die spätere Verfasser von Zeitromanen sind (außer den genannten also etwa Sealsfield, Gotthelf oder Fontane), von einem neuen Prototyp zu sprechen. Ebensowenig spiegelt dieser Roman ein durch historische oder gesellschaftliche Veränderungen bewirktes neues Verständnis von »Zeit« (das beginnt in der Tat erst nach der Julirevolution mit Heine und den Jungdeutschen). [16]

Es versteht sich, daß sich durch die nachträgliche Kanonisierung von Werken die Inhalte und Strukturen des Typus »Zeitroman« erheblich verschieben: Der Literarhistoriker sollte, bevor er selbst neue Gattungsdefinitionen einführt und Werke zu kanonisieren versucht, verpflichtet werden, deutlich zu machen, wie die Rezeptionsströme und die begriffsgeschichtlichen Diskussionen verlaufen. Denn dies ist das einzige Korrektiv gegen klassifikatorische und interpretatorische Willkür, wenn es weder einen einigermaßen festen Wortgebrauch noch einen in der Zeit und unter den Nachfolgern der nächsten Generation(en) anerkannten Prototyp gibt.

Um den Unbestimmtheiten, die der Begriff »Zeit« mit sich bringt, zu entgehen, wählten bereits zahlreiche Kritiker des 19. Jahrhunderts den Weg, ihn durch den der »Gesellschaft« zu ergänzen oder zu ersetzen. Abgesehen davon, daß beides keineswegs synonym ist, kommt man dabei allerdings vom Regen in die Traufe: denn die terminologischen und die gattungsgeschichtlichen Fragen, die sich ergeben, sind im Grunde die gleichen. Auch die für diesen Typus von der Kritik am häufigsten genannten Vorbilder, die ausländischen Romane von Balzac, George Sand und Dickens, konnten die Lücke des fehlenden Prototyps nicht füllen. Trotz ihres unbezweifelten Ranges (der gewiß auch nicht unter dem Scotts steht) sprachen offensichtlich nationale Vorurteile dagegen. Die Akzeptierung dieser Prototypen hätte den ständigen qualitativen Vergleich provoziert; da die Darstellung der Gesellschaft als ein stärker national gebundenes Thema empfunden wurde als die der Geschichte, betrachteten viele Kritiker einen derartigen Vergleich als unangenehm, sie versuchten, die Regeln des Typus neu festzulegen und zwar so, daß die nationalen Produkte dadurch aufgewertet wurden.

Um sich der problematischen Diskussion um Allgemeinbegriffe zu entziehen, ist es möglich, ähnlich wie beim Bildungsroman den Akzent vom Thematischen auf das Strukturelle zu verlagern und den Typus als »Vielheitsroman« (Fontane) zu betrachten. Zwar decken sich auch hier die Begriffsinhalte nicht völlig, aber der Typus hat einen wichtigen Vorteil: er wird in der theoretischen Diskussion der Zeit klar bezeichnet, seine wichtigen Merkmale lassen sich deutlich bestimmen. Allerdings spielt auch der Vielheitsroman im Grunde nur eine untergeordnete Rolle, weil es kein Werk gibt, das man als Prototyp vorstellen könnte und weil keine Werke des Typus kanonisiert sind (die Versuche, Gutzkows Roman des Nebeneinander *Die Ritter vom Geiste* zu kanonisieren, scheiterten bisher, wohl überwiegend an Qualitätsargumenten). Unter strukturellem Aspekt werden zwar ausländische Vorbilder wie Thackerays *Vanity Fair* eher akzeptiert; dennoch bleibt offensichtlich die Verbindung mit dem Thema der Zeit- und Gesellschaftsdarstellung so bewußt, daß die Gattung selten in komparatistischer Sicht behandelt wird.

Wir haben hier also eine Theorie ohne das unmittelbare Vorbild eines Werkes, also ohne Erfahrung und ohne Bestätigung. Am Beginn der romantheoretischen Diskussion stehen Forderungen und Programme – ein Verfahren, das in Deutschland erst im 20. Jahrhundert üblich wird.

Der *Kriminalroman (Detektivroman)* [17] ist seit etwa zwei Jahrzehnten ein beliebter Gegenstand der literaturwissenschaftlichen Forschung. Während zunächst der Typus leicht bestimmbar schien, wuchsen bei näherer Betrachtung die Probleme; neben dem vermuteten Ursprung aus dem Intellektuell-Rationalen der Aufklärung wurde das Geheimnisvoll-Dämonische der Romantik als Herkunft und Erbe des Typus namhaft gemacht. Anderen galt er als ein Romantypus, bei dem man besonders klar nachweisen könne, daß Gattungen Antworten auf neue gesellschaftliche Verhältnisse, neue Bedingungen des gesellschaftlichen Lebens sind (z. B. Änderungen im Polizeisystem, Notwendigkeit des Indizienbeweises, damit Herausbildung der Detektivfigur). Die Unterscheidung zwischen Kriminalromanen als Verbrechensgeschichten und Detektivromanen als Werken über die Aufklärung von Verbrechen versuchte, strukturelle Grundmöglichkeiten terminologisch zu trennen. Wie ist dieser Wirrwarr, der den Stand der Forschung heute prägt, zu erklären? Von den Gründen, die man dafür benennen kann, scheint mir auch hier v. a. das Fehlen eines Prototyps von Bedeutung. Zwar hat die Forschung in den letzten Jahrzehnten einige Werke kanonisiert: so Poes *Murders in the Rue Morgue* oder Schillers *Verbrecher aus verlorener Ehre*. Aber keines dieser Werke stellt einen Prototyp dar, auch nicht die am häufigsten und von Autoritäten wie Ernst Bloch oder Richard Alewyn genannte Erzählung *Das Fräulein von Scuderi* von E.T.A. Hoffmann. Ihr literarischer Rang und ihre Zugehörigkeit zum Genre der Kriminalgeschichte stehen zwar nicht, ihre Priorität darin kaum in Frage; aber wenn man die Rezeptionsgeschichte des Werkes analysiert, so stellt man fest, daß das Thema der Verbrechensaufklärung und die dadurch bedingte Struktur der Erzählung hier kaum und nur in sehr allgemeiner Weise behandelt werden. In keinem Fall finden sich Hinweise darauf, daß hier ein neuer oder neuartiger Erzähltypus vorliegen könnte. Die Kriminalgeschichte etabliert sich zwar schon im frühen 19. Jahrhundert allmählich in der Diskussion der Literaturkritiker und -historiker, aber sie galt fast durchweg als eine Untergattung der Räuberromane, die zusammen mit den Ritter- und Geisterromanen die Trias der ›trivialen‹ ›Unterhaltungsromane‹ (beide Begriffe kommen in dieser Zeit dafür auf) bilden. Als Beispiele figurierten Autoren wie August Gottlieb Meißner, Adolf Müllner oder Jodocus Donatus Hubertus Temme – von Schiller grenzt man diese Schriftsteller gelegentlich ausdrücklich ab, Hoffmann wird in diesem Zusammenhang kaum einmal erwähnt. Was folgt daraus?

Zur Konstituierung eines Prototyps ist offensichtlich auch eine in diese Richtung gehende Rezeption durch die Kritik notwendig. Ein Werk kann möglicherweise erst viele Jahrzehnte später in den Kanon einer Gattung aufgenommen werden, wenn sich die Diskussion über den Rang von Werk und Autor so lange hinzieht; aber eine nachträgliche Erhebung zum Prototyp scheint nicht möglich. Der Prozeß der Normenbildung kann eben nur von einem Beispiel ausgehen, das in der Diskussion der Kritik als in irgendeiner Hinsicht neu und vorbildlich erkannt worden ist.

*

Ich fasse zusammen, ergänze um Beobachtungen an der Geschichte weiterer Romantypen des 19. Jahrhunderts und versuche, die verschiedenen Faktoren zu gewichten.

Ein neuer Romantypus entsteht im allgemeinen als Reaktion auf Verfestigungen bestehender Typen, als Antwort auf neue historisch-gesellschaftliche Verhältnisse, neue Leserbedürfnisse; zugleich geht er deutlich über diesen Horizont hinaus und schafft selbst etwas Neues (sonst bliebe es bei einer – ja auch immer diesen Entstehungsbedingungen unterworfenen, innovativen – Variation vorhandener Gattungen).

Als ›neu‹ wird dieser Romantypus in der Zeit selbst vor allem dann erkannt, wenn er einen Prototyp aufweist. Dieser Prototyp wirkt in hohem Maße normsetzend und -bildend, daher prägt er die weitere Geschichte des Romantypus. Ein Zeichen dafür ist, daß der Titel des Prototyps den neuen Typus überhaupt bezeichnen kann; in Extremfällen bleibt die Bezeichnung auf Dauer erhalten (Utopischer Roman, Robinsonade), in vielen Fällen wird sie so lange benutzt, bis sich ein allgemeinerer, Inhaltliches oder Formales zumindest andeutender Begriff durchgesetzt hat (Bildungsroman). [18] Je stärker normsetzend ein Prototyp ist, desto begrenzter sind die Variationsmöglichkeiten: sie sind eher durchgespielt, die Folge ist bloße Reproduktion, der Typus ist nur für eine historisch begrenzte Zeit von literarischer Bedeutung.

Bei der Konstituierung von Prototypen müssen einige Bedingungen zusammentreffen. Dazu gehören: innovativer Charakter in struktureller und/oder thematischer Hinsicht; Zeitverhältnisse (gesellschaftlich-historische Situation und Bedürfnisse); Lesererwartung, Rezeptionsbereitschaft der Leser, insbesondere der Literaturkritik; (in Einzelfällen ferner: Zugehörigkeit zur eigenen Nationalliteratur). Weitere Bedingungen wirken unterstützend, sind aber nicht notwendig, z. B. das Ansehen des Autors und der hohe Rang, den ein Werk nach Ansicht der Kritik besitzt. Treffen diese beiden Bedingungen nicht zu, kann die Literaturwissenschaft später eher versucht sein, vom Prototyp unabhängige Gattungsdefinitionen vorzunehmen.

Die Geschichte eines Romantypus wird bestimmt von kanonisierten Werken, die den Prototyp unter Beibehaltung grundlegender Merkmale variieren und erweitern. Weist ein Romantypus keinen Prototyp auf, so erfolgt auch die spätere Kanonisierung von Werken zögernder, seine Eigentümlichkeiten sind schwerer zu fassen; die Folge sind große Differenzen in seiner Auffassung.

Bei der Kanonisierung eines Werkes kommt mehreren Faktoren andere Bedeutung zu als bei der Konstituierung von Prototypen. Es wirken zusammen: die Rezeptionsbereitschaft der Literaturkritik, der von der Kritik konstatierte hohe Rang des Werkes und das Ansehen des Autors. Der innovative Charakter spielt zwar ebenfalls eine Rolle, aber in etwas anderer Hinsicht. Obwohl das Befolgen der durch den Prototyp gesetzten Normen wichtig ist, kann sich ein vorwiegend epigonales Werk allenfalls für eine begrenzte Zeit im Kanon halten. Es gibt einen Spielraum der Abwandlung und Weiterentwicklung, der aus-geschöpft werden muß und der sowohl von der Individualität des Autors als auch von den geänderten Zeitverhältnissen bestimmt ist. Der Prozeß der Ka-nonisierung hängt eng mit dem der Wertung und mit der Autorität von Mei-nungsträgern (Literaturkritik, in sekundärer Weise auch Literaturwissenschaft) zusammen; auch diese Beziehungen sind noch kaum erforscht.

Diese Befunde und die daraus abgeleiteten Ergebnisse wurden an Romanty-pen und Materialien des 19. Jahrhunderts im Bereich der deutschen Literatur erarbeitet. Sie sind sicher nicht ohne weiteres auf andere Epochen, Literaturen und Romantypen, und noch weniger auf andere Gattungen, übertragbar. Mit einiger Sicherheit läßt sich annehmen, daß sie für frühere Zeiten in ähnlicher Weise, vielleicht noch dezidierter, gelten: in Zeiten, in denen die Produktion überschaubarer war und Typen eher als neu erkannt werden konnten, in denen die Dominanz von Autoritäten und Normen größer war. Die völlig unter-schiedliche Quellensituation der Rezeptionszeugnisse erlaubt andererseits al-lerdings nur Aussagen von begrenzter Gültigkeit. Problematischer wäre sicher eine Erweiterung auf das 20. Jahrhundert. Die Fülle der ständig heterogener werdenden Romane läßt sich immer schwerer auf einige Grundtypen zurück-führen; die Beeinflussung durch die einem Werk zeitgenössischen Werke der gesamten Gattung, ja der Literatur und der Kunst einer Zeit überhaupt wird größer als die durch die Tradition eines Typus; das Selbständigkeitsstreben, das teilweise zu einem Originalitätsstreben wird, erschwert Traditionsbildun-gen. Diese Faktoren führen dazu, daß Werke wie Joyces *Ulysses* oder Musils *Der Mann ohne Eigenschaften,* über deren innovatorische Kraft und literari-sche Bedeutung keinerlei Zweifel bestehen, zwar kanonisiert, aber nicht Proto-typen in der Entwicklung neuer Romantypen wurden.

Trotz dieser notwendigen Einschränkungen und der zahlreichen hier nur aufgeworfenen Fragen kann die intensivere Beschäftigung mit Prototypen und kanonisierten Werken von Nutzen sein: für den hier gewählten Zeitraum, weil sich dabei die Möglichkeit eröffnet, Theorie und Kritik der Gattung stärker in ihre Geschichtsschreibung mit einzubeziehen; generell, weil sich von diesem Ansatzpunkt aus vielleicht einige der vielen erst andiskutierten Fragen der Gattungsgeschichte als Funktionsgeschichte weniger spekulativ als bisher be-handeln lassen.

Anmerkungen

1 August Wilhelm Schlegel, Kritische Schriften und Briefe, hrsg. v. Edgar Lohner, Bd. 2, Stuttgart 1963, S. 9.
2 Vgl. zu dem Verhältnis Romantheorie – Romankritik ausführlich: Vf., Romantheorie und Romankritik in Deutschland. Die Entwicklung des Gattungsverständnisses von der Scott-Rezeption bis zum programmatischen Realismus, Bd. 1, Stuttgart 1975, S. IXff. u.ö.
3 Vgl. etwa Ulrich Suerbaum, Text und Gattung, in: Ein anglistischer Grundkurs, hrsg. v. Bernhard Fabian, Frankfurt 1973, S. 129–131 (»Der gattungsprägende Einfluß von Vorbildern und Modellen«); Wilhelm Voßkamp, Gattungen als literarisch-soziale In-stitutionen, in: Textsortenlehre – Gattungsgeschichte, hrsg. v. Walter Hinck, Heidel-

berg 1977, S. 27 ff.; ders., Methoden und Probleme der Romansoziologie. Über Möglichkeiten einer Romansoziologie als Gattungssoziologie, in: IASL 3, 1978, S. 1 ff., bes. S. 29 f.

4 Voßkamp, Methoden, S. 29.

5 Wenigstens andeutungsweise sei die Frage aufgeworfen, ob die Gattung insgesamt einen Prototyp besitzt, etwa Heliodors »Aithiopika«. Angesichts der großen Wirkung dieses Romans vom 16. bis in 18. Jahrhundert wäre das durchaus erwägenswert. Das Romanverständnis dieser Zeit ist in hohem Maße an diesem Vorbild orientiert: seit dem 18. Jahrhundert wird der Roman allerdings immer stärker als der Vorläufer nur eines Romantyps – des Liebesromans (wobei diese Bezeichnung mindestens ebenso sehr strukturell wie thematisch zu fassen ist) – empfunden, dessen Bedeutung im Ensemble der Gattungstypen zudem ständig zurückgeht. Daher erscheint mir seine Bezeichnung als Prototyp der gesamten Gattung problematisch.

6 Materialgrundlage ist ein derzeit rund 1600 Texte umfassendes Kopienarchiv zur Romanpoetik in Deutschland im 19. Jahrhundert, Teil eines umfangreicheren Forschungsprojektes zur »Geschichte der Literaturkritik in Deutschland«. Zitate aus diesem Material werden im folgenden nicht nachgewiesen, da es nur um ihren symptomatischen Charakter geht; die Beweiskraft liegt in der Breite der entsprechenden Argumentation. Einige der im folgenden nur angedeuteten Vorstellungen von einzelnen Romantypen habe ich in dem in Anm. 2 genannten Werk sowie in verschiedenen weiteren Arbeiten der letzten Jahre ausführlicher entwickelt. Ich verzichte im allgemeinen auf Einzelhinweise.

7 Umfassende Übersichten über die bisherigen Diskussionen bieten Lothar Köhn (Entwicklungs- und Bildungsroman. Ein Forschungsbericht, Stuttgart 1969), Jürgen Jacobs (Wilhelm Meister und seine Brüder. Untersuchungen zum deutschen Bildungsroman, München 1972; bes. »Geschichte des Terminus ›Bildungsroman‹«, S. 10 ff.) und Martin Swales (The German Bildungsroman from Wieland to Hesse, Princeton 1978).

8 Diskussionseinwand gegen Voßkamp, Gattungen, S. 43.

9 Z. B. wenn Karl Gutzkow in seinem Roman Die Ritter vom Geiste nicht nur einen »Roman des Nebeneinander«, sondern auch einen »politischen Wilhelm Meister« sehen möchte.

10 Diesen Begriff gebraucht Voßkamp, Methoden, S. 30: Den »Erfolg« der »Romanmuster« machen »erst bestimmte soziologisch zu analysierende historische Bedürfnissituationen möglich.«

11 Vgl. Steinecke, Romantheorie, S. 26 ff.; Marianne Hirsch, The Novel of Formation as Genre; Between Great Expectations and Lost Illusions, in: Genre 12, 1979, S. 293–311; W. Witte, Alien Corn. The ›Bildungsroman‹: Not For Export?, in: German Life and Letters 33, 1979, S. 87–96.

12 Vgl. dazu ausführlich Vf., Wilhelm Meister oder Waverley? Zur Bedeutung Scotts für das deutsche Romanverständnis der frühen Restaurationszeit, in: Teilnahme und Spiegelung. Festschrift für Horst Rüdiger, hrsg. v. Beda Allemann und Erwin Koppen, Berlin 1975, S. 340–359.

13 Gepperts Versuch, die Gattung aufgrund des Verhältnisses von Fiktion und Geschichte neu zu definieren – ›tiefer‹ als die ›triviale‹ an Scott orientierte traditionelle Gattungsdefinition –, ist an sich sehr scharfsinnig. Er kann aber natürlich nach 150 Jahren nicht eine historisch gewachsene Tatsache annullieren. Eine – auch erhebliche – Erweiterung des Prototyps durch die in diesem Fall große Zahl literarisch bedeutender kanonisierter Werke ist selbstverständlich möglich. – Geppert fühlte sich ermutigt durch Lukács, dessen Buch »Der historische Roman« (1955) nach allgemeiner Überzeugung durch seine gesellschaftsbezogene Neuinterpretation Scotts Werk den Charakter des Prototyps zuerkannt hat. In der Tat hat Lukács allerdings nur die oben angedeuteten früheren Urteile bestätigt und neu gefaßt – was ihm selbst unbekannt war. Lukács ist also kein Beispiel für die nachträgliche Statuierung eines Prototyps durch die Literaturwissenschaft, wohl aber ein bemerkenswertes Beispiel einer ›Wiedereinsetzung‹ eines Prototyps in seine ursprüngliche Position.

14 Vgl. Joachim Worthmann, Probleme des Zeitromans. Studien zur Geschichte des deutschen Romans im 19. Jahrhundert, Heidelberg 1974, bes. S. 10 ff.

15 Joseph A. Kruse, Zeitromane, in: Deutsche Literatur. Eine Sozialgeschichte, hrsg. v. Horst Albert Glaser; Bd. 6, hrsg. v. Bernd Witte, Reinbek 1980, S. 167 u. 165.

16 Zum Verständnis von »Zeit« siehe Wulf Wülfing, Schlagworte des Jungen Deutschland, in: Zeitschrift für deutsche Sprache, Bd. 22, 1966, S. 154 ff.

17 Vgl. Edgar Marsch, Die Kriminalerzählung, Theorie – Geschichte – Analyse, München 1972; und Hans-Otto Hügel, Untersuchungsrichter, Diebsfänger, Detektive. Theorie und Geschichte der deutschen Detektiverzählung im 19. Jahrhundert, Stuttgart 1978.

18 Als Nebenaspekt ergeben sich noch einige Hinweise zum Gebrauch historischer Terminologien. Historische Termini werden selten bewußt geprägt, sie entstehen meistens beiläufig, übernehmen verbreitete, wenig genau konturierte Allgemeinbegriffe, überwiegend inhaltlicher Art, werden selten genauer definiert, unterliegen Bedeutungsschwankungen und -veränderungen. Das führt fast durchweg zu einer großen Beliebigkeit ihrer Verwendung. Dennoch kann man in literarhistorischen Arbeiten – im Gegensatz zu systematischen – nicht darauf verzichten. Allerdings sind gegenüber der verbreiteten Praxis willkürlicher Verwendung terminologiegeschichtliche Untersuchungen zu fordern, von denen Leitlinien für den Wortgebrauch hergeleitet werden sollen; es geht nicht an, den zeitgenössischen Wortgebrauch naiv zu übernehmen, die Art der Verwendung muß gekennzeichnet und reflektiert werden. Die Einbeziehung von Prototypen ist dabei wichtig, weil der Hinweis auf sie allgemeine Begriffe im Verständnis der Zeit festlegt.

HILMAR KALLWEIT

Erträge der Diskussion

I

Die Auseinandersetzung mit den ersten drei Vorlagen (*Gumbrecht, Konstantinović, Sanders*) hat gleich zu Beginn eine grundsätzliche – der Rahmenthematik des zweiten Tages eingeschriebene – Schwierigkeit der Gattungsdiskussion aufgenommen. Die Spannung nämlich zwischen der *theoretischen* Bestimmung von Narration einerseits und der Erfassung von Gattungen als *geschichtlicher* Erscheinungen zum anderen. Prägnant vorgegeben war diese Thematik durch die »anthropologische« Wendung in der Vorlage von Hans Ulrich *Gumbrecht*. Die darin vertretene Explikation eines »anthropologisch« konstanten Narrationsbegriffs ist als eine entschiedene Offenlegung von »Vorgriffen« verstanden worden, die eine Theorie der Narration einbringen, allerdings auch forschungsgeschichtlich transparent machen muß. In der Geschichte der Gattungstheorie sind dies zwei Ableitungstraditionen aus der Phänomenologie. Deren ontologische Variante in der Gattungstheorie Staigers wurde durch die komparatistische Argumentation in der Vorlage von Zoran *Konstantinović* erneut auf die tatsächlichen Grenzen ihrer Geltung eingeschränkt. In der Argumentation Gumbrechts aber erhält sie durch Aufnahme von Forschungsergebnissen des amerikanischen Interaktionismus eine neu zu diskutierende Wendung.

Die Absicht einer »anthropologischen« Fundierung des Narrationsbegriffs weckte allerdings per se Zweifel. Noch vor einer Auseinandersetzung mit der Begründung metahistorischer Konstanten der Narration wurden ihr als allein gegenstandsadäquat die Explikationsmöglichkeiten *historischer* Theorie entgegengehalten. Den historischen Gattungsphänomenen entsprechend sei von theoretischen Konzepten für geschichtliche Traditionen von längerer und kürzerer Dauer auszugehen. Nicht entkräftet werden konnte allerdings, daß in der »Lebenswelt« Rahmenbedingungen für Prozesse der Sinnbildung vorgegeben sind. Das Problem stelle sich zudem nicht als Dichotomie, sondern als Bestimmung des *Verhältnisses* von anthropologischer und historischer Theorie; die anthropologische Fundierung könne durchaus zu einem explikativen Leitfaden für die Geschichte entfaltet werden. Allerdings sei in der Vorlage ein Sprung festzustellen, in diesem Sinne ein Explikationsmangel. Anhand der Vorlage war jedoch schon mit Nachdruck klargestellt, daß sich von den metahistorischen Konstanten der Narration nicht bis hin zu den historischen Gattungsphänomenen *deduzieren* ließe. Wenn also keine Deduktion, so müßte doch eine zuordnende Explikation erfolgen können. Gefragt werden sollte nach einem Leitfaden, der vom anthropologisch bestimmten Narrationsbegriff zur funktionsgeschichtlichen Erläuterung historischer Gattungsphänomene führen könnte. In diesem Zusammenhang wurde an die Möglichkeit einer sy-

stemtheoretisch argumentierenden Vermittlung von Anthropologie und Geschichte erinnert.

Plausibel erschien, daß der anthropologisch konstante Rahmen Bedingungen für die gesellschaftliche Konstruktion von Wirklichkeit im Horizont der
Alltagswelt vorgibt, für jeweilige Prozesse der Sinnbildung und der Konstituierung von Intersubjektivität. Zweifel weckte allerdings der weiterführende
Vorschlag, diese Vorgänge an die grundlegenden Prozeduren »Thematisieren«, »Interpretieren« und »Motivkonstitution« zu binden und ihnen die konstanten Diskursformen »Erzählen«, »Beschreiben« und »Argumentieren« zuzuordnen. Nachdrücklich wurde auf die Widersprüche zu derart eindeutigen
Klassifikationen in den Texten selbst hingewiesen. Die Konstitutionsproblematik des Erzählens auf der linguistischen Ebene erschien nicht hinreichend
berücksichtigt. Tatsache sei, daß »Erzählen« in allen drei Diskursformen zumindest auch stattfinde. Die Erläuterung der drei konstanten Diskursformen
durch »Erlebnisstile« bzw. »Attitüden der Sinnbildung« würde diese Distanz
gegenüber den historischen Textformen noch nicht aufheben.

Diese Fragen wurden für die gattungsbezogene Argumentation in der Vorlage erneut aufgeworfen. Gumbrecht erläutert – ausdrücklich nicht dedu-
zie-
rend – den »Ort« der anthropologischen Konstante »Erzählen« in narrativen
Gattungen, die in einem spezifischen Sinne als »Institutionen« verstanden
werden. Der institutionelle Charakter wird bestimmt durch Habitualisierungen
auf der Ebene des sozialen Wissens: Institutionen als reziproke Erwartungen
typisierter Handlungen. Diese Bestimmung eröffnet einerseits Anschlußmöglichkeiten an die Erläuterung der konstanten Diskursformen im Kontext von
Sinnbildungsprozessen. Sie enthält zum anderen die Perspektive einer funktionsgeschichtlichen »Situierung der Gattungen«. Bedenkenswert erschien
nun vor allem, daß zu dieser Bestimmung von Gattungen als Institutionen bestimmte Textstrukturen und Rezipientenaktivitäten in Beziehung gesetzt werden könnten. Die Vorlage hebt als Elemente reziproker Erwartungen durchgängige Strukturen in Textrepertoire und Textstrategien hervor. Diese für alle
narrativen Gattungen durchgängigen Strukturen würden zu einer spezifischen
Aktstruktur des Lesens in der Form passiver Synthesen führen. Bezweifelt
wurde nicht, daß damit eine mögliche Differenz der Narration gegenüber den
Diskursformen des Beschreibens und Argumentierens angebbar sei. Ungeklärt
bliebe aber nach wie vor die Verbindlichkeit des anthropologischen Funda-
ments für die konkreten historischen Gattungen. Wie die Vorlage selbst auch
expressis verbis betont, daß die anthropologisch konstanten Strukturen ausdrücklich *nicht* als konstitutive Elemente von Gattungen angesehen werden
könnten. Müßte dann aber nicht neben eine Argumentationsstrategie, die eben
doch auf Anschließbarkeit zielt, eine Demonstration der Spannung treten, in
der sich der anthropologisch konstante Rahmen zur jeweiligen historischen
Artikulation von Sinnbildung in Texten befindet?

In der Präsentation der Vorlage von Hans *Sanders* wurde eine Gegenposition zu metahistorischen Bestimmungen pointiert: Ausgangspunkt und Ziel
der Gattungserörterung müßten Kriterien *historischer* Theorie sein, gleichermaßen abgesetzt gegen enthistorisierende Anthropologie wie gegen traditionelle Verfahren der Literaturgeschichtsschreibung. Als theoretisch begründete
Rekonstruktion von Geschichte führte Sanders seine Überlegungen zur Gene-

sis des institutionellen Rahmens bürgerlicher Gesellschaften aus und bestimmte den historischen Ort speziell des »Legitimationsmodus rationale Kritik« beim Übergang von der traditionalen zur modernen Gesellschaft. Gattungen wurden dabei ausdrücklich mit Bezug auf die gesellschaftlichen Normen,
ihre Wirkung und Verarbeitung in der Textproduktion und Rezeption verstanden, der Institutionenbegriff gebunden an Sinnbildungsprozesse (Vorgänge
der Sinnkonstitution, des Sinnhandelns, der Identitätsgewinnung). Die Freisetzung einer begrenzten Negation im neuen »Legitimationsmodus rationale Kritik« lasse sich zu bestimmten, relativ konstanten Materialelementen des Romans in Beziehung setzen. An den zwei Beispielanalysen ließe sich ein Pro-
blemzentrum in der Evolution des Romans demonstrieren, nämlich bestimmte
Verfahren des Wegarbeitens von Kontingenz. Der »Legitimationsmodus rationale Kritik« erschließe die historischen Bedingungen dieser Verfahren.

Allen Einwänden, die zu einer historisch genaueren Rekonstruktion heraus-
forderten, wurde der idealtypische Status dieser Form historischer Theorie
entgegengehalten. Vorgeschlagen sei hier eine idealtypisch verfahrende, geschichtlich rekonstruierende Theoriebildung zur Erfassung von Institutionalisierungsmodi gesellschaftlicher Normen. Die Verarbeitungsform dieser Normen im Materialstand der Gattungstexte erschließe die Einsicht in gattungsbe-
stimmende Elemente des Romans. Der Rekurs auf das idealtypische Vorgehen
entkräftete jedoch die Einwände der Sache nach nicht: die problematische
Allgemeinheit der Formel vom »Legitimationsmodus rationale Kritik«; die in
der Formel »Institution Kunst« (Bürger) ineinsgesetzte Komplexität von Pro-
duktions-, Rezeptions- und Kritikgeschichte; die Verschränkung von Vorzeiti-
gem, Gleichzeitigem und Nachzeitigem; die Abschattung von je spezifischen
Standorten der Autoren. Zweifelhaft blieb auch die Schärfe der gewonnenen
Gattungsbestimmung, denn wesentliche Momente zur Problemstellung des
Romans gelten schon früher, sie wären in ihrer Bedeutung auch für andere
Gattungen zu überprüfen. Auch die Kontinuitätsthese bedürfe neuer Überle-
gungen, denn z. B. seien Balzacs Romane noch im Kontext der von Foucault
erläuterten »Metaphysik der Tiefen« zu interpretieren, gegen die der Nouveau
Roman dezidiert anschreibt. Die Perspektivierung der Balzac-Interpretation
durch die Formel vom »Legitimationsmodus rationale Kritik« verdränge die
Momente von Phantasie in der Konstitution der Romane, die in wesentlichen
Textpartien zudem nicht durch Wegarbeiten, sondern durch Konstruktion von
Kontingenz im Werk bestimmt seien.

Die der Vorlage abgelesenen Schwierigkeiten gaben Anlaß zu einer grundsätzlichen Diskussion über den Institutionenbegriff. Der Institutionenbegriff
bedürfe einer Klärung in seiner jeweiligen Verwendung und sei auf seine tatsächliche analytische Leistung hin zu prüfen. Gewarnt wurde vor einem äqui-
voken Gebrauch unterschiedlich orientierter Begriffsinhalte: Gesellschaftliche
Institutionen wie Recht, Schule, Wissenschaft einerseits. Literarische Institutionen zum anderen, für welche die bereits kritisierte Abstraktion einer »Institution Kunst« (Bürger) und konkrete institutionalisierte Einrichtungen wie
Buchmarkt, Kritik, etc. zu unterscheiden wären. Eine dritte Bestimmung, die
Auffassung nämlich von Gattungen als literarisch-sozialen Institutionen müsse
die konstitutive Bedeutung des Prozeßcharakters (Institutionalisierung/Entin-
stitutionalisierung) problematisieren. Diese Sondierungen und die Überein-

kunft, daß allein Vorgänge der Institutionalisierung und Entinstitutionalisierung als konkreter Untersuchungsgegenstand sich anböten, lösten allerdings die Zweifel gegenüber der tatsächlichen analytischen Leistung des Institutionenbegriffs noch nicht. Gegen eine zu enge soziologische Handhabung wurde eine Differenzierung von Institutionalisierungsebenen vorgeschlagen, beginnend mit der Kodifizierung von Wortbedeutungen bis hin zu den eigentlichen gesellschaftlichen Institutionen. Dabei sei allerdings vor Analogisierungen zu warnen, für die ein Sachzusammenhang auf analytischem Wege nicht zu erweisen wäre. Denn mit dem auf die Literatur übertragenen Begriff »Institution« sollten offenbar Probleme von »Norm« und »Typik« gefaßt werden, für deren spezifische Ausarbeitung er wenig erbringe. Als Beispiel für einen nicht analogisierenden und in seiner Begrenztheit plausiblen Institutionenbegriff wurde an die formgeschichtliche Methode (»Sitz im Leben«) erinnert. Im ethnologischen Kontext entwickelt, ist dort einsichtig, daß ein institutioneller Rahmen eine Gattung »aus sich heraussetzt«. Hier wäre dann aber besser von einer »Institutionalität« der Gattungen zu sprechen. Gegen vorschnelle Analogisierungen wurde auch geltend gemacht, daß – historisch gesehen – gerade ein fortschreitender Mangel an institutioneller Bindung für literarische Gattungen zu berücksichtigen sei. Institutionsähnliche Verfestigungen zu Strukturen und ihre Funktionszuweisungen im literarisch-sozialen Bereich müßten dann geradezu als Kompensation für reale Institutionen verstanden werden.

Gegenüber diesen Problematisierungen wurde jedoch auch an eine grundlegende Einsicht für die Erörterung von Gattungen als Institutionen erinnert. Der Gattungsbegriff hat immer Kategorisierungs- und Ordnungsfunktionen, er steht zu den Texten nicht im Modus der bloßen Abstraktion, sondern leistet eine Typisierung. Dies gilt gleichermaßen für den Institutionenbegriff, der zugleich Anschlußmöglichkeiten an sozialhistorische Rahmenbedingungen eröffnet. Schlüssigkeit gewinne allerdings erst eine durchgängig pragmatische Argumentation, die Texte als Ergebnisse von Sprachhandlungen, Gattungen mit Blick auf die Produktions- und Rezeptionsvorgänge als wechselseitig institutionalisierte Sprachhandlungen begreift. Bei aller Problematik des Institutionenbegriffs wurde ein anderer, vergleichbar zentraler Zugang zur Vermittlung des linguistischen und soziologisch/sozialhistorischen Bezugsrahmens nicht ersichtlich. Erst in anderem Kontext ist Foucaults Diskurstheorie als mögliche Alternative diskutiert worden. Dabei dürfte es kein Zufall sein, daß die »archäologische« Rekonstruktion ihre Vorgriffe – wenn auch nicht anthropologisch, so doch epistemologisch – in eins mit der Aufarbeitung der historischen Spuren erläutert. Die Konstitutionsproblematik historischer Theorie also nicht an eine historische Soziologie preisgibt.

II

Präsentation und Schlußkommentare zu den beiden Vorlagen von Anselm *Haverkamp* und Volker *Roloff,* in denen die Transferstruktur der Lektüre entfaltet wird, zielten auf eine Erweiterung der Analysemöglichkeiten für das Text-Leser-Verhältnis. »Illusion und Empathie« indiziert mit der Erläuterung einer Grundoperation der Illusionsbildung die Vorgänge der Sinnkonstituierung bei der Lektüre ästhetischer Texte. »Empathie und Distanz« die Einbeziehung eines ganzen Spektrums von Einstellungen, mit denen das Lesen als Bewußtseinsakt und zugleich als ein soziales und imaginäres Rollenverhalten zugänglich wird. In beiden Fällen wird der Blick von der im Text vorgezeichneten, bislang im wesentlichen phänomenologisch rekonstruierten Lektüre auf das aktive, kommunikative Leserverhalten gerichtet. Nicht der Übertragungsvorgang zwischen Text und Leser, ausgewiesen im den Leser lenkenden Rollenangebot des Textes, sondern die vom Text veranlaßten sinnkonstituierenden kommunikativen Vorgänge in der Auffassung und Verarbeitung von Literatur; nicht der zwischen zwei Instanzen vermittelnde Transfer, sondern die Aktivierung und reflexive Vergegenwärtigung der eigenen Einstellungen kennzeichnen den Blickwechsel. In beiden Fällen ist die Perspektive historisch gewendet (gerichtet auf eine Psychohistorie der kommunikativen Verarbeitungen anhand literarischer Quellen bzw. auf eine Sozialgeschichte der Lektüre). In dieser historischen Wendung erläutern die Vorlagen vor allem aber theoretische Begründungen für das Gewicht, das der »Empathie« als einem zentralen Modus der Lektüre beizumessen ist. Die Pointierung der aktiven gegenüber der veranlaßten Lektüre rückt dabei den Leser in eine zentrale Stellung; und zwar in einer anderen Form als nach der bisherigen Konzeptualisierung von Text und Wirkung, die ihn wesentlich als Objekt empirischer Rezeptionsforschung zum Gegenstand der Analyse machen würde.

Daß die Rekonstruktion »teilnehmender Lektüre« innerhalb der Argumentationsschemata der Rezeptionsästhetik Gewichte neu verteilt, erwies sich in der Diskussion auch durch Orientierung der Einwände an geläufigen Fragestellungen. Die Funktion »empathischer« Lektüre gehöre zum neuen zwischenmenschlichen Verhalten der frühbürgerlichen Öffentlichkeit. Unklar würden die Sozialisationsvoraussetzungen bleiben, die zu dieser spezifischen Form individuellen Leserverhaltens führten. Der Wechsel von pragmatischer zu empathischer Lektüre müßte im Kontext einer Umschichtung des Leserpublikums faßbar werden. Die Erarbeitung einer Lesergeschichte erweise sich einmal mehr als Desiderat. Diese Einwände markierten – ausgehend von der verfügbaren Auffassung, daß der Leser im wesentlichen Gegenstand der historisch-empirischen Forschung sei – sinnvolle Anschlußstellen für die vorgelegten Konzepte. Sie betrafen aber nicht die im demonstrierten Blickwechsel enthaltenen neuen Analysemöglichkeiten. Nämlich die hermeneutisch gesehene Identitätsrekonstruktion des Subjekts der Lektüre in seiner Epoche; erschlossen durch das Eingehen auf das »individuelle Allgemeine« der Identitätskonstituierung im Beziehungsgefüge von Autor und Text (Sartre). Und die am Beispiel des »Werther« demonstrierte, aus den vorbestimmten Operationen allegorischer Lektüre befreite Reflexion des Lesers auf seine eigene Konstitution im Modus einer ästhetisch reflektierten Lektüre. Die Erläuterung einer Identitätsbildung in der Lektüre also, für die der Text nicht nur den Anlaß vorgibt, sondern in der durch »teilnehmende Lektüre« die eigenen Dispositionen erst gegen deren Defizienz voll entfaltet werden.

Gewichtige Einwände richteten sich allerdings gegen diese durch das Konzept der »Empathie« erschließbaren aktiven und reflektierten Prozesse der Identitätsbildung. Zweifel nämlich an der Verallgemeinerungsfähigkeit von Sartres Prozedieren in seiner Flaubert-Lektüre. Sie kann als Beispiel gelten für eine in besonderem Maße obsessionelle, zudem in einer entlasteten Situation erfolgende Lektüre, die sich immer erneut auf die Kommunikation mit einem Werk einlassen kann. Läßt dies sich – obwohl auch der »Werther« ein exponiertes Beispiel ist – gegen die historische Rekonstruktion des Wechsels von pragmatischer zu empathischer Lektüre nicht geltend machen, so ist dieser doch selbst erläuterungsbedürftig. Beispiele zeigen, daß die allegorische Lektüre keineswegs immer kontemplativ war, die im Konzept der »Empathie« gefaßten Operationen der Lektüre also in ihrer Vorgeschichte und damit auch abgelöst von ihrer Bindung an einen Modus ästhetischer Reflexion erfaßt werden müssen. Auch für das 18. Jahrhundert ist – wie etwa die Traditionslinie des Briefromans von Richardson über Rousseau zu Goethe zeigt – davon auszugehen, daß empathische Lektüre in den Texten einen jeweils anderen Ausgangspunkt fand und nachweislich auch ganz unterschiedlich vollzogen wurde. Ungeklärt bliebe schließlich auch, in welchem Maße es sich um gattungsspezifische Prozeduren der Lektüre handelt. Sartres Flaubert-Lektüre führt zu einer eigenständigen Form des wissenschaftlichen Biographismus, läßt dies aber Rückschlüsse auf Gattungsbestimmungen des Romans zu? Kann die am »Werther« demonstrierte empathische Lektüre, sofern sie theoretisch doch als eine Grundoperation der Illusionsbildung entwickelt wird, noch für eine Abgrenzung des Romans gegenüber anderen Gattungen in Anspruch genommen werden? Die Einwände führten damit zu einer forschungsgeschichtlichen Situierung der beiden Vorlagen: sie bezeichnen den Übergang zu einer die Identitätsrekonstruktion des Lesers bedenkenden Theorie der Lektüre in historischer Absicht.

In der ausgiebigen Erörterung der Vorlage von Rainer *Warning* fanden zuvor schon aufgeworfene Fragestellungen eine neue Diskussionsgrundlage. Zum einen die ästhetisch vermittelte Sinnkonstituierung in der Lektüre, wie sie in besonderer Konplexität durch die ironische Schreibweise Flauberts vorgeben ist. Zum anderen eine bisher kaum genutzte Möglichkeit, »Vorgriffe« in der Erzähltheorie und Gattungsgeschichtsschreibung auszuweisen. Die im Ansatz Foucault folgende Analyse des »ironischen Diskurses« hat theoretisch ihr besonderes Interesse darin, daß sie nach der Narration als »situiertem Diskurs« zu fragen erlaubt, in historischer Einstellung die Spannung von diskursivem Ereignis und diskursiver Ordnung rekonstruiert, zudem epistemologisch diese Rekonstruktion selbst als ein Diskursereignis bewußt hält. Die Vorlage provozierte mit ihrem so theoretisch orientierten historischen Vorgehen allerdings vorwiegend Fragen zum geschichtlich Besonderen der analysierten Sachverhalte. Dies schon deshalb, weil mit der – auch historischen – Gegenüberstellung von rhetorischem Ironieakt und ironischer Schreibweise ein Entwicklungsprozeß hin zur Eröffnung der »Moderne« in der Vorlage mitkonzipiert war.

Bedenkenswert erschien, daß die wesentlichen Kriterien für die ironische Schreibweise Flauberts gleichermaßen schon für den Don Quijote zuträfen: die Diskurskritik durch das Zitieren von Referenzdiskursen und die dabei hergestellte Ambivalenz von Kritik und Rettung im Zitat. Bei Cervantes erweise sich die Kritik allerdings noch als unzweideutig, begründet in der getrennten Personenperspektive, während bei Flaubert Kritik und Rettung in der einzelnen Textstelle zugleich präsent und die Ironie damit total sei. Dies ließe sich an der Position des Erzählers und am jeweiligen Selbstverständnis des Autors in seiner Beziehung zur historischen Realität begründend entfalten. Zugespitzt wurde die Forderung nach einer historischen Begründung der ironischen Schreibweise auch in der These, Flaubert hätte zunächst einmal vor dem Problem gestanden, realistisch schreiben zu müssen. D. h. in Orientierung an einer bestimmten sozialen Gruppe, die im zweiten Kaiserreich dominierender geworden war, ohne die gewünschte Dominanz zu erreichen. Das in dieser historischen Situation begründete spezifisch gespaltene Bewußtsein Flauberts im Verhältnis zur gesellschaftlichen Wirklichkeit sei als der Konstituierungsgrund seiner ironischen Schreibweise zu begreifen. Die in der Vorlage vertretene historische Zuordnung ironischer Schreibweisen zu »Umbruchssituationen« erschien am Gegenbeispiel der französischen Revolution – die Revolutionsliteratur sei etwa pathetisch, kaum aber ironisch – jedenfalls nicht verallgemeinerungsfähig.

Im wesentlichen folgte die Diskussion allerdings der in der Vorlage demonstrierten Rekonstruktion. Allerdings müßten die jeweiligen Referenzdiskurse und ihre Ironisierung – etwa der romantische und der aufklärerische Diskurs – stärker in ihrer Besonderheit charakterisiert und darüber hinaus müßte berücksichtigt werden, daß auch Strategien zur Sistierung von Ironie im Text auffindbar sind. Die ironische Schreibweise ließe sich zudem noch deutlicher konturieren, wenn die zitierten Referenzdiskurse auch an ihrem historischen Ort untersucht und mit ihrer Verarbeitung im Romantext konfrontiert würden. Diesen Forderungen nach einer Erweiterung der Analyse standen Zweifel an ihrer etwas zu schematischen Schlüssigkeit gegenüber. In Frage gezogen wurde die Durchgängigkeit der Ironie in der Schreibweise wie die stete Ambivalenz von Kritik und Rettung. So die als »Tiefenstruktur« der Flaubertschen Ironie dargelegte Ambiguierung durch den doppelten Subjektbezug jeder narrativen »énoncé«. Es gibt nämlich Passagen, in denen keine Zuordnungsschwierigkeiten vorlägen, weil der Subjektbezug des Erzählers eindeutig erkennbar sei. Bezweifelt wurde auch, daß sich interpretativ stets die Gleichzeitigkeit von Kritik und Rettung erweisen lasse und nicht etwa nur der Modus des ironischen Distanzierens. Andererseits gäbe es bei Flaubert doch auch die Idee des Glücks, wenn auch nur in der Form des Scheiterns (Sterbeszene in Salammbô). Und stärkere Beachtung verdiene eine andere Dimension der Flaubertschen Ironie, nämlich die seiner persönlichen Betroffenheit: das Abgründige und Heikle der Ironie, die existenzielle Angst, ihr Opfer zu werden.

Diese Konfrontation mit Sartres Flaubert-Lektüre lenkte das Interesse nochmals auf das diskurstheoretisch angeregte Interpretationsverfahren selbst, seine Tauglichkeit für gattungstheoretische und gattungsgeschichtliche Bestimmungen. Es wurde die These vertreten, gattungstheoretische und gattungsgeschichtliche Untersuchungen wären vorstellbar als Aufweis des Modus, nach dem in Gattungen eine »Synthetisierung von Diskurselementen« stattfindet. Zudem sei zu vermuten, daß die Bestimmung von Gattungen als literarisch-soziale Institutionen durch eine Applikation der Diskurstheorie weitergeführt werden könnte. Die »archäologischen« Untersuchungen Foucaults implizierten nämlich immer Institutionalisierungsvorgänge. Damit ließen sich zweifelhafte Analogisierungen zum soziologischen Institutionenbegriff vermeiden, die Analyse erschließe nämlich ausgehend von den Zwängen und

Freiheiten der Rede zugleich auch deren institutionell vorgegebene Rahmenbedingungen. Ließe sich so der Institutionenbegriff enger an die Ebene der Diskursereignisse binden, so bleibt doch die Differenz von Diskurs und Gattung. Der Diskursbegriff führt auf historische Formationen, ohne die eine Gattungsdiskussion kaum möglich erscheint. Er ist analytisch aber umfassender angesetzt als die selbst in Diskursfeldern situierten Gattungen. Dieser Hiatus erscheine überwindbar, wenn das Gattungsspezifische – etwa im Bereich der erzählenden Gattungen – als Konkretisation und Verarbeitungsform von übergreifenden diskursiven Regularitäten verstanden wird, die in der Erzähltheorie immer auch schon Thema sind. Der »ironische Diskurs« Flauberts könnte mit dem dargelegten Analyseverfahren in diese Richtung weisen, auch wenn die Folgerungen für gattungstheoretische Bestimmungen des Romans explizit noch nicht ausgeführt wurden.

III

Die Erörterung der letzten beiden Vorlagen konzentrierte sich auf noch nicht oder erst ansatzweise genutzte Möglichkeiten, Gattungsgeschichte neu zu schreiben. Dies unter Einbeziehung erzähltheoretischer Fragen bzw. der Theorie einzelner Gattungen. In der Erörterung der Vorlage von Volker *Klotz* wurden übergreifende erzähltheoretische Aspekte durch konsequente Auslegung des *wozu* des Erzählens provoziert; in der Diskussion zur Vorlage von Hartmut *Steinecke* die Einbeziehung gattungstheoretischer Probleme durch die Stellung von Prototypen und kanonisierten Werken an Knotenpunkten von Gattungstheorie und Gattungsgeschichtsschreibung. Dabei stellte sich die Erörterung im ersten Falle darauf ein, daß einer Gruppe von Erzählwerken mit ähnlichem Konstruktionsprinzip bestimmte Modi des Erzählens – *zyklisch, instrumental, praktisch* – abgelesen worden waren, deren Aufschlußkraft für grundsätzliche Fragen der Narration zu überprüfen war: für das, was Erzählen im Hinblick auf Sinnkonstituierung überhaupt zu leisten vermag; für jeweilige geschichtliche Funktionen des Erzählens; für neu zu bestimmende Gattungsabgrenzungen und Gattungsüberschneidungen.

Die Verarbeitung von Zeiterfahrung, die zukunftsorientierte Lösung von Zwangslagen im untersuchten Typus des Erzählens machte seine Behandlung aufschlußreich auch für die Historiographie. Auch der Geschichtsschreibung liegen häufig radikale Zeiterfahrungen zugrunde, ablesbar unter anderem daran, daß historische Zwangslagen zu großen Formen der Historiographie führen. Eine praktische Sinnkonstituierung mit Bezug auf Zeiterfahrungen sei ein grundlegendes Modell der Geschichtsschreibung; auch wenn seit dem epistemologischen Bruch am Ende des 18. Jahrhunderts qualitative Formveränderungen des Erzählens die Historiographie vom untersuchten literarischen Erzähltypus abgesondert hätten. Gleichermaßen hervorgehoben wurde die Nähe des analysierten Erzähltypus zum alltäglichen mündlichen Erzählen. Dabei ging es weniger um die mündlichen Erzähltraditionen, die in die schriftliche Form von Novellen und Märchen eingehen, sondern um strukturelle Parallelen zur linguistischen Untersuchung von Alltagserzählungen. Die in der Vorlage genannten Funktionen des Erzählens ständen dem phatischen Erzählmodus nahe; für mündliches Erzählen sei dessen Bindung an Situationen der Gemeinsamkeit bzw. deren Herstellung durch das Erzählen vergleichbar konstitutiv (etwa in der Beratungssituation). Auch für mündliche Erzählungen wären sinnbildende Rekonstruktionen der Zeiterfahrung – wenn etwa Erzählern erst im Erzählen bestimmte Bruchstücke ihrer Biographie deutlich werden – strukturbestimmend.

Diese vergleichenden Überlegungen hatten mit der »Reichweite« bestimmter Eigenschaften des analysierten Erzähltypus zugleich immer seine elementare sinnkonstituierende Leistung hervorgehoben. Eine mögliche Begründung dafür sei aus der anthropologisch orientierten These zu gewinnen, daß in der Narration Erfahrungsstrukturen in Erlebnisstrukturen zurückversetzt werden können. Das Erzählen kann besser als das Beschreiben oder Argumentieren den Leser in andere Lokalitäten und Zeiträume mitnehmen; es stimuliert dazu, diese fremde Erfahrungsbildung nachzuvollziehen. Allerdings wurde auch in diesem Fall der anthropologischen Argumentation die Forderung nach einer genaueren geschichtlichen Situierung des Erzähltypus an die Seite gestellt. Etwa historische Begründungen für Form und Leistung dieses Erzählens, die sich an den Zivilisationsprozeß anschließen lassen: an die historisch fortschreitende Verschiebung der Erzählthematik vom Überleben in Problemkonstellationen der äußeren Umwelt auf solche, die sich aus den Zwängen der inneren Natur ergeben. Zudem müßte der analysierte Typus auch auf andere Erzählformen hin – in seiner internen Entwicklung wie im Ensemble benachbarter erzählerischer Möglichkeiten – »geöffnet«, in diesem Sinne historisiert werden. Ein prinzipielles Argument hierzu war, daß seiner zukunftsorientierten temporalen Sinngebung, der Überwindung von Negativität, die alternative Möglichkeit der Destruktion von Sinngebung gegenüberzustellen sei. In der internen Entwicklung des Typus wären Momente der Ablösung vom schlüssigen Zusammenhang zyklischen, instrumentalen und praktischen Erzählens besonders aufschlußreich. Für die »Unterhaltungen deutscher Ausgewanderten« sei die in der Vorlage pointierte Frage, was das Erzählen hier noch bewerkstelligt, durchaus zu beantworten. Im Miteinander von gattungstheoretischen Bestimmungen und praktiziertem Novellenerzählen werde der Blick stärker auf die Identitätsproblematik des einzelnen Subjekts gerichtet und zugleich die Entwicklung zur in sich zentrierten »autonomen« Einzelnovelle geöffnet.

Neben diesen ergänzenden Bemerkungen wurden Zweifel an der Schlüssigkeit der in der Vorlage entwickelten »Trias« (zyklisch, instrumental, praktisch) vorgebracht. Grundsätzlich müsse diese »Trias« in ihrer Zeitgebundenheit gesehen werden. Es gäbe Formen praktischen Erzählens (im Sinne der Vorlage), die weder zyklisch noch instrumental seien. Aufmerksam zu machen sei auch auf andere Möglichkeiten zyklischen Erzählens, die nicht durch eine lebenspraktische Zwangslage motiviert wären (etwa im Ossian speziell die »Songs of Selma«). In diesem Falle läge auch keine zukunftsorientierte temporale Sinnstrukturierung vor – wie schon beim zyklischen Erzählen in Ovids Metamorphosen und etwa bei den Unglücklichen, die im Don Quijote zusammenkommen und der Reihe nach erzählen. Dem in bezug auf die temporale Sinnstrukturierung »positiven« Typus sei also ein »negativer« an die Seite zu stellen, außerdem sei das ganze Spektrum der epigonalen Formen zu berücksichtigen. Als weiteres Beispiel gegen eine Überbeanspruchung der »Trias« wurde auf das zyklische Exempelerzählen verwiesen. Es ist keineswegs immer instrumental und praktisch gewendet, wenn nämlich Exempel und lebensweltlicher Fall nicht in Analogie zueinander stehen. Der besondere Typus zyklischen Erzählens, den die Vorlage ausweist, müsse überdies historisch situiert werden. Er habe seinen Ort in einer Epoche der italienischen und französischen Gesellschaftsentwicklung, in der der Hofmann erzählen können muß (Cortegiano), d. h. in einer spezifischen Situation der gesellschaftlichen Normvergewisserung durch Erzählen. Diese Ergänzungen und Einwände machten allerdings nicht vergessen, daß der analysierte Erzähltypus geradezu paradigmatisch Funktionen des Erzählens innerhalb der Texte wie für die praktischen Situationen, in denen und für die erzählt wird, erschließt. Ein Verfahren, das – weder durch erzähltheoretische Bestimmungen noch durch kurrente Gattungsdefinitionen vorweg angeleitet – von den Texten her das Material für eine Funktionsgeschichte bestimmter Erzählformen bereitstellt.

Die Auseinandersetzung über die Rolle von Prototypen und kanonisierten Werken stand in der Spannung zwischen einer von diesem Thema erwarteten Förderung der Gattungstheorie einerseits und der starken Historisierung der Fragestellungen in der Vorlage zum anderen. Als These wurde vertreten, die Beschäftigung mit Prototypen eröffne einen entscheidenden Zugang zur Sicht von Gattungen als literarisch-soziale Institutionen. Die Vorlage allerdings schlägt gegenüber den damit gegebenen Implikationen einen »Theorie«-Begriff vor, der den unmittelbar am geschichtlichen Material orientierten Formen – wie etwa der Literaturkritik – besondere Bedeutung zumißt. So wurde als ein Beispiel für die möglichen »Ebenen« der Untersuchung diskutiert: wo die (wie zufälligen?) Paradigmen der Ästhetiker von dem stärker an der Kritik orientierten Material der historischen Poetik abweichen und wer sich in einem solchen Fall durchsetzt. Die angeführten Beispiele schienen hier für die historische Poetik zu sprechen.

Der starken Historisierung theoretischer Fragestellungen in der Vorlage folgend wurde auf eine Reihe offener Probleme hingewiesen: Kann die vorgeführte Argumentation auch für Kleingattungen und neue sich entwickelnde Formen zur Geltung gebracht werden, die selten einen Prototyp haben? Wie steht es mit den von der Kritik bzw. Wissenschaft nicht oder kaum beachteten Gattungen? Hier wird man die Nachfolge unter den »produktiven« Schriftstellern der Gattung verfolgen müssen, überhaupt sollten neben die Rezeptionszeugnisse mindestens gleichgewichtig die Interpretationen und Strukturanalysen der Werke treten. Dies gilt verstärkt dann, wenn die Rezeption größere Lücken aufweist, wie das im allgemeinen bei älteren Werken der Fall ist. In anderer Form problematisiert wurde die historische Bedeutung und Wirkung von Prototypen durch die Frage, ob es möglich sei, programmatisch einen Prototyp zu setzen. Programmatiker hätten dies zwar immer wieder versucht, vor allem im 20. Jahrhundert. Aber das Proklamieren allein genüge nicht, auch nicht die eventuelle Zustimmung der zeitgenössischen Kritik. Entscheidend sind vielmehr die Nachfolge und Entwicklung. Erst die Geschichte erweist, ob ein faktisch neuartiges Werk eine Gattungstradition begründet. Strittig diskutiert wurde schließlich, welche Rolle der ästhetische Rang eines Werkes bei der Konstituierung eines Prototyps spiele. Denn, der Erste zu sein, ist kein Wert schlechthin, zumindest kein ästhetischer Wert. In der Praxis der

Literaturgeschichte bedeutet dies ohnehin nicht selten: der Erste, der als neu erkannt wird. Dabei hat allerdings ein Werk, das wegen seiner ästhetischen Qualitäten besondere Beachtung findet, gegenüber einem von der Kritik aus ästhetischen Gründen kaum beachteten Werk weit eher die Chance, auch als »neu« entdeckt zu werden. Gerade anhand dieser Erörterungen wurde auch nochmals angesprochen – und unterschiedlich beurteilt –, ob sich die diskutierten Probleme nicht theoretisch präziser fassen ließen. Unstrittig schien demgegenüber, daß die Fragestellung, wie sich Einsichten der Romantheorie für die Romangeschichte fruchtbar machen lassen, in der Auseinandersetzung mit Prototypen einen aufschlußreichen Ausgangspunkt hat.

HANS-JÖRG NEUSCHÄFER

Einführung zum dritten Tag des Symposions: Epochenspezifische Erzählformen

Der dritte Tag des Symposions sollte – laut Ankündigung – eigentlich ganz den epochenspezifischen Erzählformen gewidmet sein. Tatsächlich entspricht aber nur der zweite Halbtag, in dem Vorlagen zum realistischen Roman zu diskutieren sind, dieser Ankündigung. Der erste Halbtag beschäftigt sich mit dem Problem der Gattungsgeschichte und damit mit einem Thema, das für die zweite Hälfte des zweiten Tages vorgesehen war, der nun aber vorwiegend den Fragen der Erzähltheorie vorbehalten blieb. Die Vorlagen des ersten Halbtages, die sich ausnahmslos mit den kleineren Gattungen der Novellistik, der Pastorale und der Histörchen befassen, stehen unter dem Generalthema der Gattungsgeschichte als Funktionsgeschichte und/oder Institutionengeschichte. Am zweiten Halbtag wird dann das Verhältnis von Fiktion und Geschichte im Roman des 19. Jahrhunderts erörtert, wobei sich bereits manche Verbindungen zum vierten Tag des Symposions, d.h. zur Frage der Sinnbildung durch Historiographie knüpfen lassen. Insgesamt bildet der dritte Tag das Scharnier zwischen ›Theorie‹ und ›Geschichte‹.

Es werden im folgenden (I) zunächst die Vorlagen des ersten, dann (II) die des zweiten Halbtages vorgestellt. Zu den einzelnen Referaten werden dann Fragen formuliert, die auf die Diskussion überleiten. Schließlich wird versucht, die Beiträge dadurch in den Rahmen des Gesamtkonzeptes zu stellen, daß gewisse Defizite, aber auch wichtige Anregungen festgehalten werden, die über die spezifische Themenstellung des dritten Tages hinausgehen.

I.

Peter *Brockmeier* versucht die Gattung Novelle anhand einer thematischen Opposition zu bestimmen, dem Gegensatz von individuellem Glück und sozialer Norm. Dieser Gegensatz wird aufgefaßt als epochenübergreifende und damit die Gattung langfristig stabilisierende Struktur, die sich intern durch Umbesetzung oder Umbewertung ihrer Oppositionsglieder wandelt. Als Grundlinie dieser Entwicklung erscheint, daß die Verwirklichung des Einzelnen zunächst *im* Rahmen gewisser Normensysteme möglich bleibt, auch wenn seine Wünsche nicht unbedingt normenkonform sind. Besonders in der Tradition Boccaccios gilt die Formel: »Was nicht sein darf, das gibt es trotzdem«, ja die Novelle wird geradezu zu einem Experimentierfeld für die Belastbarkeit von Normen. Späterhin, teilweise schon seit dem 16. und 17. Jahrhundert, besonders aber seit dem 18. Jahrhundert – das sich auch sonst als kritische Schwelle für Gattungsgeschichten erweist –, werden die Ansprüche des Einzelnen immer unvereinbarer mit einem Normensystem, wird die Fremdbestimmung individuellen Glücksstrebens zusehends stärker, wird umgekehrt aber auch die

Verbindlichkeit und die Legitimität von Normen fragwürdiger. Man kann diesen Abbau von Verbindlichkeit auch am allmählichen Verschwinden eines sinnstiftenden Rahmens beobachten, der die frühe Novellistik noch mit der Exemplatradition verband, ferner an der immer stärkeren Zuspitzung des Casus-Charakters und schließlich an der fortschreitenden Subjektivierung des Normenbereichs (die Hereinnahme der Rahmenbedingungen in den Bereich individueller Entscheidungen und Rechtfertigungen).

Insgesamt gibt die Vorlage von Brockmeier der Diskussion über die Möglichkeiten einer Konstruktion von Gattungsgeschichten zwei wichtige Anstöße. Einmal im Hinblick auf eine Gattungsbestimmung durch die Analyse von Merkmaloppositionen. Insofern steht sie in der Nähe strukturalistischer, hier aber entschieden historisch orientierter Ansätze. Zum anderen im Hinblick auf die Rolle von Prototypen für die Entwicklung einer Gattungstheorie. Insofern ergeben sich Verbindungslinien zur Vorlage von Hartmut Steinecke im zweiten Tag des Symposions. In der Tat ist der ›Prototyp Boccaccio‹ für die Geschichte der Novellistik lange Zeit so bestimmend gewesen, daß man ihm eine besondere Maßgeblichkeit einräumen darf. Gleichwohl ist die Frage zu stellen, ob die Berufung auf Prototypen nicht auch die Gefahr in sich birgt, eine Gattungsgeschichte als fortschreitende Entfremdung oder als abnehmenden Ertrag sehen zu müssen. Auch die Konstruktion von Merkmaloppositionen, so unverzichtbar sie ist, läßt noch die Frage offen, wie novellenspezifisch der zugrundegelegte Gegensatz ist, und ob es sich hier nicht auch um einen thematischen Modus handeln kann, der sich in anderen Gattungen ebenso finden läßt. Die Frage, welche Funktion die Opposition von Glück und sozialer Norm speziell für die Novelle hat und in welchem institutionellen Rahmen sie steht, läßt sich allerdings in der Praxis kaum so bündig beantworten wie man sie theoretisch formulieren kann.

Bei der Vorlage von Reinhard *Klesczewski* gab es ein kleines Problem der Zuordnung: sie hätte auch in den ersten oder zweiten Tag gepaßt. Denn der Begriff der Erzählstrategie, um dessen Klärung es Klesczewski geht, kann ebensogut in einer Diskursanalyse wie im Rahmen einer allgemeinen Erzähltheorie erörtert werden. Gleichzeitig führt der Vergleich zwischen themengleichen Texten des Apuleius und Boccaccios aber in Fragen der Gattungspoetik und der epochenspezifischen Erzählformen und ist deshalb auch im dritten Tag am Platz.

Die Vorlage gliedert sich in zwei Teile. Im ersten Teil werden die axiomatischen Prämissen herausgearbeitet, von denen Literaturwissenschaftler bei der Verwendung der Metapher ›Erzählstrategie‹ ausgehen. Dieser Teil mündet in den Versuch einer präzisierten Begriffsdefinition. Im zweiten Teil wird die Brauchbarkeit dieser Definition durch eine Reihe von Textvergleichen zwischen den Metamorphosen des Apuleius und dem »Decameron« erprobt. Gerade weil die Personenkonstellationen und Handlungsverläufe in den verglichenen Texten bis in Einzelheiten übereinstimmen, können die unterschiedlichen Intentionen der beiden Autoren um so eindringlicher beschrieben und verglichen werden.

Es stellt sich hier allerdings auch die Frage (die für Klesczewski nicht im Vordergrund stand, im Zusammenhang unserer Diskussionen jedoch bedacht werden sollte), ob allein von der Erörterung der Erzählstrategie, überhaupt von der Ebene des Diskurses her etwas für das Problem der Gattungstheorie und -geschichte zu gewinnen oder ob Erzählstrategie nicht etwas prinzipiell zeit- und gattungsunabhängiges ist, dessen Relevanz erst im Rahmen einer weitergefächerten Untersuchung des erzählerischen und historischen Kontextes sichtbar wird. Gerade eines der wichtigsten Resultate der Untersuchung von Klesczewski – daß selbst gegensätzliche ideologische Ziele mit einer nahezu identischen Persuasionstechnik erzielt werden können – scheint das zu bestätigen. Auch gehört zur Erzählstrategie vielleicht nicht nur das Moment der Überredung (zur Übernahme einer bestimmten Wertvorstellung), sondern, gerade in der Novelle, auch das Moment der Verunsicherung und der Infragestellung.

Die Vorlage von Joachim *Schulze* befaßt sich mit der Pragmatik pastoraler Erzählungen in der französischen Literatur des 18. Jahrhunderts. Dabei geht er mit Warning von der Prämisse aus, Gattungen als ›Institutionalisierungsformen literarischer Kommunikation‹ aufzufassen. Schulze arbeitet alsdann heraus, welche typischen Kommunikationsabsichten und -erwartungen der Gattung Pastorale im 18. Jahrhundert zugrundelagen und von welchen Bedingungen extraliterarischer Art diese Absichten und Erwartungen abhängig waren. Damit wird zugleich im Sinne der Funktionsgeschichte das literarische System auf das gesellschaftliche System geöffnet. Gerade vor dem Hintergrund des Gattungstypischen – das hier freilich nur in einem historisch besonders interessanten Moment, dem ›Absterben‹ der Gattung untersucht wird – kann auch die besondere Qualität von Bernardin de Saint Pierres »Paul et Virginie« sichtbar gemacht werden, mit dem die Gattung zugleich ihren Höhepunkt und den Moment erlebt, wo sie ›kassiert‹ wird.

Die Vorlage von Schulze hat also sowohl einen institutionengeschichtlichen als auch einen funktionsgeschichtlichen Ansatz. In Anwendung des letzteren wäre mit Voßkamp freilich die Frage zu stellen, ob mit »Paul et Virginie« die Gattung wirklich ›kassiert‹ ist oder ob die bisher von ihr wahrgenommenen Funktionen nicht von anderen Gattungen übernommen werden. Die Frage nach dem ›Tod‹ einer Gattung ist ja nicht weniger problematisch als die nach ihrer ›Geburt‹, und wie die Rede vom ›Prototyp‹ so ist sicher auch die vom ›Endwerk‹ nicht ganz wörtlich zu nehmen. – Aber auch zum Institutionsbegriff drängen sich Fragen auf. In der Vorlage von Schulze ist dieser Begriff kommunikationstheoretisch bestimmt. Es wäre aber gewiß interessant, auch andere Institutionsbegriffe ins Spiel zu bringen, etwa den stärker literatursoziologisch orientierten, wie er von Peter Bürger verwendet und am zweiten Tag des Symposions von Hans Sanders in Verbindung mit der Theorie des Romans gebracht wurde.

Den weit ausgreifenden Versuch einer sowohl funktionsgeschichtlichen wie publikumssoziologischen Gattungsbestimmung enthält die Vorlage von Fritz *Nies,* in der die Geschichte eines ganzen Systems französischer Kleingattungen zwischen dem 17. und 19. Jahrhundert skizziert wird. Zugleich werden hier eine Reihe von Beziehungen entweder zu anderen Vorlagen des Symposions oder zu ursprünglich einmal vorgesehenen Themen sichtbar. – Zunächst einmal handelt es sich hier um Erzählgattungen, die von der akademischen Narrativik gleichsam übersehen worden sind; sie liefern den Beweis dafür, daß nicht erst das literarische System unserer Gegenwart »eine Vielzahl alternativer Möglichkeiten im Sinne von Gattungen« aufweist (vgl. die Vorlage von Zoran Konstantinović). Zweitens könnte man hier auch an einige Vorlagen des ersten Tages anknüpfen (insbesondere an die von Rainer Rath und Jochen Rehbein), treten doch bei den von Nies untersuchten Gattungen Erzählfunktionen in *literarischer* Form auf, die dort in nicht-literarischen Texten untersucht wurden, zumal wir es hier auch mit Fällen des Weiterlebens mündlicher Erzählweisen im schriftlichen Gebrauch zu tun haben. Drittens lassen sich Verbindungen zur Vorlage von Volker Klotz feststellen, insofern es auch bei Fritz Nies um die Frage des instrumentalen Erzählens, um das ›Wozu?‹ geht. Und schließlich bewährt sich die Verbindung von funktionsgeschichtlicher und publikums-soziologischer Fragestellung, indem der Gattungswandel jeweils unter dem Gesichtspunkt der Verlagerung von Gattungsschwerpunkten und der Umfunktionierung bestimmter Gattungsmerkmale beschrieben wird. Besonders beeindruckend geschieht dies am Beispiel der *historiette,* die ursprünglich – im aristokratischen Kontext – die Kleinheit der Großen zu enthüllen hatte, und schließlich – zur Erbauung des bürgerlichen Publikums – mit der bemühten Idealisierung von Nicht-Größe, von juste milieu endet.

Die Vorlage von Fritz Nies, gerade weil sie das Problem wenigstens andeutet, führt uns aber auch zu einem allgemeinen Manko der Gattungsdiskussion, nicht nur dieses Symposions. Ausgerechnet bei der Betrachtung von Gattungen mißachten wir oft einen wichtigen Kontext: die interferierenden, konkurrierenden und überlappenden Gattungen. Zumeist verhalten wir uns so, als ob Gattungen unverwechselbare und isolierte, kurzum individuelle Eigenschaften hätten, zumal wir ihnen ja auch eine Geburt, eine Entwicklung und einen Tod zubilligen. Es wäre deshalb wichtig, in unserer Diskussion auch den Fluß der Gattungsgrenzen und das Problem der Gattungsüberschneidungen zu bedenken, zumal die Identität einer Gattung – dieser Gedanke wurde von Ulrich Schulz-Buschhaus ins Spiel gebracht – außerdem noch von den jeweiligen Forschungsinteressen abhängt und sich mit diesen ändern kann.

In diesem Zusammenhang ist es auch bedauerlich, daß uns keine Exposés zum Problem der Gattungen in der Moderne eingereicht wurden. Das hängt sicher auch damit zusammen, daß es angesichts eines dispers werdenden Publikums, angesichts neuer und ›nivellierender‹ Medien, aber auch angesichts einer Autorenschaft, der Regelzwang und verpflichtende Konvention fremder geworden sind, immer schwieriger wird, die alten Gattungsidentitäten aufrechtzuerhalten oder neue, ähnlich scharf unterschiedene an deren Stelle zu setzen.

II.

Das Thema des Nachmittags lautet: »Zum Verhältnis von Fiktion und Geschichte im Roman des 19. Jahrhunderts.« Hier ergänzen sich je zwei Vorlagen derart, daß sich aus ihnen zwei Abteilungen bilden lassen. In die erste Abteilung gehören die Vorlagen von Gerhard R. *Kaiser* und Ulrich *Schulz-Buschhaus.* Da sie ähnliche Erkenntnisinteressen verfolgen und ihre Überlegungen teilweise am gleichen Textmaterial entwickeln, sollen sie auch gemeinsam präsentiert werden.

Es geht um zwei Grundprobleme der Romanpoetik des 19. Jahrhunderts. Zum einen um die Frage, ob und gegebenenfalls wie die fortschreitende Oekonomisierung und Verfremdung der Lebenswelt literarästhetisch zu verarbeiten war und wie das ›Unansehnliche‹ der kapitalistischen Entwicklung (Klotz) anschaulich gemacht werden konnte. In der epischen Tradition gab es ja – von wenigen Ansätzen abgesehen – noch keine Darstellungsmuster, die in der Lage gewesen wären, die neuen Erfahrungen aufzufangen, zumal gerade die oekonomischen Bedingungen des Lebens bislang vorzugsweise in komischer Form stilisiert wurden. – Zum anderen geht es aber auch um die eher moralische Frage, wie und ob der immer größer werdende Widerspruch zwischen den aufklärerischen *Idealen* des Bürgertums und seiner geschäftlichen *Praxis* noch in den Rahmen einer stimmigen Fabel bzw. einer sinngebenden Geschichte integriert werden konnte. Nun fällt auf, daß viele Romanautoren des 19. Jahrhunderts zur Bewältigung dieses Dilemmas auf das Mittel der Wiederbelebung latenter Erzählformen zurückgegriffen haben: Balzac hat sich im »César Birotteau« zur Darstellung der bürgerlichen Welt halb belustigt halb respektvoll an das Muster von Montesquieus frühaufklärerischer »Considérations sur les Causes de la Grandeur et de la Décadence des Romains« angelehnt; Thackeray in »Vanity Fair« an die – freilich nicht mehr orthodox verstandene – barocke Vanitas-Metaphorik von Bunyans »Pilgrims Progress«, und Keller hat in »Spiegel, das Kätzchen« die Darstellungsmittel des Märchens ironisch ›zitiert‹. Die Tatsache, daß diese Rückgriffe nicht ungebrochen erfolgten, zeigt zugleich, daß nicht nur die neuen Erfahrungen älteren Verstehensmustern angenähert wurden, sondern daß umgekehrt auch die älteren Erzählmodelle mit der Anwendung auf die neuen Erfahrungen ihren vertrauten Sinn verloren. Man muß hier natürlich an das Vorbild des »Don Quijote« denken, mit dem der neuzeitliche Roman sich zum ersten Mal als eine Möglichkeit vorgestellt hat, Poesie durch Rückgriff auf ein älteres Erzählmuster (hier des Ritterromans) in eine prosaisch gewordene Welt hinüberzuretten, zugleich aber auch dieses Muster endgültig als ein obsolet gewordenes durchschaubar zu machen.

Es ist an dieser Stelle aber auch auf zwei Vorlagen aus dem vierten Tag des Symposions zu verweisen: Johanna Kahr deutet die Verwendung älterer Darstellungsschemata in der Historiographie der französischen Revolution als Kompensation, d.h. als eine Art des affektischen Sich-Vertrautmachens mit einem Geschehen, das man rational noch nicht verstehen kann oder will, und es stellt sich die Frage, ob bei den von Kaiser und Schulz-Buschhaus untersuchten Phänomenen nicht ein ähnlicher Befund vorliegt. Zum anderen kann man aber auch die Vorlage von Hermann Lübbe heranziehen, der das Erzählen einer Geschichte dann als die adäquate Form der ›Erklärung‹ betrachtet, wenn das zufällige Aufeinandertreffen zweier voneinander unabhängiger Ereignisketten das Verständnis vor ein Rätsel stellt. Man könnte nun in diesem Sinne gerade den frühen realistischen Roman als einen Erzähltypus bezeichnen, der sich auf die ›Erklärung‹ solcher Zusammenstöße gleichsam spezialisiert hat: etwa auf die Erklärung des Zusammenstoßes zwischen der tatsächlichen oekonomischen Entwicklung auf der einen und der Entwicklung der politisch-sozialen Hoffnungen und Befürchtungen auf der anderen Seite. Gewiß sind diese beiden Entwicklungsreihen für uns Heutige im Rückblick nicht mehr unverbunden, für Balzac und seine Zeitgenossen sind sie es aber offensichtlich in einem hohen Grade gewesen. Balzacs berühmter Satz, der Zufall sei der größte Romancier der Welt, erhält in diesem Zusammenhang jedenfalls eine zusätzliche Bedeutung. Im Sinne von Johanna Kahr kann man dann weiter sagen, daß die ›kompensatorische‹ Darstellung von verquer laufenden geschichtlichen Entwicklungen der erste überhaupt mögliche Versuch sein mag, sie aufeinander zu beziehen.

In der zweiten Abteilung sind die Vorlagen von Hartmut *Stenzel* und Dolf *Oehler* zu diskutieren. Die Vorlage von Stenzel knüpft an die literatursoziologische Methode von Erich Köhler an, das Referat von Oehler an die kritische Hermeneutik Walter Benjamins. Die Vorlage von Hartmut Stenzel hat mit denen der ersten Abteilung gemeinsam, daß sie vom Problem der ästhetischen Vermittlung gesellschaftlicher Widersprüche handelt. Im Unterschied zu Kaiser und Schulz-Buschhaus betrachtet Stenzel allerdings nicht solche Beispiele, bei denen die Autoren auf ältere Darstellungsformen zurückgreifen, um gegenüber dem Ansturm verquerer geschichtlicher Erfahrung Tradition behaupten zu können. Vielmehr untersucht er gerade solche Fälle – und zwar hauptsächlich am Beispiel Balzacs, E. Sues und Flauberts – bei denen die Erzählform von den beunruhigenden zeitgeschichtlichen Veränderungen, hier vor allem von dem Aufkommen der sozialen Frage, gleichsam eingeholt oder ereilt wird. Stenzel zeigt an mehreren Beispielen, wie die sich verschärfenden Widersprüche der bürgerlichen Gesellschaft Bedeutung für den Wandel gattungsinterner Strukturelemente, besonders der Handlungskonstruktion und der Rolle des Protagonisten gewinnen. Es geht hier also nicht so sehr darum zu zeigen, wie die geschichtlichen Rahmenbedingungen auf den Inhalt, sondern wie sie auf die Form durchschlagen.

Es seien drei Beispiele erwähnt: Der Versuch, die soziale Frage in den Rahmen der traditionellen Handlungsstruktur des Romans zu integrieren – und das heißt: sie der Kontrolle eines ›Helden‹ zu unterstellen – führe bei Sue gleichsam zwangsläufig dazu, den Protagonisten zu einer Superman-Figur zu überhöhen, denn nur einem Überhelden könne noch die Harmonisierung jener Gegensätze zwischen Bürgertum und Proletariat zugetraut werden, die bei Sue erstmals zentral thematisiert sind. – Oder umgekehrt: Da Balzac eine Harmonisierung im Sinne von Sue ablehne, zugleich aber nicht bereit oder noch nicht in der Lage sei, die gesellschaftlichen Disharmonien in ihrer *ganzen* Vielfalt zu akzeptieren, käme jener Teil der sozialen Probleme, die er zu verdrängen suche, gleichsam durch die Hintertür mithilfe von Außenseiterfiguren wie Vautrin wieder zum Vorschein. Schließlich: Flauberts Verhältnis zur 48er Revolution, das zugleich durch Faszination und Abscheu geprägt sei, zwinge den Autor dazu, sie gleich zweimal zu beschwören, um sie sich sozusagen ›vom Leibe‹ zu halten: zum einen in »Salammbô«, wo er das Erlebnis der bedrohlichen Masse weit in die Vergangenheit zurückverlegt; zum anderen in der zweiten »Education sentimentale«, wo er die Revolution durch Ironie auf Distanz hält. Zugleich rücke mit dieser ironischen Distanzierung aber auch der bürgerliche Protagonist in den Hintergrund, werde zum intellektuellen Medium, das nicht mehr aktiv in die Ereignisse eingreift, sondern sie nur noch reflektierend vermittelt. Der Strukturbegriff des ›Reflektors‹ (F. K. Stanzel) wird hier also in einen historischen Zusammenhang gestellt.

Mit dem Stichwort »Education Sentimentale« ist zugleich übergeleitet auf die Vorlage von Dolf Oehler, die den dritten Tag des Symposions beschließt. Oehler sieht in der »Education sentimentale« – Lukács zum Trotz – einen der wichtigsten historischen Romane des 19. Jahrhunderts. Seine Bedeutung liege allerdings darin, daß er gerade *nicht* die Februar-, sondern die Junitage, nicht den Aufstand, sondern die Unterdrückung, nicht den idealistischen Schwung, sondern die neurotische Insuffizienz thematisiere und damit gleichsam den psychologischen Schlüssel zum Verständnis der Ereignisse aus der Perspektive der bürgerlichen Intellektuellen liefere. In dem fast schon psychoanalytischen Verfahren Flauberts, das zugleich das Ideologem zerstöre, Geschichte werde von großen Männern gemacht, sieht Oehler auch den hauptsächlichen Unterschied zwischen dem Roman und der zeitgenössischen Historiographie. Die Demontage des handelnden Individuums, das nun nicht mehr dem Schicksal die Stirne biete, sondern in einen Zustand narzißtischer Selbstbezogenheit regrediert, sieht Oehler vor allem in der für das Verständnis des Romans zentralen Fontainebleau-Episode verwirklicht, in der die erotische und die politische Gleichgültigkeit des ›Reflektors‹ Frédéric Moreau von Flaubert mit der ›objektivierenden‹ Methode der Correspondances dargestellt wird.

Natürlich bleiben, wie immer bei Flaubert, am Schluß Fragen offen: Ist es nicht doch ein Problem, die »Education sentimentale« als einen historischen Roman zu bezeichnen? Kann man nicht ebensogut auch von einer Flucht aus der Historie sprechen – die natürlich auch historisch relevant ist –, von einer Flucht ins Privat-Angeekelte, einer Flucht, die nicht nur die des Frédéric Moreau, sondern auch die des Autors Gustave Flaubert ist? Und ist nicht gerade diese Flucht das eigentlich ›Epochenspezifische‹ am Roman? Gewiß stellt der Text die Flucht in eine selbstkritische Perspektive dar (insofern Frédéric als ein *versagender* Künstler erscheint); zugleich rechtfertigt er sie aber auch (insofern im Hinblick auf die Verächtlichkeit der Ereignisse und der in sie involvierten Menschen zwischen Autor und Reflektor eine Abweichung der Bewertung kaum zu konstatieren ist). Man wird jedenfalls bei Flaubert den Eindruck nie los, daß seine schriftstellerische Produktion gerade dann besonders stark durch selbstlegitimatorische Motive bestimmt ist, wenn sie sich am objektivsten gebärdet. Das ist dann freilich auch ein Problem der Historiographie überhaupt, nicht nur der romanhaften.

Jedenfalls aber entfällt bei Flaubert etwas, was bei Balzac noch eine wichtige Rolle spielte, der ostentativ hervorgekehrte Wissens- und Weisheitsvorsprung des Erzählers nämlich. Und dies sollte auch uns Literaturwissenschaftler zu einer selbstkritischen Frage veranlassen (die am Morgen bereits von Volker Roloff gestellt worden ist), der Frage nämlich, ob wir den Anteil der Ratio an der Autorenproduktion nicht überschätzen – weil wir unsere ebenfalls nur scheinbar rationale ›Kritiker-Vernunft‹ bei der literarischen Produktion bestätigt sehen wollen – und ob wir umgekehrt den Anteil des Wunschdenkens bei der Phantasieproduktion, aber auch bei unserem eigenen Geschäft nicht zu unterschätzen geneigt sind. Gerade die an diesem Nachmittag präsentierten Vorlagen ermöglichen hierüber eine fruchtbare Diskussion. Nach dem Zeugnis der dort analysierten Texte ist nicht nur der Zufall als ein großer Romancier zu betrachten, sondern auch die Produktivkraft des schlechten Gewissens (Stenzel), die ästhetische Relevanz der »bedeutsamen Verharmlosung« sowie die literarische Formkraft des politischen Ekels (Oehler) zu bedenken. Die Frage, wie in der Erzählkunst Affekte rationalisiert werden, wäre gewiß ein eigenes Kolloquium wert.

PETER BROCKMEIER

Vernunft und Leidenschaft, individuelles Glück und soziale Norm
Bemerkungen zu einer thematischen Struktur der Novellistik seit Boccaccio

1.

Ich möchte einige der bekannten Novellensammlungen aus der Romania mit der folgenden Frage untersuchen: Inwieweit und in welchem Sinn wird die Fähigkeit der handlungstragenden Personen dargestellt, selbständig ihr Glück, ihre individuellen Interessen im Rahmen vorgegebener sozialer Normen zu vertreten oder durchzusetzen? Die thematische Opposition, von der ich ausgehen werde, lautet also: selbständig (autonom) handeln gegenüber gehandelt-(getrieben-) werden. Diese Opposition mag als ein Problem erscheinen, das erst im Roman des 19. Jahrhunderts gestaltet worden ist. Seit Boccaccio hat sich die Novellistik allerdings schon dieser Thematik angenommen; mit Hilfe der Opposition Handeln-Gehandeltwerden und ihrer bei unseren Autoren jeweils unterschiedlichen Akzentuierung läßt sich außerdem der formale und inhaltliche Einschnitt in der Entwicklung der Novelle im 16. Jahrhundert schärfer beleuchten, den man bisher als vertiefte psychologische Darstellungsweise hinreichend beschrieben zu haben glaubte. Durch soziale oder natürliche, anthropologische Faktoren determiniertes menschliches Verhalten, das als moralphilosophisches Problem von Erzählern des 18. Jahrhunderts aufgegriffen worden ist, und das wir vor allem aus den Erzählungen Maupassants anschaulich vor Augen haben, ist in Novellensammlungen des 16. und 17. Jahrhunderts mit einer anderen sozialen Perspektive bereits angelegt und wird als Verhaltens-Experiment mit teilweise gesellschaftskritischen Pointen vorgeführt. Die Vernunft sowie die von ihr vertretenen sozialen Normen oder die Leidenschaften können in unseren Novellen jeweils als fremdbestimmende, heteronome Faktoren wirken, die die Handlungsfähigkeit des Einzelnen einschränken oder befördern, die seinem Interesse, seinem Glück im Wege stehen oder es begründen.

Eine thematische Opposition, deren erzählerische Gestaltung überdies auf die mit dem Titel angesprochenen allgemeineren, keineswegs der Novelle vorbehaltenen thematischen Gegensätze verweist, kann und soll hier nicht als ausschließliches Gattungsmerkmal der Novelle zugeschrieben werden. Ich möchte mit dieser Untersuchung vielmehr dafür eintreten, daß man überhaupt für die Beschreibung der Gattungsgeschichte der Novelle ein wesentlich erweitertes und differenziertes Instrumentarium thematischer Oppositionen entwickelt, um damit Wandlungen und Umbrüche einer jahrhundertealten Erzählform literatur- und sozialgeschichtlich besser zu begreifen.

Wenn wir – nach Hans-Jörg Neuschäfer – die Novelle der Neuzeit mit dem *Decameron* beginnen lassen, so können wir beobachten, daß Handlungsfähigkeit und Handlungsspielraum der Individuen gerade in dieser Sammlung mit besonderer Kunst und mit einer Fülle von Beispielen gestaltet worden sind. Um den Anspruch der Novellisten, Trübsinn und Sorgen zu vertreiben, nicht ganz in Vergessenheit geraten zu lassen, soll die Gestaltung eines frivolen, antiklerikalen Themas an drei Beispielen erläutert werden. Ich wähle die Texte aus den italienischen Novellensammlungen des späten Duecento und des Trecento: dem *Novellino* (LIV), dem *Decameron* (I 4) und aus F. Sacchettis *Trecentonovelle* (CXVI). Das Thema der Novellen lautet: der Obere – Bischof, Abt oder »Inquisitore« – kann das Vergehen eines niederen, untergeordneten Klerikers gegen das Keuschheitsgebot deswegen nicht bestrafen, weil er selbst dagegen gesündigt hat oder ihm vorgehalten wird, daß er einer ähnlichen Versuchung ausgesetzt sein könnte.

Nach der Darstellung des *Novellino* (LIV) – die man ihrerseits wiederum mit dem entsprechenden altfranzösischen Fabliau *»De l'Evêque qui bénit [...]«* vergleichen könnte – wird der Pfarrer Porcellino wegen seiner Frauengeschichten vor den Bischof zitiert, dessen Diener ihm zeigen, wie er der Bestrafung entrinnen kann. Sie verstecken ihn unter dem Bett des Bischofs, und er lauscht nun einem Gespräch zwischen dem Würdenträger und seiner Freundin. Als die Frau beharrlich ihr Geld fordert, fährt der Zuhörer dazwischen: »Hochwürden, auf diese Weise kriegen die auch mich! Wer kann schon etwas anderes tun?« Der Bischof ist ertappt, schämt sich; er verzeiht dem armen Sünder, »aber vor den anderen Klerikern tadelte er ihn scharf«. Der Pfarrer hat den Ausweg aus der heiklen Situation nicht selbständig gefunden. Er wird als ein Bote, wie im Auftrag der Leser oder Zuhörer, hinter die Kulissen geschickt, um das Treiben am Bischofshof ans Licht zu bringen. Über die Aktanten selbst erfahren wir sehr wenig. Wir erfahren nicht, was den Pfarrer in die Frauengeschichten getrieben hat. Wir erfahren nichts über sein Alter, sein Aussehen oder seine intellektuellen Fähigkeiten: Ist seine Reaktion als bewußt eingesetzte Schlagfertigkeit oder als naive Spontaneität zu beurteilen? Wie verhält er sich nach dem Erlebnis? Ähnliches gilt für die Darstellung des Bischofs: Ist er jung und knusprig oder ein ältlicher Geizhals? Wir erfahren nichts über die Gedanken oder Gefühle der Aktanten – außer der Bemerkung, daß der Bischof »sich schämte«. Der Dialog, die direkten Äußerungen der Handlungsträger eröffnen einige Konnotationen. Der Bischof versucht, so scheint es, salbungsvoll, die Bezahlung hinauszuschieben. Aber der anonyme Erzähler selbst läßt sich auf die Beschreibung der Anschauungen, Überlegungen und Stimmungen der Aktanten nicht ein.

Eine solche Beschreibung der intellektuellen und psychischen Dispositionen der Aktanten gibt Boccaccio. Vergegenwärtigen wir uns zuerst mit wenigen Worten die Fabel der vierten Novelle des ersten Erzähltages des *Decameron*. Der Mönch eines Klosters in der Lunigiana, das im Geruch der Heiligkeit steht, führt ein hübsches Bauernmädchen in seine Zelle; die beiden vergnügen sich; der Abt bemerkt es. Der Mönch hat indessen bemerkt, daß jener ihn belauscht; er läßt das Mädchen allein in der Zelle zurück und spiegelt dem Abt vor, einen Auftrag außerhalb des Klosters ausführen zu wollen. Der Abt geht zu dem Mädchen und erliegt der Versuchung; er wird dabei vom Mönch beobachtet. Als der Abt später den Mönch mit strenger Miene zur Rede stellen will, erfährt er, daß auch er ertappt worden ist. Sie teilen die Freuden: »diskret brachten sie das Mädchen aus dem Kloster; und man wird annehmen müssen, daß sie es danach noch öfters zurückkommen ließen«.

Die sorgfältige Einleitung, die Rahmen-Konstruktion, die Boccaccio dieser und den übrigen Novellen der Sammlung vorangestellt hat, unterrichten den Leser über Ziel und Ausgang der Erzählung; so erleichtern sie es ihm, die Merkmale zu beachten und zu erfassen, mit denen die Aktanten charakterisiert werden.

Eindringlich werden die Aktionen des Mönches motiviert: Seine Jugendkraft (»monaco giovane«, »vigore«, »freschezza«) ließen sich weder durch Fasten noch Gebete bezwingen; deswegen überfällt ihn die Sinnenlust (»la concupiscenza carnale«), kaum daß er das Mädchen gesehen hat; kein Wunder, daß er in seiner Zelle die Vorsicht außer Acht läßt – »da troppa volontà trasportato, men cautamente con lei scherzava«; so wird die Aufmerksamkeit des Abtes geweckt. Aber trotz seines großen Vergnügens (»grandissimo suo piacere e diletto«) gewahrt der Mönch, daß sie belauscht werden. Sein Gemütszustand wird geschildert: Furcht vor der Bestrafung; Suche nach einem Ausweg. Seine intellektuellen Fähigkeiten sind allerdings nicht beeinträchtigt worden:

> [...] ohne dem Mädchen seine Angst zu zeigen, überlegte er sich rasch verschiedene Dinge, um etwas Heilbringendes zu suchen; und es fiel ihm eine neue List ein, die unmittelbar zu dem von ihm gewünschten Ziel führte.

Die Selbständigkeit des Entschlusses und seiner Ausführung wird nicht allein durch die mehrzeilige Darstellung des Prozesses der Überlegung deutlich, sondern sie drückt sich auch darin aus, daß er das Mädchen und den Abt zu täuschen vermag, letzteren mit »harmlosem Gesicht«. Tatsächlich verfolgt der Mönch das Tun des Abtes, beruhigt sich, als dieser in die Zelle geht, und ist sich seines Erfolges sicher (»tutto rassicurato, estimò il suo avviso dovere avere effetto«). Mit dieser Schilderung der Stimmungen und Überlegungen begründet der Erzähler unmittelbar seine schlagfertige und wohlformulierte Antwort auf die Vorhaltungen des Abtes. Die scharfsinnige Ironie, mit der er in seiner Antwort das Gelübde des unbedingten Gehorsams gegenüber der Ordensregel und den Oberen einsetzt, um dem Abt mitzuteilen, daß auch er ihn beobachtet habe, erscheint nach den zuvor geschilderten Verhaltensweisen plausibel.

Nicht weniger umständlich verfährt der Erzähler bei der Darstellung der Überlegungen und Handlungen des Abtes: Er nimmt wahr, überprüft vorsichtig seine erste Wahrnehmung; revidiert seinen zunächst gefaßten Entschluß, den Mönch in flagranti zu überraschen (»sentì [...] per conoscere [...] chetamente s'accostò [...] manifestamente conobbe [...] fu tentato [...] poi pensò [...] aspettò«). Nachdem der Mönch sich abgemeldet hat, will sich der Abt »voll unterrichten«; er überlegt, ob er den Missetäter vor allen anderen zur Rede stellen soll; er berücksichtigt die peinliche Situation des Mädchens und geht in aller Ruhe erst einmal zu diesem (»cominciò a pensar [...] pensando seco stesso [...] s'avvisò di voler prima veder [...] e poi prender partito [...]«). Wir erkennen hier Eigenschaften wie Besonnenheit, Selbstbeherrschung, Lebensklugheit, die wir auch bei anderen Figuren des *Decameron* wiederfinden, die etwas Unvorhergesehenes, Überraschendes erleben und darauf reagieren.

Die angeführten Eigenschaften stellt der Abt allerdings auch in den Dienst seines persönlichen Interesses. Als er das Mädchen sieht, »empfindet [er] sofort« die Sinnenlust; darauf beruhigt er zunächst einmal sein Gewissen und rechtfertigt die Befriedigung seiner Begierde mit einer ausführlichen Überlegung. Darauf verführt er das Mädchen mit freundlicher Gelassenheit (»pianamente«). Die Reaktion des Abtes auf die spitze Replik des Mönches sowie die einvernehmliche Lösung geben eine Zusammenfassung der zuvor dargelegten Charakteristika (»accorto uomo [...] prestamente conobbe [...] dalla sua colpa stessa rimorso, si vergognò [...] perdonatogli [...] impostogli silenzio«).

Wir halten fest, daß die affektivischen und intellektuellen Motivationen unmittelbar mit dem zielgerichteten Fortgang der Handlung selbst verknüpft sind. Darüber zeichnet die Beschreibung der subjektiven Handlungsmotivationen bereits die harmonische Lösung des Konfliktes vor. Affekte oder natürliche Triebanlagen einerseits, intellektuelle Fähigkeiten andererseits schließen einander nicht aus; sie ergänzen einander in produktiver Weise: Die rationalen Verhaltensweisen schaffen einen Freiraum für die ungestörte Befriedigung der individuellen Wünsche oder Gelüste. So weist das »onestamente« im Schlußsatz darauf hin, daß der Schein des Anstandes, also der Norm, die Durchsetzung individueller Interessen schützen kann. Klugheit und das von ihr gelenkte autonome Handeln beider Aktanten führen, wie in anderen Fällen des *Decameron,* zur Versöhnung widersprüchlicher Anforderungen – der Ordensregel, des Gewissens mit dem sinnlichen Vergnügen. Die resümierende Lektüre der Personenschilderung erleichtert schließlich auch das Verständnis der komischen Wirkung und des ideologiekritischen Aspektes der Novelle. Die Einleitung des Erzählers schließt mit einer Information über das Thema der Novelle:

> [...] intendo di raccontar brievemente con che cautela un monaco il suo corpo da gravissima pena liberasse.

Mit dem Gegensatz zwischen »List« und »strenger Strafe« können wir die originelle komische Wirkung erfassen, soweit sie über die Verspottung (Degradierung) der wenig vorbildlichen Geistlichkeit hinausgeht. Die Klugheit übernimmt den Gegenpart zur Autorität von Rang und Würde. Der Abt wird in eine Situation gebracht, wo er seine Würde aufgibt; wir beobachten ihn in einer anspielungsreichen Liebesszene, in der seine Würde als Leibesfülle verspottet wird:

> il quale [...] avendo forse riguardo al grave peso della sua dignità e alla tenera età della giovane, temendo forse di non offenderla per troppa gravezza, non sopra il petto di lei salì, ma lei sopra il suo petto pose [...].

Die Komik entspringt der recht anschaulichen Umkehrung der Werte – die verführerisch zarte Jugend triumphiert über die gewichtige Autorität, den Inbegriff der Ordensregel. Der Mönch rechtfertigt sein Vergehen mit der Aufhebung des Keuschheitsgelübdes, das sei eine neue Ordensregel. Die Strenge wird von der schlagfertigen Intelligenz abgelöst: »gravissimamente« tadelt der Abt den Mönch; »prontissimamente« antwortet dieser. Die Satire Boccaccios offenbart also nicht allein die Fragwürdigkeit einer normativen Vorstellung (der hohe Klerus sollte ein gutes Beispiel geben); er setzt auch eine neue Vorstellung für die verspottete ein: Dank der Lebensklugheit ließen sich Würde und Vergnügen miteinander verbinden.

Boccaccio hat mit den einzelnen Novellen und mit der Komposition seiner Sammlung – erzählerische und ideologische Gegensätze von Novellenrahmen und Novellen sowie ihr funktionales Zusammenspiel hat Hermann H. Wetzel (1979) analysiert – ein Weltmodell entworfen, in dem unterschiedliche Motivationen des Einzelnen nebeneinander bestehen können, in dem unterschiedliche Anforderungen der subjektiven Interessen und der konventionellen Normen miteinander vermittelt werden. Eine solche Utopie – das Modell eines Gemeinwesens, in dem Klugheit und Harmonie herrschen (R. Ramat) – ist schon im Rahmen der Erzählkunst des Trecento als Ausnahme zu beurteilen. Franco Sacchetti hat dagegen ein wesentlich pessimistischeres und chaotisches Bild von der Stadtgesellschaft seiner Zeit entworfen (vgl. Brockmeier, 1972, S. 40/53). In der CXVI. Novelle des *Trecentonovelle* geht es auch darum, daß ein Untersuchungsrichter des Franziskanerordens den »prete Juccio« wegen schlechten Lebenswandels zur Rechenschaft zieht. Dieser Priester erscheint als ein verwahrloster Bursche; die Schilderung läßt keinen Raum für mildernde Umstände, wie etwa überschäumende Lebenslust; der Erzähler verzichtet darauf, Überlegung, Planung einer List und deren zielgerichtete Durchführung zu schildern. Der beschuldigte Priester packt brutal den »pascipeco« des Richters mit der Bemerkung: »der richtet alles Übel an«; er zwingt den Richter mit dem körperlichen Schmerz, ihn freizusprechen. An die Stelle der intellektuellen Überzeugung ist die Gewalttätigkeit getreten. Ein kurzer abschließender Kommentar unterstreicht noch die moralischen Vorbehalte gegen solch ein Priestervolk; die Kastration wird vom Autor als durchaus nützlich für die Aufrechterhaltung von Sitte und Ordnung beurteilt. Die realistischen Details und ihre unverblümte Bezeichnung, die wenig stilisierte Wiedergabe des Dialoges und der Kommentar des Erzählers stehen im Dienste einer Weltanschauung, welche den Zerfall von Sitten und Moral beklagt, für Strenge und Ordnung eintritt, ohne sich dabei um einen Ausgleich zwischen individuellen Bedürfnissen und sozialen Normen zu bekümmern. Allerdings scheint der Autor auch die Hoffnung aufgegeben zu haben, Sitte und Ordnung in dieser Welt voll und ganz verwirklicht zu sehen.

2.

Betrachten wir die Darstellung der Leidenschaften, Gefühle und Stimmungen, der Meinungen und Weltanschauung der Erzählfiguren in der französischen und italienischen Novellistik des 16. Jahrhunderts, so beurteilen die Erzähler die Fähigkeit des von Leidenschaften ergriffenen Menschen, sich Normen zu unterwerfen, eher skeptisch zurückhaltend, wenn nicht negativ. Moralische Vorschriften – ob man sie nun aus einer christlichen Ethik oder aus einem weltlich höfischen Kanon bezieht – liegen im Widerstreit mit dem tatsächlichen Verhalten des Einzelnen. Die Erzähler stellen fest, daß nicht alles so ist oder verläuft, wie es sein oder verlaufen sollte; sie heben diesen Widerspruch und die Erkenntnis dieses Widerspruchs sowohl in ihren Kommentaren als auch mit den verschiedenen Mitteln und auf den verschiedenen Ebenen der narrativen Gestaltung hervor. Eine solche belehrende Absicht scheint Boccaccio weniger interessiert zu haben. Folgt man nämlich seiner Stellungnahme im *Proemio,* so hat er die Novellen gesammelt, um gerade mit ihrer erheiternden Vielfalt und mit ihrer überraschenden Widersprüchlichkeit Leserinnen, die unter heimlichen Leidenschaften seufzen, von ihrem Kummer und Trübsinn abzulenken; das Angenehme und das Nützliche werden diesem Aspekt der Zerstreuung untergeordnet (»le quali cose senza passamento di noia non credo che possano intervenire«). Fiammetta, eine der Erzählerinnen des *Decameron,* deutet an (IV 1), daß man neun traurige Geschichten eingefügt habe, um ein mittleres ästhetisches Wohlgefallen zu erreichen – »Forse per temperare alquanto la letizia avuta li giorni passati [...]«.

Die Erzähler des 16. Jahrhunderts, die ich für diesen Zusammenhang berücksichtigt habe, heben in erster Linie erschütternde, rührende, abschreckende Aspekte des Konfliktes zwischen moralischen Normen und individuellem Verhalten hervor; es werden die schwerwiegenden Folgen des Konfliktes für Leben und Glück sowohl aus der Sicht der Erzählfiguren als auch des Erzählers selbst vermittelt. Die Erzähler zeigen vor allem, daß große und heftige Leidenschaften mit den sozialen Normen schwer oder gar nicht zu vereinbaren sind. Individuelles Wünschen oder Wollen und das Können, die Fähigkeit, die Wünsche durchzusetzen, fallen auseinander. Die erzählerische Gestaltung dieses Widerspruchs kann dann so weit führen, daß die Frage auftaucht: Sind die Wahrheit, das Echte, Authentische in den Vorstellungen und Verhaltensweisen des Individuums oder im gesellschaftlich anerkannten Wertsystem zu suchen? Unter den Bezeichnungen Sein und Schein, Wahnsinn und Vernunft, Lüge und Wahrheit kennen wir das angedeutete Problem aus dem erzählerischen Werk von Cervantes, das zu Beginn des 17. Jahrhunderts erschienen ist.

3.

Margarete von Navarra, die Schwester Franz I. von Frankreich, hat im *Heptaméron* den Konflikt zwischen leidenschaftlichem Gefühl und moralischer Norm besonders intensiv und originell dargestellt. In ihren Erzählungen hat sie eine Art psychologisches Experiment angestellt: Was ist dem Einzelnen an konventionellem Zwang zumutbar? Kann er mit konventionalisierten Verhaltensweisen seine echten Gefühle unter allen Umständen verbergen oder gar bezwingen?

Die Frage, ob man starke Gefühle anderen gegenüber verbergen kann, wird von unserer Erzählerin auch in spöttischer Form beantwortet. Ich stelle dieses Beispiel zuerst vor; es ist die 62. Novelle des *Heptaméron.* Eine junge Dame erzählt einer anderen, die zur Königsfamilie gehört, eine Geschichte: Eine junge Frau sei mit einem älteren Mann verheiratet und von einem Edelmann längere Zeit bedrängt worden. Eines Tages, während der Abwesenheit ihres Ehemannes, überraschte der Verehrer sie im Schlaf und verführte sie mit der Drohung, daß, falls sie ihm nicht willens sei, er ihren Ruf ruinieren werde. Als er sich aus dem Staub machte, habe er versehentlich mit den Sporen das Laken heruntergerissen. Nun schließt die Dame, die bisher ja das Erlebnis einer dritten Person erzählt hat, mit dem Satz: »Jamais femme ne fust si estonnée que moy, quant je me trouvay toute nue.« Sie hat sich unfreiwillig verraten; ihre Zuhörerin weist sie spöttisch darauf hin. In der anschließenden Diskussion äußert sich die Erzählerrunde zu dieser Fehlleistung: Die junge Frau ist eine seltene Närrin, weil sie den Spott der anderen auf sich selbst lenkte! Wo liege eigentlich die moralische Verfehlung, da sie bedroht worden sei? Aber sie hätte bis zum Ende ihre Tugend verteidigen müssen! Aus den widersprüchlichen Meinungen können wir den Konflikt zwischen einer streng normativen moralischen Beurteilung und einer Bewertung im Sinn subjektiver Interessen ablesen.

Die 10. Novelle des *Heptaméron,* eine sehr lange tragische Liebesgeschichte, bietet mehrfache und ausführliche Belege für unsere Fragestellung. Die Erzählung berichtet von der Liebe des jungen Adligen Amadour zu Floride, Tochter des Grafen von Aranda. Nachdem es Amadour mit einer raffinierten Heiratsintrige gelungen ist, die Geliebte häufig zu sehen und zu sprechen, gewinnt er ihr Vertrauen und versichert ihr, sie in »honneste amityé« verehren zu wollen. Veränderte äußere Umstände treiben ihn schließlich dazu, sie mit List zu verführen; der Versuch schlägt fehl, und Floride bricht die Beziehung ab. Amadour widmet sich einige Jahre dem Kriegshandwerk. Bei einer ihm günstig erscheinenden Gelegenheit versucht er schließlich, Floride mit Gewalt zu verführen. Auch das mißlingt; Amadour begeht nach einem Gefecht gegen die Mauren Selbstmord; Floride zieht sich in ein Kloster zurück.

Ein wichtiges, hervorstechendes Merkmal der Darstellung dieser Liebe ist, daß die glücklichen Momente und die Krisen der Beziehung sich im Rahmen der Hofgesellschaft und unter ihren beobachtenden Blicken abspielen. Die Liebenden stehen unter der Kontrolle ihres sozialen Milieus; ihre Kontakte finden auf einer mondänen Ebene statt. Das Geständnis, die Versicherung ihrer gegenseitigen »ehrenhaften Freundschaft« werden zum Beispiel in einer Fensternische ausgetauscht. Für die Aktanten hat dieses Milieu zur Folge, daß sie ihre Gefühle verbergen und von ihnen ablenken müssen. Selbst nach dem zweiten Versuch Amadours, sich ihrer zu bemächtigen, hält Floride diese Tat vor ihrer Mutter verborgen, um nicht Amadours sozialem Ansehen zu schaden. Die Protagonisten halten ihre Beziehung auf der gesellschaftlichen Ebene noch aufrecht, nachdem sie sich auf der Ebene der emotionalen Gefühle bereits entzweit haben. Wir erkennen schon in der Konstellation der Figuren den Widerspruch von äußerem Schein, sprich: Konvention, und innerem Sein, sprich: Empfinden, von sozialen Verhaltensweisen und individuellen Motivationen. Die Selbstbeherrschung, die die Hofgesellschaft von den Protagonisten verlangt, wird von unkontrollierten somatischen Symptomen durchbrochen: Ohnmacht; Erröten; »les estincelles saillissent par ses oeilz«; mühsam zurückgehaltene Tränen führen zu Nasenbluten. Auch die Beziehung zwischen den Liebenden kann nicht als sicherer Grund oder als vertrauensvoll gelten; denn sie gehen von verschiedenen Erwartungen aus: Floride hält an der »ehrenhaften Freundschaft« fest, ahnt aber bald deren Unzuverlässigkeit; Amadour hat von Anfang an einen Schlachtplan für die Eroberung der Geliebten mit dem Ziel eines »glücklichen Endes seiner Mühen« entworfen. Individuelles Wünschen oder Verlangen, »le coeur«, und soziale oder moralische Normen, »la raison«, treten bei der Charakterisierung der Protagonisten auseinander. Amadour zeigt spontane Affekte und heimtückische Vorgehensweisen; Floride greift zur Selbstverstümmelung, damit Amadour die Lust an ihr vergehe. Ein tiefer Pessimismus gegenüber den Möglichkeiten und Fähigkeiten der Menschen, ihre Leidenschaften vernünftig, tugendhaft zu lenken oder mit den sozialen Normen zu integrieren, zeigt das Ende der Novelle: Selbstmord und Rückzug ins Kloster. Er bestraft sich für die mißlungenen Angriffe auf seine »Freundin«; sie ersetzt die Liebe zu den Menschen durch die Liebe zu Gott. Die Autorin bestätigt die Unlösbarkeit des Konfliktes – die auch von Floride selbst erkannt worden ist – mit der folgenden Bemerkung:

> Denn obwohl sie, der Vernunft folgend, entschlossen war, ihn nicht mehr zu lieben, sowenig wollte sich doch das Herz, das uns nicht gehorcht, damit abfinden [...].

Der unlösbare Widerspruch zwischen Normensystem und Individuum, zwischen Vernunft und Gefühl wird am Ende der Erzählung unter einem religiös-mystischen Aspekt beleuchtet: als Widerspruch zwischen Leib und Seele, zwischen irdischem Leben und himmlischer Seligkeit. Die anschließende Diskussion raubt dem Leser allerdings die Illusion, daß die Liebe zwischen Amadour und Floride als ausnahmsweises, immerhin ergreifendes und erbauliches Beispiel dienen könnte. Er erfährt, daß die übersinnliche Liebe, die platonisierende Liebestheorie nur in der Öffentlichkeit der Salons und keineswegs für die Verhaltensweise von Damen und Herren im stillen Kämmerlein gelten: »elles sont femmes et nous hommes«. Der Ehrbegriff ist zweideutig: Ehre als Selbstwertgefühl, das nichts mit dem guten Ruf zu tun habe. Der Widerspruch zwischen dem Einzelnen und den gesellschaftlichen oder moralischen Normen wird vertieft, insofern vorgegebene kulturelle Normvorstellungen selbst widersprüchlich interpretiert werden.

Mit diesen Bemerkungen über die Erzählkunst der Marguerite de Navarre kann ich nur andeuten, daß wir sie als wichtige Vorläuferin der narrativen und moralistischen Literatur des 17. Jahrhunderts beurteilen können, und daß die Aussagen ihrer Novellen in engem Zusammenhang mit dem sozialpsychologischen Prozeß der Höfisierung zu sehen sind, wie Norbert Elias ihn entworfen hat. Die Auswirkungen dieser Höfisierung kann man an den stereotypen Identifikationsmustern und sentimentalen Konflikten der galanten Erzählungen des 17. Jahrhunderts, etwa von Segrais, La Calprenède, Saint-Réal, Mme de Villedieu, Mlle Bernard ablesen (vgl. dazu Bügler/Rossato/Schilling).

4.

Den Erzählungen des *Decameron* wird man die Vorstellung entnehmen dürfen, daß die Liebesleidenschaft die intellektuellen Kräfte des Menschen beflügeln und zu hohen Leistungen anspornen kann. Matteo Bandello hebt in seiner umfangreichen Novellensammlung nicht allein den unversöhnlichen Widerspruch zwischen Vernunft und Leidenschaft, sondern auch und vor allem die unbezwingbare, den Menschen zu gräßlichen Taten hinreißende Antriebskraft der Leidenschaft hervor. Bandellos Personen werden von wilden Affekten getrieben, ohne ihnen widerstehen zu können. Wie etwa jene Gräfin, die zwei Liebhaber vergeblich gegeneinander aufzuhetzen versucht; erst einen dritten

bezirzt sie soweit, daß er einen der Verflossenen ermordet. Man hätte sie vergeblich nach Gründen für ihre »zügellosen und schmachvollen Gelüste« fragen können; »ohne den Schatten irgendeiner vernünftigen Vorstellung« wurde
sie von ihrem Verlangen angetrieben – »furiosamente spinta« (*Novelle*, I 4).
Wie von Blindheit geschlagen, massakrieren diese Besessenen, was ihnen im
Weg steht:

> [...] als Claudio den Anblick gewahrte [...] wollte er nicht hören, was die Zofe ihm zu
> sagen hatte, sondern streckte sie mit drei Dolchstichen tot zu Boden. (*Novelle*, I 33)

Unmöglich erscheint es, die »Eifersucht mit Vernunft zu lenken«; so schlägt
ein Schwertmacher, von Eifersucht getrieben, im dunklen Schlafgemach um
sich – und haut dem eigenen Kind beide Beine ab (*Novelle*, I 59). Die Darstellung ausbrechender Affekte im Rahmen traditioneller Erzählstoffe führt zu
monströsen stilistischen Verbindungen: der Belustigung über den lächerlichen Hahnrei mit Entsetzen und Rührung. Auch die Melancholie kann zu
furchtbaren Taten treiben. Ein tapferer Ritter (*Novelle,* I 51) verfällt wegen des
Todes seines Kriegsherrn in tiefen Trübsinn; er ißt nicht mehr, schläft nicht
mehr, zerfließt in Tränen; seine Frau versucht vergeblich, ihn zu trösten; er
verharrt in seinem »umor fantastico«. Er möchte sterben – wenn nur die Frau,
auf die er sehr eifersüchtig ist, ihn nicht überleben würde. Die Frau versichert,
daß sie seinen Tod nicht überleben wolle. Der »cavaliero Spada« umarmt,
küßt und herzt seine Frau – und erdolcht sie, danach sich selbst. Die Leidenschaften werden als hartnäckig und unbezähmbar vorgestellt; die Personen bewegen sich darin wie in einem »unentwirrbaren Labyrinth« (*Novelle*, II 40).
Einige Figuren reflektieren die Last dieses intrinsischen Antriebes; zum Beispiel König Eduard III. von England – dem allerdings ausnahmsweise auch
vernünftige Selbstbesinnung zugeschrieben wird (vgl. Fiorato, 1973):

> Ich bin wie jemand, der vom Wunsch getrieben wird, einem Wild in einen tiefen Wald
> zu folgen, und der sich bald soweit darin verloren hat, daß er den Rückweg nicht mehr
> finden kann; je mehr er umherirrt, um so tiefer gerät er hinein und verirrt sich und ent-
> fernt sich vom richtigen Weg. (*Novelle,* II 37)

Auch in den Kommentaren weist Bandello auf den unversöhnlichen Widerspruch zwischen Vernunft und Leidenschaft hin und entwickelt daraus moralische Ermahnungen. Die Liebesleidenschaft habe gefährliche und tödliche
Auswirkungen; das sei auf die Verblendung zurückzuführen; der »Zügel der
Vernunft« werden schleifen gelassen. Wenn der Mensch hingegen die »Brille
der Vernunft« aufsetzte, könnten Klagen, Jammer und Streit vermieden werden (*Novelle*, II 12; vgl. I 9; I 10). Der Autor scheint allerdings wenig Hoffnung zu haben, daß die grauenvolle Skandalchronik des Weltenlaufes tatsächlich von der Vernunft aufgehellt wird (*Novelle,* III 51).

5.

Den Widerspruch zwischen Leidenschaft und Vernunft, zwischen individuellen Wünschen und Vorstellungen und sie behindernden äußeren Zwängen und
Umständen hat insbesondere Miguel de Cervantes Saavedra seinen Erzählun-

gen zugrunde gelegt. Allerdings hat er das starre antithetische Schema Bandellos, das nur Gut oder Böse, Vernunft oder Leidenschaft, aber nicht die beunruhigende Verbindung beider kannte, mit neuen Aspekten der Darstellung aufgebrochen. Den Ursprung des Konfliktes zwischen Leidenschaft und Vernunft haben Marguerite de Navarre und Bandello eigentlich nur damit angegeben, daß das Ich die Selbstkontrolle verloren habe. Cervantes gibt dafür, daß der Einzelne sich in seiner Umwelt nicht mehr wie gewohnt zurechtfindet und dies selber als sonderbar empfinden kann, weiterreichende Begründungen. Die Erzählfiguren sind Einflüssen ausgesetzt, die sie in den Konflikt stürzen und deren Wirkung sie nicht allein oder überhaupt nicht zu verantworten haben: die falsche Lektüre *(Don Quijote)*; eine Krankheit *(Der gläserne Lizentiat)*; ein gebrochenes Heiratsversprechen *(Die beiden Jungfern)*; ein Überfall mit Entführung und Vergewaltigung *(Die Macht des Blutes)*; Wille oder Befehl eines Herrschers *(Die englische Spanierin, Das Fräulein Cornelia)*; die Bevorzugung eines Rivalen *(Der edelmütige Liebhaber)*. Umgekehrt stellt Cervantes aber auch dar, daß gerade die Kraft der menschlichen Vernunft – sobald sie sich anmaßt, den Ehebruch verhindern oder die Zuverlässigkeit der Ehefrau planmäßig auf die Probe stellen zu wollen *(Der eifersüchtige Extremadurer; Vom törichten Vorwitz)* – entweder durch die Macht der Umstände und den Willen des Himmels zunichte gemacht wird oder genau das Gegenteil ihrer Absicht bewirkt. Diese dialektische Verknüpfung der rationalen mit den irrationalen Aspekten menschlichen Handelns tritt in den zuletzt genannten Novellen noch überraschender zutage, insofern eine irrationale Motivation den Versuch der vernünftigen Planung in Gang gesetzt hat: Wegen seiner »natürlichen Anlage« ist Carrizales eifersüchtig, und die Ängste und Verdächtigungen überfallen ihn schon beim Gedanken an die Ehe; Anselmo fühlt sich von »einem so seltsamen und gänzlich ungewöhnlichen Verlangen«, von einer »Verrücktheit« getrieben, gegen die er selbst beim besten Willen nicht ankommt.

Cervantes stellt das Widerspiel nuancierter dar als Marguerite de Navarre oder Bandello. Die verrückte Idee, die feurige Liebe oder die heftige moralische Empörung schließen sublime intellektuelle Einsicht, rationale Überlegung, Argumentation oder Planung nicht aus. Obwohl gefährliche abenteuerliche Ereignisse Leben und Glück der Protagonisten bedrohen, obwohl Leidenschaften, Eifersucht, empörtes Ehrgefühl sie fast den Verstand verlieren lassen, zeichnet Cervantes sie auch als Figuren von hohem Seelenadel, die durch beängstigende äußere Umstände weder das Bewußtsein ihres moralischen Wertes, ihrer Ehre, noch den Willen verlieren müssen, ihren Ansprüchen zum Recht zu verhelfen. Übermenschliches Bemühen um die Geliebte und übermenschliche Entsagung, nachdem er sie endlich aus der Sklaverei heimgeführt hat, kennzeichnen Ricardo, den »edelmütigen Liebhaber«. Auch Carrizales, der »eifersüchtige Estremadurer«, der wohl lächerliche Züge des Hahnreis trägt, offenbart am Ende geradezu übermenschliche Selbsteinsicht und Güte, indem er die Mitgift der Ehefrau verdoppelt und ihre Heirat mit dem Ehebrecher befürwortet. Von dem Bewußtsein des eigenen Wertes werden auch Reaktion und Rede der unglücklichen Leocadia aus *Die Macht des Blutes* bestimmt.

Allerdings ist den Figuren des Cervantes die Selbstbesinnung, die Überwindung ihrer Wahnidee erst in der Sterbestunde vergönnt *(Don Quijote; Der eifer-*

süchtige Extremadurer; Vom törichten Vorwitz); oder eine überraschende Genesung befreit sie davon *(Der gläserne Lizentiat)*. Auch wenn diese Heldinnen und Helden ihrem Ehrgefühl Genugtuung verschaffen oder ihr Glück gegen widrige Umstände durchsetzen wollen, so entzieht der Erzähler ihnen doch die Fähigkeit, das zu tun, den endgültigen Triumph über die Umstände selbständig zu erringen. Abenteuerliche Zufälle, denen die Personen ausgeliefert sind, trennen den Verehrer von der angebeteten Frau, abenteuerliche Ereignisse führen sie wieder zusammen *(Der edelmütige Liebhaber; Die englische Spanierin)*. Ein blinder Zufall, der von angesehenen Aristokraten, den Eltern des Verführers, genutzt wird, ermöglicht es, daß die Schande gelöscht wird, die auf dem Ansehen der Leocadia lastet *(Die Macht des Blutes)*. In der Form der Wiedererkennung befreit der Zufall die Helden aus einer Bedrängnis und ermöglicht es ihnen, die Geliebte heimzuführen *(Das Zigeunermädchen; Die vornehme Scheuermagd)*. Cervantes verzichtet sowohl auf die blutrünstigen Details als auch auf die schwankhaften erotischen Elemente, die wir von Bandello kennen; er verbindet aber das Ernste mit dem Heiteren, die beängstigende Verschärfung des Konfliktes mit der überraschenden heiteren Lösung. Klagemonologe, dialogische Geständnisse der Leiden, Erstarren, Bleichwerden, Ohnmachten – hierin manifestiert sich, daß die Erzählfiguren von Emotionen überwältigt werden. Die Verzweifelung an sich selbst und an der Welt treibt Carrizales und Anselmo, die Protagonisten der Ehebruchsnovellen, in den Tod. Der Auftakt der Erzählung *Der edelmütige Liebhaber* ist ein Monolog, in dem der einsame Ricardo in einer Einöde seine unsägliche, unheilbare Verzweifelung angesichts der Trümmer des zerstörten Nikosia klagt; er verströmt seine Qualen in einer leblosen Umwelt; er meint, daß die Steine der zerstörten Stadt wieder aufgerichtet werden können, er aber keine Hoffnung auf die Befreiung aus der Gefangenschaft hegen dürfte. Ricardo wird nicht nur ein »Paroxysmus« des Erduldens, sondern auch ein unverhofftes Glück zuteil, das ihn ebenfalls »wie außer sich« sein läßt. Die gegen Ende sich überstürzenden Ereignisse nehmen den Protagonisten die Zügel aus der Hand; sie sollen anscheinend auch den Leser durch ihre unvorhergesehene himmlische Fügung überraschen:

> Dies alles erregte Verwunderung über Verwunderung, Staunen über Staunen. [...] Diese Erzählung kann uns lehren, wieviel Tugend, wieviel die Schönheit vermag [...] und wie der Himmel aus unserem größten Mißgeschick unseren größten Vorteil zu bereiten weiß. (*Die englische Spanierin*, dt. nach A. Keller u. F. Notter)

Gerade an der traditionellen Beffa, mit der die Frau den eifersüchtigen Ehemann übertölpelt *(Decameron*, VII 4; 5; 8; vgl. Rochon, 1972) kann man verdeutlichen, was selbständig planende, intelligente Aktivität zu erreichen vermag. Cervantes hat das Thema unter neuen Aspekten gestaltet; ich meine die Novelle *Vom törichten Vorwitz*, die dem *Don Quijote* eingefügt ist (Teil I, Kapit. 33–35). Anselmo möchte die Tugend seiner Frau Camila prüfen; er überredet seinen Freund Lotario, sich zum Schein um ihre Liebe zu bemühen; Lotario verliebt sich allerdings tatsächlich in Camila und verführt sie. Anselmo glaubt an die Zuverlässigkeit seines Freundes und an die Tugendhaftigkeit seiner Frau – in diesem Teil wird die traditionelle Weiberlist aufgegriffen. Erst ein Zufall bringt die Wahrheit an den Tag; Anselmo stirbt aus Kummer, Lotario fällt in einer Schlacht und Camila geht ins Kloster. Mit der Charakterisierung der Hauptperson, Anselmos, untergräbt Cervantes allerdings die Vorstellung, daß der Einzelne fähig sei, selbständig, zielstrebig planend und erfolgreich zu handeln. Die vernünftige Planung wird in diesem Fall mit einer irren Laune motiviert; die Situation, die Anselmo herbeiführt, rauben ihm, da er ihren Wahrheitsgehalt bald nicht mehr durchschaut, die Möglichkeit, sein eigentliches Ziel zu erreichen; er verliert sich hilflos in einem Gewirr von wahren und falschen Situationen; in seiner Planung offenbart er nichts anderes als Ignoranz (»el ignorante marido«). Auch auf der Seite der Liebenden können wir diesen Verlust an Selbständigkeit feststellen. Lotario wird wider seinen Willen gezwungen, die Rolle des Galans zu übernehmen, und er verliebt sich wider seinen eigenen Willen. Er ist sich dieses Konfliktes bewußt. Ein Ähnliches gilt für Camila, die einmal zwar listig triumphiert, aber schließlich – über ihre Kammerfrau – von zufälligen Ereignissen abhängt, auf die sie keinen Einfluß mehr besitzt. Der Erzähler beleuchtet das Phänomen, daß sich der Handlungsablauf der Lenkung durch die Figuren entzieht, unter dem Aspekt der unwiderstehlichen Kraft der Leidenschaften, der menschliches Vermögen nichts entgegenzusetzen habe:

> Ein deutliches Beispiel, das uns zeigt, daß man die Liebesleidenschaft nur besiegt, indem man sie flieht und daß niemand mit einem so mächtigen Gegner handgemein werden soll; denn es sind göttliche Kräfte vonnöten, um die eigenen menschlichen zu besiegen. (*El curioso impertinente*; in: *Don Quijote*, I, Kap. 34)

Die skeptische Beurteilung der Fähigkeit des Menschen, kraft eigener Vernunft den Leidenschaften zu widerstehen, teilt Cervantes mit Marguerite de Navarre oder mit Bandello. Dank der komplexen psychologischen Darstellung der Sonderlinge, deren Ideen auf die normalen Vorstellungen, die ihre Umwelt vertritt, treffen, zeigt er allerdings auch, daß geltende Wertvorstellungen sehr brüchig sein können – für unsere Erzählung denke man an die »limpieza de sangre«, den »punto de honra«; für den *Don Quijote* an Rittertum und Ritterlichkeit.

6.

Mangelnde Materialkenntnis zwingt mich dazu, daß ich die Darstellung des Konfliktes von Leidenschaft und Vernunft in den folgenden Epochen nur aufgrund einiger weniger Beispiele der französischen Literatur skizzieren kann. Auch der Versuch ist, wie die vorangegangenen Ausführungen, als Fragestellung und Andeutung einer Beantwortung zu verstehen.

Aufgrund der Arbeiten von René Godenne sind wir über die geschichtliche Entwicklung der französischen Novelle, über das Aufblühen der »nouvelle-petit roman«, als »nouvelle galante« oder »nouvelle historique«, im 17. Jahrhundert informiert. Auch der Einfluß der spanischen Novelle ist bekannt:

> Qu'elle soit qualifié de ›galante‹ ou d' ›historique‹, la nouvelle raconte, à l'exemple de la *novela espagnola*, une histoire sentimentale de caractère sérieux (des textes de Cervantès feront longtemps figure de modèles: *L'Amant libéral*, *L'Espagnol anglaise*, *La Force du sang*, *L'Illustre Servante*). (Godenne, 1974, S. 32)

Wenn ich zunächst die Aufmerksamkeit auf die *Princesse de Montpensier* (1662) von Mme de La Fayette lenken möchte, so geschieht das nicht allein, weil hier Merkmale der galanten und der historischen Novelle anschaulich und aufwendig miteinander verwoben sind. Wir wollen vor allem die Merkmale dieser Erzählung – »cette histoire« wird sie von der Autorin genannt – beachten, die sie mit der Novelle der Marguerite de Navarre verbinden; das könnte eine Anregung sein, gemeinsame psychologische Merkmale in den Erzählungen der Epoche der höfischen Gesellschaft zusammenzustellen, wozu eine größere Zahl heute vergessener Erzählungen berücksichtigt werden müßte.

Bei der Betrachtung der 10. Novelle des *Heptaméron* ist uns aufgefallen, daß sich die Liebesgeschichte von Anfang bis Ende unter der Aufsicht, der Beobachtung und Einschätzung der Hofgesellschaft abspielt; ihr Verhalten zueinander suchen die Liebenden den konventionellen Vorschriften ihrer sozialen Gruppe anzupassen, ohne daß ihnen dies vollkommen und endgültig gelänge; sie erfahren diesen Widerspruch als einen inneren Konflikt – zwischen dem Gewissen, das die Normen vertritt, und ihrem Herzen, das diesen nicht folgt. Wir finden in der *Princesse de Montpensier* eine entsprechende Lokalisierung der Handlung am Hof; wir erkennen vor allem die gleichen, noch schärfer hervorgehobenen psychologischen oder besser: moralistischen Probleme.

Gesellschaftliche Umgangsformen sind eine Oberfläche, unter der sich heftige Sympathien und Antipathien verbergen. Dies gilt zunächst für das Verhalten der rivalisierenden hohen Adligen. Der Prince de Montpensier hat bemerkt, daß man den doppelt motivierten Haß, den er gegen den Herzog von Guise empfindet, vielleicht seinem etwas mürrischen Gesichtsausdruck anmerken könnte; er findet sofort eine Ausrede; er habe den plötzlichen Besuch des Rivalen nicht würdig vorbereiten können:

> Il en rejeta adroitement la cause sur la crainte de ne pouvoir recevoir un si grand prince selon sa qualité, et comme il l'eût bien souhaité. (*Princesse de Montpensier*, a. a. O., S. 12)

Erraten der verborgenen Gefühle der anderen sowie Verbergen der eigenen wird mit einer Verwechslungsszene während eines Hofballes vorgeführt; Beherrschung oder Eindämmung aufflammender Emotionen (Rache, Eifersucht) wird hier durch die Gegenwart des Königs erzwungen (ebd., S. 19). Deutlich erscheint der Widerspruch zwischen Empfinden und gesellschaftlichem Verhalten im Bereich der amourösen Beziehungen. So heißt es einmal vom Comte de Chabanes, einem selbstlosen Verehrer der Princesse de Montpensier: »S'il ne fut pas maître de son coeur, il le fut de ses actions« (ebd., S. 7). Ausdrücklich wird die Verwirrung beider Liebenden, der Mme de Montpensier und des Duc de Guise geschildert, die sich nach dreijähriger Trennung unversehens wiedertreffen; übertrieben kühl reagiert die Dame. Der Herzog möchte ihr seine Liebe so rasch wie möglich gestehen, um gesellschaftliche Mißverständnisse zu vermeiden – »afin de s'épargner tous ces commencements qui font toujours naître le bruit et l'éclat«. Da sich die Herrschaften im Rahmen der Hofgesellschaft bewegen, können sie sich ihren Gefühlen, Liebe, Schmerz, Erregung, Eifersucht, Familienehre, nicht ohne weiteres überlassen; wenn der Liebesschmerz den tapferen Kriegshelden sprachlos werden läßt, dann verläßt

er die Gesellschaft, »unter dem Vorwand eines Übelseins, um zu Hause seinem Unglück nachzusinnen« (ebd., S. 20). Die Princesse de Montpensier bedenkt und erleidet den Konflikt zwischen Tugend und Leidenschaft als eine
»extrémité épouvantable«; sie vermeidet das Tête-à-tête mit dem Geliebten
und stürzt auf diese Weise den selbstlosen de Chabanes und ihren Ehemann in
einen heftigen Gefühlskonflikt. Das Gegeneinander widerstrebender Interessen, die die Vernunft nicht auszugleichen vermag (Tugend und Liebe; heimliche Liebe und Freundschaft von de Chabanes, Eifersucht des Ehemannes), hat
die Autorin auf den letzten vier Seiten der Erzählung wirkungsvoll konzentriert. Elendiglich sind die Personen ihrem Schicksal ausgeliefert – »et jamais
peut-être la fortune n'a mis trois personnes en des états si pitoyables«. Die Ti-
telheldin geht an der Last ihrer ambivalenten Gefühle zugrunde:

> Elle ne put résister à la douleur d'avoir perdu l'estime de son mari, le coeur de son
> amant et le plus parfait ami qui fut jamais. (ebd., S. 33)

Der berühmteste Roman des Jahrhunderts, *La Princesse de Clèves* (1678),
wurde von den Zeitgenossen als »nouvelle« bezeichnet (Godenne, 1974, S. 47).
Der Unterschied zwischen Roman und Novelle scheint für die Zeitgenossen
eine Frage der Länge, der Ausführlichkeit gewesen zu sein (ebd., S. 42). Mit einem Vergleich beider Werke der Mme de La Fayette ließe sich zeigen, wie wir
uns die Erweiterung der Novelle zum Roman vorstellen können. Für diese Erweiterung der galanten und historischen Novelle zum Roman geben wir einige
Stichworte: ausführliche Beschreibung des Hoflebens, der dort agierenden
und intrigierenden Personen; lange Gespräche zwischen den Personen über
das moralische Verhalten; Belehrung der Mme de Clèves durch ihre Mutter;
größere Ausführlichkeit und Redundanz der Passagen, in denen die Personen
über ihre widersprüchlichen Gefühle nachdenken oder sich miteinander über
ihre Beziehung unterhalten; der Einschub von belehrenden und erläuternden
Erzählungen; der Einschub einer umständlichen Nebenhandlung (›der falsche
Brief‹), hier wird noch einmal die Schilderung der Liebschaften einer Neben-
person eingefügt. Eine Entwicklung der Darstellung des Konfliktes zwischen
Tugend und Leidenschaft liegt darin, daß die Vermittlung der Normen durch
die Erziehung in der *Princesse de Clèves* umständlich behandelt wird. Der
Konflikt der Mme de Clèves ist außerdem mit einer Thematik erweitert worden, die bisher nur implizit angelegt war: Liebe und Liebesintrigen am Hofe
(im Rahmen der Gesellschaft) gegenüber dem echten Gefühl, das in dieser höfischen Gesellschaft keine Erfüllung findet und deswegen in die Einsamkeit
flieht. Den unversöhnlichen Konflikt zwischen dem Verlangen des Einzelnen
und dem normativen Rahmen, den die höfische Gesellschaft vorgibt, können
wir deutlich an der wachsenden Vereinsamung der Heldin ablesen. Der Höhepunkt ist ihre endgültige Trennung von dem geliebten Duc de Nemours. Wir
erkennen in ihrer Begründung eine ähnliche pessimistische Einschätzung der
menschlichen Natur wie im *Heptaméron*. Den Grund für die Flüchtigkeit und
Unzuverlässigkeit emotionaler Bindungen sucht die Autorin des 17. Jahrhunderts allerdings in den Verhaltensnormen der höfischen Gesellschaft; sie umschreibt es mit dem Begriff der »galanterie« und schildert es als Verführbarkeit und Verführungskunst des Herzogs von Nemours. Die thematische Entwicklung, die wir bisher verfolgt haben, findet in dem Roman von Mme de La

Fayette einen Höhepunkt, insofern das einsame Empfinden, abseits der Welt und getrennt von der oder dem Geliebten als Ausdruck der authentischen Liebe geschildert wird.

7.

Damit wir die besondere Gestaltung unseres Themas in der philosophischen Erzählung – wie Voltaire sie geprägt hat – andeuten können, müssen wir uns auf eine allgemeine Definition des Erzählens besinnen. Nach Umberto Eco (1979, S. 107) fassen wir eine Erzählung als eine Beschreibung von Handlungsabläufen auf, wobei für jede Sequenz ein Aktant, eine Intention des Aktanten, ein Zustand, eine Veränderung des Zustandes sowie Ursache und Ziel der Veränderung bezeichnet werden. Diesem können die Beschreibungen von Bewußtseins-, Gemützständen sowie von anderen Umständen hinzugefügt werden. Die Novellisten, die wir bisher berücksichtigt haben, ordnen die Beschreibung der Bewußtseins- und Gemützstände sowie der sozialen oder anderer Umstände der oder den Handlungssequenzen als Motivation, als auslösende und begründende Faktoren unter. In der philosophischen Erzählung betrachtet der Erzähler diese Handlungssequenzen (Gewinn, Verlust, Wiederfinden der oder des Geliebten; das Bestehen mehr oder weniger interessanter oder gefährlicher Erlebnisse) und die damit verbundenen, davon verursachten Gemützzustände der Aktanten aus der Distanz der moral- oder naturphilosophischen, erkenntnistheoretischen oder gesellschaftskritischen Reflexion. Die Sequenzen werden weniger im Sinn einer handlungslogischen Abfolge miteinander verbunden oder aufeinander bezogen, sondern vor allem im Sinn einer oder mehrerer philosophischer Ideen. Die handlungslogisch absurde Sequenz von Hinrichtung und Auferstehung des Pangloss – unter dem Messer eines Anatomen – erhält ihre Kohärenz, indem wir darin die Absurdität des religiösen Fanatismus und seiner gräßlichen Folgen erkennen (*Candide*, 28. Kap.). Den Widerspruch zwischen individuellem Glück und äußeren Umständen betrachtet Voltaire also aus der Perspektive einer allgemeinen Vorstellung, die von mehr oder weniger zahlreichen aneinandergefügten novellistischen Sequenzen veranschaulicht oder belegt wird. Angesichts der erkenntnistheoretischen Skepsis des Aufklärers erscheint es angemessen, wenn wir diese Vorstellung als Hypothese oder Frage formulieren: Welche Erkenntnisse über das Leben, die Meinungen und Handlungen der Menschen gewinnt der Einzelne, der mit gesundem unverdorbenem Verstand ausgestattet ist, aus einer Vielzahl oft desillusionierender Erfahrungen, und welche Folgerung zieht er daraus für seine Beurteilung der Welt und des Menschen sowie für seine Lebensführung? Candide zieht aus mit der Fähigkeit, Erfahrungen zu machen und sie zu beurteilen: »Il avait le jugement assez droit, avec l'esprit le plus simple.« Er beschließt seinen Weg mit einer vielzitierten Lebensweisheit. Daß bei dieser Form des Erzählens eine Ebene der begrifflichen Reflexion strukturell eingefügt ist, entnehmen wir der Erzählung *Le monde comme il va ou La vision de Babouc* (1748). Babouc erhält von himmlischen Geistern den Auftrag, das verrufene Persepolis aufzusuchen und zu prüfen, ob die Stadt vernichtet werden sollte oder nicht. Babouc vertritt den unvoreingenommenen reflektierenden

Beobachter, der fähig ist, widersprüchliche Erfahrungen gegeneinander abzu-
wägen; seine Lebensweisheit besteht im Sich-Abfinden mit den Widersprüchen – »si tout n'est pas bien, tout est passable«. Die distanzierte Position gegenüber den novellistischen Sequenzen erscheint eng verbunden mit ambivalenten sozialkritischen Aussagen. Voltaire kombiniert in seinen Texten die
Aspekte verschiedener Normensysteme: den Standpunkt einer gebildeten Le-
serschicht, der »philosophes«, den Standpunkt des Adels oder den des Dritten
Standes; man vergleiche hierzu die kurze Erzählung *Jeannot et Colin*.

Die Schilderung der desillusionierenden Erfahrungen, die Candide durchläuft, kann man in gewissem Sinn als deterministische Auslegung des Verhältnisses zwischen dem Individuum und seiner Umwelt auffassen. Vielleicht beeinflussen uns bei dieser Deutung allzusehr die Erzählungen Maupassants.
Denn hier erkennen wir tatsächlich eine Art Enteignung der selbständigen
Handlungsfähigkeit der Erzählfiguren. Ihre Denk- und Verhaltensweisen werden von sozialen Umständen, vom Milieu, von natürlichen Anlagen – instink-
tives Verhalten –, von der Verführung durch äußere Situationen bestimmt,
ohne daß sie diese bestimmenden Faktoren häufig selbst ahnten oder durchschauten. In den einleitenden Sätzen von *La Parure* wird Mathilde Loisel geradezu als austauschbares Exemplar einer bestimmten Gattung von Frauen beschrieben; andere können ähnliches erleben, falls die gleichen Voraussetzungen der Herkunft, der sozialen Situation und der natürlichen Anlagen (»leur
instinct d'élégance«) gegeben sind. Sie geht ja auch an dieser Determination,
an ihrer fehlenden Flexibilität zugrunde: an der Unfähigkeit, in der unvorher-
gesehenen schwierigen Situation – nach dem Verlust des Halsbandes – die
Frage nach seinem Wert zu stellen. Als Naturgewalt erscheint der Zwang der
äußeren Situation in *L'Ivrogne,* wo ein Fischer von seinem Gefährten während
einer stürmischen Winternacht – deren ausführliche Beschreibung die Erzählung einleitet – überredet wird, den Abend in der Kneipe zu verbringen: »il allait, tiré par Mathurin et poussé par le vent, incapable de résister à ces deux
forces«. Betrunken kommt Jérémie nach Hause, er spürt, »wie etwas Schweres
über seinen Körper streifte und in der Nacht verschwand«. Nach einem
furchtbaren Schrecken dämmert ihm ein vager Verdacht; er wird von einer
furchtbaren Wut gepackt: »comme si l'alcool qu'il avait au corps se fût en-
flammé dans ses veines«, und er erschlägt seine Frau. In *Le Trou* führen zufällige äußere Umstände dazu, daß der unbescholtene Kleinbürger ungewollt einen Totschlag begeht. In spöttisch frivoler Form wird das Thema des fremdbe-
stimmten Verhaltens in *Le Signe* dargestellt. Die Baronin von Grangerie erzählt ihrer Freundin, der Marquise von Rennedon, wie sie von ihrem Fenster
aus die professionellen Verhaltensweisen einer Prostituierten beobachtet hat,
die gegenüber eingezogen ist; ein sonderbares Verlangen des Nachäffens habe
sie überfallen – »nous avons des âmes de singes, nous autres femmes«. Sie
probiert die Aufforderung aus, eine fast unmerkliche Kopfbewegung, zunächst
vor dem Spiegel, dann am Fenster; die Sonne scheint auf ihre Straßenseite, die
Passanten kommen nun bei ihr vorbei. Der Freier, der ihrem Zeichen folgt,
wird durch ihre Bitten, das Ganze als Scherz zu betrachten, in seinem Vorhaben noch bestärkt. Sie wird ihn nur los, indem sie das zum Schein, getrieben
und freiwillig Begonnene mehr oder weniger unfreiwillig, unter dem Zwang
der Umstände beendet. Die Marquise empfiehlt ihr, von dem Geld ein Ge-

schenk für ihren Mann zu kaufen, das verlange die Gerechtigkeit. Wir bemerken ein unverhofftes Glücklichsein wider die sozialen Normen, die Situation, die Vernunft, aber auch im Sinn einer unwiderstehlichen inneren Motivation: »[...] d'une envie épouvantable tu sais, de ces envies [...] auxquelles on ne peut pas résister!«

Zitierte Literatur

M. Bandello, Tutte le opere, hrsg. v. F. Flora, Mailand [3]1952.

G. Boccaccio, Decameron, hrsg. v. V. Branca, Florenz 1960.

P. Brockmeier, Lust und Herrschaft. Studien über gesellschaftliche Aspekte der Novellistik: Boccaccio, Sacchetti, Margarete von Navarra, Cervantes, Stuttgart 1972.

–, Geistesgegenwart und Angstbereitschaft. Zur Funktion des ›subito‹ in Boccaccios Novellen; in: P. Brockmeier, Hrsg., Boccaccios Decameron, Darmstadt 1974 (Wege der Forschung Bd. 324), S. 369–382.

–, Limiti della critica sociale nella novellistica: Decameron- Heptaméron- Novelas ejemplares; in: Il Boccaccio nelle culture e letterature nazionali, Florenz 1978, S. 149–159.

E. Bügler/Ch. Rossato/M. Schilling, Die galante Novelle in der 2. Hälfte des 17. Jahrhunderts in Frankreich; Teilergebnisse eines Forschungsprojektes, gefördert von der Gesellschaft der Freunde der Universität Mannheim; Leitung P. Brockmeier; unveröff. Ms.

M. de Cervantes Saavedra, Obras completas, hrsg. v. A. Valbuena Prat, Madrid [16]1970.

–, Novellen aus d. Spanischen übertragen v. A. Keller u. F. Notter, Nachwort v. K. H. Weinert, München 1958.

U. Eco, Lector in fabula. La cooperazione interpretativa nei testi narrativi, Mailand 1979.

N. Elias, Über den Prozeß der Zivilisation. Soziogenetische und psychogenetische Untersuchungen, 2 Bde, Bern u. München [2]1969.

–, Die höfische Gesellschaft. Untersuchungen zur Soziologie des Königtums und der höfischen Aristokratie [...], Neuwied u. Berlin 1969.

A. Fiorato, Bandello et le règne du père; in: A. Rochon, Hrsg., Les ècrivains et le pouvoir en Italie à l'époque de la Renaissance, Série 1, Paris 1973, S. 77–154.

R. Godenne, Histoire de la nouvelle française aux XVIIe et XVIIIe siècles, Genf 1970.

–, La nouvelle française, Presses Universitaires de France 1974.

Mme de La Fayette, Romans et nouvelles, hrsg. v. É. Magne, Paris 1958.

Marguerite de Navarres L'Heptaméron, hrsg. v. M. François, Paris 1960.

Guy de Maupassant, Contes et nouvelles, hrsg. v. L. Forestier, 2 Bde, Paris 1974, 1979.

A. de Montaiglon u. G. Raynaud, Hrsg., Recueil général et complet des Fabliaux des XIIIe et XIVe siècles, 6 Bde, Paris 1872–1890.

H.-J. Neuschäfer, Boccaccio und der Beginn der Novelle. Strukturen der Kurzerzählung auf der Schwelle zwischen Mittelalter und Neuzeit, München 1969.

Novellino e Conti del Duecento, hrsg. v. S. LoNigro, Turin 1963.

R. Ramat, Boccaccio 1340–1344; in: Belfagor 1964, S. 17–30, 154–174.

A. Rochon, Hrsg., Formes et significations de la ›beffa‹ dans la littérature italienne de la Renaissance, Série 1 und 2, Paris 1972 und 1975.

F. Sacchetti, Il Trecentonovelle. hrsg. v. V. Pernicone, Florenz 1946.

Voltaire, Romans et contes, hrsg. v. F. Deloffre u. J. van den Heuvel, Paris 1979.

H. H. Wetzel, Die romanische Novelle bis Cervantes, Stuttgart 1977.

–, Zur narrativen und ideologischen Funktion des Novellenrahmens bei Boccaccio und seinen Nachfolgern, in: Romanistische Zeitschrift für Literaturgeschichte, 5. Jg., 1981, S. 393–414.

REINHARD KLESCZEWSKI

Erzählen als Kriegskunst:
Zum Begriff »Erzählstrategie«
(mit Anwendung auf Texte von Apuleius und Boccaccio)

Seit dem Beginn der Beschäftigung mit Literatur haben jeweils verschiedene Funktionen der sprachlichen Mitteilung im Mittelpunkt des Interesses gestanden. Lassen wir aus dem Jakobsonschen Modell [1] hier die phatische und metasprachliche Funktion außer Betracht und benutzen wir – wegen ihrer wissenschaftsgeschichtlichen Priorität und wegen ihrer größeren Durchsichtigkeit – so weit wie möglich die Bühlersche Terminologie [2], so können wir grosso modo sagen, daß bis zum 19. Jahrhundert – unter wechselnd intensiver, aber stets normativer Berücksichtigung der appellierenden und poetischen Funktion – die Literaturkritiker besonders auf die Darstellungsfunktion geachtet haben, während etwa die Vertreter des *biografismo* und als deren moderne Nachfolger jene Literaturwissenschaftler, die an einer orthodoxen, auf das Individuum bezogenen Psychoanalyse orientiert sind, sich weitgehend auf die Ausdrucksfunktion konzentrieren. Als die Überbetonung textimmanenter Aspekte (und damit auch der darstellenden und poetischen Funktionen der Sprache) seit den fortgeschrittenen 50er Jahren in Deutschland abklang und das Interesse sowohl für die Erzähltechniken als auch für die Probleme der Literaturrezeption zunahm, rückte die Appellfunktion entschieden in den Vordergrund. Marksteine auf diesem Weg sind u. a. die Arbeiten einerseits von Lämmert und Stanzel, andererseits von Jauss und Iser. [3]

Ein Teil des Verdienstes, die letztere Entwicklung gefördert zu haben, kommt zweifellos aber auch Heinrich Lausberg zu. Unter dem Einfluß der Studien von E. R. Curtius setzte er sich implizit bereits 1949 in seinen *Elementen der literarischen Rhetorik*, ganz explizit, wie es der programmatische Untertitel zeigt, dann in seinem *Handbuch* [4] dafür ein, daß die Rhetorik als methodologisches Fundament der Literaturwissenschaft anerkannt und appliziert würde. Mit dem Rückgriff auf die Rhetorik war aber zugleich die zentrale Bedeutung des Publikumsbezuges und der Appellfunktion des literarischen Textes postuliert. [5]

In der Tat liegt der Rhetorik – und eben auch der zur Analyse literarischer Werke verwendeten Rhetorik – die durchaus realistische Vorstellung zugrunde, daß ein Sprecher bzw. Schreiber einer grundsätzlich gleichgültigen oder gar feindselig gesinnten Zuhörer- bzw. Lesermasse gegenübersteht und sich bemühen muß, deren Zustimmung, Wohlwollen und Gefolgschaft zu gewinnen – durch Argumentation, durch Schmeichelei oder angenehme Unterhaltung und durch Emotionalisierung.

Die Parallelsetzung der Tätigkeit eines Redners vor Gericht oder in der Öffentlichkeit mit der eines literarischen Autors impliziert notwendigerweise die Annahme der Parteilichkeit eines jeden Autors und Erzählers. Diese Auffassung hat in der Literaturwissenschaft früh ihren Niederschlag gefunden. In Opposition zu Spielhagens illusorischer Theorie von der möglichen und anzu-

strebenden »Objektivität« des Romanciers schreibt etwa Wilhelm Scherer unmißverständlich:

> Es hängt freilich von dem Erzähler ab, wie weit er sich einmischen will; er thut es aber
> überall. Wo ein Urtheil ausgesprochen wird, da erscheint er: zu dem Wissen tritt die Mei-
> nung. Wo er irgend ein Epitheton beifügt: der edle, herrliche u.s.w., tritt der Dichter her-
> vor [...] [6]

Diesem Passus kann man entnehmen, daß Scherer Autor und Erzähler ineins-
setzt.

Im Gegensatz zu ihm differenziert Käte Friedemann nicht nur zwischen
Dichter und Erzähler, sondern auch zwischen berichtendem und urteilendem
Erzähler. So stellt sie fest:

> Es ist durchaus nicht gleichgültig für den Stil eines Schriftstellers, ob er seinen Sub-
> stantiven die Bezeichnungen »klein«, »schlank«, »jung« beilegt, oder ob er sie als
> »schön«, »heilig« und »gut« kennzeichnet. Im ersten Fall weist er auf objektive, von je-
> dem gleichmäßig wahrnehmbare Eigenschaften hin, im zweiten gibt er ein Urteil ab und
> kennzeichnet sich dadurch als Urteilenden. [7]

Aus der langen Reihe weiterer historischer Stellungnahmen zur Frage der Beziehungen zwischen Autor, Stoff und Leser seien nur noch zwei angelsächsi-
sche Autoritäten angeführt, die das Problem besonders klar erkannt und formuliert haben. Lubbock wendet sich scharf gegen die Meinung, man könne
Flaubert als einen unpersönlich schreibenden Autor betrachten:

> [...] with every touch that he [i.e. an artistic writer] lays on his subject he must show
> what he thinks of it; his subject, indeed, the book which he finds in his selected fragment
> of life, is purely the representation of his view, his judgement, his opinion of it. The fa-
> mous »impersonality« of Flaubert and his kind lies only in the greater tact with which
> they express their feelings [...] [8]

Mit dem herablassenden Selbstbewußtsein des Praktikers gegenüber dem
Theoretiker und mit seinem sprichwörtlichen Gespür für pralle Formulierungen polemisiert E. M. Forster gegen seinen Vorgänger, dem er gleichwohl viel
verdankt:

> [...] for me the whole intricate question of method resolves itself not into formulae but
> into the power of the writer to bounce the reader into accepting what he says – a power
> which Mr Lubbock admits and admires, but locates at the edge of the problem instead of
> at the centre. I should put it plumb in the centre. [9]

Haargenau ins Zentrum seiner Betrachtungen stellt nun Booth – durchaus im
Sinne Forsters – die Frage, wie ein Autor die Leser von seiner Sicht der Dinge
überzeugt. Sein mittlerweile zum Klassiker gewordenes Werk von 1961 bietet
die Kuriosität, weder Cicero noch Quintilian, geschweige denn Lausberg zu
erwähnen und auszuwerten und dennoch gänzlich mit deren Grundansatz und
deren analytischer Methode an die Literatur heranzugehen. Man braucht Ciceros berühmte Definition von der Aufgabe des Redners (»primum officium
oratoris [est] dicere ad persuadendum accomodate« [10]) nur auf den Autor eines literarischen Prosawerkes zu übertragen, und schon ist man in unmittelbarer Nähe des Arbeitsprogrammes, das Booth für seine Untersuchung formuliert:

My subject is the technique of non-didactic fiction, viewed as the art of communicating with readers – the rhetorical resources available to the writer of epic, novel, or short story as he tries, consciously or unconsciously, to impose his fictional world upon the reader. [11]

Allen diesen Äußerungen ist die axiomatische Prämisse gemeinsam, daß bei dem Kommunikationsakt zwischen Sender und Empfänger ein Spannungsverhältnis besteht: daß einerseits der Erzähler den Leser als Widersacher ansieht, gegen den er sich durchsetzen möchte, und daß andererseits der Leser sich gegen eine »Überwältigung« durch den Erzähler wehren muß. Der Appell an den Leser erscheint als Aggression, der Erzählvorgang als Kampfeshandlung. Metaphorologisch gesprochen, bewegen sich diese Auffassungen im Bildfeld des Erzählkrieges. Unterstellt man nun dem erzählenden Autor ein planmäßiges Vorgehen beim Erzählakt, so ist es nur ein konsequenter Schritt, das Bildfeld »Erzählkrieg« auszudehnen und eine »Strategie« des Autors anzusetzen. Eben dies geschah, wahrscheinlich unter Einfluß der Sprechakttheorie und der Textlinguistik, spätestens in den 60er Jahren.

Eine Besonderheit der bisherigen Geschichte dieses Begriffs scheint darin zu bestehen, daß er in zunehmendem Maße benutzt wird, aber m. W. nirgends definiert worden ist. Die anfängliche Unfestigkeit des Konzepts läßt sich ablesen an den wechselnden Verwendungen und Zusammensetzungen, in denen die Strategiemetapher auftaucht. So spricht Hans-Jörg Neuschäfer in seinem wegweisenden Aufsatz von 1971 [12], in dem er unter kombinierter produktions- und rezeptionsästhetischer Perspektive anhand von Dumas' *La dame aux camélias* u. a. die eminente Wichtigkeit von Erzählervorgriffen (hier der frühen Vorwegnahme der Mitteilung vom Tod Marguerites) für die Leserbevormundung herausarbeitet, – mit den entsprechenden Adjektiven – von »Strategie« und »Publikumsstrategie« [13] in der Bedeutung von »auf bzw. gegen das Lesepublikum gerichtete Strategie«, an einer Stelle auch von »Vermittlungsstrategie.« [14] Daß diese Strategie im Falle von Dumas fils hauptsächlich in der kalkulierten und gleichsam defensiven Anpassung an die Bedürfnisse und Interessen bürgerlicher Schichten besteht (Wunsch nach Evasion durch Unterhaltung, ideologische Bestätigung, sozialpsychologische Beschwichtigung), ist nach Neuschäfer ein Spezifikum der Konsumliteratur.

Angeregt von einigen Theoremen der russischen Formalisten und der modernen Semiotik Ecoscher Prägung und weitgehend von der Aktivität des Literaturproduzenten abstrahierend, entwickelt Iser seine Konzeption der »Textstrategie« [15] (meistens im Plural gebraucht). Dagegen verwendet Dagmar Barnouw konsequent das Kompositum »Autorenstrategie« [16] ungefähr in der Bedeutung, die Wildgen [17], Stanzel [18] und vor allem Klaus Kanzog dem Terminus »Erzählstrategie« geben. Es ist bezeichnend, daß selbst Kanzog in seinem Buch, das den Titel »Erzählstrategie« trägt, zwar treffende Überlegungen im Umkreis der Erzähltheorie und des Verhältnisses zwischen Erzähler, fiktionalem Geschehen und Rezipienten anstellt [19], aber wie seine Vorgänger eine geschlossene Definition dieses Begriffes vermeidet.

Wenn wir hier in Anlehnung an Booth, Neuschäfer, Kanzog und vor allem an die Tradition der Rhetorik eine erste grobe Begriffsbestimmung von »Erzählstrategie« versuchen, so geschieht das im vollen Bewußtsein ihrer Vorläufigkeit und Ergänzungsfähigkeit. [20] Wir meinen freilich, daß überhaupt erst einmal ein Anfang gewagt werden sollte und daß ein konkreter Vorschlag als Arbeits- und Diskussionsgrundlage nützlicher sein dürfte als die Beschränkung darauf, die Feststellung der Notwendigkeit einer solchen Begriffsbestimmung zu wiederholen. Wir hoffen zudem, daß dieser Vorschlag genügend Aspekte berücksichtigt, um als Ausgangspunkt für eine vergleichende Analyse von je zwei kurzen Texten dienen zu können, Analysen, die zugleich den Vorteil bieten, als Test für die Brauchbarkeit unseres Vorschlages gewertet werden zu können.

Man könnte Erzählstrategie probeweise definieren als die Summe der von einem Autor eingesetzten semantischen, stilistischen und erzähltechnischen Verfahren, mit denen er den intendierten Leser zur Übernahme der in einem narrativen Text angelegten Leserrolle und der vom Erzähler suggerierten Wertvorstellungen zu bewegen versucht. [21]

Bei den zwei zu analysierenden Textpaaren handelt es sich um Apuleius, *Metamorphosen* IX, 5-7 und 13-16 und Boccaccio, *Decameron*, Nov. 62 und 50. Da sie zu den wenigen Fällen gehören, bei denen eine direkte Quellenbenutzung durch Boccaccio feststeht – Boccaccio hat die *Metamorphosen* eigenhändig kopiert [23] –, verspricht ein genauer Vergleich besonders interessante Aufschlüsse über Boccaccios Ideologie und seine Erzählstrategie.

Apuleius, Der goldene Esel, IX, 5-7

Is gracili pauperie laborans fabriles operas praebendo paruis illis mercedibus uitam tenebat. erat ei tamen uxorcula etiam satis quidem tenuis et ipsa, uerum tamen postrema lasciuia famigerabilis. sed die quadam, dum matutino ille ad opus susceptum proficiscitur, statim latenter inrepit eius hospitium temerarius adulter. ac dum Veneris conluctationibus securius operantur, maritus ignarus rerum ac nihil etiam tum tale suspicans inprouisus hospitium repetit. iamque clausis et obseratis foribus uxoris laudata continentia ianuam pulsat, sibilo etiam praesentiam suam denuntiante. tunc mulier callida et ad huius modi flagitia perastutula tenacissimis amplexibus expeditum hominem dolio, quod erat in angulo semiobrutum, sed alias uacuum, dissimulanter abscondit, et patefactis aedibus adhuc introeuntem maritum aspero sermone accipit: ›sicine uacuus et otiosus insinuatis manibus ambulabis mihi nec obito consueto labore uitae nostrae prospicies et aliquid cibatui parabis? at ego misera pernox et per diem lanificio neruos meos contorqueo, ut intra cellulam nostram saltem lucerna luceat. quanto me felicior Daphne uicina, quae mero et prandio matutino saucia cum suis adulteris uolutatur!‹

Sic confutatus maritus: ›et quid istic est?‹ ait; ›nam licet forensi negotio officinator noster attentus ferias nobis fecerit, tamen hodiernae cenulae nostrae prospexi. uide sis, ut dolium, quod semper uacuum, frustra locum detinet tantum et re uera praeter impedimentum conuersationis nostrae nihil praestat amplius? istud ego quinque denariis cuidam uenditaui, et adest, ut dato pretio secum rem suam ferat. quin itaque praecingeris mihique manum tantisper accommodas, ut exobrutum protinus tradatur emptori.‹

E re nata fallacios a mulier temerarium tollens cachinnum: ›magnum‹, inquit, ›istum uirum ac strenuum negotiatorem nacta sum, qui rem, quam ego mulier et intra hospitium, contenta iam dudum septem denariis uendidi, minoris distraxit.‹

Additamento pretii laetus maritus: ›et quist est ille‹, ait, ›qui tanto praestinauit?‹

At illa: ›olim, inepte‹, inquit, ›descendit in dolium sedulo soliditatem eius probaturus.‹

Nec ille sermoni mulieris defuit, sed exurgens alacriter: ›uis‹, inquit, ›uerum scire, mater familias? hoc tibi dolium nimis uetustum est et multifariam rimis hiantibus quassum‹ ad maritumque eius dissimulanter conuersus: ›quin tu, quincumque es, homuncio, lucernam‹, ait, ›actutum mihi expedis, ut erasis intrinsecus sordibus diligenter, aptumne usui, possim dinoscere, nisi nos putas aes de malo habere?‹ nec quicquam moratus ac suspicatus acer et egregius ille maritus accensa lucerna: ›discede‹, inquit, ›frater, et otiosus adsiste, donec probe percuratum istud tibi repraesentem‹; et cum dicto nudatus ipse delato lumine scabiem uetustam cariosae testae occipit exculpere. at uero adulter bellissimus ille pusio inclinatam dolio pronam uxorem fabri superincuruatus secure dedolabat. ast illa capite in dolium demisso maritum suum astu meretricio tractabat ludicre; hoc et illud et aliud et rursus aliud purgandum demonstrat digito suo, donec utroque opere perfecto acceptis septem denariis calamitosus faber collo suo gerens dolium coactus est ad hospitium adulteri perferre.

(Apulei Platonici Madaurensis Opera quae supersunt. Vol. I. *Metamorphoseon* Libri XI. Edidit Rudolfus Helm. Lipsiae 1968, 205-208.)

Boccaccio, Decameron, Nov. 62

Peronella mette un suo amante in un doglio, tornando il marito a casa; il quale avendo il marito venduto, ella dice che venduto l'ha ad uno che dentro v'è a vedere se saldo gli pare: il quale saltatone fuori, il fa radere al marito e poi portarsenelo a casa sua.

Con grandissime risa fu la novella d'Emilia ascoltata e l'orazione per buona e per santa commendata da tutti; la quale al suo fine venuta essendo, comandò il re a Filostrato che seguitasse, il quale incominciò: Carissime donne mie, il son tante le beffe che gli uomini vi fanno, e spezialmente i mariti, che, quando alcuna volta avviene che donna niuna alcuna al marito ne faccia, voi non dovreste solamente esser contente che ciò fosse avvenuto o di risaperlo o d'udirlo dire ad alcuno, ma il dovreste voi medesime andare dicendo per tutto, acciò che per gli uomini si conosca che, se essi sanno, e le donne d'altra parte auche sanno: il che altro che utile essere non vi può, per ciò che, quando alcun sa che altri sappia, egli non si mette troppo leggiermente a volerlo ingannare. Chi dubita dunque che ciò che oggi intorno a questa materia diremo, essendo risaputo dagli uomini, non fosse lor grandissima cagione di raffrenamento al beffarvi, conoscendo che voi similmente, volendo, ne sapreste fare? È adunque mia intenzion di dirvi ciò che una giovinetta, quantunque di bassa condizione fosse, quasi in un momento di tempo, per salvezza di sé, al marito facesse.

Egli non è ancora guari che in Napoli un povero uomo prese per moglie una bella e vaga giovinetta chiamata Peronella, ed esso con l'arte sua, che era muratore, ed ella filando, guadagnando assai sottilmente, la lor vita reggevano come potevano il meglio. Avvenne che un giovane de' leggiadri, veggendo un giorno questa Peronella e piacendogli molto, s'innamorò di lei, e tanto in un modo e in uno altro la sollicitò, che con essolei si dimesticò. E a potere essere insieme presero tra sé questo ordine: che, con ciò fosse cosa che il marito di lei si levasse ogni mattina per tempo per andare a lavorare o a trovar lavorio, che il giovane fosse in parte che uscir lo vedese fuori; ed essendo la contrada, che Avorio si chiama, molto solitaria, dove stava, uscito lui, egli in casa di lei se n'entrasse: e così molte volte fecero.

Ma pur tra l'altre, avvenne una mattina che, essendo il buono uomo fuori uscito e Giannello Scrignario, ché così aveva nome il giovane, entratogli in casa e standosi con Peronella, dopo alquanto, dove in tutto il dì tornar non soleva, a casa se ne tornò; e trovato l'uscio serrato dentro, picchiò, e dopo il picchiare cominciò seco a dire: »O Iddio, lodato sia tu sempre, ché, benché tu m'abbi fatto povero, almeno m'hai tu consolato di buona e onesta giovane di moglie! Vedi come ella tosto serrò l'uscio dentro, come io ci uscii, acciò che alcuna persona entrar non ci potesse che noia le desse«.

Peronella, sentito il marito, ché al modo del picchiare il conobbe, disse: »Oimé, Giannel mio, io son morta, ché ecco il marito mio, che tristo il faccia Iddio, che ci tornò, e non so che questo si voglia dire, ché egli non ci tornò mai più a questa otta: forse che ti vide egli quando tu c'entrasti! Ma, per l'amore di Dio, come che il fatto sia, entra in cotesto doglio che tu vedi costì, e io gli andrò ad aprire, e veggiamo quello che questo vuol dire di tornare stamane così tosto a casa«.

Giannello prestamente entrò nel doglio, e Peronella andata all'uscio aprì al marito, e con un mal viso disse: »Ora questa che novella è, che tu così tosto torni a casa stamane? per quello che mi paia vedere, tu non vuogli oggi far nulla, ché io ti veggio tornare co' ferri tuoi in mano: e, se tu fai così, di che viverem noi? onde avrem noi del pane? credi tu che io sofferi che tu m'impegni la gonnelluccia e gli altri miei pannicelli, che non fo il dì e la notte altro che filare, tanto che la carne mi s'è spiccata dall'unghia, per potere aver almeno tanto olio che n'arda la nostra lucerna? Marito, marito, egli non ci ha vicina che non se ne maravigli e che non facci beffe di me, di tanta fatica quanta è quella che io duro: e tu mi torni a casa con le mani spenzolate, quando tu dovresti essere a lavorare«. E così detto, cominciò a piangere e a dir da capo: »Oimé, lassa me, dolente me, in che mal'ora nacqui, in che mal punto ci venni! ché avrei potuto avere un giovane così da bene e nol volli, per venire a costùi che non pensa cui egli s'ha menata a casa! L'altre si danno buon tempo con gli amanti loro, e non ce n'ha niuna che non n'abbia chi due e chi tre, e godono e mostrano a' mariti la luna per lo sole; e io, misera me! perché son buona e non attendo a così fatte novelle, ho male e mala ventura: io non so perché io non mi pigli di questi amanti come fanno l'altre! Intendi sanamente, marito mio, che se io volessi far male, io troverrei ben con cui, ché egli ci son de' ben leggiadri che m'amano e voglionmi bene e hannomi mandato proferendo di molti denari, o voglio io robe o gioie, né mai mel sofferse il cuore, per ciò che io non fui figliuola di donna da ciò: e tu mi torni a casa quando tu dei essere a lavorare!«.

Disse il marito: »Deh! donna, non ti dar malinconia, per Dio; tu dei credere che io conosco chi tu se', e pure stamane me ne sono in parte avveduto. Egli è il vero ch'io andai per lavorare, ma egli mostra che tu nol sappi, come io medesimo nol sapeva: egli è oggi la festa di Santo Galeone, e non si lavora, e per ciò mi sono tornato a questa ora a casa; ma io ho nondimeno proveduto e trovato modo che noi avremo del pane per più d'un mese, ché io ho venduto a costui, che tu vedi qui meco, il doglio, il quale tu sai che, già è cotanto, ha tenuta la casa impacciata; e dammene cinque gigliati«.

Disse allora Peronella: »E tutto questo è del dolor mio: tu che se'uomo e vai attorno, e dovresti sapere delle cose del mondo, hai venduto un doglio cinque gigliati, il quale io feminella che non fu' mai appena fuor dell'uscio, veggendo lo 'mpaccio che in casa ci dava, l'ho venduto sette ad un buono uomo, il quale, come tu qui tornasti, v'entrò dentro per vedere se saldo era«.

Quando il marito udì questo, fu più che contento, e disse a colui che venuto era per esso: »Buon uomo, vatti con Dio; ché tu odi che mia mogliere l'ha venduto sette, dove tu non me ne davi altro che cinque«.

Il buono uom disse: »In buona ora sia!« e andossene. E Peronella disse al marito: »Vien su tu, poscia che tu ci se', e vedi con lui insieme i fatti nostri«.

Giannello, il quale stava con gli orecchi levati per vedere se di nulla gli bisognasse temere o provvedersi, udite le parole di Peronella, prestamente si gittò fuor del doglio; e quasi sentito avesse della tornata del marito, cominciò a dire: »Dove se', buona donna?«.

Al quale il marito, che già veniva, disse: »Eccomi, che domandi tu?«.

Disse Giannello: »Qual se' tu? io vorrei la donna con la quale io feci il mercato di questo doglio«.

Disse il buono uomo: »Fate sicuramente meco, ché io son suo marito«.

Disse allora Giannello: »Il doglio mi par ben saldo, ma egli mi pare che voi ci abbiate tenuta entro feccia, ché egli è tutto impastricciato di non so che cosa sì secca, che io non ne posso levar con l'unghie, e però nol torrei se io nol vedessi prima netto«.

Disse allora Peronella: »No, per quello non rimarrà il mercato; mio marito il netterà tutto«.

E il marito disse: »Sì bene«, e posti giù i ferri suoi e ispogliatosi in camiscione, si fece accendere un lume e dare una radimadia, e fuvvi entrato dentro e cominciò a radere. E Peronella, quasi veder volesse ciò che facesse, messo il capo per la bocca del doglio, che molto grande non era, e oltre a questo l'un de' bracci con tutta la spalla, cominciò a dire: »Radi quivi, e quivi, e anche colà«, e »Vedine qui rimaso un micolino«.

E mentre che così stava e al marito insegnava e ricordava, Giannello, il quale appieno non aveva quella mattina il suo disidero ancor fornito quando il marito venne, veggendo che come volea non potea, s'argomentò di fornirlo come potesse; e a lei accostatosi, che tutta chiusa teneva la bocca del doglio, e in quella guisa che negli ampi campi gli sfrenati cavalli e d'amor caldi le cavalle di Partia assaliscono, ad effetto recò il giovinil desidero; il quale quasi in un medisimo punto ebbe perfezione e fu raso il doglio, ed egli scostatosi, e la Peronella tratto il capo del doglio, e il marito uscitone fuori.

Per che Peronella disse a Giannello: »Te' questo lume, buono uomo, e guata se egli è netto a tuo modo«. Giannello, guardatovi dentro, disse che stava bene e che egli era contento; e datigli sette gigliati, a casa sel fece portare.
(Giovanni Boccaccio, *Decameron* a cura di Vittore Branca, Firenze 1965, S. 783-789)

Wie eine vereinfachte Zusammenstellung der wichtigsten Handlungselemente oder – in der Haubrichsschen Terminologie [24] – der Motiveme erweist, stimmen die Personenkonstellation, die Ausgangssituation, der Gesamtverlauf des Geschehens und sogar eine Reihe von Einzelheiten in beiden Versionen genau überein:

Die Frau eines armen Bauhandwerkers, die durch Wollspinnen zum Lebensunterhalt der Familie beiträgt, betrügt ihren Ehemann regelmäßig mit einem Liebhaber, der sie morgens aufsucht, sobald der Ehemann zur Arbeit gegangen ist. Als der Ehemann eines Tages früher als gewöhnlich nach Hause zurückkehrt und die Tür verschlossen findet, preist er die vermeintliche Umsicht und Keuschheit seiner Frau und verlangt durch Klopfen Einlaß. Seine Frau versteckt den Geliebten in einem leeren Weinfaß, empfängt ihren Gatten mit heftigen Vorwürfen über seine Faulheit und ihren niedrigen Lebensstandard, der sie zu harter Arbeit zwinge, damit wenigstens genügend Öl für das Lämpchen vorhanden sei; nicht zuletzt hebt sie ihren züchtigen Lebenswandel hervor, der ganz im Gegensatz zum Verhalten anderer Frauen stehe. Der verblüffte Ehemann verteidigt sich mit dem Hinweis darauf, daß es nicht seine Schuld sei, wenn er heute nicht arbeite, und daß er dennoch für ihre Ernährung gesorgt habe, indem er das sperrige, unbenutzte Faß für fünf Silbergroschen verkauft habe; der Käufer sei sogleich mit ihm gekommen, um das Faß in Empfang zu nehmen. Darauf verhöhnt die Frau die Geschäftsuntüchtigkeit ihres Gatten: sie als unwissende Hausfrau habe soeben dasselbe Faß nicht für fünf, sondern für sieben Silbergroschen veräußert; der Käufer sei bereits in das Faß gestiegen, um es auf seine Festigkeit hin zu prüfen. Der Liebhaber, der das Gespräch mit angehört hat, kriecht aus dem Faß hervor und beanstandet barsch Verschmutzungen im Faßinnern, die vor dem endgültigen Kauf entfernt werden müßten. Während der Ehemann bei Lichtschein das Faß auskratzt, beugt sich seine Frau über die Öffnung, gibt ihrem Mann Anweisungen für die Säuberung und gleichzeitig ihrem Galan die Gelegenheit, sein noch nicht gestilltes Liebesverlangen zu befriedigen. Nach der Bezahlung trägt der Ehemann das Faß zum Haus des Galans.

Obwohl Boccaccio alle Grundgegebenheiten der Fabel unangetastet läßt, gelingt es ihm, die Wertung des Geschehens und der Personen ganz entscheidend zu modifizieren. Da diese Modifikationen zumeist durch Zusätze und Ausweitungen herbeigeführt werden, ist der italienische Text umfangreicher als der lateinische. Zwar bleibt der gehörnte Ehemann in beiden Versionen das Zentrum auf der Zielscheibe des Spotts; zwar genießt der Galan dank seiner jugendlichen Unternehmungslust, seiner Intelligenz und Kühnheit in beiden Versionen ein erhebliches Maß an Wohlwollen bei Erzähler und Leser: während die Frau jedoch bei Apuleius als im ganzen verwerflich erscheint, wird sie bei Boccaccio zu einer bewundernswerten Heldin erhoben. Mit welchen erzählstrategischen Kunstgriffen Boccaccio dies bewerkstelligt, soll jetzt im einzelnen analysiert werden.

Schon die Einleitung der Novelle und damit die Einstimmung der Leser [25] manipuliert die Sympathien deutlich zugunsten der zentralen Frauengestalt und ihres fragwürdigen Verhaltens. Während Apuleius ambivalent eine witzige Ehebruchsgeschichte (»lepidam de adulterio [...] fabulam«) ankündigt, beginnt der sonst meist wehleidige, »von der Liebe geschlagene« Erzähler Filostrato mit einem allgemeinen Angriff auf die Skrupellosigkeit der Männer, mit einer Apologie der benachteiligten Frauen und mit einer verwickelten Argumentation, in der er den moralischen Nutzen von Täuschungen, die den Frauen an Männern gelingen, belegen möchte. Die Männer, so meint Filostrato, spielen den Frauen so viele böse Streiche, daß es nur recht und billig ist, wenn die Frauen es den Männern mit gleicher Münze heimzahlen; derartige Vergeltungen müßten möglichst vielen Leuten erzählt werden, damit die Männer endlich begriffen, daß die Frauen ihnen in diesem Bereich durchaus ebenbürtig seien; denn die Erkenntnis, daß Frauen über hervorragende Fähigkeiten verfügten, sich sehr wohl zu wehren wüßten und damit auch eine große potentielle Gefahr darstellten, könnte die Männer von künftigen Streichen abhalten. Die Unzüchtigkeit und Verschlagenheit der Protagonistin wohlweislich verschweigend, verharmlost Filostrato zielstrebig die Bedenklichkeit der Sachverhalte in seiner Erzählung. Mehr noch: Bevor die Leser überhaupt etwas Konkretes von der vorzutragenden Geschichte erfahren und sich eine eigene Meinung über sie bilden können, rechtfertigt er von vornherein das unmoralische, arglistige und heuchlerische Handeln der Ehebrecherin unter dem Vorwand, dies liege im Interesse eines höheren ethischen Zwecks, der Besserung des männlichen Sozialverhaltens.

Boccaccio beläßt es keineswegs bei dieser Vorwegnahme von ethischen Urteilen über die zu schildernden Vorgänge. Gleich zu Beginn der Novelle setzt er subtile erzähltechnische und stilistische Mittel ein, um den Lesern seinen Erzähler, seine Helden und seine Sicht der Dinge nahezubringen. Während Apuleius unklar läßt, an welchem Ort und zu welcher Zeit das Geschehen abrollt, situiert Boccaccio es sehr genau in einem volkstümlichen Stadtviertel von Neapel und in der noch aktuellen, unmittelbaren Vergangenheit der Zuhörer. Und während bei Apuleius die Personen anonym bleiben, verleiht Boccaccio den beiden aktiven Figuren typisch neapolitanische Namen – sowohl die topographische Präzision als auch die Ansätze zu Lokalkolorit sind probate Mittel der Erzählerbeglaubigung; darüber hinaus macht er die beiden Namen mit Hilfe von Kosesuffixen besonders eingängig: Peronella und Giannello. Die doppelte Namensgebung wirbt zusammen mit den Diminutiven um so eindringlicher für das ehebrecherische Paar, als Boccaccio dem Ehemann die Ehre einer Individualisierung durch einen Eigennamen versagt und auch auf diese Weise die Bedeutungslosigkeit unterstreicht, die der Hahnrei mit seiner schier unbegrenzten Dummheit selber beweist.

Die wirksamste Methode der Leserbeeinflussung besteht zweifellos in der direkten auktorialen Charakterisierung. Wie massiv Boccaccio diese sehr einfache, aber eben auch besonders effiziente Möglichkeit ausnutzt, zeigt sich bei der Präsentation der beiden Hauptpersonen. Der Madaurer qualifiziert die Ehebrecherin von Anfang an als »uxorcula [...] postrema lascivia famigerabilis.« Ganz im Gegensatz zu dieser harten Verurteilung kennzeichnet Boccaccio seine Peronella lediglich durch drei überaus positiv besetzte Attribute, von denen eines wiederum mit einem einschmeichelnden Diminutiv endet: »una bella e vaga giovinetta«, drei Merkmale also, die im *Decameron* in der Regel ausreichen, eine Frauengestalt als liebenswert erscheinen zu lassen.

Um auch den Liebhaber in ein günstiges Licht zu rücken, der bei Apuleius nüchtern distanzierend als ein »temerarius adulter«, der in das Haus eindringt, vorgestellt wird, erfindet Boccaccio für das bestehende Liebesverhältnis eine Vorgeschichte, die den blanken Ehebruch in die Nähe der feierlichen höfischen Minne emporhebt: Nach dem ersten Blickkontakt – das Auge gilt als das edelste Sinnesorgan – entbrennt Giannello, durchaus nach dem Schema des dolce stil nuovo, in leidenschaftlicher Liebe zu Peronella, es bedarf aber noch großer Geduld und Beständigkeit, bis er endlich – wie es sich bei dem niedrigen Stand Peronellas freilich auch geziemt – erhört wird. Indem Boccaccio so aus einem dreisten, nicht näher charakterisierten Galan einen nahezu ritterlichen Verehrer macht, der sich durch eifriges Werben die Gunst seiner Angebeteten würdig erdient, appelliert er offen an die ständischen Vorurteile seiner Adressaten.

Auch bei der weiteren Ausgestaltung der Erzählung dämpft Boccaccio das beim Leser womöglich aufkeimende Mitgefühl mit dem Hahnrei und fördert das Wohlwollen für Peronella. Dadurch, daß er bei der Schilderung von der Ankunft des Ehemanns den lakonisch berichtenden ablativus absolutus des Apuleius («uxoris laudata continentia«) in einen emphatischen Monolog umsetzt («O Iddio, lodato sia tu sempre [...].«), verlebendigt er diese Szene, unterstreicht zusammen mit dem Kontrast zwischen der fiktionalen Realität, die dem Leser ja bekannt ist, und den irrigen Vorstellungen des Gehörnten die Komik der Situation und suggeriert überdies, daß derartige Leichtgläubigkeit und Naivität gewiß eine empfindliche Strafe verdienen. Andererseits entlastet er bei der Darstellung der Reaktionen der Frau auf den Einlaßbegehr des Gatten seine Heldin Peronella. Während die Ehebrecherin bei Apuleius als schändliche Gewohnheitstäterin hingestellt wird (»mulier callida et ad huius modi flagitia perastutula«), die entsprechend kalt und abgebrüht handelt, erscheint Peronella als hilflose und bemitleidenswerte Amateurin, gerät sie doch nach der Überraschung durch ihren Mann regelrecht in Panik (»Oimé [...] io son morta [...].«), fragt sich zögernd und verwirrt nach den möglichen Ursachen der unerwarteten Heimkehr und scheint sehr besorgt, ihren Liebsten zu retten (»Giannel mio [...] per l'amor di Dio [...].«). Selbst die unfromme Verwünschung ihres Mannes (»[...] che tristo il faccia Iddio [...].«) könnte manch ein Leser ihrer Spontaneität zugute halten.

Gegenüber ihrer Vorgängerin erweist sich Peronella auch als entschieden bessere Schauspielerin und Rhetorin. Mit mimischen Künsten unterstreicht sie den Inhalt ihrer Gardinenpredigt; sie kleidet ihre Vorwürfe in eine wohlkomponierte Rede, in die sie eine Reihe von Interjektionen, Parallelismen rhetorischen Fragen und pathetischen Ausrufen einbaut (»Oimé, lassa me, dolente me [...].«) und in der sie mit ihrem schäbigen Rock und den Kleiderfetzen, denen die Verpfändung droht, und mit den vom Spinnen angeblich blutenden Fingern drastische konkrete Einzelheiten evoziert, die fast notwendig Mitleid wecken müssen; sie unterbricht ihre Vorstellung virtuos durch einen Tränenausbruch und krönt sie mit einer mitreißenden Tirade über das ungerechte Schicksal, das sie unverdient in die Ehe mit einem lebensuntüchtigen Mann und in großes materielles Elend hat geraten lassen, über die Verdorbenheit der anderen Frauen und ihre eigene unter den gegebenen Umständen nachgerade übermenschliche Sittsamkeit. Diese Tirade beeindruckt ihren Ehemann dermaßen, daß er das Eigenlob Peronellas nachdrücklich bekräftigt und damit seine strafwürdige Einfalt, die dem Leser ja schon hinlänglich vertraut ist, nachhaltig bestätigt. Die meisterhafte Eloquenz Peronellas und die wiederholte Steigerung der Komik sind vorzüglich geeignet, die Sympathien der Leser für die Heldin zu verstärken.

Am Rande erwähnt seien noch einige erzähltechnische Verbesserungen und psychologische Verfeinerungen, die Boccaccio an seiner Vorlage anbringt und die wiederum alle dazu beitragen, für Boccaccio, seinen Erzähler und seine Helden Lesersympathien zu gewinnen. So motiviert er einzelne Geschehensphasen genau und überzeugend: Apuleius führt als Grund für die frühe Heimkehr des Gatten ein vages »forense negotium« des Arbeitgebers an; dagegen ergänzt Boccaccio das Charakterbild des Ehetrottels um einen weiteren negativen Zug (Vergeßlichkeit) und bereichert zugleich das Stadtgemälde um einen bunten Farbtupfer, die Erwähnung des Festes eines in Neapel besonders verehrten Heiligen. Boccaccio sorgt auch dafür, daß der Ehemann den ersten Interessenten für das Faß verabschiedet, und führt damit einen Handlungsstrang zu Ende, der bei Apuleius gleichsam in der Luft hängen bleibt. Grundsätzlich weitet er die Dialoge aus, feilt sie stilistisch durch, pointiert sie, macht sie lebhafter und steigert dadurch merklich den Erzählrhythmus und die Dramatik des Geschehens. Durchgehend erhöht er durch die Verstärkung der Kontraste die komischen Effekte; nicht zuletzt besticht er die Leser auch durch seine menschenfreundliche Ironie und die mit lyrischen Tönen eingefärbte Metaphorik [26] in den berichtenden Partien. Zumindest was Novelle 62 angeht, überbietet er Apuleius in allen genannten Punkten.

Mit welcher Konsequenz Boccaccio seine ideologischen Positionen verficht, läßt sich auch an der Behandlung des zweiten Apuleius-Stoffes ablesen, den er aufgenommen und umgeformt hat. Es handelt sich um *Metamorphosen* IX, 14-16, 22-28 (31) und Novelle 50 des *Decameron*. Da die Texte sehr umfangreich sind, die erzählstrategischen Kunstgriffe beider Autoren sich aber – verständlicherweise – wieder am Beginn der Erzählungen häufen, beschränken wir uns hier auf eine Zusammenfassung der wichtigsten Handlungselemente und analysieren eingehender nur die Anfänge der beiden Erzählungen.

Apuleius, Der goldene Esel, IX, 14–16

[[...] fabulam denique bonam prae ceteris, suauem, comptam ad auris uestras adferre decreui, et en occipio.]
　　Pistor ille, qui me pretio suum fecerat, bonus alioquin uir et adprime modestus, pessimam et ante cunctas mulieres longe deterrimam sortitus coniugam poenas extremas tori larisque sustinebat, ut hercules eius uicem ego quoque tacitus frequenter ingemescerem. nec enim uel unum uitium nequissimae illi feminae decrat, sed omnia prorsus ut in quandam caenosam latrinam in eius animum flagitia confluxerant: saeua scaeua uir[i]osa ebriosa peruicax pertinax, in rapinis turpibus auara, in sumptibus foedis profusa, inimica fidei, hostis pudicitiae. tunc spretis atque calcatis diuinis numinibus in uicem certae religionis mentita sacrilega praesumptione dei, quem praedicaret unicum, confictis obseruationibus uacuis fallens omnis homines et miserum maritum decipiens matutino mero et

continuo stupro corpus manciparat. talis illa mulier miro me persequebatur odio. nam et antelucio, recubans adhuc, subiungi machinae nouicium clamabat asinum et statim, ut cubiculo primum processerat, insistens iubebat incoram sui plagas mihi quam plurimas irrogari, et cum tempestiuo prandio laxarentur iumenta cetera, longe tardius applicari praesepio iubebat. quae saeuitia multo mihi magis genuinam curiositatem in suos mores ampliauerat. nam et adsiduo plane commeantem in eius cubiculum quendam sentiebam iuuenem, cuius et faciem uidere cupiebam ex summo studio, si tamen uelamentum capitis libertatem tribuisset meis aliquando luminibus. nec enim mihi sollertia defuisset ad detegenda quoquo modo pessimae feminae flagitia. sed anus quae[n]dam stuprorum sequestra et adulterorum internuntia de die cotidie inseparabilis aderat. cum qua protinus ientaculo ac dehinc uino mero mutuis uicibus uelitata scaenas fraudulentas in exitium miserrimi mariti subdolis ambagibus construebat. at ego, quanquam grauiter suscensens errori Fotidis, quae me, dum auem fabricat, perfecit asinum, isto tamen uel unico solacio aerumnabilis deformitatis meae recreabar, quod auribus grandissimis praeditus cuncta longule etiam dissita facillime sentiebam. denique die quadam timidae illius aniculae sermo talis meas adfertur auris:

›De isto quidem, mi erilis, tecum ipsa uideris, quem sine meo consilio pigrum et formidulosum familiarem istum sortita es, qui insuauis et odiosi mariti tui caperratum supercilium ignauiter perhorrescit ac per hoc amoris languidi desidia tuos uolentes amplexus discruciat. quanto melior Philesitherus adulescens et formonsus et liberalis et strenuus et contra maritorum inefficaces diligentias constantissimus! dignus hercules solus omnium matronarum deliciis perfrui, dignus solus coronam auream capite gestare uel ob unicum istud, quod nunc nuper in quendam zelotypum maritum eximio studio commentus est. audi denique et amatorum diuersum ingenium compara.

(Apulei Platonici Madaurensis Opera quae supersunt. Vol. I: *Metamorphoseon* Libri XI. Edidit Rudolfus Helm. Lipsiae 1968, S. 213–215)

Boccaccio, Decameron, Nov. 50 (Anfang)

Il ragionare della reina era al suo fine venuto, essendo lodato da tutti Iddio che degnamente avea guiderdonato Federigo, quando Dionco, che mai comandamento non aspettava, incominciò:

Io non so s'io mi dica che sia accidental vizio e per malvagità di costume ne' mortali sopravenuto, o se pure è della natura peccato, il rider più tosto delle cattive cose che delle buone opere, e spezialmente quando quelle cotali a noi non pertengono. E per ciò che la fatica, la quale altra volta ho impresa e ora son per pigliare, a niuno altro fine riguarda se non a dovervi torre malinconia, e riso e allegrezza porgervi, quantunque la materia della mia seguente novella, innamorate giovani, sia in parte meno che onesta, però che diletto può porgere, ve la pur dirò; e voi, ascoltandola, quello ne fate che usate siete di fare quando ne' giardini entrate, che, distesa la dilicata mano, cogliete le rose e lasciate le spine stare: il che farete, lasciando il cattivo uomo con la mala ventura stare con la sua disonestà, e liete riderete degli amorosi inganni delle sua donna, compassione avendo all'altrui sciagure, dove bisogna.

Fu in Perugia, non è ancora molto tempo passato, un ricco uomo chiamato Pietro di Vinciolo, il quale, forse più per ingannare altrui e diminuire la generale oppinion di lui avuta da tutti i perugini, che per vaghezza che egli n'avesse, prese moglie; e fu la fortuna conforme al suo appetito in questo modo, che la moglie la quale egli prese era una giovane compressa, di pelo rosso e accesa, la quale due mariti più tosto che uno avrebbe voluti, là dove ella s'avvenne a uno che molto più ad altro che a lei l'animo avea disposto. Il che ella in processo di tempo conoscendo, e veggendosi bella e fresca, e sentendosi gagliarda e poderosa, prima se ne cominciò forte a turbare e ad averne col marito di sconce parole alcuna volta, e quasi continuo mala vita; poi, veggendo che questo, suo consumamento più tosto che ammendamento della cattività del marito potrebbe essere, seco stessa disse: 'Questo dolente abbandona me per volere con le sue disonestà andare in zoccoli per l'asciutto, e io m'ingegnerò di portare altrui in nave per lo piovoso. Io il presi per marito e diedigli grande e buona dota sappiendo che egli era uomo e credendol vago di quello che sono e deono esser vaghi gli uomini; e se io non avessi creduto ch'e' fosse

stato uomo, io non lo avrei mai preso. Egli che sapeva che io era femmina, perché per
moglie mi prendeva se le femine contro all'animo gli erano? Questo non è da sofferire.
Se io non avessi voluto essere al mondo, io mi sarei fatta monaca; e volendoci essere,
come io voglio e sono, se io aspetterò diletto o piacere di costui, io potrò per avventura
invano aspettando invecchiare; e quando io sarò vecchia, ravvedendomi, indarno mi dor-
rò d'avere la mia giovinezza perduta, alla qual dover consolare m'è egli assai buono ma-
estro e dimostratore in farmi dilettare di quello che egli si diletta: il qual diletto fia a me
laudevole, dove biasimevole è forte a lui: io offenderò le leggi sole, dove egli offende le
leggi e la natura'.

Avendo adunque la buona donna così fatto pensiero avuto, e forse più d'una volta, per
dare segretamente a ciò effetto, si dimesticò con una vecchia che pareva pur Santa Verdi-
ana che dà beccare alle serpi, la quale sempre co' paternostri in mano andava ad ogni
perdonanza, né mai d'altro che della vita de' Santi Padri ragionava e delle piaghe di San
Francesco, e quasi da tutti era tenuta una santa. E quando tempo le parve, l'aperse la sua
intenzion compiutamente; a cui la vecchia disse: »Figliuola mia, sallo Iddio che sa tutte
le cose, che tu molto ben fai; e quando per niuna altra cosa il facessi, sì 'l dovresti far tu e
ciascuna giovane per non perdere il tempo della vostra giovinezza, per ciò che niun dolore è pari a quello, a chi conoscimento ha, che è d'avere il tempo perduto. E da che dia-
vol siam noi poi, quando noi siam vecchie, se non da guardare la cenere intorno al foco-
lare? Se niuna il sa o ne può rendere testimonianza, io sono una di quelle; che ora che
vecchia sono, non senza grandissime e amare punture d'animo conosco, e senza pro, il
tempo che andar lasciai: e benché io nol perdessi tutto, ché non vorrei che tu credessi che
io fossi stata una milensa, io pur non feci ciò che io avrei potuto fare, di che quand'io mi
ricordo, veggendomi fatta come tu mi vedi, che non troverrei chi mi desse fuoco a cencio,
Dio il sa che dolore io sento. Degli uomini non avvien così: essi nascon buoni a mille
cose, non pure a questa, e la maggior parte sono da molto più vecchi che giovani; ma le
femine a niuna altra cosa che a far questo e figliuoli ci nascono, e per questo son tenute
care. E se tu non te ne avvedessi ad altro, sì te ne dei tu avvedere a questo, che noi siam
sempre apparecchiate a ciò, che degli uomini non avviene: e oltre a questo una femina
stancherebbe molti uomini, dove molti uomini non possono una femina stancare; e per
ciò che a questo siam nate, da capo ti dico che tu farai molto bene a rendere al marito tuo
pan per focaccia, sì che l'anima tua non abbia in vecchiezza che rimproverare alle carni.
Di questo mondo ha ciascun tanto quanto egli se ne toglie, e spezialmente le femine, alle
quali si conviene troppo più d'adoperare il tempo quando l'hanno che agli uomini, per
ciò che tu puoi vedere, quando c'invecchiamo, né marito né altri ci vuol vedere, anzi ci
cacciano in cucina a dir delle favole con la gatta, e a noverare le pentole e le scodelle; e
peggio, che noi siamo messe in canzone e dicono: 'Alle giovani i buon bocconi, e alle
vecchie gli stranguglioni', e altre lor cose assai ancora dicono. E acciò che io non ti tenga
più in parole, ti dico infino ad ora che tu non potevi a persona del mondo scoprire l'animo tuo che più utile ti fosse di me, per ciò che egli non è alcun sì forbito, al quale io non
ardisca di dire ciò che bisogna, né sì duro o zotico, che io non ammorbidisca bene e re-
chilo a ciò che io vorrò. Fa pure che tu mi mostri qual ti piace, e lascia poi fare a me: ma
una cosa ti ricordo, figliuola mia, che io ti sia raccomandata, per ciò che io son povera
persona, e io voglio infino ad ora che tu sii partefice di tutte le mie perdonanze e di
quanti paternostri io dirò, acciò che Iddio gli faccia lume e candela a' morti tuoi«; e fece
fine.

Rimase adunque la giovane in questa concordia con la vecchia, che se veduto le ve-
nisse un giovinetto, il quale per quella contrada molto spesso passava, del quale tutti i
segni le disse, che ella sapesse quello che avesse a fare: e datale un pezzo di carne salata,
la mandò con Dio.

(Giovanni Boccaccio, *Decameron* a cura di Vittore Branca, Firenze 1965, S. 679–684)

Wiederum sind die Hauptvorgänge in den beiden Versionen identisch: Die
Frau eines Mannes mit homosexuellen Neigungen verschafft sich mit Hilfe einer Kupplerin mehrere Liebhaber; als eines Abends ihr Mann, der zu einem
Freund eingeladen war, überraschend heimkehrt, versteckt sie ihren Galan unter einem Hühnerkorb. Nachdem der Mann die (seiner Situation fast genau
entsprechende) Geschichte von der ehebrecherischen Gattin seines Freundes

erzählt hat und seine Frau in lautstarke Schmähungen über diese Treulosigkeit ausgebrochen ist, tritt ein Esel auf die unter dem Hühnerkorb herausragenden Finger des Liebhabers, dessen Schmerzensschreie seine Gegenwart verraten. Nach einer Auseinandersetzung zwischen den Eheleuten zwingt der Mann den Liebhaber seiner Frau, ihm sexuell zu Willen zu sein.

Sowohl Apuleius als auch Boccaccio geben dem Leser schon in der Einleitung ein verharmlosendes Urteil über die zu erzählende Novelle mit, indem sie deren Ergötzlichkeit hervorheben. Apuleius kündigt relativ vage eine »fabulam denique bonam prae ceteris, suavem, comptam« an; auch Boccaccio verspricht »riso e allegrezza« und »diletto«, geht über seine Vorlage aber weit hinaus. Indem Dioneo vor den unschicklichen Teilen der Novelle zu warnen vorgibt, lenkt er die Leseraufmerksamkeit gerade auf sie; vor allem aber weist er seine Zuhörer und Leser genau an, wie sie Charakter und Verhalten der Hauptfiguren zu werten haben: Den lasterhaften Ehemann, Pietro di Vinciolo, sollen sie mit Verachtung strafen, sich über die außerehelichen Abenteuer der Frau dagegen amüsieren – und damit implizite deren Ehebrüche billigen (»lasciando il cattivo uomo … stare con la sua disonestà … liete riderete degli amorosi inganni della sua donna«); der allgemein gefaßte, scheinbar moralisierende Aufruf, Mitleid zu zeigen, wo es angebracht ist, vervollständigt nicht nur die rhetorische Trias der Imperative, sondern schließt sich auch so unmittelbar an die Erwähnung der Ehefrau an, daß sich viele Leser ermuntert fühlen dürften, ihn eben auf die um ihr eheliches Liebesleben geprellte Frau zu beziehen.

Die unverhohlene Leserbevormundung zeichnet die Linie vor, auf der Boccaccio folgerichtig weiter operiert. So entschieden Apuleius auf der Seite des Mannes steht, so entschlossen ergreift Boccaccio die Partei der Frau. Entsprechend fällt die auktoriale Präsentation dieser Hauptfiguren gleich zu Beginn [27] der beiden Novellen aus. Bei Apuleius ist der Müller »bonus vir et adprime modestus«, die Frau dagegen »pessima(m) et ante cunctas mulieres longe deterrima(m) [...] nec enim vel unum vitium nequissimae illi feminae deerat«, und der Erzähler Lucius veranschaulicht nun die abstrakten hyperbolischen Formeln zunächst metaphorisch mit dem Kloakenbild, dann mit sechs asianisch-manieristisch zu Reimpaaren zusammengeschlossenen Epitheta und mit eingängigen Parallelismen und Antithesen. Abgesehen von der Beurteilung des christlichen Glaubens der Ehefrau, in dem – neben ihrer Trunksucht und Promiskuität – Lucius einen Gipfel ihrer Verruchtheit sieht, hätte Boccaccio diese Charakterisierungen grundsätzlich übernehmen können, ohne die Handlungsstruktur der Novelle anzutasten. Es sind offensichtlich ideologische Motive, die ihn veranlassen, in diametralem Gegensatz zu Apuleius bei der Vorstellung der Personen einerseits die Verwerflichkeit und die Perversion des Mannes und andererseits die Jugend und Schönheit der Frau und die Legitimität ihrer sexuellen Ansprüche zu unterstreichen.

Während Apuleius die Homosexualität des Mannes erst ganz spät (im Kap. 27), beiläufig neutral und fast wie eine Selbstverständlichkeit erwähnt, stellt Boccaccio dieses Merkmal von Anfang an in den Mittelpunkt seiner Darstellung und ruft sie im Laufe der Novelle den Lesern immer wieder ins Gedächtnis zurück – ein einleuchtendes Verfahren, aufbauend auf der strengen mittelalterlichen Ächtung der Homosexualität, eine Schwachstelle des Ehemannes zur Grundlage für die – am Ende restlose – Exkulpierung der Frau zu machen.

Gleich in den ersten Sätzen stellt Dioneo die Eheschließung Pietros als einen kühl berechneten Betrug an der Gesellschaft und an der Frau dar. Die Frau muß in den Augen des Lesers besonders deshalb als ein bedauernswertes Opfer ihres arglistigen Mannes und des Schicksals dastehen, weil sie von Geburt mit strotzender Vitalität ausgestattet ist – schon ihr äußeres Erscheinungsbild mit dem kräftigen Körperbau und den roten Haaren ist nach der Lehre der mittelalterlichen Physiognomik ein sicheres Anzeichen für außergewöhnliche Sinnlichkeit. Nicht nur verdeutlicht Boccaccio drastisch das für die moralische Entlastung so entscheidende feurige Temperament seiner Protagonistin (»la quale due mariti più tosto che uno avrebbe voluti … veggendosi bella e fresca e sentendosi gagliarda e poderosa«), er schildert auch ihre Enttäuschung und die daraus resultierende Zerrüttung des Ehelebens und gibt ihr vor allem die Gelegenheit, einem imaginären Publikum – und den Lesern – in einem Monolog ihre Überlegungen zu ihrer betrüblichen Lage und damit ihren sehr parteilichen Standpunkt darzulegen. Dieses Plädoyer wirkt um so überzeugender, als die Ehefrau wiederum mit glänzender Rhetorik (u. a. Antithesen, rhetorische Fragen, derbe Metaphern) harte Anklagen gegen den Ehemann mit schlagenden Argumenten zugunsten der eigenen Sache kombiniert.

Die schwungvolle Argumentation gipfelt in der Behauptung, angesichts der Schuldlast und der schweren Verfehlungen des Gatten sei ihr Streben nach außerehelichen Liebesbeziehungen nicht nur voll gerechtfertigt, sondern sogar löblich, handele die Frau doch im Sinne der Naturgesetze. In dieser Überzeugung bestärkt sie } und den Leser – sehr energisch eine Alte, die unter dem Deckmantel der Frömmigkeit ein unchristliches Gewerbe treibt; die ausführliche Rede, deren Elemente wir nicht im einzelnen zu untersuchen brauchen, wirkt durch ihre Übertreibung ebenso belustigend wie einnehmend, wegen des fragwürdigen Charakters der Sprecherin und wegen des offensichtlichen Widerspruchs zwischen den unmoralischen Ratschlägen und einer Reihe von erbaulichen Formeln, in die sie verpackt sind, freilich auch schon doppelbödig – ein weiterer schöner Beleg für die Ambivalenzen [28] im *Decameron*.

Die stark divergierenden Schlüsse [29] der beiden Versionen besiegeln gleichsam die Verdammung bzw. die Anerkennung der Ehepartner. Während bei Apuleius der Liebhaber nach zynischer Ausbeutung ausgepeitscht und die Ehefrau nicht nur von ihrem Galan getrennt, sondern auch von ihrem Mann für immer verstoßen wird (worauf sie diesen mit Hilfe von Hexenkünsten grausam umbringt), endet Novelle 50 des *Decameron* versöhnlich und heiter: Nach der Entdeckung des versteckten Liebhabers ängstigt sich die Frau zwar einen kleinen Augenblick, faßt sich aber sehr schnell und verteidigt ihr Verhalten so energisch und attackiert ihren Mann so scharf, daß dieser seine Frau nicht nur nicht bestraft, sondern kleinlaut einen Kompromiß vorschlägt, bei dem auch er Vorteile hat, vor allem aber seine Frau voll auf ihre Kosten kommt und ihr Lebensstil gutgeheißen wird. Und wie sollte der Leser dieser Konfliktlösung nicht zustimmen, wenn sogar der Ehemann mit ihr einverstanden ist?

In beiden untersuchten Fällen gelingt es Boccaccio, unter Beibehaltung der Personenkonstellation und des jeweils vorgegebenen Handlungsschemas die

Wertungen, die sein Vorgänger über die Charaktere und das Geschehen einfließen läßt, in ihr genaues Gegenteil zu verkehren. Er stellt die frauenfeindliche Ideologie des Apuleius auf den Kopf. Den vehementen Angriff auf die Untreue, Hemmungslosigkeit und Verschlagenheit der Frauen münzt er um zu einer Apotheose der weiblichen Liebesfähigkeit, Lebensfreude und Intelligenz.

Unter geistesgeschichtlichem Blickwinkel kann man diese radikale Umdeutung als einen modern anmutenden Ansatz zur Frauenemanzipation ansprechen, insbesondere dann, wenn man in der Emanzipation der Frau vornehmlich eine Emanzipation des Fleisches sieht. Auf jeden Fall darf man vermuten, daß Boccaccio mit diesen Novellen sein Versprechen einlöst, in seinem Lesepublikum hauptsächlich den jungen verliebten Damen zu gefallen und Vergnügen zu bereiten.

In beiden Novellen entsteht dabei die Paradoxie, daß der heidnische und verbissen christenfeindliche Apuleius weit eher die ethischen Wertnormen und moralischen Positionen des Christentums vertritt als der Katholik Boccaccio.

Ein solches Kunststück läßt sich nun nicht ohne den klug kalkulierten Einsatz von erzählstrategischen Mitteln vollbringen. Die wirksamsten, die wir an unseren Beispielen herauspräpariert haben, sind neben der Stoffwahl die antizipierenden deutenden und wertenden Kommentare im Vorspann zur eigentlichen Erzählung, die wertbehafteten Attribute in der Personenpräsentation und in der Darstellung des Geschehens, vor allem aber die unterschwelligen Appelle an bestimmte Wertvorstellungen durch die Stoffgestaltung. Obwohl das erzähltechnische Repertoire Boccaccios noch als recht schlicht gelten muß, zeigt das Beispiel *Decameron* deutlich, in welch hohem Maße ein Autor in der Lage ist, Lesersympathien und -antipathien durch komische Effekte ebenso zu steuern wie durch die Verwendung von lebhaften Dialogen und kunstvoll komponierten Reden, durch erotische Anspielungen und frappierende Metaphorik, durch frühe bzw. späte Lieferung oder insistente Wiederholung von einzelnen Informationen, ja durch unscheinbare Suffixe.

Die vorausgehenden Analysen legen eine Reihe von Überlegungen nahe, die über Interpretationsdetails hinausgreifen. So ergibt sich aus dem einleitenden historischen Teil die Anregung, die Wortgeschichte von »Erzählstrategie« präziser zu rekonstruieren. Für die Geschichte der Narratologie wäre es von Interesse, genau zu wissen, von wann der Erstbeleg für »Erzählstrategie« datiert, in welchem Maße strukturalistische Schulen, die Semiotik, die Sprechakttheorie oder andere linguistische Richtungen zur Kristallisation dieses Begriffs beigetragen haben [30] oder ob die Literaturwissenschaftler, von der literarischen Rhetorik ausgehend, in diesem Fall konzeptuell und sprachlich autochthon schöpferisch geworden sind; schließlich wäre aufzuzeigen, auf welchen Wegen und unter wessen Impulsen dieser Terminus sich in der Literaturwissenschaft verbreitet hat.

Auch wenn sich unsere provisorische Definition von »Erzählstrategie« bei der Anwendung auf die gewählten Texte als brauchbar erwiesen haben mag, bleibt das zugrundeliegende Konzept problematisch. Insbesondere suggeriert die Strategie-Metapher, daß der Erzähler seine erzählerischen Mittel mit hochgradiger Bewußtheit und Rationalität anwendet. Eine solche Bewußtheit ist nun aber keineswegs immer als gesichert anzusehen. Man kann sie in gewissem Maße bei wirklichkeitsnahen, auf die Darstellung fiktionalen Geschehens konzentrierten Erzählweisen als wahrscheinlich voraussetzen; bei lyrisch getönten, auf die Wiedergabe von Stimmungen abhebenden Erzählungen ist diese Annahme dagegen durchaus fragwürdig. Bei derartigen Textsorten wäre es sträflich, über der Appellfunktion die Ausdrucksfunktion der sprachlichen Tätigkeit aus den Augen zu verlieren.

Akzeptiert man jedoch grundsätzlich das Konzept der Erzählstrategie, so kann man im Anschluß an unsere Analysen die Frage aufwerfen, ob die Wahl bestimmter erzählstrategischer Mittel und die Art der propagierten Ideologie einander bedingen oder zumindest voneinander abhängen. Die Gegensätzlichkeit der weltanschaulichen Tendenz zusammen mit der bemerkenswerten Gleichförmigkeit der angewandten Erzählstrategie in den Beispielen von Apuleius und Boccaccio macht eine Interdependenz zwischen Erzählstrategie und ideologischem Gehalt unwahrscheinlich. Diese negative These wird bestätigt durch die spätere Novellendichtung eines Masuccio, Fortini oder Bandello, einer Marguerite de Navarre, eines Musset, Mérimée oder Barbey d'Aurevilly. Vergleicht man etwa die hier untersuchten Erzählungen mit themenverwandten Novellen von Maupassant (z. B. *Sauvée* oder *Le Singe*), in denen es ebenfalls um Ehebruch und Frauenlist geht und bei denen Maupassant das unbürgerliche Verhalten von Frauen verteidigt, so beobachtet man dieselben erzählstrategischen Kunstgriffe, die auch Apuleius und besonders Boccaccio angewandt hatten, namentlich die Konditionierung der Leser schon vor Beginn der Erzählung, die Verunglimpfung und Ridikülisierung der Gegenpartei, die Bagatellisierung des moralisch anfechtbaren Verhaltens und die systematische Entlastung und Preisung der eigenen Partei. Dieser Blick auf die spätere Novellistik zeigt freilich auch sehr deutlich, in welchem Maße das Arsenal der erzählerischen Waffen erweitert worden ist, wie mit der Verfeinerung der Erzähltechnik (enge Verflechtung der Rahmenhandlung mit der Binnenerzählung, virtuose Handhabung von Vorausdeutungen, Vorgriffen und Rückblenden, erlebte Rede, Perspektivenwechsel, subtile Ironisierung) die literarische Kriegführung an Raffinement gewonnen hat.

Abschließend können wir fragen, ob die Ergebnisse unserer Analysen Folgerungen für die Gattungstheorie [31] oder wenigstens für die Gattungsgeschichte der Novelle zulassen. Wir greifen drei Punkte heraus. Wenn man Nov. 50 und 62 des *Decameron* als zur Gattung Novelle zugehörig anerkennt – und es gibt sehr gute Gründe, dies zu tun, und nur schwache Gegenargumente – dann ergibt sich als erste Erkenntnis, daß die zählebige Behauptung, ein relevantes Merkmal der Gattung Novelle sei der »nahezu objektive Berichtstil« (G. v. Wilpert), unhaltbar ist. Auch die These von einer Gattungsspezifität der Stoffe ist gerade im Falle der Novelle unzulässig. Sie wird durch die thematische Vielfalt allein des *Decameron* ebenso widerlegt wie durch die beiden hier behandelten Ehebruchsgeschichten, deren Stoff für das Fabliau als mindestens ebenso charakteristisch gelten kann wie für die Novelle.

Angesichts der beträchtlichen Distanz (ca. 1200 Jahre), die zwischen Apuleius und Boccaccio liegt, drängt sich schließlich die Frage auf, ob man von einer Konstanz der Erzählformen sprechen darf. Faßt man in erster Linie die frappierend enge Anlehnung Boccaccios an die apuleianische Handlungsführung und Erzähltechnik ins Auge, so muß man diese Frage positiv beantworten, zumal ganz ähnliche Strukturen in einer ganzen Reihe von Novellen des *Decameron* auftreten. Demnach gäbe es die Gattung Novelle spätestens seit dem zweiten nachchristlichen Jahrhundert, wenn nicht gar seit den *Milesischen Geschichten*. Betrachtet man dagegen auch ideologische Kriterien als relevant für die Gattungszugehörigkeit, dann ist man aufgrund von Nov. 50 und 62 wie von vielen anderen Novellen des *Decameron* nicht nur berechtigt, sondern gezwungen, die Gattung Novelle mit Boccaccio beginnen zu lassen.

Anmerkungen

1 Roman Jakobson, ›Closing Statement: Linguistics and Poetics‹, in: Thomas A. Seboek (ed.), *Style in Language,* The M.T.I. Press, Cambridge/Massachusetts (1960), Paperback Edition 1966, p. 350–377, bes. p. 355 ff. Die deutsche Übersetzung dieses Vortrags von Heinz Blumensath und Rolf Kloepfer u. a. in: Heinz Blumensath (Hg.), *Strukturalismus in der Literaturwissenschaft,* Köln 1972, p. 118–147; überarbeitet von Jens Ihwe in: Jens Ihwe, *Literaturwissenschaft und Linguistik,* Bd. 1 (FAT 2015), Frankfurt/M. 1972, p. 99–135.
2 Karl Bühler, *Sprachtheorie. Die Darstellungsfunktion der Sprache,* Stuttgart [2]1965, bes. p. 28 ff.
3 Eberhard Lämmert, *Bauformen des Erzählens,* Stuttgart 1955; Franz K. Stanzel, *Die typischen Erzählsituationen im Roman. Dargestellt an »Tom Jones«, »The Ambassadors«, »Ulysses« u. a.,* Wien-Stuttgart 1955; ders., *Die typischen Formen des Romans,* Göttingen 1964, [9]1979; Hans Robert Jauss, *Literaturgeschichte als Provokation der Literaturwissenschaft,* Konstanz 1967, [2]1969; überarbeitet in: H. R. J., *Literaturgeschichte als Provokation* (Edition Suhrkamp 418), Frankfurt/M. 1970, p. 144–207; Wolfgang Iser, *Die Appellstruktur der Texte, Unbestimmtheit als Wirkungsbedingung literarischer Prosa,* Konstanz [2]1971; ders., *Der implizite Leser: Kommunikationsformen des Romans von Bunyan bis Beckett,* München 1972. Weitere wichtige Werke in diesem Zusammenhang: Karlheinz Stierle, *Text als Handlung. Perspektiven einer systematischen Literaturwissenschaft,* München 1975; Günter Waldmann, *Kommunikationsästhetik. Die Ideologie der Erzählform,* München 1976.
4 Heinrich Lausberg, *Handbuch der literarischen Rhetorik. Eine Grundlegung der Literaturwissenschaft,* München 1960.
5 Vgl. H. Lausberg, Handbuch, p. 41–44.
6 Wilhelm Scherer, *Poetik,* Mit einer Einleitung und Materialien zur Rezeptionsanalyse, hg. v. Gunter Reiss. dtv/Niemeyer, Tübingen 1977, p. 163. Scherers *Poetik* erschien erstmals postum 1888.
7 Käte Friedemann, *Die Rolle des Erzählers in der Epik* [1910], Darmstadt 1965, p. 41 f.
8 Percy Lubbock, *The Craft of Fiction* [1921], London 1966, p. 67 f.
9 E. M. Forster, *Aspects of the Novel* [1927], (Pelican Book A 557), (Harmondsworth, Middlesex 1962), p. 86.
10 Cicéron, *De l'Orateur (De oratore)* I, 31, Ed. François Richard, Paris (1932), p. 68.
11 Wayne C. Booth, *The Rhetoric of Fiction,* Chicago and London (1961), [6]1966, p. V. Aus praxisorientierter, marxistischer Sicht formuliert Faulseit das Problem: »In der emotionalen Beeinflussung des Lesers liegt eine besondere Aufgabe des literarischen Textes ... Ferner ist zu beachten, daß der Leser von der jeweiligen emotionalen Haltung des Autors gegenüber bestimmten Sachverhalten oder Personen überzeugt werden will.« (Dieter Faulseit, *Die literarische Erzähltechnik.* Eine Einführung, Halle/Saale 1963, p. 18.)
12 Hans-Jörg Neuschäfer, ›Mit Rücksicht auf das Publikum ...: Probleme der Kommunikation und Herstellung von Konsens in der Unterhaltungsliteratur, dargestellt am Beispiel der *Kameliendame*‹, in: *Poetica* 4 (1971), p. 478–514, in einer überarbeiteten Fassung in H.-J. N., *Populärromane im 19. Jahrhundert von Dumas bis Zola,* München 1976, p. 56–96.

13 Vgl. *Poetica* 4 (1971), p. 479, 483, 485, 497, 509 und *Populärromane* p. 57, 61, 63, 77, 94.

14 *Poetica* 4 (1971), p. 493; *Populärromane* p. 73.

15 Wolfgang Iser, *Der Akt des Lesens. Theorie ästhetischer Wirkung,* München 1976, bes. p. 143–174.

16 Dagmar Barnouw, ›Autorenstrategie und Leser im Gedankenroman. Zu Fragen der Perspektivik und Bedeutung‹, in: Wolfgang Haubrichs (Hg.), *Erzählforschung 3: Theorien, Modelle und Methoden der Narrativik,* Göttingen 1978, p. 223–255.

17 Wolfgang Wildgen, ›Zum Zusammenhang von Erzählstrategie und Sprachbeherrschung bei ausländischen Arbeitern‹, in: W. Haubrichs (Hg.), *Erzählforschung 3* (op. cit.), p. 380–411.

18 Franz K. Stanzel, *Theorie des Erzählens,* Göttingen 1979, p. 196f.

19 Klaus Kanzog, *Erzählstrategie. Eine Einführung in die Normeinübung des Erzählens,* Heidelberg 1976, bes. p. 104–108.

19a In der Diskussion teilte Karl Maurer mit, daß unter seiner Leitung ab 1980 ein von der DFG gefördertes Forschungsprojekt »Kunst der Strategie – Strategie der Kunst« angelaufen ist – ein Indiz für die Aktualität der Fragestellung.

19b Gerne greife ich eine Anregung auf, die Franz K. Stanzel in der Diskussion vorbrachte: Er empfahl zu betonen, daß zu den effizienten Mitteln der Suggestion von Wertvorstellungen auch bestimmte »Formen der Anschaulichkeit« (wie die Einbettung einer Personenbeschreibung in die Schilderung einer idyllischen Landschaft) und vor allem die Sympathiesteuerung durch den Erzähler gehören.

20 Zu Quellenproblemen und speziell zur Abhängigkeit Boccaccios von Apuleius s. vor allem Marcus Landau, *Die Quellen des Dekameron.* Stuttgart ²1884, p. 311–314; Letterio Di Francia, ›Alcune novelle del »Decameron« illustrate nelle fonti‹, in: *Giornale storico della letteratura italiana* 44 (1904), p. 1–103, 49 (1907), p. 201–287, bes. 44 (1904), p. 1–23; Manlio Pastore Stocchi, ›Un antecedente latino-medievale di Pietro di Vinciolo (*Decameron* V, 10)‹, in: *Studi sul Boccaccio* 1 (1963), p. 349–362; Douglas Radcliff-Umstead, ›Boccaccio's adaptation of some Latin sources for the *Decameron*‹, in: *Italica* 45 (1968), p. 171–194 (hier: 171–174). M. Pastore Stocchi verficht die These, daß Boccaccio neben Apuleius auch eine mittellateinische »elegische Komödie« als Quelle benutzt hat; D. Radcliff-Umstead weist zu Recht auf die Schwierigkeit hin, die chronologische Priorität des zur Debatte stehenden Dialoges von 152 Versen *vor* Boccaccios *Decameron* zu beweisen.

21 Dieser Nachweis gelang O. Hecker, *Boccaccio – Funde,* Braunschweig 1902, p. 34f.

22 Wolfgang Haubrichs, ›Einleitung: Für ein Zwei-Phasen-Modell der Erzählanalyse‹, in: W. Haubrichs (Hg.), *Erzählforschung 1: Theorien, Modelle und Methoden der Narrativik,* Göttingen 1976, p. 7–28.

23 Im Interesse der Konzision impliziere ich im folgenden bei der Nennung des »Lesers« die in der Rahmenhandlung agierenden und die bei einem Vorleseakt denkbaren Zuhörer. Aus Platzgründen verzichte ich auch darauf, die Problematik des »realen«, »idealen« und »Durchschnittslesers« erneut aufzurollen. Dazu u.a. Michael Riffaterre, *Essais de stylistique structurale* (trad. D. Delas), Paris 1971, bes. p. 44–52.

24 Vgl. »Giannello ... stava con gli orecchi levati per vedere ...« und vor allem: »in quella guisa che negli ampi campi gli sfrenati cavalli e d'amor caldi le cavalle di Partia assaliscono ...«.

25 Zur Frage der geographischen Situierung und des Lokalkolorits (zu ihm gehört der sprichwörtliche Ruf der Perugianer als Homosexuelle) und der Namengebung vgl. die Bemerkungen auf S. 391. Daß eine so scharf konturierte Gestalt wie die Ehefrau ohne Namen bleibt, ist bei Boccaccio ganz ungewöhnlich und verrät den Einfluß der Vorlage.

26 Dazu Hans-Jörg Neuschäfer, *Boccaccio und der Beginn der Novelle. Strukturen der Kurzerzählung auf der Schwelle zwischen Mittelalter und Neuzeit,* München 1969, und Peter Brockmeier, *Lust und Herrschaft. Studien über gesellschaftliche Aspekte der Novellistik: Boccaccio, Sacchetti, Margarete von Navarra, Cervantes,* Stuttgart 1972.

27 Aus Raumqründen verzichten wir auf einen umfassenden Strukturvergleich, in dem insbesondere die Rolle der Erzählergestalten, die Funktionen der drei Binnenerzählungen, der Perspektivenwechsel und stilistische Details analysiert werden müßten.

28 Fritz Schütze wies in der Diskussion auf die Möglichkeit hin, daß auch E. Goffmans »Strategic Interaction« die Herausbildung des Terminus »Erzählstrategie« beeinflußt haben könnte.

29 Zu diesen Fragen ist die grundlegende Untersuchung von Klaus W. Hempfer (*Gattungstheorie. Information und Synthese*, München 1973) heranzuziehen.

JOACHIM SCHULZE

Zur Pragmatik der Pastorale im 18. Jahrhundert

Merkwürdigerweise hat man im Zusammenhang mit den Überlegungen zu einer rezeptionsästhetisch orientierten Literaturwissenschaft einen Gedanken aufgegriffen, dessen Ausarbeitung man eigentlich eher von der Literatursoziologie hätte erwarten können: daß nämlich das Problem der literarischen Gattungen in engem Zusammenhang mit der Frage der literarischen Pragmatik und den »Institutionalisierungsformen literarischer Kommunikation« – so der Ausdruck – zu sehen sei. So schlägt z. B. Rainer Warning in der Einleitung zu seinem Lesebuch zur Rezeptionsästhetik vor, konkret von den Gattungen auszugehen, um zu untersuchen, wie sich die Pragmatik literarischer Institutionen auf die Organisation fiktionaler, also literarischer Rede auswirke, die ihrerseits lebensweltliche Institutionalisierungen zum Gegenstand nehme und deshalb nicht in der linguistischen Pragmatik fundiert werden könne. [1] die Gattungen werden damit also, obwohl der Vorschlag nicht weiter ausgebaut ist, als Konventionalisierungen literarischer Kommunikation, als Institutionen mit jeweils spezifischer Pragmatik aufgefaßt. Allerdings beklagt Warning im gleichen Atemzug, daß noch keine Institutionentheorie brauchbare Kategorien angeboten hätte, mit deren Hilfe man eine Theorie literarischer Institutionen und damit auch am Ende eine Theorie der Funktion fiktionaler Texte hätte entwerfen können. [2] Die praktische Arbeit auf dem Gebiet der Gattungen und am konkreten Fall wäre demnach fürs erste aus Mangel an Theorie noch etwas blind.

Immerhin kann man sich bei der Soziologie wenigstens ein ganz generelles Bild davon verschaffen, was unter einer Institution zu verstehen ist, etwa in Peter W. Bergers und Thomas Luckmanns Buch *Die gesellschaftliche Konstruktion der Wirklichkeit* [3] oder schlichter in Alfred Bellebaums *Soziologischen Grundbegriffen.* [4] Es geht bei Institutionen um historisch gewordene und dabei zu überpersönlicher Verbindlichkeit gelangte Formen sozialer Interaktion und Normen gesellschaftlichen Handelns, und sie werden bestimmt als »typisierte Handlungen«, die von »Typen von Handelnden« ausgeführt werden. Solche typisierten Handlungen lassen »in den sozialen Beziehungen Regelmäßigkeiten erkennen und Handlungen voraussehen«. Wer typisierte Handlungen ausführt, hat eine »soziale Position« inne, und »auf soziale Positionen richten sich Handlungserwartungen, die ihrerseits Ausdruck geltender sozialer Normen sind«. »Jenes Handeln, das von einem Positionsinhaber erwartet wird«, nennt man »soziale Rolle«. Soweit, nach Alfred Bellebaums *Soziologischen Grundbegriffen,* einige Erläuterungen zum Begriff der Institution und einigen Nachbarbegriffen. [5]

Danach kann eine Gattung, wenn man sie als »Institutionalisierungsform literarischer Kommunikation« versteht, nicht bloß durch eine Menge von Merkmalen bestimmt sein, die auf verschiedene Texte zutreffen und diese verschiedenen Texte zu Exemplaren einer Textklasse machen. Außer dem Text treten vielmehr als unerläßliche Größen einer Institution noch diejenigen in den Blick, die mit dem Text umgehen, ihn verfassen und hören oder lesen. Autor oder Leser entsprechen nämlich dann den »Typen von Handelnden« in einer Institution und die Realisierung ihrer Kommunikationsabsicht und Kommunikationserwartung in Form von Werkproduktion und Werkrezeption entsprechen den »typisierten Handlungen«, die von diesen Handelnden ausgeführt werden. Das Interesse der Forschung verlagert sich damit von den Eigenschaften der Werke bzw. der Werkklasse weg auf »typisierte« Kommunikationsabsichten und -erwartungen sowie auf deren Bedingungen.

Dadurch verlieren indessen das Werk und seine typischen Eigenschaften, die es zum Vertreter einer Werkklasse machen, nicht ihr Interesse, schon allein deswegen nicht, weil diese Eigenschaften denjenigen Punkt ausmachen, in dem sich Kommunikationsabsicht und Kommunikationserwartung, Mitteilung und Rezeption treffen, insofern das Werk, als Vertreter seiner Art gesehen, das Ergebnis der ›typisierten Mitteilungshandlung‹ des Autors und Gegenstand der ›typisierten Rezeptionshandlung‹ des Rezipienten ist. Im übrigen wird man auch nicht davon absehen können, daß die Werke, als Einzelstück wie als Werkklasse, derjenige Gegenstand sind, auf den der Literaturwissenschaftler zuerst trifft, von dem er ausgeht und auf den er sich bei der Rekonstruktion von Autorabsicht und Leserrezeption, und damit auch des Werksinnes aus zwei Perspektiven, notgedrungen immer wieder bezieht. Es ist daher auch kein Wunder, daß etwa Dieter Janik bei einem Versuch, im Rahmen einer informationsästhetischen Gattungstheorie ein Tableau gattungsbestimmender Merkmale aufzustellen (in einem Aufsatz mit dem Titel *Informationsästhetische Gattungstheorie: Ebenen und Repertoires literarischer Bedeutungserzeugung* [6]), wieder das Werk und seine Eigenschaften in den Mittelpunkt rückt – obwohl auch er eigentlich eher produktions- und rezeptionsästhetische Fragen denn werkästhetische im Vordergrund stehen sieht. Die institutionenbildenden und -erhaltenden Konventionalismen seien – so schreibt er – von Texteigenschaften ausgehend zu erschließen, die sowohl als Produkt »konventioneller Form [-muster]« wie als Gegenstände »konventioneller Wahrnehmungsmuster« zu gelten hätten. Die Frage ist bloß, wie weit bei diesem Vorgehen auf die Dauer Produktion und Rezeption nicht wieder zu bloßen Extrapolationen der Analyse von Texteigenschaften werden, wenn in dieser Weise »gattungshafte Strukturen von Werken als die eigentlichen Träger und Garanten der literarischen Kommunikation« angesehen werden, wobei in Rechnung zu stellen ist, daß Janik den Gegenstand der Gattungsforschung »im ›konkret Allgemeine[n]‹ literarischer Werke« sieht, nämlich in den »von Lesern bzw. Hörern wahrnehmbaren Gemeinsamkeiten einzelner Werke oder Gruppen von Werken im Verhältnis zueinander« [7]. Zur Behandlung literarischer Gattungen als literarische Institutionen oder doch wenigstens als textliche Grundlage zur Erforschung von literarischen Institutionen bedarf es dagegen wohl noch der Einbeziehungen von Gegenständen und Materialien, die die jeweiligen Texte überschreiten und umgeben, also des sogenannten Kontextes im doppelten Sinne als textueller und situativer ›Umstand‹.

Für den folgenden Versuch über die Pastorale im 18. Jahrhundert möchte ich unter einer Gattung als literarische Institution – der theoretischen Lage entsprechend nicht sehr anspruchsvoll – konventionalisierte Beziehungen zwischen Autor und Leserschaft hinsichtlich literarischer Werke verstehen, die sich in »typisierten« Gestaltungsabsichten und »typisierten« Gestalterwartungen und konsequenterweise auch in Werkeigenschaften niederschlagen, die diesen typisierten Absichten und Erwartungen entsprechen. Solche Werkeigenschaften oder – da es um typisierte Eigenschaften geht – am Text feststellbare Gattungseigenschaften sollen bestimmt sein durch Erwartungen der Leserschaft bezüglich der Mitteilungsabsichten des Autors sowie durch Mitteilungsabsichten des Autors, in die Kenntnisse von oder Erwartungen über die Erwartungen der Leserschaft eingegangen sind – also im Sinne des Zustandekommens von Institutionalisierungen durch wechselseitige Typisierungen [8]. Einseitigkeiten in diesen Beziehungen zwischen Autor und Leserschaft sind am ehesten von seiten des Autors denkbar, wenn dieser, aus welchen Gründen immer, sich zu einer Abweichung von der Norm veranlaßt sieht.

Als am Text feststellbare Gattungseigenschaften sollen, in erster Linie und fundamental, Bedeutungseinheiten gelten, nämlich Prädikationen zu örtlichen und zeitlichen Umständen, zu Handlungen und handlungsbedingten und handlungsbedingenden Charaktereigenschaften, also vor allem sogenannte thematische Merkmale, und erst in zweiter Linie darstellungsbezogene Merkmale und Eigenschaften des im engeren Sinne formalen Textarrangements wie Rekurrenzen, Parallelismen usw. auf der Wort-, Satz- und semantischen bzw. motivischen Ebene des Textes. Der von der Gattungskonvention geprägte Text als Mittel einer institutionalisierten Kommunikation wird damit als Zeichen aufgefaßt, durch das Inhalte in einer bestimmten Prägung vermittelt werden, also das, was man früher den Gattungsgehalt nannte, wobei sich dieser Gattungsgehalt als Kategorie auch noch bei sehr formal orientierten Gattungen etwa als der Sinn von Formspielen beibehalten ließe.

Eine so thematisch bestimmte Gattung ist aber immer noch Gattung, d.h. ein Text, der durch Eigenschaften dieser Gattung geprägt ist, ist dadurch selbst auf der thematischen Ebene nur allgemein bestimmt, sozusagen nur durch ein *Gattungsthema*. Bei der spezielleren, dem einzelnen Text eigenen thematischen Prägung kommt man zum *Textthema*. Damit soll die Aktualisierung von thematischen Gattungseigenschaften in bestimmten *Situationen* gemeint sein. Situationen wiederum sollen bestimmt sein durch die Beziehung von Autor und Leserschaft auf einen speziellen und in irgend einer Weise problematischen Fall, und sei dies auch, zum Zwecke der Kunstübung, ein bloß scheinbar problematischer Fall. Dabei kann die Beziehung wieder einseitig sein, indem der Autor etwa einen solchen Fall aufbringt und die Leserschaft nichts davon wissen will. [9]

Erwartungen der Leserschaft sind im allgemeinen schwieriger auszumachen als die Absichten von Autoren. In Zeiten aber, in denen eine lebhafte Diskussion über Fragen der Poetik im Gange ist, kann man Autorabsichten und Lesererwartungen in dieser Diskussion studieren, denn es nehmen an ihr gewöhnlich sowohl Autoren teil, die über die von ihnen selbst gepflegten Gattungen auch reflektieren, wie solche Theoretiker oder theoretisch interessierte Liebhaber, die bloß Leser sind, vielleicht nur Leser hinsichtlich der gerade diskutierten Gattungen, und vor allem darf die Erwartung des gebildeten Publikums als durch diese Diskussion geprägt oder gar von ihr repräsentiert angesehen werden.

Hier nun eine kurze Skizze der Vorstellungen und Erwartungen, die sich im 18. Jahrhundert mit der Pastorale verbanden, wobei man zwischen Pastorale, Ekloge, Idylle und Bergerie nicht weiter unterschied. Man sieht sie im allgemeinen als eine Gattung an, die im Hirtenzustand des Menschengeschlechts entstanden sei und daher als eine der ältesten angesehen werden könne. Sie gibt noch heute ein Bild von diesem ursprünglichen Zustand. Für Fontenelle etwa ist, seinem *Discours sur la nature de l'églogue* von 1688 zufolge, ihr Gegenstand »l'idée de tranquillité attachée à la vie de ceux qui prennent soins des brebis et des chèvres.« Sie stellt ein »plaisir tranquille« dar. Da aber ein solches »ruhiges Vergnügen« in »völliger Muße« allein den Menschen nicht zufriedenstellen könne, ist noch »einige Bewegung« und »etwas Erregung«, »quelque mouvement« und »quelque agitation« vonnöten, und diese kommen durch die Liebe herein, vorausgesetzt, daß diese nicht allzu leidenschaftlich ist. »Voilà proprement ce que l'on imagine dans la vie pastorale«. [10]

Houdar de La Motte hegt in seinem *Discours sur l'églogue* von 1710 ganz ähnliche Vorstellungen über den Ursprung der Pastorale aus einem ursprünglichen pastoralen Menschheitszustand. Er geht aber auch näher auf Textarrangement und Thematik ein und sagt, es handle sich um »une espèce de poëme où l'on rapporte des discours et des actions de bergers« [11], dessen Form episch, dramatisch oder auch eine Mischung aus beiden sein könne. [12] »L'amour est ordinairement la passion dominante de l'églogue«, aber es darf bei Houdar auch eine Liebe sein, die zum »désespoir« führt. [13] Der Pastorale bei Theokrit und Vergil ist vorzuwerfen, daß dort die Liebe zu fleischlich und gar gelegentlich zur Ausschweifung neigend konzipiert sei. Die am höfisch-galanten Roman orientierte »délicatesse« in der Darstellung der Liebe in der Pastorale der »modernes« sei vorzuziehen. Das Gattungsthema der Pastorale ist die Idee von einer Art verlorenem Paradies:

> Les personnages de l'églogue ne sont donc plus qu'une idée, mais une idée prise dans la nature, et dont nous ressentons encore la ressemblance, quoique nous en ayons perdu les originaux. [14]

Diese Überlegungen zur Pastorale werden dann in einem Artikel von Marmontel, teilweise unter ausdrücklicher Bezugnahme auf Fontenelle und vor allem auf Houdar de La Motte, noch einmal teils nur zusammengefaßt, teils kritisch gesichtet und abgewandelt, wobei es von besonderem Interesse ist, daß dieser Artikel als Teil des Artikels *Églogue* in der *Encyclopédie* erschien, einem Organ, das die Absicht verfolgte, das öffentliche Wissen in kritischer und systematischer Weise darzustellen. Von Artikeln in diesem Organ durfte sich die gebildete Leserschaft also durchaus in ihren Erwartungen sowohl prägen lassen wie auch repräsentiert sehen. Für Marmontel stellt die Pastorale mit dem Hirtenzustand einen »wahrscheinlichen Zustand«, einen »état vraisemblable« dar, und das Gattungsthema ist für ihn folgendermaßen bestimmt:

> L'objet de la poésie pastorale a été jusqu'à présent de présenter aux hommes l'état le plus heureux dont il leur soit permis de jouir, & de les en faire jouir en idée par le charme de l'illusion. [15]

Die »allgemeine Wahrheit«, die »vérité générale« der Pastorale bestehe in der Veranschaulichung des avantage d'une vie douce, tranquille & innocente, telle qu'on peut la goûter en se rapprochant de la nature, sur une vie mêlée de trouble, d'amertume & d'ennuis, telle que l'homme l'éprouve depuis qu'il s'est forgé de vains désirs, des intérêts chimériques et des besoins factices. [16]

In dem Enzyklopädie-Artikel *Pastorale*, einem Abdruck des Pastorale-Kapitels aus Batteux' *Cours de belles lettres ou principes de la littérature* von 1747/48 bzw. 1753 ist das Gattungsthema der Pastorale über solche Charakterisierungen als Darstellung eines »plaisir tranquille« oder des »avantage d'une vie douce, tranquille & innocente, telle qu'on peut la goûter en se rapprochant de la nature« hinaus direkt mit dem Mythologem vom Goldenen Zeitalter in Verbindung gebracht: »Les bergeries sont, à proprement parler, la peinture de l'âge d'or«, jedoch geht es um ein erneut zugängliches Goldenes Zeitalter, um ein »âge d'or mis à la portée des hommes«. [17]

Das Gattungsthema schwankt also etwas zwischen der Darstellung der Idee von einem glücklichen Leben, dessen man nur noch im Zauber der Illusion habhaft werden kann, und einem Glückszustand »mis à la portée des hommes«, zur Not und unter bestimmten Bedingungen für den realisierbar, »qui a trouvé le moyen de faire revivre pour lui cet heureux siecle« (Batteux).

Dieses Gattungsthema, d.h. also der allgemeine Sinn, der sich aufgrund der in der Gattungsdiskussion erarbeiteten Konvention mit jeder Pastorale verband, die neu entstand oder erneut rezipiert wurde, kann auch schon, bevor man noch nach einem Textthema und einem entsprechenden speziellen Problem fragt, mit einem entsprechend allgemeinen Problem in Zusammenhang gebracht werden, nämlich mit der im 18. Jahrhundert allenthalben geführten Diskussion um den Gesellschaftszustand, in der man sich bei dem als Denkhilfe erforderlichen Aufbau einer Gegenposition gerne auf pastorale Gegenwelten bezog, wie nicht nur Rousseaus 2. *Discours* und sein *Essai sur l'origine des langues* zeigen.

Noch eine letzte Stimme zur Pastorale ist zu berücksichtigen, weil sie die strengsten Maßstäbe setzt, was die Liebesmoral und die Tugend in der Pastorale betrifft. Es ist zugleich die zeitlich späteste. Florian vertritt in seinem *Essai sur la pastorale* von 1787 die Meinung, die Liebe der Hirten müsse »aussi pur que le cristal de leurs fontaines« sein, und nur indem die Pastorale »la vertu sous son aspect le plus aimable« darstelle, könne sie einen gewissen Grad von »utilité«, von gesellschaftlicher Nützlichkeit erlangen. [18]

Soweit also, zwischen 1688 und 1787, die Stimmen zu den Merkmalen, durch die sich die Norm der Gattung Pastorale und damit die institutionalisierten Lesererwartungen und Autor-Absichten bestimmen. [19]

Außer durch die Normendiskussion ist die Lesererwartung aber auch durch die Lektüreerfahrung, durch die Kenntnis der pastoralen Dichtung bestimmt. Aus ihr weiß der Leser, aber auch der zukünftige Autor, wie Pastoralen im einzelnen aussehen, was das vorkommende Personal, die vorkommenden Handlungen, Ort und Zeit der Ansiedlung der Ereignisse, Tugend und Moral und schließlich auch die Formen des Textarrangements betrifft, was also möglich und zulässig ist. Die Normendiskussion geht auf solche konkreten Einzelheiten nur am Rande ein, weil sie entsprechende Kenntnisse voraussetzen kann, und konzentriert sich stärker auf allgemeinere Charakterisierungen der Gattungsthematik. Die Lektüreerfahrung aber prägt die Erwartungen, was das in der Pastorale im einzelnen konkret Mögliche und Behandelbare, weil schon einmal Behandelte betrifft. [20] Waren Vergil und Theokrit bekannt, so gehört die von den Theoretikern getadelte, teilweise niedrige Sexualmoral zum wenn nicht Möglichen so doch früher einmal möglich Gewesenen. War Tassos *Aminta* bekannt, gehörte, nach dem großen Chorlied über das Goldene Zeitalter am Ende des 1. Aktes, die sehnsuchtsvolle Rückerinnerung an die Liebesfreiheit als Hauptmerkmal arkadisch freien Glücks dazu: »S'ei piace ei lice«. War auch Guarinis *Pastor fido* bekannt, so hatte, gemäß dessen Chorlied am Ende des 4. Aktes, einer Replik auf Tassos Chorlied, in der Pastorale der »legitimo amore« zu herrschen. War d'Urfés *Astrée* bekannt, so war eine historische und geographische Situierung an anderen Orten als Sizilien, Arkadien oder wie bei Sannazaro am Golf von Neapel möglich, nämlich z. B. im vorchristlichen keltischen Frankreich. Und zudem war für jemanden, der die *Astrée* kannte, etwas möglich, was u. a. Batteux für unzulässig erklärt hatte, nämlich »les événemens atroces et tragiques« [21] zumindest in der Form des Krieges. Denn in der *Astrée* wird die schäferliche Idylle durch Kriegswirren gestört.

Aus dem Arsenal der Momente, die in der Gattungsdiskussion teils übereinstimmend zur Norm erklärt worden, teils kontrovers geblieben waren, sowie aus den nicht diskutierten unterschiedlichen Möglichkeiten, die in der Gattungstradition schon realisiert worden waren, konnten die Autoren von Pastoralen auswählen, was sich ihrem jeweiligen Zweck fügte, und unter diesem Zweck kann man die literarische Bearbeitung des jeweils für sie und ihre Leserschaft, oder erst auch nur für sie, anstehenden speziellen Problems verstehen, das, aus welchen Gründen immer, eine Behandlung im Rahmen der Institution der Pastorale geraten erscheinen ließ, wobei die Findung einer Lösung oder Antwort als gleichbedeutend mit der Konstituierung der thematischen Werkstruktur anzusehen ist.

Ich möchte nun an einem Beispiel veranschaulichen, wie man ein einzelnes literarisches Werk im Spannungsfeld seiner literarischen Institution unter Berücksichtigung eines die Möglichkeiten dieser Institution aktualisierenden problematischen Anstoßes nach Werkintention und Wirkungsmöglichkeit beschreiben könnte. Ich wähle dazu einen selbst etwas problematischen Fall, ein Werk am Rande der Gattung und von seinem Autor bereits nur als eine Art von Pastorale, als »cet espèce de pastorale« bezeichnet, das aber gerade deshalb den Einsatz pastoraler Gestaltungsmittel und deren spezielle Motivierung um so deutlicher erkennen läßt. Zudem handelt es sich um das bis heute, trotz seiner Randstellung, prominenteste Beispiel pastoraler Dichtung aus dem 18. Jahrhundert, um Bernardin de Saint-Pierres kleinen Roman *Paul et Virginie* aus dem Jahre 1788.

Die Erzählung spielt auf der Insel Mauritius, damals noch Ile de France genannt. Diese geographische Ansiedlung begründet der Autor in einer Vorbemerkung mit dem Bedürfnis nach Abwechslung, denn:

Nos poètes ont assez reposé les amants sur le bord des ruisseaux, dans les prairies et sous les feuilles de hêtres. [...] Il ne manque à l'autre partie du monde que des Théocrites et des Virgiles pour que nous en ayons des tableaux aux moins aussi intéressants que ceux de notre pays. [22]

Auf der Insel Mauritius also haben sich in dieser Erzählung seit dem Jahre 1726 in einem hoch und weit abgelegenen, gut verborgenen Bergtal, einer »gorge de montagne«, zwei Frauen niedergelassen: die eine, Mme de La Tour, ist von ihrer adeligen Familie wegen einer Mésalliance verstoßen worden und mit ihrem Mann auf die Insel gekommen, um durch Handel in den Kolonien ein Vermögen zu erwerben, hat aber ihren Mann durch Krankheit verloren. Die andere, Marguerite, ist eine bretonische Bäuerin, die von einem Adligen verführt und verlassen worden ist und in die Kolonien gekommen ist, um ›ihren Fehltritt zu verbergen‹. Unterstützt von einem Sklaven und einer Sklavin machen sich die beiden Frauen daran, das Bergtal zu kultivieren, und bringen es dabei zu einem gewissen Maß an Wohlstand. Bernardin de Saint-Pierre spricht sogar mehrmals von »abondance«. [23] Marguerites Sohn Paul und Mme de La Tours etwas später geborene Tochter Virginie wachsen in diesem Idyll gemeinsam auf, als »deux enfants de la nature« [24], und »tous deux tout nus, suivant la coutume du pays« [25], wie die Ureltern im Paradies, wie ausdrücklich vermerkt wird. [26] Sie haben keinerlei Bildung, kommen aber ganz von selbst auf gewisse pastorale Kunstübungen wie z. B. auf vergleichende Gesänge über die Vorteile des Landlebens und die Nachteile der Seefahrt. Man lebt zurückgezogen, naturnah und glücklich, und die nur zweimal erwähnten Ziegen [27], die man sich hält, haben den einzigen Sinn, die geschilderte Situation als eindeutig pastoral zu kennzeichnen. Ohne jedes ständische Vorurteil sprechen die beiden Mütter schon über der Wiege der Kinder von deren späterer Verheiratung.

Hier ist alles beisammen, was der Normendiskussion zufolge von einer Pastorale geboten zu werden hatte: die Ausmalung des »avantage d'une vie douce, tranquille & innocente«, »l'ingénuité de la nature«, »l'égalité« (obwohl diese kaum im gleichen Maße für die beiden Sklaven gilt) und sogar die »abondance«, von der bei Fontenelle, La Motte, Batteux und Marmontel im Zusammenhang mit dem Hirtenzustand immer die Rede ist. Sogar der Zusammenhang mit einer bestimmten Art von Goldenem Zeitalter, nämlich dem Zustand im Garten Eden, ist zumindest durch Vergleiche hergestellt.

Soweit die normenkonformen Eigenschaften dieser Pastorale, die eine doppelte Kühnheit, nämlich die Verlegung pastoralen Geschehens auf eine tropische Insel und beinahe in die Gegenwart, reichlich aufwiegen. Aber in der Normendiskussion war ja auch schon der Gedanke aufgetaucht, daß die Pastorale ein Gemälde vom Goldenen Zeitalter »à la portée des hommes« (Batteux) entwerfen sollte, und ein solches Gemälde ist wohl dann am überzeugendsten, wenn daran vorgeführt wird, daß und auch wo es sogar in der Gegenwart noch solche pastoralen Paradiese geben könne. Man ist zudem ja in einer Zeit, in der in der Tat solche Paradiese auf Erden entdeckt werden, teils gewissermaßen gleich vor der Haustür, wie das von Albrecht von Haller entdeckte pastorale Berner Oberland (*Die Alpen*, 1730), teils in entfernten, von der Zivilisation unberührten neuen Welten, wie das von Bougainville bereiste Tahiti. [28] Bernardin de Saint-Pierres »gorge de montagne« auf der Ile de France ist zunächst einmal ein solches Paradies »à la portée des hommes«.

Damit hat es aber bald ein Ende, denn in das Paradies zieht Unruhe ein, als die Kinder sechzehn Jahre alt werden und sich an Virginie Symptome der Liebe zu Paul bemerkbar machen. Ihre Mutter zeigt, obwohl »zur Natur zurückgekehrt« [29], in dieser Situation ganz unpastorale Vorbehalte, der Natur ihren Lauf zu lassen, und würde es vorziehen, die beiden eine Zeitlang zu trennen, mit der Begründung, sie seien zur Heirat einerseits zu jung, andererseits zu arm. Von »abondance« ist nun im Idyll nicht mehr die Rede, ja Mme de la Tour malt ihrer Tochter sogar das Schreckbild aus, sie könne ohne ein Vermögen genötigt sein, ihr Leben lang ein Kärrnerleben auf dem Acker zu führen. Mme de la Tour kehrt also mit einemmal, was die Liebe und was den Erwerb des Lebensunterhaltes betrifft, eine gänzlich unpastorale, ja geradezu idyllfeindliche Einstellung hervor. Sie ist sogar bereit, Virginie nach Frankreich zu schicken, von wo aus eine reiche Erbtante nach ihr als einziger verbliebener Erbin verlangt. Dieser Entschluß bringt die jüngere Generation der Idyllbewohner an den Rand der Verzweiflung, weshalb Mme de la Tour ihn wieder zurücknimmt. Aber dann greift der Gouverneur der Insel als Sachwalter der vermögenden Tante und der gesellschaftlichen Vernunft ein und läßt Virginie mit Gewalt nach Frankreich schicken. Dort findet sie als Naturkind nicht den rechten Anklang, wird in der Zeit der Stürme zurückgeschickt und ertrinkt im Angesicht der Insel bei einem Schiffbruch, weil sie eine zu ihrer Rettung erforderliche zeitweilige Entblößung nicht dulden will. Ihr Tod löst den Untergang der »petite société« auf der Insel aus, da ihr alle übrigen Mitglieder aus Kummer nachsterben.

Das in der »gorge de montagne« entstandene pastorale Idyll wird demnach zwar in der Hauptsache durch Einwirkungen von außen und durch ein zufälliges Naturereignis, den Seesturm, zerstört. Aber die Inselbewohner leisten doch kräftige Beihilfe, indem sie das Idyll durch eine wenig naturverbundene Moral von innen her aushöhlen.

Die Frage ist nun, welcher problematische Anstoß Bernardin de Saint-Pierre dazu veranlaßt haben könnte, aus den motivischen Möglichkeiten der Pastorale gerade eine solche Auswahl zu treffen, die in denselben Personen die Neigung und Eignung zu einer »vie douce, tranquille & innocente, telle qu'on peut la goûter en se rapprochant de la nature«, auf eine ausgesprochene Idyllfeindlichkeit und Zivilisationsbefangenheit prallen läßt und die in der Normendiskussion verlangte Sauberkeit in Liebesdingen und Fragen der Sinnlichkeit in einem solchen Maße beachtet, daß diese sich gegen das Idyll kehrt und es zerstört.

Die Antwort darauf setzt zunächst einige kommentierende Bemerkungen voraus, die das Textthema näher bestimmen. Das Idyll auf der Ile de France entsteht in einer recht unwirtlichen Gegend, die erst in mühevoller Arbeit landwirtschaftlich erschlossen werden muß. Die Rückkehr zur Natur führt also nicht in eine »amoene«, sondern zunächst in eine kultivierungsbedürftige Landschaft. Das ist in der Pastorale ungewöhnlich, erinnert aber stark an die Schilderung, die Rousseau im *Essai sur l'origine des langues* von den Naturverhältnissen gibt, wie sie der Mensch im mittleren Zustand, im »état intermédiaire«, zwischen dem »état de nature« und dem »état de société« vorfand, der nach Rousseau der glücklichste Menschheitszustand war, in dem man eine »vie isolée et pastorale« führte. [30] Von dieser »vie isolée et pastorale« gibt Rousseau eine knappe, aber eindringliche Schilderung, deren Hauptmomente, das Fehlen jeglicher Zeitrechnung, die bukolischen Aufenthalte, die ersten Feste, das Zusammenleben der Geschlechter von Kindheit an und vor allem das

Entstehen der Liebe, bei Bernardin ziemlich getreu wiederaufgenommen sind. [31] Diese Parallelen zu Rousseaus Schilderungen des »état intermédiaire« sind offensichtlich gewollt und machen dem Leser, der sie wahrzunehmen imstande ist, klar, daß es hier einer »petite société« in den Jahren nach 1726 und auf der Ile de France gelungen ist, in den nach Aussage Rousseaus glücklichsten Menschheitszustand zurückzukehren.

Diese Rückkehr hat sogar in ein Paradies geführt. Diese Auffassung oder Auffassungsmöglichkeit wird durch eine weitere Gruppe von Anspielungen oder Motivzitaten sichergestellt. Das Bergtal wird nämlich von dem jungen Paul nach und nach in eine gut geplante Parkanlage verwandelt, und diese Anlage ähnelt in den Grundzügen und vielen Einzelheiten deutlich dem Paradies auf einem Berge in der Landschaft Eden, wie es Milton in *Paradise Lost* geschildert hatte. [32] Und wie Miltons Paradies geht auch dasjenige Bernardins zugrunde, nämlich in einer Sintflut. Während nämlich Virginie an dem »feu dévorant« ihrer beginnenden Liebe zu Paul leidet, zieht draußen eine tropische Hitzeperiode auf, die sich in sintflutartigen Regengüssen löst und die gesamte Parkanlage verwüstet. Die auffällige Synchronie von innerem und äußerem »feu dévorant« soll ganz offensichtlich suggestiv verdeutlichen, daß dies neuerrungene Paradies wieder verloren geht, als die Sexualität darin einzieht. [33] Darüber hinaus ruft diese suggestive Verbindung noch den Umstand in Erinnerung, daß in der christlichen Vorstellung seit je ein enger Zusammenhang zwischen dem Paradiesverlust und der Sünde, der Sexualität und der Schamhaftigkeit besteht. Fontenelle hat gelegentlich der Frage, was von der Nacktheit der Wilden zu halten sei, gesagt:

Si la pudeur étoit quelque chose de naturel en nous Adam & Eve, créés nuds dans le paradis terrestre, auroient d'abord rougi de leur état; mais point du tout, la honte ne les a surpris qu'après leur péché, & la pudeur que nous regardons comme une vertu, fut comme une punition de leur désobéissance. [34]

Für das Paradies auf der Insel Mauritius bedeutet dies aber, daß seine Bewohner, wie ihre Befangenheit der Sexualität gegenüber zeigt, im nachparadiesischen Zustand der Sündhaftigkeit leben, weshalb ihnen das kaum errungene Paradies auch wieder, unter biblischen Begleiterscheinungen, entzogen wird. Insbesondere Virginies Schamhaftigkeit, die sie ums Leben bringt, macht deutlich, aus welchen Gründen hier ein Naturparadies verlorengeht bzw. nicht endgültig zurückgewonnen werden kann.

Die Unbefangenheit in Liebesdingen galt aber im 18. Jahrhundert als eine der Grundbedingungen für den Aufenthalt in Paradiesen. Dafür hatte man teils literarische, teils völkerkundliche Dokumente. Milton etwa hatte in *Paradise Lost* unterstrichen, daß sich die Ureltern in ihrem Eheleben keiner »guilty shame« bewußt waren, und er hatte energisch alle Hypokrisie in diesem Punkt zurückgewiesen. [35] Und der Weltumsegler Bougainville hatte im Tahiti-Kapitel seines *Voyage autour du monde* berichtet, wie selbstverständlich sich heranwachsende Bewohner dieses authentischen Paradieses in der Südsee den ersten Regungen der Natur hingäben, von den Erwachsenen dabei applaudiert. [36] Diese moralische Grundeinstellung hatten sich schon vor Bougainvilles Reisebericht die Verfasser von Utopien zu eigen gemacht, so z. B. Morelly in seinem 1753 erschienenen *Naufrage des îles flottantes*. Nach dem Untergang

einer verrotteten Zivilisation in einer Naturkatastrophe bleiben in diesem
Werk zwei Kinder, ein Geschwisterpaar, übrig, die nach und nach in der
Weise Robinson Crusoes – der in einer Fußnote erwähnt wird – die vor allem
landwirtschaftlichen Grundlagen für ihre Existenz entdecken und entwickeln,
sich vermehren und schließlich ein Staatsgebilde entstehen lassen, dessen Beschreibung das umfängliche Werk in der Hauptsache gewidmet ist. Gleich eingangs wird aber, in einem Überblick über die wesentlichen Vorzüge des utopischen Gemeinwesens, eine Eigenschaft besonders hervorgehoben:

> O Amour! ces peuples se livroient sans crainte, comme sans crime, à tes délicieux
> transports [...] sitôt que parvenus à ce printems, où tu commences à éprouver tes feux; on
> leur faisoit point un crime de leurs désirs. [37]

Die Eltern beobachten gar mit Vergnügen die ersten Versuche ihrer Kinder.
Eine entsprechende Unbefangenheit waltet auch in Louis Sébastien Merciers –
nach Johann Gottlob Pfeil gearbeiteten [38] – *L'Homme sauvage* von 1767, in
dem es erneut einem Geschwisterpaar vergönnt ist, in ein Paradies zu gelangen, allerdings nur noch vorübergehend und für kurze Zeit. Daß diese Unbefangenheit geradezu als Probe darauf angesehen wurde, ob tatsächlich ein Leben nach der Natur gelebt wurde oder eine Rückkehr zur Natur stattgefunden
hatte, erhellt zudem auch aus der Art von Begebenheit, die z. B. Marmontel
wählte, um in einer moralischen Erzählung den Widerstreit zwischen natürlichen Neigungen und Gesellschaftsgesetzen zu veranschaulichen. In seiner Erzählung *Annette et Lubin* [39] erzählt er von zwei Kindern, die von Jugend auf
gemeinsam die Schafe hüten und den Sommer über in einer selbstgebauten
Hütte ein pastorales Leben führen. Als sie etwa sechzehn sind, machen sich
die Folgen des Zusammenlebens bemerkbar und sie wollen heiraten. Die weltlichen Behörden können ihnen den Dispens nicht erteilen, da die beiden als
Vetter und Kusine zu nahe miteinander verwandt sind. Aber der Bischof
schreibt an den Papst, der die Ehe erlaubt. Marmontel hebt am Verhalten der
Kinder gerade die »ingénuité de l'âge d'or« hervor, mit der sie der Natur folgend den Anlaß für einen moralischen Kasus geben.

Werke vom Schlage des *Naufrage des îles flottantes* von Morelly stehen nun
in einer Reihe von Utopien, in denen die Möglichkeiten eines gesellschaftlichen Neuanfangs unter entsprechenden äußeren, aber auch inneren moralischen Bedingungen als literarische Experimente durchgespielt werden. [40] Im
18. Jahrhundert gewinnen diese literarischen Experimente unter dem Einfluß
der zeitgenössischen Sozialkritik sowohl wie unter dem der Reiseberichte von
glücklicheren Gesellschaftszuständen in fernen, unzivilisierten Ländern an
Realitätsnähe und damit an Anspruch, u. U. Muster für reale Experimente abgeben zu können. Im übrigen wußte man von einem solchen realen Experiment in Paraguay, und Bernardin de Saint-Pierre selbst hat sich eine Zeitlang
mit dem Gedanken getragen, auf einer von der Regierung zu erbittenden Insel
eine utopische Kolonie für europamüde Unglückliche seines Schlages zu gründen. [41]

In seiner Pastorale macht er jedoch gründlich kehrt und bezieht Stellung gegen diese teilweise schon recht ernst gewordenen Gedankenexperimente von
den Möglichkeiten eines Neuanfangs unter isolierten Bedingungen, indem er
einerseits selbst einen Neuanfang unter isolierten Bedingungen schildert, wie

er realistischer bisher nicht versucht worden war, was räumliche und zeitliche Ansiedlung und zahlreiche weitere Umstände im einzelnen betrifft, andererseits aber die von der entsprechenden Literatur hochgespielte und genüßlich am Moment der erwachenden Liebe demonstrierte Unbefangenheit den Regungen der Natur gegenüber unter Verwendung desselben Motivs in ihr genaues Gegenteil verkehrt, wobei er geradezu von Morellys entsprechenden Schilderungen Stück für Stück ausgegangen zu sein scheint. [42] Seine Erzählung läßt sich daher gewissermaßen als eine Probe aufs Exempel verstehen, ob dergleichen wirklich und wahrhaftig in diesem Jahrhundert mit wirklichen Menschen und unter wirklichen, zur Not auf der Ile de France nachprüfbaren Bedingungen möglich ist. Und sie suggeriert, daß dergleichen eben nicht möglich ist. Die Skepsis gegenüber einer bestimmten Ausprägung des utopischen Gedankens scheint demnach den problematischen Anstoß gegeben zu haben, dem Bernardin de Saint-Pierres besondere Aktualisierung der Gattungsmöglichkeiten der Pastorale zu verdanken ist. Die Begründung für seine Skepsis gegenüber diesen Utopien gibt er auf anschauliche Weise mit seinem »pudeur«-Motiv. Denn diese »pudeur«, die er in seiner Erzählung eine solche ruinöse Rolle spielen läßt, kennzeichnet offensichtlich als Kontrastmotiv zu der in den Utopien und Reisebeschreibungen gefeierten sinnlichen Unbefangenheit so viel wie den unaufhebbar nachparadiesischen Zustand des Menschen oder, im Hinblick auf Rousseau gesprochen, seine Unfähigkeit, je wieder in diesen Naturzustand und in ein Naturparadies zurückzukehren. Diese Bedeutung des Motivs wird durch die damit verbundenen Motive vom Aufbau und von der Zerstörung eines Paradiesgartens nach dem Muster Miltons noch unterstrichen. Durch die Aktualisierung gerade dieser Möglichkeiten der Institution Pastorale zu einem Textthema, das man als das Thema vom »paradise not regained« oder gar vom »paradise not regainable« bezeichnen könnte [43], stellt Bernardin de Saint-Pierre spät im Jahrhundert das gesamte Substrat in Frage, dem das Genus im 18. Jahrhundert noch einmal einen beachtlichen Aufschwung verdankte, nämlich den mittlerweile in den Einzugsbereich der sozialkritischen und sozialreformerischen Reflexion geratenen und mit der Völkerkunde der Reiseberichte in Verbindung gebrachten und damit der Wirklichkeit erheblich nähergerückten alten arkadischen Traum vom Naturparadies »à la portée des hommes«. *Paul et Virginie* ist in diesem Sinne nicht nur dem Erscheinungsdatum nach, sondern auch systematisch gesehen die letzte bedeutende Pastorale des Jahrhunderts, insofern sie das Genus kassiert.

Anmerkungen

1 R. Warning, »Rezeptionsästhetik als literaturwissenschaftliche Pragmatik«, Einleitung zu R. W., *Rezeptionsästhetik*. Theorie und Praxis, München 1975, S. 36ff. – Der Gedanke ist allerdings schon älter: K. W. Hempfer verweist in seiner *Gattungstheorie*. Information und Synthese, München 1973, S. 91f., auf einen Aufsatz von H. Levin (»Literature as Institution«, *Accent* Bd. 6/1946, S. 159–168; auch in: M. Schorer, J. Miles, G. McKenzie [Hgg.], *Criticism. The Foundations of Modern Literary Judgement*, New York ²1958, S. 546–553), der zwar nicht von den Gattungen handelt, aber doch den Verständigungsprozeß zwischen Autor und Leser mit Hilfe des Institutionenbegriffs zu fassen sucht. Die Gattungen werden bereits bei R. Wellek und A. Warren, u.a. mit Bezug auf Levin, als Institutionen gefaßt (*Theorie der Literatur,* Berlin:

Ullstein, 1963 [1. engl. Ausgabe: 1948], S. 203). Zu vergleichen ist auch R. Barthes kurze Bemerkung in *Sur Racine,* Paris 1969: »l'histoire littéraire n'est possible que si elle se fait sociologique, si elle s'intéresse aux activités et aux institutions, non aux individus« (S. 156). – Seit H. Gunkels *Einleitung in die Psalmen,* Göttingen 1933, S. 10–30 (vgl. auch K. Koch, *Was ist Formgeschichte?* Neue Wege der Bibelexegese, Neukirchen-Vluyn ²1967, S. 34 ff.) versucht die theologische Forschung, die biblischen Gattungen soziologisch in ihren lebensweltlichen Zusammenhängen, in ihrem »Sitz im Leben« verankert zu begreifen, bedient sich dabei aber noch nicht des Institutionenbegriffs. – Zum ganzen Komplex siehe neuerdings W. Voßkamp, »Gattungen als literarisch-soziale Institutionen«, in: W. Hinck (Hg.), *Textsortenlehre – Gattungsgeschichte* (medium literatur. 4), Heidelberg 1977, S. 27–42. – P. Bürger (»Institution Kunst als literatursoziologische Kategorie. Skizze einer Theorie des historischen Wandels der gesellschaftlichen Funktion der Literatur«, *Romanistische Zeitschrift für Literaturgeschichte,* Bd. 1/1977, S. 50–74) möchte offenbar den Begriff der Institution lediglich zur Bezeichnung eines bestimmten historischen Phänomens verwendet sehen, wenn er vorschlägt, »mit dem Begriff *Institution Kunst* den Status zu bezeichnen, den die Kunst als autonome in der bürgerlichen Gesellschaft einnimmt« (S. 53); gegen Ende des Aufsatzes scheint er den Begriff aber wieder für eine generellere Verwendung freizugeben, wenn er von der »mit dem Institutionsbegriff gestellten Frage nach der Funktion der Literatur in einer Gesellschaft« im allgemeinen spricht (S. 73). Eine solche generellere methodische Verwendung legt sich schon deswegen nahe, weil bereits bei der Herausbildung der sprachlichen Kompetenz Institutionalisierungen im Spiel sind: »Die Sprache ist ein System typisierter Erfahrungsschemata« (A. Schütz und Th. Luckmann, *Strukturen der Lebenswelt* [Soziologische Texte. 82] Neuwied/Darmstadt 1975, S. 233; zur Herausbildung von »Rollen im Sprachspiel« vgl. auch H. Hörmann, *Meinen und Verstehen.* Grundzüge einer psychologischen Semantik, Frankfurt 1976, S. 350 ff.).

2 R. Warning, »Rezeptionsästhetik als literaturwissenschaftliche Pragmatik«, S. 38. 39. Vgl. auch W. Voßkamp, »Gattungen als literarisch-soziale Institutionen«, S. 30.

3 Frankfurt a. M. ⁴1974.

4 Stuttgart ³1973.

5 *Soziologische Grundbegriffe,* S. 63. 65.

6 *Zeitschrift für Literaturwissenschaft und Linguistik (LiLi)* Bd. 4/1974, S. 79–98.

7 S. 79 f.

8 Zur »gattungssteuernd[en]« Rolle von »Erwartungserwartungen« vgl. auch W. Voßkamp, »Gattungen als literarisch-soziale Institutionen«, S. 31 f.

9 Zum Verhältnis von ›Situation‹, ›Thema‹ und ›problematischem Fall‹ vgl. N. Luhmann, »Einfache Sozialsysteme«, in: *Soziologische Aufklärung.* Aufsätze zur Theorie der Gesellschaft, Bd. 2, Opladen 1975, S. 21–38: »einfache Systeme (sind) Situationssysteme« (S. 32), deren elementares »definierendes Kriterium« die »Anwesenheit« ist (S. 31); sie stellen zur »relevanten Umwelt«, der »allgemeinen Problemlage«, ein Verhältnis her, indem sie »relevante Ereignisse [...] durch Bildung und Bewegung eines Themas selektieren« (S. 28). Im vorliegenden Fall ist einer der Partner (eine Partnergruppe) natürlich nur in der Erwartung präsent. Für den ein ›Textthema‹ provozierenden ›problematischen Fall‹ gilt generell, daß »die Anstöße und Wirkungen des Handelns stets über Systemgrenzen« – hier also: über die Grenzen der Gattung als institutionalisiertes System – »hinaus(reichen), die durch Verhaltenserwartungen« – hier: die Gattungserwartungen – »definiert werden« (N. Luhmann, »Funktionale Methode und Systemtheorie«, in: *Soziologische Aufklärung* Bd. 1, ⁴1974, S. 31–53; hier: S. 42).

10 Fontenelle, *Discours sur la nature de l'églogue,* in: *Oeuvres complètes,* hrsg. von G.-B. Depping, Paris 1818 (Nachdruck: Genève 1968), Bd. 3, S. 56 f. – Die Thematik des »plaisir tranquille« braucht indessen nicht notwendig an das Hirtenleben gebunden zu sein: »Si l'on pouvoit placer ailleurs qu' à la campagne la scène d'une vie tranquille et occupée seulement par l'amour, de sorte qu'il n'y entrât ni chèvres, ni brebis, je ne crois pas que cela en fût plus mal; les chèvres et les brebis ne servent de rien: mais comme il faut choisir entre la campagne et les villes, il est plus vraisemblable que cette scène soit à la campagne.« (ebd.)

11 *Les Paradoxes littéraires ou Discours écrits par cet Académicien sur les principaux genres de poèmes,* hrsg. von B. Julien, Paris 1859 (Nachdruck: Genève 1971), S. 122.
12 S. 127.
13 S. 132.
14 S. 124f.
15 *Encyclopédie ou Dictionnaire raisonné* Bd. 11, 1778, S. 991. In Marmontels *Eléments de littérature,* »Eglogue«, lautet der Text geringfügig anders (Paris, 3 Bde., 1846, Bd. 1, S. 7).
16 *Encyclopédie,* Bd. 11, S. 994; *Eléments de littérature,* Bd. 1, S. 13; hier lautet die Stelle: »Cette moralité générale consiste à faire sentir l'avantage [...]«
17 Encyclopédie Bd. 24, 1778, S. 958f. – Die Stelle geht weiter: »C'est le regne de la liberté, des plaisirs innocens, de la paix, de ces biens pour lesquelles tous les hommes se sentent nés, quand leurs passions leur laissent quelques momens de silence pour se reconnoître. En un mot, c'est la retraite commode & riante d'un homme qui a le coeur simple & en même temps tout délicat, & qui a trouvé le moyen de faire revivre pour lui cet heureux siecle.« – *Cours de belles-lettres, ou Principes de la littérature,* nouvelle édition, Paris 1853, Bd. 1, S. 277.
18 Jean Pierre Claris de Florian, *Oeuvres,* Leipsic 1837, Bd. 3, S. 252.
19 Zur Entwicklung der Theorie der Pastorale vgl. W. Krauss, »Über die Stellung der Bukolik in der ästhetischen Theorie des Humanismus«, *Archiv für das Studium der neueren Sprachen und Literaturen* Bd. 174/1938, S. 180–198; jetzt auch in: K. Garber (Hg.), *Europäische Bukolik und Georgik,* Darmstadt 1976, S. 140–164.
20 Zur Rolle »normbildender Werke (Prototypen)« im Leben einer Gattung vgl. W. Voßkamp, »Gattungen als literarisch-soziale Institutionen«, S. 30f.
21 *Encyclopédie,* »Pastorale«, Bd. 24, S. 959; *Cours de belles-lettres* Bd. 1, S. 278. – Im ersten Teil des Artikels »Eglogue«, der von dem Chevalier de Jaucourt stammt, heißt es diesbezüglich: »Cette sorte de poème [...] ne rappelle point à l'esprit des images terribles de la guerre & des combats« (Bd. 11, S. 986), was sichtlich für so illustre Muster wie *Daphnis und Chloe* und *Astrée* nicht zutrifft.
22 *Paul et Virginie,* hrsg. von P. Trahard (Classiques Garnier), Paris 1964, S. CXLV.
23 *Paul et Virginie,* S. 108. 120. 123. – Die »abondance« gehört gemäß der Normendiskussion als Wesensmerkmal zur Pastorale: Nach Fontenelle lebten die ersten Hirten (»les premiers pasteurs«) in einer »grande opulence« und genossen »une assez grande abondance« (*Discours sur la nature de l'églogue,* S. 52); Houdar de La Motte spricht von »l'abondance pastorale« (*Discours sur l'églogue,* S. 122f.); Batteux sagt vom »repos« der »vie champêtre«: »Ce repos renferme une juste abondance« (*Encyclopédie* Bd. 24, S. 958; *Cours de belles-lettres* Bd. 1, S. 277.)
24 *Paul et Virginie,* S. 130.
25 S. 89.
26 S. 130.
27 S. 87. 157.
28 Siehe hierzu D. Mornet, *Le Sentiment de la nature en France de J.-J. Rousseau à Bernardin de Saint-Pierre.* Essai sur le rapport de la littérature et des moeurs, Paris 1907 (Nachdruck: New York, o.J.), S. 70ff.
29 *Paul et Virginie,* S. 121.
30 Ohne die Tätigkeit des Menschen, heißt es bei Rousseau, würde sich die Natur mit der Zeit in einer Weise entwickeln, die sie vollkommen unbewohnbar machen würde: »Les eaux auroient perdu peu-à peu la circulation qui vivifie la terre. Les montagnes se dégradent & s'abaissent, les fleuves charient, la mer se comble & s'étend, tout tend insensiblement au niveau; la main des hommes retient cette pente & retarde ce progrès; sans eux il seroit plus repide, & la terre seroit peut-être déjà sous les eaux. Avant le travail humain les sources mal distribuées se répandoient plus inégalement, fertilisoient moins la terre, en abreuvoient plus difficilement les habitans. Les rivières étoient souvent inaccessibles, leurs bords escarpés ou marécageux: l'art humain ne les retenant point dans leurs lits, elles en sortoient fréquemment, s'extravasoient à droite ou à gauche [...]« Diese Eingriffe des Menschen sind besonders in trockenen Zonen der Erde von Wichtigkeit: »Combien de pays arides ne sont habitables que par les saignées & par les canaux que les hommes ont tiré des fleuves.« Der Wasserbau aber erfordert Gemeinschaftsarbeit, weshalb hier der Ursprung der Gesellschaft liegt:

»Telle dût être l'origine des sociétés [...] dans les pays chauds.« Zunächst aber handelt es sich nur um die Gesellschaftsbildung der Hirtenzeit, des »état barbare«, zwischen dem »état sauvage« und dem »état civil«. (*Essai sur l'origine des langues* in: Rousseau, *Collection complète des oeuvres,* Genève 1782, Bd. 8, S. 399f.

31 Vom »état barbare« oder »état intermédiaire« entwirft Rousseau das folgende pastorale Genrebild:

»Là se formoient les premiers liens des familles; là furent les premiers rendez-vous des deux sexes. Les jeunes filles venoient chercher de l'eau pour le ménage, les jeunes gens venoient abreuver leurs troupeaux. Là des yeux accoutumés aux mêmes objets dès l'enfance, commencèrent d'en voir de plus doux. Le coeur s'emeut à ces nouveaux objets, un attrait inconnu le rendit moins sauvage, il sentit le plaisir de n'être pas seul. [...] Dans cet âge heureux ou rien ne marquoit les heures, rien n'obligeoit à les compter; le temps n'avoit d'autre mesure que l'amusement & l'ennui. Sous de vieux chênes vainqueurs des ans, une ardente jeunesse oublioit par degrés sa férocité, on s'apprivoisoit peu-à-peu les uns les autres; en s'efforçant de se faire entendre, on apprit à s'expliquer. Là se firent les premieres fêtes, les pieds bondissoient de joie, le geste empressé ne suffisoit plus, la voix l'accompagnoit d'accens passionnés, le plaisir & le désir confondus ensemble, se faisoient sentir à la fois. Là fut enfin le vrai berceau des peuples, & du pur cristal des fontaines sortirent les premiers feux de l'amour.« (S. 400f.) – Dergleichen kommt in allen Einzelheiten auch in *Paul et Virginie* vor: die »petite société« aus zwei Familien, die wie eine einzige lebt; das Wasserschöpfen Virginies (S. 91); die beiden lediglich zur Kennzeichnung der Erzählung als Pastorale eingeführten Ziegen, die die »troupeaux« ersetzen; das Zusammenleben der Geschlechter »dès l'enfance«, aus dem sich nach und nach zartere Beziehungen entfalten, die sich etwa in den ausführlich referierten zärtlichen Unterhaltungen zwischen Paul und Virginie ausdrücken; das Fehlen einer Zeitmessung (»Paul et Virginie n'avaient ni horloge, ni almanachs, ni livres de chronologie, d'histoire et de philosophie. Les périodes de leur vie se réglaient sur celles de la nature.« S. 129); die »premieres fêtes« mit Gesang und Pantomime; und schließlich auch das Entstehen der »premier feux de l'amour«, die es nach Rousseau im »état sauvage« noch nicht gab. Und auffälligerweise stehen auch in *Paul et Virginie* diese »feux de l'amour« in merkwürdiger Beziehung zum »pur cristal des fontaines«, denn Virginie erfährt ausgerechnet während eines Bades in einer Quelle, wohinein sie die Unruhe ihrer entstehenden Liebe zur Nachtzeit getrieben hat, den Ausbruch ihres inneren »feu dévorant« (S. 134).

32 Siehe dazu Verf., »Das Paradies auf dem Berge. Zur ›literarischen Ikonographie‹ von Bernadin de Saint-Pierres *Paul et Virginie«, Romanistisches Jahrbuch* Bd. 25/1974, S. 125–130.

33 Siehe ebd., S. 131–137.

34 *Lettre à Mme la Marquise de *** sur la nudité des Sauvages* in: *La République des philosophes ou Histoire des Ajaoriens,* Genève 1768, S. 161.

35 Buch 4, V. 742ff. – Vgl. Verf., »Das Paradies auf dem Berge«, S. 135.

36 *Voyage autour du monde par la frégate du Roi la Boudeuse et la flûte l'Etoile, en 1766, 1767, 1768 et 1769,* Paris 1771, S. 209.

37 Morelly, *Naufrage des îles flottantes, ou Basiliade du célèbre Pilpai,* Messine 1773, Bd. 1, S. 17.

38 Siehe hierzu W. Engler, »Merciers Abhängigkeit von Pfeil und Wieland«, *Arcadia* Bd. 3/1968, S. 251–261, und E. T. Annandale, »Joh. Gottlob Benjamin Pfeil and Mercier«, *Revue de littérature comparée* Bd. 44/1970, S. 444–459.

39 Marmontel, *Contes mauraux et pièces choisies,* Leipsic 1803. Bd. 2, S. 131–143.

40 Als Beispiele wären zu nennen: Montesquieus *Histoire des Troglodites* aus den *Lettres persanes* als Vorläufer, ferner Gaspard Beaurieus *L'Elève de la nature* (1763) und Tiphaigne de la Roches *Histoire des Galligènes ou Mémoires de Duncan* (1765). Beaurieus Werk stellt geradezu eine Art Kaspar-Hauser-Experiment dar. Ein vermögender Engländer erzieht seinen Sohn bis zum 15. Lebensjahr in völliger Isolierung, »dans une espèce de boîte«. Dann läßt er ihn auf einer einsamen Insel aussetzen, wo er sich erwartungsgemäß nach der Natur entwickelt. Siehe zu den Beispielen A. Lichtenberger, *Le Socialisme utopique.* Etudes sur quelques précurseurs inconnus du so-

cialime, Paris 1898 (Nachdruck: Genève 1970), sowie R. Ruyer, *L' Utopie et les utopistes*, Paris 1950.

41 Zunächst sollte dies auf Korsika, in unfruchtbaren und noch zu kultivierenden Gegenden geschehen, dann im Rahmen einer Kolonisierung noch nicht erschlossener Gebiete Kaliforniens und der Südsee, letzteres auf den Spuren des Kapitäns Cook: »Si j'ai le bonheur de réussir dans cette partie essentielle de mon voyage [in der Südsee], si j'ai la félicité d'y établir une colonie sous les auspices de la France, j'ai tant vu de désordres dans nos établissements, que j'espère les prévenir dans celui-ci et en faire le lieu le plus heureux par le bonheur de ses habitants comme par sa température.« (*Correspondance*, 1826, Bd. 1, S. 219; Zitat und die übrigen Mitteilungen bei F. Maury, *Etude sur la vie et les oeuvres de Bernardin de Saint-Pierre*, Paris 1892 [Nachdruck: Genève 1971], S. 109).

42 Morelly beschreibt etwa die Einstellung der Eltern zur erwachenden Sexualität ihrer Kinder folgendermaßen: »Une tendre mère étoit charmée de reconnoître dans sa fille ces premières inquiétudes que cause la surprise d'un sentiment jusqu'alors ignoré. Un père voyoit avec le même plaisir les premières impressions des charmes de la beauté sur son fils.« Sie gehen in der Billigung der natürlichen Regungen so weit, daß sie ihre Kinder bei deren ersten Liebesbegegnungen sogar zu ihrem Vergnügen beobachten: »Tous deux épioient ces Amans, non pour les contraindre, mais pour jouir de la vue de leurs caresses innocentes & naïves, de leurs tendres dialogues, & enfin du spectacle touchant de leurs transports mutuels.« Bei den Betroffenen selbst macht sich keinerlei Befangenheit bemerkbar: »Quand frappés de ses charmes naissans deux jeunes coeurs se sentoient mutuellement épris, ils ne rougissoient point de promener leurs avides regards sur toutes les merveilles, que, secondée par l'Amour, elle [sc. la Nature] leur faisoit remarquer pour la première fois.« (S. 17) Das liest sich beinahe schon wie die Schilderungen, die Bougainville später vom Sexualverhalten der Südseeinsulaner geben wird, oder vielmehr: Solche Schilderungen könnten Bougainvilles Erwartungen über ein unverfälschtes Liebesleben in einem Naturparadies geprägt, seinen Blick gelenkt und vor allem seine Feder geführt haben. Die Scham, für Virginie unüberwindlich und von schweren Folgen, weist Morelly aus seinem Paradies: »La pudeur hipocrite, ni une fantastique bienséance, ne défiguroient point, par un tas de pompeux haillons, les charmes de la beauté: elle faisoit gloire de paroître toute nue, parée des ornemens de la Nature [...]« (S. 18) – Bei Bernardin de Saint-Pierre sind die Mütter weit davon entfernt, sich über die Entwicklung der Dinge zu freuen, und Virginie selbst zeigt alles andere als Unbefangenheit, Neugierde oder gar Vergnügen. Sie empfindet vielmehr »un mal inconnu«, »un embarras«, »un feu dévorant«, was alles sie Zuflucht bei der Mutter suchen läßt, die zwar »la cause du mal de sa fille« durchschaut, »mais n'osait elle-même lui en parler« und die deshalb rät: »Mon enfant, [...] andresse-toi à Dieu, qui dispose à son gré de la santé et de la vie. Il t'éprouve aujourd'hui pour te récompenser demain. Songe que nous ne sommes sur la terre que pour exercer la vertu.« (S. 135)

43 Vgl. Verf., »Das Paradies auf dem Berge«, S. 138.

Fritz Nies

Würze der Kürze – schichtübergreifend
Semi-orale Kleingattungen im Frankreich des 17. bis 19. Jahrhunderts

Er habe bei Auftritten in der Öffentlichkeit stets ein »Anekdötchen parat«, lobte kürzlich eine unserer großen Tageszeitungen als Hauptqualität an einem beliebten Spitzenpolitiker. [1] Das ruft zwei von akademischer Narrativik oft vergessene Dinge in Erinnerung: Mündliches und zugleich auf ›Wohlgeformtheit‹ bedachtes Erzählen ist weder tot noch in Kinderstuben verbannt; und gewisse erzählerische Kurztexte scheinen besonders geeignet, bei einer breiten Zuhörerschaft Interesse wie Sympathie zu wecken und Konsens herzustellen. Der von neueren Literaturtheoretikern vielbeschworene »introvertierte« oder »einsame Leser« [2], um dessen Reintegration in die gesellschaftliche Welt wir uns wortreich sorgen, ist also keineswegs der einzig überlebende Typus von Literaturrezipient, ja vielleicht nicht einmal der häufigste. Diese Einsicht besitzt gesteigertes Gewicht für die Deutung von Literatur vergangener Zeiten. Mediävistik und Renaissanceforschung haben uns gezeigt, wie der Modus vorherrschender oder möglicher mündlicher Aktualisierung gerade die Texte mancher Erzählgattung über Jahrhunderte hinweg entscheidend prägte. Die darauffolgende Ausbreitung des Buchdrucks, fortschreitende Alphabetisierung, die drucktechnischen Umwälzungen in der ersten Hälfte des 19. Jhs. erschlossen zwar für das lautlose, von der Umwelt sich abkapselnde Lesen neue Dimensionen. Doch bedeutet dies schon, daß der Zuhörer eine nur im fernen Mittelalter weitverbreitete, in der Neuzeit vom Aussterben bedrohte Spezies ist, und daß Lesefähigkeit und Textvervielfältigung unausweichlich zum Verstummen des Erzählers führen? Vier französische Textarten, deren z. T. ineinandergreifende Geschichte über einen für die Druck- und Lesegeschichte wichtigen Zeitraum skizziert wird, sollen Antworten auf jene Doppelfrage finden helfen: Historiette, Anecdote, Conte und Complainte. Da all diese Textarten bisher ›empirisch‹ recht unzulänglich erfaßt sind, gehe ich dabei notgedrungen aus von ›vorwissenschaftlichen‹ Kategorienbildungen, welche durch die Trägergruppen der Texte oder konkurrierende Gruppierungen vorgenommen wurden, sowie von Merkmalkombinationen, die jene Gruppen als für die Zuordnung maßgeblich namhaft machten. [3] Eine jeweils vierstellige Zahl von Belegen schien mir als vorläufige Basis hinreichend. [4]

Gemeinsam ist allen untersuchten Spielarten von Erzähltexten, über den gesamten oder überwiegenden Zeitraum hin, insbesondere ihre relative Kürze. Als »kleine« Histoire wird durchgehend die Historiette charakterisiert [5]; das gleiche oder ein ähnliches Epitheton pflegt von Beginn der Gattungsgeschichte an das Substantiv Anecdote und seine Definitionen [6] zu begleiten. Und auch vom Conte betonten Gewährsleute des 18. wie des 19. Jhs., Kürze sei sein »Hauptvorzug«, sein »innerstes Wesen«. [7] Breitangelegte Sondierungen bei gedruckten Texten, die ihr Titel als Conte ausweist, bestätigen solch zeitgenössische Charakterisierungen. Der kürzeste von ihnen umfaßt neun Zeilen, und nur selten geht der Umfang über dreißig Duodezseiten hinaus. Auf nicht mehr als einer oder wenigen Druckseiten haben auch sämtliche Complaintes Platz. Derartige quantitative Beschränkung bedeutet selbstverständlich noch kein Indiz für durchgehenden mündlichen Vortrag der erfaßten Texte, doch ebenso selbstverständlich begünstigt sie diesen. Denn die Gedächtnisleistung des Erzählers ist unschwer zu erbringen, und die maximale Erzählzeit bleibt unter den von der Wahrnehmungspsychologie angesetzten Grenzwerten aufmerksamen Zuhörens. [8] Halten wir dies vorerst fest und betrachten die einzelnen Gattungen genauer.

Historiette

Die Texte des Genres, von den ersten Belegen um die Mitte des 17. Jhs. an auch zum Lesen oder Vorlesen bestimmt [9], gehörten zugleich in die mündliche Sphäre und bewahrten die Nähe zu dieser bis in unsere Zeit. [10] Als Erzähler und Zuhörer begegnen im 17. und 18. Jh. ausschließlich Erwachsene, die sich vor allem mittags oder abends, bei oder nach Tisch, an Historiettes delektierten. [11] Typische Umschlagplätze für Neuigkeiten wie der aristokratische, später großbürgerliche Pariser Salon [12], aber auch Kneipen und Herbergen [13] waren vom 17. bis zum Beginn des 19. Jhs. offenbar privilegierte Orte der Historiette-Aktualisierung. Dann erst rückt öfters auch eine dörfliche Szenerie ins Blickfeld [14], und immer häufiger erzählen nun Greise, Eltern, der Pfarrer [15] vor einem Hörerkreis von Kindern und Jugendlichen. [16]

Prüfen wir, ob und wie sich solch gängige Kommunikationsbedingungen auf das Erzählte auswirken. [17] Wie schon der Gattungsname [18] signalisiert, übernahm die frühe Historiette den Anspruch der damaligen Histoire auf weitgehend getreue Wiedergabe historischer Wahrheit. Geschichte aber war zu jener Zeit als Legitimationsraum vor allem für eine Standesgruppe von traditioneller Bedeutung: für eben die alte Aristokratie, die sich als ursprüngliche Trägerschicht unserer Kleingattung ausmachen läßt. Der knappe Umfang implizierte zugleich Beschränkung in Geschehensbericht und Personenzahl. Gegenstand der Schilderung war überwiegend ein einziges Ereignis; wurden es mehrere, fungierte meist ein einziger Protagonist oder ein zentrales Paar als personale Klammer. Im Unterschied zu manch anderen Arten der Kurzepik bildeten nur gelegentlich namenlose Typen jenen Kristallisationskern. Die überwältigende Mehrheit der Texte bemühte sich, durch Namensnennung ihrer Hauptfiguren den Eindruck von Individualität und Historizität zu wecken. Mit Vorliebe thematisiert wurde bis zur Revolution Erotisches selbst derbster Spielart, daneben ein Bündel weiterer Lieblingsthemen als ›nieder‹ geltender Genera: Spielwut und Geiz, oder die kleinen Gebrechen und kreatürlichen Bedingtheiten des Alltagslebens. In dieser Frühphase der Gattung wurden solche Nebensächlichkeiten zur Biographie berühmter oder unberühmter Gestalten selten in ferner Vergangenheit gesucht, das Interesse konzentrierte sich auf Zeitgenossen oder kürzlich Verstorbene. Aus der Kombination der genannten Merkmale resultierte in den Texten des 17. Jhs. eine Entheroisierung nicht zuletzt von Mitgliedern der politischen Führungsspitze. Doch man darf noch nicht antiabsolutistische Kampfliteratur vermuten, wenn dort Potenzstörungen

Ludwigs XIII., die Habgier Richelieus oder Fouquets Schürzenjägerei glossiert werden. Denn bis gegen Ende des Ancien Régime hin war das Genre geprägt durch demonstrativen Verzicht auf jeden Zweck, der über die Unterhaltung und Zerstreuung seiner Zielgruppe hinausging. Erst nach 1760 setzten nach und nach Versuche ein, Historiettes auch als »Exempla moralischer Wahrheiten« herauszustellen. Im Lauf des 19. Jhs. gab die inzwischen stark zum Moralisch-Zweckhaften tendierende Gattung den Historizitätsanspruch weitgehend auf und interferierte immer stärker mit dem Conte.

Wie ist diese Evolution zu deuten? Die Historiette war, wie schon erwähnt, bis hin zur französischen Revolution stark in der aristokratisch-mondänen Lebenssphäre verwurzelt. Die durch Richelieus Innenpolitik eingeleitete Gesellschaftsentwicklung ihrerseits hatte nicht nur bewirkt, daß sich innerhalb der entmachteten, weitgehend zur Untätigkeit verdammten Altaristokratie ein schnell wachsendes Interesse an Literarischem entwickelte. Zugleich erlosch nach der Fronde die Vorliebe jener Adelsgruppe für historisierende Monumentalschilderungen, von denen sie sich vorher ständische Selbstbestätigung erhofft hatte. Der durch das Scheitern seines letzten Aufstands demoralisierte, zunehmend von hedonistischen Tendenzen geprägte Feudaladel sah in Literarischem mehr als je das Divertissement, bevorzugte die kleinen, ›niederen‹, ›heiteren‹ Genera. So überlagerten sich Mitte des 17. Jhs. zwei gegenläufige Bewegungen. Einerseits wirkte noch die Affinität zwischen Adel und Historienliteratur nach. Andererseits war der Glaube der Aristokratie an die geschichtsbestimmende Macht ruhmvoller Taten weitgehend ironischer Resignation gewichen. Die verklärende Selbstbespiegelung weitausgreifender literarischer Historiengemälde, ihr Anspruch auf eine soziale Ordnungs- und Heilbringerfunktion des Standes, auf Beherrschung eines ganzen Gesellschaftssystems waren als illusionärer Wunschtraum entlarvt, die heroisierte Vergangenheit der Gruppe hatte angesichts einer trivialen Gegenwart ihre idealtypische Kraft verloren. Nicht mehr heldische Tugenden galten den Ernüchterten als wahre Antriebe der Geschichte und ihrer Gestalter, sondern eine Vielzahl alltäglicher, lächerlicher Zufälle und Kleinigkeiten, niedere Leidenschaften und Begierden, das Menschlich-Allzumenschliche. Kein überkommenes Genus war geeigneter, diesen Desillusionierungsprozeß zu sublimieren, als der zur Historiette angehobene Gesellschaftsklatsch.

Doch die Dominanten der lange auf eine ständische Gruppe hin entworfenen Gattung wurden in späteren Phasen nach und nach verlagert, und diesem Wandel entsprach ein solcher der Trägerschicht. Es waren bürgerliche Autoren, die sich seit den sechziger Jahren des 18. Jhs. an die Aufgabe machten, den moralischen Nutzwert von Historiettes deutlicher ins Licht zu rücken. Als die Revolution deren einstiges Stammpublikum auseinandertrieb, war das Genre bereits darauf vorbereitet, sich nun Leitvorstellungen der neuen sozialen Führungsgruppe weitgehend anzupassen. Und nichts hätte dem Primat des Nützlichkeitsideals im bürgerlichen Denken jener Periode besser entsprechen können, als daß fortan Historiettes mit Vorliebe unter utilitären Aspekten angepriesen wurden. Dies alles prädestinierte die durch Kürze wie Übersichtlichkeit von Geschehen und Figuren wenig ermüdende Gattung für eine Funktion und eine Zielgruppe, die neu in den Vordergrund traten: als Erziehungsmedium für Heranwachsende. Ein für Kinder besonders anheimelndes Diminutiv, entwickelte sich das Titelwort Historiette im 19. Jh. zum beliebten Aushängeschild pädagogischer Gebrauchsliteratur. In dieser zu Ende der siebziger Jahre bestimmenden Spielart gedruckter Historiettes war meist fast alles klein bis winzig: die Seitenzahl, das Sedezformat des Bändchens, die auftretenden Lebewesen. Klein die Haustierchen, die kindlichen Protagonisten mit oft durch Diminutivsuffix verniedlichten Namen. Kaum größer die Gefährchen, die zum Schrecknis hochstilisiert auf sie warteten – stechende Nadeln und Dornen, kippende Stühle und kratzende Katzen: eine durch kindliches Wohlverhalten sicher zu bewältigende Nippeswelt. Wessen Erziehungszielen wurden derartige Jugendhistorietten dienstbar gemacht? Als Verfassertyp fällt bis zum Ende des Zweiten Kaiserreichs, neben Lehrern und Geistlichen, eine starke Gruppe weiblicher Autoren ins Auge, darunter ein reichliches Dutzend adliger Damen. Auch die Protagonistlein trugen überwiegend Namen mit Adelspartikel. Solche Indizien lassen vermuten, daß ein Teil der arrivierten Bourgeoisie noch eine gewisse Vorbildlichkeit der aristokratischen Lebenssphäre anerkannte und sich bereitfand, eine formelle Präzeptorrolle der einstigen Elite zu dulden. Doch nicht von ungefähr avancierten auch schon Kinder des Großbürgertums zur Hauptfigur. Und das propagierte Welt- und Menschenideal entstammte keineswegs mehr hergebrachter aristokratischer Ethik. Die Leitbilder entsprachen – unter oft christlicher Verkleidung – fast ausschließlich dem bürgerlichen Tugendkatalog der Epoche: Fleiß und Sparsamkeit, Pflichtbewußtsein, Ordnungsliebe. Vor allem wurde jene Vorsicht und Bedachtsamkeit gepredigt, die das Bürgerkönigtum als Juste-Milieu-Ideal zum offiziellen politischen Programm der französischen Bourgeoisie deklarieren konnte. In die kindliche Welt übertragen, hieß das: Vorsicht vor Eis, heißem Wasser und Leitern, Dienstboten und allen, die nicht zur Familie gehören. Zwei weitere Kardinaltugenden jener Historiettenmoral verdienen besondere Beachtung, wenn man die Vielzahl wohlfeiler Kleinstausgaben als Versuch interpretiert, Schichten auch unterhalb des wohlhabenden Bürgertums zu erreichen. Die immer wieder empfohlene Fügsamkeit, Bescheidenheit, Genügsamkeit sind Verhaltensweisen, an deren Kultivierung im infrabürgerlichen Bereich die seit 1830 von der »Revolution in Permanenz« bedrohte Bourgeoisie ein vitales Interesse besaß. Die bis zur Jahrhundertmitte unermüdlich angepriesene Wohltätigkeit hatte ebenfalls ihren festen Platz in diesem auf Konservierung des Erreichten zielenden Moralsystem. Eifrig demonstrierten die Historiettes, daß man Almosen nicht nur geben soll, weil sich das stets mit Zinsen auszahlt. Man soll es speziell auch deswegen, weil es die in ihrer Ungeschlachtheit und Verschlagenheit gefährlichen Armen dankbar macht statt rebellisch, weil Wohltätigkeit der Besitzenden Wohlverhalten der Besitzlosen erzeugt. Der Druck von Kinderhistoriettes, die nach der Jahrhundertmitte immer ausschließlicher zum Gefäß solch pseudochristlicher Tugendlehren geworden waren, ging fast schlagartig zurück, als die selbstsicher gewordene bürgerliche Republik des Jahrhundertendes ihre wiederholten Kompromisse mit der Kirche beendete. Sobald seit den achtziger Jahren das Erziehungsprivileg der religiösen Orden durch ein laizistisch-naturwissenschaftsorientiertes Schulsystem ersetzt wurde, verlor die gedruckte Spielart der Gattung schnell ihre Attraktivität als Lehrmittel. Sie war offenbar durch frömmelnden Beigeschmack inzwischen zu stark diskreditiert.

Anecdote

Selbstverständlich finden sich im 18. und 19. Jh. durchaus Belege dafür, daß Anecdotes – ähnlich wie Historiettes – zum Lesen bestimmt sein konnten. [19] Ganz wie bei der Nachbargattung überwiegen jedoch, und zwar bis weit in das 20. Jh. hinein, Dutzende von Hinweisen auf mündliche Aktualisierung. [20] Auch Ort und Zeit ähneln oft den Aktualisierungsbedingungen der Historiette: im Rahmen der Konversation bei Tisch, dann beim abendlichen Zusammensein in der Familie, besonders aber mit Gästen. [21] Als neue Erzählszenerien kommen im letzten Drittel des 19. Jhs. der Boulevard, das Theaterfoyer, das Café hinzu [22], dörfliche Umwelt erscheint nur ganz vereinzelt seit den Revolutionsjahren. Der Zuhörer- und Adressatenkreis läßt sich wieder lange im aristokratisch-mondänen Milieu situieren – die zahlreichen Belege dafür reichen vom 17. Jh. bis zur Mitte des 19. Jhs. [23] Erwähnt werden dabei teils die »Leute von Welt« bzw. später die »gute Gesellschaft« allgemein, teils die Damen bzw. das »Schöne Geschlecht« als Untergruppe. [24] Auch die Mehrheit der Autoren oder Herausgeber gedruckter Anecdotes stellte bis weit in das 19. Jh. hinein die Aristokratie, Frauen waren unter ihnen seltener als bei der späten Historiette. Etwas früher noch als bei dieser [25], und durchgehend seit Beginn des 19. Jhs., erscheinen die Jugendlichen als eigene Zielgruppe im Gesichtsfeld.

Betrachten wir den Namen der Gattung, als Hinweis auf deren Charakteristika zumindest in ihrer Frühphase. Er entstand über Substantivierung des Adjektivs aus der Verbindung *histoire anecdote*. [26] Damit lag ein doppeltes Versprechen vor: einmal das der Historizität des Erzählstoffs, vor allem aber das des Neuen, Unveröffentlichten. Schon bald definierte man als Gegenstandsbereich der Anecdote die »geheimen und verborgenen Angelegenheiten der Fürsten«. [27] Ein Fingerzeig darauf, warum oft solche Fakten vorher nicht publiziert worden waren, liegt in den Epitheta, mit denen das Appellativ in Buchtiteln des 18. Jhs. häufig ergänzt wurde: galant, skandalös, pikant. Es ging offenbar vor allem um Enthüllung verborgener Schwächen der Mächtigen, von Kleinheiten der Großen dieser Welt. Zugleich wurde, über den ganzen uns interessierenden Zeitraum hin, immer wieder auf Wahrheit und Verbürgtheit des Berichteten insistiert (bei zeitgenössischen Geschehnissen mit Vorliebe unter Hinweis auf Augenzeugenschaft [28]), und das Adjektiv »historisch« gehört zu den beständigsten Begleitern des Gattungsnamens. [29] Ganz wie bei der frühen Historiette ist also der ikonoklastische, gegen die Herrschenden gerichtete Impetus der frühen Anecdote unverkennbar. Doch im Unterschied zur Nachbargattung fehlte, zumindest in gedruckt verbreiteten Texten, oft der unmittelbare Bezug zum Hier und Jetzt der Trägerschicht. Von der Sammlung des Antoine de Varillas an bis in die siebziger Jahre des 18. Jhs. bezogen sich jene Inedita auf Herrscher der Vergangenheit oder, vor allem im dritten Viertel des 18. Jhs., auf Fürstenhöfe anderer Länder. Auch danach schob sich die französische Gegenwart nie eindeutig in den Vordergrund. Über die Zeit eines noch regierenden Herrschers im eigenen Land erschienen erstmals Nougarets *Anecdotes Du Règne De Louis XVI* (1776). Bis dahin ging es beispielsweise um Könige und Päpste des Mittelalters, die Medici der Renaissance oder, besonders häufig, um Höfe des Orients. Diese langanhaltende

Vorliebe der Gattung für räumliche oder zeitliche Ferne war manchmal unverkennbar nur Tarnung, unter deren Schutz man französische Zustände seiner eigenen Zeit glossierte. Wie groß der Anteil dieser Anecdotes-Spielart war, ist allerdings momentan noch nicht zu übersehen. Immerhin deutet schon die hohe Zahl anonymer oder an außerfranzösischen Verlagsorten erschienener Publikationen auf deren mögliche politische Brisanz.

Beginnend in der zweiten Hälfte des 18. Jhs. läßt sich, in mehrfacher Hinsicht, eine allmähliche Verlagerung des Gattungsschwerpunkts feststellen. Zum einen weitete sich der Kreis Prominenter, über die informiert wurde, deutlich aus. Neben den Herrschern rücken ihre Minister (Turgot, Necker), ihre Mätressen (Pompadour, Du Barry) und Höflinge ins Zentrum des Blickfelds, daneben aber auch Namen und Typen, die dem Brennpunkt politischer Macht ferner standen: Literaten insbesondere (hier wohl am häufigsten Voltaire) und Theaterleute. Der anekdotentypische Blick ›hinter die Kulissen‹, bei der letztgenannten Gruppe fast wörtlich zu nehmen, brachte jedoch nicht mehr ausschließlich jene Pikanterien zutage, die man aus ihrem seit Jahrhunderten als locker geltenden Lebenswandel wie der Gattungstradition ableiten könnte [30]; und das gleiche gilt auch für andere Personentypen, etwa die im 19. Jh. hinzukommenden Wissenschaftler. Diese Akzentverschiebung korreliert mit der fortschreitenden Durchsetzung eines bestimmten Bautyps der Anecdote, die immer häufiger auf eine Pointe hin entworfen wurde. Dafür wiederum erwiesen sich als besonders geeignet denkwürdige Aussprüche, die Prominente oder Nichtprominente in bestimmten Situationen getan haben sollten. Konnte es sich ursprünglich um Äußerungen von auffallender Naivität handeln, waren es in der Folge mehr und mehr Bonmots, die unüberbietbare Schlagfertigkeit und Geistesgegenwart des Sprechers demonstrierten. [31]

Die Einzel-Anecdote entwickelte sich also immer stärker zum Geistreich-Witzigen hin. Doch bei dieser Kleingattung genügt noch weniger als bei anderen die Analyse von Einzelbeispielen, die gedruckt bis weit ins 18. Jh. hinein nur selten isoliert begegnen. So ist es kein Zufall, wenn das Substantiv schon im frühesten Beleg als Pluralform erschien [32] und wenn Einzelanekdoten erst nach Mitte des 18. Jhs. gelegentlich in Periodika oder Broschüren auftauchten. [33] Die Regel blieb auch darüber hinaus, daß Anecdotes für den Druck in größerer Zahl zusammengefaßt wurden. Einheitsbildender Faktor solcher Sammlungen war ursprünglich einzig die Thematik (das Haus der Medici, Ludwig XIV., der Orient, die Frauen, der hohe Klerus usw.), manchmal zusätzlich der Neuheitsgrad. [34]

Publikationen dieser Art könnten durchaus als Angebot an historisch Interessierte verstanden werden, die primär Hintergrundmaterialien zur Beurteilung einer bestimmten Persönlichkeit, einer sozialen Gruppe, einer Epoche, einer Region suchten. Mit der Schwerpunktverlagerung hin zur Blütenlese witziger Pointen über verschiedenste Personen jedoch ging jener mögliche Leseanreiz verloren. Da eine fortlaufende Lektüre von fünf- oder sechshundert Seiten aufgereihter Witzigkeiten nur schwer vorstellbar ist, drängt sich die Frage nach der Zweckbestimmung derartiger Anthologien auf. Ansätze für ihre Beantwortung geben La Portes Hinweis, sein Buch sei vor allem gedacht für »Leute, die wenig lesen«, und Montesquieus Sarkasmus, »recueils d'anecdotes« seien gemacht »à l'usage de ceux qui n'ont point d'esprit«. [35] Galt aber der Anecdo-

tes-Sammelband als Zapfstelle für Lesemuffel bei Esprit-Bedarf, ergibt sich
die weitere Frage, wann und wo jener Bedarf besonders akut wurde. Eine erste
Antwort darauf wiederum gibt La Combe de Prezels im 18. und frühen 19. Jh.
vielgedruckter *Dictionnaire d'Anecdotes, de traits singuliers, d'historiettes, bons
mots, naïvetés, saillies, reparties ingénieuses, &c.* Im Vorwort betonte dessen
Autor 1765, seine Kompilation sei als »Dictionnaire de la Conversation« gedacht, gehörten doch Dinge wie die von ihm zusammengestellten zu den üblichen Gegenständen gepflegter Unterhaltung und ihrer »douces joies«. [36]
Eine völlig gleiche Rezeptionsweise peilte 1808 die Anekdotenauswahl *Le
Conteur de Société, ou les Trésors de la Mémoire* an. Und noch 1872 betonte F.
Guérard in der Einleitung seines *Dictionnaire encyclopédique d'anecdotes*, die-
ser wolle mehr sein als ein »Buch nur zum Lesen«.

Es ist also schwerlich davon auszugehen, daß die Anecdote zwei essentiell
verschiedene Spielarten ausbildete – die vor größerem Zuhörerkreis vorgetragene hier, die für ungesellige Einzelleser gedruckte da. Offenbar gab es stattdessen ein dauerndes Hin und Her zwischen beiden Bereichen. Was gesammelt zum Druck kam, entstammte zum Gutteil der mündlich-geselligen Sphäre
und ging wieder in diese ein. Diese ständige Interferenz von Schreiben und Erzählen, Lesen und Zuhören macht zwei Hauptcharakteristika der Kompilationen verständlich: ihre Eingrenzung oder Gliederung nach Themenbereichen
selbst dort, wo diese nicht mehr als historische anzusprechen sind, und die
meist fehlende Verknüpfung aufeinanderfolgender Einzeltexte. Um in Gesellschaft zu gefallen, brauche eine Anecdote nicht unbedingt neu zu sein, betonte
1872 ein *Dictionnaire de la Conversation*, aber sie müsse auf jeden Fall »à propos« erzählt werden. [37] Passen soll sie zum jeweiligen Gesprächskreis, dessen bevorzugten Themen und den Anecdotes, welche in ihm vorher zum besten gegeben worden waren. Den Konversationsteilnehmer schnell und reichlich mit Passendem zu versorgen, war Hauptehrgeiz sowohl der Inhaltsver-
zeichnisse von Anecdotes-Sammlungen über Skandalöses und Kurioses, Literatur und Kunst, Enthaltsamkeit und Ehe, Spitzbuben, Ärzte usw., als auch
der Anekdoten-Lexika und ihrer Stichwortregister. [38]

Conte

Der Conte ist das älteste, durchgehend bestbelegte und – dementsprechend –
schillerndste unter den hier zu analysierenden Genres. [39] Anders als bei den
vorangegangenen insistiert schon sein Name nicht auf Thematischem, sondern
auf dem Erzählvorgang selbst. Eignung zu tatsächlichem oder simuliertem Er-
zähltwerden blieb auch vom 17. bis 19. Jh. eines der primären Merkmale für
Texte der Gattung. [40] Personal, Geschehen, Themenschwerpunkte können
dagegen kaum als brauchbare, alle Spielarten kennzeichnende Charakteristika
herangezogen werden. Bauern und Lastträger begegnen als Protagonisten
ebenso wie Angehörige der Mittelschichten und Herrscherhäuser oder
mythische Gestalten und Fabelwesen, Tugenden werden so häufig thematisiert
wie Laster, usw. Dafür bilden die gedruckten Belege Situationen mündlichen
Erzählens und deren Bedingungen meist um so getreuer nach, umreißen das

soziale Umfeld der Interaktionspartner, der Erzähler kommentiert seinen Bericht, schiebt Vergessenes nach, unterbrochen von gelegentlichen Reaktionen und Fragen der Zuhörer, nach Abschluß der Erzählung wird diese vom Hörerkreis diskutiert usw. Auffallend sind oft starke Stereotypisierungstendenzen – von Anfangs- und Schlußformeln bis hin zu den Charakteren –, die nicht zuletzt als mnemotechnische Verankerungen gedeutet werden können. Ähnlich auffällig sind Hinweise auf Gestik und Mimik des Erzählenden, die ebenso als ›Regieanweisung‹ benutzbar waren, sowie reichlicher Gebrauch direkter Rede der auftretenden Figuren, der eine ›Dramatisierung‹ der Erzählmaterie durch den Erzähler (z. B. mittels Änderung von Stimmhöhe oder Intonation bei Sprecherwechsel) begünstigte. [41] Analog dazu insistieren Äußerungen über den Conte, und zwar fast während des gesamten Untersuchungszeitraums, auf der Wichtigkeit solcher Aufführungs-Qualitäten: Der Meistererzähler braucht Geschicklichkeit und Anmut, Lebhaftigkeit und Leichtigkeit, seine Vortragsweise muß präzise und dem Ohr wohlgefällig erscheinen [42], er soll seine Contes »spielen«, fähig sein zur Reaktion auf Einwürfe der Zuhörer usw.

Im Hinblick auf die Personenkonstellationen, zwischen denen Erzählprozesse ablaufen, lassen sich zwei Typen klar unterscheiden. Da ist einmal – über den gesamten Zeitraum hin – der bejahrte Erzähler, meist weiblichen Geschlechts: Großmutter oder Amme [43], seltener die Mutter oder Gouvernante. Die Zuhörerrolle nimmt ein Kind, häufiger eine Gruppe von Kindern oder Heranwachsenden ein: Geschwister, Schüler, Dorfgemeinschaft. Auch die genannten Typen von Erzählerinnen bestätigen, daß innerhalb der Sozialhierarchie jene Jugendlichen nicht einer einzigen Schicht zuzuordnen sind. Die Spannbreite reicht hier von den »geringsten Familien« [44] bis zu denen, die Betreuungs- und Erziehungsaufgaben an Familienfremde übertrugen. Im 17. und 18. Jh. wurden mehrfach Mädchen als Adressaten besonders hervorgehoben [45] – ein Zug, der zweifellos im Zusammenhang mit der Eigenart damaliger geschlechtsspezifischer Erziehung zu sehen ist. Denn die meisten für jugendliche Ohren bestimmten Contes wollten erzieherisch wirken. Das demonstrieren nicht allein Perraults abschließende »moralitez« oder Sammlungen von *Contes moraux* bis weit ins 19. Jh. hinein. [46] Dem Conte kam hier primär die Rolle zu, langjährige Erfahrung der Erwachsenen, Weisheit des Alters und früherer Generationen weiterzugeben an die noch Lebensunkundigen. Weniger häufig trat demgegenüber das Bestreben in den Vordergrund, über die Evokation phantastischer Wunderwelten Grenzen zwischen Wachen und Traum zu verwischen und den kindlichen Geist unvermerkt in den Schlaf hinübergleiten zu lassen. [47]

Diese Welt des Wunderbaren und Phantastischen, der Feen und Gespenster, die mehrere reichbelegte Spielarten des Conte klar von den Nachbargattungen Historiette und Anecdote abhebt, war jedoch keineswegs nur Traumstimulans für naiv-gläubige Kindergemüter. Sie lebte ebenso in Erzählgesellschaften, der Jugendliche und Erwachsene zugleich oder ausschließlich Erwachsene angehörten. Wer konstituierte die Zuhörerschaft, die sich durch solch wirklichkeitsfern-unwahrscheinliche Erzählstoffe fesseln ließ? Vom 17. bis zum Beginn des 19. Jhs. trifft man wieder und wieder auf Angehörige von Fürstenhöfen, aristokratische Zirkel bzw. die Gruppe der »honnêtes gens« mit weiblicher Dominante. [48] Es ist jene Adelsgesellschaft, die ihren narrativen Repräsentanten seit dem Mittelalter die Aufgabe zugewiesen hatte, ins Übermenschliche gesteigerte Gefahren und Bedrohungen heroisch zu überwinden (angefangen vom höfischen und Ritter-Roman über das Epos von Renaissance und Vorklassik bis zum heroisch-galanten Roman), um so den sozialen Führungsanspruch des Standes zu dokumentieren. Die tatsächliche Lebenssituation ebendieses Standes war, wie oben erwähnt, in der uns interessierenden Periode immer voraussehbarer, alltäglicher, trister geworden. Gerade das mag einen Gutteil seiner Mitglieder bewogen haben, sich auf altvertraute Erzählmuster zurückzuziehen und sie auf eine phantastische Traumwelt hin weiterzuweben. Damit aber käme dem aristokratischen Conte des Zeitraums eine Komplementärfunktion zu derjenigen der Historiette und Anecdote zu.

Allerdings waren auch Erzählrunden mit erwachsener Zuhörerschaft keineswegs auf die aristokratische Sphäre beschränkt. Sie fanden sich ebenso in der Hausgemeinschaft der »wohlhabenden Bürger« von Paris oder in der dörflichen Umwelt der Weinlese und Spinnstube. [49] Entspricht dem Weinlesefest der heitere Conte, ist den langen Winterabenden in der halbdunklen Spinnstube beim flackernden Kaminfeuer die Gespenstergeschichte zuzuordnen. Damit rückt einmal mehr die Korrelation zwischen Erzähltext und Erzählsituation ins Blickfeld. Eine Reihe für den Conte typischer Situationen und Szenerien ist uns schon von den beiden anderen Kurzgattungen bekannt: vor allem bei Tisch und beim Nachtisch, aber auch nach dem Dîner oder vor dem Souper, besonders an Festtagen oder im Beisein von Gästen [50]; im mondänen Salon, bei der Landpartie [51] und, weit häufiger als für die Anecdote, im Kreis der Großfamilie oder der Nachbarn, an den langen Abenden auf dem Lande bei der Veillée; gelegentlich in der Herberge [52]; im Unterschied zur Anecdote jedoch nicht an den Haupttreffpunkten schichtübergreifender großstädtischer Öffentlichkeit wie Theaterfoyer, Café, Boulevard. Offenbar benötigte der Conte eine Erzählatmosphäre, für deren Entstehen das kurze Beisammensein und die schnellwechselnden Personenkonstellationen solcher Treffpunkte hinderlich waren. Das wird schon von daher einsichtig, daß der einzelne Conte durchschnittlich eine etwas längere Erzählzeit benötigte als die im 19. Jh. überwiegende Spielart der pointierten Kurz-Anecdote. Es wird vollends verständlich durch die Bedingungen, unter denen jener Einzel-Conte in übergreifende Zusammenhänge eingebunden wurde. Während beim Kinder-Conte die Erzählerrolle bei derselben Person blieb, pflegte sie im Erwachsenenzirkel häufig zu wechseln. Nicht selten geschah dies nach Spielregeln der alten Tradition des Reihumerzählens (mit gelegentlichem Wettbewerbscharakter) [53], bei dem wiederum oft ein bestimmtes Thema umkreist wurde. [54]

Dieses erzählerische Gesellschaftsspiel, bei dem jeder Beteiligte nacheinander eine Erzähler- und Zuhörerrolle auszufüllen hatte, erforderte natürlich längere Zeitspannen und ließ Fluktuation im Teilnehmerkreis praktisch nicht aufkommen. Aus solchen Aufführungsbedingungen ergab sich noch eine weitere Konsequenz. Was schon bei Forderungen an die Einzel-Anecdote angeklungen war, wurde vom Einzel-Conte des 17. und 18. Jhs. noch nachdrücklicher verlangt: er müsse vor allem zu den vorangegangenen und zu der Situation passen. [55] Die Notwendigkeit, für erwartbare Erzählthemen Passendes verfügbar zu haben, der oft zusätzliche Zwang, sich der Erzählerpflicht nicht entziehen zu können, schuf ein besonders starkes Bedürfnis nach greifbaren

Erzählstoffen. [56] Und ganz wie bei Historiette und Anecdote zeigt sich, daß bereits vorliegende Druckfassungen von Einzel-Contes [57], vor allem aber Lexika oder Sammlungen in Buchform oft alles andere als Lesestoff für Endverbraucher waren. Nicht selten hatten sie die zentrale Funktion, jenes Bedürfnis nach erzählbarem Konversationswissen zu befriedigen. [58] Für die Zweckbestimmung als eine Art narrativer Selbstbedienungsladen spricht auch dort, wo dies nicht ausdrücklich gesagt wurde, die fehlende kompositorische Verknüpfung zwischen den Einzel-Contes der meisten Sammelbände. [59] (Darin unterscheiden sie sich unübersehbar von kunstvoll gegliederten Renaissance-Novellarien wie *Decameron* oder *Heptaméron*.) An Gedrucktem konnte sich der gesellschaftlich Geforderte um so unbesorgter orientieren, als man vom Conte (auch dem nicht für Kinder bestimmten) weniger als von seinen Nachbargattungen materiale Neuheit erwartete. [60] Für die Bewertung wichtiger waren die schon genannten Qualitäten der Darbietung. Sie fanden zweifellos Beachtung auch dort, wo an Stelle des Erzählers gelegentlich ein Vorleser trat [61] oder wo die beliebten Vers-Contes vorlagegetreu rezitiert wurden. [62] Bei freiem Vortrag von Prosa-Contes schätzte man offenbar das zusätzliche Geschick des Vermittlers, Variationen in ein möglicherweise bekanntes Thema einzubringen. [63]

Viele Sammlungen und gedruckte Einzel-Contes des Untersuchungszeitraums müssen somit als ein Aggregatzustand unter anderen, als Momentaufnahmen innerhalb eines komplexen dynamischen Prozesses gesehen werden. Sie waren allerdings nicht jene bloße Versteinerung voraufgegangener mündlicher Tradition, archäologenhaft »triste Nachschrift« einer längst unwiderruflich ihrem originären Lebensraum entrissenen sozialen Praxis bzw. »mumienhafte Aufbewahrung« [64], als die sie volkskundliche Märchenforschung so leichthin abzuqualifizieren pflegt. Sie wurden vielmehr wieder und wieder Ausgangspunkt einer »mündlichen Reproduktion in Gesellschaft«, galten als »materialer Durchgang zum Wiedererzählen.« [65]

Complainte

Die Gattung läßt sich auf mittelalterliche Ursprünge zurückführen. Hier mag die Kurzdarstellung einer Spätphase genügen, die etwa von der französischen Revolution bis zum Beginn des 20. Jhs. reicht. [66] In diesem Zeitraum wurden die Texte, im Umfang von bis zu siebzig metrisch anspruchslosen Kurzstrophen, nach meist einfachen und bekannten Melodien, unter freiem Himmel von Wandersängern vor einem bunt zusammengewürfelten Hörerkreis dargeboten. Zugleich wurden sie als Einblattdrucke verkauft, die beispielsweise Hörern als Erinnerungsstütze dienen konnten und das spätere Absingen im oder vor dem Familien- und Freundeskreis erleichterten.

Die Untersuchungsperiode ist durch zwei nebeneinander existierende Spielarten gekennzeichnet. Die eine war für überwiegend ländliches Publikum auf Wallfahrt oder Jahrmarkt bestimmt und hatte als Hauptmerkmale nachdrückliche Wahrheitsbeteuerung, einen reuigen Icherzähler und das Doppel-Zentralthema Verwandtenmord/Gotteslästerung. Die Täter waren meist lasterhafte Kinder ehrbarer Eltern, die Tat wurde eher knapp geschildert, um so ausführlicher dafür die Bußfertigkeit des Verbrechers vor der Aburteilung und seine schließliche Aufforderung zu christlich-tugendhaftem Leben.

Im anderen Complaintetypus ging es zwar gleichfalls um gewaltsames Zu-Tode-Kommen. Doch dort geriet das System von Schuld und Unschuld durcheinander, aus einer nicht in den Tathergang verwickelten Sprecherrolle heraus wurden die schauderhaften Aspekte genüßlich ausgemalt, und durch eine Vielzahl von Tricks bis hin zur Pseudo-Moral und Metaphernwahl (aus der Fleischer-, Küchen- und Jagdsphäre) wurde das Verbrechen seines pathetischen Charakters entkleidet. Sozialhierarchisch waren Adressaten und Rezipienten des travestierenden Typus offenbar breit gestreut, von ›bürgerlich‹ Gebildeten bis zu Industriearbeitern und niederen Dienstleistungsberufen. Sozialgeographisch visierte er, neben ländlich-provinziellen, auch und gerade großstädtische bzw. Pariser Publikumsgruppen an.

Die Strophenzahl der Einzel-Complainte war offenbar nicht festgelegt, manche Couplets konnten beim Vortrag unschwer weglassen, neue angefügt werden. Die besonderen theatralischen Möglichkeiten, die der oft von Bildtafeln unterstützte Vortrag solcher Schauergeschichten bot, sind offensichtlich. Die enge Beschränkung der Vortragszeit entsprach hier der Eigenart des äußerst labilen Zuhörerkreises: Passanten an einer Straßenkreuzung oder feiernde Landleute, die noch von einer Vielzahl anderer Attraktionen angelockt wurden.

Einige Folgerungen

Historiette und Anecdote können als epochenbegrenzte Erzählformen und zugleich als Paradebeispiele für Gattungsbildungsprozesse gelten, die durch einen Umbruch im politisch-sozialen Bereich ausgelöst wurden. [67] Die beiden Genres sind Musterbeispiele auch für Funktionswandel und Verlagerung der Trägerschichten, Umbesetzung von Rollen, Schauplätzen usw. [68] Alle vier Typen zeigen, daß es zu einfach wäre, die große Beliebtheit narrativer Kurzformen primär an die Herausbildung eines »überbeschäftigt«-erwerbsorientierten bürgerlichen *Leser*typus [69] in West- und Mitteleuropa binden zu wollen. Die analysierten Gattungen hatten ihren sozialen Ort oberhalb wie unterhalb jener Schicht, in z. T. historisch gut eingrenzbaren Gruppen – in der »müßigen«, durch den Absolutismus »brachgelegten« Aristokratie wie in der arbeitenden infrabürgerlichen Stadt- und Landbevölkerung.

Knappheit des Umfangs und weitere Merkmale solcher Genres müssen in anderen Perspektiven als derjenigen reiner Leseliteratur gesehen werden. Im deutlichen Unterschied zu den episch-narrativen Großformen wie Versepos und Roman blieben schriftlich fixierte Texte von Kleingattungen bis in die jüngste Vergangenheit in unmittelbarer Nähe zum Bereich mündlichen Erzählens, oft kamen sie aus ihm und gingen wieder in ihn ein.

Vortrag und Hören solchen Erzählmaterials wurde durch die Ausbreitung des Buchdrucks und »wachsende Lesekultur« seit der Renaissance in Europa keineswegs automatisch zugunsten »introvertierten« Lesens zurückgedrängt, wie der heutige Erzähltheoretiker allzu schnell anzunehmen geneigt ist. [70] Es scheint vielmehr einer Überprüfung wert, ob nicht Diffusion und Lektüre gedruckter Texte über lange Zeiträume hin das gesellige Erzählen in bestimmten Gruppen sogar förderte, belebte und bereicherte. Dichotomische Gleichungen wie schriftlich = literarisch vs. mündlich = pragmatisch taugen für die von mir untersuchten Textarten ebensowenig wie für die im Beitrag Wolfart vorgestellten. Mein Werkstattbericht verdeutlicht die Wichtigkeit einer Einsicht, die literaturwissenschaftliche Pragmatik in unser Blickfeld rückt: daß jeder Text auf eine bestimmte Verwendungssituation hin, jeder Texttypus (Gattung) auf bestimmte Situationstypen hin entworfen ist, und daß die dominanten Situationstypen hier solche mündlicher Kommunikation mit einer Gruppe waren. Einige jener Typen, deren Beschreibung V. Klotz zum Schluß seines Beitrags als Desiderat anmeldet, wollte ich wenigstens zu skizzieren versuchen.

Selbst in unseren Tagen ist mündliche wie semi-orale Erzählliteratur nicht völlig verbannt in Reservate außerhalb der »hochindustrialisierten Gesellschaften« oder in deren »Randgruppen«, und wir müssen sie nicht ausschließlich bei Cree-Indianern oder der »schwarzen Unterschicht der nordamerikanischen Großstädte« [71] suchen. Moderne Narrativik sollte bei kürzeren erzählenden Druckerzeugnissen der Gegenwart, insbesondere bei serienhafter Anordnung, nicht von vornherein auf die Frage verzichten, ob und wieweit solches Lesematerial mündliche Aktualisierung nahelegt und auszulösen vermag – seien es die Anekdotensammlung, das Märchenbuch oder gewisse Rubriken in Readers Digest, die Faits-divers-Spalte oder Kennen-Sie-den-schon-Witze der Tageszeitung. Ist doch jeder Literarhistoriker in seiner Vorlesung, die argumentierend letztlich nichts anderes als Geschichte(n) konstituiert – ähnlich wie die eingangs evozierten Politiker, wie Festredner, Prediger, Reporter, Mütter, Vorratssucher für den Arbeitsplatz-Tratsch usw. –, nur eines von vielen Beispielen dafür, daß Erzähler und Zuhörer nicht nur als Fossilien aus längstvergangenen Zeiten Interesse verdienen. Und was sie austauschen, sollte zumindest Erzähl-Forschung nicht weniger beschäftigen als jene Leseübungen für asketische Hochleistungsrezipienten, wie sie die Robbe-Grillets und Blanchots austüfteln.

Anmerkungen

1 Rheinische Post vom 9. 5. 1980 über den nordrhein-westfälischen Ministerpräsidenten Rau.
2 Siehe als zwei Beispiele von vielen: H.-R. Jauß, Racines und Goethes Iphigenie, Neue Hefte für Philosophie 4, 1973, S. 44; W. Wehle, Novellenerzählen. Französische (mit italienischer) Renaissancenovellistik als Diskurs (München 1981, hier zit. nach Ms.). Wie stark dagegen die Renaissancenovellen von echter oder simulierter Mündlichkeit geprägt waren, demonstriert Wehle bes. in Kap. IV sehr eindrucksvoll. Zur Mythisierung des einsamen, von Umwelt und gesellschaftlichen Ansprüchen sich isolierenden Lesers schon im Deutschland des 18. Jhs. siehe Th. Koebner, Lektüre in freier Landschaft, in: Leser und Lesen im 18. Jahrhundert, Heidelberg 1977, bes. S. 42, 45, 49, 55.
3 Zur Rechtfertigung dieses primär dokumentationsstrategisch bedingten Vorgehens – das ein Bewußtsein des Aufeinanderangewiesenseins ›semasiologischer‹ und ›onomasiologischer‹ Fragestellungen nicht ausschließt – siehe Nies, Die ausgeklammerte Hauptsache, GRM N. F. 24, 1974, bes. S. 278 f.

4 Mein Beitrag formuliert Zwischenergebnisse eines Langzeit-Forschungsprojekts zur Geschichte des französischen Literatursystems (eine Kurzpräsentation siehe Romanist. Zs. für Literaturgeschichte 1, 1977, S. 144).

5 Siehe Nies, Das Ärgernis Historiette, Zs. für Roman. Philol. 89, 1973, bes. S. 426. Belegmaterial zu dieser Gattung, das im Folgenden nicht eigens nachgewiesen ist, kann über den vorstehenden Aufsatz erschlossen werden.

6 *Récit court/succinct, bref récit* usf. Schon A. de Varillas, der als erster das Substantiv in einem Buchtitel verwendete, betonte im Vorwort seiner »Anecdotes de Florence« (1685), der Anecdotes-Autor habe »pas le quart de l'étendue que les Historiens les plus scrupuleux se proposent« zur Verfügung.

7 Von Du Coudray, Mes trente-six Contes [...], Avec un Essai sur ce genre (1772), S. VII über Caillot, Dictionnaire portatif de la littérature françoise (1810) s.v. bis zu Larousse, Grand Dictionnaire Universel du XIXe siècle (1869) s.v. – Aus Raumgründen beschränke ich mich hier wie im Folgenden auf die Nennung weniger Eck-Belege.

8 Der eine »gute Stunde« dauernde Vortrag eines Conte näherte sich für Madame de Sévigné offenbar stark jenem Maximum, betonte sie doch ihrer Tochter gegenüber, sie wolle ihr bei der Wiedergabe einen Teil ersparen (Brief vom 6. 8. 1677).

9 Der früheste Beleg überhaupt, »voilà ce que c'est que de conter de petites historiettes mal à propos«, in einem Sévignébrief von 1650, bezieht sich auf die in einem Brief Ménages enthaltene Historiette. Zu beachten ist hierbei, daß Auszüge solcher Briefe im Sévigné-Kreis oft vor einem Auditorium von Vertrauten vorgelesen wurden. Ebenfalls vorgelesen wird »après dîner« eine neue Historiette »d'un ton de voix charmant« vor dem Zuhörerkreis der Komödianten bei Scarron, Romant comique (1657), Teil 2, Kap. 18.

10 Die Indizien reichen von La Bruyère, wo es über Arrias »à table« heißt, »il récite des historiettes« (Caractères, 1694, ›De la Société et de la conversation 9‹), bis zum mehrfachen »conter des historiettes« in M. Jacobs Le terrain Bouchaballe (1922).

11 Vgl. außer den vorstehenden Belegen: Jouy, L'Hermite en province (1822), Bd. II, S. 149; Jouy, L'Hermite de la Chaussée d'Antin (1829), Bd. III, S. 20.

12 Siehe Sévigné 1677; La Bruyère a.a.O. und ›Du mérite personnel 39‹ (1692); Diderot, Ceci n'est pas un conte (1773) [in: Œuvres Hg. Assézat, Bd. V, S. 311 f.]; J. Delille, La conversation I (1812); Musset, Emmeline (1837) [in: OEuvres Hg. Biré, Bd. V, S. 18].

13 Siehe Scarron, Romant; Voltaire, Dictionnaire philosophique (1764) [zitiert bei Littré, Dictionnaire de la langue française, s.v.]; Jouy, L'Hermite en province Bd. II, S. 149.

14 Siehe etwa Nodier, La fée aux miettes [Zeit des Geschehens ca. 1805; in Contes, Garnier 1961, S. 169 f.]; Alida de Savignac, La Mère Valentin, ou Contes et historiettes de la bonne femme (1839) [weitere Auflagen: 1846, 1852, 1857, unter dem Titel Causeries de la bonne femme 1865], Introduction; Le vieux Tobie et ses Historiettes, Le Magasin Pittoresque 35 (1867).

15 Vgl. erstmals »Rocantin, ein alter Mann, der ein Vergnügen daran hat, alte Histörchen zu erzehlen« (Nouveau Dictionnaire Allemand-François, 1762) und das Bouhours-Zitat bei Littré s.v.; dann Nodier und Savignac, Magasin Pittoresque und Musset jeweils a.a.O.; Blanchard, A mes enfants, ou les Fruits du bon exemple, historiettes morales, instructives et amusantes, racontées à la promenade (1844); Les historiettes de M. le Curé (Bibl. des petits enfants), (1849) [weitere Ausgaben: 1852, 1853, 1854].

16 Siehe außer den vorgenannten Belegen: A. Berquin, Le livre de famille, ou journal des enfants contenant des historiettes morales et instructives (1803) [weitere Ausgaben: 1821, 1825]; Marie Forgues, Les Récits du Foyer, historiettes morales et amusantes dédiées à la jeunesse (1866).

17 Belege zum Folgenden siehe Nies 1973.

18 Meine Interpretation dieses Appellativs und der folgenden impliziert, daß das Auftauchen (wie die Weiterverwendung oder das Verschwinden) neuer Gattungsnamen nicht von Beliebigkeit bestimmt ist, sondern ein Bedürfnis nach Benennung als neu empfundener Phänomene spiegelt.

19 Siehe etwa Gastineau, Discours sur le goût trop vif qui règne dans la littérature pour

les choses de pur amusement, Mercure de France juillet 1752, S. 65; Bachelet/Dezobry, Dictionnaire général des lettres (1862), s. v.

20 Von Voltaires »faiseurs de conversations et d'anecdotes« (1738) [in: Œuvres historiques Hg. Pomeau, S. 606] bis hin zu A. Maurois, Bernard Quesnay (1926), S. 124.

21 Fleuriot, Soirées villageoises, ou anecdotes et aventures (Amsterdam/Mons 1790); Desforges, Les mille et un souvenirs, ou les veillées conjugales. Recueil d'anecdotes véritables (Hambourg 1799); Le Conteur de Société, ou les Trésors de la mémoire. Choix d'anecdotes nouvelles […] les plus propres à entrer dans la conversation (1808), S. III f.; Madame de Bawr in Le Magasin pittoresque 21, 1853, 119; Boisseau, Soirées amusantes, nouveau recueil d'histoires et historiettes, anecdotes […] (1865); Maurois, Bernard Quesnay.

22 Guérard, Dictionnaire encyclopédique d'anecdotes (1872), Bd. I, S. VIII.

23 Als Eckdaten vgl. die Anecdotes de la Cour der Anne de Bellinzani [Revue d'Hist. littéraire de la France 32, 1925, bes. S. 506 f.] und Le Magasin pittoresque 1853 a.a.O. sowie ebd. 1857, S. 13.

24 Gastumeau 1752; Mantelle, Anecdotes orientales, ouvrage dédié aux dames (Berlin 1752); La Porte, Anecdotes dramatiques (1775), Avertissement; Le Conteur de Société 1808, S. I.

25 Erstmals bei La Porte 1775; dann wieder 1801, 1802 usf.

26 Erstmals bei Guez de Balzac, vor 1654.

27 Furetière, Dictionnaire universel (1690) s. v.; ähnlich der Dictionnaire de l'Académie françoise (1694) s. v.

28 Von A. de Bellinzani (»c'est par des personnes qui ont été mêlées dans les intrigues que je les ai apprises«) bis Le Magasin pittoresque 1854, S. 34; ebd. 1856, S. 44, 118; ebd. 1860, S. 283 ff.; ebd. 1861, S. 71.

29 Von den Anecdotes historiques, galantes et littéraires du tems présent (La Haye 1737) bis zu einem Dictionnaire de la Conversation (1872) s. v.

30 La Porte 1775; vgl. zum Folgenden Niceron, Bibliothèque Amusante Et Instructive, Contenant Des Anecdotes Intéressantes (1753), Table, usf.

31 La Porte 1775 versprach auf dem Titelblatt eine Sammlung u. a. all dessen, was man »de Plaisanteries, de Naïvetés & de Bons-mots, auxquels ont donné lieu les Représentations de la plupart des Pièces de Théâtre« habe entdecken können. Der Larousse du XXe siècle (1928) s. v. anecdote markierte den Abschluß dieser Evolution mit der Feststellung, inzwischen evoziere das Wort einzig einen »récit court, le plus souvent gai, épigrammatique«, ein »mot remarquable« oder eine »repartie vive«.

32 Bei Varillas 1685. Auch Furetière 1690 und der Dictionnaire de l'Académie 1694 registrierten nur den Plural.

33 Etwa Prévost, Almoran et Hamet, anecdote orientale (1763); Mercure de France, oct. 1761, Bd. I, S. 18 ff.; ebd. nov. 1774, S. 14 ff.; Imbert/Métra, Correspondance secrète, févr. 1778.

34 Vgl. etwa die Anecdotes historiques 1737, den Conteur de Société 1808.

35 Vor 1755 [zit. nach Bescherelle, Dictionnaire national (1850) s. v. anecdote]; La Porte, Avertissement.

36 Avertissement. Die Druckerlaubnis stammt von 1765, die Erstauflage von 1766 [weitere z. T. leicht differierende Auflagen u. a.: 1768, 1781, 1787, 1817].

37 Bd. 1 s. v. anecdote.

38 Auf dem Nutzen seines »Index alphabétique« insistiert in diesem Zusammenhang Guérard S. IX.

39 Systemhierarchisch ist es vermutlich – als Sammelkategorie relativ hohen Abstraktionsgrads, die eine ganze Anzahl Unterarten umfaßt – höher anzusetzen als die drei anderen, ähnlich wie die in der Diskussion erwähnten mittelalterlichen Genera Lais (Stempel) und Spruch (Lämmert).

40 Die Indizien reichen bis hin zu geläufigen Ausdrücken wie *réciter/dire/redire un conte* bzw. *des contes* im 17. und 18. Jh. (zu beidem Beispiele in Littré s. v.), *entendre des contes* im 19. Jh.

41 Zum »conte dramatique« bzw. »dialogué« vgl. auch R. J. Lüthje, Die frz. Verserzählung nach La Fontaine (Hamburg 1979), S. 86. – W. D. Stempels Frage in der Diskussion meines Beitrags, ob nicht bei Erzähl-Texten vergangener Epochen durch die Redaktion »die Mündlichkeit über Bord gegangen« sei, stellt sich prinzipiell natürlich

ebenso für die mithilfe heutiger Interviewtechnik erstellten Aufzeichnungen mündlichen Erzählens. Die Diskussion der Beiträge Rath, Schütze, Stempel verdeutlichte, daß dort die Eingriffe von Interviewer und Transkribent durchaus mit denen des Conte-Autors vergleichbar sind. Selbstverständlich kann beim para-oralen Contetext nicht von Spontaneität im Sinne eines völligen Verzichts auf ›Wohlgeformtheit‹ die Rede sein. Doch wie weit so verstandene Spontaneität vorliegt in den von linguistischen und soziologischen Analysen bevorzugten ›pragmatischen‹ bzw. ›Alltagserzählungen‹, wäre wohl noch näherer Prüfung wert.

42 Siehe z. B. Furetière 1690 s. v.; Monget, Les Hochets moraux, ou Contes pour la première enfance (1781/84), S. XVIII; Le Cabinet des Fées (1785) [Reprint Genève 1978], Bd. XX, S. 164. – Zum Folgenden: Dictionnaire d'Anecdotes (1766 u. ö.) s. v. conteur; Le Conteur de Société (1808), Causerie préliminaire S. I.

43 Siehe etwa Marie-Jeanne Lhéritier, Les enchantements de l'Eloquence (1695) oder Le Cabinet des Fées Bd. XXV, S. 382; vgl. auch Larousse du XIXe siècle s. v. conte oder P. Musset, Conte d'une grand' mère (1873). – Zum Vorangehenden vgl. schon »old wiues tales« bei Cotgrave, A Dictionarie of the french and english tongues (1611) s. v. conte.

44 Perrault, Histoires et Contes du temps passé, avec des moralitez (1697), Widmungsbrief.

45 Von Lhéritier 1695 bis Nivelle de la Chaussée, Contes [in: OEuvres 1777, Reprint Genève 1970, S. 420] und L.-S. Mercier, Tableau de Paris (1783), Bd. IV, S. 155. – Vgl. etwa auch Voltaire, Romans et Contes, Garnier 1949, S. 592.

46 Etwa La Fite, Entretiens, drames et contes moraux destinés à la jeunesse (1778); Anecdotes et contes moraux pour l'instruction de la jeunesse (1807); Mlle Vanhove, L'Ile des fées, ou la Bonne perruche, contes moraux à l'usage de la jeunesse (1882).

47 Die schlafspendende Kraft des Conte evoziert, ins Abschätzige gewendet, der Ausdruck *contes à dormir debout* (belegt seit Molière, George Dandin, 1668, Akt 1, Szene 6; später öfters in Titeln). In Caylus' Nouveaux contes orientaux z. B. sucht ein Schah »contes capables de faire dormir« (Cabinet des fées, 1786, Bd. XXV, S. 3).

48 Sorel, La Maison des Jeux (^{2}1657), S. 6ff., 15, 34; Sévigné 1677; Lhéritier 1695; Mme d'Aulnoy, Les illustres fées, contes galans. Dédié aux dames (1698); Crébillon, Le sopha couleur de rose, conte moral (1742); Crébillon, Ah, quel conte! (1754); Marmontel, Les souvenirs du coin de feu [in: Nouveaux contes moraux (1765); Reprint: OEuvres, Genève 1968, S. 69ff.]; J.-J. Rousseau, La reine fantasque, conte (1772) [in: OEuvres, Gallimard 1964, S. 1909]; Voltaire, Romans et Contes, S. 666; Nivelle de la Chaussée a.a.O.; F. Guizot, Nouveau dictionnaire universel (1809), s. v. conte. – Die von Beaumarchais (Barbier de Séville, 1775, Akt II, Szene 9) als Conte-Publikum bezeichneten »oisifs d'une grande ville« gehören sozialhistorisch in dieselbe Gruppe. Zum Vers-Conte vgl. Lüthje S. 107–109.

49 Siehe z. B. Mercier, Tableau Bd. IV, S. 154f.; Rousseau, La Nouvelle Héloïse (1761) [Ausg. Garnier 1960, S. 593]; von »contes de la quenouille« in Cotgrave 1611 s. v. bis »Un conte d'hiver« im Magasin pittoresque (1850), S. 25. – Zum Folgenden vgl. ebd.

50 Angefangen bei »common table talk« (Cotgrave s. v. conte) über Marmontel 1765, S. 69, 103 und Mercier 1783 Bd. III, S. 168 bis zu Cabinet des Fées (1785), Bd. II, S. 50 und Bd. III, S. 106. Vgl. auch Lüthje S. 108.

51 Von Sorel, Le berger extravagant (1627) [Reprint Genève 1972, S. 525–28] über Mme de Murat, Voyage de Campagne (1699) und Cabinet des Fées (1785), Bd. II, S. 376 bis Mercure de France mars 1791, S. 7; vgl. auch Lüthje S. 107, zum Salon als Lebensraum des »délicieux conteur« um 1839 den im Beitrag von K. Maurer zitierten Balzac-Beleg. – Zum Folgenden: Von Bouchets Serées über Perrault und Calvel, Encyclopédie littéraire (1772) s. v. escraignes oder Marmontel bis hin zu Nodiers Histoire d'Hélène Gillet (1832) [Contes, Garnier 1961, S. 332] und seinen postumen Contes de la Veillée (1853).

52 Mercier, Tableau Bd. VIII, S. 105.

53 Siehe etwa Lhéritier 1695 [nach Perrault, Contes (Garnier 1967) Introduction S. XIV]; Crébillon, Ah, quel conte! (1754) [Coll. complète des OEuvres (Londres 1777), Bd. V, S. 1ff.]; Rousseau, Héloïse; Mérard de Saint-Just (1777) [zitiert bei Lüthje S. 108];

Marmontel, Les souvenirs du coin de feu; Aulnoy im Cabinet des fées (1785), Bd. II–
III.

54 Vgl. schon »le Grand Guenin, demanda si l'on entēdoit que chacun dist vn conte sur
vn mesme subiet, comme d'amour, de ruze, de friponnerie, ou autre semblable« (Des
Accords, Les Escraignes Dijonnoises, 1608, S. 4 [¹1588]). Ähnlich wurde ein »abend-
füllendes Thema als Kristallisationspunkt« geselliger Unterhaltung bestimmend für
zahlreiche Sammelbände von Renaissance-Kurzerzählungen, so Bouchets Serées
(1584–98), die Neuf Matinées (1585), Cholières Après-dinées (1587) [zu alledem
Wehle S. 125].

55 Von »un conte assez plaisant, Qui vient à mon propos« (M. Régnier, Satire IX, zit.
bei Littré s. v. conte) und »Vn conte attire l'autre« (Cotgrave 1611 s. v.) über »l'à-propos amenait des contes« (Marmontel, Souvenirs S. 69) bis zu »c'est principalement
l'à-propos qui fait valoir le conte. S'il n'est pas heureusement placé, le conte & le conteur y perdent également« (Dictionnaire d'anecdotes 1766 u. ö., s. v. contes). – Für solches als »literarische Form« zu wertendes mündliches Erzählen galt also zweifellos
nicht als Distinguens gegenüber der ›pragmatischen‹ Erzählung, daß »die Rückbindung an eine konkrete Sprechsituation aufgehoben und die absolute Freiheit des Was
und des Wie des Erzählens gewonnen« war (so Beitrag Janik).

56 Vgl. »Ordre exprès à tout courtisan d'avoir incessamment le sourire sur les lèvres, &
quelques bons contes dans la mémoire« (Mercier, Tableau Bd. IV, S. 169).

57 Vermutlich hatte der häufige Abdruck von Contes in einschlägigen Periodika seit der
Mitte des 18. Jhs. nicht zuletzt diese Funktion. Nennen wir als Beispiele nur den
mondänen Mercure de France (vgl. dazu auch Lüthje S. 155), später das Journal des
Dames, im 19. Jh. die Revue de Paris oder das Magasin pittoresque.

58 Vorher schon schriftlich fixierte Contes werden erzählt bei Lhéritier 1695 [nach Perrault S. XIV]. Wie erwähnt, verstand sich z. B. der vielgedruckte Dictionnaire d'anecdotes (1766 u. ö.) mit seinem reichen Conte-Angebot als »Dictionnaire de la Conversation«, und Le Conteur de Société, ou les Trésors de la mémoire (1808) offerierte
seine Kurzerzählungen als »les plus propres à entrer dans la conversation«. In einem
Conte von Caylus begründet eine zum Erzählen genötigte Figur ihre Unfähigkeit
dazu u. a. mit dem Hinweis, sie könne nicht lesen (Cabinet des fées Bd. XXV, S. 2). In
einem anderen liest ein Junge »Cadichon & Jeannette« immer wieder, weil er den
Conte erzählen können möchte (ebd. S. 382).

59 Erst der zur fortlaufenden Lektüre der Gesamtbände verdammte Historiker wird sich
versucht fühlen, dieses funktionale Charakteristikum als Makel zu geißeln und von
»eintönigen Kompilationen« zu sprechen, die »lieblos aneinandergereiht und zuweilen sogar nach Themen gebündelt« seien (so Lüthje S. 53).

60 Dies signalisiert schon die geläufige Wendung »redire des contes« (erstmals Molière
1671). – Vgl. dazu »Il faut bien que vous me permettiez de vous redire de temps en
temps mes petits contes; sans cela, je les oublierais« (Dict. d'anecdotes 1766, s. v. conteur). So konnten jene Sammlungen unbesorgt unter verschiedenem Titel im Kern
identische Geschichten mit einigen Varianten immer wieder präsentieren. Historiker
allerdings, die vom Modell des einem bestimmten »Urheber« zuweisbaren Original-
texts fasziniert sind, muß Derartiges als »Verstümmelung« (Lüthje S. 155) irritieren.

61 Vorlesesituationen siehe etwa Cabinet des fées (1785) Bd. II, S. 380; ebd. Bd. III, S.
50, 517; ebd. Bd. IV, S. 90, 178, 370; Le Magasin pittoresque 14, 1846, S. 54; Préface
von P.-J. Stahl zu Perrault, Contes (1861) [nach Ausg. Hachette 1978, S. 18–22]. Einen
Beleg für viele noch aus dem 20. Jh. siehe J. Lorrain, La Maison Philibert (1904), S.
270 ff. Vgl. zu alledem auch Lüthje S. 105, 108 f.

62 Als Beleg für mündlichen Vortrag von Vers-Contes siehe z. B. Saint-Glas, Contes nouveaux en vers (1672), Epistre. Zur »oralen Tradition« der kurzen Verserzählung vgl.
Lüthje S. 82, 105 f., 109. Hier kommt der Versform also offenbar u. a. mnemotechnische Funktion zu.

63 Callières, Des bons mots et des bons contes (1692), Avertissement [Reprint Genève
1971], oder »Je lui contai celui [sc. conte] de Marmoisan, avec quelque broderie qui
me vint sur-le-champ dans l'esprit« (Lhéritier 1695 [nach Perrault, Contes (Garnier
1967), S. XIV].

64 So z. B. Wolfart im Statement zur Diskussion seines Beitrags, oder Demers/Gauvin,
Le conte écrit, une forme savante, Etudes françaises 12, 1976, S. 11 und passim.

65 Zitate bei Wehle S. 108 u. ö. mit Bezug auf die Renaissance-Novelle. Das ständige Os-
    zillieren zwischen Mündlichkeit und Schriftlichkeit beim Conte de fées noch unserer
    Tage evoziert Butor, La balance des fées [in: Répertoire I (1960), S. 61–64].
66 Die folgenden Ausführungen zur Complainte basieren im wesentlichen auf Zwi-
    schenergebnissen einer Dissertation, die M. Wodsak unter meiner Anleitung vorberei-
    tet. Kurzinformationen zur Gattung siehe Larousse, Grand Dictionnaire Universel du
    XIXe siècle (1869), Dictionnaire de la Conversation (1873), Vernillat/Charpentreau,
    Dictionnaire de la Chanson française (1968) jeweils s. v.
67 Ihre Entstehung spiegelt jene Betroffenheit und den daraus resultierenden »Zwang
    zum Finden neuer Sinnbildungsmuster«, welche das Statement von J. Rüsen zum Bei-
    trag Kahr evoziert.
68 Zu Fragen von Gumbrecht, Hempfer, Stempel bei der Diskussion meines Beitrags,
    wie sich Gattungsgeschichte schreiben lasse, wie ihr Anfang, Fortgang und Ende be-
    stimmt werden könnten, sobald man Gattung nicht als geschlossenes System aus sta-
    bilen Elementen betrachte, sondern als offenes und dynamisches System: Ein solches
    System ist zu denken als relativ komplexe, aus einer größeren Elementenzahl beste-
    henden Einheit. Von Konsistenz derartiger Systeme in der Zeit läßt sich so lange
    sprechen, wie zu bestimmten Zeitpunkten jeweils nur eine Minorität von Elementen
    herausfällt, hinzukommt oder intern umbesetzt wird.
69 Ihm wies W. Krauss eine Schlüsselrolle zu für die Entwicklung des Romans im 18.
    Jahrhundert zu größerer Knappheit (Studien zur dt. und frz. Aufklärung, Berlin 1963,
    S. 92 f.).
70 So etwa Wehle S. 108, ähnlich auch Wolfart zu Beginn seines Beitrags.
71 Hinweise in der Einleitung des Beitrags Wolfart.

GERHARD R. KAISER

Ökonomische Thematik und Gattungsanleihen bei Balzac, Thackeray und Keller

Meinem Lehrer Paul Requadt
dankbar gewidmet

> Ehre, Ruhm, Liebe, die ganze Romantik, welche sonst
> Staaten und Menschen hob und hielt, ist verbraucht, die
> alte Poesie ist an Entkräftung gestorben, das neue Lebens-
> element ist das Geld, und noch einmal das Geld.
> Das Gold ist Mittelpunkt, das Gold ist Blut geworden.
> Wem es gelingt, Poesie daraus zu machen, der ist unser mo-
> dernster Dichter.
>
> (Laube) [1]

1

1837 veröffentlichte Balzac die *Histoire de la grandeur et de la décadence de
César Birotteau. Marchand parfumeur, adjoint au maire du deuxième arrondissement de Paris, chevalier de la légion d'honneur, etc.*, 1847/48 Thackeray *Vanity Fair. A Novel without a Hero*, 1856 Keller, als Abschluß des ersten Teiles
der Seldwyler Erzählungen, *Spiegel, das Kätzchen. Ein Märchen.* Den beiden
Romanen und der Erzählung war gemeinsam, daß sie, je spezifisch, traditionelle narrative Genres zitierten. Die Geschichte des Pariser Parfümhändlers
verwies auf Montesquieus historiographische Schrift *Considérations sur les
causes de la grandeur des Romains et de leur décadence* (1734); der Roman
vom Jahrmarkt der Eitelkeit auf Bunyans puritanisches Erbauungsbuch *The
Pilgrim's Progress*, dessen beide Teile (1678/1684) die Pilger auf dem Weg zum
himmlischen Jerusalem durch die allegorische Stadt Vanity mit ihrem Vanity-
Fair führen; die Schilderung von Spiegels erfolgreichem Kampf gegen Hunger
und Ausbeutung auf das Volksmärchen, dessen deutsche Fassungen die Brüder Grimm zu einem Zeitpunkt gesammelt und schriftlich fixiert hatten, als es
auszusterben im Begriffe war (1812/1815). Bei diesen unterschiedlichen Gat-
tungsverweisen handelte es sich nicht um zufällige Konstruktionsmomente.
Dies ist schon daran abzulesen, daß die drei Titel sehr spezifische Töne [2] –
Balzac den Ton ironischer Distanzierung in Verbindung mit antikisch gefärb-
tem Pathos, Thackeray den barocker Klage über die Eitelkeit alles Irdischen,
Keller den eines zugleich märchenhaften und romantischen Humors – an-
schlagen. Durch diese Töne wurden ganz verschiedene Protagonisten gleich
einleitend jeweils indirekt charakterisiert: ein bürgerliches Individuum (der in
Paris arrivierte Provinzler Birotteau), ein gar nicht heroisches plurales Subjekt
(die Londonerinnen Amelia und Becky sowie die Familien Osborne, Sedley
und Crawley), ein Tier aus dem romantischen Erzählrepertoire (Spiegel, das
Kätzchen, Einwohner des imaginären Seldwyla).

Die Frage nach der ästhetischen Logik, die Gattungsverweis, Wahl des Tones und Konstruktion des Protagonisten schon im Titel jeweils miteinander verbindet, ist ohne Berücksichtigung inhaltlicher bzw. thematischer Momente nicht zu beantworten. Inhaltlich sind die drei Werke denkbar unterschiedlich. Recht wenig scheinen die Kalkulationen eines Geschäftsmannes aus der rue St.-Honoré mit den Ehegeschichten zweier junger Frauen und den Nöten eines hungernden Katers zu tun zu haben, der in längst vergangener Zeit seinen »Schmer« einem mit Zauberei und Hexenverfolgung beschäftigten Schweizer Stadtschreiber gegen entsprechende Ernährung abzutreten vertraglich zusicherte. Thematisch aber rücken sie zusammen durch die ästhetisch vermittelte Erfahrung der allumfassenden Gewalt, die der kapitalistische Transformationsprozeß im 19. Jahrhundert angenommen hatte. Sowohl bei Balzac als auch bei Thackeray und Keller wird unablässig vom Geld gehandelt. Birotteaus Vita erscheint als die des wechselnden Verhältnisses seiner aktiven und passiven Bilanzposten; die Geschichte von Amelias und Beckys Ehen ist mindestens ebenso wie die von Liebe und Ernüchterung die Geschichte schwankender Bonität; und in Kellers »Märchen« wird die Binnenerzählung mit der Rahmenerzählung durch einen Goldschatz verbunden, der in jener die allzu mißtrauisch Liebende vom Geliebten für immer scheidet, in dieser aber zum Lockmittel wird, mit dessen Hilfe Spiegel den Hexenmeister Pineiß den überlegenen Künsten seiner Nachbarin ehelich ausliefert.

Im Sinne dieser Textreferenzen ist hier von ökonomischer Thematik die Rede. Unterstellt sei dabei, daß die Analyse von Werken, in denen bestimmte ökonomische Phänomene so intensiv wie in *César Birotteau, Vanity Fair* und *Spiegel, das Kätzchen* zum Thema werden, zur Bestimmung des geschichtlichen wie ästhetischen Standorts fiktiver narrativer Genres des 19. Jahrhunderts beitragen kann; nicht unterstellt sei hingegen eine damit verbundene ästhetische Überlegenheit über andere Werke. Denn aus solch naiver Wertung fielen Balzacs, Thackerays und Kellers zeitgenössische Gattungsantipoden Baudelaire und Heine ebenso heraus wie Proust, der, ein halbes Jahrhundert später, nach Benjamins Einsicht »seine ganze grenzenlose Kunst zum Schleier dieses einen und lebenswichtigen Mysteriums seiner Klasse: des wirtschaftlichen« gemacht hat, gleichwohl aber der »unaufhaltsam wachsenden Diskrepanz von Poesie und Leben« den »höchsten physiognomischen Ausdruck« verlieh. [3]

2

Balzacs Roman ist dreigeteilt: *César à son apogée, César aux prises avec le malheur, Triomphe de César.* Die durch die Begriffe »apogée«, »malheur« und »triomphe« markierte Verlaufskurve gibt das wechselnde Verhältnis aktiver und passiver Bilanzposten zu erkennen und deutet zugleich den Wandel von Birotteaus psychischer Verfassung bis in deren mimischen und gestischen Ausdruck an. Am Beginn stehen die Prosperität, die auf dem sechzehn Jahre andauernden erfolgreichen Verkauf kosmetischer Artikel beruht, der sicher erwartete Profit aus einem in Herstellung, Werbung und Vertrieb schon stärker industriellen Produkt, dem »Huile Comagène«, der erhoffte Gewinn aus

Grundstückspekulationen großen Ausmaßes in der expandierenden Metropole. Der Erfolg verleiht dem Parfümhändler die Physiognomie des Spießers, wie sie Daumier zur gleichen Zeit festgehalten hat:

> Sa figure offrait une sorte d'assurance comique, de fatuité mêlée de bonhomie [...] Habituellement en parlant il se croisait les mains derrière le dos. Quand il croyait avoir dit quelque chose de galant ou de saillant, il se levait imperceptiblement sur la pointe des pieds, à deux reprises, et retombait sur ses talons lourdement, comme pour appuyer sur sa phrase. (S. 66) [4]

Mit einem luxuriösen Fest zur Einweihung seiner umgebauten und neu eingerichteten Wohnung, in der die Mimikry der Besitzbourgeoisie an den Adel gegenständliche Konkretion annimmt, ist der Wendepunkt von Césars »apogée« erreicht. Der Umschlag zugunsten der Passivposten ist Folge der Unterschlagung der in die Spekulation investierten Gelder durch einen Notar. In Verbindung mit den sich überstürzenden Forderungen der Gläubiger bewirkt sie, daß Birotteaus Kreditwürdigkeit trotz des zu erwartenden Gewinns aus dem Verkauf des »Huile Comagène« untergraben und er schließlich zur Bankrotterklärung gezwungen wird. In einem Tableau, das dem 18. Jahrhundert entlehnt zu sein scheint, wird der paysan parvenu gezeigt, der sich – ruiniertes und ratloses Opfer der gründerzeitlichen Spekulanten, denen er nacheiferte – in die Arme der Religion flüchtet:

> César [...] redevint enfant; sa femme le crut mourant, elle s'agenouilla pour le relever; mais elle s'unit à lui, quand elle lui vit joindre les mains, lever les yeux et réciter avec une componction résignée en présence de son oncle, de sa fille et de Popinot la sublime prière des catholiques. (S. 331)

Der ersparte Ertrag aus unselbständiger Arbeit, der anteilmäßige Gewinn aus dem durch seinen früheren Mitarbeiter Popinot vertriebenen Haarwasser, eine Ehrengabe von Louis XVIII. und andere Mittel führen schließlich zu einem Gleichstand der Aktiva und Passiva, der es Birotteau ermöglicht, seine Gläubiger gegen alle Usancen hundertprozentig zufriedenzustellen und ihm als »héros de probité commerciale« (S. 415) zum triumphalen Wiedereinzug in die den Bankrotteuren verschlossene Börse verhilft. Der Ausgleich der Bilanz fällt zusammen mit der Erschöpfung von Césars vitalen Kräften, und es kommt zu einer Sterbeszene, deren Pathos sich nun einem ausdrücklichen kunstgeschichtlichen Verweis verdankt:

> – Voilà la mort du juste, dit l'abbé Loraux d'une voix grave en montrant César par un de ces gestes divins que Rembrandt a su deviner pour son tableau du Christ rappelant Lazare à la vie. (S. 417)

Schon die grobe Parallelisierung der Bilanzdaten, des Handlungsverlaufs und der Physiognomie des Protagonisten vermag anzudeuten, wie sehr die ökonomische Thematik Balzacs Roman strukturiert. Sie auch gliedert die Zuordnung der Akteure innerhalb wie außerhalb von Birotteaus Familie und damit die Feinstruktur des Geschehens: Die Mitgift von Césars Ehefrau Constance wird in die Konkursmasse eingebracht und dient, wie später ihre Arbeit als Angestellte Popinots, der Verbesserung der Bilanz; Césarines Eheschließung bleibt solange ausgesetzt, wie sich ihr Vater nicht des Makels entledigt hat, seinen

Gläubigern auch nur einen Franc schuldig zu sein; das Verhältnis des Parfümhändlers zu du Tillet, dem Drahtzieher seines Ruins, ist von dessen Rachsucht
wegen eines entdeckten Diebstahls bestimmt, dem gleichen Umstand, der später dazu führt, daß der Dieb gezwungenermaßen Popinot für 60000 Francs ein
Nutzungsrecht abkauft und damit zur triumphalen Rehabilitierung Birotteaus
beiträgt. Selbst die Akzeleration des Geschehens wird von der Ökonomie bestimmt: Als Birotteau nicht mehr liquide ist, führt ihn die Suche nach Kredit
in wachsender Hektik von den Finanzaristokraten Keller bis zum schäbigsten
Geldverleiher [5], wobei nicht unterlassen wird, auf die – dann doch fallenge-
lassene – ultima ratio des Spieles hinzuweisen, in dem sich diese Suche
schwindelerregend beschleunigt haben würde. Die ökonomische Thematik
wirkt strukturbildend über das einzelne Werk hinaus: Während Birotteau
durch den Bankrott in einer tödlichen Anstrengung zum Ausgleich seiner Bilanz geführt wird, verdankt der Finanzaristokrat Nucingen, von dem die
gleichzeitig entstandene Erzählung *La maison Nucingen* handelt, gerade zwei
betrügerischen Liquidierungen seinen märchenhaften Reichtum. [6] Sie bestimmt *César Birotteau* bis ins Detail der Konstruktion, ja bis in die Metaphorik hinein: Die Schilderung des Bankhauses Keller, das in die prächtigen
Räume des grandseigneurhaft empfangenden Politikers François und die
nüchternen Geschäftsräume des jede Schwäche brutal ausbeutenden Finan-
ciers Adolphe unterteilt ist, stellt sich als »allégorie réelle« [7] des gründerzeitlichen französischen Liberalismus dar; und was die Metaphorik betrifft, so
werden entweder traditionelle Metaphernfelder funktional auf den ökonomischen Basisdiskurs bezogen (»De quoi s'agit-il?/ – De *couler* l'huile de Macassar« [S. 90], antwortet Birotteau, als er das neue Haarwasser auf den Markt
bringt), oder aber – seltener – die Ökonomie selbst hält in den Metapherndis-
kurs Einzug:

> Birotteau, soulagé d'un grand poids, marcha comme un homme mis en liberté, quoi-
> qu'il éprouvât en lui-même l'indéfinissable épuisement qui suit les luttes morales excessi-
> ves où *se dépense* plus de fluide nerveux, plus de volonté, qu'on ne doit en *émettre* jour-
> nellement, et où l'on *prend [...] sur le capital* d'existence. (S. 288)

In *Balzac-Lektüre,* einem gewichtigen Essay, den die einschlägige Forschung
noch kaum rezipierte, hat Adorno an der fiktionalen Konstruktion der Ökonomie in der *Comédie humaine* Momente hervorgehoben, die einer Deutung
auch des *César Birotteau* den Weg zu weisen vermögen: »Als Zirkulationsmittel, Geld, erreicht und modelt der kapitalistische Prozeß die Personen, deren
Leben die Romanform einfangen will [...]. Aber die Zirkulationssphäre, von
der Abenteuerliches zu erzählen ist – Wertpapiere stiegen und fielen damals
wie die Tonfluten der Oper –, verzerrt zugleich die Ökonomie«. Die »Inadäquanz« des Balzacschen Realismus »datiert schließlich darauf zurück, daß
er, der Schilderung zuliebe, den Geldschleier nicht durchbrach, kaum schon
ihn durchbrechen konnte. Wo die paranoide Phantasie überwuchert, ist er denen verwandt, welche die Formel des über den Menschen waltenden gesellschaftlichen Schicksals in Machenschaft und Verschwörung von Bankiers und
Finanzmagnaten in Händen zu halten wähnen.« [8] Diese Hinweise auf den
Zusammenhang von Zirkulationssphäre und Romanform sind höchst bedeutungsvoll:

- Zwar ist die »Relevanz des Geldkapitals im Frühindustrialismus unver-
gleichlich viel größer als später« gewesen [9] - insofern hat seine Funktion
innerhalb der *Comédie humaine* eine außerliterarische Entsprechung -, doch
werden entscheidende ökonomische Bereiche, vorab der Produktionssektor,
kaum thematisiert. In diesem Sinne ist Balzacs »Realismus« schon der eigenen Zeit »inadäquat«.
- Die Bedeutung der Zirkulationssphäre hat nicht nur ökonomie- und ideolo-
giegeschichtliche, sondern wesentlich auch ästhetische Gründe. Indem er
dem Geld eine so zentrale Rolle zuweist, gewinnt Balzac für den Roman ein
Prinzip, das die Konstruktion einer Fabel erlaubt, durch welche das dispa-
rate Personal der Fiktion zu einer Einheit verbunden werden kann. Zugleich
ermöglicht es die Hervorhebung der Zirkulationssphäre, der Poesie auf dem
Boden der prosaischen bürgerlichen Wirklichkeit in Gestalt des »Abenteuerlichen« nochmals zu ihrem Recht zu verhelfen. Die überproportionale Bedeutung der Zirkulationssphäre, welche die »Inadäquanz« von Balzacs
»Realismus« ausmacht, ist das ermöglichende Prinzip seiner Romanform.
Auch der Schwerpunkt von *César Birotteau* liegt in der Zirkulationssphäre.
Deren Agenten heißen Bankiers und Spekulanten, Wucherer und Börsenjob-
ber. Zugleich aber bleibt die Produktionssphäre dem Leser nicht ganz so unbekannt wie dem »petit commerçant« der Metropole die Herkunft der Produkte,
»sur lesquels il opère« (S. 54). Die Herstellungsstätten der kosmetischen Artikel werden wenigstens genannt, eine kurze Szene zeigt das Auspressen des
Nußöls, eine andere, längere, wie sich Birotteau des Sachverstandes eines berühmten Gelehrten für die Entwicklung des neuen Haarwassers versichert. Vor
allem aber räumt der Roman dem Distributionssektor, speziell der Annoncen-
und Plakatwerbung, sowie dem in Gaudissart inkarnierten Vertriebsgenie, beträchtlichen Raum ein. Obwohl gerade auch hiervon »Abenteuerliches« zu berichten war, ist sich Balzac des insgesamt doch höchst prosaischen Charakters
eines Werkes bewußt gewesen, das es unternahm, von der Haarwasserproduk-
tion, von der Kosmetikwerbung und von den Modalitäten des Bankrotts zu erzählen. Das Formproblem, das daraus erwuchs, hat er später als bestimmend
für die späte Niederschrift des lange geplanten Werkes genannt. Allein dadurch habe er es zu lösen vermocht, daß er die Gestalt Birotteaus, dieses
»ziemlich dummen, ziemlich mittelmäßigen Ladenbesitzers«, in dem der Pariser Kleinhandel verkörpert sei, in ein »Bild der Rechtschaffenheit« transfigu-
rierte. [10] Diese thematische Lösung des Formproblems war freilich an Voraussetzungen geknüpft. Sie durfte dem Postulat der Wahrscheinlichkeit nicht
widersprechen; sie hatte ideologisch vertretbar zu sein; Birotteau, der prosaische Parfümhändler, und César, der poetische Heros, mußten in Fabel und
Tonart überzeugend vermittelt werden. Diese Bedingungen suchte Balzac zu
erfüllen, indem er die Tugenden Birotteaus aus dessen Herkunft und Werde-
gang ableitete, indem er sie von christlichem Standpunkt aus glorifizierte und
indem er mit Montesquieus *Considérations* einen antik gefärbten Hintergrund
einblendete, vor dem César Birotteau zugleich als prosaischer boutiquier und
als poetischer Heros der Redlichkeit erschien.
Das Prosaische in Birotteaus Physiognomie gründet im Erwerbsleben des
entfalteten Kapitalismus, das Poetische in der Moral des geschichtlich über-
holten Handwerkertums, der er sich verpflichtet fühlt. Insofern ist dieses Zu-

sammenspiel von Poesie und Prosa von jenem zu unterscheiden, welche dem Zirkulationsmittel Geld, von dem in *César Birotteau* unablässig die Rede ist, konstitutiv zugehört und über das Marx ausführt:

> Das *Geld* [...] als das *äußere* [...] *Mittel* und *Vermögen*, die *Vorstellung in die Wirklichkeit* und die *Wirklichkeit zu einer bloßen Vorstellung* zu machen, verwandelt ebensosehr die *wirklichen menschlichen und natürlichen Wesenskräfte* in bloß abstrakte Vorstellungen [...], wie es andererseits die *wirklichen Unvollkommenheiten und Hirngespinste* [...] zu *wirklichen Wesenskräften* und *Vermögen* verwandelt. [11]

Die gleichsam zauberhafte Potenz des Geldes, Reales, Sichtbares in Irreales, Unsichtbares und umgekehrt Irreales, Unsichtbares in Reales, Sichtbares zu verwandeln [12], nimmt in Balzacs Zyklus die Gestalt einer doppelten gegenläufigen Bewegung an. Einerseits fungiert das Geld als Mittel, die ökonomischen, politischen, gesellschaftlichen, ideologischen und affektiven Strukturen des ancien régime zu zerstören und sie durch der eigenen Dynamik angemessenere Ideologeme, Organisations- und Verkehrsformen zu ersetzen. Andererseits verschafft es die Möglichkeit, in jedem beliebigen Augenblick und in beliebiger Zeit aus scheinbar nichts (nahezu) alles zu schaffen. Für diesen zauberhaften Transformationsmechanismus hat Balzac einen metaphorischen Ausdruck geschaffen, dessen Herkunft aus der Romantik die folgenden Beispiele zu erkennen geben:

> (l'architecte:) Les ouvriers passeront les nuits, on emploiera des procédés pour sécher les peintures [...]/ – Paris est le seul endroit du monde où l'on puisse frapper de pareils *coups de baguette,* dit Birotteau. (S. 100) Dès qu'un homme se résout à jouer le rôle que du Tillet avait donné à Roguin, il acquiert les talents du plus grand comédien, il a la vue d'un lynx et la pénétration d'un *voyant,* il sait *magnétiser* sa dupe. (S. 87) D'une *politesse doucereuse,* les créanciers passèrent au *rouge de l'impatience,* aux *pétillements sombres des importunités,* aux *éclats du désappointement,* au *froid bleu d'un parti pris,* et à la *noire insolence de l'assignation préparée.* (S. 253 f.) [13]

Die poetischen Potenzen des Geldes widersprechen nicht seinem prosaischen – alles entqualifizierenden – Vermögen, sondern sind untrennbar mit ihm verbunden. Gerade dadurch, daß es das denkbar Allgemeinste ist, vermag das Geld für alles einzustehen, wird es zum Prinzip schlechthin der Metamorphose. »L'argent ne connaît personne« (S. 320) – dies bedeutet aber auch, daß das Geld dort, wo es unumschränkte Herrschaft erlangt hat, alles Substantielle wenn nicht schon zerstört, so doch schwer bedroht. Das Poetische in Birotteaus Physiognomie, ihre Unzeitgemäßheit, ist geschichtlich Resultat der poetischen Verwandlungskraft des nach der Revolution endgültig zur Herrschaft gelangten Geldes. Balzac ist nicht nur der Romancier der Poesie des expandierenden Kapitalismus, sondern zugleich der Romancier der Desillusion. Die *Illusions perdues,* wie noch fast jeder seiner Romane heißen könnte, weihen in die »mystères de Paris« ein und verhelfen zugleich der Poesie- und Substanzlosigkeit der neuen Gesellschaft zum Ausdruck. [14]

In der Konsequenz einer Erfahrung, für die der »coup de baguette«, der möglicherweise alles entscheidende Schock, konstitutiv ist, liegt die Gefährdung jedes organischen, entwicklungsgeschichtlich-kontinuierlichen oder durch teleologische Konstruktionen überhöhten Zeiterlebens. Die neuere Literatur hat gezeigt, daß dies weitreichende Konsequenzen auch für die ästhetische Gestaltung der Zeit hatte. Wenn Robbe-Grillet von der Zeit im nouveau roman sagt »Il ne coule plus. Il n'accomplit plus rien« [15], so gilt sicher nicht das erste, bedingt aber das zweite schon für die *Education sentimentale*. Und vor Flaubert hatte es auch Balzac als inhaltliches wie als formales Problem beschäftigt. Denn wenngleich *César Birotteau* der zeitlichen Entfaltung des traditionellen Romans in groben Zügen folgt, so ist dies doch nicht einfach als ein Werden zu lesen, das, der individuellen Fatalität Birotteaus zur Erfüllung verhelfend, Ausdruck des *ohne Zögern positiv gewerteten* Triumphes seiner Klasse wäre. [16] Balzacs Problem bestand vielmehr gerade darin, zu den mit dem Kapitalisierungsprozeß einhergehenden Auflösungserscheinungen ein Gegengewicht zu schaffen, das er in seiner geschichtlichen wie persönlichen Situation umstandslos weder dem bürgerlichen noch dem vor- oder nachbürgerlichen gesellschaftlichen Paradigma entnehmen konnte, das ihm aber literarische Konvention und Publikum nichtsdestoweniger abverlangten. Die in *César Birotteau* gewählte Lösungsvariante auch für dieses Problem ist die Gattungsanleihe bei Montesquieu. Denn durch sie ironisierte er nicht nur die bürgerliche Beschränktheit seines Protagonisten, die er andererseits in ihrem heroischen Widerstand gegen das Prinzip skrupelloser Selbstbehauptung glorifizierte. Zugleich verhalf sie ihm dazu, die Vernünftigkeit eines geschichtlichen Fortschreitens zu suggerieren, in dem Birotteaus sinkendem Stern der aufgehende Stern seines viel stärker industriell orientierten Schwiegersohnes Popinot – und nicht nur der Triumph der Keller und Nucingen – gegenläufig entspricht.

Über die Gattungsanleihe bei den *Considérations* gewinnt Balzac eine Folie antikischer Größe, auf deren Hintergrund der selbstzufriedene Parfümhändler die scharfen Konturen einer Karikatur gewinnt, der sich für seine Gläubiger verzehrende Bankrotteur aber eine Statur, die Baudelaire ihn mit Vautrin und Rastignac über die Helden der *Ilias* stellen ließ. [17] Mit Hilfe des Montesquieuschen Schemas geschichtlichen Fortschreitens gelingt es ihm zugleich, Birotteaus wechselvollen individuellen Lebenslauf mit der Machtergreifung seiner Klasse erzählend zu vermitteln. Gerade der Gattungsrückgriff aber mit seiner doppelten Funktion – Überwindung prosaischer Nüchternheit, Abwehr des Zweifels am Fortschrittscharakter geschichtlicher Entwicklung – gibt wichtige Differenzen zwischen Balzac und Montesquieu, zwischen vor- und nachrevolutionärem bürgerlichem Denken, zu erkennen:

1. Montesquieu konstruiert die Geschichte des römischen Gemeinwesens nicht nur als Paradigma des adligen Niedergangs, sondern zugleich als solches des bürgerlichen Aufstiegs [18], wobei er dem Individuum eine nur sekundäre Rolle zuspricht. Balzac entwirft die Geschichte von bourbonischer Restauration und Julimonarchie, indem er die individuellen Lebensläufe seiner Romanhelden zum Gesamtbild der *Comédie humaine* verbindet. Hierbei handelt es sich um eine gattungsbedingte Differenz. Gleichwohl bleibt bedenkenswert, daß Birotteaus Tod ursächlich letzten Endes nicht nur, wie der Untergang Roms, dem abrupten Glückswechsel sowie dem Verstoß gegen das Luxusverdikt und das Gebot vernünftiger Beschränkung entspringt [19], sondern gerade auch jenen Tugenden, die Roms Größe hervorbrachten, vorab der von Montesquieu leitmotivisch beschworenen »constance«.

2. Wenngleich Montesquieu strukturelle Gründe wie die immer weitere Ausdehnung des Bürgerrechts für den Niedergang des römischen Imperiums geltend macht, ist sein historiographischer Diskurs doch, in der Luxuskritik etwa, ausgesprochen moralisierend gehalten. Für Balzac trifft dies in *César Birotteau* nicht mehr zu, denn der arrivierte Parfümhändler wird nicht im Namen des Luxusverdiktes moralisch verurteilt, sondern unter Hinweis auf die Überschätzung seiner geistigen und vitalen Kräfte in eher wertneutralem Räsonnement in die Schranken seiner Möglichkeiten verwiesen [20]; umgekehrt trifft die personellen Agenten seines Desasters zwar moralisierende Kritik, doch diese ist nicht mehr wie noch bei Montesquieu an die Überzeugung gebunden, moralische Alternativen vermöchten geschichtliche Alternativen zu eröffnen.

3. Montesquieus Titel *Considérations sur les causes de la grandeur des Romains et de leur décadence* bildet zwar einen Zweischritt ab, dem die Disposition des Werkes folgt, doch ist der Niedergang der römischen Herrschaft in einer geschichtlichen Gesamtbewegung positiv aufgehoben, innerhalb derer die unverbrauchten Völker des Nordens als legitime Erben und Garanten der Zukunft erscheinen. Der Titel *Histoire de la grandeur et de la décadence de César Birotteau* hingegen akzentuiert die in der Abfolge der Teile *Apogée, Malheur* und *Triomphe* zum Ausdruck kommende moralische Bewegung im Sinne einer säkularen Niederlage der im Protagonisten verkörperten »probité«. »Le gain n'était pas en raison du labeur« (S. 124). Dem entspricht, daß Balzac es nicht mehr vermag, diejenigen Personen, die Birotteaus Erbe antreten, durchweg in jener Positivität zu zeichnen, in der bei Montesquieu die barbarischen Nachfolger der Römer erscheinen. Hier handelt es sich nicht allein um eine gattungsspezifische, sondern zugleich um eine geschichtlich verursachte ideologische Differenz.

Der Rekurs auf Montesquieu ist in *César Birotteau* nicht nur ein Mittel, um die prosaische Gegenwart poetisch zu profilieren und um für den Roman ein temporales Gerüst zu gewinnen, das der Zeiterfahrung der realen Subjekte wie auch der Komplexität der neuen kapitalistischen Wirklichkeit unangemessen zu werden beginnt. Sie ist untrennbar damit verbunden das Instrument einer Kritik, die sich sowohl gegen die aufklärerische Ideologie als auch gegen die nachrevolutionäre bürgerliche Wirklichkeit richtet. Gerade indem er ausdrücklicher als Montesquieu vom Individuum spricht, zeigt Balzac, daß dieses nicht mehr den geschichtlichen Prozeß bestimmt. Das Fortschreiten der Geschichte über den moralischen Selbstbehauptungswillen und das Glücksverlangen des einzelnen läßt eine Dialektik der Aufklärung vorausahnen, der das Verhältnis von Gewinn- und Verlustrechnung der bürgerlichen Revolution kaum mehr eindeutig bestimmbar erscheint. Indem Birotteaus »probité commerciale« zwar moralisch triumphiert, *er* jedoch physisch scheitert, wird erkennbar, daß der nach der Revolution sich beschleunigende Prozeß der kapitalistischen Transformation moralisch nicht zu steuern, mithin auch nicht in entsprechenden Kategorien angemessen erklärbar ist. Alle diese Momente konvergieren im Widerruf des sittlich handelnden einzelnen, den die Aufklärer zum Subjekt der Geschichte hypostasiert hatten. Hierin, nicht aber im gegenaufklärerisch moralisierenden Erzählerkommentar (S. 405 f.) liegt die objektive Bedeutung des Werkes.

3

Der Bereich dessen, was aus der realen Ökonomie in *Vanity Fair* fiktiv transformiert wird, ist schmaler als bei Balzac. Von Produktion und Distribution der Waren erfahren wir bei Thackeray nahezu nichts. Doch ist das Zirkulationsmittel Geld quantitativ und qualitativ in solcher Weise im Roman gegenwärtig, daß auch hier die Frage nach seiner strukturbildenden Potenz unabweisbar wird. Wenn Engels 1845 in *Die Lage der arbeitenden Klasse in England* beobachtete, die »elende Sklaverei, in der das Geld den Bourgeois hält«, sei »selbst der Sprache aufgedrückt«, »Nachfrage und Zufuhr, Begehr und Angebot, supply and demand» seien »die Formeln, nach denen die Logik des Engländers das ganze menschliche Leben beurteilt« [21], so ist an der Extensität, mit der in *Vanity Fair* 1847/48 Ökonomisches thematisch wird, das Ausmaß ablesbar, in dem Thackeray reale Sozialgeschichte ästhetisch umsetzt, während dem Grad der erzählerischen Brechung der kritische bzw. utopische Gehalt zu entnehmen sein müßte.

Nicht beiläufig, sondern im Kern ökonomisch – durch finanzielle Interessen – bestimmt sind nahezu alle persönlichen Beziehungen in *Vanity Fair*. Der alten Miss Crawley verschafft allein der Reichtum bei ihren Verwandten das Prestige einer Märchenkönigin, die alle in denkbar prosaischem Bemühen zu beerben streben. Für Becky Sharp sind Liebschaften und Ehe nicht mehr als ein Mittel, um zu finanzieller Sicherheit und der mit ihr – oder ihrem Anschein – verbundenen gesellschaftlichen Reputation zu gelangen. Dobbin vermag über lange Jahre hinweg sein Werben um Amelia nur dadurch auszudrücken, daß er sie heimlich mit Geld unterstützt (selbst dort also noch, wo ein authentisches Interesse für den anderen die Personen lenkt, spielt die Ökonomie entscheidend hinein). Ausgangs- und Endpunkt Amelias und Beckys, vor allem aber die Peripetien ihrer Viten, sind wesentlich ökonomisch geprägt. Becky ist die unbemittelte gesellschaftliche Außenseiterin, die früh ihre Talente in Geld umsetzen muß und nach einem wechselvollen, häufig betrügerischen Leben in religiöser Heuchelei endet; diese soll ihr den Kredit wiederverschaffen, den sie im skrupellosen Kampf um das Geld zusammen mit der Liebe ihres Ehemannes verspielte. Amelia hat ihrer Gegenspielerin, der sie an Talenten deutlich nachsteht, den Kredit voraus, der dem Vermögen ihres Vaters entspringt und ihr die Muße gestattet. Nach lange währender Not endet sie in der Wohlhabenheit, die ihre Anfänge bestimmte. Die Wendepunkte der beiden Viten sind zugleich ökonomische Katastrophen bzw. Umschwünge zum Besseren. Becky setzt sich dank der Konfusion, die der Schlacht von Waterloo folgt, in den Besitz eines Vermögens, das die finanzielle Grundlage ihres Pariser Lebens bildet und ihr später – als Vorbedingung der Rückkehr in die Heimat – erlaubt, die englischen Gläubiger ihres Mannes abzufinden. Die Katastrophe, von der sie sich nicht mehr erholt, bricht über sie herein, als sie es, obwohl im Besitz entsprechender Mittel, versäumt, ihren Mann aus dem Schuldgefängnis auszulösen und dieser sie in einer zweideutigen Situation überrascht. Für Amelia ihrerseits bedeutet der Ruin des Vaters die Wende zu jahrelanger Not, denn er ist der Grund, warum der alte Osborne seinem Sohn die finanzielle Unterstützung entzieht und, nach Waterloo, die verwitwete Schwiegertochter und den Enkel lange Jahre darben läßt, bis er sich schließlich durchsetzt und ihr den Sohn förmlich abkauft.

Die Mehrzahl der Romanfiguren handelt (wenn nicht ausschließlich, so doch primär) nach ökonomischem Interesse, keine aber mit der Bewußtheit Beckys. Diese Hellsicht wird besonders deutlich durch die briefliche Schilderung bezeugt, die sie von der Ankunft der reichen Erbtante in Queen's Crawley gibt. (I, S. 118) [22] Becky durchschaut die zauberhafte Kraft des Geldes und kommt in diesem Wissen sowohl mit dem konstruierenden Autor als auch mit dessen fiktivem Erzähler überein [23], der über Miss Crawley zynisch formulierend mitteilt "she had a balance at her banker's which would have made her beloved anywhere" (I, S. 104), der den jungen Damen nicht weniger provozierend rät "Get yourselves married as they do in France, where the lawyers are the bridesmaids and confidantes" (I, S. 214) und in einem Exkurs ohne Umschweife moralisiert "I defy any member of the British public to say that the notion of Wealth has not something awful and pleasing to him." (I, S. 246) Angesichts dieser Übereinstimmung zwischen Autor, Erzähler und literarischer Gestalt fällt es auf, wieviel kritische Distanz sich der perspektivischen Schilderung Becky Sharps mitgeteilt hat, die, durch die Umstände genötigt, nichts anderes tut, als nach jenem Wissen praktisch zu handeln. Die Frage nach dieser Differenz, die durch kritische Selbstreflexion des Erzählers allenfalls gemildert wird, hat einen ideologischen Aspekt, die problematischen liberalen Überzeugungen Thackerays, und einen ästhetischen, die Gattungsanleihen, die in *Vanity Fair* eingegangen sind. Die Anleihen bei Bunyans puritanischem Erbauungsbuch *The Pilgrim's Progress* und beim Schelmenroman mit weiblichem Helden, wie ihn in England Defoe mit *Moll Flanders* ausgeprägt hat, können als der Versuch verstanden werden, ideologische Inkonsistenzen im ästhetischen Medium wenn nicht zu tilgen, so zumindest doch zu verwischen.

In dem leitmotivisch mehrere Dutzend Male, letztmals in der exclamatio *Vanitas Vanitatum* (II, S. 431), aufgegriffenen Titel *Vanity Fair* zitiert Thackeray mit dem vanitas-Gedanken ein zentrales Ideologem und mit dem Welttheater eine der wichtigsten Allegorien des Barock. Bunyan hatte in *The Pilgrim's Progress* das Diesseits als den Ort der Selbstvergewisserung des hinsichtlich seiner Erwähltheit radikal verunsicherten puritanischen Menschen aufgewertet. [24] Gleichzeitig hatte er es dem Verdikt der Nichtigkeit unterworfen, indem er ihm Bedeutung allein als Widerstand zusprach, den die Pilger auf dem Weg zur »celestial city« zu überwinden haben. [25] Die Stadt Vanity ist bei Bunyan eine zentrale Etappe der Pilgerreise zum himmlischen Jerusalem (das Titelkupfer zur Palmer-Nash copy der Erstausgabe von *The Pilgrim's Progress* weist sie sogar als wichtigste Allegorie des Diesseits aus [26]). "Vanity" erscheint nicht als charakterliche Disposition – wie etwa bei den Moralisten –, sondern als religiös fundierte Kategorie zur Erklärung alles Weltlichen.

Weder die moralistische noch die religiöse Bedeutung freilich vermag den zentralen Stellenwert des vanitas-Verdiktes in *Vanity Fair* zu erklären, denn Thackeray hebt weder auf die menschliche Eitelkeit als alles gesellschaftliche Leben bestimmende charakterliche Disposition noch auf die am Maßstab transzendenter Vergewisserung gewonnene Eitelkeit alles Irdischen ab. Der

Verzicht auf die religiöse Fundierung hat einschneidende strukturelle Konsequenzen. Der Lebensweg der Pilger und mit ihm die Komposition des Werkes waren in *The Pilgrim's Progress* letztlich durch eine teleologische Gerichtetheit bestimmt, die alles gegenständlich Entfaltete zur bloßen Etappe bzw. zum Mittel auf dem heroischen Weg zum großen Endziel machte. Die teleologische Struktur fehlt in *Vanity Fair,* dieser "novel without a hero", völlig, nicht hingegen die durchgängige Entwertung des seiner transzendenten Fundierung verlustig gegangenen Diesseits. Das bis zum Überdruß wiederholte Leitmotiv vom Jahrmarkt der Eitelkeit ist der sinnfälligste Ausdruck dieser Degradierung. Ihr sachliches Recht gewinnt sie – da weder aus der metaphysischen noch aus der moralistischen Tradition – letztlich gesellschaftlich: zum einen aus jener Ambivalenz des Scheinens, wie sie sich durch großstädtische Anonymität und soziale Mobilität zumal für ein Kreditwesen ergibt, das sich fortwährend der Bonität seiner Kunden zu versichern hat, zum anderen aus der Differenz zwischen sozialer bzw. finanzieller Stellung und persönlichem Wert (wie sie etwa der Erzählerexkurs über Sir Pitt Crawley verrät, der mit der Aussage schließt "in Vanity Fair he had a higher place than the most brilliant genius or spotless virtue" [I. S. 103]). Im ersten dieser Fälle steht der objektiven Bonität ein Scheinen gegenüber, das jenes angemessen ausdrücken, aber auch bloß fingieren kann, im zweiten den persönlichen Vorzügen die Scheinhaftigkeit finanziell begründeter gesellschaftlicher Reputation. Thackeray schrieb am 10. 3. 1848 an seine Mutter im Anschluß an eine entschiedene Zurückweisung von Louis Blancs *Organisation du Travail:* "I cant find the end of the question between property and labour." [27] Seine Widersprüchlichkeit besteht darin, daß er einerseits, in der puritanischen Tradition, das Geld als Indikator persönlichen Wertes ansetzt, andererseits jedoch die Augen nicht vor der Fragwürdigkeit dieser Überzeugung angesichts der gesellschaftlichen Wirklichkeit verschließen kann. Diese Widersprüchlichkeit nun wird in *Vanity Fair* zum Motor der kontradiktorischen Entfaltung der Viten Amelia Sedleys und Becky Sharps.

Die Verabschiedung der metaphysischen Fundierung des vanitas-Gedankens bedeutete die Aufgabe einer am jenseitigen Ziel orientierten Teleologie, die Brechung der liberalen Überzeugung, individuelle Tüchtigkeit sei zureichend für finanziellen und gesellschaftlichen Erfolg, die Absage an die immanente Teleologie des Entwicklungsromans. In Verbindung mit der zugleich zauberhaften und nivellierenden Tendenz des Geldes, mit dem Verlust jedes qualitativen "accomplissement" im Sinne Robbe-Grillets mußte dem Autor von *Vanity Fair* der Entwurf eines gegliederten Handlungsschemas nicht weniger als Balzac zum ästhetischen Problem werden. Thackeray hat es zu lösen versucht, indem er seinem Roman das von Fortuna bewegte Auf und Ab des Schelmenromans unterlegte, ohne freilich dessen latent subversive Outsider-Perspektive und den aufklärerisch-positiven Ausgang der Defoeschen *Moll Flanders* mit zu übernehmen. Die Vita Becky Sharps ist die einer durch die moralischen Zwänge des englischen 19. Jahrhunderts gemilderten pícara, die sich in der Abfolge von prekärer Herkunft, transitorischem Glanz und gebremstem Fall gegenläufig zu der ihrer großbürgerlichen Antipodin Amelia Sedley vollzieht. Durch dieses Schema wurde es Thackeray möglich, für seinen umfangreichen Roman eine vergleichsweise traditionelle Fabel zu gewinnen und den formal revolutionären Konsequenzen zu entgehen, die in den *Pen and Pencil Sketches of English Society,* als welche er *Vanity Fair* begonnen hatte, der Möglichkeit nach angelegt waren. Diese Lösung ist freilich ihrerseits problematisch:

– Sie verhindert nicht, daß dem Werk die von einem sinnhaften Ende ausgehende integrative Spannung fehlt, die dem Roman traditionell eigen war. In der Konsequenz einer qualitativ nicht erfüllten Zeiterfahrung hat sich ihm gegen den mit Hilfe der Gattungsanleihe unternommenen Versuch, die traditionelle Fabel zu retten, eine kreisende Leere mitgeteilt.

– Bleibt *Vanity Fair* auch widersprüchlich in den expliziten Aussagen zur Reichweite individueller Tüchtigkeit, so doch in Konsequenz des aufgewiesenen formalen Lösungsversuches, eindeutig in der Abqualifizierung der pícara Becky Sharp. Denn eine solche spricht aus ihrem Ende in religiöser Heuchelei, das dem Leser mit dem Blick der sentimental-mediokren Amelia Sedley in kühler Distanz zu inspizieren erlaubt wird.

All dies verrät die Ratlosigkeit eines Autors, dessen leitmotivische vanitas-Formel ein Wissen und eine Weisheit suggeriert, die geschichtlich längst verloren gingen. *Vanity Fair* ist ein paradigmatischer Roman, weil sich in ihm der moralisierende Diskurs des Puritanismus und der Aufklärung bis zum Geschwätz entleert hat und durch einen Diskurs abgelöst wird, der sich reflektierend auf das literarische Werk selbst bezieht. Denn die Bunyan entlehnte Allegorie vom Jahrmarkt der Eitelkeit ist ja nicht nur ein Mittel zur Gestaltung der poetischen Prosa der kapitalistischen Wirklichkeit und Ausdruck eines in Benjamins Sinn unberatenen Erzählers [28], sondern – nicht zuletzt in den von Thackeray selbst gezeichneten Illustrationen der Erstausgabe – zugleich das Bild, in dem der Kunstcharakter des Romans thematisch wird. [29] *Vanity Fair* vereint in sich zwei Tendenzen der neueren Romanliteratur, die in Frankreich (Flaubert) wie in Deutschland (Spielhagen) durch jene Phase »objektiven« Erzählens geschieden sind, das sich sowohl den moralisierenden Exkurs als auch die autothematische Reflexion programmatisch versagt.

4

In seinem Essay *Gottfried Keller – die bürgerliche Regression* hat Leo Löwenthal dem Verfasser des *Grünen Heinrich* und der *Leute von Seldwyla* »souveräne Verachtung« wirtschaftlicher Vorgänge vorgeworfen [30], damit aber einer kritischen Einschätzung dieses Autors, wie sie gegen dessen bürgerlich-affirmative Inanspruchnahme zu leisten wäre, nicht nur genützt. Denn die Fraglosigkeit, mit der Löwenthal den Anspruch der realen ökonomischen Prozesse auf ästhetische Repräsentation unterstellt, droht die Literatur auf eine illustrative Funktion im Dienste sozialwissenschaftlicher Erkenntnisse zu reduzieren. Überdies ist zu fragen, ob die Behauptung – gemessen nicht an der Marxschen Politökonomie, sondern an der Schweizer Wirklichkeit und an der gleichzeitigen europäischen Erzählliteratur – überhaupt stimmt. Kellers Vorreden zu den beiden Teilen der *Leute von Seldwyla* jedenfalls geben zu Skepsis Anlaß. In der ersten von 1856 heißt es unter anderem, die »jungen Leute« von Seldwyla übten das Geschäft, das Handwerk, den Vorteil oder was sie sonst gelernt haben, das heißt, sie lassen, solange es geht, fremde Leute für sich arbeiten und benutzen ihre Profession zur Betreibung eines trefflichen Schuldenverkehrs. (II, S. 9 f.) [31]

Und auch die Vorrede zum zweiten Teil von 1874 verrät ein sehr genaues Aufmerken auf ökonomische Veränderungen:

Statt der ehemaligen dicken Brieftasche mit zerknitterten Schuldscheinen und Bagatellwechseln führen sie nun elegante kleine Notizbücher, in welchen die Aufträge in Aktien, Obligationen, Baumwolle oder Seide kurz notiert werden. (II, S. 252)

Wenn Keller vom »Vorteil oder was sie sonst gelernt haben« spricht, so ist das Ausmaß seiner Betroffenheit durch die kapitalistische Transformation nicht weniger als am beobachteten Sachverhalt an der Schärfe der Formulierung abzulesen, der spezifischen »écriture«, die bei Löwenthal kaum gestreift wird. Die Berücksichtigung ihrer konstitutiven Momente aber erst (Gattung, Ton, Metaphorik, Allegorik usw.) eröffnet auch den Zugang zu der Erzählung *Spiegel, das Kätzchen,* in der romantisch-phantastische bzw. historisierende Konstruktionselemente und aktuelle Thematik durch eine denkbar große Differenz geschieden und zugleich in vielfältigen Brechungen vermittelt sind. Thematisch konstitutiv ist, daß jede menschliche Beziehung, die dem Primat des Geldes unterliegt, ins Unglück, zu Haß und in letzter Konsequenz zum Tode führt. Darin kommt dieses »Märchen« mit der nach Kellers eigener (zutreffender) Einschätzung nach besten der Seldwyler Novellen, den *Kammachern,* überein, die ein ganzes Panorama von Bildern psychischer Verelendung entfalten und ihren folgerichtigen Zielpunkt in der ehelichen Knechtschaft, in der Verlumpung und im Selbstmord der drei Protagonisten haben. Dem korrespondiert in *Spiegel, das Kätzchen,* daß der Hexenmeister Pineiß, der seine Nachbarin des Geldes wegen heiratet, fortan »ein erbärmliches Leben« führt (II, S. 247), daß der Kaufmann der von Spiegel erfundenen Binnenerzählung in der Schlacht von Pavia den Tod sucht, um nicht Zeuge der Eheschließung mit einem anderen werden zu müssen (die Spiegels mißtrauische Herrin fingiert, um zu prüfen, ob seine Liebe ihr oder lediglich ihrem Geld gehört), und daß das aus materieller Not entsprungene Zwangsverhältnis zwischen Spiegel und Pineiß notwendigerweise jedes sittlichen Gehaltes entbehrt:

›Ich merke, du willst unsern Kontrakt aufheben und deinen Kopf salvieren!‹ ›Schiene Euch das so uneben und unnatürlich?‹ ›Du betrügst mich am Ende und belügst mich wie ein Schelm!‹ ›Dies ist auch möglich!‹ sagte Spiegel. ›Ich sage dir: betrüge mich nicht!‹ rief Pineiß gebieterisch. ›Gut, so betrüge ich Euch nicht!‹ sagte Spiegel. ›Wenn dus tust!‹ ›So tu ichs.‹ (II, S. 239)

Daß aller Nachdruck auf die Dimension psychischer Verelendung gelegt ist, zeigt in bildhafter Verdichtung jene große Szene, in der die töricht Liebende der Binnenerzählung, vom Tode des jungen Kaufmannes erfahrend, »den umherrollenden Schatz zusammenzuraffen und zu umarmen« suchte, »als ob der verlorene Geliebte darin zugegen wäre« (II, S. 236). [32]
Vom »Schatz«, von »Gold«, nicht von »Geld« ist sowohl in der Binnen- als auch in der Rahmenerzählung die Rede. Die Substitution verweist sozialgeschichtlich auf die Differenz zwischen Kapitalismus und Feudalismus, gattungsgeschichtlich auf die zwischen realistischer Erzählung und Märchen. Die

Binnenerzählung ist von jenem ernsten Ton durchdrungen, welcher der Nähe des Todes entspringt und im *Decamerone* besonders in den Novellen des vierten Tages erklingt. Dieser getragene Ton kontrastiert mit dem humorvollen Ton der Rahmenerzählung, der sich vorzugsweise den romantisch gefärbten Märchenmotiven verdankt.

Märchenmotive wie der Schatz im Brunnen und die drei Bedingungen für die Erlangung des Schnepfengarns, das die Hexe fangen soll, sind nun nicht nur für einen bestimmten Ton der Rahmenerzählung, sondern auch für die Fabel entscheidend. Sie fungieren als zentrale Elemente in einer Handlung, die den habgierigen Hexenmeister ins eheliche Unglück, Spiegel aber aus todbringender Knechtschaft in die Freiheit führt. Die Binnenerzählung thematisiert in ungemildertem Ernst jene Verdinglichung der menschlichen Beziehungen, die in der Rahmenerzählung mit Hilfe des Märchens entweder moralisierend der Bestrafung und der Lächerlichkeit zugeführt oder aber utopisch aufgehoben wird. Wegen dieser Differenzierung von Handlungsausgang und Tonart, mit denen das Grundthema von Ökonomie und Moral umspielt wird, ist *Spiegel, das Kätzchen* diejenige der Seldwyler Novellen, welche die in den anderen Erzählungen individualisiert entfalteten Lösungsvarianten in sich vereint. Im positiv-märchenhaften Ausgang für Spiegel und dem ihm entsprechenden Ton steht die Novelle in der Nähe von *Kleider machen Leute,* im negativen Märchenausgang und der moralisierenden Groteske, der Bestrafung Pineiß' durch die Beghine, die ihn in der »Hochzeitkammer« »mit höllischen Künsten [...] auf eine Folter spannte, wie noch kein Sterblicher erlebt« (II, S. 247), in der Nähe der *Kammacher,* im ernsten, getragenen Ton der Binnenerzählung (wenngleich nicht ihrem negativen Ende) in der Nähe des *Verlorenen Lachens.*

Theodor Fontane hat sich in der Zeit der Arbeit an seinen ersten Romanen wiederholt mit Keller auseinandergesetzt und sein Urteil in dem Bonmot zusammengefaßt, der Schweizer Kollege sei »au fond ein Märchenerzähler«. Im Hinblick auf *Die Leute von Seldwyla* leitete er daraus eine ganze Typologie ab. »Innerhalb der eigentlichen, konsequent und stilvoll durchgeführten Erzählung« habe Keller »es nur einmal ganz getroffen und dadurch gezeigt, daß er es wenigstens kann« *(Das verlorene Lachen);* die Erzählungen seien »desto besser«, je mehr sie »nach dem bewußten Wollen Gottfried Kellers [...] Märchen sind« *(Die drei gerechten Kammacher* und vor allem *Kleider machen Leute* und *Der Schmied seines Glückes);* »nach der *formalen* Seite hin [...] stark angreifbar«, »*stillos*« sei »namentlich« *Romeo und Julia auf dem Dorfe* (wegen des »allmählichen Hineingeratens aus mit realistischem Pinsel gemalter Wirklichkeit in romantische Sentimentalität«), »einigermaßen auch« *Dietegen* (wegen der Mischung von historischer und märchenhafter Fiktion). Am klassizistischen Maßstab der Gattungsreinheit gemessen legt Fontane die Fragwürdigkeit der für Keller typischen Gattungsmischungen nahe, am realistischen Maßstab dessen, was »an gegebenem Ort und zu gegebener Zeit [...] möglich war« [33], behauptet er die ästhetische Superiorität des von ihm selbst angestrebten und in den *Leuten von Seldwyla* nur ausnahmsweise verwirklichten Erzähltyps.

In deskriptiver Hinsicht ist Fontanes typologische Auffächerung der *Leute von Seldwyla* durchaus bedenkenswert, nicht freilich unter wertendem Aspekt.

Denn die normativen Vorgaben Fontanes lassen sich nur halten, wenn man von Kellers thematischem Korrelat, dem Verhältnis von Moral und Ökonomie, und von seiner didaktischen Wirkungsintention absieht. Deren Einbeziehung aber legt den Weg zum Verständnis auch jenes Umstands frei, daß Keller sich märchenhafter Momente vorzugsweise in kürzeren Erzählformen, innerhalb des Romangenres hingegen nur noch bedingt, in den beiden Fassungen des *Grünen Heinrich*, bzw. fast gar nicht mehr, im *Martin Salander*, bedient. In der Tradition der protestantischen Ethik sind für den Liberalen Keller »Verschulden« und »Schulden«, moralische Inferiorität und ökonomische Defizienz wie auch deren Gegenbegriffe engstens miteinander verschränkt. [34] Der moralisierende Erzählerkommentar zumal zielt auf eine individuelle Sittlichkeit, in der sich ökonomisch geordnetes Leben und tätige Verpflichtung für das Gemeinwohl durchdringen. Gleichzeitig gewahrt Keller in der zeitgenössischen deutschen und deutschschweizer Wirklichkeit Momente, welche die ideologische Bindung der Ökonomie an die Moral sprengen. Sie werfen für ihn die ästhetisch folgenreiche Frage auf, wie er sowohl ihnen als auch der sozialisationsbedingt tief verwurzelten Überzeugung der individuell-sittlichen Grundlage ökonomischer Wohlfahrt erzählend gerecht werden könne. »Es wird eine Zeit kommen, wo in unserem Lande, wie anderwärts, sich große Massen Geldes zusammenhängen, ohne auf tüchtige Weise erarbeitet und erspart worden zu sein« (II, S. 833). *Das Fähnlein der sieben Aufrechten* aus den *Züricher Novellen*, das zwischen den beiden Teilen der *Leute von Seldwyla* geschrieben wurde und dem dieses Zitat entstammt, zeigt in der dreifachen Probe, durch deren Bestehen der junge Hediger ein Mädchen gewinnt, von dem er durch einen ökonomischen Abgrund getrennt ist, daß die Versöhnung von Ökonomie und Moral nur mehr im – wie immer auch realistisch beglaubigten – Märchen gelingt. Indem diese Novelle einerseits unverhohlen parasitäres Spekulantentum und die politischen Gefahren der Kapitalkonzentration thematisiert, andererseits den märchenhaften Versöhnungstrick durch eine recht deutliche Zeichnung transparent macht, entwickelt sie in didaktischer Absicht die Utopie einer Versöhnung. In einem Brief an Auerbach vom 25. 6. 1860 bezeichnete es Keller im Blick auf das *Fähnlein*

für Pflicht eines Poeten, nicht nur das Vergangene zu verklären, sondern das Gegenwärtige, die Keime der Zukunft so weit zu verstärken und zu verschönern, daß die Leute noch glauben können, ja, so seien sie und so gehe es zu! Tut man dies mit einiger wohlwollenden Ironie, die dem Zeuge das falsche Pathos nimmt, so glaube ich, daß das Volk das, was es sich gutmütig einbildet zu sein und der innerlichen Anlage auch schon ist, zuletzt in der Tat auch äußerlich wird. [35]

Nur in dem Maße, wie diese Hoffnung sich noch aus Tendenzen der Schweizer Gesellschaft um 1860 nähren konnte, nur in dem Maße, wie die reflexiven Gegengewichte Gestalt annahmen, um die Utopie als solche erkennbar zu machen (was nicht konsequent genug geschieht), darf das *Fähnlein* als gelungen bezeichnet werden.

Die märchenhafte Versöhnung, sei es als Sieg der Guten (Heirat Karl Hedigers und Hermine Frymanns, Spiegels Triumph über Pineiß), sei es als Niederlage der Bösen (Pineiß' Ehe mit der Beghine, Untergang der ungerechten Kammacher), wurde für Keller selbst innerhalb kürzerer erzählender Genres aufgrund der realen gesellschaftlichen Entwicklung zunehmend problematisch. Für den Roman hatte sie sich seit jeher verboten, weil für diese Gattung, zumal mit der Krise der Romantik, jenes Gebot der Wahrscheinlichkeit früher unabweisbar wurde, das Fontane für alle erzählenden Genres postuliert. [36] Immerhin fällt auf, daß in die Episode im Grafenschloß, durch die Lee im *Grünen Heinrich* zuletzt doch noch den Lohn seiner deutschen Jahre erhält, stark romantisch-wunderbare Züge eingegangen sind. [37] Zugleich aber führt diese Episode, in der Heinrich sich ökonomisch erholt, zu tieferer moralischer Schuld, denn aus dem Schloßaufenthalt resultiert das entscheidende Fristversäumnis des Titelhelden, der seine Mutter nun nur noch tot (erste Fassung) bzw. sterbend (zweite Fassung) antrifft. So ist ihr zugleich der Widerruf jener Verbindung von Ökonomie und Moral eingestaltet, die ansonsten unterstellt wird, und die Negation des Märchens als ästhetischem Vehikel ungeschmälerter Versöhnung. »Entsagung« als Telos des Romans (zweite Fassung) bewirkt die Zurücknahme märchenhafter Konstruktionsmomente. Das wird vollends in *Martin Salander,* Kellers Altersroman, deutlich, in dem die individuell sittlich handelnden Männer der Salander-Familie sich die Ausweitung ihres Geschäftes ausdrücklich versagen, um nurmehr am Rande der Gesellschaft zu leben. Das Märchen hat in diesem Roman nicht mehr die Dimension einer gesellschaftlichen Utopie, sondern die einer rein subjektiven Wunscherfüllungsphantasie und dient allenfalls dazu, die private Wiedervereinigung Salanders mit seiner Familie zu präfigurieren. In der Konsequenz dieses Funktionsschwundes liegt es, daß es durch den gattungswidrig traurigen Ausgang als schon in sich selbst gebrochen erscheint. (III, S. 535 ff.) [38]

5

Balzac unterlegt seiner Erzählung vom spekulierenden Parfümhändler Birotteau eine aufklärerische Gattungsfolie, Thackeray schreibt die Geschichte des englischen Heirats- und Erbschaftswesens in vielfältigem Rückbezug auf die Tradition des puritanischen Erbauungsbuches und des Schelmenromans, Keller rekurriert vor allem in der Novellensammlung *Die Leute von Seldwyla* auf das Märchen, um die deutlich aufgewiesenen Gefahren, die aus dem Prozeß der Kapitalisierung entspringen, in einer didaktisch gemeinten Utopie aufzuheben. Diesen Beispielen sind Gemeinsamkeiten eigen, die über die angeführten Texte hinaus auf grundlegende Aspekte fiktionalen Erzählens in einem Zeitalter verweisen, das real durch die zunehmende Subsumption aller Lebensverhältnisse unter das Kapital, ideologisch hingegen noch weitgehend durch aufklärerisches, ja selbst noch durch voraufklärerisches Denken geprägt war:

1. Zwischen der stark didaktisch bestimmten Erzählliteratur der Aufklärung und dem radikal desillusionistischen Erzählen eines Flaubert, eines Joyce oder eines Musil gibt es eine Phase »bürgerlichen« Erzählens, in der sich der überkommene Anspruch positiver Lehre an einer gesellschaftlichen Entwicklung bricht, die solche Lehre zunehmend als fragwürdig erscheinen läßt. In dieser Phase bilden sich innerhalb der erzählenden Literatur Mischformen aus, die zugleich dem überkommenen Postulat und der veränderten gesellschaftlichen Wirklichkeit gerecht zu werden versuchen. Balzac läßt in *César Birotteau* seinen Protagonisten mit Hilfe der Montesquieu-Anleihe nicht nur durch den Le-

ser belächeln, sondern er glorofiziert in ihm die spezifisch handwerkliche »probité« in ihrem letzten Endes tödlichen Kampf gegen die von Spekulation und Betrug bestimmte Wirklichkeit des gründerzeitlichen Kapitalismus. Insbesondere mit Hilfe der leitmotivischen Rekurse auf Bunyans "Vanity-Fair"-Episode und das von Fortuna regierte Auf und Ab des Schelmenromans gibt Thackeray durch seinen Erzähler ein positives Wissen vor, das sich bei näherem Zusehen in nichts auflöst und verständlich macht, warum *Vanity Fair* eine zentrale Etappe der im 19. Jahrhundert verstärkt einsetzenden Selbstreflexion des Erzählens darstellt. Keller zeigt, daß die liberale Überzeugung, individuelle Moralität sei ausreichend, um zugleich die ökonomische Wohlfahrt des einzelnen und das Wohl des Gemeinwesens zu begründen, nur mehr in einer märchenhaft geprägten Utopie und folglich, im Kontext des Wahrscheinlichkeitspostulats, nicht mehr in der erzählerischen Großform Roman zu leisten war. Die Gattungsanleihen der drei Autoren sind als Antwortversuche auf die Frage zu verstehen, wie bürgerliche Lehre angesichts einer Wirklichkeit ästhetisch Gestalt annehmen könne, auf die immer weniger die überkommenen Erziehungsziele applizierbar erschienen.

2. In einer berühmten Stelle des *Mann ohne Eigenschaften* läßt Musil seinen Protagonisten Ulrich bemerken, daß ihm jenes »primitive Epische abhanden gekommen sei, woran das private Leben noch festhält, obgleich öffentlich alles schon unerzählerisch geworden ist und nicht einem ›Faden‹ mehr folgt sondern sich in einer unendlich verwobenen Fläche ausbreitet.« [39] Ulrichs Kritik des »primitiven Epischen« war für Musil zugleich programmatische Vorgabe für seinen nicht zufällig Fragment gebliebenen Roman. Im Zurückdrängen der traditionellen erzählerischen Scheinordnung der Chronologie zugunsten einer inhaltlich wie formal eher essayistischen Romanstruktur hat er versucht, ihr zu entsprechen. Musils Kritik des traditionellen linearen Erzählens zugunsten der Darstellung einer »unendlich verwobenen Fläche« läßt sich eine nicht minder berühmte Äußerung Brechts aus dem *Dreigroschenprozeß* an die Seite stellen, die auf die sozialgeschichtlichen Ursachen der Krise traditionellen Erzählens hindeutet. Im Blick auf die ersten Dezennien des zwanzigsten Jahrhunderts machte Brecht geltend, »weniger denn je« sage »eine einfache ›Wiedergabe der Realität‹ etwas über die Realität« aus:

> Eine Photographie der Kruppwerke oder der AEG ergibt beinahe nichts über diese Institute. Die eigentliche Realität ist in die Funktionale gerutscht. Die Verdinglichung der menschlichen Beziehungen, also etwa die Fabrik, gibt die letzteren nicht mehr heraus. Es ist also tatsächlich ›etwas aufzubauen‹, etwas ›Künstliches‹, ›Gestelltes‹ [...]. Aber der alte Begriff der Kunst vom Erlebnis her, fällt eben aus. Denn auch wer von der Realität nur das von ihr Erlebbare gibt, gibt sie selbst nicht wieder. Sie ist längst nicht mehr im Totalen erlebbar. [40]

Dieses Plädoyer für eine neuartige Poetik der Konstruktion ist implizit zugleich eines gegen die traditionellen Erzählformen, speziell den Roman, deren individualisierender, auf Nacherleben orientierter Fabel es verwehrt sei, den abstrakten Gehalt der zeitgenössischen Wirklichkeit ästhetisch transparent und zu einem möglichen Ausgangspunkt verändernder Praxis zu machen.

Das für Balzac, Thackeray und Keller entscheidende Moment ist nun dies, daß der zugleich ökonomische und gesellschaftliche Kapitalisierungsprozeß, an dessen imperialistischem Ende Brecht die Brauchbarkeit tradierter Erzählformen bestreitet, zu eben jenem Zeitpunkt sich ungeheuer beschleunigt, da in Westeuropa der Roman, im deutschsprachigen Bereich die Novelle zu den bedeutendsten literarischen Gattungen avancieren. Zu vermuten steht, daß der zunehmend abstrakte Charakter der kapitalistischen Wirklichkeit nicht erst die Krise, sondern schon die Hochkonjunktur bürgerlich-realistischen Erzählens bestimmte, anders gewendet: daß die Formproblematik, die Musil und Brecht zu Beginn des zwanzigsten Jahrhunderts skizzierten, der Romanliteratur und der Novellistik des 19. Jahrhunderts zumindest latent jeweils schon zugrunde lag. Wenn Balzac in *César Birotteau* juristische und chemische Exkurse dokumentarischen Charakters einschaltet und im Bankhaus Keller eine »allégorie réelle« des Liberalismus entwirft, wenn er das Gesamtbild der zeitgenössischen französischen Gesellschaft nur mehr innerhalb des Riesenzyklus der *Comédie humaine* leisten zu können glaubt, so zeigen solche Konstruktionselemente, daß die Erzählproblematik des 20. Jahrhunderts – in diesem Fall nicht einmal untergründig – schon im 19. Jahrhundert vorhanden war. Unter diesem Aspekt erscheinen die Gattungsanleihen Balzacs, Thackerays und Kellers nicht nur als ästhetische Lösungsstrategien in der Krise bürgerlicher Didaktik, sondern zugleich als Versuche, die sich abzeichnende Krise des Erzählens überhaupt zu bannen. Montesquieus historiographische Schrift mit der Abfolge distinkter geschichtlicher Etappen, die pikareske Tradition eines von Fortuna regierten wechselvollen Lebenslaufes, das Märchen mit der Sequenz Entzweiung/positive (belohnende) oder negative (strafende) Versöhnung sind Mittel, die es erlauben, den erzählerischen »Faden« in einer Zeit zu spinnen, deren Komplexität allem Erzählen ein Ende zu bereiten droht. Krise der Lehre und Krise des Erzählens gehören, worauf schon Benjamin aufmerksam machte [41], zusammen.

3. In der Geschichte des Romans lassen sich durchweg Gattungsinterferenzen nachweisen. Lange vor dem bürgerlichen Realismus der Balzac, Thackeray und Keller sagte Herder über den Roman, er vermöge – »in Prose« – »die Poesie aller Gattungen und Arten« zu umfassen, nannte Jean Paul ihn eine »poetische Enzyklopädie«, wurde Friedrich Schlegel die Komplexität der Gattung zum auszeichnenden Moment ihres spezifisch romantischen Charakters [42]. Daraus erwächst die doppelte Aufgabe, die Gattungsanleihen, die den Roman als bürgerliche Gattung par excellence bestimmen, als grundsätzliches Phänomen, zugleich aber als spezifische Konstellation des Erzählens in den gründerzeitlichen Ären des 19. Jahrhunderts zu begreifen.

Nach Hegel setzt der Roman »eine bereits zur *Prosa* geordnete Wirklichkeit voraus, auf deren Boden er sodann [...] der Poesie, soweit es bei dieser Voraussetzung möglich ist, ihr verlorenes Recht wieder erringt.« [43] Wenn diese geschichtsphilosophische Bestimmung zu halten ist, so dürfte die Bedeutung des Gattungsrückgriffs als eines Poesie ermöglichenden Prinzips einzusehen sein. Der *Don Quijote* bezieht seinen Reiz nicht zuletzt aus den Anleihen beim obsoleten Ritterroman; vor allem aber werden, so Hegel über sein Romanparadigma, »die Begebenheiten Don Quixotes« zum »Faden, auf dem sich aufs lieblichste eine Reihe echt romantischer Novellen hinschlingt, um das in seinem wahren Wert erhalten zu zeigen, was der übrige Teil des Romans komisch auflöst.« [44] Wenn Poesie zunehmend unmöglich wird, kann sie dem Roman doch immer noch als Zitat eingestaltet werden – freilich trägt sie dann zugleich zu jenem spezifischen Ton der Ironie bei, in dem der Lukács der *Theorie des Romans* das Formprinzip der Gattung identifizierte.

Begreift man die Prosa des bürgerlichen Alltags als Resultat eines historischen Prozesses, zu dem wesentlich ja auch der heroische Kampf des Bürgertums gegen den Absolutismus gehört, so wird man die wechselnde Proportion zwischen affirmativen und ironisierenden Funktionen von Gattungsanleihen gewahr. Während sie sich im *Don Quijote,* im vorrevolutionären Augenblick des Erwachens aus den Illusionen ritterlichen Heldentums, die Waage halten, dürfte in der Phase des heroischen Kampfes des Bürgertums gegen den Absolutismus die legitimierende Funktion, nach dem realen Sieg der bürgerlichen Prinzipien hingegen die ironisierende Funktion überwiegen. Cervantes' Prinzip der Gattungsmischung konnte von Balzac in einer gewandelten geschichtlichen Situation aktualisiert werden. Der pompöse Titel *Histoire de la grandeur et de la décadence de César Birotteau. Marchand parfumeur, adjoint au maire du deuxième arrondissement de Paris, chevalier de la légion d'honneur, etc.* erinnert von fern an Cervantes' *El ingenioso hidalgo Don Quijote de la Mancha,* mit welchem Roman der Balzacs ja denn auch in der zugleich pathetisch heroisierenden und ironisch abwertenden Darstellung eines unzeitgemäßen Helden übereinkommt. [45] Der in den gründerzeitlichen Phasen des 19. Jahrhunderts erfahrene Durchbruch zur kapitalistischen Prosa wird von Thackeray, vor allem aber von Balzac zugleich in seiner desillusionierenden Wirkung und in seiner eigenen poetischen Qualität gezeigt. Wesentlich auch zu diesem Zweck werden die Gattungsanleihen eingesetzt. Entsprechende Belege lassen sich auch bei Keller finden, wenn freilich bei ihm die Gattungsinterferenz mit dem Märchen sich wesentlich utopischen Intentionen verdankt. Erst als ästhetische Antwortversuche auf den Zerfall bürgerlicher Didaktik, auf die Verschiebung von legitimierender zu kritischer Funktion der Erzählprosa und auf die Krise von Poesie im allgemeinen und Erzählen im besonderen gewinnen die Gattungsanleihen Balzacs, Thackerays und Kellers ihre unverwechselbare historische Physiognomie. [46]

Anmerkungen

1 Heinrich Laube, Reisenovellen, Bd. 1, Mannheim 1836, S. 14f. Für dieses Zitat danke ich Günter Oesterle.
2 Zum Begriff des Tones vgl. Friedrich Sengles »Die literarische Formenlehre. Vorschläge zu ihrer Reform«, Stuttgart 1967, S. 28 ff.
3 Gesammelte Schriften, Bd. II, 1 (Aufsätze, Essays, Vorträge), hg. von R. Tiedemann und H. Schweppenhäuser, Frankfurt a. M. 1977, S. 319 und 311. Das zweite Zitat ist von Benjamin auf Prousts Person gemünzt, gilt aber auch für das Werk.
4 Die im Text nachgewiesenen Zitate aus »César Birotteau« nach der Ausgabe P. Laubriets (Paris [Classiques Garnier] 1964).
5 »les banquiers se le renvoyaient comme un volant sur des raquettes« (S. 307).
6 Im Vorwort zur Erstausgabe von »César Birotteau« hieß es: »Ce livre est le premier côté d'une médaille qui roulera dans toutes les sociétés, le revers est LA MAISON NUCINGEN. Les deux histoires sont nées jumelles. Qui lit *César Birotteau,* devra donc lire *la Maison Nucingen,* s'il veut connaître l'ouvrage entier.« (S. 420).
7 Diesen Begriff gebraucht Werner Hofmann im Zusammenhang mit Courbet im Anschluß an dessen »Atelier« (Ausstellungskatalog »Courbet und Deutschland«, Köln 1978, S. 594 und 599).

8 Gesammelte Schriften, Bd. 11 (Noten zur Literatur), hg. von R. Tiedemann, Frankfurt a. M. 1974, S. 152 f.

9 Adorno, Gesammelte Schriften, Bd. 11, S. 153.

10 »J'ai conservé ›César Birotteau‹ pendant six ans à l'état d'ébauche en désespérant de pouvoir jamais intéresser qui que ce soit à la figure d'un boutiquier assez bête, assez médiocre, dont les infortunes sont assez vulgaires et symbolisent ce dont nous nous moquons beaucoup: le petit commerce parisien. Eh bien, dans un jour de bonheur, je me suis dit: Il faut le transfigurer en en faisant l'image de la probité.« (Brief vom 11. 10. 1846 an Hippolyte Castille, zitiert nach Hansjörg Egli, »Histoire de la Grandeur et de la Décadence de César Birotteau«. Ein stilkritischer Versuch, Diss. Zürich 1953, Flawil 1954, S. 25).

11 Marx, Werke. Schriften, hg. von H.-J. Lieber, Darmstadt ²1971, Bd. 1 (Frühe Schriften 1), S. 635.

12 Vgl. hierzu Marc Shells Deutung des Gyges-Stoffes (The Economy of Literature, Baltimore und London 1978, S. 11 ff.).

13 Als Beleg für die romantische Herkunft dieser Metaphern seien hier drei Stellen E. T. A. Hoffmanns angeführt: »Prosper Alpanus, von einer seltsamen Ahnung ergriffen, nahm sein Rohr und ließ die funkelnden Strahlen des Knopfs auf die Dame fallen. Da war es, als zuckten rauschend Blitze um sie her, und sie stand da im weißen durchsichtigen Gewande, glänzende Libellenflügel an den Schultern, weiße und rote Rosen durch das Haar geflochten. – ›Ei, ei‹, lispelte Prosper, nahm das Rohr unter seinen Schlafrock, und sogleich stand die Dame wiederum im vorigen Kostüm da.« (aus »Klein Zaches« [Späte Werke, Darmstadt 1968, S. 65 f.]). »War ich lange bei ihm gewesen, ja hatte er mich besonders freundlich behandelt und mir, wie er es dann zu tun pflegte, mit starr auf mich geheftetem Blick meine Hand in der seinigen festhaltend, allerlei Seltsames erzählt, so konnte mich jene ganz eigne wunderbare Stimmung bis zur höchsten Erschöpfung treiben. Ich fühlte mich krank und matt zum Umsinken.« (aus »Der Magnetiseur« [Fantasie- und Nachtstücke, Darmstadt 1967, S. 145 f.]). »Nicht sowohl im Traume, als im Zustande des Delirierens, der dem Einschlafen vorhergeht, vorzüglich wenn ich viel Musik gehört habe, finde ich eine Übereinkunft der Farben, Töne und Düfte. Es kömmt mir vor, als wenn alle auf die gleiche geheimnisvolle Weise durch den Lichtstrahl erzeugt würden, und dann sich zu einem wundervollen Konzerte vereinigen müßten.« (aus »Kreisleriana« [Fantasie- und Nachtstücke, S. 50]).

14 »Verdinglichung erstrahlt in morgendlicher Frische, den leuchtenden Farben des Ursprungs« (Adorno, Gesammelte Schriften, Bd. 11, S. 140).

15 Pour un nouveau roman, Paris 1963, S. 168. Den Hinweis auf Robbe-Grillet verdanke ich Jürgen Schramkes »Birotteau«-Interpretation (César Birotteau: das Schicksal und die Ökonomie, in: lendemains 1 [1975], S. 96).

16 »Là (dans le roman balzacien, G. R. K.) le temps jouait un rôle, et le premier: il accomplissait l'homme, il était l'agent et la mesure de son destin. Qu'il s'agisse d'une ascension ou d'une déchéance, il réalisait un devenir à la fois gage de triomphe d'une société à la conquête du monde, et fatalité d'une nature: la condition mortelle de l'homme.« (Pour un nouveau roman, S. 167 f.)

17 Œuvres complètes, hg. von Y.-G. Le Dantec/C. Pichois, Paris 1961, S. 952. Daß Birotteaus heroischer Kampf gegen die Schulden Züge von Balzacs eigener Vita bzw. von Balzacs Deutung der eigenen Vita enthält, darauf hat u. a. Zola hingewiesen: »Balzac s'est incarné dans son César Birotteau. Il a lutté contre la faillite avec une volonté surhumaine, il n'a pas cherché dans les lettres que de la gloire, il y a trouvé de la dignité et de l'honneur.« (L'argent dans la littérature, in: E. Z., Le roman expérimental, hg. von Ai. Guedj. Paris [Garnier-Flammarion] 1971, S. 196.)

18 Dies kann man der Tatsache entnehmen, daß sich zumal der erste Teil der römischen Geschichte in den »Considérations« auch als Geschichte eines kapitalistischen Handelshauses lesen läßt.

19 Montesquieu, Œuvres complètes, hg. von R. Caillois, Bd. 2, Paris 1951, S. 69–209, passim.

20 So insbesondere in dem Erzählerkommentar am Ende des zweiten Kapitels des ersten Teiles (S. 70 f.).

21 Die Lage der arbeitenden Klasse in England. Nach eigner Anschauung und authentischen Quellen, Berlin (DDR) 1972, S. 344 f.

22 Zitate aus "Vanity Fair" im fortlaufenden Text nach "The Works of William Makepeace Thackeray", hg. von Lady Ritchie, Bde. 1 und 2, London 1910.

23 Dies übersieht Wolfgang Iser (Der implizite Leser. Kommunikationsformen des Romans von Bunyan bis Beckett, München 1972, S. 181), wie seine Interpretation von "Vanity Fair" überhaupt die ökonomische Thematik vernachlässigt. Hierzu einschlägig dagegen: G. Armour Craig, On the Style of "Vanity Fair", in: H. C. Martin (Hg.), Style in Prose Fiction. English Institute Essays, New York und London [3]1967, S. 87–113.

24 Dieses Moment betont Iser im Zusammenhang der Frage nach der Ablösung des Romans vom Epos (Der implizite Leser, S. 19).

25 Auf die darin zum Ausdruck kommende kapitalistische – instrumentalisierende – Ethik hebt Ulrich Stadler ab (»Die theuren Dinge«. Studien zu Bunyan, Jung-Stilling und Novalis, Bern und München 1980, S. 23 ff.).

26 The Pilgrim's Progress from this World to That which is to Come, hg. von J. B. Wharey/R. Sharrock, Oxford [2]1960, nach S. XXXVIII.

27 The Letters and Private Papers, hg. von G. N. Ray, Bd. 2, London 1945, S. 356.

28 Vgl. hierzu den Essay »Der Erzähler. Betrachtungen zum Werk Nikolai Lesskows« (Gesammelte Schriften, Bd. II, 2 [Aufsätze, Essays, Vorträge], hg. von R. Tiedemann und H. Schweppenhäuser, Frankfurt a. M. 1977, S. 438–465).

29 In diesem Zusammenhang sind auch die parodistischen Gattungsanleihen unterhalb der Fabelebene zu sehen, die John Loofbourow untersucht (Thackeray and the Form of Fiction, Princeton 1964).

30 Leo Löwenthal, Erzählkunst und Gesellschaft. Die Gesellschaftsproblematik in der deutschen Literatur des 19. Jahrhunderts, Neuwied und Berlin 1968, S. 213.

31 Keller-Zitate im laufenden Text nach der von C. Heselhaus besorgten Ausgabe der »Sämtlichen Werke und Briefe«, 3 Bde., München, Bd. 1 [4]1978, Bd. 2 [3]1970, Bd. 3 [3]1972.

32 Vgl. hierzu die nicht weniger eindrucksvollen Bilder II, S. 234 und 246 f.

33 Aufsätze, Kritiken, Erinnerungen, Bd. 1 (Aufsätze und Aufzeichnungen), hg. von J. Kolbe, München 1969, S. 493–496 (innerhalb der von W. Keitel besorgten »Sämtlichen Werke« Fontanes).

34 Vgl. in der zweiten Fassung des »Grünen Heinrich« die aufeinanderfolgenden Kapiteltitel »Waffenfrühling. Frühes Verschulden« und »Prahler, Schulden, Philister unter den Kindern« (I, S. 1156). Einschlägig zum Verhältnis von Ökonomie und Moral und richtig auch im Aufweis märchenhafter Tendenzen bei Keller ist Adolf Muschg: Gottfried Keller, München 1977.

35 Gesammelte Briefe, hg. von C. Helbling, Bd. III, 2, Bern 1953, S. 195.

36 Noch grundsätzlicher Lukács: »die große Epik ist eine an die Empirie des geschichtlichen Augenblicks gebundene Form und jeder Versuch, das Utopische als seiend zu gestalten, endet nur formzerstörend, aber nicht wirklichkeitschaffend« (Die Theorie des Romans. Ein geschichtsphilosophischer Versuch über die Formen der großen Epik, Neuwied und Berlin [3]1965, S. 157).

37 Und zwar stärker in der ersten als in der zweiten Fassung. Darauf hat Thomas Roffler hingewiesen (Gottfried Keller. Ein Bildnis, Frauenfeld und Leipzig 1931, S. 47 f.), dessen Monographie zahlreiche wichtige Beobachtungen zu märchenhaften Zügen Kellers enthält.

38 Nach Fertigstellung meiner Symposionsvorlage erhielt ich Kenntnis von Jürgen Rothenbergs »Gottfried Keller. Symbolgehalt und Realitätserfassung seines Erzählens« (Heidelberg 1976), das einen aspektreichen Abschnitt zur »Entwirklichung der Welt ins Märchenhafte« enthält (S. 184–195); der Hauptthese Rothenbergs, durch den Nachweis des märchenhaften »Keller-Tones« sei die »Realismus-These« »widerlegt« (S. 6), stimme ich freilich nicht zu. Die märchenhaften Momente in »Spiegel« behandelt ausführlicher: Therese Nussmüller, »Spiegel das Kätzchen«. Interpretation, Basel 1974, S. 69–94. Die Vf. vernachlässigt wie Rothenberg den zentralen ökonomischen Faktor, doch überzeugt sie mit dem Nachweis des ironisch-kritischen Gebrauchs romantischer bzw. märchenhafter Versatzstücke. Die Ironie, so möchte ich formulieren, als Ermöglichungsgrund der liberalen Utopie ist zugleich das Prinzip,

das in «Spiegel, das Kätzchen« ein höchst artifizielles Spiel mit verschiedenen »écritures« hervortreibt. – Nicht mehr eingearbeitet werden konnten: Hans Poser. »Spiegel, das Kätzchen«. Bürgerliche Welt im Spiegel des Märchens, in: Amsterdamer Beiträge zur neueren Germanistik, Bd. 9, 1979, S. 33–43 sowie: Gerhard Kaiser, Gottfried Keller. Das gedichtete Leben, Frankfurt a. M. 1981 (über »Spiegel« S. 332–342).

39 Der Mann ohne Eigenschaften, Hamburg 1965, S. 650.
40 Gesammelte Werke, Frankfurt a. M. 1967, Bd. 18, S. 161 f.
41 Vgl. den in Anm. 28 nachgewiesenen Essay.
42 Eberhard Lämmert u. a. (Hg.), Romantheorie. Dokumentation ihrer Geschichte in Deutschland 1620–1880, Köln und Berlin 1971, S. 175, 220, 210.
43 Ästhetik, hg. von F. Bassenge, Frankfurt a. M. ²o. J., Bd. 2, S. 452.
44 Ästhetik, Bd. 1, S. 566.
45 Beiläufig, aber nicht zufällig wird in »César Birotteau« auf »Don Quijote« angespielt (S. 365). Die Diskussion mit C. Heselhaus' wichtigen Überlegungen zur deutschen Rezeption des »Don Quijote« (Die Wilhelm-Meister-Kritik der Romantiker und die romantische Romantheorie, in: H. R. Jauß [Hg.]: Nachahmung und Illusion, München ²1969, S. 125–127) kann hier nicht geführt werden.
46 Den Text, der dem Symposion vorlag, habe ich nur geringfügig stilistisch überarbeitet bzw. um einige wenige Anmerkungen ergänzt, die nicht die im Plenum geführte Diskussion betreffen. Konrad Ehlich und Jochen Rehbein wiesen mich freundlicherweise nach der Diskussion auf die von Marx im »Kapital« entwickelte historische Differenzierung der Funktionen des Geldes hin, die für eine genauere Bestimmung dessen, was ich die »ökonomische Thematik« im bürgerlichen Realismus genannt habe, fruchtbar zu machen wäre. Im Gespräch ergab sich als weitere Arbeitsperspektive die Aufgabe, Balzacs Ansätze zu dokumentarischen und montierenden Techniken mit den Verhältnisbestimmungen der einzelnen ökonomischen Bereiche durch Marx interpretativ zu vermitteln, dies eventuell kontrastiv zu montierenden Techniken in der Literatur unseres Jahrhunderts, sei es von solchen Autoren, die Marx aller Wahrscheinlichkeit nach nicht gelesen haben (z. B. Joyce), sei es von solchen, bei denen eine gründliche Marx-Kenntnis vorausgesetzt werden darf (z. B. Alexander Kluge). Nachdrücklich hingewiesen sei auf zwei nach Abschluß meiner Vorlage erschienene Arbeiten: Heinz Schlaffer, Faust zweiter Teil. Die Allegorie des 19. Jahrhunderts, Stuttgart 1981 (S. 176–178 über Keller, S. 179–185 über Balzac und besonders »César Birotteau«); Rainer Warning: Chaos und Kosmos. Kontingenzbewältigung in der »Comédie humaine«, in: H.-U. Gumbrecht, K. Stierle, R. Warning (Hg.): Honoré de Balzac, München 1980, S. 9–55.

ULRICH SCHULZ-BUSCHHAUS

Die Normalität des Berufsbürgers und das heroisch-komische Register im realistischen Roman – Zu Balzacs *César Birotteau*

Balzacs *César Birotteau* oder – wie der Roman mit vollständigem Titel heißt – *Histoire de la grandeur et de la décadence de César Birotteau marchand parfumeur adjoint au maire du deuxième arrondissement de Paris chevalier de la Légion d'Honneur, etc.* beginnt, wie zuvor kaum je ein Roman begonnen hat. Die Frau des Romanhelden, eben jenes »marchand parfumeur établi près de la place Vendôme« (S. 35) [1], wird von einem Alptraum gequält, der sie gegen ein Uhr morgens, mitten in einer Winternacht, aus dem Schlaf reißt: die »Parfumeuse« war sich selbst als zerlumpte Bettlerin erschienen, die im eigenen Geschäft um ein Almosen flehte. Von Schrecken erfaßt, greift sie schutzsuchend zur anderen Seite des Betts, wo M. Birotteau zu schlafen pflegt, und der Schrecken steigert sich zur Panik, als sie den Platz leer vorfindet. In einer Folge kurzer Monologe werden uns ihre angsterfüllten Überlegungen mitgeteilt, welche zugleich das eheliche bzw. familiäre Leben des Parfümhändlers exponieren: Ist Birotteau erkrankt oder von Übelkeit befallen, vielleicht weil er am Abend zuviel Kalbfleisch gegessen hat? Dabei ist er seit neunzehn Jahren Ehe nie nächtens aufgestanden, ohne seine Frau davon zu unterrichten. Sollte er Selbstmord begangen haben? Doch die Geschäfte gehen gut, und außerdem weiß ein Beigeordneter, daß es ungesetzlich wäre, Hand an sich zu legen. Oder sollte er auf dem Weg zu einer Mätresse sein? Nein, dafür ist Birotteau zu dumm und zu bieder; und überhaupt gilt seine Liebe allein Frau und Tochter.

So denkt Mme Birotteau schon an einen Feueralarm oder Raubüberfall, bevor sie ins Nebenzimmer stürzt und dort erleichtert feststellt, daß ihr Ehemann nicht zur Verteidigung des Gesparten mit Dieben ringt, sondern – in einen grünen Schlafrock gehüllt – friedlich dabei ist, die Wohnung zu vermessen. Es entspinnt sich zwischen den Eheleuten ein längerer Dialog, in dessen Verlauf die Exposition vollendet wird. Wir erfahren von Birotteaus Auszeichnungen und seinen Umbauplänen, die der Veranstaltung eines großen Balls dienen sollen. Vom künftigen Schwiegersohn, dem jungen Notar Alexandre Crottat, ist die Rede sowie insbesondere von künftigem Reichtum, den eine – wie es heißt – »sichere« Grundstücksspekulation und die Fabrikation eines Haarwuchsmittels einbringen werden. Während M. Birotteau optimistisch auf Expansion setzt, zeigt sich Madame – nicht zuletzt unter dem Eindruck des Traums – skeptisch, ja besorgt; denn einige der in die Spekulation verwickelten Gestalten – vor allem der Notar Roguin und du Tillet, ein ehemaliger Angestellter der Parfümerie – erregen ihr Mißtrauen, und insgesamt würde sie den Risiken weiteren sozialen Aufstiegs gerne ein geruhsames Pensionärsdasein in der Touraine vorziehen.

An diesem Romanbeginn ist – so unscheinbar und gleichzeitig lebensecht »realistisch« er auf den ersten Blick auch wirken mag – mancherlei bemerkenswert. Erzähltechnisch fällt die Dramatisierung in Monologe und Dialoge auf, deren szenischer Effekt gelegentlich durch generalisierende Erörterungen des Erzählers unterbrochen wird. Das eigentlich Besondere liegt jedoch in Status und Gesprächsthematik der Figuren, die uns vom Titel her ja als Hauptgestalten des Romans präsent sind. Gerade als Protagonist ist Birotteau mit einer ganz und gar ungewöhnlichen Rolle versehen, ja – man könnte fast sagen – belastet. Was andere Romanhelden mehr oder weniger abenteuerlich zu erkämpfen pflegen, hat er am Anfang der Erzählung bereits hinter sich gebracht: wir sehen in ihm einerseits den etablierten Parfümhändler, andererseits den Ehemann und Familienvater, und der Dialog verrät, daß beides seine Interessen, Wünsche und Sorgen aufs Intensivste bestimmt, daß sich seine Existenz also vollzieht im Rahmen striktester berufsbürgerlicher Normalität. Und eben diese berufsbürgerliche Normalität, die etwa ein Goldoni in der Gestalt des Pantalone auf die Bühne gebracht hatte, soll – wie das nächtliche Gespräch der Einleitungsszene andeutet – im weiteren erzählt werden. Das heißt: als zentrales Sujet erscheint hier mit angestrengtestem Nachdruck, erstmals wohl zumindest in der französischen Romanliteratur, das bürgerliche Familien- und Geschäftsleben oder – wie Balzac einleitend formuliert: »le sort de ce ménage constamment heureux par les sentiments, agité seulement par les anxiétés commerciales« (S. 69).

Dabei ruht der größere Nachdruck unzweifelhaft auf der zweiten und romantechnisch schwierigeren Komponente, der des Geschäftslebens. In ihr entwickeln sich Probleme und Konflikte, um der Erzählung ihre freilich sehr gemäßigte Dramatik zu geben, während die erste Komponente weithin Erscheinungen problemloser Harmonie vorstellt. Tatsächlich kennzeichnet die Familie Birotteau eine – wenigstens in der Literatur – überaus selten anzutreffende affektive Geschlossenheit, die häufig als standes- und schichtspezifisch ausgewiesen wird. César Birotteau hat, so versichert er selbst, nie jemand anders als seine Frau geliebt (S. 98), was der Erzähler zu bestätigen und – im Blick auf den »ménage« – zu ergänzen weiß: »Dans ce coeur brillait un seul amour, la lumière et la force de sa vie; car son désir d'élévation, le peu de connaissances qu'il avait acquises, tout venait de son affection pour sa femme et pour sa fille« (S. 92). Dem entspricht es, daß der gleiche diabolische Bankier und Spekulant Ferdinand du Tillet, der ihn finanziell ruiniert und um seine Geschäftsehre bringen will, ihm einst, als er Birotteaus Angestellter war, auch schon erfolglos seine Frau zu verführen suchte: hier ergibt sich die einzige melodramatische Verwicklung des Romans, bei der die Herkunft du Tillets, des amoralischen frühkapitalistischen Abenteurers, auf charakteristische Weise unbürgerlich erscheinen muß; denn als ein »sozialer Mischling« hatte du Tillet »seinen Geist von einem libertinistischen Grandseigneur, seine Gemeinheit von einer verführten Bäuerin.« (S. 83) [2]. Dafür duldet die »bürgerliche Liebe« nicht einmal den leisesten Anflug von Libertinage, und der rekapitulierende Bericht von Césars Verbindung zu Constance setzt mit folgenden Feststellungen ein (S. 64):

Depuis la trahison d'Ursule, César était resté sage, autant par crainte des dangers que l'on court à Paris en amour que par suite de ses travaux. Quand les passions sont sans aliment, elles se changent en besoin; le mariage devient alors, pour les gens de la classe moyenne, une idée fixe; car ils n'ont que cette manière de conquérir et de s'approprier une femme.

So ist auch die Sittlichkeit der Mittelschicht auf ein geschärftes ökonomisches Bewußtsein gegründet – ein Sachverhalt, der gleichfalls durch die auffällige Rationalität der normativ vorbildlichen, erzählerisch indessen eher marginalen Liaison zwischen Césarine Birotteau und Césars Schützling Anselme Popinot unterstrichen wird. In sie tritt auf seiten Césarines bei aller Lauterkeit ein heimliches Kalkül ein, das von Popinots leichten körperlichen Deformationen die Erwartung besonderer ehelicher Gefügigkeit ableitet, was als typisches Beispiel für die »Arithmetik der bürgerlichen Gefühle« gelten soll (vgl. S. 162), und am Ende verbindet sich das Einverständnis zu ihrer Heirat aufs engste mit Birotteaus kommerzieller Rehabilitation: ist diese nicht zuletzt dank der überragenden geschäftlichen Leistungen des präsumptiven Schwiegersohns, der inzwischen den jungen Notar ersetzt hat, vollzogen, steht der Eheschließung kein Hindernis mehr im Wege, so daß die Geschichte (trotz Césars Schlaganfall und Tod) letztlich positiv in einem familiär funktionalen, »vernünftig« kalkulierten Hochzeitsball an demselben Ort enden kann, wo zuvor das Unglück der Familie durch einen ausgesprochen nicht-funktionalen, auf bloße kostspielige Repräsentation bedachten Festball eingeleitet worden war.

Bleibt Birotteau im gleichwohl bewußt hervorgehobenen Bereich des Familienlebens von Komplikationen verschont, gilt das nicht für die primär thematisierte Sphäre des Geschäftslebens, in welcher der ansonsten harmonisch geeinte »ménage« den »anxiétés commerciales« zum Opfer fällt. Aus diesen Ängsten entsteht die eigentliche Geschichte des Romans, die folglich in krassem Gegensatz zur europäischen Literaturtradition nicht das von der aristokratisch regierenden, kriegführenden und liebenden Oberschicht gesetzte »menschliche« Allgemeine zum Gegenstand hat, sondern das professionell Besondere. [3] Was hier Probleme, Konflikte und Ereignisse ausmacht, ist der nur teilweise erfolgreiche Versuch des Kleinhändlers, den Gesetzen und Tendenzen der kapitalistischen Entwicklung zu gehorchen, aus dem »détail« der Parfümerie zur großangelegten Produktion eines Haaröls (der »Huile Céphalique«) überzugehen und sich zugleich in der Spekulation um Boden und Bauten zu versuchen. [4] Dabei stellt es wohl eine absichtsvolle ideologisch-soziale Wertung dar, wenn Balzac allein dem industriekapitalistischen Projekt der Haarölherstellung gewisse Erfolge erlaubt, welche dann Anselme Popinots erstaunliche Karriere bis ins Handelsministerium einleiten, während er die finanzkapitalistischen Unternehmungen kläglich scheitern läßt, da Birotteau mit ihnen über du Tillet an die Keller und Nucingen gerät, jene Vertreter der Hochfinanz, denen er weder in der Intelligenz noch in der Kälte und Bosheit gewachsen ist.

Besitzt *César Birotteau* somit einen prononciert bürgerlichen Gegenstand, der nach klassischen, vorbürgerlichen Auffassungen immer nur unernst, burlesk, satirisch oder parodistisch wie in Furetières *Roman bourgeois* zu fassen gewesen wäre [5], erwachsen ihm daraus spezielle formale Schwierigkeiten. Angesichts seines neuartigen Themas hat der Roman Widerstände zu überwinden, die sowohl auf die Regelmäßigkeiten der europäischen Erzähltradition als auch auf die Gebrochenheit von Balzacs eigenem gesellschaftlichen Bewußtsein zurückgehen. Solche Widerstände werden bereits an der außerordentlich langen Entstehungszeit des Werkes manifest, welche sich bekanntlich von 1833 bis 1837 über fünf Jahre hinzog. Sie scheint zu belegen, daß Balzac einerseits der Vollendung des *César Birotteau* besonderen Wert beimaß, sie andererseits aber wegen der undankbaren Sprödigkeit des Unternehmens ständig wieder aufzuschieben und hinauszuzögern trachtete. [6]

Dabei erwies sich der eine Teil berufsbürgerlicher Normalität, das Familienleben, für den Romancier als spröde, weil ihm aus Gründen sozialgeschichtlicher Unterscheidung eine klassenspezifische Tendenz zu harmonischer Intimität zugeschrieben werden sollte. So sehr solche Harmonie die Bourgeoisie auch noch von der Aristokratie (im Bewußtsein des frühen 19. Jahrhunderts) abgehoben haben mag, so wenig fördert sie natürlich die Sache des Erzählers, da sie ja entschieden nach der handlungsarmen, konfliktfreien Idylle, nicht nach irgendeiner Form epischer Entfaltung verlangt. Auf eine andere Art spröde mußte sich dem Erzähler das Geschäftsleben präsentieren, zumal wenn es als seine wesentlichen Sparten Industrieproduktion und Spekulation umfaßt. In beiden Sparten ist der Romancier aufs heikelste nicht nur mit der Unscheinbarkeit traditionell epenferner Aktivitäten, sondern darüber hinaus mit der gesteigerten »Unansehnlichkeit« speziell kapitalistischer Verkehrsformen konfrontiert, jener Unansehnlichkeit, die – wie Volker Klotz in scharfsichtigen Analysen gezeigt hat – durch das ganze 19. Jahrhundert von der forcierten Leibhaftigkeit und Anschaulichkeit des Abenteuerromans (in freilich abstraktem literarischen Widerspruch) kompensiert wird. [7] Dementsprechend erscheint uns *César Birotteau* in der Tat als die vielleicht »unansehnlichste« Erzählung, die von Balzac und überhaupt während der ersten Hälfte des Jahrhunderts geschrieben wurde, und das durchaus mit Notwendigkeit; denn von den Vorgängen, welche die Handlung bewegen, der Zirkulation des Geldes und der Wertpapiere, der Produktion und Distribution der Ware »Huile Céphalique«, schließlich der erneuten Akkumulation von Kapital zur Schuldentilgung, ist ja nichts anschaulich zu machen und gewinnt überdies auch kaum etwas wirklichen Ereignischarakter. Statt einschneidender, unmittelbar wirksamer Peripetien ergeben sich langwierige Prozesse, die zudem meistens hinter den Kulissen ablaufen. Sie können selten im eigentlichen Sinn erzählt werden und benötigen daher oft den Rekurs auf diverse Formen der Besprechung und Beschreibung.

So ist *César Birotteau* unter allen größeren Balzacschen Romanen nicht nur der handlungs-, sondern – trotz der einleitend skizzierten Expositionsszene – wohl auch der relativ szenenärmste. Es gibt in ihm lediglich einige häusliche Gespräche zwischen den Ehegatten, dem geschäftserfahrenen Onkel Pillerault und dem tüchtigen künftigen Schwiegersohn, das große Ball-Tableau am Ende des ersten Teils sowie als eher karge dramatische Höhepunkte im 10., 11. und 12. Kapitel die Serie der Bittgänge und des Antichambrierens bei Bankiers und Geldleihern. Ansonsten überwiegen raffende Zusammenfassungen, die nach Balzacs bewährtem Verfahren etwa im zweiten Kapitel rückschauend die »Antécédents de César Birotteau« resümieren oder zum Schluß mit ähnlicher Raffung die lange Periode geduldig stiller Arbeit schildern, in welcher die Familie zwischen 1819 und 1823 ihre Schulden wettmacht. Zu solchen Resümees gesellen sich die ihnen bei Balzac erzähltechnisch verwandten Porträts. Sie tendieren hier noch klarer als in anderen Romanen zum – vorwiegend paradigmatisch bedeutsamen – Eigenwert, dem kein proportionaler syntagmatischer Handlungsanteil mehr entspricht; denn immer wieder lassen detaillierte Personenschilderungen wie die Claparons oder Molineux' auf höchst relevante Rollen dieser Personen im Ereignisverlauf schließen, die ihnen vom Fortgang der Handlung dann jedoch kaum zuerkannt werden.

Ebenfalls eine überdurchschnittliche Breite besitzen in *César Birotteau* die essayistischen beziehungsweise traktathaften Erörterungen allgemeingültigen Anspruchs. Sie sind auf keinen Fall als Exkurse zu betrachten, da sie von der Haupthandlung eben nicht wegführen, sondern sie stets dann selber konstituieren, wenn die Vorgänge wegen ihrer langwierigen Prozeßhaftigkeit und der aus ihrem berufsmäßig spezialistischen Charakter resultierenden Kommentarbedürftigkeit nur noch essayistisch-traktathaft darstellbar erscheinen. Solche Einschübe erweisen sich unumgänglich in Momenten, in denen Kapitalien oder Institutionen selbständig zu agieren beginnen, beispielsweise bei der Durchführung der Grundstücksspekulation oder beim Ablauf des Konkursverfahrens, das dem wesentlich expositorisch geprägten Kapitel *Histoire générale des faillites* vorbehalten bleibt. In diesen expositorischen Abschnitten wird der narrative Romantext aufgesprengt wie kaum jemals vorher oder nachher, und es kommt gegenüber einer unansehnlichen Wirklichkeit zu abrupten Häufungen ebenso unansehnlicher Textfragmente [8]: in *César Birotteau* wären hier vor allem die beiden umfangreichen Reklametexte zu nennen, welche als Exempla einer »littérature utile«, wie sie das »Zeitalter der Wissenschaft« produziert, durchaus nicht ganz unernst in die zur Wirklichkeitserfassung allein nicht mehr ausreichende Erzählung eingelagert werden (vgl. S. 72 ff. und 192 ff.).

So deutlich sich die Unansehnlichkeit der bürgerlich-kapitalistischen Realität in den Unansehnlichkeiten des sonderbar zerbröckelten Romantextes widerspiegelt, so angestrengt ist Balzac andererseits indessen noch bemüht, dem Familien-, Berufs- und Geschäftsleben, das er für den Roman entdeckt, eine gewisse epische Dignität zuzusprechen. Zur Wahrung dieser Dignität soll in erster Linie die Verklärung Birotteaus zum »Märtyrer der kommerziellen Redlichkeit« (»martyr de la probité commerciale«) dienen, welche im zweiten Teil erfolgt und Balzacs rettende Idee für einen ›interessanten‹ Romanschluß gewesen zu sein scheint. [9] Daß sie etwas Gezwungenes hat, ist von der Kritik, zumal von André Wurmser, häufig bemerkt worden [10]; denn der deklarierte Märtyrer der »probité commerciale«, dessen Heiligkeit in nichts anderem besteht als in der gewissenhaften Tilgung seiner Konkursschulden, macht im ersten Teil bedenkenlos mit bei jeder profitversprechenden Transaktion und empfindet nicht die geringsten Skrupel, eine Masse gutgläubiger Kunden durch die offenkundig irreführende Reklame für sein Haaröl zu übertölpeln: daß es objektiv wirkungslos bleibt, hat ihm die an sich verehrte Autorität der Wissenschaft in Gestalt des Chemikers Vauquelin ja nachdrücklich kundgetan.

Indessen treten zur Märtyrerkrone, die dem Protagonisten spät zuteil wird, noch andere Elemente der Episierung eines sonst prononciert un-epischen Geschehens. Bereits im ersten Romanteil werden verschiedene weitere Mittel der Dignitätssteigerung und Illustration eingesetzt, welche die Kluft zwischen episch-romanesker Tradition und modern-bürgerlichem Sujet überwinden sollen. Diese Mittel bestehen jedoch auffälligerweise weniger in einer *Verwandlung* von Gestalten und Geschehen, die sich den Konzepten eines poetisierenden oder mythisierenden Realismus annäherte, als vielmehr in deren *Verglei-chung*. Welche Techniken von Verwandlung bei einem modern-bürgerlichen Sujet möglich wären, läßt sich später etwa an Zolas thematisch benachbartem Roman *L'argent* ablesen. Dort erscheint der Spekulant Saccard von vornher-ein als »aventurier conquérant«, dessen Bankengründung mit dem Schlüssel-wort der »conquête« als Aufbruch zur Eroberung beschrieben wird: zunächst der Metropole Paris, dann des Mittelmeers und des Orients, schließlich der ganzen Welt. [11] So kann sich schon im ersten Kapitel Saccards vorwiegend romantechnisch motivierter Rundgang um die Börse in die Exploration eines Generals verwandeln, der die Festung, welche er erobern möchte, von allen Seiten her studiert. [12]

Freilich bedarf es für solche Amplifikationen einer fortgeschrittenen Epo-che, in welcher Bewußtsein und Aktivitäten des unbestritten herrschenden Bürgertums wesentlich imperialistisch geprägt sind. Bei Balzac, der die bürger-liche Welt in ihrer ökonomisch-kulturellen Totalität noch nicht ohne Ein-schränkungen akzeptiert, werden die Gestalten dagegen keineswegs durch di-rekte Konnotation heroisiert, sondern durch Anspielungen und Hinweise le-diglich neben Heroen der Geschichte gestellt. »Ah! je ne me nomme pas César pour rien«, sagt Birotteau am Anfang des Romans zu seiner angesichts der vielfältigen Projekte sorgenvollen Frau (S. 49); ein andermal richtet er sich auf »comme un héros de Plutarque« (S. 110) oder reicht Popinot die Hand in einer Haltung ähnlich jener »que dut prendre Louis XIV en accueillant le maréchal de Villars au retour de Denain« (S. 171). Am häufigsten kommt der Vergleich mit Napoleon vor. Er betrifft sowohl den »illustren« Handelsvertreter Gaudis-sart, der einmal ein spärliches Trinkgeld begleitet »par un geste digne de Na-poléon, son idole« (S. 190), als auch Birotteau selbst, wenn er sich bei Umbau-arbeiten verhält »comme l'empereur Napoléon à Compiègne lors de la restau-ration du château pour son mariage avec Marie-Louise d'Autriche« (S. 205).

Neben einzelnen Romanfiguren ergreift solche allusive Episierung gleich-falls die Figuren der in sich selber unansehnlichen Geschehensabläufe. Hier ist vor allem die Einleitung des Konkurrenzkampfes zwischen der »Essence Comagène« beziehungsweise »Huile Céphalique« und der noch marktbeherr-schenden »Huile de Macassar«, übrigens einem historisch beglaubigten Pro-dukt, hervorzuheben. Man kann in ihm einen scharf erfaßten Beleg für die Un-erbittlichkeit sehen, mit welcher im Kapitalismus um Marktanteile gefochten wird [13]; doch wirkt gewiß nicht weniger relevant die erzählerische Chance, dem Geschehen zumindest an einer Stelle den Anschein epischer Kämpfe und Duelle zu verleihen. Wenn schon die Gestalten selbst nicht mehr sichtbar strei-ten, sollen das im Konkurrenzkampf immerhin ihre Fabrikate tun, damit von »combat«, »duel«, »gloire« und »poésie« wenigstens noch geredet werden kann und damit man den künftigen Unternehmer nach dem Großeinkauf der Nüsse etwa folgendermaßen erblickt:

> »Le parfumeur, perdu dans ses combinaisons, méditait en allant le long de la rue Saint-Honoré sur son duel avec *l'Huile de Macassar,* il raisonnait ses étiquettes, la forme de ses bouteilles, calculait la contexture du bouchon, la couleur des affiches. Et l'on dit qu'il n'y a pas de poésie dans le commerce!« (S. 140 f.)

Auf den Mittelpunkt aller Episierungsaspekte verweist der in kompletter Form ja ungewöhnlich lange Titel mit seinen Zentralbegriffen von »grandeur« und

»décadence«. Er ist offensichtlich nicht ohne parodistischen Unterton abgeleitet von Montesquieus *Considérations sur les causes de la grandeur des Romains
et de leur décadence* und wohl auch von Edward Gibbons *History of the De-
cline and Fall of the Roman Empire.* Zwar kann dieser Titel kaum mit der Idee
des »martyr de la probité commerciale« verbunden werden, da er dessen Rehabilitation und Apotheose am Romanende ignoriert; doch macht die partielle
Ungenauigkeit nur deutlich, daß er Balzac um so stärker wegen seines Kon-
trasteffekts gereizt haben muß. In ihm widerspricht nämlich die gleichsam
welthistorische Attitüde des Schemas »Histoire de la grandeur et de la décadence« der vereinzelten Besonderheit des bürgerlichen Individuums, dessen
zunächst geringe Relevanz noch durch den Umstand unterstrichen wird, daß
der Titel nach dem repräsentativen Anspruch einer »Histoire« schließlich in
der Beliebigkeit eines »etcetera« ausläuft. Im Romantext greift ihn der Erzähler im übrigen noch einmal kommentierend auf, um die Lebensbahn seines
Handelsmannes explizit den Lebensbahnen der Nationen, Dynastien und Im-
perien anzunähern. Nach seiner Ansicht kann die private Geschichte César Birotteaus den Funktionen der »Historia magistra vitae« (»L'histoire, en redi-
sant les causes de la grandeur et de la décadence de tout ce qui fut ici-bas,
pourrait avertir l'homme du moment où il doit arrêter le jeu de toutes ses fa-
cultés«) ebenso Genüge tun wie die politische Historie, so daß sie in der Tief-
gründigkeit ihrer Lehre und der Würde ihrer Tragik nicht hinter den Geschichten Trojas oder des napoleonischen Reiches zurückzustehen braucht:

> Troie et Napoléon ne sont que des poèmes. Puisse cette histoire être le poème des vi-
> cissitudes bourgeoises auxquelles nulle voix n'a songé, tant elles semblent dénuées de
> grandeur, tandis qu'elles sont au même titre immenses: il ne s'agit pas d'un seul homme
> ici, mais de tout un peuple de douleurs (S. 93).

An diesem Punkt erklärt der Romancier vielleicht am deutlichsten die Neuartigkeit wie die Gefährdetheit seines Unternehmens. Die Neuartigkeit besteht -
wie gesagt - im Entschluß, die Peripetien einer speziell bürgerlichen Karriere
aufzuzeichnen, Phänomene also, derer bislang noch »keine Stimme gedacht
hat«. Schwierigkeiten und Risiken liegen dagegen in der Unansehnlichkeit
von Ereignissen, deren ›Immensität‹ durch epische Vergleiche erst noch behauptet werden muß; denn auf den ersten Blick, vor dem Bewußtsein literarischer und sozialer Tradition, ›scheinen sie bar jeglicher Größe‹. Wenn folglich
das nach allen traditionellen Begriffen Unansehnliche, ja Komische mit einer
resoluten Wendung zum »poème« erhoben wird, setzt es sich der Gefahr des
Heroisch-Komischen aus. Gerade durch die forcierte Mühe der Episierung
wird die neue Materie ständig vom Rückfall in ein obsoletes Genre bedroht,
das im Kontrast von »hoher« Sprache und »niedriger« Realität Epos und
Bourgeoisie immer schon unter dem Signum der Lächerlichkeit zusammengebracht hatte.

In der Tat bleibt die Drohung des Heroisch-Komischen - einer Gattung, die
im klassischen Literatursystem das konventionelle Register für Balzacs Sujet
abgegeben hätte - vor allem während des ersten Romanteils stets präsent. Sie
zeigt sich insbesondere in den eigentlich narrativen Partien, wenn es darum
geht, die familial-professionellen Tätigkeiten des Protagonisten weniger zu
traktieren als zu erzählen. Das beste Beispiel für den Sog, den dies Register

auf die Erzählung ausübt, bildet neben den Vaudeville-Affinitäten der Expositionsszene der bereits erwähnte Auftakt zum Konkurrenzkampf zwischen den beiden Haarölen. Dort wird die Konkurrenz derart zu einer Serie epischer Kampfhandlungen stilisiert, daß aus dem Gegensatz von anschaulich traditionsgesättigter Sprache und unanschaulich traditionsarmer Sache eine entschieden lächerliche Wirkung erwächst. Zumal das Gespräch zwischen César und seinem Kommis Anselme Popinot stellt eben die Anonymität der Konkurrenz als höchst individuelles, geradezu auf körperlicher Kraft beruhendes Duell dar. Es ist die Rede von einem »combat long, dangereux«, und Popinot wird gefragt: »Te sens-tu le courage de lutter avec plus fort que toi, de te battre corps à corps?« (S. 110), oder mit pathetischem Wiederholungseffekt: »Voyons, Popinot, te sens-tu de force à tuer Macassar?« (S. 111). Die Aufgabe scheint fürwahr keine geringe zu sein; denn »l'ennemi est fort, bien campé, redoutable«, und es steht für César fest: «L'*Huile de Macassar* se défendra!« (S. 111). Wo die Industrie- und Handelskonkurrenz solchermaßen personalisiert wird, kann man den Konkurrenten schließlich sogar eine kriegerisch heldenhafte Gestik zuschreiben. Bei der Kampfansage sehen wir, wie César sich ›gleich einem Helden des Plutarch‹ aufrichtet; von seinem Angestellten heißt es: »Je la (l'Huile de Macassar) coulerai, s'écria Popinot l'oeil en feu«, oder: »Anselme se mit comme un soldat au port d'armes devant un maréchal de France« (S. 111).

Daß der Heroismus dieser Gesten leicht ins Komische verfällt, liegt nun auch daran, daß der Erzähler selbst sich des unheroischen Charakters, der ihrem Anlaß eignet, durchaus bewußt zeigt. Bezeichnenderweise berichtet er Birotteaus private Karriere im Kommerz nicht ohne ihr zuvor eine politisch-heroische Alternative vorgehalten zu haben. Es ist eine Alternative, die César erfahren hat, als er an der royalistischen Konspiration gegen die Convention teilnahm. Dabei wurde er im Gefecht auf den Stufen von Saint-Roch frühzeitig verwundet (später lohnt ihm die Restauration diese Verwundung mit dem Kreuz der Ehrenlegion), was ihn alsbald zum Rückzug aus dem gefahrvollen Bereich des Politischen ins ruhigere Geschäftsleben bewogen hat. So dauerten die wirklich epischen Ambitionen des Geschäftsmanns nur einen Augenblick; er empfand nur einen »éclair de courage militaire«, welcher ihn zur paradoxen Gestalt des ›kriegerischen ersten Angestellten‹, des »belliqueux premier commis *à la Reine des Roses*« werden ließ. Nach der blitzartigen Anwandlung von Kriegsmut folgt eine rasche Besinnung auf die Standesnorm, und die verlangt mit der Übernahme der Parfümerie zugleich die Exklusion politischer Taten, so daß sich das Bürgerliche hier als jenes Anti-Heroische und Anti-Epische instituiert, welches zum Heroischen und Epischen im Grunde bloß die Beziehung eines komischen Kontrastes erlaubt:

> Pendant le mois que dura sa convalescence, il (Birotteau) fit de solides réflexions sur l'alliance ridicule de la politique et de la parfumerie. S'il resta royaliste, il résolut d'être purement et simplement un parfumeur royaliste, sans jamais plus se compromettre, et s'adonna corps et âme à sa partie (S. 63).

Durch solche heroisch-komischen Untertöne wird an der äußerst kanpp resümierten Konspirationsepisode die Distanz des Romans zu einem Werk wie Stendhals *Le Rouge et le Noir* deutlich, dem gegenüber er fast wie eine vollkommene Umkehrung wirkt. Ist Julien Sorel vom Heroismus besessen und erscheint ihm das Bürgerlich-Geschäftliche in Gestalt etwa des Jugendfreunds Fouqué lediglich als flüchtige Versuchung [14], so geht César Birotteau ganz im Bürgerlichen-Geschäftlichen auf, für das nun der »éclair de courage militaire« nur einen höchst peripheren Moment darstellt, den man kaum noch recht Versuchung nennen mag. Dementsprechend hat sich auch die Perspektive des Erzählers in Anbetracht seines Protagonisten bei *César Birotteau* auf nachhaltigere Art gespalten als bei *Le Rouge et le Noir*. Aus ihrer offen konzedierten Uneinheitlichkeit entstehen sowohl die heroisch-komischen Tendenzen der Schilderung wie zugleich die manifesten Anstrengungen, solchen Tendenzen tragisch-pathetisch gegenzusteuern. Letztlich hat das mit der durchgängig ambivalenten Haltung zu tun, welche Balzac zum Thema des bürgerlichen Lebens insgesamt einnimmt, einer Ambivalenz, die sich etwa von Zolas engagierter Affirmation der industriell produzierenden, expandierenden und kolonialisierenden Bourgeoisie, wie sie in *L'argent* zum Ausdruck kommt, epochal bedeutsam unterscheidet.

Dabei bezeichne ich das bürgerliche Leben nicht ohne Absicht als Thema. Es ist für den Erzähler Balzac ein Thema insofern, als er sich ihm trotz oder wegen des Willens zur Illustrierung fern und auf Distanz hält. Solche Distanz, die ihn von vielen späteren Romanciers trennt, betrifft nicht den bürgerlichen Primat der Ökonomie, den er sich angeeignet und zur Perspektive gemacht hat wie kaum ein anderer Erzähler des 19. Jahrhunderts. [15] Sie bezieht sich vielmehr auf die Bourgeoisie als kulturelle Formation, auf ihre Umgangsformen, Redeweisen und ästhetischen Vorstellungen. In ihnen ist er bemüht, das Bürgertum nicht nur zum Thema, sondern nachgerade zum Exotikum zu machen, dessen Normen noch nichts Selbstverständliches haben, sondern einem offenbar aristokratischen oder wenigstens großbürgerlich aristokratisierenden Publikum wie Kuriositäten mitgeteilt werden müssen.

So kommt es, daß César Birotteau lange Zeit als ein Verwandter von Henry Monniers Joseph Prudhomme oder gewissermaßen als der gutmütigere Onkel von Flauberts Homais auftritt. [16] In dieser Rolle werden ihm Eigenheiten als schichtspezifisch zugeschrieben, die für eine gewisse artistisch-antibürgerliche Tradition zunächst des französischen Realismus, dann des Fin de Siècle konstant bleiben. Unter ihnen erscheint als wesentlicher Defekt die Unselbständigkeit im Kulturellen, welche dem Bürger keine ästhetische Individuation gestattet. Er ist mit Birotteau »un homme pratique« (S. 77 f.), also zuständig allein für eine spezialisierte Praxis und ausgeschlossen vom Reich des Wissens, der Ideen und der Kunst. Folglich fällt er einer Sprache anheim, die aus »Gemeinplätzen« besteht (»un langage farci de lieux communs«, S. 76), und ausführlich werden die »Idées reçues« registriert, welche seine »connaissances en langue française, en art dramatique, en politique, en littérature, en science« (S. 78) bilden. [17] Sie offenbaren einen gutgläubigen Respekt vor den Klassikern, die man bewundert, obgleich nicht liest, und es ist wohl bezeichnend, wenn César zur Feier der Ehrenlegion von seiner Tochter eine Bibliothek geschenkt bekommt, deren Inhalt den klassischen Literaturkanon des Juste Milieu repräsentieren soll: »Bossuet, Racine, Voltaire, Jean-Jacques Rousseau, Montesquieu, Molière, Buffon, Fénelon, Delille, Bernardin de Saint-Pierre, La Fontaine, Corneille, Pascal, La Harpe, enfin cette bibliothèque vulgaire qui se trouve partout et que son père ne lirait jamais« (S. 206). Daß in diesem Kanon der Autor des »Art poétique« fehlt, muß ein Versehen sein; denn ansonsten liefert er ja Césars Lieblingswendung, die bei den Gesprächen über das Haaröl in kurzem Abstand wiederholt wird: »Les anciens sont les anciens, je suis de l'avis de Boileau« (S. 154, vgl. auch S. 150).

Was solcherart unter ästhetisch-kulturellem Aspekt dem Ridicule verfällt, wird allerdings – wiewohl mit Mühen – gerettet, sobald es unter einen moralischen Gesichtspunkt tritt. Eben dort, wo er seinen zweifelhaften Helden intellektuell am stärksten kompromittiert, beeilt sich der Erzähler doch hinzuzufügen: »Néanmoins, César ne pouvait jamais être entièrement sot ni bête: la probité, la bonté jetaient sur les actes de sa vie un reflet qui les rendaient (sic) respectables, car une belle action fait accepter toutes les ignorances« (S. 79). Auf ähnliche Weise drückt sich dieser Zwiespalt aus, wenn César einmal mit der folgenden Charakteristik versehen wird:

> Ainsi un homme pusillanime, médiocre, sans instruction, sans idées, sans connaissances, sans caractère, et qui ne devait point réussir sur la place la plus glissante du monde, arriva, par son esprit de conduite, par le sentiment du juste, par la bonté d'une âme vraiment chrétienne, par amour pour la seule femme qu'il eût possédée, à passer pour un homme remarquable, courageux et plein de résolution (S. 79 f.).

Hier fällt besonders auf, daß bei der Schilderung des als typisch intendierten bürgerlichen Protagonisten im Grunde die abwertenden Tendenzen vorherrschen, während zu ihrer Neutralisierung lediglich die unansehnlichsten und gegenüber der epischen Tradition blassesten Tugenden eingesetzt werden. Daraus ergibt sich ein eigentümliches Verhältnis zwischen den Perspektiven der szenischen und der resümierenden Erzählpartien. In den ersteren, wo die Bourgeoisie sichtbar agiert, pflegt die Perspektive der Moquerie zu überwiegen. Die Perspektive ernster Anteilnahme ist dagegen gezwungen, sich vorwiegend der besprechenden Zwischenstücke zu bemächtigen, um in ihnen all das zu feiern, was erzählerisch nicht (oder noch nicht) illustrierbar war, da es bei aller moralischen Anerkennung ästhetisch-kulturell degradiert blieb.

Aus diesem Verhältnis ist wohl auch die vielleicht irritierendste Episode des Romans zu erklären: der Ball im siebten Kapitel zum Abschluß der Sequenz »César à son apogée«. Diese Episode stellt einen der wenigen Momente dar, in denen sich der Gang der Ereignisse zur Szene verdichtet. Sie soll bürgerliches Leben vorführen, und da sie es als ein ästhetisch-kulturelles Phänomen zeigen muß, hat die Schilderung einen prononciert abwertenden Effekt. In der Tat erscheint uns der Ball als eine Groteske, bei der sich gegenüber den aristokratisch-großbürgerlichen Normen von gesellschaftlicher Eleganz schlechthin alles als defizitär erweist. Die Frauen der »bourgeoisie de la rue Saint-Denis« mißfallen wegen ihrer »schweren, steifen Toiletten«, die durch den Kontrast vereinzelter Vertreterinnen der mondänen Welt nur um so gemeiner wirken (vgl. S. 216). In ihrer festlichen Kleidung und ihrer naiv überschäumenden Freude lassen sie erkennen, daß der Ball für sie die Ausnahme des Sonntags bedeutet, auf den bald erneut die lange Regel der Arbeitstage folgen wird (vgl. S. 218, 223). [18] Bei M. und Mme Matifat, dem Drogistenehepaar, das – wie es heißt – die »bourgeoisie« »admirablement« repräsentiert, frappiert einerseits die grobe Vertraulichkeit des Umgangs miteinander, andererseits wiederum der phrasenhafte Sprachgebrauch, der dem Drogisten zu eigen ist (S. 217):

Gros et court, harnaché de besicles, maintenant le col de sa chemise à la hauteur du cervelet, il se faisait remarquer par sa voix de basse-taille et par la richesse de son vocabulaire. Jamais il ne disait Corneille, mais le sublime Corneille! Racine était le doux Racine. Voltaire! oh! Voltaire, le second dans tous les genres, plus d'esprit que de génie, mais néanmoins homme de génie!

Nun kann der Erzähler die Ballszene aber nicht, wie es seinen gesellschaftlichen Neigungen entsprechen würde, im Status der Groteske belassen. Schließlich handelt es sich um den »apogée«, den Höhepunkt in der Lebenskurve seines Protagonisten. Dieser Höhepunkt ist zugleich Wendepunkt, in dem sich drohend die finanziellen Katastrophen des zweiten Romanteils ankündigen, so daß ihm – syntagmatisch gesehen – ein beträchtliches pathetisches Gewicht zukommt. Um dem gerecht zu werden, ist der Erzähler zu einer Gegensteuerung verpflichtet, welche den Eindruck der Groteske wenigstens partiell aufhebt. Sie äußert sich in den Partien des Kommentars, die zum Grundton ästhetisch-kultureller Herablassung Nebentöne eines angestrengten moralischen Zuspruchs gesellen, wobei sich beide Perspektiven mitunter fast unauflöslich ineinander verwirren. Das ist z. B. der Fall bei der folgenden Charakterisierung der ›Bourgeoisie der rue Saint-Denis‹:

Cette bourgeoisie jalouse de tout, et néanmoins bonne, serviable, dévouée, sensible, compatissante, souscrivant pour les enfants du général Foy, pour les Grecs dont les pirateries lui sont inconnues, pour le Champ d'Asile au moment où il n'existe plus, dupe de ses vertus et bafouée pour ses défauts par une société qui ne la vaut pas, car elle a du coeur précisément parce qu'elle ignore les convenances; cette vertueuse bourgeoisie qui élève des filles candides rompues au travail, pleines de qualités que le contact des classes supérieures diminue aussitôt qu'elle les y lance, ces filles sans esprit parmi lesquelles le bonhomme Chrysale aurait pris sa femme; enfin, une bourgeoisie admirablement représentée par les Matifat, les droguistes de la rue des Lombards, dont la maison fournissait *la Reine des Roses* depuis soixante ans (S. 216f.).

Die Verwirrung der Perspektiven zeigt sich hier am krassen Bruch zwischen einer aristokratisch-mondänen Auffassung, welche die arbeitsamen Töchter des Bürgertums »filles sans esprit« nennt oder sie als ideale Ehefrauen Molières Pantoffelhelden Chrysale zuweist, und einer bürgerlich-moralischen Auffassung, welche in jähen Ausfällen die bessere Gesellschaft (»des classes supérieures«, »une société qui ne la vaut pas«) attackiert, aus deren Normen die Erzählung sonst doch die wesentlichen Punkte ihres Wertsystems gewinnt.

Zu diesen anti-mondänen Attacken, welche die Würde César Birotteaus und seiner Welt gegen den Geist der Erzählung selbst zu verteidigen haben, tritt indessen noch eine weitere Vorkehrung, die das Gewicht der Episode bewahren soll. Sie wirkt ähnlich unvermittelt wie der forcierte moralische Zuspruch und verdeutlicht gerade aufgrund solcher Unvermitteltheit die strukturelle Problematik der gesamten Romankomposition. Es handelt sich um den Exkurs über das Finale von Beethovens 5. Symphonie, mit dem die Schilderung des Balls und überhaupt der erste Teil des Romans abschließen. Dieser Exkurs ist in ebenso hymnischem Ton gehalten, wie das Kapitel zuvor durch mokante Ironie geprägt war. Er beschreibt die Wirkung des Finales auf den kunst-empfänglichen Hörer als Eröffnung einer Vision, bei der sich goldene Türen wie die des Florentiner Baptisteriums auftun, um täuschende Durchblicke in ein irdisches Paradies freizugeben. An ihrem Anfang und an ihrem Ende wird die scheinbare Abschweifung in allegorischer Funktion auf das aktuelle Romangeschehen bezogen. Wie das Finale der Symphonie den Musikliebhaber beeindruckt, heißt es, so wirkte der Glanz des Balls auf das Gemüt der Eheleute Birotteau. Zunächst: »Les poètes dont le coeur palpite alors comprendront que le bal de Birotteau produisait dans sa vie l'effet que produit sur leurs âmes ce fécond motif, auquel la symphonie en *ut* doit peut-être sa suprématie sur ses brillantes soeurs« (S. 224). Und weiter: »L'histoire psychique du point le plus brillant de ce beau finale est celle des émotions prodiguées par cette fête à Constance et à César. Collinet avait composé de son galoubet le finale de leur symphonie commerciale« (S. 225).

Zweifellos ist das ein tollkühner metaphorischer Sprung, wenn aus dem gerade noch belächelten handelsbürgerlichen Fest die »symphonie commerciale« wird. Doch hatte der Erzähler, genaugenommen, kaum eine andere Wahl, um seinen – in der paradigmatischen Dimension – nachhaltig ridikülisierten Gestalten jenes Pathos zu verleihen, welches die syntagmatische Dimension des Handlungsablaufs unabweisbar verlangte. Nachdem die Birotteaus in der Innerlichkeit ihrer Ideen und Gefühle ironisch deklassiert worden waren, konnten ihre Empfindungen erneute Würde nur gewinnen, indem man sie in die der Künstler (»poètes«) gleichsam amplifizierend übersetzte. Solche Übersetzung vom Bürgerlichen ins Künstlerische erscheint hier als die Ultima Ratio des Erzählers, der sein neuartiges Erzählprojekt mit verzweifelter Volte aus dem heroisch-komischen Genre befreien möchte, auf das er sich – den eigenen aristokratisierenden Neigungen und der literarischen Tradition gemäß – schon allzu bereitwillig eingelassen hatte. Wie vieles bei Balzac zerschlägt sie jeden Ansatz zu durchgebildeter erzählerischer Geschlossenheit und fördert jene Brüchigkeit der Perspektiven, welche neben der Brüchigkeit des Stils zugleich Stigma und Garantie des Balzacschen Realismus ausmacht.

Anmerkungen

1 Die Seitenzahlen im Text beziehen sich auf die leicht zugängliche Taschenbuchausgabe der »Collection Folio«, die auch wegen des instruktiven Vorworts von André Wurmser zu empfehlen ist: Honoré de Balzac, *César Birotteau*, Préface d'André Wurmser, Edition établie et annotée par S. de Sacy, Paris (Gallimard) 1975.

2 Zu den Wandlungen von du Tillets Herkunft bei der Ausarbeitung des Romans vgl. Pierre Laubriet, *L'élaboration des personnages dans ›César Birotteau‹*, in: Année Balzacienne 1964, S. 251–270.

3 Vgl. zur Bedeutung dieses Gegensatzes auch U. Schulz-Buschhaus, *Formen aristokratischer und bürgerlicher Literatur*, in: KZSS 31 (1979) S. 507–526, bes. S. 516 ff.

4 Über die Einzelheiten dieser Projekte informiert der Aufsatz von Jürgen Schramke, *César Birotteau: das Schicksal und die Ökonomie*, in: Lendemains 1 (1975) S. 82–100.

5 Vgl. U. Schulz-Buschhaus, *Formen*, S. 508 ff.

6 Vgl. dazu die »Introduction« von Pierre Laubriet zur Ausgabe des »César Birotteau« in den Classiques Garnier (Paris 1964).

7 Vgl. Volker Klotz, *Abenteuer-Romane*, München–Wien 1978, S. 22–25 und passim.

8 Vgl. U. Schulz-Buschhaus, *Die Sprache der ›Comédie Humaine‹ und die Sprache in der ›Comédie Humaine‹*, in: ZFSL 78 (1978) S. 213–230, bes. S. 225 ff.

9 Vgl. dazu Balzacs Brief an Hippolyte Castille (1846), zitiert nach J. Schramke, *César Birotteau*, S. 92: »J'ai conservé *César Birotteau* pendant six ans à l'état d'ébauche, en désespérant de pouvoir jamais intéresser qui que ce soit à la figure d'un boutiquier as-

sez bête, assez médiocre, dont les infortunes sont vulgaires, symbolisant ce dont nous nous moquons beaucoup, le *petit commerce parisien*. Eh! bien, monsieur, dans un jour de bonheur, je me suis dit: ›Il faut le transfigurer, en en faisant l'image de la *probité*!‹ Et il m'a paru possible«.

10 Vgl. etwa A. Wurmser, *La comédie inhumaine,* Paris (Gallimard) 1970, S. 116, sowie ds., Préface zu H. de Balzac, *César Birotteau,* S. 18–23.

11 Vgl. Zola, *L'argent,* ed. Emilien Carassus, Paris (Garnier-Flammarion) 1974, S. 116 f.: »Et ce que les Croisades avaient tenté, ce que Napoléon n'avait pu accomplir, c'était cette pensée gigantesque de la conquête de l'Orient qui enflammait Saccard, mais une conquête raisonnée, réalisée par la double force de la science et de l'argent«. sowie S. 119: »On commencerait par créer une modeste maison de crédit pour lancer les premières affaires; puis, le succès aidant, peu à peu on se rendrait maître du marché, on conquerrait le monde«.

12 Vgl. ebda. S. 65: »Saccard s'était arrêté [...] avec le regard aigu d'un chef d'armée examinant sous toutes ses faces la place dont il veut tenter l'assaut«.

13 Vgl. A. Wurmser, Préface, S. 19 ff.

14 Vgl. Stendhal, *Le Rouge et le Noir,* ed. Henri Martineau, Paris (Classiques Garnier) 1960, S. 69–75 (Kap. I 12) sowie S. 78: »Jusqu'ici il (Julien) n'avait été en colère qu'avec le hasard et la société; depuis que Fouqué lui avait offert *un moyen ignoble* d'arriver à l'aisance, il avait de l'humeur contre lui-même« (Hervorhebung U.SB.).

15 Vgl. dazu U. Schulz-Buschhaus, *Balzacs ›Traktat vom eleganten Leben‹ - Zur Rezeption aristokratischer Normen in der bürgerlichen Gesellschaft,* in: GRM 29 (1979) S. 443–456, bes. S. 451 ff.

16 Zu den Ähnlichkeiten zwischen César Birotteau und Joseph Prudhomme vgl. A. Wurmser, *La comédie inhumaine,* S. 384 f., sowie P. Laubriet, Introduction, S. LIX, und Anne-Marie Meininger, *Balzac et Henry Monnier,* in: Année Balzacienne 1966, S. 217–244, bes. S. 238 f.

17 Besonderes Relief erhält hier – wie später auch bei Homais – das Bild von den Extravaganzen der Künstlerexistenz: »Les écrivains, les artistes mouraient à l'hopital par suite de leurs originalités; ils étaient d'ailleurs tous athées, il fallait bien se garder de les recevoir chez soi« (S. 78). Vgl. dazu Flaubert, *Madame Bovary,* Paris (Classiques Garnier) 1971, S. 225: »Tous ces grands artistes brûlent la chandelle par les deux bouts; il leur faut une existence dévergondée qui excite un peu l'imagination. Mais ils meurent à l'hôpital, parce qu'ils n'ont pas eu l'esprit, étant jeunes, de faire des économies«, sowie U. Schulz-Buschhaus. *Homais oder die Norm des fortschrittlichen Berufsbürgers,* in: RJb 28 (1977) S. 126–149.

18 Zum »préjugé du dimanche«, den das ›elegante Leben‹ zu ignorieren hat, vgl. auch Balzacs spöttische Bemerkungen im *Traité de la vie élégante* (Balzac - Baudelaire - Barbey d'Aurevilly, *Sur le dandysme,* ed. Roger Kempf, Paris 1971, S. 75).

HARTMUT STENZEL

Realismusanspruch und Abwehr des Proletariats
Zur Entwicklung der Handlungskonstruktion im
realistischen Roman in Frankreich*

Die These, daß der gesellschaftliche Wandel seit 1789 und damit der sukzessive Aufstieg des Bürgertums zur ökonomischen und politischen Herrschaft die wesentliche sozialhistorische Rahmenbedingung für die Entwicklung des französischen Romans im 19. Jahrhundert ist, wird von den Ergebnissen so unterschiedlicher literaturwissenschaftlicher Ansätze wie denen von Hugo Friedrich und Georg Lukács gestützt. Auch in der neueren Forschung zum französischen Roman kann sie als Gemeinplatz gelten. Klaus Heitmann etwa formuliert diesen Zusammenhang in einer jüngst veröffentlichten zusammenfassenden Darstellung des französischen Realismus folgendermaßen:

> Den eigentlichen Grund für den Aufstieg des Romans bildet aber der schon erwähnte historisch-soziologische Sachverhalt: die Machtergreifung des Bürgertums in Frankreich. Der Triumph des Romans ist der literarische Aspekt des Triumphs der Bourgeoisie. [1]

Eine solche globale Feststellung bedarf allerdings der weitergehenden Differenzierung, um für eine literatursoziologische Untersuchung der Entwicklung des Romans brauchbar zu sein. Nicht umsonst kritisierte Winfried Engler kürzlich in einer Präsentation der Forschung zum französischen Roman im 19. Jahrhundert, es würden im methodischen Vorgehen häufig »geschichtliche Wechselbeziehungen in lineare geistesgeschichtliche Folgenlosigkeit« reduziert. [2] Dieses Methodenproblem resultiert zu einem guten Teil gerade aus der nur summarischen Einführung des genannten historischen Kontextes, der der Analyse dann weitgehend äußerlich bleibt. So liegt es auf der Hand, daß etwa die Formel von der »Machtergreifung des Bürgertums« in der Zeit der Julimonarchie andere Beziehungen zwischen Literatur und gesellschaftlicher Herrschaft impliziert als während des zweiten Kaiserreichs. [3] Von da aus wäre dann auch die Frage zu untersuchen, inwieweit sich aus den historischen Entwicklungsstufen der bürgerlichen Gesellschaft, die ja einen je verschiedenen Stand der gesellschaftlichen Konflikte beinhalten, auch der Wandel der Romanstruktur entwickeln läßt. [4]

Die Überlegungen, die hier zur Diskussion gestellt werden sollen, gehen aus von der von Erich Köhler entwickelten Hypothese, derzufolge die Stellung einer Gattung im System der literarischen Gattungen, ihr Aufstieg wie ihre eventuelle Dominanz nur in bezug auf ihren ›Sitz im Leben‹ adäquat erfaßt werden kann. [5] Geht man hiervon aus, so ergibt sich daraus die Ablehnung formalistischer wie geistesgeschichtlicher Konzeptionen der Entwicklung einer Gat-

* Diese Vorlage wurde zum Teil gemeinsam mit Heinz Thoma konzipiert und nach der Abfassung diskutiert. Ich habe ihm für vielfältige Hinweise und Anregungen zu danken.

tung, die deren Bedeutung immanent aus Funktionsverschiebungen innerhalb der Entwicklung der literarischen Reihe oder aber aus sich wandelnden Einflüssen geistesgeschichtlicher Art erklärt. Dabei beruht die Kritik an solchen Ansätzen nicht auf deren Vorgehen, bestimmte interne Wandlungsprozesse innerhalb einer Gattung oder ideengeschichtliche Neuorientierungen aufzuzeigen, sondern auf dem Erklärungswert, der solchen Zusammenhängen gegeben wird.

Für die Entwicklung des französischen Romans im 19. Jahrhundert liegt ein Erklärungsmodell geistesgeschichtlicher Art etwa in der Untersuchung von Hans-Joachim Müller vor. [6] Müller faßt die Entwicklung von Balzac bis Zola als einen Prozeß, dessen Gemeinsamkeit in der Formulierung und Präzisierung bestimmter erkenntnistheoretischer Prämissen zu suchen ist, von denen wiederum die Struktur der Romane geprägt sei. [7] Diese erkenntnistheoretische Grundhaltung, die sich, Müller zufolge, von Balzac bis Zola lediglich radikalisiert, soll ihren Anstoß und ihre wachsende Bedeutung aus dem im 19. Jahrhundert sich vollziehenden Paradigmawechsel der Wissenschaft erhalten, der sich im wesentlichen im Positivismus manifestiere. [8] Probleme der gesellschaftlichen Entwicklung spielen in diesem Erklärungsversuch nur eine abgeleitete Rolle, insofern nämlich, als durch die positivistisch orientierte Praxis des Romanschreibens diese Probleme thematisiert würden. [9] Als Erklärungsparadigma wird in dieser Darstellung somit ein geistesgeschichtlicher Prozeß gesetzt, dessen Ursachen selbst im unklaren verbleiben.

Demgegenüber wäre darauf zu insistieren, daß die erkenntnisbildende Funktion, die vom Roman im 19. Jahrhundert gefordert wird und die die Romanautoren zur Formulierung erkenntnistheoretischer Reflexionen veranlaßt, selbst nur ein abgeleitetes Phänomen darstellt. Für die im 19. Jahrhundert nach und nach entwickelte Forderung, der Roman müsse ein möglichst umfassendes Bild der gesellschaftlichen Wirklichkeit schaffen, sind selbst wieder gesellschaftliche Gründe ausschlaggebend. [10] Die in jener Forderung angesprochenen Erkenntnismöglichkeiten, die die Gattung Roman bereitstellt und die mit ihrem Aufstieg zu einer dominanten Stellung im 19. Jahrhundert besondere Bedeutung erlangen, realisieren sich gerade auf Grund der Notwendigkeit, individuelle Erfahrung als gesellschaftliche zu formulieren. Allgemein gesehen ergibt sich diese Anforderung sicherlich aus der Entwicklung der Herrschaft des Bürgertums, prägt sich jedoch je nach dem Entwicklungsstand dieser Gesellschaftsformation in der Entwicklung der Gattung sehr unterschiedlich aus. [11]

Von seiner Gattungstradition her ermöglicht der Roman die Bearbeitung der Frage nach den Selbstverwirklichungsmöglichkeiten des Individuums. [12] Diese Frage aber kann in der Entwicklung der Gattung im 19. Jahrhundert nur noch in Ausnahmefällen als nicht unmittelbar gesellschaftlich bedingt verarbeitet werden. [13] Manfred Naumann hat den Wandel der Konzeption des Romanhelden, in dem sich dieser Zusammenhang manifestiert, für das 19. Jahrhundert folgendermaßen skizziert:

In der ersten Jahrhunderthälfte, als die Illusion noch verbreitet war, das Ich könne sich vor der siegreichen bürgerlichen Gesellschaft in Sicherheit bringen oder ihr gar seinen Willen aufzwingen, hat der Held noch einen weiten Spielraum. [...] Mit der Festigung der kapitalistischen Verhältnisse verschoben sich allmählich die Gewichte. Das

Operationsfeld des Helden wurde schmaler, seine Widerstandskräfte nahmen ab, seine Subjektivität entleerte sich; die determinierenden Faktoren überwogen. [14]

In diesen Ausführungen ist zumindest summarisch das Problem der Entwicklung eines zentralen Strukturmerkmals der Gattung in Beziehung gesetzt zu den gesellschaftlichen Umwälzungsprozessen, die sich mit der Befestigung der bürgerlichen Herrschaft in Frankreich ergeben. Genauer zu klären bleibt allerdings, was dabei mit Aussagen wie ›weiter Spielraum des Helden‹ bzw. ›Überwiegen determinierender Faktoren‹ konkret zu verbinden ist und wie solche Probleme in die der Gattung eigene Wirklichkeitsgestaltung eingehen.

In der Forschung zum Roman ist dabei wiederholt auf die Bedeutung des gesellschaftlichen Umbruchs nach 1848 hingewiesen worden, der, nach der ersten Manifestation einer Bedrohung der bürgerlichen Herrschaft durch das entstehende Proletariat in den Junikämpfen zu deren Stabilisierung durch die spezifische Form des Cäsarismus Napoleon III. führte. [15] Georg Lukács hat darauf verwiesen, daß das Auftreten des Proletariats als eine die Herrschaft des Bürgertums bedrohende gesellschaftliche Kraft einschneidende Konsequenzen für die Konzeption des Fortschrittsbegriffs im bürgerlichen Denken hatte. [16] Parallel dazu, so Lukács an anderer Stelle, vollzieht sich in der Erzählhaltung des Romans der Übergang vom engagiert-eingreifenden Erzählen zum passiv-distanzierten Beschreiben. [17] Diese Unterscheidung ist insofern problematisch, als Lukács mit ihr zugleich eine normative Satzung vornimmt, die den »großen« bürgerlichen Realismus von der beginnenden »Dekadenz« scheiden soll, doch ist sie insofern von Bedeutung, als sie konkrete Entwicklungstendenzen der bürgerlichen Gesellschaft benennt, die für die Tendenzen der Gattungsentwicklung bedeutsam werden. Damit, daß nach 1848 gesellschaftlicher Fortschritt im Rahmen der entwickelten bürgerlichen Gesellschaft vielen Autoren nicht mehr möglich erscheint [18], ist die kritische Dimension der Wirklichkeitsdarstellung und damit auch die Handlungsmöglichkeit und Entwicklungsperspektive des Protagonisten entschieden eingeschränkt. Ausgehend von diesem kurzen Überblick über einige Fragen der Gattungsentwicklung soll im Folgenden an einigen Beispielen gezeigt werden, wie die sich entwickelnden Widersprüche der bürgerlichen Gesellschaft Bedeutung für den Wandel gattungsinterner Strukturmomente des Romans im 19. Jahrhundert gewinnen. Dabei kann es in diesem Rahmen nicht um eine für eine detaillierte Begründung notwendige, ins einzelne gehende sozialhistorische Differenzierung der verschiedenen Entwicklungsschritte gehen. Die Umsetzung der durch das Proletariat aufgeworfenen Probleme in den literarischen Wandel, der hier angesprochen wird, dient lediglich als Parameter für epochale gesellschaftliche Entwicklungsprobleme, deren Bedeutung sich im Roman am Wandel der Handlungskonstruktion und der Rolle des Protagonisten aufzeigen lassen. Eine nähere Begründung der Frage, wie die verschiedenen Romanautoren versuchen, die mit dieser sozialhistorischen Problematik gegebenen Fragen der gesellschaftlichen Entwicklung in den Roman aufzunehmen bzw. aus ihm auszugrenzen, bedürfte einer weit eingehenderen Untersuchung. Hierzu können im Folgenden nur einige Vermutungen formuliert werden.

Die Konzeption des realistischen Romans, wie sie sich bei Stendhal und Balzac findet, ist das Resultat aus zwei Tendenzen der literarischen Diskussion in der Restaurationszeit. Einerseits emanzipiert sich der Roman gegenüber dem Drama in dem Maße, in dem er sich als die zur Darstellung der Gegenwartsprobleme geeignetere Gattung erweist. [19] Dieser Dominantenwechsel im System der literarischen Gattungen ergibt sich insbesondere aus dem Totalitätsanspruch an die literarische Mimesis, den Victor Hugo in der *Préface de Cromwell* noch im Drama zu verwirklichen können glaubte. Das darin aufgestellte Postulat »tout ce qui est dans la nature est dans l'art« richtete sich schon auf eine umfassende Darstellung der gesellschaftlichen Wirklichkeit, die insbesondere durch die Einbeziehung des »grotesque« und des »laid« geleistet werden sollte. [20] Ausgehend von den in der *Préface* formulierten Überlegungen hat Victor Hugo ein nahezu unspielbares Drama geschrieben, zugleich jedoch, wie Hugo Friedrich gezeigt hat [21], die Prinzipien formuliert, die binnen kurzem den Aufstieg des Romans begründen sollten.

Ähnlich bewegt sich auch die Diskussion um den Roman selbst in Richtung auf die Forderung nach der realistischen Darstellung der Gegenwart. Hatte etwa Mme de Stael noch die Notwendigkeit der moralischen Überhöhung des im Roman Dargestellten unterstrichen [22], so beruft sich Stendhal 1827 im Vorwort zu *Armance* bereits auf die Spiegelmetapher, die er später in *Le Rouge et le noir* (II, 19) noch weiter ausführt. Deren Funktion wird von Winfried Engler folgendermaßen charakterisiert:

Die Spiegelästhetik ermöglicht erst die Ablösung des historischen Romans und die Einbeziehung der gegenwärtigen staatlichen und gesellschaftlichen Wirklichkeit in den Roman, und zwar als Vermittlung dieser Realität aus der Perspektive von Romangestalten, wodurch deutlich gemacht werden kann, inwieweit diese in einem sozialgeschichtlichen Ablauf noch Subjekt oder schon Objekt sind. [23]

Diese Bewegung, in der sich die Romanautoren, um auf der Höhe ihrer Zeit zu bleiben, gezwungen sehen, zumindest tendenziell ein nicht idealisiertes Bild der gesellschaftlichen Gegenwart im Aufbau des Romans anzulegen [24], läßt sich auch auf breiterer Ebene feststellen. So hat Jean-Claude Rioux in einer Untersuchung der Darstellung des Verbrechens im Populärroman der Restaurationszeit gezeigt, wie hier Figuren und Handlungskonstellationen, die lange Ausdruck des Außergesellschaftlichen und Abnormen waren, nach und nach auf Probleme der Armut und der damit verbundenen Kriminalität des Volkes orientiert werden. [25] Stendhal selbst verfolgte diese Entwicklung aufmerksam und begrüßte einen dieser Romane, *Le Maçon* (1828), als eine »copie de la nature«, die sich durch ihre »vérité« auszeichne. [26] Allerdings bleibt in der ersten Hälfte der Julimonarchie das Interesse zumindest der heute kanonisierten Romanautoren an diesem Bereich der gesellschaftlichen Wirklichkeit sehr begrenzt. [27] Stendhal ist – ähnlich wie auch Balzac in den dreißiger Jahren – der Konzeption des außerordentlichen Helden verhaftet. Zwar bezeichnet sich bekanntlich Julien Sorel als »un paysan qui s'est révolté contre la bassesse de sa fortune« [28], doch ändert diese soziale Einordnung nichts an der Grundstruktur der Handlung, die auf die Auseinandersetzung eines außerordentlichen Individuums mit den die Gesellschaft dominierenden Gesetzen ausgerichtet ist. Die Schlußwendung des Romans, ausgelöst durch den Brief der Madame de Rênal, bewahrt zwar, wie Manfred Naumann gezeigt hat, Julien Sorel davor, »sich weiterhin in ›die Vernünftigkeit‹ der ›herrschenden Verhältnisse‹ hineinzubilden« [29], behält aber die Konfliktkonstellation des traditionellen Entwicklungsromans bei. In bezug auf diese Grundmuster des Handlungsablaufs ist *Le Rouge et le Noir* etwa mit dem *Père Goriot* vergleichbar. Rastignac bleibt allerdings am Leben, doch weiß der Leser späterer Teile der *Comédie humaine*, daß seine pathetische Kampfansage an die Gesellschaft am Schluß des *Père Goriot* schließlich in völlige Anpassung mündet: er wird Unterstaatssekretär *(La Cousine Bette)* und schließlich Minister *(Le Député d'Arcis)*. [30]

Bedenkt man diese Entwicklung, die Balzac allerdings erst in seinen letzten Romanen zu erkennen gibt, so wird deutlich, daß hier das Potential kritischer Distanz, das in der entsprechend der Gattungstradition relativ abstrakten Konfrontation individueller Ambition mit den Mechanismen gesellschaftlicher Herrschaft beschlossen ist, offenbar seine Wirkmächtigkeit verliert. Dieses Moment der Gattungsentwicklung steht in Zusammenhang mit wesentlichen Problemen der gesellschaftlichen Entwicklung in der Julimonarchie. Mit der Machtübernahme der Finanzbourgeoisie stellt sich immer schärfer das Problem, auf welche gesellschaftlichen Kräfte sich eine oppositionelle Position berufen kann. [31] Gerade angesichts des entwickelten Realismusanspruchs ist diese Frage für die kritische Dimension der Gattung von Bedeutung. P. Barbéris formuliert das Dilemma wie folgt:

> Car à quoi sert-elle, cette prise de conscience anti-bourgeoise qui aurait pu être libératrice? Elle débouche dans une autre prise de conscience: si la bourgeoisie ne vaut plus rien, il n'y a rien d'autre, aussi, que la bourgeoisie: on ne peut plus croire à la bourgeoisie, mais on est condamné à la bourgeoisie. [33]

Diese Situation nun ändert sich seit Ende der dreißiger Jahre mit dem Auftreten des Proletariats als ernstzunehmender gesellschaftlicher und politischer Kraft. Die Tragweite dieser Entwicklung, auf die hier nicht im einzelnen eingegangen werden kann, läßt sich in der Literatur der vierziger Jahre deutlich ausmachen [34], sie wird auch für die Struktur der zeitgenössischen Romane wichtig.

Bekanntlich sind Eugène Sues *Mystères de Paris* der erste Roman, in dem die neuen sozialen Probleme breiten Raum gewinnen. Sues Stellung in der Entwicklung des Romans ist wiederholt so charakterisiert worden, daß er zwar an schriftstellerischer Qualität weit hinter Balzac, George Sand und anderen zurückbleibe, andererseits aber sehr viel realistischer das Elend des Volks beschreibe. [35] Beide Probleme sind jedoch miteinander verknüpft. Gerade die für Sue typische, teils nicht sehr wirklichkeitsnahe, teils recht beliebig in die Handlung eingestreute Darstellung von Aspekten der Lage der Arbeiter ist auch die Ursache für die willkürliche Handlungskonstruktion des Romans. Dies hängt zusammen mit den ideologischen Prämissen, unter denen dieser Bereich der gesellschaftlichen Wirklichkeit in den Roman eingeht. Es handelt sich, wie Hans-Jörg Neuschäfer formuliert hat, um eine Integration der sozialen Frage in eine »Initiative von oben« [36]; d. h., die Romanhandlung ist so konstruiert, daß die kritische Dimension der in ihr aufgegriffenen Probleme die gesellschaftlichen Rahmenbedingungen letztendlich nicht tangiert.

Diese Perspektive wird dem Leser gleich in den einleitenden Bemerkungen des Romans signalisiert, wo er über die Funktion des für ihn ungewohnten Wirklichkeitsbereichs im Rahmen des Romans beruhigt wird:

Sans doute cette investigation sera nouvelle pour lui [sc.: le lecteur], hâtons-nous de l'avertir que, s'il pose d'abord le pied sur le dernier échelon de l'échelle sociale, à mesure que le récit marchera, l'atmosphère s'épurera de plus en plus. [37]

Das ideologische Projekt Sues beruht also auf einer Integration dieser unteren Bereiche der gesellschaftlichen Stufenleiter in deren ›geläuterte‹ Regionen. Nicht zuletzt wohl unter dem Einfluß der Leserreaktionen hat Sue dieses Vorhaben so nicht durchgeführt. [38] Dennoch ist es noch deutlich an dem Stellenwert erkenntlich, der etwa der Familie Morel, für Sue eine Art Inkarnation des Proletariats in der Romanhandlung, gegeben wird.

Aus dem Kontrast zwischen der Armut des Diamantenschleifers Morel und dem Wert der Steine, die ihm zur Bearbeitung übergeben sind (von Sue mit der Qualifikation »un de ces contrastes qui à la fois désolent et élèvent l'âme« der Aufmerksamkeit des Lesers empfohlen [39]), wird sogleich die ideologische Bedeutung der Rechtschaffenheit dieses im Elend lebenden Arbeiters entwickelt:

N'est-il pas enfin noble, consolant, de songer que ce n'est pas la force, que ce n'est pas la terreur, mais le bon sens moral qui seul contient ce redoutable océan populaire dont le débordement purrait engloutir la société tout entière, se jouer de ses lois, de sa puissance comme la mer en furie se joue des digues et des remparts! [40]

Der gesamte Ablauf der folgenden Kapitel ist ganz deutlich darauf angelegt, die Wirksamkeit dieser heilsamen ideologischen Barrieren zu überprüfen. Wie auf einen zweiten Hiob läßt Sue hier auf Morel (dessen Notlage im übrigen eher aus einer Verkettung von Unglücksfällen als aus seiner sozialen Stellung resultiert [41]) ein Verhängnis hereinbrechen, das unaufhaltsam und umfassend scheint. Er muß wegen seiner Schulden ins Gefängnis, eines seiner Kinder erfriert in seiner unbeheizten Dachkammer, und als seine Tochter zu Hilfe eilt, um ihn vor dem Gefängnis zu bewahren, reicht ihr Geld nicht aus. An diesem Punkt der ohne Unterbrechung zu immer höherer Spannung aufgebauten Handlungskette nun scheint die moralische Unerschütterlichkeit des Diamantenschleifers, deren gesellschaftliche Bedeutung Sue dem Leser so eindringlich nahegelegt hatte, in Empörung umzuschlagen:

Non ... non ... Dieu n'est pas juste! ...-s'écria le lapidaire d'une voix désespérée, en frappant du pied avec rage.

Doch an diesem Punkt tritt der Protagonist des Romans, der Fürst Rodolphe de Gerolstein, in Aktion:

Si, Dieu est juste ... il a toujours pitié des honnêtes gens qui souffrent, – dit une voix douce et vibrante. Au même instant, Rodolphe parut à la porte du petit reduit, d'où il avait invisiblement assisté à plusieurs des scènes que nous venons de raconter. [42]

Er zieht das fehlende Geld aus der Tasche und rettet damit Morel vor der Verhaftung. Dann macht er sich sogleich daran, die verelendete Familie mit Möbeln und Kleidung auszustatten.

Diese Stelle, in der das »Fortunatussäckel« (Marx) des Fürsten Rodolphe die durch Elend und soziale Ungerechtigkeit ins Wanken geratene Harmonie, die von der Resignation der Armen garantiert wird, wieder herstellt, verdeutlicht ein wesentliches Element der ideologischen und ästhetischen Konstruktion des Romans. Ästhetisch gesehen greift Sue mit der Gestalt des Rodolphe auf die Gattungstradition des außerordentlichen Individuums zurück, das die Widrigkeiten seines Schicksals zu überwinden versucht [43], doch dieser außerordentliche Held fungiert zugleich – angesichts der Dimension der gesellschaftlichen Probleme, in die der Autor ihn stellt – als das einzige »tätige Prinzip« [44], kraft dessen Eingreifen alle Intrigen und gesellschaftlichen Probleme sich in reines Wohlgefallen auflösen. Dieser Versuch, die soziale Frage, die massiv an Bedeutung gewonnen hat, in den Rahmen der traditionellen Handlungsstruktur der Gattung zu integrieren, muß fast notwendigerweise zu dieser Überhöhung des Helden führen, soll nicht die Auflösung der aufgezeigten gesellschaftlichen Widersprüche mißglücken. Insoweit Sue an diesem Handlungsschema festhält, versucht er damit, die ideologisch signifikante Vorstellung zu illustrieren, es genüge die Kompetenz des tätig eingreifenden Individuums, um alle widrigen gesellschaftlichen Umstände und Widersprüche zu überwinden. In der Entwicklung des Romans war diese Vorstellung bereits bei Stendhal in Frage gestellt worden [45], gerade ihre Wiederkehr bei Sue verdeutlicht die ideologische Anlage der Grundstruktur seines Romans.

Allerdings ist diese Konzeption des Romans bei Sue auch nicht konsequent durchgeführt. [46] Zum einen sprengt die Darstellung der sozialen Mißstände bisweilen geradezu die Grundstruktur des Romans, in den einige Episoden mit der Haupthandlung nur noch sehr lose verknüpft sind. Zum anderen deutet Sue am Ende der eigentlichen Romanhandlung eine bemerkenswerte Negation der integrativen Kraft seines Helden an – der »redoutable océan populaire«, zu dessen Beschwichtigung Rodolphe angetreten war, zeigt dort seine ungebrochene Gefährlichkeit. [47]

An der Barriere von Charenton, durch die Rodolphe mit seiner wiedergefundenen Tochter die Stadt verlassen will, hat sich in Karnevalsstimmung eine große Menschenmenge zusammengedrängt. Darin befinden sich alle jene Verbrechergestalten, die Rodolphe nicht hat beseitigen können. Gegenüber dem Berittenen, der dem Wagen Rodolphes den Weg bahnen soll, nimmt die Menge eine fast insurrektionelle Haltung ein:

> Ton seigneur? – dit le Squelette. – Qu'est-ce que ça fait à moi, ton seigneur? ... Je l'estourbirai, si ça me plaît. Je n'en ai jamais refroidi, de seigneurs ... et ça m'en donne l'envie. – Il n'y a plus de seigneurs ... *Vive la Charte!* – cria Tortillard ... [48]

Gerade die soziale Stellung Rodolphes ist es hier, die die Menge aufbringt – die Parole der Revolution von 1830 markiert dies deutlich. Hinter Rodolphe, der mit knapper Not schließlich entkommt, bleibt der Aufruhr der Menge unbeschwichtigt zurück. [49] Zwar erscheinen im Epilog vom sicheren Gerolstein aus die Verhältnisse in Paris wieder in bester Ordnung, aber der offene Widerspruch zwischen dem Anspruch Rodolphes und der Szene des Aufruhrs bleibt bestehen. [50]

Gerade für kritische Leser des Romans bleibt strukturell dominierend dennoch die ordnungsstiftende Allmacht Rodolphes gegenüber den gesellschaftlichen Wirren. So hielt etwa ein sozialistischer Kritiker Sue die Willkürlichkeit und Unwahrscheinlichkeit seiner Charaktere wie seiner Handlungskonstruktion vor, die Sues politischen Absichten eher schade. [51] Von besonderer Bedeutung für die hier untersuchte Entwicklung ist die Auseinandersetzung Bal-

zacs mit den *Mystères de Paris*. Eine ganze Reihe von Briefstellen belegt, daß
Sue für Balzac in bezug auf seinen kommerziellen Erfolg ein beneidetes Vorbild war. [52] Auch inhaltlich hat ihn dieser Erfolg sicherlich beeinflußt. So
notiert Balzac bei der Abfassung der ersten Zeile von *Splendeurs et misères des
courtisanes*: *je fais du Sue tout pur*. [53] Zugleich jedoch markiert er seine kritische Distanz gegenüber der Romankonzeption Sues, der er eine Verfälschung
der gesellschaftlichen Wirklichkeit vorwirft. Seine *Splendeurs et misères des
courtisanes* mit Sues Erfolgsroman vergleichend, schreibt er:

> Vous lirez l'étrange comédie d'*Esther*! je vous l'enverrai bien corrigée, et vous verrez
> un monde parisien qui vous était et qui vous sera toujours inconnu, bien autre que le
> faux Paris des *Mystéres*, et constamment comique, et où l'auteur, comme dit George
> Sand, applique un coup de fouet à faire sauter toutes les enveloppes et les guenilles mises
> sur les plaies. [54]

Aus dieser Stelle wird deutlich, daß Balzac vor allem die falsche Harmonisierung gesellschaftlicher Widersprüche zurückweist, die aus der Handlungskonstruktion des Sueschen Romans resultiert. Diese Kritik entspringt aus einem
Realismusanspruch, der aus der Diagnose sich ergibt, daß angesichts des Entwicklungsstandes der Gesellschaft eine solche Versöhnung nicht möglich sei.
[55] Im Anschluß an die eben zitierte Stelle findet sich nicht zufällig jene bekannte Äußerung, in der sich Balzac mit Napoleon, Cuvier und O'Connell als
seinen Vorbildern auf eine Stufe stellt und diesen Vergleich mit der Bemerkung rechtfertigt: »[...] moi, j'aurai porté une société tout entière dans ma tête.« [56]

Angesichts dieser Dimension des Realismusanspruchs ist wiederholt die
Frage aufgeworfen worden, warum Balzac das Problem des Proletariats aus
der *Comédie humaine* praktisch völlig ausklammert. Daß er dessen Entwicklung zur Kenntnis nahm und kritisch zu werten wußte, ist durch die Arbeiten
von Pierre Barbéris zur Genüge erwiesen. [57] Doch scheint ein wesentliches
Problem für ihn zu sein, daß der Stand der gesellschaftlichen Entwicklung ihm
noch nicht die Möglichkeit an die Hand gab, diesen Bereich der Realität adäquat in den kritischen Diskurs zu integrieren, den seine Romane entwickeln.
[58] Die Auseinandersetzung mit Sue bestätigt hier, was sich schon aus der kritischen Distanz ergibt, die Balzac zu den sozialistischen Theorien der Zeit
hielt: die in jener Zeit formulierten Lösungsversuche für die soziale Frage,
seien sie nun theoretischer (im Frühsozialismus) oder ästhetischer Natur (wie
bei Sue), hätten Balzac das kritische Potential seines Realismusanspruchs zumindest teilweise verbaut. [59]

Dennoch geht die Problematik des Proletariats in *verdeckter Form* in die
Handlungskonstruktion vieler seiner Romane in den vierziger Jahren ein. Ein
wesentlicher Punkt dieser Entwicklung ist die Umwertung des Romanprotago-
nisten, dessen ideologische Funktion sich bei Sue besonders zugespitzt gezeigt
hatte. Im Vorwort zu den *Splendeurs et misères des courtisanes* verweist er auf
den Mangel an moralischer Energie, der die bürgerliche Gesellschaft immer
mehr beherrsche, um daraus die Folgerung zu ziehen: »[...] il n'y a plus
d'énergie que dans les êtres séparés de la société.« [60] In dieser Wendung, mit
der die Einbeziehung der »bas fonds« der Gesellschaft in den Roman begründet werden soll, scheint die Erkenntnis durch, daß ein bürgerlicher Held nicht

mehr die in der Gattungstradition angelegte gesellschaftskritische Funktion des Protagonisten wahrnehmen könne in einer Situation, in der das Bürgertum gar keine über den Status quo hinausweisenden Ideale und Ambitionen haben kann.

Auf der Ebene des Romans entspricht dieser Einsicht die dominierende Stellung Vautrins, aus dessen Energie allein der praktisch zu einer Marionette degradierte Lucien de Rubempré den Willen und die Möglichkeit für seinen gesellschaftlichen Aufstieg gewinnt. Der Repräsentant der Verbrecherwelt übernimmt die Rolle des außerordentlichen Individuums, die der bereits gescheiterte bürgerliche Held (vgl. *Illusions perdues*) nicht mehr ausfüllen kann. [61] Anstelle seiner handlungsunfähigen Marionette inkarniert nun der ehemalige Sträfling die gesellschaftlichen Oppositionskräfte, jene »gens en guerre avec la société qui grouillent dans Paris.« [62] Im Abschiedsbrief des endgültig gescheiterten Lucien de Rubempré wird diese Oppositionsrolle geradezu zum philosophischen Prinzip überhöht:

> Cain, dans le grand drame de l'humanité, c'est l'opposition. [...] Parmi les démons de cette filiation, il s'en trouve de temps en temps, de terribles, à organisations vastes, qui résument toutes les forces humaines [...]. C'est grand, c'est beau dans son genre. [...] C'est la poésie du mal. [63]

Zwar wird der Verbrecher, der durch sèine Pläne das ganze gesellschaftliche Gefüge bedroht hatte, schließlich um den Preis des Wohlverhaltens in die Gesellschaft aufgenommen. Doch diese Schlußwendung wirkt nicht nur künstlich, sie bestätigt auch, wie Erich Köhler gezeigt hat, daß die ›gute‹ Gesellschaft und der Verbrecher einander wert sind. [64] Die Gestalt des Vautrin bezieht sich ihrem Bedeutungsbereich zufolge auf die »classes dangereuses«, jene sozial noch sehr wenig differenzierte Schicht, in der unter den elenden Lebensbedingungen des Frühkapitalismus die Übergänge zwischen Proletariat und Verbrechermilieu fließend waren. [65] Sicherlich steht Vautrin zugleich in der Traditionslinie des außerhalb der Gesellschaft situierten romantischen Helden, die vom Kain Byrons über Victor Hugos Hernani bis hin zum Prometheus Edgar Quinets eine Vielzahl von Protagonisten aufzuweisen hat. Doch gewinnt diese Tradition bei Balzac einen sehr viel präziseren sozialen Gehalt, der sich, bei aller Bedeutung der literarischen Tradition, wohl nur durch das zunehmende Gewicht der sozialen Probleme erklären läßt, von denen die Rede war. Jedenfalls manifestiert sich in dieser sozialen Konfiguration das Bewußtsein, daß in der Gesellschaft Kräfte am Werk sind, die nicht mehr unter die Dominanz des Bürgertums subsumierbar sind, wenn auch zugleich die Tragweite der von ihnen repräsentierten Negation der bestehenden Gesellschaft noch unklar bleibt.

In der Handlungskonstruktion des Romans manifestiert sich jenes Bewußtsein also in der Umwertung des Protagonisten und im Verschwinden aktiver bürgerlicher (bzw. kleinadliger) Helden. Davon ist auch – vielleicht sogar noch krasser – die Konzeption von *La Cousine Bette* geprägt. Als aktiv Handelnde erscheinen hier allein die beiden Frauengestalten – die Kusine und Valérie Marneffe – die durch ihre gegenseitige Abhängigkeit wie vor allem durch massive Andeutungen, die auf eine homosexuelle Beziehung zwischen beiden verweisen, in struktureller Analogie zu dem Paar Vautrin-Lucien stehen. [66] Bemerkenswerter noch ist für den bisher entwickelten Zusammenhang, daß Bettes Handlungsenergie eindeutig aus ihrer sozialen Herkunft abgeleitet wird. Beobachte man sie genau, heißt es von ihr, so zeige sie »le côté féroce de la classe paysanne«. Kurz darauf wird Balzac noch deutlicher:

La cousine Bette, la sauvage Lorraine, quelque peu traîtesse, appartenait à cette catégorie de caractères plus communs chez le peuple qu'on ne pense, et qui peut en expliquer la conduite pendant les révolutions. [67]

Der alte Marschall Hulot schließlich bezeichnet Bette als »une vraie républicaine, une fille du peuple.« [68]

Gegenüber Bette und ihrer zerstörerischen Aktivität, die sozial so eindeutig situiert ist, stellt keine der anderen Hauptfiguren einen ebenbürtigen Widerpart dar. Die Energie des Baron Hulot, die im Grunde seit dem Niedergang des Kaiserreichs verschwunden ist (»L'Empire s'en va! ... je vais saluer l'Empire«, ruft ihm seine Mätresse nach, als sie ihm den Laufpaß gibt, um sich von einer Finanzgröße der Julimonarchie aushalten zu lassen [69]), erschöpft sich in seinen Liebesaffairen. Auch sein Sohn und der Graf Steinbock können in keiner Weise eine aktive Rolle spielen. Illustriert der Roman auf der einen Seite den Umstand, daß die Tugenden, die die Gefolgsleute Napoleons seinerzeit groß gemacht haben [70], so zeigt er andererseits, daß die neue Gesellschaftsordnung keine vorwärtsstrebenden Individuen mehr hervorzubringen scheint. Über Hulot fils, diesen »jeune homme tel que l'a fabriqué la Révolution de 1830« [71], heißt es:

Il [...] jugea sainement la vie en voyant que la loi commune oblige à se contenter en toutes choses d'*à peu près*. [72]

Das abschließende Urteil über Steinbock, der seinen kurzen Höhenflug als Bildhauer auch nur der Energie der Bette zu verdanken hatte, fällt ähnlich aus: »[...] enfin il passa critique, comme tous les impuissants qui mentent à leurs débuts.« [73]

Aufgehalten werden kann Bette schließlich nur von ihresgleichen, durch das Eingreifen der Tante des Vautrin (der mittlerweile zum Chef der Geheimpolizei avanciert ist), die sich hier als ordnungsstiftende Macht präsentiert. [74] Wesentlicher für die Grundstruktur des Romans ist jedoch, daß seine eigentliche Einheit von dem Triumph der Geldverhältnisse gebildet wird, die alles untergehen lassen, was sich ihnen nicht oder noch nicht unterworfen hat. Am drastischsten wird dies der Baronin Hulot demonstriert, als sie versucht, das Geld aufzutreiben, das ihrem von ihrem Mann in Finanznöte gebrachten Onkel Ehre und Leben retten soll. In aller Eindeutigkeit wird ihr von dem vermögenden Crevel erklärt, daß ihre Hoffnung auf große Gefühle wie Mitleid oder auch Nächstenliebe sinnlos sind. Er erläutert das Gesetz, nach dem die Gesellschaft funktioniert, folgendermaßen:

[...] au-dessus de la Charte, il y a la sainte, la vénérée, la solide, l'aimable, la gracieuse, la belle, la noble, la jeune, la tout-puissante pièce de cent sous! Or mon bel ange, l'argent exige des intérêts, et il est toujours occupé à les percevoir! [75]

Aus dieser Grundstruktur der gesellschaftlichen Herrschaft folgt für den Roman die Unmöglichkeit einer wie auch immer gearteten positiven Wendung.

Dies ist das Résumée, das der Arzt Bianchon kurz vor dem Ende unmißverständlich zieht. [76] Von seinem Aufbau wie von seinem gesellschaftlichen Gehalt her stellt der Roman somit als ungelösten Widerspruch das Problem, daß einerseits angesichts des Entwicklungsstands der gesellschaftlichen Verhältnisse Perspektivlosigkeit und Mittelmäßigkeit dominierende Verhaltenskriterien sind, andererseits gegen diesen Gesellschaftszustand gerichtete Aktivitäten zwar einem sozial eindeutigen Ort zugewiesen werden, sich jedoch nur als rein destruktive konzipieren lassen. Der Bereich des Volkes bildet (in der Gestalt der Bette) zwar ein bedrohliches Potential, kann jedoch noch keine gesellschaftsverändernde Wirkung entfalten.

Letzten Endes scheint in dieser Verweigerung einer die bestehenden Verhältnisse affirmierenden Auflösung der gesellschaftlichen Konflikte die eigentliche Gegenposition Balzacs gegen Sue zu liegen (auch *La Cousine Bette* ist in bewußter Auseinandersetzung mit Sue geschrieben [77]). Gezeigt wird als negativ zu bewertendes Resultat der gesellschaftlichen Entwicklung der Triumph der unverhüllten Geldverhältnisse, unter die lediglich die noch nicht in ihren Auswirkungen einschätzbaren Kräfte des Volkes nicht voll subsumierbar sind.]78] Eine Untersuchung von *Les Paysans* könnte diesen Befund stützen. Klarer noch als in den bisher besprochenen Romanen kommt dort jener Bewußtwerdungsprozeß Balzacs zum Ausdruck, den Pierre Barbéris so charakterisiert hat: »[...] il existe, par delà la bourgeoisie victorieuse des forces nouvelles, obscures.« [79] Angesichts des durch die Geldverhältnisse ausgelösten Verfalls aller normativen Orientierungen wird dort die soziale Signifikanz der Auseinandersetzung um den Großgrundbesitz Les Aigues, die von Balzac schon mit eindeutig auf den Klassenkampf verweisenden Konnotationen versehen wird, folgendermaßen dargestellt:

> L'audace avec laquelle le Communisme, cette logique vivante et agissante de la Démocratie, attaque la Société dans l'ordre moral, annonce que, dès aujourd'hui, le Samson populaire, devenu prudent, sape les colonnes sociales dans la cave, au lieu de les secouer dans la salle de festin. [80]

Die strukturellen Analogien, die dieser Roman mit den zuvor besprochenen aufweist, können hier nicht im einzelnen untersucht werden, sie haben jedenfalls ähnliche Konsequenzen für Handlungskonstruktion und Gestaltung der Protagonisten. [81]

Insgesamt läßt sich festhalten, daß bei Balzac das kritische Bewußtsein vom Entwicklungsstand der bürgerlichen Herrschaft und den gesellschaftlichen Problemen, die darin angelegt sind, zu Konsequenzen für die Entwicklung des Romanaufbaus führt, in denen die bei Stendhal bereits angelegte Negation des klassischen Entwicklungsromans verwirklicht ist. [82] Diese Tendenzen kommen in einem fortgeschritteneren Stadium der gesellschaftlichen Auseinandersetzung bei Flaubert – wenn auch in anderer Form – noch deutlicher zur Geltung.

Für die Handlungskonstruktion des Romans hat Hugo Friedrich die Differenz zwischen Stendhal und Balzac einerseits und Flaubert andererseits dahingehend bestimmt, daß bei den ersteren das Scheitern des Helden die »prästabilisierte Disharmonie« zwischen Individuum und Gesellschaft erst als Endpunkt der Handlung enthülle, während bei Flaubert »die unbedingte Nicht-

Übereinstimmung zwischen allem und jedem gleich von Anfang an gegenwärtig« sei. [83] Dieser Befund wäre nicht nur im Hinblick auf die schon bei Balzac konstatierten Tendenzen zu nuancieren, sondern auch in seiner historischen Besonderheit zu konkretisieren. Die gesellschaftliche Entwicklung nach 1848 hatte vor allem deutlich gemacht, daß eine Integration des Proletariats im Rahmen der politischen Zielsetzungen auch des oppositionellen Bürgertums nicht mehr möglich war. [84] Bedenkt man die bisher angesprochene Bedeutung der Entwicklung des Proletariats für den Wandel der Gattung, so läßt sich daraus folgern, in welcher Richtung die oben zitierte Analyse von Hugo Friedrich zu konkretisieren ist. Insbesondere nach den Erfahrungen der Junikämpfe von 1848 mußte das Proletariat – notfalls mit Gewalt – aus der bürgerlichen Herrschaftsausübung ausgegrenzt werden. Soll nicht der Bestand bürgerlicher Herrschaft selbst in Frage gestellt werden, so können die damit aufgeworfenen Probleme auch nicht mehr jene potentiell kritische Rolle spielen, die sich in der Entwicklung der Romane Balzacs andeutete. In dieser Hinsicht ergibt sich die bei Flaubert von vornherein für die Romanhandlung bestimmende »prästabilisierte Disharmonie« aus einer Position der Kritik an der bürgerlichen Gesellschaft, die jegliches über diese hinausweisende Element nicht nur nicht sieht, sondern auch nicht sehen will. [85] Das aus dieser Situation resultierende Bewußtsein hat Flaubert 1852 in einer Briefstelle mit aller Schärfe dargelegt:

> Le temps est passé du Beau. L'humanité, quitte à y revenir, n'en a que faire pour le quart d'heure. [...] En attendant, nous sommes dans un corridor plein d'ombre, nous tâtonnons dans les ténèbres. Nous manquons de levier; la terre nous glisse les pieds; le point d'appui nous fait défaut à tous, littérateurs et écrivailleurs que nous sommes. A quoi ça sert-il? A quel besoin répond ce bavardage? De la foule à nous, aucun lien. Tant pis pour la foule, tant pis pour nous sutout. [86]

Die Unmöglichkeit der ästhetischen Synthesis gesellschaftlicher Widersprüche, die sich schon bei Balzac gezeigt hat, wird nun hier nicht mehr aus deren prinzipieller Offenheit und der Unklarheit möglicher Alternativen begründet, sondern aus der völligen Abwesenheit von Lösungsmöglichkeiten. Das daraus resultierende Fehlen möglicher Handlungsalternativen bestimmt auch den Spielraum für das in den Romanhelden angelegte kritische Potential: dieser ist von vornherein nicht vorhanden, für Emma Bovary genausowenig wie für Frédéric Moreau.

Das Problem der Ausgrenzung des Proletariats läßt sich bei Flaubert in zweifacher Bearbeitung beobachten. Zum einen läßt sich zeigen, wie entscheidend diese Problematik in den historischen Roman *Salammbô* eingegangen ist, der schon von der Struktur des Konflikts her wesentliche Parallelen zu den Junikämpfen erkennen läßt. [87] Diese Analogie ist etwa im Verhalten Karthagos seinen Söldnern gegenüber deutlich:

> [...] on leur avait dit avec toutes sortes de caresses: Vous êtes les sauveurs de Carthage! Mais vous l'aftaublieriez en y restant; elle deviendra insolvable. Eloignez-vous! La République, plus tard, vous saura gré de cette condescendance. [88]

Die hier angesprochenen Probleme verweisen direkt auf die Diskussion um die Auflösung der Nationalateliers, die den Junikämpfen unmittelbar voran-

ging und in der den dort arbeitenden »Rettern der Republik« ebenfalls vorgeworfen wurde, die Republik finanziell zu ruinieren. [89] Analog zu dieser Parallele Söldner – Proletariat der Junitage wird auch im Roman wiederholt die
jede gesellschaftliche Ordnung bedrohende Rolle der Söldner evoziert. So
heißt es an einer Stelle:

> [...] on sentait bien que si les Mercenaires triomphaient, depuis le soldat jusqu'au la-
> veur d'écuelles, tout s'insurgeait, et qu'aucun gouvernement, aucune maison ne pourrait
> y résister. [90]

Diese Analogien legen die Vermutung nahe, daß Flaubert am historischen Gegenstand seines Romans den Konflikt von Juni 1848 mit evoziert. Neben anderen Indizien spricht dafür die von Hamilkar (durchaus ähnlich wie von Ca-
vaignac, dem starken Mann der bürgerlichen Republik) mit größter Konsequenz und Grausamkeit durchgeführte Vernichtung des Feindes. Die Vermutung, daß Flaubert hier die Vernichtung der die bürgerliche Gesellschaft bedrohenden Klasse imaginiert, scheint nicht von der Hand zu weisen. [91] Sainte-Beuve gegenüber, der ihm die unmotivierten Grausamkeiten in der Romanhandlung vorwarf, verweist Flaubert auf den Einsatz der Garde mobile in den
Junikämpfen [92] – diese Erfahrung scheint also durchaus eine Rolle für ihn
gespielt zu haben.

Es wäre hier noch darauf einzugehen, daß diese Vernichtungsphantasie nun
keineswegs bruchlos vor sich geht – schließlich hat Flaubert in der Entwicklung *Salammbôs* auch das Problem des heimlichen Strebens nach Komplizität
mit den Feinden der Gesellschaft thematisiert. [93] Jedenfalls machen die angesprochenen Beziehungen zwischen dem Stoff des historischen Romans und
den Gegenwartsproblemen deutlich, wie sehr jene selbst bei der vom Autor intendierten Flucht in die Vergangenheit noch von Bedeutung sind. [94]

Dieselben Probleme sind bekanntlich in unverhüllter Gestalt als konstitutives Moment in die *Education sentimentale* eingegangen. So sehr die ersten beiden Teile dieses Romans der Privatsphäre verhaftet scheinen, so entscheidend
ist doch die Verknüpfung der individuellen Entwicklung Frédéric Moreaus mit
der Geschichte der Revolution von 1848 in allen Peripetien der Handlung. [95]
Flaubert selbst hat diesen Zusammenhang so gekennzeichnet:

> Je veux faire l'histoire morale des hommes de ma génération; ›sentimentale‹ serait
> plus vrai. C'est un livre d'amour, de passion; mais de passion telle qu'elle peut exister
> maintenant, c'est-à-dire inactive. [96]

Diese Verbindung des Handlungsspielraums der Protagonisten mit ihren historischen Möglichkeiten ist nun so konstruiert, daß jedes Entkommenwollen
aus der Passivität von vornherein als unmöglich und lächerlich erscheint. So
bestätigt die politische Inkompetenz des Volkes in der Februarrevolution nur
im Nachhinein das Scheitern der nach der langen Entwicklung der ersten beiden Teile realisierbar erscheinenden Hoffnungen Frédéric Moreaus auf eine
Liebesbeziehung zu Madame Arnoux. [97] Sowenig die ersatzweise eingegangene Beziehung zu Rosanette für Frédéric eine sinnvolle Perspektive eröffnen
kann, sowenig kann es seine Begeisterung durch die Volksmassen. Flaubert
verdeutlicht dies bereits in der Schilderung der Plünderung der Tuilerien
durch die Aufständischen, der Frédéric in der Rolle des Zuschauers beiwohnt.

Er entwirft ein Bild sinnloser Verwüstung, die ihren Grund in den in ihrem Übermaß a priori lächerlichen Hoffnungen des Volkes findet (»une joie frénétique éclata, comme si, à la place du trône un avenir de bonheur illimité avait paru« [98]). Am Ende dieser Beschreibung entwirft Flaubert ein Sinnbild für die möglichen Perspektiven des Aufstands:

> Dans l'antichambre, debout sur un tas de vêtements, se tenait une fille publique, en statue de la liberté, – immobile, les yeux grands ouverts, effrayante. [99]

Das Erschrecken, das der Erzähler hier imaginiert, ist wohl nicht zuletzt das vor den unwägbaren Möglichkeiten, die die Revolution eröffnen könnte, und ist daher zugleich in ein Bild verkehrt, das diese Möglichkeiten von vornherein entwertet. Diese Tendenz der Darstellung, die bisweilen nur mühsam hinter der von Flaubert affichierten ›impassibilité‹ verborgen bleibt, zieht sich durch die gesamte Schilderung der Revolution. So wird das wachsende Interesse Frédérics an der revolutionären Bewegung folgendermaßen dargestellt:

> Frédéric, bien qu'il ne fût pas guerrier, sentit bondir son sang gaulois. Le magnétisme des foules enthousiastes l'avait pris. Il humait voluptueusement l'air orageux, plein des senteurs de la poudre; et cependant il frissonnait sous les effluves d'un immense amour, d'un attendrissement suprême et universel, comme si le coeur de l'humanité tout entière avait battu dans sa poitrine. [100]

Der eigentliche Sinn dieser karikierenden Darstellung wird einige Seiten weiter unverhüllt deutlich, wo Flaubert den Entschluß Frédérics, für die verfassunggebende Versammlung zu kandidieren, folgendermaßen kommentiert: »Frédéric, homme de toutes les faiblesses, fut gagné par la démence universelle.« [101] Auf diese Bewertung – »démence universelle« – läßt sich die gesamte Intention der Beschreibung Flauberts reduzieren.

Henri Mitterand hat anhand der Präsentation der Gestalt des doktrinären Sozialisten Sénécal nachgewiesen, wie diese unterschwellig kommentierende Tendenz sich auch durch andere Passagen des Romans zieht, in denen mögliche politische Alternativen zur Diskussion stehen. [102] In der spezifischen Konstruktion dieser Figur wird dieselbe apriorische Entwertung möglicher politischer Alternativen deutlich wie auch in der Darstellung Dussardiers, der doch immerhin allein als uneigennütziger Republikaner dargestellt wird. [103] Henri Mitterand hat das Ergebnis seiner Untersuchung so resümiert:

> Derrière non pas Sénécal, mais derrière le narrateur racontant Sénécal quelque chose parle, qui est, d'une certaine manière, une voix de classe. [...] Le portrait de Sénécal n'est donc pas innocent. Il est un de ces lieux où le roman se transforme en acte, devient lui-même un agent historique, dénonçant le caractère utopique d'une mise à distance de l'histoire. [104]

Was aus diesen Überlegungen zur Darstellungsintention Flauberts deutlich wird, ist, daß in die Romanhandlung eine apriorische historische Konstruktion eingeht [105], deren negativer Fluchtpunkt die unter verschiedenen Aspekten im Roman entworfenen Alternativen des Proletariats darstellt. Dies gilt für dessen Auftreten in der Revolution ebenso wie für die möglichen Vertreter (selbst sehr gemäßigter) sozialistischer Politik, Sénécal und Dussardier, denen konstruktive Handlungsmöglichkeiten erst gar nicht zugebilligt werden. Die von Anfang an vorhandene Unfähigkeit Frédéric Moreaus zu sinnvollem individuellen wie gesellschaftlichem Handeln kann erst aus dieser Konstruktion umfassend gesetzt werden. [106] Nun gewinnt die Radikalität dieser Darstellung ihr Recht und ihren Rang zweifellos aus der Erfahrung der realen gesellschaftlichen Entwicklung, in der das Scheitern der Republik weitgehend der Unfähigkeit der linken Republikaner, die gesellschaftliche Entwicklung adäquat zu erfassen, zuzuschreiben war. Doch geht die historische Konstruktion, die in der Romanhandlung entwickelt wird, weit über die Aufarbeitung dieser Erfahrung hinaus. [107] Die bekannte Notiz über diese Konstruktion – »montrer que le Sentimentalisme (son développement depuis 1830) suit et en reproduit les phases« [108] – weist aus, daß es Flaubert um die Darstellung einer umfassenden Interdependenz von individuellem und allgemeinem Scheitern geht, die, wie gezeigt wurde, ihren Fluchtpunkt in der Verdrängung politischer Alternativen hat, die über die bestehende bürgerliche Herrschaft hinausweisen – und die im übrigen 1869 längst wieder auf der Tagesordnung standen. Die Handlungskonstruktion des Romans vollzieht so einen Ausgrenzungsprozeß, der wichtige Analogien zu der ausgeführten Vernichtungsphantasie im *Salammbô* aufweist.

Für die hier untersuchte Thematik ist von Bedeutung, daß offenbar in der historischen Entwicklung ein Zustand erreicht war, der eine Integration der gesellschaftlichen Widersprüche im Sinne des Realismusanspruchs, der sich in der Entwicklung der Diskussion um den Roman seit der Restaurationszeit herausgebildet hatte, nicht mehr erlaubt. Vor dem Hintergrund der hier skizzierten Entwicklungstendenzen wäre der Übergang zu einem proletarischen Romanhelden, wie er sich bei den Goncourts andeutet und dann in positiver Wendung bei Zola vollzieht [109], ebenso einzuordnen wie der im Auseinandertreten von Ästhetizismus und Naturalismus sich manifestierende Rückzug des bürgerlichen Helden in den Bereich seiner privaten Subjektivität. [110] Signifikant ist dabei, daß selbst der Entwurf eines handlungsfähigen proletarischen Helden in Zolas *Germinal* von ähnlichen ideologischen Konstruktionen begleitet ist, wie sie sich bei Flaubert finden. Letzten Endes bleibt der Ansatz Zolas für die Gattungsentwicklung folgenlos, in der die ästhetizistische Tendenz dominierend wird.

Schon aus Platzgründen konnte im Rahmen dieser Vorlage die untersuchte Entwicklung nur an wenigen Punkten entwickelt werden. So blieb insbesondere der ganze Bereich der Erzählperspektive außer Betracht, in dem analoge Tendenzen hätten festgestellt werden können. Das Verschwinden eines Erzählers, »der Bescheid weiß« (W. Benjamin), bei Flaubert ist für die historisch-gesellschaftlichen Probleme, aus deren Wandel hier die Entwicklung der Handlungskonstruktion interpretiert wurde, ähnlich signifikant.

Deutlich wurde an diesen Beispielen jedenfalls, daß die Erzählforschung sich bei der Untersuchung der Entwicklung von Gattungsstrukturen nicht wird auf die Untersuchung immanenter Tendenzen beschränken können. Wollte man den hier besprochenen Wandel der Handlungskonstruktion nur aus gattungsimmanenten Problemen erklären, so bleiben wesentliche Ursachen außer Betracht. Diese konnten hier nicht so detailliert untersucht werden, wie es eigentlich nötig wäre, doch erhellt ihre prinzipielle Bedeutung sich bereits aus den hier gemachten Ausführungen.

Anmerkungen

1 Klaus Heitmann, *Der französische Realismus von Stendhal bis Flaubert*, Wiesbaden: Athenaion 1979, S. 11

2 Winfried Engler, Einleitung zu ders. (Hrsg.) *Der französische Roman im 19. Jahrhundert*, Darmstadt: Wiss. Buchgesellschaft 1976, S. 1–14, hier: S. 13

3 Vgl. dazu Pierre Barbéris, *Au milieu du chemin du siècle*, in Abraham/Desné (Hrsg.), *Manuel d'histoire littéraire de la France*, Bd. IV, 2, Paris: Ed. sociales 1973, S. 481–496

4 Auf die hier angesprochene Bedeutung des gesellschaftlichen Umbruchs nach 1848, die bereits von Georg Lukács entwickelt wurde (allerdings in normativer Absicht), wird noch näher einzugehen sein.

5 Vgl. Erich Köhler, *Gattungssystem und Gesellschaftssystem, Romanische Zeitschrift für Literaturgeschichte* 1/1977, S. 7–22

6 Hans-Joachim Müller, *Der Roman des Realismus-Naturalismus in Frankreich*, Wiesbaden: Athenaion 1977

7 *Ebd.*, S. 59 ff. u. ö.

8 *Ebd.*, S. 63–68

9 Vgl. *ebd.*, S. 79: »Die Frage nach der Beziehung des Realismus-Naturalismus zu den gesellschaftlichen und politischen Verhältnissen seiner Zeit ergibt sich vor allem aufgrund des von den Autoren postulierten Programms, die Gesamtheit der zeitgenössischen Gesellschaft darstellen zu wollen.« S. weiter auch S. 86 f., wo in ähnlicher Wendung die kritische Position Balzacs als nicht aus seiner geschichtlichen Erfahrung sondern aus seiner erkenntnistheoretischen Position resultierend dargestellt wird.

10 Zur allgemeinen Leistung des Gattungssystems, geschichtliche Erfahrung sinnbildend umzuformen vgl. die Ausführungen von E. Köhler, *op. cit.*, bes. S. 19: »Das System der literarischen Gattungen ist ein System, dessen Steuerungsmechanismus auf kohärenzbildende Verarbeitung sozial unterschiedlicher Erfahrung kontingenter Weltkomplexität gerichtet ist.«

11 Vgl. dazu die Ausführungen von W. Engler, *op. cit.*, S. 10

12 Vgl. dazu die folgende Bemerkung von Werner Krauss: »Welche Chance bleibt dem Individuum zur Behauptung in der ihm entfremdeten Gesellschaft. Das ist die Fragestellung, auf die sich der bürgerliche Roman als die ästhetische Lang- und Grundform der modernen Bewußtseinsbildung zuspitzt.« (Zit. nach Manfred Naumann, *Prosa in Frankreich. Studien zum Roman im 19. und 20. Jahrhundert*, Berlin: Akademie-Verlag 1978, S. 7)

13 Vgl. dazu die Ausführungen von Hugo Friedrich, *Drei Klassiker des französischen Romans*, Frankfurt: Klostermann [5]1966, S. 17 f. – Außer Betracht bleibt hier die von Lothar Knapp aufgezeigte Entwicklungslinie des *roman personnel*, die wohl doch in erster Linie zu Beginn des Jahrhunderts von Bedeutung ist (L. Knapp, *Roman personnel und romantische Sensibilität: Constant-Musset-Fromentin*, in: W. Engler [Hrsg.] *Der französische Roman im 19. Jahrhundert*, S. 43–88). Insbesondere bei Fromentin ist die in dieser Entwicklungslinie bei Constant formulierte »Souveränitätserklärung des Individuums« höchstens noch ex negativo bemerkbar (vgl. *ebd.*, S. 84 f.).

14 M. Naumann, *op. cit.*, S. 202

15 Vgl. etwa H. Friedrich, *op. cit.*, S. 118 f., G. Lukács, *Der historische Roman*, in ders., *Probleme des Realismus III*, Neuwied etc.: Luchterhand 1965, S. 208 ff., K. Heitmann, *op. cit.*, S. 18 f. – Manfred Naumann (*op. cit.*, S. 49) sieht die Stabilisierungsphase der bürgerlichen Herrschaft erst 1871 einsetzen. Vgl. dazu jedoch die Kritik von Rita Schober, *Annotationen zu Manfred Naumanns »Prosa in Frankreich«, Weimarer Beiträge* 10/1979, S. 88–116, hier: S. 91 f. – In meiner Untersuchung *Der historische Ort Baudelaires*, München: Fink 1980 habe ich versucht, die Bedeutung dieser gesellschaftsgeschichtlichen Zäsur am Beispiel der Entwicklung Baudelaires darzulegen.

16 G. Lukács, *Der historische Roman*, S. 210 ff.

17 G. Lukács, *Erzählen oder beschreiben?* in P. Bürger (Hrsg.), *Seminar: Literatur- und Kunstsoziologie*, Frankfurt: Suhrkamp 1978, S. 72–115, hier: S. 79 ff., 88 ff. u. ö.

18 Vgl. dazu P. Barbéris, *Au Milieu du chemin du siècle*, S. 481: »Historiquement, politiquement, socialement, la bourgeoisie, qui demeure la classe maîtresse de la vie, n'offre plus à ses enfants aucune perspective exaltante: elle vient de montrer son vrai visage; elle cesse d'être progressive [...].«

19 Diese Entwicklung kann hier nur summarisch angesprochen werden. Vgl. dazu etwa das Vorwort von Pierre Marino zu seiner kritischen Ausgabe von Stendhals *Racine et Shakespeare*, Paris: Champion 1925, Bd. 1, S. I-CXXXIV, bes. CXXVII ff., Claude Duchet, *Théâtre, histoire et politique sous la Restauration*, in *Romantisme et politique*, Paris: Colin 1969, S. 281-302, Winfried Engler, *Zur Rivalität von Roman und Schauspiel in Frankreich*, in D. Briesemeister (Hrsg.), *Sprache, Literatur und Kultur*, Frankfurt etc.: Lang 1974, S. 145-158, bes. 149 und 152 f.

20 Vgl. die folgende Stelle: »(La muse moderne) sentira que tout dans la création n'est pas humainement *beau*, que le laid y existe à côté du beau, le difforme près du gracieux, le grotesque au revers du sublime, le mal avec le bien, l'ombre avec la lumière« (Hugo, *Cromwell*, éd. Annie Uebersfeld, Paris: Garnier-Flammarion 1968, S. 69). Im Begriff des »grotesque« sieht A. Uebersfeld »l'image mystifiée de la présence populaire dans le domaine de l'art« (*Hugo et le théâtre*, in *Manuel d'histoire littéraire de la France*, ed. cit., Bd. IV, 2, S. 286-315, hier S. 294 f.).

21 *Drei Klassiker des französischen Romans*, S. 11. - In seiner Auseinandersetzung mit dem Gegenstand der Sueschen *Mystères de Paris* sieht der konservative Kritiker A. de Nettement alles Übel (die Darstellung des Elends usw.) aus dem »système littéraire de M. Hugo« entspringen (*Etudes critiques sur le feuilleton roman*, Bd. 1, Paris 1845, S. 248).

22 Vgl. z.B. das Vorwort zu *Delphine*, abgedruckt bei W. Engler (Hrsg.), *Texte zur französischen Romantheorie des 19. Jahrhunderts*, Tübingen: Niemeyer 1970, S. 5-8, etwa S. 6: »Observer le coeur humain, c'est montrer à chaque pas l'influence de la morale sur la destinée«.

23 W. Engler, *Stendhals Spiegel-Metapher*, Lendemains 4/1976, S. 109-119, hier: S. 113

24 Vgl. dazu den zweiten Einschub in *Le Rouge et le noir* (ed. H. Martineau, Paris: Garnier 1960, S. 375 f.), wo es um die Einbeziehung der Politik in die Romanhandlung geht. Dort läßt sich Stendhal von seinem Verleger vorhalten: »Si vos personnages ne parlent pas politique [...] ce ne sont plus des Français de 1830, et votre livre n'est plus un miroir, comme vous en avez la prétention...«

25 J.-Cl. Rioux, *Crime, nature et société dans le roman de la Restauration*. Vorlage zum Kolloquium »Nature et société au XIX siècle«, Neuchâtel, April 1979, erscheint 1980 in *Romantisme*. Hier zit. nach dem Manuskript. Rioux verweist darauf, daß »les romanciers jettent les premières bases d'un misérabilisme littéraire qui se développera sous la Monarchie de Juillet« (S. 16).

26 Vgl. *ebd.*, S. 19

27 Vgl. *ebd.*, S. 19 die folgende Bemerkung Stendhals: »On peut dire qu'à Paris même peu de gens connaissent la société dans laquelle ils passent leur vie.« - Zu den Anfängen der Auseinandersetzung Balzacs mit diesem Problem s. Louis Chevalier, *Classes laborieuses et classes dangereuses* Paris: Plon 1959, S. 473 ff. Zu verweisen wäre hier auch auf Ansätze bei anderen Autoren, etwa Jules Janin oder Victor Hugo (vor allem *Le dernier jour d'un condamné*), die aber doch im Bereich des Pittoresken oder Außergewöhnlichen verbleiben und soziale Probleme nicht wirklich ansprechen.

28 *Le Rouge et le noir*, ed. cit., S. 482

29 M. Naumann, *Prosa in Frankreich*, S. 101. - Vgl. ebd., S. 104: »Der Realismus des Romans ist gerade in dem Sich-Nicht-Zurechtfinden seiner Hauptfigur in der Gesellschaft der Restauration gegründet. Durch die Unfähigkeit Juliens, ein adaptiertes Mitglied der bürgerlichen Gesellschaft zu werden, wird die Geschichte nach vorn hin offengehalten.

30 Vgl. zu diesem Verfahren Balzacs, die Entwicklung seiner Personen zum Teil in nebensächlichen Bemerkungen über mehrere Romane hin weiterzuverfolgen, M. Naumann, *op. cit.*, S. 139 ff.

31 Vgl. zu diesem Problem Verf. *Der historische Ort Baudelaires*, S. 44 ff.

32 Pierre Barbéris hat in seinen umfangreichen Untersuchungen zu Balzac gezeigt, daß in dieser Situation auch die Wurzel für die bekannten legitimistischen Optionen dieses Autors liegt. Diese erklärten sich also nicht aus einem apriorischen Konservativismus Balzacs, sondern aus seiner Suche nach politischen Alternativen zu der unbefriedigenden Realität der bürgerlichen Herrschaft in der Julimonarchie. Vgl. dazu F. Wolfzettel, *Balzacforschung 1967–1977, Romanische Zeitschrift für Literaturgeschichte* 2/1978, Heft 2/3, S. 350–382, hier S. 361 ff.

33 P. Barbéris, *Les Romantismes*, in *Manuel d'histoire littéraire de la France*, Bd. IV, 1, S. 477–545, hier S. 529

34 Vgl. dazu Verf., *Der historische Ort Baudelaires*, S. 59 ff.

35 Vgl. etwa Walter Heist, *Die Entdeckung des Arbeiter. Der Proletarier in der französischen Literatur des 19. und 20. Jahrhunderts*, München: Kindler 1974, S. 30 ff., Klaus Heitmann, *Der französische Realismus von Stendhal bis Flaubert*, S. 72 und 74 f.

36 H.-J. Neuschäfer, *Populärromane im 19. Jahrhundert*, München: Fink 1976, S. 181

37 Sue, *Les Mystères de Paris*, 10 Bde, Paris: Paulin, 1843–1845, hier: Bd. 1, S. 3 f.

38 Vgl. dazu J.-L. Bory, *Eugène Sue. Le roi du roman populaire*, Paris: Hachette 1962, S. 232 ff.

39 *Mystères de Paris*, Bd. 3, S. 213

40. Ebd., S. 214

41 Vgl. *ebd.*, S. 234: Die Familie, die sogar beträchtliche Ersparnisse hatte, ist nur dadurch ins Elend geraten, daß die schwachsinnige Großmutter einen der Morel anvertrauten Diamanten verloren hat.

42 *Mystères*, Bd. 4, S. 12

43 Vgl. dazu J.-L. Bory, *Eugène Sue* [...], S. 252 ff.

44 Marx/Engels, *Die heilige Familie*, Marx-Engels-Werke, Bd. 2, S. 176. Der nahezu unbeschränkte Aktionsradius des Helden stellt Rodolphe in die Tradition des Populärromans, doch wird dies Verfahren hier wohl zum ersten Mal derart massiv in den Dienst der Beseitigung sozialer Probleme gestellt (vgl. H.-J. Neuschäfer, *Eugène Sue et le roman-feuilleton, Romanische Zeitschrift für Literaturgeschichte* 2/1978, Heft 4, S. 401–420, hier S. 411 f.).

45 Vgl. zu dieser Frage M. Naumann, *Prosa in Frankreich*, S. 98 ff.

46 Zum Folgenden wie allgemein zum Kompromißcharakter des Sueschen Romans ist auf die Freiburger Staatsarbeit von W. Hülk zu verweisen: *Wenn das Volk hungert, ist kollektive Illusionierung nicht störungsfrei* (Freiburg, Januar 1978).

47 *Les Mystères de Paris*, Bd. 10, S. 44

48 Ebd., S. 50

49 Vgl. zu dieser Passage die Bemerkungen von V. Klotz, *Eugène Sue: Les Mystères de Paris. Öffnung und Eröffnung des modernen Abenteuerromans, Romanische Zeitschrift für Literaturgeschichte* 2/1978, Heft 2/3, S. 175–198, hier S. 194 f.

50 In ähnlichem Sinn wäre auch das mißglückte Happy-End des Romans in bezug auf Rodolphes Tochter zu interpretieren. Sie erhält in der eben angesprochenen Aufruhrszene zumindest den ersten Anstoß dazu, auf eine Heirat zu verzichten und ins Kloster zu gehen (vgl. *Mystères*, Bd. 10, S. 62). Vgl. dazu die in Anm. 46 zitierte Staatsarbeit von W. Hülk.

51 Besprechung der *Mystères de Paris* in der *Revue indépendante*, 1843, abgedruckt bei H. Grubitzsch (Hrsg.) *Materialien zur Kritik des Feuilleton-Romans*, Wiesbaden: Athenaion 1977, S. 40–52, vgl. bes. S. 47 f.

52 Vgl. etwa Balzac, *Lettres à Madame Hanska*, éd. R. Pierrot, Paris: Ed. du Delta 1968, Bd. 3, S. 342, 417, 474 f., 509 usw.

53 *Ebd.*, S. 229

54 *Ebd.*, S. 373

55 Vgl. dazu auch *ebd.*, S. 233: »[...] *Esther* est une horrible peinture, il faillait la faire, et elle me sera reprochée comme on m'a reproché la *Fille aux yeux d'or*. Mais il faut bien faire *Paris vrai*.« Außerdem im Anschluß an die eben zitierte Stelle, S. 374: »J'aurai peint le grand monstre moderne sous toutes ses faces.«

56 *Ebd.*, S. 374

57 Vgl. insbesondere *Le Monde de Balzac,* Paris: Arthaud 1973, S. 327 ff., *Mythes Balzaciens,* Paris: Colin 1971, S. 281 ff.

58 Vgl. dazu neben den vorstehend zitierten Arbeiten von Barbéris die Ausführungen von N. Mozet, *Le Réalisme balzacien selon Pierre Barbéris, Littérature* 22/1976, S. 98–117, hier 103 f. und 114 ff.

59 Vgl. P. Barbéris, *Mythes balzaciens,* S. 303: »[...] il est probable qu'il (sc.: Balzac) n'a pu rendre compte du réel bourgeois de manière vraiment critique que parce qu'il s'est toujours refusé aux pièges d'une gauche qui, plus ou moins, innocentait toujours certains aspects de la bourgeoisie ou lui fournissait des cautions intellectuelles.«

60 Vorwort zu *Splendeurs et misères des courtisanes,* zit. nach der Pléiade-Ausgabe der *Comédie humaine,* éd. P.-G. Castex u. a., Bd. VI, Paris: Gallimard 1977, S. 424–428, hier S. 424

61 Vgl. *ebd.,* S. 488: »Le terrible Espagnol maintenait sa créature avec un bras de fer dans la ligne au bout de laquelle les fanfares et les profits de la victoire attendent les politiques patients.« Vgl. ähnlich auch S. 504 f. u. ö.

62 *Ebd.,* S. 424 (Vorwort).

63 *Ebd.,* S. 789 f.

64 E. Köhler, *Balzac und der Realismus,* in ders., *Esprit und arkadische Freiheit,* Frankfurt: Athenäum 1966, S. 177–197, hier S. 190 f.

65 Vgl. Splendeurs et misères [...], ed. cit., S. 832 ff. Für eine genauere Untersuchung der hier angesprochenen gesellschaftlichen Entwicklung vgl. L. Chevalier, Classes labourieuses et classe dangereuses [...], Paris: Plon 1959

66 Vgl. dazu *La Cousine Bette,* in *La Comédie humaine,* ed. cit., Bd. VII, S. 151, 195, 200 u. ö. sowie die Anmerkungen der Herausgeber, S. 1 293 und 1 307.

67 *Ebd.,* S. 85 u. 86 – Vgl. zu dieser sozialen Situierung Bettes auch M. Naumann, *Prosa in Frankreich,* S. 120 ff.

68 *La Cousine Bette,* S. 351

69 *Ebd.,* S. 122

70 Vgl. insbesondere *ebd.,* S. 313

71 *Ebd.,* S. 97

72 *Ebd.,* S. 364

73 *Ebd.,* S. 449

74 Vgl. *ebd.,* S. 387: »Voici quarante ans, monsieur, que nous remplaçons le Destin [...] et que nous faisons tous ce que nous voulons dans Paris« erklärt sie dem jungen Hulot, der sie zu Hilfe ruft.

75 *Ebd.,* S. 325

76 *Ebd.,* S. 428 – Bezeichnend ist in bezug auf diese Grundstruktur der Handlung, wie durch sie zugleich die Religion als historisch überholter gesellschaftlicher Faktor entlarvt wird. Dies sollte bei der Beurteilung der politischen Stoßrichtung von Balzacs politischem Katholizismus zu denken geben, der weniger im Sinne einer konservativ-reaktionären Grundhaltung zu interpretieren ist (wie dies etwa K. Heitmann *Der französischen Realismus von Stendhal bis Flaubert,* S. 56 ff. recht umstandslos tut), sondern eher als die Evokation eines – historisch schon nicht mehr wirkmächtigen – Gegenpols gegen die negativen Tendenzen, die sich in der Entwicklung der bürgerlichen Gesellschaft enthüllen.

77 Vgl. in der zitierten Ausgabe das Vorwort, S. 6 f.

78 In dieser Hinsicht wären die Befunde der Balzac-Forschung in der DDR zu nuancieren, derzufolge – so Ch. Bevernis – bei Balzac »der Kampf der sozialen Klassen [...] in dem Antagonismus *bourgeoisie – noblesse* gipfelt, bzw. endet« (*Balzac zum Problem der Wahrheit in der Kunst, BzRPh,* 2/1966, S. 5–49, hier S. 48; vgl. ähnlich auch M. Naumann, *Prosa in Frankreich,* S. 147 f.).

79 P. Barbéris, *Préface* zu der Ausgabe von *Les Paysans,* Paris: Garnier-Flammarion 1970, S. 17–54, hier: S. 42

80 *Ebd.,* S. 155

81 In einer Gestalt wie dem Père Niseron schreibt Balzac dort den Bauern sogar schon ein allerdings noch nicht zur Geltung kommendes eigenes politisches Bewußtsein zu. Vgl. die bemerkenswerte Charakterisierung dieser Figur, *ebd.,* S. 239 f.

82 Vgl. zu letzterem die idealtypische Charakterisierung Hegels, *Ästhetik* Bd. 2, (Theorie Wertausgabe Bd. 14), Frankfurt: Suhrkamp 1970, S. 219 f.

83 H. Friedrich, *Drei Klassiker des französischen Romans*, S. 28

84 Näheres hierzu s. Verf., *Der historische Ort Baudelaires*, S. 121 ff., sowie 152 ff.

85 Sicher ist dieses Bewußtsein bei Flaubert nicht ursächlich von den gesellschaftlichen Auseinandersetzungen nach 1848 ausgelöst, sondern geht, wie insbesondere Sartre in seinen umfangreichen Analysen deutlich gemacht hat, schon auf frühere lebensgeschichtliche Krisensituationen zurück. Dennoch ist der Bewußtseinsstand, der in seinen Romanen zum Ausdruck kommt, der Lage nach 1848 adäquat.

86 Brief an L. Colet vom 24. April 1852

87 Vgl. hierzu Ch. Bevernis, *Vergangenheitsdarstellung und Gegenwartsbezug in Gustave Flauberts Roman Salammbô*, BzRPh XI/1972, S. 22–37.

88 *Salammbô*, in Flaubert, *Oeuvres*, ed. A. Thibaudet/R. Dumesnil, Bibliothèque de la Pléiade, Paris: Gallimard 1951, Bd. 1, S. 725 f.

89 Vgl. dazu die Dokumente bei M. Agulhon (Hrsg.), *Les Quarante-huitards*, Paris: Gallimard/Juillard 1975, S. 150 ff.

90 *Salammbô*, ed. cit., S. 953

91 Ein ähnliches Verfahren hat H.-J. Neuschäfer in seiner Analyse von Vernes *Ile mystérieuse* aufgezeigt: *Populärromane im 19. Jahrhundert*, S. 116 ff.

92 Salammbô, ed. cit., *Appendice*, S. 1002. In seiner *Geschichte der Commune von 1871* hat P. Lessagaray diese Analogie aufgegriffen. Die Behandlung gefangener Kommunarden durch die Versailler beschreibt er als »diese Martern Matthos, ertragen von hundert Opfern« (Frankfurt: Suhrkamp 1971, S. 242).

93 Vgl. dazu J. Neefs, *Le Parcours du Zaimph*, in *La Production du sens chez Flaubert*, Colloque de Cérisy, Paris: UGE 1975 (Coll. 10/18, Nr. 995) S. 227–241, bes. 237 f.

94 Vgl. dazu Flauberts Brief an Feydeau vom 29./30. November 1859: »Peu de gens devineront combien il a fallu être triste pour entreprendre de ressusciter Carthage! C'est là une Thébaide où le dégoût de la vie moderne m'a poussé.«

95 Vgl. dazu die Darstellung von A. Junker, *Die Darstellung der Februarrevolution im Werk Flauberts*, in *Gedächtnisschrift f. Ad Hämel*, Würzburg 1953, S. 93–120, bes. 95–106.

96 Brief an Mlle Leroyer de Chantepie vom 6. Oktober 1864

97 Wie J. Proust gezeigt hat (Structure et sens de *»l'Education sentimentale«*, RSH 30/1967, S. 67–100), findet in den ersten beiden Teilen des Romans aller Probleme F. Moreaus zum Trotz noch eine Aufwärtsentwicklung statt, die erst mit dem Scheitern des Rendez-vous (und damit am Vorabend der Revolution) zusammenbricht.

98 *L'Education sentimentale*, in Flaubert, *Oeuvres*, ed. cit., Bd. 2, S. 32

99 *Ebd.*, S. 321

100 *Ebd.*, S. 323

101 *Ebd.*, S. 330

102 H. Mitterand, *Discours de la politique et politique du discours dans un fragment de l'Education sentimentale*, in *La Production du sens chez Flaubert*, S. 125–141. – Vgl. dazu auch J. Proust, *op. cit.*, S. 74 ff.

103 Vgl. in bezug auf Sénécal *Education sentimentale*, éd. cit., S. 166 f. für Dussardier *ebd.*, S. 428 f.

104 H. Mitterand, *op. cit.*, S. 138 f.

105 Vgl. dazu J. Proust, *Structure et sens de »L'Education sentimentale«*, RSH 1967, S. 67–100, hier S. 99 f.

106 Vgl. dazu vor allem die Szene auf dem Boulevard nach dem Staatsstreich von 1851, *Education sentimentale*, ed. cit., S. 446 f.

107 Ein Vergleich mit der Verarbeitung des Staatsstreiches in Vallès' *Le Bachelier* könnte dies illustrieren.

108 Zit. nach J. Proust, *op. cit.*, S. 80

109 Vgl. zu dieser Entwicklung H.-J. Neuschäfer, *Der Naturalismus in der Romania*, Wiesbaden: Athenaion 1978, S. 3 ff. und 29 ff.

110 Vgl. dazu H. Sanders, *Naturalismus und Ästhetizismus. Zum Problem der literarischen Evolution*, in: Ch. Bürger u. a. (Hrsg.), *Naturalismus/Ästhetizismus*, Frankfurt: Suhrkamp 1979, S. 56–102.

DOLF OEHLER

Der Tourist. Zu Struktur und Bedeutung der Idylle von Fontainebleau in der *Education sentimentale*

>Dites, qu'avez-vous vu?«
Baudelaire, *Le Voyage*

Die besondere Schwierigkeit, vor die Flauberts *Education sentimentale* den Interpreten stellt – er muß sich ihrer nicht unbedingt bewußt werden [1] –, rührt von der besonderen Weise her, wie Roman und Historie kompositorisch miteinander verflochten sind. Um diese Kompositions- und Erzählweise, die ein Novum und, in ihrer Dichte wie Stringenz, wohl auch ein Unikum in der Geschichte des (Historischen) Romans darstellt, zu verstehen, bedarf es sowohl einer außergewöhnlichen, fast schon detektivischen Aufmerksamkeit auf die Struktur, als auch eines über die Kenntnis der globalen Zusammenhänge weit hinausgehenden, gewissermaßen intimen historischen Wissens, das freilich auch im Laufe einer ausdauernden interpretatorischen Arbeit am Text erworben werden kann, wenn ein Leser sich dazu herausfordern läßt, den tausend tagespolitischen Daten, Hinweisen, Anspielungen usw. systematisch nachzugehen. Unter einem intimen historischen Wissen verstehe ich hier die Vertrautheit nicht allein mit den Ereignissen und den entsprechenden Erklärungsmodellen, sondern auch die Vertrautheit mit dem Vokabular und dem Bildervorrat, mit deren Hilfe die verschiedenen Erfahrungen, Stimmungen, Aspirationen der je zu untersuchenden Epoche in historisch-soziologisch spezifizierbaren Situationen täglich aufs Neue, wenn auch meist nicht neu formuliert wurden. Doch um die geheimen *Correspondances* zu deuten, die zwischen der Vita des Romanhelden und der Geschichte und Vorgeschichte der 48er Revolution, so wie dieser fiktional-historische Zwittertext sie entwickelt, obwalten, genügen die historische Kompetenz und die philologische Akribie allein noch nicht: hierzu bedarf es, in ungleich stärkerem Maße als bei den Vorgängern Flauberts, der Einbildungskraft und Verknüpfungsgabe des Lesers. Wer seine Lust an der *Education sentimentale* in Erkenntnis verwandeln möchte, ist gehalten, dem poetisch-ironischen Verweisungszusammenhang auf den Grund zu gehen, in welchem Realität und Fiktion aufeinander bezogen sind und der in den zahlreichen auffälligen Koinzidenzen der historischen Peripetien mit den privaten des Romans seinen konkretesten, wenngleich keineswegs eindeutigen Ausdruck findet. Ein Interpret, der dieses Zusammenhangs nicht oder nur stellenweise gewahr wird und der das Buch liest wie eine, trotz aller kompositorischen Finesse doch lineare Romanerzählung, aus der man beliebig Zitate anführen kann, um über Werkintention, Autorenstandpunkt oder geschichtsphilosophischen Wahrheitsgehalt zu befinden, wird beinahe zwangsläufig zu der Folgerung kommen, Flaubert habe sich auf die Geschichte der 48er Revolution keinen Reim machen können oder wollen, er habe sie als ein mehr oder weniger opakes, kontingentes Geschehen aufgefaßt und sämtlichen

Beteiligten, Demokraten wie Konservativen, Arbeitern wie Bourgeois, gleichmäßig miserable Zensuren erteilt; eine uralte, weitverbreitete, den einen nicht unwillkommene, den andern zu strafender Kritik Anlaß gebende Meinung, die sich auf verschiedene widersprüchliche oder widersprüchlich scheinende Einzelheiten des Romans, auf briefliche Äußerungen Flauberts zur *Education* und außerdem auf seine Haltung gegenüber der Pariser Kommune zu berufen pflegt. [2] Gewiß, der Ideologiekritiker, der dem Verfasser der *Education* mit der Frage zu Leibe rückt, wie er's mit dem Proletariat halte, wird leicht einiges Belastungsmaterial zusammenbringen, ähnlich wie seinerzeit in einem andern Ressort der Procureur Impérial Pinard; nur, wenn sie derart dilettantisch liest und fragt, wird Ideologiekritik selbst Ideologie. Die Neigung, den Text nur da zu Worte kommen zu lassen, wo man es besser weiß und wo man ihn verurteilen kann – gnädigstenfalls unter Zubilligung mildernder Umstände –, ist steril und essentiell antiliterarisch. [3] Das Sammeln anstößig ideologischer Stellen bleibt blind ohne die Analyse der Gesamtstruktur des Werkes, ohne die Bestimmung ihrer Funktion oder Dysfunktion im Textganzen.

Die spezifische Leistung, die wirkliche Bedeutung der fiktionalen Revolutionshistoriographie Flauberts besteht, so meine ich, nicht in der ideologisch-moralischen Bewertung seiner Figuren und der Klassen, die sie repräsentieren, sondern darin, daß dieser Historische Roman in die »sentimentalen«, die psychisch-affektiven Schichten des 48er Kontexts eindringt und es fertigbringt, individuelle Lebensläufe mit dem geschichtlichen Gesamtprozeß zu vermitteln. Systematisch unternommen wird diese Vermittlung jedoch nur dort, wo eine emphatische Erfahrungs- und Sozialisationsidentität von Held und Autor gegeben ist; ihren sozialen Ort hat diese Erfahrung im gutsituierten Kleinbürgertum – also in Flauberts eigener Gesellschaftsschicht –, ihren historischen in der Generation der kurz nach 1820 Geborenen, in Flauberts Generation, die 1848 im Begriff stand, ins Mannesalter einzutreten. In noch umfassenderer Weise als *Madame Bovary* führt die *Education sentimentale* – weil sie die Geschichte einbezieht – nicht Realität unmittelbar, sondern einen bestimmten Blick auf die Realität vor. Und in dieser ironisch verfremdeten Perspektive des fiktiven kleinbürgerlichen Achtundvierzigers Frédéric Moreau, nicht aber in der unmittelbaren Sicht des Autors selbst, werden Geschichte und Gesellschaft dargestellt, wobei ein Schein von Unmittelbarkeit, etwa durch die raffinierte Verwendung des *style indirect libre*, gewahrt wird. Wenn Flaubert sich einmal einmischt und, eher im Affekt, seine durchgängige ästhetisch-ideologische Selbstdisziplin – die bekannte *impassibilité* – durchbricht, so verdient dieses schriftstellerische Agieren zwar Beachtung und Kritik, es darf jedoch nicht hypostasiert werden, so als erschöpften sich darin Sinn und Botschaft des Romans.

Die psychosoziale Genese einer bestimmten Empfindungs- und Wahrnehmungsweise und die gesellschaftliche Praxis, die dieser korrespondiert bzw. auf die diese hinausläuft: das ist das Sujet der *Education*. In dieser Innenansicht der bürgerlichen Revolutionsgeschichte, wo es zuvörderst um bürgerliche Verantwortlichkeiten geht, figuriert *das Volk* – vom Proletariat als selbständiger Klasse ist explizit nicht die Rede – weniger als historisches Subjekt, denn als Objekt jener Wahrnehmung und jener Praxis, als Kristallisationsgestalt für kleinbürgerliche Gefühle und Ambivalenzen: das Volk ist, wie Mme Arnoux, ein indirekter, perspektivisch gebrochener Protagonist des Romans, fast schon eine Allegorie; und wie Mme Arnoux, wird das Volk für den Leser der *Education* gerade deshalb interessant, weil er nur so problematisch Vermitteltes über es erfährt.

Der anschließende Kommentar zu dem ›Ausflug nach Fontainebleau‹ soll an einigen Beispielen zeigen, wie Flaubert dadurch, daß er die Technik der *Correspondances* von der Lyrik auf die Gattung Roman überträgt, individuelle und kollektive Geschichte aufeinander ausrichtet, ferner, welche poetischen, aber auch welche politischen, gesellschaftskritischen Möglichkeiten er dem Roman mit dieser neuen Erzählweise eröffnet, konkret gesprochen, wie der Romancier durch die Darstellung einer Weise des Empfindens und Wahrnehmens, die mit der Repression des Juni 1848 auf den ersten Blick nichts zu tun hat, diese interpretiert als ein kleinbürgerlicher Empfindsamkeit durchaus kommensurables Phänomen, ja recht eigentlich als deren logische Entsprechung.

Es dürfte an einer gewissen Eilfertigkeit und Urteilssucht der Literaturkritik und der Literaturwissenschaft liegen – vielleicht auch an ihrer Unschuld in politischen Dingen –, daß die exponierte Stellung, die ungeheure Verdichtungsarbeit der Fontainebleau-Idylle mehr beschworen als wirklich analysiert worden sind, sofern man sie nicht überhaupt völlig ignorierte. Dabei bildet diese Idylle den kompositorischen Höhepunkt des Romans: einen relativ undramatischen, heimlichen Höhepunkt, im Gegensatz zu der lauten Beschreibung der Februarrevolution, die zu Beginn des Dritten Teils einen ostentativen ersten Höhepunkt markiert hatte [5] und die doch nur der Prolog war zu der Reise des Juni. Daß dies übersehen wurde, hat zunächst etwas mit den Erwartungen des Publikums von 1869 zu tun, doch viel mehr mit den ideologischen als mit den rein literarischen. Sartre hat im letzten Band des *Idiot de la famille* eingehend beschrieben, wie tabuiert das Schreckensdatum des Juni 48 war und warum es dies war. Der Autor der *Education* hat diesem Tabu zugleich Rechnung getragen, indem er die Schilderung der »häßlichen Revolution« [6] ausläßt und sich mit seinem Helden an einen unschuldigen Ort begibt, und er hat es unterlaufen durch die Art der Einbettung dieses Exkurses in den Kontext des Romans und der Geschichte. Bei der Darstellung von Roques Bluttat und dem sarkastischen Kapitel über das Dîner der Sieger mußte er fürchten, daß sie Skandal machen und ihn in Schwierigkeiten bringen würden, und gewiß waren die wenigen ungeschminkten Juni- und Dezemberszenen der Hauptgrund für die eisige Reaktion der konservativen Kritik. [7] Die ungleich tiefere, poetisch-analytisch an die gesellschaftlichen Ursachen der Junikatastrophe rührende Beschreibung des verlängerten Wochenendes in Fontainebleau aber hat Flaubert, soweit wir wissen, keinerlei Anfeindungen eingetragen: eine so unerbittliche Enthüllung der Bourgeoisseele, eine derart luzide, auf Identifikation beruhende Gesellschaftskritik scheint schlicht überlesen oder als Zeugnis gehobenen Weltschmerzes mißverstanden worden zu sein.

Am Vorabend des Juniaufstandes, also am 22. Juni (dem Tag, an dem der *Moniteur* den Beschluß der Exekutivkommission, daß alle Arbeiter der Nationalwerkstätten im Alter von 17 bis 25 Jahren zur Armee eingezogen würden, veröffentlichte), verläßt Flauberts Held, entschlossener als im Februar, den er in der Rue Tronchet verschlief und ähnlich wie später im Dezember '51, wo er jedoch allein sein wird, den Schauplatz der Geschichte, das brodelnde Paris, (das zu verlassen die Arbeiter der *ateliers nationaux* sich weigern), um sich, ein Verdränger des Gleichzeitigen, im Schoße der Natur und einer kapriziösen Geliebten von den Anstrengungen des Pariser revolutionären Alltags zu erholen. [8] Die Idylle von Fontainebleau bildet den Herzpunkt des um die Junirevolution zu gruppierenden Romanteils, der insgesamt etwa doppelt so umfangreich ist wie der den Februarereignissen gewidmete. Die erzählte Zeit des Ausflugs umfaßt die vier Tage von Donnerstag früh bis Sonntag abend, das heißt vom 22. bis zum 25. Juni, wobei von einem bestimmten Moment an durch vage Zeitangaben – »un jour«, »une fois« usw. (II, S. 158 ff.) – der Eindruck entsteht, als dauere diese Reise sehr viel länger, ja eine kleine Ewigkeit lang: die Erzählung hebt ab, die Zeit scheint aufgehoben. Der Juniteil als Ganzes ist in zehn verschiedene Abschnitte zu untergliedern:

1. Die Szene im Wachlokal der Nationalgarde, durch indirekte Zeitangaben datierbar auf die Nacht vom 20. zum 21. Juni, mit Frédérics Wachtraum vom Mord an Arnoux als Höhepunkt (II, S. 144–147).

2. Die Szene an der Porte Saint-Martin am Abend des 21. Juni, indirekt datiert durch die Erwähnung des Dekrets über die Auflösung der Nationalwerkstätten. Hier erlebt Frédéric die Demonstrationen der Arbeiter gegen ihre Verschickung in die Provinz mit und spricht sich mit dem Bankier Dambreuse aus, der ihm das Abgeordnetenmandat, wie er meint, weggeschnappt hatte. Vor dem Hintergrund proletarischen Elends, das poetisiert wird durch den Blick des *artiste* Frédéric, zeigt Flaubert die kaum verhohlene Mordlust der *républicains du lendemain* (II, S. 147–151).

3. Der in sich wiederum in mehrere Tage bzw. Episoden zu untergliedernde Ausflug Frédérics mit Rosanette nach Fontainebleau (II, S. 151–165): Schloßbesichtigung am 23. 6. vormittags (II, S. 151–154), erste Waldrundfahrt am 23. 6. nachmittags (II, S. 154–156), zweite Waldrundfahrt am 24. 6. (II, S. 156–158), dritte Waldrundfahrt mit anschließendem Abendessen in einem Gasthof an der Seine, undatierbar (II, S. 158–161), Rosanettes Vorgeschichte (II, S. 161–165).

4. Überstürzte Rückkehr am 25. Juni auf die Nachricht von Dussardiers Verwundung hin (II, S. 165–167).

5. Frédérics Festnahme und unfreiwillige Odyssee durch das besiegte Paris in der Nacht vom 25. auf den 26. Juni. Durchquerung von Paris am Morgen des 26. (II, S. 167–171).

6. Frédéric bei Dussardier während der Einnahme des letzten Aufständischenviertels am Morgen des 26. 6., Erzählung der Vatnaz von Dussardiers Heldentat vom 24. Juni, Dussardiers Verzweiflung (II, S. 171 f.).

7. Sénécal unter den 900 Gefangenen der *Terrasse du bord de l'eau* (II, S. 172).

8. Exkurs über die Grausamkeit der Sieger (II, S. 172 f.).

9. Die Mordtat des Père Roque und sein Selbstmitleid beim Abendbrot (II, S. 173–175).

10. Die große Soiree der Juni-Sieger im Hause Dambreuse, wahrscheinlich am Wochenende nach der Schlacht, auf der die Helden der vorigen Szenen, mit Ausnahme des gefeierten Nationalgardisten Dussardier, sich vollzählig zusammenfinden, um ihren Triumph verbal und kulinarisch auszukosten. Als

Coda dieses Abschnitts, der im Unterschied zu den andern ein eigenes Kapitel bildet [10], Louise Roques nächtlicher Gang durch das Paris des Belagerungszustands, ihr letzter Versuch, Frédéric für sich zu erobern (II, S. 176-193).

Die tabuierte Geschichte der Juniinsurrektion hatte kein Dichter oder Schriftsteller vor Flaubert gewagt, systematisch wiederaufleben zu lassen. Eugène Sue hatte sie in seinen *Mystères du Peuple* eher schüchtern erwähnt, Victor Hugo in den *Misérables* hatte zwei Juni-Barrikaden als enigmatische Denkbilder beschrieben, George Sand im Vorwort zu *Cadio* an die Grausamkeiten der provinziellen Nationalgarden erinnert. [11] Der schönste dichterische Abgesang auf den Juni ist womöglich nie als solcher identifiziert worden: Baudelaires *Le Cygne*, dieses hermetisch verschlüsselte Stück revolutionärer Trauerarbeit, das knapp ein Jahrzehnt vor der *Education* erschienen war. [12] Flaubert nun geht im Moment der Liberalisierung des Second Empire über die Evokation des Juni hinaus oder besser, er kombiniert Evokation und Darstellung so, daß die erste verstehbar wird. Denn gerade weil der Roman sich im entscheidenden Augenblick aus dem blutigen Klassenkampf ausblendet, weil der Aufstand selbst unbeschrieben bleibt und verdrängt wird von der Idylle, kann die tiefe *Correspondance* zwischen der Geschichte eines jungen Mannes und der Geschichte der kleinbürgerlichen Revolution von 1848 durch die scheinbare Gegenläufigkeit der Romanintrige zur historischen poetisch-ironisch nahegelegt werden.

Das bedarf der Erläuterung: Im Jahr 1848 scheint Frédérics sentimentale Erziehung mit dem Verlust seiner Unschuld – im sexuellen wie im moralischen Sinne – und dem Eintritt in den aktiven Wettbewerb der Männer um die Gunst der Frauen und um die politische Macht abgeschlossen. Bedeutet der Februar seine Mannwerdung, so scheint im Juni der Zenit seiner Potenz erreicht: nunmehr darf er sich als der alleinige Besitzer Rosanettes fühlen, der erklärte Nachfolger des Jacques Arnoux, zu dem er seit Romanbeginn in einem ödipalen Rivalitätsverhältnis stand und dessen Bettbruder er dank seiner Februarrevolution geworden war. [13] Befremdlich, geschmacklos beinahe scheint die Willkür des Erzählers, seinen Helden ausgerechnet während der blutigen Junitage im Vollgenuß dieses Besitzes zu zeigen, den Gipfelpunkt der erotischen Biographie Frédérics exakt mit dem Ausbruch des »sozialen Krieges«, wie man damals sagte [14], zusammenfallen zu lassen, die weltgeschichtliche Katastrophe mit dem privaten Honigmond. [15] Jedoch bei dieser einen augenfälligen Koinzidenz hat es noch nicht sein Bewenden: die Fontainebleau-Idylle ist zudem der innere, der erzählerische Höhepunkt des Romans, in ihr konvergieren alle seine Motive, und die verdrängte Gegenwart – oder, aus der Sicht des ausgehenden Zweiten Kaiserreichs, die jüngere Vergangenheit Frankreichs – tritt dadurch, daß Flaubert sie kontaminiert mit den Fluchtbewegungen seines Helden, in eine kaleidoskopartige Abfolge von Konstellationen, die, gerade als bunt zusammengewürfelte, weit beredter wirken kann als jede bloß realistische oder räsonnierende Beschreibung der Junivorgänge, vorausgesetzt natürlich, der Leser bringt die Imagination auf, deren es bedarf, um diese impliziten Konstellationen zu realisieren. Die drastische Schilderung der im Namen der Republik verübten Greueltaten, die vehemente Inanklageversetzung der Sieger usw. – das war bereits geleistet von den zeitgenössischen Historikern Louis Ménard, Daniel Stern, Hippolyte Castille, Léonard Gallois und natürlich von dem Flaubert unbekannten Karl Marx; das neue Pathos des Romans resultiert aus dem Kunstgriff der bedeutsamen Verharmlosung und der beziehungsreichen Privatisierung. So werden Frédérics historische Meditationen in ihrem seichten Tiefsinn – angesichts der Bilder des Schlosses von Fontainebleau sekretiert er Nostalgie wie Pavlovs Hund Speichel – wirklich abgründig erst durch die Erinnerung ans gleichzeitige Paris, eine Erinnerung, für die die Komposition einsteht. Dasselbe gilt für den Genuß der Natur und der Liebe, auf deren Ewigkeit ironisch insistiert wird (cf. II, S. 161). Zu diesem Zeitpunkt des Romans kennt man den Helden lange genug, um wissen zu können, daß er sich beständig etwas vormacht, daß er es bei aller Exaltation und aller Poesie nur selten weiterbringt als zu einem meskinen Egoismus – zu viel Ehre tut Mme Arnoux ihm an, wenn sie ihn für zartfühlend hält. Doch jetzt trägt Flaubert Sorge, das im Vorigen so kunstvoll entwickelte System politisch-erotischer *Correspondances* gleichsam zu vollenden, indem er Revolutions- und Liebesthematik in ihren äußersten Konsequenzen und noch ausführlicher, noch hintergründiger, noch subtiler als in den beiden Eckszenen des Dritten Teils – Februar '48 und Dezember '51 – kontrapunktisch nebeneinandersetzt. Dank der Komposition wird die jämmerliche Idylle, an sich ein Inbegriff des Scheinhaften und Verlogenen, zum Augenblick der Wahrheit schlechthin, der tatsächlich eine Art Ewigkeitswert besitzt, bloß in einem ganz anderen Sinn, als Frédéric es sich einredet: denn der Leser sieht hier nicht nur das, was der Held jeweils bestaunt, erlebt oder genießt – die Melancholie der Geschichte, die Ewigkeit der Natur, die Poesie der Liebe –, er sieht die Problematik dieser Erlebnisweise selbst, die Flaubert in einer *mise en abîme* ironisiert. Die private Flucht aus Paris in einen Raum der Vorzeitigkeit oder der Zeitlosigkeit wird in ihrer geschichtlichen Tragweite absehbar erst im Gedanken an jene Kataklysmen, die sich gleichzeitig in Paris vollziehen und die den Akteuren lange nur als *rumeur* (Gewitter, Bericht neu angekommener Hotelgäste, Generalmarsch) zugetragen werden, ehe sie als Zeitungsmeldung eine ihr Traumleben abrupt beendende Faktizität erhalten, was wiederum nur möglich ist durch die Mobilisierung privater Emotionen: das Erscheinen des Namens eines Freundes auf der Liste der Verwundeten.

Die Unwahrheit des Helden ist die Wahrheit des Zeitalters und dieses der Anbruch der letzten Tage der Menschheit. [16] Frédérics Glück ist ebenso wie seine Melancholie zugleich lachhaft und kriminell, letzteres nicht allein wegen der Unzeitgemäßheit seiner Gefühle, nicht einmal wegen ihrer Inauthentizität, sondern weil er in Glück wie in Wehmut der Komplize, der tatenlose Mittäter dessen ist, was geschieht. Wie er die historischen Begleitumstände der Inbesitznahme von Arnoux' Mätresse verdrängt, indem er Paris verläßt, so verdrängt er das Bewußtsein davon, daß die endlich eroberte Geliebte die Wunschfrau gar nicht ist. Und damit man die *Correspondance* dieser Verdrängungen nicht übersieht, läßt Flaubert seinen Helden erst die Revolution (II, S. 161) und dann Marie Arnoux verleugnen (II, S. 164f.). Der Zufall, auf den er sich am Ende hinausreden möchte, um sein verhunztes Leben zu rechtfertigen – und wie viele Leser haben ihm das abgenommen –, existiert nur als *trompel'oeil,* nicht als wirkliche Determinante, denn alle die Zufälle dieses Lebens sind entweder Resultate versäumter Handlungsalternativen oder eröffnen ihrerseits neue Handlungsmöglichkeiten, die Frédéric, der, wie seine Freunde insgesamt, jeweils gemäß der Fatalität seines Charakters reagiert, nicht anders zu nutzen versteht, als indem er neue »Zufälle« vorbereitet. Der Juni '48 in seiner idyllisch-dämonischen Doppelgestalt, der Juni im Wald von Fontainebleau und der Pariser Juni, ist – nichts anderes besagt dies scheinbar zufällige Romanzusammentreffen – das Werk dieses Helden: Frédéric Moreau ist der voll verantwortliche Autor nicht nur seines eigenen Romans, er ist auch der Miturheber der Geschichte seiner Zeit. Dieser durchschnittlich interessante junge Mann, der, anders als der schäumende Eigentümer Roque, kein Blut vergoß, dem Flaubert sogar ein lupenreines Alibi ausstellt, erhält seine Substanz erst durch die genau kalkulierten Überblendungen der Höhepunkt seines erotischen Herumtaumelns mit den *journées* der Klassenkämpfe in Frankreich von 1848 bis 1851: der psychologische Fall erweist sich als historischer.

Der Dritte Teil des Romans dient gänzlich der Verwandlung des scheinbar kontingenten Privatlebens in Geschichte. Aus bloß tagespolitischen Motiven, die vorher nur sporadisch als Unterhaltungsgegenstand oder zur Charakterisierung von Nebenpersonen, gesellschaftlichen Kreisen o. ä. auftauchen, ohne daß ein stimmiger Zusammenhang mit dem eigentlichen Erziehungsroman auszumachen gewesen wäre, wird ein geschichtliches Ereigniskontinuum, und das Verhältnis von Privatem und Politischem kehrt sich tendenziell um: Frédéric droht mit seinen Liebeshändeln in der Geschichte zu verschwinden, wobei er selbst jedoch sich Hoffnungen macht, von ihr emporgetragen zu werden. Die Tendenz des Romans umzukippen in Geschichtsschreibung kommt ausgerechnet während der Junitage zum Stillstand, äußerlich wenigstens: in Fontainebleau obsiegt der Roman, und die Geschichte, die fernste wie die nächste, wird zum Dekor, nicht anders als die Natur. Es ist der Augenblick, wo die Wünsche und Sehnsüchte des Helden trügerisch in Erfüllung gehen. Wie er es noch am Vorabend des Aufstands von Mme Arnoux, wie er es im Herbst des Vorjahres von der kleinen Roque geträumt hatte [17], so wandelt er nunmehr endlich an der Seite einer Frau durch schöne Natur, »contemplant, palpant [...] son bonheur« (cf. II, S. 146). Nur, dieser Held, von jedermann geschätzt wegen seines Feinsinns, ist Rohling genug, sein Glück gerade während der entsetzlichsten Stunden von Paris auszukosten. [18] Dadurch wird die Idylle zur Ungeheuerlichkeit, kaum minder erschreckend als wenige Seiten später die Mordtat des Père Roque, welcher ja gleichfalls ein Moment des Harmlos-Sentimentalen beigemischt ist.

Geschichte und Natur werden zum Dekor. Das Pathos der Bildwelt, die Frédéric an seinem entzückungslüsternen Auge vorüberziehen läßt – alle Szenen dieser Idylle sind aus der Perspektive des Verliebten gesehen –, dieses Pathos ist so verlogen wie seine Empfindsamkeit überhaupt, doch gerade ihre Leere verleiht dieser Bilderfolge etwas Erschütterndes. Die Frage drängt sich auf, ob die paradiesische Unschuld dieser verliebten Zeitgenossen der Junimassaker nicht derjenigen einer ganzen Gesellschaft korrespondiert, die, indem sie mit Cavaignacs Schlächtereien nichts zu tun haben wollte, diese überhaupt erst ermöglicht hat. [19] Wie angedeutet liegt die Bedeutung der *Education sentimentale* nicht zuletzt darin, Vorgeschichte, Umstände und Tragweite der kollektiven Verdrängung der »häßlichen Revolution« bis in die Tiefen der Privatexistenz hinein ausgeleuchtet zu haben. Frédérics Liebesroman ist mehr als nur ein Gleichnis für das Scheitern von 1848, er liefert den psychologischen

Schlüssel zu dessen Verständnis, jedenfalls insoweit die nach Veränderung dürstende Kleinbürgerjugend der Zeit aktiv-passiv an ihm beteiligt war.

Im Fontainebleau-Exkurs beschreibt Flaubert eine Form der Wahrnehmung, die darin besteht, daß man historische, soziale, natürliche Phänomene entschlossen so auswählt, zurichtet, verharmlost, beschönigt, daß diese dem eigenen momentanen Hochgefühl entsprechen oder es womöglich noch steigern: die touristische. Der Tourist versenkt sich in den Anblick der Fremde mit dem festen Willen, ein Stück Eden vorzufinden und es in irgendeiner Weise – Erinnerung, Foto oder Souvenir – auch mit nach Hause zu nehmen. Zum paradiesischen Erleben gehört das Vergessen der Zeit und der Prosa des Alltags, des eigenen wie des fremden. Erleichtert wird das Vergessen durch das erotische Abenteuer, das die Euphorie vollkommen macht. [20] Das Abenteuer wiederum adelt der Rahmen, in dem es vonstatten geht, Kunst- und Naturdenkmäler, die ästhetischen und kulinarischen Requisiten der Nostalgie. [21] Über einem solchen Dekor, der in der »Education« nicht ohne Spott ausgebreitet wird – das klösterlich-romantische Hotel, der murmelnde Springbrunnen im Hof, Schloß, Wald und Höhle etc. –, hat sich blauer Himmel zu wölben, *conditio sine qua non* glücklichen Urlaubs. Und auch meteorologisch verwöhnt der Romancier seinen Helden: mit Ausnahme eines kleinen Gewitters, das kaum der Rede wert scheint, das nur der Eingeweihte als Ausläufer des in allen Berichten über die Junitage erwähnten Gewitters zu identifizieren vermag, welches sich zu Beginn der Barrikadenkämpfe, am Nachmittag des 23. Juni, über Paris entlud, herrscht eitel Sonnenschein.

Im Zeitalter der aufkommenden Reisemanie entwirft Flaubert die weitestgehende Phänomenologie und Kritik des Tourismus, die sich denken läßt; ihr tiefster Sinn ergibt sich aus der Datierung jener verliebten Landpartie, also aus der Komposition des Romans. Das Leben des Touristen ist ein Traum, der scheinbar Wirklichkeit wurde, Traumwirklichkeit, aus der er so bald nicht zu erwachen hofft. In gewisser Hinsicht ist der Tourist der Antipode des Revolutionärs: zu schwach, zu unentschieden, um seine Träume zu verwirklichen, geht er im Verträumen der Wirklichkeit auf. Diesen Wesensgegensatz unterstreicht der Kontrast von Idylle und Insurrektion, aber auch die Gegenüberstellung der Charaktere Frédérics und Dussardiers: die diffuse »concupiscence rétrospective« (II, 153) des ersteren ist jedoch nicht nur das Gegenteil revolutionärer Leidenschaft, sie ist der Praxis nach deren Negation. Kompliziert wird die Dichotomie freilich dadurch, daß Frédéric ein Faible für Dussardier hat, weil er sich ihm verwandt fühlt in dem reinen Wunsch nach der großen Liebe, heiße sie nun Marie Arnoux oder La République. Doch die Sehnsucht nach einer anderen Welt, die auch ihn umtreibt, ist bei Frédéric mehr infantil als naiv: rücksichtslos ichbezogen wie die ausschweifenden Phantasien des kindlichen Größen-Ich, welche die reale physische und psychische Ohnmacht kompensieren sollen. Sinnt der einfache Handlungsgehilfe seit dem Jugendtraum der Rue Transnonain auf Vergeltung an den Feinden der Republik [23], so schweigt sein gebildeter Freund in ungleich primitiveren, gänzlich asozialen Wunschvorstellungen: alles auszurotten, was sich ihm in den Weg stellt, um die heißbegehrte Frau »zu haben«. Flauberts profunde Ironie richtet es nun so ein, daß der treuherzige Verehrer der Republik im Juni 48 unschuldig-schuldig an deren Untergang mitwirkt, der platonische Anbeter Mme Arnoux' hingegen, der sich einst ausgemalt hatte, er würde als sozialer Revoluzzer mehrere Adlige ermorden und halb Venedig niederbrennen, um die Heldin seines Romans zu erobern, sich weder an der Zerstörung von Paris beteiligt, noch seiner fernen Geliebten nachtrauert – keinen Gedanken verschwendet er mehr an sie –, sondern in aller friedfertigen Beschaulichkeit, weit außerhalb der Stadtmauern, eines leichteren Mädchens genießt [24]. Ausgerechnet zu diesem Augenblick muß der »jeune homme« Frédéric sein ›Verweile doch!‹ sagen! Aber er sagt es eher mit der Mentalität des Fotografen, der sich des ungewissen, unvollkommen gelebten Augenblicks mit Hilfe des Apparats versichern will, als mit der Entschlossenheit dessen, der seine Seele für den einen Moment der Wahrheit und der Erfüllung darangibt. Kein Zweifel – Frédérics Wahrnehmungsweise entspricht dem damals fortgeschrittensten Stand der Technik, sie setzt Eisenbahn und Fotografie voraus, oder aber hilft sie mithervorbringen, weil sie ihrer bedarf [25]. Denn was sind diese Bilder, an denen der Held sich ergötzt, wenn nicht zu Erinnerungszwecken arrangierte Aufnahmen einer an sich zweifelhaften Realität? Mehr oder minder arrangierte, je nach dem Fremdheitsgrad des jeweils festgehaltenen Gegenstandes: eine Tiergruppe bildet an sich bereits eine Trophäe für den Glücksjäger aus der Großstadt – »à vingt pas d'aux, sous les arbres, une biche marchait, tranquillement, d'un air noble et doux, avec son faon côte à côte« (II, 159) –, die hübsche kleine Kuhmagd mit den Attributen der Armut bedarf schon winziger verklärender Retuschen – »tenant d'une main son jupon en lambeaux, elle grattait de l'autre ses cheveux noirs qui entouraient, comme une perruque à la Louis XIV, toute sa tête brune, illuminée par des yeux splendides« (II, 161) –, doch die mitgebrachte Rosanette wird ganz in hübsche Einzelheiten aufgelöst (II, 159 f.) oder, bezeichnender noch, zum Vorwand für eine pikante Synopse von Mode und Natur: »il [...] observait presque du même coup d'oeil les raisins noirs de sa capote et les baies du génévrier, les draperies de son voile, les volutes des nuages« (II, S. 159). Es gibt in dieser Idylle Sätze, die sich anhören, wie Unterschriften unter Fotos, die mit Selbstauslöser aufgenommen wurden: »Ils se trouvaient si bien dans leur vieux landau, bas comme un sofa et couvert d'une toile à raies déteintes!« (II, S. 156) – hier wird die Gemütlichkeit des Unstandesgemäßen entdeckt –, oder: »Debout, l'un près de l'autre, sur quelque éminence du terrain, ils sentaient, tout en humant le vent, leur entrer dans l'âme comme l'orgueil d'une vie plus libre avec une surabondance de forces, une joie sans cause« (II, S. 157). [26] Zusammengesteckt ergäben alle dieser Bilder ein Album: »Frédéric und Rosanette. Juni 1848«. [27]

Natürlichkeit existierte das *parti pris* der Ästhetisierung oder der systematischen Verniedlichung der Welt auch schon vor dem Zeitalter der Fotografie und des Tourismus: der Flaneur teilte es bereits. Ein Tourist des Boulevard, verwandelte er die Kapitale in ein Panoptikum von Merkwürdigkeiten. [28] Insofern ist es kein Zufall, wenn Flaubert die touristischen Eindrücke von Fontainebleau zwischen Paris-Impressionen stellt, die das Entzücken des Flaneurs ausmachten: »De petits drapeaux rouges, çà et là, semblaient des flammes; les cochers, du haut de leur siège, faisaient de grands gestes, puis s'en retournaient. C'était un mouvement, un spectacle des plus drôles« (II, S. 148 f.) [29], liest man in der den Arbeiterdemonstrationen vom 21. 6. gewidmeten Szene;

und selbst das Grauen der zerschossenen Straßenzüge wird vorm Blick des Flaneurs [30] zur Kurosität:

L'insurrection avait laissé dans ce quartier-là des traces formidables. Le sol des rues se trouvait, d'un bout à l'autre, inégalement bosselé. Sur les barricades en ruine, il restait des omnibus, des tuyaux de gaz, des roues de charrettes; de petites flaques noires, en de certains endroits, devaient être du sang. [...] On apercevait l'intérieur des chambres avec leur papiers en lambeaux, des choses délicates s'y étaient conservées, quelquefois. Frédéric observa une pendule, un bâton de perroquet, des gravures. (II, 169)

Touristische Glückssuche ist die Fortsetzung der erotischen mit Verkehrsmitteln: erotisch besetzt wird nunmehr der Raum. Allein, bei Flaubert hat der Donjuanismus, der des *locus amoenus* wie der des Geschlechtlichen, jegliche Romantik verloren: übrig blieb nur der Kitsch, von dem der frustrierte Held sich einzureden versucht, er sei noch die wahre Empfindung. Der Preis dieses unechten Glücks jedoch – und das ist eine der tiefsten Einsichten der *Éducation* – ist nicht der heroische des eigenen Lebens (Frédéric erscheint am Ende bloß als ein Ausgebrannter, ohne jemals wirklich in Flammen gestanden zu haben): die andern sind es, die ihn zahlen müssen. Und welchen Preis! Diesem honetten, träumerischen Lebenskonsum *entspricht* ein weltgeschichtliches Massaker, und harmlos ist das Über-Leichen-Gehen des Don Juan oder des Faust verglichen mit der penetranten Ahnungslosigkeit, mit welcher Frédéric im Widerschein der Apokalypse es sich gütlich tut.

Im Ganzen wie im Detail ist die Juni-Idylle von peinlicher Luzidität: sie verzeichnet die zahllosen Chocs, die abzufangen hat, wer die Welt im Sinne des Schönen, des Erhabenen oder des Rührenden perzipieren will: die Stumpfheit der Begleiterin, das unvermutete Auftauchen störender Objekte (Telegraph, Andenkenladen) oder Menschen (Kellner, zerlumpte Frauen, Mann mit Vipern), die häßlichen Geräusche der Politik. In die Formen des Waldes und der Felsmassen ist die verdrängte Erinnerung an das Grauen der Gegenwart einbeschrieben [31], Angst und Schuldgefühle verkleiden sich als Schauder vor der dämonischen Erhabenheit der Natur. Diese einander umklammernden und verzweiflungsvoll zurufenden Baumstämme, diese furios-chaotischen Felsblöcke, »telles que les ruines méconnaissables et monstrueues de quelque cité disparue« (II, S. 158), diese urplötzlich sich bewegenden Felsen von Tiergestalt – das sind notdürftig entstellte Figuren der eskamotierten Wirklichkeit. [32]

Eine letzte poetisch-ironische *Correspondance* und das genaue Pendant zu den von naiven Beobachtern als Flauberts »Philosophie« mißdeuteten Meditationen des Helden über Frankreichs Feudalvergangenheit und die »éternelle misère de tout« (II, S. 151f.) sei abschließend noch ins Auge gefaßt: Rosanettes Kindheits- und Jugenderinnerungen, welche theoretisch die Aufmerksamkeit des melancholischen Kleinbürgers Frédéric vom ewigen aufs zeitliche Elend lenken sollten. Doch abgesehen davon, daß diese zu den Besitzenden konvertierte ›Tochter des Volkes‹ keine wirkliche Sprecherin ihrer Herkunftsklasse mehr sein kann: ihr Geliebter wäre auch gar nicht imstande, Schilderungen aus dem Arbeitermilieu anders als mit zerstreutem Interesse aufzunehmen. Bei aller Bereitschaft zur Sentimentalität verweigert er doch die Einfühlung; und es entspricht dem Charakter sowohl Frédérics als auch Rosanettes als auch des zu erwartenden Lesers des Second Empire, daß eine galante, voyeuristische Szene den Mittelpunkt dieser kleinen autobiographischen Erzählung eines ehemaligen Proletarierkindes bildet. Trotzdem ist die anekdotische Variante des bekannten sozialkritischen Motivs der Korruption der *filles du peuple* durch die Reichen, wie man es etwa aus Pierre Duponts *Chant des Ouvriers* kennt:

De nos jours, le droit du seigneur Pèse sur nous plus despotique: Nos filles vendent leur honneur Aux derniers courtauds de boutique [33],

an dieser Stelle dank Flauberts perspektivischer Inventionen von einer latenten Ausdruckskraft, die sich der poetischen Nachdenklichkeit des antibourgeoisen Lesers [34] empfiehlt: Rosanette Bron, Tochter eines Lyoneser Seidenarbeiterpaars, erinnert sich im Juni '48 ihrer Kindheit, ohne der Aufstände der *Canuts* von 1831 und 1834 zu gedenken, die die Vorläufer der Junirevolution, die ersten Symptome des eben jetzt offen ausbrechenden Kampfes zwischen Kapital und Arbeit waren und die sie miterlebt haben muß, nicht lange bevor sie verkauft wurde [35]; sie, die die Republik haßt um der empfindlichen finanziellen Wunden willen, welche diese ihr schlug, lüftet für einen Moment den Schleier über ihrer Vorgeschichte und läßt den Geliebten (wie den Leser) Zeuge des Abends werden, an dem sie in die Liebeswelt des Juste-Milieu eingeführt wurde, wobei sie sich allen Ernstes nach der Unschuld ihrer proletarischen Anfänge zurückzusehnen scheint. Offenbar handelt es sich bei dieser sittengeschichtlichen Genreszene um eine Deckerinnerung und nicht nur um eine private: darunter liegt das sexuelle Trauma des jungen Mädchens, welches seinerseits ein politisches überlagert: die blutige Lyoneser Repression des April 1834. Einen indirekten Hinweis darauf, wie an dieser Anekdote vom Chambre séparée mit Marmeladentopf und Pornoalbum weiterzudichten sei, gibt Flaubert wiederum durch die implizite Datierung und mit der so lakonischen wie vielsagenden Bemerkung: »Frédéric songeait surtout à ce qu'elle n'avait pas dit.« (II, S. 163)

Das Juni-Unternehmen des Helden war der Versuch, die Logik der eigenen Geschichte, ja Geschichte schlechthin zu sistieren und auszubrechen in »ein freieres Leben«. Es war die Klimax einer Praxis der Verleugnung, des Ungeschehen-Machen-Wollens, die dem jungen Mann schon von Anfang an geeignet hatte und die in letzter Instanz mit seiner psychosexuellen Struktur zusammenhängen dürfte. Auch Jean-Marcs, des Ich-Erzählers der *Mémoires d'un Suicidé,* Reisemanie war von Flauberts Freund Du Camp, dem Prototyp des neuen Reisenden, durch seine erotische Struktur, seine unaufgelöste Mutterfixierung erklärt worden; aber Du Camp hatte die Tragweite einer derartigen Disposition dadurch verharmlost, daß er aus seinem Helden einen neuen Werther machte. Obwohl sein Roman etwa im gleichen Zeitraum spielt wie der Dritte Teil der *Education,* hat er mit der Geschichte der gescheiterten Revolution nicht das Geringste zu tun; die, im Vergleich zur *Education* ungenaue, in verschwommener Weise suggestive Koinzidenz der Jahreszahlen scheint aufgesetzt, kein stimmiges Konzept von *Correspondances* liegt ihr zugrunde. [36] Sein Selbstmord ist der existentielle Offenbarungseid des noch immer romantischen Reisenden Jean-Marc, wohingegen der moderne Postromantiker der *Education* gerade dadurch weitermachen kann, daß er verreist. Für Flaubert ist Reisen an sich kein emphatisches Thema mehr, er stellt es dar als ein privilegiertes Mittel, heiklen Situationen auszuweichen. Daher auch führt die erste Evasion des Juni bloß ins nahe Fontainebleau und daher bleibt später die exotische Ferne unbeschrieben. Die Katastrophen, die die evasive Praxis, von der das Reisen nur ein Teil ist, schafft, fügen sich keinem romantischen Klischee mehr ein: ein entgangenes Abgeordnetenmandat, eine unverhoffte Schwangerschaft, eine verpaßte gute Partie, eine ruinierte große Liebe; aber auch – und diese *Correspondance* ist Flauberts Entdeckung – eine gescheiterte Revolution, ein betrogenes Volk, eine gekreuzigte Republik. [37] Wenn Frédéric am Ende als der Komplize der großbürgerlichen Reaktion dasteht, gegen die er zunächst angetreten war, so aus keiner anderen Fatalität als aus der seines Charakters: der Jüngling, der stets auf dem Sprung steht, einen Wunsch für einen andern aufzugeben, ist vom Triumph der Republik bis zu ihrem Untergang der klassische Mitläufer aus dem schwankenden Kleinbürgertum.»Il voyagea«, heißt es bündig nach dem Desaster vom Dezember 1851, wo Frédéric der Liquidierung seiner von ihm oft verratenen Idole in eigener Person hatte beiwohnen müssen. Einmal mehr distanziert sich der verhinderte Aufsteiger von der Politik und wird zum, nun freilich ernüchterten, Touristen. Der ungeschmälerte Genuß der *Féerie Impériale* bleibt seinen zielstrebigeren Mitbürgern vorbehalten.

Anmerkungen

Die folgende Analyse setzt diejenige fort und voraus, die im zweiten Teil meines Essays »Zum gesellschaftlichen Standort der Neurose-Kunst« in T. König, Hg., Sartres Flaubert lesen, Reinbek bei Hamburg 1980, S. 169–190 vorgelegt wurde. Die Education sentimentale wird nach der zweibändigen Ausgabe von R. Dumesnil, Paris, Société des Belles Lettres, ²1958 zitiert.

1 Eine naive oder auch eine kritische Lektüre, die den Zusammenhang von Roman und Geschichte nicht weiter reflektiert, ist natürlich möglich und rezeptionsgeschichtlich gesehen wohl die Regel gewesen.

2 Es sind immer wieder die gleichen in die Augen springenden Stellen der »Education«, an welchen sich die Kritik festbeißt: das Volk in den Tuilerien, die Hure als Liberté, der linke Club etc. Hingegen bleibt die Tiefenstruktur des Buches in ihrer politischen Relevanz fast gänzlich unbeachtet. Eine rühmliche Ausnahme ist J. Proust, Structure et sens de ›L'êducation sentimentale‹; in: Revue des Sciences Humaines, fsc. 125, janv.-mars 1967, S. 67 ff.; neuerdings auch J. Bem., Chefs pour l'éducation sentimentale, Tübingen/Paris 1981.

3 Unergiebig scheint mir jede Ideologiekritik, die sich im Nachweis der Fort- oder Rückschrittlichkeit eines Autors erschöpft.

4 M. Nadeau etwa erwähnt in Gustave Flaubert écrivain, Paris 1969 nur die eher anekdotischen Juniszenen, die eine explizite Verurteilung der Reaktion bedeuten. Sartre nimmt Flauberts Darstellung des Juni offenbar nicht zur Kenntnis. V. Brombert weist zwar auf die Antithese Fontainebleau-Paris und auch auf die politische Bedeutung der Flaubertschen Landschaftsbeschreibung hin, kommt aber dann zu dem traditionalistisch relativierenden Schluß, der Autor (!) wolle »le côté dérisoire des changements politiques et des agitations d'un jour« zeigen; (V. B., Flaubert, Paris, Seuil, o. J., coll. Ecrivains de toujours, S. 108 f.).

5 Neu formuliert im Hinblick auf den Einwand H. Stenzels, nicht der Juni, sondern der Februar 48 bilde die wirkliche Zäsur des Romans.

6 Schon am 29. 6. 1848 hatte Marx in der Neuen Rheinischen Zeitung die Gefühle der französischen Bourgeoisie genau wiedergegeben, indem er zwischen der »schönen« Februarrevolution und der »häßlichen« Revolution des Juni unterschied, cf. MEW Bd, 5, S. 134.

7 In der ersten Publikumsreaktion auf die »Education«, von der Flauberts Brief an G. Sand vom 3. 12. 1869 berichtet, erscheint der Juni des Père Roque als Stein des Anstoßes: »Je sais que les bourgeois des Rouen sont furieux contre moi, »à cause du père Roque et du cancan des Tuileries«. Ils trouvent qu'on devrait empêcher de publier des livres comme ça (textuel), que je donne la main aux Rouges, que je suis bien capable d'attiser les passions révolutionnaires, etc!« (zit. nach G. F., Correspondance, Nouv. éd, augm., 6ᵉ Série (1869–1872), Paris 1930, S. 96).

8 Ich habe an anderer Stelle das System von *Correspondances* skizziert, mit dessen Hilfe der Romancier eine durchgehende Beziehung zwischen der erotischen Struktur seines Helden und dem politischen Scheitern der Republik andeutet (D. O., Zum gesellschaftlichen Standort ..., S. 172ff.).

9 Cf; ebd., S. 177ff.

10 Das 2. Kapitel des 3. Teils. Das 1. Kapitel reicht von Frédérics Erwachen am Morgen des 24. Februar bis zum Abendessen des Père Roque nach Vollbringung seines Junimassakers.

11 Eine kommentierte Anthologie literarischer Texte zum Juni bildet den Teil IV meines Buches Die verdrängte Revolution: Juni 1848 (voraussichtlicher Erscheinungstermin Frühjahr 1983, Europäische Verlagsanstalt, Frankfurt).

12 Erstpublikation Januar 1860, cf. D. O., Ein hermetischer Sozialist, in: Diskussion Deutsch 26/1975, S. 569ff. Eine ausführlichere, nüancierte Version der in diesem Artikel enthaltenen Interpretation des »Cygne« ist für Bd. 2 meiner Pariser Bilder vorgesehen.

13 Darin, daß er sich den Vater zum Bruder gemacht hat, besteht Frédérics revolutionäre Errungenschaft, was Flaubert in der Wachlokal-Szene mit der Bemerkung: »et, quand ils remontèrent ensemble la rue Vivienne, leurs épaulettes se touchaient fraternellement« (II, 147) spöttisch genug zu verstehen gibt. Aber der brüderliche Gemeinbesitz der Frauen ist Frédéric noch zu wenig; in Fontainebleau will er zum alleinigen Besitzer Rosanettes werden.

14 Der Begriff »Klassenkampf« war 1848 in Frankreich noch so gut wie unbekannt, aber das Erlebnis des Juni legte ihn nahe. »Tremblez! tremblez! la guerre sociale/ A de nos jours pris son point de départ ...«: diese Verse aus Charles Gilles Lied »Les Tombeaux de Juin« (zit. nach P. Brochon, Hg., Le Pamphlet du Pauvre, Paris 1957, S. 141) geben die allgemeine Stimmung des Nach-Juni plastisch wieder. Tocqueville nennt 1850 die Juniinsurrektion »un combat de classe, une sorte de guerre servile« (Souvenirs, Paris 1978, coll. folio/Gallimard, S. 212f.).

15 Gleichwohl wurde über dieses Zusammentreffen nicht sonderlich viel gerätselt oder auch nur nachgedacht. Der Text ist so angelegt, daß in der Lektüre selbst die Verdrängung des Juni sich wiederholen läßt. Die Wahrheit von Frédérics Charakter bestätigt sich dann am besten, wenn der Leser auf ihn hereinfällt und Fontainebleau genießt wie er.

16 Frédérics unzeitgemäße Wollust ist im Grunde ein Akt der Misanthropie, dessen letzte Konsequenz die Vernichtung seiner Mitmenschen wäre. Das deutet Flaubert in zwei aufeinander verweisenden Stellen an, deren erste, in der relativ idyllischen Situation des Februar, expliziter ist als die zweite im Juni: »›Ah! on casse quelques bourgeois,‹ dit Frédéric tranquillement, car il y a des situations où l'homme le moins cruel est si détaché des autres, qu'*il verrait périr le genre humain sans un battement de coeur.*« (II, 105 Herv. d. Vf., D. O.) im Juni erinnert das diskretere: »»Ah! tiens! l'émeute!‹ disait Frédéric avec une, pitié dédaigneuse, toute cette agitation lui apparaissant misérable à côté de leur amour et de la nature éternelle« (II, 161) den wachsamen Leser daran, daß die scheinbare Hyperbel eine Prophezeiung war.

17 Und nicht erst da: schon immer träumte dieser Held von Reisen mit der Liebsten und ironischerweise kehren diese Phantasien im Juni als Realitäten wieder. So die ausschweifende aus dem fünften Kapitel des ersten Teils, die auf Ende 1842 zu datieren ist: »Quand il allait au Jardin des Plantes, la vue d'un palmier l'entraînait vers des

pays lointains. Ils voyageaient ensemble, au dos des dromadaires, sous le tendelet des éléphants, dans la cabine d'un yacht parmi des archipels bleus, ou côte à côte sur deux mulets à clochettes, qui trébuchent dans les herbes contre des colonnes brisées. Quelquefois, il s'arrêtait au Louvre devant de vieux tableaux; et son amour l'embrassant jusque dans les siècles disparus, il la substituait aux personnages des peintures. Coiffée d'un hennin, elle priait à deux genoux derrière un vitrage de plomb. Seigneuresse des Castilles ou des Flandres, elle se tenait assise, avec une fraise empesée et un corps de baleines à gros bouillons. Puis elle descendait quelque grand escalier de porphyre, au milieu des sénateurs, sous un dais de plumes d'autruche, dans une robe de brocart. D'autres fois, il la rêvait en pantalon de soie jaune, sur les coussins d'un harem...« (I, 88 f.). Eine kühlere Fassung betrifft Louise Roque: »L'idée de se marier ne lui paraissait plus exorbitante. Ils voyageraient, ils iraient en Italie, en Orient! Et il l'apercevait debout sur un monticule, contemplant un paysage, ou bien, appuyée à son bras dans une galerie florentine, s'arrêtant devant les tableaux. Quelle joie ce serait que de voir ce bon petit être s'épanouir aux splendeurs de l'Art et de la Nature!« (II, 68), eine auch recht spießbürgerliche mit einem Rest Romantik schließlich wieder Mme Arnoux: »Il s'aperçut avec Elle, la nuit, dans une chaise de poste; puis, au bord d'un fleuve par un soir d'été, et sous le reflet d'une lampe, chez eux, dans leur maison.« (II, 145 f.). Die Erfüllung von Fontainebleau ist in jeder Beziehung ein Kompromiß und zuweilen wie eine Parodie der hochfliegenden Glücks- und Liebesträume des Helden.

18 Es ist die überstimmende Meinung aller Beobachter des Juni 48, daß Paris nie vorher einen so fürchterlichen Bürgerkrieg erlebt hatte.

19 Die Juniereignisse lassen sich als ein historisches Analogon der nationalsozialistischen Judenverfolgungen auffassen: im Juni 48 sollte eine ganze Klasse ausgerottet werden. Wesentliche sozialpsychologische Erklärungsversuche für die Mitschuld der Deutschen, die Auschwitz geschehen ließen, sind in einer unverkürzten, da die gesamte individuelle Lebensgeschichte und die Gesellschaftsgeschichte integrierenden Form in Flauberts Roman präfiguriert (cf. auch Sartres Bemerkungen über einen Flaubertschen Romanentwurf, dessen in banaler Weise blöder Held bereits an Eichmann erinnere, in: L'Idiot de la famille, Bd. 3, Paris 1972, S. 631 f.). Anmerkung im Anschluß an einen Diskussionsbeitrag von H. Porath.

20 Daß die Tage in Fontainebleau für Frédéric keinen Sinnesrausch bringen, mag damit zusammenhängen, daß er sich alle Mühe gibt, Rosanette zu verklären, ihr den Platz anzuweisen, der der anderen vorbehalten schien. – Das romantisch-infantile Rohmaterial der touristischen Glücksvorstellung wird mit schöner Plastizität beim jungen Flaubert der »Mémoires d'un Fou« ausgebreitet: »[...] je rêvais de lointains voyages dans les contrées du Sud, je voyais l'Orient et ses sables immenses, ses palais que foulent les chameaux avec leurs clochettes d'airain; je voyais l'horizon bondir vers l'horizon rougi par le soleil [...] et puis, près de moi, sous une tente, à l'ombre d'un aloès aux larges feuilles, quelque femme à la peau brune, au regard ardent, qui m'entourait de ses deux bras et me parlait le langage des houris.« (zit. nach G. F., OEuvres Complètes, Bd. 1, Paris Seuil, 1964, S. 232).

21 »Il lui découvrait enfin une beauté toute nouvelle, qui n'était peut-être que le reflet des choses ambiantes, à moins que leurs virtualités secrètes ne l'eussent fait s'épanouir.« (II, 160 f.).

22 »Au milieu de la côte de Chailly, un nuage, crevant tout à coup, leur fit rabattre la capote. Presque aussitôt la pluie s'arrêta; et les pavés des rues brillaient sous le soleil quand ils rentrèrent dans la ville.« Ganz allusiv ist die meteorologische *Correspondance* jedoch nicht, denn der Romancier fährt fort: »Des voyageurs, arrivés nouvellement, leur apprirent qu'une bataille épouvantable ensanglantait Paris.« (II, 156)

23 »Un jour, – à quinze ans, – dans la rue Transnonain, devant la boutique d'un épicier, il avait vu des soldats la baionnette rouge de sang, avec des cheveux collés à la crosse de leur fusil; depuis ce temps-là, le Gouvernement l'exaspérait comme l'incarnation même de l'Injustice [...]« (II, 40).

24 »Il se mit à écrire un roman intitulé: *Sylvio, le fils du pêcheur*. La chose se passait à Venise. Le héros, c'était lui-même; l'héroïne, Mme Arnoux. Elle s'appelait Antonia; – et, pour l'avoir, il assassinait plusieurs gentilshommes, brûlait une partie de la ville

et chantait sous son balcon, où palpitaient à la brise les rideaux en damas du boule-vard Montmartre,« (I, 32).

25 Es ist wohl kein Zufall, daß Flaubert bei der Konzeption dieser Passage ein Irrtum unterlief und er sein Liebespaar zunächst per Bahn reisen ließ, obwohl 1848 noch keine Linie Paris–Fontainebleau existierte (cf. Correspondance, Bd. 5, S. 409 f.).

26 Dies ist die vielleicht sarkastischste der an leisen Sarkasmen reichen Naturpassagen. Der Leser muß, vorausgesetzt er hat nicht teil an der kollektiven Verdrängung des Juni, diese Freiheitsextase als Choc empfinden, wenn er sich die Gleichzeitigkeit der Ereignisse vergegenwärtigt.

27 Das bürgerliche Fotoalbum, Nachfolger des romantischen Keepsake, versammelt als eine Art visueller Dictionnaire des Idées reçues die immergleichen Ansichten des Wahren, Schönen, Guten, die stereotypen Gebärden denkwürdiger Augenblicke und Lebenshöhepunkte.

28 Den Touristen definiert der Grand Dictionnaire Universel du XIXe Siècle von Pierre Larousse als »Personne qui voyage par curiosité et désoeuvrement«, demzufolge wä-ren seine Beweggründe die gleichen wie die des Flaneurs.

29 Der Flaneur scheint ein besonderes Behagen an der Ablenkung seines Ennui durch Demonstrationen, Emeuten etc. empfunden zu haben. Man fühlt sich bei dieser Szene der »Education« an den berüchtigten Text aus Baudelaires »Salon de 1846« erinnert, der mit der listigen Frage einsetzt: »Avez-vous éprouvé, vous tous que la curiosité du flâneur a souvent fourrée dans une émeute, la même joie que moi à voir un gardien du sommeil public [...] crosser un républicain?« (Cf. meinen Kommentar in Pariser Bilder 1 (1830–1848). Antibourgeoise Ästhetik bei Baudelaire, Daumier und Heine, Frankfurt 1979, S. 119 ff.). Bereits im 1. und 2. Teil des Romans zeichnet Flaubert sei-nen Helden wiederholt als Flaneur, wobei Selbstüberhebung und Misanthropie die hervorstechendsten Charakterzüge sind (cf. I, 84 f.). Wenn ihm der Boden unter den Füßen zu heiß wird, wird dieser Flaneur zum Touristen.

30 Der Blick des eskortierten Frédéric, der die reale Gefahr nicht erkennt, in der er schwebt – denn auch Unbeteiligte wurden in diesen Tagen füsilliert –, ist bereits der jener Damen und Herren, die am Sonntag nach der Niederschlagung der Insurrektion in die Arbeiterviertel strömten, um sich flanierend oder aus der Kutsche heraus am Anblick der Zerstörungen zu weiden (cf. die einschlägigen Zeitberichte in D. O., Die verdrängte Revolution).

31 Cf. Brombert, Flaubert, S. 108: »Le paysage devient rappel des événements, extériori-sation de la mauvaise conscience« und meine Kritik an Bromberts von dieser Ein-sicht abweichenden Schlußfolgerung über den Sinn der ganzen Passage, s. o. Anm. 4.

32 Die stupende List und Kunst dieses Exkurses rührt daher, daß Flaubert in ihm die Naturwahrnehmung des bürgerlichen Touristen nicht nur ironisiert, wie Daumier es tut (cf. K. Herding, Der Städter auf dem Lande. Daumiers Kritik am bürgerlichen Verhältnis zur Natur; in: Honoré Daumier und die ungelösten Probleme der bürgerli-chen Gesellschaft, Ausstellungskatalog, Herausgegeben zur Ausstellung im Schloß Charlottenburg Mai/Juni 1974 von der NGBK/Berlin, S. 101 f.) sondern sie zudem noch in so subtiler wie extremer Weise datiert. Indem er sie zum repoussoir der tabu-ierten Geschichte macht, wird die von dem Helden pseudoextatisch erlebte leere Na-tur tendenziell doch noch zu einem Tempel von Correspondances, der einen poetisch begabten und politisch nicht verblendeten Leser mit vertrauten Blicken ansehen könnte.

33 Zit. nach Chants et Chansons de Pierre Dupont, Paris, Houssiaux, 1852, Bd. 1, S. 30 (of. D. O., Pariser Bilder 1, S. 212 ff.).

34 Zum Begriff des antibourgeoisen Publikums und zur Doppelstrategie der antibour-geoisen Literatur: cf. Pariser Bilder 1, Kapitel I und passim.

35 Flaubert spielt hier, wie so oft in diesem Roman, ein hintersinniges Spiel mit Daten: wenn Rosanette 1848 29 Jahre alt ist (II, 161), so war sie 1834 genau 15. Bis zu diesem Alter aber hatte sie bei ihren Eltern gelebt, mit 15 wurde sie an einen »Monsieur« ab-getreten (II, 162). Die Datierung legt den Verdacht nahe, daß der Zusammenhang dieses Verkaufs der Tochter mit der Trunksucht der Mutter ein vordergründiger und daß dessen eigentliche Ursache in dem Elend der Proletarier von Lyon zu suchen ist, welches durch die Niederschlagung der Aufstände nicht geringer wurde. Nicht an-

ders als die des Juni waren die Insurrektionen der *Canuts* 1831 und 1834 vom Hunger provoziert worden. Den Junikämpfern war das, im Unterschied zu Rosanette, bewußt, sie machten das Losungswort der aufständischen Seidenweber »Du pain ou la mort!« zu ihrem eigenen. Man sieht: selbst in einem solchen anekdotischen Rückblick koinzidiert die erotische Szene mit der revolutionsgeschichtlichen und verdeckt sie. Es sei ergänzend daran erinnert, daß das für Dussardiers Vita entscheidende Massaker der Rue Transnonain – s. o., Anm. 23 – eine Antwort des damaligen Innenministers Thiers auf die Solidarisierungsaktionen der Pariser Republikaner mit den Lyoneser Arbeitern im April 1834 war.

36 Auch die Aufspaltung der Liebe in eine zärtliche und eine sinnliche Strömung ist ein Thema Du Camps, und bevor sie seinen neurotischen Helden Jean-Marc in den Tod treibt, fällt ihr dessen große Liebe – Suzanne, das Gegenstück der Mme Arnoux – zum Opfer: vergiftet von ihrer orientalischen Nebenbuhlerin, der leidenschaftlichen Zaynèb, die in ihrer Eigenschaft als Sklavin einen noch reineren Sinnengenuß gewährt als die bloß käufliche Pariser Grisette, mit der der Held der »Education« sich begnügt. Durch das Ausweichen ins Exotische und bunt Romaneske verwässert Du Camp die Modernität seines ursprünglich dem Flauberts nahe verwandten Entwurfs.

DOLF OEHLER

Erträge der Diskussion

I

Theorie und Geschichte. In der Diskussion über die vier Vorlagen des Vormittags ergab sich sehr bald ein Konsens darüber, daß eine arbeitsteilige Aufteilung: hier Gattungstheorie, da Gattungsgeschichte, nicht zu halten sei. Auch die kuriosen Vorbehaltsgesten, mit denen Theoretiker und Empiriker einander bisweilen und auch während dieser Tage begegneten, schufen die Notwendigkeit einer Relationierung von Theorie und Geschichte nicht aus der Welt. Wiederholt wurde darauf aufmerksam gemacht, wie starr theoretische Vorverständnisse in historische Untersuchungen eingingen, ohne daß diese Prämissen immer expliziert würden. Am Beispiel der Verwendung thematischer Oppositionen als Grundmuster für Gattungsbeschreibungen wurde auf die Analogie zwischen fiktivem Erzählen, das sich ebenfalls bereits solcher Oppositionen bediene, und historiographischer Narration hingewiesen. Der Historiker unterscheide sich vom Erzähler durch den Anspruch auf Objektivität und den auf Erklärung. Das lege die Frage an die Referenten nahe: »Wie haben Sie erklärt und was verstehen Sie in diesem Zusammenhang unter Erklärung?« Diese schon im Hinblick auf den 4. Tag gestellte Frage wurde in der Diskussion wiederholt aufgenommen und allmählich dergestalt abgewandelt, daß sie von der theoretischen auf eine pragmatische Ebene geriet und als Frage nach den »Parametern« (Klotz) für Gattungsgeschichte stehenblieb.

Im Laufe des Nachmittags griffen zwei Teilnehmer dieses hermeneutische Problem nochmals auf, indem sie konstatierten, daß gewisse *gattungsempirische* Aussagen in letzter Instanz von dem theoretischen Bezugsrahmen der Interpretation, von historischen Konstrukten etwa, determiniert würden (Beispiel: die Definition des *César Birotteau* als Mischform resultiere aus einer konsequenten Einordnung Balzacs in eine in bestimmter Weise verstandene Geschichte der bürgerlichen Gesellschaft). Diese Beobachtung wurde in Form einer systematischen Hypothese resümiert: Die literaturgeschichtlichen Kategorisierungsversuche basieren auf vorgängigen historischen Kunstrukten, d. h. solchen, die sich auf den realhistorischen Prozeß beziehen, so daß gilt: Es existiert bei jedem Kategorisierungsversuch ein mehr oder weniger explizit vorhandenes Wissen über den zugrundeliegenden historischen Prozeß – in diesem Fall (Balzac) über den Transformationsprozeß der kapitalistischen Welt – einerseits, und über die Art und Weise seiner spezifischen, kognitiven Verarbeitung, z. B. in Gestalt von Romanen, anderseits.

Parameter. Die naturgemäß zahlreichen Zweifel an der Stringenz der vorgelegten Gattungsbeschreibungen und die Einwände gegen die in diesen jeweils implizit oder explizit skizzierten gattungshistorischen Entwicklungen führten zu der Frage nach den Parametern zur Bestimmung einer Gattung. Bietet der

Name der Gattung selbst überhaupt schon Gewähr genug für die Identität des unter ihm Versammelten, oder ist er womöglich ein bloßes Etikett, hinter welchem das Heterogenste sich verbergen kann; legt nicht gerade der von Fritz Nies beschriebene Funktionswandel der Gattung ›Historiette‹ den Verdacht nahe, hier würden verschiedene Textsorten zu verschiedenen Zeiten nur gleich benannt, und täte der Literarhistoriker, statt sich so namensgläubig zu verhalten, nicht besser daran, die Identität einer Gattung nachzuweisen anhand bestimmter Merkmalkombinationen, die für sie konstitutiv werden, unabhängig von dem ihr je angehefteten Etikett?

Daran anknüpfend wurde die Frage formuliert: Worin besteht die Stabilität einer Gattung? Nicht alle ihre Elemente müssen stabil sein; aber welche müssen es bleiben, damit man von einer Gattung reden kann? Genügt es, zwischen Boccaccio und Maupassant den kleinsten gemeinsamen Nenner zu finden, um die Novelle ausreichend zu definieren; reicht eine einzige thematische Opposition zur Beschreibung einer Gattung aus, oder bedarf es nicht vielmehr mehrerer Kriterien, um ihrer Dynamik und ihrer Besonderheit gerecht zu werden? Ist der Rekurs auf die einschlägigen Poetiken als Materialbasis zur historischen Situierung einer Gattung ausreichend, oder ist dies nicht solange schlechter Historismus, wie man nicht zugleich auch das in den Poetiken nicht Artikulierte als konstitutiv für die zu untersuchende Gattung rekonstruiert? Soweit der Tenor der vorgebrachten Fragen.

Als Parameter zur Gattungsbestimmung wurden sodann ex tempore vorgeschlagen: Thematik, Erzählweise, Funktionsanspruch der Gattung antwortend auf die jeweilige Bedürfnislage der Gesellschaft, Länge. Diese Parameter, so wurde postuliert, müßten in ihrem wechselseitigen Bedingungsverhältnis gezeigt werden; die Konstellation, in die sie zueinander träten, sei eine variable. Die Konsistenz oder Nicht-Konsistenz einer Gattung sei ablesbar am Fortbestand oder am Ausfall einer repräsentativen Anzahl von Parametern.

Zur Frage eines etwaigen Etikettenschwindels mit Gattungsbezeichnungen wurde angemerkt, daß diese Bezeichnungen oft von den Trägergruppen selbst herrührten, also von der Gesamtheit derer – Autoren wie Rezipienten –, die an der Pflege einer Gattung beteiligt seien. Von diesen Trägergruppen könne der Forscher auch relativ zuverlässige Informationen über relevante Gattungskriterien erhalten: durch das Studium des semantischen Feldes nämlich, in dem die Parameter selbst benannt seien. Im allgemeinen sei der historische Wandel von Gattungen, Gattungsfunktionen etc. nirgends genauer registriert als in den Aussagen der jeweiligen Trägergruppen. Mithin sei ein semasiologisches Vorgehen bei der Erstellung gattungshistorischer Dokumentationen durchaus legitim.

Thematische Merkmaloppositionen / Zur Gattung Novelle. Bei Gelegenheit von Peter *Brockmeiers* Merkmalopposition zur Charakterisierung der Novelle – individuelles Glück versus soziale Norm – ergab sich die Frage nach der Funktion solcher Oppositionen für Gattungsgeschichten bzw. -phänomenologien im allgemeinen und nach der Berechtigung gerade dieser Opposition als Merkmalkriterium der Novelle im besonderen.

Zum einen wurde festgestellt, daß auch der Literarhistoriker ohne solche basale Oppositionen nicht auskomme, daß diese sehr wohl ihren Stellenwert in einem Ensemble von Beschreibungskriterien besäßen (s. o.). In bezug auf die

Novelle erschien jedoch die Annahme einer einzigen thematischen Opposition gleichzeitig zu eng und zu weit. Individuelles Glück versus soziale Norm – dieser Grundkonflikt sei nicht nur in der Novelle anzutreffen, sondern ebenso im Roman, angefangen beim höfischen Roman, der dem Romanisten sogleich als Gegenbeispiel einfalle. Auch das Hegelsche Modell vom Konflikt zwischen der Poesie des Herzens und der Prosa der Verhältnisse, für den der deutsche Bildungsroman das klassische Paradigma abgebe, wurde für diese Antithese in Anspruch genommen. Es handle sich doch wohl um eine gattungsmäßig nicht einzugrenzende thematische Struktur.

Die Opposition Leidenschaft/Vernunft und deutlicher noch die von Normendurchbrechung und Normenkonformität sei tendenziell ein Spezifikum von Literatur schlechthin und nicht das ausschließliche einer bestimmten Gattung. Literatur und Normendurchbrechung seien sogar häufig ein und dasselbe, was sich besonders deutlich im Selbstverständnis von Gegenwartsautoren ausdrücke. Das hänge zusammen mit der Funktion von Literatur, welche aus der Melancholie gegenwärtiger Gesinnung Besseres, Anderes vorzustellen habe – selbst wenn sie den Lebensekel hypertrophiere –, *und* mit der Situation der Schriftsteller in der Gesellschaft: in ihrer Eigenschaft als Gesinnungs- und nicht als Verantwortungsethiker, die von den gesellschaftlichen Institutionen gleichsam ausgehalten würden oder neben ihnen existierten, hätten sie eher als andere die Möglichkeit, die Normensysteme ihrer Gesellschaft zu kritisieren oder sie zu ignorieren. Zu eng wiederum als ein totalisierendes Charakteristikum für die Gattung Novelle sei diese Opposition insofern, als sie wohl stark am literarischen Prototyp Boccaccio orientiert, auf einige der wichtigsten Novellenautoren des 19. Jhs. nicht anwendbar sei: nicht einmal mehr auf den Mérimée der *Vénus d'Ille* und schon gar nicht auf einen Großteil der Novellen von Puschkin, Gogol oder Keller. Um der ganzen Vielfalt der Dimensionen dieser Gattung gerecht zu werden, habe man nach ihren Entstehungsbedingungen zu fragen. Wie sei die Gattung Novelle entstanden? Gewiß nicht zuletzt aus einem allgemeinen gesellschaftlichen Defizit- und Verlustgefühl gegenüber der verlorenen Tatsächlichkeit und Verbindlichkeit mündlichen Erzählens als eines kommunikativen Akts. Dieses Moment werde nun gewissermaßen »einliterarsiert« in den Rahmen und die Rahmenkonstruktionen würden mit dieser Funktion tradiert in die späteren Jahrhunderte.

Eine Formgeschichte der Novelle habe vor allem auf etwa bestehende strukturelle Unterschiede zwischen Novelle und Roman einzugehen. Nun sei aber beinahe alles von dem, was üblicherweise als Spezifikum der Novelle bezeichnet werde – Falkenmotiv, unerhörte Begebenheit etc. – entweder nicht auf die gesamte Novellistik applizierbar oder aber, wie etwa die Erzählsituation, keine durchgängige *differentia specifica* zum Roman oder zur Short Story. Als einziger Unterschied der beiden Genres bleibe letztlich die Kürze übrig, welche sich freilich auch strukturell auswirken müsse, insofern als Anfang, Mitte/Peripetie und Ende/Lösung einer Intrige einander in der Novelle näherstünden als im Roman. Als Kriterium käme auch die Beschränkung auf einen Kasus und entsprechend auf einen thematisch einsträngigen Ablauf in Betracht. Im Roman seien die Erzählsituationen meist deswegen reichhaltiger ausgebildet, weil der Autor über mehr Raum verfüge. Bei der Abfassung einer Gattungsgeschichte der Novelle ergebe sich aber gerade im Hinblick auf den Roman die grundsätzliche Frage, weshalb die Novelle dem Roman vorauszugehen scheine und ihrerseits der Langform des Epos nachfolge. In diesem Zusammenhang wurde auf die um deskriptive und kommentierende Passagen erweiterten Übertragungen italienischer Novellen in der Shakespeare-Zeit als auf höchst aufschlußreiches einschlägiges Material hingewiesen.

Wie der Quantitätsunterschied sich inhaltlich auswirke, wurde am Beispiel der Mme de La Fayette erörtert. In der »Princesse de Clèves« erlaube der größere Erzählspielraum des Romans eine differenziertere Bestimmung der Problematik von Individualität als in den vergleichbaren Novellentexten dieser Autorin und ihrer Zeitgenossen.

Kompliziert werde die Abgrenzung zwischen Novelle und Roman noch durch unterschiedliche funktionsgeschichtliche Verlaufsformen in den verschiedenen Nationalliteraturen. Die Trennung der Aufgabenzuweisung beider Gattungen sehe z. B. im 19. Jh. in Deutschland sehr viel anders aus als in Frankreich, was wiederum Rückwirkungen auf Qualität oder doch zumindest auf literarisches Ansehen habe. Womit einmal mehr die Notwendigkeit einer komparatistischen Ausweitung von Gattungsgeschichte nahegelegt wurde.

In seiner Erwiderung auf die Fragen zu seiner Vorlage erklärte Brockmeier, es sei ihm hier weder um eine Gattungsgeschichte noch um eine Funktionsgeschichte der Novelle zu tun gewesen, er habe vielmehr eine Themengeschichte unternommen und dies in polemischer Absicht. Er habe nachweisen wollen, daß die immer wieder auf die postrevolutionäre Literatur und insbesondere auf den Roman des 19. und 20. Jhs. angewandte thematische Opposition: autonomes Handeln versus determiniertes Handeln/Gehandelt-Werden in der Tradition der Novelle schon seit ihren Anfängen beheimatet sei.

Das Ende von Gattungen, Funktionsablösungen. Die Schlußthese der Vorlage Joachim *Schulzes,* »Paul et Virginie« sei der letzte Vertreter der Gattung *Pastorale,* welcher diese zugleich kassiere, gab Anlaß zu einer Reihe von Überlegungen über das Ende von Gattungen. Bedenken wurden angemeldet gegen die Vorstellung vom Kassiert-Werden einer Gattung. In der Regel habe man eher von einer Funktionsablösung auszugehen, von einem Funktionswandel also, der einen Gattungswandel mit sich bringe. Das lasse sich zeigen am Beispiel der Sozialutopie, die anfänglich Raumutopie sei und dann – seit Mercier – durch Zeitutopie ersetzt werde. Auch die Bukolik im traditionellen Sinn der Pastorale höre zwar auf im 18. Jh., sie werde aber ersetzt einerseits durch die Landlebendichtung – z. B. in Deutschland bei Merck –, andererseits durch Idyllen, die im Roman des 19. Jhs. weiterlebten, wie an den Romanthemen in England und im deutschen Bildungsroman ablesbar sei. Statt vom Absterben von Gattungen o. ä. solle man lieber ausgehen von einem Wandel der Funktionen aufgrund veränderter gesellschaftlicher Bedürfnisse, der zu einem Wandel der Gattung und ihrer Textmerkmale führe.

Diese These fand breite Zustimmung: Funktionen fielen nicht einfach weg, so wurde hinzugefügt, sie würden umgesetzt oder virtualisiert, wobei Formwandlungen aufträten. Auf die Idylle bezogen sei etwa zu fragen, welche Funktionslücken idyllische Textstellen in der Funktionsbeschreibung des Romans des 19. Jhs. übernähmen. Hier würden ältere Schreibweisen als solche übernommen, wobei auch der Leser das Bekannte zumindest als Folie und ohne daß er die historischen Referenztexte selbst gelesen haben müsse, mehr oder minder bewußt assoziiere. Daß Gattungen selten ganz tot seien, vielmehr von Fall zu Fall reaktiviert werden könnten, wurde unter Hinweis auf das Versepos angemerkt.

Die propädeutische Frage nach den Kriterien zur Bestimmung des Endes von Gattungsgeschichten schnitt ein anderer Teilnehmer an: solche Kriterien seien aufzustellen und zu legitimieren nach den jeweiligen Relevanzgesichtspunkten der eigenen Forschung (Funktionen, Inhalte, Strukturen). Hans-Jörg Neuschäfer hatte in seiner Präsentation das Thema des Absterbens von Gattungen mit dem ihrer Genese verknüpft und damit Anstöße zu Reflexionen gegeben, die sich auf die Funktionszuweisung beim Entstehen von Gattungen richteten. So wurde ein Ausdifferenzierungsprozeß beschrieben in der Geschichte der Bukolik der frühen Neuzeit, wo bestimmte Sinndefizite beantwortet worden seien einerseits durch die Sinnentwürfe der utopischen Erzählungen (Sozialutopie), andrerseits durch die der Bukolik. Der exemplarische Prozeß einer allmählichen Ausdifferenzierung der literarischen Konzeption von Gegenwelten in Humanismus und Renaissance – Sannazaros *Arcadia* (1504) und Morus' *Utopia* (1516) – lege es nahe, bei der Gattungsbeschreibung nicht von Universalien auszugehen, sondern bei umfassenden Funktionsbeschreibungen anzusetzen, und dies im Rahmen eines Modells der Theorie geschichtlicher Erfahrung.

Daraufhin wurde das Verhältnis von universellen und funktionsgeschichtlich motivierten Erzählformen wie folgt umrissen: »Funktionsbedürfnisse sind Auslöser und Träger von Gattungsgeschichten. Historisch herausgeforderte Funktionen lösen einen jê neuen Zugriff auf schon vorhandene universelle Instrumente – z. B. die Autorreflexion – aus. Sie prägen diese universellen Instrumente dann jeweils in neuen Konkretionen aus. Das heißt, es muß Konstanten des Erzählens geben, welche in jeweils anders geprägter Form auftreten, die dann durchaus funktionsbestimmt ist.« Die Berechtigung der Erzählforscher, solche universellen Instrumente aufzuspüren und zu systematisieren, sei unbestreitbar.

Zur *Pastorale* selbst wurde geäußert, sie sei eine Gattung mit relativ wenigen und schwach ausgeprägten Merkmalen. Identisch bleibe in ihr eigentlich nur die schäferliche Kulisse. Da in der klassischen Epoche zwischen dem 16. und dem 18. Jh. im Gattungssystem kein Ort zur gleichsam objektiven, i.e. weder tragischen noch komischen Abhandlung von Liebesproblematik vorgesehen sei, sei der Pastorale in jener Zeit eben diese Funktion zugefallen: von Liebe zu handeln. Dagegen wurde u.a. eingewandt, auch der Roman beziehe sich traditionellerweise auf Liebe und dies schon seit Heliodor, was dann in Huets *Traité de l'origine des romans* (1670) erstmals poetologisch verankert werde. Die Besonderheit der Bukolik bestehe darin, daß sie Liebe als realisiert oder realisierbar darstelle durch Verlagerung des Schauplatzes in einen der Gesellschaft und Geschichte exterritorialen Raum.

Funktion/Konvention/Institution. Die Bezeichnung einer Gattung als Institution und die Definition einer literarischen Institution als »konventionalisierte Beziehungen zwischen Autor und Leser« (J. Schulze) brachten eine Diskussion in Gang über den Institutionsbegriff im Kontext der Gattungstheorie und über seine Beziehungen zu den Begriffen Funktion und Konvention. Vor einer allzu breiten und unreflektierten Verwendung des Institutionsbegriffs wurde gewarnt; oft sei, was als Institution bezeichnet werde, in Wirklichkeit eher eine Konvention. Und insofern, als man unter Konventionen Übereinkünfte von Individuen, die sich als freie gegenüberstünden, zu verstehen habe, trete der Konventionsbegriff in gewissem Sinne in Widerspruch zu dem der Funktion, denn Funktion bedeute, daß sich überindividuelle Verhältnisse in der Form niederschlügen. Auch bei der Verwendung des Funktionsbegriffs sei eine Äquivokation zu vermeiden, denn einmal (etwa bei Voßkamp) werde dieser Begriff im Sinne von Luhmann und letztlich der amerikanischen Systemtheorie der 50er und 60er Jahre verwendet, dann wieder (z. B. in der Vorlage von Fritz Nies oder bei Volker Klotz) werde die Funktion einer Gattung gebunden an verschiedene Gesprächs- und Handlungskonstellationen einer literarischen Geselligkeit. In diesem Fall werde der Funktionsbegriff nicht von einem internen Gefüge von Gattungszusammenhängen abhängig gemacht, sondern es werde den historischen Gegebenheiten der gesellschaftlichen Formation und den in ihr sich entwickelnden Bedürfnissen Rechnung getragen.

Es wurde empfohlen, den Institutionsbegriff im gattungsmäßigen Kontext mit Vorsicht zu verwenden, dem Begriff der Konvention eine stärkere Aufmerksamkeit zuzuwenden und von Institutionen nur dann zu sprechen, wenn Einrichtungen der Förderung oder Verhinderung von Literatur auch außerliterarisch lokalisiert und mit außerliterarischen Machtinstrumentarien versehen seien. Der Übergang von bukolischen und idyllischen Anteilen aus der Pastorale in andere Formen oder ihr vorheriges Vorhandensein in anderen Formen – unabhängig von der Herausbildung, der Verfestigung oder dem Vergehen einer Gattung – zeige, daß hier Konventionsformen vorlägen, die offenbar ein zäheres Leben hätten und stets dann wieder abgerufen und besonders geprägt würden, wenn neue Funktionen es nahelegten. Dieses sei auch an der Entwicklung der Ständesatire zu belegen, die zunächst in spätmittelalterlicher Spruchdichtung auftrete, dann in einem gewissen Reifestadium eine eigene Gattung mit spezifischen Veröffentlichungsformen darstelle und schließlich in den Fastnachtsspielen in einer Reihe stehender Typen weiterlebe, obwohl die Fastnachtsspiele ihrerseits nicht zum Zwecke der Ständesatire geschrieben worden seien. Dasselbe lasse sich an der Entwicklung der Fabel zum Tierepos exemplifizieren.

Kleingattungen. An die Vorlage von Fritz *Nies* schlossen sowohl Fragen zur Gattungsspezifik als auch solche zum Verhältnis von Schriftlichkeit und Mündlichkeit an. Ob die Redaktion etwa einer Historiette nicht gerade ein Indiz dafür sei, daß die Mündlichkeit »über Bord gegangen« wäre, und wie man diese eigentlich nachweisen wolle? Antwort: Nicht durch die Texte allein, auch durch ikonographische Quellen etwa sei das mündliche Vorbild der verschriftlichten Kurzformen des Erzählens rekonstruierbar. Dies löste eine methodologische Reflexion über die Verschiedenheit linguistischer und literarhistorischer Erzählforschung aus: linguistischer Erzählforschung fehle es an authentischem Material aus der Geschichte und dieses Defizit erkläre die Abwesenheit historischer Blickrichtungen und Methoden.

Ein Literarhistoriker stellte die Frage, inwieweit bei der Funktionsbestimmung der Historiette mit ihrer Orientierung auf all das, was in den Pilotgattungen des höfischen Systems, selbst in der Komödie, gänzlich oder weitgehend ausgegrenzt bleibe, Erich Köhlers Hypothese weiterhelfen könnte, daß es jeweils ein Gattungssystem gebe. An der Nies'schen Beschreibung des Conte wurde hervorgehoben, sie zeige exakt den »Sitz im Leben« dieses Genre im 18. Jh., i.e. die Dialogizität des Erzählens in der lebensweltlichen Erzählstruktur der Zeit. Auch wurde insistiert auf der auffälligen Divergenz zwischen dem sozialen und dem poetologischen Status von Gattungen: während im 17. Jh. hocharistokratische Kreise die Historiette und die Anecdote kultivierten, würden diese Kleingattungen von Boileau schlicht übersehen.

Angesprochen auf die Möglichkeit der Weiterführung einer Funktionsgeschichte narrativer Kleingattungen über das 19. Jh. hinaus, gab sich der Referent »hoffnungsfroh«: Das Wechselspiel zwischen Schriftlichkeit und Mündlichkeit funktioniere bis in unsere Tage, wie man an den Faits divers, den Anekdoten und Witzen der Zeitungen, den Fernsehsendungen, die am Arbeitsplatz weitererzählt würden etc. als an Nachfolgeformen der von ihm untersuchten Gattungen feststellen könne. Keinesfalls solle die Narrativik a priori darauf verzichten, bei kürzeren erzählenden Druckerzeugnissen die Frage zu stellen, ob und inwieweit solches Lesematerial Erzählen als soziales Handeln nicht nur reflektiere, sondern auch seinerseits neu auszulösen fähig sei.

Erzählstrategie. Aufgrund der sehr ausführlichen Diskussion der Vorlagen zur Gattungsgeschichte kamen die Vorlagen Reinhard *Klesczewskis* und die des 2. Halbtags insgesamt in der Diskussion ein wenig zu kurz. Klesczewski hatte in seinem Statement fünf Fragen an seine Zuhörer gerichtet: 1. Wo taucht der Terminus Erzählstrategie erstmals auf, welcher Literaturwissenschaftler führt ihn ein bzw. setzt ihn durch? 2. Ist meine Definition von Erzählstrategie nicht zu weit, und wenn ja: wie läßt sie sich sinnvoll einengen? Gibt es korrespondierend zur strategischen Aktivität des Erzählers eine des Lesers? 3. Inwieweit verfolgen Erzähler ihre Strategie mit der Bewußtheit, die die Metapher erwarten läßt? 4. Gibt es narrative Textsorten, bei denen keine Erzählstrategie anzusetzen ist? 5. Besteht eine Interdependenz zwischen der Wahl bestimmter erzählstrategischer Mittel und der jeweils propagierten Ideologie? Von diesen Fragen wurden nur zwei aufgenommen. Die Definition des Terminus sei zu eng, wurde gesagt, weil sie nur das Moment der Überrumpelung des Lesers enthalte, nicht auch das der Planung. Sie sei zu ergänzen in Blick auf jeweilige Formen der Anschaulichkeit, auf das Atmosphärische, die Innen- und Außenperspektive eines Textes. Karl Maurer verwies bei dieser Gelegenheit auf ein Bochumer Projekt »Strategie als Kunst – Kunst als Strategie«.

Ein sozialwissenschaftliches Gegenstück zum Begriff Erzählstrategie sei der Terminus Interaktionsstrategie. Beide Begriffe bezeichneten die Aspekte der Vorkalkuliertheit, der Handlungsplanung und zweckrationalen Hintergründigkeit. Es gelte, die Indikatoren für Vorkalkuliertheit genauer zu fassen, die bei mündlichen Stegreiferzählungen gewiß nicht dieselben seien wie bei literarischen Texten. Zur Konkretisierung dessen wurde die Analyse des Erzählverhaltens in Gerichtsverhandlungen empfohlen. Der Referent selbst stellte fest, daß Vorkalkuliertheit, in soziologischen Interviews offenbar ein Indikator für die mangelnde Authentizität des Erzählten, der Authentizität einer literarischen Erzählung durchaus keinen Abbruch tue.

Die Diskussion des Vormittags kritisch resümierend, äußerte ein Teilnehmer Befremden über die gänzliche Abwesenheit psychoanalytischer Positionen: Erzähltechniken, Inhalte, Strukturen würden beschrieben, als gäbe es kein Unbewußtes beim Erzählvorgang. Möglicherweise verfälsche die Rationalität des wissenschaftlichen Diskurses die Qualität des Erzählerischen, da sie nur je das intentionale Moment berücksichtige, wie der Begriff der Erzählstrategie es dokumentiere, der die Naivität und Intuitivität des Schreibens außer acht lasse. Dessen ungeachtet wurde der Begriff Erzählstrategie als ein möglicher Parameter zur Bestimmung von Gattungen vorgeschlagen.

II

Erzählprobleme, Gattungsinterferenzen, Krise des Erzählens. Hans-Jörg Neuschäfer hatte die Anwendung der These Hermann Lübbes angeregt, Geschichten würden immer dann erzählt, wenn das scheinbar zufällige Interferieren zweier voneinander unabhängiger Ereignisketten anders nicht oder noch nicht erklärbar sei. Im Blick auf *Balzac* und den frühen Realismus wurde dazu bemerkt: Balzac habe einen Widerspruch, eine Unauflöslichkeit in seinen Romanen inszenieren wollen, um gerade so den Eindruck von der Totalität der dargestellten Welt retten zu können. So könne man freilich nur argumentieren, wenn man voraussetze, daß der Autor überhaupt die Totalität der Welt habe darstellen wollen – was ja beileibe keine Selbstverständlichkeit sei.

Es sei vermutlich auch überzogen, Balzacs Anleihe bei anderen Gattungen als Indiz für eine Krise des Erzählens zu werten, denn *César Birotteau* sei ja nur ein Durchgangsstadium in Balzacs literarischer Auseinandersetzung mit der bürgerlichen Gesellschaft. Grundsätzlich sei es unglücklich, die Benjaminsche Formel von der Krise des Erzählens auf Balzac zu applizieren, denn Benjamin sei bei seinem Konzept auf die Entfaltung der technisch-industriellen Produktivkräfte fixiert und fasse Erzählen als traditionales Medium, das querstehe zu einer sich rationalisierenden bürgerlichen Wirklichkeit. Der Romancier Balzac hingegen erweise sich als auf der Höhe dieser Wirklichkeit, indem er als ihr Movens ökonomische Interessen und nicht etwa, wie noch E. Sue, moralische Handlungsalternativen darstelle.

Die Technik der Gattungsrückgriffe wurde als eine Form von Rücksichtnahme auf das Publikum gewertet: ein Autor rufe ein seinem Publikum vertrautes »Orientierungsmuster« ab. Analogien dazu fänden sich zur selben Zeit im Theater, Raimund beispielsweise operiere mit barocken Theodizee-Mustern. Auch könne man in dieser Beziehung Keller mit Dickens vergleichen, der ganzen Romanen Märchenstrukturen unterlege.

Mit Gattungsrückgriffen arbeite im übrigen nicht nur die Literatur, sondern auch die Historiographie. So sei die Darstellung der modernen Gesellschaft sowohl für die Historiographie als auch für den Roman ein problematischer Gegenstand. Allerdings *kompensiere* der Roman nicht wie die Historiographie durch Rückgriff auf literarische Muster. Diese hätten im Roman nicht die Funktion bloßer Versatzstücke, sondern dienten zur Herstellung einer neuen Gattung oder zu ihrer Neukonstruktion. Der Rückgriff auf Montesquieu und Gibbon in *César Birotteau* sei wohl noch vermittelt über das Erlebnis der Größe und des Niedergangs des Kaiserreichs und des Empereur selbst, das dem Roman als geheime Folie diene, so wie Napoleon der Prototyp aller Balzacschen Helden und auch Birotteaus sei.

Ob die im *Birotteau* auftretenden erzähltheoretischen Probleme womöglich damit zusammenhingen, so fragte ein Teilnehmer, daß mehr noch als die Prosa der Geldverhältnisse hier die Getriebenheit der Akteure zum Thema werde? Die Vorstellungsmuster von zielgerichtet Handelnden und von einer einem begrenzten Wissen zugänglichen Welt werden zu Balzacs Zeit hinfällig, und hinfällig werde damit auch die klassische Erzählweise des allwissenden Erzählers. Ob nicht Balzac an eine Grenze stoße, indem er ein solches Thema aufgreife, das mit traditionellen Mitteln nicht mehr zu bewältigen sei, das eigentlich bereits jener Elemente bedürfe – wie erlebte Rede, Reflektor-Figur, Quasi-Transskripte –, die erst viel später in der Literatur entwickelt würden? Auch Zolas *Au Bonheur des Dames* sei in diesem Zusammenhang zu beachten; der Roman zeige zwei gegenläufige Verlaufskurven: den Aufstieg eines Kaufhauses und den Niedergang eines Textilkleinhändlers. Selbst bei Zola seien die Mittel noch nicht da, um die Betroffenheit und das Getriebene darzustellen, er weiche immer wieder ins Melodramatische oder ins Ironische aus. Bei einem Autor wie Dostojewski seien dann beide Aspekte der Modernität, die Getriebenheit und der soziostrukturelle Kontext, zusammengebracht. »César Birotteau« sei modern durch die Einarbeitung essayistisch-expositorischer Elemente, durch die Verbindung von Erzählen und Argumentieren, womit er vorausweise auf Proust und Musil. Andrerseits würden gewisse moderne Verfahren wie Montage, Schnitte, Dokumentation von Balzac noch weitgehend ignoriert.

Ökonomischer Diskurs bei Balzac? Zu der These, daß die ökonomischen Verhältnisse seiner Zeit prägend für die Erzählweise Balzacs seien, traten gegensätzliche Ansichten zutage. Balzac greife in seinen Romanen im allgemeinen auf die Leidenschaften zurück, um die »Unansehnlichkeit« der neuen sozialen Wirklichkeit zu kompensieren. Die Leidenschaften seien bei ihm das *élément social* schlechthin, und in ihrer Exposition bestehe das eigentliche Faszinosum Balzacs. Seine energetische Metaphysik trete nun freilich im *Birotteau* kaum in Erscheinung. Im Rückgriff auf Adorno habe Gerhard Kaiser verdeutlicht, daß das Geld bei Balzac das Ganze in Gang brächte; könne aber darum bereits von einem ökonomischen Diskurs der *Comédie humaine* gesprochen werden? Wohl kaum. Was hingegen ins Auge falle, das sei die Präsenz eines biologistischen Diskurses. Das Motiv des Geldes sei im übrigen ganz so neu nicht; bereits in der Komödie und dem bürgerlichen Trauerspiel des 18. Jhs. sei es zentral.

Ökonomischer Diskurs sei gewiß nicht gleichzusetzen mit Thematisierung von Ökonomie. Es wurde angeregt, mit Blumenbergs Konzept der »Hintergrundmetaphorik« zu operieren. Der These, Balzacs Realismus sei durch die Ausblendung der Produktionssphäre teilweise schon wieder anachronistisch, wurde entgegengehalten, er sei vielmehr dem Entwicklungsstand der Julimonarchie genau adäquat. Jedenfalls sei die Dominanz der Geldverhältnisse nicht, wie im Lauf der Diskussion behauptet worden war, ein abgeleitetes Phänomen, sondern gebe die Grundstruktur des Balzacschen Oeuvres ab. Bezeichnenderweise seien die eigentlichen Repräsentanten der Geldverhältnisse entweder vollkommen leidenschaftslos oder aber ridikül in ihrer Leidenschaftlichkeit (Nucingen, Du Tillet, Crevel etc.). Die Dominanz der Geldverhältnisse eliminiere den Bereich der *Volonté* und der *Passion,* der bei Birotteau mit seiner heroisch-pathetischen Probität noch gerettet werde.

Der Bürger als Held zwischen Mokerie und Pathos. Auf Widerspruch stieß die These von Ulrich Schulz-Buschhaus, die Literatur vor Balzac sehe den Bürger nur in komischer Perspektive. Zunächst wurde das Drama des 18. Jh. genannt, in dem – bei Diderot oder Sedaine – der Bürger durchaus in pathetischer Beleuchtung erscheine, aber auch in Romanen wie *Manon Lescaut* oder den *Liaisons Dangereuses* seien Bürger kein Objekt der Mokerie. Das wurde zugestanden mit der Präzisierung, Balzacs Innovation bestehe darin, den Bürger in seiner Berufsnormalität und in seiner familiären Normalität gezeigt zu haben, und erst diese Innovation bringe die in der Vorlage analysierten narrativen Probleme mit sich.

Ob diese Analyse bei all ihren Meriten, so wurde gefragt, das entscheidende Ethos der Epoche Balzacs und Baudelaires genau erfaßt habe und ob der *César Birotteau* keine positivere Bewertung verdiene. Denn in diesem Roman sei Balzac am besten gelungen, was er stets habe herausarbeiten wollen: die Ausbildung einer einzigen Leidenschaft im Bürger bei gänzlicher Atrophie aller andern. Eben dies sei programmatisch angesprochen im Schlußkapitel »De l'héroisme de la vie moderne« von Baudelaires *Salon de 1846,* wo es u. a. heiße: »Nous célébrons tous quelque enterrement« (cf. Baudelaire, OEuvres complètes éd. C. Pichois, Bd II, Paris 1976, p. 494. Derselbe Text nennt Birotteau als Musterbeispiel eines modernen Helden.)

Das Alternieren von Komik und Pathos in der Charakteristik Birotteaus lege einen Zusammenhang mit Hugos in der *Préface de Cromwell* entwickelten Theorie des Grotesken und mit Napoleons Diktum von der Nachbarschaft des Lächerlichen und des Erhabenen nahe. Die ambivalente Darstellungsweise des Helden, welche mit der Opposition Mokerie/Pathos gekennzeichnet sei, treffe bei Balzac im übrigen alle bürgerlichen Figuren unabhängig von ihrem Status – mit der einzigen Ausnahme Louis Lamberts. Das Bürgerliche sei überhaupt im Spannungsfeld dieser Ambivalenz gesehen.

In abschließenden Kurzstellungnahmen gingen die beiden Referenten auf die angeschnittenen Fragen ein. Gerhard Kaiser vertrat die Ansicht, von einer biologistischen Metaphorik könne bei Balzac wohl nicht gesprochen werden. Die Raubtiermetaphorik etwa sei zu verstehen im Kontext von Grandvilles und Daumiers Darstellungen der Gesellschaft der ausgehenden Restaurationsperiode und des triumphierenden Juste-Milieu, die ihrerseits an die Mode der Physiognomik – Lavater, Gall etc. – anknüpften. Es sei eine der entscheidenden Leistungen Balzacs – neben der Schilderung des Pariser Alltags –, die Pathologie des Affektverhaltens erforscht zu haben. Die Geldleute als diejenigen, die am rückhaltlosesten der Zweckrationalität huldigten, seien zugleich am hilflosesten ihren Leidenschaften ausgeliefert. Im ökonomischen Diskurs erblicke er bei Balzac das organisierende Zentrum, von dem aus die Metaphorik und die Handlungsmomente strukturiert würden. Die wohl unbestreitbare Intention Balzacs, die Totalität des zeitgenössischen Frankreich darzustellen, hänge zusammen mit dem systematischen und universellen Anspruch der gleichzeitigen Naturwissenschaft, wie nicht nur aus dem »Avant-Propos« der *Comédie humaine* hervorgehe. Es bleibe auch nach dieser Diskussion eine zentrale Frage, die Genese der Gattungsmischungen, den Wechsel der Töne etc. in dieser Zeit schlüssig herzuleiten und zu definieren.

Ulrich Schulz-Buschhaus insistierte nochmals auf der Sonderstellung des *Birotteau* im Oeuvre Balzacs. Es sei ihm darum zu tun gewesen, die innovatorische Leistung Balzacs in diesem Roman zu profilieren. Dem Wechsel von Mokerie und Pathos würden die Außenseiter wie Vautrin, aber auch die Dandys und Lions nicht ausgesetzt: diese verschone der Autor mit seinem Spott. Im Unterschied zur Balzacschen sei Flauberts Ironie gleichsam stumm und werde nicht durch Autorkommentar vermittelt. Die auf die spätere Romanentwicklung vorausweisenden essayistischen Elemente erwüchsen aus der Proliferation berufs- und wissenschaftsspezifischer Diskurse. Auch gebe es bei Balzac schon eine Art Collage, Einschübe von »littérature utile« wie Reklametexten, Rechnungen u. a. Die These, daß in diesem Roman bereits ein ökonomischer Diskurs vorliege, versuchte der Referent mit Hilfe einer didaktischen Erfahrung zu stützen. In einem Seminar hätten die sonst eher benachteiligten Absolventen einer Höheren Handelsschule eine viel besseren Zugang zu diesem Text gefunden als ihre nicht einschlägig vorgebildeten Kommilitonen. Unter den neuen Charakterzügen seiner Epoche, auf deren Darstellung es Balzac mehr als auf die der Totalität des Jahrhunderts ankomme, spiele das Ökonomische eine spezifische Rolle.

Romanentwicklung und gesellschaftliche Entwicklung im französischen 19. Jahrhundert. Der von Hartmut *Stenzel* vorgelegte Versuch einer sozialhistorischen Fundierung der Gattungsentwicklung im französischen realistischen Roman des 19. Jhs. führte zu einer kurzen Methodendiskussion am konkreten Beispiel. Die an Balzac, Sue und Flaubert demonstrierte Beziehung zwischen einem Wandel der Gattungsstruktur und der sozialhistorischen Entwicklung sei zu unvermittelt unternommen worden, da sie die soziale Frage als die allein entscheidende für die Ableitung der Entwicklung der Handlungskonstruktion im realistischen Roman Frankreichs ansehe und keine anderen Determinanten – etwa die Sachzwänge des Feuilletonromans – in Betracht ziehe. Wer von vornherein alle Erklärungsansätze zurückweise, die im literarischen System selbst lägen, lade sich eine beträchtliche Beweislast auf. Noch weiter als solche Einwände ging der Vorwurf, der Referent betreibe die bei Kuhn beschriebene »Immunisierungsstrategie«, die ein Paradigma dadurch immunisiere, daß die Grundhypothese nicht als solche kenntlich gemacht, sondern als Gesetzesaussage formuliert werde. In diesem Fall sei die camouflierte Grundhypothese ein prästabiliertes Modell der Korrelation von sozialem und literarischem System. Die These vom »richtigen« oder »falschen« Bewußtsein, das ein Autor von den gesellschaftlichen Widersprüchen habe, werde als Gesetzesaussage vorgebracht. Desgleichen seien die Identifizierung Vautrins mit dem Proletariat oder die allegorische, auf textexterne Quellen sich berufende Lektüre der *Salammbô* untrügliche Symptome einer partikulären Immunisierungsstrategie.

In seiner Erwiderung wies Stenzel auf die fundamentale Bedeutung der »question sociale« auch für die kunsttheoretische Diskussion der Julimonarchie hin. Wenn in seiner Vorlage der Eindruck mangelnder Vermittlung entstehe, so läge das zum einen an ihrer Pointierung auf dieses Thema hin, andrerseits aber daran, daß er sich auf ein sozialgeschichtliches Problem bezogen habe, das auch im Bewußtsein der Autoren »als verdrängtes präsent« gewesen sei und das in die behandelten Romane relativ unmittelbar eingehe. Die Frage der Vermittlung stelle sich bei anderen Formen der Literatur in ganz anderer

Weise, aber gerade weil hier ein Medium vorliege, in dem die Problematik auch schon das unmittelbare Gattungsschema abgebe, stelle sich die Aufgabe der Vermittlung als minder problematisch dar. Hingegen sei sie bei der Interpretation von Gedichten dieser Epoche unumgänglich, wie er in seiner Baudelaire-Arbeit ausgeführt habe.

Immunisierungsstrategien verfolge er keineswegs, noch formuliere er Gesetzesaussagen über die Beziehungen von Gesellschaft und Literatur. Für Balzac behaupte er nicht, sein Bewußtsein sei noch nicht so weit wie die Gesellschaft, sondern umgekehrt, der gesellschaftliche Entwicklungsstand sei noch nicht so weit entfaltet, daß er in den Roman übergehen könne. Balzac habe in seinen journalistischen Arbeiten das Proletariat sehr wohl registriert, in seinen Romanen aber bilde es, wie Barbéris zeige, eine Leerstelle. Diese fülle ein Vautrin aus, in dessen Gestalt, in völliger Übereinstimmung mit der Sehweise der Julimonarchie, Verbrechertum und Proletariat, *classes laborieuses* und *classes dangereuses* miteinander kontaminiert seien. Die aktualisierende Deutung der *Salammbô* im Hinblick auf die Ereignisse von 1848 resultiere nicht aus einer Allegorisierung, sondern aus der Beobachtung struktureller Analogien zwischen dem dargestellten und dem in Flauberts Erwiderung auf Sainte-Beuve evozierten historischen Konflikt: Der Kampf Karthagos gegen das Söldnerheer sei ein strukturelles Analogon zu dem Kampf der Zweiten Republik gegen das Proletariat des Juni 1848.

Fiktion und Geschichte bei Flaubert. Um die spezifische Fiktionalisierung der tabuierten Revolutionsgeschichte von 1848, die Flaubert in der *Education Sentimentale* unternahm, ging es in der abschließenden Diskussion des Beitrages von Dolf *Oehler.* Voraussetzung zur Rekonstruktion der latenten Werkintentionen, so hatte der Referent vorweg erklärt, sei ein minutiöses Wissen des Lesers über die historischen Zusammenhänge, auf die der Roman meist anspielungsweise sich beziehe, *und* die poetische Imagination des Lesers als die Fähigkeit, Textdaten und Geschichtsdaten im Sinne des im Roman angelegten Systems von *Correspondances* zu verknüpfen. Nach dem Stellenwert einer solchen Rekonstruktion für den konkreten Akt der Lektüre sowie für das zeitgenössische Publikum wurde gefragt. Ob für einen Leser das Präsuppositionsgefüge, dessen Aufdeckung, Oehler zufolge, allererst begreifbar mache, was eigentlich Flauberts Aktivität in seiner Erzählung sei, tatsächlich faßbar gewesen sei, so daß die vorgelegte Rekonstruktion nicht nur die Intention und Schreibweise des Autors, sondern auch die Rezeptionsmöglichkeiten der Lesergruppe reflektiere, auf die hin er zunächst einmal geschrieben habe?

Hans-Jörg Neuschäfers Einwand gegen die zu eindeutige Definition der *Education sentimentale* als historischen Roman führte zu Überlegungen über den Stellenwert der Fontainebleau-Idylle und der Junirevolution in der Gesamtstruktur des Romans. Wie die Aufteilung des Buches deutlich zu erkennen gebe, sei die eigentliche Peripetie der Februar, mit dem der 3. Teil beginne, und nicht der Juni 48. Die erzählerische Aussparung der Revolutionsereignisse sei nicht auf die Junikämpfe beschränkt, auch die von den Historikern ausführlich geschilderten entscheidenden Februarszenen blieben hier entweder unberücksichtigt oder würden nur nebenbei erwähnt. Möglicherweise sei daher die Nicht-Darstellung des Juni wie die Eskamotierung der Revolutionskämpfe überhaupt als Teil einer globalen Ironisierung des Revolutionsdiskurses zu werten, wie sie mit andern narrativen Mitteln in den Pastiches des *Club de l'Intelligence* oder in den politischen Konversationen betrieben wurde.

Im Hinblick auf das Thema »Fiktion und Geschichte« ermögliche die Vorlage eine Bestimmung der spezifischen Verfahrensweisen von fiktionaler Literatur verglichen mit denen der Historiographie oder der Theorie. Halte man diese Darstellung der Revolution neben einen historisch-politischen oder einen rein theoretischen Diskurs, dann stelle man fest, daß ästhetische Fiktionalisierung die sonst unabbildbaren Privatgeschichten in ihrem Zusammenhang mit einer global politischen und wissenschaftlich dechiffrierbaren Geschichte wie keine andere Narrationsform darzustellen vermöge. Welche *Correspondances* zwischen Kausalität einzelner Ereignisse und der Kausalität des allgemeinen Schicksals stattfänden, das werde entschieden und ins Werk gesetzt durch die ästhetische Fiktion. So eröffne die ästhetische Darstellungsweise Erfahrungen der Geschichte, ohne deckungsgleich mit anderen »objektiven« Darstellungen der Geschichte verfahren zu müssen.

Dolf Oehler plädierte in seinem Schlußwort zunächst für eine Unterscheidung zwischen dem Privatmann und dem Autor Flaubert; nur der erstere sei seiner Zeit ausgewichen, der Schriftsteller reflektiere jedoch die Fluchtbewegungen des Kleinbürgers am Beispiel eines Helden mit alter ego-Funktion. Die systematische Demontage einer Lebenslüge sei gewiß keine Selbstlegitimation, eher schon eine Selbstreinigung. Voll verständlich sei der Roman wohl nur einem Kreis initiierter Lescr gewesen, die es gewohnt waren, poetische Correspondances im Hinblick auf politische Bedeutungsgehalte zu entschlüsseln: der artistischen, nicht selten republikanisch eingestellten Elite des Second Empire. Neu an diesem Werk sei u. a. die systematische Übertragung von Techniken der gleichzeitigen Lyrik auf den Roman. Die Frage nach dem möglichen Textverständnis von literarischen Laien sei nur spekulativ zu beantworten: bis zu einem gewissen Grade lasse der Roman sich bereits durch intensive Lektüre entschlüsseln; er enthalte Appelle und Signale genug, die dazu einlüden, die Spur seines Verweisungssystems aufzunehmen.

Die Bedeutung des Juniteils werde auch durch Auslassungen revolutionärer Szenen des Februar oder Mai nicht geschmälert. Wo im Februar nur eine Verfremdung der Revolutionsbeschreibung stattfinde, werde im Juni eine regelrechte Verschiebung vorgenommen, ein Wechsel des Schauplatzes und des Tones, ein Ersetzen der Revolution durch die Natur, des Schreckens durch die Idylle. Im Februar werde der Held überdies selbst ins revolutionäre Geschehen verwickelt dargestellt, z. B. gerate er in den Kampf ums Château d'Eau: freilich schon als der Flaneur, der dann im Juni zum Touristen werde. Der Februar sei die ostentative Zäsur des Buches; der wirkliche, entscheidende Einschnitt aber geschehe im Juni: Habe der Februar als bloß erotisch-politischer *faux pas* verstanden werden können, so markiere Frédérics Verrat im Juni den irreversiblen Bruch mit dem Ideal, dem der Bruch seiner Klasse mit den eigenen republikatisch-humanitären Aspirationen korrespondiere. Denn das Spezifikum der Darstellungsweise des Flaubertschen Romans gegenüber jeder Historiographie sei in der Tat die kompositorisch strenge Verknüpfung einer innerpsychisch-privaten mit einer historisch-politischen Kausalitätsreihe.

HANS MICHAEL BAUMGARTNER / JÖRN RÜSEN

Einführung zum vierten Tag des Symposions: Erzählung und Geschichte

Das Verhältnis zwischen Erzählen und Geschichte läßt sich in zwei Hinsichten thematisieren. In der ersten, deren prominentestes Beispiel Droysens Historik ist, wird ›Erzählen‹ als eine Weise der Geschichtsdarstellung neben anderen angesehen. Diese Ansicht ist auch heute noch verbreitet, nicht zuletzt im Selbstverständnis vieler Historiker. Sie verbinden mit der Bezeichnung ›Erzählen‹ zumeist die Vorstellung einer vornehmlich zeitliche Ereignisfolgen präsentierenden Geschichtsschreibung, der gegenüber eine erklärende, strukturgeschichtliche Untersuchung zur Geltung gebracht werden müsse. Sehr oft wird diese Unterscheidung in Verbindung gebracht mit der zwischen einer theorielosen, ›bloß erzählenden‹ Geschichtsdarstellung auf der einen Seite und einer theoriegeleiteten, weniger erzählenden als vielmehr erklärenden Geschichtsdarstellung auf der anderen. Wird das Darstellen von Geschichte in dieser Perspektive betrachtet, dann ist das Erzählen lediglich ein Detailproblem, dessen Bedeutung für die gegenwärtige Theorie- und Methodendiskussion der Geschichtswissenschaft gegen die Übermacht anderer Problemstellungen eigens begründet werden müßte.

Im Unterschied dazu gibt es eine entschiedenere Position in der Verhältnisbestimmung von Erzählen und Geschichte: Sie hebt darauf ab, daß unbeschadet der genannten Unterscheidung beide Arten der Geschichtsschreibung die gleiche allgemeine Aussageform haben, die als narrative identifiziert und beschrieben werden kann und muß. In dieser Sichtweise bekommt das Erzählen einen fundamentalen Status für die Geschichtsdarstellung: Es ist die Aussageform, die den spezifisch historischen Charakter von Aussagen über die menschliche Vergangenheit grundsätzlich definiert.

In den folgenden Erörterungen spielt diese Auffassung eine (nicht unumstrittene) wichtige Rolle; sie soll daher mit Hilfe einiger traditioneller Überlegungen dazu, was ›Geschichte‹ ist, näher erläutert werden. Um Mißverständnisse auszuschließen, empfiehlt es sich, drei Bedeutungen von ›Geschichte‹ zu unterscheiden: einmal Geschichte als Sachverhalt (res gestae); ferner Geschichte als Bewußtsein dieses Sachverhaltes (historia rerum gestarum); und schließlich Geschichte als Wissenschaft. Die These vom grundsätzlich narrativen Charakter der historischen Erkenntnis besagt nun, daß die res gestae als solche noch keine Geschichte sind, sondern daß Geschichte das Produkt einer Sinnbildungsleistung ist, die an und mit den res gestae vollzogen wird. Man könnte auch von einer Konstitutions- oder Konstruktionsleistung sprechen. Gemeint ist der Vorgang, auf den Johann Gustav Droysens bekannte Frage zielt, wie aus Geschäften Geschichte wird. In dieser Sinnbildungs-, Konstitutions- oder Konstruktionsleistung spielt das Erzählen die entscheidende Rolle, – eine Rolle, die für alle Arten von Geschichtsdarstellungen gleichermaßen wesentlich ist. Erzählen liegt also als Vorgang der Sinnbildungsleistung allen

Formen von Historiographie zugrunde: Es ist eben die (Reflexions-) Form, in der diese Leistung vollzogen und sprachlich sichtbar wird.

Die folgenden Beiträge schlüsseln diesen Vorgang in ganz unterschiedlichen Perspektiven auf. Sie lassen sich unter drei Leitfragen zusammenfassen: einmal unter der abstrakt-allgemeinen Frage, welche Bedeutung in der Konstitution von Historiographie durch Erzählen das Moment der Fiktion hat und (damit aufs engste zusammenhängend), welche strukturellen Analogien und Unterschiede zwischen fiktionalem (z. B. mythischem) und historiographischem Erzählen bestehen? Die Beiträge von Maurer und Wimmer können als Antwort auf diese Frage gelesen werden, aber auch die (erst später zu diskutierende) Vorlage von Lypp sowie der letzte Abschnitt bei Danto. Die zweite Frage betrifft nicht mehr die abstrakt-allgemeine Ebene der Konstitution von Historiographie durch Erzählen überhaupt, sondern zielt auf den in dieser Konstitution immer mitgegebenen Bezug auf bestimmte Erfahrungen. Wie wird eine bestimmte Erfahrung verarbeitet, so daß sie als geschichtliche Erfahrung artikuliert werden kann? Die Beiträge von Schütze und Kahr lassen sich als Antworten auf diese Frage lesen. Ist mit den beiden ersten Fragen und ihrem Bezug auf vier Vorlagen der erste Teil der Sektion ›Erzählen und Geschichte‹ umschrieben, so dominiert im zweiten Teil das Thema ›Geschichte als Wissenschaft‹. Die hier einschlägigen Vorlagen von Danto, Lübbe, Lypp und Porath könnten als Antwort auf die dritte und übergreifende Frage gelesen werden, welche Bedeutung die im ersten Teil der Sektion thematisierte Konstitutionsleistung des Erzählens für die Geschichte als Wissenschaft hat.

Um diese Frage im einzelnen zu beantworten, kann man von der Unterscheidung zwischen historischer Forschung und historischer Darstellung ausgehen, sofern sich jedenfalls das Problem der Geschichte als Wissenschaft auf das Verhältnis von Forschung und Darstellung hin zuspitzen läßt. In dieser Zuspitzung lautet dann die Leitfrage: Gibt es in der die Geschichte als Wissenschaft mit-konstituierenden historischen Forschung etwas, was qualitativ über die Konstitutionsleistung des Erzählens hinausführt, so daß die historische Erkenntnis als wissenschaftliche das Erzählen als ihren Ausgangspunkt hinter sich zurückläßt und entsprechend die wissenschaftliche Geschichtsschreibung einen nicht-narrativen Charakter annehmen kann? Umschreibt man diesen Charakter mit dem Stichwort ›Erklären‹, da Erklären innerhalb historischer Darstellungen über eine bloß erzählende Präsentation von Sachverhalten hinausgeht, dann steht eben damit auch die vieldiskutierte Problematik der Theoriebildung und des Theoriegebrauchs in den historischen Wissenschaften zur Diskussion. Gäbe es ein wissenschaftskonstitutives Element des historischen Denkens, das wesentlich über das Erzählen hinausführt, dann müßte gerade in ihm auch der Objektivitätsanspruch begründet liegen, den die historischen Wissenschaften für die von ihnen erbrachte historische Erkenntnis erheben. Gibt es jedoch eine solche Transzendierung des Erzählens in der Geschichte als Wissenschaft nicht, dann stellt sich unausweichlich die Frage, ob und wodurch überhaupt noch historische Objektivität in Anspruch genommen werden kann.

Mit der zuletzt genannten Frage lassen sich die vier Beiträge des zweiten Teiles der Sektion zu zwei gegensätzlichen Argumentationsstrategien gruppieren: Lypp und Porath auf der einen Seite, die die Notwendigkeit unterstrei-

chen, in der Darstellung von Geschichte wesentlich über das Erzählen hinaus-
zugehen, und deshalb nicht-narrative Formen des historischen Denkens als
wesentlich betonen, und Danto und Lübbe auf der andern Seite, die den historischen Charakter einer Darstellung mit ihrer narrativen Struktur identifizieren
und daher konsequent auch nicht-narrative Denkweisen als unhistorisch qualifizieren. –

Die Vorlagen der Sektion »Erzählen und Geschichte« werden nun in der
Form vorgestellt, daß zuerst stichwortartig ihre Thesen genannt und dann als
Anstoß zur Diskussion an die einzelnen Vorlagen Fragen gerichtet werden, die
die explizierte allgemeine Fragestellung der Sektion auf die jeweils behandelten besonderen Themen hin konkretisieren.

Der Beitrag von Maurer legt umfassend und detailreich die Geschichte des
Fiktionalitätsverständnisses von der Antike bis in die Neuzeit hinein dar. Er
leuchtet aber nicht nur historische Hintergründe des Themas ›Erzählen und
Geschichte‹ aus, sondern er enthält auch einen systematischen Vorschlag für
einen neuen Fiktionsbegriff. Maurer geht von dem Befund aus, daß in der modernen Literatur lebensweltliche Formen anstelle von überkommenen literarischen verwendet werden, und erwägt, ob man Fiktion nicht definieren müsse
als »scheinhafte, technische Substitution der Materialeigenschaften der literarischen durch die der entsprechenden lebensweltlichen Bauformen«. Hier
stellt sich unmittelbar die Frage, wie der in dieser Definition mit dem Wort
»scheinhaft« gesetzte Unterschied zwischen Schein und Wirklichkeit verstanden werden muß, wenn Fiktion in einer nicht traditionellen Form verstanden
werden soll. Zugleich liegt beim Gesamtthema der Sektion die Frage nahe,
welche Bedeutung dem von Maurer vorgeschlagenen neuen Fiktionsbegriff für
das Verständnis von Geschichtsschreibung zukommt?

Der Beitrag von Wimmer führt vor, wie bei Tolkien Mythen durch Namengebung gebildet und erzählt werden. Obwohl in der Vorlage von Geschichtsschreibung, also ›Geschichte‹ im Sinne unserer Sektion nicht die Rede ist,
dürfte dieser Vorgang der Mythenbildung durch Namengebung für das Thema
›Geschichte‹ dennoch wichtig sein, und zwar deshalb, weil das vorgestellte
Verfahren eine nicht unerhebliche Ähnlichkeit mit bestimmten historiographischen Verfahren hat. In der nationalstaatlich orientierten Geschichtsschreibung des 19. Jahrhunderts sind es immer auch Namen wie »die deutsche Nation«, die Geschichten erzeugen. Diese Analogie führt fast unvermeidlich zu
der Frage, ob es bei gleichem Verfahren nicht doch fundamentale Unterschiede gibt, wenn es sich um Mythen auf der einen und um Geschichten im
Sinne von Historiographie auf der anderen Seite handelt. Es wäre zu prüfen,
ob der vermutete Unterschied im Realitätsbezug der Bildung von Geschichten
durch Namengebung liegt. In Anknüpfung an die Darlegungen des Beitrages
von Wimmer müßte die Frage diskutiert werden, ob es einen für die Historiographie spezifischen Erfahrungsbezug gibt und wie dieser zu bestimmen ist.

Am Beitrag von Schütze läßt sich ausgezeichnet illustrieren, wie aus Geschäften Geschichte wird. Er zeigt, daß und wie Erfahrungen von Veränderungen, in die man handelnd und leidend selber verstrickt ist, narrativ – und offensichtlich nur narrativ – artikuliert werden bzw. werden können. Im Erzählen der eigenen Erfahrung entsteht historisches Bewußtsein als Bewußtsein eigener Lebensgeschichte. Mit Schützes Beitrag lassen sich einzelne Momente

der eingangs erwähnten Sinnbildungsleistung des Erzählens unterscheiden und charakterisieren: Gestaltsschließung, Kompensierungszwang und Detaillierungszwang. Einen gewissen Widerspruch dürfte seine These über den inneren Wahrheitszwang des Erzählens hervorrufen: ließe sich doch auch auf narrativ realisierte Verdrängungen, auf Vergessen oder auch auf Selbsttäuschung durch Erzählen hinweisen. Diese Frage leitet zugleich zur Diskussion der Fragestellungen und Vorlagen des zweiten Teils der Sektion über. In die gleiche Richtung weist die eng damit zusammenhängende Frage, ob Schützes Modell der individuellen und kollektiven Verlaufskurven zur Beschreibung der wissenschaftlich betriebenen Historie ausreicht oder nicht.

Auf ganz andere aber mindestens genauso eindeutige Weise sind die Befunde im Beitrag von Johanna Kahr paradigmatisch für unsere Fragestellung. Dieser Beitrag zeigt am Beispiel der Französischen Revolution, wie eine schlechthin neue lebensweltliche Erfahrung auf diejenigen einwirkt, die von ihr so betroffen sind, daß sie sich ihr nicht durch Rückgriff auf Vergangenes entziehen können, sondern gleichsam einem ›Deutungszwang durch Betroffenheit‹ ausgesetzt sind. Kahr zeigt, daß dieser Deutungszwang nicht mehr durch traditionelle Sinnbildungsmuster, wie sie in der Aufklärungshistorie vorgegeben sind, zu bewältigen ist; er verlangt vielmehr neue Sinnbildungsmuster, mit denen die Erfahrung der Revolution historiographisch verarbeitet werden kann. Die von Kahr variantenreich vorgeführten drei Deutungsmuster (das »Komplott der Aristokraten«, die »verfolgte Tugend«, das »triumphierende Opfer«) zeigen plastisch die strukturelle Analogie zwischen Geschichtsschreibung und fiktionaler Literatur, die das Thema ›Geschichte‹ (als historia rerum gestarum) zu einem bedeutsamen Gegenstand der Erzählforschung werden läßt. Es liegt daher nahe, im Anschluß an diesen Beitrag den narrativen Charakter der von ihr behandelten Deutungsmuster näher zu diskutieren. Schließlich läßt sich von diesem Beitrag her zu den Themenstellungen des zweiten Teils der Sektion überleiten, insofern in ihm auch dargelegt wird, wie im Laufe der Entwicklung der Historiographie die geschilderten literarischen Deutungsmuster zurücktreten; dieses Zurücktreten wird zugleich als Zunahme der wissenschaftlichen Dignität von Geschichtsschreibung charakterisiert. An diesen Befund läßt sich mit der Frage anknüpfen, ob mit der Verwissenschaftlichung von Historiographie notwendigerweise Deutungsmuster mit stark fiktionalen Elementen zurücktreten oder nicht.

Die Beiträge des zweiten Teils der Sektion betreffen das Verhältnis von Erzählung und Geschichtswissenschaft. Im Mittelpunkt stehen dabei die Themen: Objektivität und Erzählschemata; Erzählung und Theorie; Erzählsprache, historisches Bewußtsein und historische Erkenntnis.

Der Beitrag von Porath thematisiert das Verhältnis von Erzählung und Geschichte unter dem Leitproblem, wie bei Anerkennung einer grundsätzlichen Historizität allen Erkennens Objektivität des historischen Forschens erreicht werden könne. Objektivität wird hierbei als eine für jede erfahrungswissenschaftliche Erkenntnis konstitutive Leitidee verstanden, deren zunächst intuitiver Charakter sowohl philosophisch wie wissenschaftstheoretisch korrekt expliziert werden müsse. In diesem Zusammenhang lautet Poraths Hauptthese, daß zwischen dem für die Bestimmung der Historie als Wissenschaft als grundlegend in Anspruch genommenen »narrativen Paradigma« und einer

korrekten Explikation des komplexen Begriffs »historische Objektivität« ein
Verhältnis »logischer Inkonsistenz« bestehe; nicht daß die Geschichtswissenschaft immer auch erzähle – dies gesteht Porath zu –, sei das entscheidende
Problem, sondern daß sie im Rahmen der »narrativen Paradigmatik« dem Anspruch wissenschaftlicher Objektivität nicht gerecht werden könne. Da nach
Ansicht der in dieser Vorlage direkt angesprochenen Kuratoren Erzählstruktur
und theoriegeleitete Kritik einander nicht ausschließen und ein problematisches Verhältnis zwischen Erzählung und Theorie nur dann gegeben ist, wenn
nomologische Theorien an die Stelle erzählter Geschichten treten sollten, ergeben sich gegenüber der Vorlage folgende Fragen: 1. Wird nicht bei Porath ein
Teilmoment des mit Erzählung beginnenden und mit (modifizierten) Erzählungen endenden Forschungsprozesses, das der kritischen Reflexion auf Theorien, Quellen, Gemeinplätze, aber auch Erzählschemata, allzusehr isoliert und
absolut gesetzt? 2. Wie ist gemäß dem verwendeten Theoriebegriff das Verhältnis von Theorie und Ereignis im Zusammenhang einer Geschichte zu bestimmen? In welchem Zusammenhang stehen jene Theorien, die Ereignisse erklären, und jene, aus denen Relevanz- und Selektionskriterien für eine bestimmte Geschichte gewonnen werden können? 3. Worin sollen die geforderten Adäquatheitspostulate, die eine Kritik allererst ermöglichen, bestehen? Solange sie nicht namhaft gemacht werden, lassen sich über ihr Verhältnis zur
Grundstruktur der Erzählung nur abstrakte Vermutungen anstellen.

Die Vorlage von Lypp bestreitet ebenfalls die fundamentale Bedeutung der
Erzählung für die Historiographie. Allerdings beruht ihre Kritik am Erzähl-
konzept und speziell an einer »transzendentalphilosophisch orientierten Diskursanalyse erzählender Sätze« nicht wie bei Porath auf der Unverträglichkeit
von Erzählung und wissenschaftlicher Objektivität. Im Mittelpunkt steht vielmehr die historische These, daß die Geschichtsschreibung erst im Zuge der
sich in mehreren Schüben entwickelnden Moderne, durch die eine bis dahin
unerhörte Dynamisierung der Situation des Menschen eingetreten sei, eine
selbständige Form des Wissens geworden ist und autonomen Charakter besitzt. Dieser Tatbestand wird in doppelter Hinsicht von Bedeutung: Er relativiert den im Objektivitätspostulat implizierten Zwang zur Begründung auf die
geschichtliche Gestalt der Historiographie als etablierter wissenschaftlicher
Disziplin; und er begründet nach Lypps Ansicht zugleich die Auffassung, daß
die solchermaßen dynamisierte Geschichte weder durch den Typus einer em-
pirisch-wissenschaftlich verfaßten Historie noch speziell durch die Diskursform des Erzählens angemessen bewältigt werden kann. Eben deshalb könne
Geschichtsschreibung grundsätzlich weder vom Objektivitätspostulat her interpretiert noch auf die Logik des Erzählens bezogen werden. Gegenüber einer
an Kriterien wissenschaftlicher Objektivität orientierten Historie sowie im Ge-
genzug zu ästhetischer Resignation (Simmel) und politischer Reduktion (Lübbe) favorisiert Lypp daher unter Rückgriff auf Rousseau und Nietzsche ein
Konzept von Geschichtsschreibung, das auf »überhistorische« Gesichtspunkte, auf »mythische Fiktionsbildungen«, setzt. Da Lypp jedoch in seiner Analyse der Geschichtsschreibung nachgeschichtsphilosophischer Prägung erkennt, daß seither stets Gegensatzbegriffe wie ein Netz über die historischen
Tatsachen geworfen werden, steht er vor dem Problem, diese Gegensatzbegriffe mit den genannten Formeln mythischer Fiktionsbildungen zu vermitteln.

Damit tritt allerdings die Problematik des narrativen Paradigmas wieder hervor. Die erste und entscheidende Frage an Lypps Vorlage betrifft darum seine Bewertung des Erzählbegriffs. Nimmt man nämlich den Begriff der Erzählung im Sinne Dantos oder auch der neueren Literaturwissenschaft, so sind just für ihn binäre Schematisierungen, formelhafte Oppositionen, konstitutiv. Sind aber dann solche Formeln, die nach Lypp den historischen Tatsachen erst Sinn und Bedeutung verleihen und die bloße Mannigfaltigkeit eines ansonsten undurchsichtigen Geschehens zu der Vielfalt von Geschichten erheben, nicht ihrerseits bereits Erzählkonstrukte, Rahmenentwürfe für mögliche Erzählungen? Gerade die von Rousseau der eigenen Geschichtsschreibung zugrunde gelegte Formel »Erkenne Dich selbst« wird doch nur dann zum Rahmenentwurf für eine Geschichte, wenn sie auf mögliche Gegensätze hin ausgelegt und so als Konzept einer möglichen Erzählung gelesen wird. Die zweite Frage bezieht sich auf die in der Vorlage nicht geklärte Abgrenzung des von Lypp favorisierten Konzeptes zur materialen Geschichtsphilosophie, deren Möglichkeit bzw. Unmöglichkeit überdies unerörtert bleibt.

Die Vorlage von Lübbe entwickelt im Gegensatz zu Porath und Lypp einen Begriff der Geschichte, für den Erzählung konstitutiv ist. Historisch erklärt werden kann nur und genau durch Erzählen, weil Geschichten mit Ereignissen zu tun haben, durch die Systeme von außen umgebildet werden und die sich mit Bezug auf den eigenen Funktionszusammenhang dieser Systeme kontingent verhalten. An der relativen Kontingenz jener Ereignisse, die auf Systeme von außen einwirken und diese dadurch individualisieren, liegt es auch, daß Geschichten zwar Theorien benötigen, aber nicht selbst Theorien erzeugen können: Für Lübbe gibt es keine Theorie über die Reihenfolge derjenigen Ereignisse, die ein System im Laufe seiner Dauer verändern und individualisieren. Ihre Reihenfolge kann vielmehr nur in theorieunfähigen Erzählschritten präsentiert werden. Da durch diese Ereignisse in ihrer Abfolge die jeweiligen Referenzsubjekte der Geschichte einzigartig und unverwechselbar werden, hat Geschichtsforschung und Geschichtsschreibung die ausgezeichnete, einzig durch sie realisierbare Funktion, Identität zu präsentieren. Aus dieser Präsentation läßt sich kein Theoriegewinn ziehen, der in Handlungsregeln transformierbar wäre. Mit Blick auf die Vorlage von Porath ist in Lübbes Konzept entscheidend, daß die Theorieunfähigkeit der Geschichtswissenschaft nicht ihre mögliche Objektivität in Frage stellt. Im Rahmen des Symposions stellen sich folgende Fragen: 1. Lübbes Erzählbegriff ist an der Abfolge von Ereignissequenzen im Sinne eines dann ... und dann orientiert. In welchem Verhältnis steht er zu der von Danto herausgestellten Erzählstruktur, dergemäß Erzählsätze Ereignisse so miteinander verknüpfen, daß das spätere Anlaß wird, das frühere in einem neuen Lichte zu sehen? Inwiefern gehört zum Erzählen lediglich die Abfolge von Ereignissen und nicht vielmehr ein vorausentworfener Zusammenhang in Gestalt von Anfang, Mitte und Ende einer Geschichte? 2. Wenn es auch richtig ist, daß man aus Geschichten keine Handlungsregeln ableiten kann, so erhebt sich gleichwohl die Frage, ob man aus Geschichten nur dann etwas lernen kann, wenn sie theoriefähig sind. Lernen ist doch jedenfalls nicht eo ipso theorieabhängig. 3. Obgleich es einleuchtend ist, daß präsentierte Identität nicht zurechenbar ist, so scheint doch der von Lübbe angesprochene Zusammenhang von historischer Feststellung und praktischer Orientierung präzisierungsbedürftig: Es wäre darauf hinzuweisen, daß über Geschichten präsentierte personale Identität nicht wie ein äußeres factum brutum dem Handelnden gegenübersteht, sondern jederzeit von ihm als seine eigene Geschichte aufgefaßt wird. Präsentierte Identität ist nicht grundsätzlich dem sich seiner Identität vergewissernden Subjekt äußerlich. Man wird deshalb darauf beharren müssen, daß die erzählende Präsentation historisch gewordener Identität selbst ein wesentliches Moment der Bildung von Identität ist.

Ebenso wie bei Lübbe ist in Dantos Vorlage der Begriff der Erzählung fundamental für historisches Wissen. Jedoch wird bei ihm Erzählung gleichsam eine Stufe tiefer als Strukturbestimmung des historischen Wissens im ganzen angelegt. Danto geht es um eine Phänomenologie des historischen Bewußtseins und damit um die Bestimmung geschichtlichen Existierens: Geschichtlich existieren heißt für ihn, Ereignisse, die man erlebt, als Teil einer möglichen Geschichte zu imaginieren, die erst später erzählt werden kann. Diese eigentümliche Reflexionsform bzw. diese Wahrnehmungsweise der Gegenwart ist vorausgesetzt, wenn man mit der von ihm so genannten »language of narration« einen Bedeutungsgehalt verbinden will. Die Logik der Erzählsprache zur Klarheit zu bringen, läßt sich daher als wesentliche Aufgabe einer Phänomenologie des historischen Bewußtseins begreifen. Im vorliegenden Beitrag versucht Danto, einige spezielle Züge dieser Erzählsprache zu analysieren. Erzähltheoretisch entscheidend ist die Erkenntnis, daß man durch narrative Sätze über die durch sie beschriebenen Ereignisse mehr weiß als der Handelnde oder der aktuelle Zeuge dieser Ereignisse oder derjenige, der sie durchlebt, – vorausgesetzt, daß diese Sätze wahr sind. Sie können aber nur wahr sein, wenn die späteren Ereignisse auch wirklich eingetreten sind. Daraus ergibt sich, daß nur der spätere Historiker solche Sätze verwenden kann und umgekehrt, daß nur durch sie die historische Erkenntnistätigkeit definiert wird. Aus diesem Grunde ist auch eine narrative Explikation der Gegenwart, d. h. eine historische Betrachtung der Gegenwart nicht möglich. Allgemein formuliert: Für keine Zeit ist ein historisches Wissen über sich selbst erreichbar. Wollte man es als erreichbar unterstellen, so ergäbe sich ein Selbstwiderspruch, der die Struktur der Erzählung zerstören würde. Die wichtigste Konsequenz aus der Doppelperspektive von Akteur und Erzähler besteht demnach darin, daß eine spekulative Philosophie der Geschichte als unmöglich erscheinen muß. Sie läßt außer acht, daß narrative Sätze nur mit Bezug auf vergangene Ereignisse Bedeutung haben, sie berücksichtigt nicht die grundsätzliche Offenheit der Zukunft, und sie verwechselt schließlich die Gründe, warum ein Ereignis in einer Erzählung genannt wird, mit jenen Gründen, die das Eintreten eines Ereignisses erklären. Spekulative Geschichtsphilosophie verwechselt die Faktoren der Bedeutung mit den Faktoren der Erklärung. Abschließend grenzt Danto historische Erzählungen durch die Angabe eines notwendigen Kriteriums von fiktionalen Erzählungen ab: Die Behauptungen des Historikers gehören in dieselbe Geschichte, in dieselbe Zeitordnung, wie jene Ereignisse, die seine Behauptungen wahr machen, während der Autor eines Romans logisch extern ist im Hinblick auf jene Ereignisse, die er erzählt, namentlich in dem Sinne, daß er als Handelnder den Handlungszusammenhang seiner erzählten Geschichte nicht beeinflussen kann. Im Anschluß an Dantos Ansatz müßten folgende Fragen diskutiert werden: 1. Wie stellt sich im Zusammenhang der Erzählsprache das Problem der historischen Objektivität? 2. Aus welchen Gründen können wir annehmen, daß die Logik der Erzählsprache überhaupt Realitätsgehalt besitzt, daß sie nicht Rekonstruktion eines Sprachspiels ist, das leer bleibt? 3. In welchem systematischen Zusammenhang stehen die Faktoren der Bedeutung und die Faktoren der Erklärung? Der Grund ihrer Differenz müßte wohl zugleich auch der Grund ihrer Beziehung sein.

Karl Maurer

Für einen neuen Fiktionsbegriff

Betrachtungen zu den historischen Voraussetzungen der Verwendung
lebensweltlicher Bauformen in modernen Erzähltexten

I.

Die Diskussion um den Unterschied zwischen der Darstellung von wirklich
Vorgefallenem und von nur Erdachtem ist alt. Im neunten Kapitel seiner *Poetik* [1] unterscheidet Aristoteles zwischen dem Sagen dessen, was – wirklich –
war (τὰ γενόμενα), und dessen, was – wahrscheinlicher- oder notwendigerweise (κατὰ τὸ εἰκὸς ἢ τὸ ἀναγκαῖον) – sein könnte (οἷα ἂν γένοιτο). Das
letztere bezeichnet er als die Aufgabe des ποιητής, des Dichters, das erstere als
die des ἱστορικός, des Wissenschaftlers, konkret: des Geschichtsschreibers.
Aristoteles stellt auch gleich eine Rangfolge her: Die Dichtung ist das ›philosophischere‹, wesentlichere (σπουδαιότερον) Genus, da sie, dieser Aufgabenteilung entsprechend, eher in der Lage ist, allgemeingültige Aussagen zu machen, während die Historie an den Einzelfall gebunden bleibt. [2] Ebenso alt
wie die Unterscheidung sind aber auch deren Schwierigkeiten, wie der gleiche
Text belegt. Stellt doch auch die Tragödie die Handlungen namentlich genannter wirklicher Personen dar [3] (und für Aristoteles sind die Gestalten der
überlieferten – und ja durchweg örtlich und chronologisch exakt lokalisierten
[4] – Mythen ebenso ›wirklich‹ wie irgendwelche historische Persönlichkeiten
[5]); erfüllt doch die Darstellung dessen, was war, ohne weiteres das Kriterium
des πιθανόν, der poetischen Glaubwürdigkeit. [6] Anderseits ist »auch das Bekannte nur wenigen bekannt« [7], d.h. der Normalleser oder -zuschauer weiß
meist gar nicht, wo das ›Wahre‹ aufhört und die Erdichtung beginnt, ohne daß
das dem Genuß Eintrag täte. Das von Aristoteles eingeführte Unterscheidungskriterium des »Allgemeingültigen« liegt quer zum Gattungsgefüge der
griechischen Literatur, wie der als Beleg angeführte Gegensatz von allgemeingültiger, nach den Regeln der Wahrscheinlichkeit komponierter und nur nachträglich mit erfundenen Namen ausstaffierter Komödie und auf den Einzelfall
bezogenem Iambos [8] – und in geringerem Maße auch der Unterschied von
Tragödie und Komödie – verdeutlicht. *Einen* Einwand hat man Aristoteles
freilich zu Unrecht gemacht: er habe übersehen, daß auch die Geschichtsschreibung die Möglichkeit und die Aufgabe der Generalisierung und Typisierung hat, und die tatsächlichen großen Leistungen der griechischen Geschichtsschreibung ignoriert. [9] Aristoteles geht an dieser grundsätzlichen
Stelle, wo ihm die Geschichtsschreibung ohnehin »nur als Folie dient für seine
Analyse der Dichtung« [10], ganz von dem ursprünglichen Konzept Herodots
aus (der an der Stelle auch ausdrücklich genannt ist [11]) – ἱστορία als kritische Tatsachenermittlung [12] im Gegensatz zur μυθολογία, zur bloßen Weitergabe der Überlieferungen, die sich gebildet haben, so wie Herodot den Begriff an der bekannten Stelle am Ende des Ägyptenexkurses abgrenzt (2, 99):
ὄψις, γνώμη, ἱστορίη vs. (nur) Überliefertes (κατὰ ἤκουον [13]). Die dem wirk-

lich Vorgefallenen innewohnenden Generalisierungsmöglichkeiten hat Aristoteles in anderm Zusammenhang in der *Rhetorik* angesprochen (II, 20); hier rangiert der vergleichbare frühere historische Vorfall (πρᾶγμα προγεγενημένον) an Beweiskraft vor dem erfundenen Beispiel, der Parabel (παραβολή) und der Fabel (λόγος), denn: »meist ist das Zukünftige dem, was war, ähnlich.« [14] Daß Aristoteles in der *Poetik* nicht zugleich eine – normative [15] – Theorie der Geschichtsschreibung entwickeln will, wird vollends deutlich im 23. Kapitel, wo er nun insbesondere die »organische« (ὥσπερ ζῷον) künstlerische Einheit des Epos durch den Gegensatz zur Historiographie illustriert, die auf synchronische Darstellung auch des nicht intentional miteinander Verbundenen verwiesen sei [16]; das gewählte Beispiel – die Gleichzeitigkeit der Seeschlacht bei Salamis und des Sieges der Syrakusaner über die Karthager bei Himera – ist wiederum Herodots *Historien* entnommen (7, 166). [17]

In der christlichen Ära kehrt sich die relative Bewertung von Historie und Dichtung um – zuweilen bis zur völligen Ächtung der letzteren. Die christliche Spätantike greift das platonische Verdikt über die »lügenden Dichter« [18] auf; Augustinus unterstellt selbst bei Vergil, den er – als Reichsepiker der Römer [19] – oft genug als seinen Gewährsmann zitiert, er möchte manches »nach der Weise der Dichter erlogen« haben [20], und er gedenkt in seinen *Confessiones* voller Reue der Zeit, wo er »den« – erfundenen – »Tod der Dido aus Liebe zu Aeneas, nicht aber den eigenen ›Tod‹ aus mangelnder Liebe zu Gott beweinte«. [21] Nicht wenige Autoren des französischen Mittelalters perhorreszieren sogar die *Form* der Reimverse – entweder weil sie der Meinung sind, daß alles, was in Versen gesagt wird, nicht wahr und bloße Wiederholung von Hörensagen ist [22], oder weil sie zumindest annehmen, daß die Rücksicht auf den Reim notwendigerweise ein Hindernis für eine unverstellte Wahrheitsaussage ist. [23] In der Dichtungstheorie der Renaissance setzt sich zwar der aristotelische Standpunkt zeitweise wieder durch [24], am glänzendsten vielleicht in Sir Philipp Sidneys *Defence of Poesie* (1580 [?], gedruckt postum 1595), wo die Dichtung dank ihrer Vergegenwärtigungskraft sogar noch *vor* der Philosophie rangiert [25]; aber die Geringschätzung des ›nur‹ Erdichteten bleibt doch weithin communis opinio, wie – in unmittelbarer zeitlicher Nachbarschaft von Sidneys Schrift – Hamlets Monolog nach dem Vorsprechen des First Player deutlich macht (»What's Hecuba to him, or he to her,/That he should weep for her?« [26]). In den für die Entstehung des modernen Romans wichtigen Dezennien des ausgehenden 17. und des beginnenden 18. Jahrhunderts stößt vor allem in England jede Beschäftigung mit ›müßigen‹ literarischen Erfindungen in weiten Kreisen auf religiös begründete Ablehnung [27], mit dem Ergebnis, daß Defoes *Robinson Crusoe* (1719) und *Moll Flanders* (1722) als authentische Berichte eingeschwärzt werden müssen – *Robinson Crusoe* als auf ein (streckenweise unmittelbar zitiertes) Tagebuch gestützte Autobiographie der Titelfigur [28], *Moll Flanders* als zensurierende Bearbeitung allzu offenherziger echter ›Bekenntnisse‹ durch den Autor. [29] Eben diese Uneindeutigkeit der Gattungszuweisung wirft man in Frankreich im gleichen Zeitraum den als »histoires« oder «mémoires« deklarierten Romanen des Abbé Prévost und rückblickend auch der *Princesse de Clèves* der Madame de Lafayette wegen der Verwendung echter französischer Adelsnamen vor. [30] Die Geschichte solle

Geschichte, der Roman Roman bleiben – sonst würde man am Ende in einigen hundert Jahren nicht mehr wissen, woran man sich halten solle:

> La vraisemblance des aventures, le rapport de certaines circonstances imaginées avec les traits les plus connus de l'histoire générale, un mélange adroit et continuel de mensonge avec la vérité, tout cela contribuera à faire tomber dans l'erreur ceux qui, dans quelques siècles, voudront écrire ce qui s'est passé de notre temps. [31]

Die hier befürchtete Verwirrung ist wenigstens bei *einem* Werk Defoes – den *Memoirs of a Cavalier* (1720) – tatsächlich, sogar ohne den entsprechenden historischen Abstand, aber um so dauerhafter eingetreten [32], und es gibt noch kuriosere Fälle, wie den der ersten (westlichen) Kriminalstory in Japan, die als vermeintlicher Beitrag zur ›Hollandwissenschaft‹ (rangaku) – hier zur systematischen Darstellung der westlichen Rechtspflege – um 1861 von Takahira Kanda aus einer Sammlung niederländischer Kriminalerzählungen mit dem für fernöstliche Leser gewiß irreführenden Titel *Belangrijke Tafereelen uit de Geschiedenis der Lijfstraffelijke Regtspleging* übersetzt wurde. [33] Gleichwohl hat erst unsere Zeit die angesichts solcher Verwechslungsmöglichkeiten naheliegende Frage aufgeworfen, ob und inwieweit es den seit jeher unterstellten prinzipiellen Unterschied der Darstellung tatsächlich vorgefallener historischer und literarisch erdachter Ereignisse wirklich gibt. So stellt sich Roland Barthes zu Beginn seiner Betrachtung *Le Discours de l'histoire* (1967) die Frage, »s'il est bien légitime d'opposer toujours […] le récit fictif au récit historique«:

> […] la narration des événements passés, soumise communément, dans notre culture, depuis les Grecs, à la sanction de la »science« historique, placée sous la caution impérieuse du »réel«, justifiée par des principes d'exposition »rationnelle«, cette narration diffère-t-elle vraiment, par quelque trait spécifique, par une pertinence indubitable, de la narration imaginaire, telle qu'on peut la trouver dans l'épopée, le roman, le drame? Et si ce trait – ou cette pertinence – existe, à quel lieu du système discursif, à quel niveau de l'énonciation faut-il le placer? [34]

In der Tat ist die Frage nach der Ebene, auf der sich die Darstellung wirklicher und gedachter Ereignisse trennen, die entscheidende. So richtig es ist, daß ein Unterschied besteht zwischen den Zielen und den Arbeitsmethoden eines Geschichtsforschers, der über einen bestimmten Vorfall der Vergangenheit die Wahrheit ermitteln will, eines Anwalts oder Politikers, der durch den Vortrag seiner Version eines vergangenen oder zu erwartenden Hergangs eine bestimmte Entscheidung erwirken, und eines Romanciers, der einen bestimmten menschlichen Konflikt gestalten will – auf den Ebenen der Stoffwahl und Stoffabgrenzung (der Stoff-»[Er]findung« [35]), der tendenziellen Strukturierung (des »emplotment« [Hayden White [36]]), der Perspektivierung und des Erzählablaufs oder der gewählten Formulierungen sind die sich ergebenden Unterschiede rein akzidentell, in Konventionen oder Zweck- und Sachangemessenheitserwägungen bedingt. In diesem Zusammenhang gilt es nach wie vor, zahlreiche vorgefaßte Meinungen und Trugschlüsse auszuräumen, die letztlich auf gewisse, im narrativen Kontext wenig hilfreiche ontologische Distinktionen zurückgehen. [37] Affirmationen in erdachten Geschichten können gewiß nicht in der gleichen Weise wie Tatsachenbehauptungen durch den Augenschein oder durch Recherchen verifiziert oder falzifiziert, wenn auch sehr

wohl auf ihre innere Stimmigkeit und auf ihre Übereinstimmung mit unserer
Lebenserfahrung überprüft werden, und es ist auch richtig, daß der Autor einer solchen Geschichte alle im Text vorkommenden Sachverhalte – auch die
von ihm negierten [38] – selbst ›setzt‹. Das hindert aber nicht, daß die wirkliche Welt, in der der Autor und seine zeitgenössischen Leser leben, auch in den
sogenannten fiktionalen Texten beständig durchschlägt, daß sie in aller Regel
den lebensweltlichen Rahmen, die Prämissen, vor allem aber: das *Interesse* liefert. Gerade bei älteren literarischen Texten wird bei unbefangener Betrachtung schnell deutlich, daß sie vor allem *Modelle* entwickeln, die *auf ihre Weise*
auf die bedrängenden Fragen der jeweiligen wirklichen Welt antworten [39], so
wie umgekehrt auch der Historiker oder der Jurist die Wirklichkeit nur vermittels bestimmter, nur eben abstrakter gefaßter Modelle in den Griff bekommt,
die er übrigens nicht selten letztendlich, etwa auf dem Umweg über die moderne Soziologie und Psychologie, aus der Literatur bezogen hat.

Der hier charakterisierte Sachverhalt zeichnet sich immer dann besonders
deutlich ab, wenn die gewohnten Muster der Zuordnung von Ziel und Darstellungsweise, zumindest in den Augen des entfernteren Beobachters, durchbrochen werden. So ist es für den heutigen Betrachter der griechischen Geschichtsschreibung evident, daß die Wahl ihrer als berichtenswürdig
(ἀξιόλογος) angesehenen Gegenstände bis hin zu Thukydides' Darstellung der
»bisher größten Veränderung (κίνησις) bei den Griechen« (I, 1, 2), des Peloponnesischen Krieges, ganz wesentlich von Homers *Ilias* geprägt ist [40], wie ja
denn auch Herodot (1, 3 f.) und Thukydides (I, 3, 1) beide mit dem Trojanischen Krieg als dem ersten Ereignis der griechischen Geschichte beginnen;
Herodot stilisiert die Uneinigkeit der Griechen bei der Annäherung des Xer-
xes so sehr nach dem Vorbild der Kompetenzstreitigkeiten der Griechenfür-
sten vor Troja, daß in den Verhandlungen über die Teilnahme von Syrakus am
Kriege sogar die Rechtsposition des Agamemnon ausdrücklich zitiert wird (7,
159). Anderseits hat es zu einiger Verwirrung geführt, daß Thukydides für die
Gestaltung der Reden in seinem Geschichtswerk Prinzipien formuliert, die
deutlich an die Aristotelische Charakterisierung der Dichtung erinnern: Er
habe seine Personen so sprechen lassen, »wie [er] glaubte, daß die Einzelnen
unter den vorliegenden Umständen am passendsten geredet haben würden« (I,
22, 1: ὡς ... ἂν ἐδόκουν μοι ἕκαστοι περὶ τῶν αἰεὶ παρόντων τὰ δέοντα
μάλιστ' εἰπεῖν). [41] Wie der Nachsatz zeigt – er habe sich »so nah wie möglich
an den Gesamtsinn des wirklich Gesprochenen gehalten« [42] – ist Thukydides
weit davon entfernt, hier den Primat der Suche nach der historischen Wahrheit
(ἡ ζήτησις τῆς ἀληθείας – I, 20, 3) preiszugeben; er folgt nicht zuletzt den Regeln der Personen-, Gegenstands- und Situationsangemessenheit jeglicher
Rede, wie sie schon damals die aufblühende athenische *Redekunst* unter anderm aus den großen *Dichtern* abgeleitet haben dürfte. [43] Zumindest werden
– auch wenn für Thukydides und seine Zeitgenossen die politische Argumentation gewiß noch vor der rhetorischen Strategie rangiert [44] – in der späteren
Antike die »selbst verfaßten« [45] Reden der Historiker unter diesem letztern
Aspekt bewertet. So empfiehlt Lukian in seiner Schrift *Wie man Geschichte
schreiben soll* (Πῶς δεῖ ἱστορίαν συγγράφειν, nach 166 n. Chr.), wenn man
denn eine historische Gestalt reden lassen müsse [46], sie vor allem der Persönlichkeit und der Sache angemessen sprechen zu lassen, im übrigen sei dies eine

Gelegenheit, eine Probe seiner Wortgewalt zu geben (ῥητορεῦσαι καὶ ἐπιδεῖξαι τὴν τῶν λόγων δεινότητα) [47]; und auch Quintilian, der sonst eher rät, die Ausdrucksmittel der auf ganz andere Zielsetzungen (spannende Erzählung, nicht Beweis; Verklärung, nicht Kampf) ausgerichteten, quasipoetischen Historiographie in der Redekunst nicht ohne weiteres zu übernehmen [48], rühmt insbesondere die Personen- und Sachangemessenheit der Reden bei Livius. [49] Die Erfüllung des diesbezüglichen rhetorischen Gebots macht die Reden bei den antiken Historikern zu eben jenem Mittel der Charakterisierung der Personen und der ›Verdichtung‹ des geschichtlichen Moments, als die sie immer wieder gewürdigt worden sind. Erst im Vorfeld der europäischen Aufklärung, in der Wende vom 17. zum 18. Jahrhundert und danach, werden bei Fénelon [50], Charles Perrault [51] und Batteux [52] die von den Autoren weitgehend erfundenen wörtlichen Reden in den antiken Geschichtswerken als Fremdkörper in einem auf historische Wahrheit gerichteten Kontext durchweg abgelehnt. [53] Es ist bemerkenswert, daß zum Teil dieselben Autoren andere Postulate der klassizistischen Literarästhetik – wie das der »Einheit«, der Wahl des richtigen Erzählerstandpunkts, der kunstvollen Umkehrungen der Chronologie der Ereignisse [54] – bedenkenlos auf die Historiographie übertragen.

In der Antike wird die Frage der Faktizität des Vorgetragenen überraschenderweise dort zum Problem für die Gattungszuweisung, wo man es am wenigsten erwarten würde – bei der Gerichtsrede. Im zweiten Buch von *De oratore* läßt Cicero den großen Redner M. Antonius zunächst einmal ein sehr skeptisches Bild der Redekunst entwerfen (II, 7, 30), das Quintilian 150 Jahre später zu einer langen Replik veranlassen sollte (II, 17, 36–40): Die Beredsamkeit sei eigentlich keine lehrbare Kunst (ars), sondern nur eine gewisse praktische Geschicklichkeit (facultas), da sie tatsächlich nur mit Mutmaßungen (opiniones) operiere und auf eben solche hinauslaufe.

nam et apud eos dicimus, qui nesciunt, et ea dicimus, quae nescimus ipsi.

Wäre dem anders, wie könnte es kontroverse Plädoyers und ganz unterschiedlich ausfallende Urteile geben? [55] Auch heutige Kritiker des Rechtswesens sprechen von der Zwangsläufigkeit des Ausgehens von »Fiktionen«; so liest man in dem Buch des großen Strafverteidigers Max Hirschberg, *Das Fehlurteil im Strafprozeß* (1960):

Besonders wichtig […] ist […] die Erkenntnis, daß die richterliche Urteilsbildung bei der Feststellung des Tatbestands bereits eine Auslese aus den festgestellten Einzelheiten, also eine fiktive Verkürzung der Wirklichkeit vornimmt. Der Tatbestand, der im Strafurteil festgestellt wird, ist also nicht der wirkliche Tatbestand, sondern eine Auslese. […] [Die] Gefahren werden potenziert durch die viel zu wenig beachtete Tatsache, daß schon der Zeuge bei seiner Aussage eine fiktive Verkürzung des Tatbestandes vornimmt, indem er nur diejenigen Einzelheiten vorträgt, die ihm relevant erscheinen, die anderen aber wegläßt. [56]

II.

Es kann nicht überraschen, wenn seit dem ausgehenden 17. Jahrhundert die Rhetorisierung und Poetisierung der antiken Historiographie [57] auf Kritik und Unverständnis stößt [58] – gehen doch die Konvergenzen von Geschichte und Dichtung in der Neuzeit in die entgegengesetzte Richtung. Nunmehr wird der Historie vorgeworfen, sie habe bisher die Wahrheit verfälscht und den Lesern das Entscheidende, das ›wirkliche‹ Leben der Menschen vorenthalten. So klagt Voltaire im Jahre 1740:

On n'a fait que l'histoire des rois, mais on n'a point fait celle de la nation. Il semble que, pendant quatorze cents ans il n'y ait eu dans les Gaules que des rois, des ministres, et des généraux: mais nos mœurs, nos lois, nos coutumes, notre esprit ne sont ils donc rien? [59]

Im *Avant-propos* zu Balzacs *Comédie humaine* (1842) ist die Rede von der »histoire oubliée par tant d'historiens, celle des mœurs« – die Balzac jetzt in seinen *Romanen* schreiben will –:

En lisant les sèches et rebutantes nomenclatures de faits appelés *histoires,* qui ne s'est aperçu que les écrivains ont oublié, dans tous les temps, en Égypte, en Perse, en Grèce, à Rome, de nous donner l'histoire des mœurs. Le morceau de Pétrone sur la vie privée des Romains irrite plutôt qu'il ne satisfait notre curiosité. Après avoir remarqué cette immense lacune dans le champ de l'histoire, l'abbé Barthélemy consacra sa vie à refaire les mœurs grecques dans Anacharsis. [60]

Die Rekonstruktion der Lebenswelt vergangener Epochen, aber auch die Bestandsaufnahme der eigenen wird in der Tat in den letzten Dezennien des 18. Jahrhunderts zu einem Anliegen, das offensichtlich am besten in einem Freiraum gedeiht, den halbfiktionale, halbfeuilletonistische Genera wie die romanhafte Reisebeschreibung oder das ›Tableau‹ in idealer Weise bereitstellen. Neben dem *Voyage du jeune Anacharsis en Grèce* (1788) des Abbé Barthélemy oder der Beschreibung von »Morgenszenen im Putzzimmer einer reichen Römerin« durch den Weimarer Altertumsforscher Karl August Böttiger (*Sabina,* 1803), der Quelle von Alfred de Vignys »poème« *Le Bain d'une dame romaine* (1817), wären hier für die eigene Zeit etwa Moritz August von Thümmels *Reise in die mittäglichen Provinzen von Frankreich* (1791–1805) [61] oder Louis-Sébastien Merciers *Tableau de Paris* (1781; erweitert 1782–1788), ein, wie der Autor ausdrücklich betont: erwandertes Großstadt-Tableau [62], zu nennen. Mercier beansprucht mit seinem Tableau Historiker-Ehren, wie sie nach seiner Auffassung der bisherigen Geschichtsschreibung nicht in diesem Maße zustehen:

Assez d'autres ont peint avec complaisance les siecles passés, je me suis occupé de la génération actuelle & de la physionomie de mon siecle, parce qu'il est bien plus intéressant pour moi que l'histoire incertaine des Phéniciens & des Egyptiens. […] Si vers la fin de chaque siecle un écrivain judicieux avoit fait un tableau général de ce qui existoit autour de lui; qu'il eût dépeint, tels qu'il les avoit vus, les mœurs & les usages; cette suite formeroit aujourd'hui une galerie curieuse d'objets comparatifs; nous y trouverions mille particularités que nous ignorons […] Mais l'homme dédaigne ordinairement ce qu'il a sous les yeux, il remonte à des siecles décédés; il veut deviner des faits inutiles, des usages éteints, sur lesquels il n'aura jamais de résultat satisfaisant […] [63]

Vor allem aber erscheint der moderne, ›realistische‹ Roman, der sich in England und parallel in Frankreich im zweiten Drittel des 18. Jahrhunderts – im Grunde aber schon im *Don Quijote* des Cervantes – »aus dem Protest gegen die heroisch-idealistische Phantasiewelt des Ritterromans und stärker noch des Barockromans«, zum Teil auch in Abgrenzung gegen das antike Epos [64],

entwickelt und sich damit »das unendlich weite Feld der individuellen Alltags-
erfahrung und ihrer typischen Möglichkeiten« erschließt (Erwin Wolff [65]),
als das ideale Surrogat einer bislang nicht entstandenen ›wahrheitsgemäßen‹
Geschichtsschreibung. In diesem Sinne äußert sich Diderot überschwenglich
in seinem *Eloge de Richardson* (1761), das freilich noch von einem outrierten
aufklärerischen Konzept der Immergleichheit menschlicher Dispositionen und
Handlungsweisen ausgeht:

> O Richardson! j'oserai dire que l'histoire la plus vraie est pleine de mensonges, et que
> ton roman est plein de vérités. L'histoire peint quelques individus; tu peins l'espèce hu-
> maine: l'histoire attribue à quelques individus ce qu'ils n'ont ni dit, ni fait; tout ce que tu
> attribues à l'homme, il l'a dit et fait: l'histoire n'embrasse qu'une portion de la durée,
> qu'un point de la surface du globe; tu as embrassé tous les lieux et tous les temps. Le
> cœur humain, qui a été, est et sera toujours le même, est le modèle d'après lequel tu co-
> pies. Usw. [66]

Die politischen und literarischen Entwicklungen des Jahrhundertendes machen die mehrfache Begrenztheit eines solchen, gewissermaßen: zeitlosen
Realismus [67] deutlich. Choderlos de Laclos (*Les Liaisons dangereuses,* 1782)
und der Marquis de Sade führen vor Augen – Sade mit deutlichem polemi-
schem Bezug auf Richardsons anfängliches naives Konzept der *Virtue rewarded* [68] (*Justine ou Les Malheurs de la vertu,* zuerst 1791 unter dem Titel:
Les Infortunes de la vertu) –, welche Einsichten die Betrachtung des menschlichen Herzens *noch* ermöglicht. [69] Madame de Staël weist in ihrem frühen *Essai sur les fictions* (1795) – der alsbald die Aufmerksamkeit Schillers und
Goethes auf sich zog [70] – auf die Entfaltungsmöglichkeiten hin, die die Gattung des neuzeitlichen Romans hätte, sobald sie die einseitige Bindung an die
ihr seit ihren – schäferlichen und heroisch-galanten – Anfängen eigene Liebesthematik abstreifte; und wieder rückt sogleich das Konkurrenzverhältnis
von Roman und Historiographie in den Blick, wenngleich in einer eigenwilligen Beleuchtung, die entschieden dem privaten Schicksal den Primat des Interesses vor den großen zeit- und sittengeschichtlichen Zusammenhängen einräumt:

> L'ambition, l'orgueil, l'avarice, la vanité, pourroient être l'objet principal de romans,
> dont les incidens seroient plus neufs, et les situations aussi variées que celles qui naissent
> de l'amour. Dira-t-on que ce tableau des passions des hommes existe dans l'histoire, et
> que c'est là qu'il vaut bien mieux l'aller chercher? Mais l'histoire n'atteint point à la vie
> des hommes privés, aux sentimens, aux caractères dont il n'est point résulté d'événemens
> publics; l'histoire n'agit point sur vous par un intérêt moral et soutenu; le vrai est sou-
> vent incomplet dans ses effets: d'ailleurs, les développemens, qui seuls laissent des im-
> pressions profondes, arrêteroient la marche rapide et nécessaire de la narration, et don-
> neroient une forme dramatique à un ouvrage qui doit avoir un tout autre genre de mérite.
> [71]

Madame de Staël kann als Muster dieses ›neuen‹ Romantyps Fieldings *Tom
Jones,* vor allem aber William Godwins im Vorjahr erschienenen sozialkritischen ›Verfolgungsroman‹ [72] *Things as They are, or the Adventures of Caleb
Williams* nennen. [73] In ihrer eigenen Romanproduktion bleibt sie die Einlösung ihrer Postulate schuldig. Ihr erster großer Roman *Delphine* (1802) degradiert die Französische Revolution zur reinen Kulisse einer tragischen Liebes-
handlung im Gefolge des ›feministischen‹ Romans des 18. Jahrhunderts, auch
wo die segensreichen Errungenschaften der Revolution für die Frau – Recht

auf Scheidung und Freistellung vom erzwungenen Ordensgelübde – angesprochen werden (die neuen rechtlichen Möglichkeiten führen tatsächlich zu keiner Wende der Handlung, das Bewußtsein der Menschen ist hinter der institutionellen Entwicklung zurückgeblieben ... [74]). Erst Balzac behandelt in seinen Romanen die ganze Palette privater Schicksale seiner Zeit, »die«, mit Madame de Staël zu reden, »ohne Folgen für die Zeitgeschichte blieben« und deren Summe doch *die* »wirkliche« Geschichte ihres Zeitalters bildet – was Balzac durch die Einführung der »Wiederkehr der Figuren« (retour des personnages) sinnfällig zu machen sucht. [75]

Die Romane von Balzac oder Dickens bieten zweifellos wertvolle Informationen zur Sozial- und Sittengeschichte – und nicht zuletzt: zum Selbstverständnis der bürgerlichen Schichten in Frankreich und England im 19. Jahrhundert. Es ist auch nicht zu bestreiten, daß die hochentwickelte Erzähltechnik des modernen Romans manche Aporien leichter zu bewältigen vermag, die sich im 19. Jahrhundert unter den veränderten geschichtlichen Verhältnissen für die Historiographie auftun – etwa in der Schlacht- und Revolutionsdarstellung. [76] Das darf aber nicht darüber hinwegsehen lassen, daß die ›realistische‹ Faktentreue des modernen Romans »schließlich nur eine neue literarische Technik« ist. [77] Dies wird um so deutlicher, je mehr im modernen Roman lebensweltliche anstelle der überkommenen literarischen Formen eingesetzt werden.

Als eine solche Übertragung von Anschauungs- und Erlebnisformen der Alltagswelt hat Balzac selbst seine große Errungenschaft des retour des personnages interpretiert, der ja innerhalb der *Comédie humaine* unter anderm die Folge hat, daß man den einzelnen Figuren immer wieder in andern – bald früheren, bald späteren – Abschnitten ihres Lebens begegnet (»[...] vous aurez le milieu d'une vie avant son commencement, le commencement après sa fin, l'histoire de la mort avant celle de la naissance.«):

[...] il en est ainsi dans le monde social. Vous rencontrez au milieu d'un salon un homme que vous avez perdu de vue depuis dix ans: il est premier ministre ou capitaliste, vous l'avez connu sans redingote, sans esprit public ou privé, vous l'admirez dans sa gloire, vous vous étonnez de sa fortune ou de ses talents; puis vous allez dans un coin du salon, et là, quelque délicieux conteur de société vous fait en une demi-heure, l'histoire pittoresque des dix ou vingt ans que vous ignoriez. Souvent cette histoire scandaleuse ou honorable, belle ou laide, vous sera-t-elle dite, le lendemain ou un mois après, quelquefois par parties. Il n'y en a rien qui soit d'un seul bloc dans ce monde, tout y est mosaïque. Vous ne pouvez raconter chronologiquement que l'histoire du temps passé, système inapplicable à un présent qui marche. [78]

Balzac rühmt weiterhin schon an seinem Vorbild Walter Scott, daß er die poetischste Diktion und »la familiarité des plus humbles langages« nebeneinander gerückt habe [79], welches Verdienst jedoch schon lange vor ihm und vor Victor Hugos *Préface de Cromwell* Horace Walpole als Autor des ersten europäischen Schreckensromans (*The Castle of Otranto,* 1764) – auch er wie nachmals Victor Hugo unter Berufung auf Shakespeares Vorgängerschaft – in Anspruch genommen hatte. [80] Balzacs ›realistische‹ Wiedergabe des germanisierenden Französisch des Elsässers Nucingen (»Puisqui matame fous encache, fous êtes sir d'êdre pien ressi.« [81]), der Verballhornungen bürgerlicher Namen im Munde der Herzogin von Langeais (»[...] ce Foriot... [...] ce Moriot

[...] ce Goriot [...] ce Loriot [...]« usw. [82]), die – in der Buchausgabe getilgten – ›naturalistischen‹ Transkriptionen der Schmerzenslaute des sterbenden Goriot (»Heun! heun! heun! [...] Hâan! Haye! heun! [...]« [83]) sind tatsächlich nur *Stilisierungen* [84], die nicht zuletzt ein unverkennbares spielerisches Element enthalten, ebenso wie der Entwurf einer ›Kurzbiographie‹ Rastignacs im Stile künftiger Herausgeber der *Comédie humaine* in der Vorrede zu *Une Fille d'Ève* und *Massimilla Doni* (1839). [85] Parallele Erscheinungen lassen sich überall in der *Comédie humaine* finden. In der Beschreibung der »étude« des Anwalts Derville zu Beginn des *Colonel Chabert* (1832) wird sogar eine lange ›echte‹ juristische Eingabe zitiert, die den Fall des Titelhelden gar nicht unmittelbar betrifft, sondern allenfalls eine Vorstellung von den komplizierten Rechtsverhältnissen der Restaurationszeit vermittelt; diese Eingabe wird neben den Gesprächen der Angestellten her mit nicht wenigen ironischen Zwischenbemerkungen diktiert – von denen einer der Kopisten eine mitschreibt (»[...] il faut mettre les points sur les i, saquerlotte!« [86]). In der *Histoire de la grandeur et de la décadence de César Birotteau* (1837) werden zwei lange Reklametexte eingeschoben, deren pseudodokumentarischen Charakter Balzac noch ausdrücklich herausstreicht:

Cette pièce curieuse est au nombre de celles que, dans un cercle plus élevé, les historiens intitulent *pièces justificatives*. [87]

Indem Balzac in Komposition und Diktion seiner Romane lebensweltliche Elemente dem Vorgeben nach als Bestandteile einer kritischen »histoire des mœurs«, tatsächlich aber eher als Mittel eines virtuosen Pastiches gewisser Lebensäußerungen seiner Zeit einsetzt, tut er im Prinzip nichts anderes als lange vor ihm Petronius in seiner Beschreibung des Gastmahls des Trimalchio im *Satyricon* [88], auf dessen Vorläuferschaft sich das *Avant-propos* zur *Comédie humaine* ja ausdrücklich bezieht (»le morceau de Pétrone sur la vie privée des Romains« [89]) – nur daß bei dem antiken Text die Absicht spielerischer Stilisierung noch evidenter ist. Denn in einem antiken Werk ist ein so völliges Auseinanderfallen von Erzählertext und Personentext, wie es die ›cena Trimalchionis‹ charakterisiert, als ernsthaftes Stilmittel undenkbar; das Gegenteil, das Einstilisieren (invertere [90]) der ›fremden Rede‹ (Michail Bachtin [91]), ist in der Antike durchweg – auch bei den Reden und Dokumenten in Geschichtswerken – verbindliche Regel. [92] Die Absicht der – jeweils in eine andere Richtung tendierenden – Karikatur der Redeweise der einzelnen Gäste ist bei Petronius auch ganz manifest; die plane Wiedergabe der Alltagssprache im Universum einer hochstilisierten Kunstsprache ist vom ›arbiter elegantiarum‹ des Neronischen Hofes, jenseits aller sittenkritischen Intentionen, einfach als Mittel umwerfender Komik eingesetzt:

»dies« inquit »nihil est. dum versas te, nox fit. itaque nihil est melius, quam de cubiculo recta in triclinium ire. et mundum frigus habuimus. vix me balneus calfecit. tamen calda potio vestiarius est. staminatas duxi, et plane matus sum. vinus mihi in cerebrum abiit.« [93]

Es ist schon häufig konstatiert worden, daß der Eindruck ›nichtliterarischer‹, ›echter‹ Wirklichkeitsdarstellung nicht von der Exaktheit der in einem Text verarbeiteten Informationen oder dem konsequenten Verzicht auf den

Einsatz manipulativer literarischer Verfahren abhängt. Die Geschichte des neuzeitlichen Romans lehrt, daß ungefähr das Gegenteil richtig ist. So hat man nachgewiesen, daß in den Romanen Defoes der Eindruck der Lebensnähe nicht allein durch die Orientierung an ›außerliterarischen‹ Vorbildern, sondern vor allem dadurch entsteht, daß jeweils die von der Gattungsstruktur und -tradition her gesehen ›falschen‹ Verfahren eingesetzt werden, also im *Robinson Crusoe,* eigentlich einer Abenteuergeschichte, das Verfahren der Häufung präziser Einzelangaben aus dem täglichen Leben des Schiffbrüchigen, in *Moll Flanders,* eigentlich einem Schelmenroman, die – teilweise – Annäherung an das sentimentale Genus [94]; die Entsentimentalisierung aber ist nun wieder das Hauptmoment in der Entstehung des russischen ›Realismus‹, bis beim frühen Dostoevskij wieder gewisse elementare sentimentale Stil- und Kompositionsverfahren als Mittel der sozialen Charakterisierung und Emotionalisierung innerhalb des Personentexts auftauchen. [95] Man könnte auch schon beim *Don Quijote* argumentieren, daß der von der Kritik häufig artikulierte Eindruck, der Ritter und sein Knappe begegneten der spanischen ›Wirklichkeit‹, nur deshalb – trotz der einigermaßen künstlichen Handlungsführung – so problemlos entsteht, weil die Reise der beiden beständig gegen die literarisch fundierten Hirngespinste Don Quijotes abgesetzt wird. Offenbar kommt es darauf an, beim Leser durch eine für ihn nicht durchschaubare Konterkarrierung der ihm geläufigen narrativen Verfahren die Entstehung des Vorbehalts, das ihm Vorgestellte sei doch ›nur‹ erdacht, zu blockieren, damit er den vermeintlich lebensweltlichen Rahmen des Erzählten gutgläubig mit dem Material seiner Lebensanschauungen und -erfahrungen auffüllt, solange bis er womöglich – dies der Triumph des ›Realisten‹ – in den dargestellten Figuren, die er selbst entsprechend angereichert hat, Personen seiner Umwelt zu erkennen glaubt. [96]

III.

Dem Ansehen der Historiographie ist die Nachbarschaft eines solchermaßen auf kalkulierte Vortäuschung von Authentizität angelegten literarischen Genus wie des Romans, wo nicht des historischen Romans oder ›Tatsachenberichts‹, offenbar nicht gut bekommen. Mehr und mehr ist man darauf aufmerksam geworden, daß die Geschichtsschreibung sich zwangsläufig ›literarischer‹ Verfahren bedienen *muß.* Wenn Jacob Burckhardt in der letzten seiner *Weltgeschichtlichen Betrachtungen* (1868–1870, erschienen postum 1905), »Über Glück und Unglück in der Weltgeschichte«, den natürlichen »Egoismus« des naiven Geschichtsbewußtseins angeprangert hatte (»Ganz als wäre Welt und Weltgeschichte nur unsertwillen vorhanden.« [97]), hat Siegfried Kracauer in seiner letzten Arbeit, *General History and the Aesthetic Approach* (1966) [98], auf den unvermeidlichen »ästhetischen Ansatz« jeder ›allgemeinen Geschichte‹ hingewiesen. Für die gegenwärtige Situation ist die »Kontroverse« zwischen »Theorie und Erzählung in der Geschichtswissenschaft« bezeichnend, die auf der dritten Tagungsfolge der Studiengruppe »Theorie der Geschichte« im Herbst 1977 und im Frühjahr 1978 ausgetragen wurde [99] und in der es eines eigenen *Plädoyers für die historische Erzählung* – von Golo Mann [100] –

bedurfte. In der Tat – Golo Manns *Wallenstein*-Biographie (1971) wirkt fast wie ein reifes Nachzüglerwerk in der Tradition der großen deutschen Realisten des 19. Jahrhunderts, während Gerhard Ritters *Carl Goerdeler und die deutsche Widerstandsbewegung* (1954) durch den Stoizismus der Darstellung des eigenen Schicksals und desjenigen der politisch Nächststehenden geradezu an den Taciteischen *Agricola* erinnert. [101]

Im literarischen Bereich aber ist die Phase des Wettstreits mit der Historie um die Palme der größeren ›Wahrhaftigkeit‹ heute längst überwunden. Sie war es im Grunde schon bei Balzac, dem es in seiner *Comédie humaine* keineswegs nur darum ging – wie er behauptete –, »den Stift zu führen« für die französische Gesellschaft seiner Zeit und sie durch ihre Taten »ihre eigene Geschichte schreiben« zu lassen [102]; er wollte *mehr* – eine Überbietung der Wirklichkeit auf dem Niveau seiner eigenen Willens- und Vorstellungskraft. [103] Dem entspricht das souveräne Spiel mit den lebensweltlichen Formen, die in seinem Werk begegnen.

Im 20. Jahrhundert setzt sich diese Entwicklung verstärkt fort. Bei einem Werk wie Marcel Prousts *A la recherche du temps perdu* (1913 – [postum] 1927) ist die Frage nach der Faktentreue nachgerade illusorisch, obwohl es sich – grob gesagt [104] – um eine Autobiographie mit geänderten Namen und andern, zum Teil textimmanent erkennbaren kleinen Retuschen handelt (etwa: die Umsetzung einer Autofahrt in eine Kutschenfahrt in der Episode der »clochers de Martinville« im ersten Teil von *Du côté de chez Swann* [105]); der Text ist viel zu sehr auf die eigentümliche Wahrnehmungs- und Empfindungswelt der ›Suche nach der verlorenen Zeit‹ konzentriert. [106] Ähnliches gilt für James Joyce's *Ulysses* (1922), der sogar beansprucht, einen bestimmten, nicht weiter bemerkenswerten Tag im Leben der beiden Hauptfiguren, den 16. Juni 1904, zu beschreiben, und auch tatsächlich ungezählte authentische Details aus dem Dublin der damaligen Zeit einarbeitet, aber gerade durch diese – beziehungslose – Detailfülle den Leser rettungslos desorientiert. [107]

Unter diesen Umständen wird der Rückgriff auf lebensweltliche Bauformen des Erzählens aus einem Mittel der Verschleierung von Fiktionalität zum Instrument immer kühnerer künstlerischer Experimente, die erklärtermaßen eher auf Einblicke in literarisch bisher noch nicht adaptierte Weisen menschlicher Wahrnehmung und Mitteilung als auf irgendwelche wahrgenommenen und mitgeteilten Inhalte abzielen – »le roman comme recherche« (Michel Butor [108]). Denn:

L'exploration de formes romanesques différentes révèle ce qu'il y a de contingent dans celle à laquelle nous sommes habitués, la démasque, nous en délivre, nous permet de retrouver au-delà de ce récit fixé tout ce qu'il camoufle ou qu'il tait [...]

L'invention formelle dans le roman, bien loin de s'opposer au réalisme comme l'imagine trop souvent une critique à courte vue, est la condition *sine qua non* d'un réalisme plus poussé. [109]

So wird für Butor das lebensweltlich beobachtbare Faktum, daß Tagebücher häufig aus einer gewissen zeitlichen Distanz geführt und ältere Eintragungen vor dem Weiterschreiben noch einmal kritisch durchmustert werden, zur erzähltechnischen Basis, wo nicht zum eigentlichen Sujet seines Romans *L'Emploi du temps* (1956), und man kann dort Passagen lesen wie die folgende:

Lundi 22 septembre.

Ce que j'avais écrit pendant la deuxième semaine du mois de juin, je m'étonnais de son insuffisance lorsque je le lisais le lundi 11 août, après avoir vu au Théâtre des Nouvelles un documentaire sur San-Francisco dont je n'ai pas parlé, dont je me souviens mal, après avoir dîné à l'»Oriental Rose«; je le trouvais insuffisant entre autres raisons parce que j'avais négligé d'enregistrer ma dernière visite aux tapisseries du Musée, le dimanche précédent, le 8 juin, en compagnie de James Jenkins, je le trouvais insuffisant lorsque je le lisais le lundi 11 août, avant de commencer à écrire cet ensemble de pages que je viens de lire ce soir, en ce lendemain d'équinoxe, [...] après avoir vu au Théâtre des Nouvelles ce médiocre documentaire sur la Sicile [...] Usw. [110]

Butors berühmtestes formales Experiment, der »roman à la seconde personne« *La Modification* (1957), bedient sich einer lebensweltlichen Berichtstechnik, die schon andere Autoren, wenn auch nicht so rigoros, ausgebeutet hatten: Jemandem, der es nicht mehr oder noch nicht weiß (etwa weil er damals noch zu jung war oder weil er die Lage nicht recht überblickt) oder der es nicht mehr wissen will (weil er sich der Verantwortung entziehen will), wird von einem andern gesagt, was er getan hat (in Butors Roman auch und sogar vorwiegend: was er im Augenblick tut und was er morgen tun – oder schließlich doch nicht tun wird ...). Butor nennt in seinem Aufsatz *L'Usage des pronoms personnels dans le roman* [111] nur für die erste Möglichkeit ein literarisches Beispiel (William Faulkner), für die zweite, sehr viel häufigere, greift er über den Kriminal*roman* (etwa die Kriminalromane von Agatha Christie, wo fast regelmäßig am Ende dem Täter von dem Meisterdetektiv Hercule Poirot seine Tat erzählt wird, allerdings nicht immer in der zweiten Person [112]) auf die Verhörtechniken der tatsächlichen Kriminal*untersuchung* zurück (»Vous êtes rentré de votre travail à telle heure [...].« Usw. [113]). Er hätte noch ein sehr viel älteres Beispiel zitieren können, das zugleich aus einem lebensweltlichen Kontext stammt und von höchsten stilistischen Ambitionen geprägt ist, Ciceros Rede *Pro Roscio Amerino* (so wie er ja auch Caesars *Commentarii* als Beispiel des »déplacement de personnes«, hier: der Verwendung der *dritten* Person bei Identität von Protagonist und Erzähler, nennt [114]). Dort wird nämlich vom 30. Kapitel an nicht länger der Ankläger – oder das Gericht –, sondern der (inoffizielle [115]) Nebenkläger angeredet, ein Verwandter, der auf zwielichtige Weise die Verwaltung des Vermögens des Ermordeten an sich gebracht hat, mit dem er zuvor verfeindet war, und der nun auch, zusammen mit seinen Komplizen, dessen Sohn durch eine Anklage wegen Vatermords aus dem Wege zu räumen sucht. Cicero weist in einer Art zweitem Durchgang seiner narratio [116] darauf hin, daß der Angeredete im Gegensatz zu dem Angeklagten, wo nicht ein Motiv (§ 84 und § 87), so zumindest den Nutzen von der Tat (§ 86–88), vor allem aber viel eher die Möglichkeit hatte, den Mord ins Werk zu setzen (§ 92–94), und daß auffälligerweise einer seiner Leute als erster die Nachricht von dem Mord nach Ameria brachte, und zwar nicht etwa zu den Angehörigen des Opfers, sondern zu einem andern unter den Roscii, dem inzwischen gleichfalls ein Teil des Vermögens zugefallen ist – und der noch als Zeuge gegen den Angeklagten aussagen soll (§ 96–99). Der (übrigens nicht konsequent durchgehaltene) Wechsel der Anrede hat natürlich die Funktion größerer Pathosentfaltung bei der plötzlichen – versuchsweisen – Umkehrung

der Rollen von Ankläger und Angeklagtem; prozedural legitimiert ist dieses
Vorgehen durch den demonstrativen Beitritt des Angeredeten zur Anklage:

Causam tu [nämlich der Ankläger C. Erucius] nullam reperiebas in Sex. Roscio; at ego in
T. Roscio reperio. Tecum enim mihi res est, T. Rosci, quoniam istic sedes ac te palam ad-
versarium esse profiteris. (§ 84)

Vor allem aber ermöglicht der Wechsel des Adressaten Ciceros heimliche Strategie, seinen Klienten zu entlasten, ohne zu weit in die Hintergründe des politisch hochbrisanten Falles einzudringen. [117] Eine an die Adresse der Richter
oder des Anklägers gerichtete Gegendarstellung hätte vollständig und schlüssig sein müssen; gegenüber einem Kontrahenten, der »es selbst am besten wissen muß«, kann Cicero es bei Andeutungen bewenden lassen und sich immer
wieder darauf zurückziehen, daß es nicht seine Aufgabe sei, den Fall aufzuklären (§ 91 f. und § 94 f.). Eine solche Darstellungstechnik, obwohl ganz in praktischen Zielsetzungen bedingt, läßt sich an ästhetischem Rang durchaus mit jeder ›literarischen‹ vergleichen. Butors konsequent durchgehaltener ›Roman in
der zweiten Person‹ hat demgegenüber eher etwas Spielerisch-Schematisches,
so sehr die obstinate Du-Zuwendung zum Thema des Romans – einer schweren persönlichen Entscheidung – paßt.

Es wäre von Interesse, weitere Vergleiche dieser Art zwischen modernen
künstlerischen Texten, die bestimmte lebensweltliche narrative Formen kopie-
ren, und ihnen möglichst nahekommenden genuin lebensweltlichen Texten an-
zustellen. Ich kann hier nur einige Beispiele skizzieren.

1) Die Korrektur des bislang unterstellten historischen Sachverhalts. Als
reales Beispiel könnte die leider nie gedruckte Bonner Antrittsvorlesung des zu
früh verstorbenen Kieler Althistorikers Horst Braunert, *Hannibals letzte Pläne
und das Problem des römischen Imperialismus* (1959), dienen: Der von der antiken Historiographie überlieferten – literarisch außerordentlich ausstrahlungs-
kräftigen – Version, Hannibal habe Antiochos den Großen bewegen wollen,
den Krieg gegen die Römer nach Italien hinüberzutragen, wird die Auffassung
gegenübergestellt, Hannibal habe aus seiner genauen Kenntnis der tatsächlichen militärischen und geopolitischen Möglichkeiten ganz im Gegenteil dem
Antiochos von kriegerischen Abenteuern abgeraten und Antiochos habe seiner
Kriegslust immer dann nachgegeben, wenn Hannibal nicht zugegen war; Hannibals vorgebliche Pläne eines neuerlichen Zugs nach Italien seien nur von
den Scipionen in Umlauf gesetzt worden, um die in Rom bestehenden erheblichen Widerstände gegen ein weiteres Engagement im östlichen Mittelmeer zu
überwinden. Als literarisches Gegenstück wäre etwa Dieter Kühns experimentelle Napoleon-Biographie *N* (1970) zu nennen, die an jedem einzelnen Punkt
der Lebensgeschichte Napoleons von der Heirat seiner Eltern bis zum Staatsstreich vom 18. Brumaire versuchsweise auf Bahnen weitererzählt, die historisch *auch* möglich, ja eigentlich naheliegender gewesen wären, um am Schluß
seitenlang die vielen bekannten Manifestationen der Napoleonlegende in Anekdoten, Schlachtengemälden und Nippsachen vom Konsulat bis zur Flucht
der Großen Armee triumphierend zu negieren:

Kein Kniefall Frankreichs vor einem jungen Konsul N gemalt, der galant der Dame wieder auf die Füße hilft; [...] kein Kaiserkopf N als Handgriff eines Siegelstocks; [...] kein

Gespräch in einer Bauernhütte am Vorabend einer Schlacht, und N sagt, die Politik und nicht ein antikes Verhängnis müsse Triebfeder moderner Tragödien sein [...] Usw. [118]

2) Die ›Versionen‹ der verschiedenen Handlungsbeteiligten. Hier könnte man etwa Boris Pil'njaks *Geschichte darüber, wie Geschichten entstehen* (*Rasskaz o tom, kak sozdajutsja rasskazy,* 1926 [119]) – die Geschichte von der dreifachen dokumentarischen Verarbeitung der Geschichte einer nach Japan verheirateten Russin durch den Ehemann, die Ehefrau und den Erzähler – mit der immer komplexer werdenden Story vergleichen, die im Februar 1973 aus den sukzessiven, widersprüchlichen Pressemeldungen über die Ehe der amerikanischen Ethnologin Wyn Sargent mit dem Häuptling eines Papuastammes in Westirian ›entstand‹. Die beiden Geschichten stehen sich sogar thematisch recht nahe: In dem einen – fiktionalen – Fall hat der japanische Ehemann durch eine minutiöse Beschreibung der ersten beiden Jahre seines ehelichen Zusammenlebens mit einer Russin (die als wirkliches Buch ein geradezu klassisches Dokument des japanischen Naturalismus abgäbe! [120]) als Schriftsteller Furore gemacht; die ahnungslose Ehefrau hat eines Tages von einem japanischen Journalisten erfahren, welche Gründe das Interesse der japanischen Presse und der Besucher ihres Mannes auch und gerade an ihrer Person hatte, sie hat ihren Mann daraufhin verlassen und ist nach Rußland zurückgegangen; der Erzähler hat den Mann irgendwann in einem literarischen Zirkel kennengelernt, dann von einem Beamten des russischen Konsulats die Geschichte gehört, der ihm auch den Lebenslauf zugänglich machte, den die Frau ihrem Repatriierungsgesuch beigefügt hat; danach hat er sich von einem Freund das Buch des Mannes übersetzen lassen und schließlich »die Geschichte geschrieben, wie Geschichten entstehen«, mit langen Zitaten aus der ungelenken Autobiographie der Frau. Im andern, dem ›wirklichen‹ Fall folgten auf die ersten, sensationellen Agenturmeldungen, die Wissenschaftlerin habe den Häuptling ›nur‹ geheiratet, um das Sexualverhalten seines noch in der Steinzeit lebenden Stammes kennenzulernen [121], die energischen Proteste der Betroffenen, die ihrerseits ihre Eheschließung als einen notwendigen Schritt zur Befriedung mehrerer verfeindeter Eingeborenenstämme hinstellte [122]; daran schlossen sich wieder Reportagen über die (angeblichen oder angeblich zu erwartenden) Reaktionen des Häuptlings und seines Stammes an. [123]

3) Der befangene zeitgenössische Chronist. Thomas Mann hat sich in seiner *Entstehung des Doktor Faustus* (1949) selbst über die Funktion des Chronisten seines *Doktor Faustus* (1947), des Studienprofessors Serenus Zeitblom geäußert, der der Fiktion nach ja den Roman während der Endphase des zweiten Weltkriegs »mitten im Untergang« [124] schreibt. Die Idee, »eine humanistisch fromme und schlichte, liebend verschreckte Seele mit [der] Darstellung [des Dämonischen] zu beauftragen«, sei gewissermaßen »entlastend« gewesen, denn dies habe ihm erlaubt, »die Erregung durch alles Direkte, Persönliche, Bekenntnishafte, das der unheimlichen Konzeption zugrunde lag, ins Indirekte zu schieben und sie in der Verwirrung, dem Händezittern jener bangen Seele travestierend sich malen zu lassen«. [125] Im selben Jahr wie der *Doktor Faustus* erschien aber auch eine *direkte* Chronik jenes ›Untergangs‹ und seiner Vorgeschichte seit Hitlers Machtergreifung aus der Feder eines gewiß nicht unbeteiligten Zeugen – Hans Bernd Gisevius' *Bis zum bittern Ende.* [126] Es

scheint – ungeachtet aller Stilisierungskunst Thomas Manns –, als träte erst in *diesem* als Tatsachenbericht (nach einer vorn im ersten Band der Originalausgabe eingeklebten *Vorbemerkung des Verlages zur deutschen Ausgabe* sogar als »politisches Aufklärungsbuch«) intendierten Werk wahrhaft der befangene Autor hervor, so instinktsicher ist etwa die Anlage des Anfangs: Erst nach den ersten 40 Seiten einer zu jener Zeit wohl: zwangsläufig von Aktenkenntnis ungetrübten, dafür aber um so reißerischen Darstellung der »Hintergründe« des Reichstagsbrandes [127] gibt sich der Autor zu erkennen – als Mitarbeiter der ersten Stunde bei der Gestapo ...

In manchen Fällen würden die Erscheinungen wohl zu weit auseinanderrücken, als daß ein Vergleich möglich wäre, d.h. die ›echte‹ lebensweltliche Erscheinung wäre ihrer literarischen ›Kopie‹ durch ihr Verfremdungspotential weit überlegen, aber kaum mehr ästhetisierbar. Das wäre etwa so beim Vergleich des authentischen Tatortbefundberichts einer Mordkommission mit den entsprechenden Passagen eines Kriminalromans: Der Desorientierungseffekt des echten Dokuments ist unbestreitbar größer (denn im Roman werden doch immer irgendwelche gattungsüblichen Spuren – oder falsche Spuren – gelegt), aber ein solcher viele Seiten langer, kaum strukturierter Bericht ist auch von schwer erträglicher Monotonie.

Zu erwägen wäre freilich für die neuste Zeit eine Neudefinition des Terminus »Fiktion«, die weniger die inhaltliche Scheidung von der ›Wirklichkeit‹, geschweige die Erhebung über sie im Sinne einer ›höheren Wirklichkeit‹ der Dichtung als vielmehr die scheinhafte technische Substitution der ›Materialeigenschaften‹ der literarischen durch die der entsprechenden lebensweltlichen Bauformen betonte. Eine solche neue Definition würde dem alten Fiktionsbegriff in der bildenden Kunst und in der Architektur wieder ganz nahekommen, wie ihn Goethe eben noch verwendet:

Die Baukunst ist keine nachahmende Kunst, sondern eine Kunst für sich – schreibt er in seinem zu Lebzeiten unveröffentlichten Aufsatz *Baukunst* vom Jahre 1795 [128] –, aber sie kann auf ihrer höchsten Stufe der Nachahmung nicht entbehren; sie überträgt die Eigenschaften eines Materials zum Schein auf das andere, wie z. B. bei allen Säulenordnungen die Holzbaukunst nachgeahmt ist; sie überträgt die Eigenschaften eines Gebäudes aufs andere, wie sie z. B. Säulen und Pilaster mit Mauren verbindet [...]

»[In] der neuern Zeit« – so fährt Goethe im Gedanken vor allem an Palladios Villen fort – sei, »indem man das, was sonst nur Tempeln und öffentlichen Gebäuden angehörte [nämlich eben jene ›nachgeahmten‹ Säulenreihen und Verbindungen von Säulen mit Mauern], auf Privatwohnungen herübertrug, um ihnen ein herrliches Ansehn zu geben«, »eine doppelte Fiktion und zweifache Nachahmung entstanden«. Goethe sieht hier aus seiner eigenen, ›natur‹gebundenen kunsttheoretischen Position heraus besondere Schwierigkeiten, aber er sieht auch den einmaligen Reiz der kunstvollen – »poetischen« – Täuschung und nimmt schließlich in diesem Sinne Stellung gegen »gewisse Puristen [...], die auch in der Baukunst gern alles zu Prosa machen möchten«. Aber schon am 19. September 1786 hatte er angesichts der Bauten Palladios in Vicenza in das für Frau v. Stein bestimmte Tagebuch seiner Italienreise notiert:

Die größte Schwürigkeit ist immer die Säulenordnung in der bürgerlichen Baukunst zu brauchen. Säulen und Mauern zu verbinden, ist ohne Unschicklichkeit beynahe unmöglich [...] Aber wie er [= Palladio] das durcheinander gearbeitet hat, wie er durch die Gegenwart seiner Wercke imponirt und vergessen macht daß es Ungeheuer sind. Es ist würcklich etwas göttliches in seinen Anlagen, völlig die Force des großen Dichters der aus Wahrheit und Lüge ein drittes bildet das uns bezaubert. [129]

Die faszinierende Parallele, die sich hier eröffnet, kann erst von der etwa durch Paul Valérys Architektur-Dialog *Eupalinos* (1921) bezeichneten Position der Kunst- und Dichtungstheorie des 20. Jahrhunderts [130] aus konsequent zuende gedacht werden: »Fiktion« wäre danach gerade jener Teil einer in ihrer Formensprache – ob ›gegenständlich‹ oder nicht – stets autonomen Kunst und Literatur, der die »Wirklichkeit« hereinzubringen *scheint*.

Abkürzungen

AFP   = Agence France Press
AP   = Associated Press
ArchK = Archiv für Kulturgeschichte
DPA   = Deutsche Presse-Agentur
DVJs = Deutsche Vierteljahrsschrift für Literaturwissenschaft und Geistesgeschichte
NLH   = New Literary History
WdF   = Wege der Forschung
ZfRPh = Zeitschrift für Romanische Philologie

Anmerkungen

1 1451 a 36 ff.
2 1451 b 6 f.: ἡ μὲν γὰρ ποίησις μᾶλλον τὰ καθόλου, ἡ δ'ἱστορία τὰ καθ' ἕκαστον λέγει.
3 1451 b 15 f.: ἐπὶ ... τῆς τραγῳδίας τῶν γενομένων ὀνομάτων ἀντέχονται. Aristoteles schränkt diese Feststellung im folgenden allerdings wieder ein (1451 b 19 ff.): Manche Tragödien enthalten nur ein oder zwei »bekannte« Namen, manche keinen einzigen.
4 Über diesen Zug der altgriechischen Mythologie und seine dichtungsgeschichtlichen Hintergründe vgl. Johannes Th. Kakridis, Probleme der griechischen Heldensage, Poetica, 5/1972, S. 152–163.
5 Auch für Platon stehen bereits Mythologie und Rekonstruktion der Anfänge der einzelnen Polis (μυθολογία ... ἀναζήτησίς τε τῶν παλαιῶν – Kritias 110 a) komplementär nebeneinander. Man kann hier die Nahtstelle zwischen der ›Wahrheit‹ der schriftlosen ›mémoire collective‹ und einer neuen, dokumentierbaren Geschichtlichkeit sehen, gegen die sich erst eine ›Fiktionalität‹ der Dichtung absetzen kann. Vgl. den grundlegenden Beitrag von Wolfgang Rösler, Die Entdeckung der Fiktionalität in der Antike, Poetica, 12/1980, S. 283–319.
6 Denn: τὰ μὲν ... μὴ γενόμενα οὔπω πιστεύομεν εἶναι δυνατά, τὰ δὲ γενόμενα φανερὸν ὅτι δυνατά, οὐ γὰρ ἂν ἐγένετο, εἰ ἦν ἀδύνατα. (1451 b 14–19).
7 1451 b 25 f.: ... καὶ τὰ γνώριμα ὀλίγοις γνώριμά ἐστιν ...
8 1451 b 11–15: ἐπὶ ... τῆς κωμῳδίας ... συστήσαντες ... τὸν μῦθον διὰ τῶν εἰκότων οὕτω τὰ τυχόντα ὀνόματα ὑποτιθέασιν καὶ οὐχ ὥσπερ οἱ ἰαμβοποιοὶ περὶ τὸν καθ' ἕκαστον ποιοῦσιν. Daß der Komödiendichter im Gegensatz zum Iambographen καθόλου dichtet, hatte Aristoteles schon im fünften Kapitel, 1449 b 7–9, konstatiert; an dieser letztern Stelle wird auch, ebenso wie Kap. 4, 1449 a 2–6, deutlich, daß dies erst das Ergebnis einer historischen Entwicklung ist: Das aktualitätsbezogene ὀνομαστὶ κωμῳδεῖν ist ja gerade die Seele der ›alten‹ attischen Komödie, wenigstens bis zum Ende des Peloponnesischen Krieges.

9 So in letzter Zeit Manfred Fuhrmann, Aristoteles, Poetik, eingeleitet, übersetzt und erläutert von M. F. (Dialog mit der Antike. 7), München 1976, S. 58, Anm. 2, und schon ders., Einführung in die antike Dichtungstheorie, Darmstadt 1973, S. 23; frühere Äußerungen im gleichen Sinne s. bei Renate Zoepffel, Historia und Geschichte bei Aristoteles (Abhandlungen der Heidelberger Akademie der Wissenschaften. Philos.-hist. Kl. Jg. 1975, 2. Abh.), Heidelberg 1975, S. 7, Anm. 7.

10 Das hebt Kurt v. Fritz mit Recht hervor (Die Bedeutung des Aristoteles für die Geschichtschreibung, in: Histoire et historiens dans l'antiquité [Entretiens sur l'Antiquité Classique. 4], Genève 1958, S. 85–145; mit Ergänzungen wiederabgedruckt in: Fritz-Peter Hager [Hrsg.], Ethik und Politik des Aristoteles [WdF. 208], Darmstadt 1972, S. 313–367, und in: K. v. F., Schriften zur griechischen und römischen Verfassungsgeschichte und Verfassungstheorie, Berlin/New York 1976, S. 256–301, hier: S. 345 bzw. S. 282 f., vgl. auch S. 339 bzw. S. 278).

11 1451 b 2 f.: Auch wenn man Herodots Werk in Verse brächte, wäre es darum nicht weniger ἱστορία.

12 Zoepffel belegt im einzelnen, daß Aristoteles und seine Schüler auch in den Naturwissenschaften (Zoologie, Medizin, Meteorologie) »gut herodoteisch« ἱστορία durchweg als »Bestandsaufnahme der Fakten« aufgrund von Augenschein und Erkundigung eingrenzen (Historia und Geschichte, S. 29 ff., Zitate: S. 45 und S. 37).

13 Den gleichen Begriff – ἀκοή – verwendet noch Thukydides für die mythologische Überlieferung (I, 4).

14 1394 a 7 f.: ὅμοια γὰρ ὡς ἐπὶ τὸ πολὺ τὰ μέλλοντα τοῖς γεγονόσιν. Zoepffel vermutet, daß Aristoteles diesen Grundsatz samt dem 1393 a 31-b 4 angeführten Argumentationsmuster einer zu seiner Zeit noch dokumentierten echten Diskussion aus dem Athen des Jahres 460 v. Chr. entnommen hat (Historia und Geschichte, S. 21, Anm. 70). Das würde bedeuten, daß der rhetorische Lehrsatz des Aristoteles und das bekannte Axiom im ›Methodenkapitel‹ des Thukydides (I, 22, 4: μέλλοντά ποτε αὖθις κατὰ τὸ ἀνθρώπινον τοιαῦτα καὶ παραπλήσια ἔσεσθαι, *beide* auf dieselbe authentische politische Argumentationspraxis der noch intakten attischen Demokratie zurückgehen. Vgl. in diesem Zusammenhang die im Umfeld der Aristotelesstelle geführte Diskussion zwischen Karlheinz Stierle, Geschichte als Exemplum – Exemplum als Geschichte, und Manfred Fuhrmann, Das Exemplum in der antiken Rhetorik, in: Reinhard Koselleck/Wolf-Dieter Stempel (Hrsg.), Geschichte – Ereignis und Erzählung (Poetik und Hermeneutik. 5), München 1973, S. 347-375, bes. S. 357-359 und S. 449-452.

15 Auch viele Aussagen der Aristotelischen »Poetik« zur Dichtung sind nur deskriptiver, nicht normativer Natur; das ist in der neuzeitlichen Aristotelesrezeption durchweg verkannt worden, die die »Poetik« insgesamt als ›Regelbuch‹ aufgefaßt hat. Vgl. Werner Söffing, Deskriptive und normative Bestimmungen in der »Poetik« des Aristoteles (Beihefte zu Poetica. 15), Amsterdam 1981.

16 1459 a 16 ff.

17 Im Herodoteischen Kontext liegt freilich alles andere als eine bloße – von Herodot auch nur konstruierte! – zeitliche Koinzidenz vor: Der Sieg über die ›Barbaren‹ in Ost und West »am selben Tage« (Aristoteles, 1459 a 25, sagt vorsichtiger: κατὰ τοὺς αὐτοὺς χρόνους; Herodot schiebt die Verantwortung für die Angabe den Sizilianern zu) ist eine späte Kompensation für den Mißerfolg der Bemühungen, den Tyrannen Gelon von Syrakus für den gemeinsamen Kampf gegen die Perser zu gewinnen (Kap. 153 ff.). Vgl. auch die Erörterung des Aristotelischen Beispiels bei Arnold W. Gomme, The Greek Attitude to Poetry and History (Sather Classical Lectures. 27), Berkeley/Los Angeles 1954, S. 73–76.

18 Politeia 2, 17, 377 D-378 E. Auf die hier geübte Dichterkritik bezieht sich Augustinus ausdrücklich De civitate Dei 2, 14 (»[...] tanquam adversarios veritatis, poetas censuit urbe pellendos«).

19 Vgl. etwa De civitate Dei 5, 12: »poeta insignis illorum«. Näheres zu Augustinus' Verhältnis zu Vergil in der älteren Arbeit von Karl Hermann Schelkle, Virgil in der Deutung Augustins (Tübinger Beiträge zur Altertumswissenschaft. 32), Stuttgart/Berlin 1939 (zusammenfassend S. 191 ff.), sowie jetzt: Harald Hagendahl, Augustine and the Latin Classics, 2 Bde. (Studia Graeca et Latina Gothoburgensia. 20, 1-2), Göteborg 1967, Bd. 2, Kap. 2 = S. 384-463, mit den Testimonia Bd. 1, S. 316-375.

20 De civitate Dei 1, 4: »nisi forte [...] Virgilius, poetarum more, illa mentitus est«, u. ö.
Gerade in dem in Rede stehenden Falle allerdings, der Beschreibung des Verhaltens
der Griechen bei der Zerstörung Trojas Aeneis 2, V. 761 ff., und in etlichen andern
Fällen hätte Vergil nach Augustinus' Meinung doch ›wahrheits‹gemäß berichtet; vgl.
K. H. Schelkle, Virgil in der Deutung Augustins, S. 196.

21 I, 13, 21: »Quid enim miserius misero non miserante se ipsum et flente Didonis mortem, quae fiebat amando Aenean, non flente autem mortem suam, quae fiebat non
amando te, deus [...]«

22 So der Prolog des sogenannten poitevinischen Pseudoturpin (Ms. Bibl. Nat. Paris
5714; vor 1205?): »Nus contes rimes nest verais, tot est menssongie, co quil en dient
quar il non seuíent ríen for par oir díre.« (Bl. 41 a; zitiert nach der Edition von Theodor M. Auracher, Der sogenannte poitevinische Pseudo-Turpin. Nach den Hand-
schriften mitgeteilt, ZfRPh, 1/1877, S. 259-336, hier: S. 262) Dieser und der folgende
Beleg – sowie weitere Belege – bei: Bruno Petermann, Der Streit um Vers und Prosa
in der französischen Literatur des 18. Jahrhunderts (Beiträge zur Geschichte der romanischen Sprachen und Literaturen. 9), Halle a. S. 1913, S. 2 f.

23 So konstatiert der Dichter der »Mort Aymeri de Narbonne« (zwischen 1180 und
1220?):

> Nus hom ne puet chançon de jeste dire
> Que il ne mente la ou li vers define,
> As mos drecier et a tailler la rime.

(V. 3055-3057; zitiert nach der Ausgabe von J. Couraye du Parc [Société des Anciens
Textes Français. 19], Paris 1884) Das Kalkül des unbekannten Autors ist soweit nicht
entfernt von den Spekulationen heutiger Informationstheoretiker, die freilich nicht
mehr von der ›Wahrheit‹, wohl aber von der als vorab feststehend unterstellten Aus-
sageintention des Autors ausgehen; vgl. Helmut Lüdtke, Der Vergleich metrischer
Schemata hinsichtlich ihrer Redundanz, in: Helmut Kreuzer/Rul Gunzenhäuser
(Hrsg.), Mathematik und Dichtung (Sammlung Dialog. 3), München ³1969 (¹1965), S.
233-242.

24 Reiches Material zur Problematik der Abgrenzung von Dichtung und Geschichtsschreibung aus dem europäischen 16.-18. Jahrhundert bieten Helmut Papajewski, An
Lucanus sit poeta, DVJs, 40/1966, S. 485-508, und Klaus Heitmann, Das Verhältnis
von Dichtung und Geschichtschreibung in älterer Theorie, ArchK, 52/1970, S. 244-
279.

25 »[...] the *Philosopher* [...] replenisheth the memorie with many infallible grounds of
wisdom, which notwithstanding lie darke before the imaginative and judging power,
if they bee not illuminated or figured forth by the speaking picture of *Poesie*.« (The
Defence of Poesie, hrsg. von Wolfgang Clemen [Editiones Heidelbergenses. 15], Heidelberg 1950, S. 17) Zur Fortsetzung der Diskussion um die »Legitimität der Fiktion«
im englischen 17. Jahrhundert vgl. jetzt die so betitelte Untersuchung von Aleida Ass-
mann, Theorie und Geschichte der Literatur und der Schönen Künste. 55, München
1980.

26 Hamlet (1602) II, 2, Z. 558 f.

27 Vgl. Herbert Schöffler, Protestantismus und Literatur (Englische Bibliothek. 2), Leipzig 1922, S. 1 ff., der darauf hinweist, daß vom französischen, englischen und
deutschen Kalvinismus die Stelle 1. Timotheus 4, V. 7: Τοὺς δὲ βεβήλους καὶ
γραώδεις μύθους παραιτοῦ ... (»Der ungeistlichen Altweiberfabeln entschlage dich
[...]«) als explizites biblisches Verbot der Beschäftigung mit erfundenen Geschichten
aufgefaßt wurde (S. 2 f.). Bunyan sieht in der »Apology« seines »Pilgrim's Progress«
(1678) freilich die *Parabel* von dem paulinischen Verdikt ausgenommen und ordnet
seinen allegorischen Roman als solche ein (V. 155 f.: »But yet grave Paul [...] no
where doth forbid/The use of Parables; [...]«, zitiert bei Schöffler, S. 3).

28 Vgl. das Defoe-Kapitel bei Heinrich Matthes, Die Verschleierung der Verfasserschaft
bei englischen Dichtungen des 18. Jahrhunderts, in: Beiträge zur Erforschung der
Sprache und Kultur Englands und Nordamerikas, 4 (1928), S. 33-113, hier: S. 39-62,
bes. S. 41 f. Matthes weist anderseits selbst darauf hin (S. 49, Anm. 1), daß Defoe sich
im Herausgebervorwort nicht auf den Anspruch der Authentizität versteift. Es heißt
dort: »The Editor *believes* the thing to be a just History of Fact; neither is there *any*

Appearance of Fiction in it: And however thinks, because all such things are dispatch'd, that the Improvement of it, as well to the Diversion, as to the Instruction of the Reader *will be the same*; [...]« (Herv. d. Vf., K. M.).

29 Der Titel bezeichnet das Werk als »The Fortunes and Misfortunes of the famous Moll Flanders [...] Written from her own Memorandums«, die Autorvorrede betont die Notwendigkeit der sprachlichen Überarbeitung (»to make it [=her Story] speak Language fit to be read«), vor allem aber der Ausschaltung unerwünschter anregender Wirkungen (»to wrap it up so clean, as not to give room, especially for vicious Readers, to turn it to his [=the Author's] Disadvantage«).

30 Vgl. die Belege aus den Jahren 1739–1742 bei Georges May, Le Dilemme du roman au XVIIIᵉ siècle, New Haven, Conn./Paris 1963, S. 157–160.

31 Lettre sur divers sujets de littérature (anonym) vom 8. November 1741, Bibliothèque française (Amsterdam), 33 (1741), S. 355 f., zitiert bei G. May, ebd., S. 159.

32 Vgl. die Darstellung der Aufnahme und Zuordnung des Werks bis 1935 bei Arthur W. Secord, The Origins of Defoe's »Memoirs of a Cavalier«, in: A. W. S., »Robert Drury's Journal« and Other Studies, Urbana, Ill. 1961, S. 72–133, hier: S. 74–77.

33 Von Jan Bastijaan Christemeijer, Utrecht 1819. – Der Fall ist ausführlich dargestellt bei Horst Siegfried Hennemann, Der japanische Kriminalroman. Eine literarhistorische Darstellung der Gattung, Diss. Bochum 1973, S. 114–118.

34 Social Sciences Information/Information sur les Sciences Sociales, 6/1967, H. 4, S. 65–75, hier: S. 65. In diesem Sinne vgl. auch die Feststellung von John R. Searle, The Logical Status of Fictional Discourse, NLH, 6/1975, S. 319–332, hier: S. 327: »The utterance acts in fiction are indistinguishable from the utterance acts of serious discourse, and it is for that reason that there is no textual property that will identify a stretch of discourse as a work of fiction.«

35 Auf die Problematik der Unterscheidung zwischen historiographischer Stoff-»Findung« und dichterischer Stoff-»Erfindung« hat Hayden White nachdrücklich hingewiesen (Metahistory. The Historical Imagination in Nineteenth-Century Europe, Baltimore/London 1973, S. 6 f.). Die Antike kennt die Unterscheidung ohnehin nicht; sie ist nur in die Aristotelische »Poetik«, Kap. 14, 1453 b 25 f. hineingelesen worden, wo noch Fuhrmann übersetzt: »Man muß derartiges *selbst erfinden oder* [im Original: αὐτὸν (= ποιητὴν) ... εὑρίσκειν δεῖ καί ...] das Überlieferte wirkungsvoll verwenden«, während er wenige Zeilen zuvor (1453 b 22) ταῦτα ζητητέον treffend wiedergibt mit: »[...] nach diesen Fällen muß man *Ausschau halten*.« Es geht um das ›Herausholen‹ des richtigen Stoffes aus dem überlieferten Bestand (τὰ παραδεδομένα) des Mythos, ebenso wie in der rhetorischen εὕρεσις um das ›Suchen‹ an den richtigen ›Örtern‹ (τόποι), wozu vgl. Heinrich Lausberg, Handbuch der literarischen Rhetorik, 2 Bde., München 1960, § 260. Soviel ich sehe, hat erst Hellmut Flashar die Aristotelesstelle richtig verstanden (»König Ödipus«. Drama und Theorie, Gymnasium, 84/1977, S. 120–136, hier: S. 128 mit Anm. 24).

36 Metahistory, S. 7–11 (»Explanation by Emplotment«). Der Terminus ist glücklich gewählt, Whites – von Northrop Frye übernommene – vier Kategorien (»modes of emplotment«), »Romance«, »Tragedy«, »Comedy« und »Satire«, sind freilich zu grobschlächtig.

37 Vgl. zuletzt die von Roland Harweg an Richardsons Pamela und Fieldings Shamela exemplifizierte These, daß »zwei mit den gleichen Eigenschaften ausgestattete und in den gleichen Verhältnissen lebende gleichnamige Individuen zweier verschiedener Romane oder Novellen« – im Gegensatz zu entsprechenden Vorkommen in nichtfiktionalen Texten – »stets zwei existentiell verschiedene Personen manifestieren«, und zwar auch dann, wenn sich die beiden Texte ausdrücklich aufeinander beziehen (sind Richardsons Pamela und Fieldings Shamela ein und dieselbe Person? Ein Beitrag zum Problem der Anzahl fiktiver Welten, Poetica, 11/1979, S. 343–368, Zitat: S. 345). Harweg kommt gegen Ende seines Beitrags in Schwierigkeiten bei der Erörterung des Phänomens des Serienhelden (Beispiel: Sherlock Holmes); die Frage ist aber vor allem, ob die entsprechenden gleichnamigen Personen verschiedener *nicht*fiktionaler Texte nicht durch deren unterschiedliche Urheber ebenso ›existentiell‹ auseinanderfallen – man spricht nicht umsonst angesichts unangemessen scheinenden Lobes oder Tadels davon, man habe den Eindruck, es sei ›von einem ganz andern Menschen die Rede‹.

38 Zu diesem Aspekt des Problems vgl. Karlheinz Stierle, Der Gebrauch der Negation in fiktionalen Texten, in: Harald Weinrich (Hrsg.), Positionen der Negativität (Poetik und Hermeneutik. 6), München 1975, S. 235–262.

39 Zu einem solchen »Modell«charakter fiktionaler Texte vgl. – in Weiterführung von Ansätzen Jurij M. Lotmans – Rainer Warning, Pour une pragmatique du discours fictionnel, Poétique, 10/1979, S. 321–337, hier: S. 334f.

40 Das hat Hermann Strasburger eindrucksvoll am Beispiel des »Schicksalszusammenhangs« der »Stadteroberung« dargelegt (Die Wesensbestimmung der Geschichte durch die antike Geschichtsschreibung [Sitzungsberichte der Wissenschaftlichen Gesellschaft an der Johann Wolfgang Goethe-Universität Frankfurt/Main, 5/1966, Nr. 3], Wiesbaden 1966, S. 24ff.).

41 Namentlich v. Fritz folgert in seiner Auseinandersetzung mit dem neunten Kapitel der Aristotelischen »Poetik« aus dieser Erklärung des Thukydides, daß die Reden »derjenige Teil« der antiken Geschichtsschreibung sind, »der zwischen Historie und Dichtung steht, insofern der (antike) Historiker für sich das Recht in Anspruch nahm, sich hier von den γενόμενα bis zu einem gewissen Grade zu emanzipieren und statt dessen dem Prinzip des οἷα ἂν γένοιτο zu folgen« (Entstehung und Inhalt des neunten Kapitels von Aristoteles' »Poetik«, in: Fs. Ernst Kapp, Hamburg 1958, S. 67–91, hier: S. 79).

42 ... ἐχομένῳ ὅτι ἐγγύτατα τῆς ξυμπάσης γνώμης τῶν ἀληθῶς λεχθέντων ... v. Fritz weist sogar auf einen Fall hin, wo durch andere Quellen die Benutzung einer authentischen Formulierung des Perikles praktisch bewiesen ist (ebd.).

43 Eduard Norden datiert den Anfang einer auf rhetorischer Schulung fußenden Historiographie in die »Zeiten des Thukydides« (Die antike Kunstprosa, 2 Bde., Darmstadt ⁶1971, Bd. 1, S. 85). Kaum zu bezweifeln ist, daß Thukydides das Prinzip der Gegenüberstellung von Rede und Gegenrede (ἀντιλογία – I, 31, 4) der Schultradition der Sophisten entnommen hat; vgl. schon Georg Deininger, Der Melier-Dialog (Thuk. V 85–113), Diss. Erlangen 1939, S. 114f. 123ff.

44 Das bestätigen nicht zuletzt Aristoteles' Ausführungen im sechsten Kapitel der »Poetik« (1450b 4–8) zu der vom Tragödiendichter zu fordernden Argumentationsfähigkeit (διάνοια), d.h. der »Fähigkeit, sachgerecht und in angemessenen Worten (τὰ ἐνόντα καὶ τὰ ἁρμόττοντα) zu reden, was bei den Reden die Staatskunst und die Redekunst bewirken«. Aristoteles – der hier offenbar keinen Unterschied zwischen ›echten‹ Reden und Reden in der Dichtung macht (vgl. M. Fuhrmann, Aristoteles, Poetik, S. 53, Anm. 18) – fährt nach dieser Definition fort: »Die Alten (ἀρχαῖοι) ließen die Personen im Sinne der Staatskunst, die Jetzigen lassen sie im Sinne der Redekunst sprechen.«

45 So K. v. Fritz, Entstehung und Inhalt des neunten Kapitels von Aristoteles' »Poetik«, S. 79.

46 ἦν δέ ποτε καὶ λόγους ἐροῦντά τινα δεήσῃ εἰσάγειν ... Lukian drückt sich bewußt zurückhaltend aus. Vgl. schon die vehemente Kritik des Polybios an der Inflation eingelegter Reden bei früheren Historiographen (XII, 25i, 5 über Timaios: τὸ ... ματαίως καὶ ἀκαίρως πρὸς πάντα πάντας διεξιέναι τοὺς ἐνόντας λόγους, ὃ ποιεῖ Τίμαιος πρὸς πᾶσαν ὑπόθεσιν εὑρεσιλογῶν ...).

47 Kap. 58; im allgemeinen lehnt Lukian für die Historiographie rhetorische δεινότης ab, vgl. Kap. 43.

48 Vgl. die bekannte Stelle Institutio oratoria X, 1, 31: »historia [...] sic est legenda, ut sciamus, plerasque eius virtutes oratori esse vitandas. Est enim proxima poetis et quodammodo carmen solutum, et scribitur ad narrandum non ad probandum; totumque opus non ad actum rei pugnamque praesentem sed ad memoriam posteritatis et ingenii famam componitur; ideoque et verbis remotioribus et liberioribus figuris narrandi taedium evitat.«

49 X, 1, 101: »[...] T. Livium [...] in contionibus supra quam enarrari potest eloquentem; ita quae dicuntur omnia cum rebus tum personis accommodata sunt [...]«

50 Lettre à l'Académie (postum 1716), Kap. 8: »Projet d'un traité sur l'histoire«, in der Ausgabe von Albert Cahen, Paris 1911: S. 109–130, hier: S. 128f.

51 Siehe die ausführliche Polemik im zweiten Band des »Parallele des anciens et des modernes« (1690), S. 85–91, in dem von Hans Robert Jauß veranstalteten Faksimile-

Neudruck (Theorie und Geschichte der Literatur und der Schönen Künste. 2), München 1964: S. 201 f.

52 Er empfiehlt salomonisch, die Reden der geschichtlichen Persönlichkeiten einfach in die indirekte Rede zu setzen (Principes de littérature, 5 Bde., Paris ⁵1774, Bd. 4, S. 325; die Stelle ist zitiert bei K. Heitmann, Das Verhältnis von Dichtung und Geschichtschreibung, S. 252), während Perrault eher an ein Resumee der ermittelbaren Inhalte, des thukydideischen »Gesamtsinns« denkt (»la substance«, S. 88 bzw. S. 202).

53 Die schon vereinzelt in der Antike (bei Pompeius Trogus) und in der Renaissance (bei Francesco Patrizi, Paolo Beni u. a.) laut gewordene Kritik hatte Gerhard Johannes Vossius zuvor noch einmal in seiner »Ars historica« (1623) in einem umfassenden Plaidoyer zurückgewiesen (Kap. 20–21); in der Ausgabe der Opera in sex tomos divisa, Amstelodami 1695–1701: Bd. 4, S. 31–35; vgl. H. Papajewski, An Lucanus sit poeta, S. 487 mit Anm. 8 (dort noch weitere Hinweise).

54 Diese drei Postulate finden sich in ein und demselben Abschnitt von Fénelons »Projet d'un traité sur l'histoire« formuliert (S. 115–117); für das letzte Postulat beruft Fénelon sich ausdrücklich auf die entsprechende Regel für das *Epos* in der Horazischen »Ars poetica« (V. 42–44). Wie Heitmann belegt, ist gerade in diesem Punkt – ordo naturalis der Geschichte, ordo artificialis der Dichtung – lange Zeit sehr konsequent unterschieden worden, bis Ende des 17. Jahrhunderts der Roman, dem Anschein memorialistischer Genauigkeit zuliebe, zum chronologischen Darstellungsprinzip der Historie übertritt (Das Verhältnis von Dichtung und Geschichtschreibung, S. 252 f.). Die Postulate der Organisation des Stoffes zu *einem* ›Körper‹ (σῶμα) und der Wahl der geeigneten – nämlich: der ›olympischen‹ – Perspektive begegnen freilich auch schon in dem kurzen Regelabriß am Ende von Lukians »Wie man Geschichte schreiben soll« (Kap. 48 und Kap. 55 bzw. Kap. 49).

55 Es fällt in dem Zusammenhang sogar – wie bei Plato über die Dichter – das Wort »Lüge« (weil von zwei widerstreitenden Plaidoyers auf jeden Fall nur eins ›wahr‹ sein könne): »ut igitur in eiusmodi re, quae mendacio nixa sit, quae ad scientiam non saepe perveniat, quae opiniones hominum et saepe errores aucupetur, ita dicam [...]«

56 Zitiert nach der Taschenbuchausgabe: Fischer Bücherei. 492, Frankfurt a. M. 1962, S. 97 f.

57 Hierzu vgl. E. Norden, Die antike Kunstprosa, Bd. 1, S. 81–95, mit zahlreichen antiken Testimonia, insbesondere auch zur Kritik des Polybios an diesen Tendenzen.

58 So bemängelt Perrault beim Thukydides neben den frei erfundenen Reden noch das häufige Fehlen genauer Jahreszahlenangaben, die Hypostasierung ganzer Völker als Redende (anstelle der Nennung der einzelnen Abgesandten) und das Übergehen vieler nebensächlicher Einzelheiten – womit jeweils die Gattungsregeln für Roman und Epos anstelle derjenigen für die Historiographie eingehalten seien (Parallele des anciens et des modernes, Seconde Partie, S. 91–96 bzw. S. 202–204). Perraults moderner Gegenentwurf macht allerdings deutlich, daß er eher an eine bloße – panegyrische – *Chronik* denkt, wie sie seit 1677 die ungeliebte Aufgabe seiner Hauptopponenten Racine und Boileau in ihrer Funktion als »historiographes du roi« ist.

59 Brief an den Marquis d'Argenson vom 26. Januar 1740, zitiert nach: Voltaire, Correspondance, hrsg. von Theodore Besterman, 4 Bde. (Bibliothèque de la Pléiade), Paris 1963–1978, Bd. 2, S. 252.

60 Zitiert nach: Honoré de Balzac, Contes drolatiques, précédés de la Comédie humaine (im folgenden: Comédie humaine), hrsg. von Marcel Bouteron und Roger Pierrot, 11 Bde. (Bibliothèque de la Pléiade), Paris 1937–1959, Bd. 1, S. 7 und S. 5.

61 Vgl. hierzu Manfred Windfuhr, Empirie und Fiktion in Moritz August von Thümmels »Reise in die mittäglichen Provinzen von Frankreich«, Poetica, 3/1970, S. 115–126. Freilich ist in diesem Roman, dem ersten in Deutschland, »in dem Reisebericht und Romanfiktion ernst zu nehmend einander angenähert wurden« (M. Windfuhr, ebd., S. 126), die Voltairesche/Balzacsche Forderung nur teilweise erfüllt, da tatsächlich »das empirische Problem der seelischen und körperlichen Erkrankung [...] zum Hauptthema [des] Romans gemacht [wird]« (S. 118).

62 Vgl. Merciers bekannte Formulierung, er habe sein Buch »mit den Beinen geschrieben« (»J'ai tant couru pour faire le ›Tableau de Paris‹, que je puis dire l'avoir fait

avec mes jambes [...]« - zitiert nach: L. S. M., Tableau de Paris, 12 Bde., Amsterdam 1782–1788, Bd. 11, S. 229). Als eine von vielen möglichen »Reisen« durch Paris wird das »Tableau de Paris« auch in der Vorrede bezeichnet (»Préface«, Bd. 1, S. VI f.).

63 »Préface«, S. X f.

64 So bei Defoe und Richardson; vgl. Ian Watt, The Rise of the Novel, Harmondsworth 1972 ([1]1957), S. 273–282.

65 Der englische Roman im 18. Jahrhundert (Kleine Vandenhoeck-Reihe. 195. 196. 197), Göttingen 1964, S. 6 f.

66 Zitiert nach: Diderot, Œuvres complètes, hrsg. von Jules Assézat und Maurice Tourneux, 20 Bde., Paris 1875–1877, Bd. 5, S. 221.

67 Vgl. schon Herbert Dieckmann, der bedauert, »daß Diderot nicht ein ›Eloge de Fielding‹ schrieb, da Fielding seinen Ideen über Realismus so viel näher war« (Die Wandlung des Nachahmungsbegriffes in der französischen Ästhetik des 18. Jahrhunderts, in: Hans Robert Jauß [Hrsg.], Nachahmung und Illusion [Poetik und Hermeneutik. 1], München 1964, S. 28–59, hier: S. 35).

68 So der Zweittitel von Richardsons »Pamela, or Virtue Rewarded« (1740).

69 Auf die Formel einer »étude profonde du cœur de l'homme, véritable dédale de la nature« - angeblich der ›Schule‹ Richardsons und Fieldings - bringt Sade die spezielle Thematik seiner Romane (»Idée sur les romans«, 1800, zitiert nach: Œuvres complètes du marquis de Sade, hrsg. von Gilbert Lely, 16 Bde. in 8, Paris 1966–1967, Bd. 10, S. 3–22, hier: S. 12). Vgl. Vf., Das Schreckliche im Roman und die Tragödie, in: Hans Ulrich Gumbrecht/Karlheinz Stierle/Rainer Warning (Hrsg.), Honoré de Balzac (UTB. 977), München 1980, S. 219–278, hier: S. 226 f. mit Anm. 56.

70 Goethe übersetzte den »Essai sur les fictions« unmittelbar nach Erscheinen für Schillers »Horen«, ein beabsichtigter kritischer Kommentar Schillers unterblieb; vgl. Vf., Anmerkungen des Herausgebers, in: Goethe, Gesamtausgabe der Werke und Schriften in zweiundzwanzig Bänden, Stuttgart 1949–1968, Bd. 14: Übertragungen (1963), hrsg. von K. M., S. 926 ff.

71 Zitiert nach: Œuvres complètes de Mme la baronne de Staël, publiées par son fils, 17 Bde., Paris 1820–1821, Bd. 2, S. 161–200, hier: S. 186 f.

72 So - als »a series of adventures of flight and pursuit« - charakterisiert Godwin selbst fast vierzig Jahre später seinen Roman, vor allem das letzte Drittel (»Preface to the Present Edition«, in: W. G., Fleetwood, or the New Man of Feeling, London [2]1832, S. V–XIV, hier: S. VII).

73 Essai sur les fictions, S. 192 f.

74 »Delphine« unterscheidet sich durch die Verdrängung der Zeitgeschichte an die Peripherie, aber auch durch dieses pessimistische Fazit von Scotts späteren historischen Romanen, die sich freilich noch derselben romanesken ›Privatisierung‹ der Geschichte schuldig machen wie zuvor - nach Schillers Verdikt - Goethes »Egmont«, zum Teil aber auch Schillers eigene historische Tragödien.

75 Vgl. Balzacs Kritik an seinem Vorgänger Walter Scott, aus der er dieses sein »système« unmittelbar ableitet: »[...] il n'avait pas songé à relier ses compositions l'une à l'autre de manière à coordonner une histoire complète [...] En apercevant ce défaut de liaison, [...] je vis à la fois le système favorable à l'exécution de mon ouvrage et la possibilité de l'exécuter.« (»Avant-propos«, in: Comédie humaine, Bd. 1, S. 6).

76 Vgl. dazu die interessanten Untersuchungen von Johanna Kahr, bisher erschienen: Die Schlacht bei Waterloo. Zur Interferenz von Historiographie und Roman in der ersten Hälfte des französischen 19. Jahrhunderts, Poetica, 9/1977, S. 283–323.

77 So Leo Braudy, Narrative Form in History and Fiction. Hume, Fielding and Gibbon, Princeton, N. J. 1970, S. 4: »[...] the commitment of historians to the factual detail quickly outstripped the commitment of the novelists to what after all was only another literary technique.«

78 »Préface« zu »Une Fille d'Ève. Massimilla Doni« (1839), in: Comédie humaine, Bd. 11, S. 374.

79 »Avant-propos«, ebd., Bd. 1, S. 6.

80 Im »Preface to the Second Edition« (1765); vgl. Horatio E. Smith, Horace Walpole Anticipates Victor Hugo, Modern Language Notes, 41/1926, S. 458–461.

81 Le Père Goriot (1835), in: Comédie humaine, Bd. 2, S. 953.

82 Ebd., S. 910 f.

83 Vgl. den Variantenapparat der Ausgabe von Pierre-Georges Castex: Honoré de Balzac, Le Père Goriot (Classiques Garnier), Paris 1960, zu S. 287 ff.

84 Martin Kanes bemerkt zu dem Idiolekt Nucingens und einiger anderer Figuren der »Comédie humaine«: »Their individuality is an artistic, not a scientific, phenomenon.« (Balzac's Comedy of Words, Princeton, N. J. 1975, S. 148).

85 »Préface«, in: Comédie humaine, Bd. 11, S. 374 f.

86 Ebd., Bd. 2, S. 1087 f.

87 Ebd., Bd. 5, S. 351–353 und S. 440 f.; Zitat: S. 351. Die beiden Prospekttexte sind für sich genommen zweifellos »unansehnlich« (Ulrich Schulz-Buschhaus, Die Normalität des Berufsbürgers und das heroisch-komische Register im realistischen Roman – Zu Balzacs »César Birotteau«, oben, S. 460), Balzac unterstreicht sogar die – erfolgsträchtige – »ridicule phraséologie« des ersten (S. 351); der literarische Reiz liegt eben in der ›Montage‹ eines Stücks ›Gebrauchsliteratur‹ (vgl. S. 441: »[...] voilà de la littérature utile«) in den literarischen Kontext.

88 Kap. 26–78.

89 Vgl. oben, S. 532.

90 So Tacitus, Annales XV, 63, 3.

91 Bachtin hat seinen Begriff des »fremden Wortes« (čužaja reč') anhand der Romane Dostoevskijs entwickelt: Problemy poėtiki Dostoevskogo, Moskva ²1963 (Leningrad ¹1929), S. 242–271: »Tipy prozaičeskogo slova« (deutsch: Probleme der Poetik Dostoevskijs [Literatur als Kunst], München 1971, S. 202–228: »Typen des Prosawortes«); in der Diskussion des Begriffes hat aber auch die – oberflächlichere – ›Vielstimmigkeit‹ (mnogogolosnost') der Romane Balzacs eine Rolle gespielt, vgl. das Referat bei Wolf Schmid, Der Textaufbau in den Erzählungen Dostoevskijs (Beihefte zu Poetica. 10), München 1973, S. 10 ff.

92 Vgl. E. Norden, Antike Kunstprosa, Bd. 1, S. 88–91. Vossius fordert noch im 17. Jahrhundert in seiner »Ars historica« die Anpassung des Texts etwaiger wörtlich erhaltener Reden geschichtlicher Persönlichkeiten an den Stil des jeweiligen Geschichtswerks, »ne dictio sit hybrida, ac dissimilis sui« (Kap. 20, S. 31).

93 Satyricon, Kap. 41, 10–12.

94 So Ilse Nolting-Hauff, Die betrügerische Heirat. Realismus und Pikareske in Defoes »Moll Flanders«, Poetica, 3/1970, S. 409–420.

95 So, wenig später, Renate Lachmann, Die Zerstörung der ›schönen Rede‹. Ein Aspekt der Realismus-Evolution der russischen Prosa des 19. Jahrhunderts, Poetica, 4/1971, S. 462–477.

96 Eine solche Szene der vollkommenen Illusion entwirft Diderot in der »Introduction« zu den »Entretiens sur le ›Fils naturel‹« (1757): Lysimond ist vor der Aufführung des Stücks gestorben, in der alle Mitglieder der Familie sich selbst spielen sollten, seine Kinder glauben aber in dem Nachbarn, der auf der Bühne seine Stelle einnimmt, ihn zu erkennen (Œuvres complètes, Bd. 7, S. 85 f.). Carl Zuckmayer berichtet in seinen Lebenserinnerungen eine entsprechende wahre Begebenheit von einer Probe seiner »Katharina Knie« in Anwesenheit der überlebenden Mitglieder der Familie Knie (Als wär's ein Stück von mir. Horen der Freundschaft, Wien 1966, S. 435 f.).

97 Zitiert nach der Ausgabe von Wilhelm Hansen, Detmold-Hiddesen 1947, S. 255.

98 Zuerst in: Hans Robert Jauß (Hrsg.), Die nicht mehr schönen Künste. Grenzphänomene des Ästhetischen (Poetik und Hermeneutik. 3), München 1968, S. 111–127, dann in: S. K., History. The Last Things before the Last, New York 1969, S. 164–190; deutsch: Allgemeine Geschichte und ästhetischer Ansatz, in: S. K., Geschichte – Vor den letzten Dingen (Suhrkamp Taschenbuch Wissenschaft. 11), Frankfurt a. M. 1973, S. 189–217.

99 Die Vorlagen sind gedruckt in: Jürgen Kocka/Thomas Nipperdey (Hrsg.), Theorie und Erzählung in der Geschichte (Theorie der Geschichte. Beiträge zur Historik. 3 = dtv Wissenschaft. 4342), München 1979.

100 Ebd., S. 40–56.

101 Hans Herzfeld spricht in seiner Rezension der Ritterschen Goerdeler-Biographie von »einer für den im höchsten Sinne bewußt apologetischen Biographen seltenen Unerbittlichkeit«, mit der »die Grenzen Goerdelers von Ritter selbst [...] klar ge-

macht« worden seien (Zwei Werke G. Ritters zur Geschichte des Nationalsozialismus und der Widerstandsbewegung, Historische Zeitschrift, 182/1956, S. 321–332, hier: S. 327; Herv. d. Vf., K. M.).

102 So »Avant-propos«, in: Comédie humaine, Bd. 1, S. 7: »La Société française allait être l'historien, je ne devais être que le secrétaire.«

103 Baudelaire hat dieses Bestreben Balzacs auf die häufig wiederholte Formel vom »Visionär« Balzac gebracht (Théophile Gautier [1859]; in der Ausgabe der Œuvres complètes, hrsg. von Claude Pichois, 2 Bde. [Bibliothèque de la Pléiade], Paris 1975–1976: Bd. 2, S. 120).

104 Das Verhältnis der »Recherche« zur Gattung der Autobiographie ist tatsächlich sehr viel komplexer; vgl. die noch ungedruckte Bochumer Dissertation von Ursula Link-Heer, Marcel Prousts »A la recherche du temps perdu« und die Form der Autobiographie. Zum Verhältnis fiktionaler und pragmatischer Erzähltexte (1979).

105 In der Ausgabe von Pierre Clarac und André Ferré, 3 Bde. (Bibliothèque de la Pléiade), Paris 1954: Bd. 1, S. 179–182; vgl. Ilse Nolting-Hauff, Prousts »A la recherche du temps perdu« und die Tradition des Prosagedichts, Poetica, 1/1967, S. 67–84, hier: S. 73–77.

106 Karlheinz Stierle führt die »Recherche« mit Recht unter jenen »fiktionalen Texten« auf, »bei denen die Form selbst schon ihre reflexive Rezeption vorzeichnet« (Was heißt Rezeption bei fiktionalen Texten?, Poetica, 7/1975, S. 345–387, hier: S. 376). Offenbar ist eine solche Zuordnung aber von dem Grad der Verifizierbarkeit völlig unabhängig.

107 Vgl. die Charakterisierung des Romans bei Wolfgang Iser, Der implizite Leser (UTB. 163), München 1972, S. 300–358, bes. S. 302–304.

108 So der Titel von Butors Manifest für einen ›neuen Roman‹ (1955), wiedergedruckt in: M. B., Répertoire I (Collection »Critique«), Paris 1960, S. 7–11.

109 Le Roman comme Recherche, S. 9.

110 Zitiert nach der Taschenbuchausgabe: M. B., L'Emploi du temps, suivi de Georges Raillard, L'Exemple (10/18. 305–307), Paris 1966, S. 425.

111 In: M. B., Répertoire II (Collection »Critique«), Paris 1964, S. 61–72.

112 Der Täter kann natürlich erst angeredet werden, nachdem die abschließende Zusammenfassung der Beweislage seine Täterschaft ergeben hat, wozu unter Umständen schon ein Teil der Verbrechensgeschichte aufgerollt werden muß.

113 L'Usage des pronoms personnels dans le roman, S. 66.

114 Ebd., S. 68f. (»Le ›il‹ de César«).

115 Im Text wird nicht von einem »Nebenkläger« (subscriptor), sondern immer (§ 17. 87. 95. 104) von einem ›Beisitzer‹ der Anklage (qui cum accusatoribus sedet) gesprochen; vgl. Wilfried Stroh, Taxis und Taktik. Die advokatische Dispositionskunst in Ciceros Gerichtsreden, Stuttgart 1975, S. 56, Anm. 7. Die mehrfache pathetische Betonung der Beisitzer-Eigenschaft läßt vermuten, daß zumindest ein moralischer Beitritt zur Anklage, nicht eine bloße Beraterrolle vorliegt, wie Stroh meint (ebd., S. 56).

116 Stroh bemängelt, daß Cicero »in dem Teil seiner *argumentatio,* der den positiven Beweis enthält [...] nicht viel mehr tun kann, als die eigene *narratio* amplifizierend nachzuerzählen« (ebd., S. 78 mit Anm. 84). Es wäre zu fragen, ob die ausführliche narratio in § 15–29 nicht vorab gegeben werden *mußte,* damit der Zuhörer in dem nachfolgenden ›Dialog unter Wissenden‹ nicht die Orientierung verlor.

117 Vgl. die überzeugende Analyse bei W. Stroh, ebd., S. 57ff.

118 In der Erstausgabe, Frankfurt a. M. 1970: S. 105–109.

119 In: Rasplesnutoe vremja (Die verschüttete Zeit), Moskva/Leningrad 1927; Nachdruck: Russian Study Series. 58, Chicago, Ill. 1966, S. 25–39. Die deutsche Übersetzung von Valerian P. Lebedew, Der japanische Bestseller (sic!), in: Boris Pilnjak, Mahagoni, München 1962, S. 187–196, kürzt den Text – vor allem die Erzählereinlassungen – ganz erheblich und zerstört damit zum Teil die experimentelle erzählerische Form.

120 Ich kann auf das Phänomen des in dem erörterten Zusammenhang in höchstem Maße relevanten japanischen »Ich-Romans« (shishōsetsu) der ersten Dezennien unseres Jahrhunderts hier leider gar nicht eingehen.

121 AP/DPA am 12. 2. 1973 unter Berufung auf Antara.

122 AP/AFP am 23. 2. 1973 (Bericht von einer Pressekonferenz in Huntington Beach, Cal. nach der Rückkehr der Forscherin).

123 S. etwa Harry Hamm, Die Frau des Häuptlings Obaharok, Frankfurter Allgemeine Zeitung vom 3. März 1973, Wochenendbeilage, S. 3, Abschnitt »Finger ab, Ohr ab«.

124 Doktor Faustus. Das Leben des deutschen Tonsetzers Adrian Leverkühn erzählt von einem Freunde (Stockholmer Gesamtausgabe der Werke von Thomas Mann), Frankfurt a. M. 1967, S. 601.

125 Die Entstehung des Doktor Faustus. Roman eines Romans (Stockholmer Gesamtausgabe der Werke von Thomas Mann), Frankfurt a. M. 1966, S. 28.

126 2 Bde., Hamburg 1947.

127 Bis zum bittern Ende, Bd. 1, S. 49.

128 Zuerst gedruckt in: Goethes Werke (Weimarer Ausgabe), 4 Abt., 55, 13, 15 und 50 Bde., Weimar 1887–1919, 1. Abt., Bd. 47 (1896), S. 67–76; hier zitiert nach dem (teilweisen) Abdruck in: Goethes Werke (Hamburger Ausgabe), 14 Bde., Hamburg 1948–1964, Bd. 12: Schriften zur Kunst. Schriften zur Literatur. Maximen und Reflexionen, hrsg. von Herbert v. Einem und Hans Joachim Schrimpf, S. 35–38, Zitate: S. 36 und S. 37. Zu der Entwicklung einer positiven »Lehre von der Fiktion« (ebd.) bei Goethe nach anfänglicher entschiedener Ablehnung vgl. v. Einem in seinen Erläuterungen zu Goethes Aufsatz in dem genannten Bande, S. 579 f., sowie ders., Goethe und die bildende Kunst (1949), wiedergedruckt in: H. v. E., Beiträge zu Goethes Kunstauffassung, Hamburg 1956, S. 113–177. 243–256, hier: S. 138 f. mit Anm. 84.

129 Reise-Tagebuch (zuerst gedruckt 1886), »Drittes Stück: Verona, Vicenza, Padua. 1876«; zitiert nach der Ausgabe: Johann Wolfgang Goethe, Tagebuch der Italienischen Reise 1786. Notizen und Briefe aus Italien. Mit Skizzen und Zeichnungen des Autors, hrsg. von Christoph Michel (Insel Taschenbuch. 176), Frankfurt a. M. 1976, S. 74 f. Die spätere »Italienische Reise« (1816) tilgt die allzu abweisenden Termini »Unschicklichkeit« und »Ungeheuer« (im alten Sinne des monstrum, des Naturwidrigen) und artikuliert die Mischung von spontaner Bezauberung und verbleibender Bedenklichkeit angesichts des Zwitterstatus der architekturalen ›Fiktion‹ (»erborgtes Dasein«) in – rhetorischen Anschauungskategorien: »Widerspruch«; »[...] vergessen macht, daß er nur überredet« (in der Hamburger Ausgabe: Bd. 11: Italienische Reise, hrsg. von Herbert v. Einem, S. 52 f.).

130 Für Valéry sind die nichtnachahmenden, ›reinen‹ Künste Architektur und Musik eindeutig privilegiert: »Car les objets visibles, qu'empruntent les autres arts et la poésie [...], quand ils sont mis en œuvre par l'artiste, ne laissent pas d'être ce qu'ils sont, et de mêler leur nature et leur signification propre, au dessein de celui qui les emploie à exprimer sa volonté.« (Eupalinos ou L'Architecte, in: P. V., Œuvres, 2 Bde. [Bibliothèque de la Pléiade], Paris 1957–1960, Bd. 2, S. 79–147, hier: S. 104) Ungeachtet der veränderten Bewertung ist die Affinität zu den ästhetischen Fragestellungen, die das europäische 18. Jahrhundert bewegten, wie häufig bei Valéry, bemerkenswert. So ist auch der andere wichtige Gesichtspunkt des kurzen Goetheschen Aufsatzes, daß die Baukunst nicht »allein fürs Auge«, sondern »vorzüglich [...] für den Sinn der mechanischen Bewegung des menschlichen Körpers [arbeitet]« (S. 36), in Valérys Dialog eingehend thematisiert (S. 101 ff.).

Rainer Wimmer

Aus Namen Mythen machen – Zu J. R. R. Tolkiens Konstruktion fiktionaler Welten

0. Vorbemerkung

J. R. R. Tolkiens dreibändiger Roman *The Lord of the Rings*, zuerst erschienen 1954/5, inzwischen in zahlreichen Sprachen in vielen Millionen Exemplaren verbreitet und schließlich auch in der Bundesrepublik Deutschland in verlagstragender Auflagenhöhe verkauft, ist von anderen Schriftstellern und von Literaten, Literaturkritikern, Literaturwissenschaftlern und auch von weniger professionellen Lesern recht unterschiedlich aufgenommen worden. Es gibt in allen genannten Gruppen eine ungewöhnliche Polarisierung von Bewunderern einerseits und (man muß sagen:) Gegnern andererseits. Die Polarisierung hängt m. E. zusammen mit Unsicherheiten in der Erkenntnis und Bewertung von Regeln, nach denen Tolkien seine fiktionale Romanwelt aufgebaut hat.

Die folgenden Ausführungen laufen auf die These hinaus, daß für Tolkiens Werk ein gegenstandsbezogener Begriff von Fiktionalität der angemessene ist. *Gegenstandsbezogen* soll hier heißen, daß die Fiktionalität eines Handlungszusammenhangs für einen Kommunikationsbeteiligten gegeben ist durch die Distanz der *Gegenstände* der Welt, die er wahrnehmen und denken kann, zu seinen eigenen Handlungsmöglichkeiten. Im Gegensatz zu dieser Auffassung wird das Fiktionale einer Äußerung häufig nicht an der Gegenstandskonstitution selbst festgemacht, sondern daran, auf welche *Art und Weise* bereits immer schon als irgendwie gegeben vorausgesetzte Gegenstände *charakterisiert* werden. Beispielsweise handeln dann bestimmte Personen ganz anders als in unserer Welt; oder bestimmte Gegenstände sehen ganz anders aus, usw. – Durch den gegenstandsbezogenen Begriff von Fiktionalität (vgl. vor allem auch die entsprechende Definition unten unter 3.) soll nicht bestritten werden, daß auch »abweichende« *Charakterisierungen* von Gegenständen zum Aufbau von Fiktionen beitragen. Es kommt mir im folgenden aber auf die *gegenstandstheoretischen* Aspekte an, nicht zuletzt deswegen, weil diese in den gängigen Fiktionstheorien sehr vernachlässigt werden und weil eine solche Vernachlässigung gerade bezüglich Tolkien zu Mißverständnissen und Fehlinterpretationen führen muß.

Tolkiens Romanwerk kann mir als Musterbeispiel für eine erzählerische Verfahrensweise (und eine entsprechende Textstruktur) dienen, die ganz auf die Gegenstandsbezogenheit der Fiktionalität setzt. Das umfangreiche Werk Tolkiens näher zu analysieren, kann (schon aus Platzgründen) nicht Ziel der folgenden Ausführungen sein; es geht mir darum, *Regeln* der erzählerischen Gegenstandskonstitution näher zu erläutern, die man in allen fiktionalen Texten – mehr oder weniger stark ausgeprägt – findet, für die Tolkien aber eben ein herausragendes Exempel darstellt. Ich gehe folgendermaßen vor: Nach einer Einführung in die Thematik und die spezielleren Fragestellungen, insgesamt aufgehängt an einer *Tolkien-Stelle* (Teil 1) versuche ich in Teil 2, eine linguistische Rekonstruktion der gegenstandskonstituierenden Erzählweise zu geben. Ich sehe die Aufgabe einer solche Rekonstruktion nicht primär darin, lediglich zu sagen, *daß* diese und jene Gegenstände in einer bestimmten fiktionalen Welt als existent angesehen werden, sondern vielmehr darin, die sprachlichen *Regeln* aufzudecken und zu beschreiben, nach denen Gegenstandskonstitutionen sprachregelgerecht vorgenommen werden *können* (und die bei Tolkien in exemplarischer Weise vorgeführt werden). Deshalb sind die Teile 2.1, 2.2 zentral. Unter 3. erläutere ich näher den gegenstandsbezogenen Fiktionalitätsbegriff und komme noch einmal auf Tolkien als Beispiel zurück.

1. Zu Tolkiens schriftstellerischem Verfahren

Eine der Schlüsselstellen in dem Roman selbst, durch die der Autor Tolkien Hinweise auf seine Konstruktionsregeln gibt, ist die folgende: Irgendwann einmal (der weitere Zusammenhang braucht hier keine Rolle zu spielen) sind einige der Kämpfer für eine bessere Weltordnung in Tolkiens drittem Weltzeitalter, in dem die Romanhandlung spielt, mit neuen, zum Teil recht fremdartigen Wesen (man könnte auch sagen »Wesenheiten« oder etwas kaltnackt vielleicht »Gegenständen«) konfrontiert, und das Auftreten dieser neuen Wesen bzw. Gegenstände versucht Gandalf, der weise Zauberer mit dem weitestgehenden Durchblick in und durch Tolkiens Welt, Théoden, dem König von Rohan, zu erläutern. Théoden fragt:

[...] What are they, Gandalf? For it is plain that to you, at any rate, they are not strange.
›They are the shepherds of the trees,‹ answered Gandalf. ›Is it so long since you listened to the tales by the fireside? There are children in your land who, out of the twisted threads of story, could pick the answer to your question. You have seen Ents, O King, Ents out of Fangorn Forest, which in your tongue you call the Entwood. Did you think that the name was given only in idle fancy? Nay, Théoden, it is otherwise: to them you are but the passing tale; all the years from Eorl the Young to Théoden the Old are of little count to them; and all the deads of your house but a small matter.‹
The king was silent. ›Ents!‹ he said at length. ›Out of the shadows of legend I begin a little to understand the marvel of the trees, I think. [...] Songs we have that tell of those things, but we are forgetting them, teaching them only to children, as a careless custom. And now the songs have come down among us out of strange places, and walk visible unter the Sun.‹
›You should be glad, Théoden King,‹ said Gandalf. ›For not only the little life of Men is now endangered, but the life also of those things which you have deemed the matter of legend. You are not without allies, even if you know them not.‹ [1]

Nur einige wenige Bemerkungen zu dieser Textstelle: Als die Ents, die Baummenschen und Hirten der Bäume, auftauchen, erinnert Gandalf den König daran, daß der Wald, aus dem sie herauskommen, in seiner eigenen Sprache Entwood heißt, und Gandalf fragt den König, ob er etwa glaube, daß dieser Name lediglich in »idle fancy«, aufgrund einer nutzlosen, leerlaufenden Einbildung gegeben worden sei. Der König erlebt eine Demonstration, durch die ihm Gegenstände, an deren Existenz er nicht geglaubt hatte, auf die er aber durch ihm vertrautes, überkommenes Sprachmaterial (hier durch den Eigennamen *Entwood*) schließen kann, leibhaftig vor Augen geführt werden. Er erkennt, daß an alten Liedern und Geschichten mehr dran ist, als es der landläufige, gedankenlose Umgang mit ihnen (»careless custom«) nahelegt: Die Songs und damit auch die Gestalten aus den alten Erzählungen »walk visible under the Sun«. Gandalf belehrt den König: Die Bedrohungen, die ihn, Théoden, veranlaßt haben, in den Krieg zu ziehen, gelten nicht nur ihm und der Welt, die er zu kennen glaubt, sondern auch dem Leben der Dinge, die Théoden in den alten Geschichten tot und begraben geglaubt hatte. Die entdeckten Baummmenschen werden sogar die besten Verbündeten des Königs in seinem aktuellen Kampf.

Die Passage gibt deutliche Hinweise auf Tolkiens eigenes Verfahren, die hinter alten Namen sich verbergenden Gestalten durch seine schriftstellerische Arbeit lebendig werden zu lassen, wobei *lebendig* hier selbstverständlich im übertragenen Sinne zu verstehen ist, während Théoden in dem zitierten Textstück ja mit einer Real-Demonstration konfrontiert ist. Die zitierte Passage enthält als gewissermaßen realiter in der Romanwelt in Szene gesetzt ein Beispiel für das, was der Autor Tolkien sprachlich schafft. Daß das Fiktionale, gegen das Unmittelbar-Reale Stehende, der sprachlichen Verfahrensweise des Autors anhaften bleiben muß, braucht in der Romanwelt selbst nicht reproduziert zu werden.

Der Sprachforscher Tolkien, der sich insbesondere in der Sprachenlandschaft des Angelsächsischen und des Altnordischen auskannte und der von Jugend auf schon selbst Sprachen erfand, die den von ihm so sehr geliebten älteren germanischen Sprachen nachempfunden waren, ließ seine schriftstellerische Phantasie stets von überlieferten Namen oder Namen, die er aus überliefertem Sprachmaterial selbst konstruierte, anregen. Um die Namen herum, die die Fixpunkte seiner möglichen Welten darstellten, spann er seine Geschichten. Deshalb konnte man über Tolkiens Romanwerk schreiben, es sei »an onomatologist's delight«. [2] Tolkien selbst sagte über seine Arbeitsweise: »To me a name comes first and the story follows.« [3] Er sah in seinen schriftstellerischen Arbeiten auch eine Art »philological game« [4]; in diesem Spiel entstanden die Hobbits, die Helden des *Lord of the Rings*. Tolkien berichtet, daß er in einer studentischen Klausur, die er zu korrigieren hatte, glücklicherweise einmal eine leere Seite gefunden habe, und er habe darauf geschrieben: »In a hole in the ground lived a hobbit«, und Tolkien fährt fort: »Names always generate a story in my mind, and eventùally I thought I should find out what hobbits were like. But that was only the beginning.« [5]

Was erreicht Tolkien mit seiner Methode, aus Namen Geschichten zu machen? Was ist der Sinn seines Verfahrens im Hinblick auf das literarische Produkt? – Man hat Tolkiens Verfahren mit dem Begriff der Vergegenständlichung, der »reification« in Verbindung gebracht:

Somewhere, somehow, Tolkien – as well as other good writers and mythmakers – was able to transform a tale into real flesh-and-blood emotions and responses; the reader makes an unconscious agreement with the writer to allow imagination to become reality. This is reification, which instantly allows something from the non-real world to seem real. [6]

In seinem Essay *On Fairy-Stories* von 1938 charakterisiert Tolkien selbst die Rolle des Erzählers als die Rolle eines »subcreator«, natürlich in Anlehnung an die alte topische Redeweise über Dichter als gottähnliche Schöpfer, aber doch mit einer wichtigen Modifikation, die sich andeutet in Tolkiens Kritik an der Coleridge-Formel »willing suspension of disbelief« zur Beschreibung des Sich-Einlassens auf literarische Fiktionen:

> Children are capable, of course, of *literary belief,* when the story-maker's art is good enough to produce it. That state of mind has been called ›willing suspension of disbelief‹. But this does not seem to me a good description of what happens. What really happens is that the story-maker proves a successful ›sub-creator‹. He makes a Secondary World which your mind can enter. [7]

Tolkiens Kritik an der Formel »willing suspension of disbelief« muß sich daran entzünden, daß es nach seinem Konstruktionsverfahren für fiktionale Welten letztlich nicht auf Grade des Glaubens an bestimmte Tatsachen oder des Für-Wahr-Haltens von bestimmten Tatsachen ankommt. Tatsachen werden sprachlich in für wahr gehaltenen Aussagen ausgedrückt, mit denen man bestimmte Ausdrücke (Prädikate im logischen Sinn) über bestimmte Gegenstände prädiziert. Eine wesentliche Bedingung der Möglichkeit solcher Aussagen ist, daß die Bezugnahme auf die Gegenstände der Welt, über die prädiziert wird, bereits zuvor als gesichert erscheinen kann. Über Wahr und Falsch und über Glauben und Nicht-Glauben im Sinne der Coleridge-Formel kann ich nur entscheiden, wenn die Entscheidungen über die Gegenstandswelt, die mir für eine Bezugnahme überhaupt zur Verfügung steht, bereits gefallen sind. Über die Möglichkeit von Wahr und Falsch wird letztlich im prädikativen System der Sprache entschieden; über die Gegenstandswelt, in der man sich prädizierend bewegt, im referentiellen System der Sprache, d. h. im Bereich der Verwendungsregeln für Nominalphrasen (seien das im konkreten Fall Eigennamen oder Pronomina oder Substantive mit Artikeln und attributiven Adjektiven und vielleicht noch mit substantivischen Attributen und Satzattributen verschiedener Art (womit der Formenreichtum noch nicht ausgeschöpft ist)), denn Nominalphrasen – und sie allein – dienen in der natürlichen Sprache zur Bezugnahme auf je bestimmte Gegenstände einer realen oder vorgestellten Welt.

Für Tolkien ist klar, daß der Aufbau einer Secondary World in seinem Sinne im wesentlichen im Rahmen des referentiellen Systems der Sprache zu leisten ist; daher seine Priorität: zuerst die Namen, dann die Geschichten. Wenn erst einmal eine Secondary World aufgebaut ist, sind die Wahrheits- und Glaubwürdigkeitsverhältnisse bezüglich und in der jeweiligen Welt grundsätzlich nicht verschieden von denen, mit denen wir es in unserer Primary World zu tun haben. Wer sich im Innern einer Secondary World bewegt, findet auch dort Wahrheit; als wahr gilt alles, von dem man sagen kann: »it accords with the laws of that world«, und Tolkien erläutert:

> You therefore believe it, while you are, as it were, inside. The moment disbelief arises, the spell is broken; the magic or rather art, has failed. You are then out in the Primary World again, looking at the little abortive Secondary World from outside. [8]

2. Zur linguistischen Rekonstruktion des Tolkienschen Verfahrens

Eine linguistische Rekonstruktion des Tolkienschen Verfahrens, aus Namen Mythen zu machen, hat zum Ziel, eine Beschreibung bzw. Formulierung der sprachlichen Regeln vorzuschlagen, derer sich das Verfahren bedient und die es überhaupt auch erst ermöglichen. Rekonstruktion soll hier weder den Sinn haben, ein konstruktsprachlich fundiertes Spiel aufzubauen, mit dessen Hilfe das Tolkiensche Verfahren simuliert werden könnte, noch den Sinn, das Tolkiensche Verfahren auf irgendeine Art und Weise zu algorithmisieren. Vielmehr soll die Beschreibung einem besseren Verständnis des sprachlichen und auch sprachtheoretischen [9] Hintergrunds der schriftstellerischen Arbeit Tolkiens dienen und damit zum besseren Verständnis des Werkes, seiner Wirkung und seiner Bedeutung beitragen.

Um die linguistischen Zusammenhänge zu verdeutlichen, ist es notwendig, daß ich mich im folgenden zunächst etwas von den Tolkien-Texten entferne.

2.1 Referentieller Sprachgebrauch und Existenzpräsupposition

Wie bereits mehrfach angedeutet, kann man zwischen einem referentiellen und einem prädikativen System der Sprache unterscheiden. Diese Unterscheidung läßt sich gut demonstrieren anhand der Funktionen, die die Satzteile in Elementarsätzen wie (1) haben.

(1) Gandalf ist weise.

Traditionell wird hier segmentiert in das Subjekt *Gandalf* einerseits und das Prädikat *ist weise* andererseits [10], wobei man in der sprachphilosophisch-logisch orientierten Grammatik von vornherein immer schon an die Funktionen derartig unterschiedener Satzteile dachte: daß man sich mit Subjekten dieser Art eben in der Regel auf bestimmte Gegenstände der Welt bezieht (mit *Gandalf* auf Gandalf) und mit Prädikaten dieser Art Prädikationen über die entsprechenden Gegenstände macht, so daß letztlich vollständige Aussagen entstehen, in denen ein bestimmter Ausdruck über einen bestimmten Gegenstand prädiziert wird. Diese grammatische Segmentierung ist praktisch-semantisch orientiert, insofern Kriterien für die Segmentierung der Satzteile aus ihrer Bedeutung, d. h. ihrer Gebrauchsweise, genommen werden. [11] Für unseren Zusammenhang ist von besonderer Bedeutung, daß ein Subjekt bzw. eine bestimmte Ergänzung oder eine Angabe zu einem Prädikat generell die Funktion haben soll, einen bestimmten Gegenstand zu bezeichnen bzw. auf ihn zu referieren, wie man in Anlehnung an den angelsächsischen Sprachgebrauch auch sagt. Die folgenden Überlegungen zum referentiellen System der Sprache konzentrieren sich auf die Bedeutung natürlichsprachlicher Eigennamen [12] und lassen die Gebrauchsweisen anderer Arten von Ausdrücken, die in der syntaktischen Position von Ergänzungen zu Prädikaten zur Bezugnahme auf Gegenstände dienen können [13], außer acht. Diese Eingrenzung ist zum einen dadurch begründet, daß uns im Hinblick auf Tolkien ja vor allem die Namen interessieren müssen, und zum andern dadurch, daß an Eigennamen in paradigmatischer Klarheit die Referenzregeln studiert werden können, die für die Weltenkonstitution wichtig sind.

Unter sprechaktsemantischer Perspektive hat sich in den vergangenen Jahren sowohl in der sprachanalytischen Philosophie wie auch in der pragmatisch-semantisch orientierten Linguistik zunehmend die Auffassung durchgesetzt, daß man wesentliche Zusammenhänge zwischen Sprache und Welt nur dann adäquat beschreiben und erklären kann, wenn man das Referieren (die Bezugnahme auf Gegenstände) nicht als etwas ansieht, was durch die sprachlichen Zeichen selbst bereits geleistet wird bzw. immer schon geleistet ist, sondern vielmehr konsequent als eine Handlung der Sprecher betrachtet, die nach bestimmten sprachlichen Mustern im Zusammenhang von Sprachspielen im Sinne Wittgensteins ausgeführt werden. [14] Die verkürzende, weil komplexe Beziehung zwischen Sprache und Welt einfach abschneidende Auffassung von Benennungs- und Bezeichnungsverhältnissen als Relationen [15], die zwischen Sprachzeichen (das sind wohlgemerkt linguistische Konstruktionen) und Gegenständen bestehen sollen, ist eine für Sprecher, die mit alltagssprachlichen Kommunikationen vertraut sind, nur schwer genießbare Schrumpf-Frucht strukturalistisch-linguistischer Reduktion, gemäß der die Linguistik nicht mehr zu interessieren braucht, was Sprecher bei der Verwendung von sprachlichen Zeichen *tun,* wenn nur »beschrieben« ist, was die Sprachzeichen in einem wie auch immer konstruierten Sprachsystem sind bzw. welche Funktion(en) sie darin haben. [16]

Durch die handlungstheoretische Perspektive wird folgende Definition des Referierens als Sprechhandlung nahegelegt: »Auf etwas Referieren ist ein Sprechakt, in dem ein Sprecher mit Hilfe eines sprachlichen Ausdrucks oder mehrerer sprachlicher Ausdrücke auf einen bestimmten Gegenstand Bezug nimmt.« [17] Diese Definition erscheint auf den ersten Blick trivial; sie wirft aber genau die referenztheoretischen Fragen auf, die für unseren Zusammenhang wichtig sind: Welche sprachlichen Ausdrücke sind aufgrund welcher Bedeutung(en) geeignet für die Bezugnahme auf Gegenstände der Welt? Wann (unter welchen Bedingungen) kann ein Gegenstand für die Sprecher als bestimmt gelten, und zwar so, daß der betreffende Gegenstand von ihnen als Gegenstand »ihrer« Welt akzeptiert wird?

Die Auffassung des Referierens als einer Handlung steht der Auffassung entgegen, bestimmte Sprachzeichen oder auch Verwendungen von Zeichen garantierten schon von sich aus, gewissermaßen automatisch eine Bezugnahme auf Gegenstände der Welt. Eine handlungstheoretische Betrachtung des Referierens kann ein differenzierteres Bild von den Referenzregeln vermitteln, als es die angedeutete traditionell-strukturalistische Sichtweise vermöchte, und zwar gerade auch im Hinblick auf Eigennamen, für die sich die realistische Bedeutungsauffassung einer Eins-zu-eins-Relation zwischen Sprachzeichen bzw. Zeichenverwendung einerseits und Gegenstand andererseits bis heute am hartnäckigsten erhalten hat. [18] Natürlichsprachliche Eigennamen werden auch heute oft noch als schlichte Marken aufgefaßt, die Personen und Gegenständen gewissermaßen angeheftet sind, zum alleinigen Zwecke einer Identifizierung und Reidentifizierung der Personen bzw. Gegenstände.

Diese extrem realistische Position erweist sich angesichts zahlreicher nicht-referentieller Verwendungsweisen von Eigennamen als einseitig und unzulänglich. [19] Abgesehen einmal von den vielerlei Fehlschlägen, die in bestimmten einzelnen Kommunikationssituationen bei Versuchen, in für andere verständ-

licher Weise auf Gesprächsgegenstände Bezug zu nehmen, möglich sind, gibt
es zahlreiche Sätze, in denen Eigennamen sprachregelgerecht verwendet werden, ohne daß man eine referentielle Verwendung dieser Eigennamen in ihrem
Kontext überhaupt für möglich halten könnte. Beispiele für solche Sätze
sind:

(2)   Ich kenne keinen Peter in unserem Dorf.

(3)   Möchtest du lieber Peter oder Fritz heißen?

(4)   Ich taufe dich hiermit auf den Namen Nepomuk.

Es ist für das Verständnis dessen, was bei geeigneten Verwendungen dieser
Sätze gesagt werden soll, sogar wesentlich, daß die Eigennamen als nicht-referentiell (d. h. nicht im Sinne der oben gegebenen Definition als einer Bezugnahme auf je bestimmte Gegenstände dienend) aufgefaßt werden. Welcher bestimmte Peter sollte denn bei einer Äußerung von (2) gemeint sein? Auch bei
Verwendungen von (3) kann niemand annehmen, daß *Peter* und *Fritz* hier als
bereits bestimmten Personen »angeheftete« Namen und somit auf diese Personen verweisend verwendet würden. [20] Namengebungsakte, in denen Sätze
wie (4) gebraucht werden, gelten als typische Beispiele für Sprechakte, in denen Eigennamen nicht-referentiell verwendet werden: Natürlich bezieht sich
ein Sprecher von (4) bei einem Namengebungsakt auf den zukünftigen Na-
mensträger, aber er tut das eben nicht mittels des Eigennamens *Nepomuk,* für
den die Bezeichnungsregel ja erst festgelegt werden soll, sondern mit Hilfe des
Pronomens *dich.*

Die Unterscheidung zwischen referentiellem und nicht-referentiellem Gebrauch von Eigennamen ist in unserem Zusammenhang deshalb wichtig, weil
nur mit dem referentiellen Gebrauch die sog. Existenzpräsuppositionen verknüpft sind, das heißt (anders ausgedrückt): Nur mit Hilfe von referentiellen
Eigennamenverwendungen wird beansprucht, daß den Eigennamen auch tatsächlich existierende Gegenstände entsprechen, deren Namen sie eben sind.
Unter der Präsupposition einer Satzverwendung A ist hier eine potentielle
oder tatsächlich auch realisierte, kommunikationshistorisch vorgängige, wahre
Aussage B zu verstehen, deren Wahrheit vorausgesetzt werden muß, damit für
A überhaupt eine Beurteilung hinsichtlich Wahrheit/Falschheit möglich sein
kann. [21] Ein Beispiel zur Illustration: Eine Verwendung des Satzes (5) kann
überhaupt nur dann nach wahr/falsch beurteilt werden, wenn man voraussetzt
bzw. präsupponiert, daß Gandalf und ein König von Rohan existieren.

(5) Gandalf hat den König von Rohan belehrt.

Andernfalls hätte es gar keinen Sinn, den Satz behauptend, beschreibend
oder erzählend zu gebrauchen. Die Aussage liefe leer wie: wenn jemand sagt:
»Meine Frau hat mich betrogen«, und im gleichen Atemzug: »Aber ich habe
gar keine Frau.«

Über die mit referentiellen Eigennamenverwendungen verknüpften Existenzpräsuppositionen werden Gegenstandswelten als solche glaubhaft gemacht. Wer Eigennamen referentiell verwendet, muß erwarten, daß seine
Kommunikationspartner erwarten, daß er für die Gegenstände, auf die er referiert, einen Existenzanspruch erhebt. Wer referentielle Verwendungen von Eigennamen als solche unwidersprochen hinnimmt, akzeptiert (wenn auch möglicherweise mit Vorbehalten und Modifikationen) eine Existenz der mit den
Namen verbundenen Gegenstände. [22] Um an Tolkien zu erinnern: Wahrheit

gibt es sowohl in der Primary World wie auch in der Secondary World; und die Gegenstandswelten werden mit der Wahrheit jeweils präsuppositionell mitgeliefert; die Gegenstandswelten sind immer schon da, wenn es um Wahrheit in der Dichtung oder in unserer Welt geht. Den Regeln der Konstituierung von Gegenstandswelten kommt man nur bei, indem man kommunikationshistorisch in die Präsuppositionsgeschichte von wahrheitsfähigen Aussagen zurückgreift und Namengebungsakte näher untersucht und auch die Geschichte der sprachlichen Konventionen, die in Namengebungsakten gestiftet werden.

2.2 Der Referenzfixierungsakt als existenzstiftender Sprechakt

Namengebungsakte sind Referenzfixierungsakte besonderer Art: Sie stellen gewissermaßen die ausgeprägtesten, paradigmatischen Fälle von Referenzfixierungen dar. Ein Referenzfixierungsakt ist ein Sprechakt, mit dem ein Sprecher sprachregelgerecht, d. h. aufgrund seiner normalen Sprachkompetenz, Bezeichnungskonventionen für bestimmte Ausdrücke (die in Nominalphrasen verwendet werden können) als Teile von Bedeutungen dieser Ausdrücke selbst festlegt. [25] Als bedeutungskonstituierende, d. h. in unserem Fall: referentielle Gebrauchsweisen von Ausdrücken allererst festlegende Sprechakte, nehmen Referenzfixierungsakte eine ganz besondere Stellung im Sprachhandlungssystem der Sprache ein. Derartige Festlegungen sind nur denkbar in bezug auf das referentielle System der Sprache und verbieten sich im prädikativen System [24]; und selbst im referentiellen System gibt es noch weitreichende Beschränkungen, die einer speziellen Erklärung bedürfen, so etwa: daß referenzfixierende Festlegungen überhaupt nicht den Pronominalgebrauch betreffen können und im substantivischen Bereich außer die Eigennamen nur bestimmte Artnamen, die Fachtermini, Spitznamen und ähnliche Ausdruckstypen.

Im Anschluß an Austin 1962 und Searle 1969 kann man versuchen, die sprachlichen Regeln, denen Sprecher in Namengebungsakten folgen, dadurch zu erfassen, daß man Glückens- bzw. Gelingensbedingungen für die sprachlichen Handlungen formuliert. [25] Nimmt man repräsentativ für Namengebungsakte Äußerungen von Sätzen wie (6) bis (11):

(6) Ich taufe dich hiermit auf den Namen Elfhelm
(7) Du sollst von nun an Elfhelm heißen.
(8) Du sollst von nun an Elfhelm genannt werden.
(9) Wir werden dich von nun an Boromir nennen.
(10) Die hier Versammelten geben dir den Namen Boromir.
(11) Für alle gläubigen Moslems sollst du von nun an Muhammet Ali heißen.

so könnte man die folgenden Gelingensbedingungen formulieren:

(I) Die Ausdrücke, auf die sich die für den zukünftigen Sprachgebrauch zu institutionalisierenden Referenzregeln beziehen sollen, werden mit den Eigennamen, die bestimmten Gegenständen zugeordnet werden, meistens explizit angeführt: in (6) bis (11) die Eigennamen *Elfhelm, Boromir* und *Muhammet Ali*. Die Ausdrucks*form* wird fixiert.

(II)   Der Namengeber soll referentiell bestimmt sein, d. h. die Person oder Personengruppe, die den Referenzfixierungsakt ausführt und aufgrund ihrer sozialen Stellung, ihrer Autorität o. ä. auch berechtigt ist, ihn auszuführen.

(III) Der mit einem Namen belegte Gegenstand soll referentiell bestimmt sein. Auf ihn wird in Äußerungen von (6) und (9) mit *dich,* in Äußerungen von (7), (8) und (11) mit *du* und in Äußerungen von (10) mit *dir* Bezug genommen.

(IV) Die Zuordnung der Gegenstände, die die Namen tragen sollen, zu den Ausdrücken gemäß (I) soll eindeutig sein. Die Zuordnung kommt normalerweise zum Ausdruck in der Verwendung von Verben, die für Namengebungsakte charakteristisch sind, etwa *taufen, heißen, nennen.*

(V)   Es soll klar sein, für welche Gruppe von Sprachteilhabern mit der jeweiligen Referenzfixierung (Namengebung) eine Institutionalisierung bestimmter Referenzregeln (Bezeichnungsregeln) angestrebt wird.

(VI) Es muß in der Bezugsgruppe, für die die neue Bezeichnungskonvention gelten soll, ein Bedürfnis für die Festlegung einer Referenzregel bestehen. Die Sprachgesellschaft muß eine Person über zeitliche und örtliche Variationen hinweg als identische in einer Benennung festhalten können wollen.

Mit den Bedingungsformulierungen (I) bis (VI) wird versucht, auf soziale Regeln (die sprachlichen eingeschlossen) aufmerksam zu machen, denen man folgen muß, um erfolgreich eine Namengebung (oder eine ähnliche Benennungshandlung) zu vollziehen. In unterschiedlichen Gesellschaften bzw. Kommunikationsgemeinschaften können die Bedingungen natürlich je verschieden gewichtet sein; aber es gibt so etwas wie ein kommunikatives Universale der Festlegung von Bezeichnungsregeln, das den Menschen aufgrund ihrer Sprachkompetenz [26] gestattet, die von ihnen als existent angesehene Welt auf der Grundlage von sprachlichen Konventionen und weitgehend gemäß ihren eigenen Vorstellungsmöglichkeiten zu umreißen und auszugestalten.

Aufgrund der unter (I) bis (VI) aufgeführten Bedingungen kann die oft sehr allgemein getroffene Feststellung, (referentieller) Eigennamengebrauch impliziere auf irgendeine Weise die Bezeichnung und damit auch die Bestimmtheit, Einmaligkeit o. ä. des jeweils bezeichneten Gegenstands [27], differenziert werden. Die mit referentiellen Eigennamenverwendungen verbundenen Existenzpräsuppositionen sind Voraussetzungen, die Sprecher und Hörer bezüglich der Erfülltheit der Bedingungen (I) bis (VI) machen; und dementsprechend können die Präsuppositionen hinsichtlich der Bedingungen gewichtet werden. Bezüglich jeder der Bedingungen sind Irritierungen im existenzvoraussetzenden Eigennamengebrauch möglich. Dazu nur einige Andeutungen: in der sog. Namenarchäologie steht häufig eine überlieferungsgeschichtlich nicht eindeutig festzumachende Namenform (Bedingung (I)) zur Debatte, wodurch die Existenz der (möglicherweise) bezeichneten Gegenstände gleichermaßen in Frage steht. – Bezüglich der Bedingung (III) kommt es häufig vor, daß für spätere Rezipienten die im Namengebungsakt geforderte kommunikative Bestimmtheit des in Frage stehenden Gegenstands nicht mehr gegeben erscheint; aus der Vergangenheit auf uns gekommene Namen können oft nicht mehr plausibel mit bestimmten Personen oder Gegenständen in Verbindung gebracht werden.

Normale Sprecher und Hörer wie auch primäre Erzähler von fiktionalen Texten machen die Gegenstandswelten, in denen sie sich sprechend, schreibend und handelnd bewegen, dadurch glaubhaft, daß sie die kommunikationshistorische Gegebenheit der Bedingungen (I) bis (VI) glaubhaft machen. [28]

In den meisten Fällen wird die Existenz der in Rede stehenden Gegenstände natürlich einfach vorausgesetzt bzw. unwidersprochen hingenommen. Wenn aber Zweifel auftreten, dann ist es ein gängiger und auch sprachregelgerechter Weg, ihnen dadurch zu begegnen, daß man eine – vielleicht sogar lückenlose – Tradierung des zur Bezeichnung verwendeten Namens bis hin zu einem kommunikationshistorisch vorgängigen und regelgerecht gemäß den genannten Bedingungen ausgeführten Referenzfixierungsakt plausibel zu machen versucht. [29]

Bezüglich dieses Verfahrens der Rekonstruktion von Kommunikationsgeschichten sind die Unterschiede zwischen fiktionalen und nicht-fiktionalen Kommunikationen in weiten Bereichen lediglich gradueller Natur. [30] Auch in der nicht-fiktiven Welt erfolgen die Rekonstruktionen normalerweise auf der Basis von (gesprochenen oder geschriebenen) Texten; und die (potentielle) Existenz der jeweils in Rede stehenden Gegenstände kann dann auch hier im Zweifelsfall nur aus Texteigenschaften erschlossen werden. Zahlreiche Presseberichte bieten hierfür tagtäglich gute Beispiele. Ein nicht-fiktiver Weltausschnitt der »Primary World«, der im Hinblick auf diese Überlegungen vielleicht einen Sonderstatus verdient, ist der Bereich derjenigen Gegenstände, die den Sprechern durch Ostension unmittelbar vor Augen geführt werden können. Eine nähere Betrachtung dieses Bereichs müßte wahrnehmungspsychologische Überlegungen mit einbeziehen, wozu hier nicht der Platz ist.

3. Der gegenstandsbezogene Begriff von Fiktionalität bei Tolkien

Im folgenden kann ich auf dem zur Verfügung stehenden Raum nur in sehr knapper und auf Pointierungen bedachter Form auf das Fiktionalitätsthema eingehen; wichtige Fiktionstheorien können nicht mit in die Diskussion einbezogen werden, und selbst die referenzbezogene Position kann nicht so ausführlich behandelt werden, wie es vielleicht wünschenswert wäre. Es kommt mir darauf an, Gesichtspunkte für eine Auffassung von Fiktion bzw. Fiktionalität zu markieren, die sich aus der Tolkienschen Praxis und aus der linguistischen Referenzfixierungstheorie ergeben.

Durch Tolkiens schriftstellerisches Verfahren und durch die Referenzfixierungstheorie wird die folgende Auffassung von Fiktion und Fiktionalität nahegelegt: Eine kommunikative Handlung H eines Sprechers S ist für die Kommunikationspartner von S um so fiktionaler, je weniger sie sich aufgrund ihrer eigenen Kommunikationserfahrungen in der Lage sehen, die Bezugnahmen auf Gegenstände nachzuvollziehen oder gegebenenfalls selbst zu vollziehen, die S mit H vollzieht. Bildlich ausgedrückt: Eine Handlung und die mit ihr verbundene Gegenstandswelt erscheinen um so fiktionaler, je größer die Distanz der Handlungsbeteiligten zu den kommunikativ relevanten Gegenständen ist.

Nur einige wenige Erläuterungen zu dieser Definition von Fiktionalität: a) Die Definition ist pragmatisch und kommunikationsorientiert, d. h. Fiktionalität wird nicht als eine Eigenschaft bestimmter Ausdrucks- oder Textformen aufgefaßt, auch nicht als eine (ontologisierend hypostasierte) [31] Eigenschaft von Gegenständen der Welt. [32] b) Der Ausdruck *fiktionaler* deutet an, daß

Fiktionalität als etwas Graduelles konzipiert ist. Je weniger die unter 2.2 aufgeführten Bedingungen (I) bis (VI) von den an der Kommunikation Beteiligten
für erfüllt gehalten werden, desto mehr erscheint ihnen die Gegenstandswelt
ihrer Kommunikation als fiktional. c) Die Definition ist gegenstandsorientiert,
d. h. sie basiert auf dem referentiellen System der Sprache; was mit Wahrheit
oder Falschheit über die Gegenstände ausgesagt wird, ist von sekundärer Bedeutung. [33] Zweifellos muß hier von einem sehr weiten Gegenstandsbegriff
ausgegangen werden [34], und vor allem kann der Gegenstandsbegriff nicht
einfach aufgrund eines sog. harten Referenzbegriffs festgelegt werden, aufgrund dessen nur Gegenstände existieren sollen, die auch nach (sehr eingeschränkten, weil methodisch-restriktiven) sog. naturwissenschaftlichen Methoden als »verifizierbar« gelten können. [35] d) Der Handlungszusammenhang
bzw. Handlungsraum der Kommunizierenden sollte nicht einseitig nur von
den äußeren, d. h. zeitlichen und räumlichen Faktoren der Situation her gesehen werden. Er bemißt sich in sehr viel weniger oberflächlicher Weise daran,
was für die Kommunizierenden selbst als sinnvolles Handeln gilt. So hätte es
beispielsweise für einen im amerikanischen Präsidentschaftswahlkampf 1980
Engagierten ebenso sinnvoll sein können, den Slogan »Frodo for President«
zu propagieren wie »Reagan for President«.

Oben unter 1. habe ich bereits darauf hingewiesen, daß für Tolkien die von
Prädikationen über Gegenstände abhängigen Wahrheitsverhältnisse bei Sätzen
nicht den entscheidenden Unterschied zwischen der »Primary World« und der
»Secondary World« ausmachen. Eine solche wahrheitsbezogene Betrachtungsweise der Fiktionalität findet sich vor allem in der Philosophie seit Frege
bis hin zur gegenwärtigen Sprechakttheorie [36]:

> From the point of view of the philosophy of language the problem of fiction is: how
> can the speaker utter a sentence with a certain meaning (whether literal or not) and yet
> not be committed to the truth conditions carried by that meaning? [37]

Für Searle ist ein wichtiger Teil der Antwort auf diese Frage [38], daß der Sprecher lediglich vorgibt *(pretends),* einen nach allen Bedingungen der Wahrheitsfähigkeit vollständigen Sprechakt auszuführen. Da die Wahrheitsfähigkeit einer Aussage entscheidend auch von der tatsächlich vollzogenen Referenz mittels der in dem Sprechakt referentiell gebrauchten Ausdrücke abhängt, kann
die Fiktionalität einer Aussage wesentlich auch von dem Vorgehen (dem Vortäuschen) einer Referenzbeziehung her verursacht sein. [39] Die Frage ist, wie
ein solches Vorgehen bzw. Vortäuschen einer gegebenen Referenzbeziehung
(mit allen daraus folgenden präsuppositionalen Konsequenzen) zu denken
sein soll. Es würde sich anbieten, darunter die eben besprochene Distanz der
Gegenstandswelt zum Handlungszusammenhang der Kommunizierenden zu
verstehen. Doch dann wird die Rede vom Vorgehen bzw. Vortäuschen einer
Referenzbeziehung etwas fragwürdig oder zumindest erläuterungsbedürftig.
[40]

In Anlehnung an den bekannten Satz, die Grenzen der Sprache seien die
Grenzen der Welt, kann man sagen, für Tolkien sind die Grenzen eines erfolgreichen referentiellen Sprachgebrauchs die Grenzen der Welt. Zur Welt eines
Sprechers, soweit sie ihm kommunikativ zugänglich ist, gehört alles, was er in
seiner Sprache mit referentiell zu gebrauchenden Nominalphrasen bezeichnen

kann. Damit ist nicht gesagt, daß die reale oder irgendeine andere denkbare Welt in ihrer Existenz abhängig sei von dem Sprachvermögen bestimmter Sprecher; aber es ist gekennzeichnet, in welcher Weise Welten für die Sprecher kommunikativ zugänglich werden. Und die kommunikative Zugänglichkeit ist für die Sprecher wohl wenigstens einer der herausragenden Gesichtspunkte, wenn sie zu entscheiden haben, was nach ihrer Auffassung existiert und was nicht. Läßt man sich auf den Gesichtspunkt der kommunikativen Zugänglichkeit und die diesen erläuternde Referenzfixierungstheorie (so wie sie oben skizziert wurde) ein, so erscheint der Graben zwischen dem, was man gemeinhin als fiktionale Welt ansieht, und dem, was als reale Welt gilt, nicht mehr so tief. [41]

Tolkien schafft seine spezifische Art von Realitätsfiktion dadurch, daß er beispielsweise Hunderte von Personen-, Orts- und Ländernamen aus dem fiktiven dritten Weltzeitalter einerseits zusammenstellt (in Listen (vgl. die Anhänge zum Romanwerk) und auch in fiktionsstiftenden Landkarten und genealogischen Stammbäumen) und andererseits auch immer wieder im Romantext so verwendet, daß ein Gebrauch entsprechend den existenzpräsupponierenden Bedingungen (vgl. unter 2.2) gegeben erscheint. Die Namen stammen zum Teil aus Sprachen, die Tolkien selbst erfunden hat und die keineswegs als statische Gebilde konzipiert sind, sondern für die eine selbst bei wiederholtem Lesen des Romanwerks kaum zu überschauende Sprachgeschichte mitgeliefert wird. Die Fixpunkte in der Geschichte von Tolkiens Welt sind die referentiell gebrauchten Namen; und nicht zuletzt deswegen kann man über Tolkiens Romanwerk sagen: »Der Mythos wird auf die festen Planken eines modernen Zeitbegriffs gestellt.« [42]

Anmerkungen

Die vollständigen Literaturnachweise finden sich im Literaturverzeichnis. Für hilfreiche Kritik zu diesem Papier bin ich nicht nur den Teilnehmern des Harzburger Erzählforschungssymposions dankbar verpflichtet, sondern auch B. U. Biere, M. Caillieux, R. Emons, H. J. Heringer, W. Holly, R. Keller und G. Öhlschläger.

 1 Ich zitiere Tolkiens Roman nach der dreibändigen Taschenbuchausgabe von 1974, die im Text identisch ist mit der klassisch gewordenen, vollständigen, dreibändigen Ausgabe von 1966, und ich kürze ab mit »Lord«. – Die hier zitierte Stelle findet sich in Lord II, S. 135.
 2 Vgl. Grotta-Kurska, 1976, S. 178.
 3 Zitiert nach Grotta-Kurska, 1976, S. 152.
 4 Vgl. Grotta-Kurska, 1976, S. 237. Zur Rolle der Philologie und der Sprachenkonstruktionen für Tolkiens Erzählkunst vgl. auch Kocher, 1974, S. 19.
 5 Zitiert nach Grotta-Kurska, 1976, S. 62. Vgl. auch Carpenter, 1978, S. 175, wo ein nur geringfügig abweichender Text wiedergegeben wird.
 6 Grotta-Kurska, 1976, S. 238.
 7 Tolkien, On Fairy-Stories, S. 40f.
 8 Tolkien, On Fairy-Stories, S. 41.
 9 *Sprachtheoretisch* darf bei einem Autor, der von Beruf Sprachwissenschaftler ist, nicht völlig vergessen werden.
10 Auf die umfangreiche Literatur zur Segmentierungsproblematik und zu den dementsprechenden terminologischen Fixierungen in Logik und Linguistik möchte ich hier nicht näher eingehen. Es kommt mir allein auf Zusammenhänge an, die im Hinblick auf mein Ziel, Weltkonstitution zu erklären, wichtig sein können.

11 Zu einer gebrauchsorientierten Definition von Satzteilen vgl. Heringer, 1978, bes. die Kapitel 4, 6, 7, 11.

12 Genauer noch: Es soll um die Bedeutung derjenigen Eigennamen gehen, durch die die proprialen Elemente im Unterschied zum appellativischen Wortschatz am deutlichsten zum Ausdruck kommen. Das sind in der heutigen Zeit vor allem die Rufnamen, weil ihre Vergabe und ihr Gebrauch (etwa im Unterschied zu Flurnamen wie *Auf der Heide, Am Bach*) am wenigsten durch appellativische Bedeutungselemente beeinflußt sind und nur in geringem Maße außersprachlichen Regelungen (vgl. die juristisch geregelte »Vererbung« von Familiennamen) unterliegen. Vgl. dazu den Überblick bei Debus, 1980, bes. S. 194.

13 Oben (gegen Ende von Teil 1) habe ich bereits auf einige andere Ausdruckstypen hingewiesen. Zum syntaktischen Rahmen referentiell gebrauchter Ausdrücke vgl. Wimmer, 1979, unter 1.2.2., Thrane, 1980, S. 70–73 und Bach, 1979, S. 35.

14 Vgl. dazu z. B. Linsky, 1967, S. 116 und Searle, 1969, wo in Kapitel 4 ausführlich Regeln für erfolgreiches referentielles Handeln dargestellt und diskutiert werden. Vgl. auch Wimmer, 1979, unter 1.2.1.

15 Hintikka, 1979, weist darauf hin, daß das, was man gemeinhin als »Relation« zwischen Zeichen und Gegenständen gesehen hat, auch in der Logik bzw. Modallogik selbst nie ausführlich analysiert, sondern als gegeben vorausgesetzt wurde; und auch er schlägt vor, die Bezeichnungsrelation und das Konzept der Existenzquantifizierung in der Logik unter Rückgriff auf die Sprachspielidee Wittgensteins zu beschreiben.

16 Zur strukturalistischen Konstruktion des Verhältnisses von Bedeutung und Bezeichnung vgl. Wimmer, 1979, unter 3.1.

17 Wimmer, 1979, S. 9.

18 Vgl. z. B. Lewandowski, 1979, S. 164 f. oder die Eigennamen-Charakterisierung der Duden-Grammatik, S. 147 (§ 314): »Mit einem Eigennamen wird etwas Bestimmtes, Einmaliges benannt; er ist einzelnen Lebewesen oder Dingen zugeordnet und gestattet, diese zu identifizieren [...].« – Zu realistischen Bedeutungsauffassungen vgl. Heringer, 1974, unter 1.1 und bezüglich Eigennamen Wimmer, 1978, S. 6–11.

19 Zu nicht-referentiellen Verwendungsweisen von Eigennamen vgl. bes. Garner, 1971.

20 Die Namen erscheinen hier als noch »disembodied« im Sinne von Gardiner, 1954, d. h. in einer Verwendungsweise, die noch nicht in einem kommunikationshistorisch vorgängigen Namengebungsakt gründet.

21 Dieser Präsuppositionsbegriff lehnt sich an Strawson, 1967, S. 175 ff. an, versucht ihm aber – anschließend an Heringer, 1974, S. 140 ff. – eine kommunikationshistorische Wendung zu geben. Keller, 1975, (bes. S. 103–106) hat den Präsuppositionsbegriff auf der Grundlage der Annahme eines kollektiven Wissens der Kommunikationsbeteiligten definiert.

22 Vgl. zu Präsuppositionen bei Referenzhandlungen mit Eigennamen Dobnig-Jülch, 1977, Kap. 2.6.2.2, bes. S. 78–81. Dobnig-Jülch schlägt vor, eine Besonderheit der Existenzpräsuppositionen bei Eigennamen (im Unterschied zu anderen, referentiell gebrauchten Ausdrücken) darin zu sehen, daß beim Eigennamengebrauch sowohl »Es gibt einen Gegenstand x« wie auch »Der betreffende Gegenstand heißt x, wobei x ein Eigenname ist« präsupponiert werden. Die letztere Heißen-Präsupposition sehe ich bereits dadurch zum Ausdruck gebracht, daß ich (in Abhebung vom nicht-referentiellen Eigennamengebrauch) vom referentiellen Gebrauch spreche, der ja voraussetzt, daß die Namen »gegeben« sind (eine Darstellungsweise, die im übrigen durchaus in der Denkrichtung von Dobnig-Jülch liegt). Von sog. proprialen Präsuppositionen handelt auch Kalverkämper, 1978, S. 88 ff., wobei er unter den Präsuppositionsbegriff aber alles subsumiert, was man traditionell auch mit dem Konnotationsbegriff zu erfassen versucht hat.

23 Auf die Referenzfixierungstheorien kann und braucht hier und im folgenden nicht im Detail eingegangen zu werden. Ich verweise stellvertretend nur auf einige wenige Titel: Kripke, 1972, Dobnig-Jülch, 1977 (bes. Kap. 2.4, 2.5), Wimmer, 1979 (Kap. 5).

24 Hierin kann man eine Bestätigung der häufig festgestellten Asymmetrie zwischen sog. Subjektsausdrücken und Prädikatsausdrücken sehen; vgl. Strawson, 1974. Vgl. auch die Unterscheidung zwischen dem conceptual approach (prädikativ) und dem objective approach (referentiell) bei Schwarz, 1979, XVII und passim.

25 Vgl. zum folgenden Wimmer, 1978, S. 16 ff. und Wimmer, 1979, S. 112 ff. Die Regeln – auch wenn sie zunächst am Alltagssprachgebrauch exemplifiziert werden – sind nicht so zu denken, daß sie nur für die Alltagskommunikation Geltung hätten. Sie gelten beispielsweise auch für die Sprache der Literatur.

26 Gemeint ist hier im Grunde nur jener eng begrenzte Bereich der Sprachkompetenz, den Chomsky als angeboren annimmt und als Gegenstand einer allgemeinen Sprachtheorie bestimmt. Auf die Universalienfrage kann ich in dem hier gegebenen Zusammenhang nicht näher eingehen. (Zu vergleichen bezüglich Universalia bei Eigennamen z. B. die Bemerkungen und Hinweise bei Kalverkämper, 1978, S. 24).

27 Vgl. beispielsweise Kalverkämper, 1978, S. 58 f. und Leys, 1979, S. 66 f.

28 Vgl. dazu auch Wimmer, 1979, S. 171–176 und Wimmer, 1977, S. 120–124.

29 Zur kommunikationshistorischen Betrachtung von Namenketten vgl. Dobnig-Jülch, 1977, Kap. 2.4 und Evans, 1977.

30 Vgl. auch Bruck, 1978, S. 297: »Ob fiktional oder nicht, wir reden immer über Gegenstände (Dinge, Handlungen, Situationen), und wir stellen uns fiktionale Beschreibungen in der gleichen Weise vor wie Beschreibungen von historisch existenten Gegenständen, die uns nicht bekannt sind, nämlich auf der Basis der Erfahrung und der sprachlichen Kompetenz, die unsere Vorkenntnisse und Erwartungen und damit unsere Verstehensmöglichkeiten bestimmen.«

31 Vgl. die entsprechenden Warnungen in Bruck, 1978, S. 291. (In der Anm. 7 von Bruck, 1978, S. 291 sehe ich ein Mißverständnis.)

32 Diese kommunikativ-pragmatische Auffassung von Fiktionalität ist nicht neu; sie lehnt sich z. B. an Schmidt, 1972, Schmidt, 1976 und Anderegg, 1977a und 1977b an; vgl. auch Bruck, 1978, S. 292–297 und Kallweit, 1978, Kap. 4.3. Mir kommt es auf die Frage an, wie denn die allgemeine Feststellung einer Kommunikationsabhängigkeit der Fiktionalität zu spezifizieren und zu konkretisieren ist, und natürlich auch auf eine mögliche Antwort auf diese entscheidende Frage.

33 Vgl. dazu auch Bruck, 1978 passim, bes. S. 290 u. 296.

34 Vgl. z. B. Wimmer, 1979, S. 13 f.

35 Zur Kritik des sog. harten Referenzbegriffs vgl. Rorty, 1976. Es müssen auch Gegenstände zugelassen sein, wie sie Meinong in seiner Gegenstandstheorie konzipiert hat; vgl. Meinong, 1904.

36 Für einen knappen, kritischen Überblick vgl. Bruck, 1978, S. 286–292.

37 Searle, 1979, X.

38 Vgl. Searle, 1979, S. 58–75. Eine verwandte Position nimmt Gottfried Gabriel in Gabriel, 1975a und Gabriel, 1975b ein. Auf das Konzept der sog. Referentialisierbarkeit von Ausdrücken, das bei Gabriel eine wichtige Rolle spielt, bin ich in Wimmer, 1979, S. 59–62, S. 173 f. näher eingegangen. – Dieses Papier bietet keinen Raum, die prädikative und wahrheitswertbezogene Seite sprachlicher Ausdrücke in ihren Funktionen für den Aufbau einer fiktionalen Welt näher zu betrachten.

39 Vgl. Searle, 1979, S. 71. Hier liegt ein wichtiger Berührungspunkt zwischen dem referentiellen und dem prädikativen System der Sprache.

40 Vgl. dazu Searle, 1979, S. 65. Die hier von Searle gegebene Erläuterung, es gehe um ein Verständnis von *pretend* im Sinne von *as if* und nicht im Sinne von *deceive,* läßt an Ursprünge der Fiktionsidee als Idee der (zu juristischen Zwecken veranstalteten) spekulativ-hypothetischen Konstruktion von Wirklichkeit erinnern; vgl. Sauder, 1976.

41 Gravierende Unterschiede zwischen der fiktionalen Welt und der realen Welt sollen durch eine solche Feststellung keineswegs nivelliert werden. Aber die Grenzen zwischen beiden Welten sind (entsprechend der gegebenen Definition für Fiktionalität) fließend; und die oft gemachte Feststellung, daß es für einen Textrezipienten wichtig sei, von vornherein (etwa durch einen Untertitel wie »Roman«) darauf hingewiesen zu werden, daß er es mit einer fiktionalen Welt zu tun hat (vgl. z. B. Heringer, 1974b, S. 62) spricht nur für die Annahme von ansonsten eben fließenden Grenzen.

42 Kawa, 1978. Vgl. auch Blumenberg, 1979, bes. Kap. II im ersten Teil. – Tolkiens schriftstellerische Verfahrensweise hat in weiten Teilen seines Romanwerks die folgende Struktur: Es gibt Eigennamen, die Tolkien älteren germanischen und anderen Sprachen entnommen hat oder aus Teilen dieses Sprachbestands sprachregelgerecht zusammengesetzt hat. Um die Namen herum werden Sprachen (Teilsprachen) konstruiert und zu den Sprachen Sprachgeschichten. Die Sprachgeschichten brauchen

Sprecher, die erfunden werden müssen. Die Sprecher haben mehr als nur eine Sprachgeschichte. Sie haben auch eine soziale und eine politische Geschichte. Schließlich entsteht eine Art Enzyklopädie der Tolkien-Welt, die aus sich selbst heraus fortexistieren kann. (Vgl. Tyler, 1976). – Insofern Tolkiens Welt auf Namen aufgebaut ist und damit in der erläuterten Weise gegenstandsbezogen ist, gibt sie ein atomistisches Bild von der Geschichte wieder. So vielleicht ist das Kawa-Zitat zu verstehen. – Wie die Wirkung einer derart konstruierten Roman-Geschichte und Roman-Welt rezeptionsästhetisch zu betrachten und zu beschreiben ist (und zwar hinausgehend über das, was ich zu dem Brückenschlag zwischen »fiktionaler« und »realer« Welt gesagt habe): das wäre mehr als ein eigenes Kapitel zu diesen Ausführungen.

Literatur

J. Anderegg, 1977a: Fiktion und Kommunikation. Göttingen (Sammlung Vandenhoeck).

J. Anderegg, 1977b: Fiktionalität, Schematismus und Sprache der Wirklichkeit. Methodologische Überlegungen. In: W. Haubrichs (Hg.): Erzählforschung 2. Theorien, Modelle und Methoden der Narrativik. Göttingen. (Zeitschrift für Literaturwissenschaft und Linguistik. Beiheft 6). 141–160.

E. Bach, 1979: Montague Grammar and Classical Transformational Grammar. In: St. Davis/M. Mithun (Hrsg.): Linguistics, Philosophy and Montague Grammar. Austin, Londen, 3–49.

H. Blumenberg, 1979: Arbeit am Mythos. Frankfurt a. M.

J. Bruck, 1978: Zum Begriff literarischer Fiktion. In: Zeitschrift für germanistische Linguistik 6, 283–303.

H. Carpenter, 1978: J. R. R. Tolkien. A Biography. London.

F. Debus, 1980: Onomastik. In: H. P. Althaus, H. Henne, H. E. Wiegand (Hrsg.): Lexikon der Germanistischen Linguistik. 2. Aufl. Tübingen, 187–198.

E. Dobnig-Jülch, 1977: Pragmatik und Eigennamen. Untersuchungen zur Theorie und Praxis der Kommunikation mit Eigennamen besonders von Zuchttieren. Tübingen (Reihe Germanistische Linguistik 9).

Duden-Grammatik, 1973: Grammatik der deutschen Gegenwartssprache. 3. Aufl. Bearb. von P. Grebe u. a. Mannheim.

G. Evans, 1977: The Causal Theory of Names. In: Schwartz (Hrsg.) 1977, 192–215.

G. Gabriel, 1975a: Fiktion, Wahrheit und Erkenntnis in literarischen Texten. In: DU 27. H. 3, 5–17.

G. Gabriel, 1975b: Fiktion und Wahrheit. Eine semantische Theorie der Literatur. Stuttgart-Bad Cannstatt.

A. Gardiner, 1954: The Theory of Proper Names. A Controversial Essay. Oxford.

R. T. Garner, 1971: Nonreferring Uses of Proper Names. In: Philosophy and Phenomenological Research 31, 358–368.

D. Grotta-Kurska, 1976: J. R. R. Tolkien. Architect of Middle Earth. New York.

L. Gustafsson, 1980: Sprache und Lüge. Drei sprachphilosophische Extremisten. Friedrich Nietzsche, Alexander Bryon Johnson, Fritz Mauthner. München.

H. J. Heringer, 1974a: Praktische Semantik. Stuttgart.

H. J. Heringer, 1974b: Eine Regel beschreiben. In: H. J. Heringer (Hg.): Der Regelbegriff in der praktischen Semantik. Frankfurt a. M., 48–87.

H. J. Heringer, 1978: Wort für Wort. Interpretation und Grammatik. Stuttgart.

J. Hintikka, 1979: Language-Games. In: E. Saarinen (Hg.): Game-Theoretical Semantics. Dordrecht, Boston, London, 1–26 (zuerst 1976).

H. Kallweit, 1978: Transformation des Textverständnisses. Heidelberg (= medium literatur 1).

H. Kalverkämper, 1978: Textlinguistik der Eigennamen. Stuttgart.

R. Kawa, 1978: »Dorthin und wieder zurück«. Zur Ausstrahlungskraft von J. R. R. Tolkiens Roman-Mythos »Der Herr der Ringe«. In: Frankfurter Rundschau, 2. Sept. 1978, S. III.

R. Keller, 1975: Wahrheit und kollektives Wissen. Düsseldorf.

P. Kocher, 1974: Master of Middle-earth. The Achievement of J. R. R. Tolkien in Fiction. Harmondsworth. (Penguin Book).

S. A. Kripke, 1972: Naming and Necessity. In: G. Harman, D. Davidson (Hrsg.): Semantics of Natural Language. Dordrecht, 253–355, 763–769.

Th. Lewandowski, 1979: Linguistisches Wörterbuch 1. 3. Auflage. Heidelberg.

O. Leys, 1979: Was ist ein Eigenname? Ein pragmatisch orientierter Standpunkt. In: Leuvense Bijdragen 68, 61–86.

L. Linsky, 1967: Referring. London.

A. Meinong, 1904: Über Gegenstandstheorie. In: A. Meinong. Gesamtausgabe. Hrsg. von R. Haller, R. Kindinger, R. M. Chisholm. Bd. II. Graz 1971, 482–530.

R. Rorty, 1976: Realism and Reference. In: The Monist 59, 321–340.

S. J. Schmidt, 1972: Ist ›Fiktionalität‹ eine linguistische oder eine texttheoretische Kategorie? In: E. Gülich u. W. Raible (Hg.): Textsorten. Differenzierungskriterien aus linguistischer Sicht. Frankfurt a. M., 59–80.

S. J. Schmidt, 1976: Towards a pragmatic interpretation of ›fictionality‹. In: T. A. van Dijk (Hrsg.): Pragmatics of language and literature. Dordrecht 1976. 161–178.

St. P. Schwartz (Hrsg.), 1977: Naming, Necessity, and Natural Kinds. Ithaca, London.

D. S. Schwarz, 1979: Naming and Referring. The Semantics and Pragmatics of Singular Terms.

J. R. Searle, 1969: Speech Acts. An Essay in the Philosophy of Language. Cambridge.

J. R. Searle, 1979: Expression and Meaning. Cambridge.

P. F. Strawson, 1967: Introduction to Logical Theory. Repr. London (zuerst: 1952).

P. F. Strawson, 1974: Subject and Predicate in Logic and Grammar. London.

G. Sauder, 1976: Argumente der Fiktionskritik 1680–1730 und 1960–1970. In: GRM 26. 129–140.

T. Thrane, 1980: Referential-semantic analysis. Aspects of a theory of linguistic reference. Cambridge U. P.

J. R. R. Tolkien, 1974: The Lord of the Rings. Bd. I: The Fellowship of the Ring. Bd. II: The Two Towers. Bd. III: The Return of the King. (Zuerst vollständig in der klassisch gewordenen Ausgabe von 1966.) London.

J. R. R. Tolkien, 1975: On Fairy-Stories. In: Tree and Leaf. London, 11–79.

J. E. A. Tyler, 1976: The Tolkien Companion. London.

R. Wimmer, 1977: Referieren. In: H. J. Heringer/G. Ohlschläger/B. Strecker/R. Wimmer: Einführung in die Praktische Semantik. Heidelberg, 106–125.

R. Wimmer, 1978: Die Bedeutung des Eigennamens. In: Semasia 5, 1–21.

R. Wimmer, 1979: Referenzsemantik. Untersuchungen zur Festlegung von Bezeichnungsfunktionen sprachlicher Ausdrücke am Beispiel des Deutschen. Tübingen (= Reihe Germanistische Linguistik 19).

FRITZ SCHÜTZE

Narrative Repräsentation kollektiver Schicksalsbetroffenheit

Inhalt:

1. Schwierigkeiten der Analyse von Betroffenheit durch langfristige soziale Prozesse in den Sozialwissenschaften

Es ist in den Sozialwissenschaften sowohl begrifflich als auch empirisch schwierig, das Betroffenwerden sozialer Einheiten (ob individueller Akteure oder kollektiver sozialer Einheiten) von längerfristigen sozialen Veränderungsprozessen zu erfassen und darzustellen. Die Schwierigkeit ist mehrschichtiger Natur.

– Es ist mit den Mitteln konventioneller Sozialforschung schwierig, die Verlaufsform sozialer Veränderungsprozesse zu erfassen. Üblich ist, daß mit der Technik der standardisierten Fragebogenerhebung zu unterschiedlichen Zeitpunkten der jeweilige Augenblickszustand einer sozialen Einheit »gemessen« wird. Der im Zwischenzeitraum stattgehabte Veränderungsprozeß muß sowohl in seinem faktischen Verlauf als auch in seiner Bedeutungsrelevanz für den bzw. die Betroffenen extrapoliert werden. Beide Extrapolationen können selbst nur ungenügend empirisch kontrolliert werden. Zudem läuft das standardisierte Befragungsinstrumentarium Gefahr, Prozeßverläufe und ihre Bedeutungsrelevanz mit den konventionellen Analysekategorien des Forschungsinstrumentariums zu verzerren. Es ist mit seiner Hilfe kaum möglich, bisher nicht bemerkte Ungewöhnlichkeiten sozialer Prozesse zu registrieren und dramatische Prozesse der Bedeutungswandlung sozialer Phänomene und der Uminterpretation des Selbstverständnisses sozialer Einheiten nachzuvollziehen.

– Wenn in den Sozialwissenschaften das Betroffenwerden sozialer Einheiten von sozialen Veränderungsprozessen theoretisch auf den Begriff gebracht werden soll, dann tut sich in der Regel der unheilvolle Gegensatz zwischen »Makro-« und »Mikroansätzen« auf, der eine erfolgreiche Analyse von »sozialstruktureller Bestimmung individueller Existenzveränderung« bzw. »indivi-

dueller Handlungsbeiträge zur Veränderung sozialstruktureller Bedingungen«
– und das meint: die gleichzeitige Berücksichtigung dieser beiden Sichtweisen
– verhindert. Sozialwissenschaftliche Makrotheorien postulieren zwar Bedingungen sozialer Veränderungsprozesse; die Wirkungsweise dieser Veränderungsdeterminanten auf die betroffene soziale Einheit und ihre Lebensführung
kommt aber nicht zureichend in den Blick. Sozialwissenschaftliche Mikrotheorien betonen dagegen den Handlungsspielraum individueller Akteure; die sozialstrukturellen Begrenzungen dieser Handlungsspielräume werden jedoch
nur zu schnell ignoriert.

– Innerhalb der sozialwissenschaftlichen Mikrotheorien ist es außerordentlich schwierig, soziale Aktivitäten jenseits des Paradigmas intentionalen Handelns als »äußerlich«, durch soziale Verhältnisse bedingte Verkettung von
Umständen zu erfassen, die Akteure in Ereignisabfolgen treiben, die jene »so
nicht gewollt« hatten. Es gibt keine sozialwissenschaftlich fundierte Theorie
des Erleidens neben den etablierten Theorien sozialen Handelns. Derartige
Theorien des Erleidens wären jedoch erforderlich, um die Bedingtheit individueller (und kollektiver) sozialer Aktivitäten durch sozialstrukturelle Konstellationen erfassen zu können. Der Hinweis auf soziale Normen, welche Ausdruck sozialstruktureller Verhältnisse sind und in die individuelle Handlungsorientierung und -motivation übernommen (»verinnerlicht«) werden, reicht
zur Erklärung der sozialstrukturellen Bedingtheit sozialer Aktivitäten aus
zweifachem Grunde nicht aus: einerseits bilden soziale Normen sozialstrukturelle Verhältnisse nicht in einer Eins-zu-eins-Relation ab; und andererseits unterzieht sich der Akteur auch sozialen Aktivitäten, die er weniger als normativ
gebotene (oder gar als motivationell abgezielte), denn als durch die sozialen
Verhältnisse *erzwungene* erfährt.

– Sozialwissenschaftliche Theorien neigen dazu, die sozialstrukturelle Bedingtheit sozialer Aktivitäten durch eine zweistellige begriffliche Relation zu
fassen. Die eine Stelle wird durch die Formulierung des sozialstrukturellen Be-
dingungsrahmens ausgefüllt, der als statisch bzw. als Unterschied zweier stati-
scher Zustände vorgestellt wird. Die andere Stelle wird durch Konzeptionen
individueller (oder auch kollektiver) Betroffenheiten realisiert, die prozessual
gedacht werden (bzw. zumindest gedacht werden *können*). Es ist innerhalb sozialwissenschaftlicher Theorien schwierig, den sozialstrukturellen Bedingungsrahmen selbst als kollektiven sozialen Prozeß zu sehen, in den individuelle
Veränderungsprozesse als mitkonstitutive Momente verwoben sind – das jedenfalls, solange der Anspruch erhoben wird, empirische Forschung zu betreiben. Zwar gibt es in der soziologischen Theoriebildung berühmte Beispiele für
die Konzipierung kollektiver Veränderungsprozesse (z. B. Theorien der sozialen Differenzierung, Theorien des Klassenwiderspruchs, Theorien der Säkula-
risierung usw.); diese sind aber selten empirisch spezifizierbar und/oder auf
das Schicksal individueller bzw. kollektiver Betroffener eindeutig zurechenbar.
Was fehlt, sind theoretisch-empirische Konzepte kollektiver Wandlungsprozesse, in die individuelle Wandlungsprozesse als integrale Momente eingehen.

Natürlich kann der vorliegende Beitrag nicht den Anspruch erheben, die
skizzierten Grundlagenprobleme sozialwissenschaftlicher Forschung zu individueller und kollektiver Schicksalsbetroffenheit eingehend zu analysieren.

Versucht werden soll jedoch eine Argumentationsskizze, welche einen möglichen Zugang zu theoretisch-empirischer Forschung in diesem Fragenbereich freilegen könnte. Die Argumentationsschritte, die näher ausgeführt werden sollen, sind vorab angedeutet folgende:

(a) Soziale Prozesse individueller und kollektiver Schicksalsbetroffenheit können über hypothetische Extrapolationen hinausgehend durch näher zu spezifizierende Erhebungstechniken der oral history empirisch erfaßt werden (Abschnitt 2).

(b) Die narrativen Primärdaten, die auf diese Weise beschafft werden, machen zu ihrer theoretischen Analyse ein Inventarium von Kategorien struktureller Beschreibung erforderlich, das nicht nur auf soziales Handeln, sondern auch auf soziales Erleiden abzielt (Abschnitt 3).

(c) Um einerseits der sozialstrukturellen *Bedingtheit* sozialen Erleidens und andererseits der *Mitwirkung* individueller und kollektiver sozialer Einheiten an der *Konstitution* dieser sozialstrukturellen Bedingtheit theoretisch und empirisch Rechnung tragen zu können, ist die Konzipierung analytischer Kategorien erforderlich, die auf kollektive Wandlungsprozesse ausgerichtet sind (Abschnitt 4).

Die im folgenden formulierten Überlegungen fußen auf Erfahrungen, die mit der Durchführung und Analyse narrativer Interviews in einem Projekt zu Gemeindezusammenlegungen (Schütze 1976) und in einem Projekt zur Analyse lebensgeschichtlicher Abläufe (Schütze 1981) gemacht wurden. Narrative Interviews zielen darauf ab, selbsterlebte Ereignisablaufs- und Wandlungserfahrungen von Betroffenen sozialer Vorgänge systematisch – d. h. grundsätzlich geleitet von der sequenziellen Struktur dieser Erfahrungen – zu erfassen. Natürlich kann die narrative Darstellung partiell von der sequenziellen Struktur des Ereignisablaufs abweichen; das erfordert allerdings zusätzliche interaktive Darstellungsarbeit, und diese ist als solche empirisch stets nachweisbar.

Narrative Interviews setzen zu ihrer Anwendung voraus, daß hinsichtlich des interessierenden Gegenstandsbereichs eine zentrale Eingangsfrage mit narrativer Generierungskraft formulierbar ist. Nur dort, wo ein Informant als Akteur oder Betroffener auf die Verstrickung in einen lebensgeschichtlichen oder historischen Ereigniszusammenhang (eine »Geschichte«) zurückblicken kann, ist die Formulierung eines narrativen Themas möglich. Es ist sinnvoll, stets eine strikte Zweiteilung des narrativen Interviews vorzunehmen, und zwar eine Zweiteilung zwischen den Phasen:
– der Anfangs- bzw. Haupterzählung, und
– der Phase narrativer Nachfragen.
Eine zentrale Anfangsthemenstellung hat die Funktion, eine längere Haupterzählung hervorzulocken. Der bzw. die Interviewer beschränken sich strikt auf die Zuhörerrolle mit den entsprechenden erzählunterstützenden Signalen (Kopfnicken, »hm, hm« usw.), bis der Informant durch eine eindeutige Koda (z. B. »So, das war's Herr Schütze, nicht viel, aber immerhin ...«) zu erkennen gibt, daß nunmehr seine Erzählung abgeschlossen sei. Die jetzt einsetzenden Fragen des Informanten dürfen nicht als Theorie- und Meinungsfragen formuliert sein (Fragen nach Gründen, Aufforderung zu Meinungskundgaben usw.), sondern sollen neue narrative Sequenzen zu Darstellungsbereichen hervorlocken, die bisher nicht genügend oder überhaupt nicht ausgeführt wurden (Schütze 1977).

2. Zur Wirkungsweise des Erzählschemas im narrativen Interview

Versucht man die Quintessenz aus den Denkanstößen von Schatzman und Strauss (1966) zur Erzählanalyse zu ziehen, so lassen sich einige allgemeine Grundeigenschaften des Rekapitulierens eigenerlebter Erfahrungen in mündlich dargebotenen Stegreif-Erzählungen von Angesicht zu Angesicht ziehen. Sobald der Informant eingewilligt und damit begonnen hat, eine eigenerlebte Geschichte der den Forscher interessierenden Thematik im Stegreif zu erzählen, gerät er in den dreifachen Zugzwang des Erzählens zur Gestaltschließung, zur Kondensierung und zur Detaillierung.

2.1 Der dreifache Zugzwang des Stegreif-Erzählens eigenerlebter Ereigniszusammenhänge zur Gestaltschließung, Kondensierung und Detaillierung

Gestaltschließung

Der Informant muß den Gesamtzusammenhang und die einzelnen Situationen der erlebten Geschichte als Episoden oder historische Ereigniskonstellationen durch das Darstellen aller wichtigen Teilereigniszusammenhänge in der Erzählung repräsentieren. Zum Beispiel wird der heftig geführte Streit um die Wahl des Ortsnamens in einer zusammengelegten Gemeinde nur dann verständlich, wenn man eine Reihe anderer Probleme, die bei Gemeindezusammenlegungen auftreten, als Verständnis- und Signifikanzzumessungshintergrund mitberücksichtigt. Es ist deshalb erforderlich, daß sowohl frühere signifikante Streitpunkte erzählt werden (wie z. B. die Auseinandersetzung um die Wahl des Bürgermeisters) als auch spätere, die den Ortsnamensstreit als Vorläufer weiterer wichtiger Streitpunkte zwischen den zusammengelegten Ortsteilen (wie etwa der Debatte um den Standort des Gemeindezentrums) erscheinen lassen. Was signifikant ist, geht erstens aus den Erfahrungen hervor, die der Informant hinsichtlich historischer Ereignisknotenpunkte aktuell machen konnte, ergibt sich jedoch zweitens auch aus der sich in der Erzählung allmählich aufbauenden Gesamtgestalt der zu berichtenden Geschichtepisode bzw. der historischen Ereignisgestalt und drittens auch aus den sachlichen und logischen Abhängigkeiten (kausaler, intentionaler und bewertender Art) zwischen den einzelnen Teilereigniszusammenhängen.

Für die Wirksamkeit des Gestaltschließungszwangs der narrativen Darstellung eigenerlebter Erfahrungszusammenhänge ist *nicht* der häufig anzutreffende empirische Umstand notwendige Vorbedingung, daß Anzahl und Art der signifikanten Teilereigniszusammenhänge bereits mit der vom Erzähler akzeptierten Erzählthematik vorgegeben sind. Allerdings unterstützt dieser Umstand als zusätzliches begünstigendes Moment die Wirksamkeit des Gestaltschließungszwangs. Handelt es sich bei der dem Erzähler vorgegebenen Thematik um eine öffentlich diskutierte Problematik, so ist das Wissen über Anzahl und Art der signifikanten Teilereigniszusammenhänge als selbstverständliches Element des alltäglichen Wissensbestandes sogar sozial geteilt. Der Forscher vermag in diesem Falle aus eigener Initiative unter ausdrücklichem Re-

kurs auf die öffentliche Debatte, die sich etwa in entsprechenden Zeitungsartikeln niedergeschlagen hat, vermittels Nachfragen zu veranlassen, daß interessierende Teilereigniszusammenhänge in den Erzählzusammenhang eingeführt
werden – Teilereigniszusammenhänge, die der Informant aus seiner Erzählung
ausgeblendet hatte, weil er in diese nicht gerade rühmlich verwickelt war, weil
an ihnen seine Interessenverflechtung deutlich werden könnte usw. – Auch abgesehen von derartigen zusätzlichen thematischen Strukturierungsselbstver-
ständlichkeiten bereits zu Beginn des narrativen Interviews bewirkt der Gestaltschließungszwang der Stegreif-Erzählung eigenerlebter Erfahrungen, daß
der Tendenz nach *alle* wesentlichen Teilereigniszusammenhänge der erlebten
Geschichte vom Erzähler narrativ rekapituliert werden.

Kondensierungszwang

Um die entscheidende Aussage (den »Clou«) der erlebten Geschichte herauszuarbeiten, und weil für die Rekapitulierung eigenerlebter Erfahrungen nur
begrenzte Zeit zur Verfügung steht, ist der Erzähler gezwungen, allein das zu
erzählen, was unter Ansehung der Gesamt-Ereigniskonstellation der vorgegebenen Thematik und der damaligen Orientierungssignifikanz möglicher Handlungsalternativen und eingetretener Ereignisse (häufig im Rahmen einer öffentlichen oder geheimen Debatte über entsprechende Ereignisse und Hand-
lungsentscheidungen) an »Ereignisknotenpunkten« wirklich relevant ist. Ein
derartiger *Kondensierungszwang* bewirkt, daß der Tendenz nach *nur* das Ereig-
nisgerüst der erlebten Geschichte und das, was zum Verständnis des Entstehens und der wesentlichen Folgen der Ereignisknotenpunkte unumgänglich
ist, berichtet wird.

Detaillierungszwang

Die Rekapitulierung eigenerlebter Erfahrungen in mündlichen Erzählungen
von Angesicht zu Angesicht bewirkt, daß sich der Erzähler – abgesehen von
Rückblenden und anderen Rahmenschaltungen – in der Erzeugung und der
Reihenfolge seiner narrativen Sätze an den tatsächlich im historischen Gesamtzusammenhang erfahrenen Ereignissen und ihrer Reihenfolge ausrichtet
(vgl. Labov und Waletzky 1973, S. 96), sofern er nicht die Vorbereitungszeit zu
und das Interesse an einer kalkulierten, also nicht-stegreifmäßigen Darstellung
hatte. Hat der Erzähler über ein Ereignis A berichtet, so fühlt er sich bemüßigt,
auch über das auf dieses Ereignis zeitlich, kausal und/oder intentional folgende nächste wichtige Ereignis B zu berichten. Tut er das nicht, so zerstört er
sowohl die kausale Logik der Ereignisabfolge als auch die intentionale Logik
entsprechender Verflechtungen und Zusammenhänge von Handlungsplanungen. – Im Gegensatz zum Gestaltschließungszwang ist der Detaillierungszwang ein mikronarratives Phänomen.

Wie wir schon sahen, müssen mit der der tatsächlichen Ereignisabfolge entsprechenden Reihenfolge der narrativen Sätze der Tendenz nach auch die erfahrenen Verknüpfungen zwischen den zu erzählenden Ereignissen rekapitu-

liert werden. Diese Verknüpfungen sind sowohl intentional-motivationaler als auch kausaler Art. Die intentional-motivationalen Handlungsorientierungen der in der erzählten Geschichte Handelnden, insbesondere auch des Erzählers als Handelnden, schlagen sich in tatsächlich erreichten (zumeist zumindest partiell unantizipierten) Handlungsergebnissen nieder, die wiederum sowohl neue Handlungsorientierungen hervorrufen als auch in der Regel einen nicht-intentionalen, heteronomen Bedingungsrahmen für weiteres soziales Handeln aufspannen.

Solche intentional-motivationalen und kausalen Zwischenglieder – sie lassen sich in final-prospektive und erklärend-retrospektive Handlungsorientierungen auf der einen Seite und exmanent vom Erzähler eingeführte und der beabsichtigten oder unbeabsichtigten (d.h. im zweiten Falle: erst vom Forscher zu vollziehenden) Erklärung dienende Nebenereignisse auf der anderen Seite unterteilen – müssen vom Erzähler zusätzlich dargestellt werden, soweit es für die Herstellung eines plausiblen Erzählzusammenhangs zwischen den Ereignisknotenpunkten bzw. den beabsichtigten und/oder bereits ausgeführten Erzählstücken erforderlich ist. Was plausibel ist, entscheidet der Erzähler grundsätzlich aus der Perspektive des Zuhörers im Wege der Rollenübernahmen: es muß so erzählt werden, daß ein an den stattgefundenen Ereignisabläufen unbeteiligter Zuhörer die historische Gesamtgestalt der Ereignisabfolge mit ihrem Kerngerüst erfassen und verstehen kann. Der Erzähler ist deshalb zwischen allen Ereignisknotenpunkten bzw. den beabsichtigten und/oder bereits ausgeführten Erzählstücken zur Detaillierung seiner Erzählung gezwungen, und zwar in dem Maße, wie es für das Verständnis des Zuhörers erforderlich ist. Um sich des Verständnisses des Zuhörers fortlaufend zu versichern, baut der Erzähler »Schlitze« für die sprachinhaltliche und/oder parasprachliche Zustimmung des Zuhörers (»ja«; »hm, hm«; Kopfnicken usw.) in seinen Sprechvorgang ein; von Zeit zu Zeit stellt er auch explizite Nachfragen, ob der Zuhörer mit der Art der narrativen Darstellung einverstanden ist (»Geht's zu schnell, geht's zu langsam?«).

2.2 Vorbedingungen für die Wirksamkeit des dreifachen narrativen Zugzwangs

Damit der gerade angedeutete dreifache Zugzwang des Erzählens auch tatsächlich wirksam ist, müssen drei wesentliche Bedingungen erfüllt sein:

– Der Erzähler muß als tatsächlich Handelnder oder doch zumindest als aktuell Erlebender in das Geschehen hinreichend involviert gewesen sein. Es ist wahrscheinlich, daß Personen, die nicht den angedeuteten fortlaufenden Umschlag von eigenen Handlungsmotivationen und/oder Handlungserwartungen in Ereignisse und neue Handlungsmotivationen und/oder neue Handlungserwartungen hinsichtlich des betreffenden Ereigniszusammenhangs erlebt haben, auch nicht selbständig und ohne Vorbereitung zur entsprechenden Thematik erzählen können. Denn in ihrem Bewußtsein hat sich keine biographisch-episodale und/oder historische Erfahrungsfigur mit Handlungs- und/oder Erlebnisrelevanz für die eigene Person ablagern können. Zwar ist auch die Erzählung von »Geschichten zweiter Hand« möglich; diese sind jedoch als

Stegreif-Darbietungen auf kürzere Episoden beschränkt und erreichen in dieser Beschränkung gewöhnlich auch nicht die Konsistenz von »Primärgeschichten« (zur narrativen »Strukturschwäche« von »Geschichten zweiter Hand« vgl. Labov und Waletzky 1973: 114). Gewöhnlich werden »Geschichten zweiter Hand« zudem, wenn in natürlichen Kommunikationskontexten erzählt, in einen zumindest angedeuteten Zitationszusammenhang eingebettet, sofern keine Täuschungsabsicht vorliegt; das gilt selbst für Klatschkommunikationen.

– Die Erzählung muß thematisch begrenzt sein. Denn ansonsten kann das Problem auftauchen, daß der Erzähler den narrativen Zusammenhang (die Gesamtgestalt und den »roten Faden« der historischen Ereignisse) nicht mehr überblickt; die Kondensierung der Erzählung auf ein Gerüst wesentlicher Ereignisknotenpunkte ist in diesem Falle nicht mehr möglich. Zudem muß der in der Erzählung darzustellende Ereigniszusammenhang zumindest in einem Hauptereignishöhepunkt, einem Ereignis zu Beginn und einem Ereignis gegen Ende des Ereignisablaufs noch im Gedächtnis des Erzählers haften, um überhaupt Motivation für's Erzählen über die vorgeschlagene Thematik zu schaffen.

– Die Erzählung muß tatsächlich den Charakter einer *extemporierten Stegreif*-Aufbereitung eigenerlebter Erfahrungen haben. Eine spezielle Vorbereitung der Erzählung durch den Informanten muß verhindert werden, da ansonsten das kalkulierte *Ausdenken und Vortäuschen* eines (so nicht stattgehabten) Ereignisablaufs möglich ist. Die Einwilligung des Informanten zum Interview bei gleichzeitiger Verhinderung einer speziellen Erzählvorbereitung von seiner Seite kann dadurch erreicht werden, daß der Forscher lediglich ein narratives Teilthema mit folgenden Eigenschaften vorschlägt: es darf nicht das Mißtrauen des Informanten wecken; es muß durch Nachfragen des Forschers im Verlauf des Interviews ad hoc zu einem größeren Themenzusammenhang ausgebaut werden können, und es soll durch seine inhaltlichen Implikationen zur vom Erzähler unerwarteten und unbeabsichtigten Totalisierung auf einen größeren Ereigniszusammenhang hindrängen (s. u.).

2.3 Inwieweit kommt in Stegreif-Erzählungen eigenerlebter Erfahrungszusammenhänge die Struktur des faktischen Handelns, über das erzählt wird, zum Ausdruck?

Der dreifache Zugzwang des Stegreif-Erzählens eigenerlebter Geschichten von Angesicht zu Angesicht hat fünf Implikationen für die Beantwortung der Frage, inwieweit in derartigen Erzählungen die Struktur des tatsächlichen Handelns und Erfahrens innerhalb eines Ereigniskomplexes, über den erzählt werden soll, adäquat rekonstruiert wird.

(a) Detaillierungs- und Gestaltschließungszwang im Erzählen eigenerlebter Geschichten führen zur narrativen Darstellung von Ereignissen, über die in gewöhnlicher Gesprächskommunikation mit ausgeglichener Verteilung der Redebeiträge nur außerordentlich selten und in standardisierten Interviews so gut wie überhaupt nicht gesprochen wird: zur Darstellung von Ereignissen, welche für den Informanten mit persönlichem Schuld- oder Schambewußtsein verbunden sind und/oder welche die eigene (legitime oder gerade auch illegitime) Interessenlage sowie die Interessenlage politischer Freunde zum Ausdruck bringen. (Jede Aufdeckung einer vom Informanten im Interview offengelegten Interessenlage gegenüber Dritten durch Indiskretionen des Forschers könnte die Realisierung entsprechender Handlungsplanungen verhindern und die Position des Informanten in seinem Interaktionsfeld gefährden.) – Ohne die Darstellung solcher »heiklen« Ereignisse wäre der dargestellte historische Ereigniszusammenhang für den Zuhörer – so nimmt der Informant an – nicht plausibel. So ist der Erzähler mehr oder weniger wider seinen Willen veranlaßt, auch über heikle, unangenehme und riskant-aufdeckende Ereignisse zu erzählen, sofern er erst einmal mit dem Erzählen begonnen hat.

(b) Im Zuge des Detaillierungszwanges werden die aktuellen Handlungsorientierungen des Erzählers und seiner Interaktionspartner als zum damaligen Zeitpunkt Handelnder weitgehend rekonstruiert. Nur so ist in der Erzählung der plausible Übergang von einem Ereignisknotenpunkt zum nächsten möglich, denn ohne die Darstellung der damaligen Handlungsorientierungen des Erzählers und seiner Interaktionspartner könnte innerhalb eines durch menschliche Handlungen konstituierten Interaktionsfeldes nicht verstanden werden, wie die Ereignisknotenpunkte überhaupt im Wege interaktiver Handlungen zustande kamen und welche Konsequenzen sie für neue Handlungsorientierungen und Ereigniskonstellationen hatten. Die Rekonstruktion der damals aktuellen Handlungsorientierungen geht so vor sich, daß sich der Tendenz nach der Erzähler noch einmal als aktuell Handelnder in die Kette der in der Geschichte ablaufenden Ereignisse verflochten sieht und diese in finalem, und nicht in perfektisch-theoretischem Blickstrahl kognitiv und interessenmäßig in der Erzählung aufordnet. (Zum finalen und perfektischen Blickstrahl vgl. Schütz 1962, S. 214, 216. – Natürlich tauchen in Erzählungen immer wieder auch perfektisch-reflektive Erzählungs- und Deutungspassagen auf, die sich von den narrativen Passagen vermittels formaler Schaltelemente allerdings relativ auffällig abheben. Die eigentlich narrativen Elemente in Erzählungen sind zwar retrospektive Erfahrungsaufbereitungen; sie weisen jedoch eine final-zukunftsoffene und keine perfektische Perspektive auf.) Mit anderen Worten: die kognitiven und motivationell-interessenmäßigen Handlungsorientierungen werden der Logik der damals aktuellen Handlungsabläufe entsprechend aufgeordnet und nicht in der Form theoretischer Reinterpretationen mit ihren kalkuliert-manipulativen Darstellungsmöglichkeiten dargeboten. Dadurch ist die Gewähr gegeben, daß in der Kernstruktur die faktischen damaligen Handlungsorientierungen zum Ausdruck kommen – Handlungsorientierungen, die, ob legitimierbar oder nicht legitimierbar, im Rahmen der normalen alltagsweltlichen Gesprächskommunikation und auch im Rahmen des standardisierten Interviews im Zuge der autonomen Kontrolle des Kommunikationsvorganges privat gehalten und durch generelle, nämlich theoretisch-legitimatorische Formulierungen verdeckt werden.

(c) Gestaltschließungs- und Kondensierungszwang des Erzählens eigenerlebter Geschichten bewirken, daß der Tendenz nach *all* das und *nur* das an Handlungsabläufen (einschließlich ihrer Orientierungen) erzählt wird, was für die Gesamtgestalt eines biographisch-episodalen und/oder historischen Ereignisablaufs an Ereignisknotenpunkten relevant ist. Mit der Auszeichnung eines

Ereignisses als Ereignisknotenpunkt ist natürlich eine globale Bewertung dieses Ereignisses als »wichtig« im Hinblick auf den Gesamtzusammenhang der erlebten Geschichte verbunden. Derartige »Wichtigkeits«-Bewertungen von Ereignissen müssen durch Einbettung der Ereignisse in den grundlegenden Deutungs- und Wertorientierungszusammenhang des Erzählers als existentiell handelnder Person begründet werden. Da der Erzähler am Zustandekommen derartiger Ereignisknotenpunkte gewöhnlich durch eigene Entscheidungsbeiträge beteiligt war, sind die »Wichtigkeits-Bewertungen« von Ereignissen als Ereignisknotenpunkte gewöhnlich mit sprachlichen Ausführungen verbunden, die die orientierungsmäßigen Grundpositionen des Erzählers als im betreffenden Interaktionstableau aktuell Handelnder und seine zentralen Interaktionsstrategien relativ eindeutig zum Ausdruck bringen.

(d) Der Kondensierungszwang des Erzählens eigenerlebter Geschichten führt dazu, daß einerseits Handlungsabsichten mit Handlungsrealisierungen sowie andererseits frühere Handlungsabsichten und bewertende Einstellungen hinsichtlich eines Problemzusammenhangs mit späteren Handlungsabsichten und Bewertungen hinsichtlich desselben Problemzusammenhangs unmittelbar oder doch relativ nahe hintereinandergestellt und somit automatisch kontrastiert werden. Im Vollzug derartiger Kontrastierungen können inhaltliche Diskrepanzen innerhalb der narrativen Darstellung auftreten. Es handelt sich hierbei nicht um logische oder sachliche Widersprüche, sondern ganz einfach lediglich um die alltäglichen Tatbestände, daß Handlungsplanungen nicht oder nur unvollkommen die beabsichtigte Wirkung in faktischen Handlungsvollzügen haben und daß sich Handlungsabsichten im Verlaufe des tagtäglichen faktischen Handelns und Erlebens verändern. (Partielle) Vergeblichkeiten von Handlungsplanungen und Abwandlungen von Handlungsabsichten werden in der tagtäglichen Handlungsroutine nur selten bewußt; sie werden in verschiedenen routinisierten Praktiken der Diskrepanzaufbereitung abgearbeitet. Sie treten auf, weil das intentionale Handeln heteronomen Systembedingungen unterliegt – d. h. Handlungsbedingungen, welche die Interaktionspartner in der aktuellen Handlungssituation nicht kontrollieren können.

(e) Alle drei narrativen Zugzwänge führen in kombinierter Auswirkung – allerdings unter besonderer Beteiligung des Detaillierungszwanges – dazu, daß der Erzähler getrieben ist, auch über Ereignisse und Handlungsorientierungen zu sprechen, über die er aus Schuld- bzw. Schambewußtsein oder auf Grund seiner Interessenverflechtung lieber schweigen würde. Bewußte oder unbewußte Versuche der Eliminierung derartiger Ereignisse oder Handlungsorientierungen aus der narrativen Darstellung bzw. ihre entstellende oder schlichtweg falsche Wiedergabe bringen den Erzähler von der klaren Orientierung am roten Faden des faktischen Ereignisablaufs ab. Er verstrickt sich in sachliche und/oder logische Widersprüche, die – sobald er sie bemerkt – durch erneute fingierte oder verzerrte Ereignisdarstellungen harmonisiert bzw. durch Erklärungen sekundär-legitimatorischen Charakters plausibilisiert werden sollen, die wiederum in erneute Widersprüche und Fragwürdigkeiten verstricken. Der Erzähler wird einen derartigen circulus vitiosus zu vermeiden versuchen und deshalb tendenziell auf ihr auslösendes Moment: nämlich auf die zeitlich, räumlich und personell eindeutige Darstellung singulärer Ereignisse, die zumindest teilweise als Anzeichen für Schuld- und Interessenverstrickung des

Erzählers als gemeindepolitisch Handelnder fungieren dürften, verzichten. Das bedeutet: er wird zumindest streckenweise das Bestreben haben, den Narrativitätsgrad seiner Darstellung zu reduzieren oder gar aus der narrativen Darstellung im engeren Sinne ganz auszusteigen (s. u.).

2.4 Das Stegreif-Erzählen eigenerlebter Erfahrungen und explizite Indexikalisierung

Soweit die allgemeinen Grundeigenschaften narrativer Stegreif-Aufbereitungen eigenerlebter Erfahrungen in ihren Implikationen für die Frage, inwieweit in ihnen die Struktur des tatsächlichen Handelns erfaßt wird, über das erzählt werden soll. Versucht man diese Implikationen in einem Satz zusammenzufassen, so läßt sich folgendermaßen formulieren: alle narrativen Stegreif-Aufbereitungen eigenerlebter Erfahrungen halten das System der Indexikalitäten, das für die narrativ berichteten aktuellen Handlungen relevant war, nicht nur prinzipiell durch, sondern bringen es noch deutlicher zum Ausdruck, als das in der faktischen Handlungspraxis möglich ist.

Das System der Indexikalitäten des jeweiligen Erzählers als in der Geschichte aktuell Handelnden besteht in der perspektivischen Rückbezogenheit aller Handlungen und Handlungserzeugnisse auf den je aktuellen, soziohistorisch eindeutig verorteten Existenzpunkt des je Handelnden bzw. in Interaktionen auch: des die jeweilige Handlung je Interpretierenden. (Zum Konzept der Indexikalität vgl. Garfinkel 1973, S. 210–214, 258 f.) Der Existenzpunkt des je Handelnden ist als
- »Nullpunkt« eines kognitiv-orientierenden Bezugsrahmens für Handlungsperspektiven; als
- »Nullpunkt« seines interessenmäßigen Relevanzsystems zur Motivation von Handlungen auf der einen Seite und zur Einschätzung der Bedeutsamkeit von Ereignissen für die Gesamtereigniskonstellation und die eigenen Handlungsabsichten auf der anderen Seite; sowie schließlich als
- »Nullpunkt« des unbewußten inneren Zeitstroms seiner Geistestätigkeit für routinisierte Praktiken zur Bewältigung heteronomer Systembedingungen des Handelns (die lediglich zum kleinen Teil dem Indexikalitätssystem als Orientierungselemente direkt einverleibt werden)
anzusehen. (Zu den Konzepten des kognitiven Bezugsrahmen
- »frame of reference« – und des Relevanzsystems vgl. Schütz 1962, S. 227 f.; 1964, S. 8, 234 f.; 1971, S. 208–226; zum Konzept des inneren Zeitstroms vgl. Schütz 1960, S. 43–51; 1962, S. 215 f.)

Der kognitive Bezugsrahmen für Handlungsperspektiven ist unmittelbarer Ausdruck der raumzeitlichen Position des Handelnden bzw. Interpretierenden innerhalb einer aktuellen Interaktionssituation; sowohl das Relevanzsystem zur Motivation von Handlungen und zur Bewertung von Ereignissen als auch der innere Zeitstrom, in welchem routinisierte Praktiken abgewickelt werden, sind Ausdruck der sozialstrukturellen Positionierung des Handelnden bzw. des die aktuellen Handlungen Interpretierenden.

In Aktualtexten – d. h. in Texten, in denen die Interaktionspartner im Rahmen aktueller Handlungssituationen sprachlich und außersprachlich handeln und dabei in direktem, finalem Blickstrahl auf noch zu realisierenden Handlungsabsichten bezogen sind – wird das System der Indexikalitäten nicht systematisch expliziert, da es durch die allen Interaktionspartnern bekannten aktuellen Situationsvorgegebenheiten schon genügend vereindeutigt ist. Da der Zuhörer den Gehalt der narrativen Texte stattdessen nicht selbst miterleben konnte, muß der Erzähler in seiner narrativen Erfahrungsaufbereitung sein handlungsrelevantes Indexikalitätssystem explizieren. Ohne die Explizierung des Indexikalitätssystems würde der Zuhörer die erzählte Geschichte nicht als Rekapitulation persönlicher Erfahrungen, sondern allerhöchstens als relativ unsystematische Auflistung theoretisierender und sekundär legitimierender allgemeiner Formulierungen verstehen. Ob noch erzählt und nicht bereits in allgemeinen Formulierungen kommuniziert wird, die von der angesprochenen Handlungswirklichkeit detachiert sind und manipulativen Verzerrungen offenstehen, kann besonders leicht und bequem in den Indizes des kognitiv orientierenden Bezugsrahmens festgestellt werden; Beispiele für derartige explizit indexikale Sprachformen sind Kennzeichnungen, Namen, Demonstrativa, Pronomina, Raum- und Zeitbezüge, exophorische deiktische Partikeln (wie: hier, dort, jetzt, damals usw. – vgl. Garfinkel 1973, S. 210; Bar-Hillel 1974, S. 173 f.). Das mehr oder weniger systematische und relevante Vorkommen explizit indexikaler Sprachformen kann mithin als Indikator für den Narrativitätsgrad der retrospektiven Aufbereitung eigenerlebter Erfahrungen aufgefaßt werden.

Je stärker der Erzähler seine eigene Interessenlage und seine eigenen Handlungsbeiträge zu verschleiern wünscht, desto intensiver wird er den dreifachen Zugzwang des Erzählens bemerken und als Bedrohung empfinden. Er nimmt wahr, daß Gestaltschließungs-, Kondensierungs- und Detaillierungszwang ihn in Darstellungsbereiche führen, die er auf den ersten Blick keinesfalls unter das vermeintliche harmlose Thema subsumiert hätte und über die er sich unter keinen Umständen ohne die »zungenlösenden« Randbedingungen der stegreifmäßigen narrativ-retrospektiven Erfahrungsaufbereitung freiwillig verbreitet hätte. Die nun einsetzende verschärfte autonome Kontrolle seiner Sprechaktivität zwingt dem Informanten die Tendenz auf, den Grad an Narrativität bzw. expliziter Indexikalisierung seiner Darstellung bis auf ein Minimum absinken zu lassen. Realisiert werden kann diese Tendenz auf zwei unterschiedlichen Wegen. Der Informant hat einerseits die Möglichkeit, in einen Diskurs allgemeiner Betrachtungen sekundär legitimierenden und leerformelhaften Charakters auszuweichen. Andererseits kann er versuchen, durch das beharrliche Anbieten von Sprechpausen als Stellen möglicher Redeübernahme (für den Zuhörer) sowie durch beharrliche Anwendung aktiver Redeübergabemechanismen (z.B. durch das Stellen von adressierenden Fragen und Aufforderungen) den Interviewpartner in ein hinsichtlich der Redebeiträge ausgewogenes Gespräch oder gar in eine Diskussion allgemeiner Grundsätze hineinzuziehen. (Ist ein Informant zunächst erzählwillig und kommen ihm erst allmählich Bedenken, so wird sein Versuch der Herauslösung aus dem dreifachen Zugzwang des Erzählens zunächst mit dem schwächsten Mittel beginnen, nämlich dem Anbieten von langen Pausen zum Erreichen des Sprecherwechsels, und über die Anwendung aktiver Redeübergabemechanismen zum stärksten Mittel, dem Sprechen in generellen Formulierungen, fortschreiten.)

Die Aufrechterhaltung seiner augenblicklichen Situation des Verstricktseins in den dreifachen Zugzwang des Erzählens andererseits würde den Informanten stattdessen in den unerwünschten und nicht mehr kontrollierbaren Prozeß des sukzessiven Offenlegens seiner »Handlungsfehler« und seiner Interessenlage bringen. Genau das vermag der Informant zu vermeiden, wenn er – ohne zum drastischen Mittel des Kommunikationsabbruchs zu greifen – sprechsituationsintern die Rolle des Erzählers (samt ihrer narrativen Zwänge) abzulegen in der Lage ist. Die beiden angedeuteten Auswege erscheinen dem Informanten deshalb als sehr deutlich empfundene Erleichterungen: als zumindest zeitweilige und subjektiv so definierte Befreiungen aus der narrativen Verfänglichkeit – die der Forscher vermittels narrativ generativer Zwischen- und Nachfragen allerdings immer wieder herzustellen bemüht sein wird.

3. Individuelle Schicksalsbetroffenheit

Die Wirksamkeit der Zugzwänge des Erzählens wurde zunächst bei der Durchführung von narrativen Interviews zu Gemeindezusammenlegungen bemerkt. Es schlossen sich Analysen zu »alltagsweltlichen« Erzählungen an, die in natürlichen Interaktionssituationen aufgezeichnet worden waren. Hierbei wurde festgestellt, daß die narrativen Zugzwänge über den kognitiven Figuren des Ereignisträgers, der Ereigniskette, der Situation und der thematischen Geschichte operieren (Kallmeyer/Schütze 1977). Als zentral stellte sich die kognitive Figur der Ereigniskette heraus. Sowohl in den Interviewerzählungen zu Vorgängen in Gemeindezusammenlegungen als auch in den in natürlichen Interaktionssituationen aufgezeichneten alltagsweltlichen Erzählungen bot sich die kognitive Figur der Ereignisverkettung zunächst als Sequenz intentionaler Handlungsaktivitäten dar (entsprechend »intentionalistisch« sind die Ausführungen in Abschnitt 2 formuliert). Auf der anderen Seite war klar, daß die Akteure der berichteten Gemeindezusammenlegungen nicht nur handelten, sondern zugleich von den durch die Gemeindezusammenlegung ausgelösten sozialen Prozessen als Erleidende betroffen wurden:
– Ihre Aktivitäten wurden durch Entscheidungen jenseits ihrer eigenen Handlungssphäre ausgelöst und fremdgesteuert (insbes. die Regierungsplanung zur Gebietsneuordnung).
– Ihre Aktivitäten änderten unter den neuen Bedingungen politischer Arbeit ihre Qualität und erfuhren in der Regel eine Kapazitätsreduktion.
– Angefangene Handlungsaktivitäten führten in erhöhtem Ausmaße zu Ergebnissen, die nicht intendiert waren, bzw. sie »verliefen im Sande«.
– Viele der befragten Gemeindepolitiker waren in der Sphäre politischen Handelns sich selbst fremd geworden; dieses Fremdheitserlebnis griff auf die persönliche Lebenssphäre über. In drastischen Fällen kam es zu existentieller Bedrohung der materiellen Existenz und psychischen bzw. gesundheitlichen Zusammenbrüchen. Als Beispiel mag hier das Schicksal eines Gemeindepolitikers gelten, der in der Frage der Namensgebung von der Mehrheit seines Gemeindeteils abgewichen war:

```
31    E: [...] da wurde schon in der Stadt erzählt, ja, der
32        kann das Geschäft mal zumachen, ja, wir gehen nicht
33        mehr hin, ich habe ein Textilgeschäft, wenn Sie das mal
34        hören, vielleicht wissen Sie auch wer es ist, ist ja
35        egal, es ist ja die nackte Wahrheit nicht wahr, daß wirk-
36        lich ich heute noch Kunden und Kundinnen habe, die bis
37        heute sogar noch mein Geschäft meiden, nur damals wegen
38        dieser Namensgebung, nicht?
39    I: Hm, hm.
40    E: Das ist hundertprozentig, ja, das, das waren nicht wenig,
41        das war zu viel, ich hab, nun hat es ja gehabt, und durch
42        diese Sache, ich kann es heute auch sagen, habe ich einen
43        Herzinfarkt bekommen, ja, [...]
```

(Behrmann, S. 9, 31–40)

Die Analysearbeit an den vorliegenden narrativen Interviews machte allmählich klar, daß das Konzept der kognitiven Figur der Kette analytisch weiter differenziert werden mußte. Diese Analysekategorie war zunächst (in Kallmeyer/Schütze 1977) am Material relativ einfacher alltagsweltlicher Erzählungen entwickelt und ausschließlich in den Vorstellungsparametern handlungsschematischer Abläufe gedacht worden. Zwar gibt es in nahezu jeder Erzählung handlungsschematische Verkettungen, und in kleineren Erzählungen stehen sie zumeist im Fokus der Erzählaufmerksamkeit. In größeren Erzählungen ist aber von vergleichbarer analytischer Relevanz die Verkettung von Ereignissen und Erfahrungen im Rahmen von »Verlaufskurven«, in die sowohl Prozesse sozialen Handelns als auch insbesondere Prozesse des Erleidens verwoben sind.

Das Konzept der Verlaufskurve (trajectory) wurde von Anselm Strauss ursprünglich für die Analyse von Patientenkarrieren entwickelt (Strauss und Glaser 1970). Es läßt sich aber auch sehr viel allgemeiner formulieren. Soziale Verlaufskurven sind besonders dichte, eine globale Struktur sequentieller Geordnetheit auskristallisierende konditionelle Verkettungen von Ereignissen. »Konditionell« meint in diesem Zusammenhang, daß die soziale Einheit (Person, Wir-Gruppe, Organisation) die Ereignisse nicht in Form intentionaler, willentlich zugänglicher Orientierungsbestände erfährt, sondern daß diese ihr als intentionsäußerliche Auslösebedingungen gegenübertreten. Die sequentielle Struktur von Verlaufskurven impliziert eine wesentliche – z. T. erwartbare – Veränderung der Merkmalsdimensionen und der Situationsdefinitionen (das häufig unter Einschluß des Selbstkonzeptes) der betreffenden sozialen Einheit. Negative Verlaufskurven – Fallkurven – schränken den Möglichkeitsspielraum für Handlungsaktivitäten und Entwicklungen der sozialen Einheit progressiv im Zuge besonderer Verlaufsformen der Aufschichtung heteronomer Handlungsbedingungen ein, die von der betroffenen sozialen Einheit nicht beeinflußt werden können. Positive Verlaufskurven – Steigkurven – eröffnen demgegenüber durch die Setzung neuer sozialer Positionierungen neue Möglichkeitsräume für Handlungsaktivitäten und Identitätsentfaltungen der betroffenen sozialen Einheit.

Um Kategorien und Analyseschritte für die Erforschung von Verlaufskurven zu entwickeln, wurden neben den Transkriptionen der Interviews mit Gemeindepolitikern die Transkriptionen von narrativen Interviews mit Arbeitslosen, Alkoholikern, Krebs-Patienten sowie Aussiedlern und Immigranten gesichtet. Es kristallisierten sich drei Ebenen eines allgemeinen Formats struktureller Beschreibung für Verlaufskurven heraus:

– sozialstrukturelle Dimensionen der Abwicklung einer Verlaufskurve;
– sequenzielle Ordnung einer Verlaufskurve; sowie
– Merkmalsrahmen und Variationstypologie von Verlaufskurven.

Es ist nicht sinnvoll, im knappen Rahmen dieses Beitrages die Kategorien dieser drei Analyseebenen darzustellen. Zur Ebene der sozialstrukturellen Dimensionen gehören z. B. die Unterscheidung zwischen globalen »epochenspezifischen« Rahmenbedingungen für das Entstehen und die Abwicklung einer Verlaufskurve und einem spezifischen Verlaufskurven-Potential als Antecedens der aktualisierten Verlaufskurve sowie die Unterscheidung zwischen der Kaskade konditioneller Ereignisverkettungen, die durch die Verlaufskurve freigesetzt wird, und dem identitätsstrukturellen (»biographischen«, »geschichtlichen«) Wandlungsprozeß, dem die von der Verlaufskurve betroffene soziale Einheit nicht entfliehen kann. Zur Analyseebene der Merkmalstypologie von Verlaufskurven gehört z. B. die Frage, welche Arten von sozialen Beziehungen zwischen der betroffenen sozialen Einheit, den professionellen Prozessoren der Verlaufskurven und den signifikanten Interaktionspartnern der Verlaufskurvenbetroffenen (den »Dritten«) strukturell möglich sind. Z. B. können sowohl die betroffene soziale Einheit als auch die professionellen Prozessoren auf signifikante Interaktionspartner des Betroffenen als »back-up system« für die Organisation des Alltags des Betroffenen, für die Filterung und Interpretation des Informationsflusses, für die Deutung der jeweiligen Verlaufskurvensituation und für die Aufrechterhaltung der Moral des Betroffenen angewiesen sein. Das Kernstück eines allgemeinen Beschreibungsrahmens für Verlaufskurven ist aber die Analyseebene der sequenziellen Ordnung von Verlaufskurven.

Auf Grund einer ganzen Serie von Analysen narrativer Interviews mit Betroffenen individueller Verlaufskurven der genannten Art kann behauptet werden (Schütze 1981), daß individuelle Verlaufskurven die Stationen des Aufbaus des Verlaufskurvenpotentials, der Grenzüberschreitung von einem intentionalen zu einem konditionellen Aggregatzustand sozialer Aktivitäten, des Findens und Bewahrens eines labilen Gleichgewichts, der Entstabilisierung der Lebenssituation (»Trudeln«), des Orientierungszusammenbruchs, der theoretischen Verarbeitung und der handlungsschematischen Bearbeitungs- und Entkommensstrategien durchlaufen. Das ist nicht so zu verstehen, daß der Biographieträger unweigerlich alle der genannten Stadien durchlaufen müßte, wenn die Verlaufskurve erst einmal in Gang gesetzt worden ist. Nur: für jeden Einhalt, der dem Verlaufskurvenmechanismus geboten wird, sind besondere Aktivitäten des Biographieträgers, spezieller Verlaufskurvenprozessoren bzw. der Verlaufskurvendritten (der Angehörigen, Freunde usw.) erforderlich, die unter dem Gesichtspunkt der Transformationen der Verlaufskurve untersucht worden sind. Jede dieser Transformationen (z. B. die der Stornierung bzw. die der Rückstufung) der Verlaufskurve bringt deutlich ins Gewicht fallende (wenn auch vielleicht zunächst übersehene) Kosten für den Betroffenen und den/die Agenten des Transformationsprozesses mit sich.

4. Kollektive Schicksalsbetroffenheit

Weiter oben war festgestellt worden, daß der Gesamtprozeß der Gemeindezusammenlegung von den Gemeindepolitikern nicht nur als neues Handlungs-
und Interaktionsfeld, sondern auch als Verursachungsbereich persönlichen Erleidens erfahren wird. Abgekürzt gesagt: die Eingewobenheit in einen kollektiven Sozialprozeß verändert die individuellen Handlungsparameter in einem
derartig hohen Ausmaße, daß jene Eingewobenheit in vielen Fällen als persönlicher Erleidensprozeß, als individuelle Verlaufskurve erfahren wird. Diese
individuelle Verlaufskurve wird durch einen kollektiven Veränderungsprozeß
ins Leben gerufen und in Gang gehalten, den man als »kollektive Verlaufskurve« bezeichnen kann. Auch sie ist durch handlungs- und identitätsäußerliche
Ereignisverkettungen bestimmt, deren Binnenrelationen konditioneller Natur
sind. Ein Spezifikum kollektiver Verlaufskurven ist jedoch, daß gerade intentionale Handlungsbeiträge individueller Aktoren durch nicht-intendierte Wirkungen konditionellen Ereignischarakter für die kollektive soziale Einheit erlangen können. So berichtet der Fraktionsführer der Minderheitspartei, daß
die Geheimkoalition seiner Partei mit der Majoritätspartei im andern Ortsteil
nur dazu geführt habe, letztere im Wege der Bürgermeisterwahl an die Macht
zu bringen, und jetzt sei seine eigene Partei im Netz der Majoritätspartei gefangen.

3	Wir haben also gemerkt, daß die Rotheburger *ganz geschickt*
4	ja bis raffiniert ja doch also politisch sich durchzusetzen
5	verstehen. – Und … nachdemse also uns gebraucht haben hab'n
6	se uns also wieder abgehalschert und zeig'n uns die Sch…
7	kalte Schulter und sitzen jetzt mit – dem Bürgermeister ja
8	an der Spitze – und der neue Gemeindedirektor wird also vom
9	Bürgermeister *sehr geschickt* eingesetzt und ist ihm ganz
10	hörig –
11	also zu jeder Geburtstagsfeier – eh-
12	Gemeindedirektor muß mitgehen das Schnäpschen trinken/
13	naja,
14	Sie kennen das ja – nich
15	und – von da aus hab'n die sich etab-
16	liert und brauchten uns dann nicht mehr so
17	und die Dinge … die
18	eh …/ Gleise sind gelegt worden in der Richtung und nun geht
19	das so. – Und wir -l- erleben! also auch immer bei den Haus-
20	haltsplänen das /eh/ etwa Rothe also besser bedacht wird beim
21	Straßenbau bei Bau – eh- plänen undsoweiter und nun
22	können wir als kleine Minderheit dagegen nichts sagen und die
23	andern *nun* laufen und marschieren mit.

(Graf, S. 6: 3–23)

Auch eine kollektive Verlaufskurve weist einen eindeutigen Phasenablauf auf.
So existiert in den Interviewerzählungen z. B. stets eine markierte Grenzüberschreitung, die das Handlungstableau der Gemeindepolitiker total verändert
und in den konditionellen (im Gegensatz zum intentionalen) Aggregatzustand
sozialer Aktivitäten überführt:

```
26    E: Also wir waren gar nicht darauf bedacht, andere Gemein-
27        den einzuverleiben, wir wollten für uns selbständig sein
28        und wollten unsere Sache weitermachen,
29    I:                                      hm,
30    E:                                           so, wie, wie
31        bisher
32    I:        ja,
33    E:            und jetzt kam der unglückselige Tag, also daß
34        wir zusammengeschlossen wurden, ja. Und dann kam ja auch
35        der Rat, der wurde neu gewählt, nicht wahr, es wurde nur
36        ein kommissarischer Rat /eh/ von ei/, einigen Herren
37        wohl hingestellt, dann war im März 1970 war dann die Neu-
38        wahl, und sie ging denn mit allem hervor, es wurden
39        Rechenaufgaben gestellt, nicht wahr, sind jetzt mehr
40        Burgdorfer in dem Rat oder sind mehr Hasenbrücker drin,
41        nicht wahr, ich sage es mal so genau, wie es - so wirk-
42        lich war nicht wahr,
43    I:                      ja ja,
44        prima, (       )
45    E: es wurde ausgeschrieben, ja und dann, wie wir zusammen-
46        kamen, da haben wir gedacht, es gibt doch vielleicht ein
47        gutes Zusammenarbeiten,
48    I:                          hm,
49    E:                              aber man soll es gar nicht gla
50        glauben, es waren da Gegensätze so viele
                                          (Behrmann, S. 2: 26-44)
```

Kollektive Verlaufkurven entwickeln zudem Teilprozesse, die über die Handlungskompetenzen individueller Akteure weit hinausgreifen und letztere als kollektive Veränderungen langfristig bestimmen. Der folgende Informant hat gerade festgestellt, daß er die Namensfrage – hinter ihr verstecken sich die Identitätszerstörung der zusammengelegten Teilgemeinden und das Fehlen jeglicher kollektiver Identität für die Gesamtgemeinde – nunmehr ruhen lassen will:

```
31    E: Aber für mich, und auch glaube ich für Krockengrund,
32        kein Anlaß, die Dinge wieder aufzugreifen, weil wir
33        sowieso keine andere Möglichkeit sehen, die die Kräfte-
34        verhältnisse sind ja so.
35        Sie werden noch schlechter werden, wenn die Bebauungen
36        erst sind, bei der nächsten Kommunalwahl werden die Wahl-
37        bezirke neu eingeteilt werden müssen, mit dem, mit der
38        Maßgabe, daß nachher noch weniger Leute aus dem Orts-
39        teil Krockengrund im Rat sind, sich noch weniger durch-
40        setzen können, mit Vernunftgründen geht es nicht, siehe
41        Namensgebung, ist ein reines arithmetisches Zahlen-
42        spiel, wir können uns vorher ausrechnen, wer dafür und
43        wer dagegen stimmt bei eventuellen Beschlüssen, und da-
44        mit ist nach meiner Ansicht eine wirklich fruchtbringen-
45        de kommunalpolitische Arbeit unmöglich.
                                          (Schwaberle, S. 25: 31-42)
```

Kollektive Verlaufskurven (wie eine Flutkatastrophe – vgl. Erikson 1976 –, ein Konkurs, eine Gemeindezusammenlegung, ein Krieg) sind konditionelle Ereignisverkettungen, die ohne das Vehikel (primärer) individueller Verlaufskurven eine kollektive identitätskonstituierte soziale Einheit (wie eine Familie, eine Organisation, eine politische Gemeinde, einen Staat) als solche betreffen. Sie zielen nicht auf die Wandlung *individueller* sozialer Einheiten ab (obwohl sie individuelle Verlaufskurven sekundär in Gang setzen können), und deshalb darf das Phänomen der kollektiven Auswirkung individueller Verlaufskurven (z. B. die Belastung, welche die individuelle Fallkurve eines Krebspatienten für seine Familie bedeutet) nicht mit kollektiven Verlaufskurven verwechselt werden.

Eine kollektive Verlaufskurve repräsentiert sich in einer kollektiven Erinnerung, der aktuell gewordenen Geschichte der Verlaufskurve: einer »historiographisch«-narrativ reproduzierbaren Gesamtereignisfigur. Diese weist allgemein bekannte Knotenpunkte auf, beinhaltet aber auch Elemente, über die nur wenige Eingeweihte, die »Protagonisten«, und das auch nur parteilich-partiell, Bescheid wissen. Eine kollektive Verlaufskurve ist also mit einer strukturierten, nicht individuell total verfügbaren historischen Wissensverteilung verbunden. – Für viele kollektive Verlaufskurven gibt es zudem Standardproblemstellungen, die teilweise von allen Beteiligten, teilweise von speziellen Protagonisten als zukünftige erwartet werden können.

Kollektive Verlaufskurven müssen durch besondere Repräsentanten bzw. Protagonisten handlungsschematisch enaktiert und symbolisch verkörpert werden: der Protagonist »weiht« sich in bestimmtem Maße mit seiner Biographie (und nicht einer individuellen Verlaufskurve; das ist eine wichtige analytische Differenzierung) der Aktualisierung und Repräsentation der kollektiven Verlaufskurve. Enaktierung und Verkörperung können eine partielle Aushöhlung der privaten Biographie bewirken; in diesem Falle gehen sie mit Notwendigkeit mit einer sekundären individuellen Verlaufskurve einher, die durch die primäre kollektive Verlaufskurve gestiftet ist.

In kollektiven Verlaufskurven konstituiert sich der Gegensatz zwischen Protagonisten und Nebenhandelnden. Zugleich verwischt sich der Tendenz nach der Gegensatz zwischen Prozessoren und Betroffenen; Prozessoren sind in der Regel auch Verlaufskurvenbetroffene (z. B. der die Gemeindezusammenlegung betreibende Bürgermeister). Tauchen professionelle Prozessoren auf, werden sie in der Regel nicht als solche voll erfaßt, d. h. das Kontraktverhältnis zwischen Professionellen und Betroffenen ist nicht transparent oder gar vollständig abhanden. Professionelle Prozessoren in kollektiven Verlaufskurven werden mithin in der Mehrzahl der Fälle als Fremdkörper im Interaktionsfeld wahrgenommen. Schwerwiegende Verständigungsprobleme (»Kommunikationsbarrieren«) sind programmiert. – In kollektiven Verlaufskurven entsteht zudem der polare Gegensatz zwischen Verlaufskurvengewinnlern und Verlaufskurvenverlierern. Der Verlaufskurvengewinnler schwimmt mit seinen Handlungsschemata auf der Woge der Verlaufskurventendenzen. Sein Erfolg ist vorprogrammiert, d. h. seine strukturelle Begünstigung ist bereits vor dem faktischen Eintreten des Erfolges diagnostizierbar. Dasselbe gilt vice versa für den Verlaufskurvenverlierer, der sich in der Regel einer historischen Tradition, der bisherigen »Biographie« der kollektiven Einheit, die er vertritt, verpflichtet fühlt. Der verlaufskurvenstrukturelle Gegensatz zwischen Verlaufskurvengewinnlern und -verlierern gilt allerdings nicht nur für die Protagonisten, die ihn als Kaskade kontroverser interaktiver Handlungsschemata enaktieren (und hierbei in individuelle Verlaufskurven verwickelt werden können), sondern auch für die kollektiven sozialen Teileinheiten (elementaren Kategorien), die sie repräsentieren. Denn mit dem Ausgang des strukturellen Verlaufskurvenkonfliktes und der Verteilung von Verlaufskurvengewinnen und -verlusten ändert sich das für die kollektive Gesamteinheit spezifische Indexikalitäten-, Interessen- und Ressourcensystem, das für die soziale Lagerung gerade auch der Nebenhandelnden und der Nur-Betroffenen maßgeblich ist.

Kollektive Verlaufskurven konstituieren sich häufiger als individuelle Verlaufskurven aus *intentionalen* handlungsschematischen Aktivitäten der Betroffenen als Protagonisten. Z. T. werden gerade durch sie handlungsheteronome Tendenzen der kollektiven Verlaufskurve und Kaskaden konditioneller Ereignisverkettungen hervorgebracht. Die Aktivitäten der Kontrahenten in kollektiven Verlaufskurven sind wechselseitig einander fremd und lassen sich nur zum Teil handlungsschematisch zurechnen; das gilt in noch höherem Maße für das Gesamtergebnis handlungsschematischer Ereigniskaskaden kollektiver Verlaufskurven. Damit ist folgendes Paradox erklärt: Protagonisten sind zwar Verlaufskurvenbetroffene wie Träger individueller Verlaufskurven auch; sie handeln häufig jedoch wesentlich aktiver und wesentlich intensiver geleitet von langfristigen handlungsschematischen Entwürfen als die Träger individueller Verlaufskurven, obwohl kollektive Verlaufskurven ebenso handlungsheteronom sind wie individuelle. Eine kollektive Verlaufskurve wird deshalb von den Akteuren eher als Handlungs-, denn als Erleidensfeld erlebt. – Gerade weil die kollektive Verlaufskurve ihre soziale Realität jenseits der individuellen Biographie hat, kann sie extensiv auf Versatzstücke intentionaler Handlungsbeiträge rekurrieren, ohne selbst zu einer intentionalen Struktur zu werden. Indem sie sich intentionaler Handlungsschemata bedient, setzt sie sich hinter ihrem Rücken – z. T. mit, z. T. gegen diese – durch. Kollektive Verlaufskurven bergen spezifische Gefahren der (sekundären) In-Gang-Setzung individueller Fallkurven und bringen besondere Chancen für das (sekundäre) Ergreifen individueller Steigkurven mit sich. Aber auch unabhängig von besonderen, individuellen Verlaufskurven ergreifen sie Besitz von individuellen Biographien und »plündern« deren Ressourcen. Das gilt gerade auch für Steigkurven. (Ein kollektiver Verlaufskurvenerfolg kann ein Pyrrhussieg für die individuelle Biographie sein.)

Die mit der Verlaufskurven-Grenzüberschreitung verbundene soziale Umpositionierung (gegenüber Verlaufskurven-Prozessoren, signifikanten Interaktionspartnern, Gegenspielern und dem Publikum) wird in die Struktur der Selbstidentität der betroffenen kollektiven soziale Einheit »verinnerlicht«: es entstehen neue soziale Teileinheiten; die sozialen Relationen zwischen den einzelnen Teileinheiten brechen, entstehen neu, werden umgeformt; und das ihnen entsprechende Netz von Interessenkonstellationen wandelt sich. Das alles geschieht inmitten des »Innenraums« der kollektiven sozialen Einheit; daneben wandelt sich selbstverständlich auch ihr äußeres, identitätstranszendierendes Relationengeflecht zu andern kollektiven und individuellen sozialen Einheiten.

Die mit der Grenzüberschreitung anhebende Wandlung der Selbstidentität der kollektiven sozialen Einheit wird in Strukturen des Interaktionsfeldes »veräußerlicht«. Der Widerstreit zwischen unterschiedlichen handlungsschematischen Basispositionen und -strategien zur Kontrolle der kollektiven Verlaufskurve wird von Interaktionskontrahenten bzw. Kollektivkategorien von Interaktionskontrahenten enaktiert und symbolisch verkörpert. Die Legitimationsproblematik der Verlaufskurve wird zum orientierungsmäßigen Widerstreit zwischen konkurrierenden, in bestimmten Handlungssituationen unvereinbaren Universalisierungsmechanismen (vgl. Schütze 1976), die auf unterschiedlichen Sozialebenen von »Wir-Gemeinschaft« verankert sind.

Besonders relevant in der oben bereits erwähnten sozialstrukturellen Wissensverteilung der kollektiven Verlaufskurve ist der grundlegende Gegensatz zwischen dem jederzeit legitimierbaren offiziellen Wissen über Ereignisse und dem »Gesamtkurs« der Verlaufskurve auf der einen Seite und dem in allen offiziellen Kommunikationssituationen verschwiegenen Wissen über die Hinterbühne der Verlaufskurvenbehandlung auf der andern Seite. Das offizielle Wissen ist am allgemeinsten, für alle Untereinheiten orientierungsrelevanten Binnenuniversalisierungsmechanismus der kollektiven sozialen Einheit ausgerichtet. Seine Informationsquellen müssen nicht eigens aufgezeigt und begründet, sein Besitz muß nicht eigens gerechtfertigt werden. Das Hinterbühnenwissen dagegen ist nur vor partiellen, kategorienspezifischen, d. h. für soziale Teileinheiten orientierungsrelevanten Universalisierungsmechanismen legitimierbar. Es impliziert (insbesondere für Interaktionskontrahenten, aber auch für unbeteiligte Dritte) Handlungsverwobenheit in legitimationsprekäre Praktiken der Verlaufskurvenbehandlung bzw. zumindest Sozialkontakte mit entsprechenden Protagonisten. – Der Gegensatz zwischen offiziellem Wissen und Hintergrundswissen entsteht aus dem Unterschied zwischen dem Kollektivitätscharakter der Verlaufskurve und dem notwendigerweise kategorienpartikularen (d. h. an die Interaktion von sozialen Untereinheiten gebundenen), »binnenkommunikativen« Charakter der auf die Verlaufskurve bezogenen individuellen Aktivitätsbeiträge. Im Zuge der Abwicklung kollektiver Verlaufskurven ist der Gegensatz zwischen einem Feld offiziellen Wissens und speziellen Bereichen von Hinterbühnenwissen notwendig. Bei individuellen Verlaufskurven dagegen besteht durchaus die Möglichkeit, daß ein derartiger Gegensatz auftritt (das insbesondere dann, wenn professionelle Verlaufskurvenprozessoren mit geschlossenem Bewußtheitskontext arbeiten), der Gegensatz ist aber für die individuelle Verlaufskurve nicht konstitutionsnotwendig.

Zum Abschluß ein typisches Beispiel für den Gegensatz zwischen offiziellem Wissen und Hinterbühnenwissen. Das offizielle Wissen bezieht sich hier auf den Tatbestand, daß der von der Krockengrunder Mehrheitsfraktion der A-Partei nominierte frühere Bürgermeister Schwaberle überraschend nicht gewählt wurde, sondern der Kandidat der Rotheburger Minderheitsfraktion der A-Partei, nämlich der frühere Rotheburger Bürgermeister Ostendorfer. Das Hinterbühnenwissen bezieht sich auf das Abhalten einer Geheimverhandlung zwischen der Rotheburger Fraktion der A-Partei und der Gesamtfraktion der B-Partei, über die auch von andern Informanten unter dem Siegel der Verschwiegenheit berichtet wird:

```
16    E: Und jetzt ging's ja um'n Bürgermeisterposten ...
17    I:                                             uhum
18    E: Da hat jeder seinen ehemaligen Bürgermeister präsentiert,
19       die Rotheburger ihren und die Krockengrunder ihren. –
```

```
20    Und jetzt war's -th- bei der internen Abstimmung bei ...
21    Ja ich glaub die Krockengrunder hatten doch eine Stimme
22    Mehrheit. –
23    So war's gewesen: eine Stimme Mehrheit – haben also mit
24    vierzehn zu dreizehn glaub ich war's oder dreizehn zu zwölf
25    Ja nee fünfundzwanzig hatt'n wir/
26    dreizehn zu zwölf ist beschlossen worden also den hiesigen
27    Krockengrunder Bürgermeister Schwaberle eh vorzuschlagen
28    und zu wählen. –
29    Un nun /eh/ die Dinge eh sind noch nicht ans Tageslicht
30    gekommen. Aber Sie sagten ja hier (((lachend, etwas ver-
31    legen))) das bleibt also unter uns, so sag ich es auch auch
32    nur so. –
33    Als wir das hörten – eh – traten die Rotheburger A-Partei-
34    /eh/ Ratsherren an unsere B-Partei-Fraktion heran, sagten:
35    Wie ist das denn? –
36    Habt ihr Euch Gedanken mit dem Bürgermeister gemacht. – Na,
37    hab'n wir gesagt: Für uns ist Euer Kandidat Schwaberle un-
38    tragbar – eh – gegenüber uns daß wir ihn nicht wählen. –
39    Ja, wen würdet ihr denn? –
40    Sagten wir: Ja also... euern Bürgermeister schon – viel
41    eher denn – soweit wir ihn kennen/
42                              wir allerdings von Krok-
43    kengrund kannten ihn ... nicht so sehr – aber die andern
44    ... von Rotheburg ... da -eh- von Rotheburg drüben sagten:
45    also der wäre uns wesentlich sympathischer. Und da kam es
46    also zu Geheimverhandlungen in Anführungszeichen –
47                                              von de-
48    nen die Krockengrunder A-Partei natürlich nichts wußte –
49    und bei der Ratssitzung soll – eh – kam dann der große
50    Eklat:
51             Schwaberle nicht gewählt. – /eh/ Ostendorfer mit den
52    Stimmen der dortigen A-Partei und unserer B-Partei – eh –
53    gewählt. –
54    Dann gingen hier natürlich hier die Wogen hoch Verrat, Schuf-
55    te, Lumpen. – De Rotheburger A-Partei wortbrüchig und so
56    weiter, nich. –
57    Es is ja verständlich, denn die haben ja praktisch – eh –
58    beschlossen: Wir wählen Schwaberle/
59                              wenn's auch 13 zu 12
60    das Abstimmungsergebnis war. –
61    (((Räuspern)))
62    Aber man hält sich ja normalerweise an Fraktionsbeschlüsse.
63    So kam das, daß also die Feindschaft zwischen der Rothebur-
64    ger A-Partei und der Krockengrunder A-Partei unüberbrückbar
65    war und auch zum großen Teil noch ist.
```

(Graf, S. 5: 16–62)

5. Schlußbemerkung

Es sollte in diesem Beitrag angedeutet werden, wie kollektive soziale Prozesse
und die individuelle und kollektive Betroffenheit durch diese empirisch erhoben und theoretisch analysiert werden können. Langfristige soziale Prozesse
und ihre Strukturformen können mit Mitteln des zeitraffenden, aber dennoch
die damals aktuelle Erfahrungs-, Erleidens- und Handlungsstruktur rekonstru-
ierenden narrativen Interviews erfaßt werden. Zur theoretischen Analyse lang-

fristiger sozialer Prozesse müssen neue Kategorien struktureller Beschreibung entwickelt werden, welche die Verlaufsformen sozialer Prozesse in den Blick nehmen. Diese Verlaufsformen sind nicht nur durch soziales Handeln, sondern auch durch individuelles und kollektives Erleiden geprägt. Dem müssen die analytischen Prozeßkategorien »individuelle« und »kollektive Verlaufskurve« Rechnung tragen.

Das Konzept der kollektiven Verlaufskurve ist im vorliegenden Beitrag nur am Beispiel der Erzählungen über Gemeindezusammenlegungen entwickelt worden. Gemeindezusammenlegungen sind zeitlich begrenzte mesostrukturelle Ereigniszusammenhänge, die der Erfahrungswelt individuellen Handelns noch relativ nahestehen und insofern relativ unproblematisch narrativ thematisiert werden können. Bei gesamtgesellschaftlichen historischen Veränderungsprozessen ist eine narrative Elizitierung schon bedeutend schwieriger. Handelt es sich bei den Informanten nicht um politische Protagonisten, dürfte es äußerst kompliziert sein, derartige narrative Darstellungen des Veränderungsprozesses gesamtgesellschaftlicher Verhältnisse in notgedrungenerweise »künstlichen« Interviewsituationen hervorzulocken. Das bedeutet aber nicht, daß keine narrativen Vorstellungsgehalte zu gesamtgesellschaftlichen Prozessen bei »normalen« Gesellschaftsmitgliedern vorhanden wären. Wir wissen, daß Eltern in der Primärsozialisation Kindern im Stegreif über frühere Lebensverhältnisse (z. B. über den letzten Krieg, über die Flucht aus dem Osten usw.) erzählen; ähnliche Erzählsituationen wurden auch zwischen Einwanderern und Einheimischen beobachtet. Was relativ leicht auch unter Interviewbedingungen hervorzulocken ist, sind autobiographische Erzählungen. In der Regel weisen diese einen gesamthistorischen Situationsrahmen auf, der die jeweiligen meso- und makrostrukturellen Bedingungen und Veränderungsdeterminanten unterschiedlicher lebensgeschichtlicher Phasen skizziert. So z. B. die soziohistorische Bedingungskonstellation des beginnenden Wirtschaftswunders:

```
28   E: Und obgleich ich dann eine Freundin hatte, das war aber
29       sone rheinische Frohnatur, die hatte also immer das Sa-
30       gen, und eh
31   I:        hm
32   E:          und eh die eh, die war ja, die war auch immer
33       sehr gut gekleidet, das weiß ich, der Vater, der war Tex-
34       tilvertreter bei Schirmer, und die hatten unheimlich viel
35       Geld, und das wurde auch überall so irgendwie gezeigt und
36       so, und – das war also bei uns, ja, das war erst nicht so,
37       weil wir – jahrelang mußten wir immer beim Kaufmann an-
38       schreiben lassen,
39   I:        hm,
40   E:          weil mein Vater natürlich einen Kre-
41       dit aufgenommen hatte bei der Firma, um diese Wohnung
42       eh einzurichten und machen zu lassen und so, und das war
43       also eh ganz schlimm, wir, wir eh waren also ziemlich un-
44       ansehnliche Typen, das weiß ich noch, eh eh ich hatte
45       immer so'n unheimlich langen Schlabbermantel irgendwie
46       so an, und einmal, da fiel mir auf, obgleich das das ja
47       gar nicht so schlecht war, da sagte so'n Junge, die ist
48       doch eigentlich sonst ganz nett, aber die hat ja immer
50       Sachen an, nich, und da fiel mir das dann auch so all-
```

```
51        mählich so auf, und da habe ich echt drunter gelitten,
52        da sind wir auch mal auf der Rheinstraße so mittags
53        spazierengegangen, da sah das schon alles ganz anders
54        aus,
55    I:      hm,
56    E:        und eh da merkte ich so, daß wir also so, so
57        irgendwo irgendwie nicht so mitkamen, nich, und dann
58        ging das ja los, mit'm Geldscheffeln, und da fing das
59        ja echt an, da war ja das Wirtschaftswunder dann so im
60        Kommen, ne,
70    I:      hm   wann war das so ungefähr – jetzt, ich kann mir
71        das zwar ausrechnen, nur daß ich jetzt so mitkomme,
72    E:                                                     ja,
73        auch – 48, -49, -50
```

(Carola, S. 19: 28–56)

Angesichts dramatischer Höhepunkte gesamtgesellschaftlicher Verlaufskurvenprozesse – z. B. bei Darstellung von Bombenangriffen im Krieg oder bei Fluchtschilderungen – treten die narrativen Bezüge auf kollektive soziohistorische Vorgänge auch im narrativen Interview in den Vordergrund der Erzählorientierung, d. h. sie werden zu Gliedern der kognitiven Figur der narrativen Hauptereigniskette. Es dürfte sinnvoll sein, die indirekten und direkten Verweise auf kollektive mesostrukturelle und gesamtgesellschaftliche Verlaufskurven in autobiographischen narrativen Interviews systematisch zu sichten, um die Erfahrungsform soziohistorischer Prozesse unterschiedlichen Allgemeinheitsgrades zu erforschen. Für eine derartige Analyse könnte das an individuellen und mesostrukturellen Prozessen gewonnene theoretische Konzept der Verlaufskurve mit seinen empirischen Indikatoren (die hier aus Platzgründen nicht dargestellt werden konnten) strategisch sein.

Literatur

Bar-Hillel, Jehoshua 1974 Indexikalische Ausdrücke. In: Siegfried J. Schmidt, Hg., Pragmatik I. München, S. 166–186

Erikson, Kai T. 1976 Everything in its Path. Destruction of Community in The Buffalo Creek Flood. New York (Simon and Schuster)

Garfinkel, Harold 1973 Das Alltagswissen über soziale und innerhalb sozialer Strukturen. In: Arbeitsgruppe Bielefelder Soziologen, Hg., Alltagswissen, Interaktion und gesellschaftliche Wirklichkeit. Reinbek, S. 189–262

Kallmeyer, Werner, und Fritz Schütze 1977 Zur Konstitution von Kommunikationsschemata. Dargestellt am Beispiel von Erzählungen und Beschreibungen. In: Dirk Wegner, Hg., Gesprächsanalysen. Hamburg (Buske), S. 159–274

Labov, William und Joshua Waletzky, 1973 Erzählanalyse: mündliche Versionen persönlicher Erfahrung. In: Jens Ihwe, Hg., Literaturwissenschaft und Linguistik. 2 Bde., Frankfurt, Bd. 2, S. 78–126

Schatzman, Leonard, und Anselm Strauss 1966 Social Class and Modes of Communication. In: Alfred G. Smith, Hg., Communication and Culture, New York, S. 442–455

Schütz, Alfred 1960 Der sinnhafte Aufbau der sozialen Welt. Wien (Springer)

Schütz, Alfred 1962/64 Collected Papers. Den Haag, Vol. I, II

Schütz, Alfred 1971 Das Problem der Relevanz. Frankfurt

Schütze, Fritz 1976 Zur Hervorlockung und Analyse von Erzählungen thematisch relevanter Geschichten im Rahmen soziologischer Feldforschung – dargestellt an einem Projekt zur Erforschung kommunaler Machtstrukturen. In: Arbeitsgruppe Bielefelder Soziologen, Kommunikative Sozialforschung. München, S. 159–260

Schütze, Fritz 1977 Die Technik des narrativen Interviews in Interaktionsfeldstudien – dargestellt an einem Projekt zur Erforschung von kommunalen Machtstrukturen. Universität Bielefeld, Fakultät für Soziologie, Arbeitsberichte und Forschungsmaterialien, Nr. 1

Schütze, Fritz 1981 Prozeßstrukturen des Lebensablaufs (und: Empirische Illustrationen). In: Joachim Matthes, Arno Pfeifenberger, Manfred Stosberg, Hg., Biographie in handlungswissenschaftlicher Perspektive. Kolloquium am Sozialwissenschaftlichen Forschungszentrum der Universität Erlangen-Nürnberg. Nürnberg (Verlag der Nürnberger Forschungsvereinigung e. V.), S. 55–156

Strauss, Anselm, und Barney Glaser 1970 Anguish. A Case History of A Dying Trajectory. Mill Valley, Ca. (The Sociology Press)

JOHANNA KAHR

Literarische Darstellungsschemata als Kompensation in der Geschichtsschreibung der Französischen Revolution

Als Roland Barthes 1967 erstmals die Methode der strukturalen Erzählanalyse auf den Diskurstyp der Historiographie (»le discours de l'histoire«) ausdehnte, verfolgte er das Ziel, die Frage nach der Berechtigung traditioneller Gattungsabgrenzungen am exemplarischen Fall der Unterscheidung von »récit fictif« und »récit historique« unter den methodischen Prämissen einer linguistischen Diskursanalyse neu zu stellen. [1] Anhand eines zeitlich weit gespannten Überblicks über die Erzählverfahren Herodots, Machiavellis, Bossuets und Michelets gelangte er zu dem Ergebnis, daß sich die Historiographie, ungeachtet ihrer prinzipiellen Berufung auf die res factae (»le prestige du *c'est arrivé*«), derselben elementaren Mittel zur Illusionsbildung bediene wie die fiktionalen Gattungen Epos und Roman, so etwa der epischen Kunstgriffe der feierlichen Einleitung (»introït purificateur«) und der Beglaubigung des Erzählten durch Berufung auf Quellen, Zeugnisse von Beteiligten und mündliche Überlieferung, vor allem aber der Verfahren (tiefen-)struktureller Sinngebung durch kohärenzstiftende Sequenzbildung (»fonctions du récit«) und durch bedeutungstragende »Indizien«. [2] Seither haben sich Literatur- und Geschichtswissenschaft wiederholt mit den teils offenen, teils verdeckten Literarisierungen der Geschichtsschreibung beschäftigt. [3] Vor allem das Verhältnis von »Erzählung und Geschichte«, m. a. W. die Bedeutung narrativer Strukturen für die Konstitution historischer Sinnbildungen rückte in den Mittelpunkt des gemeinsamen Interesses. [4]

Der Prozeß der narrativen Sinnkonstitution, als dessen Endprodukt die (historische wie fiktive) ›Geschichte‹ angesehen werden kann, ist bisher in zwei verschiedenen Modellen vorgestellt worden.

Nach dem einen fast gleichzeitig von Hayden White und Karlheinz Stierle in die Diskussion eingeführten Modell wird als elementares Grundsubstrat der Sinnbildung die ungeordnete, sinnindifferente Formlosigkeit des »Geschehens« angenommen, aus der sich erst durch Selektion und Reduktion nach bestimmten »Relevanzgesichtspunkten« oder Konzepten eine ›sinnvolle‹ kohärente »Geschichte« konstituiert. [5] Die Tätigkeit des Historikers bestünde demnach in Analogie zur Tätigkeit des Dichters im ›Erfinden‹ von Geschichten, d. h. im Finden von Sinnstiftungen innerhalb eines offenen »Feldes« (»historical field«) von Sinnstiftungsmöglichkeiten auf der Basis eines formlosen, allenfalls annalistisch aufbereiteten Materials, über das der Historiker, lediglich begrenzt durch die Verpflichtung zur Faktentreue, relativ frei verfügt. In diesem Sinne wären alle Geschichten, auch die in der Historiographie erzählten, in konzeptueller Hinsicht ›Fiktionen‹, nämlich Konstrukte aus ›Geschehen‹. [6]

Das zweite bereits in den fünfziger Jahren sowohl im phänomenologischen (Wilhelm Schapp [7]) wie im literarästhetischen Kontext (Michel Butor [8]) angebotene, in den letzten Jahren von der Wissenssoziologie (Thomas Luckmann im Anschluß an Alfred Schütz [9]) und der Geschichtstheorie (Reinhart Koselleck [10]) aufgegriffene Modell stellt demgegenüber den Prozeß der Sinnbildung nicht als freie Komposition auf der Basis des Geschehens, sondern als Rekomposition auf der Basis bereits vorgefundener Geschichte[n] dar. Dieses Modell trägt der Tatsache Rechnung, daß der Mensch in seiner lebensweltlichen Erfahrung immer schon »in Geschichten verstrickt« ist (Schapp) und daß die individuelle wie die kollektive Erfahrungsbildung nicht ohne Orientierung an bereits etablierten Sinnbildungen, wie sie in Erzählzusammenhängen tradiert werden, zu denken ist. Bezogen auf die Tätigkeit des Historikers ergibt sich daraus, daß auch der Sinnkonstitution der historiographischen Darstellung nicht das Geschehen an sich als ein unendliches »Feld von Darstellbarkeiten« [11] und möglichen Sinnbildungen zugrundeliegt, sondern ein Fundus von erzählten ›Versionen‹ der Geschichte, m. a. W. ein bereits durch »Geschichten« interpretiertes »Geschehen«, das zwangsläufig die Folie für jede neue Interpretation bildet. [12]

Diese beiden scheinbar einander ausschließenden Modelle der Sinnkonstitution sind indessen in Wahrheit lediglich zwei Seiten ein und desselben Prozesses: Jede subjektive Erfahrung hat zunächst den Charakter einer Konfrontation mit »Geschehen«, für das eine Interpretation erst gefunden werden muß. Jede Verarbeitung von Erfahrung schließt aber an vorausliegende Sinnbildungsmuster an, die im Normalfall die Eingliederung der neuen Erfahrung in den Vorrat ›bekannter Geschichten‹ ermöglichen, im Extremfall als Orientierung versagen und die ›Erfindung‹ neuer Sinnbildungsmuster verlangen.

Für diesen letzten Fall ist die Geschichtsschreibung der Französischen Revolution ein besonders aufschlußreiches Beispiel. Es kann nicht überraschen, daß die Revolution von 1789 von den Zeitgenossen und von den nachfolgenden Generationen als radikaler Bruch mit der Vergangenheit und den überkommenen Anschauungsformen [13] und insofern als ein beispielloses, unvorhersehbares Ereignis [14] angesehen wird, für dessen Darstellung kaum Vorbilder in der Geschichte zu finden sind. [15] Die konkrete Geschichtserfahrung hat gleichsam das in der traditionellen Geschichtsschreibung sedimentierte Wissen überholt:

Car il n'est personne parmi nous, hommes du XIXᵉ siècle, qui n'en sache plus que Velly ou Mably, plus que Voltaire lui-même, sur les rébellions et les conquêtes, le démembrement des empires, la chute et la restauration des dynasties, les révolutions démocratiques et les réactions en sens contraire.

– so das Fazit Augustin Thierrys im Jahre 1827. [16]

Bei näherem Zusehen erweist sich die Bewältigung der Revolutionserfahrung aber dennoch als in ungewöhnlichem Maße durch vorausliegende ›Geschichten‹ vorgeprägt. Allerdings sind diese weniger dem Vorrat historischer Erklärungen als vielmehr dem Reservoir literarischer Anschauungsformen entnommen. Die Gründe hierfür sind vielschichtig.

In der Tat stellt die historiographische Tradition, selbst die methodisch hochentwickelte Aufklärungshistoriographie, keine geeigneten Darstellungsmuster für das gänzlich neue historische Sujet bereit, da sie primär auf solche Verläufe zugeschnitten ist, deren »politisch agierende Kräfte auf die Zahl der

Fürsten beschränkt blieb« [17] und deren Sinngebung infolgedessen aus einem überschaubaren Zusammenspiel von kalkulierbaren Handlungsintentionen, einsetzbarem Potential an wirtschaftlichen und militärischen Ressourcen und erzielten Handlungsergebnissen erwächst. Soweit wie etwa bei Voltaire neben der »histoire des rois« die »histoire des nations« in den Blick kommt, interessieren zwar die kulturellen und zivilisatorischen Manifestationen des menschlichen Geistes (»mœurs et esprit des nations« [18]) bei den verschiedenen Völkern der Erde im Hinblick auf die Geschichte des universellen Fortschritts; die politische Bedeutung des Volkes wird aber noch ganz in Abhängigkeit vom Herrscher, als »création de la politique« [19] gesehen. Erst die romantische Geschichtsschreibung entwickelt das neue Konzept des Volks als Akteur der Geschichte, nicht zuletzt aufgrund eines veränderten Geschichtsbewußtseins, wie die Vertreter der »école historique« zu Beginn der zwanziger Jahre des 19. Jahrhunderts immer wieder hervorheben. [20] Sie erproben dieses Konzept jedoch eher an entlegenen Epochen, wo sich die Aufgabe einer konkreten Ermittlung der Rollenverteilung noch nicht in dem Maße stellt und überdies mangels entsprechender Quellen einer genaueren Überprüfung entzieht. Die Mitwirkung des Volkes wird hier eher idealisiert und der Funktion einer harmonisierenden Deutung der frühen nationalen Geschichte unterstellt. [21]

Zugespitzt läßt sich also behaupten, daß die Darstellungsmuster der Aufklärungshistoriographie für andere ›Geschichten‹ konzipiert waren, während die romantischen Historiker in erster Linie mit programmatischen Forderungen auf die neue Verlaufsform des historischen Prozesses reagierten.

In noch stärkerem Maße als durch den Mangel an geeigneten historischen Anschauungskategorien wird die distanzierte Aufarbeitung der Französischen Revolution dadurch erschwert, daß die Revolution im Bewußtsein der nachfolgenden Generationen ›nicht abgeschlossen‹ ist [22], teils weil wesentliche Postulate als nicht erfüllt angesehen werden, teils weil der Verlauf, den die Revolution genommen hat, – von unterschiedlich angesetzten Zeitpunkten an – als rückgängig zu machende Fehlentwicklung interpretiert wird. In einer Zeit immer neuer politischer Veränderungen wird die ›Große‹ Revolution, die erste aller kontinentalen Revolutionen [23], nach Maßgabe des mittlerweile erreichten politischen Entwicklungsstandes immer wieder neu beleuchtet und in die Diskussion der aktuellen Situation hineingezogen. Dabei wird gerade die Geschichtsschreibung in extremer Weise zum Instrument der ideologischen Auseinandersetzung, so daß sich die mit der Revolution entstandenen Parteiungen bis in die Versuche historischer Sinnbildung fortsetzen. [24] Außerdem wird die Revolution von 1789 im 19. Jahrhundert beständig auf eine neues ›Ende‹ hin erzählt: Der Staatsstreich Napoleons I. ist ›Abbruch‹ oder ›Vollendung‹ der Revolution; die Julirevolution und das Bürgerkönigtum sind die ›Erfüllung‹ der bürgerlichen Revolution von 1789 und das Telos der Nationalgeschichte; die Revolution von 1848 ist positiv oder negativ bewertete ›Fortsetzung‹ der jakobinischen Hoffnungen von 1793. [25]

Diese Verstrickung in die ›Fortsetzungsgeschichte‹ der Revolution und der von ihr ausgehende Rechtfertigungszwang läßt die Historiker des 19. Jahrhunderts nicht genügend Abstand finden zu ihren Quellen und führt dazu, daß sie die Sinnbildungen der beschriebenen Epoche einfach übernehmen. Als »historiographie commémorative« hat dementsprechend François Furet die Geschichtsschreibung der Französischen Revolution im 19. Jahrhundert charakterisiert:

La théorie du gouvernement révolutionnaire est aussi neuve que la révolution qui l'a amené. Il ne faut pas la chercher dans les livres des écrivains politiques, qui n'ont point prévu cette révolution [...] [30]

Au XIXe siècle, cette histoire est à peine distincte de l'événement qu'elle a pour charge de retracer, puisque le drame qui commence en 1789 ne cesse de se rejouer, génération après génération, autour des mêmes enjeux et des mêmes symboles, dans une continuité du souvenir transformé en objet de culte ou d'horreur. [26]

Das in zahlreichen zeitgenössischen Zeugnissen überlieferte revolutionäre bzw. antirevolutionäre Selbstverständnis zeichnet sich nun aber nicht nur durch eine ungewöhnlich starke apologetische bzw. polemische Verzerrung aus, sondern ist in ebenso ungewöhnlichem Maße durch trivialliterarische Anschauungsformen geprägt, auf die schon die Akteure selbst in Ermangelung geeigneter politischer Kategorien rekurrieren und die sie als ideologische Waffen in der Rechtfertigung ihres Handelns benutzen. Bereits die Handlungsbeteiligten der Revolution selbst werden vom Gang der Ereignisse überrascht und können ein Defizit an politischer Orientierung und vor allem an ›revolutionärer Strategie‹ nicht verleugnen. [27] Zwar waren der Revolution die Postulate, die sie je nach politischer Gruppierung in unterschiedlichem Maße einklagte und festzuschreiben suchte, durch die Staats- und Gesellschaftstheorien der Aufklärer und durch das praktische Beispiel der Amerikanischen Verfassung weitgehend vorgegeben; die Philosophen hatten in ihren Entwürfen eines idealen Staatswesens jedoch keine hinlänglichen Anweisungen für die ›Veränderung der Welt‹ hinterlassen, obwohl Rousseau durchaus auch das Zustandekommen der Veränderungen von einem Gesellschaftszustand zum andern hypothetisch beschrieben hatte, allerdings bezogen auf die Vergangenheit und in der ›falschen‹ Richtung vom Besseren zum Schlechteren. [28] Eine Anknüpfungsmöglichkeit an die hier gleichwohl in nuce enthaltene Theorie des politischen Kampfes sahen die Revolutionäre indessen offenbar nicht; sie fühlten sich vielmehr in der Zwangslage, »inmitten der sich zuspitzenden Verhältnisse ihre eigenen Regierungsmaximen [...] entwerfen« zu müssen. [29] Symptomatisch hierfür ist Robespierres Behauptung, daß es keine Theorie des »gouvernement révolutionnaire« gebe, eben jener Regierungsform, die die Idealgesellschaft erst herbeiführen soll:

La théorie du gouvernement révolutionnaire est aussi neuve que la révolution qui l'a amené. Il ne faut pas la chercher dans les livres des écrivains politiques, qui n'ont point prévu cette révolution [...] [30]

Deutlicher als die Philosophie hatte die Literatur des 18. Jahrhunderts neben dem Idealstaat, den sie »in zahlreichen fiktiven Reiseberichten als Realität ferner Länder« [31] beschrieb, auch die Auseinandersetzungen *auf dem Weg* zum idealen Endzustand thematisiert, wie etwa die Veränderung der Macht- und Herrschaftsverhältnisse durch die Beseitigung einer zum Despotismus entarteten Regierungsform in der Aufklärungstragödie oder die Klassenauseinandersetzungen zwischen Adel und ›Volk‹ am Beispiel von Herr und Diener in Beaumarchais' *Mariage de Figaro* (1784). [32] So gesehen mochte die Literatur in der Tat eher als ›Vorbereitung‹ auf das konfliktreiche Zwischenstadium der Revolution erscheinen und dem Selbstverständnis der Revolution attraktivere Anknüpfungspunkte bieten. Nichtsdestoweniger gilt natürlich auch für die Literatur, daß sie »diese Revolution nicht vorausgesehen hat« und somit für ihren tatsächlichen Verlauf keinerlei konkrete Orientierung zu liefern vermochte.

Dieser allgemeine Befund bildet den Hintergrund für den extrem literarischen Charakter der Geschichtsschreibung der Französischen Revolution. Drei dominante literarische Anschauungsformen des Selbstverständnisses, die in der Historiographie beständig wiederkehren, sollen im folgenden exemplarisch vorgeführt werden: das »Komplott der Aristokraten«, die »verfolgte Tugend« und das »triumphierende Opfer«.

1. Das »Komplott der Aristokraten«

Die traumatische Furcht der Revolutionäre vor geheimen Komplotten ihrer Gegner hat zuletzt Furet als konstantes ›Ideologem‹ des beständig sich selbst reproduzierenden »discours révolutionnaire« beschrieben [33] und aus dem mythisch-religiösen Substrat eines manichäistischen Weltbildes abgeleitet. [34] Mit diesem sicherlich zutreffenden Hinweis auf die latente Tiefenstruktur der revolutionären Mentalität ist jedoch die Oberflächenstruktur des revolutionären Diskurses noch nicht hinreichend charakterisiert. Denn auf der manifesten Textebene erscheint die Basisopposition von »volonté du peuple« = »volonté bonne et tranparente« vs. »complot aristocratique« = »volonté perverse et cachée« [35] nicht unmittelbar in der mythischen ›einfachen Form‹; sie wird vielmehr nach dem elaborierteren literarischen Muster der zeitgenössischen Gattung Schreckensroman transformiert. Das typische Aktanteninventar des Schreckensromans: aristokratische[r] Verfolger, unschuldiges Opfer und ›Helfer‹ [36] des Opfers, sowie die plot-Struktur der Entlarvung immer neuer geheimnisvoller Intrigen bei gleichzeitiger Akkumulation der Gegner [37] liefert dem Selbstverständnis der Revolutionäre sehr viel konkretere Anknüpfungspunkte, die vor allem Marat und Robespierre zu einem kohärenten Deutungsmuster der Revolution ausbauen. Mißerfolge oder das Stagnieren der Revolution werden seit ihrem Beginn von Marat im *Ami du peuple* und in zahlreichen Reden Robespierres auf die vom »Schleier des Geheimnisses bedeckten« [38] »Komplotte der Aristokraten« [39] zurückgeführt. Die Aktantenposition des aristokratischen Verfolgers wird nach und nach mit sämtlichen als »Feinde der Revolution« verdächtigten Akteuren besetzt. [40] Die immer zahlreicheren Gegner [41] versuchen immer von neuem und nach immer besser ›kombiniertem‹ Intrigenplan, den Erfolg der Revolution zu hintertreiben:

Ces procédures *secrèttes & clandestines;* ce *voile impénétrable* qui couvre toutes leurs opérations; [...] cette attention continuelle de la faction corrompue des Etats généraux, à s'assurer de la Milice Parisienne; [...] ces fanfaronnades des Députés Aristocratiques; [...] tout cela n'annonce que trop un *plan profondément combiné.* [...] si ce *plan de trahison* n'a pas été exécuté par les mêmes mains, il vient indubitablement *de la même source.* [42]

›Opfer‹ der »Aristocrates rusés« [43] ist das Volk, das in seiner Arglosigkeit die Täuschungsmanöver der Gegner (»projet de leurrer le Peuple« [44]) nicht durchschaut (»trop peu versé dans la politique pour découvrir des pièges cachés avec art« [45]) und deshalb einen ›Helfer‹ braucht [46] – niemand anders als Marat selbst –, der die Komplotte entlarvt und das ›Opfer‹ vor neuen Anschlägen schützt:

[...] le Peuple a tout à craindre des artifices de ses ennemis [...]; il sera pris au piège s'il ne l'apperçoit: il lui faut donc des hommes versés dans la politique, qui veillent jour & nuit à ses intérêts, à la défense de ses droits, au soin de son salut: je lui consacrerai tous mes instans. [...] je démasquerai les hypocrites, je dénoncerai les traîtres [...] [47]

Je mehr die innen- und außenpolitischen Bedrängnisse der Revolution zunehmen und je mehr das Ziel der Idealgesellschaft in unerreichbare Ferne zu rücken droht, desto monomaner und monotoner wird, nicht nur von Marat und Robespierre, die Verteidigung der Revolution mit dem Klischee vom »Komplott der Aristokraten« bestritten. Dabei verdichtet sich die Deutung des Verlaufs der Revolution als einer Serie von Komplotten und Entlarvungen bereits in der Vorstellung der Revolutionäre zu einer kohärenten ›Geschichte‹; so etwa wenn Robespierre und Marat jeweils ihre »Erfahrung aus drei Jahren Revolution« [48] resumieren:

Quand nous touchons visiblement au *dénouement de toutes les trames funestes ourdies* contre la constitution, *depuis le moment ou ses premiers fondemens furent posés jusqu à ce jour,* il est temps sans doute de sortir d'une si longue et stupide léthargie, de jeter un coup d'œil sur le passé, de le lier au présent, et d'apprécier notre véritable situation. [49]

Depuis trois ans nous nous agitons pour recouvrer notre liberté, et cependant nous en sommes plus éloignés qu'au premier jour [...] *Dés l'origine,* la révolution n'a été pour la cour et les suppôts, qu'un *motif éternel* de séduction, de captation, de corruption, de machinations, de pièges, d'attentats, d'assassinats, d'empoisonnemens, de complots désastreux. [50]

Das spiegelbildliche Gegenstück zum »Komplott der Aristokraten« ist die vor allem in Emigrantenkreisen seit 1790 sich verbreitende Vorstellung eines »Komplotts der Jakobiner«. Die im Geheimen intrigierenden ›Drahtzieher‹ des ›schrecklichen Geschehens‹ sind nunmehr die Revolutionäre selbst, deren Herkunft aus den suspekten geheimen Zirkeln der Freimaurer ›nachgewiesen‹ wird [51]:

Ces antres désormais appelés Clubs de Jacobins ne sont autre chose que ces Arrière-Loges Maçonniques [...] Ce sont les mêmes principes d'égalité, de liberté, d'impiété & de rébellion; c'est le même zèle & la même fureur pour la Révolution [...] C'est surtout le même serment que celui des Loges conspiratrices. [52]

›Opfer‹ dieser geheimen Machenschaften sind der rechtmäßige und »tugendhafte« König (»espoir secret de réussir un jour à tromper et à perdre ce prince [= Louis XVI]« [53]) und sein »unschuldiges« Volk (»cette foule de victimes innocentes« [54]), das von den Anschlägen der »wühlenden« ›Jakobinersekte‹ (»secte homicide qui a déjà miné les fondemens de l'ordre social« [55]) bedroht ist, ihre geheimen Motive (»motifs cachés« [56]) nicht durchschaut und unwissentlich zum ›Komplizen‹ (»aveugle complice« [57]) wird. Die angeblich geheimen Versammlungsorte der Jakobiner werden »Höhlen« (»antres de ténèbres« [58]) genannt und entsprechend dem ›schrecklichen Ort‹ des Schauerromans ausgemalt. [59] Die Aufgabe der Entlarvung fällt wiederum den ›Helfern des Opfers‹ zu, eben den Verfassern von ›aufklärenden‹ Pamphletschriften wie *Les Conspirateurs démasqués* oder *Le Voile levé pour les curieux ou Le Secret de la révolution révélé à l'aide de la franc-maçonnerie*. Die vollständige ›Enthüllung‹ liefert 1797 der Abbé Barruel, dessen *Mémoires pour servir à l'histoire du Jacobinisme* aus allen in Frankreich und Deutschland umlaufenden Komplottgeschichten die Summe zieht und den Verlauf der Revolution als eine »progression de complots & de scélératesse« [60] darstellt:

Tout ce qu'ont fait pour la Révolution ces hommes désormais appellés *Jacobins,* n'est plus un mystère. Cette Révolution n'est pas elle-même autre chose que *l'histoire* de leurs forfaits & de leurs atrocités [...] [61]

Die Historiographie findet somit im Selbstverständnis der Revolutionszeit das »Komplott der Aristokraten« und das »Komplott der Jakobiner« nicht nur als rhetorisches Versatzstück zur apologetischen bzw. polemischen Bewältigung der jeweils aktuellen Situation vor, sondern eine bereits explizit als Geschichte entlarvter Komplotte gedeutete ›Revolutionsgeschichte‹. Sie rekurriert also im Sinne des eingangs genannten zweiten Modells der Sinnbildung nicht auf ›Geschehen‹, sondern auf bestimmte Versionen einer ›Geschichte‹.

Wenn nach allgemeiner Meinung der heutigen Geschichtswissenschaft die Revolutionshistoriographie »über die Vordergründigkeit [der Komplott-These] rasch hinausging« [62], so ist das insofern zutreffend, als die ultrakonservative Auffassung, nach der die Revolution durch eine geheime Verschwörung von Illuminaten, Freimaurern und Jakobinern herbeigeführt worden sei, schon sehr früh abgelöst wird durch den Versuch, die langfristigen Ursachen jener allgemeinen Unzufriedenheit zu analysieren, die sich schließlich in der Revolution Bahn gebrochen hatte. So ordnet schon der Anhänger der patriotischen Partei der Assemblée Constituante, Jean-Paul Rabaut Saint-Étienne, in seinem *Précis de l'histoire de la Révolution française* (1792) die Analyse der »causes secrètes« eindeutig der Analyse der »causes générales« unter [63] (wobei natürlich wiederum ganz unterschiedliche Einschätzungen möglich waren [64]); und selbst der ehemalige Führer der monarchistischen Fraktion der Constituante, Jean-Joseph Mounier, der 1790 emigriert war und somit der Revolution mittlerweile eher distanziert gegenübersteht, zieht bereits im Jahr 1801 in seiner Schrift *De l'influence attribuée aux philosophes, aux franc-maçons et aux illuminés, sur la Révolution de France* das Erklärungsmodell Komplott als solches grundsätzlich in Zweifel und bezeichnet es als eine unzulässige und oberflächliche Vereinfachung des komplexen erklärungsbedürftigen Phänomens Revolution: »On a substitué à des causes très compliquées, des causes simples et à la portée des esprits les plus paresseux et les plus superficiels.« [65] Diese wissenschaftliche Tendenz verstärkt sich insbesondere in der bürgerlich-liberalen Geschichtsschreibung des 19. Jahrhunderts, die in der Revolution die Heraufkunft einer neuen Ordnung feiert, aber nichtsdestoweniger deren geschichtliche Voraussetzungen zu erhellen sucht.

Während somit für den *Ausbruch* der Revolution schon früh eine befriedigende, zumindest rational begründete Erklärung gefunden wird, bleibt der *Verlauf* der Revolution und bleiben insbesondere ihre je nach politisch-ideologischem Standpunkt verschieden angesetzten Phasen der ›Entartung‹ in sehr viel stärkerem Maße von der irrationalen Komplotterklärung beherrscht, so daß die »analyse des causes« in ein merkwürdiges Mißverhältnis zu der sich quasi von selbst erzählenden Ereignisgeschichte gerät. [66]

Ganz wie im Selbstverständnis der Revolution hat die Anschauungsform des Komplotts auch in der Historiographie die Funktion, die nur unzureichend durchschauten komplexen politischen und sozialen Entwicklungen und ihre Widersprüchlichkeiten auf eine vereinfachte Formel zu bringen. In der jeweils positiv bewerteten Phase der Revolution wird das »Komplott der Aristokraten« als bloßes Hindernis auf dem Weg zur Durchsetzung der neuen Ordnung angesehen [67] und gilt im Hinblick auf eine positive Gesamtbilanz der Revolution (›Erfüllung‹) als überwunden:

La révolution avait eu une marche bien rapide, et avait obtenu en peu de temps de bien grands résultats; elle eût été moins prompte et moins complète si elle n'eût pas été attaquée. Chaque refus devint pour elle l'occasion d'un succès; *elle déjoua l'intrigue,* résista à l'autorité, *triompha* de la force [...] [68]

Nimmt die Historiographie dagegen die negativ konnotierte Phase der Terreur mit in den Blick, so erscheint das »Komplott der Aristokraten« als Gefahr, die schon auf das Scheitern der Revolution vorausweist, wenn sie nicht sogar die Entartung der Revolution provoziert:

[...] les agents de l'émigration [...] organisent un vaste et audacieux complot pour employer les forces de la garde nationale contre elle-même [...]
    De quelque côté que je regarde, je vois un immense, un redoutable filet, tendu de partout, du dehors et du dedans. Si la Révolution ne trouve une force énergiquement concentrée d'association [...] je crois que nous périssons. [69]

[...] les malheurs qu'on lui [= à la Révolution] reproche n'ont été produits que par le frottement opiniâtre et la révolte maladroite des intérêts privés, par les manœuvres d'une minorité toujours factieuse [...]; c'est uniquement l'œuvre des folles résistances du dedans, des complots agresseurs du dehors, qui ont donné à notre révolution ce caractère d'atrocité qui révolte toutes les âmes généreuses. [70]

Im letzteren Fall erscheint die Terrorherrschaft der Revolutionäre als zwar ›mörderische‹ aber ›notwendige‹ Reaktion (»la nécessité homicide de la Terreur« [71]) auf die wachsenden Widerstände gegen die Durchsetzung der Revolution (»les attaques directes et indirectes, ostensibles et occultes dont la France républicaine allait être l'objet« [72]). In dieses Erklärungsschema wird insbesondere von den liberalen Autoren der Julimonarchie auch noch das »Komplott der Jakobiner« einbezogen: Die ›bürgerliche‹ Revolution von 1789 ist einerseits vom »Komplott der Aristokraten« bedroht, anderseits von der »populace«, die sich aufgrund mangelnder politischer Einsicht durch Intriganten ›von links‹ verführen läßt:

Malheureusement la nation n'était pas encore assez mûre pour la liberté: l'hypocrisie politique, la fureur systématique de quelques fous et de quelques intrigans, livrèrent bientôt la France à tous les désordres de l'anarchie, à tous les excès de la démagogie la plus effrénée. [73]

Es ist offenkundig, daß die verschiedenen Komplottversionen, die in der Historiographie nach Maßgabe der politisch-weltanschaulichen Position des

Autors zur Deutung der Revolution herangezogen werden, den jeweils entgegengesetzten Lagern des Selbstverständnisses entstammen.

Mit zunehmendem wissenschaftlichen Ehrgeiz der Historiker entstehen naturgemäß Inkonsistenzen zwischen intendierten politisch-soziologischen Erklärungen einerseits und der impliziten Bedeutung der übernommenen Erzählschemata anderseits. So erklärt etwa Mignet im ›Erzählerkommentar‹ seiner *Histoire de la Révolution française* (1824), ähnlich wie schon Mounier, daß die Bedeutung von Komplotten als Movens der Revolution immer noch ganz erheblich überschätzt werde: »Une erreur commune encore est d'attribuer la plus grande des révolutions à quelques sourdes et petites menées, comme si en pareille époque tout un peuple pouvait servir d'instrument à un homme!« [74] Dieses bei Mignet apologetisch gewendete Argument hindert ihn indessen nicht, im Erzählbericht selbst zahlreiche Ereignisse dennoch als Folge von »intrigues« und »complots« darzustellen. [75] In Thiers' *Histoire de la Révolution française* (1823–1827) wird das Komplott zwar ebenfalls ansatzweise als Syndrom der revolutionären Mentalität erkannt, dessen jeweiliges fundamentum in re einer quellenkritischen Überprüfung bedarf (»Mirabeau insistait assez sur les moyens ouverts, pour qu'on lui pardonnât les machinations secrètes, *s'il est vrai qu'elles aient été employées.*« [76]); gerade bei widersprüchlicher Quellenlage setzt Thiers aber das realhistorische Korrelat grundsätzlich wieder voraus:

On ignore et l'on ignorera probablement toujours quelle a été la part des moyens secrets dans l'insurrection du 14 juillet; mais peu importe: l'aristocratie conspirait, le parti populaire *pouvait bien conspirer aussi.* [77]

In besonders extremer Weise wird das Selbstverständnis der Revolution noch einmal in Michelets *Histoire de la Révolution française* (1847–1853) reproduziert. [78] Michelet macht dieselbe ›Rechnung‹ der sich akkumulierenden Gegner und der überhand nehmenden Intrigen auf wie Marat und Robespierre, obwohl er durchaus nicht deren extremen politischen Standpunkt vertritt und ihre Konspirationsfurcht geradezu als »imagination maladive« ansieht. [79] Dennoch hat die Perspektive, aus der Marat und Robespierre wie auch Michelet die Revolution betrachten, einen gemeinsamen Bezugspunkt: Auch Michelet versteht sich als »ami du peuple« [80] und erzählt gleichsam dem Volk die Geschichte [81] seiner Bedrohung durch die »Komplotte der Aristokraten« und seiner Verführbarkeit durch »falsche Freunde«. Gegen das »gute« und »arglose« Volk (»la facile bonté du peuple, sa sensibilité aveugle, sa crédulité« [82] verschwören sich immer zahlreichere Gegner: der Hof (»conspiration de la cour«), Adel und Klerus (»la conspiration écclésiastique-aristocratique«), die suspekten ›Führer‹ der Nationalversammlung (»les voies sinueuses et coupables où s'engageaient ses meneurs«), die Emigranten (»le complot […] se rattache au comte d'Artois, à l'émigration«) und ihre geheimen Emissäre (»les agents de l'émigration […] organisent un vaste et audacieux complot«), die europäischen Mächte (»l'aristocratie européenne«), allen voran das »heuchlerische« England (»hypocrisie de liberté […], forme de Tartufe [sic]«). [83] Die Gegner schließen sich zu immer neuen Koalitionen zusammen: «ligue du Clergé, de la Noblesse et de la Cour«; »la Reine et l'Autriche«; »la conspiration des prêtres et des rois«; »l'entente cordiale, intime, des

Tuileries, de l'émigration, de l'étranger, l'accord des traîtres du dedans, du dehors«. [84] Wie die Beispiele zeigen, kehrt bei Michelet auch das polemische Pathos der Revolutionäre wieder (»les voies sinueuses, l'accord des traîtres« usw.). Ebenso wie bei Marat und Robespierre bestimmen bei Michelet die Intrigen der Feinde der Revolution die Handlungsstruktur der ›Geschichte‹, die lediglich in einzelnen »moments sublimes« suspendiert erscheinen:

Du spectacle sublime de la fraternité, je retombe, hélas! sur la terre, dans les intrigues et les complots. [85]

Es ließe sich im einzelnen nachweisen, daß – bei aller wissenschaftlichen Aufarbeitung eines immensen Quellenmaterials – der Makrostruktur von Michelets *Histoire de la Révolution française* jene ›einfache Form‹ des »catéchisme historique du peuple« zugrundeliegt, die Michelet selbst für die authentische, da vom ganzen Volk überlieferte Version (»la tradition nationale [...] de toute la France« [86]) der Geschichte hält:

Qui a amené la Révolution? Voltaire et Rousseau. – Qui a perdu le roi? La Reine. – Qui a commencé la Révolution? Mirabeau. – Quel a été l'ennemi de la Révolution? Pitt et Cobourg, les Chouans et Coblentz. – Et encore? Les Goddem [= die Engländer] et les calotins [= die Priester]. – Qui a gâté la Révolution? Marat et Robespierre. [87]

Daß diese Version genau die trivialliterarischen Deformationen enthält, die sich bereits im Selbstverständnis der Revolution als Kompensation einer traumatischen Erfahrung herausgebildet haben, scheint Michelet entgangen zu sein, da er selbst wie die meisten seiner Zeitgenossen noch ganz in die Bewältigung des inzwischen nationalen Traumas der zur Terreur ›entarteten‹ Revolution verstrickt ist und seine dezidierte Parteinahme für das Volk eine distanzierte Aufarbeitung der in der mémoire collective verfestigten Vorstellungen verhindert.

2. Die »verfolgte Tugend«

Schon die antike Geschichtsschreibung pflegt politische Umstürze als Rache für die »Entehrung einer Frau« (Hellmuth Petriconi [88]) – ebenso wie Kriege als Maßnahme zur Rückführung einer geraubten Frau [89] – darzustellen. Das Lukretia-Virginia-Motiv hat, wie seine regelmäßige funktional identische Verwendung bei Livius selbst (Sturz der römischen Könige / Sturz der Decemvirn) und in zahlreichen analogen Kontexten (Motivierung der Ablösung der Herakliden als Herrscher Lydiens bei Herodot, des Untergangs des Westgotenreiches in Spanien in den spanischen Romanzen usw.) [90] nahelegt, kaum je ein unmittelbares realhistorisches Fundament, vielmehr werden in der beleidigten weiblichen Tugend die widerrechtlichen Übergriffe der Machthaber auf die angestammten Rechte der Bürger in symbolischer Verdichtung vorgeführt. Das ist, wie Petriconi gezeigt hat, »ein zu allen Zeiten gültiges poetisches Verfahren, politische Vorgänge sind zunächst uninteressant, will man dafür menschliche Teilnahme wecken, so müssen auch menschliche Empfindungen und womöglich sexuelle Motive den Anlaß bilden.« Eine weitere Begründung liegt in dem Bedürfnis nach Sinngebung, wo »der Verlauf der politischen Ereignisse das Walten einer höheren Einsicht einigermaßen vermissen [läßt], die poetische Gerechtigkeit aber verlangt, daß die siegreiche Sache auch die gute und die unterlegene die böse sei, deren Bosheit sich vorher durch eine jedermann empörende Untat zu offenbaren hat.« [91] Bei der Verwendung des Lukretia-Virginia-Motivs bildet das Faktum der Entehrung jeweils nur das auslösende Moment des politischen Umsturzes, bei dem zwar auch die »Wiedergutmachung, [...] Strafe und Sühne für die geraubte Ehre« eine Rolle spielt, tatsächlich aber sehr bald die Frau »nicht [mehr] die Heldin« und die Verführung »nicht [mehr] das Thema« ist. [92]

Erst im 18. Jahrhundert wird der Anschlag auf die Tugend der Frau oder Tochter eines Untertanen, Untergebenen o. ä. als solcher ein sittenkritisch und politisch brisantes Thema. Während Schillers *Verschwörung des Fiesco zu Genua* (1783) in der Gestalt des die Ehre seiner Tochter rächenden ›Revolutionärs‹ Verrina noch einfach die Konstellation der Virginia-Geschichte wiederholt, ist in *Kabale und Liebe* (1784), wie schon in Lessings *Emilia Galotti* (1772), die Verführung der Tugend nicht mehr Vorgeschichte, sondern der eigentliche Gegenstand des Dramas, dessen politische Implikationen auf der metaphorischen Ebene liegen: Die in vielfältiger Weise ausgestaltete Verführung oder Nötigung der Tugend eines unschuldigen Mädchens aus dem Volk bildet die dem ›unschuldigen‹ Volk zugefügten tyrannischen Willkürakte ab. Sowohl in *Emilia Galotti* wie in *Kabale und Liebe* sind die Feinde der Unschuld, wenn nicht personal identisch mit den politischen Unterdrückern, so doch deren korrumpierte Handlanger (Marinelli/Wurm). Die ›Revolution‹ besteht nunmehr darin, daß sich die bürgerliche Tugend und ihre ›Helfer‹ (der Graf Appiani/Ferdinand) gegen die Tyrannenwillkür auflehnen. Diese Handlungsstruktur liegt selbst dem harmloseren *Mariage de Figaro* von Beaumarchais zugrunde, wo der Graf nur das erst kürzlich aufgegebene ius primae noctis in einem ihn besonders interessierenden Fall wieder in Kraft setzen möchte und dazu auch nicht vor dem Einsatz seiner Funktion als Gerichtsherr zurückscheut, dann aber unter dem entsprechenden moralischen Druck des ›Helfers‹ Figaro und dessen Verbündeter zu rechtlichem Verhalten zurückkehrt.

Das Selbstverständnis der Französischen Revolution knüpft nun, was zunächst überraschen mag, nicht an diese bereits in der ›hohen‹ Literatur vorgebildete politisch brisante Konstellation an, sondern an den literarischen Prototyp der »verfolgten Unschuld«, wie er in Richardsons *Pamela* (1740) und *Clarissa* (1747–1748) vorgegeben ist, wo zwar auch die ›bürgerliche‹ Tugend ›aristokratischen‹ Nachstellungen ausgesetzt ist, die Dimension der gesellschaftlichen Unterdrückung aber vor allem durch die Familie, das Dienstverhältnis und die unmittelbare Umwelt repräsentiert wird, ebenso wie in Godwins späterem ›Verfolgungsroman‹ *Caleb Williams* (1794). [93] Zudem spielen die entsprechenden Anschauungen beim Ausbruch der Revolution noch kaum eine Rolle und werden erst während des Kampfes der Revolution um ihren Bestand aufgegriffen.

Gerade die auf diese Weise gegebene größere Entfernung zwischen dem Bildbereich der »verfolgten Tugend« einerseits und dem Gegenstandsbereich der politischen Unterdrückung andererseits eröffnet jedoch die Möglichkeit einer um so reicheren Metaphorik. Die bei Richardson in der Sphäre des ›privaten Lebens‹ und ausschließlich im moralisch-erotischen Bereich angesiedelte

Verfolgung der Tugend des Bürgermädchens Clarissa durch den aristokratischen Libertin Lovelace wird in der Französischen Revolution, insbesondere
von Robespierre, auf das Feld der politischen Auseinandersetzung zwischen
»tugendhaftem Volk« und »lasterhaften Aristokraten« übertragen. [94] Die
Übernahme dieser Anschauungsform wird dadurch möglich, daß im Lauf der
Revolution die komplexe Realität der divergierenden Gruppeninteressen und
der aus ihnen resultierenden Konflikte mehr und mehr auf den einfachen Gegensatz von »vertu« und »vice« reduziert und damit von der politischen auf
die moralische Ebene verlagert wird. [95] Während zuvor auch Aristokraten,
wie bei Beaumarchais der Graf Almaviva, zumindest als noch ›bekehrungsfä-
hig‹ angesehen wurden, wird nun alle »vertu« beim »peuple« gesucht und das
»vice« schlechthin zum Prinzip der »aristocrates« [96] erklärt.

Die Handlungsschemata des »Komplotts der Aristokraten« und der »verfolgten Tugend« verhalten sich gegeneinander komplementär. Im ersten Fall
liegt der Akzent auf den Handlungssequenzen Intrige und Entlarvung, mit
dem Ziel, die revolutionäre Wachsamkeit zu mobilisieren; im zweiten Fall
wird das Interesse auf das Opfer der Intrige, auf die von ihm erlittene Verfolgungsgeschichte gelenkt, mit dem Ziel, an das Mitleid zu appellieren und auf
diesem Wege dem ›Helfer‹ eine besonders hohe moralische Wertung von seiten der ›Gutgesinnten‹ zuteil werden zu lassen.

Die Adaption des literarischen Schemas vollzieht sich bei Robespierre auf
dem Wege der schrittweisen Gleichsetzung von »citoyens pauvres« = »vertu«, »citoyens pauvres« = »citoyens malheureux« = »vertu malheureuse« /
»innocence opprimée«:

[...] c'est moi qui sus déplaire à tous ceux qui ne sont pas peuple, en défendant [...] les
droits des *citoyens les plus pauvres et les plus malheureux* [...]; c'est moi qui défendis non-
seulement les droits du peuple, mais son caractère et ses *vertus* [...] [97]

[...] je ne sais m'attendrir que pour la *vertu malheureuse;* je ne sais m'attendrir que pour
l'innocence opprimée [...] [98]

Die »aristocratie« unterdrückt die Tugend und Unschuld des Volkes in der
gleichen Weise, wie der aristokratische Verfolger Lovelace die Tugend Clarissas immer von neuem bedrängt:

[...] l'aristocratie ressuscitée sous des formes nouvelles, ne relève-t-elle pas sa tête hideu-
se? N'opprime-t-elle pas encore la foiblesse, la vertu, l'innocence, au nom des loix et de
la liberté même? [99]

Das Ziel der Verfolgung ist ebenso wie für Lovelace die Verführung, die auch
die »Aristokraten« dadurch zu erreichen suchen, daß sie ihr unschuldiges Opfer durch List hintergehen:

[...] *les intrigans,* aussi *rusés* qu'il [= le peuple] est simple, aussi pervers qu'il est bon,
cherchent quelquefois à *abuser de ses vertus,* de sa juste indignation [...] [100]

Während die »Aristokraten« das ›Opfer‹ durch List zu verführen trachten,
verfolgen sie seinen ›Helfer‹ mit ihrer Verleumdung (»la calomnie est la plus
redoutable de toutes les persécutions« [101]).

Die erotische Symbolik der gewaltsamen Verführung tritt besonders deutlich hervor, wo an die Stelle des konkreten Aktanten peuple allegorisierte Fi-

guren treten wie die ›verletzte‹ Menschenrechtserklärung und ihre ›geschän-
dete Tochter‹, die Verfassung:

La déclaration des droits [...] n'est-elle pas tous les jours méconnue, foulée aux pieds,
ignorée même parmi vous qui l'avez promulguée? [...] La constitution, que l'on dit fille de
la déclaration des droits, [...] cette *vierge,* jadis rayonnante d'une beauté céleste, est-elle
encore semblable à elle-même? N'est-elle pas sortie *meurtrie et souillée des mains impures*
de cette coalition qui trouble et tyrannise aujourd'hui la France [...]? [102]

Die Selbstdarstellung als Opfer von Verfolgung und Verführung nimmt ebenso
wie die Entlarvung der Komplotte bereits die Form einer ›Geschichte‹ an: Der
Verlauf der Revolution stellt sich als Verfolgungsgeschichte des Volkes (»[le]
peuple [...] *éternellement* opprimé« [103]) und seiner ›Helfer‹ (»*alors comme
aujourd'hui* en but à la rage de toutes les Puissances conjurées contre moi [=
Robespierre]« [104]) dar.

Diese ›larmoyante‹ Selbstdarstellung der Revolutionäre hat sich in der Historiographie naturgemäß nicht unmittelbar fortgesetzt, da die Bilanz der tatsächlichen Opfer doch einigermaßen offenkundig war und überdies die Ge-
schichtsklitterung der Thermidorianer, die gerade Robespierre die entgegengesetzte Rolle des tyrannischen Verfolgers zuwies, für die Historiographie auf
lange Zeit bestimmend blieb. Erst die frühsozialistische ›populäre‹ Geschichtsschreibung ›rehabilitiert‹ Robespierre und seine Anhänger als »vertu
persécutée« und zwar gerade als von der Historiographie der Gegenseite bis
über den Tod hinaus »verfolgte Tugend«:

[...] tels étaient ces hommes [= Robespierre und die übrigen Opfer des 9 thermidor] que
la tombe n'a point mis à l'abri des persécutions et des vengeances; [...] que les historiens
des rois ont si longtemps poursuivis de leurs impostures et de leurs outrages [...] [105]

Die Geschichtsschreibung aller übrigen ideologischen Lager überträgt hingegen ganz allgemein die Selbststilisierung der Revolutionäre zur »vertu persécutée« auf die tatsächlichen Opfer der Revolution. Das Muster hierfür liefert
die Selbstdarstellung der Gegner der Revolution, die zahlreichen Nachrufe,
Tagebücher, Memoiren und Biographien, die das Schicksal der Opfer bekla-
gen, vor allem des »tugendhaften« Königs und seiner Familie, aber auch der
Girondisten, deren »vertu« in ihrem Widerstand gegen die Terreur gesehen
wird.

Am wirkungsvollsten bringt die royalistische Geschichtsschreibung die Apologie der Opfer der Revolution zur Geltung; sie sieht ihre Aufgabe geradezu
darin, der »vertu persécutée« gleichsam postum Gerechtigkeit widerfahren zu
lassen, indem sie deren mitleidheischende Verfolgungsgeschichte erzählt.

[...] s'il [= l'écrivain] n'est pas touché des maux qu'a soufferts *l'innocence persécutée,* s'il
ne lui donne pas satisfaction pleine et entière, qu'il brise sa plume et renonce pour toujours à mériter le beau nom d'historien! [...]
    Dans l'exil, dans les fers et jusque sur l'échafaud, quelle est après la religion la plus
grande *consolation de la vertu persécutée? c'est l'histoire.* [106]

Ebenso wie Clarissas Tugend nur im Himmel belohnt werden kann (»[...]
whose steady virtue [...] Heaven only could reward«) [107], so ist für die unschuldigen Opfer der Revolution »die Geschichte das Paradies«:

Oui, l'histoire est le Paradis des grands hommes, et toujours Clio juge en dernier ressort les arrêts de Thémis. [108]

Nicht nur die »großen Männer«, auch die Menge der namenlosen Opfer finden ihre ›Belohnung‹ im bewahrenden Gedächtnis der Geschichte:

Il n'y eut point d'état dans la société, même dans les dernières classes du peuple, qui ne fît voir le même courage, la même énergie à braver les dix mille tyrans qui regnaient alors sur la France [...] [109]

Die Geschichte der Revolution wird ausdrücklich um dieser Opfer willen erzählt:

[...] nous ne rappelons quelques-uns de ces faits atroces et si révoltans, [...] *que pour faire mieux sentir les actions* de grandeur d'âme, de dévouement, de courage magnanime *des victimes* de la scélératesse révolutionnaire. [110]

Es ist unverkennbar, daß der Zweck der apologetischen Verherrlichung der »vertu persécutée« in der wissenschaftlich seriöseren Geschichtsschreibung des 19. Jahrhunderts zugunsten einer rational-distanzierten »recherche des causes« zurücktritt. Die ›Entliterarisierung‹ der Darstellungsweise stellt schon Sainte-Beuve an Thiers' *Histoire de la Révolution française* fest und hebt sie gegen die »naive« Schwarz-weiß-Malerei der bisherigen Revolutionsgeschichte ab:

[Thiers] se garde surtout de faire d'aucun son héros ou sa victime. C'est à cette manière si naïve de voir et de peindre qu'on doit tant de figures originales, piquantes, ou pour mieux dire, effrayantes de contrastes, et jusqu'ici envisagées trop absolument d'un seul côté [...]: un roman de Walter Scott n'offre pas des personnages plus vivants. [111]

Nichtsdestoweniger bildet auch bei Thiers und allen seinen ›wissenschaftlichen‹ Nachfolgern die mitleidheischende Darstellung der Opfer weiterhin einen zentralen Aspekt der Narration, woran auch Sainte-Beuve noch keinen Anstoß nimmt:

[...] être impartial n'est pas être impassible [...] C'est quand il [= Thiers] suit à l'échafaud des *victimes sans tache,* les Girondins, madame Roland, Marie-Antoinette, qu'il faut l'entendre alors n'épargnant pas les accents d'une *pitié* d'autant plus éloquente qu'elle est *sans réserve.* [112]

Dieser Befund gilt mutatis mutandis auch noch für die Revolutionsgeschichten von Louis Blanc und Michelet und für Lamartines *Histoire des Girondins* (1847) – um nur die prominentesten am Ende der ersten Hälfte des 19. Jahrhunderts zu nennen –, wo nur jeweils andere Opfer als »victimes sans tache« angesehen werden: bei Louis Blanc – noch einmal in Anschluß an das Selbstverständnis der Revolution – Robespierre und die Jakobiner, die dic »vertu (malheureuse) du peuple« verkörpern [113]; bei Lamartine die Girondisten, die als Opfer der Terreur untergehen [114]; bei Michelet das Volk, das seine vertu gegen das »Komplott der Aristokraten« [115] wie gegen die neuen Tyrannen und vorgeblichen Retter im Namen des salut public zu verteidigen hat. [116] Aber selbst der Sozialist Louis Blanc unterliegt so sehr dem Systemzwang des literarischen Schemas und der vorausliegenden ›Geschichten‹, daß er die Gefangenschaft im Temple und die Hinrichtung Ludwig XVI. den Memoiren des getreuen königlichen Kammerdieners Cléry und des Abbé Edgeworth de

Firmont, – der ›Urform‹ aller späteren royalistischen Versionen –, nacherzählt, mitsamt der obligatorischen »scène déchirante« des Abschieds von den Seinen und anderen ›rührenden‹ Details. [117] Die literarische Anschauungsform setzt sich in der Historiographie somit in manchen Fällen sogar im Widerspruch zur vom Autor vertretenen Ideologie durch.

3. Das »triumphierende Opfer«

Die Apologie der »vertu persécutée«, wie sie sich im Selbstverständnis der Anhänger und Gegner der Revolution und in der Historiographie darstellt, hat eine unverkennbare Tendenz zur triumphalen Apotheose, wie auch schon der literarische Prototyp *Clarissa* das erbauliche Ende der Protagonistin als ihren moralischen Sieg feiert.

Die Belohnung der »vertu persécutée« im Himmel bzw. ihre Bewahrung im Gedächtnis der Geschichte war jedoch für sich genommen als Kompensation gerade für die politische Partei wenig befriedigend, deren ›gerechte Sache‹ nicht die siegreiche gewesen war. So wird von den Royalisten die Revolution als Strafgericht der Vorsehung über das sittenlose, vom Glauben abgewichene Ancien régime und die Hinrichtung des tugendhaften Königs als notwendiger Opfergang für die Sünden seiner Vorfahren interpretiert. Diese Deutung findet in Joseph de Maistres *Soirées de Saint-Petersbourg* (postum 1821) ihre philosophisch-theologische Fundierung, indem das Sühneopfer Ludwigs XVI. in die Nachfolge des Opfertods Christi und der Märtyrer gestellt wird. [118] Schon vor de Maistres kompensatorischer Sublimierung des ›Opfers‹ zum ›Retter‹ lassen die royalistischen Berichte über den Prozeß und die Hinrichtung des Königs eben diese Analogie zur Passion Christi und zur Märtyrervita erkennen. Ihren Höhepunkt erreicht die nachträgliche Apotheose der »vertu sacrifiée« [119] in den zahlreichen panegyrischen Nekrologen zu Beginn der Restauration, insbesondere anläßlich der feierlichen Überführung der sterblichen Überreste der königlichen Familie (oder dessen, was man dafür hielt) in die Grabstätte der französischen Könige zu Saint-Denis am 21. Januar 1815, dem Jahrestag der Hinrichtung Ludwigs XVI.: »les reliques du martyr sortant triomphantes du sein de la terre« – so Chateaubriands enthusiastische Ankündigung der Zeremonie. [120]

Diese Stilisierung nimmt nur wenig Rücksicht auf die wirklichen Umstände z. B. der Hinrichtung (der König ist gegenüber seinen später hingerichteten Familienangehörigen eindeutig ›privilegiert‹: Er wird allein in der Kutsche des Pariser Bürgermeisters zum Richtplatz gefahren) und auf das tatsächliche Verhalten des ›Opfers‹ (das, als seine letzte Rede an sein Volk von Trommelwirbeln übertönt und ›es ernst wird‹, in peinlicher Weise die Beherrschung verliert). Es werden vielmehr gewisse Standardsituationen herausgegriffen: Ludwig vor seinen Richtern, Ludwig im Gefängnis, die Fesselung auf dem Weg zur Hinrichtung usw., und die entsprechenden Szenen nach dem Vorbild des Leidensweges Christi und der Christus nachfolgenden Märtyrer ausgeschmückt. So ›triumphiert‹ Ludwig XVI. im Konvent über seine Ankläger durch die Überlegenheit seiner »innocence« (»l'innocent le plus respectable va reparaître« [121]); er ›braucht‹ keinen Verteidiger, ja er erlaubt seinem Verteidiger nicht, die geplante pathetische peroratio seines Plädoyers zu halten (»Il faut supprimer [la peroraison], je ne veux point les attendrir.« [122]). Die »scène déchirante« des Abschieds von den Seinen wird zwar in allen Details berichtet, das Mitleid zieht jedoch vor allem die Familie des Königs auf sich, während er selbst, schon dem Irdischen entrückt, einer anderen Welt angehört:

Louis était résigné; détaché d'avance d'une terre homicide, il dirigeait toutes ses pensées, tous ses regards vers l'homme-dieu qui semblait, du haut des cieux, lui montrer sa croix et la palme du martyre; mais sa famille! ... [...] Louis eut encore cette cruelle épreuve à subir [...] [123]

Der Gang zum Schafott wird zum endgültigen Triumph des Opfers (»Louis monta sur l'échafaud, qui devint pour lui l'arc de triomphe qui l'a mené à la gloire [...]« [124]), das wie der Erzmärtyrer Stephanus bereits den Himmel offen sieht (»sans doute comme un nouvel Etienne, il voyait déjà les cieux s'ouvrir pour le recevoir.« [125]), seinen Verfolgern verzeiht (»Je pardonne aux auteurs de ma mort [...]« [126]) und sich wie Christus als Sühneopfer anbietet:

Comme l'Homme-Dieu qui versa son sang pour le salut du monde; Louis XVI sur l'échafaud déclare qu'il désire que l'effusion de son sang fasse le bonheur des peuples qu'il a toujours chéri comme ses enfans. [127]

Die Apotheose des Opfers findet ihre Vollendung in den apokryphen »paroles sublimes« des den König begleitenden Abbé Edgeworth am Fuß des Schafotts:

»Fils de Saint Louis, montez au ciel!« [128]

Die Parallele zum leidenden Christus wird zuweilen in den kolportierten Dialogen der Handlungsbeteiligten explizit angesprochen, so in den angeblichen Worten des Abbé Edgeworth, als dem König für den Gang zum Schafott die Hände gefesselt werden:

Sire, [...] dans ce nouvel outrage je ne vois qu'un dernier trait de ressemblance entre votre Majesté et le Dieu qui va être sa récompense. [129]

Diese Parallelen zur Passionsgeschichte sind weitgehend vorgegeben in den bereits entsprechend stilisierten Darstellungen des Prozesses und der Hinrichtung des Stuartkönigs Karl I. von England [130], dessen Witwe, Henriette de France, ja am französischen Hof Zuflucht fand und in dessen Geschichte, wie immer wieder berichtet wird, Ludwig XVI. sein eigenes Schicksal vorgezeichnet sah. [131]

   Neben der Passionsgeschichte, die vor allem das resignative Dulden des Opfers und seine Sühneleistung hervorhebt, wird als weiteres ikonographisches Vorbild der Tod des Glaubenszeugen faßbar, wie ihn mehr noch als die ›einfache Form‹ der Märtyrervita die elaboriertere literarische Form [132] der barokken Märtyrertragödie in der Art des Corneilleschen *Polyeucte* (1642) herausarbeitet (auch Karl I. war schon kurze Zeit nach seinem Tode Held einer solchen Märtyrertragödie, von Gryphius' *Carolus Stuardus* [1650/1657], geworden). Die Märtyrertragödie läßt den Untergang des Helden als – geschichtsträchtigen – Sieg, die Macht seiner Gegner als illusorisch erscheinen. [133] Der Märtyrer eilt weniger dem Tod als dem himmlischen – und durchaus auch: zeitlichen – Ruhm entgegen [134], er betrachtet dementsprechend alle Rettungsversuche nur als Hindernisse auf dem Weg zum ersehnten Martyrium (»Faut-il tant de fois vaincre avant que triompher?« – *Polyeucte* V, 3, V. 1654). Die Gegenspieler werden entweder bekehrt – oder sie können zumindest dem Opfer ihre Bewunderung nicht versagen. [135] Das Mitleid tritt – wie schon Lessing ironisch zu Corneilles *Polyeucte* bemerkt [136] – angesichts von so viel Größe ganz zurück. Eine entsprechende Abnahme des Mitleids auf der einen und Zunahme der Bewunderung auf der andern Seite lassen auch die Berichte über die Verurteilung und Hinrichtung Ludwigs XVI. erkennen.

Von den Anhängern der Revolution werden umgekehrt die Opfer aus ihren Reihen – Marat [137], Lepelletier und nach dem Thermidor 1794 Robespierre und die mit ihm Verurteilten – als »glorieux martyrs« gefeiert. Diese Glorifizierung wird wiederum fortgesetzt in der ›jakobinischen‹ frühsozialistischen Geschichtsschreibung. [138] Dem »martyr de la royauté« werden die »martyrs de la liberté« entgegengesetzt, die zugrundeliegende literarische Anschauungsform bleibt im Prinzip die gleiche.

Eine interessante Variante des triumphierenden Opfers, die im ›philosophischen‹ 18. Jahrhundert mit der christlich barocken Ikonographie des Märtyrers konkurriert, ist der Triumph des Weisen über seine Richter und der Tod des gesetzestreuen, unschuldig Verurteilten im Gefängnis – ohne Todesfurcht im ruhigen Gespräch mit den Freunden – nach dem Muster des Platonischen Sokrates. Schon Diderot hatte hier das ideale Sujet eines »drame philosophique« gesehen (*De la poésie dramatique,* 1758 [139]). Nach diesem Vorbild wird der Untergang der Girondisten als moralischer Triumph über ihre Gegner gefeiert. [140] Auch hier werden nur unzuverlässig oder gar nicht verbürgte ›Szenen‹ erst durch apokryphe Versionen komplettiert, namentlich nachdem Charles Nodier sein dramatisches Tableau vom »letzten Gastmahl der Girondisten« in der Nacht vor ihrer Hinrichtung entworfen hatte (*Le Dernier Banquet des Girondins,* 1833). [141]

Während sich nun die pathetische Verklärung der girondistischen Opfer in der Geschichtsschreibung nahezu aller politischen Lager wiederfindet, weil sie den letzten Widerstand gegen die einhellig verurteilte – und traumatisierte – Terreur verkörpern, hält sich das religiös gefärbte Pathos der royalistischen Selbstdarstellung, wie nicht anders zu erwarten, vor allem in der konservativ-monarchistischen Geschichtsschreibung, und zwar gerade auch bei solchen Autoren, die – wie der ehemalige Journalist und Augenzeuge der Revolution Charles de Lacretelle – inzwischen berufsmäßige Historiker geworden sind und mithin durchaus über ein quellenkritisches Instrumentarium verfügen. Lacretelles Darstellung des Prozesses und der Hinrichtung Ludwigs XVI. gibt indessen mit bemerkenswerter Einseitigkeit die royalistische Version des »triumphierenden Opfers« wieder, deren triumphale Wirkung er eher noch zu steigern sucht, indem er analoge »moments sublimes« aus mehreren Quellen zusammenmontiert. [142]

Aber auch die bürgerlich liberale Geschichtsschreibung, etwa Thiers' *Histoire de la Révolution française* reproduziert noch – wenn auch nicht das panegyrische Pathos der oraisons funèbres – so doch nahezu komplett die Elemente der Apotheose Ludwigs XVI. Selbst das krönende Schlußwort des Abbé

Edgeworth, das dieser selbst nie bestätigt hat, fehlt nicht [143], obwohl Thiers in andern Fällen seine Quellen durchaus einer kritischen Prüfung unterzieht.

Skepsis gegenüber der verklärenden Aufwertung der royalistischen Partei scheint somit nicht primär aus fortgeschritteneren quellenkritischen Erkenntnissen zu erwachsen, sie wird vielmehr eher von einer konträren politisch-ideologischen Position her artikuliert. So polemisiert Michelet nicht aus wissenschaftlichem Ethos gegen die »légende du roi-martyr« [144] und gegen die vorgeblichen Märtyrer des royalistischen Klerus – »les nouveaux Polyeuctes [!] eurent à bon marché la gloire du martyre« [145] –, sondern weil die Geschichte nach seiner Meinung bisher überhaupt die ›falschen Opfer‹ verherrlicht hat. Er diagnostiziert – in der Nachfolge des revolutionären Selbstverständnisses – scharfsichtig das politische Kapital, das die Anhänger der Monarchie aus der »schönen Märtyrerrolle« [146] zu schlagen wissen:

On put voir cette chose fatale que la Royauté morte sous le déguisement de Varennes, avilie par l'égoïsme de Louis XVI au 10 août, venait de ressusciter par la force de la pitié et par la vertu du sang. [147]

Nichtsdestoweniger hat auch Michelet offensichtlich Mühe, die royalistische Version des erbaulichen Endes Ludwig XVI. gleichsam gegen den Strich zu erzählen. So rechtfertigt er eigens die Auslassung des »douloureux récit« des Abschieds von der Familie, ersetzt einerseits die letzte Rede an das Volk und das sublime Schlußwort des Abbé Edgeworth durch den wenig erhabenen Ausbruch: »Je suis perdu! je suis perdu!« [148], behält aber andererseits die nach der Passionsgeschichte stilisierten ›letzten Worte‹ des ›Opfers‹ bei: »Faites ce que vous voudrez, dit-il, je boirai le calice jusqu'à la lie.« [149]

Gegen die übliche extensive Darstellung des ›Martyriums‹ Ludwigs XVI. macht Michelet die vergessene Überlieferung des patriotischen Heroismus der übrigen Opfer der Revolution geltend:

Qui a raconté dans ce détail infini d'accidents pathétiques les morts admirables des héros de la Gironde et de la Montagne, ces morts où le genre humain aurait appris à mourir? [150]

Einem dieser Opfer läßt Michelet nun die dem »roi-martyr« verweigerte Apotheose in ganz besonderem Maße zuteil werden: Charlotte Corday. Für diese Favorisierung scheinen indessen weniger politisch-ideologische als vielmehr ästhetische Gesichtspunkte bestimmend zu sein [151]: Charlotte Corday ist für Michelet die wahre cornelianische Heldin – »la très proche parente des héroïnes de Corneille, de Chimène, de Pauline et de la sœur d'Horace« [152] –, der selbst die Gegner ihre Bewunderung nicht versagen können:

On assure que Robespierre, Danton, Camille Desmoulins, se placèrent sur son passage [= auf Charlotte Cordays Weg zum Richtplatz] et la regardèrent. [...] elle troublait les cœurs, les laissait pleins d'étonnement. [153]

Schon im Selbstverständnis der Epoche, nicht zuletzt in der Selbstdarstellung Charlotte Cordays, wie sie in hinterlassenen Briefen und in den Prozeßprotokollen überliefert ist, werden neben der ›Verwandtschaft‹ mit Corneille weitere heroisierende Vorbilder greifbar, auf die die Historiographie – nicht nur Michelet – beständig zurückgreift: das biblische Vorbild der Judith, die Holophernes tötet, um ihr Volk vor dem Untergang zu retten. [154] Die schon in der biblischen Vorlage stark verdrängte erotische Komponente (Judith ›verführt‹ Holophernes durch ihre betörende Schönheit ›nur‹ bis zur ›Schwäche‹ der Trunkenheit, die es ihr ermöglicht, den tödlichen Streich gegen ihn zu führen [155]), kehrt im Verhältnis Charlotte Corday-Marat in äußerst sublimierter Form wieder: Charlotte Corday ›verführt‹ den »Freund des Volkes« zum Mitleid, indem sie sich ihm als »vertu malheureuse« präsentiert (»je suis persécutée pour la cause de la liberté; je suis malheureuse; il suffit que je le sois pour avoir droit à votre protection.« [156]) Ihre List besteht ebenso wie die der Judith darin, daß sie verspricht, die eigenen Landsleute an ihn zu verraten (»j'ai à vous révéler les secrets les plus importans pour le salut de la république.« [157]).

Parallel und nicht ohne Widersprüche zu dem biblischen Muster stilisiert sich Charlotte Corday nach dem römischen Vorbild des Tyrannenmörders Brutus [158], das bekanntlich vor allem durch Voltaires dramatische Bearbeitung *La Mort de César* (1735) eine faszinierende Wirkung auf das Selbstverständnis der Revolutionäre ausübte. Beide Stilisierungen reichen indessen nicht hin, um die Geschichte der Charlotte Corday zu einem befriedigenden Ende zu führen. Das ruhmreiche Ende der Judith-Geschichte findet keine Entsprechung: Die Tötung des Marat-Holophernes führt nicht die Befreiung des Volkes herbei, stattdessen triumphieren vielmehr die Anhänger des ›Tyrannen‹ über das Volk der ›Judith‹. Anderseits bedurfte gerade die ›Niederlage der Republikaner‹, wie sie das Ende der Caesar-Tragödie impliziert [159], und wie sie im Prozeß und in der Hinrichtung Charlotte Cordays zumindest aus der Perspektive der Girondisten realiter gegeben ist, einer kompensatorischen Sinngebung. Damit ist wieder die gleiche Konstellation gegeben wie in der Märtyrertragödie und wie im Stoizismus des Weisen: Die faktische Niederlage des Opfers wird durch seinen moralischen Triumph in einen Sieg verwandelt:

Quand [Charlotte Corday] apparut dans l'auditoire [...] tous, juges, jurés et spectateurs, ils avaient l'air de la prendre pour un juge qui les aurait appelés au tribunal suprême ... [...] elle arriva à la place [de l'échafaud] dans une majesté singulière, et comme transfigurée dans l'auréole du couchant. [160]

Die Historiographie übernimmt die Anschauungsform des »triumphierenden Opfers« aus dem Selbstverständnis der Epoche in vielfältigen Variationen und Kombinationen. Sie kompensiert damit die ›Niederlage‹ ihrer jeweils favorisierten ›Partei‹ durch die Heroisierung ihrer Opfer – in einzelnen Fällen schlägt auch einfach die ästhetische Faszination des literarischen Prototyps durch. Eine derartige »wunschbildliche Deformation historischer Fakten« ist, wie im einzelnen zu zeigen wäre, ein »ganz allgemeines Charakteristikum [der] populäre[n] und selbst noch der wissenschaftlich kontrollierte[n] Geschichtsschreibung« und wirkt sich insbesondere bei solchen Gegenständen der eigenen Nationalgeschichte aus, denen eine traumatische historische Erfahrung zugrundeliegt. Ihre darstellerische Bewältigung folgt gleichsam tiefenstrukturell den Mechanismen kompensatorischer Verarbeitung, für die elementarliterarische Anschauungsformen in der Regel das Muster abgeben. [161]

Abkürzungen

GRLMA = Grundriß der Romanischen Literaturen des Mittelalters

Anmerkungen

1 Le Discours de l'histoire, Social Sciences Information/Information sur les Sciences Sociales, 6/1967, H. 4, S. 65–75; deutsch: Historie und ihr Diskurs, Alternative, 62–63 (1968), S. 171–180.
2 Le Discours de l'histoire, S. 66 ff., 71 f. Barthes nimmt hier die beiden Grundkategorien seiner »Introduction à l'analyse structurale des récits« (Communications, 8 [1966], S. 1–27) wieder auf: die seit Vladimir Propps »Morphologie des Märchens« (Morfologija skazki, 1928) als »Funktionen« bezeichneten handlungskonstitutiven Erzählkerne (noyaux, charnières du récit) und die der Deskription zugeordneten, die Handlung und ihre Subjekte näher charakterisierenden »Indizien« (indices, signes), Vgl. Le Discours de l'histoire, S. 71 f., sowie Introduction à l'analyse, S. 6 ff.
3 Vgl. u. a. Siegfried Kracauer, General History and the Aesthetic Approach, in: Hans Robert Jauß (Hrsg.), Die nicht mehr schönen Künste. Grenzphänomene des Ästhetischen (Poetik und Hermeneutik. 3), München 1968, S. 111–127; Reinhart Koselleck, Der Zufall als Motivationsrest in der Geschichtsschreibung. Bemerkungen zu Archenholtz' Geschichte des Siebenjährigen Krieges, in: Die nicht mehr schönen Künste, S. 129–141; Hans Robert Jauß, Geschichte der Kunst und Historie, in: H.R.J., Literaturgeschichte als Provokation (Edition Suhrkamp. 418), Frankfurt a. M. 1970, S. 208–251; Hayden White, Metahistory. The Historical Imagination in Nineteenth Century Europe, Baltimore/London 1973.
4 Vgl. u. a. Arthur C. Danto, Analytical Philosophy of History, Cambridge University Press 1968 (¹1965); Reinhart Koselleck/Wolf-Dieter Stempel (Hrsg.), Geschichte – Ereignis und Erzählung (Poetik und Hermeneutik. 5), München 1973, insbesondere die Beiträge von Algirdas Julien Greimas (S. 139–153) und Stempel (S. 325–346) wie auch die statements zur Diskussion über »Narrativität und Geschichte« (S. 519–590); Jürgen Kocka/Thomas Nipperdey, Theorie und Erzählung in der Geschichte (Theorie der Geschichte. Beiträge zur Historik. 3), München 1979, insbesondere die Beiträge von Golo Mann, Karlheinz Stierle, Hans Michael Baumgartner und Jörn Rüsen.
5 Vgl. Karlheinz Stierle, Geschehen, Geschichte, Text der Geschichte, in: Geschichte – Ereignis und Erzählung, S. 530–534.
6 So H. White, Metahistory, S. X, 6 f.
7 In Geschichten verstrickt, Hamburg 1953.
8 Le Roman comme recherche (1955), jetzt in: Michel Butor, Essais sur le roman (Collection Idées. 188), Paris 1969, S. 7–14, hier: S. 7: »[Le récit] est un des constituants essentiels de notre appréhension de la réalité. Jusqu'à notre mort, et depuis que nous comprenons des paroles, nous sommes perpétuellement entourés de récits [...]«Usw.
9 Alfred Schütz/Thomas Luckmann, Strukturen der Lebenswelt (Soziologische Texte. 82), Neuwied/Darmstadt 1975, bes. Kap. III: »Das Wissen von der Lebenswelt«; vgl. auch bereits Alfred Schütz, Der sinnhafte Aufbau der sozialen Welt, Wien 1932.
10 Darstellung, Ereignis und Struktur (1972), jetzt in: Reinhart Koselleck, Vergangene Zukunft. Zur Semantik geschichtlicher Zeiten, Frankfurt a. M. 1979, S. 144–157, hier: S. 144.
11 K. Stierle, Geschehen, Geschichte, Text der Geschichte, S. 331.
12 Gegen die Vorstellung des »historical field« führt auch Hans Ulrich Gumbrecht die »im Wissen [der Rezipienten] bereits verfügbaren Sinnstrukturen« an, auf die zurückzugreifen »für den Historiker unerläßlich« sei (»Das in vergangenen Zeiten gewesene so gut erzählen, als ob es in der eigenen Welt wäre«. Versuch zur Anthropologie der Geschichtsschreibung, demnächst in: Ursula Link-Heer/Hans Ulrich

Gumbrecht/Peter-Michael Spangenberg [Hrsg.], GRLMA, Bd. 11, 1: La Littérature historiographique des origines à 1500. Partie historique, Heidelberg 1982).

13 So etwa Louis-Sebastien Mercier, Le Nouveau Paris, 6 Bde., Paris 1798–1799, Bd. 1, S. III f.: »[...] une révolution [...] vint bouleverser les mœurs d'un peuple paisible, changer ses habitudes, ses lois, ses usages, sa police, son gouvernement, ses autels [...]« Ähnlich eine Generation später Stendhal in »Racine et Shakspeare« (1823–1825): »Quel changement de 1785 à 1824! Depuis deux mille ans que nous savons l'histoire du monde, une révolution aussi brusque dans les habitudes, les idées, les croyances, n'est peut-être jamais arrivée.« (Zitierte Ausgabe: Paris 1928; Nachdruck: Nendeln/Liechtenstein 1968, S. 104) – Zur neuen Geschichtserfahrung der Französischen Revolution vgl. bes. Reinhart Koselleck, Historia Magistra Vitae. Über die Auflösung des Topos neuzeitlich bewegter Geschichte (1967), jetzt in: Vergangene Zukunft, S. 38–66, hier: S. 59 ff.

14 So schon Antoine Fantin Désodoards, Histoire philosophique de la Révolution de France, 4 Bde., Paris 1797 ([1]1796), Bd. 1, S. 1: »Une révolution sans exemple dans les annales du monde, étonne les observateurs autant par les incalculables rapports de ses conséquences, que par la rapidité de sa marche et la prodigieuse variété de ses accidens.« Ähnlich der Abbé de Montgaillard, Histoire de France dépuis la fin du règne de Louis XVI jusqu'à l'année 1825, 9 Bde., Paris 1827, Bd. 1, S. 1: »La révolution de France a cela de singulier, que les scènes en furent tellement imprévues, si nombreuses, si rapides et si peu vraisemblables que beaucoup de personnes confondent les faits [...]«

15 Die englische »Glorious Revolution« scheint weder als Handlungs- noch als Darstellungsmuster eine entscheidende Rolle gespielt zu haben; vgl. dazu Rolf Reichardt, Reform und Revolution bei Condorcet. Ein Beitrag zur späten Aufklärung in Frankreich (Pariser Historische Studien. 10), Bonn 1973, S. 326 mit Anm. 185, sowie François Furet, Penser la Révolution française, Paris 1978, S. 117 mit Anm. 5. Selbst das von den Zeitgenossen vielberufene ›Vorbild‹ der Amerikanischen Unabhängigkeitsbewegung bietet kaum mehr als ein idealisiertes Modell, das sich nicht auf die sehr viel komplexeren französischen Verhältnisse übertragen ließ; vgl. dazu bereits Charles Lacretelle, Histoire de la Révolution française, 8 Bde., Paris 1821–1826, Bd. 1–2: Histoire de l'Assemblée constituante, Bd. 1, S. 13.

16 Lettres sur l'histoire de France, Paris [7]1842, »Avertissement«, S. 5.

17 Reinhart Koselleck, Vergangene Zukunft der frühen Neuzeit (1968), jetzt in: Vergangene Zukunft, S. 17–37, hier: S. 31.

18 Vgl. vor allem Voltaires »Essai sur les mœurs et l'esprit des nations« (1756), wie auch seine wiederholten Äußerungen zum Interesse des »homme de goût« an der Kultur- und Zivilisationsgeschichte der Menschheit.

19 So René Pomeau in seiner Einleitung zu Voltaire, Œuvres historiques (Bibliothèque de la Pléiade), Paris 1957, S. 22.

20 Vgl. u. a. A. Thierry, Lettres sur l'histoire de France, »Avertissement«, S. 6, ders., Essai sur l'histoire de la formation et des progrès du Tiers État, 2 Bde., Paris [3]1856 ([1]1853), Bd. 1, S. 2 f. Zum Desiderat einer Geschichte des »Volks« vgl. besonders A. Thierry, Première lettre sur l'histoire de France (1820), in: A. Th., Dix ans d'études historiques, Paris [4]1842, S. 345–352, hier: S. 347 f.

21 Vgl. wiederum Augustin Thierry, Histoire de la conquête de l'Angleterre par les Normands (1825), Récits des temps mérovingiens (1835–1840) und die nur bis zum Ende der Regierungszeit Ludwigs XVI. geführte »Histoire de la formation et des progrès du Tiers État«.

22 Vgl. dazu ausführlich F. Furet, Penser la Révolution française, S. 11–109: »La Révolution française est terminée«. Furet sieht die ›normale‹ wissenschaftliche Auseinandersetzung mit dem Forschungsgegenstand »Französische Revolution« sogar bis auf den heutigen Tag durch die fortgesetzte Kontroverse zwischen ihren »Verteidigern« und »Gegnern« beeinträchtigt und plädiert in diesem Sinn dafür, »die Revolution zu beenden«.

23 Zur Stilisierung der Revolution von 1789 zur «révolution mère« aller nachfolgenden bis hin zur russischen Oktoberrevolution vgl. F. Furet, ebd., S. 15 ff., 117 f.

24 Vgl. Alice Gérard, La Révolution française. Mythes et interprétations (1789–1970) (Questions d'histoire. 21), Paris 1970, S. 29: »A partir de 1815 s'ouvre un deuxième

cycle révolutionnaire: 1830 fait écho au 89 bourgeois, 1848 au 93 de la Fraternité, le coup d'Etat du neveu à celui de l'oncle. Dans ces phénomènes de récurrence ou de mimétisme, *l'historiographie révolutionnaire* a sa part de responsabilite. *Utilisée comme modèle d'idéologie et de stratégie,* comme viatique pour les énergies, médiatrice entre le passé et l'avenir, elle a porté, d'un mouvement ascendant, l'espoir révolutionnaire de ce temps.« (Herv. d. Vf., J. K.)

25 Thierrys 1848 abrupt abgebrochene »Histoire de la formation et des progrès du Tiers Etat« belegt den Extremfall, daß die ›intendierte Geschichte‹ des Historikers, in diesem Fall das Telos der Versöhnung von Revolution und Monarchie im Bürgerkönigtum Louis Philippes, vom tatsächlichen Verlauf der Ereignisse ›überholt‹ wird und ein anderes ›Ende‹ erhält; vgl. Thierrys Vorrede zu dem 1853 veröffentlichten Torso.

26 Penser la Révolution française, S. 19.

27 Vorstellungen von der »Machbarkeit der Revolution« im Sinn eines revolutionären »Aktionsprogramms« entwickeln sich erst aufgrund der »Belehrung durch öftere Erfahrung« (Kant) weiterer Revolutionen im 19. Jahrhundert, etwa bei Mazzini, Marx und Proudhon; vgl. dazu R. Koselleck, Historia Magistra Vitae, S. 64.

28 Vgl. insbesondere den zweiten Teil des »Discours sur l'origine et les fondements de l'inégalité parmi les hommes« (1755), wo Rousseau Strategien zur Veränderung von Besitz- und Machtverhältnissen beschreibt, allerdings hauptsächlich die Strategien derer, denen an der Beseitigung und nicht an der Wiederherstellung der »natürlichen Gleichheit« gelegen ist.

29 Vgl. Helmut Keßler, Terreur. Ideologie und Nomenklatur der revolutionären Gewaltanwendung in Frankreich von 1770–1794 (Bochumer Arbeiten zur Sprach- und Literaturwissenschaft. 9), München 1973, S. 121 f.

30 Rede vom 5 nivôse an II (25. Dezember 1793), in: Maximilien Robespierre, Œuvres, Bd. 5–10: Discours, hrsg. von Marc Bouloiseau u. a., Paris 1950–1967, hier: Bd. 10, S. 274; zitiert bei: H. Keßler, Terreur, S. 122.

31 H. Keßler, Terreur, S. 122.

32 Zur Aufklärungstragödie als ›Vorbereitung‹ der Revolution vgl. H. Keßler, Terreur, S. 135 ff.: »Die politische *terreur* in der Tragödie der Aufklärung«. Zur Rezeption von Beaumarchais' »Mariage de Figaro« als »Revolution in Aktion« vgl. zuletzt Dietmar Rieger, Figaros Wandlungen. Versuch einer ideologiekritischen Analyse von Beaumarchais' Figaro-Almaviva-Triologie, Romanistische Zeitschrift für Literaturgeschichte/Cahiers d'Histoire des Littératures Romanes, 1/1977, S. 77–106.

33 Penser la Révolution française, S. 78 ff. Furet setzt sich damit in entschiedenen Gegensatz zu seinen Vorgängern, vgl. insbes. Georges Lefèbvre, Foules révolutionnaires (1932), jetzt in: G. L., Études sur la Révolution française, Paris 1954, S. 371–392, hier: S. 384 ff.

34 F. Furet, ebd., S. 43 f., 78 ff.

35 Vgl. ebd., S. 45.

36 Aktantentyp nach Vladimir Propp, Morfologija skazki, deutsch: Morphologie des Märchens, hrsg. von Karl Eimermacher, München 1972, S. 79.

37 Vgl. Wilhelm Dibelius, Englische Romankunst. Die Technik des englischen Romans im achtzehnten und zu Anfang des neunzehnten Jahrhunderts (Palaestra. 92. 98), 2 Bde., Berlin/Leipzig ²1922 (¹1910), Bd. 1, S. 290 ff., 296 ff.; Hansjörg Garte, Kunstform Schauerroman. Eine morphologische Begriffsbestimmung des Sensationsromans im 18. Jahrhundert von Walpoles »Castle of Otranto« bis Jean Pauls »Titan«, Leipzig 1934, S. 122 ff., 151 ff.

38 Vgl. L'Ami du peuple, 8. August 1790: »le voile ténébreux qui couvre l'horrible mystère«; 12. Oktober 1790: »le voile qui couvre ses [= de Lafayette] manœuvres ténébreuses«. Weitere Belege passim.

39 L'Ami du peuple, 28. September 1789: »[…] vous n'êtes revêtus de pouvoir que pour […] vous opposer aux […] *complots des Aristocrates* […]« Weitere Belege passim.

40 So beschuldigt Marat alle Amtsträger des »Despotismus« (»les scélérats au timon des affaires ont beau conspirer contre vous«; L'Ami du peuple, 30. Juli 1790), den Hof und die Minister (»ne songeant plus qu'à remettre dans les mains du Monarque les chaînes du despotisme que la Nation en a fait tomber«; 20. September 1789), aber auch die »korrupten Mitglieder« der Nationalversammlung (»la faction cor-

rompue qui domine l'Assemblée Nationale«; 23. September 1789), vor allem aber
die ›falschen Freunde‹ des Volkes, Mirabeau (»[il] s'est mis à jouer le patriote«; 30.
Juli 1790) und Lafayette (»le chef des contre-révolutionnaires, l'âme de toutes les
conspirations contre la patrie«; 12. Oktober 1790), schließlich die finanzkräftigen
und daher mächtigen Kreise der Gesellschaft schlechthin (»l'aristocratie des ri-
ches«; 30. Juni 1790).

41 Vgl. die immer exzessiveren Aufzählungen im Ami du peuple, z. B. am 12. Oktober
  1790, 7. Juli 1792, und passim, sowie dazu H. Keßler, Terreur, S. 84 f. Keßler sieht
  Marat durch das literarische »Klischee des ewig ränkeschmiedenden Despoten« der
  Aufklärungstragödie inspiriert, zumal Marat bereits vor der Revolution in seinem
  theoretischen Werk »The Chains of Slavery« (1774) die unerschöpflichen »trames
  perfides« des despotischen Fürsten beschrieben habe (zitiert nach der ersten französischen Ausgabe: Les Chaînes de l'esclavage, Paris 1792). Es scheint jedoch, daß
  Marat sich im Verlauf der Revolution aufgrund der gegebenen politischen Verhältnisse mehr den ›aristokratischen‹ als den ›despotischen‹ »ruses« zuwendet, für die
  die Aufklärungstragödie kein geeignetes Vorbild mehr sein konnte.
42 L'Ami du peuple, 25. September 1789 (Herv. d. Vf., J. K.). Ähnliche Belege passim.
43 Ebd.
44 L'Ami du peuple, 22. September 1798. Vgl. auch ebd., 21. September 1789: »Projet
  devoilé d'endormir de Peuple & d'empêcher la Constitution«.
45 L'Ami du peuple, 28. September 1789.
46 Der ›Helfer‹ übernimmt die Funktion des »sage« wie sie Marat schon in den »Chaînes de l'esclavage« (S. 142) und in seinem 1789 veröffentlichten Verfassungsentwurf
  »La Constitution, ou Projet de Déclaration des Droits de l'Homme et du Citoyen,
  suivi d'un Plan de Constitution juste, sage et libre« (S. 20 f.) beschrieben hatte: Der
  »Wissende« klärt das politisch unerfahrene Volk über seine wahren Interessen auf,
  ja er nimmt sie notfalls sogar gegen dessen – fehlgeleiteten – Willen wahr. Vgl. dazu
  H. Keßler, Terreur, S. 18, 23 ff.
47 L'Ami du peuple, 23. September 1789.
48 Vgl. Robespierres Rede vom 2. Januar 1792, in Œuvres, Bd. 8, S. 81.
49 Rede Robespierres vom 18. Dezember 1791, in: Œuvres, Bd. 8, S. 48 (Herv. d. Vf., J.
  K.).
50 Marat, L'Ami du peuple, 7. Juli 1792 (Herv. d. Vf., J. K.).
51 Necker und der Herzog von Orléans (Philippe Égalité), die von Marat und Robespierre als Erzaristokraten und Feinde der Revolution des Komplotts mit dem Hof
  und/oder den ausländischen Mächten beschuldigt werden, sind nun umgekehrt die
  Verbündeten der Jakobiner; zumal der Herzog von Orléans, Großmeister der Frei-
  maurerloge des »Großorient von Frankreich«, wird als ›Drahtzieher‹ eines freimau-
  rerisch-jakobinischen Komplotts angesehen (»avant que les états-généraux fussent
  convoqués, tous les francs-maçons ne parloient que d'élever leur grand maître à
  quelque poste important«; so der Abbé Lefranc, Le Voile levé pour les curieux ou
  Le Secret de la révolution révélé à l'aide de la franc-maçonnerie, o. O. 1791, S. 56 f.).
  Zur Verbindung des »Komplotts der Jakobiner« mit bereits vor der Revolution kur-
  sierenden Vorstellungen einer geplanten Weltverschwörung der Freimaurer und Illuminaten vgl. u. a. Johannes Rogalla von Bieberstein, Die These von der Verschwörung. 1776–1945. Philosophen, Freimaurer, Juden, Liberale und Sozialisten als
  Verschwörer gegen die Sozialordnung, Bern/Frankfurt a. M. 1976, bes. S. 97 ff.
52 Vgl. Augustin Barruel, Mémoires pour servir à l'histoire du Jacobinisme, 4 Bde.,
  London 1797–1798, Bd. 4, bes. Kap. 11–12; Zitat nach der in ganz Europa verbreiteten Kurzfassung: Abrége des Mémoires pour servir à l'histoire du Jacobinisme, London 1798, S. 423.
53 Antoine-François-Claude Ferrand, Les Conspirateurs démasqués, Turin 1790, S.
  17.
54 Ebd., S. 40.
55 Antoine-François-Claude Ferrand, Des causes qui ont empêché la contre-révolution
  en France et Considérations sur la révolution sociale; suivies d'une notice sur Robespierre et ses complices, Bern 1793, S. VII.
56 A.-F.-C. Ferrand, Les Conspirateurs démasqués, S. 1.

57 Ebd.

58 A. Barruel, Abrégé des Mémoires, S. 450; vgl. auch S. 422 f., 427, 433 und passim.

59 Noch Michelet dringt als Erzähler seiner »Histoire de la Révolution française«
    (1847–1853) in die »antres redoutables« der Jakobiner- und Cordeliersklubs ein und
    beschreibt ihre ›gotische‹ Atmosphäre: »immense et sombre nef pleine de marbres
    funéraires« (zitierte Ausgabe: 2 Bde., hrsg. von Gérard Walter [Bibliothèque de la
    Pléiade], Paris 1952, Bd. 1, S. 348, 492 ff.).

60 Abrégé des Mémoires, S. 428.

61 Ebd., S. 424 (Herv. d. Vf., J. K.).

62 Vgl. Eberhard Schmitt, Einführung in die Geschichte der Französischen Revolution,
    München 1976, S. 17; A. Gérard, La Révolution française, S. 24.

63 »La postérité pourra seule être instruite des causes secretes auxquelles il faut attri-
    buer les évènements particuliers qui ont rempli le cours de la révolution, et l'ont ac-
    celérée: mais les causes générales datent de plus loin. Elle avoit été préparée, par le
    cours des choses humaines; et la convocation inévitable des états-généraux ne fit, en
    quelque maniere, que proclamer la révolution.« (S. 2)

64 Vgl. hierzu etwa E. Schmitt, Einführung in die Geschichte der Französischen Revo-
    lution, S. 21.

65 S. 7. Mouniers Schrift ist eine Widerlegung des Abbé Barruel und anderer Verfech-
    ter des »Komplotts der Jakobiner«.

66 Penser la Révolution française, S. 34: »[...] ce qui est propre à l'historiographie révo-
    lutionnaire est l'organisation interne, constamment identique, du discours. Car la
    place de chaque ›genre‹ à l'intérieur de cette histoire est toujours la même: l'analyse
    couvre le problème des ›origines‹, ou des causes, qui relèvent de l'explication. Le
    narratif commence avec ›les évenements‹, c'est à dire en 1787 ou 1789, et va jusqu'à
    la fin de ›l'histoire‹, c'est à dire le 9 Thermidor, ou le 18 Brumaire, comme si, une
    fois données les causes, la pièce allait toute seule, mue par l'ébranlement initial.«

67 So auch schon in der frühen ›patriotischen‹ Geschichtsschreibung, die das Telos der
    Revolution in der Verfassung von 1791 erblickt: Histoire de la Révolution de 1789 et
    de l'établissement d'une constitution en France, par deux Amis de la Liberté (Bd. 1–
    7, Paris 1790–1792; ab 1797 wird das Werk mit verändertem Titel und anderer Ziel-
    setzung von royalistischen Autoren fortgesetzt).

68 François-Auguste Mignet, Histoire de la Révolution française, depuis 1789 jusqu'en
    1814, 2 Bde., Paris ⁶1845 (¹1824), Bd. 1, S. 100 (Herv. d. Vf., J. K.). Vgl. ähnlich be-
    reits 1792 das positive Fazit der ›bürgerlichen‹ Revolution bei Rabaut Saint-Étienne,
    Précis de l'histoire de la Révolution, S. 2 f.: »Les intérets particuliers en [= de l'his-
    toire de ces trois années mémorables] ont formé *les intrigues* diverses, qui *ont été dé-
    concertées,* ou par la grandeur du corps constituant, ou par la puissance et l'impé-
    tuosité de la nation elle-même, jusqu'au jour où le roi, en acceptant la constitution, a
    fait le dénouement de cette scene éclatante.« (Herv. d. Vf., J. K.)

69 Michelet, Histoire de la Révolution, Bd. 1, S. 458 f., 461.

70 Louis Étienne Faure, De la Révolution française, son origine, ses causes, ses pro-
    grès, ses abus, ses vicissitudes et ses résultats obligés ou L'Œuvre de juillet 1789 cou-
    ronnée et accomplie par celle de juillet 1830, Paris 1831, S. 70 f.

71 Michelet, Histoire de la Révolution, Bd. 1, S. 439.

72 Léonard Gallois, Histoire de la Convention Nationale, d'après elle-même, 8 Bde.,
    Paris 1834–1848, Bd. 1, S. 6. Zum ›notwendigen‹ Verlauf der Revolution vgl. auch
    die beiden ›Fatalisten‹ Alphonse Thiers, Histoire de la Révolution française, 2 Bde.,
    Paris 1865–1866 (¹1823–1827), bes. Bd. 1, S. 546 f. und passim; F.-A. Mignet, His-
    toire de la Révolution, Bd. 1, S. 2 ff. und passim; sowie Jacques-Antoine Dulaure,
    Esquisses historiques sur la Révolution française, depuis 1789–1814, 5 Bde., Paris
    1823–1825, Bd. 1, S. 501.

73 L. E. Faure, De la Révolution, S. 61 f.

74 Bd. 1, S. 114.

75 Vgl. z. B. ebd., Bd. 1, S. 160: »Au milieu de tous ces complots et de toutes ces intri-
    gues, l'assemblée travaillait sans relâche à la constitution.« Siehe auch ebd., Bd. 1, S.
    168 ff., 374 f. und passim.

76 Bd. 1, S. 42 (Herv. d. Vf., J. K.).

77 Ebd., Bd. 1, S. 40 f. (Herv. d. Vf., J. K.).
78 Auch Furet betrachtet Michelet als den extremsten Vertreter einer im Selbstverständnis der Epoche befangenen »historiographie commémorative« (Penser la Révolution française, S. 28 ff. und passim).
79 Vgl. Histoire de la Révolution, Bd. 1, S. 863 f. (zu Robespierre) und S. 527 ff. (zu Marat).
80 Vgl. die Einleitung zum dritten Buch der »Histoire de la Révolution« (Bd. 1, S. 280 ff.: »De la méthode et de l'esprit de ce livre«): »Né peuple, nous allions au peuple.« (S. 282) sowie dazu Paul Viallaneix, La Voie royale. Essai sur l'idée de peuple dans l'œuvre de Michelet, Paris 1971, Kap. 1: »Étre peuple«.
81 Zur dem Volk in den Mund gelegten Forderung an den Historiker, ihm gleichsam seine ›Mentalitätsgeschichte‹ zu erzählen, vgl. Histoire de la Révolution, Bd. 1, S. 287: »je [= la France] commande que vous [= les historiens] me racontiez ce que vous n'avez pas vu, que vous m'appreniez ma pensée secrète, que vous me disiez au matin le songe oublié de la nuit.«
82 Ebd., Bd. 1, S. 358. Zur Opposition von ›gutem‹ Volk und ›bösen‹ (Ver-)Führern vgl. auch Michelets apodiktische Behauptung: »[...] l'époque humaine et bienveillante de notre Révolution a pour acteur le peuple même, le peuple entier, tout le monde. Et l'époque des violences, l'époque des actes sanguinaires où plus tard le danger la pousse, n'a pour acteur qu'un nombre d'hommes minime, infiniment petit. [...] le peuple valut généralement beaucoup mieux que ses meneurs.« (»Préface de 1847«, ebd., Bd. 1, S. 7)
83 Vgl. nacheinander Histoire de la Révolution, Bd. 1, S. 176, 473, 736, 344, 458 f., 457, 435.
84 Vgl. nacheinander ebd., Bd. 1, S. 217 ff., 331 ff., 738, 439.
85 Ebd., Bd. 1, S. 331.
86 Ebd., Bd. 1, S. 283.
87 Ebd.
88 Die verführte Unschuld. Bemerkungen über ein literarisches Thema (Hamburger Romanistische Studien. 38), Hamburg 1953, S. 15.
89 Herodots Bemühungen um eine bereinigte griechische Historiographie bestehen darin, daß er der griechischen Version der Verursachung des Trojanischen Krieges durch den Raub der Helena eine persische Version entgegenhält, die den Trojanischen Krieg bereits als Rache für den früheren Raub einer anderen Frau darstellt! (Historien, 1. Buch, Anfang)
90 Vgl. H. Petriconi, S. 16 ff.
91 Ebd., S. 15.
92 Ebd., S. 17, 31.
93 Zur Übertragung des Schemas der »verfolgten Unschuld« auf den männlichen Protagonisten Caleb Williams und auf den Bereich der gesellschaftlichen Unterdrückung vgl. W. Dibelius, Englische Romankunst, Bd. 1, S. 377 ff., bes. S. 404, sowie Michael Bernsen, Der Schreckensroman als Entlarvung gesellschaftlicher Unterdrückung (Sade, Godwin), Wissenschaftliche Hausarbeit, Bochum 1980, Kap. 3, 2.
94 Vgl. H. Keßler, Terreur, S. 85 f. Diese Übertragung wird ideologisch gestützt durch die von Rousseau und anderen Aufklärern vertretene philosophische Konzeption der »bonté naturelle« des nicht durch Reichtum und Luxus korrumpierten einfachen Volkes. Das arme, bedürfnislose Volk verkörpert ebenso wie der »gute Wilde« den »unschuldigen« Naturzustand des Menschen. Dieses Rousseausche ›Glaubensbekenntnis‹ war nach Petriconi auch die notwendige Voraussetzung für das Erscheinen des literarischen Themas der »verführten Unschuld« im 18. Jahrhundert (vgl. Die verführte Unschuld, S. 41 ff.).
95 Vgl. dazu H. Keßler, Terreur, S. 80 ff.
96 Dem korrespondiert die alsbald nach der Absetzung des Königs einsetzende Zensur des Konvents gegen Theaterstücke, deren happy end durch die Bekehrung eines ›bösen Adligen‹ herbeigeführt wird; vgl. Hans Ulrich Gumbrecht, »Ce sentiment de douloureux plaisir, qu'on recherche, quoi'on s'en plaigne«. Skizze einer Funktionsgeschichte des Theaters in Paris zwischen Thermidor 1794 und Brumaire 1799, Romanistische Zeitschrift für Literaturgeschichte/Cahiers d'Histoire des Littératures Romanes, 3/1979, S. 335–373, hier: S. 341 f.

97 Rede vom 2. Januar 1792, in: Œuvres, Bd. 8, S. 90 (Herv. d. Vf., J. K.).
98 Rede vom 25. September 1793, in: Œuvres, Bd. 10, S. 121 (Herv. d. Vf., J. K.).
99 Rede vom 2. Januar 1792, in: Œuvres, Bd. 8, S. 82.
100 Lettres de Maximilien Robespierre à ses Commettans, Februar 1793, in: Œuvres, Bd. 4–5: Les Journaux, hrsg. von Gustave Laurent, Nancy 1939/Paris 1961, Bd. 5, S. 284 (Herv. d. Vf., J. K.); zitiert bei H. Keßler, Terreur, S. 82, Anm. 74.
101 Rede vom 25. September 1792, in: Œuvres, Bd. 9, S. 20. Bei Robespierres Gleichsetzung von Helferfigur und »vertu persécutée« spielt zusätzlich die Bezugnahme auf Rousseau eine Rolle, der sich seinerseits in seinen »Confessions« (postum 1782–1789) als das unschuldige Opfer der Verleumdungen und Intrigen seiner Rivalen und falschen Freunde dargestellt hatte. Vgl. Robespierres explizite Berufung auf »ce [bon] Jean-Jacques« in der Rede vom 27. April 1792 (in: Œuvres, Bd. 8, S. 309 f.), im »Défenseur de la Constitution« vom 25. Mai 1792 (in: Œuvres, Bd. 4, S. 68) und in der Rede vom 18 floréal an II (7. Mai 1794; in: Œuvres, Bd. 10, S. 454 f.), sowie dazu H. Keßler, Terreur, S. 86 f.
102 Rede vom 2. Januar 1792, in: Œuvres, Bd. 8, S. 82 (Herv. d. Vf., J. K.).
103 Rede vom 1er frimaire an II (21. November 1793), in: Œuvres, Bd. 10, S. 197 (Herv. d. Vf., J. K.).
104 Rede vom 27. April 1792, in: Œuvres, Bd. 8, S. 308 (Herv. d. Vf., J. K.), vgl. auch die Rede vom 25. September 1792, in: Œuvres, Bd. 9, S. 17.
105 Hippolyte Magen, Histoire populaire de la Révolution française, de 1789 à 1799. Veillées du père Simon, Paris ⁴1876 (¹1850), S. 248 und S. 2. Das Epitheton *populaire* charakterisiert eine populär-wissenschaftliche Revolutionsgeschichtsschreibung, die sich zum Anwalt des Volkes macht und das Volk als Akteur zur Geltung bringt; vgl. Horace Raisson, Histoire populaire de la Révolution française, Paris 1830, S. 2: »C'est par le peuple que la révolution s'est faite; c'est pour le peuple que nous en écrivons l'histoire.« sowie Étienne Cabet, Histoire populaire de la Révolution française de 1789–1830, 4 Bde., Paris 1839–1840, Bd. 1, »Préface«, S. V. f.: »tandis que l'Aristocratie et la Bourgeoisie ont un grand nombre d'histoires de cette Révolution, ne peut-on pas dire que la Démocratie et le Peuple n'en possèdent encore aucune?«
106 Eugène Labaume, Histoire monarchique et constitutionnelle de la Révolution française, 6 Bde., Paris 1834–1839, Bd. 1, »Préface«, S. XIII f. (Herv. d. Vf., J. K.).
107 So Richardsons berühmte Rechtfertigung des tragischen Romanschlusses (Clarissa or the History of a Young Lady, hrsg. von John Butt [Everyman's Library], 4 Bde., New York 1962–1965, Bd. 4, »Postscript«, S. 558).
108 E. Labaume, Histoire monarchique, »Préface«, S. XIV.
109 Vgl. schon den charakteristischen Titel von Pierre-Jean-Baptiste Nougaret, Beaux traits de dévouement, d'attachement conjugal, de piété filiale, de courage, de magnanimité, de sentimens généreux, etc., etc., etc., qui ont eu lieu pendant la Révolution française [...], 2 Bde., Paris 1819, Zitat: Bd. 1, S. VI f.
110 Ebd., S. X (Herv. d. Vf., J. K.).
111 M. A. Thiers, Histoire de la Révolution française. Vᵉ et VIᵉ volumes. II (Besprechung vom 19. Januar 1826), in: Charles-Augustin Sainte-Beuve, Premiers lundis, 3 Bde., Paris 1882–1885, Bd. 1, S. 86–94, hier: S. 91.
112 Ebd., S. 91 f. (Herv. d. Vf., J. K.).
113 Besonders deutlich die entsprechende Stilisierung bei der Hinrichtung Robespierres, als dem ›Opfer‹ der Verband von seiner Kopfwunde gerissen wird und sein Schmerzensschrei für den Aufschrei des unterdrückten Volkes steht: »C'était le cri de ce *pauvre peuple* [...], c'était le cri de ces millions *d'infortunés* qu'on allait ramener aux carrières.« (Louis Blanc, Histoire de la Révolution française, 12 Bde., Paris 1847–1862, Bd. 11, S. 265; Herv. d. Vf., J. K.)
114 Lamartine ›profitiert‹ von der geläufigen Stilisierung der royalistischen ›Opfer‹, indem er die »Opfer der Republik« in ihre Nähe rückt: »Les Girondins furent transférés, le 6 octobre, pendant la nuit, dans leur dernière prison, à la Conciergerie. La reine y était encore. Ainsi, le même toit couvrait la reine tombée du trône et les hommes qui l'en avaient précipité au 10 août: la *victime de la royauté* et les *victimes de la république*.« (Histoire des Girondins, 7 Bde. [= Œuvres complètes de Lamartine, Bd. 9–15], Paris 1861, Bd. 5, S. 244; Herv. d. Vf., J. K.)

115 S. oben, S. 599 f.

116 Vgl. Histoire de la Révolution, Bd. 1, S. 545: »Qu'auraient-ils dit, ces sauveurs, si le peuple eût répondu: ›Je veux périr et rester juste.‹ Et celui qui dit ce mot, c'est celui qui ne périt point.«

117 Histoire de la Révolution, Bd. 8, S. 62 ff.

118 Les Soirées de Saint-Petersbourg ou Entretiens sur le gouverment temporel de la Providence, suivies d'un traité sur les sacrifices, »Neuvième entretien« (benutzte Ausgabe: 2 Bde., Lyon/Paris ⁷1854, Bd. 2, S. 137–188, bes. S. 139 ff.) und Anhang: »Eclaircissement sur les sacrifices«, Kap. 3: »Théorie chrétienne des sacrifices« (Bd. 2, S. 379–405, bes. S. 390 f.). Im gleichen Sinne auch schon die frühere Schrift »Considérations sur la France« (1796), bes. Kap. 2–3.

119 Abel Villemain, De la mort, de l'anniversaire et des obsèques de Louis XVI, in: La France en deuil ou le vingt-un janvier. Collection contenant les pièces officielles relatives à la translation des Victimes royales [...], Paris 1815, S. 30–38, hier: S. 34: »Louis XVI, dépouillé de tous les attributs de l'Empire, meurt de la mort du juste [...]; il rentre avec toute la grandeur de la vertu sacrifiée, dans les droits des ses aïeux [...]«

120 Annonce de la solennité du 21, par M. le vicomte de Châteaubriand, in: La France en deuil, S. 1–12, hier: S. 5. – Ein bleibendes Denkmal der kompensatorischen Verklärung der ›Opfer‹ ist die unter der Restauration errichtete Chapelle expiatoire. Hier verbindet sich die Vorstellung des ›Sühneopfers‹ Ludwigs XVI. mit der ebenfalls von den Royalisten, vor allem von den Bourbonen selbst vertretenen Auffassung, daß das französische Volk wiederum den Königsmord zu sühnen habe.

121 Anonym, Notice historique sur Louis XVI, suivie de son testament, et ornée de son portrait, Paris 1814, S. 21.

122 So zuerst überliefert von einem der Verteidiger im Prozeß Ludwigs XVI., dem ehemaligen Minister und Magistratsbeamten Malesherbes: »Quand Desèze eut fini son plaidoyer, il nous le lut; je n'ai rien entendu de plus pathétique que sa péroraison; nous en fûmes touchés jusqu'aux larmes; le Roi lui dit: ›Il faut la supprimer, je ne veux point les attendrir.‹« (Zitiert nach: Extrait du Journal de M. de Malesherbes, in: Saint-Albin Berville/Jean-François Barrière [Hrsg.], Collection des Mémoires relatifs à la Révolution française, Bd. 19, Paris 1825, S. 287–289, hier: S. 288)

123 Notice historique sur Louis XVI, S. 25.

124 Les Deux Dernières Journées de Louis XVI, in: La France en deuil, S. 62–68, hier: S. 68.

125 Notice historique sur Louis XVI, S. 26.

126 Dernières heures de Louis XVI, roi de France, écrites par l'Abbé Edgeworth de Firmont, son confesseur, in: Mémoires relatifs à la Révolution française, Bd. 19, S. 153–179, hier: S. 179.

127 Vgl. Anonym, Précis historique de la vie de Louis XVI, de son procès et des principales circonstances qui ont accompagné son martyre [...], Besançon 1821 (zuerst 1814?), S. 133–136, wo die Parallele zwischen Ludwig XVI. und dem »Sauveur du monde« im einzelnen ausgeführt wird; Zitat: S. 135.

128 Angeblich erfunden von dem Redakteur des »Républicain français«, Charles His, der den zum Pathos der gesamten Szene passenden Ausspruch schon in der Abendausgabe des 21. Januar verbreitete.

129 Edgeworth de Firmont, Dernières heures de Louis XVI, S. 178.

130 So vor allem von David Hume, The History of England from the Invasion of Jules Caesar to the Revolution in 1688 (1762), Kap. 59 (benutzte Ausgabe: 6 Bde., London 1848, Bd. 5, S. 264 ff.), und Edward Clarendon, The History of the Rebellion and Civil Wars in England, Begun in the Year 1641 (1702–1704), Buch 11, bes. § 231 ff. (benutzte Ausgabe: 6 Bde., Oxford 1888; Nachdruck: Oxford 1969, Bd. 4, S. 484 ff.).

131 Vgl. u. a. Du 30 Janvier 1649, et du 21 janvier 1793; par M. le comte de Lally-Tolendal, in: La France en deuil, S. 39–61. Lally-Tolendal ist auch der Verfasser des Artikels über Karl I. in der von Louis-Gabriel Michaud herausgegebenen »Biographie universelle« (1811–1827), aus dem er ganze Passagen in seinen »parallèle« zwischen dem englischen und französischen »roi-martyr« übernimmt.

132 Ähnlich also wie die Vorstellung vom »Komplott« nicht direkt an mythische Ele-

mentarformen, sondern an das ›näherliegende‹ Vorbild des Schreckensromans an-
schließt; s. oben, S. 595.

133 Zur in der Barocktragödie geläufigen Übertragung des christlich-stoischen Constan-
tia-Ethos des Märtyrers auf eine *politisch* unterlegene Partei vgl. Gerhard Kaiser,
»Leo Armenius«. Das Weihnachtsdrama des Andreas Gryphius, Poetica, 1/1967, S.
333–359.

134 Vgl. den Wortwechsel Polyeucte V, 3, V. 1679:
PAULINE. Où le conduisez-vous?
FÉLIX.   A la mort.
POLYEUCTE.   A la gloire.

135 So Sevère, der Günstling und Abgesandte des römischen Kaisers, Polyeucte V, 6, V.
1789–1794:

> Sans doute vos chrétiens, qu'on persécute en vain,
> Ont quelque chose en eux qui surpasse l'humain:
> Ils mènent une vie avec tant d'innocence
> Que le ciel leur en doit quelque reconnaissance:
> Se relever plus forts, plus ils sont abattus,
> N'est pas aussi l'effet des communes vertus.

136 Brief an Mendelssohn vom 18. Dezember 1756, in: Gotthold Ephraim Lessing, Moses Mendelssohn, Friedrich Nicolai, Briefwechsel über das Trauerspiel, hrsg. und
kommentiert von Jochen Schulte-Sasse, München 1972, S. 79: »In eben dem Verhältnisse in welchem die Bewunderung auf der einen Seite zunimmt, nimmt das Mit-
leiden auf der andern ab. [...] Polyeukt strebt ein Märtyrer zu werden; er sehnet sich
nach Tod und Martern; er betrachtet sie als den ersten Schritt in ein überschwenglich seliges Leben; ich bewundere den frommen Enthusiasten, aber ich müßte be-
fürchten, seinen Geist in dem Schooße der ewigen Glückscligkeit zu erzürnen, wenn
ich Mitleid mit ihm haben wollte.«

137 Zur strukturellen Analogie der ›Discours d'Apothéose de Marat‹ und der Heiligen-
legende vgl. Hans Ulrich Gumbrecht, Faszinationstyp Hagiographie. Ein historisches Experiment zur Gattungstheorie, in: Christoph Cormeau (Hrsg.), Deutsche Literatur im Mittelalter. Kontakte und Perspektiven. Hugo Kuhn zum Gedenken,
Stuttgart 1979, S. 37–84, hier: S. 74 ff.

138 Vgl. u. a. H. Magen, Histoire populaire de la Révolution française, S. 1 f., 233 ff., sowie L. Blanc, Histoire de la Révolution française, Bd. 11, S. 262, und passim.

139 Siehe Kap. 4: »D'une sorte de drame philosophique« und Kap. 21: »De la pantomime«, in: Diderot, Œuvres esthétiques, hrsg. von Paul Vernière, Paris 1968, S. 183–
287, hier: S. 198 f., 272–276.

140 Vgl. zuerst Honoré Riouffe, Mémoires d'un détenu pour servir à l'histoire de la ty-
rannie de Robespierre (1795), in: Mémoires relatifs à la Révolution française, Bd.
12: Mémoires sur les prisons, Paris 1823, S. 1–95, hier: S. 48 ff.

141 Siehe im Anschluß an Nodier die dramatische Schilderung bei Lamartine, Histoire
des Girondins, Bd. 5, S. 239–281.

142 So etwa Histoire de la Convention Nationale, Bd. 1 (= Histoire de la Révolution
française, Bd. 4), S. 197 f.

143 Vgl. Histoire de la Révolution, Bd. 1, S. 436.

144 Histoire de la Révolution, Bd. 1, S. 358.

145 Ebd., Bd. 1, S. 571.

146 Ebd., Bd. 1, S. 367 f.: »Le beau rôle était au Clergé, d'abord parce qu'il semblait être
dans un danger personnel; ce danger le relevait; tel prélat incrédule, licencieux, in-
trigant, se trouvait tout à coup, par la grâce de l'émeute, posé dans la gloire du martyre.« Vgl. auch L. Blanc, Histoire de la révolution, Bd. 6, Kap. 5: »Les Faux Martyrs« (S. 197 ff.).

147 Michelet, Histoire de la Révolution, Bd. 2, S. 187.

148 Ebd.

149 Ebd.

150 Ebd., Bd. 2, S. 185 f.

151 Michelet isoliert Charlotte Corday in auffälliger Weise von jeglicher politischen
›Partei‹ (»Les Girondins n'eurent sur elle aucune influence.« – Histoire de la Révo-

lution, Bd. 2, S. 498), um ihr seine ästhetische Bewunderung um so ungeteilter zuwenden zu können.

152 Histoire de la Révolution, Bd. 2, S. 495. Schon in den Selbstzeugnissen der Epoche wird aus der tatsächlichen – entfernten – Verwandtschaft Charlotte Cordays mit Corneille (sie ist seine Urgroßnichte) die geistige Verwandtschaft mit seinen Heldinnen abgeleitet. So auch bereits vor Michelet in der Biographie von Louis Du Bois, Charlotte Corday. Essai historique, offrant enfin les détails authentiques sur sa personne et l'attentat de cette héroïne, Paris 1838, sowie in Louise Colets »dramatischem Tableau«, »Charlotte Corday« (1842), nur einer von zahlreichen dramatischen Bearbeitungen des Sujets in der ersten Hälfte des 19. Jahrhunderts.

153 Histoire de la Révolution, Bd. 2, S. 509.

154 Nach Charles Vatel (Charlotte de Corday et les Girondins. Pièces classées et annotées, 3 Bde., Paris 1864–1872, Bd. 1, S. CCLXIX, Anm. 1) geht diese Stilisierung auf orale Lokaltraditionen in Caen, der Heimatstadt Charlotte Cordays, zurück und wurde zuerst verbreitet durch die histoire romancée von Alphonse Esquiros, Charlotte Corday, Paris 1840; in die Historiographie aufgenommen u. a. von Lamartine, Histoire des Girondins, Bd. 5, S. 52.

155 Vgl. *Judith* 12, 15–13, 10.

156 Brief Charlotte Cordays an Marat vom 12. Juli 1793; zitiert nach Philippe-Joseph-Benjamin Buchez/Pierre-Célestin Roux, Histoire parlementaire de la Révolution française ou Journal des Assemblées Nationales depuis 1789, jusqu'en 1815, 40 Bde., Paris 1834–1838, Bd. 28, S. 327. Auf diesen Brief nehmen zahlreiche Revolutionsgeschichten Bezug, u. a. Michelet, Histoire de la Révolution, Bd. 2, S. 500 f.

157 So Charlotte Corday in dem genannten Brief an Marat.

158 So ist es ihre ursprüngliche Absicht, den ›Tyrannen‹ vor aller Augen im Senat, sprich: im Konvent zu töten (Brief an Barbaroux vom 16. Juli 1793; zitiert nach: Histoire parlementaire, Bd. 28, S. 328–333, hier: S. 329 f.) Als »plus grande que Brutus« bezeichnet sie der junge deutsche Patriot Adam Lux in einem panegyrischen Nachruf, auf den sich nahezu alle Revolutionsgeschichten beziehen.

159 Vgl. das Schlußwort des Antonius in Voltaire, La Mort de César III, 8:
> Précipitons ce peuple inconstant et facile:
> Entraînons-le à la guerre; et sans rien ménager,
> Succédons à César, en courant le venger.

160 Michelet, Histoire de la Révolution, Bd. 2, S. 506, 509.

161 Vgl. dazu in anderem Zusammenhang Ilse Nolting-Hauff, Zur Psychoanalyse der Heldendichtung: Das Rolandslied und die einfache Form ›Sage‹, Poetica, 10/1978, S. 429–468, bes. S. 446 f., 464.

HERMANN LÜBBE

Was sind Geschichten und wozu werden sie erzählt?
Rekonstruktion der Antwort des Historismus

Die Geschichtswissenschaften hätten sich – von der Paläontologie bis zur Wirtschaftsgeschichte – längst in theoretische Wissenschaften verwandelt, wenn wir kulturell nicht an der Erzählung von Geschichten interessiert wären, die in Natur und Gesellschaft wirklich passiert sind und über sich, der Singularität ihrer Ereignisabfolgen wegen, Theorien nicht bilden lassen.

Ich möchte im folgenden die Struktur solcher Geschichten, die auf keine Ereignisfolgeregel gebracht und daher einzig erzählt werden können, analysieren und zugleich eine Rekonstruktion der Antwort des Historismus auf die Frage nach dem kulturellen Sinn wissenschaftspraktischer Geschichtserzählungen versuchen.

Die allgemeine Struktur der Geschichten möchte ich auch an dieser Stelle am Beispiel von Fällen vergegenwärtigen, die als erklärungsbedürftig gelten und für die zugleich gilt, daß sie nur durch Erzählung einer Geschichte erklärt werden können, so daß auf sie die vertraute Redeweise paßt: »Das kann man nur historisch erklären«.

Diese Redeweise zunächst entstammt nicht Zusammenhängen spezieller Wissenschaftspraxis, auch denen der Geschichtswissenschaften nicht. Sie ist alltagssprachennah und sogar in Politik und Publizistik geläufig.

Deswegen darf man sich die Präsentation zahlreicher Exempel des Gebrauchs dieser Redeweise, wie ich sie an anderer Stelle analysiert habe, in Konzentrationsabsichten hier sparen und, mit Appell an die Imaginationskraft aller, denen die zitierte Redeweise geläufig ist, sich unmittelbar auf ihre strukturelle Quintessenz beziehen. Alsdann ist klar, von welcher Struktur generell die Fälle sind, die sich nur historisch erklären lassen, so daß wir, um sie zu verstehen, ihre Geschichten erzählen müssen. Es handelt sich dabei stets um Fälle, in denen innerhalb eines funktionalen Zusammenhangs Elemente auffällig werden, die in ihrer primären Tauglichkeit ersichtlich funktionslos sind und in ihrem Dasein sich einzig durch ihre Bezogenheit auf Funktionen erklären, die in Prozessen der Umbildung des gegebenen funktionalen Zusammenhangs untergegangen sind. Elemente eines funktionalen Zusammenhangs, auf die genau diese Charakteristik paßt, nennen wir in evolutionstheoretisch präzisierter Terminologie »Relikte«. Relikte sind es, die wir nun historisch erklären können, und die Geschichten der Umbildung funktionaler Zusammenhänge, über die sie zu Relikten wurden, geben uns diese Erklärung.

Wenn man sich die zum Relikt-Begriff gehörige Anschauung der Realität verschafft, so läßt sich, mit geringer zusätzlicher Anstrengung des Begriffs, an dieser Stelle auch die Struktur jener Geschichten explizit machen, über deren Erzählung Relikte verständlich werden. Geschichten, deren Historie als Erzählung dergleichen leistet, sind, in genereller Formulierung, Prozesse der Umbildung von Systemen unter Ereignisbedingungen, die sich zum ursprünglichen

Funktionalismus der Systeme, mit Folgen für diese, kontingent verhalten. Zum ursprünglichen ökonomischen Funktionalismus ostfriesischer Fehnsiedlungskanäle, zum Beispiel, verhält sich die Evolution moderner Massengütertransportsysteme, in das jene Kanäle nicht passen, kontingent, und die Kanäle verbleiben, in Relation zu diesen modernen Systemen, als einzig historisch erklärbare Relikte eines für sie abgelaufenen ökonomisch-verkehrstechnischen Selektionsprozesses – günstigenfalls sekundär umfunktioniert zu Stätten eines bootstouristischen Freizeitverkehrs oder zu erhaltungskostenträchtig musealisierten Zeugnissen für kultivierungspolitische Großtaten des 18. Jahrhunderts. Die Beispiele, um deren detaillierte Analyse es sich hier nicht handeln kann, könnten auch biographischer, paläontologischer, begriffsgeschichtlicher oder geologischer Art sein. Der vorgeschlagene Geschichtsbegriff, demzufolge Geschichten, deren Erzählung wir zur Erklärung von Relikten benötigen, Prozesse der Umbildung von Systemen unter Ereignisbedingungen sind, die sich zum ursprünglichen Funktionalismus dieser Systeme kontingent verhalten, ist, sozusagen, ontologisch neutral, das heißt er ist indifferent gegenüber Art und Genus der Subjekte, als deren Geschichten wir Geschichten erzählen (»Referenzsubjekte«). Diese ontologische Indifferenz des vorgeschlagenen Geschichtsbegriffs erzeugt nicht einen Nebel von Unterschiedslosigkeiten, in welchem alle interessanten Probleme verschwinden; sie wirft vielmehr Licht auf die guten Gründe, die uns leiten, sowohl gemeinsprachlich wie wissenschftssprachlich im Gebrauch des Wortes »Geschichte« nicht nach Anwendungsbereichen zu unterscheiden. Niemand behauptet ja, daß *Die Geschichte Ostfrieslands, Die Geschichte der Natur, Die Geschichte des Automobils, Die Geschichte der Ostsee* und *Die Geschichte der Arbeiterbewegung* – alles das sind echte Buch-Titel – sich in nichts unterscheiden. Die Behauptung lautet lediglich, daß diese Geschichten »Geschichten« in Übereinstimmung mit der Identität einer Struktur von Ereignis- und Zustandsabfolgen heißen, die in allen zitierten Fällen sich aufdecken läßt. Gewiß: in Relation zu allem, wovon überhaupt sich Geschichten erzählen lassen und von der Kosmologie bis zur Etymologie tatsächlich in wissenschaftlich disziplinierter Weise erzählt werden, sind wir uns selbst, in letzter Instanz als Angehörige unserer Gattung, weitaus am interessantesten, und es steht nichts entgegen, die Geschichte unserer selbst, die wir, soweit wir wissen, unter allem, was ist, die einzigen sind, für die die Vergegenwärtigung ihrer Geschichte etwas bedeutet, mit Droysen »Geschichte im eminenten Sinn« zu nennen. Aber diese Eminenz unserer Geschichte ist, wie eben die Notwendigkeit dieser unterscheidenden Apposition selber bezeugt, nicht ein Moment des Begriffs unserer Geschichte, sofern sie eine Geschichte ist. Kurz: die Reflexivität gewisser Geschichten ist nich ein proprium des Geschichtsbegriffs, und analog ist auch die kognitive Funktion, die durch historische Erklärungen erfüllt wird, nämlich verstehen zu machen, indifferent gegenüber den Unterschieden der Sachen, deren Geschichten dabei zu erzählen sind. Es ist deswegen ein schwer verständlicher und, möglicherweise, einzig historisch erklärbarer Verstoß Diltheys gegen den semantischen Funktionalismus der Wörter »Erklären« und »Verstehen«, die durch sie bezeichneten intellektuellen Operationen jeweils exklusiv den (theoretischen) Naturwissenschaften einerseits und den (historischen) Geisteswissenschaften andererseits zuzuordnen. In Wirklichkeit, das heißt in der Wirklichkeit unserers gemeinsprachlichen wie wissenschaftstheoretisch explizierten und präzisierbaren Umgangs mit den fraglichen Wörtern, ist das Faktum des Unverständnisses, das uns, als Reaktion auf eine Überraschung, Erwartungswidrigkeit oder auf sonstige Ereignisse oder Bestände, die nicht vertrauten Regeln, Plänen oder Gesetzen gehorchen, nach einer verständnisbewirkenden Erklärung verlangen läßt, gleichfalls ontologisch indifferent. Auch für die spezielle Erklärungssorte der historischen Erklärung, die durch Rekurs auf Geschichten geleistet wird, gilt das, und obwohl es sich, soweit wir wissen, bei Tümmlern nicht um »sprach- und handlungsfähige Subjekte« handelt und »Geist«, als Thema historischer Geisteswissenschaften, schlechterdings nicht im Spiel ist, verstehen wir in uneingeschränkter Bedeutung des Wortes »Verstehen«, wieso ihr Knochensystem Hinterextremitäten, die sie bei funktionaler Interpretation der anatomischen Elemente ihres Organismus gar nicht benötigen, aufweist, wenn wir uns diese funktionslosen Elemente als Relikte durch historischen Rekurs auf die Geschichte des Untergangs der Funktion, die sie auf einer früheren Stufe der Evolution des Systems, dem sie heute noch angehören, einmal erfüllten, historisch erklären.

Unsere Frage ist, wieso die Historien, durch die wir, in welchen historischen Wissenschaften auch immer, erklären, was ohne sie unverständlich wäre, zwar Theorien benötigen, aber nicht generieren können, wieso also die Geschichten, auf die in solchen Historien erklärungshalber rekurriert wird, selber nicht theoriefähig sind. Bevor ich diese Frage beantworte, möchte ich zunächst noch dem naheliegenden Einwand begegnen, Geschichten des definierten Begriffs, auf deren Erzählung die Redeweise »Das kann man nur historisch erklären« verweist, seien für die Geschichtswissenschaften nicht repräsentativ. Dieser Einwand liegt nahe, weil in der Tat die zitierte Redeweise ihren pragmatischen Ort gerade nicht in der Praxis der Geschichtswissenschaften hat, vielmehr in Zusammenhängen einer kognitiven oder realitätsverändernden Praxis, die in bezug auf die Realität, auf die sie sich bezieht, bekannte oder entdeckungsfähige Regelhaftigkeit von Ereignisfolgen, Normalität von Zuständen, Rationalität in Planungszusammenhängen und Funktionalität im Beziehungsgefüge von Systemelementen unterstellt. Genau dann, wenn diese Unterstellung, oder, genauer, die an sie sich knüpfenden Erwartungen enttäuscht werden, behebt zumindest in Fällen, wo das befremdliche Faktum den Charakter eines Relikts hat, die historische Erklärung das Unverständnis. Es ist wahr, daß, soweit in solchen Fällen überhaupt der Beistand historischer Wissenschaften erwartet wird, dieser Beistand hilfsweise erteilt wird. Aber es ist ersichtlich nicht dieser Beistand, in deren Erfüllung die kulturelle Funktion historischer Wissenschaften aufginge. Nur beiläufig sind die historischen Wissenschaften auf unverständnisbewirkte Erklärungsbedürfnisse bezogen, die außerhalb des Zusammenhangs der Geschichtswissenschaftspraxis entstanden wären. In unserer historischen Kultur ist der Regelfall der, daß die historischen Wissenschaften erklären, was sie selbst erst in unverständnisbewirkender Weise vergegenwärtigt haben. Im simplen, aber signifikanten, also didaktisch gemeinten Beispiel heißt das: verständigungsfunktional ist unser Gebrauch des Wortes »Schalter« fraglos-klaglos, und niemand verspürt das Bedürfnis nach einer historischen Erklärung, wenn einer, der uns den Weg zum Flugticket-Schalter weist, diesen rite »Schalter« nennt. Dieses Bedürfnis wird erst durch den Wortbedeutungshistoriker, durch den Etymologen also, erzeugt, indem er nachweist, daß »Schalter« im alten wasserbauwirtschaftlichen Schleusewesen ein vertikal zwischen Nuten bewegliches Schiebbrett hieß. Wieso heißt dann der Kartenverkaufsplatz am flachen, durchlaufenden Tresen, der für büromäßige Dienstleistungen aufgestellt ist und wo weit und breit ein solches Brett nicht zu finden ist, »Schalter«? Es erübrigt sich hier, die Wortbedeutungsgeschichte im Detail zu erzählen, die uns diese Frage beantworten würde. Das Exempel hatte ja nur den Zweck zu verdeutlichen, wieso in der Tat innerhalb der Geschichtswissenschaftspraxis die als Ausgangspunkt dieser Analyse gewählte Redeweise »Das kann man nur historisch erklären« höchst selten begegnet. Ersichtlich ist das nicht deswegen so, weil die Historiker es mit Geschichten einer ganz anderen Struktur zu tun hätten, als es diejenigen sind, auf die uns jene Redeweise verweist. Vielmehr haben die Historiker für diese Redeweise im Regelfall deswegen keine Verwendung, weil ihre Praxis eo ipso die der Beschreibung der Genesis von Beständen ist, die, wenn jemandem in Beziehung auf sie einfiele zu sagen »Das kann man nur historisch erklären«, uns provozieren würden zu antworten: »Wie willst du das denn sonst erklären?«

Ich unterstelle also, daß die Geschichten der explizierten Struktur, auf die sich die analysierte Redeweise bezieht, tatsächlich jene Geschichten sind, wie sie auch in den professionellen historischen Wissenschaften thematisch sind, und ankündigungsgemäß ist nun zu zeigen, wieso historische Erklärungen durch Rekurs auf solche Geschichten zwar Theorien benötigen, aber nicht liefern, wieso also die Geschichten, über die wir erklären, als solche keiner Theorie fähig sind. Das beruht, bezogen auf dasjenige System, als dessen Geschichte eine Geschichte erzählt wird (»Referenzsubjekt«), darauf, daß diejenigen Ereignisse oder Zustandsänderungen in der Systemumgebung, die das System verändern, in Relation zum Funktionszusammenhang dieses Systems kontingenten Charakter haben. Im simplen, aber signifikanten Beispiel heißt das: in Relation zur topographischen und ökonomischen Pragmatik der Dimensionen von Hafenbecken und Fahrrinnen der Sielhafenplätze an der friesischen Nordseeküste, denen zuletzt noch die europäische Krimkriegskonjunktur eine Handelschiffahrtsblüte bescherte, ist es ein Zufall, daß die Evolution von Außenhandel und Schiffsbautechnik eine Größenordnung von Frachtern sinnvoll und möglich machte, die in das System jener Sielhafenplätze nicht mehr paßten, so daß diese in eine äußerste Randlage des neuen Systems der Seehandelsschiffahrt gerieten. Wohlgemerkt: es wäre natürlich sinnwidrig, den wirtschaftlich-technischen Übergang zu den Makrodimensionen moderner Stahl- und Dampfschiffeinheiten, der in den Funktionalismus der Sielhäfen so folgenreich eingriff, als solchen »zufällig« zu nennen. Er war vielmehr höchst zweckrational, und seine Veranlassung waren harte Kalkulationen. Aber die individuellen und institutionellen Subjekte der Sielhafenwirtschaft hatten auch kalkuliert, und auch diese Wirtschaft war ein zweckrational verfügtes System. Den Charakter des Zufalls hat die Rückwirkung der Evolution des einen Systems auf das andere, die als solche wiederum gemäß simplen ökonomischen Regeln erfolgt, lediglich deswegen, weil diese Rückwirkungen nichts sind, worauf das von ihnen betroffene System in seinem primären Funktionalismus eingestellt gewesen wäre oder überhaupt auch hätte eingestellt sein können. »Damit konnten wir beim besten Willen nicht rechnen« – so lautet unsere Alltagsreaktion auf Ereignisse, die in Relation zu unseren primären Absichten, Entscheidungen und Arrangements den Charakter des Zufalls haben. Zufällig sind, noch einmal, diese Ereignisse einzig in dieser Relation. Für sich betrachtet sind sie, selbstverständlich, ihrerseits Momente von Ereignisfolgen oder Zustandsänderungen, deren Regel wir kennen mögen oder, im Prinzip, kennen könnten, und auch die Wirkungen, die sie auf das System, in Relation zu dem sie im charakterisierten Sinne zufällig eintreten, ausüben, sind, soweit unsere Kenntnisse reichen, nach Regeln von Ereignis- oder Systemzustandsabfolgen erklärbar und entsprechend prognostizierbar. So war es nicht schwer, im verkehrswirtschaftlich erzwungenen Übergang zur euronormierten Kanalschiffahrt den definitiven einschlägigen Funktionsuntergang der schon erwähnten norddeutschen Fehnkanalsysteme vorauszusagen. Also schütten wir doch, mit Straßentrassengewinn, unsere Kanäle zu – so sagten sich die zuständigen Gemeinderäte und handelten in einigen Fällen rüstig demgemäß. Aber sie hatten nicht vorhergesehen, daß Nostalgietourismus und aufblühender Freizeitbootssport inzwischen die Fehnkanalsiedlungen sehr schätzt und ihnen Chancen der Partizipation am Fremdenverkehr eröffnet. Diejenigen Räte, die ihre Kanalrelikte, aus welchen Gründen auch immer, noch hatten liegenlassen, hatten diese Voraussicht natürlich auch nicht. An ihnen hatte sich, insoweit, lediglich die biblische Verheißung erfüllt, daß die Letzten die Ersten sein werden.

In der Wiederholung kurz und verallgemeinernd: Geschichten sind Prozesse der Umbildung von Systemen unter Wirkung von Ereignissen oder Zustandsänderungen in der Systemumgebung, die in Relation zum Funktionalismus des betroffenen Systems kontingenten Charakter haben. Theorien, das heißt Sets von Behauptungen wissenschaftspraktisch höchst unterschiedlicher Validität über kausale oder sonstige Regelabfolgen von Ereignissen oder Zuständen, können uns erklären, wieso ein Ereignis oder eine Zustandsänderung in der Umgebung eines Systems auf dieses wirkt, wie es gewirkt hat, und sie erlauben uns auch Voraussagen solcher Wirkung nach Zuverlässigkeitsmaßen ihrer höchst unterschiedlichen Validität. Theorien sind es auch, die wir zur Erklärung des Eintritts jener Ereignisse benützen mögen, die sich in der charakterisierten Weise in Relation zum Funktionalismus des Systems, auf das sie wirken, kontingent verhalten. Eine Theorie gibt es lediglich über die Reihenfolge genau derjenigen Ereignisse nicht, deren Reihe wir historiographisch einzig deswegen bilden, weil sie die Reihe der Ereignisse sind, die in der Zeit der Dauer des Systems, dessen Geschichte wir erzählen (»Referenzsubjekt«), es verändernd auf es eingewirkt haben. Die Behauptung, es müßte sich doch auch über diese Ereignisreihe eine Theorie bilden lassen, wäre, letzten Endes, mit der Behauptung identisch, wir wären, letzten Endes, in der Lage, eine Theorie über das Ganze der einen Wirklichkeit aufzustellen, die, letzten Endes, die Umgebung darstellt, in Relation zu der ein jedes der offenen Systeme, um deren Geschichte es sich in der Historiographie jeweils handelt, offen ist. Es erübrigt sich hier, die Absurdität dieser Behauptung, in deren Erfüllung der Historiker mit dem Laplace'schen Dämon identisch und damit als Historiker zugleich überflüssig würde, mit Argumenten grundsätzlicher Natur darzutun. Es genügt, angesichts derjenigen Theorien, die »Theorie des Ganzen« von Natur und/oder Gesellschaft zu sein beanspruchen, abzuwarten, ob sie denn tatsächlich in der Lage sind, über die Zukunft derjenigen Subjekte, die wir als Referenzsubjekte einer späteren Geschichtsschreibung bereits gegenwärtig vermuten dürfen, genau dasjenige vorauszusagen, was dann diese spätere Geschichtsschreibung im wesentlichen bestätigen wird. Die Absurdität der Behauptung, im Besitz einer »Theorie des Ganzen« zu sein, die dergleichen leisten könnte, käme faktisch auf diese Weise auch heraus.

So oder so bleibt es dabei, daß die Erwartung, die Historie ließe sich zur theoretischen Wissenschaft erheben, scheitern muß, weil wir nicht in der Lage sind, Rekurrenz und Regel in der Reihe derjenigen Ereignisse zu entdecken, die wir als diese Reihe historiographisch ja auch gerade nicht ihrer vermuteten oder bekannten Regel wegen bilden, sondern einzig deswegen, weil ihr Eintritt aufs Dasein des Referenzsubjekts unserer Historie nach bekannten oder entdeckungsfähigen Regeln eingewirkt hat. Eine Geschichte ist, im Unterschied zu Ereignis- oder Zustandsabfolgen, deren Regel wir kennen, eine Geschichte wegen der unableitbaren und nicht vorhersehbaren Folge von Ereignissen und Zustandsänderungen, die, jeweils für sich nach Maßen unseres Kenntnisstandes erklärbar, in ihrer Reihe keiner eruierbaren Regel, vielmehr kontingent aufeinander folgen, indem das Prinzip ihrer Reihung nicht eine solche Regel, sondern der Gesichtspunkt ihrer jeweils für sich erklärbaren Wirkung auf das System ist, um dessen Geschichte es sich handelt und in Relation zu dessen Funktionalismus ihr Eintritt wiederum kontingent erfolgt. Die Schritte der Historie, die sie zur Erzählung machen, sind die Schritte entlang dieser regellosen Reihe. Unübersehbare Textsignale für solche in ihrer Abfolge theorieunfähigen Erzählschritte sind jene geläufigen Absatzanfänge von der Art »Im 12. Jahrhundert ... dann ...«, »Dann rettet Cäsar ...«, »Daneben vollzog sich ...«, »Und nun kam die Februarrevolution ...«, »Und dazu kommt nun gar ...« und endlos so fort im Wortlaut von Absatzanfängen der Weltgeschichtlichen Betrachtungen Jakob Burckhardts. Keiner dieser Erzählschritte – das ist trivial – wird dabei ohne Rekurs auf Theorien getan, nämlich, noch einmal, zur Erklärung der Wirkung der in ihrer Abfolge erzählten Ereignisse, oder auch zur Herleitung dieser Ereignisse aus weiteren Zusammenhängen von bekannter Gesetzmäßigkeit. Gewiß: diese Theorien, ohne deren Nutzung die Historie nicht einen einzigen Erzählschritt tun könnte, haben häufig, ja zumeist common-sense-Status, und deswegen ist die Sprache der Historie, wie oft bemerkt und gesagt worden ist, zumeist nicht die Sprache theoretischer Wissenschaften, vielmehr die Sprache akademischer Bildung und literarischer Kompetenz. Für die historischen Geisteswissenschaften zumindest gilt das, und der gegenwärtig zu beobachtende Zuwachs an theoriesprachlichen Elementen entspricht nur zum Teil evidenten Fortschritten sozialwissenschaftlicher Theoriebildung, deren Erklärungspotentiale die Historie, selbstverständlich, nutzen muß, und zum anderen Teil der Aussicht auf Respektsprämien, die heute auf souveräne Theorierhetorik ausgesetzt sind oder doch ausgesetzt waren.

Wieso gibt es keine Theorie der Geschichte? Weil die Geschichte, wie jede Geschichte, eine Folge von Änderungen des Referenzsubjekts ihrer Historie ist, die sich in theoretisch erklärbarer Konsequenz von Ereignissen oder Zustandsänderungen ergeben, deren Reihung gerade nicht dem Prinzip einer bekannten oder vermuteten Regel, sondern dem Gesichtspunkt der Relevanz gehorcht, die sie für das Referenzsubjekt der Historie haben. Für die eine Geschichte, für die so genannte Weltgeschichte, für die Geschichte also, deren Historie unsere Gattung – wen sonst? – zum Referenzsubjekt hat, kommt hinzu, daß sie, sofern theoretische Behauptungen allein unter der Bedingung ihrer Überprüfbarkeit sinnvoll sind, schon allein deswegen nicht theoriefähig ist, weil die Evolution unserer Gattung ein singulärer, unabgeschlossener Prozeß ohne beobachtbares Analogon ist, wie wir es zur Sicherung der Überprüfbarkeit einer Theorie über diesen Prozeß bräuchten.

Im Unterschied zu unserer Gattung existieren, beispielsweise, die Angehörigen dieser Gattung, wir also, natürlich nicht singulär, vielmehr zahlreich, und eben deswegen gibt es über uns, wie über anderes, das zahlreich ist und im analogen Ablauf seines Daseins in reicher Wiederholung beobachtet werden kann, ein reiches Wissen theoretischer Art (»Das Leben des Menschen währt siebzig Jahre ...« usw., und auch weniger einfache und alsdann zumeist weniger wichtige Theoreme). Dennoch gleicht, wie uns Manfred Eigen gelehrt hat, einem geläufigen Topos zum Trotz, kein Ei dem anderen vollständig, und wir selbst einander erst recht nicht. Das beruht, verkürzt gesagt, auf der extrem hohen Unwahrscheinlichkeit einer vollständigen und genauen Wiederholung jener Ereignisreihe, die, als eine Reihe von Ereignissen oder Zustandsänderungen in der Umgebung eines Systems, in ihren Wirkungen auf dieses dessen Geschichte ausmacht. Das ist der Grund, der es nahelegt, Geschichten über ihre bisher erläuterte Definition als Prozesse der Systemumbildung unter Ereignisbedingungen, die sich zum Funktionalismus dieser Systeme kontingent verhalten, hinaus als Prozesse der Systemindividualisierung zu kennzeichnen, über die Systeme, unter ihresgleichen, einzigartig und unverwechselbar werden. Allenfalls neue Autos derselben Serie und Farbe werden verwechselt. Schon nach wenigen Monaten haben die Differenzen der nie vollständig identischen Umstände ihrer Nutzung sie einzigartig und unverwechselbar gemacht, und meines erkenne ich an der Beule, die jene, die mit ihren Autos sorgfältiger umgehen, provoziert zu fragen, wieso es denn nutzungsintentionswidrig zu dieser Beule hat kommen können. Eine Geschichte erklärt es. Das Erzählen von Lebensläufen, in Bewerbungsschreiben zum Beispiel, leistet strukturell Analoges.

Es ist evident, daß wir Geschichten der angegebenen Charakteristik nicht in der Hoffnung erforschen können, aus ihnen einen in Handlungsregeln transformierbaren Theoriegewinn zu ziehen. Geschichten in der gegebenen Charakteristik sind singuläre, nicht prognostizierbare, auch irreversible, also theorieunfähige und somit einzig erzählbare Prozesse. Geschichten sind, selbst wenn es sich um die Geschichten sprach- und handlungsfähiger Subjekte, Personen also oder Institutionen, handelt, auch nicht Handlungsvollzüge oder Planrealisationen. Vielmehr werden aus Handlungsabläufen und Planrealisationen Geschichten durch Interferenz von Ereignissen, zum Beispiel Handlungen und Plänen Dritter, die, wegen der prinzipiellen Unmöglichkeit, die Umgebung von Handlungssystemen theoretisch vollständig zu beherrschen, in Relation zu dem, was man ursprünglich wollte und plante, kontingent intervenierten. Geschichten sind insofern, auch als Personen- oder Institutionengeschichten, Prozesse ohne Handlungssubjekt. Das heißt: was wir durch unsere Geschichten sind, unsere Identität also, läßt sich als Resultat unseres Willens, es zu sein, nicht verständlich machen. Identität, gerade auch im interaktionstheoretischen Sinn dieses Begriffs, ist kein Handlungsresultat und steht nicht zur Disposition, auch nicht zur eigenen, und die Vermutung, ein anderer sein zu sollen, ist so weise wie die Zumutung, eine andere Geschichte haben zu sollen. Identität ist, im Unterschied zu Handlungen, deswegen auch nicht zurechenbar. Identitätspräsentation, die wir über die Historie leisten, trägt zur Suche nach Antworten auf Fragen von der Sorte »Was tun?« nichts bei. Weil Geschichten Prozesse der Systemindividualisierung sind, über die Systeme, unter analogen, einzigartig und unverwechselbar werden, eignet sich ihre Historie zur Beantwortung der Frage, wer wir bzw. wer die anderen sind. Aber diese Antworten haben deskriptiven, nicht normativen Charakter. Zu wissen, wer einer ist, hat praktische Bedeutung immer nur insoweit, als außerhalb des cognitiven Prozesses, über. den wir, mit historischen Mitteln, dieses Wissen gewinnen, vorweg also bereits normativ festgelegt ist, was für den Fall, dieser und kein anderer zu sein, gelten soll. Rechte von Erben, Staatsbürgerschaften, aber auch politische Ansprüche auf der Grundlage ethnischer oder regionaler Zugehörigkeitsverhältnisse werden gemäß dieser Struktur geltend gemacht, und das ist der Kontext, dessen Pragmatik uns die Tauglichkeit der »Geschichte als Argument«, nämlich als praktisches Argument, plausibel macht. Diese Tauglichkeit beruht, noch einmal, nicht darauf, daß wir aus der Geschichte der skizzierten Struktur »etwas lernen« könnten, nämlich Theorien, die in Kombination mit gegebenen Handlungszielen in Handlungsregeln transformierbar wären. Vielmehr beruht sie auf dem Umstand, daß in moralischen, rechtlichen und politischen Lebenszusammenhängen Normen gelten, die Feststellungen von Identität mit praktischen Folgen verknüpfen. Soweit wir für diese Identitätsfeststellungen historiographische Mittel brauchen, ist es dann unvermeidlich, den Einsatz dieser Mittel nach Gesichtspunkten jener praktischen Folgen zu organisieren. So verfährt der psychologische Gutachter vor Gericht in seinen biographischen Berichten, und so verfährt auch die große politische Historiographie nach Maßen ihrer kulturellen oder, in Extremfällen, sogar institutionellen Bindungen an vorab existierende Normensysteme.

Man sieht: auch die praktische, politische und näherhin ideologiepolitische Nutzbarkeit der Historie, auf die ihre kulturellen und politischen Aufklärungsfunktionen komplementär sich beziehen, beruht gerade nicht auf praktisch nutzbaren Theorie-Extrakten, die aus Geschichten der skizzierten Struktur sich ziehen ließen. Sie beruht auf der vorab festgestellten praktischen, politischen und näherhin ideologiepolitischen Bedeutsamkeit, die es in gegebenen Situationen haben mag, dieser zu sein, und einzig über theorieunfähige Geschichten, als Individualisierungsprozessen, die Subjekte unter analogen einzigartig und unverwechselbar machen, lassen sich Feststellungen solcher Identität treffen. Geschichten von skizzierter, analytisch-historischer Struktur theorieunfähiger, also einzig erzählbarer, nicht-prognostizierbarer, irreversibler Prozesse haben, selbstverständlich, kein Ziel; sie haben, bezogen auf das jeweilige Referenzsubjekt ihrer Historie, jeweils lediglich ein Ende. Geschichtstheoretiker, die auf den Spuren der Geschichtsphilosophie des »Deutschen Idealismus« wandeln, halten demgegenüber bis heute an der Erwartung fest, Historie ließe sich als handlungszielsetzende Disziplin erneuern und nutzen. Diese Erwartung stützt sich auf den unbestreitbaren evolutionären Charakter zentraler historischer Prozesse, und zwar gerade auch Prozesse der langen Dauer und der großen Dimension. Was etlichen Jahrzehnten zumal von historisch orientierten Soziologen unter dem Begriff des »Sozialen Wandels« thematisiert wird, sind gleichfalls zumeist Geschichten des evolutionären Typus, und in der Retrospektive läßt sich sagen, daß auch der »Fortschritt«, als Thema der Geschichtsphilosophie seit der Aufklärung, evolutionäre Prozesse meint, soweit sie in ihrer Gerichtetheit zugleich für zustimmungsfähig, ja zustimmungspflichtig gehalten werden. Es ist wahr, daß der oben charakterisierte Geschichtsbegriff, demzufolge Geschichten Prozesse der individualisierenden Systemumbildung unter Ereignisbedingungen sind, die sich zum primären Funktionalismus der Systeme kontingent verhalten, den Evolutionsbegriff nicht mit abdeckt. Geschichten sind theorieunfähig, nicht prognostizierbar, irreversibel, ziellos und endend. Evolutionen sind – und das ist das entscheidende proprium ihres Begriffs – gerichtet, und die entscheidende Frage ist, ob Evolutionen, ihrer Gerichtetheit wegen, im Unterschied zu Geschichten theoriefähig und prognostizierbar und, insbesondere, zielvorgabeträchtig sind. Die Beantwortung dieser Frage hängt davon ab, ob die evolutionäre Gerichtetheit als zielbezogen aufgefaßt werden darf oder nicht. Nach allem, was wir aus wissenschaftlich disziplinierter Erkenntnis evolutionärer Prozesse wissen, ist das nicht der Fall, und zwar auch dann nicht, wenn es sich um die Evolution sozialer Systeme handelt, die über Handlungen von Personen oder Institutionen verläuft. Das ist deswegen so, weil die fragliche, Ideologen gelegentlich faszinierende Gerichtetheit sich nicht intentional, sondern über die Selektionswirkung von Handlungen ergibt und somit, in Relation zur Intention dieser Handlungen, als deren nicht-intendierte Nebenwirkung. Mit der Differenziertheit sozialer Systeme und mit der Interdependenz ihrer Elemente nimmt, sozial differenziert, die Reichweite unserer Handlungen zu und entsprechend der Bereich der Realität, in bezug auf die es sinnvoll und unvermeidlich ist, etwas zu intendieren. Eo ipso potenziert sich damit auch die Systemrelevanz der Nebenfolgen und Rückwirkungen unseres Handelns, und was sich im Endeffekt tatsächlich ergibt, ist nicht aus Intentionen verständlich zu machen, sondern einzig als Resultat einer Entwicklung, die wir auf Handlungssubjektivität sinnvoll nicht mehr beziehen können. Naheliegenderweise gehört es zum Begriff der Evolution, daß gesagt werden kann, wessen Evolution sie ist: auch jede Entwicklung hat ihr Referenzsubjekt. Aber dieses ist in keinem Falle Handlungssubjekt, und zwar auch dann nicht, wenn es sich um die Evolution sozialer Systeme handelt, deren Elemente handlungsfähige Subjekte sind. Um es zu wiederholen: Evolutionen sind gerichtet und irreversibel; aber sie haben kein Ziel, vielmehr stets schließlich ein Ende, und das ist es, was sie mit Geschichten gemeinsam haben.

Die Antwort auf die Frage, wieso es keine Theorie der Geschichte gibt, so daß einzig bleibt, sie zu erzählen, lautete in der Quintessenz: Geschichten können einzig erzählt werden, weil die Reihe der Ereignisse und Zustandsänderungen, über deren Wirkungen sich ein Geschichtssubjekt ändert, aus Elementen besteht, die, selbstverständlich nicht »an und für sich«, aber in Relation zueinander wie in Relation zu den Intentionen oder Funktionen des Subjekts, auf das sie wirken, kontingenten Charakter haben (textlich, im elementaren Fall, repräsentiert durch die narrative Reihe »Dann ..., und dann ..., und dann«). Auch Evolutionen sind genau in diesem Sinn theorieunfähig und somit einzig erzählbar, weil ihre Gerichtetheit eine Selektionswirkung von Ereignissen und Zustandsänderungen ist, die ihrerseits, wie im Fall gewöhnlicher Geschichten, in Relation zueinander wie in Relation zum System, dessen Evolution sie bewirken, kontingent sind. Auf uns selbst bezogen heißt das: wir können wissen, was wir wollen oder wollen sollten; aber wir können, jenseits ungewisser Grenzen unserer Fähigkeit des Assessments, niemals wissen, was wir, indem wir tun, was wir wollen, außerdem noch bewirken. Das erste macht unsere Geschichte aus, und zwar auch dann, wenn sie, im glücklichen Fall, für uns den Charakter einer zustimmungsfähigen Evolution hat.

BERNHARD LYPP

Überlegungen zur Objektivität der Geschichtsschreibung

In den folgenden Überlegungen möchte ich nicht versuchen, das Verhältnis von Geschichtsschreibung und wissenschaftlicher Objektivität in begriffsanalytischer Weise zu bestimmen. Vielmehr möchte ich seine Bedeutung von außen kommentieren. Diese Kommentare sind von dem Interesse geleitet, Imperative des Wertes historiographischen Wissens ausfindig zu machen und zu benennen, die als Anforderungen und Kriterien wissenschaftlicher Objektivität nicht angemessen bestimmt werden können. Theoriegeschichtlich sind solche Anforderungen das Erbe nachtranszendentalphilosophischer Begriffsbildungen und eine Folge der Ausdifferenzierung der Wissenschaft von der Geschichte zu einer Disziplin. Ich möchte die Vermutung nur äußern, daß es nicht hinreichend ist, diesen Prozeß der Ausdifferenzierung wissenschaftlicher Geschichtsschreibung, wie immer man ihn bewerten mag, zu benutzen, um ihn in einer tranzendentalphilosophisch orientierten Diskursanalyse erzählender Sätze als unreduzierbarer Partikel der Historiographie zu seinem Ende zu bringen. Ich bestreite die Voraussetzung solchen Vorgehens, daß nämlich die Erzählung als ›transzendentale‹ Bedingung von Geschichtsschreibung zu verstehen sei. Die Folge meiner Bemerkungen ist zunächst an den archäologischen Befunden R. Kosellecks und seiner These orientiert, erst im Gefolge der Aufklärung entstehe das Bewußtsein von Geschichte als fundamentaler Bedingung menschlichen Lebens (I). Dann möchte ich zwei Weisen der Bewertung des Verhältnisses von Geschichtsschreibung und wissenschaftlicher Objektivität skizzieren, in welchen die Schwierigkeiten solcher Bewertung zwar gesehen, aber in ästhetische Resignation oder politische Reduktion gewendet werden (II, III). Diesen Konzepten möchte ich einige offensive Bemerkungen entgegensetzen (IV) und ihren Sinn an einer historischen Skizze erläutern (V). Diese dienen im übrigen dazu, einen wesentlichen Zweck der Historiographie als die Erfindung von Sinn zu bestimmen; sie dienen aber auch dazu, die Rede von der bloß »eunuchischen« Objektivität der Geschichtsschreibung zu vermeiden, da sie nur das fortwährende Umschreiben der Geschichte nach Maßgabe situationsgebundener Interessen zur Folge hat.

I

Geschichtsschreibung ist nicht nur eine Form der Anwendung theoretischen Wissens, nicht nur Kunde unerhörter Begebenheiten und Beobachtung nie gesehener Charaktere. Sie ist nicht nur die Erweiterung bestehender Klassifikationsschemata, in die solche Neuheiten integriert werden. Sie ist auch nicht die Chronik von Ereignissen, deren Sinn in heilsgeschichtlichem Symbolwert besteht. Sie ist selbst eine Form des Wissens und hat autonomen Charakter, und

diesen hat sie erst in der Moderne gewonnen – das sind Thesen R. Kosellecks.
Ihren autonomen Charakter erreicht die Historie als Ausdruck von Modernität, indem diese ihr Verhältnis zu sich selbst als Differenz der Zeithorizonte
von Vergangenheit und Zukunft zu bestimmen beginnt. Das kann man auch
anders formulieren: Erst die Moderne hat das Bewußtsein der Geschichtlichkeit menschlichen Daseins gewonnen und als fundamentale Bedingung
menschlicher Lebensverhältnisse identifiziert. Folglich steht die Geschichtsschreibung, die unter den Bedingungen sich formierender und ausdifferenzierender Modernität praktiziert wird, nicht etwa nur unter einem erhöhten
Zwang zur Begründung. Das ist erst die Folge ihrer Etablierung als wissenschaftlicher Disziplin. Zunächst ist sie Beschreibung und Erforschung von Lebensverhältnissen, welche einem sich beschleunigenden Wandel technischer,
wirtschaftlicher und organisatorischer Entwicklungen ausgesetzt sind. Dann
ist sie aber auch – und das ist entscheidend – durch die Aufmerksamkeit auf
die Weisen dieser Beschreibung selbst gekennzeichnet. In dieser Form ist Geschichtsschreibung nicht nur Anwendung theoretischen Wissens, sondern eben
dieses Wissen selbst. In ihr schematisiert sich die Erfahrung, daß sich alle
Zweige menschlichen Lebens temporalisieren lassen und man diese durchgängige Temporalisierung selbst noch einmal benennen kann – mit dem Stichwort
der Historisierung. Die Bildung des Kollektivsingulars »Geschichte« ist ein
Index für dieses Verhältnis der Moderne zu sich selbst; er ist ein Zeichen ihrer
Selbstinterpretation. Die Vereinigung der Beschreibung sich beschleunigender
Lebensverhältnisse mit den Formen ihrer Kennzeichnung und Interpretation
wird in den Diskursen der Geschichtsphilosophie substantialisiert. Man muß
diese als Versuche begreifen, die verschiedenen Temporalisierungen aller Lebensverhältnisse im Bezug auf den Gang *einer* Geschichte zu verbinden. Nur
in der einen Geschichte kann sich die Gegenwart als Differenz der Zeithorizonte von Vergangenheit und Zukunft selbst interpretieren, diese als historische Entwicklungsmechanismen auf sich selbst anwenden und in das Wissen
von ihr selbst transformieren.

Ohne den Substantialismus der Geschichtsphilosophie zu wiederholen,
versucht Koselleck nach der Etablierung der Geschichtswissenschaft als wissenschaftlicher Disziplin durch eine Reihe von Gegensatzbegriffen zu zeigen,
wie Geschichtsschreibung und wissenschaftliche Objektivität aufeinander bezogen werden können. Damit soll ihr Ziel, die Gegenwart als Differenz der
Zeithorizonte von Vergangenheit und Zukunft auszulegen, bewahrt und dennoch nicht dem Substantialismus der Geschichtsphilosophien, welcher Art
auch immer, überlassen und ausgeliefert werden. Gegensatzbegriffe sind das
Netz, welche die Geschichtsschreibung nachgeschichtsphilosophischer Prägung über die historischen Tatsachen wirft – ganz unabhängig davon ob sie
Ereignis- oder Strukturgeschichten schreibt. In diesem Netz lassen sich historische Tatsachen als solche interpretieren, sie müssen sich in ihm aber auch fingieren und als Tatsachen auffinden lassen.

Man kann diese Gegensatzbegriffe auch binäre Schematisierungen nennen.
Es scheint, als komme ihnen in methodischer Hinsicht allemal der Charakter
von Grundbegriffen historisch-politischen Diskurses zu. Ihren weitesten Umfang sollen sie wohl in der Opposition von »Erfahrung« und »Erwartung« erreichen. In der sich beschleunigenden Bildung von Gegensatzbegriffen und in

deren Gebrauch schematisiert die moderne Geschichtsschreibung ihr Verhältnis zur Zeit und diese läßt sich eigentlich nur als historisierte Zeit, als die Zeit der Geschichte verstehen. Grundbegriffliche und in binären Oppositionen artikulierte Historiographie ist die Feststellungsweise der Zeit der Geschichte. Uhren und Zeiger sind Instrumente, an denen die Beschleunigung der geschichtlichen Zeit mit Hilfe interpretierter Zeichen abgelesen und gemessen werden muß. Solche Systeme interpretierter Zeichen sind historische Grundbegriffe und als solche bestimmen sie den historisch-politischen Diskurs.

Auch in historischen Situationen, in denen die Kreierung von Ereignissen zum Ereignis wird und ihre Struktur bestimmt, auch in Epochen, deren Dauer eigentlich nur in sich überstürzendem Wandel und scheinbar grenzenloser Modifizierbarkeit besteht, sucht die Geschichtsschreibung nach Verfahren, vermöge derer sich die Ausdrücke von ›Früher‹ und ›Später‹, ›Vorher‹ und ›Nachher‹, ›Anfang‹ und ›Ende‹ auf einer chronologischen Achse abbilden lassen. Auf solchen Achsen setzt sie ihre Eckdaten fest. Darauf kann sie nicht verzichten, nach welchen Meßsystemen immer sie arbeitet – seien sie natürlich gegeben oder konventionell festgesetzt. Ob sie Ereignisgeschichten *erzählt*, Strukturen *beschreibt* oder epochale Konstellationen und Perioden *erforscht*, ist demgegenüber eine Frage von minderem Gewicht. Es kann nicht das theoretische Interesse solcher Historiographie sein, die Erzählung als ihr quasi-transzententales Medium zu charakterisieren. Erzählende Präsentation von Ereignissen zu nehmen, um von ihr aus die Abgrenzung von Geschichtsschreibung und Geschichtsforschung zu sichern, muß ihr ganz irreführend erscheinen. Der prinzipiell offene Erwartungshorizont der Zukunft und die Unvorhersehbarkeit zukünftiger Ereignisse, die nach ihrer Kenntnisnahme vergangene wiederum in ein anderes als das bekannte Licht setzen werden, gelten für beide. Diese Erfahrung ist mit dem Bewußtsein der Geschichtlichkeit aller menschlichen Lebensverhältnisse entstanden. Am eindruckvollsten sind die Bemerkungen zur Verbindung von Erzählung und Geschichtsschreibung demgemäß auch dort, wo sie die Erfahrung von Modernität zum Ausgang nehmen, um die Wege der Verschiebung aufzuklären, die der Wille des Menschen geht, in Erinnerung seiner Herkunft und der Ahnung seiner Bestimmung Kontinuität in sein Dasein zu bringen.

Persönlichkeit- und Gesellschaftsysteme geben sich ihre eigene Präsenz in Selbstinterpretationen und projizieren sie dann in Vergangenheit und Zukunft. Solche Selbstinterpretationen können nun aber nicht hinreichend durch den transitorischen Charakter von Gegensatzbegriffen geleistet werden. Diese bezeichnen eigentlich nur die Ränder und Grenzen solcher Systeme, aber nicht deren innere Dynamik. Systeme, welche die Kraft zu ihrer inneren Differenzierung nicht finden, sind auch als historische unauffindbar. Und dieser Gedankengang läßt sich auf die Verfahrensweisen der Historiographie selbst anwenden. Zweifellos liegen in der Bildung von Gegensatzbegriffen und ihrem beschleunigten Gebrauch auch die Selbstinterpretationen von Epochen vor; sie denotieren deren Verhältnis zur geschichtlichen Zeit. Aber könnte es nicht Formeln geben, so ließe sich fragen, von denen her sie als Gegensatzbegriffe erst wirklich bestimmbar werden? Könnte es nicht sein, daß sie aufgrund von deren Bedeutung die ihnen eigene Bestimmtheit als historischer Grundbegriffe erst erlangen. In losem Anschluß an Nietzsche möchte ich solche Formeln mythische Fiktionsbildungen nennen. Nietzsche selbst gewinnt diese Prägung aus einem Gegensatzverhältnis, dem von *Erinnern* und *Vergessen*. In diesem phänomenologischen Gegensatzverhältnis bewegt sich jeder Umgang mit der Geschichte als vergangenem Geschehen. Es läßt sich, muß man mit Nietzsche sagen, kein Dasein vorstellen, daß nicht in diesen Gegensatz verwickelt ist, wenn es sich als geschichtlich – kontingentes auslegen muß. In welcher bestimmten Weise es das aber tut, ist nur durch Formeln verständlich zu machen, welche die Erinnerung leiten oder das Vergessen erzwingen. Sie öffnen der Rekonstruktion historischer Tatsachen den Raum, in welchem diese erst Sinn und Bedeutung erwerben. Durch sie wird die bloße Mannigfaltigkeit eines undurchsichtigen Geschehens zu der Vielfalt von Geschichten, die fernerhin erinnert werden kann oder auch vergessen werden muß. In solchen Formeln liegen Möglichkeiten der Ausdeutung menschlichen Daseins vor, von dem her seine Wirklichkeit bestimmt und als historische Kristallisation begriffen werden kann. Der Wille, Möglichkeiten der Ausdeutung menschlichen Daseins zu finden und zu erfinden, ist in Wahrheit der Objektivität historischen Wissens noch voraus. Und dieser besteht zuletzt darin, die Gegenwart zu begreifen, wenn dies auch nicht anders gelingen kann, als in der Aufklärung ihrer Herkunft und den Mutmaßungen über ihre Zukunft – also historisch.

II

»Historische Formung« ist die Weise, wie der Historiker vergangene Erfahrungen zu kulturellen Formbildungen transformiert, um sie dem Verstehen zugänglich zu machen. Diese steht unter dem grundsätzlichen Mangel aller Erfahrung, die als verstehende wirksam werden soll. Ihr Mangel und ihre Asymmetrie wären aufgehoben, wenn es gelänge, daß sich der Eine im Anderen in der *Anschauung* wiedererkennen und in seinem Dasein bestätigt und gesteigert fände. Solche Bestätigung und Steigerung der Erfahrung kann man als das Erlebnis eines Verhältnisses kennzeichnen, dessen Konsistenz in zwangloser Reziprozität besteht. Eine solche Vorstellung kann man nun auch auf das Verhältnis anwenden, in das die Historiographie zu vergangenen Zuständen des Lebens tritt. Sie hat ihr Regulativ an der Vorstellung erfüllter Gegenseitigkeit.

Simmel hat diese Annahmen artikuliert. [1] Nach ihm lassen sich Erfahrungen auf alle mögliche Weise schematisieren und in symbolische Verhältnisse und kulturelle Sinnsysteme überführen. Ganz allgemein kann man diese Transformation als den Prozeß ihrer Theoretisierung begreifen. Das Resultat dieser Prozesse ist dann das Wissen, welches man von Konstellationen der Erfahrung erreicht. Das gilt auch von der »theoretischen« Formung, welche die Historiographie vergangenem Geschehen gibt, um es in die Auffälligkeit einer wahrnehmbaren Geschichte zu rücken. Sie steht unter einem doppelten Zwang. Sie muß vergangenes Geschehen als vergangenes zu Bewußtsein bringen und zugleich den grundsätzlichen Hiatus überwinden, der zwischen kulturellen Formbildungen aller Art und der »lebendigen« Manifestation der Erfahrung besteht. Den durch jede Schematisierung uneinholbaren Kern solcher

Manifestation bezeichnet Simmel als »Erleben«. Erlebnishafte Erfahrungskerne geben allem Geschehen, sei es historischer oder sonstiger Art, seine Unvergleichlichkeit. Solche Knotenpunkte der Erfahrung haben anschaulichen und vortheoretischen Charakter, man kann sich zu ihrer Unmittelbarkeit nicht anders als nachträglich in Beziehung setzen. Mit Hinsicht auf die Rekonstruktionen vergangener Systeme der Erfahrung sind wir nun fragmentarische Historiker, weil wir es in bezug auf die Erlebniskerne eigener Erfahrung sind. Sie sind das Fremde eigener Erfahrung, auf welches man nicht erst durch historische Rekonstruktionen gestoßen werden muß. Die erlebnishafte Verdichtung der Erfahrung ist der Gradmesser ihrer nachträglichen Theoretisierung und Interpretation. Diese ist es, welche von «der Zeit zerrissen« [2] wird, wie Simmel sagt. Und die Einheit dieser Qualität der Erfahrung kann jede Rekonstruktion nur unvollständig wiedererzeugen, indem sie sie dem Wissen und Verstehen zugänglich macht. Das geschieht in Schematisierungen aller Art. Kontinuität und Dichte der Erfahrung sind, wenn sie überhaupt gegeben sind, im individuellen Lebenslauf am ehesten aufzufinden. In der Qualität des Erlebens und im Versuch, diese festzuhalten und zu steigern, hält sich ein Individuum mit sich selbst identisch; und das geschieht gegen die Zeit des eigenen Lebenslaufs und dessen sich wandelnde Situationen. So beruht der ausgezeichnete Charakter allen Erlebens auch in der *Negation* der Zeit. Lukács hat versucht, aus den Weisen dieser Negation eine Typologie erzählender Repräsentation von Geschehen zu entwickeln. Es ist nicht möglich, die Zeit des Lebenslaufes anders anzuhalten als in Desillusionierung und Utopie.

Der nicht zu schlichtende Widerstreit zwischen den Qualitätskernen der Erfahrung und ihrer Repräsentation trifft nun auch auf die kulturelle Formgebung zu, die man historische nennen muß. Es sind die historischen »Persönlichkeiten«, an denen man nach Simmel in paradigmatischer Form ablesen kann, wie sich der Wille nach unmittelbarer Präsenz der Erfahrung in einen Lebensprozeß transformiert. Man kann diesen Prozeß nicht anders begreifen als in *Analogie* zum Verständnis des eigenen Lebensprozesses. Die Fähigkeit, die Historiker unserer selbst zu sein, d. h. das Fremde in uns selbst identizierbar zu machen, ist die Voraussetzung jeder Historiographie. Die Erlebniskerne historischer Erfahrung muß man imaginieren, die Sequenzen, in welche sie sich transformiert, kann man beschreiben. Diese nennt Simmel Zustände. In Zustandsbeschreibungen, auf die die Historie nicht verzichten kann, wird das Beschriebene unter Hypothesen seiner Gleichheit subsumiert. Auf Zustände beziehen sich die generalisierenden Verfahrensweisen der Historiographie, während sie an historischen Persönlichkeiten individualisierende Begriffsbildungen zu erproben hat. Es könnte ein Kriterium der Größe historischer Persönlichkeiten sein, in welchem Maß und in welchem Umfang sie sich Zustände assimilieren und diesen ihren Charakterzug aufprägen. Daß Simmel meinte, erst die fortgehende Individualisierung eines bloß objektiv sich vollziehenden Geschehens mache es zu einem identifizierbaren, beweist der ausführliche Gebrauch von Eigennamen in seinen historischen Exkursen.

Als orientierendes Beispiel, wie sich die historische Formung zu komplexen Zuständen vergangener Lebensverhältnisse in ein Verhältnis setzt, kann man eine flächenhafte picturale Repräsentation einsetzen. An diesem Bespiel kann man einen Begriff davon gewinnen, was es heißt, die Vielfalt und Verschieden-

heit von Ereignisfolgen auf die Ebene eines homogenen Zustands zu projizieren, diese Projektion ikonisch festzunageln und anschaubar zu machen. Sofern
sie nicht nur historische Persönlichkeiten benennt, liegt in dieser Form der Repräsentation die wesentliche Aufgabe historischer Formung vor. Simmel meint
sogar, die Frage nach dem Objektivitätsgehalt der Historiographie löse sich
letztlich in das Verständnis der Weise auf, wie sich vergangene Zustände des
Lebens zur Darstellung bringen lassen. Man kann diese Vermutung von Simmels Ausführungen ganz lösen und die Kraft der Strukturierung und Vergegenwärtigung von vergangenem Geschehen als Problem seiner Darstellung
zum entscheidenden Kriterium der Geschichtsschreibung machen. Dann muß
man auch von den »metahistorischen« Rahmenbedingungen der Geschichtsschreibung sprechen. [3] Diese sind vornehmlich ästhetischer, also nicht nur
narrativer Art. Historische Formungen sind *Repräsentationen* und in ihnen ist
das Wissen inkorporiert, das man von der Vergangenheit erreichen kann.

Der Hiatus, welcher zwischen dem Erleben als dem Qualitätskern der Erfahrung und deren nachträglicher Systematisierung und Archivierung liegt,
gilt als grundsätzlicher auch der »historischen Formung« gegenüber. Man
kann aus ihm sogar ein Gesetz ableiten und es dann als Mittel nehmen, die
Verlaufsfiguren historischer Prozesse und deren Deutung zu bestimmen. Das
ist das Gesetz der Kompensation. [4] Burckhardt hat es als Historiker formuliert und mit ihm die wesentliche Einsicht verbunden, die Kategorien von
Glück und Unglück seien zur Beurteilung kultureller Bedeutungen im Grunde
nicht verwendbar. Darin liegt das eigentliche Interesse, von einem Gesetz der
Kompensation zu sprechen. Überträgt man es auf die Weise, wie der Historiker die Unzugänglichkeit vergangener Erfahrungen *repräsentiert* und dem
Verständnis zugänglich macht, dann muß man von folgenden Annahmen ausgehen: eigentlich müßte man die Zustände vergangenen Lebens wiederbele-
bend imaginieren. Das ist aber nicht möglich, denn der grundsätzliche Hiatus
zwischen Erlebnisqualitäten und ihrer Formung läßt sich nicht überspringen.
So gilt es unter dem Eindruck der Unverfügbarkeit eigener Identität in der
Folge ihrer Zustände, wenigstens die Verschiebungen aufzuzeigen, in die vergangene Epochen unreduzierbare Erfahrungsqualitäten transformiert und umgebildet haben.

Den ausgezeichneten Charakter einer picturalen Repräsentation als Mittel
der Vergegenwärtigung vergangenen Geschehens kann man noch von einem
anderen Blickwinkel her verständlich machen. Simmel hat ihn selbst formuliert. In seiner Soziologie der Sinne betont er, die bedeutungslesende Kraft des
Auges besteht in der Fähigkeit, in Situationen der Gegenseitigkeit Dauer und
Fremdheit von Bedeutungen zugleich festzuhalten. Simmel spricht nicht zufällig vom »Blick« des Historikers. In den Zuständen vergangenen Lebens, die er
im historischen Gemälde festnagelt, sucht er die Mannigfaltigkeit eines Geschehens in auffällige und bedeutsame Strukturen zu transformieren, sie als
fremde festzuhalten und sich selbst in dieser Fremdheit zu identifizieren. Der
Wille, »die Historiker unserer selbst zu sein« [5] bestimmt die Verfahrensweisen einer historischen »Formung«. Das Wissen, das sie vermitteln, ist eine Anwendung der Fähigkeit, sich selbst im Anderen zu identifizieren.

III

Die Arbeit der Vergegenwärtigung vergangener Erfahrungskonstellationen und den Versuch, sie in repräsentierenden Verfahrensweisen dem Verständnis zugänglich zu machen, kann man von Beginn an als Arbeit der *Kultivierung* bestehender Lebensverhältnisse vermöge historischer Erinnerung charakterisieren. Das macht den pragmatischen Sinn des Studiums der Geschichte aus; diesen kann man noch zusätzlich unter politische Legitimationszwänge stellen. Die Arbeit des Kultivierens selbst ist dann das Resultat von Prozessen, in deren Verlauf die modernen Lebensverhältnisse ein funktionierendes Wissenschaftssystem ausgebildet haben; dieses entwickelt in der Dynamik wissenschaftlicher Disziplinen seine eigene Bewegung. Die Vermittlung von Fachwissen ist sein Zweck, und der kann sinnvoll nur durch wissenschaftliche Disziplinen erreicht werden.

Eine entscheidende Voraussetzung solcher Argumentation besteht in der Annahme, daß sich kein sinnvoller Unterschied zwischen den Verfahrensweisen einer wissenschaftlichen Disziplin und dem Entwerfen einer Theorie machen läßt. Theorien sind, was sie sind, nur aufgrund ihrer institutionellen Plazierung im Wissenschaftssystem. Ihr Objektivitätsgehalt besteht darin, innerhalb der Steuerungsmechanismen des Wissenschaftssystems begründete Verfahren zu entwickeln und auf ihre Gegenstandsbereiche anzuwenden. Diese disziplinäre Logik der Forschung dient dem Ziel, Fachwissen in den verschiedensten Gegenstandsbereichen in mitteilbaren Formen zu gewinnen. Im Falle der Historie macht sie Daten und Tatsachen verfügbar, die dann zur Kultivierung bestehender Lebensverhältnisse eingesetzt werden können. Es gibt Grade solcher Kultivierung. Diese erstrecken sich vom affirmativen Nachvollzug von Imperativen, mit deren Hilfe sich ein etabliertes Gesellschaftssystem zu sich selbst verhält, bis zu nobler Distanz zu ihnen, die sich in dem entlasteten Spielraum wissenschaftlicher Disziplinen artikulieren kann. Wie immer man diese Skala selbst differenzieren mag, die Geschichtsschreibung als Instrument der Kultivierung aufgefaßt, orientiert sich an der Stabilisierung und Festschreibung des gegebenen Gesellschaftssystems. Dieses in seiner Identität zu kontinuieren und die Fähigkeit des Umgangs mit Kontingenzen zu steigern, ist der Imperativ, dem sie zu Diensten ist. Innerhalb der Reichweite dieses Imperativs gewinnt die Geschichtsschreibung ihren Objektivitätsgehalt. Das ist die politische Reduktion der Arbeit des Historikers. Der problematische Grundsatz [6], Geschichte sei wesentlich das Tun des Historikers, erhält in dieser Reduktionsweise den funktionalen Sinn, die eigene Identität zu erhalten und zu stabilisieren. Deren Kultivierung oder Affirmation sind nur je verschiedene Anwendungen dieses Satzes.

H. Lübbe versucht diese Anwendungen nach zwei Richtungen zu bestimmen und diese in der »Identitätspräsentationsfunktion« der Historie zu vereinigen. [7] Die Leistung der Erklärung, die in der Geschichtsschreibung erbracht wird, liegt in der numerischen Identifizierung von Charaktermerkmalen. Jeder Charakter besteht aus der Summe seiner kontingenten Entstehungsgeschichten und seine Identität ist als unverwechselbare und individuierte nur über seine numerische Identifikation zu gewinnen. Durch numerische Identifikationsverfahren ist ein Individuum in nachprüfbarer Weise von anderen unterscheidbar. Es ist dann als kontingent-historisches ausmachbar. Weil seine Identität durch solche Verfahren durch den Wandel der Zeit und den Wechsel seiner räumlichen Position erhalten bleibt, ist es möglich, sich auf die Einzigartigkeit eines kontingenten Wesens im Wechsel der Perspektiven zu beziehen und es von anderen zu unterscheiden. Ob sich die Einzigartigkeit eines Charakters in dem, was an ihm numerisch identifizierbar ist, erschöpft oder nicht, liegt jenseits des Interesses, seine Identität durch Identifikation festzuschreiben. Solche Festschreibungen sind Kennzeichnungen der verschiedensten Art und als Merkmale der Identifikation eines Individuums stehen sie nicht zur Disposition. Sie benennen Eigenschaften eines Gegenstandes in Unabhängigkeit von seinen raumzeitlichen Bewegungen und Entwicklungsprozessen. Man sollte sie als individuierende Beschreibungen auffassen, deren Anwendungsbereich objektneutral ist; der Träger einer Identitätskarte, ein technisches oder natürliches Objekt werden durch Kennzeichnungen individuiert. Man kann aber durch bloße Identifikation keine *Gründe* angeben, warum sie geworden sind, wie sie nun als einzelne existieren. Es ist nicht ersichtlich, wie man von der numerischen Identifikation eines Objekts zur Erklärung *und* zum Verständnis seiner Geschichte gelangen kann, schon gar nicht dann, wenn man Geschichten als Formen der Kontingenzbewältigung einer Individualität begreifen will. Dazu sind Diskursformen notwendig, durch die sich die Bewegungen von Körpern und Personen unterscheiden lassen.

Daß Geschichten einer Person oder eines Ensembles von Personen die Spuren der Bewältigung von Kontingenz enthalten, kommt nach Lübbe darin zum Ausdruck, wie diese ihre Identität präsentieren. In dieser Präsentation stellt man eine je einzelne Individualität zur Diskussion. Im Unterschied zu der festgeschriebenen Identität durch numerische Identifikation kann das nun auch in Weisen der Selbstinterpretation geschehen. Lübbe verwendet zur Charakterisierung des Prozesses, in dem Geschichten im Hinblick auf Andere präsentiert werden, einen sozialpsychologischen Begriff der Identität. Mit Hinsicht auf die Geschichtsschreibung verbirgt sich in der Identitätspräsentation von Geschichten für ihn deren eigentlich interessante »Objektivität«. Denn nur im Prozeß solcher Selbstdarstellung kann eine Begrenzung und Strukturierung der unendlich vielen Geschichten individuierter Einzelner zustande kommen. Daß wir alle Theater spielen und unsere Identität präsentieren, ist wohl der Prozeß der Selbstregulierung, in dem Geschichten ihre Objektivität erreichen, bis sie schließlich als verbindliche akzeptiert werden. Verbindliche Bedeutung einer Geschichte und die Kennzeichen einer Individualisierung können jedoch im Hinblick darauf, *wie* man sich als Individuum präsentiert, ganz uninteressant werden. Ihre Bedeutung und der Spielraum ihrer Präsentation sind zudem in sich selbst noch zu vielfältig. Verbindlichkeit erreichen sie nur, wenn sie unter Steuerungen gestellt sind, die über ihre Adäquatheit entscheiden. Das kann aber nur in der Festsetzung von Zwecken geschehen, die der Kultivierung bestehender Lebensverhältnisse dienen. Diese hat die Historiographie zu bestätigen und das muß man als ihre politische Reduktion bezeichnen.

IV

Warum sollte es nicht möglich sein, die Perspektiven und die Gesichtspunkte der Interpretation vergangener Lebensverhältnisse in den Verfahren der Geschichtsschreibung selbst zu verankern, statt sie als Erfüllungsgehilfen von Ästhetik und Sozialspsychologie zu nehmen? Das scheint aber nur denkbar, wenn man einen wichtigen Teil ihrer selbst nicht nur als archivarische Rekonstruktion oder als situationsgebundene Präsentation von Geschichte, sondern als Erfindung und Gebrauch von Mustern begreift, nach denen sich *Möglichkeiten* der Ausdeutung kulturellen Lebens vorstellen lassen. Diese dürfen nicht einfach externe Festsetzungen abbilden, sondern sie müssen vermöge eigener Bedeutung exemplarische Kraft entfalten. Nietzsche nannte solche Verfahren der Geschichtsschreibung »monumentalische«. Sie können nicht den ausschließlichen Sinn der Geschichtsschreibung ausmachen. Aber sie legen doch den Horizont frei, innerhalb dessen sich eine Gegenwart noch durch die Differenz der Zeithorizonte von Vergangenheit und Zukunft hindurch auslegen und sich selbst eine Bedeutung aufprägen kann. Die Weise, wie das geschieht, muß als radikale Interpretationsleistung verstanden werden, und diese nennt Nietzsche mythische Fiktionsbildung.

Erst vor dem Hintergrund und im Rahmen radikaler Interpretationsleistungen lassen sich Ereignisse, Strukturen und Zustände als *bedeutsame* beschreiben und sind dann als Geschichten benennbar. Erst in ihrem Rahmen kann man einen Charakter in Geschichten identifizieren. Man kann das als die »Geschichtswerdung der Geschichten« [8] bezeichnen. Es scheint, daß solche Geschichtswerdung nicht als Nachvollzug, Erhaltung und Bewahrung einer schon gewonnenen Identität verstanden werden kann. Der Akt, in dem eine Geschichte eigenen Rechts in Gang gesetzt wird, kann nur als ein Experimentieren mit einer stabilisierten Identität verstanden werden. In ihm ist der Wille verkörpert, Punkte des Anfangs einer Geschichte zu setzen und was deren Bedeutsamkeit ausmachen kann, selbst zu erfinden oder zu problematisieren. Die Ausgrenzung verschiedener Verfahrensweisen der Geschichtsschreibung ist dann die Folge des Willens, mit solcher Bedeutsamkeit umzugehen. Das kann in begriffsgeschichtlicher Mumisierung und Archivierung geschehen oder als Erzählung des Weltlaufs und der eigenen Biographie. Die Betonung, Geschichtsschreibung bestehe auch in der Erfindung neuer Geschichten oder in der Abstoßung und Umdeutung alter, liegt noch diesseits der Frage nach ihren Verfahrensweisen und deren Objektivitätsgehalt. Die Erfindung des Rahmens einer neuen Geschichte, in der sich Möglichkeiten der Ausdeutung menschlichen Daseins artikulieren und als nicht realisierte wahrnehmen lassen, hat vielleicht als letzten Zweck, diesem Dasein einen Wert aufzuprägen, sei er nun affirmativer oder negativer Art. Und das kann die Reduktion und die Umwertung bereits bekannter und durchgespielter Geschichten zur Konsequenz haben, es kann aber auch die Wiederkehr von vergangenen Geschichten und den Willen erzeugen, diese zu Ende zu bringen. Man kann den Willen des Menschen, sich selbst durch die Erfindung von Geschichten einen Charakter aufzuprägen, nicht nur als Mechanismus wissenschaftlicher Kultivierung seiner Lebensverhältnisse deuten.

V

Ich möchte die Weise, wie Findung und Gebrauch einer Grundformel der Interpretation menschlichen Daseins den Horizont freilegen, innerhalb dessen sich dann die Geschichtsschreibung bewegen und orientieren kann, an Rousseaus Geschichtsbegriff erläutern. Man muß diesen zunächst in einen exoterischen und einen esoterischen unterscheiden. Rousseau vertritt seinen ersten Geschichtsbegriff in der Theorie der Erziehung. Wenn im Gang eines Lebenslaufs die Zäsur erreicht ist, in der sich der Lernende von natürlichen Verhaltensformen lösen muß, um den *Übergang* in eine nach moralischen Normen geregelte und demgemäß denaturierte Ordnung zu finden, ist der Augenblick für die Geschichte gegeben, wie Rousseau sagt. Das Erzählen von Geschichten soll die Möglichkeit der Einübung in eine neue Identität leiten, ohne daß diese dem Lernenden sogleich vom Erzieher implementiert wird. Er muß sich in der Erzählung von Geschichten wiedererkennen können und an historischen Beispielen das Bewußtsein der Kontingenz eigenen Lebens erwerben. Historie und Fabel können diesem Zweck in gleicher Weise dienen.

Rousseaus esoterischer Begriff der Geschichte ist aber nicht an die Verwirklichungschancen vernünftiger Identität im individuellen Lebenslauf gebunden. Die Vorstellung, wie das geschehen kann, ist ja selbst schon das Resultat der grundsätzlichen Interpretation der Situation des Menschen. Diese will Rousseau in seinem esoterischen Begriff der Geschichte dem Verständis zugänglich machen. Der Ausgangspunkt der Suche nach Modellen und Mustern, die ihre erklärende Wirkung dann bis in die Konzeptualisierung und Historisierung eines individuellen Lebenslaufs entfalten können, ist das Gefühl, die Situation des Menschen sei in vorhandenen Theorien seiner Herkunft und in verfügbaren Programmen seiner Bestimmung nicht angemessen ausgelegt. Man muß erst einmal aus einer durchgängig theoriegeladenen und damit auch verstellten Situation herausfinden, um der Herkunft und Bestimmung des Menschen einen neuen Sinn zu geben und ihm einen Charakter aufzuprägen. So trifft die den Aufklärungs- und Wissenschaftsoptimismus des Zeitalters leitende Behauptung nicht zu, mit dem Forschritt der Wissenschaft und dem Anwachsen der Fertigkeiten des Menschen im Umgang mit der Natur werde sich auch seine moralische Würde ins Grenzenlose steigern. Es macht einen zentralen Teil der Darstellung geschichtlicher Prozesse durch Rousseau aus, diese Annahme umzukehren, um dann die Geschichte der Verkehrungen zu schreiben, in die sie führen muß.

Die Mutmaßungen über den Anfang und die Entwicklung solcher Verkehrungen zeigen auch, daß es nicht hinreichend ist, die moralische Bestimmung des Menschen der Vorläufigkeit preiszugeben; man darf mit ihr nicht warten, bis eine auf Gewißheit gegründete Erkenntnis den Bedingungen einer Universalwissenschaft genügt. Vielleicht, so vermutet Rousseau, ist es die Freiheit des Menschen selbst, die, obgleich sie doch die notwendige Bedingung seines *authentischen* Selbstverständnisses ist, die Geschichte seiner Verkehrungen in Gang gesetzt hat und nach immer neuen Verkörperungen ihrer selbst sucht. Rousseau entwickelt die Sequenzen dieser Verkörperung als gesellschaftliche Entfaltung der Dialektik von Selbst- und Eigenliebe. Diese Darstellung ist aber von der Verweigerung der Annahme bestimmt, das Verhältnis des Menschen zu sich selbst, das in dem Begriff der Freiheit denotiert ist, ließe sich in Analogie oder sogar in Identität mit der Bewegung ausgedehnter Substanzen verstehen. Das Reich der Natur und die Systeme menschlichen Zusammenhandelns lassen sich deshalb eben nicht in einem Gange erklären. Wendet man einen nur negativen Begriff der Freiheit, als Mangel physischen Widerstandes, auf die Systeme dieses Zusammenhandelns an, dann werden sie zu bloßen Anwendungsbereichen wissenschaftlicher Theorien und die Politik ist als »Schicksal« der Denaturierung des Menschen gar nicht benennbar. Dann kann man auch die Geschichte seiner fortschreitenden Denaturierung nicht angemessen schreiben.

Schließlich sind die Leidenschaften der menschlichen Seele nicht verstanden, wenn man sie als physiologische Antriebe oder als Kennzeichen verschiedener Temperamente auslegt. Sie entwickeln in ihnen selbst eine Dynamik und Reflexivität, die sich nicht nur dem Zugriff der Theorie entziehen, sondern sogar die Erkenntnis selbst in Gang setzen, aber auch blockieren können. Man kann die Aufklärung dieser Dynamik nicht erreichen, wenn man sie als Konglomerat von Affekten deutet und diesen ein Programm stoischer Zurückhaltung und Diskretion entgegenstellt. Die Leidenschaften der menschlichen Seele haben, indem sie sich auf sich selbst richten und darin steigern, einen Grad der Komplexität erreicht, der eine selbständige Geschichte ihrer Zustände erfordert. Rousseau bezeichnet sich selbst als Geschichtsschreiber der Modifikationen der menschlichen Seele.

Der Grundsatz, durch den die Auslegung der Situation des Menschen in neue Bahnen gelenkt und durch den die Umdeutung seines Daseins Transparenz gewinnt, hat die Form eines Imperativs und lautet: »Erkenne dich selbst.« Diesem alten Spruch wird durch Rousseau eine neue Bedeutung und Anwendung gegeben. Die Warnung vor der Hybris des Menschen, die in ihm enthalten ist, wendet er in die vor der Hybris der Aufklärung und des Baconismus der Vernunft. Die Aufforderung zur Selbsterkenntnis, die er enthält, deutet er in die Annahme um, nur durch die Verinnerlichung des Erkenntniswahns könne dieser selbst gebannt werden. Mit der Neuinterpretation des Delphischen Spruches eröffnet Rousseau den Prozeß gegen die Aufklärung und den Prozeß gegen sein eigenes Selbst. Durch sie ist der Rahmen gegeben, in dem die Geschichte des Gesellschaftssystems und seiner Einrichtungen wie die Geschichte des Persönlichkeitssystems erst erforderlich werden. Man möchte mit Rousseau die harte These vertreten, diese beiden Geschichten seien grundsätzlich nicht aufeinander abbildbar; und gerade dies sei ein Signum von Modernität. Rousseau macht diese Geschichten zu Gegenständen der Wissenschaft vom Menschen. Diese ist nicht, wie noch im Wissensprospekt der Enzyklopädisten in der Hierarchie der Wissenschaften eine Disziplin unter vielen anderen; sie ist die Führungswissenschaft und muß nach der Umdeutung des Delphischen Spruchs differenziert werden. Rousseau nimmt die Umdeutung des Spruches zum Ausgangspunkt seines zweiten Diskurses; in ihm berichtet er auf der Folie ihrer Bedeutung von der Geschichte der Menschheit als dem sich steigernden Verhältnis der Oppositionen von Fortschritt und Niedergang. Und er macht sie zum Thema seiner letzten Schrift, in der er die Geschichte des eigenen Selbst als anticartesianische Meditation über die Folge seiner Zustände zum Ausdruck bringt. In diesen Meditationen stößt er auf die Grenzen der Anwendbarkeit des Delphischen Imperativs.

Wie immer man die erste Geschichte zu Ende bringen mag, Rousseau meint, sie ließe sich nicht als wissenschaftliche Evolutionstheorie schreiben. Die zweite Geschichte kann nur die Nachwelt zu Ende bringen. Das Verhältnis zu sich selbst kann man nur in der Selbstmumisierung des Ausdrucks neben sich stellen. Das Wissen der Wahrheit über sich selbst gewinnt man nur in einer Folge von Fiktionen [9], deren Wahrheit die Nachwelt entziffern muß.

Anmerkungen

1 Ich beziehe mich besonders auf G. Simmel, Die historische Formung, in: ders., Fragmente und Aufsätze aus dem Nachlaß. München 1923, S. 149–109. Vgl. dazu: K. Stierle, Erfahrung und narrative Form, in: Theorie und Erzählung in der Geschichte, hrsg. von Jürgen Kocka und Thomas Nipperdey. München 1979, bes. 110 ff. Die Weisen der Repräsentation vergangenen Geschehens, die in der historischen »Formung« erreicht werden, grenzt Stierle auf ihre narrative Form ein. Man muß die Logik der Repräsentation, von der die Historiographie Gebrauch macht, aber weiter interpretieren, wenn man gegenüber der wissenschaftlichen Geschichtsforschung ihren »anschaulichen« Charakter festhalten will. Das gilt auch mit Hinsicht auf die Repräsentation von Geschichten, die in alltagssprachlicher Form dargeboten werden und sich an eine sichtbare Hörerschaft wenden. Solche Repräsentation von Geschichten kann auch in nichtsprachlichem Ausdruck und in leibnahen Expressionen erfolgen. Auch Bilder und Monumente aus Stein können vergangenes Geschehen in der Zentrierung zu Geschichten repräsentieren; wenn sie diese auch nicht erzählen, so *zeigen* sie doch. Solche Manifestationen können den Interpreten vergangenen Geschehens geradezu zwingen, ein bestehendes Repertoire artikulierter Deutungen der Vergangenheit zu erweitern, um deren Bedeutsamkeit dem Verständnis zugänglich zu machen. Gelingt ihm dies, dann exemplifiziert er vergangenes Geschehen in der Erzählung von Geschichten und erzählt nicht schlicht, indem er auf vergangene Ereignisse Bezug nimmt. Ein eindringliches Beispiel für den Fall, in dem ein Bild historisches Geschehen repräsentiert und zugleich eine ganze Kette von Deutungen erzwungen hat, liegt in der Interpretation von Altdorfers »Alexanderschlacht« durch R. Koselleck vor. Diese picturale Repräsentation verlangt vom Betrachter, daß er sich als historischer versteht, um dann vergangene Ereignisfolgen nicht nur zu berichten, sondern ihre Bedeutung einer mehrfachen Modalisierung zu unterwerfen. In dieser lassen sich eine vergangene und eine gegenwärtige Zukunft der Gegenwart unterscheiden. Die Gegenwart des historischen Betrachters selbst läßt sich durch diese Unterscheidungen, zu welchen die Konnotationen des Bildes Anlaß geben, näher bestimmen. Man muß die Repräsentation solcher »Bedeutungsdichte« von dem bloßen Hineinlesen historischer Ereignisse in einen anschaubaren Gegenstand unterscheiden. Vgl. R. Koselleck, Vergangene Zukunft der frühen Neuzeit, in: ders.: Vergangene Zukunft. Zur Semantik geschichtlicher Zeiten. Frankfurt 1979, 17–37

2 G. Simmel, Die historische Formung, S. 194 Anm.

3 Vgl. H. White, Metahistory. The Historical Imagination in Nineteenth-Century Europe. Baltimore 1973. White orientiert seine Darstellung historischen *Bewußtseins* ausschließlich an der Geschichtsschreibung des 19. Jahrhunderts. Aus den Beispielen dieser Historiographie will er die These gewinnen, daß dieses – White nennt es die historische Einbildungskraft – grundsätzlich auf metahistorische Konstituentien zurückgreifen muß. Diese sind die Bedingungen, unter denen sich Geschichte schreiben läßt. Sie sind nach ihm wohl in der grundsätzlich metaphorisch-metonymischen Struktur der Sprache zu suchen. Zur näheren Bestimmung der Historiographie trägt dieser Gedankengang aber nur darin bei, daß er inhaltliche Aussagen, die durch die Historiographie des 19. Jahrhundert selbst vertreten worden sind, wiederholt und bestätigt. An ihrem

Beispiel wird dann allerdings deutlich, daß die Repräsentation vergangenen Geschehens als Geschichte auch im Gebrauch einer Sprache erfolgen kann, die von der illusionären Welt des Theaters und ihrer dramatischen Kollisionen auf die Kennzeichnung historischer Ereignisse übertragen wird. Durch solche Übertragungsmechanismen ist aber keineswegs der überhistorische Rahmen der Geschichtsschreibung bestimmt. Es ist auch keine nähere Bestimmung dessen erreicht, was man historisches Bewußtsein nennen kann. Gerade die Geschichtsschreibung des 19. Jahrhunderts ist ein ausgezeichnetes Beispiel für die Herausbildung historischen Bewußtseins. Man kann es wohl nur angemessen interpretieren, wenn man dies in einem diagnostischen Rahmen von Modernität tut. Modernitätstheoretische Überlegungen sind aber ganz verschieden von solchen, in denen Bedeutung und Gebrauch von Sätzen aufgeklärt werden, in denen der Historiker auf vergangene Ereignisse Bezug nimmt. Und diese Aufklärung wiederum ist nicht an die These von der grundsätzlich metaphorisch - metonymischen Struktur der Sprache gebunden.

4 Vgl. dazu: O. Marquard, Kompensation. Überlegungen zu einer Verlaufsfigur historischer Prozesse, in: Beiträge zur Historik Bd. 2, Historische Prozesse, hrsg. von Karl-Georg Faber und Christian Meier, München 1978, bes. 339 f.

5 G. Simmel, Die historische Formung, S. 204. Simmel ist in der Art und Weise, wie er vergangenes Geschehen in der Formung zu Geschichten dem Verständnis zugänglich machen will, an einem Modell orientiert, das die Aufklärung des individuellen Lebenslaufs als Schlüssel zur Theoretisierung der historischen Vergangenheit nimmt und auf diese überträgt. In dieser Übertragung wird ein Modell transportiert und es ist nicht hinreichend, dies nur als metaphorische Übertragung zu werten. »Formen« ließe sich übersetzen in »Modelle bilden«; anhand ihrer soll ein Geschehen strukturiert und in verstehendem Nachvollzug interpretiert werden. Die ausgezeichneten »Daten« solcher Formungen sind für Simmel die Erlebniskerne der Erfahrung. Eigentlich ist darin die ästhetische Reduktion der Geschichtsschreibung begründet.

6 Vgl. I. Berlin, The Concept of Scientific History, in: History and Theory - Studies in the Philosophy of History, 's Gravenhage 1961, S.1.

7 H. Lübbe, Zur Identitätspräsentationsfunktion der Historie, in: Poetik und Hermeneutik VIII. Identität, hrsg. von Odo Marquard und Karlheinz Stierle, München 1979, 277-292. Ich beziehe mich auf die Einwände, die von G. Buck, D. Henrich und H. Weinrich gegen die Thesen Lübbes formuliert worden sind; vgl. a. a. O., 659-669, 681-684.

8 Vgl. H. Blumenberg, Arbeit am Mythos, Frankfurt 1979, Zweiter Teil. Man kann den zweiten Teil von Blumenbergs »Arbeit am Mythos«, der unter dem Titel »Geschichtswerdung der Geschichten« steht, als ein Kompendium der Aufklärung des Mechanismus auffassen, in dem sich der Sinn von Geschichten bilden und erfinden läßt, ohne ihn in *einer* Geschichte zu dogmatisieren, aber auch ohne in seiner Charakteristik durch bloße Gegensatzbegriffe zu verharren. Auch auf diese Weise kann man den sogenannten »Substantialismus« der Geschichtsphilosophie vermeiden.

9 Rousseau meint, es sei nicht möglich und auch nicht wünschenswert, das Selbstverhältnis, das man im *Ausdruck* seiner eigenen Geschichte erzwingt, unter Kriterien der Findung von Tatsachenwahrheiten zu stellen. Es wäre auch gänzlich verfehlt, dieses nach moralischen Kriterien der Wahrhaftigkeit zu beurteilen. Das Selbstverhältnis im Ausdruck artikuliert sich eben in *Fiktionen* und es zeigt sich zumindest an diesem einen Fall, daß die Unterscheidung von individuierender Beschreibung und fiktivem Ausdruck mit Hinsicht auf die Geschichte eines Charakters nicht greift. Es ist mein Interesse zu betonen, daß man diese Unterscheidung aber nicht treffen und ihre Bedeutung nicht thematisieren könnte, wenn man sich nur auf Rousseau als den Theoretiker der Politik bezöge. Ich glaube, daß die Härte seiner politischen Theorie aus ihr selbst heraus nicht sichtbar werden kann.

ARTHUR C. DANTO

Erzählung,
Erkenntnis und die Philosophie der Geschichte
übersetzt von Sigrid Goodman

> If Rawdon Crawley had been then and there
> present, instead of being at the club
> nervously drinking claret, the pair might have gone down on their knees before the old
> spinster, avowed all, and have been forgiven in a twinkling. But that good chance was
> denied to the young couple, doubtless in order that this story might be written. ...
>
> William Makepeace Thackery, *Vanity Fair*,
> Chapter xvi.

Obgleich dieses Referat eine wissenschaftliche Untersuchung der analytischen Philosophie der Geschichte behandelt, sucht es gewisse Strukturen zu identifizieren, die einen Teil der Phänomenologie des historischen Bewußtseins und folglich des historischen Existierens – welches als das Bewußtsein zu verstehen ist, daß man sich in der Geschichte lebend befindet – gleichsam erklären. Ein so strukturiertes Bewußtsein unterscheidet sich natürlich scharf von der Art des tierischen Bewußtseins, in dem man mit den Worten Nietzsches »blind zwischen den Wänden der Vergangenheit und der Zukunft existiert.« Es sind gerade diese Wände, gegen welche dieses Bewußtsein blind ist. Folglich ist es blind gegen die Tatsache, daß die Gegenwart gegenwärtig ist und *daher* gegen die Tatsache, daß sein Bewußtsein tierisches Bewußtsein exemplifiziert. Aber mehr als dieser Kontrast ist notwendig, um das historische Bewußtsein scharf hervortreten zu lassen, denn das, wovon sich tierisches Bewußtsein unterscheidet, ist nur das Temporalbewußtsein; und die *historische* Gegenwart ist mehr als ein Augenblick, den man als simultan mit seinem Bewußtsein dieses Augenblickes erkennt. Die Gegenwart als historisch zu erkennen, heißt, daß man sowohl sie als auch die Tatsache, daß man sich ihrer bewußt ist, als etwas erkennt, dessen Bedeutung erst in der Zukunft und in der historischen Retrospektive klar werden wird. Denn man erkennt in ihr die Struktur, die einen vergangenen, historischen Augenblick bilden wird, d. h. einen Augenblick, dessen Bedeutung für Historiker vorhanden sein wird, aber nicht unbedingt für die, für die er gegenwärtig ist. Jene Bedeutung ist ihnen aus demselben Grunde verborgen, aus welchem auch immer die Zukunft verhüllt liegt. Aber ihre Zukunft ist ein Teil der Vergangenheit der Historiker, und geschichtliches Bewußtsein zu haben, bedeutet, unsere Gegenwart in Hinsicht auf unsere Zukunft und auf die Vergangenheit der Historiker zu strukturieren. Es gibt einen ganzen Wortschatz – er mag als die Sprache der Erzählung bezeichnet werden – dessen Bedeutung Regeln voraussetzt, die diese Struktur innehaben; eine Struktur, gegen die selbst jemand im Besitz eines Temporalbewußtseins blind sein mag, wie z. B. jene von George Eliot beschriebenen glücklichen Frauen, die, wie glückliche Nationen, keine Vergangenheit haben. Historisch zu existieren heißt, die Ereignisse, die man durchlebt, als einen Teil einer Geschichte, die später einmal erzählt werden wird, zu erkennen.

Es besteht eine Analogie zwischen der Erwerbung geschichtlichen Bewußtseins und der Erwerbung jener Struktur der Wahrnehmung, die von Sartre in seiner Analyse über die Dämmerung des Bewußtseins anderer, für die man als Objekt existiert, beschrieben wird. Denn die Erkenntnis, daß es andere Bewußtsein gibt, transformiert die Weise, auf die ein Mensch die Welt strukturiert, und zwar insofern, als ein Unterschied zu vermerken ist zwischen dieser Erkenntnis und jenem einfachen Bewußtsein, welches nur eine Differenz zwischen den Gegenständen des Wahrnehmens und seiner selbst erkennt. Sartre behauptet sogar, daß man keinen wahren Begriff seiner selbst als Selbstheit haben kann, bis man einen Begriff anderer Selbstheiten hat, denn erst dann wird man plötzlich gewahr, daß man sozusagen eine Innen- und eine Außenseite besitzt. Diese Analogie ist nicht leichthin vollzogen, denn auch geschichtliches Bewußtsein sieht in den Ereignissen eine Innen- und eine Außenseite und vermerkt einen Unterschied zwischen dem Bewußtsein, das die Ereignisse selbst erlebt und dem Bewußtsein, das diese Ereignisse von außen betrachtet – nämlich das des Historikers, der sie in die Erzählungsstruktur einordnen muß. Kurz gesagt gibt es eine Analogie zwischen anderen Geistern und anderen Zeiten, die reicher ist als die Analogie zwischen der Erkenntnis der Vergangenheit und der Erkenntnis äußerer Objekte. Hier soll jedoch nur auf die Analogie hingewiesen sein, denn es würde zu weit vom Thema abführen, weiter darauf einzugehen. Es sei mir darum erlaubt, mich der historischen Erkenntnis als solcher zu widmen, um spezielle Eigenschaften der Erzählungssprache zu logischem Bewußtsein zu bringen.

Die Aufgabe der Historiker kann minimal charakterisiert werden als Bemühung, Aussagen über die Vergangenheit zu machen. Und soweit sie diese Aussage als wahr erweisen können, sind sie erfolgreich. Nach dieser Auffassung besitzt man historische Erkenntnis, wenn man weiß, daß *a*, und *a* die Vergangenheit betrifft. Vielleicht kann »*a* betrifft die Vergangenheit« einfach verstanden werden als *a* steht im Tempus der Vergangenheit und alles, was die Wahrheitsbedingungen für a befriedigt, liegt weiter zurück als die Behauptung von *a*. Es ist philosophisch attraktiv, anzunehmen, daß dieses Verhältnis zwischen dem Zeitpunkt der Behauptung und dem Zeitpunkt der Befriedigung der Wahrheitsbedingung die einzige Information ist, die durch die Zeitform vermittelt wird, denn das ermöglicht die Analyse eines Satzes, der als eine Illustration historischer Erkenntnis anzusehen ist, ungefähr wie folgt: Es gibt einen zeitformlosen Inhalt, z. B. »Am 17. Oktober 1722 bringt Marivaux die Aufführung »Arlequin poli par l'amour« und dann einen Hinweis, daß das so charakterisierte Ereignis weiter zurückliegt als der Satz, der es so charakterisiert. Die Zeitform selbst gibt nur das Temporalverhältnis zwischen dem, was den zeitformlosen Teil der historischen Aussage befriedigt und dem Zeitpunkt der Behauptung selbst an. Folglich geben die anderen grammatischen Zeitformen nur die anderen temporalen Verhältnisse an, in denen wir zu dem identischen Ereignis stehen mögen. Der entzeitete Satzinhalt bringt das zum Ausdruck, *was der Historiker weiß*, wenn ein Satz geschichtliche Erkenntnis ausdrückt. Und daß er geschichtlich ist, ist nur Sache des richtigen temporalen Verhältnisses zwischen dem, was der Historiker weiß, und dem Zeitpunkt, zu dem er es weiß. Wenn erst einmal die Zeit subtrahiert ist, so markiert nichts den Unterschied zwischen dem, was der Historiker weiß, und dem, was ein anderer weiß, der in einem anderen temporalen Verhältnis zu dem vorliegenden Ereignis steht. Folgendermaßen wußte Luigi Ricoboni am 22. Oktober 1722, daß das Stück »Arlequin poli par l'amour«, von Marivaux, dargestellt wurde. Aber sein Wissen war in keinem Sinne *historische* Erkenntnis. Ich glaube, daß eine parallele Analyse in bezug auf Personalpronomen vollzogen werden kann. Gesetzt den Fall, daß es einen Zeitpunkt gibt, zu dem Marivaux weiß, daß Ricoboni nach einem guten französischen Schauspielschriftsteller sucht. Dann weiß er von Ricoboni, was Ricoboni von sich selber weiß – *was* sie wissen, ist in beiden Fällen das gleiche – aber die persönlichen Fürwörter, die ein jeder von ihnen benutzt, weisen auf die unterschiedlichen Verhältnisse hin, in denen beide zu den identischen Tatsachen stehen, welche den entpersonifizierten, gleichbleibenden Inhalt der Sätze »Er sucht nach einem guten französischen Schauspielschriftsteller« und »Ich suche nach einem guten französischen Schauspielschriftsteller« befriedigen. Gemäß dieser Analyse durchdringen Fürwörter den Inhalt dessen, was bekannt ist, genauso wenig wie Zeitformen ihn durchdringen, wie die hier kurz dargestellte Analyse der temporalen Ausdrucksweise gezeigt hat. Denn Zeitformen wie Fürwörter sind bloße Formen, die zum Satzinhalt in Beziehung stehen.

Gewiß können diese bezugnehmenden Elemente, die somit aus dem Inhalt solcher Sätze gleichermaßen verdrängt sind, etwas ausmachen, sogar gewaltig viel ausmachen, und zwar insofern als sie für den kognitiven Zugang zu dem angeblich gleichbleibenden Inhalt von Bedeutung sind. Folgendermaßen wußte Ricoboni (in der Umgangssprache ausgedrückt) mittels direkter Selbstbeobachtung, was Marivaux (um mit der vertrauten These fortzufahren) nur durch Zeugenaussagen und Schlußfolgerungen kennen*lernen* konnte. Und gleichermaßen brauchte Marivaux in keinen Theaterurkundensammlungen nachzuschlagen, um am 17. Oktober 1722 zu wissen, daß die Erstaufführung des »Arlequin poli par l'amour« in der Comedie Italienne stattfinden würde. Vom kognitiven Standpunkte gesehen, nehmen das nominative Fürwort und die Gegenwartsform angeblich privilegierte Positionen ein, und obwohl der bekannte Inhalt unverändert bleibt, ist es möglich, daß der Kontrast zwischen den privilegierten und nicht-privilegierten Positionen bei Anwendung verifizierbarer Kriterien Unterschiede in der Bedeutung des Satzinhaltes *cum* Zeitform oder *cum* Fürwort beinhalten könnte. Daß es einen solchen Unterschied in der Bedeutung gibt, ob es nun auf verifikationistische Weise erklärt wird oder nicht, wird gerne zugegeben werden. Offen gesagt traue ich der verifikationistischen Intuition hier nicht: St. Augustine erzählt uns, daß er als Säugling gelächelt und als Jüngling Birnen gestohlen habe. Aber des letzteren erinnert er sich, während er die Behauptung, das Ersterwähnte zu wissen, auf analogische Schlußfolgerung und das Vertrauen in die liebevolle Aussage von Monika stützt. Und dieser Unterschied würde bedingen, daß Sätze in der Vergangenheit zweideutiger sind als die Grammatik schließen läßt: Ich werde es daher für unsere Zwecke als genügend ansehen, die Zeitformen provisorisch als Formen temporaler Bezugnahme zu erklären. Was für meine Analyse wichtig ist, ist nur der Vorschlag, daß jene Art der temporalen Information angesehen wird als von der Kenntnis des Inhaltes gestrichen, so daß das, was bekannt ist, trotz des temporalen Verhältnisses, in dem wir dazu stehen, unverändert bleibt.

Es muß ein solcher Unterschied gewesen sein, den Descartes zur Bestätigung seiner berühmten, herablassenden Bemerkung in bezug auf Historiker angeführt haben mag. Welche Anerkennung können Historiker gewinnen, wenn sie durch mühsame Urkundenforschung zur Kenntnis nehmen, was z. B. während der letzten Jahre der römischen Republik geschah, wenn es sich dabei um Tatsachen handelt, die Ciceros Dienstmädchen selbstverständlicherweise zur Verfügung standen. Das einzige, was den Gelehrten von dem Dienstmädchen unterschiedet, besteht in der Technik, die er erwerben muß, um die Hindernisse zu überwinden, die sich ihm in den Weg stellen, damit er zu einer Erkenntnis kommen kann, die in beiden Fällen die gleiche ist. Ein ähnlicher Snobismus erhebt eine ähnliche Frage für den Anthropologen, der besondere Verfahren benutzen muß, um zu Kenntnissen zu gelangen, die den Hottentotten selbstverständlicherweise bekannt waren, und zwar infolge ihrer privilegierten Stellung, als Hottentotten aufgewachsen zu sein. Aber mein Interesse betrifft Geschichte. Betrifft die Frage, die Descartes aufwirft, ob die Historiker, indem sie mit der Vergangenheit bekannt sind, wirklich und bestenfalls nur das kennenlernen, was Nicht-Historiker wissen würden, wären sie zufälligerweise in der Lage gewesen, Zeuge des vorliegenden Ereignisses zu sein. Oder gibt es da etwas, dessen Kenntnis *einzigartig* dem Historiker zur Verfügung steht und das von den Zeugen nicht beobachtet werden konnte? Und wenn ja, gibt es dann nicht vielleicht einen erkenntnismäßigen Inhalt des fraglichen Ereignisses, der dem Historiker, aber nicht den Zeitgenossen zur Verfügung steht, so daß die erkenntnismäßigen Vorzüge anders verteilt sind als die alltägliche Erkenntnistheorie zugesteht?

Ich beabsichtige, den Anspruch zu erheben, daß der Historiker Dinge über genau die Ereignisse weiß, die das Dienstmädchen kannte, aber daß letztere nicht gewußt haben konnte, was der Historiker weiß, weil sie in einem verkehrten temporalen Verhältnis zu diesen Ereignissen stand, einem Verhältnis, welches ihr dieses Wissen versagte. Der Historiker weiß z. B., daß diese Ereignisse während *der letzten Jahre* der römischen Republik stattfanden, und daß dies die letzten Jahre waren, konnte erst erkannt werden – sofern Erkenntnis Wahrheit voraussetzt – als die Republik zu Ende gegangen war. Das wäre eine Erkenntnis der Ereignisse, wie sie in bezug auf Ereignisse, die in der Zukunft des Dienstmädchens, aber der Vergangenheit des Historikers liegen, umschrieben sind. Zweifellos gibt es wahre Beschreibungen jener Ereignisse, wo der Historiker und das Dienstmädchen im Besitz desselben Wissens sind. Und zweifellos machte Descartes seine verächtliche Bemerkung, weil er spontan annahm, daß das für alle Beschreibungen solcher und anderer Ereignisse der Fall sei. Es gibt jedoch, so glaube ich, kritische Beschreibungen, denen diese leichte Symmetrie fehlt, und das sind Beschreibungen, die zur Bedingung ihrer Wahrheit und folglich zum Teil ihre Bedeutung durch Ereignisse haben, die später geschehen als die Ereignisse, auf die sie sich in erster Linie beziehen. Als Descartes Königin Christinas Einladung akzeptierte, machte er sich auf den Weg, seinem Tode zu begegnen. Letzteres ist eine Umschreibung eines Ereignisses, welches vermutlich dem Mann, den es betraf, verborgen war. Und man könnte behaupten, daß es für jenen Mann zu der Zeit nicht wahr war, daß es erst wahr wurde, nachdem die letzte Wahrheitsbedingung befriedigt wurde, nämlich einige Zeit nach der Zusage. In der *Analytischen Philosophie der Geschichte* bezeichne ich jene Sätze, die derartige Beschreibungen benutzen, als *Erzählungssätze*. Es ist für diese Sätze charakteristisch, daß der Inhalt der Er-

kenntnis, den sie zum Ausdruck bringen, temporale Information enthält, die
dem System der Zeitform nicht einfach gleichgestellt werden kann. Folglich
reicht eine Analyse dieser Erzählungssätze nach Inhalt, der im Prinzip immer
zur Verfügung steht, zusätzlich einer Zeitform, nicht aus. Sicherlich, wenn H
eine Geschichtsbeschreibung ist, die ein Ereignis *e* betrifft, so wird es immer
ein Prädikat geben, das für *e* gelten wird, nennen wir es G, wodurch *e* von seinen Zeitgenossen beobachtet werden kann. Man könnte daher denken, daß »*e*
ist H« in »*e* ist G«, zusätzlich einer Zeitform, analysiert werden könnte. Tatsache ist jedoch, daß, wenn man »*e* war G« von »*e* war H« abzieht, es ein Über-
bleibsel geben wird, das nicht so analysiert werden kann. Und diese übrigblei-
bende Information gehört zur Sprache des historischen Bewußtseins und bildet die Ausdrucksweise, welche Erzählungen, historische Erzählungen eingeschlossen, umrahmt. Es ist ebenfalls eine Ausdrucksweise, die Beschreibungen
von Ereignissen ergibt, für die die historische Form der Erkenntnis die einzige
ist. Vielleicht hätte es natürlich keinen Eindruck auf Descartes gemacht, daß
es schließlich doch diese Form der Erkenntnis gibt; es ist ein Vorurteil, auf
dem eine berühmte Kritik von Vico über den Cartesianismus beruht. Aber
meine Interessen, die logischer Art sind, haben weniger mit dem zu tun, was
diese Form der Beschreibung menschlich wichtig macht, als vielmehr damit,
was die begrifflichen Unterschiede zwischen dieser Form der Beschreibung
und jener ausmacht, die der Cartesianischen Mentalität entspricht.

II

Keinesfalls ausschließlich durch Erzählungssätze werden Ereignisse und Objekte beschrieben, die sich auf andere Ereignisse und Objekte beziehen und
die in unterschiedlichen temporalen Verhältnissen zu diesen stehen. Es gibt
tatsächlich eine Anzahl von Prädikaten in der Sprache, die für ein gegebenes
Objekt nur unter der Voraussetzung gelten, daß es eine gewisse kausale Geschichte hat. Daraus folgt, daß ein solches Prädikat für ein derartiges Objekt
nur dann wahr ist, wenn ein früheres Ereignis stattfand. So ist nur das wahrhaftig eine Narbe, was durch eine Wunde verursacht wurde; ein Dokument
nur das, was durch die Ereignisse, die es berichtet, zustande kam; ein Relikt
nur das, was einmal Teil eines Heiligen oder Märtyrers war; ein Rembrandt
nur, wenn es tatsächlich von Rembrandt gemalt wurde, etc. – und ein jedes
Prädikat ist falsch in bezug auf die entsprechenden Objekte, wenn die historische Voraussetzung inkorrekt ist. So ist ein Wörterbuch eine Enzyklopädie in
Kapselform, weil es zu der genauen Bedeutung gewisser Ausdrücke darin gehört, daß bestimmte Erklärungen der Wahrheit entsprechen; und wir nehmen
den Korpus der Kausalgesetze in uns auf, indem wir unsere Sprache erlernen.
Nun ist es natürlich immer möglich, daß Objekte eine sehr genaue Ähnlichkeit
mit einer Narbe, einem Dokument, einem Relikt, oder einem Rembrandt haben und es dennoch nicht *sind*, weil eben die kausalen Annahmen falsch sind.
Weder kann es irgendeinen Satz monadischer Prädikate geben, die für Objekte
geltend sind und die erfordern, daß die Objekte die nötige kausale Geschichte
haben *müssen*. Wenn auch nur, weil jedes Prädikat, das kausal zurückgeführt
werden kann, relational ist, und kein relationales Prädikat kann monadisch

definiert werden. Hiermit wird dann auch der Weg für den radikalen Kausal-skeptizismus freigelegt, der durch Russells berühmten Vorschlag dramatisiert ist, daß nach allem, was man bei der genauesten Untersuchung der gegenwär-tigen Welt feststellen kann, diese Welt nur fünf Minuten alt sein könnte. So eine Welt, die gemäß der Beobachtung mit der unseren genauestens überein-stimmt, würde Objekte enthalten, die von ihren Gegenstücken in unserer Welt nicht zu unterscheiden wären, aber in Wirklichkeit enthielte sie keine Ruinen, Relikte, Dokumente, etc. Und nach Kripkes kausaler Namenstheorie enthielte sie nicht einmal Namen einzelner Personen, die älter als fünf Minuten sind – und tatsächlich, nach allem, was die Beobachtung einer Welt, beschrieben durch monadische Prädikate, erkennen ließe, könnte diese Welt die unsere sein.

Wie tief diese kausale Enzyklopädie unseren Wortschatz durchdringt, ist schwer zu sagen. Ist es z. B. analytisch für etwas, was Brot ist, daß es gebacken wurde; für etwas, was ein Kind ist, daß es geboren wurde; für etwas, was ein Baum ist, daß er aus einem Samen wuchs? Daß diese Enzyklopädie unseren Wortschatz jedoch zu beträchtlichem Ausmaße durchdringt, ist durch die Tat-sache bewiesen, daß – wenn Russells Vorschlag wahr wäre – ein großer Anteil unserer Sprache sich sofort als falsch erweisen würde. Die Prädikate, für die das zutrifft, werde ich als *vergangenheitsbezügliche* Prädikate bezeichnen. Au-ßerdem gibt es eine Anzahl von zukunftsbezüglichen Prädikaten, aber es wird sich als wichtig erweisen, diese in zwei Klassen zu unterteilen.

Zunächst einmal gibt es gewisse Prädikate, die für gegenwärtige Dinge und Ereignisse mit der Annahme gelten, sie seien der Anlaß, daß gewisse zukünf-tige Dinge existieren oder gewisse zukünftige Ereignisse geschehen werden. Tatsächlich werden viele Dinge nur so beschrieben, wie sie beschrieben sind, weil man glaubt – oft aus sehr vernünftigen Gründen – daß sie selbst in einem gewissen kausalen Verhältnis zu dem stehen, was zukünftig ist. Es kann z. B. von jemandem gesagt werden, daß er an unheilbarem Krebs leidet, was bedeu-tet, daß es seinen Tod verursachen wird, da es keinen wirksamen medizini-schen Eingriff gibt. Dennoch ist diese Beschreibung nicht rückwirkend falsch, wenn der Mann durch einen Autounfall getötet wird oder sich das Leben nimmt. Weder ist es falsch, daß ich ein Versprechen abgegeben habe, selbst wenn ich in Wirklichkeit die Handlung nicht ausführe, obgleich, wenn ich die Handlung ausgeführt hätte, sie durch das Abgeben meines Versprechens er-klärt worden wäre. Noch ist es falsch, daß es Rosensamen waren, die ich pflanzte, selbst wenn der Himmel sich auftut und die Erde vierzig Tage lang unter Wasser steht, so daß nun nichts mehr auf der Erde wachsen kann. Es wird weiterhin Versprechen, Rosensamen und sterbenskranke Menschen auf dieser Welt geben, sogar wenn sie in den *nächsten* fünf Minuten, um Russells Vorschlag in Richtung auf die Zukunft zu wenden, zu Ende ginge. Gerade weil die Zukunft tatsächlich als ungewiß und sogar als unerkenntlich angesehen wird, gerade darum ist es schwer, einen interessanten Skeptizismus über die Zukunft hervorzurufen. Ich will sagen, daß alle Gesetze auf eine derartige Weise zusammenbrechen können, daß die Zukunft vollkommen anders als die Gegenwart aussehen wird. Aber im Gegensatz zu der Behauptung, daß die Ge-setze bereits zusammengebrochen sind und daß die Gegenwart vollkommen anders als die Vergangenheit ist, läßt diese Theorie unsere Sprache völlig un-versehrt: wir können die Gegenwart immer noch in Hinsicht auf die Zukunft beschreiben, obwohl es eine ganz andere Zukunft oder überhaupt keine Zukunft geben würde.

Das ermöglicht mir, nun die andere Klasse der zukunftsbezüglichen Prädikate zu identifizieren. Jene nämlich, die, obgleich sie auf gegenwärtige Dinge angewandt sind, diese Anwendung nur auf die Vermutung hin haben, daß ein zukünftiges Ereignis stattfinden wird. Die in bezug auf jene Dinge rückwirkend *falsch* sein werden, falls die Zukunft, die für die Bedeutungsregeln dieser Prädikate erforderlich ist, nicht zustande kommt. Sie wird dennoch meine Verlobte gewesen sein, obwohl sie einen anderen heiratet, aber es wird falsch sein, daß sie meine zukünftige Frau war, wenn wir nicht heiraten. Vielleicht spreche ich von meiner Lieblingskandidatin als unserer nächsten Präsidentin, und es wird falsch gewesen sein, wenn es ihr nicht wirklich gelingt, die Wahl zu gewinnen. Ich werde derartige Prädikate, die für Dinge und Ereignisse einer gegebenen Zeit nur dann gelten, wenn bestimmte Dinge oder Ereignisse zu einem zukünftigen Zeitpunkt eintreten und die, wenn letzteres nicht der Fall ist, rückwirkend falsch sind, *Erzählungsprädikate* nennen. Wenn wir diese Erzählungsprädikate auf gegenwärtige Dinge anwenden, stellen wir eine *besondere* Anforderung an die Zukunft, ganz anders als die, die durch den Gebrauch von Nichterzählungs-, zukunftsbezüglichen Prädikaten gestellt wird. Erzählungsprädikate können rückwirkend von Historikern auf Dinge und Ereignisse angewandt werden, einfach weil Historiker, aber nicht die Zeitgenossen jener Dinge und Ereignisse, wissen, daß die erforderten letzten Wahrheitsbedingungen für sie erfüllt sind. Bei den anderen zukunftsbezüglichen Prädikaten gibt es keinen Unterschied zwischen der historischen und nicht-historischen Sprache – es sei denn, wir *erweitern* die fraglichen Beschreibungen durch Erzählungsprädikate und beschreiben jemanden nicht nur als sterbenskrank, sondern als an einer Krankheit leidend, die ihn töten wird; nicht nur als ein Versprechen gegeben zu haben, sondern ein Versprechen, das er halten wird; nicht nur als Rosensamen gepflanzt zu haben, sondern als Rosen gepflanzt zu haben, die ihn berühmt machen werden, undsoweiter. Wittgenstein sagte uns, sich eine Sprache vorzustellen heißt, sich eine Lebensform vorzustellen. Wir können uns eine Lebensform vorstellen, unter der sich eine Sprachweise ausbreitet, in welcher es zukunftsbezügliche, aber keine Erzählungsprädikate gibt. Gewiß haben Menschen mit jener Lebensform einen Temporalsinn und können Voraussagen machen. Sie können Induktionen vollziehen und haben eine Naturwissenschaft. Aber sie werden nicht das haben, was ich als Erzählungssinn bezeichne, und es wäre schwer zu glauben, daß es Geschichtenerzähler unter ihnen geben konnte. Es kann keine geben, denn um Geschichten erzählen zu können, dürfen Dinge und Ereignisse nur wahrgenommen und beschrieben werden, wie sie historisch beschrieben werden können. D. h. mit anderen Worten: von der Perspektive, die gewährt, daß die Ereignisse für sie in der Zukunft, aber für die Historiker in der Vergangenheit liegen. Der Historiker besitzt nicht nur Kenntnisse, die ihnen fehlen: es sind Kenntnisse, die sie nicht haben können, weil die entscheidenden Teile der Zukunft logisch verborgen liegen.

III

Es gibt natürlich viele Dinge, die Historiker über eine vergangene Zeit wissen mögen, die denen, die zu der Zeit lebten, nicht tatsächlich bekannt waren. Aber dennoch sind solche Unkenntnisse nicht von typisch historischer Art, weil die derzeit fehlende Information hätte verfügbar sein können, da alle Tatsachen sozusagen am Platze waren. Und die Formulierung dessen, was der Historiker weiß, schließt nicht ein, was Erzählungsprädikate gewesen wären, hätten die Menschen davon zu der Zeit Kenntnis gehabt. »Es ist schwer für uns, sich daran zu erinnern,« schreibt der Mediävist R. W. Southern, »wie wenig die Menschen des zehnten Jahrhunderts davon wußten, was um sie herum geschah:

> Wenn ein Mann Mathematik oder Logik zu studieren wünschte, mußte er unter Umständen auf eine zufällige Begegnung warten, die ihn in eine ferne Ecke Europas verschlagen würde, um seinen Wünschen nachzukommen: und in den meisten Fällen wurde ihm diese Gelegenheit nie gegeben. Wir wissen von Männern mit einem leidenschaftlichen Verlangen nach einem Leben strengster klösterlicher Beachtung, die von einem Ende Europas zum anderen wanderten, ohne anscheinend eine Gemeinschaft genügender Strenge zu finden, obgleich es heute leicht wäre, ein halbes Dutzend berühmter Stellen aufzuzählen, wo sie alles, was sie suchten, hätten finden können.«

Was heute leicht ist, wäre damals schwer gewesen, aber was der Historiker besitzt, ist trotzdem Kenntnis des zehnten Jahrhunderts. Wir mögen zugeben, daß vieles im zehnten Jahrhundert anders gewesen wäre, wenn dieses extra Stückchen Kenntnis des zehnten Jahrhunderts im zehnten Jahrhundert vorhanden gewesen wäre, und es liegt eine gewisse Tragik in der Tatsache, daß es nicht vorhanden war. Und wahrhaftig kommt eine Tragödie – oder eine Komödie – oft dadurch zustande, daß die Handelnden ein Stückchen Wissen nicht besitzen, welches der Autor einer Tragödie oder Komödie den Zuhörern offenbart. Wodurch deren Gefühle in die Erkenntnis verwickelt werden, daß sie etwas wissen, was die Figuren nicht wissen – eine kognitive Asymmetrie, die fast alleine den Darsteller in ihren Augen hilflos macht, da die Vermutung besteht, daß die Figur anders gehandelt haben würde, hätte er oder sie gewußt, was wir wissen. Zumal das, was wir wissen, in Wirklichkeit ohne irgendeinen Anspruch auf die Zukunft der Figur zu ihrer Zeit zur Verfügung stand. Wir wissen und Othello weiß nicht, daß Jago tatsächlich ein schlechter Kerl ist. Wüßte Othello, was wir und Jago wissen, nämlich daß letzterer das verhängnisvolle Taschentuch gestohlen hatte, dann könnte er nicht, ohne wahnsinnig zu sein, Desdemonas flehendes Bitten im Namen Cassio so auslegen, wie er es tut. Und wüßte Desdemona, in welchem Geisteszustand Othello sich zu der Zeit befand, so würde sie begreifen, daß ihr Bitten mißverstanden werden würde. Was tragisch ist, ist die Tatsache, daß schreckliche Dinge geschehen, die zu verhindern gewesen wären, wenn die Menschen, die in die Handlung verwickelt sind, nur wüßten, was gewußt hätte werden *können*, aber nicht gewußt *wurde*. Nichtsdestoweniger besitzen die Zuschauer keine besondere Kenntnis in bezug auf die Handlung: wie zuvor sind alle Tatsachen am Platze und das Wissen steht zu der Zeit zur Verfügung. Aber dennoch wissen die Zuhörer genausowenig wie die Figuren, wie es alles zu Ende gehen wird: sie wissen es nicht, es sei denn, daß der Autor sie sozusagen informiert hat, indem er ihnen

Kenntnisse, die ihnen nicht zustehen, vermittelt. Wie z. B. wenn der Autor von
Beowulf uns mitteilt, was geschehen wird, weil er vielleicht glaubt, daß die
Spannung sonst zu unerträglich wäre: wir wissen und Grendel weiß nicht, daß
der mächtige Beowulf in der Methalle auf ihn wartet. Wüßte er das, würde er
sich wohl reiflich überlegen, ob er nach seinem »gefräßigen Mahle« trachten
sollte. Aber der Autor erzählt uns Dinge, die nur er von einem Aussichtspunkt
wissen kann, zu dem wir streng genommen nicht berechtigt sind, da er eine
kognitive Position eines der Handlung zukünftigen Zeitpunktes voraussetzt,
nämlich: »Es sollte nicht sein; er sollte niemals wieder von dem Fleische des
Menschengeschlechtes schmausen/ nach dieser Nacht.« *Damit* wird eine Unkenntnis ausgedrückt, die zu der Zeit nicht hätte rektifiziert werden können.
Wir vermuten, hätte W. C. Fields gewußt, was wir wissen, nämlich daß die Gestalt, die er für eine Frau hält und der er unter den Bettüchern den Hof macht,
in Wirklichkeit eine Ziege ist, daß dieses Wissen etwas ausgemacht hätte. Es
sei denn, er ist, entgegen dem Glauben, der die Szene drollig macht, eine Art
sexuell grotesker Mensch, dem dies egal ist. Komödien und Tragödien beruhen auf der Tatsache, daß wir glauben, der Besitz des wesentlichen Wissens
hätte die Zukunft der Figur geändert. Aber wenn Grendel wüßte, was Beo-
wulfs Leser durch die Zeilen 734–736 wissen, so bliebe es ohne Belang für
seine Zukunft: denn *seine Zukunft ist das, was er weiß.* Und seine Hilflosigkeit
ist nicht Folge seiner Unkenntnis, einfach weil seine Zukunft, würde er sie
kennen, bereits geschlossen wäre. Er wäre in der Situation radikaler Machtlo-
sigkeit, da nichts dagegen zu machen wäre. Es ist also nicht einfach der Fall,
daß es zu spät ist, bis man im Besitz der Kenntnisse ist, um die Dinge zu ändern: wenn die Kenntnis früher vorhanden gewesen wäre, was unmöglich ist,
so hätte auch dann nichts dagegen gemacht werden können. Und wenn wir annehmen, daß die Zukunft bekannt sein könnte, bevor sie zur Gegenwart wird,
so verrückt uns das vollkommen aus unserer eigenen Geschichte, da es dann
nichts gibt, was wir tun könnten, um sie zu ändern. Die Zukunft würde sein
wie die Vergangenheit jetzt gedacht wird; als etwas, was nicht einmal Gott ändern kann und hinsichtlich dessen, mit den Worten des Aristoteles, Überlegung zwecklos ist. Eine erkenntnismäßig offenstehende Zukunft ist erforderlich, wenn wir glauben sollen, daß die Gestalt der Zukunft in irgendwelchem
Sinne Sache unserer Wahl ist.

Es gibt gewohnheitsmäßige metaphysische Voraussetzungen, die aus unseren üblichen Begriffen von der Zeit, Handlung und Erkenntnis sozusagen her-
ausfallen. Aber es muß ein anderes und für mich tieferes Argument angeführt
werden. Es ist nicht nur der Fall, daß das, was ich als historische Erkenntnis
bezeichnet habe – Kenntnis des zehnten Jahrhunderts aus Sicht des zwanzigsten Jahrhunderts, die nicht nur Kenntnis des zehnten Jahrhunderts ist – eine
Kenntnis betrifft, die im Prinzip im zehnten Jahrhundert nicht zur Verfügung
stand. Sondern Erzählungsbeschreibungen wären falsch, wenn eine Kenntnis
der Zukunft zu der Zeit vorhanden wäre. Denn wie ich im Falle von Grendel
vorschlug, auch wenn er jene Kenntnis gehabt hätte, so würde es nichts geändert haben: *was* er auch täte, sein Tod in der Methalle würde stattfinden; was
also bedeutet, daß ihm sein Tod beschieden war, *was* er auch täte. Und das
hebt sofort jegliche Verbindung zwischen dem, was er tut, und jenem Tode
auf. Und die Bande zwischen der Gegenwart und der Zukunft, die die Erzäh-

lungsumschreibung lizenzieren, wären logisch aufgelöst und jedes Ereignis wird sofort von jedem anderen Ereignis unabhängig. Die logische Struktur der Erzählung wird sofort ungültig. Stattdessen würden wir bestenfalls ein Rezitieren der Ereignisse in der Form einer Chronik vollkommen unabhängiger Ereignisse haben. Un das würde bedeuten, die logische Struktur der Erzählung bringt es mit sich, daß die Kenntnis der Zukunft zu der Zeit, zu der sie zukünftig ist, logisch ausgeschlossen ist. Das eigentliche Wesen der *Erzählungsstruktur* erfordert die Offenheit der Zukunft, denn nur dann kann sie irgendwie von der Gegenwart abhängig sein. Untersuchen wir darum im Lichte dieser starken Behauptungen die Unterschiede zwischen Erzählung und Chronik.

IV

Es wird unserem Zwecke dienen, uns eine Chronik und eine Erzählung (die »eigentliche Geschichte«) vorzustellen, die umfänglich, d. h. sie erwähnen nur und all die gleichen Ereignisse, äquivalent sind. Der Einfachheit halber werden wir uns diese Ereignisse als einen temporal geordneten Satz (e-l...e-n) vorstellen. Daß die Chronik C und die Erzählung E sich auf nur und all die gleichen Ereignisse beziehen, ist zweckdienlich, weil der Unterschied dann nicht in den Ereignissen selbst, sondern vielmehr in der Art und Weise liegt, in welcher beide auf die Ereignisse Bezug nehmen. Außerdem muß eine temporale Asymmetrie beachtet werden, hauptsächlich die, daß der Chronist die Eintragung in C ungefähr zu derselben Zeit machen sollte, in der die Ereignisse geschehen und deren ungefährer Zeitgenosse er sein sollte. Wenn also b eine Beschreibung von e ist, so wird die Eintragung b in C zu der gleichen oder fast der gleichen Zeit gemacht werden, in der e selbst geschieht. So ist die Chronik C sozusagen ein temporal geordneter Satz von Beschreibungen (b-l...b-n), und zwar derart, daß jedes Ereignis e-i, selbst ein Teil des Satzes (e-l...e-n), welcher die Wahrheitsbedingungen für b-i befriedigt, es niemals später als die Registrierung von b-i in C tut. So daß, wenn b-i eine Beschreibung von e-i ist, und e-j geschieht später als b-i, dann kann b-i sich nicht auf e-j beziehen. Keine derartigen Einschränkungen gelten für den Erzähler, abgesehen davon natürlich, daß die letzte Anführung in E nicht früher stattfinden darf als das letzterwähnte Ereignis. Der Erzähler hat folglich die Wahl, Ereignisse zu beschreiben, die sich auf andere Ereignisse beziehen, die später geschehen; ein Privileg, das dem Chronisten erkenntnismäßig versagt ist. Infolgedessen gibt es in der Ausdrucksweise, die den beiden zur Verfügung steht, einen beträchtlichen Unterschied. In der Erzählung E sind daher e-l und e-n, in dieser Reihenfolge, die Anfangs- und Abschlußformen der Beschreibung, die dem Chronisten nicht zur Verfügung stehen, wenn der Anfang ein Ende voraussetzt und das Ende wiederum voraussetzt, daß nichts von Belang hinterher geschieht. Und es sich dabei um Beschreibungen handelt, die einen Anspruch an die Zukunft stellen. Diese Diskrepanz in Hinsicht auf verfügbaren Wortschatz nimmt jedoch noch weitere Ausmaße an: Der Chronist kann Ausdrücke wie »Höhepunkt,« »Krisis,« »Wendepunkt« nicht benutzen; er kann keine Ausdrücke wie »erwarten« anwenden; er kann weder erste noch letzte Tatsachen erwähnen (»*des Winters schwerster Schneefall*« ist nur eine zulässige Beschreibung, wenn sie am letzten Tage des Winters gemacht wird, übrigens eine Beschreibung, die keinen Anspruch an die Zukunft stellt.) Schließlich hat eine Chronik die Struktur einer Liste; und obwohl es möglich ist, einen degenerierten Satz von Beschreibungen zu finden, der sich auf Ereignisse bezieht, die später geschehen als ein gegebenes Ereignis – d.h. die Äußerung »e-i ereignete sich vor e-j,« gemacht nachdem e-j eintraf, – so ergibt das dennoch sehr wenig, wodurch es von einer Liste unterschieden werden kann; und wir würden von einer Erzählung verlangen, daß sie aufeinander bezügliche Verbindungen, so wie wir sie in *Geschichten* finden, aufweist. Und damit kommen wir zu der Frage der Einbeziehung eines Ereignisses in einer Beschreibung, die im Falle einer Chronik keine weitere Berechtigung hat als eben die, daß das Ereignis geschah. Aber eine Erzählung verlangt mehr als das, nämlich daß wir ein früheres Ereignis in Erwägung ziehen, weil wir glauben, daß das spätere Ereignis nicht so geschehen wäre, wie es geschah, wenn das frühere Ereignis anders vor sich gegangen wäre. Die inbegriffene Struktur mag echt verzweigt werden, indem wir Handlung und Nebenhandlung gestatten, aber ich glaube am Ende, wenn wir nachweisen können, daß e-j geschehen wäre, ob sich e-i ereignet hätte oder nicht, haben wir keine Berechtigung, uns auf e-i zu beziehen. Vielmehr ist eine derartige Bezugnahme für eine Erzählung belanglos, da sie eine Bezugnahme darstellt, auf die Wittgensteins wohlbekannte Charakterisierung zutrifft: ein Rad, das sich dreht, obwohl sich nichts mit ihm dreht, gehört nicht zur Maschine. Was also auch immer in eine Erzählung einbezogen ist, ist ein Rad, dessen Drehen wir zu verstehen wünschen, oder es existiert, weil es ein anderes Rad dreht. Folglich lesen wir eine Erzählung mit der Erwartung, daß jede Sache, die erwähnt wird, *wichtig sein wird*: eine Einstellung, die, wenn wir glauben eine Chronik zu lesen, begrifflich ausgeschlossen ist. (Es ist eine Einstellung, die von Erzählern, die falsche Leitfäden und Sackgassen benutzen, um die Erzählungsphantasie zu hintertreiben, ausgenutzt wird: wahrscheinlich kann die Struktur der Erzählung am besten an Hand des Kriminalromans studiert werden, wo eine Erzählung ein Duell zwischen dem Schriftsteller und dem Leser auskämpft.) Kurz ausgedrückt, obwohl dieselben Ereignisse in einer Chronik wie in einer Erzählung angeführt werden können, stellen sie, nach allem was uns die Beschreibung in einer Chronik erzählt, einen bloßen temporal geordneten Satz dar, aber nach allem was uns eine Erzählung erzählt, stellen sie *Geschichte* dar. Einfach weil jedes spätere Ereignis am Platze ist, weil ein früheres Ereignis am Platze ist; und obgleich ich hier keine gute philosophische Analyse der Bedeutung dieses »weil« bieten kann, so haben wir, glaube ich, genug, um mein beabsichtigtes Argument vorzutragen. Es besteht darin, daß, wenn es eine Kenntnis der Zukunft gibt, das was bekannt ist, wahr ist, und nichts kann es dann unwahr machen. Folglich, um auf unser Beispiel zurückzukommen, wenn Grendel weiß, daß es ihm beschieden ist, in der Methalle zu sterben, so kann nichts, was er jetzt tut, etwas daran ändern: denn er wird sterben, trotz allem was er jetzt auch tut. Aber das bedeutet, daß die Tatsache, daß er sterben muß, am Platze ist, ganz egal welches vorherige Ereignis am Platze ist, und die erklärende Verbindung zwischen früheren und späteren Ereignissen, die die Erzählungsstruktur voraussetzt, ist aufgelöst. Die Zukunft liegt fest und nichts Vorheriges kann etwas daran ändern. *Ein jedes* Rad dreht sich, ohne ein anderes Rad zu drehen, und ein System unabhängig drehender

Räder kann nicht als eine Maschine angesehen werden. Das heißt, wenn die Zukunft erkennbar ist, insofern als uns Sätze in der Zukunftsform *jetzt* bekannt sind, dann wird jedes Ereignis von jedem anderen Ereignis unabhängig, und wir kommen auf die Beschreibungsstruktur der Chronik zurück: eine Liste von Vorkommnissen. Daraus folgt, daß vom kognitiven Standpunkte gesehen, die Struktur der Erzählung die Offenheit der Zukunft voraussetzt und, wenn ich diese Diskussion mit einer Spekulation abschließen darf, Fatalismus ist mit Determinismus unverträglich, wenn wir unter Fatalismus *logischen* Determinismus verstehen. D. h. wenn irgendein Satz jemals wahr ist, ist er immer wahr, so daß es gestern wahr war, daß ich heute über den logischen Determinismus schreiben würde.

Das hat nun die – der Erzählungsstruktur eigenen – äußerst interessanten kognitiven Asymmetrien zur Folge, nämlich daß der Erzähler Dinge wissen muß, welche seine Figuren, die womöglich Chronisten derselben Ereignisse sind, nicht wissen: er weiß, wie die Dinge zu Ende gingen. Diese Kenntnis hat nichts Übermenschliches an sich, und es mag so aussehen als ob, da er diese Kenntnis am Ende besitzt, es möglich sein sollte, sie im Voraus zu besitzen. Aber ich vertrete die Behauptung, würde die Kenntnis des Erzählers den Figuren zur Verfügung gestellt, so würde die Struktur der Erzählung zerstört werden. Die Kenntnis, die ihm verfügbar ist, liegt *logisch außerhalb* der Ordnung der Ereignisse, die er beschreibt.

V

Nun werde ich auf einige der philosophischen Konsequenzen, die sich aus dem Zusammenstoß dieser beiden kognitiven Perspektiven ergeben, eingehen. Nämlich der Perspektive des Agenten und der Perspektive des Erzählers, wo der letztere weiß, wie die Handlungen des Agenten im Lichte späterer Ereignisse zu beschreiben sind.

Der Grund, aus dem ein Ereignis in einer Erzählung erwähnt wird, ist charakteristisch verschieden von dem Grund, weshalb das Ereignis geschah: unterschiedlich, kurz gesagt, von seiner *historischen* Erklärung. Das ist so offensichtlich, daß es kaum der Rede wert wäre, wäre es nicht die Gewohnheit einiger großer Philosophen der Geschichte, die eine Art Grund anstelle der anderen zu benutzen, indem sie Strukturen in den Bau der Geschichte projizieren, die rechtmäßig der Erzählung, die diese Geschichte schildert, angehören; und sie betrachten als den tiefen Grund des Vorkommens eines Ereignisses den Grund, aus welchem es in die endgültige Erzählung, in der seine Beschreibung am Platze ist, einzubeziehen wäre. Vico bezeichnet dies als eine Ideale Ewige Geschichte. Und das wäre vergleichbar mit der Angabe der Gründe, weshalb ein Maler eine Repräsentation eines bestimmten Baumes in eine Landschaft, die er malt, einbezieht, als Erklärung dafür, warum *der Baum ursprünglich da ist*. Aber ich bin überzeugt, daß Hegel stillschweigend und gewiß unbewußt etwas wie diese subtile Übertragung von Repräsentation auf Realität vollzog, als er schrieb, »Der einzige Gedanke, den die Philosophie zur wissenschaftlichen Untersuchung der Geschichte beiträgt, ist der einfache Begriff der Vernunft, daß die Vernunft der souveräne Herrscher der Welt ist; daß die Geschichte der

Welt uns folglich einen rationalen Prozeß überreicht.« Denn die Struktur der Geschichte, so wie Hegel sie wahrnimmt, ist im Grunde genommen die Struktur eines Erzählungstextes, als ob das, wodurch die Geschichte zusammengehalten wird, das ist, was einen geschichtlichen Text zusammenhält: als ob die Kriterien, die die Einbeziehung der Beschreibung eines Ereignisses in einen Text rechtfertigen, das sind, was das Geschehen dieses Ereignisses am Ende verständlich macht.

Betrachten wir einmal momentan eine recht typische Erzählungsumschreibung. Im Jahre 1722 zeigte die Comedie Italienne in Paris ein Schauspiel von Marivaux mit dem Titel »Arlequin poli par l'amour.« Es war ein sehr großer Erfolg, aber niemand würde erkannt haben, was dennoch der Wahrheit entspricht, daß nämlich Marivaux mit seinem bezaubernden, obgleich harmlosen Drama »in Wirklichkeit die Zerstörung oder die Grundlage für die Zerstörung des ganzen Wesens« der *commedia del arte* legte. Die Umstände, unter welchen das Stück inszeniert wurde, sind ungefähr die folgenden: Die damalige Zuhörerschaft in Paris verlangte nach einer Art Theater, die sie als italienische Komödie ansahen, eine Form von Unterhaltung, die unter dem herben Regime von Louis XIV. aus Frankreich verbannt worden war. Der Regent, der Duc d'Orleans, rief die bemerkenswerte Theatergesellschaft von Luigi Ricoboni nach Paris zurück, aber die Komödie, die man sah, entsprach nicht ganz dem, wonach die Pariser Zuhörerschaft glaubte, verlangt zu haben, und bald spielte die Theatergesellschaft vor leeren Häusern. Ricoboni suchte nach französischen Schauspielschriftstellern, um ein Ausdrucksmittel anzubieten, das dem neuen Geschmack entsprach, einem Geschmack, der eine größere Änderung verlangte als man sich vorgestellt hatte. Glücklicherweise fand er Marivaux, dessen Schauspiel das Schicksal der Theatergesellschaft zweifellos rettete, aber mit den Folgen, die oben angeführt sind. Was die Franzosen wirklich im Sinn hatten, war Harlequin, und er wurde zum Hauptcharakter in einer Reihe von Stücken, während die traditionellen Figuren wie Pantalone, Graziane und andere verkümmerten. Mit ihrem Verschwinden gingen die Strukturen der Improvisation, die die wirkliche Substanz dieser Kunstform waren, völlig verloren und machten dem vorher geschriebenen Dialog Platz. Im Jahre 1729, als Ricoboni nach Italien zurückkehrte, ›war die Handschrift an der Wand.‹ Die französische Form wurde nach Italien ausgeführt und in sehr kurzer Zeit wurde der Institutionskomplex, in dem Zuschauer und Schauspieler geschult worden waren, gewisse Dinge voneinander zu erwarten, unwiderruflich verändert. Eine Zeitlang erhielt sich die äußere Form der Komödie, aber nach wenigen Jahren wurde jeder Versuch, auf die ursprüngliche Art zu spielen, ein selbstbewußter Archaismus.

Diese Entwicklung war von allen Beteiligten vollkommen unbeabsichtigt. Die verantwortlichen Persönlichkeiten in der Regentschaft wünschten nur, eine Form des Schauspiels wiederzuerwecken, von der sie nicht wußten, daß sie überholt war; Ricoboni wünschte nur, sein Theater zu retten; Marivaux vermutlich nur, Ruhm und Vermögen zu gewinnen. Auf jeden Fall ist der Unterschied zwischen den Faktoren, die für die Erklärung der Aufführung dieses Theaterstückes eine Rolle spielen, und jenen Faktoren, die die Bedeutung dieses Stückes für die nachfolgende Geschichte des Theaters erklären, deutlich ersichtlich. Erst in Hinsicht auf letztere ist die Einbeziehung des Stückes in die

Erzählungsgeschichte des italienischen Theaters gerechtfertigt. Ich vertrete die Ansicht, daß die Philosophien der Geschichte, auf die ich hier Bezug nehme, die letztgenannte Art der Erklärung gegen die frühere austauschen, wo ihre Rolle in der Erzählung zur Erklärung des Vorkommens wird. Das können wir z. B. bei Vico beobachten, für den die Erklärung von Ereignissen, zufolge der heimtückischen Macht der Vorsehung, präzise mit deren Bedeutung für die Entwicklung gewisser späterer Ereignisse zu tun hat, und wo diese Entwicklung, gemäß seiner Philosophie, ›der Grund‹ der früheren Ereignisse ist. Gewiß, hätte Marivaux die Auflösung der italienischen Komödie beabsichtigt, so hätte *das* der Grund sein können, weshalb er »Arlequin poli par l'amour« schrieb, in welchem Falle es nicht das spätere Ereignis als solches gewesen wäre, sondern dessen Beabsichtigung von Marivaux, die für die Erklärung des Schreibens dieses speziellen Stückes wichtig ist. Aber nichts dergleichen ist auch nur entfernt in Vicos Theorie angedeutet. Das bedarf einer Erläuterung.

Was auch immer Marivaux' Absichten gewesen sein mögen, die Wahrheit des Erzählungssatzes ist ohne Bezugnahme auf sie erwiesen: die Handlung verdankt ihre einschlägige Beschreibung den Ereignissen, die auf den Vorfall folgen, ob deren Geschehen von dem Handelnden beabsichtigt war oder nicht. Die völlige Belanglosigkeit der Absichten für viele der Erzählungsbeschreibungen könnte jeglichen vorgeschlagenen Skeptizismus, der auf der angeblichen Unerforschlichkeit der Absichten früherer Agenten beruht, aufheben. Aber Vico verlangte für seine historischen Erklärungen tatsächlich Bezugnahme auf menschliche Absichten und genauso verlangen es alle Geschichtsphilosophien, die den Anspruch erheben, Geschichte als *Ironie* zu interpretieren, in der Menschen nicht nur ihre Geschichte bestimmen, und zwar auf eine Art und Weise, die sie niemals beabsichtigt hatten: sondern wo das, was sie zustande bringen, ihren Absichten *entgegensteht*. Vico z. B., wie Hegel und Marx, glaubt, daß die Geschichte eine *Ironie* in diesem Sinne global an den Tag legt. Vico vertritt die Ansicht, daß die Vorsehung ›die Pläne der Menschheit‹ ausnutzt, um Formen der sozialen Ordnung zu schaffen, die gegen diese Pläne sofort verstoßen und die, in Anbetracht der menschlichen Natur, nur zustande kommen konnten, wenn die Menschen sie nicht beabsichtigten. Folglich transformiert die gesellschaftliche Ordnung, laut der *Scienza Nuova*, ›Grausamkeit, Arroganz und Ehrgeiz‹ in die Tugenden der ›Soldaten, Kaufmänner und Herrscher,‹ so daß die Gesetzgebung die drei großen Laster, die zweifellos die Menschheit von der Erdoberfläche verschwinden lassen könnten, in ziviles Glück verwandelt. Derartige Umkehrungen, von denen es eine Unzahl von dialektischen Theorien gibt, können sich nicht mit den Absichten, die ihre Ursache sind, decken, obgleich sie sich notwendigerweise auf die Absichten der Agenten beziehen. Sie können es nicht, weil ein *dialektischer* Erzählungssatz sich auf Ereignisse bezieht, die durch Absichten erklärt werden, die diese gleichfalls untergraben: und niemand kann das Gegenteil von dem beabsichtigen, was er beabsichtigt.

Die Wahrheit derartiger Geschichtsphilosophien würde die unmittelbare Folge haben, daß die Menschen ihre Zukunft nicht kennen können, da es durch den Begriff der Absicht selbst notwendig ist, daß diese Zukunft verborgen ist; sie muß den Absichten zuwiderhandeln, um so zu verlaufen, wie sie verläuft. Solche Theorien setzen voraus, daß man den Agenten Vernunft zuschreibt: daß sie versuchen, ihren vermeintlichen Gewinn zu maximieren. Dem widerspricht jedoch, daß sie dem, was die ›Vorsehung‹ erfordert, Folge leisten, denn das ist genau das, was mit ihrem vermeintlichen Gewinn unvereinbar ist. Es bedarf eines stärkeren Argumentes, um zu zeigen, daß die Zukunft völlig verborgen sein muß: das einzige, was die eingeführte Argumentation (bestenfalls) zeigt, ist, daß die Zukunft für die verhüllt sein muß, die sie erschaffen; vielleicht könnte sie dem Geschichtsphilosophen selbst bekannt sein, der, wie der Historiker selbst, es sei denn er ist ein Chronist, logisch außerhalb der Erzählung der Ereignisse, die er beschreibt, stehen muß. Aber ich habe, wie ich hoffe, genau das notwendige stärkere Argument angeboten, nämlich daß die Kenntnis der Zukunft mit dem eigentlichen Wesen der Erzählungsstrukturen unverträglich ist, eine Unverträglichkeit, die natürlich aufgelöst ist, wenn die nötige Kenntnis verfügbar ist. Wie sie es für den Historiker ist, wenn die Ereignisse in seiner Vergangenheit, aber in der Zukunft jener Ereignisse, die er im Lichte dieser Kenntnis mittels der Erzählung umschreibt, liegen. Folglich ist die Philosophie der Geschichte, sofern sie als ein Versuch betrachtet wird, die Erzählung von Ereignissen im Lichte der Kenntnis der Zukunft des Geschichtsphilosophens selbst zu verstehen, ein zusammenhangloses Unternehmen.

VI

Zuvor sprach ich von einem mächtigen literarischen Kunstgriff – über dessen Psychologie faszinierend zu spekulieren wäre –, durch den der Autor einer Erzählung dem Zuschauer oder Leser ein Stück Kenntnis offenbart, welches er seinen Charakteren zugleich verbirgt. Jene Kenntnis steht den Figuren im Prinzip natürlich zur Verfügung, und es hätte wenig Zweck, sie ihnen zu verbergen, bliebe es ohne Einfluß auf ihr Verhalten und ihre Gefühle, wenn sie diese Kenntnis besäßen. Die Tragödie oder Komödie, die sie durchleben, ist folglich oft auf die kognitive Dunkelheit zurückzuführen, in die sie gestellt wurden. Die Kenntnis der Zukunft, die natürlich entsprechend dem Wesen des Falles vor ihnen verborgen liegt, *kann nichts* an den Umständen ändern, wenn mein Argument, daß Kenntnis Wahrheit zur Folge hat, korrekt ist, und was wahr ist, nicht geändert werden kann. Daß es wahr ist, kann also nicht von irgendeiner Freiheit, die ihnen zur Verfügung steht, abhängen. Aber gewiß kann man entgegnen, daß es ein Stück Kenntnis gibt, von dem man glauben würde, daß es ihnen verfügbar ist, obgleich es ihre Zukunft betrifft, nämlich die Kenntnis, die der Schriftsteller von dem Ende hat, zu dem er sie treibt. Und die Frage, die sich uns stellt, ist die, warum kann Oedipus nicht im Prinzip wissen, was Sophokles weiß, d. h. wie es alles zu Ende gehen wird? Etwas wie diese Frage erhebt sich in Verbindung mit der Philosophie der Geschichte, die wie Vicos, einen Begriff der Vorsehung ausnutzt, in dem das Prinzip der Einschließung in die Erzählung praktisch auch das Prinzip der historischen Erklärung ist. Wo Dinge geschehen, damit andere, spätere Dinge geschehen können, Dinge, die die Menschen nicht absichtlich zustande bringen können, welche aber zu ihrem Vorteil wären, wenn sie dazu fähig wären. Diese Ansicht einer durch die Vorsehung bestimmten Geschichte gibt, glaube ich, dem Ersten Buche Moses lebendige Gestalt. In Genesis 45 erklärt Joseph seinen Brüdern: »Ich bin Joseph, euer Bruder, den ihr nach Ägypten verkauft habt. Und nun bekümmert euch nicht und denkt nicht, daß ich darum zürne, daß ihr mich hierher verkauft habt; denn um eures Lebens willen hat mich Gott vor euch hergesandt.« Somit ist die Bedeutung all des väterlichen Kummers, der Grube und des mit Blut befleckten Mantels, des von Potyphars Weib ergriffenen Saumes – und wer weiß, wie weit man zurückgehen sollte – das Vernarren von Esau, das Opfer des Isaaks, die Gründung des Convenants, die Entfremdung von Ischmael ... am Ende offenbart: damit die Menschen in Ägypten in den mageren Jahren, von denen niemand wissen konnte, zu essen haben mögen. Und so haben Ereignisse im allgemeinen eine Bedeutung, oder wenigstens einige von ihnen, die der Prophet zu ergänzen hofft, während wir mit dem Erzähler, dessen Geschichte wir lesen, wetteifern, indem wir versuchen festzustellen, welches die ominösen Ereignisse sein werden. Der *Autor* kennt also die Zukunft, und das steht mit seinem Schreiben einer strukturierten Erzählung nicht im Widerspruch. Und ist meine Behauptung, daß diese nicht miteinander vereinbart werden können, im Einklang mit der Tatsache, daß Menschen Romane schreiben?

Die Frage, glaube ich, setzt genau die Kollision zwischen den zwei kognitiven Formen jener Art, die ich zu identifizieren suche, voraus. Genau genommen, obwohl der Autor die Zukunft seiner Figuren in dem altmodischen Theaterstück oder Roman kennen mag, ist diese Zukunft nicht *seine* Zukunft, und es ist keine echte Kenntnis, die in den Zeitraum, in dem die Charaktere leben, gehört und zu denen er in Wirklichkeit überhaupt keine wahre Verbindung hat. Ich lebe genauso wenig zur gleichen Zeit wie die Personen in einem Buch, wie ich in demselben Raum existiere, in dem die Figuren in einem Gemälde existieren. Die Vergewaltigung der Sabiner Frauen geschieht nicht in den Räumlichkeiten der Gallerie, und ich habe keine temporale Verbindung mit dem Tode von Anna Karenina. Das ist der kognitive und metaphysische Unterschied zwischen historischen und erdichteten Erzählungen: Die Erklärungen des Historikers stehen in der Geschichte und gehören in dieselbe temporale Reihenfolge wie die Ereignisse, durch die sie bewahrheitet werden. Und das gilt nicht für die Romanliteratur, eine Tatsache, die wir besonders in den Fällen einschätzen können, in denen der Autor zu derselben Zeit wie seine Charaktere lebt, wo deren Zukunft und seine Zukunft die gleiche ist. Ich denke dabei an den »roman fleuve« von Anthony Powell, dessen letzter Band Ereignisse schildert, über die der Autor zur Zeit, da er das Werk begann, nichts wissen konnte. Der Roman wurde anfangs der fünfziger Jahre begonnen, aber Widmerpool findet seinen Tod im letzten Band durch eine Verwicklung mit Figuren der »counter-culture« der sechziger Jahre; und darüber konnte Powell zur Zeit, da er die Figur von Widmerpool entwarf, kaum etwas gewußt haben. Der Roman hat daher etwas wie eine improvisierte Qualität und hinsichtlich der historischen Ereignisse selbst befindet sich der Autor eher in der Lage eines Chronisten als eines Erzählers. Der Schriftsteller teilt die Unkenntnisse der Charaktere über deren genaue Zukunft, da diese sowohl vor ihm wie auch vor ihnen verborgen liegt. Natürlich gibt es andere und sogar größere Unterschiede zwischen historischen und erdichteten Erzählungen, aber es ist nicht meine Aufgabe, diese hier zu behandeln. Für unsere Zwecke steht der Autor insofern logisch außerhalb der Ereignisse, die er erzählt, als es keine Möglichkeit für ihn gibt, in ihren Verlauf einzugreifen.

Was die Doktrin der Vorsehung angeht, so besteht natürlich die Möglichkeit, daß Gott die Geschichte durch die Vermittlung menschlicher Handlungen schreibt, aber da Er von Ewigkeit ist, ist es schwer zu glauben, daß es ein temporales Verhältnis zwischen irgendwelcher Kenntnis, die Er haben mag, und der unseren gibt. Vielleicht kennt Er unsere Zukunft, aber es ist nicht Seine Zukunft, da Er keine hat. Was Sein Eingreifen in die Geschichte anbetrifft, so ist das natürlich ein in weiten Kreisen akzeptiertes Wunder, das den Advent des christlichen Epos bildet – daß »das Wort Fleisch ward,« das Ewige weltlich und das Göttliche menschlich in einem entscheidenden Augenblick, in dem sich zwei Ordnungen, nur eine von ihnen weltlich, schneiden. Ich habe wenig zu diesem oder anderen Wundern zu sagen, außer daß Wunder die Überwindung gewisser Widersprüche erfordern. Und es mag gerade der Widerspruch zwischen der Kenntnis der Zukunft und der Erzählung sein, der durch das Kommen von Christus angeblich überwunden worden ist.

Das sind tiefe und dunkle Sachen, aber für uns, glaube ich, gelten die Worte Dantes, die durch den Mund von Cavalcante gesprochen wurden:

> tutta morta
> fia nostra conoscenza da quel punto
> che del futuro fia chiusa la porta.
>
> *Inferno*, Canto x.

Die Tür der Zukunft ist geschlossen, die Kenntnis der Zukunft ist eine tote Möglichkeit. Und das ist es, was die Erzählung möglich macht sowie alles, was die Erzählung voraussetzt: Die Offenheit der Zukunft, die Unabänderlichkeit der Vergangenheit und die Möglichkeit effektiver Handlung.

HANN-JÖRG PORATH

Narratives Paradigma, Theorieproblem und historische Objektivität

Im Mittelpunkt des hier vorgelegten Beweisfragmentes steht die Frage nach den tragenden Komponenten einer *adäquaten* Thematisierung der Grundlagenproblematik der Geschichtswissenschaft. »Adäquat« meint hier: relevant für den Aufbau einer Methodologie. Es sollen die Umrisse für eine einigermaßen tragfähige philosophische Basis skizziert werden, welche die Konstruktion einer »historischen Forschungslogik« ermöglicht.

Die Arbeit beansprucht in zweierlei Hinsicht Relevanz: zum einen im Hinblick auf die Abklärung des Verhältnisses von »Erzählforschung« und »Geschichtswissenschaft« und zum anderen im Hinblick auf eine mögliche Lösung der derzeitigen Kernproblematik der historischen Forschungslogik. Es ist vorstellbar, daß die Abklärung des Verhältnisses der Erzählforschung zur Geschichtswissenschaft eine mögliche Lösung der derzeitigen Kernproblematik der historischen Forschungslogik transparent macht, wie auch umgekehrt: daß eine triftige Bestimmung des methodologischen Stellenwertes ebenso wie des Aufgabenfeldes der Erzählforschung wesentlich davon abhängig ist, daß die forschungslogischen Voraussetzungen der »wissenschaftlich« organisierten Geschichtsschreibung hinreichend verdeutlicht werden können.

Eine Aufklärung dieses Fragenbündels hängt zunächst einmal davon ab, ob es gelingt, für Erzählforschung und Geschichtswissenschaft eine gemeinsame kognitive Basis dingfest zu machen. Der Lösung dieser Aufgabe gelten die folgenden begrifflichen Orientierungen: Erzählforschung ist mit der systematischen Aufhellung der mannigfaltigen Strukturen und Funktionen erzählenden Weltverständnisses befaßt, und die kognitive Unternehmung »Geschichtswissenschaft« kann insofern zu einem legitimen Gegenstand der Erzählforschung gemacht werden, als sie zwanglos als eine spezifische Form erzählend-verstehender Weltbewältigung interpretierbar ist. Aus dieser Sicht wäre die Erzählforschung mit Fug und Recht als eine Teildisziplin der historischen Grundlagenforschung aufzufassen. Deren zentrales Problem wäre die Explikation des Objektivitäts- und Wissenschaftscharakters dieser besonderen Form der verstehend-erzählenden Strukturierung der Erfahrungswirklichkeit.

Die Geschichtswissenschaft ist als diejenige »kognitive Aktivität« (Tondl) deutbar, deren Erkenntnisziel darin besteht, die »gesellschaftliche Realität« erstens »wissenschaftlich« und zweitens nach Maßgabe des kognitiven Schemas »Geschichte« zu konzeptualisieren. Unterstellt man, daß »Erzählung« und »Geschichte« wesentlich komplementäre Begriffe sind, so ergibt sich als zentrales Problem einer Thematisierung der Grundlagenproblematik der Geschichtswissenschaft, die auf Erzählforschung basiert ist, die Explikation des komplexen Begriffsgefüges »wissenschaftlich-erzählende Strukturierung der gesellschaftlichen Realität«.

Ich sehe eigentlich nur eine vernünftige Möglichkeit, diese Überlegung zu präzisieren. Man »versteht« die Phänomene der »gesellschaftlichen Realität«, indem man sie »historisch« versteht, d. h. indem man sie so versteht, daß man von ihnen Geschichten erzählen kann. Verschärft man diese Deutung zu einem methodologischen Postulat, so ergibt sich: die »gesellschaftliche Realität« ist dann und nur dann in adäquater Weise verstehbar, wenn man *erzählende Sätze* formulieren kann, die dieses Verständnis wiedergeben. Das ist sozusagen die erzähltheoretische Explikation des Begriffs der »Geschichtsschreibung«. Diese ist dann »gegenstandsadäquat«, wenn sie auf das »narrative Paradigma« basiert ist.

Aber das ist natürlich nicht alles. Die erzählenden Sätze der Geschichtsschreibung sollen ja nicht nur »irgendein« Verständis der erscheinenden gesellschaftlichen Realität widerspiegeln. Darüber hinaus sollen sie auch »wahr« sein, d. h. es ist ein Kriterium erforderlich, welches die Garantie dafür übernimmt, daß das Verständnis der gesellschaftlichen Erscheinungswelt nicht nur »gegenstandsadäquat« sondern auch »realitätsadäquat« ist. Dieses Kriterium ist die »Wissenschaftlichkeit«.

So ergibt sich, daß die kognitive Aktivität »Geschichtswissenschaft« in die beiden Teilaktivitäten der »Geschichtsschreibung« und der »Geschichtsforschung« aufzuspalten ist: Die Geschichtsschreibung repräsentiert als ein komplexes Gebilde von Erzählungen, die insgesamt das »wahre Geschichtsbild« (A. v. Brandt) einer Gesellschaft ausmachen, die Ergebnisse der wissenschaftlich organisierten historischen Forschungsarbeit, der Geschichtsforschung also. Die außerordentlich enge Verknüpfung der Geschichtsschreibung mit der Geschichtsforschung ergibt sich mithin aus dem Anspruch, durch den sich die wissenschaftlich organisierte Geschichtsschreibung von allen anderen Formen erzählend-verstehender Weltbewältigung explizit unterscheidet: durch den Wahrheitsanspruch. Und zwar durch den Wahrheitsanspruch in einer ganz bestimmten Bedeutung dieses Begriffs: Der Historiker will nicht nur eine Geschichte erzählen, er will in erster Linie, daß seine Erzählung »wahr« in dem Sinne ist, daß sie »den Tatsachen entspricht«. Auf dieser spezifischen Form des »Willens zur Wissenschaft« (Holzkamp) basiert jener auch für die Geschichtswissenschaft nicht abdingbare intuitive Leitgedanke der »Objektivität«: Um der »Wahrheit« der Geschichte willen, die ein Historiker erzählt, ist die Bemühung um Objektivität konstitutiver Bestandteil des »forschenden Verstehens« (Droysen). Die Präzisierung dieses intuitiven Leitgedankens ist das zentrale Anliegen einer »Theorie der Geschichtswissenschaft«. Es geht um die Beantwortung der Frage nach den Bedingungen der Möglichkeit objektiv gültiger historischer Erkenntnis.

Die erzählenden Aussagen der Geschichtsschreibung wollen als »wahr« gelten, und deshalb müssen sie eine ganz bestimmte Struktur aufweisen. Sie müssen so konstruiert sein, daß der Erweis ihrer Wahrheit im Prinzip möglich ist, was ich so ergänze: Sie müssen so konstruiert sein, daß der Nachweis ihrer Falschheit nicht unmöglich ist. Dieses ist, so will mir scheinen, die einzig sinnvolle Explikation desjenigen Postulats, welches zu Recht als das wichtigste Adäquatheitspostulat im Hinblick auf die Struktur der erfahrungswissenschaftlichen Aussagen ganz allgemein gilt: die erzählenden Aussagen der Geschichtsschreibung müssen »wahrheitsfähig« sein. Diese Überlegung als korrekt unterstellt, ergibt sich hinsichtlich einer genaueren Charakterisierung des Verhältnisses von Geschichtsschreibung und Geschichtsforschung die folgende funktionale Beziehung: Die Geschichtsforschung übernimmt die Garantie dafür, daß die erzählenden Aussagen der Geschichtsschreibung insofern »wahrheitsfähige« Aussagen sind, als sie »auf wissenschaftlichem Wege«, d.h. *prüfbar* zustande gekommen sind. Und wir können hinzufügen: Aussagen ganz allgemein – nicht also nur die erzählenden Aussagen – sind dann und nur dann prüfbar, wenn sie so konstruiert sind, daß ihre *Widerlegung möglich* ist. Daraus folgt: Die Wahrheitsfähigkeit der erzählenden Aussagen der Geschichtsschreibung basiert auf deren Falsifizierbarkeit. Und ich füge hinzu: Deren Falsifizierbarkeit basiert wiederum darauf, daß die Prozeduren der historischen Forschungstätigkeit nach ganz bestimmten Regeln ablaufen. Wir bewegen uns hier noch gänzlich im Umkreis der vorverständigenden Konsensfindung und mithin im Bereich der Trivialexplikationen des Objektivitätspostulates:

»Wahrheitsfähigkeit« ist die notwendige Bedingung für »Wahrheit«, und »(intersubjektive) Prüfbarkeit« ist die notwendige Bedingung für »Wahrheitsfähigkeit«. Daraus folgt: Die intuitive Leitidee der »Objektivität« ist als Postulat der »intersubjektiven Prüfbarkeit« präzisierbar, und die Klasse der wissenschaftlich organisierten Erzählungen von Geschichten ist als diejenige Teilklasse der Erzählungen interpretierbar, die dem Kriterium der »intersubjektiven Prüfbarkeit« in Gestalt des Falsifizierbarkeitspostulates genügt.

Selbstverständlich sind das nur einige vorläufige Orientierungshilfen, denn es kommt mir an dieser Stelle zunächst lediglich darauf an, die wechselseitige Relevanz von Erzählforschung und Geschichtswissenschaft durch die Charakterisierung ihrer gemeinsamen kognitiven Basis aufzuzeigen.

Zwischen der Frage nach einer adäquaten Thematisierung der Grundlagenproblematik der Geschichtswissenschaft einerseits und der Frage nach den notwendigen Bestimmungsstücken für den Aufbau einer »historischen Forschungslogik« andererseits besteht ein systematischer Zusammenhang. Streng genommen läßt sich die eine Frage ohne die andere sinnvoll gar nicht stellen. Gleichwohl sind diese beiden Fragen keineswegs miteinander identisch. Sie wären es nur dann, wenn »Philosophie« fugenlos als »Wissenschaftstheorie« konzipierbar wäre, wenn also »philosophisches Fragen« ausschließlich mit der logischen Durchdringung der einzelwissenschaftlichen Erkenntnis befaßt wäre. Das jedoch ist nicht der Fall. Wie insbesondere die »Basisproblematik« drastisch verdeutlicht hat, ist die mittlerweile recht weitgehende Aufhellung der Struktur wissenschaftlichen Wahrheitsstrebens nicht wirklich hinreichend für eine befriedigende Beantwortung der Frage nach den Bedingungen der Möglichkeit objektiv gültiger Erkenntnis überhaupt: Das Problem der Konstruktion einer Theorie des Informationsgehaltes wirft, so meine These, auch und gerade die »strenge« Wissenschaftslehre wieder zurück auf das genuin »philosophische« Problem einer Abklärung des systematischen Zusammenhanges zwischen »theoretischer« und »praktischer Vernunft«. Deshalb bedeutet eine ausschließlich forschungslogische Präzisierung der Grundlagenproblematik der Geschichtswissenschaft nicht zugleich auch bereits eine Lösung der Probleme der historischen Grundlagenforschung ganz allgemein. Vielmehr gilt umgekehrt: Letzten Endes ist der Aufbau einer »adäquaten« historischen Forschungslogik *abhängig* von einer »richtigen« Spezifizierung philosophischen Fragens. Und ich werde später in diesem Sinne zu zeigen versuchen, daß und inwiefern das forschungslogische Problem der »Objektivierbarkeit historischen Erkennens« in einer philosophisch triftigen Explikation des komplexen Begriffsgefüges der »historischen Objektivität« fundiert ist.

In enger Anlehnung an die Arbeitsergebnisse der »Analytischen Wissenschaftslehre«, die ihrem erklärten Selbstverständnis zufolge auf der philosophischen Heuristik der Prolegomena-Perspektive basiert, ist die Geschichtswissenschaft als eine bestimmte Form der »rationalen Wahrheitssuche« (Stegmüller) interpretierbar, als eine kognitive Verhaltensform also, die sich den allgemeinen Prinzipien der Vernunft gemäß um der Formulierung wahrer Aussagen willen auf die historische Dimension des komplexen Gegenstandes »menschliche Gesellschaft« forschend bezieht. Der methodologischen Bemühung geht es dabei um die explizite *normative* Absicherung des systematischen Zusammenhanges von historischem Verständnis und rationalem Wahrheitsstreben. Mithin hat eine »Methodologie der Geschichtswissenschaft« in erster Linie die Funktion, als ein »Organon des historischen Denkens und Forschens« (Droysen) den genuin erfahrungswissenschaftlichen Charakter der geschichtlichen Realitätsstrukturierung zu spezifizieren, um so in Gestalt eines normativen Regelwerkes, eines Gefüges von »Adäquatheitspostulaten«, die historisch-empirische Forschungspraxis rational anleiten zu können. Und eben diese Aufgabe erfüllt sie, indem sie den intuitiven Leitgedanken der »Objektivität historischen Forschens« wissenschaftstheoretisch zu präzisieren versucht.

Als Ausgangspunkt für eine solche Präzisierung bietet sich zwanglos die folgende Vermutung hinsichtlich des methodologischen Selbstverständnisses wohl der meisten Forscher an: Ein Historiker, der sein Geschäft ernst nimmt, muß um der Zurückweisbarkeit von subjektiver Willkür und konventionalistischer Beliebigkeit willen an der intuitiven Leitidee festhalten, daß zwischen einer geschichtswissenschaftlichen Monographie einerseits und einem historischen Roman andererseits ein wesentlicher Unterschied besteht und daß dieser Unterschied sich auch, wenn nötig, philosophisch legitimieren und wissenschaftstheoretisch präzisieren läßt. In der Regel sind mit dieser intuitiven Leitidee die folgenden (trivialen) Postulate assoziiert: die Forderung nach einer Trennung von Entdeckungs- und Begründungszusammenhang, das Wertfreiheitspostulat sowie die »empiristisch-ontologistische« Grundannahme, daß der Gegenstandsbereich der Geschichtswissenschaft nicht leer ist. Die Objektivitätsforderung bringt dieses Netzwerk intuitiver Leitprinzipien historischen Erkennens lediglich zum Ausdruck, und es ist unschwer einsehbar, daß auch die vielgescholtenen Ranke-Postulate in dem hier gemeinten unproblematischen Sinne zwanglos gedeutet werden können. Denn daß man bei einer wissenschaftstheoretisch-philosophischen Feinstrukturierung dieser intuitiven Grundprinzipien auf gravierende Problemzusammenhänge stößt, braucht dabei ja keineswegs bestritten zu werden.

Ich gehe hier ganz bewußt von den vagen forschungsmoralischen Maximen des »normalen« Wissenschaftsverständnisses aus, denn es kommt mir an dieser Stelle lediglich darauf an, von einer intuitiv hinreichend plausiblen Basis her den weiter oben formulierten Zusammenhang zwischen »Wahrheitsfähigkeit« und »Falsifizierbarkeit« zu verdeutlichen:

»Wissenschaftliche« ebenso wie »nichtwissenschaftliche« Verarbeitungsprozesse der erscheinenden Realität sind als Erfahrungsbildungsprozesse und mithin als *Lernprozesse* interpretierbar, die auf ganz bestimmten Regelungsprinzipien basieren. Gemäß der These von der prinzipiellen Unterscheidbarkeit zwischen »wissenschaftlicher« und »nichtwissenschaftlicher« Erfahrungsbildung differieren diese Regelungsprinzipien. Zum einen sind sie *empirisch,* d. h. lerntheoretisch, zum anderen *normativ,* d. h. methodologisch deutbar. Dabei ist allerdings zu beachten, daß empirische Deutungen immer zugleich auch normative Deutungen sind, wie umgekehrt: methodologisch-normative Deutungen sind immer zugleich auch auf ganz bestimmte empirische Deutungen »normaler« Lernprozesse basiert. Daraus aber folgt zunächst einmal: Jede Methodologie ist zugleich – ob sie das nun will oder nicht – eine implizite empirische Lerntheorie und birgt aus diesem Grunde immer zugleich auch eine ganz bestimmte Explikation des Erfahrungsbegriffs.

Der für die »Wissenschaftsunternehmung« schlechterdings nicht suspendierbare Grundgedanke besagt: Die Regelungsprinzipien des kollektiven Erfahrungsbildungsprozesses »Wissenschaft« müssen dergestalt in die methodologische Obhut genommen werden, daß *fortschreitende* Erkenntnis nicht verhindert wird. Trivialerweise folgt daraus: Konstitutiver Bestandteil der Objektivitätsforderung ist zugleich auch die intuitive Leitvorstellung, daß es sich bei der kognitiven Aktivität »Wissenschaft« um einen *kontrollierbaren* kollektiven Prozeß der »rationalen Wahrheitssuche« handelt. Und man kann hinzufügen: Die »Rationalität« des wissenschaftlichen Erfahrungsbildungsprozesses basiert auf den Strukturprinzipien des diskursiven Miteinander der »community of science«.

Im praktischen Forschungsvollzug werden die hier in Frage stehenden Strukturprinzipien der wissenschaftlich organisierten Realitätsverarbeitung zumeist nicht explizit gemacht. Dennoch konstituieren sie zweifellos die erfolgreicher wissenschaftlicher »Gegenstandsgewinnung« (Holzkamp) zugrunde liegende Gebrauchslogik. Aus der grundlegenden Einsicht in die prinzipiell legitimierbare und deshalb auch methodologisch präzisierbare *Abgrenzbarkeit* der wissenschaftlichen von der nichtwissenschaftlichen Realitätsstrukturierung resultiert unser Wissen um das normative Fundament aller Wissenschaft: Die Strukturprinzipien des Wissenschaftsprozesses müssen als *verhaltens*regelnde Normen angesehen werden, die das »Ausweisungsspiel« (Tugendhat) Wissenschaft hinsichtlich des kognitiven Verhaltens ihrer individuellen Träger auf eine ganz bestimmte Art und Weise kanalisieren, um es zu ermöglichen.

Das Insgesamt der hier nur grob angedeuteten intuitiven Voraussetzungen des Wissenschaftsprozesses wird in den Vulgärfassungen der falsifikationstheoretischen Philosophie zwar verarmend aber im Kern durchaus zutreffend so umschrieben: *Wenn* man Erkenntnisfortschritt will, dann muß man auf die Einhaltung ganz bestimmter Postulate achten, die diesen Erkenntnisfortschritt ermöglichen. In der Regel wird dabei das Falsifizierbarkeitsgebot viel zu pauschal mit der individuellen Verhaltensdisposition der »Kritikfähigkeit« gleichgesetzt. Das ist zwar nicht völlig falsch, jedoch führt diese pauschale Gleichsetzung in den meisten Fällen zu einer sträflichen Vernachlässigung der *sprachanalytischen Heuristik*, die in jeder methodologischen Bemühung notwendig involviert ist. Dadurch aber werden beinahe »naturnotwendig« diejenigen Nachfolgeprobleme unlösbar, die sich aus einer subtilen sprachanalyti-

schen Feinstrukturierung des systematischen Zusammenhanges von Falsifi-
zierbarkeits- und Theoriepostulat ergeben: Die *objektiven* Probleme, die bei
der Durchführung der Falsifikationsprozeduren auftreten, werden *psychologisch* verrechnet und folgerichtig dem Einzelforscher als moralische Defizienzen angelastet. Auf dieser Problemsicht basiert die prima facie so außerordentlich bestechende ideologiekritische Analyse des Falsifikationismus, und es resultiert aus ihr die bekannte Polemik sowohl gegen »Hermeneutik« als auch
gegen die wahrscheinlichkeitstheoretischen Feinstrukturierungen der »Induktiven Logik«. Dadurch wiederum wird sowohl das Problem der »Bestätigungs-
fähigkeit von Theorien« als auch das Problem einer triftigen Explikation des
Begriffs »falsifizierte Hypothese« ausgeblendet. Das in diesem Zusammenhang übliche Gerede von »konventionalistischen Tricks«, »Immunisierungsstrategien« und »Leerformeln« siedelt die Probleme der »*objektiven* Struktur
der empirischen Basis der Erfahrungserkenntnis« (Stegmüller) letzten Endes
auf der Verhaltensebene an, woraus sich trivialerweise eine rein konventionalistische Lösung der »Basisproblematik« ergibt. Damit aber wird genau derselbe Fehler begangen, der auch bei den Versuchen einer Präzisierung des
»hermeneutischen Problems« permanent begegnet: Es wird die »psychologische« mit der »hermeneutischen« Konzeption des »Verstehens« konfundiert.

Nach meiner Auffassung sind diese gravierenden Schadstellen des »Kritischen Rationalismus« auf den Mangel an sprachanalytischer bzw. an hand-
lungstheoretischer Sensibilität zurückzuführen, denn nur so erklärt sich die
»anti-induktionistische« Abspaltung der »verifikationistischen« von den »fal-
sifikationistischen« Aspekten des Prüfprozesses. Es sei deshalb hier explizit
hervorgehoben:

Eine wissenschaftliche Realitätsstrukturierung unterscheidet sich von einer
nichtwissenschaftlichen Realitätsstrukturierung in erster Linie durch die unterschiedliche *sprachliche Form*. Es geht also nicht einfach um die beiden divergierenden kognitiven Unternehmungen *an sich,* sondern es geht vielmehr
um das *Verhältnis* der alltagssprachlichen *Sätze* (hier ausschließlich im Sinne
der Tugendhatschen Explikation) zu den wissenschaftlichen Sätzen, die sich ja
beide »irgendwie« auf die »Realität« beziehen, woraus sich naturgemäß ergibt, daß *beide* Satzklassen auch ganz bestimmte »Wahrheitsansprüche« geltend machen. Wissenschaften engen in gewisser Weise das mannigfaltige
Spektrum alltagspraktischer Realitätsdimensionen ein, indem sie um der Kon-
trollierbarkeit des Lernens aus der Erfahrung willen ganz wesentlich auf den
assertorischen Aspekt menschlichen Redens abstellen. Wissenschaftliche Sätze
müssen letztendlich als »wahr« *oder* als »falsch« charakterisierbar sein. Und
das Regelwerk methodologischer Prinzipien muß sicherstellen, daß im Prinzip
alle auftretenden Fragestellungen von der kompetenten Forschergemeinschaft
nach »wahr« und »falsch« differenziert werden können.

Ich halte hier fest: Die Regeln, die als methodologische Adäquatheitspostulate insgesamt den jeweiligen Wissenschaftscharakter bestimmter Aussagensy-
steme konstituieren, müssen als Behauptungs- und Verwerfungsregeln im Hinblick auf die »Wahrheitsqualität« bestimmter Satzklassen aufgefaßt werden.
Gegenüber der nichtwissenschaftlichen Formierung von Realität muß in den
Erfahrungswissenschaften ganz besonders streng darauf geachtet werden, ob
ein bestimmter Satz als »wahr« akzeptiert werden kann, oder ob er als

»falsch« zu verwerfen ist. Die allgemeine Einsicht, daß Wissenschaften all-
tagspraktische Probleme in *entscheidbare* Fragestellungen verwandeln, besagt
also: Hinsichtlich des Ausweisungsspiels »Wissenschaft« existiert eine Menge
von (sprachlichen) Verhaltensvorschriften, welche die »Grammatikalität« der
wissenschaftlichen Sätze betreffen und die eingehalten werden müssen, wenn
man auf bestimmte Fragen bestimmte Antworten erhalten will, die eben deshalb *verbindliche* Antworten sein können, weil sie im Prinzip wahrheitsfähig
sind: Wissenschaftliche Sätze unterscheiden sich von nichtwissenschaftlichen
Sätzen dadurch, daß in einer *kontrollierbaren* Art und Weise über ihre Wahrheit oder Falschheit definitiv befunden werden kann. Und ich füge hinzu:
Auch und gerade die falsifikationstheoretische Forderung nach Aufstellung
nichtverifizierbarer streng-allgemeiner Allsätze dient diesem übergeordneten
Ziel einer definitiven Feststellbarkeit von »Wahrheit« und »Falschheit«.

Die bisherigen Ausführungen stellen Trivialexplikationen der Objektivitätsforderung dar. Damit behaupte ich, daß, völlig unabhängig davon, wie die
weitere Präzisierung des Gesagten aussehen mag (Theorieproblem, Problem
der Gesetzesartigkeit, Erklärungs- und Prognoseproblem usw.), die mit diesen
Trivialexplikationen assoziierten Postulate zum nichtsuspendierbaren Bestandteil einer jeglichen »adäquaten« Thematisierung der Grundlagenproblematik der Geschichtswissenschaft gehören. Ich habe an dieser Stelle ganz bewußt die »philosophische« Dimensionierung der hier aufgeworfenen Problematik völlig abgespalten und mich ausschließlich auf die Minimalbedingungen konzentriert, die für eine Ermöglichung wissenschaftlich organisierter historischer Forschungspraxis unerläßlich sind: Aussagen, die den »historischen
Gegenstandsbereich« betreffen, müssen, völlig unabhängig von einer genaueren Spezifizierung dieses Gegenstandsbereiches sowie der dadurch sich ergebenden philosophischen Nachfolgeproblematik, erstens intersubjektiv überprüfbar sein und zweitens empirischen Gehalt besitzen. Diese Trivialexplikation konstituiert die Wahr-Falsch-Dichotomie und überdies die Forderung,
daß der »Gegenstandsbereich« geschichtswissenschaftlichen Denkens und
Forschens nicht leer sein darf.

Die Präzisierung dieses zweiten Aspektes der Objektivitätsforderung ist es,
die als »Basisproblematik« die Öffnung zur genuin philosophischen Dimensionierung der Grundlagenproblematik der Erfahrungswissenschaften im allgemeinen und der geschichtlichen Wissenschaften im besonderen erzwingt.
Ich betone dabei, daß die Basisproblematik auch und gerade in der ausschließlich auf die naturwissenschaftliche Erkenntnis bezogenen Wissenschaftslehre akut ist. Hier, so meine These, liegt der systematische Stellenwert
der spezifisch hermeneutisch formierten Wissenschaftstheorie im Hinblick auf
die genuin naturwissenschaftliche Gegenstandsgewinnung.

Wie leicht einsehbar ist, impliziert die Trivialexplikation der Objektivitätsforderung eine genauere methodologische Ausarbeitung des Unterschiedes
zwischen einer »wissenschaftlichen« und einer »nichtwissenschaftlich-lebens-
weltlichen« Konzeptualisierung der »menschlich-gesellschaftlich-geschichtlichen Wirklichkeit« (Dilthey). Dabei sollte beachtet werden, daß die Konstruktion eines Abgrenzungskriteriums gleichbedeutend ist mit einer ganz bestimmten »Charakterisierung« (hier im Tugendhatschen Sinne) des *Verhältnisses*
zwischen einer »wissenschaftlichen« und einer »nichtwissenschaftlichen«

Realitätsstrukturierung. Anders ausgedrückt: Die wissenschaftstheoretische Präzisierung der intuitiven Leitidee der »Abgrenzbarkeit« impliziert konsequenterweise die Konstruktion eines *Abgrenzungskriteriums*. Und die Konstruktion eines Abgrenzungskriteriums impliziert wiederum die Konstruktion einer »Theorie«, welche das *Verhältnis* zwischen einer »wissenschaftlichen« und einer »lebensweltlichen« Realitätsstrukturierung auf eine ganz bestimmte Art und Weise *charakterisiert*. Eine solche »Theorie« wäre gleichbedeutend mit der Explizitformulierung des Prädikats »erfahrungswissenschaftlich«. Da nun, wie angedeutet, »wissenschaftliche« und »nichtwissenschaftliche« Realitätsstrukturierung sich notwendig in »Sprache« formiert, läuft trivialerweise die Konstruktion der hier in Frage stehenden »Theorie« auf eine Charakterisierung des Verhältnisses zwischen alltagssprachlichen und wissenschaftlichen *Sätzen* hinaus. Daraus ergibt sich die folgende Kennzeichnung:

1. Die fragliche Unterscheidung betrifft in erster Linie die »logische Grammatik« der in wissenschaftlicher Sprache einerseits und in Alltagssprache andererseits favorisierten *Satzklassen*.
2. Wissenschaftliche Sätze stellen eine ganz bestimmte und in spezifischer Form auszeichenbare *Teilklasse* alltagssprachlicher Sätze dar; wissenschaftliche Sätze stellen wegen des expliziten Festhaltens an dem Wahrheits- und Objektivitätsgedanken wesentlich auf den *assertorischen* Aspekt menschlichen Redens ab.
3. Wissenschaftliche Sätze sind die Resultate forschungslogisch angeleiteter Umwandlungsprozesse der in alltagssprachlichen Sätzen behaupteten Wahrheitsansprüche.
4. Die in den wissenschaftlichen Sätzen repräsentierten Einsichten sind hinsichtlich ihrer praktischen Relevanz in einer ganz bestimmten Art und Weise rückübersetzbar in die »Sprache« (hier im weitesten Sinne) der lebensweltlich-alltagspraktischen Daseinsorientierung. Und das müssen sie auch, denn auf dieser Rückübersetzbarkeit beruht der »empirische Gehalt« erfahrungswissenschaftlicher »Theorien«.

Dieser zuletzt genannte Problemaspekt designiert auf eine spezifische Art und Weise Aufgabe und Funktion der »hermeneutischen Übersetzungsarbeit«: Ingredienter Bestandteil der wissenschaftlichen Realitätsstrukturierung ist das mit dem applikativen Moment forschungslogisch angeleiteten Verstehens sich geltend machende Prinzip der praktischen Vernunft.

Ich fasse hier noch einmal zusammen: Wissenschaften überschreiten den Bannkreis des in Alltagssprache sedimentierten Erkennens von Welt, indem sie um einer expliziten, verbindlichen und allgemeingültigen Problematisierung subjektiven Meinens und Für-Wahr-Haltens willen den assertorischen Aspekt menschlichen Redens radikalisieren. In diesem Radikalisierungsschritt ist der zentrale Impetus des »Willens zur Wissenschaft«, nämlich die Etablierung der Bedingungen der Möglichkeit einer explizit kontrollierbaren Zurückweisbarkeit von subjektiver Willkür und konventionalistischer Beliebigkeit des »individuellen Behauptens« fundiert: Die mehr oder weniger als Selbstverständlichkeit unterstellte Gebrauchslogik des wissenschaftlichen Diskurses kompensiert die individuellen Differenzen der Forscherpersönlichkeiten und verwandelt so gewissermaßen die »hommes« des alltäglichen Lebens in die »citoyens« der wissenschaftlichen Welt. Es ist aus dieser Perspektive plausi-

bel, inwiefern und warum der Kanon der methodologischen Adäquatheitspostulate hinsichtlich des soziologischen Aspektes von »Wissenschaft« als eine
bestimmte Klasse *sozialer Normen* aufgefaßt werden muß, welche in ihrer Gesamtheit hinsichtlich des individuellen Forscherverhaltens die bekannte Forderung nach einer Trennung von Entdeckungs- und Begründungszusammenhang und mithin das Wertfreiheitspostulat konstituieren. Und es ist überdies
aus dieser Perspektive unschwer einsehbar, daß und inwiefern eine Beherzigung dieser Forderungen forschungsmoralisch trivial ist:

Selbstverständlich ist in diesem Sinne die vielgescholtene Ranke-Forderung,
nur zeigen zu wollen, wie es »eigentlich gewesen«, eine intuitiv völlig korrekte
Maxime geschichtswissenschaftlicher Gegenstandsgewinnung. Und ebenso
selbstverständlich muß auf der Ebene der intuitiven forschungsmoralischen
Maximen der Ranke-Anspruch aufrechterhalten werden, sein »Selbst gleichsam auslöschen« zu wollen. Freilich ist die »Vorurteilsgebundenheit menschlichen Denkens« letzten Endes nicht suspendierbar, denn unbestreitbar ist der
Prozeß der Erfahrungsbildung ein Prozeß der selektiven Realisation bestimmter »kognitiver Schemata«, die im Sozialisationsprozeß erworben und mehr
oder weniger fest ausgebildet wurden: »Erfahrungswirklichkeit« ist immer ein
komplexes Gefüge hypothesengeleiteter – d. h. vorurteilsgebundener – Datenselektion. Hinsichtlich dieser »kognitionstheoretischen Kernsubstanz« stimmen Kantsche Bewußtseinsphilosophie, Poppersche Falsifikationstheorie, Gadamersche Vorurteilstheorie, der späte Carnap und die moderne Lerntheorie
vollständig überein. Versieht man jedoch mit Hinweis auf die »Vorurteilsgebundenheit menschlichen Denkens« die »spontane« Realitätsstrukturierung
zusätzlich mit methodologischer Dignität, so wäre eine systematische *Problematisierung* bestimmter eingeschliffener »Alltagshypothesen« von vorne herein ausgeschlossen. Der Historiker bekäme nur das überhaupt in den Blick,
was ihn seine lebensweltlichen kognitiven Voraussetzungen sehen lassen. Er
wäre aus dieser Sicht der Dinge prinzipiell außerstande, *andere* Realitäten als
die ihm vertrauten zu erforschen. Worauf es in diesem Zusammenhang letztlich ankommt, ist die methodologisch-normative *Ermöglichung* vorurteilsdestruierender Lernprozesse. Daß hierbei sodann *objektive* Grenzen des subjektiven bzw. intersubjektiven Bemühens um »Objektivität« zu gewärtigen sind,
steht auf einem ganz anderen Blatt.

Das Webersche Wertfreiheitspostulat und die erstmals von Reichenbach in
expliziter Gestalt ausgearbeitete Forderung nach einer Trennung von Entdekkungs- und Begründungszusammenhang lassen sich zwanglos als Varianten
der Ranke-Postulate ausmachen: Die – gleichgültig welche – »Realität« darf
selbstverständlich nicht zu einem rein abkünftigen Modus des jeweiligen »erworbenen Zusammenhangs des Seelenlebens« werden (Dilthey), denn das
würde bedeuten, daß Lernprozesse dann nur noch in der Bestätigung des
Selbstverständlichen bestehen würden, was selbst den primitivsten definitorischen Bestimmungsstücken des Ausdrucks »Lernprozeß« widerspricht.

Das entscheidende Problem hinsichtlich der Geltung bzw. Nichtgeltung dieser »Trivialaxiome«, die als notwendige Bedingungen den Prozeß der *kontrollierbaren* kognitiven Umorientierungen in dem Ausweisungsspiel »Wissenschaft« ermöglichen, besteht mithin nicht in der Frage nach ihrer *Suspendierbarkeit,* das Problem besteht vielmehr in der Frage nach ihrer *Präzisierbarkeit.*

Dieser Aspekt ist explizit hervorzuheben: Die Ranke-Postulate, das Weber-Postulat und das Reichenbach-Postulat sind keineswegs in dem Sinne »falsche« methodologische Prinzipien, daß man sie verwerfen müßte. Sie repräsentieren vielmehr Etikettierungen für allerdings hochproblematische wissenschaftstheoretische und philosophische Nachfolgeprobleme. Der Schritt vom Rankeschen zum Droysenschen Objektivitätspostulat vollzieht die bewußtseinsphilosophisch-erkenntnistheoretische Problematisierung der empiristisch-»gegenstandstheoretischen« (Tugendhat) Philosophie im Hinblick auf die Konstruktion einer »historischen Forschungslogik« geschichtsphilosophisch nach und bürdet sich damit dieselben Probleme und Beweislasten auf, die mit der Kantschen Problematisierung des »Empirismus« einhergingen: Der – in sich ja durchaus triftige – Nachweis, daß die Ranke-Postulate streng genommen uneinlösbar sind, bedeutet bei gleichzeitigem Wissen um die Nichtsuspendierbarkeit dieser Postulate, daß ihre Problematisierung zugleich mit der Aufgabe konfrontiert ist, den nunmehr nur noch begrenzten Stellenwert des als »falsch« Erwiesenen zu *präzisieren.*

Wie gegenüber dem »wissenschaftspuritanischen« (Rüsen) Rigorismus der logisch-empiristischen Programmatik zu betonen ist, geht es bei der Unternehmung der »Methodologie« auf gar keinen Fall um die Abstützung der Behauptung, daß »wissenschaftliche« Realerkenntnis sich von »unwissenschaftlicher« Realerkenntnis durch »größeren Wahrheitsgehalt« bzw. durch »größere Sinnhaftigkeit« unterscheidet. Man könnte bestenfalls sagen, daß es dabei um größere »Sicherheit« insofern geht, als die explizite Etablierung des Kontrollprinzips diese »Sicherheit« in gewisser Weise zu verbürgen scheint. Vielmehr unterscheidet sich die wissenschaftliche Realerkenntnis von der unwissenschaftlichen dadurch, daß der in Wissenschaften inkarnierte Wahrheitsanspruch *explizit* zu begründen ist und daß er eben deshalb so formuliert werden muß, daß er explizit angezweifelt werden *kann.* Sprachanalytisch präzisiert: Die auf Realerkenntnis abzielenden erfahrungswissenschaftlichen Sätze müssen »logisch« bzw. »grammatikalisch« so strukturiert sein, daß sie im Prinzip wahrheitsfähig sind, was hinsichtlich der erfahrungswissenschaftlichen »Gesetze« und »Theorien« ursprünglich bedeutete, daß über deren »Verifikation« *oder* »Falsifikation« durch die kompetente Forschergemeinschaft definitiv zu befinden sei und was nach der falsifikationstheoretischen Umdeutung der logisch-empiristischen Programmatik nunmehr nur noch bedeuten kann:

Sie müssen so konstruiert sein, daß ihre *Widerlegung möglich* ist. Trivialerweise ergibt sich daraus: Die im Hinblick auf die Struktur erfahrungswissenschaftlicher »Sätze« zu fordernde »Wahrheitsfähigkeit« ist einzig und allein in einer vernünftigen Art und Weise explizierbar dahingehend, daß die »potentielle Falschheit« der erfahrungswissenschaftlichen Sätze zu ihrem »logischen« bzw. »grammatikalischen« Strukturmerkmal gemacht wird. Die Bedingungen der Möglichkeit wissenschaftlich erreichbarer »Wahrheit« überhaupt liegen in der methodologisch explizit zu sichernden Einräumung der Einsicht, daß jede Erkenntnis »auf lange Sicht« ein Irrtum ist. Die Präzisierung dieses Gedankens umschreibt das eigentliche Aufgabenfeld von »Methodologie« und »Wissenschaftstheorie«. Und ich füge hinzu: Die einzig adäquate Präzisierung des Falsifizierbarkeitspostulates besteht in einer philosophisch befriedigend fundierten und wissenschaftstheoretisch korrekten Explikation des komplexen Begriffsgefüges »erfahrungswissenschaftliche Theorie«. Denn es gilt: *Weil* jede kognitive Durchdringung der Erfahrungswirklichkeit wesentlich »vorurteilsgebunden«, d. h. hypothesen- und theorienimprägniert ist, stellt die vorgängige Explizitformulierung der »Theorieanteile«, die jeder Erkenntnis inhärent sind, die notwendige Bedingung dafür dar, daß eine bestimmte Erkenntnis überhaupt geprüft werden kann.

Ich habe eingangs den Ausdruck »Beweisfragment« für die hier vorgelegte Abhandlung verwendet, weil in der Tat, wie spätestens an dieser Stelle deutlich wird, lediglich ein sehr schmaler Ausschnitt der derzeitigen Grundlagenproblematik der Geschichtswissenschaft in dem hier gesteckten Rahmen diskutiert werden kann:

Eine »adäquate« Präzisierung des hier Angedeuteten muß eine systematische Feinstrukturierung des Problems einer Explikation des Ausdrucks »wahr« ebenso einschließen wie die im Hinblick auf eine Theorie des Informationsgehaltes so außerordentlich relevante Diskussion der sog. »analytisch-synthetischen Dichotomie« (die Quine-Carnap-Kontroverse). Sie muß die »progressive Paralyse« des »Vollentscheidbarkeitspostulates« und die dabei involvierte Aufspaltung in eine »theoretische« und in eine »Beobachtungssprache« ebenso nachzeichnen, wie sie die entscheidungstheoretische Umdeutung der »Induktiven Logik« durch Stegmüller, die falsifikationstheoretische Umdeutung der logisch-empiristischen Programmatik durch Popper sowie die von Sneed vorgenommene und von Stegmüller erweiterte Präzisierung der Braithwaite-Ramsey-Vermutung zu diskutieren hätte. Zwar ist es durchaus verständlich, wenn eine vornehmlich in den Literaturwissenschaften beheimatete »Erzählforschung« vor diesem prima facie »kafkaesk« anmutenden »Labyrinth« (Lämmert) von Nachfolgeproblemen und Beweislasten zunächst einmal zurückschreckt. Für die desiderate Grundlagenproblematik der Geschichtswissenschaft hingegen sind die hier angedeuteten Problemzusammenhänge zumindest in zweierlei Hinsicht hochgradig relevant:

1. Wie Schnädelbach zu Recht bemerkt hat, werden durch die hier nur sehr grob angedeuteten Problemverschiebungen *innerhalb* der Analytischen Wissenschaftslehre, mithin in dem vermeintlich so festgefügten methodologischen Rahmen der *naturwissenschaftlichen* Gegenstandsgewinnung, in einer ganz besonderen Zuspitzung und Schärfe alle diejenigen Probleme akut, welche in einer freilich sehr rohen Form seinerzeit von Heussi und Troeltsch als »Historismusproblem« diagnostiziert wurden.

2. In einer spezifischen Verschiebung werden nach einer sehr komplizierten Abfolge kognitiver Umorientierungen im Rahmen der Analytischen Wissenschaftslehre mittlerweile Einsichten erreicht, die zum Kernbestand der als »Hermeneutik« umschriebenen humanwissenschaftlichen Grundlagenforschung »immer schon« gehört haben.

Es ist bezeichnend, daß im Rahmen der bisherigen sprachanalytischen Präzisierungsversuche – ich denke hier insbesondere an die Arbeiten von Apel und Habermas – überhaupt nicht bemerkt worden ist, daß beispielsweise in Poppers Spätwerk in expliziter Gestalt eine »hermeneutische Wende« vollzogen worden ist, die, so will mir scheinen, nur dann überhaupt verstehbar ist, wenn man sie als Ausweg aus der bislang unlösbaren Basisproblematik interpretiert. Ich weise explizit auf diese Zusammenhänge hin, weil auch die besten Ausarbeitungen der »hermeneutischen Konzeption des Verstehens« hinsichtlich der Objektivitäts- und Wissenschaftsproblematik steril geblieben sind. Die meisten von ihnen sind praktisch nicht über die methodologische Dichotomiekonzeption der Windelband-Rickert-Perspektive hinausgelangt. Erst mit den Arbeiten von Theunissen und Tugendhat sind bestimmte analytische Werkzeuge geschaffen worden – insbesondere in der Arbeit von Tugendhat bahnt sich so etwas wie eine »Synthese« der jeweils besten heuristischen Anteile von »Hermeneutik«, »Sprachanalytischer Philosophie« und »Analytischer Wissenschaftstheorie« an –, welche uns eine präzisere Analyse der komplexen Grundlagenproblematik der Geschichts- und Sozialwissenschaften ermöglichen.

Wie sich bereits andeutete, ist eine ausschließlich methodologische Formierung der Grundlagenproblematik der Geschichtswissenschaft nicht hinreichend. Dies deshalb nicht, weil die »methodologischen Festsetzungen« (Popper), die das Sprachspiel »empirische Wissenschaft« konstituieren sollen, keineswegs selbstverständlich sind, sondern vielmehr auf Annahmen basieren, die einer expliziten *Begründung* bedürfen: Wie das paradigmatische Lehrstück der sukzessiven Selbstdestruktion der logisch-empiristischen Programmatik einerseits und der »Feyerabend-Kuhn-Infarkt« im Rahmen der falsifikationstheoretischen Umdeutung der logisch-empiristischen Programmatik andererseits hinlänglich belegt haben, unterstellt jede methodologisch ausgerichtete »Metatheorie der einzelwissenschaftlichen Erkenntnis« (Stegmüller) implizit immer zugleich auch ein ganzes Bündel »philosophischer« Grundannahmen und ist mithin – ob sie das nun will oder nicht – in einer ganz bestimmten »philosophischen Basistheorie« (Schnädelbach) fundiert. Trivialerweise folgt daraus: Eine adäquate Thematisierung der Grundlagenproblematik der Geschichtswissenschaft kann sich nicht lediglich mit einer normativ-methodologischen Spezifizierung des genuin erfahrungswissenschaftlichen Charakters der historischen Erkenntnisgewinnung begnügen. Sie muß vielmehr zugleich auch jene »philosophische Basistheorie« explizit machen, welche der forschungslogischen Bemühung zugrunde liegt. Wenn also in der Tat eine »Methodologie der Geschichtswissenschaft damit befaßt sein muß, den intuitiven Leitgedanken der »Objektivität historischen Forschens« zu präzisieren, um so die erfahrungswissenschaftliche Alltagspraxis geschichtlichen Erkennens rational anleiten zu können, dann ist diese kognitive Unternehmung eingebettet in das philosophische Problem einer allgemeinen Explikation der Frage nach den Bedingungen der Möglichkeit von »Objektivität«, »Rationalität« und »Wahrheit« überhaupt. Und das zentrale Problem hierbei – eben deshalb ist ja eine ausschließlich normativ-methodologische Formierung der metatheoretischen Grundlagen der Erfahrungswissenschaften prinzipiell unzulänglich – besteht darin, daß wegen der Nichtsuspendierbarkeit der »historistischen Problemperspektive« die Begriffe »Objektivität«, »Wahrheit« und »Rationalität« als *historisch variable Größen* aufgefaßt werden müssen.

Das damit anvisierte metatheoretische bzw. metahistorische Problem einer ebenso umfassenden wie systematischen Reorganisation der allgemeinen Grundlagen historischen Denkens und Forschens kann jedoch aus den eingangs genannten Gründen im Rahmen des hier durch den Umkreis von »Erzählung« und »Geschichte« Beschriebenen weder in einem abstrakt philosophischen Sinne selbstgenügsam noch ausschließlich auf die historisch-empirische Forschungspraxis und mithin auf die Probleme der historischen Forschungslogik eingeengt sein. Vielmehr basieren die nachstehend vorgeführten Überlegungen auf der Annahme, daß zwischen Erzählforschung und Geschichtswissenschaft ein Zusammenhang besteht, der folgendermaßen expliziert werden kann: Das *gemeinsame* Interesse an der kognitiven Durchdringung der »Bauformen« (Lämmert) erzählenden Weltverständnisses gründet in der für alle Einzelwissenschaften konstitutiven »philosophischen Frage« nach den vorgängigen Bedingungen menschlich-verstehender Weltbewältigung überhaupt (Gadamer/Popper/Tugendhat). Bezogen auf diese, *beiden* Erkenntnisbestrebungen gemeinsame philosophische Substanz liegt für eine wirklich triftige Bestimmung sowohl des methodologischen Stellenwertes als auch des Aufgabenfeldes der Erzählforschung die Relevanz der Frage nach den konstituierenden Elementen einer *adäquaten* Thematisierung der Grundlagenproblematik der Geschichtswissenschaft auf der Hand: Wenn sich nachweisen läßt, daß die wissenschaftlich organisierte Konzeptualisierung der »natürlichen« und insbesondere der »gesellschaftlichen« Erfahrungswirklichkeit nach Maßgabe des kognitiven Schemas »Geschichte« als paradigmatischer Modellfall *objektiven Erzählens* interpretierbar ist, dann wären mit einer adäquaten Thematisierung der Grundlagenproblematik der Geschichtswissenschaft zugleich die beispielgebenden Bestimmungsstücke vorhanden für die »rationale Rekonstruktion« (Stegmüller) des kognitiven Ordnungsgefüges »erzählend-verstehende Weltbewältigung« im allgemeinen, des »narrativen Paradigmas«.

Aber auch umgekehrt gilt: Ließe sich zeigen, daß die wissenschaftlich organisierte Konzeptualisierung des komplexen Gegenstandes »menschliche Gesellschaft« dann und nur dann als adäquat angesehen werden kann, wenn sie dem Kriterium des »Narrativen« genügt, so besäßen wir hinsichtlich einer möglichen Abklärung der *derzeitigen* Oberflächengestalt der Kernproblematik der historischen Forschungslogik einen außerordentlich wichtigen Fingerzeig: Es ergäbe sich dann vielleicht ein hinreichend deutlicher Anhaltspunkt für eine adäquate Explikation des Begriffsgefüges »historische Theorie«. Gelänge dies, so würde sich vermutlich auch eine vernünftige Abklärung des desolaten Verhältnisses zwischen der historischen Forschungspraxis und den systematischen Sozialwissenschaften abzeichnen. Das aber würde bedeuten, daß wir mit der Lösung der »Theorie- und Zirkularproblematik« erstmals in der Lage wären, auch das »Relevanzproblem« in den Geschichts- und Sozialwissenschaften (Holzkamp) zu lösen.

Die hier anhängige recht komplexe Gesamtproblematik wäre relativ leicht strukturierbar, wenn die kognitive Durchdringung historischen Denkens und Forschens sich zu Recht orientieren könnte an einer nicht in Frage gestellten und in geordneten Bahnen erfolgreich voranschreitenden empirischen Forschungspraxis der Geschichtswissenschaft. Im Gegensatz zu den grundlagentheoretischen Bemühungen, die sich nach dem ersten Weltkrieg mit dem »Historismusproblem« auseinanderzusetzen versuchten (ich denke hier in erster Linie an Troeltsch), können wir diese Voraussetzung derzeitig nicht mehr machen. Wie zu Recht bemerkt worden ist, hat sich die »Krisis des Historismus« (Heussi) mittlerweile zur »Krise der Historie als eines strengen Forschungszweiges« (Koselleck) fortentwickelt:

Die Geschichtswissenschaft befindet sich in einer Grundlagenkrise, die auf der Symptomebene von Forschungstechnik und -methodik nicht mehr therapierbar ist. Und ich füge hinzu: Die Deutungsdesiderate der NS-Forschung designieren die globale Partialisierung von »Vernunft« und »Aufklärung« in sinnfälliger Weise. Denn wie sich nachweisen läßt, ist insbesondere das Herzstück der nationalsozialistischen Herrschafts- und Gesellschaftsstruktur, die »strukturelle Irrationalität« (Mason) der Judenvernichtung, den Humanwissenschaften insgesamt bis zum heutigen Tag ein vollständiges Rätsel geblieben (eigene Forschungen).

Wegen dieser kognitiven Katastrophe in den überkommenen rationalen Verarbeitungsformen der historisch-gesellschaftlichen Erfahrungswirklichkeit, die sich insbesondere auf der Ebene der empirischen Forschungspraxis der Geschichtswissenschaft in den letzten Jahrzehnten immer deutlicher herausgebildet hat, stellt sich mittlerweile in einer wesentlich verschärften Form die Frage nach den philosophischen Grundlagen der Erfahrungswissenschaften im allgemeinen und der geschichtlichen Wissenschaften im besonderen in Gestalt der Wahrheits- und Objektivitätsfrage erneut. Aus diesem Grunde repräsentiert der derzeitig so desolate Stand der historischen Grundlagenforschung in einer ganz besonders plastischen, da auf der Ebene der historisch-empirischen Forschungspraxis spürbaren Weise, diejenigen Probleme, die sich ergeben, wenn in der heutigen Situation in allgemeiner Form die verstehende Bewältigung der Welt zu einem Gegenstand des systematischen Nachdenkens und mithin des wissenschaftsorientierten Diskurses gemacht wird: Die Antworten, die im Rahmen einer adäquaten Thematisierung der Grundlagenproblematik der Geschichtswissenschaft vernünftigerweise denkbar sind, werfen Licht auf die »philosophische Frage« nach der Struktur der verstehenden Weltbewältigung im allgemeinen, deren sprachliche Sedimentierungen wir in den mannigfaltigen Variationen der »Grundfigur des Erzählens« (Baumgartner) anzutreffen hoffen.

Die derzeitige Kernproblematik der historischen Forschungslogik besteht in dem bislang nicht gelösten und, wie es den Anschein hat, mit den überkommenen Erkenntnismitteln der Geschichts- und Sozialwissenschaften (Hilfswissenschaftskonzeption und Kooperationsperspektive) offenkundig auch nicht lösbaren »Theorieproblem«. Dabei geht es zunächst einmal gar nicht so sehr um das »wissenschaftstheoretische« bzw. »philosophische« Problem des weiter oben angedeuteten Zusammenhanges zwischen der Prüfbarkeits- und der Theorieforderung, sondern vielmehr um ein Problem, welches in erster Linie lediglich bestimmte Aspekte der empirischen Forschung*praxis* der Geschichtswissenschaft zu betreffen scheint. Es geht dabei wesentlich um die Frage nach den allgemeinen Bedingungen der Integrierbarkeit der »Theorien der systematischen Sozialwissenschaften« in die Rahmenpragmatik des wissenschaftlich organisierten Prozesses der historischen Erkenntnis- und Wahrheitsgewinnung. Strittig ist hierbei nicht so sehr die Frage, *ob* die Geschichtswissenschaft überhaupt auf das theoretische und methodische Instrumentarium der Sozialwissenschaften zu basieren ist, sondern vielmehr die Frage, *wie* das zu geschehen hat. In der empirischen Praxis der Wirtschafts- und Sozialgeschichtsforschung wird dieses Problem bekanntlich dadurch umgangen, daß man eklektisch verfährt, wobei man sich methodologisch an der Hilfswissenschafts- und Kooperationskonzeption abzustützen versucht. Insbesondere die historiographische Bearbeitung des preußisch-deutschen Kaiserreiches gilt in diesem Sinne als »Musterbeispiel einer soziologisierten Geschichtsschreibung« (Habermas).

Wie ein Blick in die Erklärungsproblematik lehrt, ist diese eklektizistische Handhabung des Theorieproblems nicht legitimierbar und folglich auch forschungspraktisch nicht befriedigend konkretisierbar: Die *direkte* bereichsspezifische Funktionalisierung ad hoc hinzugezogener sozialwissenschaftlicher Theorien und Hypothesen etabliert das gravierende Problem, daß über die jeweilige »empirische Triftigkeit« historischer Erklärungen im Forschungsdiskurs schlechterdings nicht mehr befindbar ist, weil zwischen empirisch gehaltvollen Erklärungen einerseits und zirkulären Erklärungen andererseits letztlich nicht unterschieden werden kann: Da die Relevanzkriterien für die Datenselektion im historischen Gegenstandsbereich sich »logisch notwendig« aus dem jeweiligen terminologischen Gerüst der ad hoc hinzugezogenen Theorien ergeben, können die fraglichen »historischen Zurechnungsurteile« (Max Weber) nicht mehr nach »Kausalhypothesen« einerseits und nach »Korrelationshypothesen« andererseits differenziert werden. Die Wahl der »unabhängigen Variablen« wird dadurch notwendigerweise der subjektiven Willkür anheimgegeben, und der argumentative Diskurs der »community of science« läuft konsequenterweise auf die in den »Geisteswissenschaften« sattsam bekannten terminologischen Streitereien hinaus. Soll also die empirische Sozialforschung der Geschichtswissenschaft wirklich mehr sein als nur ein »Wortmaskenverleihinstitut« (so der wohl ursprünglich von v. Below stammende boshafte Ausdruck für die Kooperationskonzeption), so benötigt man bei der bereichsspezifischen Funktionalisierung *bestimmter* sozialwissenschaftlicher Theorien für *bestimmte* historische Ereigniskonstellationen, die der »Beschreibung«, »Erzählung« oder »Erklärung« bedürftig erscheinen, ein *Kriterium,* welches die Auswahl der hinzuzuziehenden Theorien spezifisch anleitet. Schärfer ausgedrückt: Notwendige Bedingung für die Integration der »Theorien der systematischen Sozialwissenschaften« in die Rahmenpragmatik der historischen Gegenstandsgewinnung ist die Konstruktion eines *allgemeinen* (d. h. »methodologischen«) Kriteriums, demzufolge über die jeweilige *bereichsspezifische Relevanz* der fraglichen sozialwissenschaftlichen Theorien verbindlich befunden werden kann. Der – immerhin denkbare-prinzipielle Verzicht auf ein solches Kriterium würde die Forderung nach »interdisziplinärer Kooperation« zwischen Geschichts- und Sozialwissenschaften ausgerechnet im Hinblick auf die *praktische* Geschichtsforschung völlig sinnlos machen, da der mithin lediglich konsumptive Rekurs auf die vielzitierten »Theorieangebote der Sozialwissenschaften« (Wehler) dann wesentlich von der jeweiligen – mehr oder minder zufälligen – sozialwissenschaftlichen Kompetenz des einzelnen Historikers her bestimmt werden würde, und nicht von den Erforderlichkeiten des in Frage stehenden historischen Gegenstandsbereiches. Hier liegt einer der ausschlaggebenden Gründe dafür, daß die Konkretisierung der »Theorieforderung« bislang nicht wesentlich über die Programmatik »sympathieauslösender Appelle« (Wehler) hinausgelangt ist.

Zur Lösung dieses Problems ist von Rüsen das »Kriterium der narrativen Brauchbarkeit« vorgeschlagen worden, woraus sich die bisher betonte *Relevanz* der Erzählforschung für eine mögliche Lösung auch der derzeitigen

Oberflächengestalt der Kernproblematik der historischen Forschungslogik zwanglos erklärt. Denn hier liegt der motivationale Ansatzpunkt für das gemeinsame Interesse von Erzählforschung und Geschichtswissenschaft an einer rationalen Rekonstruktion des »narrativen Paradigmas«. Ist nämlich der Rüsensche Vorschlag legitimierbar, was trivialerweise zunächst einmal nur heißen kann: ist er wissenschaftstheoretisch präzisierbar, so wäre zugleich auch die Funktion geklärt, die eine *methodologische* Verpflichtung auf das »narrative Bezugssystem« (Habermas) für das desiderate Verhältnis der Geschichtswissenschaft zu den Theorien der systematischen Sozialwissenschaften ganz allgemein hätte. Ich halte hier zunächst einmal fest:

Die Geschichtswissenschaft befindet sich in einer Grundlagenkrise, und *deshalb* ist eine Thematisierung ihrer Grundlagenprobleme angezeigt: Die in den letzten Jahren intendierte Thematisierung der Grundlagenproblematik der Geschichtswissenschaft in Gestalt einer »Metatheorie der historischen Erkenntnis« ist zu Recht ganz wesentlich dadurch motiviert, daß im Rahmen »normalen« historischen Denkens und Forschens Probleme aufgetreten sind, deren Lösung trotz großer Mühe mit den überkommenen analytischen Hilfsmitteln nicht gelingen will: Es zerbrach die paradigmatische Heuristik eines im »Politischen« hinlänglich repräsentierten historisch-gesellschaftlichen Gesamtzusammenhangs. Zu Recht schien mithin angezeigt, die wirtschaftlichen, sozialen und kulturellen Faktoren des historischen Geschehens systematisch in die Forschung einzubeziehen. Wegen der damit verknüpften Problematisierung des »Idiographiepostulates« wirkten sich diese kognitiven Umorientierungen zugleich auch auf das normativ-methodologische und forschungstechnische Fundament der Geschichtswissenschaft in einem außerordentlich gravierenden Umfange aus und konstituierten die allgemeine motivationale Basis für die seitdem immer wieder vorgetragene Forderung sowohl nach einer systematischen Abstützung der historisch-deskriptiven Detailanalysen an den »Theorien« der empirischen Sozialwissenschaften als auch nach der Konstruktion einer »Metatheorie der historischen Erkenntnis«.

»An sich« ist diese Forderung vollständig legitim, denn es läßt sich nachweisen, daß die »Theoriefundierung« der Geschichtswissenschaft nicht nur – worauf in allen hier einschlägigen Untersuchungen zu Recht immer wieder aufmerksam gemacht wurde – *forschungspraktisch geboten,* sondern überdies *erkenntnistheoretisch notwendig* ist: Eine explizit in ihrer normativen Grundorientierung auf das Deskriptionsideal und mithin methodologisch auf »Atheoretizität« verpflichtete kognitive Unternehmung, wie es die Geschichtswissenschaft der »klassischen historischen Schule« bekanntlich ebenso sein wollte wie die Naturforschung des 19. Jahrhunderts, ist – wegen der nicht suspendierbaren »Theorieimprägniertheit« *jeder* Beschreibung – »unwissenschaftlich«. Und dies letzten Endes deshalb, weil sie an einer wesentlich unzulänglichen »philosophischen Basistheorie« abgestützt ist: an der mit der »transzendentalphilosophischen Wende« obsolet gewordenen Verknüpfung von (ontologischer) »Gegenstandstheorie« (Tugendhat) und »Empirismus« bzw. an dem spätestens mit der falsifikationstheoretischen Feinstrukturierung der Transzendentalphilosophie obsolet gewordenen Versuch einer Präzisierung der klassischen empiristischen Grundpostulate in Gestalt des »Logischen Positivismus«.

Wie ich bereits betonte, besteht zwischen »Prüfbarkeitspostulat« und »Theoriepostulat« ein systematischer Zusammenhang. Aus diesem Grunde ist die vielzitierte »Theoretisierung der Geschichtswissenschaft« nicht nur um einer etwaigen Ausweitung des historischen Bildungshorizontes willen lediglich wünschenswert sondern vielmehr erkenntnistheoretisch notwendig. Schärfer formuliert: Die Fundierung der historisch-deskriptiven Detailanalysen in den Theorien der systematischen Sozialwissenschaften ist forschungspraktisch geboten, *weil* sie erkenntnistheoretisch notwendig ist. Dies gilt – was von nahezu allen hier einschlägigen Arbeiten übersehen wird – völlig unabhängig von der vielberufenen Paradigmaverschiebung der »politischen« Geschichtsschreibung zur Sozial- und Wirtschaftsgeschichtsforschung.

Im Hinblick auf den systematischen Zusammenhang von Prüfbarkeits- und Theoriepostulat ergibt sich zunächst einmal die Frage, wie die in den letzten Jahren besonders sinnfällig gewordene *Desintegration* von historischer Forschungsarbeit und Historiographie mit dem erkenntnisleitenden Interesse an »intersubjektiver Prüfbarkeit« sinnvoll in Bezug gesetzt werden kann. Die Desintegration manifestiert sich in forschungspraktischer Hinsicht in der zunehmenden Parzellierung und Spezialisierung der zumeist sehr eng auf ihren jeweiligen historischen Gegenstandsbereich bezogenen Detailarbeit, wodurch trivialerweise die allgemeinen durch das genuin »Historische« konstituierten Fragestellungen mehr und mehr verblassen. Das hat konsequenterweise die Folge, daß über die jeweilige *Relevanz* bestimmter historischer Monographien hinsichtlich unseres allgemeinen Erkenntnisinteresses kaum noch sinnvoll befunden werden kann: Vorsichtigen Schätzungen zufolge existieren allein zum zweiten Weltkrieg mittlerweile ca. 100 000 »ernstzunehmende« Arbeiten.

Das Desintegrationssyndrom, das A. Malewski in seinem Plädoyer für eine explizit theorienbezogene Sozialforschung im Hinblick auf deren allzu engherzig gefaßte Empirieorientierung seinerzeit diagnostiziert hat, kann mithin in einer noch sehr viel schärferen Ausprägung als eines der Grunddilemmata der gegenwärtigen Geschichtswissenschaft angesehen werden.

Die Desintegration ist hingegen nur das sinnfällige Etikett für die in der historischen Detailforschung folgendermaßen akut gewordene Problematik: Geschichtsschreibung, die sich lediglich in eklektizistischer Weise der sozialwissenschaftlichen »Theorieangebote« bedient, unterscheidet sich nicht prinzipiell von Geschichtsschreibung, die am Deskriptionsideal orientiert ist. Die in Frage stehenden Relevanz- und Selektionskriterien der historischen Faktengewichtung werden in der Regel nicht explizit herausgestellt, wodurch das mit dem Systematisierungs- und Integrationsproblem eng verkettete Prüfbarkeitsproblem gleichermaßen ungelöst bleibt. Strukturierung, Systematisierung und »Deutung«, mithin also auch Beschreibung, Erzählung und Erklärung bestimmter historischer Ereigniszusammenhänge setzen in der Geschichtsforschung ebenso wie in der Historiographie vorgängig scharf ausformulierte Relevanz- und Selektionskriterien voraus. Diese Kriterien sind selbst wiederum nur dann explizit formulierbar, wenn sie sich im Rahmen eines klar ausgearbeiteten Referenzgefüges bestimmter kognitiver Schemata spezifizieren lassen, was trivialerweise voraussetzt, daß die wechselseitigen Abhängigkeiten dieser kognitiven Schemata und mithin auch die logische Struktur des gesamten in Frage stehenden kognitiven Referenzgefüges hinreichend transparent gemacht werden können. »Wissenschaftliche Hypothesen« bzw. »Gesetzmäßigkeiten« sind nichts anderes als die jeweiligen Explizitformulierungen jener »kognitiven Schemata«, welche die in den »Begriffen« der Umgangssprache sedimentierten »hypothetischen Konstrukte« (MacCorquodale und Meehl) unserer alltagspraktischen Daseinsorientierung konstituieren. Da nun »Theorien« zunächst einmal nichts anderes sind als konsistent geordnete Klassen solcher »Gesetzmäßigkeiten«, ergibt sich, daß sie für die Integrationsfunktion der empirischen Datenselektion explizit ausformuliert sein müssen, wenn die Prozeduren des Prüfprozesses transparent gehalten werden sollen: Identifizierung und Gewichtung »historischer Ereignisse« im Hinblick auf Strukturierung und Systematisierung in der Intention der historischen Deutung sind notwendig, um die »Menge der historischen Ereignisse« als strukturierte Einheiten »historischer Tatsachen« qualifizieren zu können, denn davon hängt der jeweilige »Wahrheitsgehalt« erzählter Geschichten trivialerweise ab. Die *Prüfbarkeit* dieser »Charakterisierungstätigkeit« hängt wiederum unmittelbar mit der Exaktheit und der definitorischen Schärfe der die »historischen Tatsachen« konstituierenden Relevanz- und Selektionskriterien zusammen. Je weniger trennscharf diese Kriterien formuliert sind, desto größer ist der Spielraum der jeweiligen Identifizierungs- und Gewichtungsraster der historisch arbeitenden »community of science« im Hinblick auf konventionalistische Willkür und subjektive Beliebigkeit. Trennschärfe der Kriterien und die intuitiv-heuristische Leitidee der »intersubjektiven Prüfbarkeit« korrelieren also positiv: Unschärfe der Relevanz- und Selektionskriterien kollidiert mit dem Prinzip der »intersubjektiven Prüfbarkeit« und folgerichtig auch mit den Trivialexplikationen des Wissenschaftsprinzips. Da nun, wie oben angedeutet, die Spezifizierbarkeit der fraglichen Kriterien unmittelbar von einem bestimmten Bezugsrahmen – einem »kognitiven Referenzgefüge« also, welches diese Kriterien konstituiert – abhängt, stellt die Forderung nach systematischer Ausformulierung dieses Bezugsrahmens in Gestalt explizit ausgearbeiteter »Theorien« eine direkte Konsequenz des Prüfbarkeitspostulates und mithin der intuitiven Leitidee dar, daß auch die Geschichtswissenschaft als eine (empirische) Erfahrungswissenschaft zu konzipieren ist.

Ich fasse hier zusammen: Um einer *wissenschaftlich* organisierten Erforschung auch der Tiefendimensionen der historisch-gesellschaftlichen Wirklichkeit willen ist in den letzten Jahrzehnten zu Recht in der Grundlagenforschung der Gesellschaftswissenschaften auf die »Theoriebedürftigkeit der Geschichte« aufmerksam gemacht worden. Die systematische Fundierung der historisch-deskriptiven Detailanalysen in den Theorien der empirischen Sozialwissenschaften stellt mithin ein forschungspraktisches Desiderat ersten Ranges dar. Das ist jedoch, wie ausgeführt, nur ein relativ oberflächlicher Aspekt der hierbei anhängigen Gesamtproblematik. Darüber hinaus läßt sich zeigen, daß die Abstützung der historischen Forschungspraxis an den systematischen Sozialwissenschaften wegen der »logischen Verknüpfung« des Prüfbarkeitspostulates mit dem Theoriepostulat eine erkenntnistheoretische Notwendigkeit ist. Denn völlig unabhängig von dem jeweils in Frage stehenden Gegenstandsbereich gilt in wissenschaftstheoretischer Hinsicht wegen des »Selektivcharakters« menschlicher Verstehens- und Erfahrungsbildungsprozesse ganz allgemein: Jede deskriptiv-erzählende Konzeptualisierung eines bestimmten Ereigniszusammenhanges stellt wegen der dabei nicht suspendierbaren Systematisierungs- und Synthetisierungsfunktion der jede einfache Beschreibung übergreifenden Prädikate (»Allgemeinbegriffe«) notwendig und immer zugleich auch eine ganz bestimmte *Erklärung* dieses Ereigniszusammenhanges dar. Die Erklärung eines Ereigniszusammenhanges ist jedoch dann und nur dann prüfbar – darauf basiert die »Wahrheitsfähigkeit« aller Beschreibungen und Erzählungen –, wenn die explanativen Prämissen explizit ausformuliert worden sind. Trivialerweise ergibt sich daraus, daß die Objektivitätsforderung in der bisher umschriebenen methodologischen Bedeutung als *Theorieforderung* präzisiert werden muß: »Beschreibung«, »Erzählung« und »Erklärung« bestimmter fraglicher Sachzusammenhänge sind dann und nur dann sowohl »gegenstandsadäquat« als auch »realitätsadäquat«, wenn sie auf der Explizitformulierung bestimmter Theorien basiert sind. Auf »Alltagssprache« gründende Beschreibungen und Erzählungen sind »Impliziterklärungen«. Erheben sie den Anspruch auf »Wissenschaftlichkeit«, so gilt: Sie sind dann und nur dann sowohl gegenstandsadäquat als auch realitätsadäquat, wenn die in ihnen »vercodeten« explanativen Anteile in Form von »Hypothesen« bzw. »Theorien« diskriminiert werden können. *Deshalb* ist die umfassende »Theoretisierung der Geschichtswissenschaft« eine unabdingbare Voraussetzung dafür, daß sie als Erfahrungswissenschaft stricto sensu konzipiert werden kann. Die »Wahrheitsfähigkeit« der erzählenden Sätze der Geschichtsschreibung und mithin deren »Wissenschaftscharakter« ist also wesentlich in der vorgängigen Explizitformulierung der in der Geschichtsforschung verwendeten Theorien und Hypothesen fundiert, hängt von diesen ab. Hinsichtlich des nach wie vor problematischen Verhältnisses der Geschichtswissenschaft zu den systematischer Sozialwissenschaften ergibt sich aus dieser Perspektive trivialerweise, daß die Explikation des sozialwissenschaftlichen Theoriebegriffs als *der* neuralgische Punkt einer adäquaten Thematisierung auch und gerade der Grundlagenproblematik der Geschichtswissenschaft anzusehen ist. Das ist der eigentliche Grund dafür, daß die metatheoretischen Probleme der Geschichts- und Sozialwissenschaften tatsächlich eine wissenschaftstheoretisch nicht zerreißbare homogene Einheit darstellen. Ich betone diesen Punkt, weil selbst in den elaborierteren Abteilungen der historischen Grundlagenforschung eine systematische Erörterung der derzeitigen Kernproblematik der sozialwissenschaftlichen Forschungslogik – die mit dem Problem der »Gesetzesartigkeit« assoziierte Frage nach der Integrierbarkeit verhaltenstheoretischer Hypothesen in die strukturell-funktionale »Makrosoziologie« – bislang nicht anzutreffen ist. Es ist aus diesem Grunde alles andere als verwunderlich, daß mit den Schlagworten von der »Theoretisierung der Geschichte« einerseits und der »Historisierung der Sozialwissenschaften« andererseits bis zum heutigen Tage der Bannkreis des »sympathieauslösenden Appells« nicht wesentlich hat überschritten werden können. Sind diese Überlegungen im Prinzip richtig, so folgt aus der »Homogenitätsthese«, daß ebenso wie die überkommene Geschichtswissenschaft sich auch die systematischen Sozialwissenschaften in einer Grundlagenkrise befinden. Dem »Theoretisierungsproblem« in der Geschichtswissenschaft korrespondiert, wie insbesondere der »Konstruktivismusstreit« in der sozialpsychologischen Forschung hinreichend verdeutlicht hat, das »Historismusproblem« in den systematischen Sozialwissenschaften. Mithin basiert der Tatbestand, daß das Problem einer »Theoretisierung der Geschichtswissenschaft« bisher nicht befriedigend hat gelöst werden können, auf prinzipiellen Defizienzen der die jeweilige Forschungspraxis sowohl der Geschichtswissenschaft als auch der empirischen Sozialwissenschaften anleitenden »logic in use« (Kaplan). Und ich füge nunmehr hinzu: Diese prinzipiellen Defizienzen hängen direkt mit dem Problem einer adäquaten Explikation des »Theoriebegriffs« im allgemeinen und des sozialwissenschaftlichen »Theoriebegriffs« im besonderen zusammen.

Ich hatte bereits darauf hingewiesen, daß die hier angedeuteten Problemzusammenhänge im Rahmen der »Hilfswissenschafts- und Kooperationskonzeption« aus prinzipiellen Gründen nicht aufklärbar sind: Auf der »Erscheinungsebene« der empirischen Forschungspraxis manifestiert sich die Grundlagenkrise der Geschichts- *und* Sozialwissenschaften dadurch, daß die bereichsspezifische Funktionalisierung ad hoc hinzugezogener sozialwissenschaftlicher Theorien eine ganz bestimmte Schadstelle in der Struktur historischer Erklärungen erzeugt. Die auf bestimmte ausgewählte Explanandumereignisse ad hoc zugeschnittenen Erklärungshypothesen sind notwendigerweise »trivialwahr«, weil es sich dabei um »Scheinrealisationen« im Holzkampschen Sinne handelt. Die dergestalt zustande gekommenen »historischen Zurechnungsurteile« sind auf jeden Fall zirkuläre Erklärungen. Hinzu gesellt sich hierbei darüber hinaus noch ein prinzipielles wissenschaftstheoretisches Problem, das mit der allgemeineren Frage nach der (gesetzesartigen) Struktur erfahrungswissenschaftlicher Theorien zusammenhängt: Da bekanntlich ein *allgemeines* Kriterium für »Gesetzesartigkeit« nicht konstruiert werden kann – ich verweise hier insbesondere auf das Problem der »projektierbaren Prädikate« bzw. auf das Problem der »irrealen Konditionalsätze« (Stegmüller) –, ist über die jeweilige bereichsspezifische Relevanz bestimmter Theorien und Hypothesen auch nicht in *allgemeiner* Form triftig befindbar. Die mithin methodologisch nicht geregelte – bzw. nicht regelbare – Ad-hoc-Hinzuziehung mehr oder weniger willkürlich herausgegriffener Theoriefragmente verwandelt diese entweder in bloße »Kalküle«, denen sodann *nachträglich* die jeweils fraglichen empirischen Daten zugeordnet werden, oder aber diese Theorien erhalten, da sie auf die Menge der zur Erörterung anstehenden Explanandumereignisse spezifisch zugeschnitten werden, von vornherein eine *wesentlich singuläre* Grundstruktur. Das zieht in beiden Fällen die außerordentlich unangenehme Konsequenz nach sich, daß eine definitive Abgrenzung zwischen empirisch gehaltvollen Erklärungen einerseits und zirkulären Erklärungen andererseits prinzipiell nicht möglich ist. Die durch das Theoretisierungsproblem in den historischen Wissenschaften aufgeworfene Zirkularproblematik etabliert mithin auf der »Oberfläche« der historisch-sozialwissenschaftlichen Gegenstandsgewinnung die Strukturdefekte des allgemeineren philosophischen Problems einer Explikation des komplexen Begriffsgefüges der »historischen Objektivität« in Gestalt des uns wohlbekannten Historismusproblems.

Die Nichteliminierbarkeit zirkulärer Erklärungen verweist auf eine systematische Leerstelle in der Grundlagenproblematik der Erfahrungswissenschaften, die mit ausschließlich methodologisch-forschungslogischen Hilfsmitteln prinzipiell nicht kompensierbar ist: Selbst wenn man alle Möglichkeiten einer »aussagenbezogenen« Explikation des Theoriebegriffs ausschöpft, ist die Idee des »Informationsgehaltes« wegen der nicht beantwortbaren Frage nach der »objektiven Struktur der empirischen Basis der Erfahrungserkenntnis« (Stegmüller) nicht präzisierbar. Genau hier liegt die Nahtstelle zwischen einer spezifisch »forschungslogischen« und einer spezifisch »philosophischen« Formierung des Objektivitätsproblems. Dessen Lösung besteht, so die dieser Arbeit zugrunde gelegte These, in der Konstruktion einer »Theorie«, die das nach Maßgabe »rationalen Verhaltens« organisierte und auf »intersubjektiven Konsens« abzielende Ausweisungsspiel wissenschaftlichen Diskurses systematisch mit der durch die »historistische Problemperspektive« vermittelten Einsicht verknüpft, daß selbst bei optimal-idealtypischer Einhaltung der forschungslogisch-methodologischen Spielregeln das durch intersubjektiven Konsens erreichbare Maß an »objektiver Allgemeingültigkeit« eine *historisch variable Größe* ist. In einem freilich explikationsbedürftigen Sinne wird dadurch die transzendentalphilosophische Fragestellung historistisch aufgebrochen: Die Frage nach den *allgemeinen* Bedingungen der Möglichkeit objektiv gültiger Erkenntnis transformiert sich in die Frage nach den *Kommensurabilitätskriterien* von prinzipiell nur mehr noch retrospektiv zugänglichen »Situationslogiken« (Popper) historisch variabler Sozialstrukturen. Dieses ist die präzisere Fassung des »Historismusproblems«. Und es ist nunmehr deutlich, daß und inwiefern die Historismusproblematik keineswegs auf die erkenntnistheoretischen Grundlagen der Geschichts- und Sozialwissenschaften beschränkt ist. Vielmehr handelt es sich dabei in einer freilich noch recht rohen Skizzierung um genau diejenige Problematik, die uns derzeitig im Zentrum der »Analytischen Wissenschaftslehre« als das Problem der »Schließung der Kuhnschen Rationalitätslücke« (Stegmüller) entgegentritt. Und ich füge hinzu: Dieses Problem ist es, welches auf der »Erscheinungsebene« der empirischen Forschungspraxis die derzeitige Oberflächengestalt der Kernproblematik der historischen Forschungslogik in Gestalt des »Theorie- und Zirkularproblems« erzeugt. Trivialerweise folgt daraus, daß zwischen dem »Präsentismusproblem« (Schaff) einerseits und dem »Basisproblem« andererseits eine vollkommene Analogie besteht, deren »kognitive Brücke« sozusagen das Problem des »empirischen Gehalts« bildet.

Wenn nun gezeigt werden kann, daß die hermeneutische Konzeption des »Verstehens« als diejenige »philosophische Basistheorie« aufgefaßt werden muß, die mit der *wirkungsgeschichtlichen* Explikation des komplexen Begriffsgefüges der »historischen Objektivität« zugleich eine *methodologische* Präzisierung der Grundlagenproblematik der Erfahrungswissenschaften in Gestalt einer triftigen Explikation des Prüfbarkeitsprinzips ermöglicht, dann folgt nach den bisherigen Ausführungen, daß eine sprachanalytische Präzisierung der hermeneutischen Konzeption des »Verstehens« nicht nur das »analytische Werkzeug« für eine mögliche Lösung des »Historismusproblems« in sich birgt, sondern daß darüber hinaus die von Stegmüller in Anlehnung an Sneed vorgenommene »Schließung der Kuhnschen Rationalitätslücke« letzten Endes ebenso auf den Grundprinzipien der hermeneutischen Konzeption des Verstehens beruht wie die von Popper in seinem Spätwerk vorgetragene Lösung der Basisproblematik. Daß diese »hermeneutische Fundierung« der Analytischen Wissenschaftstheorie selbst deren profiliertesten Vertretern nicht hinreichend klar ist, liegt ganz einfach daran, daß man dem vulgarisierten methodologischen Selbstverständnis insbesondere der Geschichtswissenschaft zu sehr aufsitzt, die Hermeneutik sei eine *Methode,* durch die sich gemäß der Windelband-Rickert-Perspektive der Sonderstatus der humanwissenschaftlichen Erkenntnisgewinnung konstituiert.

Gegenüber einer mittlerweile zum reinen Bekenntnisritual verkommenen Programmatik, in deren Rahmen die »Theoretisierung der Geschichtswissenschaft« zwar ad nauseam postuliert, nie jedoch wissenschaftstheoretisch legitimiert und forschungspraktisch konkretisiert worden ist, hat sich in der historischen Grundlagenforschung der letzten Jahre zunehmend die Einsicht durchgesetzt, daß eine systematische Ausdifferenzierung der metatheoretischen Grundlagen der Geschichts- und Sozialwissenschaften diejenige Hilfslinie sein könnte, die man ausziehen muß, wenn man die postulierte »Theoretisierung« auch realiter bewerkstelligen will. Insbesondere ist in der deutschen historischen Grundlagenforschung der letzten Jahre in Gestalt einer systematischen Rezeption der (angelsächsischen) »Analytischen Geschichtsphilosophie« (Danto) versucht worden, die hier anhängige Problematik thetisch so zu strukturieren, daß einem Diskurs, der auf vorverständigende Konsensfindung abzielt, nicht mehr ganz so viel entgegensteht wie in den Jahren zuvor. Insbesondere in den Arbeiten von Baumgartner und Rüsen ist in expliziter Abstützung an der Habermasschen Umbiegung der Danto-Perspektive der Entwurf einer »transzendentalen Historik« vorgelegt worden, dessen argumentative Kernsubstanz die These von der methodologischen Unabdingbarkeit des »narrativen Bezugssystems« (Habermas) bildet. Dieser These zufolge ist ein wirklich wissenschaftliches Verständnis der historisch-gesellschaftlichen Welt nur dann gegenstandsadäquat, wenn es dem Kriterium des »Narrativen« genügt. Wie ich bereits andeutete, ergibt sich aus der Perspektive dieser Programmatik eine ganz bestimmte Formierung der gegenwärtigen Oberflächengestalt der »Kernproblematik der historischen Forschungslogik«: Es sind nur diejenigen Theorien der systematischen Sozialwissenschaften in die Rahmenpragmatik der historischen Erkenntnis- und Wahrheitsgewinnung zu integrieren, die dem »Kriterium der narrativen Brauchbarkeit« (Rüsen) genügen. Trivialerweise folgt daraus, daß die Theorien der systematischen Sozialwissenschaften eine ganz bestimmte Struktur haben müssen, so daß sich die kognitive Unternehmung der »transzendentalen Historik« auf jeden Fall die Beweislast einer ganz bestimmten Explikation des sozialwissenschaftlichen Theoriebegriffs aufgebürdet hat: Um einer systematischen Erfassung auch der Tiefendimensionen der historisch-gesellschaftlichen Wirklichkeit willen müssen die sozialwissenschaftlichen Theorien, welche zur Aufhellung geschichtlicher Zusammenhänge bereichspezifisch funktionalisiert werden, so gebaut sein, daß sie eine *erzählende* Strukturierung des komplexen Gegenstandes »menschliche Gesellschaft« ermöglichen.

Das »Kriterium der narrativen Brauchbarkeit« ist bislang wissenschaftstheoretisch nicht befriedigend präzisiert worden. Alles deutet jedoch darauf hin, daß die Präzisierung dieses Kriteriums letztlich auf das Postulat hinausläuft, die hinzuzuziehenden Theorien der systematischen Sozialwissenschaften müßten eine wesentlich *singuläre* Grundstruktur besitzen. Nach der bisher dargelegten Argumentationskette ist klar, daß eine solche These notwendig in der methodologischen Dichotomiekonzeption der Windelband-Rickert-Perspektive und mithin in dem »sozialökonomischen Forschungsprogramm« Max Webers gründet. Aus dieser Perspektive aber ergibt sich unabdingbar die bereits gerügte Konfundierung der »hermeneutischen« mit der »psychologischen« Konzeption des Verstehens, woraus letztlich die neuralgischen Punkte dieser respektablen »Erneuerung der Historik« (Rüsen) resultieren.

Die These von der methodologischen Unabdingbarkeit des »narrativen Bezugssystems« wird hier nicht diskutiert, denn es kommt mir in dieser Arbeit in erster Linie darauf an, eine fundamentale Voraussetzung der gegenwärtigen Diskussion zu erschüttern: das Dogma, die hermeneutische Konzeption des Verstehens sei eine »Methodologie«, durch welche der methodische Sonderstatus der Humanwissenschaften konstituiert werde. Es geht mir mithin um die Skizzierung der allgemeinen philosophischen und wissenschaftstheoretischen Bedingungen, die eine triftige Abschätzung der Relevanz der Baumgartner-Rüsen-Programmatik für die derzeitige Kernproblematik der historischen Forschungslogik in Gestalt der »Theorie- und Zirkularproblematik« *ermöglichen*. Daraus aber ergibt sich hinsichtlich des hier angestrengten Diskurses zur »Erzählforschung«: Wenn wir die wechselseitige Relevanz von »Erzählforschung« und »Geschichtswissenschaft« aufklären und eine rationale Rekonstruktion der Funktionen und Strukturen verstehend-erzählender Weltbewältigung in Gestalt des »narrativen Paradigmas« ableisten wollen, dann müssen wir uns vorab über eine vernünftige »Heuristik des Vorgehens« einigen, welche die Prämissen explizit macht, unter denen wir die anstehenden Probleme erörtern. Ausschließlich im Hinblick auf *dieses* Problem einer »vorverständigenden Konsensfindung« beansprucht das hier vorgelegte Beweisfragment eine spezifische Relevanz.

Ich habe in den bisherigen Argumenten die Gründe dafür vorgetragen, daß und inwiefern das gemeinsame Erkenntnisziel des interdisziplinären Diskurses zwischen Erzählforschung und Geschichtswissenschaft in einer philosophisch befriedigenden Abklärung der logischen Struktur des »narrativen Bezugssystems« bestehen sollte. Und die diesen Argumenten zugrunde liegende These besagt, daß eine solche Abklärung nur möglich ist im Rahmen einer von »Sprachanalyse« heuristisch angeleiteten wissenschaftstheoretischen Präzisierung der hermeneutischen Konzeption des Verstehens. Die nachstehenden – abschließenden – Bemerkungen dienen der erläuternden Ausgestaltung dieser These: Das Problem der Objektivierbarkeit erzählend-verstehender Weltbewältigung im allgemeinen und das Problem der Objektivierbarkeit »historischen Verstehens« im besonderen muß integriert werden in die genuin philosophische Frage nach einer adäquaten Explikation des komplexen Begriffsgefüges der »historischen Objektivität«, denn hierin besteht die einzig legitime Umwandlung der transzendentalphilosophisch-bewußtseinstheoretischen Frage nach den »Bedingungen der Möglichkeit objektiv gültiger Erkenntnis« überhaupt.

In der transzendentalphilosophischen Tradition stellt sich bekanntlich die philosophische Frage und mit ihr das Objektivitätsproblem als Frage nach der Objektivierbarkeit der erkennend-verstehenden Bezugnahme des Menschen auf die Welt der Dinge. Die Antwort, die im Rahmen der Prolegomena-Perspektive auf die bewußtseinsphilosophisch umorientierte Frage nach den »Gegenständen« der Erfahrungswelt gegeben wurde, formierte eine ganz bestimmte Heuristik des Vorgehens und mithin ein ganz bestimmtes philosophisches »Forschungsprogramm« (hier im Sinne der von Lakatos vorgeschlagenen Explikation der Kuhnschen Paradigmakonzeption): Der »sichere Gang« der Naturwissenschaften dokumentierte hinreichend als ein Faktum, *daß* »objektiv gültige« Erkenntnis möglich war, und so präzisierte sich die erkenntnistheoretisch-bewußtseinsphilosophische Problemstellung zur »Wissenschaftstheorie«: Die mit beispiellosem Erfolg voranschreitende naturwissenschaftliche Gegenstandsgewinnung konnte mit Fug und Recht als paradigmatischer Modellfall für objektive und in streng rationalen Bahnen sich erweiternde Erkenntnis überhaupt angesehen werden, so daß eine Analyse ihrer internen Struktur zugleich verbindliche Antwort versprach auf die Frage nach den »Bedingungen der Möglichkeit objektiv gültiger Erkenntnis« ganz allgemein.

Im Verlaufe des 19. Jhs. formte sich in direkter Reflexion auf das forschungstechnische Instrumentarium der historisch-philologischen Wissenschaften, die historisch-kritische Methode, die spezifisch universalgeschichtlich-hermeneutische Dimension philosophischen Fragens heraus. Das führte – systematisch betrachtet – sowohl zu einer ganz bestimmten *Problematisierung* als auch zu einer ganz bestimmten *Präzisierung* der in der Prolegomena-Perspektive beheimateten Behandlung der Objektivitätsproblematik: Die Frage nach den Bedingungen der Möglichkeit objektiv gültiger Erkenntnis, welche durchaus zu Recht wegen des paradigmatischen Lehrstückes der naturwissenschaftlichen Wahrheitssuche im Rahmen der »restringierten« Perspektive der methodologisch gefaßten »Wissenschaftstheorie« beantwortbar schien, wurde in das kognitive Referenzgefüge der »historistischen Problemperspektive« integriert. So entstand in aller Schärfe, nachdem die von Hegel ausgearbeitete geschichtsphilosophische Vollendung der Transzendentalphilosophie zerbrochen schien, das *Historismusproblem*. Und dieses Problem war es, welches später in den metatheoretischen Grundlagen der Geschichtswissenschaften als *Präsentismusproblem* und im Rahmen der falsifikationstheoretischen Umdeutung der logisch-empiristischen Programmatik als *Basisproblem* akut wurde und welches derzeitig in Gestalt der »Kuhnschen Rationalitätslücke« (Stegmüller) die Grundsubstanz aller neuralgischen Punkte der »Analytischen Wissenschaftslehre« ausmacht.

Es sei hier zunächst einmal ganz naiv die heuristische Fruchtbarkeit der spezifischen hermeneutischen Formierung philosophischen Fragens unterstellt. Das ist prima facie schon allein deshalb nicht unvernünftig, weil ausschließlich im Rahmen der »Philosophischen Hermeneutik« das Problem der »verstehenden Weltbewältigung« explizit und – dies vor allen Dingen – in *allgemeiner* Form zum Gegenstand systematischen Nachdenkens gemacht worden ist. Diese philosophische Substanz hermeneutischen Fragens muß expressis verbis herausgehoben werden, denn aus ihr folgt notwendig der insbesondere von Apel und Habermas gerügte »Universalitätsanspruch der Hermeneutik«: In einem obzwar explikationsbedürftigen gleichwohl jedoch recht eindeutigen Sinne hat die (hermeneutische) Theorie der menschlich-verstehenden Bezugnahme auf die Welt der Dinge (die Erfahrungswirklichkeit) das gesamte Spektrum humanspezifischen Kognizierens ebenso abzudecken wie sie die Frage nach den Bedingungen der Möglichkeit des »Verstehens überhaupt« aufwerfen muß. In praktisch allen Erörterungen, die sich mit der Universalgeltung der Hermeneutik befaßt haben, wird – darauf hat insbesondere Gadamer immer wieder zu Recht hingewiesen – diese »philosophische Substanz«, aus der allein die Aufspaltung in die »hermeneutische« und in die »psychologische« Konzeption des »Verstehens« letzten Endes resultiert, übersehen. Mir ist keine Arbeit bekannt, die letztlich nicht doch der Versuchung erliegt – das gilt sogar für Bettis Werk –, die hermeneutische mit der psychologischen Konzeption des Verstehens zu konfundieren und so aus der Hermeneutik eine »Methodologie der Humanwissenschaften« zu machen. Tut man das, so macht man aus der »Philosophischen Hermeneutik« eine *normative Verhaltenstheorie,* wodurch der Wesensunterschied zwischen der Frage nach der »Objektivierbarkeit des Verstehens« einerseits und dem Problem einer philosophischen Explikation des Begriffsgefüges der »historischen Objektivität« andererseits getilgt wird. Dadurch aber gerät das für eine Spezifizierung des Wissenschaftscharakters der Geschichtswissenschaft schlechterdings vitale Problem der »Objektivierbarkeit historischen Erkennens« ebenso aus dem Blickfeld wie das Problem einer Identifizierung der objektivierbaren Anteile an Verstehensvorgängen ganz allgemein. Durch diese grundsätzliche Verkennung der Hermeneutik als eine »Methodologie der Humanwissenschaften« entsteht das praktisch unlösbare Problem, einen von den Naturwissenschaften abgehobenen *zweiten* Wissenschaftsbegriff konstruieren zu müssen, für den die Nachfolgepostulate zur intuitiven Leitidee der »intersubjektiven Prüfbarkeit« schlechterdings überhaupt nicht mehr präzisiert werden können, weil man gezwungen ist, die Trivialexplikationen des Objektivitätspostulates in Frage zu stellen. Der absolut desolate Stand der derzeitigen Grundlagenforschung der Geschichts- und Sozialwissenschaften ist nicht zuletzt darauf zurückzuführen, daß man etwas völlig Unmögliches versucht hat: die »Integration von analytischen und hermeneutischen *Methoden*«. Und praktisch die gesamte moderne Wirtschafts- und Sozialgeschichtsforschung – zumindest im deutschen Sprachraum – basiert methodologisch auf dieser erkenntnistheoretischen Absurdität.

Wegen dieser hier nur grob skizzierten grundsätzlichen Verkennung der genuin philosophischen Substanz der Hermeneutik wird eines ihrer zentralen Implikate durchweg nicht beachtet: Die allgemeine und systematische Frage nach den Voraussetzungen und Strukturen der verstehenden Weltbewältigung überhaupt muß zugleich auch die Frage nach den objektivierbaren Anteilen des Verstehens in systematischer und allgemeiner Form stellen. Daraus aber folgt, daß zwischen der hermeneutischen Konzeption des Verstehens als einer philosophischen Basistheorie der einzelwissenschaftlichen Erkenntnis einerseits und einer »korrekten« normativ-methodologischen Formierung wissenschaftlich-vernünftigen Forscherverhaltens andererseits keine logischen Inkonsistenzen auftreten dürfen.

Es ist unmittelbar einsehbar: Nimmt man den genuin philosophischen Anspruch – den Anspruch auf Universalgeltung – der hermeneutischen Konzeption des Verstehens wirklich ernst, so ist notwendigerweise die Gretchenfrage aller einzelwissenschaftlichen Erkenntnis, nämlich die Frage nach den Bedingungen der Möglichkeit einer systematischen Transzendierung subjektiver Erkenntnisleistungen in Gestalt der Frage nach einer korrekten Explikation des Wissenschafts- und Objektivitätsbegriffs, ingredienter Bestandteil der allgemeineren Frage nach den Voraussetzungen und Strukturen des Verstehens überhaupt. Trivialerweise ergibt sich daraus: Eine auf die hermeneutische Konzeption des Verstehens basierte Thematisierung der Grundlagenproblematik der Geschichtswissenschaft muß zugleich die analytischen Hilfsmittel bereitstellen für eine spezifisch forschungslogische Präzisierung dieser Grundlagenproblematik, ebenso wie sie zugleich auch die analytischen Hilfsmittel bereitzustellen hat für eine forschungslogische Präzisierung des den Erfahrungswissenschaften genuin zu eigenen intuitiven Leitgedankens der »Objektivität« in Gestalt des Postulates der »intersubjektiven Prüfbarkeit«. Konsequenterweise aber folgt daraus:

Falsifizierbarkeitspostulat und Theorieforderung müssen als methodologische Adäquatheitspostulate angesehen werden, die sich um der normativen Sicherung des – historisch variablen – Rationalitätscharakters von Verstehensprozessen willen auf die »Psychologie« des Verstehens beziehen, denn die psychologische Konzeption des Verstehens ist nur ein anderer Ausdruck für das weiter oben behandelte kognitive Ineinandergeflecht von »Methodologie« und (empirischer) »kognitiver Lerntheorie«, das wir als »Wissenschaftslehre« kennen. Mithin ist die »psychologische Konzeption des Verstehens« eine empirisch präzisierungsbedürftige Theorie menschlicher Erfahrungsbildungsprozesse, welche zugleich idealtypisch-normativ die »Bedingungen« umschreibt, die diese Erfahrungsbildungsprozesse zu *rationalen* Formen der Wahrheitssuche machen: Die kollektiven Erfahrungsbildungsprozesse der wissenschaftlichen Gegenstandsgewinnung sind spezifisch auszeichenbare Formen der verstehenden Weltbewältigung des Menschen. Und die »hermeneutische Konzeption des Verstehens«, deren ingrediente Komponenten das »Prinzip der Wirkungsgeschichte« und das »Applikationsprinzip« sind, macht uns als *philosophische* Explizitformulierung der »historistischen Problemperspektive« in Gestalt der These von der »Historizität *allen* Verstehens« darauf aufmerksam, daß die idealtypisch-normativ gefaßten »Bedingungen der Möglichkeit objektiv gültiger Erkenntnis« letztlich als »Funktionen« historisch variabler Sozialstrukturen interpretiert werden müssen. *Deren* jeweilige »interne Logik«, wenn man so will: ihre »Situationslogik« (Popper), ist der eigentliche »Gegenstand« einer wissenschaftlich organisierten Konzeptualisierung der »menschlich-gesellschaftlich-geschichtlichen Wirklichkeit«.

Bezieht man in den Rahmen der bisher skizzierten »Heuristik des Vorgehens« die Droysensche bzw. die Diltheysche Formierung der »Grundlagenproblematik der Geschichtswissenschaft« systematisch ein, so tritt die paradigmatische Relevanz, die eine Ausarbeitung der metatheoretischen Grundlagen der historischen Wissenschaften für das hier in Frage stehende *philosophische* Problem einer »apriorischen« Aufklärung der Strukturen menschlichen Verstehens und deren sprachlichen Konkretionen beanspruchen kann, ganz besonders deutlich hervor. Hier wird das Objektivitätsproblem deshalb sozusagen in »idealtypischer Reinform« auf den Begriff gebracht, weil das Spannungsverhältnis zwischen der individuellen Forscherbemühung um die »Objektivität« und die »Wahrheit« historischer Erkenntnisleistungen einerseits und das Wissen um die grundsätzlich nicht suspendierbare »Historizität allen Erkennens« andererseits von Anbeginn an ein integrierender Bestandteil der empirischen Forschungspraxis der Geschichtswissenschaft selbst gewesen ist:

Die dem juristischen Beweisgang und mithin dem Modell von Zeugenbefragung und Indizienauswertung nachgebildete forschungstechnische Präzisierung der historisch-kritischen Methode in Gestalt der Quellenkritik stellt die ins Forschungspraktische gewendete »historistische Problemperspektive« dar, und umgekehrt ist eben diese »historistische Problemperspektive« letztlich ja nichts anderes als die ins Allgemeine gewendete und von der hermeneutischen Konzeption des Verstehens sodann philosophisch explizierte Einsicht, die sich ergibt, wenn man konsequent die historisch-kritische Methode auf die forschenden Subjekte selbst rückbezieht: Der jeweilige informative Gehalt einer in Frage stehenden Quellenaussage basiert forschungstechnisch auf deren Aufspaltung in »absichtliche« und »unabsichtliche« Mitteilungskomponenten, wobei wir den letzteren einen objektiven Mitteilungswert zuschreiben, denn durch sie werden wir über die *strukturellen* Voraussetzungen informiert, über Voraussetzungen also, die per definitionem dem Verfasser der Quellenaussage unbekannt sind. Diese Aufspaltbarkeit in »objektivierbare« und »nichtobjektivierbare« Mitteilungskomponenten bildet das Herzstück des so außerordentlich subtilen forschungstechnischen Instrumentariums der historisch-kritischen Methode. Und es ist unmittelbar einsichtig, daß und inwiefern sie auf der kognitionstheoretischen Kernsubstanz der transzendentalphilosophischen Problematisierung des empiristischen Erfahrungsbegriffes basiert: Der Aussagewert einer historischen Quelle variiert mit der an sie herangetragenen Fragestellung und diese selbst wiederum ist eine direkte »Funktion« des an die fragliche Quellenaussage herangetragenen kognitiven Referenzgefüges in Gestalt einer bestimmten »Theorie«, welche sich auf den historisch-gesellschaftlichen Hintergrund der Quelle bezieht. Wendet man nun konsequent diese heuristischen Prinzipien der historisch-kritischen Methode auf die forschenden Historiker selbst an – und das tun wir ja ganz selbstverständlich, wenn wir uns z. B. für die Geschichte unseres eigenen Faches interessieren –, so ergibt sich prinzipiell genau die gleiche Situation: als »Kinder unserer Zeit« bekommen wir letztlich nur das in den Blick, was uns unser kognitives Referenzgefüge sehen läßt. Denn es gilt: Das jeweilige kognitive Referenzgefüge menschlicher Individuen ist eine direkte »Funktion« ihrer kognitiven Sozialisation, und diese wiederum ist eine mehr oder weniger gelungene Bewältigungsleistung derjenigen Funktionserfordernisse, welche das Insgesamt einer ganz bestimmten Sozialstruktur konstituieren. Dieses ist nur eine andere Umschreibung der von Gadamer analysierten »wirkungsgeschichtlichen Situation«: In der hermeneutischen Frage geht es in der Tat nicht um das, was »wir tun oder wollen«, sondern vielmehr um das, »was über unser Tun und Wollen hinaus mit uns geschieht«. Hier liegen die *in* einer »hermeneutischen Situation« (Gadamer) prinzipiell nicht transzendierbaren Grenzen des subjektiven wie des intersubjektiven Bemühens um »Objektivität« auch in den kollektiven Erfahrungsbildungsprozessen der »rationalen Wahrheitssuche«. Akzeptiert man diese etwas grobe Skizzierung, so ist das Problem einer methodischen Ausbildung »historischen Bewußtseins« als die *allgemeine* Gestalt der »Kernproblematik der historischen Forschungslogik« formulierbar:

Wie läßt sich vermeiden, daß die Vergangenheit – das ist die »historische Dimension« der gesellschaftlichen Wirklichkeit – permanent nach Maßgabe des gegenwärtig Selbstverständlichen projektiv überformt wird? Dieses ist die kognitionstheoretisch präzisierte Fassung der Eingangsfrage nach den »Bedingungen der Möglichkeit objektiv gültiger historischer Erkenntnis« im Hinblick auf eine »Methodologie der Geschichtswissenschaft«. Und es ist nunmehr leicht einsehbar, daß und inwiefern eine philosophische Explizitformulierung der »historistischen Problemperspektive« eine wirkungsgeschichtliche Präzisierung des »Falsifikationsgeschehens« im Prinzip ermöglicht: Die Falsifikationskonzeption kann als eine »Theorie rationalen (kognitiven) *Verhaltens*« ebenso wie die »psychologische Konzeption des Verstehens«, mit der sie vollständig übereinstimmt, nur die *psychologischen* Aspekte sowohl des Fallibilitäts- als auch des Falsifikationsgeschehens deutlich machen. Eine konventionalistische Lösung der Basisproblematik ist von daher unumgänglich. Schreckt man – was verstehbar ist – vor dieser Konsequenz zurück, dann verbleibt nur noch, sieht man von der hermeneutischen Problemlösung ab, die Regression in die »ontologistisch-empiristische« Beschwörung einer »Widerständigkeit der Realität« (Holzkamp). Aus diesem Dilemma resultiert der permanente Kollaps des »naiven Falsifikationismus« (Lakatos) bei den Popper-Epigonen in jenen »überspannten Rationalismus« (Stegmüller), der sich notgedrungen im Umkreis von Forschungsmoral und konspirationstheoretischem Ideologieverdacht herumtreiben muß.

In einer thetisch notgedrungen etwas verkürzten Form ergibt sich nunmehr der folgende Zusammenhang:

Die Einsicht in die Struktur »normalen« humanspezifischen Kognizierens bildet die gemeinsame Basis für die kognitionstheoretisch-methodologische Verknüpfung von »Falsifikationskonzeption« und »historistischer Problemperspektive«. Deshalb kann die historistische Problemperspektive als die nicht suspendierbare heuristische Kernsubstanz einer adäquaten Methodologie der *gesamten* Erfahrungswissenschaften angesehen werden. Im Hinblick auf die spezifisch *historische* Erkenntnisgewinnung besagt sie – folgt man den klassischen Ausführungen von Droysen –, daß die im Normalkontext alltäglichen Selbst- und Weltverständnisses in Form von »Erzählungen« bzw. »Geschichten« spontan vorgenommene Dimensionierung der »Vergangenheit« zu einer projektiven Überformung des der Jetztzeit Selbstverständlichen tendiert, weil der »Aufbau der sozialen Welt« (Schütz) sinnvoll nur in einer kognitiv konsistenten Gestalt vorgenommen werden kann: Im Rahmen der »natürlichen«, lebensweltlich-alltagspraktischen Daseinsorientierung wird die historische Dimension der gesellschaftlichen Realität dergestalt in »Geschichten« gefaßt, daß »vergangenes Geschehen« analogisch beziehbar bleibt auf das, was gegenwärtig nicht in Frage steht. Eine dem Wissenschaftsprinzip verpflichtete Vergangenheitsstrukturierung muß deshalb darauf bedacht sein, die in dem vitalen Interesse an zweckdienlicher Bewältigung des konkret Vorfindlichen gründende und eben *deshalb* rationalisierende Verarbeitung vergangenen Geschehens methodologisch zu kompensieren. Zwar ist eine wissenschaftlich-rationale und mithin »reflexive Vergegenwärtigung der Vergangenheit« (Habermas) auf diese durch ein komplexes Gefüge von »Alltagswahrheiten« und »Vorurteilen« konstituierte »spontanverstehende« Vergangenheitsstrukturierung wesentlich angewiesen, weil sie sich auf sie beziehen muß, um sie problematisieren zu können. Jedoch unterscheidet sie sich von einer bloß rationalisierenden Vergangenheitsvergegenwärtigung dadurch, daß sie »eine unser natürliches Gerichtetsein hemmende Reflexion« (Tugendhat) vollzieht und explizit in Frage stellt, was prima facie mit dem Schein des unumstößlich Sicheren behaftet ist. Die sprachanalytisch angeleitete wissenschaftstheoretische Feinstrukturierung dieser Kritik- und Problematisierungshandlung formiert mithin die unabdingbaren Voraussetzungen dafür, daß die lediglich rationalisierende Hereinnahme der vergangenen »Gegenständlichkeit« in das kognitive Referenzgefüge der gegenwärtig-alltäglichen Rahmenpragmatik im Hinblick auf den Wahrheitsgedanken überhaupt transzendiert werden *kann.*

Wie bereits betont, ist die Substanz dieser Heuristik identisch mit dem Kerngedanken derjenigen intuitiven Leitideen, die im normalen Forschungskontext der erfahrungswissenschaftlichen Gegenstandsgewinnung ganz allgemein mit dem Wissenschafts- und Objektivitätsbegriff assoziiert sind. Um der prinzipiellen Zurückweisbarkeit des im Spontanverständnis des »Realen« und »Konkreten« vermeintlich Sicheren und Selbstverständlichen willen ist eine Problematisierung der »Erscheinungsebene« angezeigt: Wissenschaftliche Strukturierung der Realität besteht in der Umwandlung der in Alltagssprache sedimentierten Daseinsorientierung in ein konsistentes Gefüge *falsifizierbarer Hypothesen.*

Ich fasse abschließend zusammen:

Die hermeneutische Konzeption des Verstehens bildet, da sie als Versuch einer philosophischen Explizitformulierung der »historistischen Problemperspektive« aufzufassen ist, jene bereits eingangs erwähnte »philosophische Basistheorie«, in der eine methodologische Präzisierung der Objektivitätsforderung fundiert ist und auf der deshalb eine adäquate Metatheorie der Erfahrungswissenschaften ebenso basiert wie eine adäquate Methodologie der Geschichtswissenschaft: Die Spezifizierung des genuin erfahrungswissenschaftlichen Charakters der Geschichtswissenschaft und mithin die forschungslogische Präzisierung der intuitiven Leitidee der »Objektivität historischen Forschens« ist deckungsgleich mit der methodologischen Präzisierung des Wissenschafts- und Objektivitätsbegriffs ganz allgemein, weil einerseits die »Methodologie der Erfahrungswissenschaften« philosophisch in der »Hermeneutik« fundiert ist, und weil andererseits die »Hermeneutik« wissenschaftstheoretisch präzisierbar bzw. präzisierungsbedürftig ist.

Eine adäquate Thematisierung der Grundlagenproblematik der Geschichtswissenschaft besteht in einer sprachanalytischen Präzisierung der hermeneutischen Konzeption des Verstehens, woraus sich trivialerweise ergibt, daß die hermeneutische Konzeption des Verstehens als ein umfassendes »linguistisches Rahmenwerk« (Carnap) aufgefaßt werden muß, welches die Methodologie der Natur- *und* Humanwissenschaften zu einem in sich konsistenten Ganzen integriert. Daraus folgt:

a) Eine im Rahmen der »Methodologie der einzelwissenschaftlichen Erkenntnis« vorgenommene Explikation der für alle wissenschaftliche Erkenntnis konstitutiven intuitiven Leitidee der »Objektivität« ist lediglich eine spezifische Teilexplikation des Objektivitätsbegriffs überhaupt. Man muß streng trennen zwischen einer »Theorie rationalen Forscherverhaltens« einerseits und der in der hermeneutischen Konzeption des Verstehens anvisierten Explikation des komplexen Begriffsgefüges der »*historischen* Objektivität«.

b) Eine adäquate Thematisierung der Grundlagenproblematik der Geschichtswissenschaft besteht in einer sprachanalytisch »korrekten« Explikation des komplexen Begriffsgefüges der »historischen Objektivität«, die nach Voraussetzung deckungsgleich ist mit einer sprachanalytisch präzisierten philosophischen Explizitformulierung der historistischen Problemperspektive. Und eine forschungslogische Präzisierung der Grundlagenproblematik der Geschichtswissenschaft besteht in der falsifikationstheoretischen Ausarbeitung derjenigen »forschungsmoralischen Maximen«, welche der erkennend-verstehenden Bezugnahme des Menschen auf die Welt der Erfahrungswirklichkeit das jeweils *historisch mögliche Maß* dessen, was in einem bestimmten gesellschaftlichen Kontext überhaupt objektivierbar bzw. problematisierbar ist, sichern.

Literatur

Th. W. Adorno u. a., Der Positivismusstreit in der deutschen Soziologie, Neuwied 1972

K.-O. Apel, Sprechakttheorie und transzendentale Pragmatik zu Frage enthischer Normen, in: K.-O. Apel (Hg.), Sprachpragmatik und Philosophie, Frankfurt/M. 1976, S. 10 ff.

H. M. Baumgartner, Kontinuität und Geschichte. Zur Kritik und Metakritik der historischen Vernunft, Frankfurt/M. 1972

A. v. Brandt, Werkzeug des Historikers, Stuttgart [3]1963

R. Carnap, Bedeutung und Notwendigkeit, Wien/New York 1972

A. C. Danto, Analytische Philosophie der Geschichte, Frankfurt/M. 1974

W. Dilthey, Der Aufbau der geschichtlichen Welt in den Geisteswissenschaften. Herausgegeben und mit einer Einleitung versehen von M. Riedel, Frankfurt/M. 1970

J. G. Droysen, Historik. Vorlesungen über Enzyklopädie und Methodologie der Geschichte. Herausgegeben von R. Hübner, Darmstadt [5]1967

H. G. Gadamer, Wahrheit und Methode, Tübingen [4]1975

P. Feyerabend, Wider den Methodenzwang. Skizze einer anarchistischen Erkenntnistheorie, Frankfurt/M. 1976

J. Habermas, Zur Logik der Sozialwissenschaften, Tübingen 1967

J. Habermas, Zur Rekonstruktion des Historischen Materialismus, Frankfurt/M. 1976

C. G. Hempel, Aspects of Scientific Explanation and other Essays in the Philosophy of Science, New York 1965

K. Heussi, Die Krisis des Historismus, Tübingen 1932

K. Holzkamp, Wissenschaft als Handlung. Versuch einer neuen Grundlegung der Wissenschaftslehre, Berlin 1968

F. Kambartel, Erfahrung und Struktur. Bausteine zu einer Kritik des Empirismus und Formalismus, Frankfurt/M. 1968

A. Kaplan, The Conduct of Inquiry. Methodology of Behavioral Science, San Francisco 1964

R. Koselleck, Wozu noch Historie? in: H. M. Baumgartner und J. Rüsen (Hg.), Geschichte und Theorie. Umrisse einer Historik, Frankfurt/M. 1976 S. 17 ff.

Th. S. Kuhn, The Structure of Scientific Revolutions, Second Edition, Chicago 1970

E. Lämmert, Bauformen des Erzählens, Stuttgart [7]1980

I. Lakatos, Falsification and the Methodology of Scientific Research Programmes, in: I. Lakatos und A. Musgrave (Hg.), Criticism and the Growth of Knowledge, Cambridge 1970, S. 91 ff.

K. MacCorquedale und P. E. Meehl, On a Distinction between Intervening Variables and Hypothetical Constructs, in: Psychological Review, Bd. 55 (1948), S. 95 ff.

A. Malewski, Verhalten und Interaktion, Tübingen 1967

T. Mason, Der Primat der Politik – Politik und Wirtschaft im Nationalsozialismus, in: Das Argument, 8. Jahrgang (1966), S. 473 ff.

K. R. Popper, Das Elend des Historizismus, Tübingen 1965

K. R. Popper, Logik der Forschung, Tübingen [2]1966

K. R. Popper, Die Zielsetzung der Erfahrungswissenschaft, in: H. Albert (Hg.), Theorie und Realität, Tübingen [2]1972, S. 29 ff.

K. R. Popper, Objektive Knowledge, Oxford 1972

H.-J. Porath, Die paradigmatische Relevanz der NS-Forschung für die Grundlagenproblematik der Geschichts- und Sozialwissenschaften, unveröffentlichtes Manuskript

H. Reichenbach, Philosophie der Raum-Zeit-Lehre, Bd. 2 der »Gesammelten Werke«, herausgegeben von A. Kamlah und Maria Reichenbach, Braunschweig 1977

H. Reichenbach, Die philosophische Bedeutung der Relativitätstheorie, Bd. 3 der »Gesammelten Werke«, herausgegeben von A. Kamlah und Maria Reichenbach, Braunschweig 1977

H. Rickert, Die Grenzen der naturwissenschaftlichen Begriffsbildung, Tübingen [3u4]1921

J. Rüsen, Ursprung und Aufgabe der Historik, in: H. M. Baumgartner und J. Rüsen (Hg.), Geschichte und Theorie. Umrisse einer Historik, Frankfurt/M. 1976 S. 59 ff.

A. Schaff, Geschichte und Wahrheit, Wien 1970

H. Schnädelbach, Geschichtsphilosophie nach Hegel. Probleme des Historismus, Freiburg/München 1974

A. Schütz, Der sinnhafte Aufbau der sozialen Welt, Frankfurt/M. 1974

W. Stegmüller, Das Wahrheitsproblem und die Idee der Semantik, Wien/New York [2]1968

W. Stegmüller, Metaphysik, Skepsis, Wissenschaft, Berlin/Heidelberg/New York, [2]1969

W. Stegmüller, Theorie und Erfahrung. Probleme und Resultate der Wissenschaftstheorie und Analytischen Philosophie, Bd. II, 2. Halbband: Theorienstrukturen und Theoriendynamik, Berlin/Heidelberg/New York 1973

W. Stegmüller, Personelle und Statistische Wahrscheinlichkeit. Probleme und Resultate der Wissenschaftstheorie und Analytischen Philosophie, Bd. IV, Berlin/Heidelberg/New York 1973

M. Theunissen, Hegels Lehre vom absoluten Geist als theologisch-politischer Traktat, Berlin 1970

L. Tondl, Scientific Procedures. Boston Studies in the Philosophy of Science, Volume X, Dordrecht/Boston 1973

E. Troeltsch, Der Historismus und seine Probleme. Erstes Buch: Das logische Problem der Geschichtsphilosophie, Tübingen 1922 (Neudruck Aalen 1961)

E. Tugendhat, Vorlesungen zur Einführung in die Sprachanalytische Philosophie, Frankfurt/M. 1976

M. Weber, Die »Objektivität« sozialwissenschaftlicher und sozialpolitischer Erkenntnis, in: M. Weber, Gesammelte Aufsätze zur Wissenschaftslehre, herausgegeben von J. Winckelmann, Tübingen 1968, S. 146 ff.

H.-U. Wehler, Geschichte als historische Sozialwissenschaft, Frankfurt/M. 1973

HANS MICHAEL BAUMGARTNER / JÖRN RÜSEN

Erträge der Diskussion

Die Diskussion der Vorlagen im ersten Teil der Sektion behandelte vornehmlich vier Problemkomplexe: (1) die Eigenart des Fiktionalen; (2) seine Bedeutung für die Historiographie und den Vergleich zwischen fiktionalen und historiographischen Texten; (3) die Authentizität geschichtlicher Erfahrung in ihrer narrativen Reproduktion durch die Betroffenen; (4) das Verhältnis von literarischem Deutungsmuster und wissenschaftlicher Rationalität in der Historiographie.

(1) Es herrschte Übereinstimmung darüber, daß Fiktionalität nicht bloß als Täuschung verstanden und der Wahrheitsfähigkeit nichtfiktionaler Aussagen entgegengesetzt werden kann. Vielmehr muß eine wichtige Funktion fiktionaler Texte darin gesehen werden, Wirklichkeit zu erschließen, ja: so etwas wie ›wahre‹ Wirklichkeit gegen Verstellungen sichtbar zu machen. Fiktionale Darlegungen können als heuristische Hypothesen über die Wirklichkeit angesehen werden; sie können sogar Verblendungszusammenhänge der Wirklichkeit, also eine als Wirklichkeit selbst auftretende Fiktion, aufdecken: Die Fiktionalisierung von Wirklichkeit dient dann deren Kritik und folgt der Absicht, wahre von falscher Wirklichkeit unterscheidbar zu machen und letztere zugunsten der ersteren aufzuheben.

Schwierig erwies es sich, präzise Kriterien für eine Unterscheidung zwischen fiktionalen und nicht-fiktionalen Texten anzugeben, – eine Schwierigkeit, die der Befund illustriert, daß der gleiche Text als nicht-fiktionaler und als fiktionaler verstanden werden kann. So wird z. B. Smolletts *Travels in France and Italy,* ein nicht-fiktionaler Gebrauchstext mit historischer Aussagekraft, 150 Jahre nach seinem Erscheinen nur mehr als fiktionaler ästhetischer Text rezipiert; ähnlich ist es bei der Heldensage. Eine Unterscheidung zwischen fiktionalen und nicht-fiktionalen Texten ist erzähltheoretisch insofern wichtig, als narrative Schemata zwar stets Konstruktionen, aber nicht deshalb auch schon Fiktionen darstellen. Die Fiktionalität eines Textes wird also nicht primär von der Art seines narrativen Schemas bestimmt, sondern muß anders ausgemacht werden. Die meisten Diskussionsbeiträge zu diesem Problem stimmten darin überein, daß Fiktion als nicht eingelöste Existenzsupposition von Aussagen nur durch Rekurs auf das Verständnis ausgemacht werden kann, in dem die Erzählstituation im Text und die Lebenssituation des Erzählers und seines Publikums zueinanderstehen. Fiktionalisierung von Wirklichkeit wurde als ›als ob‹-Handeln charakterisiert. Die Kriterien für Fiktionalität liegen also nicht ausschließlich in der Referenzsemantik der Texte, sondern in der Kommunikationssituation, in der die jeweiligen Texte produziert und rezipiert werden. Die von diesen Überlegungen her naheliegende Frage nach dem inneren Zusammenhang von Referenzsemantik und Kommunikationssituation eines narrativen Textes konnte nicht im einzelnen weiter verfolgt werden; sie verweist auf ein wichtiges Forschungsproblem der Erzähltheorie.

(2) Daß sich fiktionale und nicht-fiktionale Elemente in narrativen Texten nicht restlos voneinander unterscheiden lassen, ergab die Diskussion über die Bedeutung des Fiktionalen für die Geschichtsschreibung. Die Historiographie ist ein ausgezeichnetes Beispiel für das Wechselverhältnis von Wirklichkeit und Fiktion in narrativen Texten: Die wirkliche Welt schlägt auf die fiktionale durch (z. B.: die Realitätserfahrung der Revolution mobilisiert die Deutungsschemata fiktionaler narrativer Texte); in der Wirklichkeit – verstanden als Lebenswelt des Erzählers und seines Publikums – bildet sich das Interesse an einer fiktionalen Welt aus, so daß diese schon aufgrund des sie konstituierenden Erzählinteresses prinzipiell auf die Lebenswelt und deren Wirklichkeitsdimension zurückverweist.

Umgekehrt aber wird diese lebensweltliche Wirklichkeit immer auch schon im Lichte von Deutungsmustern der Art gesehen, wie sie von der fiktionalen Literatur realisiert werden. Die Historiographie unterscheidet sich von fiktionalen Erzählungen nicht dadurch, daß diese die Wirklichkeit fiktional überbieten wollen, während sie sich darauf beschränkt, Wirklichkeit (als Zeitfolge vergangener Ereignisse und Strukturen) darzustellen. Sowenig wie Balzac – seinem Selbstverständnis zum Trotz – nicht bloß seine Zeit sich durch seine Romane selbst so darstellen läßt, wie sie wirklich ist, sondern die vorgefundene Wirklichkeit auf dem Niveau seiner eigenen Willens- und Vorstellungskraft überbietet, so wenig kann Rankes bekannter Satz, er wolle »bloß zeigen, wie es eigentlich gewesen,« darüber hinwegtäuschen, daß er die historiographisch repräsentierte Zeit durch seine Deutungsleistungen überbietet. Dieser Deutungsleistung gegenüber haben die Anmerkungen der Quellentreue im Text die gleiche Funktion wie die lebensweltlichen Darstellungsformen in dem von Maurer beschriebenen Fiktionalisierungsverfahren: Sie dienen der Plausibilisierung der narrativ realisierten Deutungsschemata, die ihrerseits zwar angesichts der Quellen gebildet, aber doch nicht den Quellen entnommen werden können.

Fiktionales Erzählen und Historiographie machen Gebrauch von den gleichen Schemata und Verfahren narrativer Sinnbildung. Dies liegt sicher auch daran, daß beiden Erzählweisen eine allgemeine und elementare Intention auf wunscherfüllende Weltstrukturierung, eine die Welt schlechthin konstruierende Imagination, zugrunde liegt. Überdies ist es auch nicht von der Hand zu weisen, daß die Historiographie auch deshalb auf Deutungsmuster der fiktionalen Literatur zurückgreift (etwa die des Schauerromans), weil die zu verarbeitende historische Erfahrung der fiktional imaginierten nahekommt. Dennoch sind die Unterschiede des Erfahrungsbezuges in beiden Erzählweisen unübersehbar, so daß die Erzählforschung nicht umhin kann, die Attraktivität narrativer Deutungsmuster der fiktionalen Literatur für die Historiographie zu erklären.

Welche Funktion hat das Element des Fiktionalen im historiographischen Diskurs, und wie ist angesichts dieser Elemente der für die Historiographie spezifische Realitätsbezug zu bestimmen? Zur Lösung dieser Probleme wurden einige wichtige Hinweise gegeben. Soll durch die Geschichtsschreibung eine aktuelle, ins Leben eingreifende Zeiterfahrung des Historikers und seines Publikums bewältigt werden, dann muß diese Erfahrung von den Betroffenen gleichsam abgerückt werden, damit sie sie verkraften können. Fiktionale Literatur ist eine dazu besonders gut geeignete Artikulationschance von Interessen angesichts widerständiger Erfahrungen. Ihre Deutungsmuster sind keine Muster der verstörenden lebensweltlichen Wirklichkeit, sondern erlauben als poetische, als ›künstliche‹, eine Distanzierung von der erfahrenen Wirklichkeit, in der sie diese, relativ frei von ihren Zwängen, deutend verarbeiten können. Aber nicht nur eine solche Befreiung vom Erfahrungsdruck wird durch die Verwendung narrativer Deutungsmuster aus fiktionalen Texten in historiographischen möglich, sondern sie ermöglichen auch eine besondere kommunikative Leistung. Fiktionale Texte sind einverständnisoffener und deshalb für Verständigungsleistungen prädestiniert. Mit der Verwendung von narrativen Deutungsmustern aus fiktionaler Literatur bringt sich daher der Geschichtsschreiber konsensstiftend in das Kollektiv der Opfer oder der Verstrickten ein.

Fiktionalität und historische Erfahrung schließen sich also in der Historiographie nicht grundsätzlich aus. Die Historiographie kann vielmehr auf narrative Plot-Schemata zurückgreifen, die ursprünglich in einer Gattung fiktionaler Literatur beheimatet sind, und sie als Muster zur Deutung geschichtlicher Erfahrung verwenden. Dadurch aber wird die Historiographie nicht selber schon zur fiktionalen Literatur. Sie schildert ja die französische Revolution nicht als ein ›Als ob‹, sondern als etwas, von dem die Leser wissen, daß es sich tatsächlich ereignet hat (nicht zuletzt deshalb, weil sie davon in den Bedingungen und Chancen ihrer Lebensführung betroffen sind). Die historischen Ereignisse werden vielmehr in ein narratives Konstrukt eingebracht, das literarische Schema wird den historischen Ereignissen gleichsam übergestülpt, um durch eine Interpretation nach diesem Schema die Betroffenheit durch sie in eine sowohl daseinserschließende wie dadurch auch handlungsermöglichende Orientierung zu verwandeln.

(3) Dieser Deutungsvorgang wirft unvermeidlich die Frage nach der Authentizität geschichtlicher Erfahrungen in ihrer narrativen Reproduktion durch die Betroffenen auf. Was geschieht mit diesen Erfahrungen, wenn sie in narrative Deutungsschemata integriert werden, die ihre Nähe zu und z. T. ihren Ursprung aus der (fiktionalen) Literatur nicht verleugnen können? Diese Frage läßt sich nicht einfach dadurch beantworten, daß man die empirischen Behauptungen von Erzählungen durch Rückgang auf Erfahrungen vom Behaupteten außerhalb der Erzählungen überprüft und feststellt, was durch das Erzählen mit den außerhalb seiner verfügbaren Erfahrungen ›gemacht‹ (oder gar: ›angestellt‹) wird. Eine solche Trennung zwischen der Erfahrung selbst und ihrer narrativen Reproduktion ist in vielen Fällen gar nicht möglich, vor allem dann nicht, wenn Ereignisse und Ereigniszusammenhänge nur durch die Erzählung Betroffener präsent gemacht werden können, d. h. außerhalb ihrer narrativen Reproduktion gar nicht beobachtet und erhoben werden können. Dies ist an den Befunden der Vorlage von Schütze offensichtlich. Sie zeigen, daß bestimmte Erfahrungen des Verstricktseins in soziale Prozesse nur narrativ artikulierbar sind, also nicht unabhängig von Erzählungen identifiziert werden können. Um so wichtiger erweist sich eine genaue Rekonstruktion des narrativen Modus der Präsentation von Betroffenheitserfahrung.

Dabei ist darauf zu achten, daß zwischen zwei Bewertungssystemen, in die die geschichtlichen Erfahrungen einbezogen werden, unterschieden wird, –

das der aktuellen Erzählung auf der einen Seite und das schon in die erzählten Handlungen eingegangene System handlungssteuernder Bewertungen auf der anderen. Erzähltheoretisch besonders wichtig sind die Befunde, die die Regelgesteuertheit der narrativen Reproduktion subjektiver Betroffenheit belegen. An ihnen läßt sich aufweisen, in welch hohem Maße der Erzähler Zugzwängen des Erzählens unterliegt, denen er sich nicht ohne Plausibilitätsverlust seiner Geschichte entziehen kann. Der Versuch, Erfahrungen zu unterschlagen, indem sie durch Fiktionen (im Sinne von Täuschungen) ersetzt werden, führt in Stegreiferzählungen, die im Rahmen von Interviews zustandekommen, dazu, daß der Erzähler aus dem narrativen Diskurs ausbricht (es sei denn, er hätte seine täuschende Geschichte sich vorher schon zurechtlegen können). Damit stellt sich allerdings die weiterführende Frage nach der Möglichkeit der Selbsttäuschung und ihrer narrativen Realisation mit Hilfe fiktionalisierender Verfahren.

Eine erzähltheoretisch wichtige und fruchtbare Forschungsperspektive ergab der Gesichtspunkt einer vergleichenden Untersuchung der Verlaufskurvenbefunde von Stegreiferzählungen in narrativen Interviews und entsprechender Befunde in der Historiographie; hier müßten Gemeinsamkeiten und Unterschiede in der narrativen Rekonstruktion geschichtlicher Erfahrung durch die Betroffenen auf der einen Seite und die (zumeist professionellen) Historiker auf der andern Seite herausgearbeitet werden. Die Vergleichbarkeit ist insofern schon gegeben, als das Interview selber eine künstliche Situation darstellt, die einige funktionelle Äquivalenzen mit der Forschungssituation des Historikers hat. Im Rahmen einer solchen Untersuchung ließe sich auch genauerer Aufschluß über die Geltungsmodi der narrativen Präsentation geschichtlicher Erfahrung gewinnen.

(4) Dieses Wahrheitsproblem wurde schließlich in der spezifischen Hinsicht auf das Verhältnis literarischer Deutungsmuster und wissenschaftlicher Rationalität in der Historiographie diskutiert. Dieses Verhältnis ist nicht in der Form eines einlinigen Abfolgemodells zu denken, also derart, daß im Laufe der Zeit literarische Deutungsmuster zugunsten einer stetigen Zunahme der wissenschaftlichen Rationalität zurücktreten oder ganz verschwinden. Wie wenig dies der Fall ist, geht eindrucksvoll daraus hervor, daß Geschichtsschreiber, die in ihren allgemeinen theoretischen Überlegungen zur Deutung der Französischen Revolution explizit gängige literarische Deutungsmuster als unzureichend kritisieren, eben diese Deutungsmuster in dem eigenen Erzählerkommentar wieder verwenden: »Kaum aber ist die Bastille erstürmt, geht's los mit den Komplotten« (Kahr). Dem entspricht auf der anderen Seite der Befund, daß Tocqueville, der solche Muster in der Interpretation der Französischen Revolution nicht verwendet, die Revolution auch nicht als geschichtlichen Verlauf erzählt. Bei ihm handelt es sich um eine Systembeschreibung, nicht aber um die Erzählung eines Verlaufs. Dies Fehlen narrativer, aus der fiktionalen Literatur übernommener Deutungsmuster in einer Historiographie, die sich weniger Ereignisfolgen zuwendet als vielmehr Systeme und deren Veränderung beschreibt, ist in der historiographischen Literatur zur Französischen Revolution häufig zu beobachten. Für diese Literatur gilt allgemein, daß sie dann, wenn sie keine narrativen Deutungsmuster aus der Tradition des fiktionalen Erzählens verwendet, auch den Verlauf der Revolution nicht erzäh-

lend vergegenwärtigt. Umgekehrt läßt sich daraus der Schluß ziehen, daß man, wenn man diesen Verlauf erzählen will, offensichtlich auf solche literarischen Deutungsmuster nicht verzichten kann, auch dann, wenn man unabhängig von ihnen sehr einleuchtende Erklärungen für den Ausbruch und Fortgang der Revolution gefunden hat.

In der Historiographie stehen also offenkundig wissenschaftsspezifische Erklärungs- und Darstellungsformen nicht im Widerspruch zu den aus literarischen Erzählungen übernommenen narrativen Deutungsmustern. So sehr solche Deutungsmuster von professionellen Historikern als ›unseriös‹ abqualifiziert werden, so wenig ist damit schon erwiesen, daß die fachspezifischen Deutungsverfahren in der Historiographie diesen Mustern in jeder Hinsicht überlegen sind. Die Bedeutung der literarischen Deutungsmuster für die Geschichtsschreibung besteht vielmehr darin, daß sie dazu dienen, Betroffenheit zu artikulieren. Daher kann den narrativen Deutungsmustern der fiktionalen Literatur in der Historiographie grundsätzlich eine innere Berechtigung und Notwendigkeit nicht abgesprochen werden. Im Gegenteil: Eine Veränderung der Geschichtsschreibung im Sinne einer zunehmenden Verdrängung der literarischen Deutungsmuster und eines Fortschritts rationaler Aufarbeitung der historischen Erfahrung kann auch eine Form der Verdrängung von Betroffenheit sein. Oft genug beginnt eine solche rationale Aufarbeitung auch erst dann, wenn man von der ursprünglich literarisch verarbeiteten historischen Erfahrung nicht mehr unmittelbar betroffen ist.

›Unseriös‹ oder ›illegitim‹ werden literarische Deutungsmuster in der Historiographie erst dann, wenn sie mit dem Anspruch auf wissenschaftsspezifische Erklärungen verbunden werden, so daß die entsprechenden Verfahren der Forschung als sekundär oder gar im Extremfall als überflüssig für eine rezeptionsfähige Geschichtsschreibung angesehen werden. Nötig bleiben die literarischen Deutungsmuster solange, wie die Geschichtsschreibung geschichtliche Erfahrung noch mit dem Anspruch präsentieren will, daß sie ihre Adressaten betrifft, oder selbst Betroffenheit auslösen will. Das Verhältnis von literarischem Deutungsmuster und wissenschaftsspezifischer Rationalität in der Geschichtsschreibung kann also nicht als ein Verdrängungs- oder Ausschließungsverhältnis bestimmt werden, sondern beide Momente verhalten sich zueinander komplementär. Eine Verwissenschaftlichung der Historiographie kann solange keine Entliterarisierung dieser Literatur im Sinne einer Austreibung der für die fiktionale Literatur maßgebenden Sinnbildungskriterien sein, solange sie Zeit durch Erinnerung nicht (durch hochrationalisierte Langeweile) totschlagen, sondern mit den Mitteln des methodischen Verstandesgebrauchs lebendig erhalten will.

Damit wird freilich die Historiographie nicht einer Beliebigkeit von Erzählschemata literarischer Herkunft preisgegeben, sondern mit dem Problem einer produktiven Auseinandersetzung mit der Vielfalt und dem Wandel solcher Schemata konfrontiert. Dabei wird vor allem auf das Problem hingewiesen, ob und inwieweit die wissenschaftliche Historiographie die strukturellen Veränderungen der Erzählschemata des fiktionalen Erzählens vom 19. ins 20. Jahrhundert, wie sie in anderen Sektionen dieses Symposions exemplarisch beschrieben und analysiert wurden, in ihrer eigenen, und d. h.: wissenschaftsspezifischen Erzählweise eigentlich schon mitvollzogen hat. Wenn es so ist, daß die fiktionale Literatur durch einen fundamentalen Wandel ihres Erzählmodus zeitgemäß – anspruchsvoller: auf der Höhe der Zeit – geblieben ist, dann handelt es sich bei diesem Problem für die Historiographie um die ebenso schlichte wie wichtige Frage ihrer Zeitgemäßheit. Eine Historiographie, die heute noch narrative Deutungsschemata aus der Literatur des 19. Jahrhunderts verwendet, ist unzeitgemäß. Dies dürfte auf allgemeine Zustimmung stoßen; weniger konsensfähige Einsicht allerdings besteht darüber, was heute an die Stelle dieser Erzählmuster gesetzt werden soll, da doch grundsätzlich die Schemata narrativer Sinnbildung nicht eliminiert werden können, solange Historiographie noch Veränderungen narrativ präsentiert. Hier liegt ein offenes Problem einer Erzählforschung, die sich der Tatsache stellt, daß auch die Geschichtsschreibung Erzählen ist, ebenso wie ein offenes Problem der Historiographie, die die Tatsache nicht verdrängt, daß sie mit der Literatur das Erzählen gemeinsam hat.

Die Diskussion der Vorlagen des zweiten Teils der Sektion behandelte die Frage, welchen Rang und Status das Erzählen in Geschichtsforschung und Geschichtsschreibung einnimmt. Folgende Problemkomplexe traten dabei in den Vordergrund:

(1) Geschichtsschreibung als Phänomen der Modernität; (2) der systematische Ort des Erzählens im historischen Diskurs; (3) Erzählstruktur und Objektivitätskriterien des historischen Wissens; (4) Kontingenz und Theorieunfähigkeit der Geschichte; (5) erzählend präsentierte Identität in ihrer Bedeutung für das Handeln; (6) die philosophisch-systematische Relevanz einer Logik der Erzählsprache; und (7) der Begriff der Zukunft im Rahmen des narrativen Konzepts.

(1) Mit dem historischen Argument, die wissenschaftliche Geschichtsschreibung der Gegenwart müsse von ihrem Ursprung in der Moderne her begriffen werden, sollte die Bedeutung von Erzählen für die Historie grundsätzlich problematisiert werden. Vergegenwärtigt man sich nämlich den Sachverhalt, daß ein wirkliches Bewußtsein der Geschichtlichkeit der menschlichen Existenz erst in der Moderne einsetzt und daß in der Tat erst unter den Bedingungen der neuzeitlich-modernen Lebenswelt die Zeitdimensionen der Vergangenheit, Gegenwart und Zukunft in einer Weise asymmetrisch werden, daß das Wissen von der Vergangenheit kaum noch Orientierungsmaßstäbe für die offene Zukunft abgeben kann, dann stellt sich mit Dringlichkeit das Problem, wie denn dieses »erhöhte« Bewußtsein von Geschichte (Lypp) im historischen Wissen bewältigt werden könne. Die Ansammlung historischen Wissens in der das Vergangene objektivierenden Geschichtswissenschaft, die möglichst umfassende Erzählung vergangener Ereignisse, scheint eine Selbstverständigung des Menschen in dieser dynamisch-bewegten und immer rascher ablaufenden Geschichte eher zu behindern als zu fördern. Damit wird aber gerade das Erzählen für die Bewältigung von Geschichte zunehmend funktionslos (Lypp). Statt dessen sind neue Sinnbildungsleistungen erforderlich, mythische Fiktionsbildungen, die allererst festlegen, was Objektivität heißen und was demgemäß als Geschichte vergegenwärtigt werden soll. In der Diskussion wurde gegenüber dieser historisierenden Sicht der Bestimmung und Aufgabe von Geschichtsschreibung geltend gemacht, daß der Begriff des Erzählens nur dann in der vorgeschlagenen Weise relativiert werden kann, wenn er nicht als wissenskon-

stitutiver Strukturbegriff aufgefaßt wird, durch den sich ein geschichtlicher Sachverhalt allererst als solcher erschließt. Wenn Erzählung aber nicht als primär durch die Figur des »dann ... und dann« bestimmt angesehen wird, sondern durch grundlegende Oppositionen, die Anfang und Ende einer Geschichte anzeigen und entsprechend einen geschichtlichen Wandel konstituieren und erkennbar werden lassen, dann liegt die Erzählstruktur selbst noch der Konzeption einer Geschichte der Modernisierung, die hier als Argument benutzt werden sollte, zugrunde. So verstanden ist die logische Struktur der Erzählsprache unabhängig von der in ihr gefaßten geschichtlichen Realität, und insbesondere davon, ob die von ihr erzählend präsentierte Geschichte sich schnell bewegt oder nicht. Erzählung gehört in diesem Sinne zur logischen Struktur der Geschichte überhaupt und nicht zu einem ihrer möglichen speziellen Inhalte (Baumgartner).

(2) Läßt sich aber Erzählen nicht auch in systematischer Hinsicht in seiner Bedeutung für die Historie relativieren? Geht man davon aus, daß der historische Diskurs gleichsam »nebeneinander« die Momente Beschreiben, Erklären, Erzählen enthält und daß es eine Vielzahl historischer Text-Sorten gibt, zu denen u. a. auch physiognomische Geschichtsdarstellungen, »ikonische« Repräsentationen, gehören, so stellt sich erneut die Frage nach dem Rang der Erzählung im Zusammenhang der vielen möglichen Vergegenwärtigungsformen von Vergangenheit. Ist Erzählen wirklich grundlegend, wenn es doch nur eine spezielle Weise historischer Präsentation zu sein scheint (Lypp; Ehlich)? Die entscheidende Überlegung in diesem Zusammenhang bezog sich auf die Analyse dessen, was Vergegenwärtigung des Vergangenen besagen kann. Da in allen Formen der Repräsentation von Vergangenem mehrere Zeitdifferenzen enthalten sind: so etwa die des gegenwärtigen Historikers zum vergangenen Geschehen oder die Zeitdifferenz zwischen den verschiedenen vergangenen Ereignissen im Sinne des Früher und Später, läßt sich die Gleichrangigkeit von Erzählen, Beschreiben, Erklären nicht aufrechterhalten. Vielmehr erhalten die Momente des Beschreibens und Erklärens eine dem Erzählschema untergeordnete Funktion. Auch hier zeigt sich, daß Erzählen ein Strukturbegriff des historischen Gegenstandes, der historischen Gegenständlichkeit ist und nicht eine bloße Repräsentationsform neben möglichen anderen. Dies schließt nicht aus, daß Beschreiben, Erklären, ikonographische Repräsentation im Rahmen von Erzählstrukturen ihren sinnvollen Ort besitzen (Rüsen). Andererseits ist zugleich offenkundig, daß die Erzählstruktur als solche noch keineswegs inhaltlich das Problem des Sinnes einer möglichen Geschichte zu lösen vermag (Baumgartner). Erzählung ist ein notwendiges Strukturmoment historischer Sinnbildung, aber kein hinreichendes.

(3) Die Frage nach dem systematischen Stellenwert des Erzählens verschärft sich unter dem Gesichtspunkt des Problems historischer Objektivität. Die Geschichtswissenschaft als empirische Erfahrungswissenschaft muß zweifelsohne dem Postulat der Objektivität genügen. Obgleich sie ihre Ergebnisse narrativ präsentieren mag, so scheint doch die Erzählung als solche nicht ihrerseits Kriterien dieser Objektivität zu enthalten; entscheidend ist dabei die Frage, wie die zu einer Erzählung komponierten Ereignisse ausgewählt und kausal gewichtet werden, bzw. welche Relevanz- und Selektionskriterien hierbei in Anspruch genommen werden müssen. Poraths Vorschlag, Erzählungen hin-

sichtlich ihrer Objektivität dadurch zu überprüfen, daß man die ihr zugrunde liegende »heimliche Theorie«, die implizite Theorie einer bestimmten Geschichte, ermittelt, verallgemeinert und unabhängig von der erzählten singulären Geschichte überprüft, führte zu einer ausführlichen Erörterung des Verhältnisses von Theorie und Erzählung (Hempfer; Rüsen; Baumgartner; Rehbein). Es wurde darauf hingewiesen, daß zwar ein jedes Ereignis durch (verschiedene) erfahrungswissenschaftliche Theorien erklärt werden kann, daß es aber für die in einer Geschichte aufgrund ihres Bedeutungszusammenhanges komponierten Ereignisse nicht wiederum eine einheitliche Theorie geben könne. Hier stellte sich die Frage nach dem Problem einer Super-Theorie, die so singulär sein müßte wie die erzählte Geschichte selbst. Eine derartige Theorie wäre aber nur noch durch sich selbst überprüfbar, d. h. sie wäre zirkulär und im Sinne des wissenschaftstheoretischen Postulats der Überprüfbarkeit nicht zu beurteilen. Die Kriterien der Relevanz und der Selektion können sich deshalb nicht in eben dem Sinne einer empirischen Theorie verdanken wie die Kriterien, anhand deren das Eintreten eines Ereignisses als erklärt gelten kann. Die Prüfung der Objektivität einer mit dem Anspruch auf Wahrheit auftretenden historischen Erzählung ist darum ein komplexer Vorgang, der sich nicht nur auf empirische Theorien bezieht, sondern zugleich Gesichtspunkte der Quellenkritik, aber auch der Konsensbildung innerhalb der »scientific community« zu berücksichtigen hat. Jedenfalls muß es als unmöglich erscheinen, erzählte Geschichte in eine einzige, ihr zugrunde liegende Theorie zu transformieren, um sie anhand dieser explizit gemachten Theorie dann auf ihre Objektivität hin zu prüfen. Die Möglichkeit, daß es sich hierbei überhaupt um eine distinkte und einheitliche Theorie handeln könne, mußte auch von Lübbes Vorlage her in Frage gestellt werden. Erfahrungswissenschaftliche und damit inhaltliche Theorien sind für die Historie als Forschung ohne Zweifel unverzichtbar; sie lassen sich aber nicht selbst als Erzählschemata verwenden, und sie erklären nur das Eintreten bestimmter Ereignisse, die für eine besondere Geschichte relevant sind, aber nicht zugleich auch ihre Relevanz für diese Geschichte. Die Objektivität einer bestimmten historisch erforschten und historiographisch dargestellten Geschichte ist daher nur zum Teil durch die Überprüfung von Theorien zu gewährleisten. Dantos Unterscheidung von Faktoren der Erklärung und Faktoren der Bedeutung muß in diesem Zusammenhang nach wie vor berücksichtigt werden. Daß allerdings die Erzählstruktur ihrerseits nicht ausreicht, um Objektivität zu sichern, liegt auf der Hand. Sie liefert nur notwendige Bedingungen historischer Gegenständlichkeit überhaupt, nicht aber hinreichende für die Wahrheit historischer Aussagen.

(4) Im Gegensatz zu den bisherigen Ansätzen der Diskussion, denen gegenüber die Bedeutung des Erzählens verteidigt werden mußte, war mit Lübbes Konzept einer theorieunfähigen, weil wesentlich auf Kontingenz bezogenen Geschichte eine Problemperspektive gegeben, die den Begriff des Erzählens geradezu notwendig machte. Wenn Geschichten sich immer auf relativ kontingente Ereignisse beziehen, so folgt daraus, daß zwar jedes der kontingenten Ereignisse aus seinem eigenen System-Funktionszusammenhang erklärt werden kann, aber nicht mit Bezug auf jene anderen kontingenten Ereignisse, mit denen zusammen es eine bestimmte Geschichte bildet. Historie als Wissenschaft benötigt darum erklärende Theorien, kann aber ihrerseits keine Theorie

über den Zusammenhang der genannten kontingenten Ereignisse hervorbringen. In diesem Sinne ist Geschichte theorieunfähig. Die gegen diesen Ansatz vorgebrachten Einwände bezogen sich auf bekannte »historische Theorien« wie etwa Max Webers Rationalisierungstheorie, oder auch auf die Theorie der Modernisierung. Es wurde geltend gemacht, daß Geschichte doch nicht nur mit kontingenten Ereignissen, sondern auch mit Entwicklungen, mit Ablaufsfolien, zu tun habe (Schütze); daß man am Beispiel der Sozialgeschichtsschreibung sehen könne, daß Geschichte nicht bloß eine Singularität von Ereignisfolgen enthalte, sondern immer auch einen Zusammenhang von Ereignissen und Strukturen (Sanders); und schließlich, daß Lübbes Systembegriff problematisch sei, da er doch im wesentlichen nur abgeschlossene Systeme in Rechnung stelle, die so in der historischen Realität nicht auftreten: alle dort ausfindig zu machenden Systeme seien gegeneinander offen und befänden sich in stetigen Transformationsprozessen zueinander (Kallweit). Die Diskussion dieser Fragestellungen litt unter dem Handikap, daß der diskutierte Autor nicht anwesend sein konnte. In seinem stellvertretenden Antwortversuch machte Rüsen deutlich, daß man im Sinne Lübbes zwischen systemimmanenten und systemübergreifenden Entwicklungen unterscheiden müsse; während es für die ersteren erklärende Theorien gibt, könne man für die zweite Art von Entwicklungen, auch wenn es sich dabei um Evolutionen handelt, keine einheitliche und den empirischen Theorien gleichartige Theorie finden. Das spezifische Interesse der Historie ginge gerade nicht auf die systemimmanenten Ablaufsfolien, sondern auf die einer Erklärung bedürftigen Abweichungen, die sich mit Bezug auf das zu schildernde System eben nicht aus dem Funktionalismus dieses Systems erklären lassen. So würde auch der Zusammenhang von Ereignis und Struktur bei Lübbe nicht geleugnet, ebensowenig wie die Möglichkeit übergreifender Konstrukte; worauf es Lübbe hingegen wesentlich ankäme, sei dies, daß man hier nicht von Theorie in eben dem Sinne sprechen könne wie von Theorien, die im Rahmen von Systemen Ereignisse erklären. Deshalb würde Lübbe vielleicht zustimmen, wenn man für Konzepte wie Max Webers Rationalisierungstheorie den Begriff eines Rahmenkonstruktes für mögliche Erzählungen einführen würde, aber er würde aus begriffspragmatischen Gründen dafür plädieren, Konstrukte dieser Art nicht historische Theorien zu nennen. Im übrigen sei der von Lübbe verwendete Systembegriff nur auf einen regelhaften Funktionszusammenhang bezogen und daher gegenüber der Bestimmung der Offenheit oder Geschlossenheit eines Systems neutral. Für sich selbst sah Rüsen keine Schwierigkeit, den Titel »historische Theorien« gleichwohl zu verwenden, wenn man nur berücksichtige, daß es sich eben hierbei nicht um nomologische Theorien handeln könne. Als Fazit der Diskussion ergab sich, daß die Theorieunfähigkeit der Geschichte nicht besagt, daß einzelne Ereignisse nicht theoretisch erklärt werden könnten, sondern nur, daß die in Frage stehende Ereignissequenz einer bestimmten Geschichte nicht ihrerseits theoretisch erklärt und in der Konsequenz auch nicht prognostiziert werden kann.

(5) Mit diesem Ergebnis, das Erzählung für Geschichte unverzichtbar macht, war sofort die Frage aufgeworfen, welche Bedeutung der erzählend präsentierten Geschichte für menschliches Handeln zugesprochen werden könne. Wenn nämlich Geschichte im Sinne Lübbes theorieunfähig ist und

wenn Historiographie deshalb nur Prozesse von Systemindividualisierung, d. h. historisch gewordene Identitäten, erzählend präsentieren kann, so kann man aus Geschichte weder lernen, noch Handlungsanweisungen gewinnen. Haben Geschichten dann überhaupt Bedeutung für die Praxis menschlichen Lebens? Wiederum versuchte Rüsen stellvertretend zu antworten, indem er darauf hinwies, daß die befürchtete Irrelevanz für die Handlungsorientierung (Ehlich) jedenfalls nicht logisch aus der Tatsache folge, daß aus Geschichten keine direkten Handlungsanweisungen gezogen werden können. Entscheidend sei dabei die Unterscheidung zwischen Handlungsanweisung und Handlungsorientierung. Die durch Geschichte vermittelte Erfahrung von Kontingenz, die Widerfahrnis von menschlichem Schicksal, hat in jedem Fall orientierende Bedeutung: man kann aus ihr zwar nicht ableiten, was zu tun sei, jedoch wissen, was man im Verfolgen seiner Absichten widrigenfalls zu gewärtigen hat. Gerade in dieser Weise werden handlungsmotivierende Kräfte freigesetzt, wird menschliches Handeln auch in die Zukunft hinein orientiert.

(6) Die Frage nach der philosophisch-systematischen Bedeutung einer Logik der Erzählsprache konnte leider nur angeschnitten werden, da auch Danto, auf den sie sich primär bezog, verhindert war, an der Diskussion teilzunehmen. Dantos Position interpretierend sah Baumgartner die Bedeutung einer Logik des Erzählens darin gelegen, daß die language of narration nach seiner Ansicht ebenso alt sei wie die Sprache selbst, daß Erzählen deshalb als eine Sprachform angesehen werden müsse, die mit dem Wesen des Menschen selbst gegeben ist. Wenn nämlich die Logik des Erzählens als Konkretisierung der phänomenologischen Struktur des historischen Bewußtseins aufzufassen ist, dann wird in der ausgearbeiteten Erzählgrammatik die Struktur des historischen Bewußtseins des Menschen sowohl sprachanalytisch wie wissenschaftstheoretisch faßbar. Dieser Zusammenhang läßt erkennen, daß durch Erzählen allererst die Dimension von Geschichte und Geschichtlichkeit eröffnet wird, eines Bewußtseins von Geschichte überhaupt, das gleichwohl epochal verschiedene Ausprägungsformen annehmen kann. Dadurch aber wird die Grundstruktur des Erzählens keineswegs verändert, so daß Geschichte bisweilen erzählt, bisweilen auch nicht erzählt werden könnte. Die Frage, wie die Erzählstruktur näherhin zu verstehen sei, ob es sich um eine anthropologische Konstante oder um eine apriorische Struktur von Sprache überhaupt handele, mußte ebenso offen bleiben, wie diejenige, ob die Grammatik des Erzählens im Sinne einer transzendentalen Theorie des Bewußtseins interpretiert werden dürfte. Lypps Einwand, daß der Hinweis auf die aller Geschichte zugrunde liegende Erzählstruktur zu abstrakt und allgemein sei, weil man dann die verschiedenen Arten von Geschichtsschreibung nicht mehr voneinander unterscheiden könne, wurde von Baumgartner positiv gewendet: im Rekurs auf die Erzählstruktur gehe es ja gerade darum, Geschichtsschreibung überhaupt begrifflich exakt zu bestimmen und strukturell durchsichtig zu machen.

(7) Im Anschluß an Dantos These, daß für den Historiker wohl vergangene Zukunft, nicht aber seine eigene eine inhaltliche Bedeutung für die Darstellung von Geschichte besitzt, wurde die Frage gestellt, ob der Zukunftsbezug des historischen Bewußtseins nicht durch die eigentümliche Figur einer »Eschatologie ohne Eschaton« (Voßkamp) geprägt sei. Der erzählende Historiker bedürfe für seine eigene Tätigkeit der Zukunft sowohl im Sinne von Er-

wartung wie im Sinne von notwendiger Kontingenz, diese Zukunft sei aber zugleich gehaltlos, leer. In diesem Zusammenhang hätte folgerichtig auch Dantos Begriff der Gegenwart wie sein Verständnis von Zeit überhaupt erörtert werden müssen. In der Diskussion wurde darauf verwiesen, daß die Bezeichnung »Eschatologie« schon deswegen nicht exakt zutreffen kann, weil mit ihr immer auch eine abgeschlossene Zukunft intendiert und ein Wissen um das individuelle wie allgemeine Ende der Welt ausgesprochen ist. Ein solches historisches Wissen über die Zukunft wäre aber nach Danto unmöglich (Baumgartner). Dieser Sachverhalt hat zur Folge, daß Zukunft nicht als qualitativer Begriff aufzufassen ist. Bleibt aber die Zukunft grundsätzlich leere Dimension, so fällt das entscheidende Gewicht der historischen Existenz auf die Schreibhandlung selbst (Voßkamp). Es wurde vermutet, daß sich hier eine gewisse Nähe Dantos zum Existenzialismus Sartres abzeichne: die Sinngebung des menschlichen Lebens und seiner Zukunft in der Existenzform des Schriftstellers. Aber, so lautete die weiterführende Frage, haben wir wirklich kein Wissen über die Zukunft? Läßt sich nicht über den Gebrauch des Futur II die Zukunft antizipieren, indem man Vergangenheitserfahrungen bündelt und extrapoliert und daraus Wahrscheinlichkeitsmomente für das Eintreten möglicher Ereignisse abliest (Klotz)? Abgesehen von dem vom Fragesteller selbst befürchteten Folgeproblem, daß es dann möglicherweise zu einer totalen Tilgung des Lebens in der Gegenwart kommen könnte, ließ sich von Danto her festhalten, daß unser Wissen über die Zukunft bestenfalls theoretisch vermittelt und abstrakt ist (Baumgartner). Seine aus der »Analytischen Philosophie der Geschichte« bekannte Analyse des Aristotelischen Problems der »Seeschlacht«, der im Mittelalter viel diskutierten »contingentia futura«, bestätigte das Aristotelische Ergebnis, daß singuläre Sätze über die Zukunft weder wahr noch falsch sind. Was wir also demgemäß über die Zukunft wissen können, ergibt sich aus den bewährten erfahrungswissenschaftlichen Theorien, die aber mit Bezug auf die zukünftigen Ereignisse kein konkretes Wissen ermöglichen. Demzufolge sind Prognosen nur für Ereignisklassen möglich, die offen sind und deren einzelne Ereigniselemente sich zueinander inhomogen verhalten. Daß unser Wissen über die Zukunft nur abstrakt und allgemein ist, bedeutet eben dies, daß die Zukunft grundsätzlich offen bleibt. Diese Offenheit ist aber, wie Danto in seiner Vorlage gezeigt hat, eine notwendige Bedingung dafür, daß wir überhaupt handeln können. Im übrigen würde die Struktur der Erzählung selbst zerstört werden, würde es wahre narrative Sätze über die Zukunft geben. Aus der Logik der Erzählung folgt, daß Geschichte als Wissenschaft ebensowenig möglich wäre wie sinnvolles Handeln, wenn uns geschichtsphilosophisch ein konkretes Wissen über die Zukunft zur Verfügung stünde.

Register

zusammengestellt von Jörg Sonnenberg

In das Personen- und Sachregister sind – da der Band keine gesonderte Gesamtbibliographie enthält – auch alle Autorennamen der wissenschaftlichen Literatur aufgenommen worden. Die kursiv gesetzten Seitenzahlen im Personen- und Sachregister beziehen sich auf den Anmerkungs- und Literaturteil der Beiträge.

Romantik
in Deutschland

Ein interdisziplinäres Symposion
Herausgegeben von Richard Brinkmann

Sonderband der »Deutschen Vierteljahrsschrift für
Literaturwissenschaft und Geistesgeschichte«.
1978. X, 726 Seiten
und 32 Seiten Abbildungen, Gebunden.
ISBN 3-476-00404-X

Dieser Sonderband geht auf ein im Auftrag der Deutschen Forschungsgemeinschaft veranstaltetes internationales Symposion zurück. Der Band umfaßt die Tagungsreferate in teilweise überarbeiteter Form, eigens erstellte Diskussionsberichte und eine Bibliographie. Der thematische Rahmen war vorgegeben: Romantik im Spannungsfeld von sozialem Wandel und Stagnation – Romantik im Spannungsfeld von Kunst, Ästhetik und Wirklichkeit – Romantik im Spannungsfeld von Kunstglauben, Mythologie und Theologie – Romantik im Spannungsfeld von Naturgefühl, Naturwissenschaft und Naturphilosophie. Neue Ansätze, noch nicht veröffentlichte Ergebnisse sollten präsentiert und auf interdisziplinärer Ebene diskutiert werden. Insbesondere war dabei gedacht an die Einbeziehung von Literaturwissenschaft, Naturwissenschaften und Medizin, Geschichtswissenschaften (politische Geschichte, Rechtsgeschichte, Wirtschafts- und Sozialgeschichte), Philosophie, Theologie, Kunst- und Musikwissenschaft. Es geht, dem universalistischen Denken der Romantik folgend, um den Versuch einer Synthese disparater Forschungsansätze neuerer Zeit. Die Beiträge der einzelnen Disziplinen sollten im Hinblick auf Berührungspunkte und wechselseitige Relevanz reflektiert werden und entsprechende Akzente setzen. Von Belang dabei war die möglichst konkrete Hinwendung zu den Gegenständen der Fächer, bei der die verschiedenen Erkenntnisinteressen, Betrachtungsweisen und Forschungsschwerpunkte zur Geltung gebracht und miteinander konfrontiert werden.

J. B. Metzler · Stuttgart

Formen und Funktionen
der
<u>Allegorie</u>

Symposion Wolfenbüttel 1978
Herausgegeben von Walter Haug

Germanistische Symposien. Berichtsbände.
Im Auftrag der Germanistischen Kommission der Deutschen Forschungsgemeinschaft und in Verbindung mit der »Deutschen Vierteljahrsschrift für Literaturwissenschaft und Geistesgeschichte«,
herausgegeben von Albrecht Schöne, III.
1979. X, 810 Seiten und 40 Seiten Abbildungen. Gebunden.
ISBN 3-476-00418-X

Der vorliegende Sammelband dokumentiert die Referate und Diskus-
sionsprotokolle des im Spätsommer 1978 stattgehabten Wolfenbüt-
teler Symposions »Formen und Funktionen der Allegorie«, an dem
etwa 40 Referenten der verschiedensten Disziplinen teilgenommen
und die neueste Wissenschaftsentwicklung mitgeteilt haben. Dabei
wurden vier Leitfragen nach der Klassifikation und Funktion der
Allegorie, der allegorischen Konstruktion, der Allegorie als Deu-
tungshorizont und der Theorie und Kritik des Allegorischen aufgeworfen. Wenngleich eine gewisse Differenz zwischen diesem Konzept
und dem tatsächlichen Tagungsprogramm zu verzeichnen ist, so muß
doch die außergewöhnlich lebhafte Resonanz betont werden. Im vorliegenden Band konnte ein gewisser Ausgleich des Abstands zwischen
dem Konzept und den Referaten durch die Einleitungen zu den
Tagungsprogrammen im einzelnen geleistet werden, indem thematische Leerstellen dort ausgeglichen und Perspektiven auf das Gesamt-
konzept hin entwickelt wurden. Nach Abschluß des Symposions
erstellte Diskussionsberichte runden den Anspruch dieses Bandes
ab. Er wird durch eine Arbeitsbibliographie zur Allegorieforschung
beschlossen.

J. B. Metzler · Stuttgart

Formen und Funktionen
der
Allegorie

Symposion Wolfenbüttel 1978
Herausgegeben von Walter Haug

Germanistische Symposien. Berichtsbände.
Im Auftrag der Germanistischen Kommission der Deutschen Forschungsgemeinschaft und in Verbindung mit der »Deutschen Vierteljahrsschrift für Literaturwissenschaft und Geistesgeschichte«,
herausgegeben von Albrecht Schöne, III.
1979. X, 810 Seiten und 40 Seiten Abbildungen. Gebunden.
ISBN 3-476-00418-X

Der vorliegende Sammelband dokumentiert die Referate und Diskus-
sionsprotokolle des im Spätsommer 1978 stattgehabten Wolfenbütte-
ler Symposions »Formen und Funktionen der Allegorie«, an dem
etwa 40 Referenten der verschiedensten Disziplinen teilgenommen
und die neueste Wissenschaftsentwicklung mitgeteilt haben. Dabei
wurden vier Leitfragen nach der Klassifikation und Funktion der
Allegorie, der allegorischen Konstruktion, der Allegorie als Deu-
tungshorizont und der Theorie und Kritik des Allegorischen aufgeworfen. Wenngleich eine gewisse Differenz zwischen diesem Konzept
und dem tatsächlichen Tagungsprogramm zu verzeichnen ist, so muß
doch die außergewöhnlich lebhafte Resonanz betont werden. Im vorliegenden Band konnte ein gewisser Ausgleich des Abstands zwischen
dem Konzept und den Referaten durch die Einleitungen zu den
Tagungsprogrammen im einzelnen geleistet werden, indem thematische Leerstellen dort ausgeglichen und Perspektiven auf das Gesamt-
konzept hin entwickelt wurden. Nach Abschluß des Symposions
erstellte Diskussionsberichte runden den Anspruch dieses Bandes
ab. Er wird durch eine Arbeitsbibliographie zur Allegorieforschung
beschlossen.

J. B. Metzler · Stuttgart

Romantik
in Deutschland

Ein interdisziplinäres Symposion
Herausgegeben von Richard Brinkmann

Sonderband der »Deutschen Vierteljahrsschrift für
Literaturwissenschaft und Geistesgeschichte«.
1978. X, 726 Seiten
und 32 Seiten Abbildungen, Gebunden.
ISBN 3-476-00404-X

Dieser Sonderband geht auf ein im Auftrag der Deutschen Forschungsgemeinschaft veranstaltetes internationales Symposion
zurück. Der Band umfaßt die Tagungsreferate in teilweise überarbeiteter Form, eigens erstellte Diskussionsberichte und eine Bibliographie. Der thematische Rahmen war vorgegeben: Romantik im Spannungsfeld von sozialem Wandel und Stagnation – Romantik im Spannungsfeld von Kunst, Ästhetik und Wirklichkeit – Romantik im Spannungsfeld von Kunstglauben, Mythologie und Theologie – Romantik
im Spannungsfeld von Naturgefühl, Naturwissenschaft und Naturphilosophie. Neue Ansätze, noch nicht veröffentlichte Ergebnisse sollten
präsentiert und auf interdisziplinärer Ebene diskutiert werden. Insbesondere war dabei gedacht an die Einbeziehung von Literaturwissenschaft, Naturwissenschaften und Medizin, Geschichtswissenschaften
(politische Geschichte, Rechtsgeschichte, Wirtschafts- und Sozialgeschichte), Philosophie, Theologie, Kunst- und Musikwissenschaft. Es
geht, dem universalistischen Denken der Romantik folgend, um den
Versuch einer Synthese disparater Forschungsansätze neuerer Zeit.
Die Beiträge der einzelnen Disziplinen sollten im Hinblick auf Berührungspunkte und wechselseitige Relevanz reflektiert werden und entsprechende Akzente setzen. Von Belang dabei war die möglichst
konkrete Hinwendung zu den Gegenständen der Fächer, bei der die
verschiedenen Erkenntnisinteressen, Betrachtungsweisen und Forschungsschwerpunkte zur Geltung gebracht und miteinander konfrontiert werden.

J. B. Metzler · Stuttgart